VU
DICTIONNAIRE VISUEL POUR TOUS

CARACTÈRES EXTERNES D'UN PAPILLON DE JOUR

- Antenne
- Œil composé
- Trompe
- Thorax
- Patte postérieure
- Abdomen
- Aile antérieure
- Aile postérieure

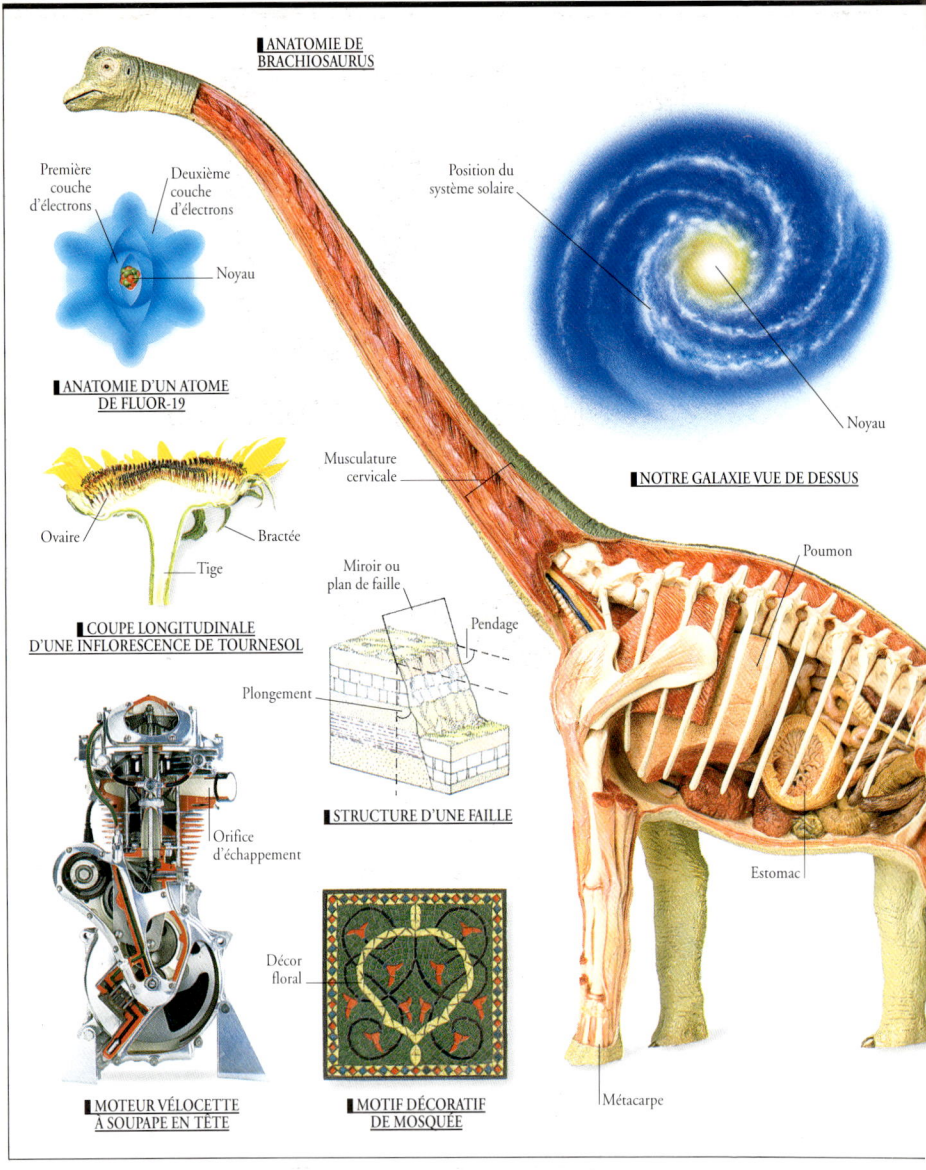

VU

DICTIONNAIRE VISUEL POUR TOUS

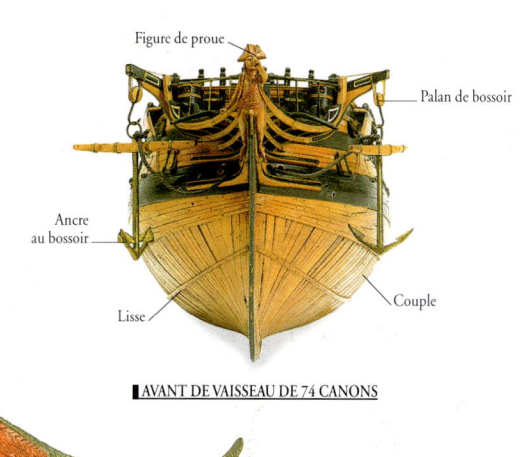

Figure de proue

Palan de bossoir

Ancre au bossoir

Lisse

Couple

▮ AVANT DE VAISSEAU DE 74 CANONS

Articulation de la cheville

GALLIMARD JEUNESSE

MODE D'EMPLOI DU DICTIONNAIRE

DIRECTION ÉDITORIALE : Luisa Caruso, Peter Jones, Jane Mason, Geoffrey Stalker
ÉDITEURS : Jo Evans, Roger Tritton et Sean Moore
DIRECTION ARTISTIQUE : Heather McCarry, Johnny Pau, Chris Walker, Kevin Williams
MAQUETTISTES : Simon Murrell et Toni Kay
MAQUETTISTE PAO : Zirrinia Austin
ICONOGRAPHE : Charlotte Bush
RESPONSABLE DE LA PRODUCTION : Hilary Stephens

Maquettes anatomiques et botaniques
de Somso Modelle, Coburg, Allemagne

TRADUCTION ET ADAPTATION :
L'Univers : Gilles Theureau, astronome
Le monde préhistorique : Bruno Porlier
Les plantes : Gaud Morel (Muséum national d'histoire naturelle), Serge Eyzat et Denis Lamy (CNRS)
Les animaux : Gaëtan du Chatenet (Muséum national d'histoire naturelle) et Éléonore de Tailly-Renié
Le corps humain : Brigitte George, docteur en médecine
La géographie de la Terre : Nicolas Tribovillard (Université de Paris Sud, Orsay)
La physique et la chimie, La musique : Rosine Feferman
Les moyens de transport terrestres / Trains et bus : Jean-Marc Combe (Musée français du chemin de fer) /
Voitures : Nathalie Allégatière et Gérard Lochard (Renault Presse) /**Cycles** : Renaud Delcourt
Les bateaux et les avions / Bateaux : Jean Randier (Académie de marine) / **Avions** : Jean-Yves Lorant, historien de l'aéronautique
Les arts plastiques, L'architecture : Frédéric Morvan
Les sports : Renaud Delcourt et Benoit Heimermann (*l'Équipe*)
Les objets familiers : Nathalie Allégatière / **CD-ROM** : Hervé Monnet

GUITARE ACOUSTIQUE

Copyright © 1998 Dorling Kindersley limited, London
Edition originale parue sous le titre *Visual encyclopedia*

Pour l'édition française :
ISBN : 2-07-05460-4
Copyright © 1999 Gallimard Jeunesse, Paris
« Loi n° 49-956 du 16 juillet 1949
sur les publications destinées à la jeunesse »
Dépôt légal : avril 1999
Numéro d'édition :89552

Imprimé par Star Standard, Singapour

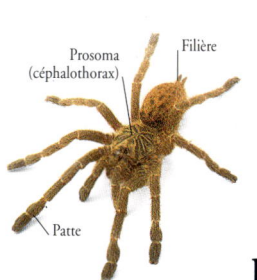

Prosoma (céphalothorax) — Filière — Patte

Verrière — Dérive — Atterrisseur principal

MODE D'EMPLOI DU DICTIONNAIRE VISUEL

La plupart des dictionnaires donnent des définitions : dans *VU*, l'image remplace définition et description. *VU* est facile à utiliser. Au lieu d'être classé par ordre alphabétique, il est divisé en 14 grands thèmes, traitant de l'Univers, du corps humain, des arts et sciences, eux-mêmes divisés en plusieurs chapitres introduits chacun par un texte général. Que vous cherchiez ce que désigne un mot ou inversement le nom d'une chose, ce dictionnaire vous permettra de trouver en quelques secondes la réponse : soit en recherchant ce mot dans l'index, soit en découvrant dans le thème qui vous intéresse l'image que vous voulez nommer. Le sommaire détaillé des thèmes traités se trouve page suivante.

EXEMPLES

Imaginons que vous vouliez savoir comment s'appelle l'os qui termine votre auriculaire. Avec un dictionnaire usuel, vous ne sauriez pas où chercher. Mais avec *VU*, vous vous reportez simplement au chapitre intitulé « La main » dans la section « Le corps humain » où vous verrez quatre photographies légendées montrant la peau, les muscles et les os de la main. Vous saurez rapidement que l'os que vous cherchez à nommer s'appelle la troisième phalange. Peut-être voulez-vous savoir ce qu'est un pot catalytique ? Si vous regardez à « pot catalytique » dans un dictionnaire usuel, vous trouverez sa définition et sa fonction, mais vous serez incapable de dire comment il est fait. À « pot catalytique » dans l'index de *VU*, vous serez renvoyé à une photo extrêmement précise montrant clairement l'aspect d'un pot catalytique et ce à quoi il est relié dans le moteur.

UN DICTIONNAIRE QUI VA PLUS LOIN QUE LES DICTIONNAIRES TRADITIONNELS

Sépale — Pédoncule — Renflement charnu du réceptacle

VU est conçu pour vous aider non seulement à identifier et à nommer avec exactitude et rigueur, mais aussi à comprendre comment les choses s'articulent et fonctionnent. *VU* est l'ouvrage de référence idéal pour les généralistes et les spécialistes de tous âges.

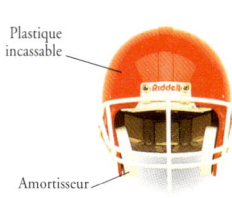

Plastique incassable — Amortisseur

SOMMAIRE

L'Univers 8
COMMENT S'EST FORMÉ L'UNIVERS 10
LES GALAXIES 12
LA VOIE LACTÉE 14
LES NÉBULEUSES ET LES AMAS D'ÉTOILES 16
LA CARTE DES CONSTELLATIONS 18-20
TOUS LES TYPES D'ÉTOILES 22-28
LE SYSTÈME SOLAIRE 30
LE SOLEIL 32
MERCURE 34
VÉNUS 36
LA TERRE 38
LA LUNE 40
MARS 42
JUPITER 44
SATURNE 46
URANUS 48
NEPTUNE ET PLUTON 50
LES ASTÉROÏDES, LES COMÈTES ET LES MÉTÉORITES 52

Le monde préhistorique 54
LE TABLEAU DES ÂGES DE LA TERRE 56
LA CROÛTE TERRESTRE 58
LE RELIEF DE LA TERRE 60-62
L'ÉVOLUTION DE LA TERRE DU PRÉCAMBRIEN AU
QUATERNAIRE : APPARITION DE LA VIE, DÉVELOPPEMENT
DE LA VÉGÉTATION ET DES ANIMAUX, FORMATION DES
CONTINENTS 64-76
LES FOSSILES 78
LES AMPHIBIENS ET LES REPTILES 80
DIFFÉRENTS TYPES DE DINOSAURES 82-102
LES MAMMIFÈRES 104-106
LES PREMIERS HOMINIDÉS 108

Les plantes 110
LA DIVERSITÉ DES VÉGÉTAUX 112
LES CHAMPIGNONS ET LES LICHENS 114
LES ALGUES D'EAU DOUCE ET LES ALGUES MARINES 116
LES HÉPATIQUES ET LES MOUSSES 118
LES PLANTES QUI DATENT DE LA PRÉHISTOIRE 120
LES CONIFÈRES 122-124
LES PLANTES À FLEURS 126-130
LES RACINES 132
LES TIGES 134
LES FEUILLES 136
LA PHOTOSYNTHÈSE 138
L'ANATOMIE DES FLEURS 140-142
LA POLLINISATION 144
LA FÉCONDATION 146
LES FRUITS 148-150
LA GERMINATION ET LA REPRODUCTION 152-154
LES PLANTES DES MILIEUX SECS 156
LES PLANTES AQUATIQUES 158
LES PLANTES CARNIVORES 160
LES PLANTES ÉPIPHYTES ET PARASITES 162

Les animaux 164
LES ÉPONGES, LES MÉDUSES ET LES ANÉMONES DE MER 166
LES INSECTES 168
LES ARACHNIDES 170
LES CRUSTACÉS 172
LES ÉTOILES DE MER ET LES OURSINS 174
LES MOLLUSQUES 176
LES POISSONS 178-180
LES AMPHIBIENS 182
LES LÉZARDS ET LES SERPENTS 184
LES CROCODILIENS ET LES TORTUES 186
LES OISEAUX 188-190
LES ŒUFS 192
LES CARNIVORES 194
LES LAPINS ET LES RONGEURS 196
LES ONGULÉS 198
LES ÉLÉPHANTS 200
LES PRIMATES 202
LES DAUPHINS, LES BALEINES ET LES PHOQUES 204
LES MARSUPIAUX ET LES MONOTRÈMES 206

Le corps humain 208
LE CORPS HUMAIN 210
LA TÊTE 212
LES ORGANES 214
LES CELLULES 216
LE SQUELETTE 218
LE CRÂNE 220
LE RACHIS 222
LES OS ET LES ARTICULATIONS 224
LES MUSCLES 226-228
LA MAIN 230
LE PIED 232
LA PEAU ET LES POILS 234
LE CERVEAU 236
LE SYSTÈME NERVEUX 238
L'ŒIL 240
L'OREILLE 242
LE NEZ, LA BOUCHE ET LA GORGE 244
LES DENTS 246
LE SYSTÈME DIGESTIF 248
LE CŒUR 250
LE SYSTÈME CIRCULATOIRE 252
LE SYSTÈME RESPIRATOIRE 254
LE SYSTÈME URINAIRE 256
LE SYSTÈME REPRODUCTEUR 258
LE DÉVELOPPEMENT DU FŒTUS 260

La géographie de la Terre 262
LA GÉOGRAPHIE PHYSIQUE 264
LES CARACTÉRISTIQUES DES ROCHES 266-276
LES MINÉRAUX 268-270
LES VOLCANS 272
LES FOSSILES 278
LES RESSOURCES NATURELLES 280
L'ALTÉRATION ET L'ÉROSION 282
LES GROTTES ET LES CAVERNES 284
LES GLACIERS 286
LES LACS, LES RIVIÈRES ET L'EAU SOUTERRAINE 288-292
LES OCÉANS 294-298
L'ATMOSPHÈRE 300
LE TEMPS QU'IL FAIT 302

La physique et la chimie 304
QU'EST-CE QUE LA MATIÈRE ? 306-310
COMMENT FORMER DE NOUVELLES SUBSTANCES 312
L'ÉNERGIE 314
ÉLECTRICITÉ ET MAGNÉTISME 316

LA LUMIÈRE	318
LA FORCE ET LE MOUVEMENT	320

Les moyens de transport terrestre 322

TOUS LES TRAINS	324-330
LES TRAMWAYS ET LES AUTOBUS	332
LES PREMIÈRES VOITURES	334
LES LUXUEUSES VOITURES DU DÉBUT DU SIÈCLE	336
LA PRODUCTION EN SÉRIE	338
LA VOITURE DU PEUPLE : LA COCCINELLE	340
TOUS LES MOTEURS	342-346
LA CARROSSERIE MODERNE	348
LA MÉCANIQUE MODERNE	350
LA SÉCURITÉ ET LE CONFORT	352
LES VÉHICULES TOUT TERRAIN	354
LES VOITURES DE COURSE	356
LA BICYCLETTE	358-360
LA MOTO	362-368

Les bateaux et les avions 370

LES NAVIRES GRECS ET ROMAINS	372
LES NAVIRES VIKINGS	374
LES NAVIRES DE GUERRE ET DE COMMERCE	376
L'ESSOR DE LA VOILE	378
LE NAVIRE DE LIGNE	380
LE GRÉEMENT ET L'ÉQUIPEMENT	382-388
LES NAVIRES À ROUES ET LES NAVIRES À HÉLICES	390
L'ANATOMIE D'UN NAVIRE EN ACIER	392
LES COMBATS EN MER	394-396
LES PIONNIERS DE L'AVIATION	398-402
LES AVIONS DE LA PREMIÈRE GUERRE MONDIALE	404
LES PREMIERS AVIONS DE TRANSPORT	406
LES AVIONS DE LA SECONDE GUERRE MONDIALE	408
LES MOTEURS D'AVION À PISTONS	410
LES AVIONS DE LIGNE MODERNES	412-414
LES AVIONS DE LIGNE SUPERSONIQUES	416
LES RÉACTEURS	418
LES AVIONS MILITAIRES MODERNES	420
LES HÉLICOPTÈRES	422
LES AVIONS LÉGERS	424
LES PLANEURS, DELTAPLANES ET ULTRALÉGERS MOTORISÉS	426

Les arts plastiques 428

LE DESSIN	430
LA TEMPERA	432
LA FRESQUE	434
LA PEINTURE À L'HUILE	436
L'AQUARELLE	438
LE PASTEL	440
L'ACRYLIQUE	442
LA CALLIGRAPHIE	444
LA GRAVURE	446-448
LA MOSAÏQUE	450
LA SCULPTURE	452-454

L'architecture 456

L'ÉGYPTE ANTIQUE	458
LA GRÈCE ANTIQUE	460
LA ROME ANTIQUE	462-464
LES CHÂTEAUX FORTS ET LES MAISONS AU MOYEN ÂGE	466
LES ÉGLISES DU MOYEN ÂGE	468
LE GOTHIQUE	470-472
LA RENAISSANCE	474-476
LE BAROQUE ET LE CLASSICISME	478-482
LES ARCS ET LES VOÛTES	484
LES DÔMES	486
L'ARCHITECTURE ISLAMIQUE	488
L'ASIE DU SUD ET L'EXTRÊME-ORIENT	490
LE XIXᵉ SIÈCLE	492
LE DÉBUT DU XXᵉ SIÈCLE	494
L'ARCHITECTURE CONTEMPORAINE	496-498

Les instruments de musique 500

LA NOTATION MUSICALE	502
LES ORCHESTRES	504
LES CUIVRES	506
LES BOIS	508
LES CORDES	510
LES GUITARES	512
LES INSTRUMENTS À CLAVIER	514
LES INSTRUMENTS DE PERCUSSION	516
LES TAMBOURS	518
LES INSTRUMENTS ÉLECTRONIQUES	520

Les sports 522

TOUS LES FOOTBALLS	524-528
LE RUGBY	530
LE BASKET-BALL	532
LE VOLLEY-BALL, LE NETBALL ET LE HANDBALL	534
LE BASE-BALL	536
LE CRICKET	538
HOCKEY, LACROSSE ET HURLING	540
L'ATHLÉTISME	542
LES SPORTS DE RAQUETTE	544
LE GOLF	546
LE TIR ET LE TIR À L'ARC	548
LE HOCKEY SUR GLACE	550
LE SKI ALPIN	552
LES SPORTS ÉQUESTRES	554
LE JUDO ET L'ESCRIME	556
LA NATATION ET LE PLONGEON	558
LE CANOË, L'AVIRON ET LA VOILE	560
LA PÊCHE	562

Les objets familiers 564

LES PERCEUSES	566
LES CHAUSSURES	568
L'HORLOGE	570
LA LAMPE	572
LE MINI-TÉLÉVISEUR	574
LE FAUTEUIL	576
LE GRILLE-PAIN	578
LA TONDEUSE À GAZON	580
LA SELLE	582
LE CD-ROM	584
LA RELIURE	586
L'APPAREIL PHOTOGRAPHIQUE	588

Index 590

L'UNIVERS

L'ANATOMIE DE L'UNIVERS	10
LES GALAXIES	12
LA VOIE LACTÉE	14
LES NÉBULEUSES ET LES AMAS D'ÉTOILES	16
LES ÉTOILES DE L'HÉMISPHÈRE NORD	18
LES ÉTOILES DE L'HÉMISPHÈRE SUD	20
LES ÉTOILES	22
LES PETITES ÉTOILES	24
LES ÉTOILES MASSIVES	26
LES ÉTOILES À NEUTRONS ET LES TROUS NOIRS	28
LE SYSTÈME SOLAIRE	30
LE SOLEIL	32
MERCURE	34
VÉNUS	36
LA TERRE	38
LA LUNE	40
MARS	42
JUPITER	44
SATURNE	46
URANUS	48
NEPTUNE ET PLUTON	50
LES ASTÉROÏDES, LES COMÈTES ET LES MÉTÉORITES	52

L'ANATOMIE DE L'UNIVERS

L'Univers contient tout ce qui existe, de la plus petite particule subatomique aux superamas de galaxies. Les astronomes estiment que l'Univers contient environ 100 milliards de galaxies, chacune comprenant en moyenne 100 milliards d'étoiles. L'Univers serait né d'une violente explosion, le Big Bang, il y a de 10 à 20 milliards d'années. L'Univers primordial consistait en une boule de gaz extrêmement chaude et dense en expansion. Après environ 11 millions d'années, le gaz a commencé à se condenser localement et à se fragmenter en petits nuages appelés protogalaxies. Au cours des 5 milliards d'années qui suivirent, les protogalaxies ont continué à se contracter individuellement pour former les galaxies, berceau des étoiles. Aujourd'hui, l'Univers dans son ensemble est encore en expansion même si dans certaines régions les galaxies s'attirent mutuellement et se regroupent en amas sous l'influence de la gravitation. La découverte d'un rayonnement cosmologique froid, provenant de toutes les directions du ciel à la fois, fut un argument très important en faveur du modèle du Big Bang. On pense en effet que ce rayonnement « fossile » provient directement de l'époque du Big Bang, et que les petites variations observées dans sa température sont la preuve de l'existence dans l'Univers primordial de légères fluctuations de densité, dont résulterait la formation des galaxies et des grandes structures que nous connaissons.

REPRÉSENTATION EN FAUSSES COULEURS DU RAYONNEMENT COSMOLOGIQUE

Le rose indique une zone chaude.

Le bleu pâle indique une zone froide.

Le bleu foncé correspond à une température de - 270 °C.

Ces bandes rouges et roses représentent le rayonnement de notre galaxie.

Rayonnement de faible énergie correspondant à - 270 °C

L'Univers a 1 million d'années, c'est une boule de feu en expansion rapide, constituée de gaz extrêmement chaud.

Rayonnement gamma de très haute énergie correspondant à 3 000 °C

L'ANATOMIE DE L'UNIVERS / 11

UN UNIVERS EN EXPANSION

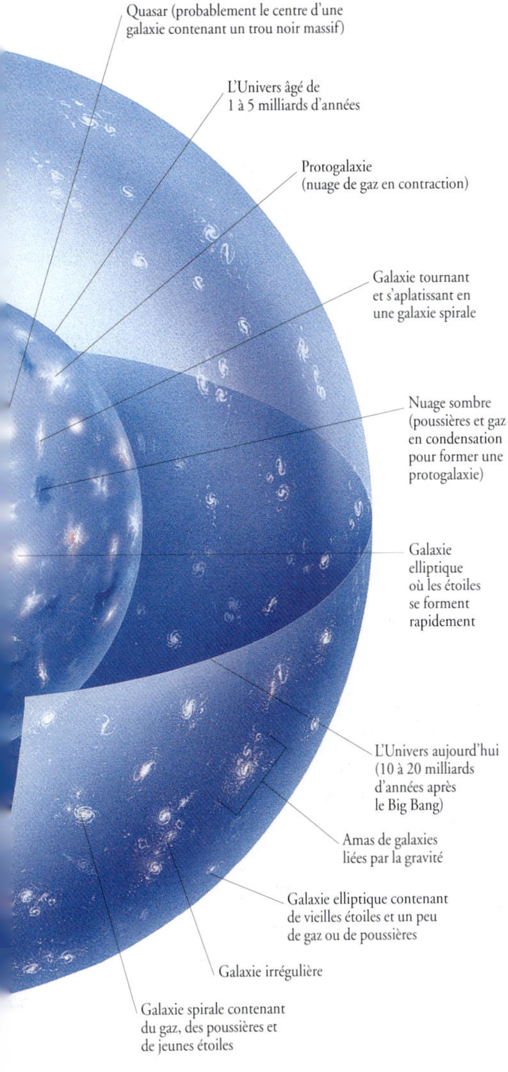

Quasar (probablement le centre d'une galaxie contenant un trou noir massif)

L'Univers âgé de 1 à 5 milliards d'années

Protogalaxie (nuage de gaz en contraction)

Galaxie tournant et s'aplatissant en une galaxie spirale

Nuage sombre (poussières et gaz en condensation pour former une protogalaxie)

Galaxie elliptique où les étoiles se forment rapidement

L'Univers aujourd'hui (10 à 20 milliards d'années après le Big Bang)

Amas de galaxies liées par la gravité

Galaxie elliptique contenant de vieilles étoiles et un peu de gaz ou de poussières

Galaxie irrégulière

Galaxie spirale contenant du gaz, des poussières et de jeunes étoiles

OBJETS DANS L'UNIVERS

L'AMAS DE GALAXIES DE LA VIERGE

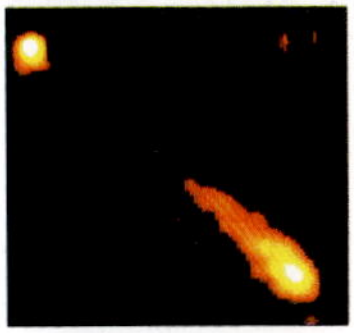

IMAGE EN FAUSSES COULEURS DE 3C273 (QUASAR)

NGC 4406 (GALAXIE ELLIPTIQUE)

NGC 5236 (GALAXIE SPIRALE)

NGC 6822 (GALAXIE IRRÉGULIÈRE)

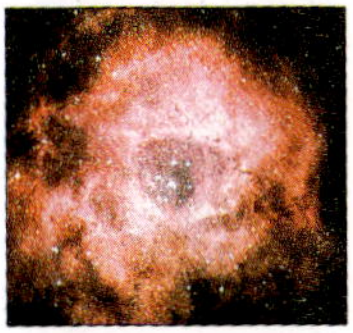

LA NÉBULEUSE DE LA ROSETTE

LE COFFRE À BIJOUX (AMAS D'ÉTOILES)

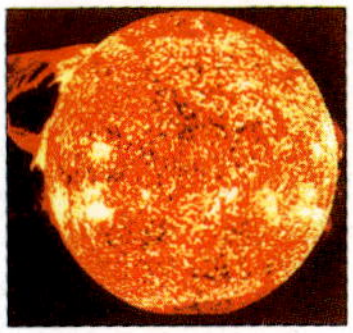

LE SOLEIL (ÉTOILE DE LA SÉQUENCE PRINCIPALE)

TERRE

LUNE

L'UNIVERS

LES GALAXIES

Une galaxie est un gigantesque amas d'étoiles, de gaz et de poussière interstellaire. La plus petite galaxie contient près de 100 000 étoiles tandis que la plus grosse en regroupe plus de 3 000 milliards. Les galaxies sont classées selon leur forme : les elliptiques qui ont une forme ovale ; les spirales qui possèdent des bras s'enroulant autour d'un bulbe central ; et les irrégulière, qui n'ont pas de forme particulière. Les quasars (de l'anglais, *quasi-stellar object*) sont des objets compacts, très lumineux, situés aux confins de l'Univers connu, à environ 15 milliards d'années-lumière de nous. Ce seraient des noyaux de galaxies, mais ils sont si éloignés que leur nature exacte est encore incertaine. Les galaxies dites « actives », comme les galaxies de Seyfert et les radio-galaxies, émettent un rayonnement intense. Dans une galaxie de Seyfert le rayonnement est issu du noyau galactique ; dans une radiogalaxie, il provient de deux immenses lobes situés de part et d'autre de celle-ci.

LE SOMBRERO, UNE GALAXIE SPIRALE

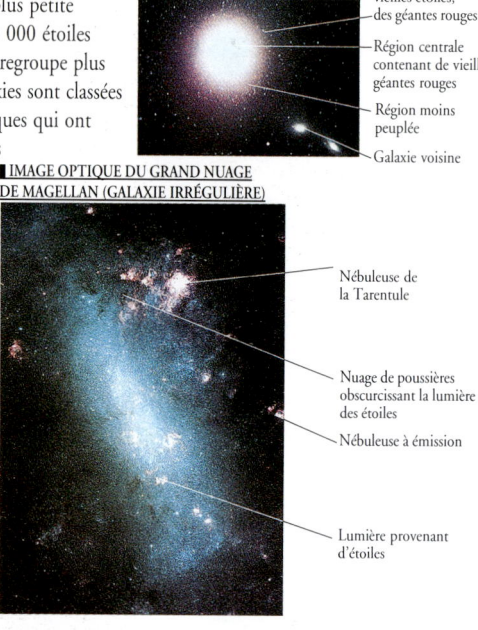

IMAGE OPTIQUE DE NGC 4486 (GALAXIE ELLIPTIQUE)

- Amas globulaire contenant de très vieilles étoiles, des géantes rouges
- Région centrale contenant de vieilles géantes rouges
- Région moins peuplée
- Galaxie voisine

IMAGE OPTIQUE DU GRAND NUAGE DE MAGELLAN (GALAXIE IRRÉGULIÈRE)

- Nébuleuse de la Tarentule
- Nuage de poussières obscurcissant la lumière des étoiles
- Nébuleuse à émission
- Lumière provenant d'étoiles

IMAGE OPTIQUE DE NGC 2997 (GALAXIE SPIRALE)

- Nébuleuse incandescente dans un bras spiral
- Bras spiral contenant de jeunes étoiles
- Noyau galactique contenant de vieilles étoiles
- Poussières dans un bras spiral réfléchissant la lumière bleue de jeunes étoiles très chaudes
- L'hydrogène gazeux, chaud et ionisé, émet de la lumière rouge.
- Barre de poussières

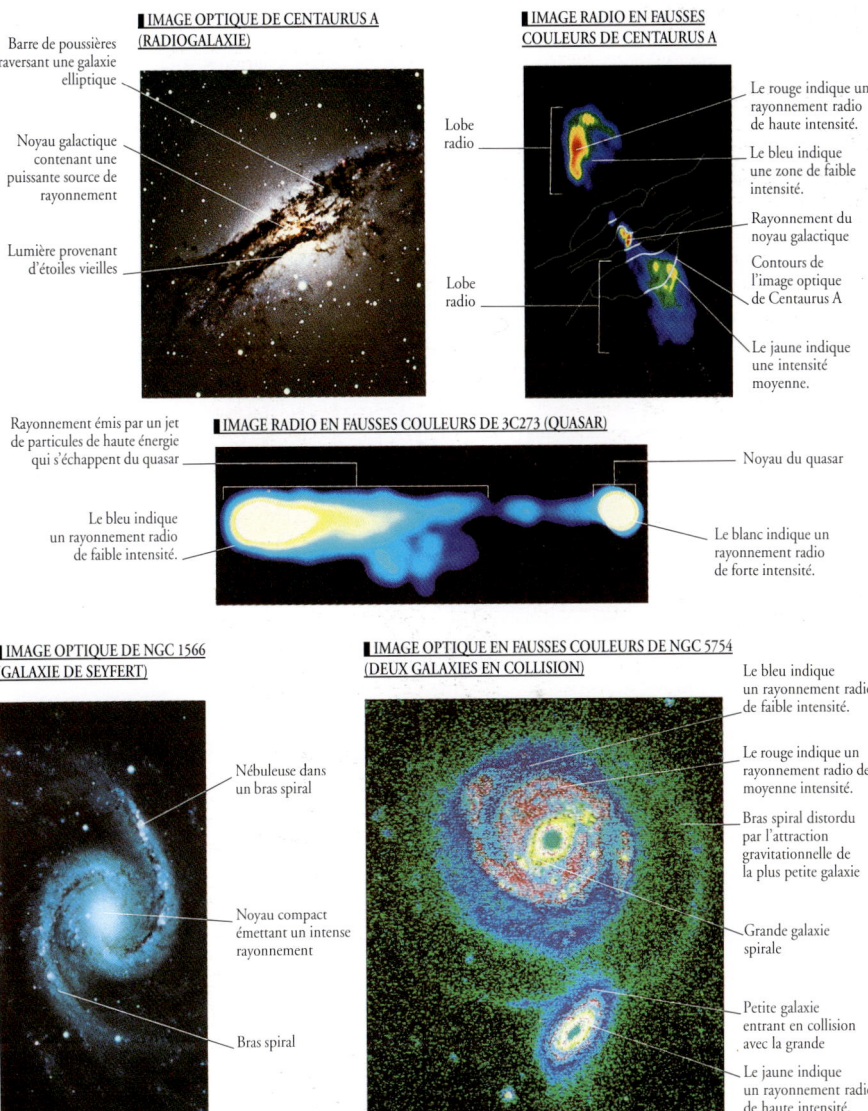

L'UNIVERS

LA VOIE LACTÉE

On a donné le nom de Voie lactée à la faible bande de lumière qui s'étend à travers le ciel nocturne.

VUE DANS LA DIRECTION DU CENTRE GALACTIQUE

Cette lumière provient d'étoiles et de nébuleuses qui appartiennent à notre galaxie. La Voie lactée, ou plus simplement « la Galaxie », est de type spiral ; elle possède quatre bras qui s'enroulent en disque autour de son bulbe central et est entourée d'un halo sphérique peu dense. Nous ne pouvons pas voir sa forme spirale parce que le système solaire se trouve lui-même à l'intérieur d'un des bras spiraux, le bras d'Orion, aussi appelé le bras local. Le bulbe central de la Galaxie est une sphère relativement petite et dense qui contient principalement des étoiles vieilles, rouges ou jaunes. C'est dans le halo, région moins dense, que l'on trouve les plus vieilles étoiles ; certaines étant d'ailleurs aussi âgées que la Galaxie elle-même (à peu près 15 milliards d'années). Les bras spiraux contiennent essentiellement des étoiles jeunes et chaudes (des étoiles bleues) et des nébuleuses (nuages de gaz et de poussières à l'intérieur desquels naissent les étoiles). La Galaxie est très vaste : elle mesure environ 100 000 années-lumière de diamètre (une année-lumière = 9 460 milliards de kilomètres) ; le système solaire semble bien petit en comparaison avec ses 12 heures-lumière de diamètre (13 milliards de kilomètres). La Galaxie est en rotation dans l'espace ; le Soleil qui est situé vers l'extérieur aux deux tiers du rayon, effectue un tour complet en 220 millions d'années.

NOTRE GALAXIE VUE DE PROFIL

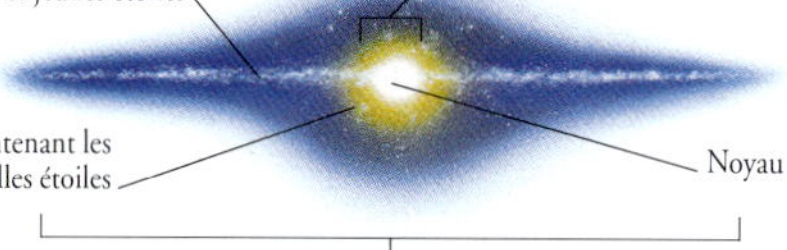

- Disque contenant les bras spiraux et principalement de jeunes étoiles
- Bulbe central contenant principalement des étoiles vieilles
- Halo contenant les plus vieilles étoiles
- Noyau
- 100 000 années-lumière

NOTRE GALAXIE VUE DE DESSUS

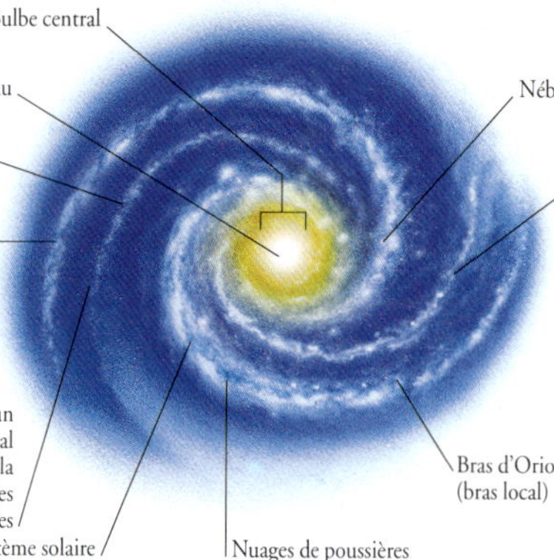

- Bulbe central
- Noyau
- Bras de Persée
- Bras de la Croix du Centaure
- Nébuleuse à émission
- Bras du Sagittaire
- Poussières dans un bras spiral réfléchissant la lumière bleue d'étoiles jeunes et chaudes
- Position du système solaire
- Bras d'Orion (bras local)
- Nuages de poussières

- Étoile Polaire, une binaire variable bleu-vert
- Lumière provenant d'étoiles et de nébuleuses du bras de Persée
- Plan galactique
- La Voie lactée (la bande de lumière qui traverse notre ciel nocturne)
- Les Pléiades (les Sept Sœurs), un amas ouvert d'étoiles
- La galaxie d'Andromède, une spirale distante de 2,2 millions d'années-lumière ; l'objet le plus éloigné que l'on puisse voir à l'œil nu

CARTE PANORAMIQUE DE NOTRE GALAXIE ET DES GALAXIES VOISINES

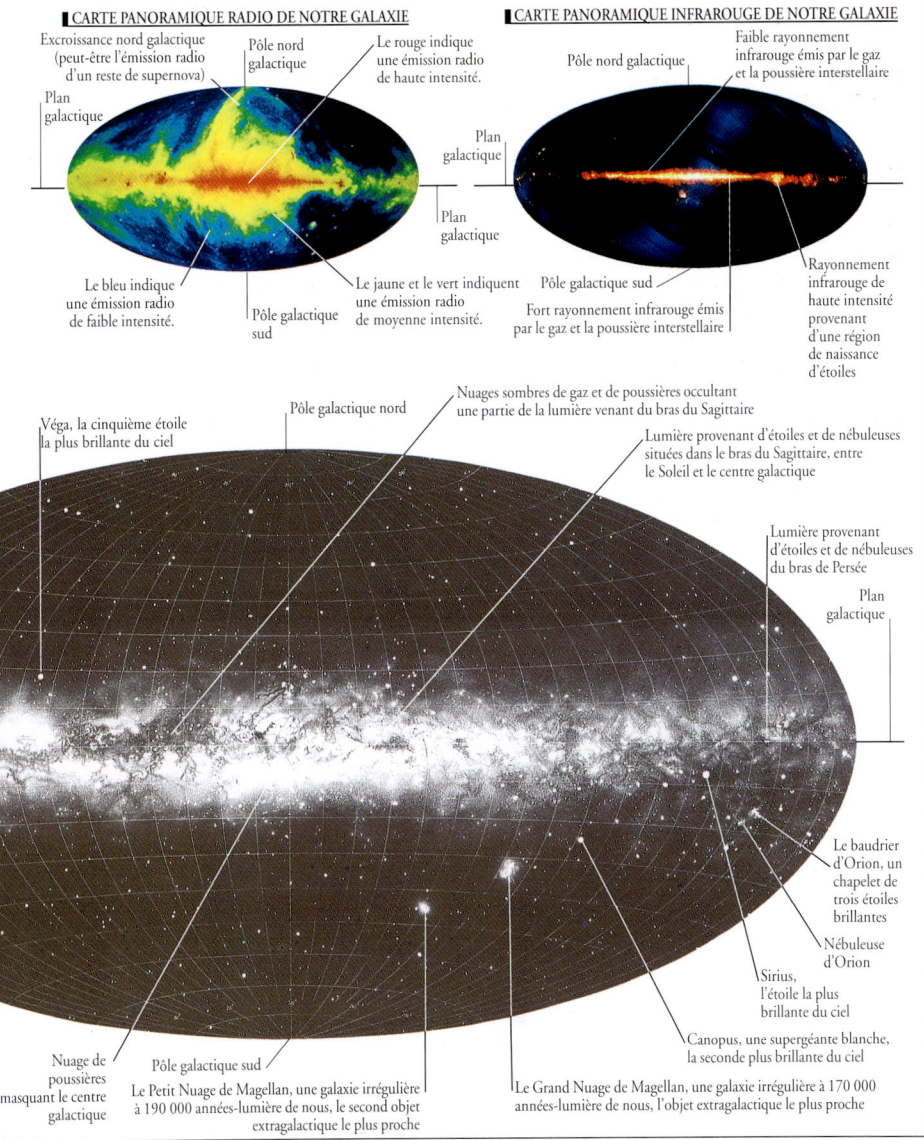

L'UNIVERS
LES NÉBULEUSES ET LES AMAS D'ÉTOILES

Une nébuleuse est un nuage de poussière et de gaz ; elle est visible si le gaz, réchauffé en son cœur par des étoiles très chaudes, devient incandescent (nébuleuse à émission), ou bien si le nuage réfléchit la lumière d'étoiles proches (nébuleuse à réflexion), ou encore s'il occulte le rayonnement d'objets plus distants (nébuleuse obscure). Deux types de nébuleuses sont associés à des morts d'étoiles : les nébuleuses planétaires et les restes de supernovæ. Toutes deux consistent en une enveloppe de gaz en expansion et correspondent à ce qui fut jadis les couches externes d'une étoile. Dans le cas d'une nébuleuse planétaire, l'enveloppe dérive lentement et de façon symétrique autour du cœur de l'étoile qui s'éteint. Le phénomène est beaucoup plus violent dans le cas d'une supernova : le gaz est éjecté à très grande vitesse vers l'extérieur et le cœur de l'étoile s'écroule sur lui-même (voir pp. 26-27). On trouve souvent les étoiles regroupées en amas. Les amas ouverts sont peu denses. Les amas globulaires sont beaucoup plus compacts.

HODGE 11, UN AMAS GLOBULAIRE

LA NÉBULEUSE DU TRÈFLE (NÉBULEUSE À ÉMISSION)

Nébuleuse à réflexion

Nébuleuse à émission

Barre de poussière

Berceau d'étoiles (un nuage de gaz et de poussières se contracte pour former une étoile.)

LES PLÉIADES (AMAS OUVERT)

Traînée de poussière et d'hydrogène gazeux ; restes du nuage à partir duquel l'étoile s'est formée.

Jeune étoile dans un amas ouvert de 300-500 étoiles

Nébuleuse à réflexion

LA NÉBULEUSE DE LA TÊTE DE CHEVAL (NÉBULEUSE OBSCURE)

Filament incandescent d'hydrogène gazeux ionisé et chaud

Alnitak (étoile du baudrier d'Orion)

Barre de poussière

Nébuleuse à émission

Étoile proche de l'extrémité sud du baudrier d'Orion

Nébuleuse à émission

Nébuleuse de la Tête de Cheval

Nébuleuse à réflexion

Nébuleuse obscure masquant la lumière d'étoiles plus distantes

LES NÉBULEUSES ET LES AMAS D'ÉTOILES / 17

■ LA NÉBULEUSE D'ORION (NÉBULEUSE DIFFUSE À ÉMISSION)

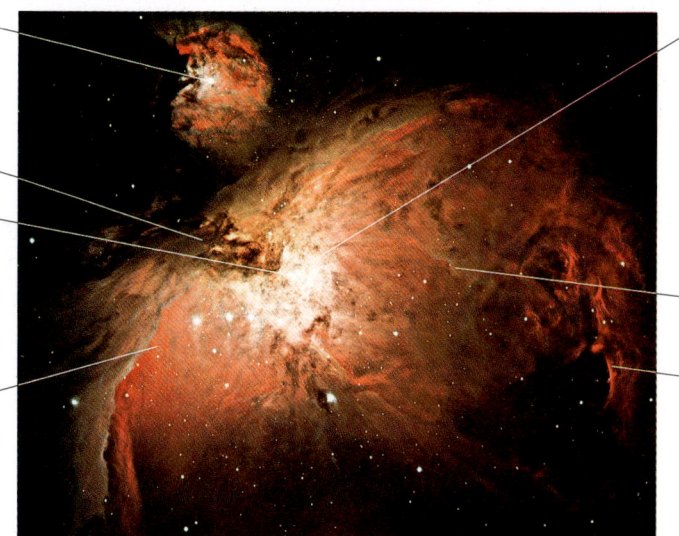

Nuage incandescent de gaz et de poussières formant une partie de la nébuleuse d'Orion

Nuage de poussières

Trapèze (groupe de quatre jeunes étoiles)

Hydrogène gazeux chaud et ionisé (lumière rouge)

Le rayonnement ultraviolet produit par les quatre jeunes étoiles du Trapèze provoque l'émission de lumière par le nuage de gaz.

Lumière verte, présence d'oxygène gazeux chaud et ionisé

Filament incandescent d'hydrogène gazeux ionisé et chaud

■ LA NÉBULEUSE DE L'HÉLICE (NÉBULEUSE PLANÉTAIRE)

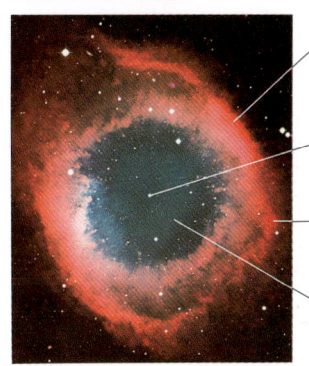

Nébuleuse planétaire (enveloppe de gaz en expansion autour d'un cœur d'étoile mourant)

Le cœur de l'étoile a une température d'environ 100 000 °C.

Lumière rouge émise par l'hydrogène gazeux chaud et ionisé

Lumière bleu-vert émise par de l'oxygène et de l'azote gazeux chaud et ionisé

■ RESTES DE LA SUPERNOVA VELA

Restes de supernova (l'enveloppe de gaz constituait les couches externes de l'étoile avant qu'elle n'explose en supernova). L'hydrogène, réchauffé par l'explosion, émet de la lumière rouge.

Filament incandescent d'hydrogène gazeux ionisé et chaud

L'UNIVERS

LES ÉTOILES DE L'HÉMISPHÈRE NORD

Lorsque nous contemplons le ciel de l'hémisphère nord, nous regardons dans la direction opposée au centre galactique qui est la zone la plus peuplée. Ainsi, le ciel de l'hémisphère nord nous apparaît moins brillant que celui de l'hémisphère sud (pp. 20-21). Certaines civilisations anciennes croyaient que les étoiles étaient fixées sur une grande sphère céleste entourant la Terre. Les cartes célestes modernes sont construites sur une idée similaire. Les pôles Sud et Nord de cette sphère imaginaire, placés aux points d'intersection avec l'axe de la Terre, sont situés directement au-dessus des pôles Sud et Nord terrestres. Le pôle céleste Nord est au centre de la carte ci-contre et l'étoile Polaire en est très près. L'équateur céleste correspond à la projection de l'équateur terrestre sur la sphère céleste. L'écliptique marque la trajectoire du Soleil à travers le ciel au cours du mouvement orbital annuel de la Terre. La Lune et les planètes se déplacent sur le fond des étoiles ; ces dernières nous semblent fixes parce qu'elles sont beaucoup plus lointaines.

ORION

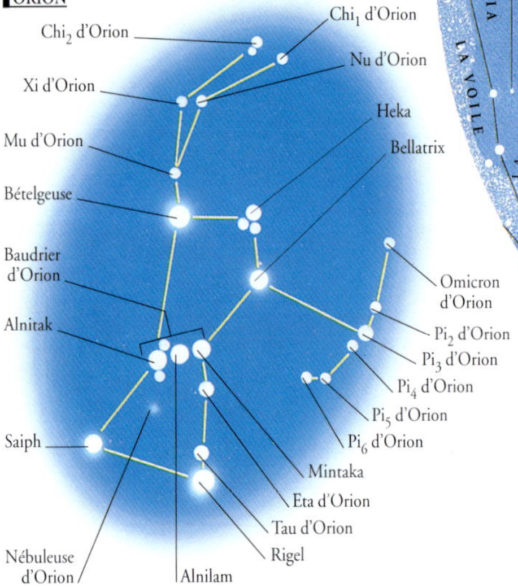

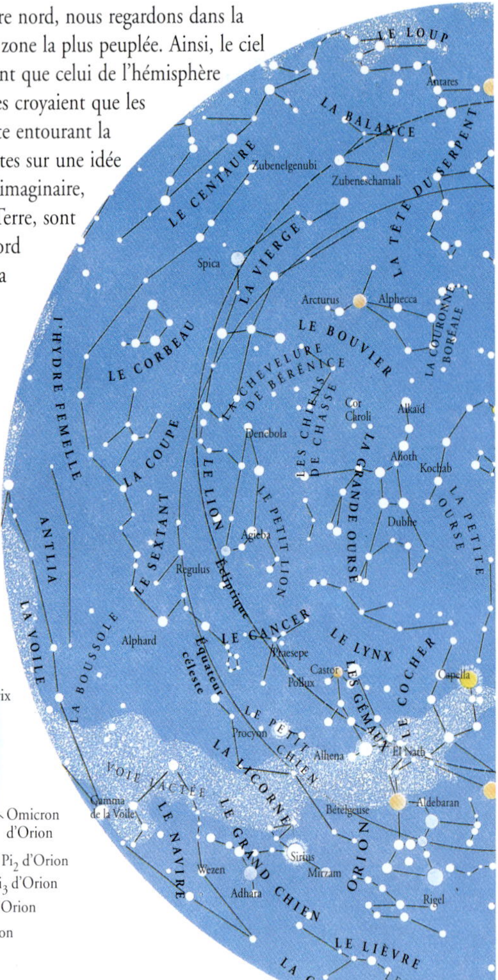

ÉTOILES VISIBLES DE L'HÉMISPHÈRE NORD

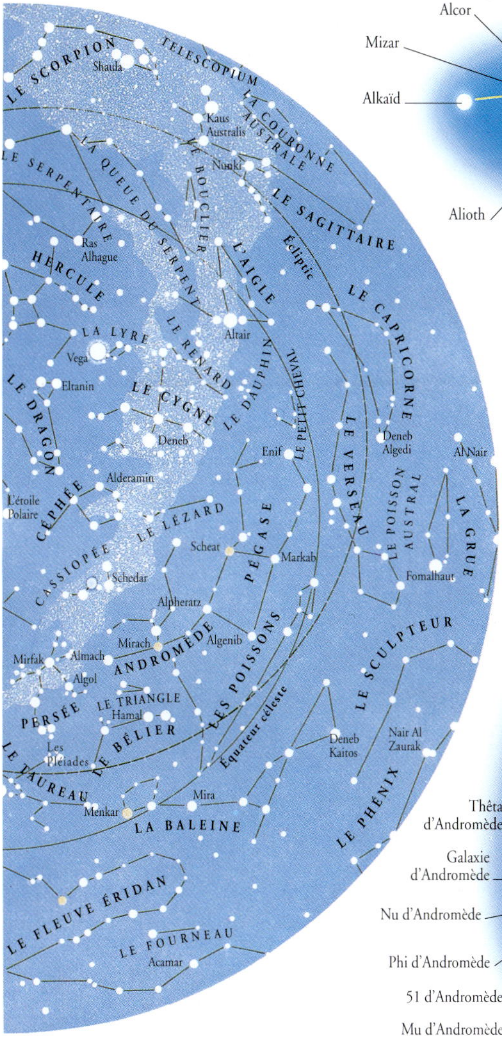

LES ÉTOILES DE L'HÉMISPHÈRE NORD / 19

LA GRANDE CASSEROLE (PARTIE DE LA GRANDE OURSE)

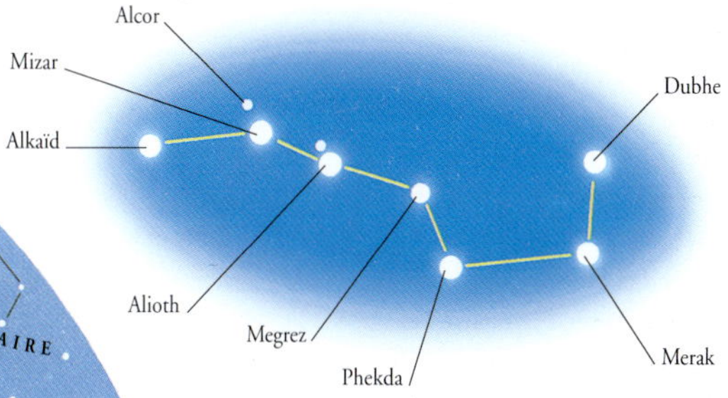

Alcor
Mizar
Alkaïd
Dubhe
Alioth
Megrez
Phekda
Merak

PÉGASE ET ANDROMÈDE

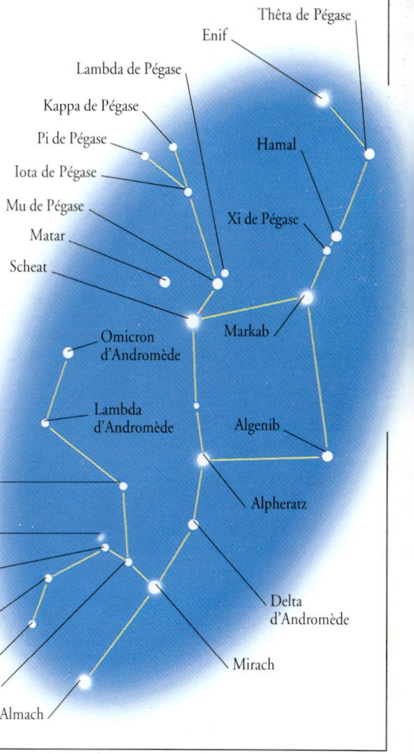

Thêta de Pégase
Enif
Lambda de Pégase
Kappa de Pégase
Pi de Pégase
Iota de Pégase
Mu de Pégase
Matar
Scheat
Hamal
Xi de Pégase
Markab
Omicron d'Andromède
Lambda d'Andromède
Algenib
Alpheratz
Thêta d'Andromède
Galaxie d'Andromède
Nu d'Andromède
Phi d'Andromède
51 d'Andromède
Mu d'Andromède
Delta d'Andromède
Mirach
Almach

LE SCORPION — Shaula — TELESCOPIUM — LA COURONNE AUSTRALE — Kaus Australis — Nunki — LE BOUCLIER — LA QUEUE DU SERPENT — LE SAGITTAIRE — LE SERPENTAIRE — Ras Alhague — HERCULE — L'AIGLE — Écliptique — LE CAPRICORNE — LA LYRE — Vega — Eltanin — LE RENARD — Altair — LE DRAGON — LE CYGNE — LE DAUPHIN — LE PETIT CHEVAL — Deneb — LE VERSEAU — Enif — Deneb Algedi — Al Na'ir — L'étoile Polaire — CÉPHÉE — Alderamin — LE LÉZARD — PÉGASE — Scheat — Markab — LE POISSON AUSTRAL — LA GRUE — Fomalhaut — CASSIOPÉE — Schedar — Alpheratz — Algenib — LES POISSONS — LE SCULPTEUR — Mirfak — Almach — Mirach — ANDROMÈDE — PERSÉE — LE TRIANGLE — Algol — Hamal — LE BÉLIER — Deneb Kaitos — Naïr Al Zaurak — LE PHÉNIX — Les Pléiades — LE TAUREAU — Menkar — Mira — LA BALEINE — Équateur céleste — LE FLEUVE ÉRIDAN — LE FOURNEAU — Acamar

L'UNIVERS

LES ÉTOILES DE L'HÉMISPHÈRE SUD

Lorsque vous contemplez le ciel de l'hémisphère sud, vous regardez dans la direction du centre galactique. C'est pour cette raison que la Voie lactée apparaît beaucoup plus brillante dans l'hémisphère sud que dans l'hémisphère nord (pp. 18-19). Le ciel du sud est riche en nébuleuses et en amas d'étoiles. Il contient le Grand et le Petit Nuage de Magellan qui sont les deux galaxies les plus proches de nous. Les étoiles dessinent des figures dans le ciel que l'on appelle constellations. Les constellations ne sont en réalité que des groupements apparents d'étoiles, les distances entre les étoiles d'une même constellation pouvant varier énormément. Les mouvements relatifs des étoiles font que, sur plusieurs milliers d'années, la forme des constellations change. Le mouvement d'ensemble des constellations dans le ciel est dû au mouvement de la Terre dans l'espace. La rotation journalière de la Terre sur son axe fait que les constellations se déplacent d'Est en Ouest dans le ciel, et le mouvement orbital annuel de la Terre autour du Soleil fait que des zones différentes du ciel apparaissent suivant les saisons. La visibilité de telle ou telle constellation dépend bien sûr aussi de la position de l'observateur sur le globe.

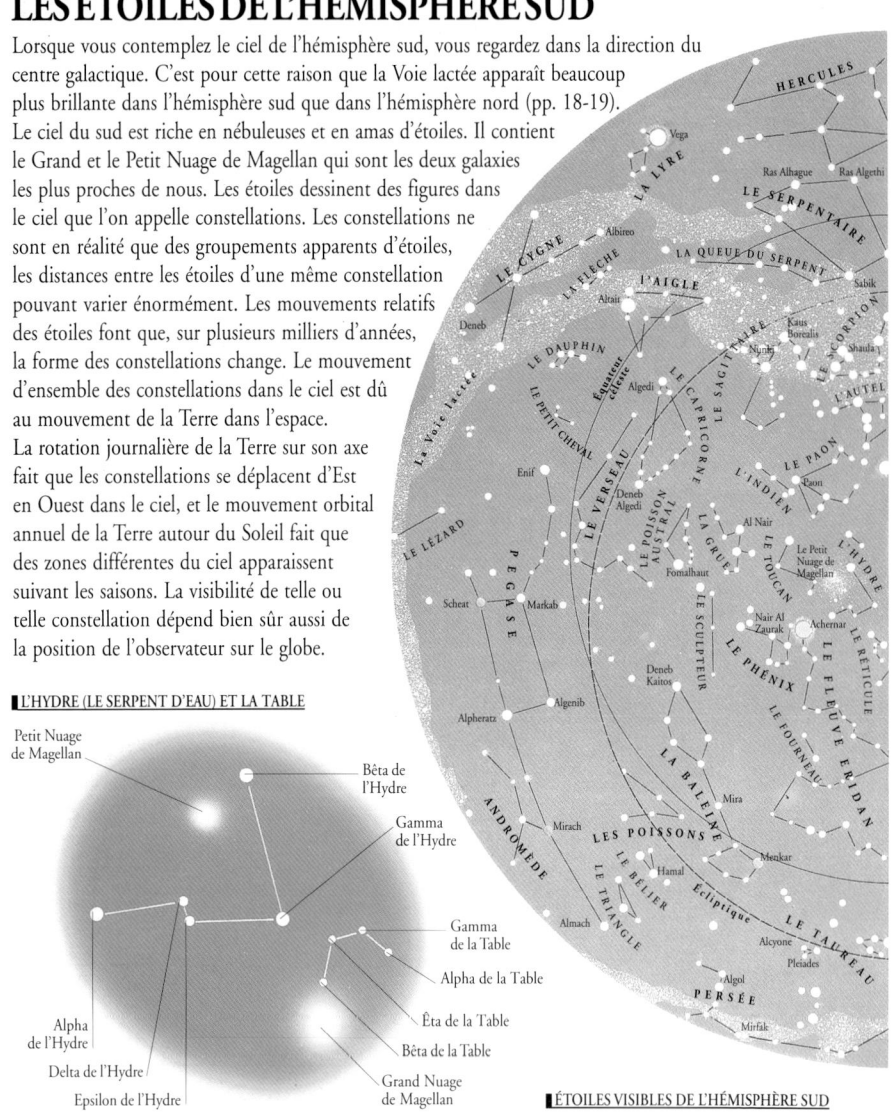

■ L'HYDRE (LE SERPENT D'EAU) ET LA TABLE

■ ÉTOILES VISIBLES DE L'HÉMISPHÈRE SUD

LES ÉTOILES DE L'HÉMISPHÈRE SUD

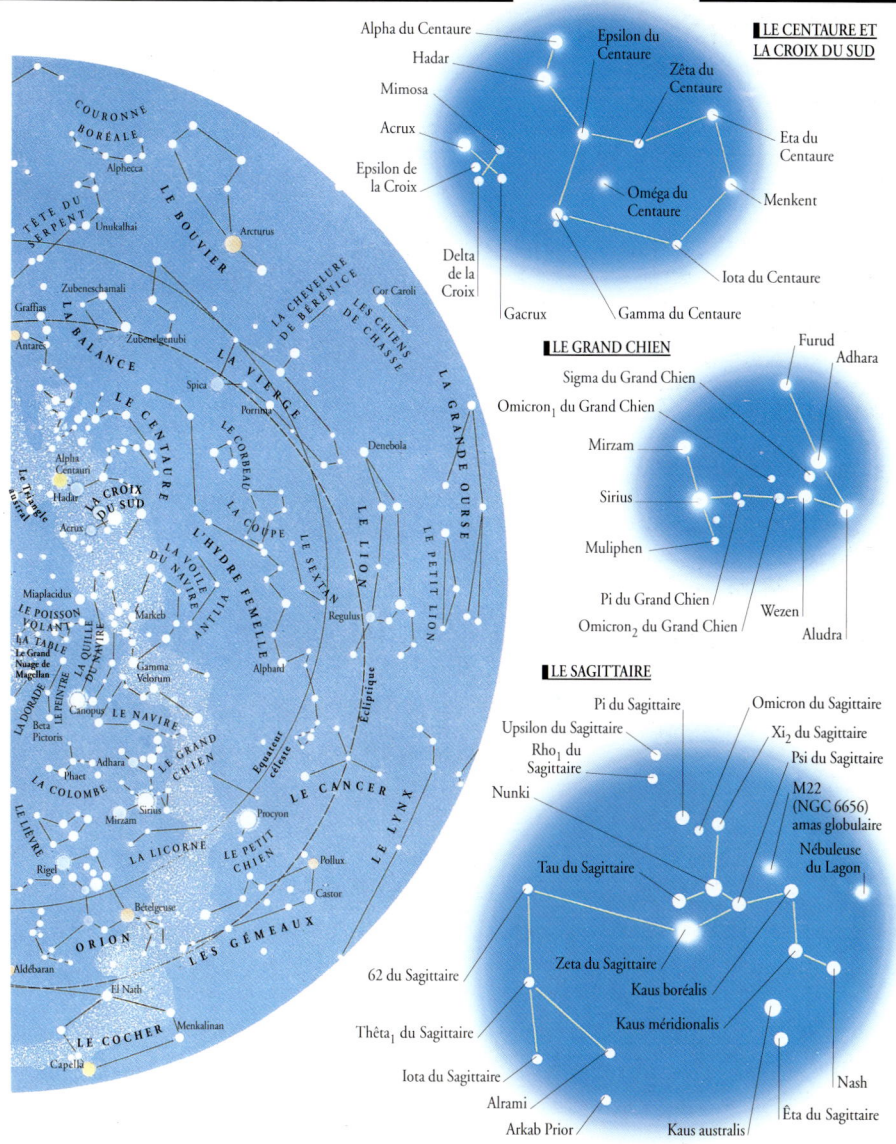

L'UNIVERS

LES ÉTOILES

Les étoiles sont des boules de gaz chaud et incandescent. Leur taille varie de 1/450è à 1 000 fois celle du Soleil ; leur masse est comprise entre 1/20è de la masse solaire et 50 masses solaires, et leur température de surface est comprise entre 3 000 °C et 50 000 °C. La couleur d'une étoile est liée à sa température : les plus chaudes sont bleues, les plus froides rouges. Le Soleil, avec une température de 5 500 °C à sa surface, se place entre ces deux extrêmes et nous apparaît jaune. L'énergie rayonnée par les étoiles provient de réactions de fusion nucléaire qui ont lieu dans leur cœur. La brillance d'une étoile est mesurée en magnitudes, la plus brillante ayant la magnitude la plus basse. Il y a deux types de magnitude : la magnitude apparente qui est la brillance mesurée depuis la Terre, et la magnitude absolue qui correspond à la luminosité intrinsèque de l'étoile. La lumière émise par une étoile peut être décomposée en un spectre contenant des séries de raies noires, les raies d'absorption. Les positions relatives de celles-ci indiquent la présence d'éléments chimiques particuliers, ce qui permet aux astronomes d'étudier la composition des atmosphères d'étoiles. Lorsque l'on représente la magnitude des étoiles en fonction de leur type spectral ou de leur couleur (diagramme de Hertzsprung-Russell), on s'aperçoit que les points sont regroupés selon certaines structures correspondant à des stades différents de l'évolution stellaire.

AMAS OUVERT D'ÉTOILES ET NUAGE DE POUSSIÈRE

■ DIAMÈTRES STELLAIRES

Une géante rouge (diamètre compris entre 15 millions et 150 millions de km)

Le Soleil (étoile de la séquence principale d'un diamètre de 1,4 million de km)

Naine blanche (entre 3 000 et 50 000 km de diamètre)

■ L'ÉNERGIE DU SOLEIL

La fusion nucléaire dans le cœur du Soleil produit des rayons gamma et des neutrinos.

Les neutrinos quittent directement le cœur du Soleil et voyagent vers la Terre en 8 min.

Le rayonnement de plus faible énergie parcourt la distance Terre-Soleil en 8 min.

Terre

Un rayonnement de plus faible énergie quitte la surface (principalement du rayonnement ultraviolet, visible et infrarouge).

Soleil

Les radiations de haute énergie (rayons gamma) perdent de l'énergie au cours de leur voyage vers la surface (2 millions d'années).

■ MAGNITUDES

MAGNITUDE APPARENTE

Sirius : magnitude apparente de - 1,46.

Rigel : magnitude apparente de + 0,12.

Les objets de magnitude apparente supérieure à + 5,5 ne peuvent pas être vus à l'œil nu.

Étoiles très brillantes

Étoiles les plus faibles

MAGNITUDE ABSOLUE

Rigel : magnitude absolue de - 7,1

Sirius : magnitude absolue de + 1,4

■ FUSION NUCLÉAIRE DANS LES ÉTOILES DE LA SÉQUENCE PRINCIPALE COMME LE SOLEIL

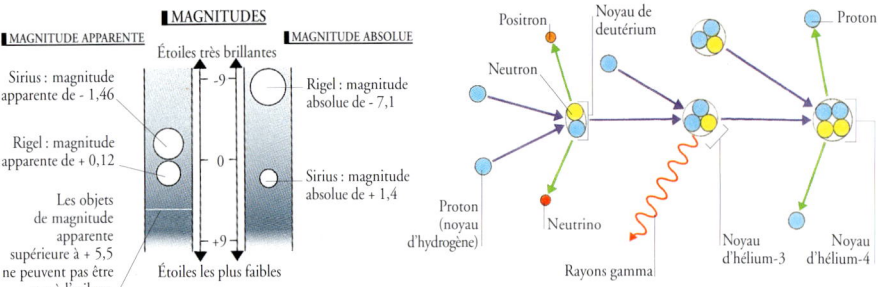

Positron — Noyau de deutérium — Proton
Neutron
Proton (noyau d'hydrogène) — Neutrino — Noyau d'hélium-3 — Noyau d'hélium-4
Rayons gamma

LES ÉTOILES / 23

DIAGRAMME DE HERTZSPRUNG-RUSSELL

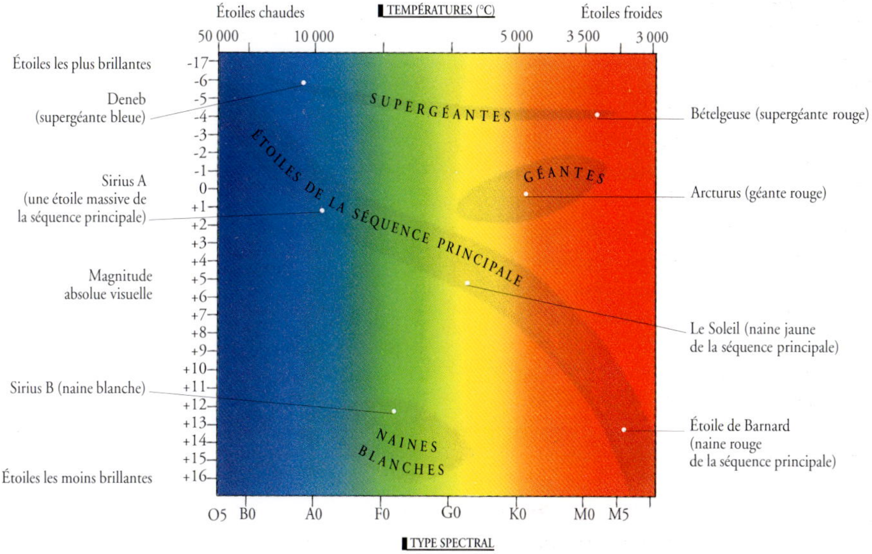

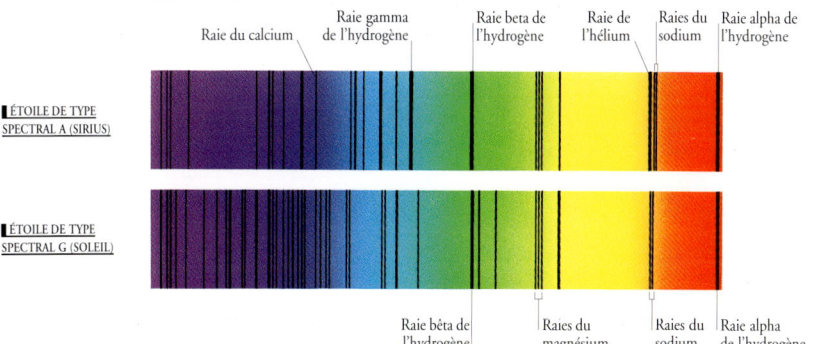

RAIES D'ABSORPTION DANS DES SPECTRES STELLAIRES

Raie du calcium — Raie gamma de l'hydrogène — Raie beta de l'hydrogène — Raie de l'hélium — Raies du sodium — Raie alpha de l'hydrogène

ÉTOILE DE TYPE SPECTRAL A (SIRIUS)

ÉTOILE DE TYPE SPECTRAL G (SOLEIL)

Raie bêta de l'hydrogène — Raies du magnésium — Raies du sodium — Raie alpha de l'hydrogène

L'UNIVERS

LES PETITES ÉTOILES

Les petites étoiles sont celles dont la masse est inférieure à une fois et demie la masse du Soleil. Une étoile se forme au sein d'une nébuleuse quand une région se contracte sous l'effet de sa propre gravité et se condense en une énorme boule de gaz et de poussières. Les régions où la matière est la plus condensée se réchauffent jusqu'à l'incandescence ; on a alors affaire à une proto-étoile. Si sa masse est suffisamment importante, sa température centrale peut atteindre 15 millions °C et permettre aux réactions nucléaires de commencer. L'énergie libérée empêche l'étoile de se contracter davantage et lui permet aussi de briller. La première phase de transformation d'hydrogène en hélium dure environ 10 milliards d'années pour une étoile comme le Soleil ; l'étoile est alors dans la séquence principale. Si la masse est de nouveau suffisamment grande, la température centrale s'élève et l'hélium commence à se transformer en carbone. À ce stade, le cœur de l'étoile se contracte et ses couches externes s'enflent et se refroidissent, et sa luminosité diminue : elle devient une géante rouge. Lorsque l'hélium du cœur est épuisé, l'enveloppe de l'étoile peut gonfler et former une nébuleuse planétaire. Le cœur résiduel devient alors une naine blanche qui se refroidit peu à peu puis s'éteint.

RÉGION DE FORMATION D'ÉTOILES DANS LA CONSTELLATION D'ORION

STRUCTURE D'UNE ÉTOILE DE LA SÉQUENCE PRINCIPALE

- Cœur contenant de l'hydrogène en train de se transformer en hélium
- Zone de radiation
- Zone de convection
- Température de surface : environ 5 500 °C
- Température du cœur : environ 15 millions °C

STRUCTURE D'UNE NÉBULEUSE

- Jeune étoile de la séquence principale
- Région dense de poussières et de gaz (principalement de l'hydrogène) se contractant sous l'effet de sa propre gravité pour former des globules proto-stellaires
- Émission de lumière rouge par l'hydrogène gazeux chaud et ionisé, stimulée par le rayonnement de jeunes étoiles chaudes
- Globule sombre de gaz (principalement de l'hydrogène) et de poussières se contractant pour former une proto-étoile

LA VIE D'UNE ÉTOILE D'ENVIRON UNE MASSE SOLAIRE

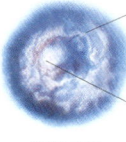

- Nuage de gaz froid (principalement de l'hydrogène et de la poussière)
- Région plus dense se condensant pour former une proto-étoile

NÉBULEUSE

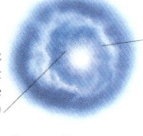

- Boule de gaz incandescent (de l'hydrogène essentiellement)
- Cocon (enveloppe de poussières repoussée au loin par le rayonnement de la proto-étoile)

PROTO-ÉTOILE (DURÉE : 50 MILLIONS D'ANNÉES)

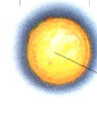

Environ 1,4 million de km

- L'étoile produit de l'énergie par fusion nucléaire.

ÉTOILE DE LA SÉQUENCE PRINCIPALE (DURÉE : 10 MILLIARDS D'ANNÉES)

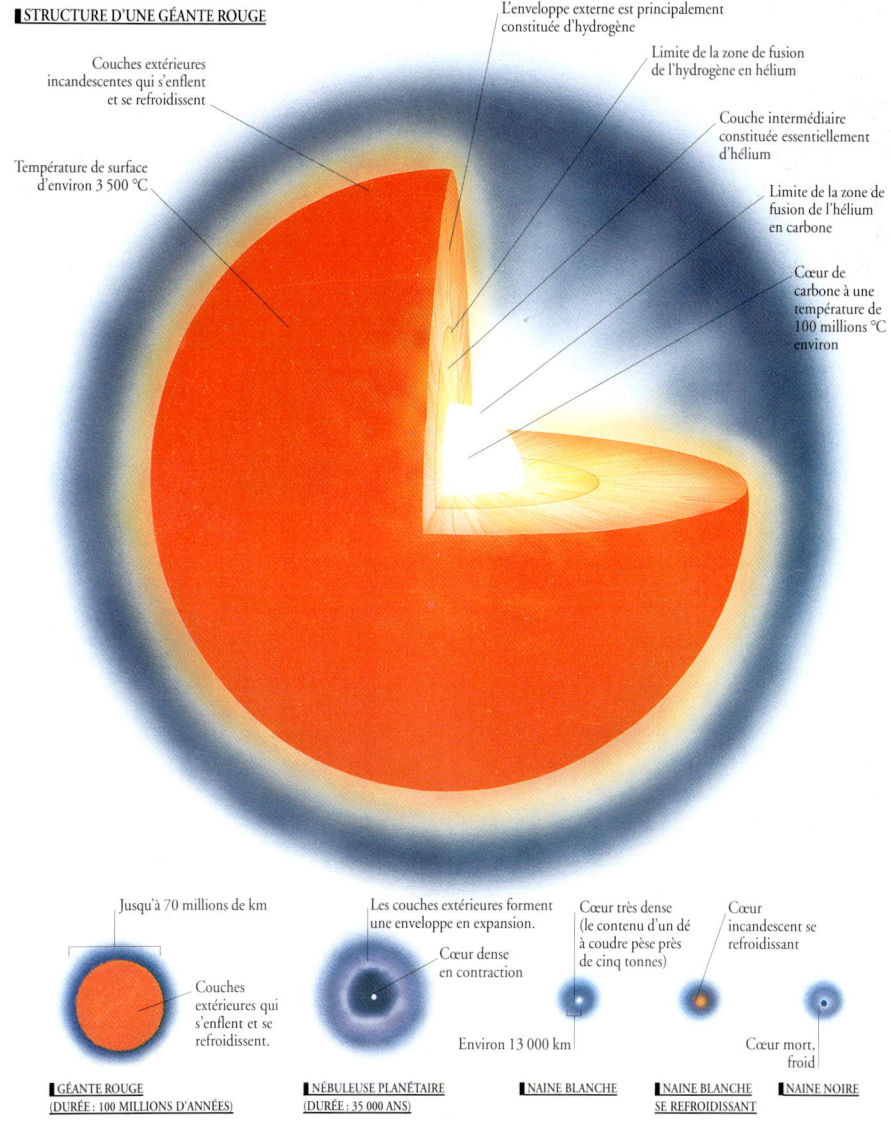

L'UNIVERS

LES ÉTOILES MASSIVES

On appelle étoiles massives celles dont la masse dépasse trois masses solaires ; certaines pouvant atteindre 50 masses solaires. Une étoile massive évolue de façon similaire à une petite étoile et brille continûment jusqu'à ce qu'elle ait transformé presque tout son hydrogène en hélium. Ce processus, qui dure plusieurs milliards d'années pour une petite étoile, ne dure que quelques millions d'années pour une étoile massive. L'étoile quitte ensuite la séquence principale et devient une supergéante rouge. Au cours des millions d'années qui suivent, l'étoile forme successivement en son centre une série d'éléments chimiques de plus en plus lourds, du carbone jusqu'au fer. Au stade ultime, le cœur de fer peut s'effondrer sur lui-même en moins d'une seconde, provoquant une gigantesque explosion dont l'onde de choc disperse les couches externes de l'étoile dans l'espace ; c'est ce qu'on appelle une supernova. S'il survit à l'explosion, le cœur résiduel peut se transformer en étoile à neutrons ou en trou noir (pp. 28-29).

SUPERNOVA

NÉBULEUSE DE LA TARENTULE
AVANT LA SUPERNOVA

STRUCTURE D'UNE SUPERGÉANTE ROUGE

L'enveloppe externe est principalement constituée d'hydrogène.

Couche composée majoritairement d'hélium

Couche composée majoritairement de carbone

Couche composée majoritairement d'oxygène

Couche composée majoritairement de silicium

Limite de la zone de fusion de l'hydrogène en hélium

Limite de la zone de fusion de l'hélium en carbone

Limite de la zone de fusion de carbone en oxygène

Limite de la zone de fusion d'oxygène en silicium

Limite de la zone de fusion de silicium en fer

Température de surface d'environ 3 000 °C

Les couches externes incandescentes s'enflent et se refroidissent.

Le cœur, principalement composé de fer, est à une température de 3 à 5 millions °C.

LA VIE D'UNE ÉTOILE MASSIVE D'UNE DIZAINE DE MASSES SOLAIRES

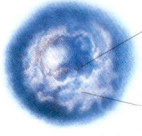

Région plus dense se condensant pour former une proto-étoile

Nuage de gaz froid (principalement de l'hydrogène et de la poussière)

NÉBULEUSE

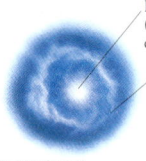

Boule de gaz incandescent (de l'hydrogène essentiellement)

Cocon (enveloppe de poussière repoussée au loin par le rayonnement de la proto-étoile)

PROTO-ÉTOILE
(DURÉE : 50 MILLIONS D'ANNÉES)

Environ 3 millions de km

L'étoile produit de l'énergie par fusion nucléaire.

ÉTOILE DE LA SÉQUENCE PRINCIPALE
(DURÉE : 10 MILLIONS D'ANNÉES)

LES ÉTOILES MASSIVES / 27

LA NÉBULEUSE DE LA TARENTULE
ET LA SUPERNOVA DE 1987

REPRÉSENTATION D'UNE SUPERNOVA

La matière éjectée par l'explosion se déplace à une vitesse de 10 000 km/s.

L'onde de choc issue du noyau se dirige vers l'extérieur à une vitesse de 30 000 km/s.

Une onde de choc inverse progresse vers l'intérieur ; la matière s'échauffe et brille.

L'explosion disperse à travers l'espace des éléments chimiques lourds.

Température centrale supérieure à 10 milliards °C

Le cœur se contracte ; après l'explosion, il ne restera plus que des neutrons.

Émission d'une énergie lumineuse équivalente à l'éclat d'un million de soleils

Cœur extrêmement dense (le contenu d'un dé à coudre pèse un milliard de tonnes)

ÉTOILE À NEUTRONS

Environ 10 km

Cœur dont la masse est inférieure à 3 masses solaires

Environ 100 millions de km

Les couches extérieures de l'étoile sont éjectées par l'explosion.

Cœur stellaire en contraction pouvant survivre après la supernova

Le cœur, dont la masse excède 3 masses solaires, continue à se contracter pour devenir un trou noir.

Les couches externes s'enflent et se refroidissent.

Disque d'accrétion

SUPERGÉANTE ROUGE
(DURÉE : 4 MILLIONS D'ANNÉES)

SUPERNOVA
(DURÉE DE VISIBILITÉ : 1 À 2 ANS)

TROU NOIR

L'UNIVERS

LES ÉTOILES À NEUTRONS ET LES TROUS NOIRS

Les étoiles à neutrons et les trous noirs sont ce qui reste du cœur d'une étoile après qu'elle a explosé en supernova (pp. 26-27). Si le résidu de l'étoile a une masse comprise entre une demi et trois masses solaires, le cœur se contracte et devient une étoile à neutrons. Si sa masse est plus importante, l'étoile s'effondre sur elle-même et forme un trou noir. Une étoile à neutrons a un diamètre d'une dizaine de kilomètres, et sa densité est telle qu'un dé à coudre de matière stellaire pèse environ un milliard de tonnes. Les étoiles à neutrons tournent très rapidement et émettent deux faisceaux d'ondes radio qui balayent le ciel comme un phare. On les détecte sous la forme de courtes pulsations radio très rapides, c'est pourquoi on les appelle alors des pulsars. Les trous noirs se caractérisent par une gravité extrêmement forte, si puissante que même la lumière ne peut s'en échapper. C'est la raison pour laquelle ils sont invisibles. On réussit cependant à les détecter lorsqu'ils ont une étoile comme proche compagnon. Le gaz de cette étoile est alors happé dans le fort champ de gravitation, formant un disque d'accrétion qui s'enroule en spirale autour du trou noir. Cette matière, chutant à très grande vitesse, se réchauffe et rayonne ; mais elle peut aussi traverser l'horizon événementiel du trou noir (sa limite), et disparaître à jamais hors de l'univers visible.

Rayonnement X issu du pulsar (l'étoile à neutrons effectue 30 tours chaque seconde.)

Émission X provenant du centre de la nébuleuse

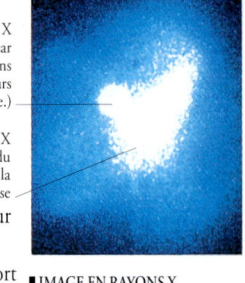

IMAGE EN RAYONS X DE LA NÉBULEUSE DU CRABE (RESTES DE SUPERNOVA)

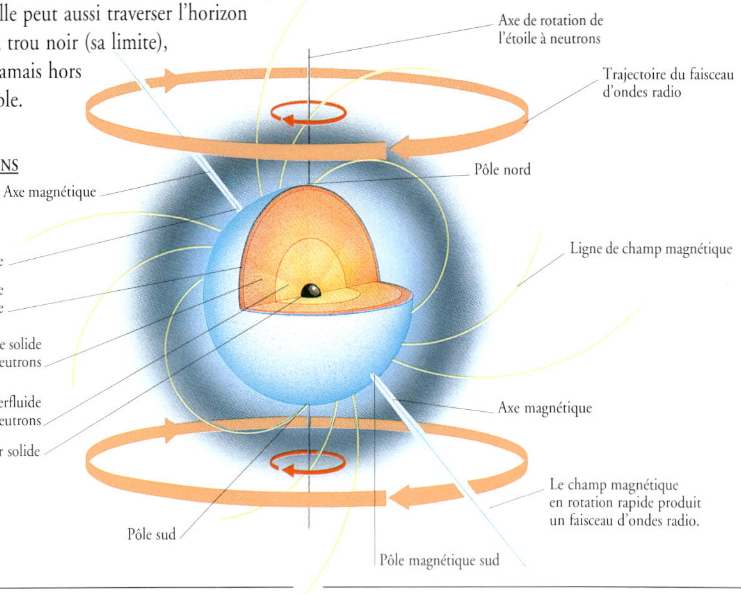

PULSAR (ÉTOILE À NEUTRONS EN ROTATION)

- Axe magnétique
- Pôle nord magnétique
- Croûte externe cristalline
- Croûte interne solide et riche en neutrons
- Couche superfluide de neutrons
- Cœur solide
- Pôle sud
- Axe de rotation de l'étoile à neutrons
- Trajectoire du faisceau d'ondes radio
- Pôle nord
- Ligne de champ magnétique
- Axe magnétique
- Le champ magnétique en rotation rapide produit un faisceau d'ondes radio.
- Pôle magnétique sud

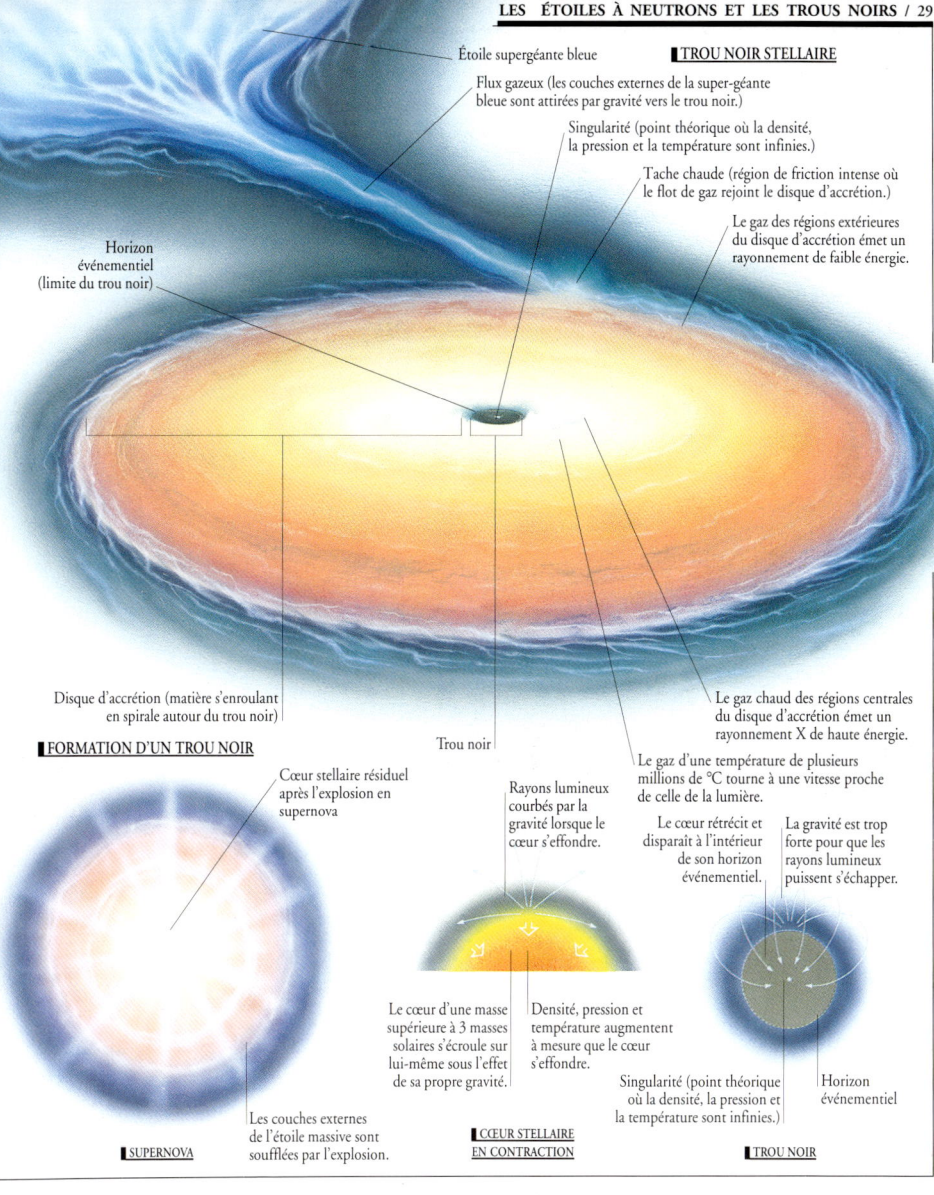

L'UNIVERS

LE SYSTÈME SOLAIRE

Le système solaire se compose d'une étoile centrale (le Soleil) autour de laquelle gravitent les 9 planètes et leurs 61 lunes connues, des astéroïdes, des comètes, et des météorites. La plupart de ces corps suivent des orbites elliptiques dans le plan équatorial du Soleil. Le système solaire dans son ensemble est lui-même en orbite autour du centre de notre Galaxie, la Voie lactée (pp. 14-15). On distingue deux groupes principaux de planètes : les quatre petites planètes rocheuses les plus proches du Soleil (Mercure, Vénus, Terre, Mars), et les quatre lointaines géantes gazeuses (Jupiter, Saturne, Uranus, Neptune). Pluton est très petite, solide, et glacée ; elle constitue à elle seule une classe à part. Elle est la planète la plus éloignée du Soleil sauf lorsqu'elle passe brièvement à l'intérieur de l'orbite de Neptune. Le système solaire contient aussi du gaz et de nombreuses poussières interplanétaires.

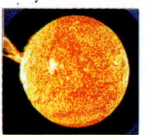
LE SOLEIL

L'ORBITE D'UNE PLANÈTE

- Périhélie (le point de l'orbite le plus proche du Soleil)
- Soleil
- Orbite elliptique
- Planète en orbite autour du Soleil
- Sens de rotation de la planète
- Aphélie (le point de l'orbite le plus éloigné du Soleil)
- Aphélie de Neptune : 4 537 millions de km

LES ORBITES DES PLANÈTES INTÉRIEURES

- Mercure
- Périhélie de Mercure : 45,9 millions de km
- Périhélie de Vénus : 107,4 millions de km
- Périhélie de la Terre : 147 millions de km
- Vitesse orbitale moyenne de Vénus : 35,03 km/s
- Vitesse orbitale moyenne de Mercure : 47,89 km/s
- Vitesse orbitale moyenne de la Terre : 29,79 km/s
- Vitesse orbitale moyenne de Mars : 24,13 km/s
- Mars
- Périhélie de Mars : 206,7 millions de km
- Terre
- Vénus
- Soleil
- Aphélie de Mercure : 69,7 millions de km
- Ceinture d'astéroïdes
- Aphélie de Vénus : 109 millions de km
- Aphélie de la Terre : 152 millions de km
- Aphélie de Mars : 249 millions de km
- Aphélie de Pluton : 7 375 millions de km

MERCURE
Année : 87,97 jours terrestres
Masse : 0,06 masse terrestre
Diamètre : 4 878 km

VÉNUS
Année : 224,7 jours terrestres
Masse : 0,81 masse terrestre
Diamètre : 12 103 km

TERRE
Année : 365,26 jours
Masse : 1 masse terrestre
Diamètre : 12 756 km

MARS
Année : 1,88 année terrestre
Masse : 0,11 masse terrestre
Diamètre : 6 786 km

JUPITER
Année : 11,86 années terrestres
Masse : 317,94 masses terrestres
Diamètre : 142 984 km

LES ORBITES DES PLANÈTES EXTÉRIEURES

- Périhélie d'Uranus : 2 735 millions de km
- Orbites des planètes intérieures
- Soleil
- Périhélie de Saturne : 1 347 millions de km
- Saturne
- Périhélie de Jupiter : 740,9 millions de km
- Jupiter
- Uranus
- Aphélie de Saturne : 1 507 millions de km
- Aphélie de Jupiter : 815,7 millions de km
- Vitesse orbitale moyenne de Jupiter : 13,06 km/s
- Aphélie d'Uranus : 3 004 millions de km
- Vitesse orbitale moyenne de Saturne : 9,64 km/s
- Vitesse orbitale moyenne d'Uranus : 6,81 km/s
- Neptune
- Pluton
- Sens du mouvement orbital
- Vitesse orbitale moyenne de Neptune : 5,43 km/s
- Vitesse orbitale moyenne de Pluton : 4,74 km/s

INCLINAISON DES ORBITES PLANÉTAIRES PAR RAPPORT À L'ÉCLIPTIQUE

- Pluton : 17,2°
- Mercure : 7°
- Vénus : 3,39°
- Saturne : 2,49°
- Mars : 1,85°
- Neptune : 1,77°
- Jupiter : 1,3°
- Uranus : 0,77°

Écliptique (plan de l'orbite terrestre)   Terre : 0°

SATURNE
Année : 29,46 années terrestres
Masse : 95,18 masses terrestres
Diamètre : 120 536 km

URANUS
Année : 84,01 années terrestres
Masse : 14,54 masses terrestres
Diamètre : 51 118 km

NEPTUNE
Année : 164,79 années terrestres
Masse : 17,14 masses terrestres
Diamètre : 49 528 km

PLUTON
Année : 248,54 années terrestres
Masse : 0,0022 masse terrestre
Diamètre : 2 300 km

LE SOLEIL

Le Soleil est l'étoile qui se trouve au centre du système solaire. Il est âgé d'environ 5 milliards d'années et continuera à briller pendant encore 5 milliards d'années. Le Soleil est une étoile jaune de la séquence principale (pp. 22-23) et son diamètre mesure environ 1,4 million de kilomètres. Il est presque entièrement constitué d'hydrogène et d'hélium. Dans son cœur, l'hydrogène est transformé en hélium par fusion nucléaire. L'énergie produite au cours de ce processus voyage vers la photosphère (la surface visible) en traversant successivement les zones radiatives et convectives, puis quitte le Soleil sous forme de chaleur et de lumière. On observe sur la photosphère des régions sombres et relativement froides appelées les taches solaires ; elles apparaissent généralement par paires ou en petits groupes et correspondent à des zones de fort champ magnétique. Associés à ces taches, il existe d'autres types d'activité solaire tels que des éruptions violentes et des protubérances. Les éruptions sont de soudaines décharges de rayonnement de haute énergie accompagnées de jets de particules atomiques. Les protubérances sont d'immenses boucles ou filaments de gaz qui s'étendent dans l'atmosphère du Soleil. Au-dessus de la photosphère, se trouvent la chromosphère (atmosphère interne) et la couronne (atmosphère externe très peu dense).

PHOTOSPHÈRE SOLAIRE

COMMENT SE PASSE UNE ÉCLIPSE SOLAIRE

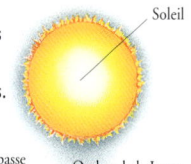

Soleil

La Lune passe entre le Soleil et la Terre.

Ombre de la Lune (interne, zone d'occultation totale)

Région de la Terre d'où l'on peut voir une éclipse totale

Région de la Terre d'où l'on peut voir une éclipse partielle

Pénombre (externe, zone d'occultation partielle)

La Terre

Ombre de la Terre

Pénombre

DÉTAIL DE LA SURFACE

Boucle de gaz

Protubérance (jet de gaz en bordure du disque solaire qui s'étend sur plusieurs centaines de milliers de kilomètres)

Spicule (jet vertical de gaz)

Photosphère (surface visible)

Chromosphère (atmosphère interne)

ÉCLIPSE SOLAIRE TOTALE

Couronne (atmosphère externe, gaz diffus et extrêmement chaud)

La Lune occulte le disque solaire.

TACHES SOLAIRES

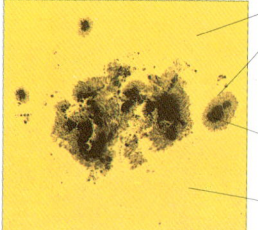

Granulations

Pénombre (région externe plus lumineuse contenant des fibrilles radiales)

Ombre (région interne plus sombre), environ 4 000 °C

La photosphère a une température d'environ 5 500 °C.

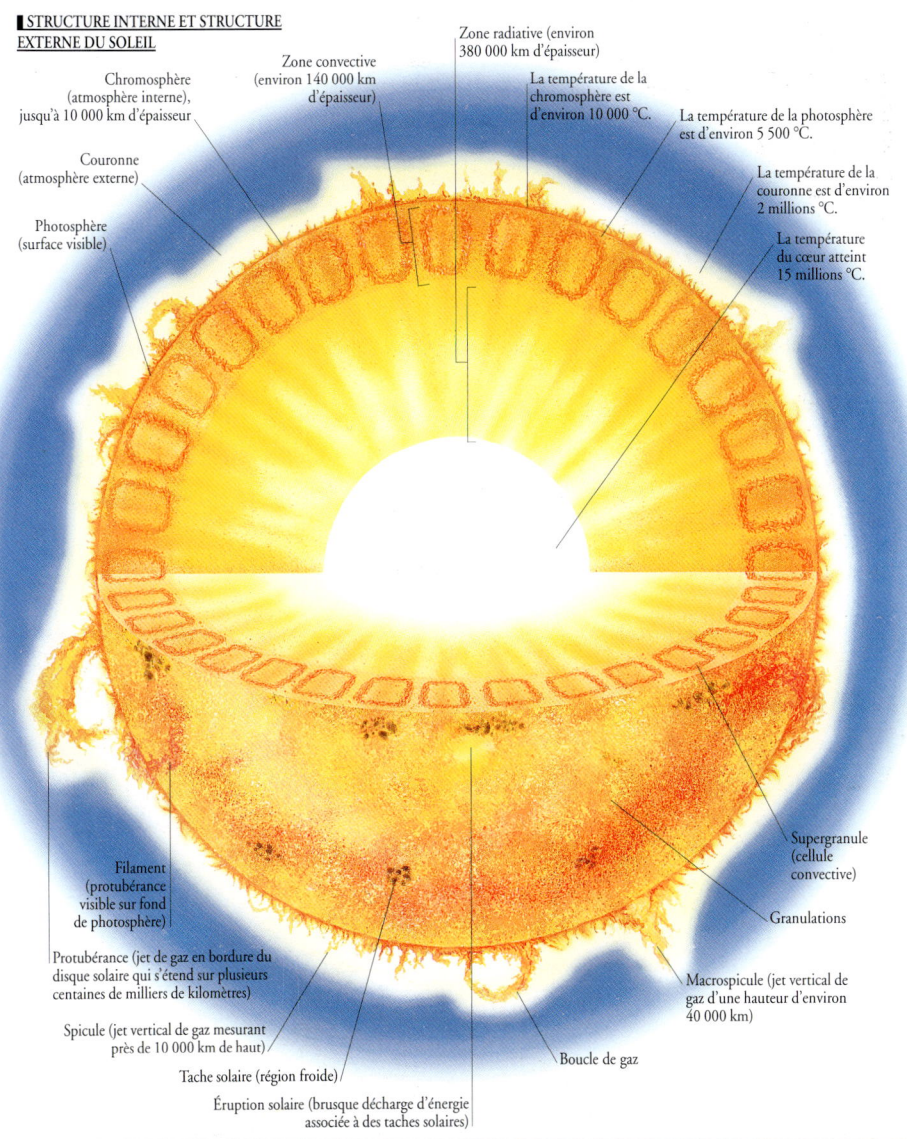

L'UNIVERS

MERCURE

Mercure est la planète la plus proche du Soleil ; de ce fait, elle est aussi la plus rapide, avec une vitesse orbitale de 48 km/s et une « année » (une révolution complète) de moins de 88 jours terrestres. Mercure est rocheuse et, bien qu'il existe à sa surface des plaines relativement lisses, la majeure partie de son sol est couvert de cratères d'impacts de météorites.

MERCURE

Le bassin Caloris est le plus grand de ces cratères (1 300 km de diamètre). On pense qu'il s'est formé lorsqu'un gros bloc de roche de la taille d'un astéroïde a percuté la planète ; l'onde sismique provoquée par la collision aurait créé les chaînes concentriques de montagnes qui entourent le cratère. La surface comporte aussi de nombreuses rides et fractures (rupes) : on pense qu'elles se seraient formées il y a environ 4 milliards d'années, lorsque le cœur chaud de la jeune planète s'est refroidi et contracté en entraînant la déformation de la croûte externe. La planète tourne très lentement autour de son axe, effectuant un tour sur elle-même en 59 jours terrestres. En conséquence, le jour solaire mercurien (du lever au lever) dure 176 jours terrestres, soit le double d'une année mercurienne de 88 jours terrestres. La surface de Mercure subit des écarts extrêmes de température : jusqu'à + 430 °C le jour et - 170 °C la nuit.

■ INCLINAISON ET ROTATION DE MERCURE

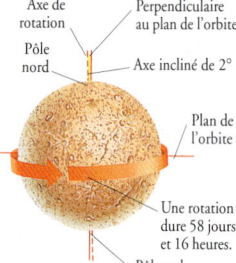

■ LES CRATÈRES DEGAS ET BRONTË

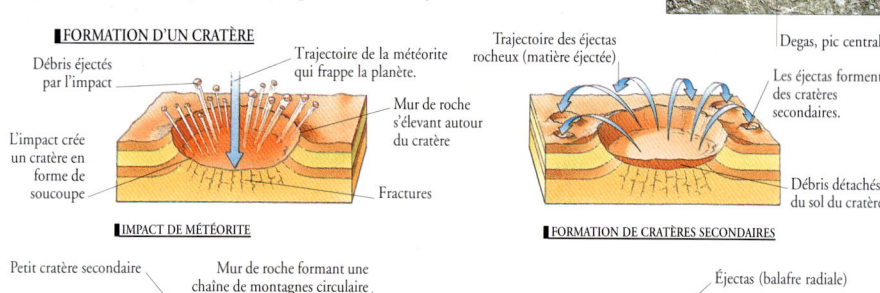

■ IMPACT DE MÉTÉORITE

■ FORMATION DE CRATÈRES SECONDAIRES

■ CRATÈRE

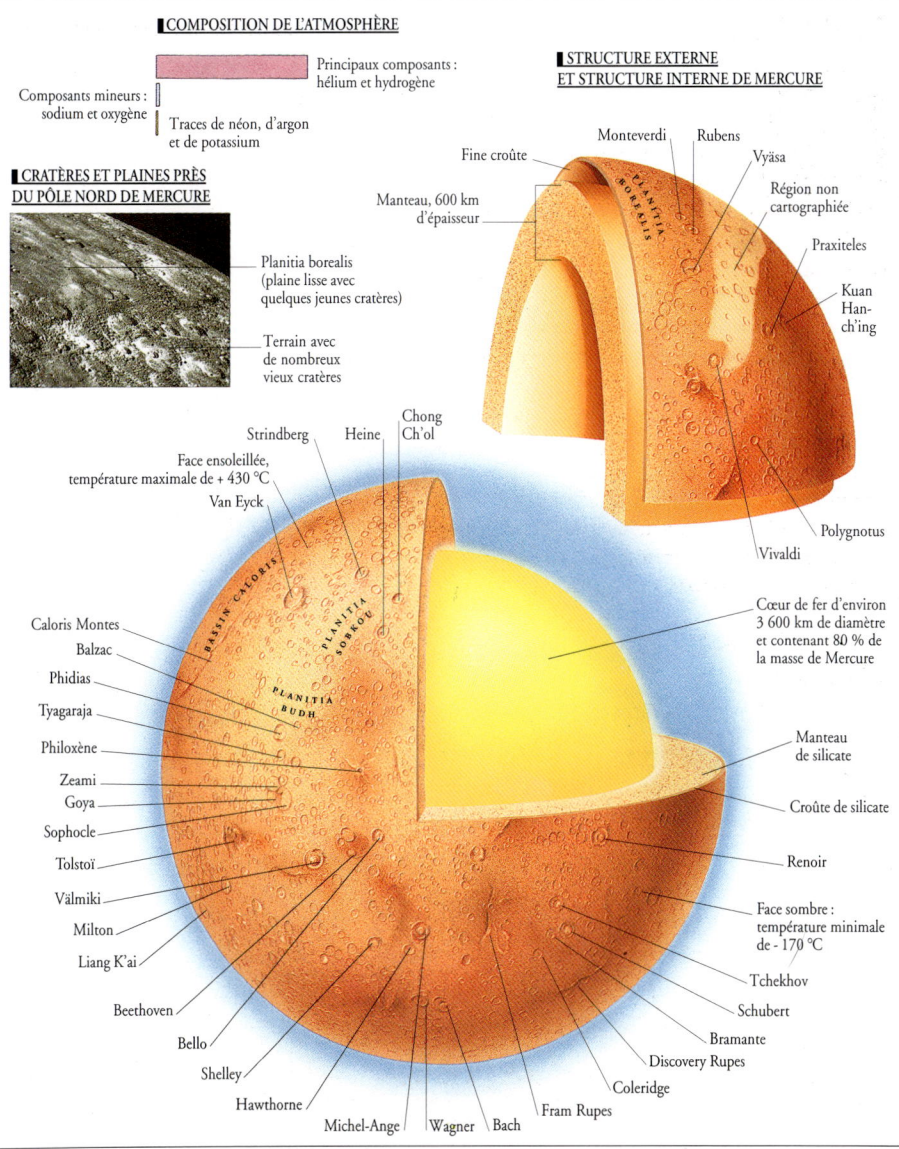

VÉNUS

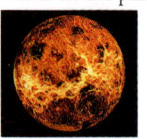

IMAGE RADAR DE VÉNUS

Vénus est une planète rocheuse à peine plus petite que la Terre et a probablement une structure interne similaire : un noyau métallique semi-solide, entouré d'un manteau rocheux et d'une croûte. Son atmosphère réfléchit fortement la lumière solaire et en fait, après le Soleil et la Lune, l'objet le plus brillant du ciel. L'atmosphère de Vénus est composée principalement de dioxyde de carbone, qui piège la chaleur et provoque un formidable effet de serre, bien plus fort que sur Terre. Vénus est la planète la plus chaude ; sa température de surface peut atteindre 480 °C. Son épaisse couche nuageuse contient des gouttelettes d'acide sulfurique en suspension et se déplace autour de la planète poussée par des vents pouvant atteindre 360 km/h. Bien que la planète tourne très lentement (un tour en 243 jours terrestres), les nuages en font le tour en seulement 4 jours terrestres. Les hautes températures, les nuages d'acide ainsi que l'énorme pression atmosphérique (90 fois celle de la Terre) fabriquent un environnement extrêmement hostile. Sa surface est sèche et poussiéreuse, on y découvre des cratères d'impacts, des montagnes, des volcans et des plaines de lave solidifiée. Il existe deux grands plateaux de la taille d'un continent terrestre, appelés Ishtar Terra et Aphrodite Terra.

INCLINAISON ET ROTATION DE VÉNUS

Axe de rotation
Perpendiculaire au plan de l'orbite
Pôle nord
Axe incliné de 2°
Plan de l'orbite
Pôle sud
Une rotation dure 243 jours et 14 minutes.

STRUCTURES NUAGEUSES

Calotte polaire
Bande sombre en latitude moyenne
Nuages balayés par des vents de 360 km/h
Teinte jaunâtre due à la présence d'acide sulfurique dans l'atmosphère
Bande polaire claire

CRATÈRES VÉNUSIENS

Danilova
Éjectas (matière éjectée)
Pic central
Howe

CARTE RADAR EN FAUSSES COULEURS DE LA SURFACE DE VÉNUS

Metis Regio
Maxwell Montes
Bell Regio
Thetus Regio
Atalanta planitia
Sedna Planitia
Leda planitia
Eisila Regio
Tellus Regio
Guinevere Planitia
Niobe Planitia
Phoebe Regio
Alpha Regio
Ovda Regio
Themis Regio
Thetis Regio
Lavinia planitia
Aino Planitia
Helen Planitia
Lada Terra

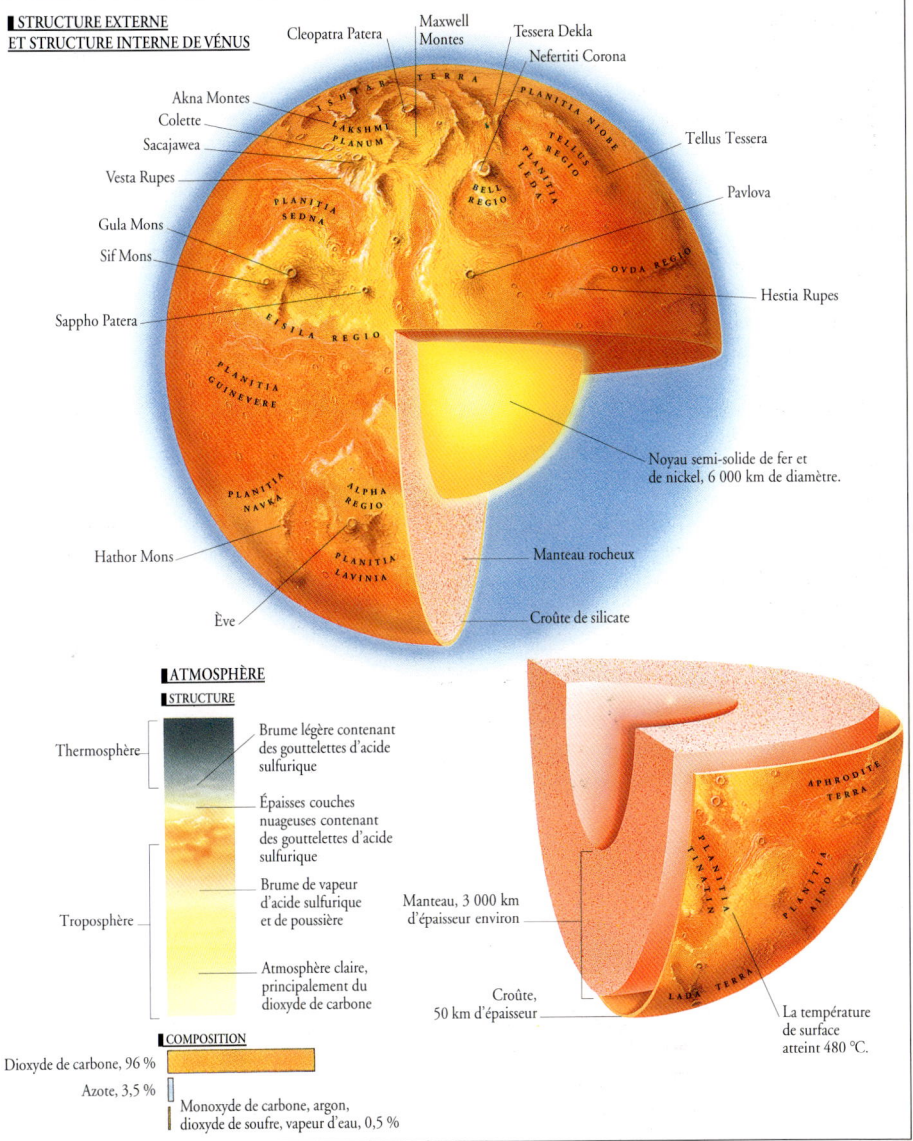

LA TERRE

La Terre est la plus grande et la plus dense des planètes rocheuses. Environ 70 % de sa surface est recouverte par de l'eau, que l'on ne trouve sous forme liquide dans aucune des autres planètes. Sa structure interne se décompose en quatre couches principales : le noyau interne, ou graine, le noyau externe, le manteau et la croûte. Le noyau interne, au cœur de la planète, est solide et sa température est d'environ 4 000 °C. La chaleur qu'il dégage est à l'origine de courants de convection qui brassent les matériaux à l'intérieur du noyau externe et du manteau. On pense que ce sont ces courants de convection qui créent le champ magnétique terrestre dont l'extension dans l'espace est appelée la magnétosphère. La Terre possède un satellite naturel, la Lune, suffisamment grand pour que les deux corps puissent être considérés comme un système planétaire double.

LA TERRE

INCLINAISON ET ROTATION DE LA TERRE

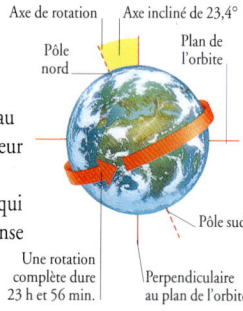

Axe de rotation — Axe incliné de 23,4°
Pôle nord
Plan de l'orbite
Pôle sud
Une rotation complète dure 23 h et 56 min.
Perpendiculaire au plan de l'orbite

LA FORMATION DE LA TERRE

Les collisions provoquent un échauffement de la planète qui devient incandescente.

Nuage constitué de particules de glace et de roches qui s'agglomèrent pour former des planètes.

Des micro-organismes commencent la photosynthèse et produisent de l'oxygène.

IL Y A 4,6 MILLIARDS D'ANNÉES, LE SYSTÈME SOLAIRE S'EST FORMÉ À PARTIR D'UN NUAGE DE GAZ ET DE POUSSIÈRES.

LA TERRE S'EST FORMÉE À PARTIR DE ROCHES EN COLLISION.

IL Y A 4,5 MILLIARDS D'ANNÉES, LA SURFACE S'EST REFROIDIE ET A FORMÉ UNE CROÛTE.

LES CONTINENTS SE SONT DISLOQUÉS PUIS REFORMÉS, PRENANT GRADUELLEMENT LEURS POSITIONS ACTUELLES.

L'ATMOSPHÈRE DE LA TERRE

Le vent solaire entre dans l'atmosphère et produit des aurores.

Magnétosphère

Vent solaire (flot de particules chargées électriquement)

Ceinture de radiation de Van Allen
La Terre
Axe des pôles géographiques
Axe des pôles magnétiques

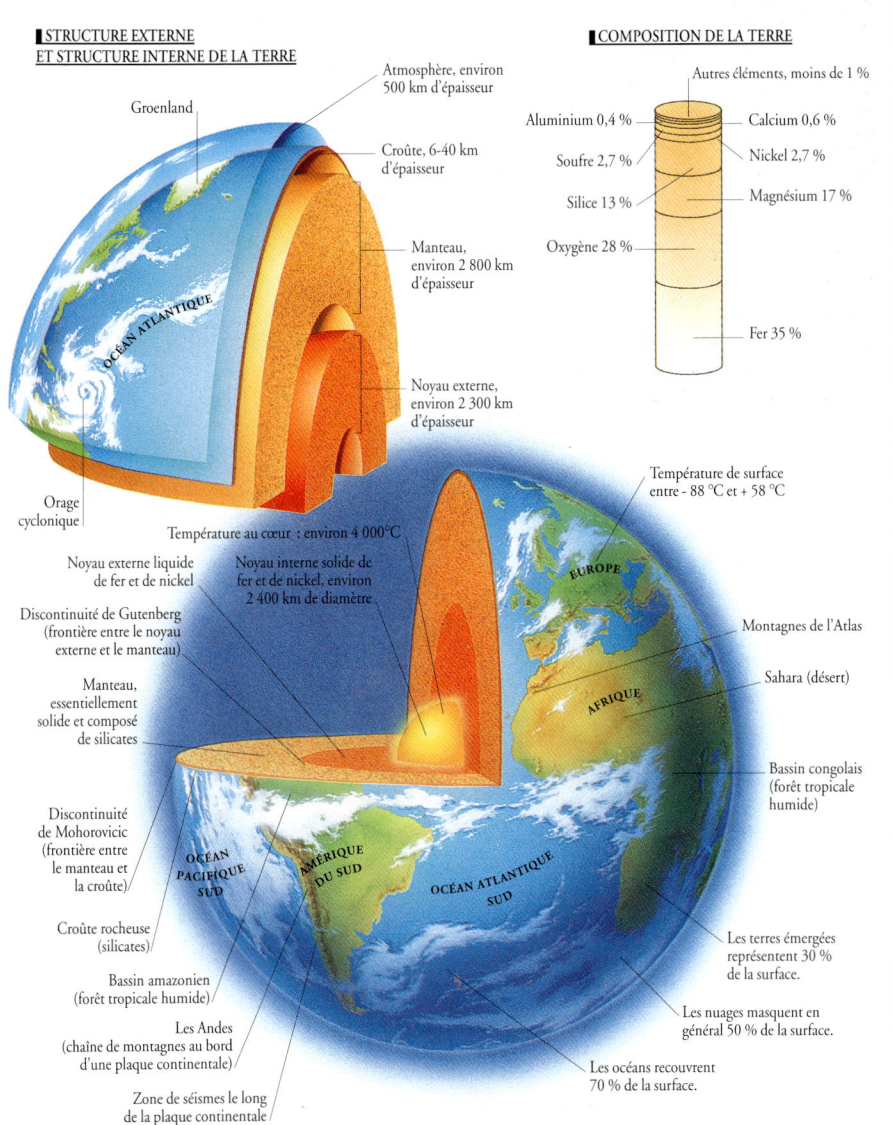

L'UNIVERS

LA LUNE

■ INCLINAISON ET ROTATION DE LA LUNE

La Lune est le seul satellite naturel de la Terre. La Lune a un mouvement synchrone : sa période de rotation sur elle-même est égale à sa période de révolution autour de la Terre (23,7 jours) ; elle nous montre donc toujours la même face. Nous ne pouvons cependant en apercevoir que la partie éclairée par le Soleil ; c'est ce qui donne les phases de la Lune. La Lune est sèche et aride, sans eau ni atmosphère. Bien que son cœur contienne de la roche et du fer en fusion, elle est principalement solide. Sa surface est couverte de poussière. Certaines zones, les « continents », sont criblées de cratères causés par des impacts de météorites, et d'autres, les « mers », correspondent à des régions de plus basse altitude dont les grands cratères ont été comblés par de la lave. La plupart des cratères sont entourés de chaînes de montagnes qui forment de gigantesques murs circulaires ; ceux-ci peuvent atteindre plusieurs milliers de mètres de hauteur.

LA LUNE VUE DE LA TERRE

Axe de rotation
Perpendiculaire au plan de l'orbite
Axe incliné de 6,7°
Pôle nord
Plan de l'orbite
Une rotation dure 27 jours terrestres et 8 h.
Pôle sud

■ CRATÈRES DANS OCEANUS PROCELLARUM

Aristarque
Tête du Cobra (extrémité de la Vallée de Schröter)
Hérodote

■ FACE VISIBLE DE LA LUNE

De La Rue
Aristote
Aristillus
Platon
Archimède
Montes Jura
Sinus Iridum
Trace claire de matériaux éjectés
Copernic
Aristarque
Kepler
Encke
Flamsteed
Fra Mauro
Grimaldi
Letronne
Gassendi
Mersenne
Pitatus
Schickard
Alphonsus
Bailly
Tycho
Clavius
Maginus
Deslandres
Stöfler
Walter
Arzachel
Ptolémée
Albategnius
Altaï Rupes
Catharina
Furnerius
Fracastorius
Petavius
Cyrillus
Vendelinus
Langrenus
Jules César
Macrobe
Cléomède
Montes Apenninus
Atlas
Hercule

MARE FRIGORIS
MARE IMBRIUM
MARE SERENITATIS
MARE CRISIUM
MARE VAPORUM
MARE TRANQUILLITATIS
MARE FECUNDITATIS
OCEANUS PROCELLARUM
MARE NECTARIS
MARE NUBIUM
MARE HUMORUM

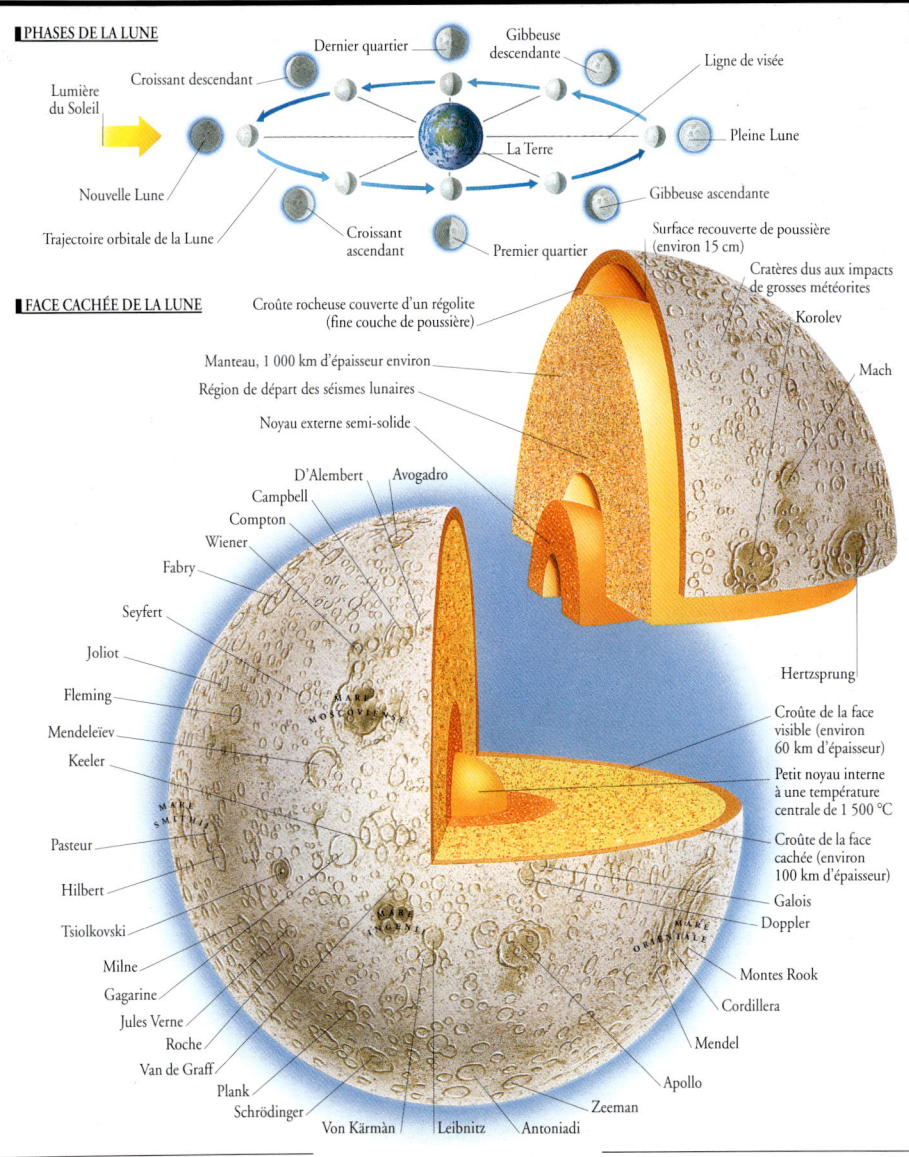

L'UNIVERS

MARS

MARS

Mars, la planète rouge, est la plus externe des planètes rocheuses. Au XIXe siècle, certains astronomes crurent observer des signes d'existence de vie sur Mars. On parla en particulier d'un réseau de canaux étendu sur toute sa surface, et de larges zones sombres interprétées comme des zones de végétation. On sait maintenant que ces « canaux » ne sont qu'une illusion d'optique et que ces zones sombres correspondent à des nuages de poussière rouge soulevée par les forts vents qui balayent la planète. L'hémisphère Nord de Mars contient principalement de grandes plaines volcaniques composées de lave solidifiée, tandis que l'on observe dans l'hémisphère Sud de nombreux cratères et de larges bassins d'impact. On trouve aussi beaucoup de canyons, de cours d'eau asséchés, et quelques gigantesques volcans éteints (le mont Olympe, qui mesure 600 km de diamètre pour une altitude de 25 km, est le plus grand volcan connu du système solaire). Si les canyons sont probablement dus à des déformations de la croûte, les lits des rivières semblent bien avoir été creusés par des écoulements d'eau. Mars possède deux petites lunes de forme irrégulière : Phobos et Deimos. Il pourrait s'agir, d'après leur petite taille, de deux astéroïdes qui auraient été capturés par la gravité de la planète.

INCLINAISON ET ROTATION DE MARS

Axe de rotation
Axe incliné de 24°
Perpendiculaire au plan de l'orbite
Pôle nord
Plan de l'orbite
Pôle sud
Une rotation dure 24 h et 37 min.

STRUCTURES À LA SURFACE DE MARS

Brouillard brillant de particules de glace

Brouillard dans un canyon d'environ 20 km de large à l'extrémité de Valles Marineris

Syria Planum

NOCTIS LABYRINTHUS

MONT OLYMPE

Caldeira, dépression créée par la lave qui s'est contractée en se refroidissant

Cratère

Faible pente produite par le flot de lave

Formation nuageuse

LA SURFACE DE MARS

Zone sombre où la poussière a été soulevée par le vent.

Calotte polaire sud

Surface couverte de poussière d'oxyde de fer de couleur rouge

LES LUNES DE MARS

PHOBOS
Diamètre moyen : 22 km
Distance moyenne à la planète : 9 400 km

DEIMOS
Diamètre moyen : 13 km
Distance moyenne à la planète : 23 500 km

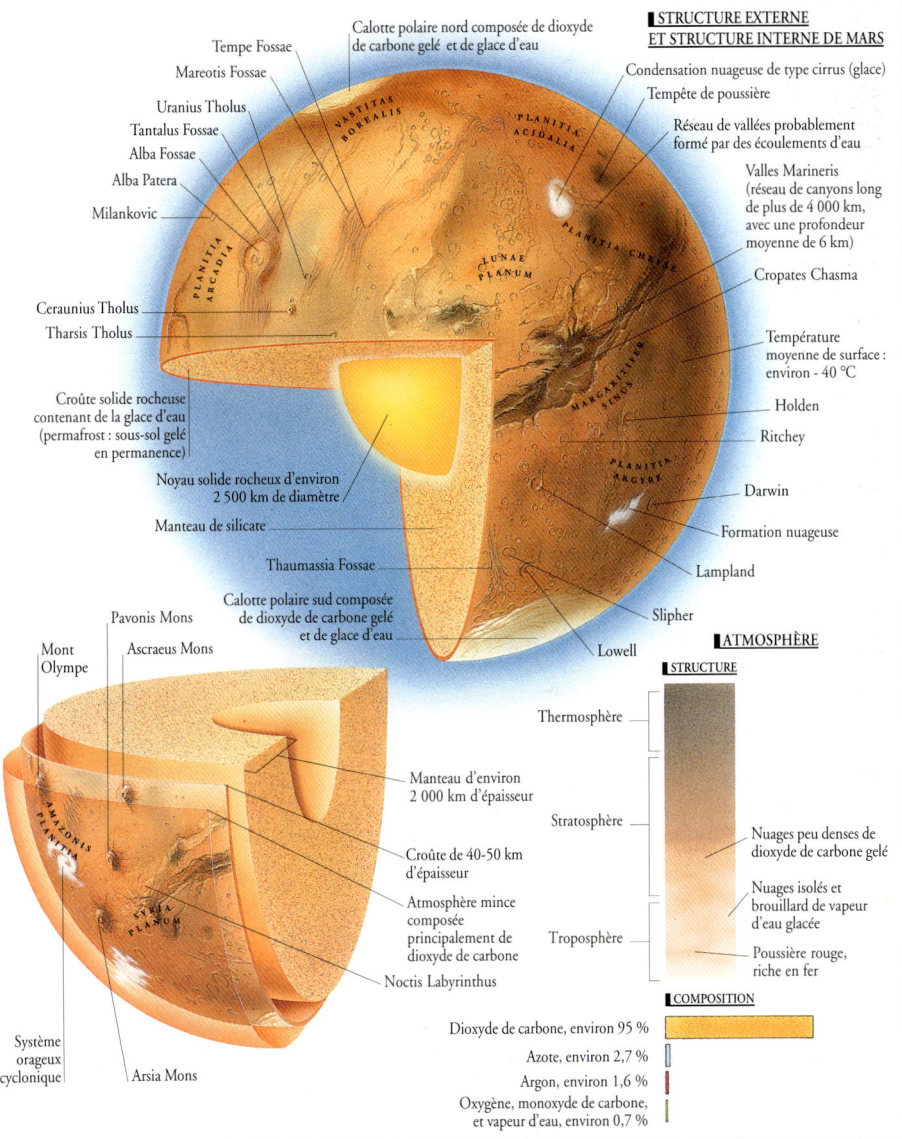

L'UNIVERS

JUPITER

Jupiter est la plus grande et la plus massive des quatre planètes géantes : son diamètre est égal à onze fois celui de la Terre, et sa masse représente deux fois et demie la masse des huit autres planètes réunies. On pense que Jupiter possède un petit noyau rocheux entouré par un manteau interne d'hydrogène métallique (hydrogène liquide qui se comporte comme un métal).

JUPITER

À l'extérieur de ce dernier, se trouve le manteau externe, composé d'hydrogène et d'hélium liquides, qui se fond à l'atmosphère gazeuse de la planète. À cause de la rotation rapide de Jupiter, les nuages de son atmosphère forment des « bandes » et des « zones » qui encerclent la planète parallèlement à l'équateur. Les bandes sont sombres et correspondent à des couches relativement chaudes et de basse altitude ; les zones sont brillantes, leur rayonnement provenant de couches plus élevées et plus froides. À l'intérieur de ces bandes et de ces zones, les turbulences créent des structures nuageuses comme les ovales blancs et les taches rouges, qui sont autant de complexes orageux. La structure la plus remarquable est ce que l'on appelle la Grande Tache rouge : c'est un gigantesque tourbillon, gros comme trois fois la Terre, formé de nuages qui s'enroulent en spirale et se déplacent à environ 8 kilomètres des plus hautes couches de l'atmosphère. Jupiter possède aussi un fin anneau principal, peu brillant, à l'intérieur duquel se trouve un anneau plus ténu ; tous deux sont enveloppés d'un halo de fines particules qui s'étend en direction de la planète. On a répertorié 16 lunes joviennes. Les quatre plus grandes, appelées les satellites galiléens, sont Ganymède, Callisto, Io et Europe.

INCLINAISON ET ROTATION DE JUPITER

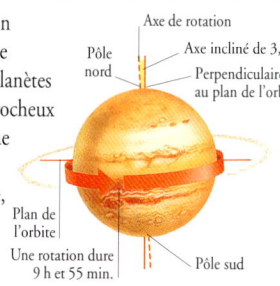

Axe de rotation
Pôle nord
Axe incliné de 3,1°
Perpendiculaire au plan de l'orbite
Plan de l'orbite
Une rotation dure 9 h et 55 min.
Pôle sud

GRANDE TACHE ROUGE ET OVALE BLANC

Grande Tache rouge (tourbillon anticyclonique)
Couleur rouge due probablement à la présence de phosphore
Ovale blanc (tourbillon anticyclonique temporaire)

ANNEAUX DE JUPITER

Anneau principal

Halo

LES SATELLITES GALILÉENS DE JUPITER

EUROPE
Diamètre : 3 138 km
Distance moyenne à la planète : 670 900 km

CALLISTO
Diamètre : 4 800 km
Distance moyenne à la planète : 1 880 000 km

GANYMÈDE
Diamètre : 5 262 km
Distance moyenne à la planète : 1 070 000 km

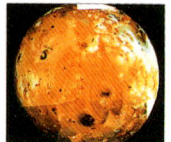

IO
Diamètre : 3 642 km
Distance moyenne à la planète : 421 800 km

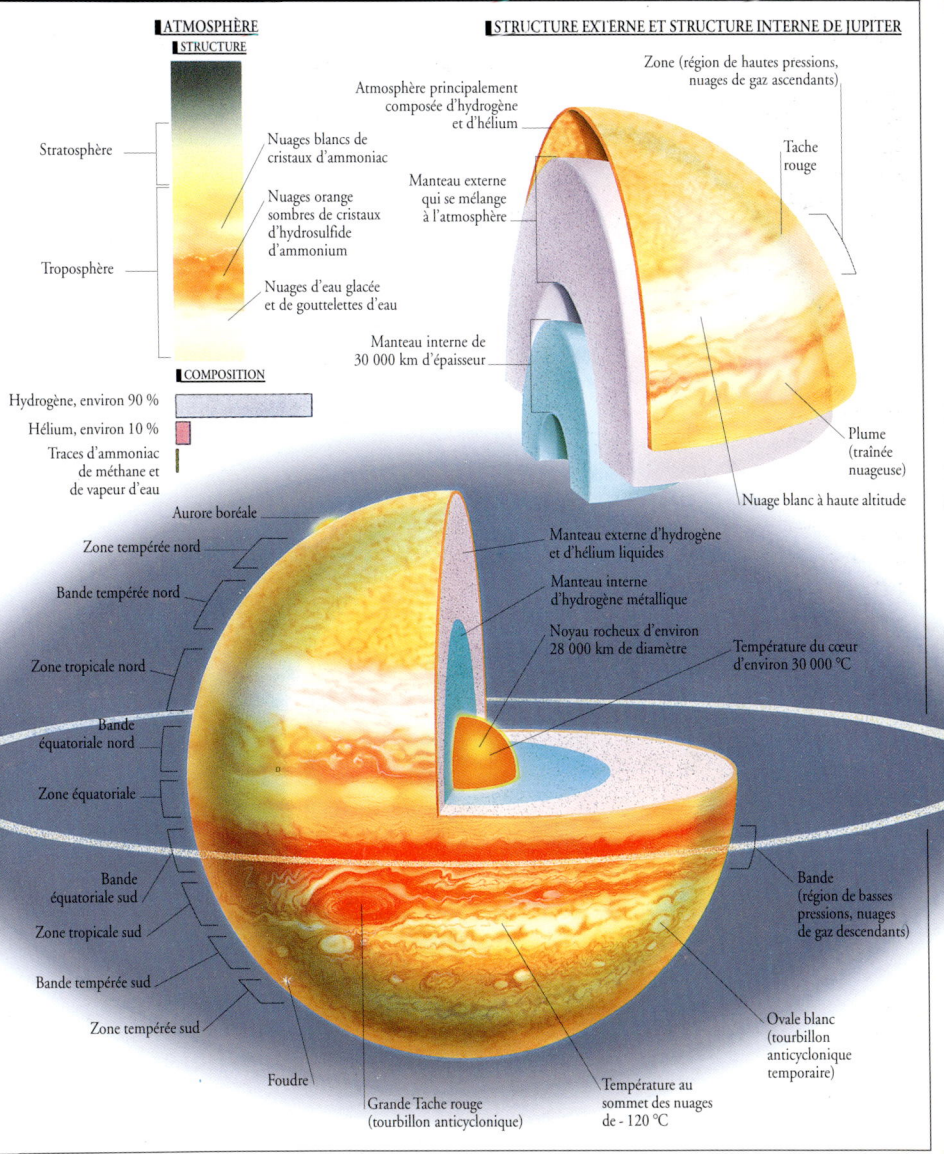

L'UNIVERS

SATURNE

Le diamètre équatorial de Saturne mesure environ 120 500 km ; c'est une géante gazeuse presque aussi grosse que Jupiter. On pense que Saturne possède un petit noyau de roche et de glace entouré d'un manteau interne d'hydrogène métallique (hydrogène liquide qui se comporte comme un métal). À l'extérieur de ce dernier se trouve un manteau externe, composé d'hydrogène et d'hélium liquides, qui se fond à l'atmosphère gazeuse de la planète. Les nuages de Saturne forment des « bandes » et des « zones » comparables à celles de Jupiter, mais elles sont voilées par une couche de brume. Les orages et les tourbillons atmosphériques apparaissent sous la forme d'ovales rouges et blancs. Saturne possède un large système d'anneaux extrêmement fins, qui s'étend jusqu'à environ 420 000 km de sa surface avec une épaisseur de moins de un kilomètre. Les anneaux principaux sont composés de plusieurs milliers d'anneaux plus fins constitués de morceaux de glace de tailles très variées, de la petite particule jusqu'à des blocs de plusieurs mètres de diamètre. On connaît bien 18 des lunes de Saturne ; certaines gravitent à l'intérieur des anneaux, et ont certainement une influence sur leur structure.

IMAGE DE SATURNE EN FAUSSES COULEURS

■ INCLINAISON ET ROTATION DE SATURNE

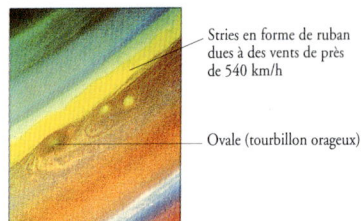

Axe incliné de 26,7°
Une rotation dure 10 h et 40 min.
Pôle nord
Plan de l'orbite
Pôle sud
Axe de rotation
Perpendiculaire au plan de l'orbite

■ IMAGE EN FAUSSES COULEURS DES STRUCTURES NUAGEUSES DE SATURNE

Stries en forme de ruban dues à des vents de près de 540 km/h

Ovale (tourbillon orageux)

■ ANNEAUX INTERNES DE SATURNE

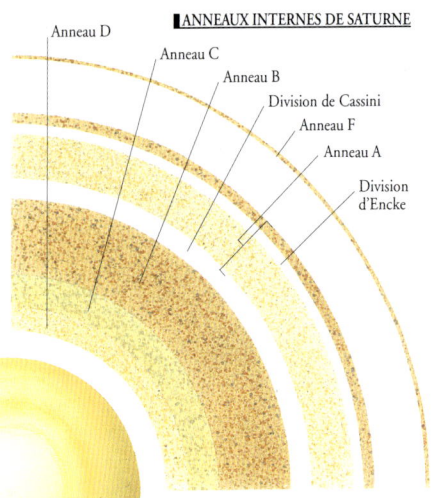

Anneau D
Anneau C
Anneau B
Division de Cassini
Anneau F
Anneau A
Division d'Encke

■ LES LUNES DE SATURNE

ENCELADE
Diamètre : 498 km
Distance moyenne à la planète : 238 000 km

TÉTHYS
Diamètre : 1 050 km
Distance moyenne à la planète : 295 000 km

DIONÉ
Diamètre : 1 118 km
Distance moyenne à la planète : 377 000 km

MIMAS
Diamètre : 397 km
Distance moyenne à la planète : 186 000 km

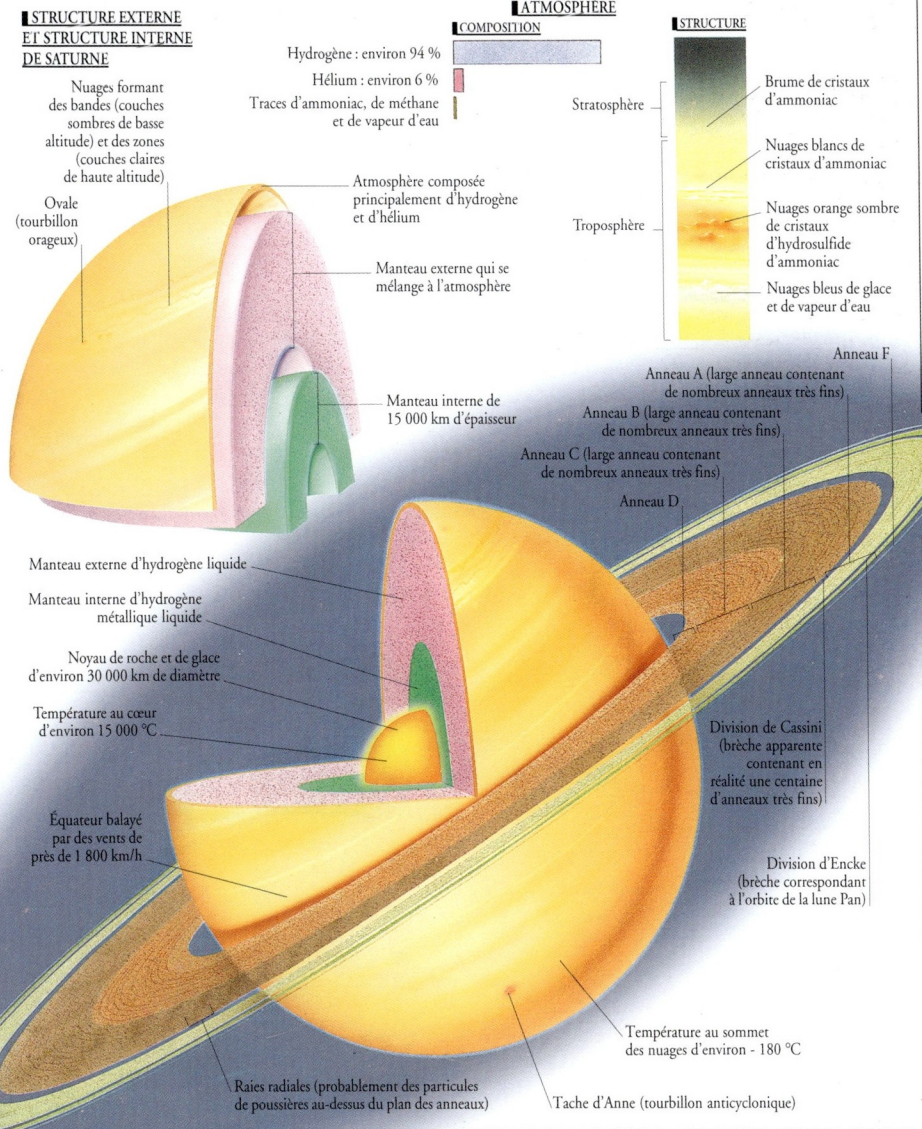

URANUS

Uranus est la septième planète à partir du Soleil ; c'est la troisième plus grande, avec un diamètre de 51 000 km. On pense qu'elle est composée d'un mélange dense de différents types de glace et de gaz, entourant un noyau solide. Son atmosphère contient des traces de méthane, ce qui lui donne une teinte bleu-vert, et la température au sommet des nuages est de - 210 °C. Uranus est la planète qui a le moins de traits caractéristiques : on ne distingue à sa surface que quelques nuages glacés de méthane. C'est aussi la seule planète dont l'axe de rotation soit pratiquement dans le plan de son orbite. La conséquence de cette si importante inclinaison est qu'à certaines périodes, lorsque son axe pointe vers nous, on ne peut observer pendant plusieurs années que le même hémisphère. Uranus possède 11 anneaux constitués de poussières et de blocs de roche. Ces anneaux contiennent la matière la plus sombre du système solaire et sont extrêmement difficiles à détecter. Neuf d'entre eux ont une largeur inférieure à 10 km, alors que ceux de Saturne s'étalent sur plusieurs milliers de km. Uranus possède 15 lunes, toutes glacées, et la plupart en orbite à l'extérieur des anneaux. Les 10 lunes internes sont petites et sombres, avec des diamètres inférieurs à 160 km ; les 5 lunes externes mesurent entre 470 et 1 600 km de diamètre, et offrent des apparences très variées. Miranda est la plus remarquable : sa surface comporte des zones couvertes de cratères ou de gigantesques rides, et des falaises hautes de 20 km.

IMAGE D'URANUS EN FAUSSES COULEURS

■ INCLINAISON ET ROTATION D'URANUS

Axe incliné de 97,9°
Perpendiculaire au plan de l'orbite
Plan de l'orbite
Pôle sud
Axe de rotation
Pôle nord
Une rotation dure 17 h et 14 min.

■ LES LUNES EXTERNES

MIRANDA
Diamètre : 472 km
Distance moyenne à la planète : 129 800 km

ARIEL
Diamètre : 1 158 km
Distance moyenne à la planète : 191 200 km

TITANIA
Diamètre : 1578 km
Distance moyenne à la planète : 435 900 km

UMBRIEL
Diamètre : 1 169 km
Distance moyenne à la planète : 266 000 km

OBÉRON
Diamètre : 1 523 km
Distance moyenne à la planète : 582 600 km

■ LES ANNEAUX D'URANUS

Anneau epsilon
Anneau 1986 U1R
Anneau delta
Anneau gamma
ANNEAUX ET TRAJECTOIRES DE POUSSIÈRES
Anneau êta
Anneau bêta
Anneau alpha
Anneaux 4 et 5
Anneau 6
Anneau 1986 U2R

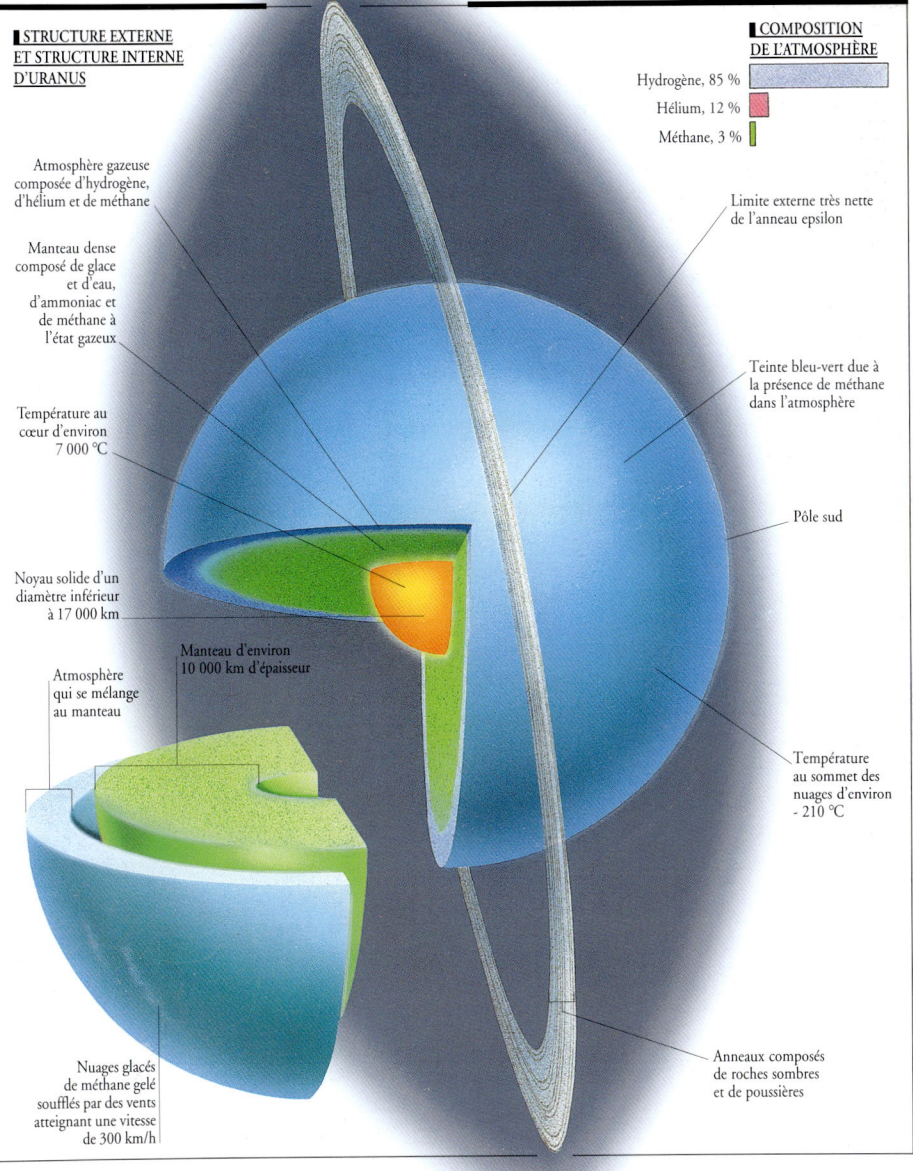

STRUCTURE EXTERNE ET STRUCTURE INTERNE D'URANUS

COMPOSITION DE L'ATMOSPHÈRE

Hydrogène, 85 %
Hélium, 12 %
Méthane, 3 %

- Atmosphère gazeuse composée d'hydrogène, d'hélium et de méthane
- Manteau dense composé de glace et d'eau, d'ammoniac et de méthane à l'état gazeux
- Température au cœur d'environ 7 000 °C
- Noyau solide d'un diamètre inférieur à 17 000 km
- Atmosphère qui se mélange au manteau
- Manteau d'environ 10 000 km d'épaisseur
- Nuages glacés de méthane gelé soufflés par des vents atteignant une vitesse de 300 km/h
- Limite externe très nette de l'anneau epsilon
- Teinte bleu-vert due à la présence de méthane dans l'atmosphère
- Pôle sud
- Température au sommet des nuages d'environ -210 °C
- Anneaux composés de roches sombres et de poussières

L'UNIVERS

NEPTUNE ET PLUTON

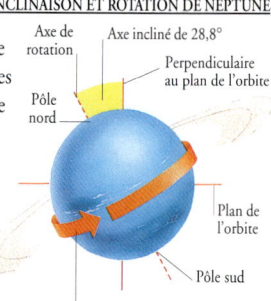

INCLINAISON ET ROTATION DE NEPTUNE

Axe de rotation — Axe incliné de 28,8°
Perpendiculaire au plan de l'orbite
Pôle nord
Plan de l'orbite
Pôle sud

Une rotation dure 16 h et 7 min.

IMAGE DE NEPTUNE EN FAUSSES COULEURS

Neptune et Pluton sont les deux planètes les plus éloignées, avec une distance moyenne au Soleil de 4 500 et 5 900 millions de kilomètres respectivement. Neptune est une géante gazeuse ; on pense qu'elle est constituée d'un petit noyau rocheux entouré d'un mélange de liquides et de gaz. Son atmosphère comprend quelques structures nuageuses remarquables : les plus grandes d'entre elles sont la Grande Tache sombre, dont la taille est voisine de celle de la Terre, la Petite Tache sombre et le « Scooter ». La Grande et la Petite Tache sombre sont de gigantesques tourbillons orageux qui tournent autour de la planète, poussés par des vents d'environ 2 000 km/h. Neptune possède quatre anneaux très fins, et au moins 8 satellites. Triton est la plus grosse des lunes neptuniennes, et sans doute l'objet le plus froid du système solaire (- 235 °C en surface). Pluton est connue comme la planète la plus lointaine, bien que son orbite fortement elliptique fasse qu'elle transite périodiquement à l'intérieur de l'orbite de Neptune. Pluton est si petite et si éloignée que l'on ne connaît que peu de choses sur elle : c'est une planète rocheuse, probablement couverte de glace et de méthane gelé. Son unique satellite connu, Charon, a une taille importante pour une lune puisque son diamètre est égal à la moitié de celui de Pluton.

STRUCTURES NUAGEUSES DE L'ATMOSPHÈRE DE NEPTUNE

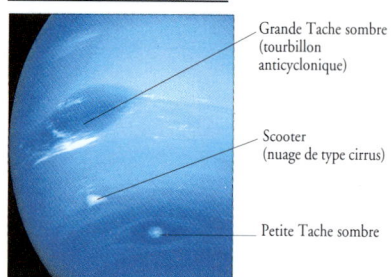

Grande Tache sombre (tourbillon anticyclonique)

Scooter (nuage de type cirrus)

Petite Tache sombre

NUAGES DE HAUTE ALTITUDE

Cirrus de méthane 40 km au-dessus du plateau nuageux principal

Ombre des nuages

Plateau nuageux principal soulevé par des vents d'environ 2 000 km/h

LES ANNEAUX DE NEPTUNE

Anneau d'Adams
Plateau
Anneau de Le Verrier
Anneau de Galle

LES LUNES DE NEPTUNE

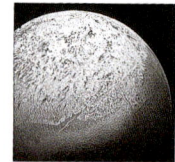

TRITON
Diamètre : 2 705 km
Distance moyenne à la planète : 354 800 km

PROTEUS
Diamètre : 416 km
Distance moyenne à la planète : 117 600 km

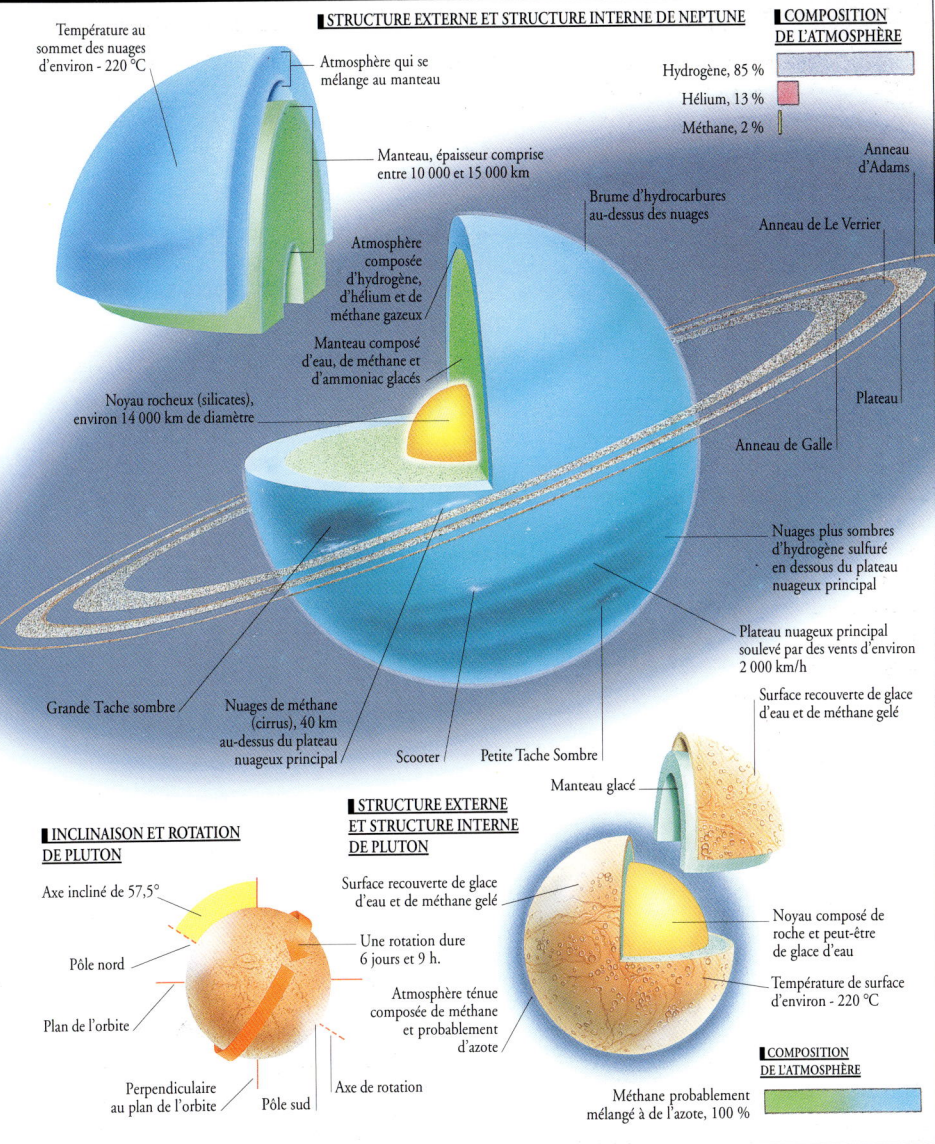

L'UNIVERS

LES ASTÉROÏDES, LES COMÈTES ET LES MÉTÉORITES

IMAGE OPTIQUE DE LA COMÈTE DE HALLEY

Les astéroïdes, les comètes et les météorites sont des débris interplanétaires.

L'ASTÉROÏDE GASPRA 951

Les astéroïdes sont des corps rocheux, généralement de petite taille – bien que certains atteignent 1 000 km de diamètre. La plupart sont en orbite à l'intérieur de la ceinture d'astéroïdes qui se trouve entre l'orbite de Mars et l'orbite de Jupiter. Les comètes proviendraient d'un gigantesque réservoir, appelé le nuage d'Oort, qui entoure le système solaire. Les comètes sont un conglomérat de poussières et de gaz gelés de quelques kilomètres de diamètre. De temps en temps, une comète s'échappe du nuage d'Oort en suivant une orbite elliptique très allongée. Lorsqu'elle s'approche du Soleil, sa surface commence à s'évaporer en produisant une coma brillante (gigantesque halo de gaz et de poussières qui entoure le noyau), une queue de gaz et une queue de poussière. Les météorites sont des petits morceaux de roche et de fer, ou de roche uniquement. Lorsqu'une météorite pénètre dans l'atmosphère terrestre, la friction de l'air la réchauffe et elle apparaît dans le ciel sous la forme d'un trait de lumière incandescent que l'on appelle météore ou étoile filante. On observe des pluies d'étoiles filantes lorsque la Terre traverse la traînée de poussière laissée derrière elle par une comète.

IMAGE EN FAUSSES COULEURS DE LA COMÈTE DE HALLEY

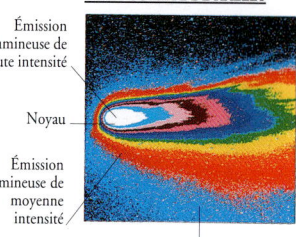

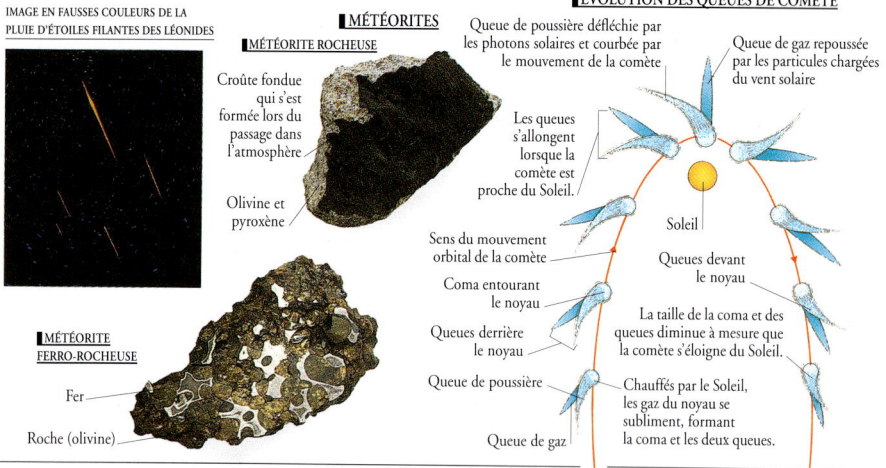

LES ASTÉROÏDES, LES COMÈTES ET LES MÉTÉORITES / 53

CARACTÉRISTIQUES D'UNE COMÈTE

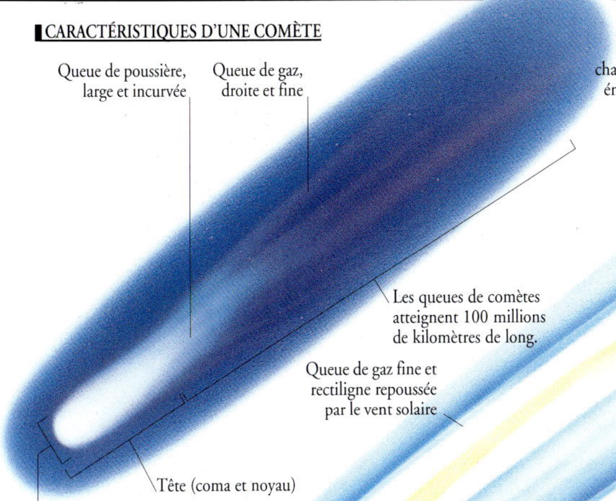

Queue de poussière, large et incurvée

Queue de gaz, droite et fine

Molécules de gaz, chauffées par le Soleil et émettant de la lumière

Les queues de comètes atteignent 100 millions de kilomètres de long.

Queue de gaz fine et rectiligne repoussée par le vent solaire

Tête (coma et noyau)

Coma entourant le noyau

Noyau de quelques kilomètres de diamètre

STRUCTURE D'UNE COMÈTE

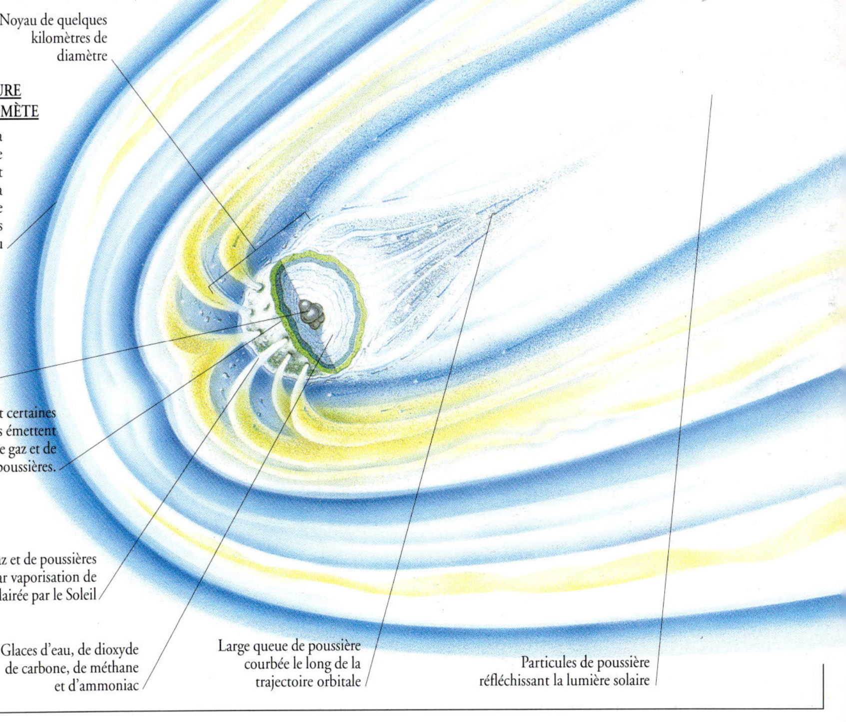

Coma incandescente s'étendant jusqu'à 1 million de kilomètres du noyau

Possibilité d'un noyau de poussière de silicate

Croûte dont certaines zones actives émettent des jets de gaz et de poussières.

Jets de gaz et de poussières produits par vaporisation de la surface éclairée par le Soleil

Glaces d'eau, de dioxyde de carbone, de méthane et d'ammoniac

Large queue de poussière courbée le long de la trajectoire orbitale

Particules de poussière réfléchissant la lumière solaire

LE MONDE PRÉHISTORIQUE

LES ÂGES DE LA TERRE	56
LA CROÛTE TERRESTRE	58
PLISSEMENTS ET FAILLES	60
LA FORMATION DES MONTAGNES	62
DU PRÉCAMBRIEN AU DÉVONIEN	64
DU CARBONIFÈRE AU PERMIEN	66
LA VIE AU TRIAS	68
LA VIE AU JURASSIQUE	70
LA VIE AU CRÉTACÉ	72
LA VIE AU TERTIAIRE	74
LA VIE AU QUATERNAIRE	76
LES PREMIÈRES FORMES DE VIE	78
LES AMPHIBIENS ET LES REPTILES	80
LES DINOSAURES	82
LES THÉROPODES 1	84
LES THÉROPODES 2	86
LES SAUROPODOMORPHES 1	88
LES SAUROPODOMORPHES 2	90
LES THYRÉOPHORES 1	92
LES THYRÉOPHORES 2	94
LES ORNITHOPODES 1	96
LES ORNITHOPODES 2	98
LES MARGINOCÉPHALIENS 1	100
LES MARGINOCÉPHALIENS 2	102
LES MAMMIFÈRES 1	104
LES MAMMIFÈRES 2	106
LES PREMIERS HOMINIDÉS	108

LE MONDE PRÉHISTORIQUE

LES ÂGES DE LA TERRE

La Terre s'est formée il y a 4,6 milliards d'années, à partir d'un nuage de gaz et de poussières dérivant dans le cosmos. Les minéraux les plus denses s'effondrèrent vers le centre, les plus légers constituant en surface une mince croûte rocheuse. Il y a 3,4 milliards d'années, apparurent des êtres unicellulaires – les premières formes de vie – et beaucoup plus tard, il y a 700 millions d'années, des végétaux et des animaux primitifs plus complexes. Depuis, les espèces vivantes ont évolué en quantité innombrable. Certaines, comme les dinosaures, se sont maintenues des millions d'années, d'autres ont disparu très vite. La Terre elle-même est en perpétuelle évolution : les continents dérivent lentement à sa surface et les chaînes de montagnes, comme l'Himalaya, qui commença à se former il y a 40 millions d'années, sont sans cesse surélevées et érodées. Le climat est également sujet à variations ; au cours de son histoire, la Terre a subi une succession de périodes froides et chaudes. La dernière glaciation a connu son maximum il y a 20 000 ans environ.

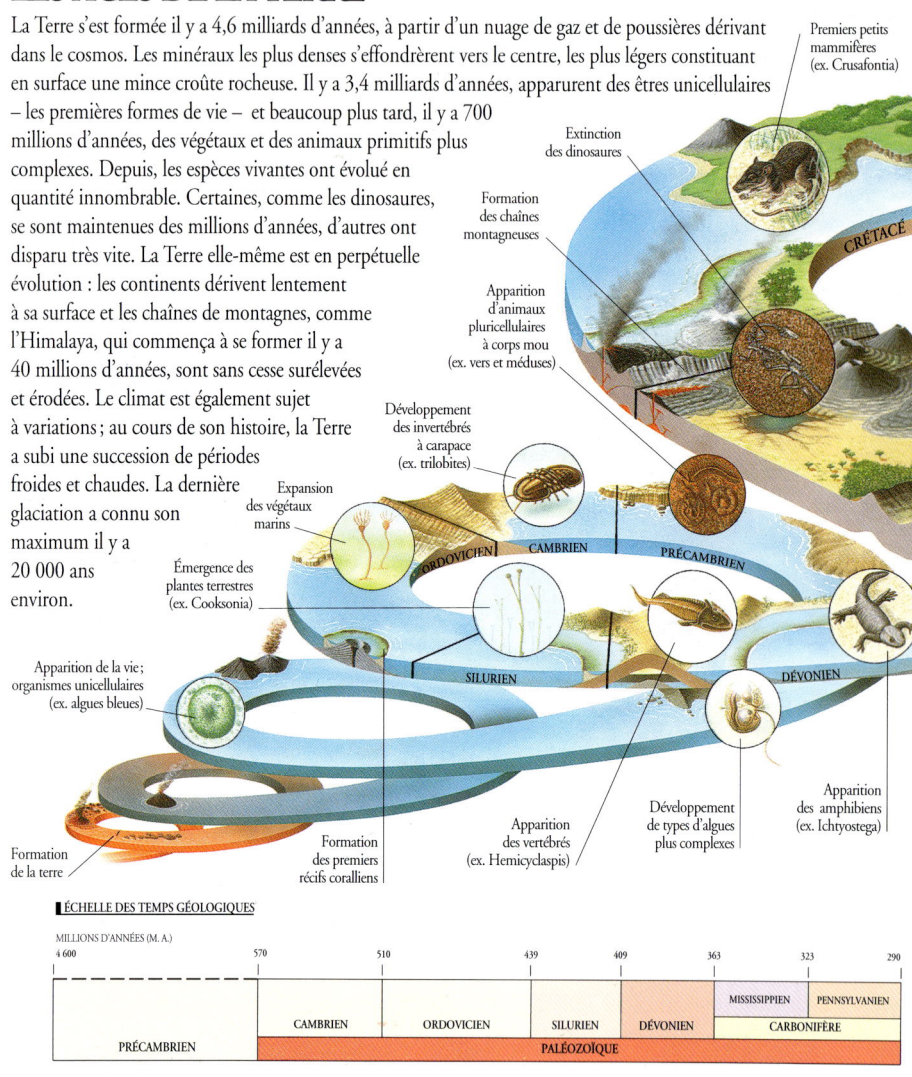

- Premiers petits mammifères (ex. Crusafontia)
- Extinction des dinosaures
- Formation des chaînes montagneuses
- CRÉTACÉ
- Apparition d'animaux pluricellulaires à corps mou (ex. vers et méduses)
- Développement des invertébrés à carapace (ex. trilobites)
- Expansion des végétaux marins
- CAMBRIEN
- PRÉCAMBRIEN
- ORDOVICIEN
- Émergence des plantes terrestres (ex. Cooksonia)
- SILURIEN
- DÉVONIEN
- Apparition de la vie ; organismes unicellulaires (ex. algues bleues)
- Formation de la terre
- Formation des premiers récifs coralliens
- Apparition des vertébrés (ex. Hemicyclaspis)
- Développement de types d'algues plus complexes
- Apparition des amphibiens (ex. Ichtyostega)

ÉCHELLE DES TEMPS GÉOLOGIQUES

MILLIONS D'ANNÉES (M.A.)

4 600	570	510	439	409	363	323	290
	CAMBRIEN	ORDOVICIEN	SILURIEN	DÉVONIEN	MISSISSIPPIEN	PENNSYLVANIEN	
					CARBONIFÈRE		
PRÉCAMBRIEN	PALÉOZOÏQUE						

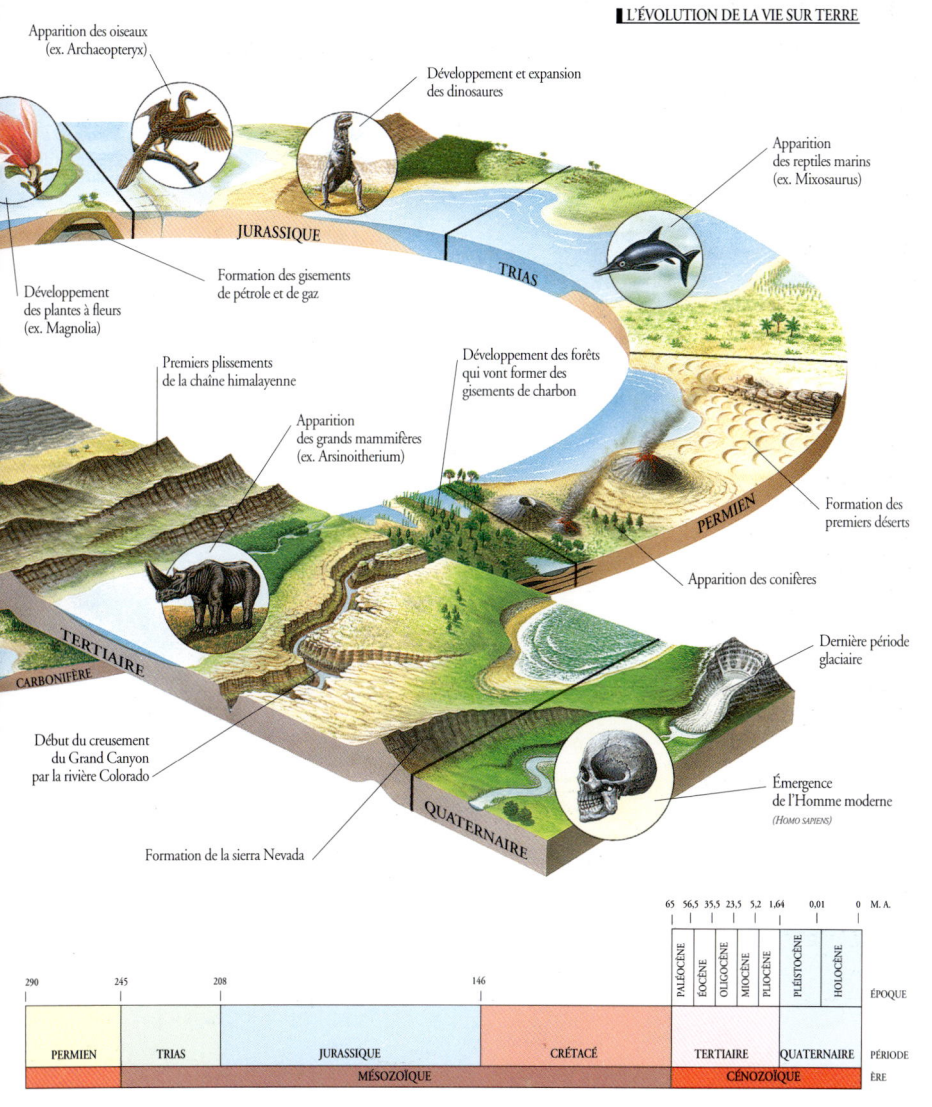

LA CROÛTE TERRESTRE

Enveloppe solide de la planète, la croûte terrestre varie en épaisseur de 40 km sous les continents à 6 km sous les océans. Elle est constituée de plaques semi-rigides qui se déplacent indépendamment sur les couches inférieures en fusion. Ce phénomène est appelé « tectonique des plaques » et permet d'expliquer la dérive des continents. Là où deux plaques s'éloignent l'une de l'autre apparaissent des fissures qui forment, sur les fonds marins, des dorsales océaniques, et, sur les continents, des fossés, ou rifts. Lorsque, au contraire, deux plaques se rencontrent, l'une s'enfonce sous la seconde : c'est la subduction. Sous les océans, la subduction donne naissance à des fosses marines, une activité sismique et des archipels volcaniques. Quand la croûte océanique est poussée sous la croûte continentale ou que deux plaques continentales convergent, la terre se plisse et des montagnes se forment (pp. 62-63). Les plaques peuvent aussi glisser l'une contre l'autre le long des failles. Sur les continents, ces mouvements provoquent des tremblements de terre, et sous les mers des raz de marée.

SA COMPOSITION

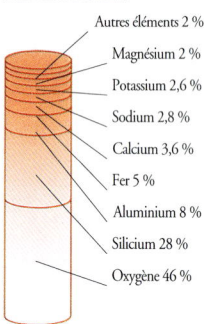

- Autres éléments 2 %
- Magnésium 2 %
- Potassium 2,6 %
- Sodium 2,8 %
- Calcium 3,6 %
- Fer 5 %
- Aluminium 8 %
- Silicium 28 %
- Oxygène 46 %

STRUCTURE DES PLAQUES TECTONIQUES

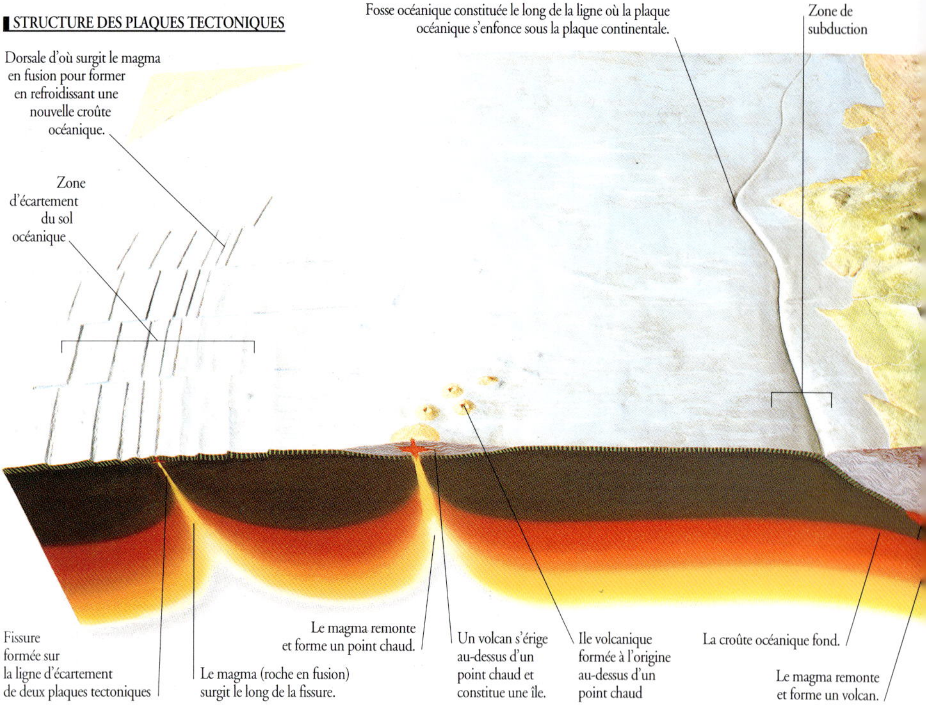

Fosse océanique constituée le long de la ligne où la plaque océanique s'enfonce sous la plaque continentale.

Zone de subduction

Dorsale d'où surgit le magma en fusion pour former en refroidissant une nouvelle croûte océanique.

Zone d'écartement du sol océanique

Fissure formée sur la ligne d'écartement de deux plaques tectoniques.

Le magma (roche en fusion) surgit le long de la fissure.

Le magma remonte et forme un point chaud.

Un volcan s'érige au-dessus d'un point chaud et constitue une île.

Ile volcanique formée à l'origine au-dessus d'un point chaud.

La croûte océanique fond.

Le magma remonte et forme un volcan.

LA CROÛTE TERRESTRE / 59

LES PRINCIPALES PLAQUES TECTONIQUES

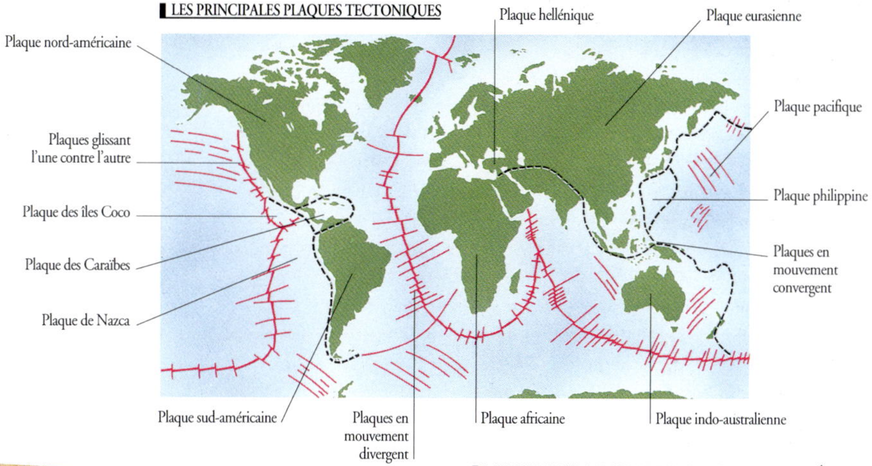

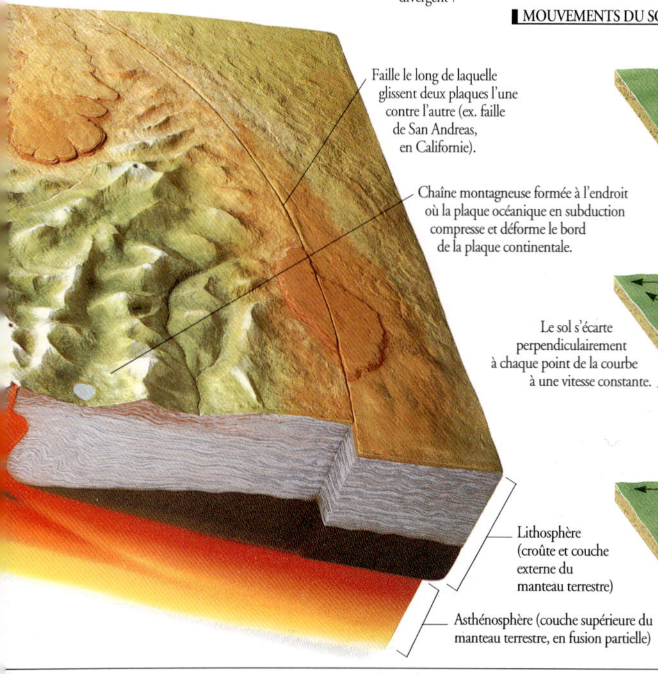

- Plaque nord-américaine
- Plaques glissant l'une contre l'autre
- Plaque des îles Coco
- Plaque des Caraïbes
- Plaque de Nazca
- Plaque sud-américaine
- Plaques en mouvement divergent
- Plaque africaine
- Plaque indo-australienne
- Plaque hellénique
- Plaque eurasienne
- Plaque pacifique
- Plaque philippine
- Plaques en mouvement convergent

Faille le long de laquelle glissent deux plaques l'une contre l'autre (ex. faille de San Andreas, en Californie).

Chaîne montagneuse formée à l'endroit où la plaque océanique en subduction compresse et déforme le bord de la plaque continentale.

Lithosphère (croûte et couche externe du manteau terrestre)

Asthénosphère (couche supérieure du manteau terrestre, en fusion partielle)

MOUVEMENTS DU SOL LE LONG DES DORSALES OCÉANIQUES

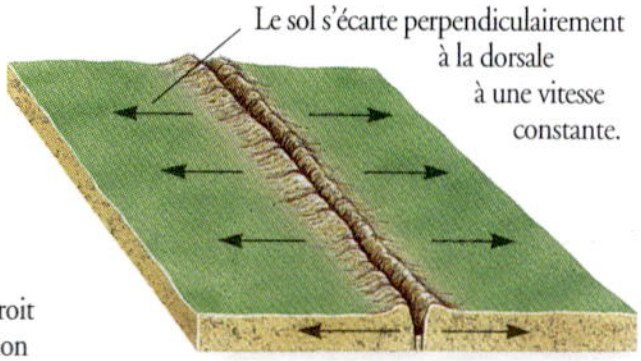

Le sol s'écarte perpendiculairement à la dorsale à une vitesse constante.

DORSALE OCÉANIQUE RECTILIGNE

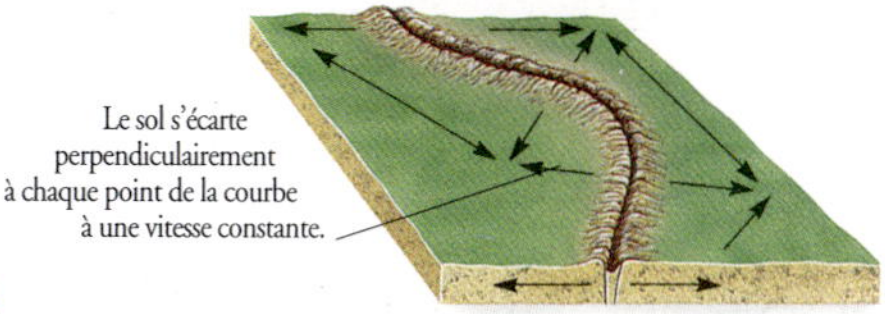

Le sol s'écarte perpendiculairement à chaque point de la courbe à une vitesse constante.

DORSALE OCÉANIQUE INCURVÉE

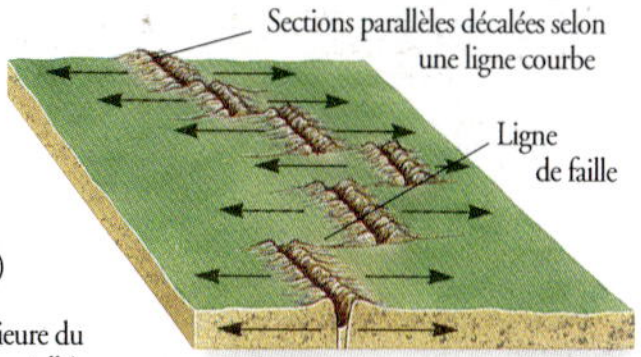

Sections parallèles décalées selon une ligne courbe

Ligne de faille

DORSALE SECTIONNÉE SOUS LES CONTRAINTES

PLISSEMENTS ET FAILLES

Les mouvements constants de la croûte terrestre (pp. 58-59) créent des déformations rocheuses qui produisent les plissements et les failles. Une faille est une fracture apparaissant dans la roche lorsque celle-ci est soumise à une compression ou une tension, et le long de laquelle les deux blocs se déplacent indépendamment, verticalement, horizontalement ou obliquement.
Les failles naissent plutôt dans les roches dures et rigides, plus susceptibles de casser que de plier. Les plus petites se forment à l'échelle moléculaire dans les cristaux. La plus grande du monde, la vallée du Rift, en Afrique, s'est creusée il y a 5,1 millions d'années et s'étend sur plus de 9 000 km.
Un plissement est une torsion provoquée dans une roche souple sous l'effet d'une compression. Les deux principaux types de plis sont l'anticlinal (soulèvement) et le synclinal (abaissement). Eux aussi varient en longueur de quelques millimètres à des centaines de kilomètres, cas des grandes chaînes de montagnes (pp. 62-63). Les boudinages, débits en meneaux et fractures en échelon, sont d'autres types de déformations.

STRUCTURE D'UN PLI

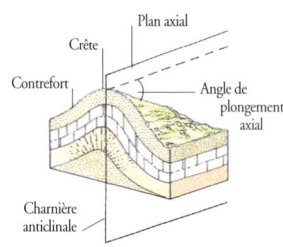

STRUCTURE D'UNE FAILLE

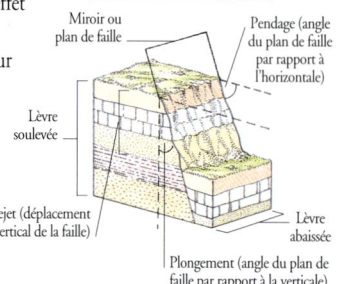

STRUCTURE D'UNE PENTE

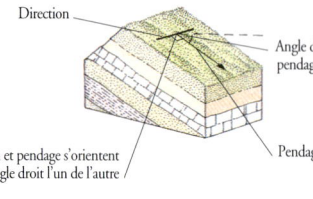

ROCHES PLISSÉES

SECTION D'UN PLISSEMENT ÉRODÉ

PLISSEMENTS ET FAILLES / 61

■ EXEMPLES DE PLIS

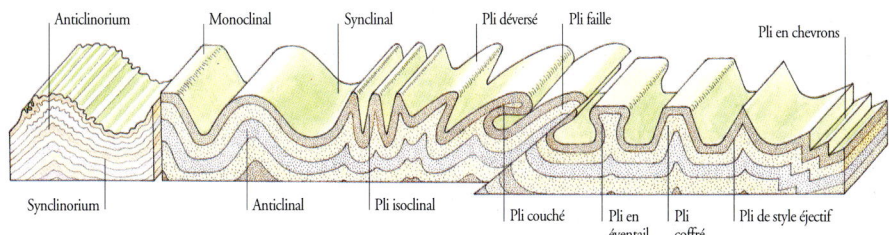

■ EXEMPLES DE FAILLES

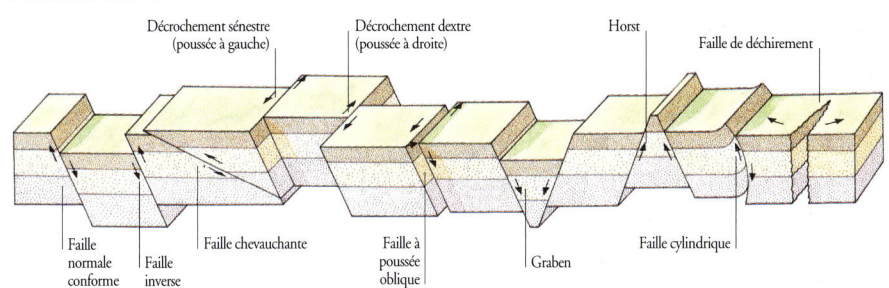

■ DÉFORMATIONS ROCHEUSES À PETITE ÉCHELLE

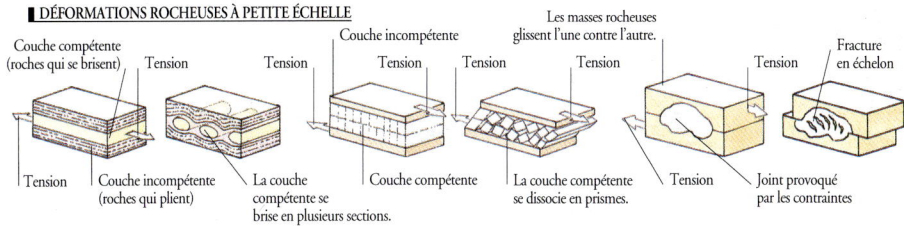

LA FORMATION DES MONTAGNES

Le processus de formation des chaînes de montagnes, appelé orogenèse, est le résultat des mouvements des plaques tectoniques (pp. 58-59). Il existe trois principaux types de structures montagneuses : les volcans, les chaînes plissées et les boucliers faillés. La plupart des formations volcaniques apparaissent le long des limites de deux plaques tectoniques, lorsque celles-ci se rencontrent ou se séparent et que la lave et d'autres débris sont éjectés à la surface de la Terre. Les chaînes plissées se forment dans les zones où deux plaques entrent en collision et se compriment, provoquant une déformation des couches rocheuses qui sont alors soulevées. Lorsque la croûte océanique rencontre la croûte continentale moins dense, elle plonge en dessous. Sous l'impact, la croûte continentale se plisse. C'est ainsi, par exemple, que se sont érigés les monts Appalaches, en Amérique du Nord. Ce type de formation apparaît aussi au contact de deux plaques continentales ; c'est le cas de l'Himalaya. Quant aux boucliers faillés, ils naissent lorsqu'une masse rocheuse située entre deux failles est surélevée par les pressions ou tensions qui s'opèrent dans la croûte (pp. 60-61). Les mouvements le long des failles s'effectuent souvent graduellement, sur des millions d'années, mais la libération soudaine des contraintes peut y provoquer des tremblements de terre.

LE BHAGIRATHI PARBAT, HIMALAYA

LES CAUSES TECTONIQUES

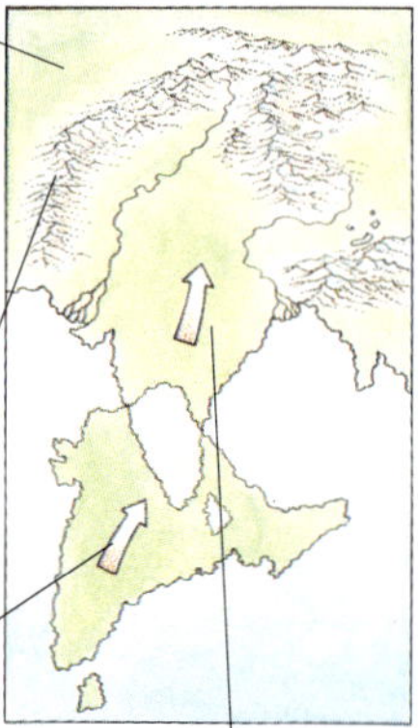

Asie

Chaîne de l'Himalaya, formée par plissement des sédiments et d'une partie de la croûte océanique entre deux continents entrés en collision

L'Inde se déplaçant vers le nord

L'Inde entrant en collision avec l'Asie, il y a environ 40 millions d'années

EXEMPLES DE FORMATIONS MONTAGNEUSES

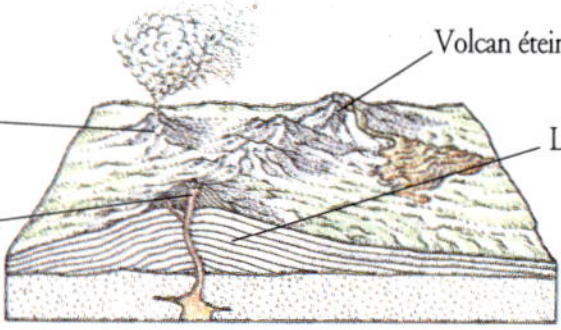

Volcan éteint
Volcan actif
Cheminée
Les couches de lave et de cendres s'amoncellent et forment un édifice volcanique.
Compression

ÉDIFICES VOLCANIQUES

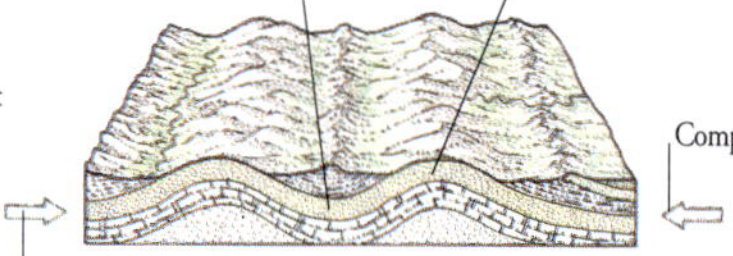

Plissées par la compression, les couches de roche forment un pli synclinal.
Plissées par la compression, les couches de roche forment un pli anticlinal.
Compression

SOCLE PLISSÉ

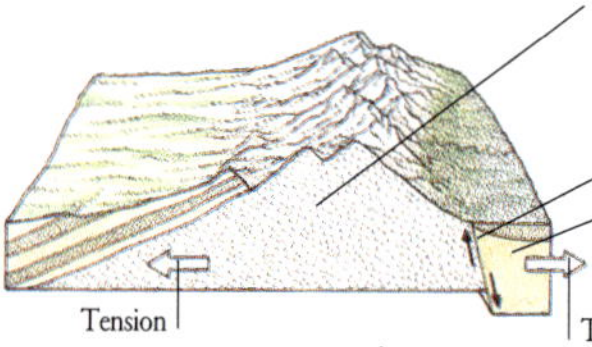

Bouclier surélevé formant une chaîne de montagnes
Faille
Bloc poussé vers le bas
Tension

BOUCLIER FAILLÉ

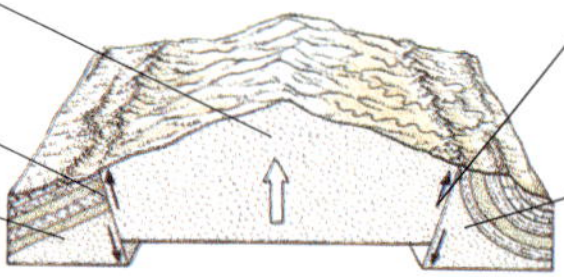

Faille
Bloc poussé vers le bas

BOUCLIER FAILLÉ SURÉLEVÉ

LA FORMATION DES MONTAGNES / 63

■ L'OROGENÈSE DE L'HIMALAYA

La zone océanique se réduit à mesure que les plaques convergent. — Sédiments — Asie — Volcan — Croûte continentale

Sédiments — Inde se rapprochant de l'Asie

Croûte continentale — Croûte océanique poussée sous la croûte continentale — Magma éjecté formant des volcans

IL Y A 60 MILLIONS D'ANNÉES

Sédiments et une partie de la croûte océanique plissés par la collision des continents — Inde — Asie

Croûte continentale — La croûte océanique continue de pénétrer sous la croûte continentale. — Croûte continentale

IL Y A 40 MILLIONS D'ANNÉES

Plaine du Gange — Sédiments et croûte océanique plissés et soulevés — Asie — Inde

Croûte continentale

IL Y A 20 MILLIONS D'ANNÉES

Sous l'effet de la compression due à la collision des plaques continentales, les sédiments et la croûte océanique continuent de se soulever et forment l'Himalaya et le plateau du Tibet.

Plaine du Gange — Inde — Asie

Croûte continentale

DE NOS JOURS

■ LA FAILLE DE SAN ANDRÉAS

Ligne de faille le long de laquelle deux plaques peuvent glisser brutalement l'une contre l'autre, provoquant un tremblement de terre.

■ LES TREMBLEMENTS DE TERRE

Épicentre (point de la surface terrestre situé au-dessus du foyer du phénomène) — Ondes de choc se propageant à partir du foyer

Les lignes isosismiques relient les points de choc d'intensité égale.

Foyer (point d'origine du séisme dans la croûte terrestre)

■ ANATOMIE D'UN SÉISME

Le noyau terrestre arrête les ondes S et dévie les ondes P. — Foyer — Onde L — Croûte — Manteau — Ondes de choc S et P — Zone d'ombre des ondes P — Ondes P — Zone d'ombre des ondes P

■ TRAJET DES ONDES DE CHOC À TRAVERS LA PLANÈTE

LE MONDE PRÉHISTORIQUE

DU PRÉCAMBRIEN AU DÉVONIEN

A l'origine, l'atmosphère terrestre était composée de gaz volcaniques mais de très peu d'oxygène, la rendant hostile à la plupart des formes de vie connues. Un vaste supercontinent, appelé Gondwana, occupait alors la région polaire du sud, et des continents plus petits se répartissaient sur le reste de la planète. Sous l'effet des mouvements tectoniques, ils dérivaient à sa surface. Les premières formes de vie primitives émergèrent il y a 3,4 milliards d'années, dans les mers chaudes et peu profondes. Peu à peu, l'apparition d'oxygène dans l'air entraîna la formation, dans la haute atmosphère, d'un bouclier d'ozone qui allait protéger les organismes des rayons dangereux du Soleil, favorisant le développement d'une vie qui pourrait s'entretenir. Les premiers vertébrés apparurent il y a 470 millions d'années, durant l'Ordovicien (– 510 à – 439 m.a.), les premières plantes terrestres durant le Dévonien (– 409 à – 360 m.a.) et les premiers animaux terrestres environ 30 millions d'années plus tard.

LES TERRES ACTUELLES AU MILIEU DE L'ORDOVICIEN

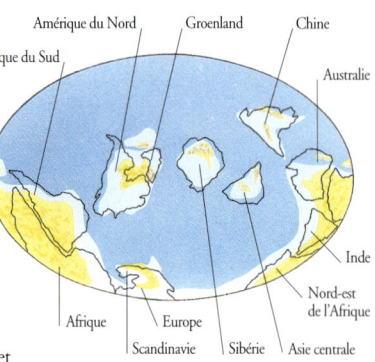

QUELQUES GROUPES VÉGÉTAUX DU PRÉCAMBRIEN AU DÉVONIEN

MOUSSE ACTUELLE
(LYCOPODIUM SP.)

PLANTE TERRESTRE ACTUELLE
(ASPARAGUS SETACEOUS)

FOSSILE D'UNE PLANTE TERRESTRE ÉTEINTE
(COOKSONIA HEMISPHAERICA)

FOSSILE D'UNE PLANTE DES MARAIS ÉTEINTE
(ZOSTEROPHYLLUM LLANOVERANUM)

QUELQUES TRILOBITES DU PRÉCAMBRIEN AU DÉVONIEN

ACADAGNOSTUS
Famille des Agnostidés
Longueur : 8 mm

PHACOPS
Famille des Phacopidés
Longueur : 4,5 cm

OLENELLUS
Famille des Olenellidés
Longueur : 6 cm

ELRATHIA
Famille des Ptychopariidés
Longueur : 2 cm

DU PRÉCAMBRIEN AU DÉVONIEN / 65

■ LA TERRE DURANT L'ORDOVICIEN MOYEN

- Laurentie
- Sibérie
- Chine
- Kazakstanie
- Gondwana
- Baltique

■ QUELQUES INVERTÉBRÉS MARINS PRIMITIFS

NAUTILOIDE FOSSILISÉ
(ESTONIOCERAS PERFORATUM)

BRACHIOPODE FOSSILISÉ
(DICOELOSIA BILOBATA)

INVERTÉBRÉ FOSSILISÉ
(MAWSONITES SPRIGGI)

GRAPTOLITE FOSSILISÉ
(MONOGRAPTUS CONVOLUTUS)

■ QUELQUES POISSONS DU DÉVONIEN

RHAMPHODOPSIS
Famille des Ptychodontidés
Longueur : 15 cm

PTERASPIS
Famille des Pteraspidés
Longueur : 25 cm

COCCOSTEUS
Famille des Coccosteidés
Longueur : 35 cm

BOTHRIOLEPIS
Famille des Bothriolepidés
Longueur : 35 cm

CHEIRACANTHUS
Famille des Acanthodidés
Longueur : 30 cm

PTERICHTHYODES
Famille des Asterolepidés
Longueur : 15 cm

CHEIROLEPIS
Famille des Cheirolepidés
Longueur : 17 cm

CEPHALASPIS
Famille des Cephalaspidés
Longueur : 22 cm

LE MONDE PRÉHISTORIQUE

DU CARBONIFÈRE AU PERMIEN

LES TERRES ACTUELLES AU CARBONIFÈRE SUPÉRIEUR

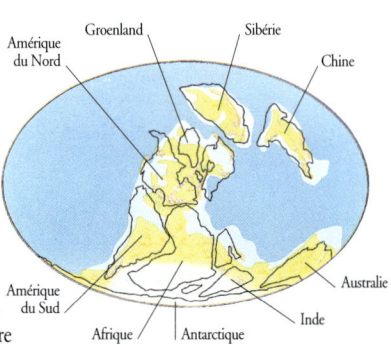

Au Carbonifère (– 363 à – 290 m.a.), le climat très humide qui régnait sur le nord et l'équateur entraîna la formation de denses couvertures végétales. Envahies par les eaux marines, ces forêts se dégradèrent, s'amassant dans le sol en épaisses couches minérales riches en carbone, devenues aujourd'hui du charbon. C'est à ce phénomène que le Carbonifère doit son nom.
Au début de la même période, apparurent les premiers reptiles. Leurs œufs pourvus d'une coquille imperméable et d'une structure interne protectrice mettaient un terme à la dépendance du milieu aquatique. Vers la fin du Carbonifère, le Gondwana et la Laurasie (celle-ci regroupait toutes les terres émergées du nord) se réunirent, formant une immense masse terrestre appelée Pangée.
Au Permien (– 290 à – 245 m.a.), les glaciers occupèrent la majeure partie de l'hémisphère Sud. La glace immobilisant une énorme quantité d'eau, de vastes zones de l'hémisphère Nord émergèrent sous l'effet de l'abaissement du niveau des mers, où prédominèrent un climat chaud et sec et les déserts. En conséquence, le Permien s'acheva par la plus grande extinction de formes de vie que la Terre ait connu.

QUELQUES GROUPES VÉGÉTAUX DU CARBONIFÈRE ET DU PERMIEN

SAPIN ACTUEL
(ABIES CONCOLOR)

FOUGÈRE ÉTEINTE FOSSILISÉE
(ZEILLERIA FRENZLII)

PRÊLE ÉTEINTE FOSSILISÉE
(EQUISETITES SP.)

LYCOPODE ÉTEINT FOSSILISÉ
(LEPIDODENDRON SP.)

QUELQUES ARBRES DU CARBONIFÈRE ET DU PERMIEN

PECOPTERIS
Famille des Marattiacées
Hauteur : 4 m

PARIPTERIS
Famille des Medullosacées
Hauteur : 5 m

MARIOPTERIS
Non classifié
Hauteur : 5 m

MEDULLOSA
Famille des Medullosacées
Hauteur : 5 m

DU CARBONIFÈRE AU PERMIEN / 67

LA TERRE DURANT LE CARBONIFÈRE SUPÉRIEUR

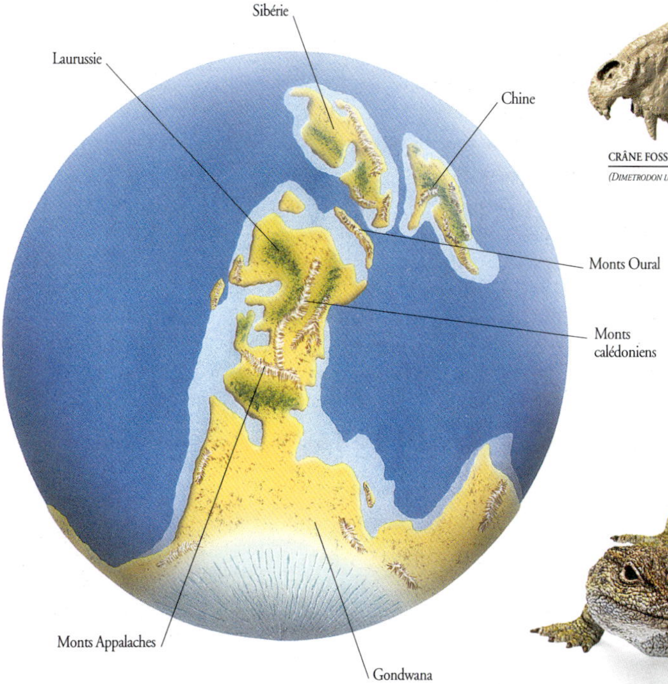

- Sibérie
- Laurussie
- Chine
- Monts Oural
- Monts calédoniens
- Monts Appalaches
- Gondwana

QUELQUES ANIMAUX DU CARBONIFÈRE ET DU PERMIEN

CRÂNE FOSSILISÉ D'UN REPTILE SYNAPSIDÉ ÉTEINT
(DIMETRODON LOOMISI)

AMMONITE ÉTEINTE FOSSILISÉE

RECONSTITUTION D'UN REPTILE ÉTEINT DU CARBONIFÈRE
(WESTLOTHIANA LIZZIAE)

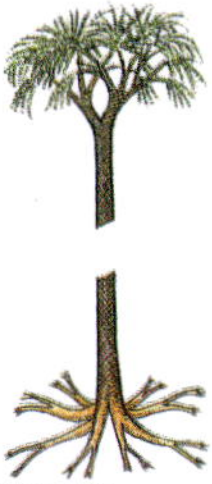

LEPIDODENDRON
Famille des Lepidodendracées
Hauteur : 10 m

CORDAITES
Famille des Cordaitacées
Hauteur : 10 m

GLOSSOPTERIS
Famille des Glossopteridacées
Hauteur : 8 m

ALETHOPTERIS
Famille des Medullosacées
Hauteur : 5 m

LE MONDE PRÉHISTORIQUE

LA VIE AU TRIAS

Le Trias (– 245 à – 208 m.a.) marque le début de l'Âge des Dinosaures (l'ère mésozoïque). Les continents actuels étaient alors rassemblés, formant la Pangée. Cette énorme masse terrestre connaissait des extrêmes climatiques, couverte de zones de végétation luxuriante près des côtes, des lacs et des rivières, et de déserts arides dans l'intérieur. Les végétaux ne comptaient que des espèces sans fleurs, comme les conifères, fougères, cicas et ginkgos ; les plantes à fleurs n'existaient pas encore. Parmi les principales formes de vie animales, on trouvait des amphibiens, des crocodiliens primitifs et les rhynchosaures (« lézards à bec »). Les dinosaures apparurent il y a environ 230 millions d'années, au début du Trias supérieur. Leurs premiers représentants connus étaient des carnivores tels que *Herrerasaurus* et *Staurikosaurus*. Les dinosaures herbivores virent le jour durant le Trias supérieur, avec des formes comme *Plateosaurus* et *Technosaurus*. Mais dès la fin du Trias, ces animaux dominaient la Pangée, contribuant peut-être à l'extinction de nombreux autres reptiles.

■ LES TERRES ACTUELLES AU TRIAS

■ QUELQUES GROUPES VÉGÉTAUX DU TRIAS

CYCAS ACTUEL (*CYCAS REVOLUTA*)

GINKGO ACTUEL (*GINKGO BILOBA*)

CONIFÈRE ACTUEL (*ARAUCARIA ARAUCANA*)

FOUGÈRE ÉTEINTE FOSSILISÉE (*PACHYPTERIS SP.*)

FEUILLE D'UN CICAS ÉTEINT (*CYCAS SP.*)

■ QUELQUES DINOSAURES DU TRIAS

MELANOSAURUS — Mélanosauridé - Longueur : 12,2 m

MUSSAURUS — Plateosauridé - Longueur : 2-3 m

HERRERASAURUS — Herrerasauridé - Longueur : 3 m

PISANOSAURUS — Ornithischien primitif - 90 cm

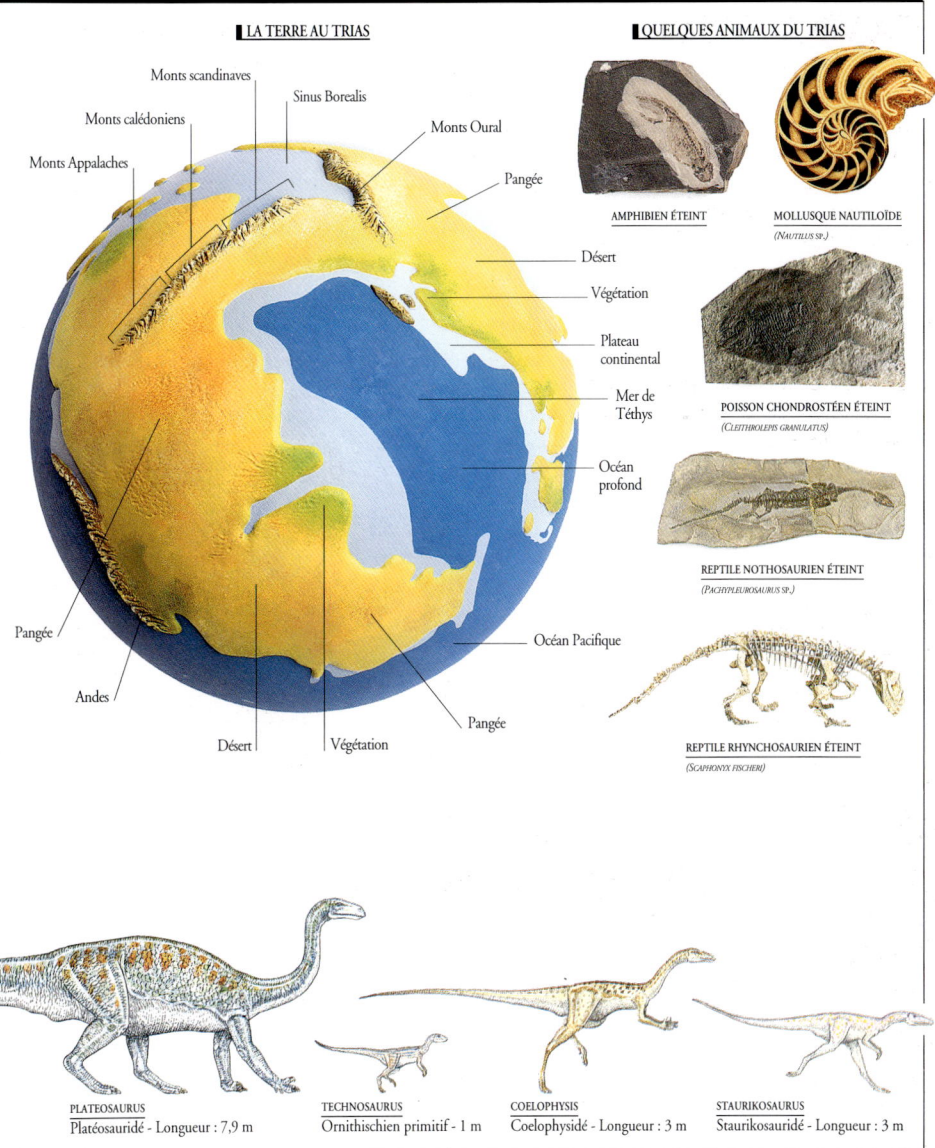

LE MONDE PRÉHISTORIQUE

LA VIE AU JURASSIQUE

LES TERRES ACTUELLES AU JURASSIQUE

Le Jurassique (– 208 à – 146 m.a.) représente la période centrale de l'ère mésozoïque. C'est au cours de celle-ci que la Pangée se brisa à nouveau en Gondwana et Laurasie. Le niveau des océans s'éleva également, envahissant toutes les zones de basses terres. Le climat était chaud et humide. Au sein de la flore, les ginkgos, les prêles et les conifères étaient à leur apogée, tandis qu'apparaissaient les séquoias géants et les plantes à fleurs. La profusion végétale entraîna la prolifération des dinosaures herbivores tels que les grands sauropodes (ex. *Diplodocus*) et les stégosaures (ex. *Stegosaurus*). Et grâce à cette abondance de proies, les dinosaures carnivores, comme *Compsognathus* et *Allosaurus*, se développèrent aussi. La faune comptait encore les ptérosaures (reptiles volants), les plésiosaures et les ichtyosaures (deux groupes de reptiles marins). Enfin, dans l'ombre des précédents, qui avaient envahi la planète, existaient déjà de tout petits mammifères semblables à des musaraignes.

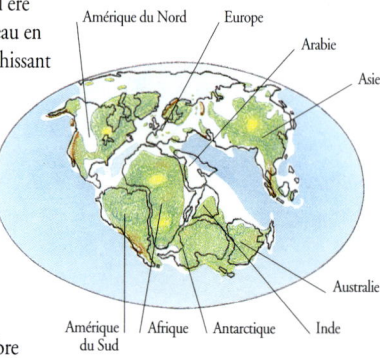

QUELQUES GROUPES VÉGÉTAUX DU JURASSIQUE

FOUGÈRE ACTUELLE
(DICKSONIA ANTARCTICA)

PRÊLE ACTUELLE
(EQUISETUM ARVENSE)

CONIFÈRE ACTUEL
(TAXUS BACCATA)

FOSSILE D'UN CONIFÈRE ÉTEINT
(TAXUS SP.)

FOSSILE D'UN SÉQUOIA ÉTEINT
(SEQUOIADENDRON AFFINIS)

QUELQUES DINOSAURES DU JURASSIQUE

DIPLODOCUS
Diplodocidé - Longueur : 26,8 m

CAMPTOSAURUS
Camptosauridé - Longueur : 4,9-7 m

DRYOSAURUS
Dryosauridé - Longueur : 3-4 m

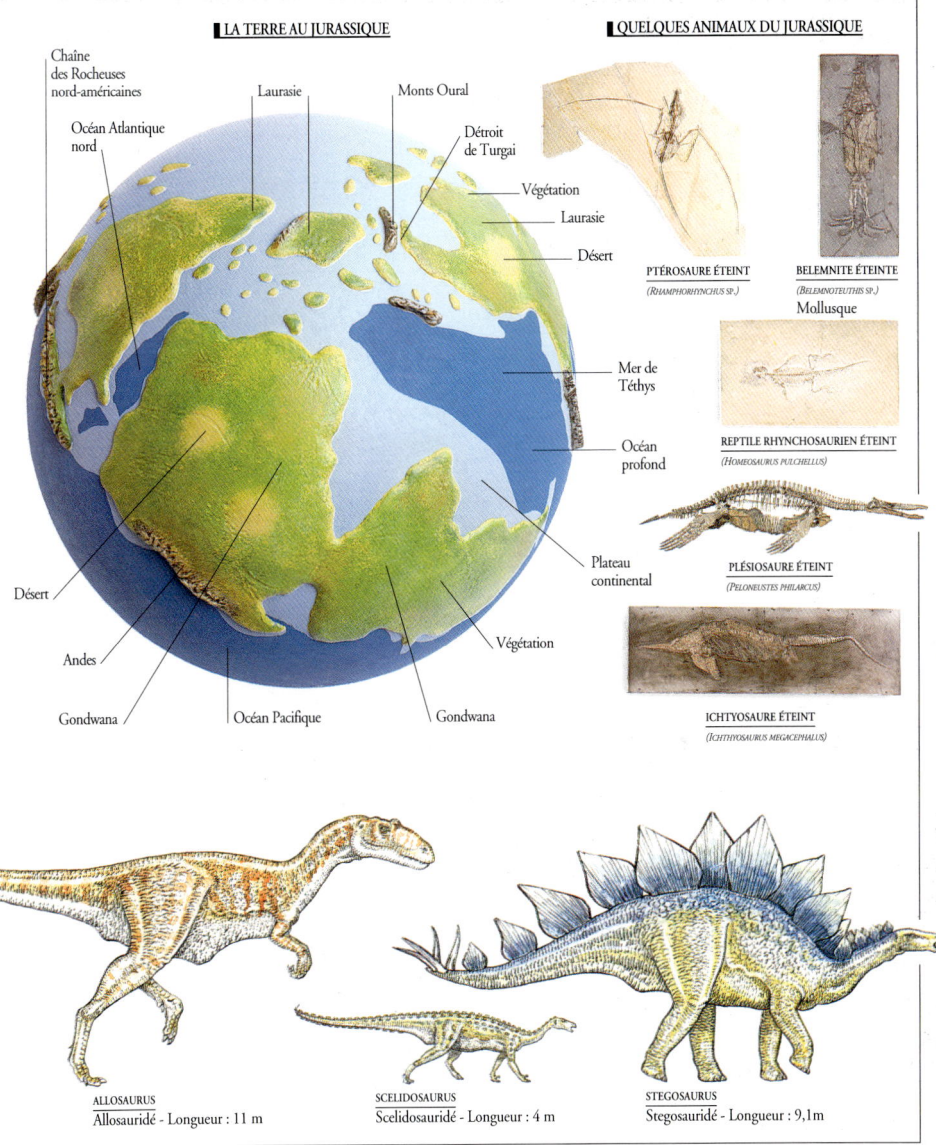

LE MONDE PRÉHISTORIQUE

LA VIE AU CRÉTACÉ

LES TERRES ACTUELLES AU CRÉTACÉ

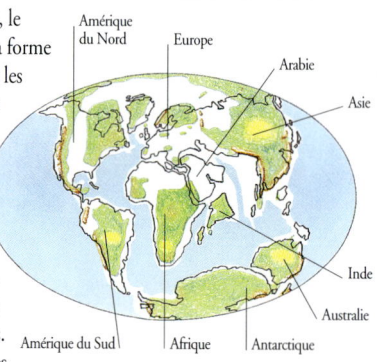

Au Crétacé (– 146 à – 65 m.a.), dernière période de l'ère mésozoïque, le Gondwana et la Laurasie se brisèrent en continents plus petits dont la forme évoquait déjà les terres actuelles. Le climat resta doux et humide mais les saisons devinrent plus marquées. Les plantes à fleurs, parmi lesquelles les arbres à feuilles caduques, supplantèrent de nombreux cicas, conifères et fougères. La faune se fit plus variée, avec l'apparition de nouveaux mammifères, insectes, poissons, crustacés et tortues. Les dinosaures, qui étaient à leur apogée, développèrent une grande variété d'espèces ; plus de la moitié de leurs formes connues, entre autres *Iguanodon*, *Deinonychus*, *Tyrannosaurus* et *Hypsilophodon*, vécurent au Crétacé. Pourtant, à la fin de cette période, tous devaient disparaître. Les raisons de cette extinction en masse restent inconnues. Selon une hypothèse, elle serait due à des bouleversements climatiques provoqués par la chute sur Terre d'un astéroïde géant, ou bien par de gigantesques éruptions volcaniques.

QUELQUES GROUPES VÉGÉTAUX DU CRÉTACÉ

CONIFÈRE ACTUEL
(PINUS MURICATA)

ARBRE FEUILLU ACTUEL
(MAGNOLIA SP.)

FOUGÈRE ÉTEINTE FOSSILISÉE
(SPHENOPTERIS LATILOBA)

GINKGO ÉTEINT FOSSILISÉ
(GINKGO PLURIPARTITA)

ARBRE FEUILLU ÉTEINT FOSSILISÉ
(CERCIDIPHYLLUM SP.)

QUELQUES DINOSAURES DU CRÉTACÉ

SALTASAURUS
Titanosauridé - Longueur : 12,2 m

TOROSAURUS
Cératopsidé - Longueur : 7,6 m

HYPSILOPHODON
Hypsilophodontidé - Longueur : 1,4-2,3 m

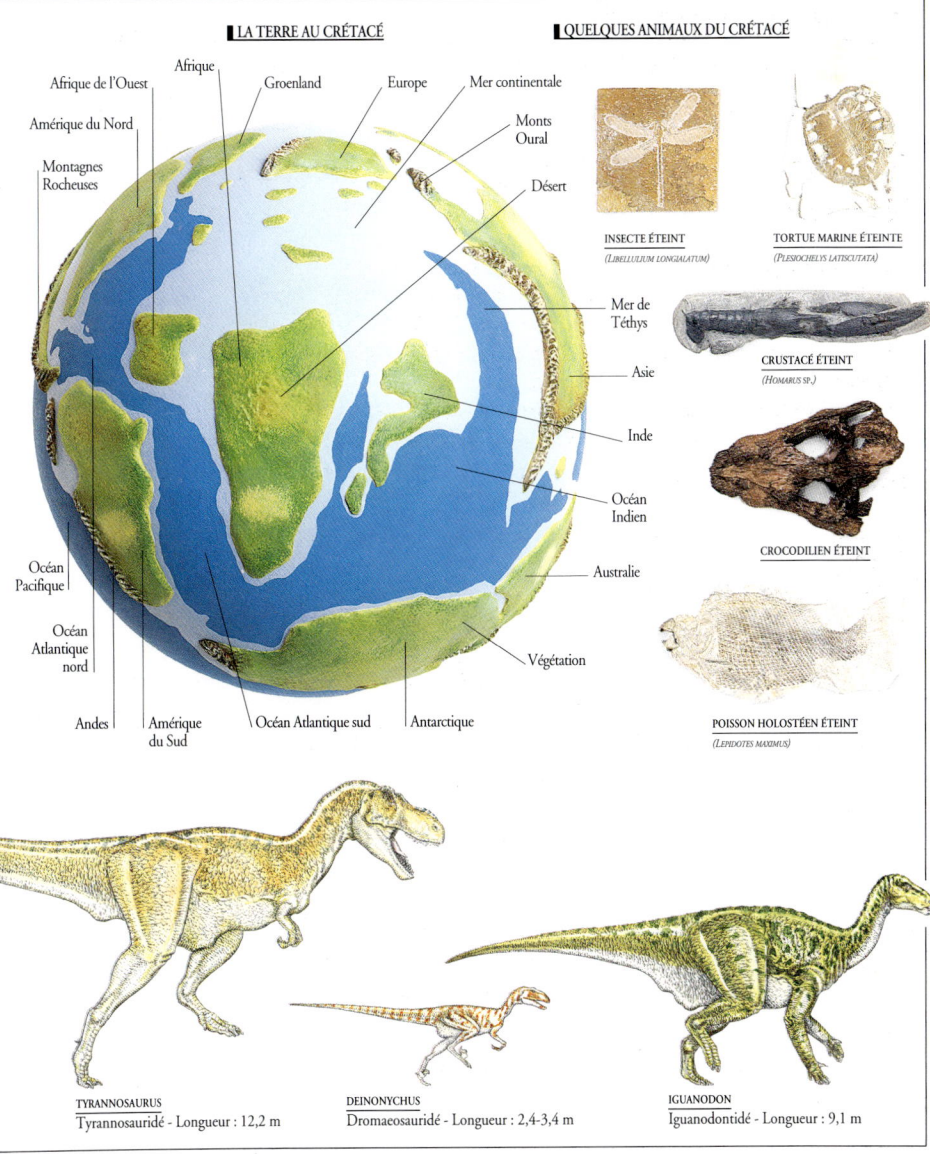

LE MONDE PRÉHISTORIQUE

LA VIE AU TERTIAIRE

LES TERRES ACTUELLES AU TERTIAIRE

Au Tertiaire (– 65 à – 1,6 m.a.), première partie de l'ère cénozoïque, la place laissée libre par les dinosaures désormais éteints permit l'expansion des mammifères, notamment ceux du groupe des placentaires. Particularité de ces animaux, la mère portait ses petits dans son utérus et les allaitait après leur naissance. Alors qu'il n'en existait jusque-là que 3 ordres, 25 allaient voir le jour, parmi lesquels les premiers hominidés (pp. 108-109), *Australopithecus*, apparus en Afrique. Les continents avaient presque atteint leur position actuelle. La mer de Téthys, séparant l'Afrique et l'Inde des terres du Nord, commença à se refermer, formant la Méditerranée et permettant la migration des animaux terrestres entre l'Afrique et l'Europe de l'Ouest. La collision de l'Inde et de l'Asie entraîna la formation de l'Himalaya. Au milieu du Tertiaire, les mammifères forestiers et les brouteurs des plaines furent supplantés par des espèces comme les chevaux, mieux adaptées aux savanes qui commençaient à dominer. Une suite de périodes froides transforma l'Antarctique en continent glacé.

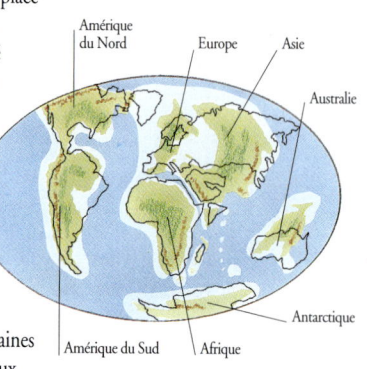

QUELQUES GROUPES VÉGÉTAUX DU TERTIAIRE

CHÊNE ACTUEL
(*QUERCUS PALUSTRIS*)

BOULEAU ACTUEL
(*BETULA GROSSA*)

FEUILLE FOSSILISÉE D'UN BOULEAU ÉTEINT
(*BETULITES SP.*)

TIGE FOSSILISÉE D'UN PALMIER ÉTEINT
(*PALMOXYLON SP.*)

QUELQUES GROUPES ANIMAUX DU TERTIAIRE

HYAENODON
Hyaenodondidé - Longueur : 2 m

TITANOHYRAX
Plyohyracidé - Longueur : 2 m

PHORUSRHACUS
Phorusrhacidé - Longueur : 1,5 m

SAMOTHERIUM
Girafidé - Longueur : 3 m

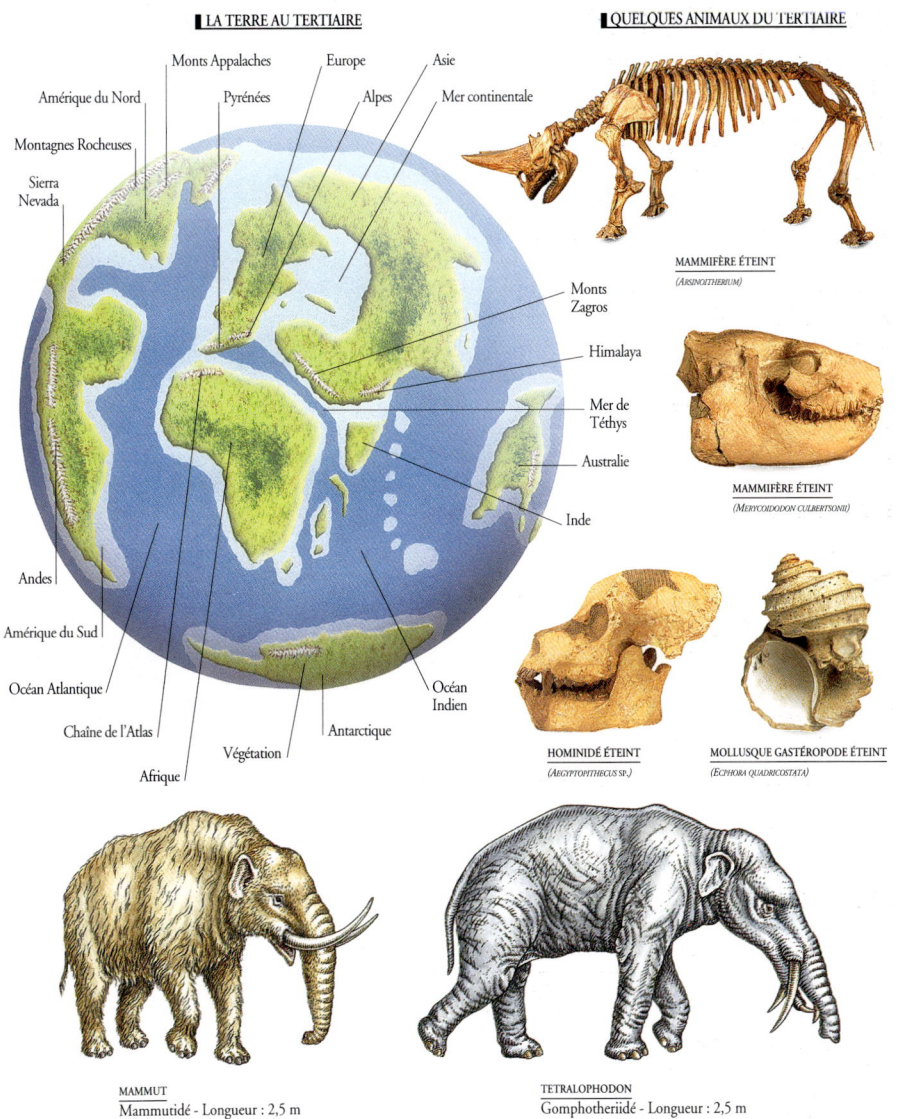

LE MONDE PRÉHISTORIQUE

LA VIE AU QUATERNAIRE

Seconde partie de l'ère cénozoïque, le Quaternaire (– 1,6 m.a. à nos jours) fut marqué par une succession de périodes glaciaires au cours desquelles les calottes polaires et les glaciers s'étendirent pour envahir de vastes surfaces de terres émergées. En Amérique du Nord, en Eurasie et, à moindre échelle, en Amérique du Sud et en Australie, ces glaciations ont entraîné la migration de nombreuses formes de vie en direction de l'équateur. Seuls des mammifères spécialisés comme les mammouths (*Mammuthus*) et le rhinocéros laineux (*Coelodonta*), pourvus d'une fourrure et d'une couche de graisse épaisses, étaient adaptés aux climats très froids. C'est au cours de la période du Pléistocène que la branche humaine devait parfaire son évolution. Apparue en Afrique, elle se répandit vers le nord à travers l'Asie et l'Europe. L'homme moderne (*Homo sapiens*) vivait déjà de la chasse sur le froid continent européen il y a 30 000 ans. La fin de la dernière glaciation, survenue il y a environ 10 000 ans, entraîna l'extinction de nombreux mammifères du Pléistocène, laissant à l'homme la place libre pour étendre sa suprématie.

LES TERRES ACTUELLES AU QUATERNAIRE

QUELQUES GROUPES VÉGÉTAUX DU QUATERNAIRE

BOULEAU ACTUEL
(*BETULA LENTA*)

COPALME ACTUEL
(*LIQUIDAMBAR STYRACIFLUA*)

FEUILLE DE COPALME FOSSILISÉE
(*LIQUIDAMBAR EUROPEANUM*)

FEUILLE DE BOULEAU FOSSILISÉE
(*BETULA SP.*)

QUELQUES GROUPES ANIMAUX DU QUATERNAIRE

PROCOPTODON
Macropodidé
Longueur : 3 m

DIPROTODON
Diprotodontidé
Longueur : 3 m

TOXODON
Toxodontidé
Longueur : 3 m

MAMMUTHUS
Éléphantidé
Longueur : 3 m

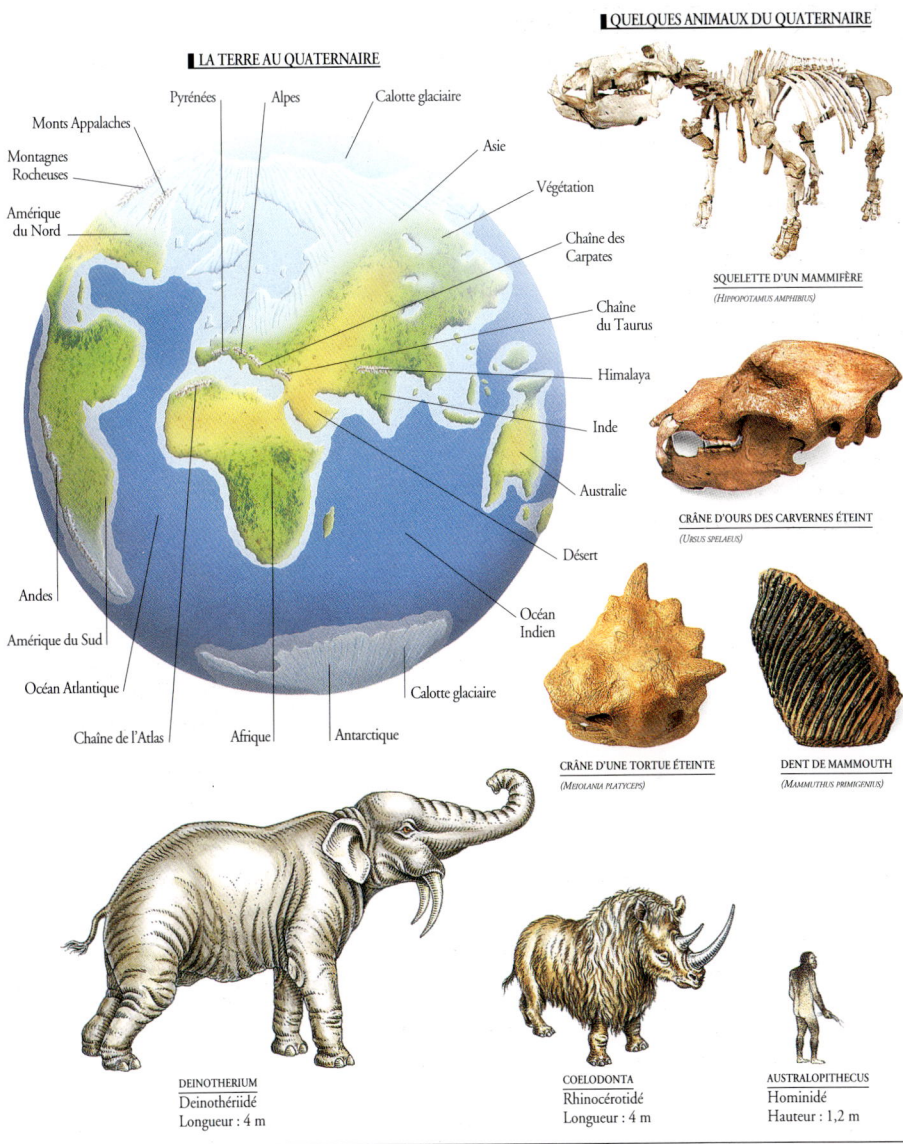

LES PREMIÈRES FORMES DE VIE

Durant près d'un milliard d'années après sa formation, la Terre ne connut aucune forme de vie. Les premières structures organiques simples apparurent dans la mer il y a environ 3,4 milliards d'années, peut-être par association de certaines molécules chimiques. Les procaryotes, des micro-organismes unicellulaires tels que les algues bleues, étaient capables d'effectuer la photosynthèse (pp. 138-139), donc de produire de l'oxygène. Un milliard d'années plus tard, ils en avaient rejeté dans l'atmosphère une quantité suffisante pour rendre possible le développement, dans les mers du Précambrien, d'organismes pluricellulaires ; méduses au corps mou, coraux et vers marins proliférèrent il y a 700 millions d'années. Les trilobites, premiers animaux à carapace, prospérèrent au Cambrien. Mais il fallut attendre le début du Dévonien, il y a 409 millions d'années, pour que des plantes comme *Asteroxylon* acquièrent une cuticule capable de retenir l'eau dans leur organisme, leur permettant de coloniser les terres émergées. Il y a environ 363 millions d'années, les premiers amphibiens (pp. 80-81) s'aventuraient sur la terre ferme, mais retournaient dans l'eau pour pondre leurs œufs mous. Ce n'est qu'avec l'apparition des reptiles que les animaux se libérèrent totalement du milieu aquatique.

■ CALCAIRE STROMATOLITIQUE

■ POISSON SANS MÂCHOIRES FOSSILISÉ

■ TRILOBITE FOSSILISÉ

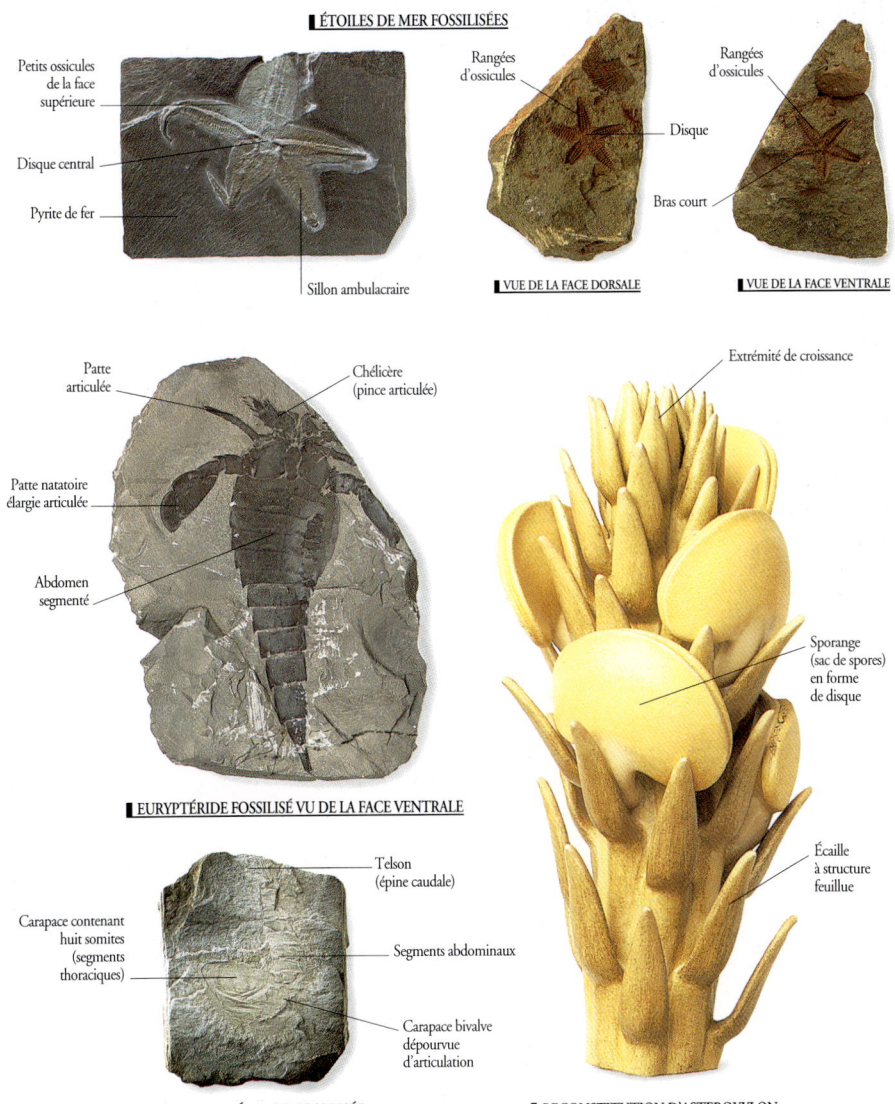

LE MONDE PRÉHISTORIQUE

LES AMPHIBIENS ET LES REPTILES

Les premiers amphibiens connus, tels *Acanthostega* et *Ichtyostega*, vécurent il y a environ 363 millions d'années, à la fin du Dévonien. Leurs membres se sont probablement développés à partir des musculeuses nageoires des poissons à poumons qui les avaient précédés dans l'évolution, et que ces derniers utilisaient comme des pattes pour se hisser à l'air libre sur les plages vaseuses. Les amphibiens (pp. 182-183) pouvaient désormais vivre sur terre mais restaient liés à l'eau où ils devaient revenir pondre et humecter leur peau incapable de conserver son humidité. Évoluant à partir des amphibiens, les reptiles (pp. 184-187) firent leur apparition au Carbonifère ; *Westlothiana*, le plus ancien connu, vécut il y a 338 millions d'années. Grâce au développement de l'œuf amniotique, dans lequel l'embryon est enfermé dans son propre milieu humide (l'amnios) et protégé par une coquille imperméable, les reptiles allaient se libérer de la dépendance du milieu aquatique. En outre, leur peau écailleuse les protégeait, à terre, de la dessiccation. C'est à la classe des reptiles qu'appartenaient les dinosaures qui devaient dominer la vie durant l'ère mésozoïque.

CRÂNE FOSSILISÉ D'ACANTHOSTEGA

RECONSTITUTION D'ICHTYOSTEGA

SQUELETTE D'ERYOPS

LE MONDE PRÉHISTORIQUE

LES DINOSAURES

Les dinosaures constituèrent un vaste groupe reptilien qui domina les terres émergées pendant la majeure partie de l'ère mésozoïque. Ils apparurent il y a quelque 230 millions d'années et se distinguaient des reptiles déjà existants, dont la démarche était rampante ou semi-rampante, par leur station dressée sur des membres situés sous le corps. Cette différence était importante : la structure de l'articulation entre le fémur et le bassin leur offrait une locomotion beaucoup plus libre et efficace. C'est encore la structure de leur bassin qui permet de classer les dinosaures en deux grands groupes : les saurischiens (à bassin de lézard) et les ornitischiens (à bassin d'oiseau). Chez les premiers, la partie appelée pubis se projetait vers l'avant, tandis qu'elle restait en arrière chez les seconds, parallèle à l'ischion.

Par la variété de leurs formes, les dinosaures n'ont rien à envier aux mammifères ; ce sont jusqu'à présent les vertébrés terrestres qui ont le mieux réussi, survivant pendant 165 millions d'années, jusqu'à leur extinction il y a 65 millions d'années.

LE BASSIN SAURISCHIEN

Ilion — Processus préacétabulaire
— Jointure ilio-pubienne
Processus postacétabulaire — Acetabulum
— Pubis
Jointure ilio-ischiale — Pied pubien
Ischion

GALLIMIMUS
Dinosaure saurischien

DISPOSITION DU BASSIN SAURISCHIEN

LE BASSIN ORNITISCHIEN

Processus postacétabulaire — Processus préacétabulaire
Jointure ilio-ischiale — Jointure ilio-pubienne
— Prépubis
— Acetabulum
Pubis
Ischion

HYPSILOPHODON
Dinosaure ornitischien

DISPOSITION DU BASSIN ORNITISCHIEN

BAROSAURUS
Dinosaure saurischien

COMPARAISON DES STATIONS

STATION RAMPANTE
Les cuisses et les avant-bras se projettent sur les côtés du corps, de sorte que les coudes et les genoux sont pliés à angle droit.

IGUANE COMMUN
(IGUANA IGUANA)
Reptile actuel

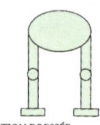

STATION DRESSÉE
Les cuisses et les avant-bras sont projetés droit sous le corps ; les articulations restent droites.

STATION SEMI-RAMPANTE
Les cuisses et les avant-bras se projettent sur les côtés du corps et vers le bas, de sorte que les coudes et les genoux sont légèrement pliés.

CROCODILE NAIN
(OSTEOLAEMUS TETRASPIS)
Reptile actuel

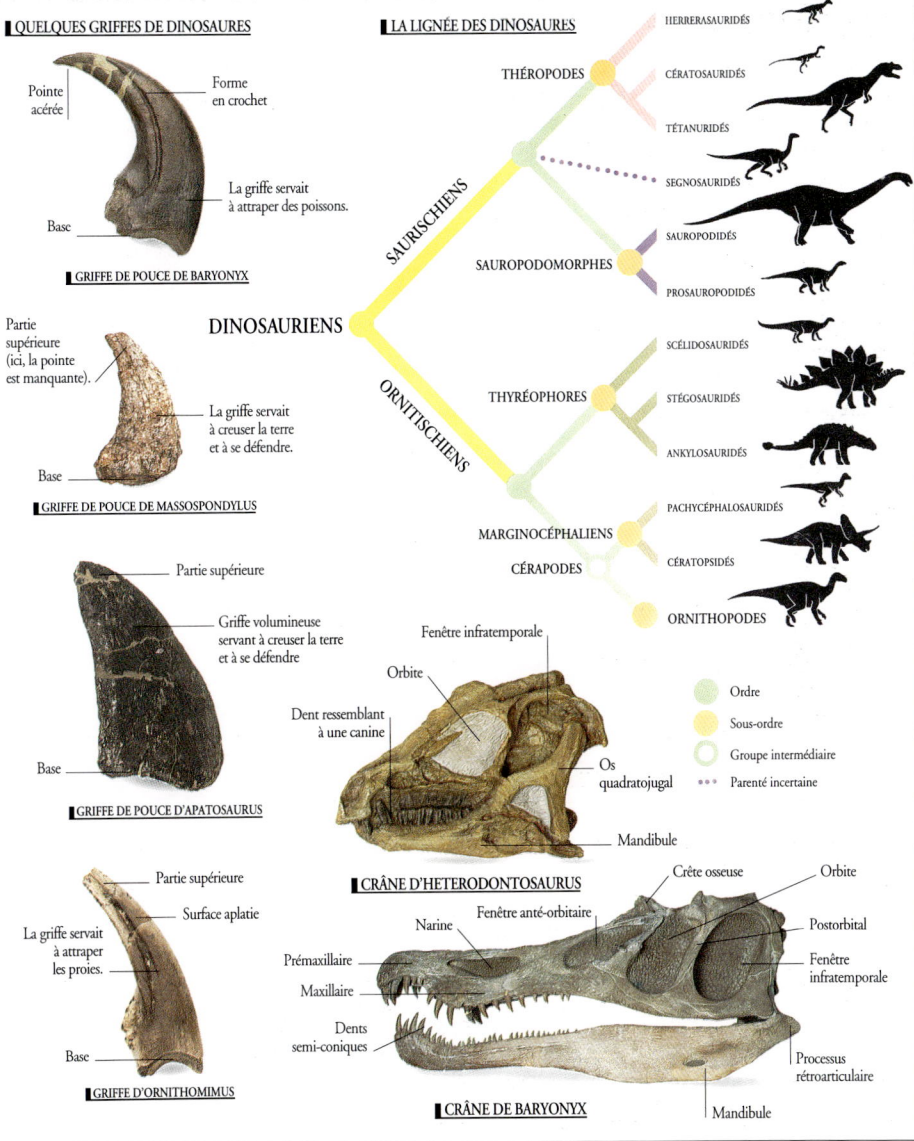

LE MONDE PRÉHISTORIQUE

LES THÉROPODES 1

ANATOMIE INTERNE DE LA PATTE D'ALBERTOSAURUS

Particulièrement prolifiques, les théropodes (« pieds de bêtes ») émergent il y a 230 millions d'années, à la fin du Trias. Ils vécurent la totalité de l'âge des dinosaures et regroupaient la plupart des prédateurs. Dans leur forme typique, ils étaient bipèdes, dotés de bras très réduits, de mâchoires puissantes garnies de dents acérées, d'un cou en S et de membres postérieurs allongés et très musclés, avec des pieds griffus, généralement à quatre doigts. Beaucoup de théropodes avaient sans doute le sang chaud et la plupart étaient exclusivement carnivores. Certains ne dépassaient pas la taille d'une poule, d'autres, comme *Tyrannosaurus* ou *Baryonyx*, étaient énormes. On trouvait aussi parmi eux des omnivores à bec sans dents qui ressemblaient à des autruches, comme *Struthiomimus* et *Gallimimus*. Beaucoup de scientifiques pensent que les oiseaux sont les plus proches parents vivants des dinosaures et qu'ils partagent un ancêtre commun avec les théropodes. Le premier oiseau connu, *Archaeopteryx*, leur fut d'ailleurs contemporain.

Muscle ilio-tibial
Muscle ilio-fémoral
Muscle fémoro-tibial
Muscle fléchisseur tibial interne
Fémur
Muscle ilio-péronéal
Gastrocnémien
Muscle fléchisseur des doigts
Péroné
Tarse
Métatarse
Doigt
Griffe
Muscle vaste externe
Muscle fémoro-tibial
Muscle tibial antérieur
Muscle extenseur commun des doigts

Boîte crânienne
Crête supraoccipitale
Orbite
Vertèbres cervicales
Vertèbres dorsales
Narine
Ilion
Omoplate
Côte cervicale
Épaule
Mandibule
Cubitus
Dents à bords dentelés
Phalanges
Métacarpe
Poignet
Coracoïde
Coude
Humérus
Côte
Fémur
Ischion
Narine
Œil
Cuisse
Peau écailleuse
Queue
Articulation du bassin
Main
Tibia
Pubis
Articulation du genou
Membre antérieur
Péroné
Genou
Cheville
Membre postérieur
Métatarse
Doigt
Pied
Phalanges
Articulation de la cheville
Griffe
Premier doigt

RECONSTITUTION DE TYRANNOSAURUS

SQUELETTE DE TYRANNOSAURUS

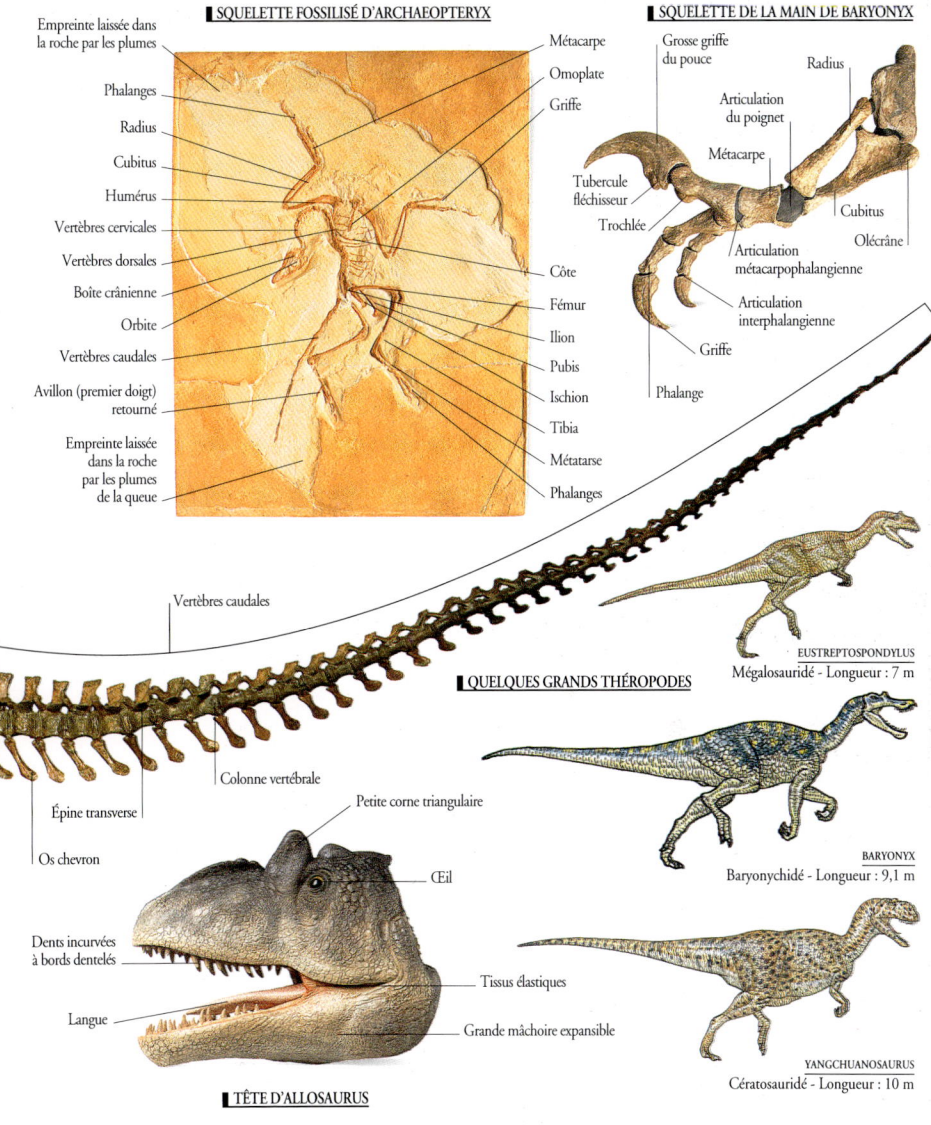

LE MONDE PRÉHISTORIQUE

LES THÉROPODES 2

QUELQUES ORNITHOMIMOSAURES

DROMICEIOMIMUS
Longueur : 3,5 m

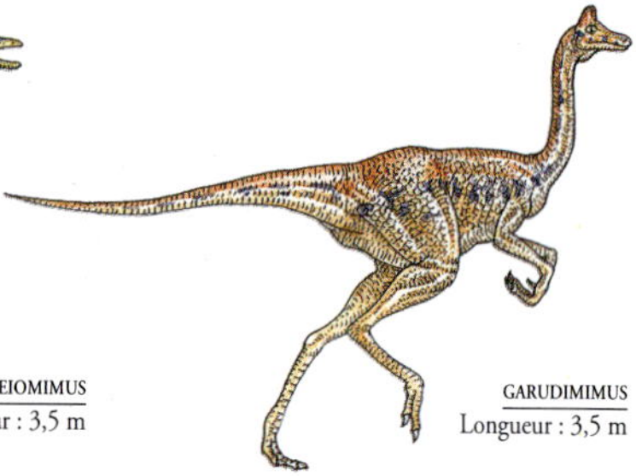

GARUDIMIMUS
Longueur : 3,5 m

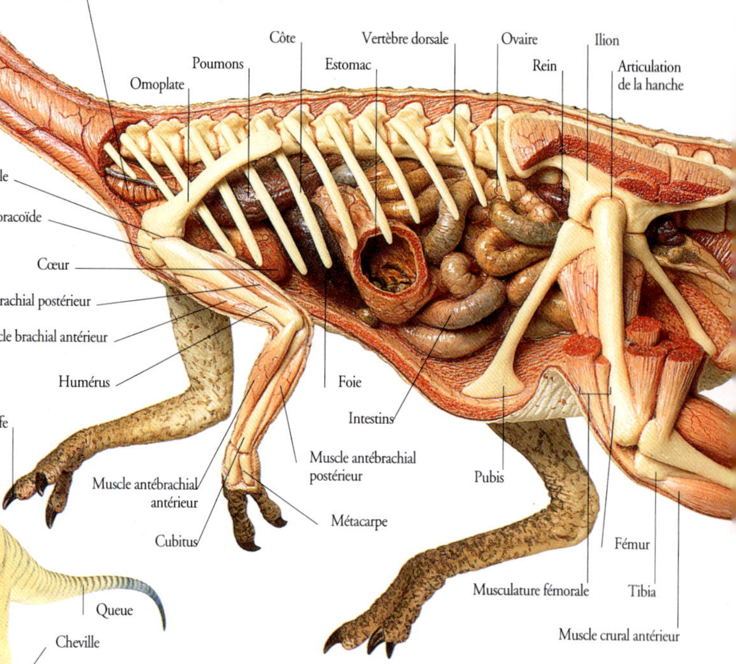

Œil
Bec sans dents
Trachée-artère
Omoplate
Poumons
Côte
Vertèbre dorsale
Estomac
Ovaire
Rein
Ilion
Articulation de la hanche
Musculature cervicale
Articulation de l'épaule
Coracoïde
Cœur
Muscle brachial postérieur
Muscle brachial antérieur
Humérus
Griffe
Foie
Intestins
Muscle antébrachial postérieur
Muscle antébrachial antérieur
Cubitus
Métacarpe
Pubis
Fémur
Musculature fémorale
Tibia
Muscle crural antérieur

Œil
Museau
Bras réduits
Queue
Doigts et griffes préhensiles
Cheville
Longues jambes taillées pour la course
Pied

ANATOMIE INTERNE DE GALLIMIMUS (FEMELLE)

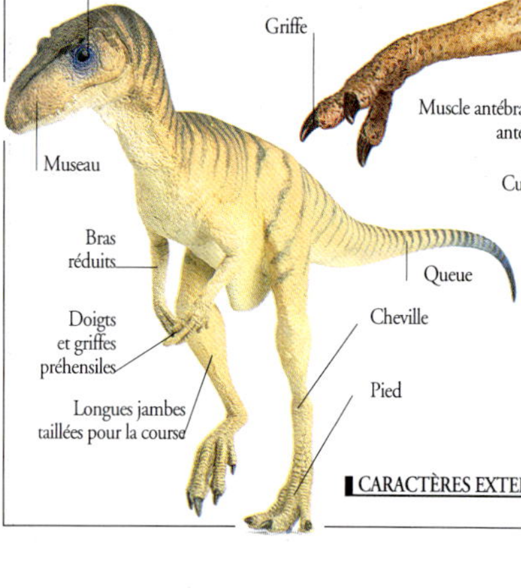

CARACTÈRES EXTERNES D'UN THÉROPODE PRIMITIF (HERRERASAURUS)

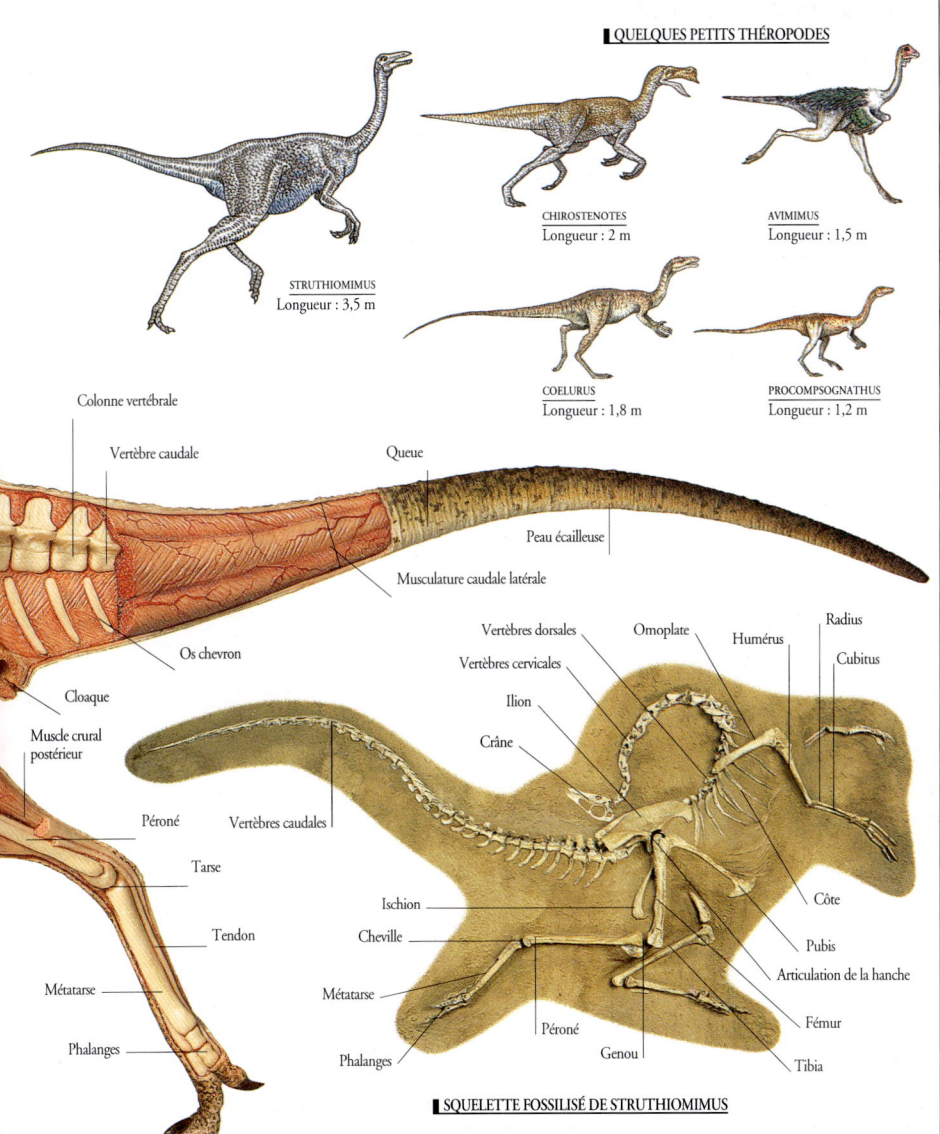

LE MONDE PRÉHISTORIQUE

LES SAUROPODOMORPHES 1

Les sauropodomorphes (« formes à pieds de lézard ») étaient des dinosaures saurischiens herbivores, le plus souvent quadrupèdes. Ils se caractérisaient par une toute petite tête, un corps énorme, une queue et un cou très longs. Deux grands types se succédèrent.

THECODONTOSAURUS

Les prosauropodes, tels le petit *Anchisaurus* et l'un des premiers très gros dinosaures, *Melanosaurus*, vécurent de la fin du Trias au début du Jurassique (– 225 à – 180 m.a.). Du milieu du Jurassique à la fin du Crétacé (– 165 à – 65 m.a.), ils furent remplacés par les sauropodes, qui se répandirent dans le monde entier. Parmi eux se trouvaient les plus grands animaux terrestres qui aient jamais vécu, tels *Diplodocus* et *Brachiosaurus*. Beaucoup se déplaçaient en troupeaux, protégés des théropodes prédateurs par leur masse énorme et leur queue démesurée dont ils se servaient comme d'un fouet pour se défendre. Les sauropodomorphes restèrent les herbivores les plus communs jusqu'à la fin du Jurassique et semblent avoir survécu sur les continents du Sud bien après qu'ils eurent disparu des terres du Nord.

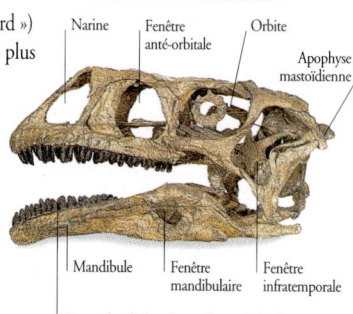

CRÂNE DE PLATEOSAURUS

Narine — Fenêtre anté-orbitale — Orbite — Apophyse mastoïdienne — Mandibule — Fenêtre mandibulaire — Fenêtre infratemporale

Dents à bords dentelés, en forme de feuille

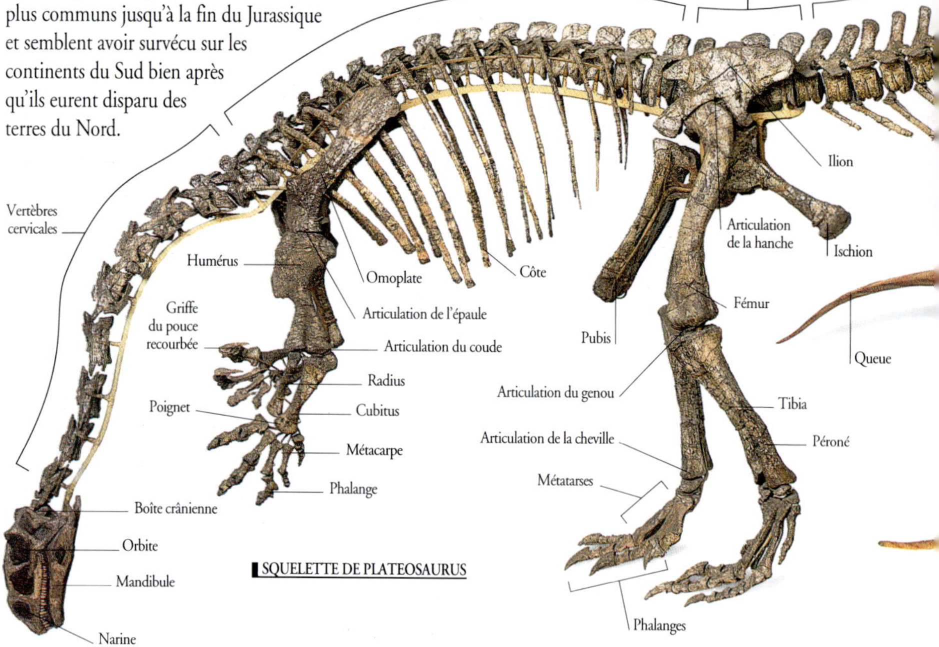

SQUELETTE DE PLATEOSAURUS

Vertèbres cervicales — Vertèbres dorsales — Vertèbres sacrées — Ilion — Articulation de la hanche — Ischion — Queue — Fémur — Tibia — Péroné — Articulation de la cheville — Métatarses — Phalanges — Articulation du genou — Pubis — Côte — Omoplate — Articulation de l'épaule — Humérus — Griffe du pouce recourbée — Poignet — Articulation du coude — Radius — Cubitus — Métacarpe — Phalange — Boîte crânienne — Orbite — Mandibule — Narine

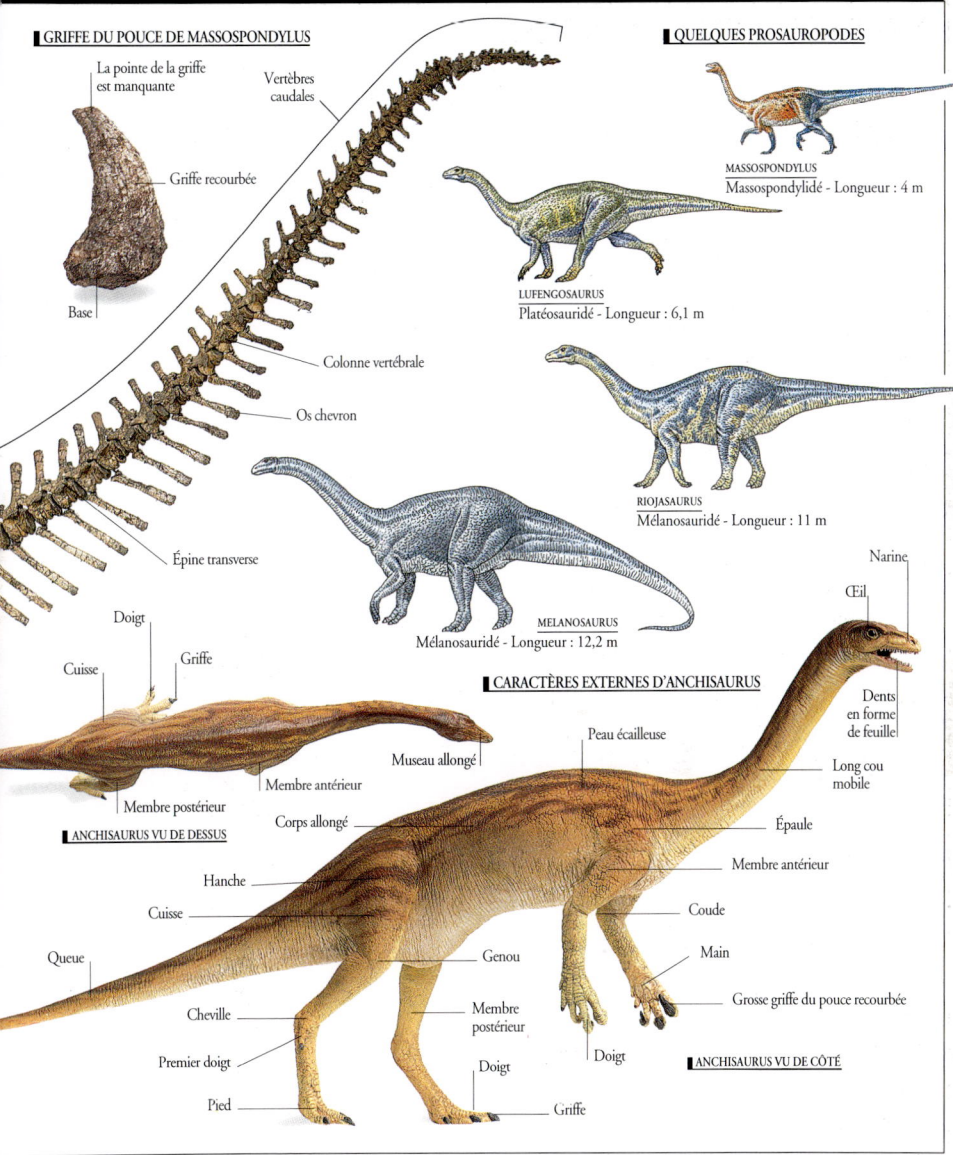

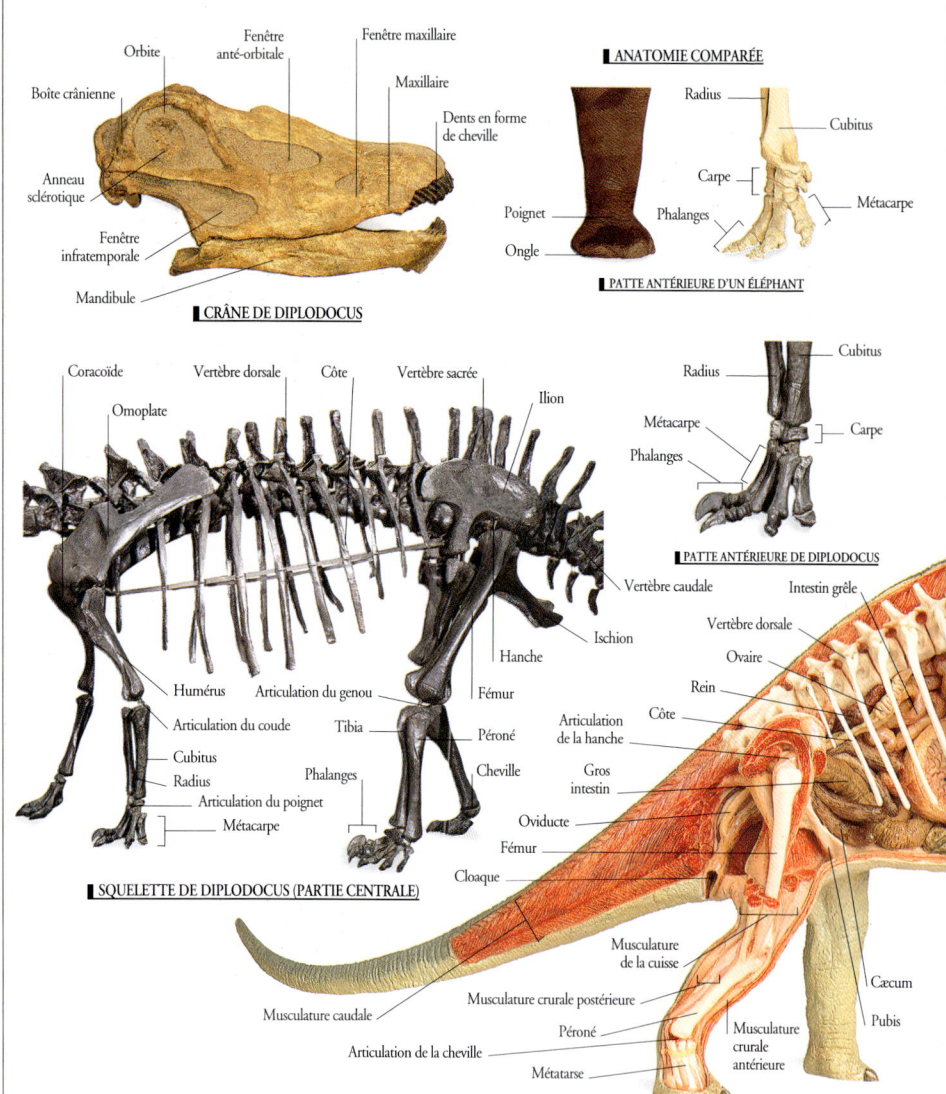

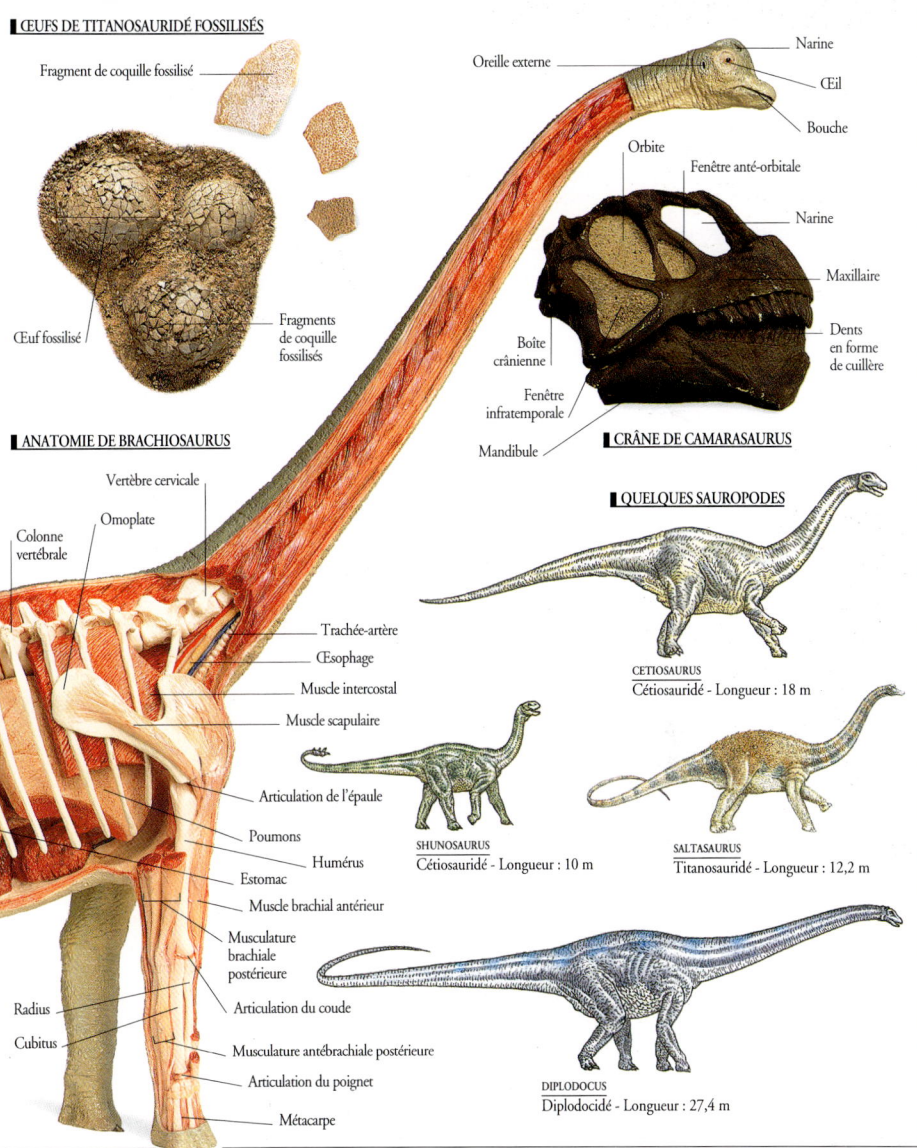

LE MONDE PRÉHISTORIQUE

LES THYRÉOPHORES 1

Les thyréophores (« porteurs d'armure ») étaient des dinosaures ornitischiens quadrupèdes armés, le long du dos, de bourrelets, plaques ou piquants osseux qui les protégeaient des prédateurs et jouaient peut-être un rôle dans la régulation thermique. Mesurant jusqu'à 9 mètres de long, avec une petite tête et de petites dents, ils avaient des membres antérieurs plus courts que les postérieurs et broutaient les plantes basses. Les premiers étaient de petite taille et apparurent au début du Jurassique. Ils furent ensuite remplacés par les stégosaures, tels *Stegosaurus* et *Kentrosaurus*, dont plusieurs genres survécurent jusqu'au Crétacé inférieur (– 146 à – 100 m.a.), et même jusqu'au Crétacé supérieur (– 97 à – 65 m.a.) en Inde. Les ankylosaures, avec leur bec et leurs dents latérales faits pour couper la végétation tendre, virent le jour au Jurassique supérieur et, en Amérique du Nord, vécurent jusqu'à l'extinction des dinosaures, il y a 65 millions d'années.

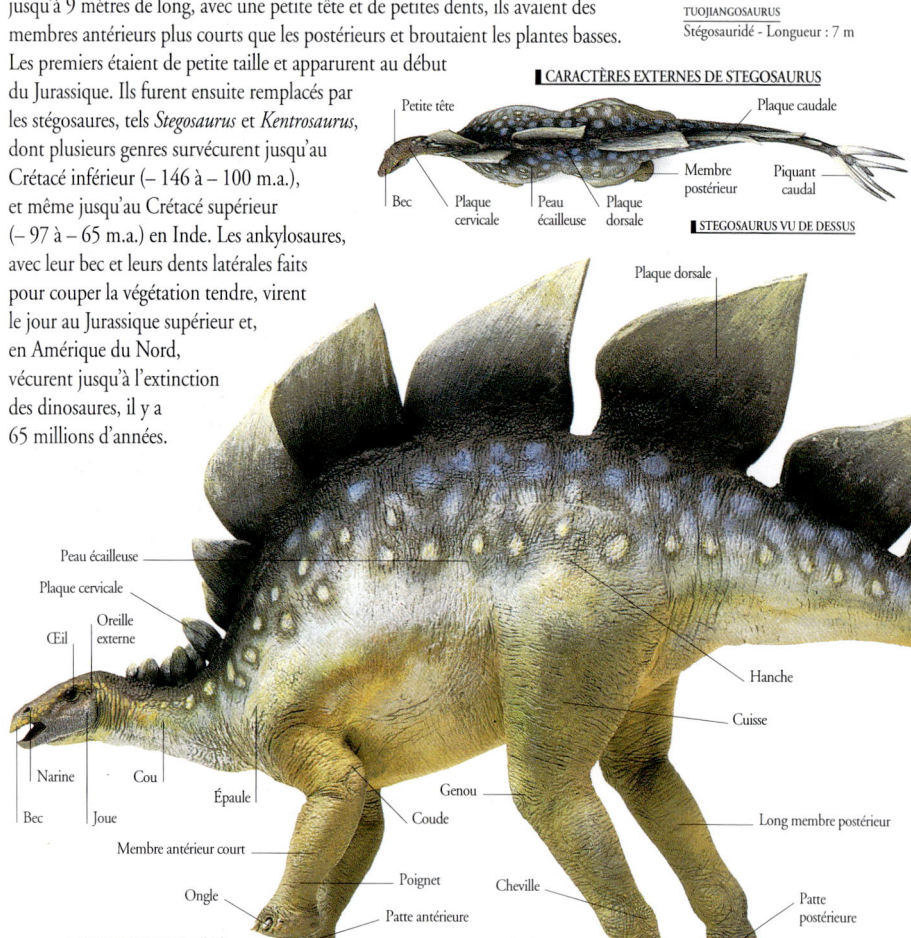

TUOJIANGOSAURUS
Stégosauridé - Longueur : 7 m

CARACTÈRES EXTERNES DE STEGOSAURUS

STEGOSAURUS VU DE DESSUS

STEGOSAURUS VU DE CÔTÉ

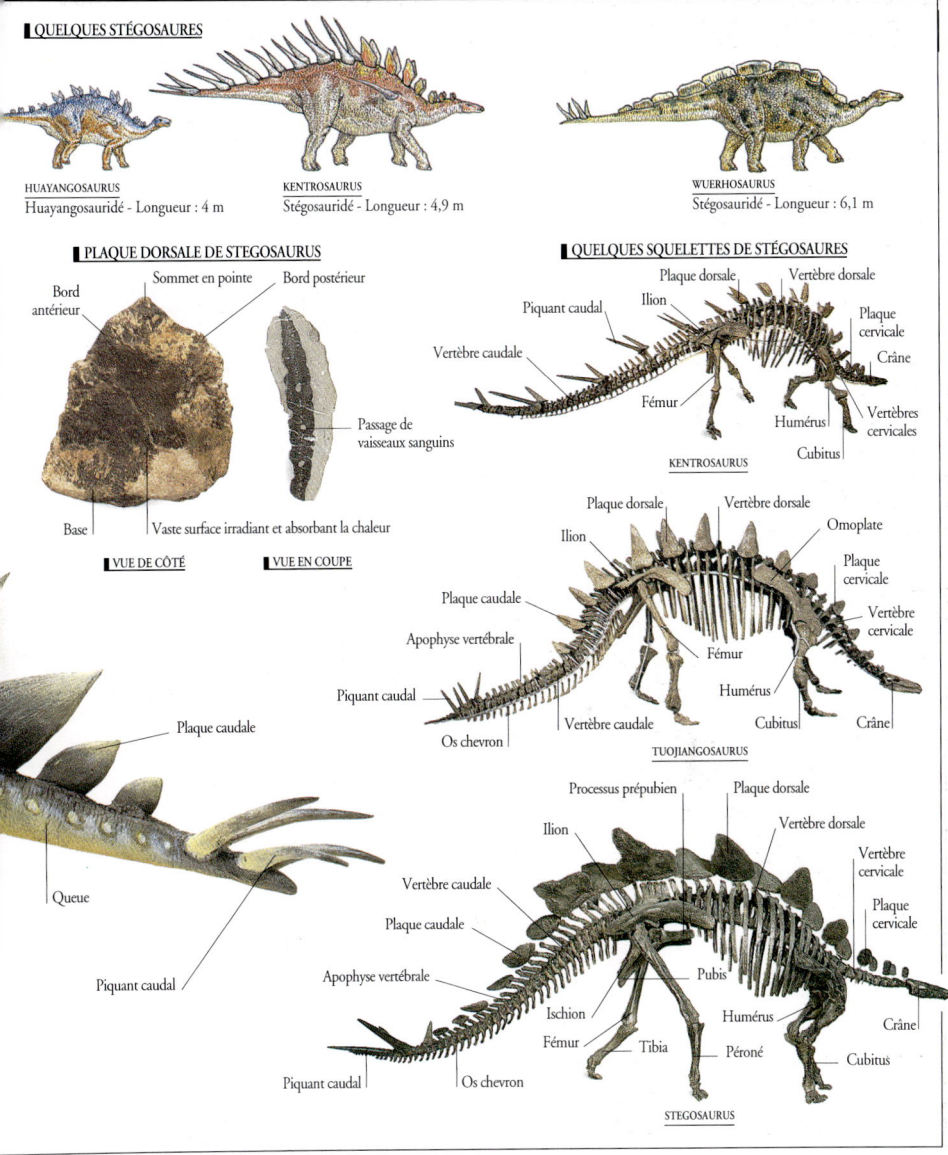

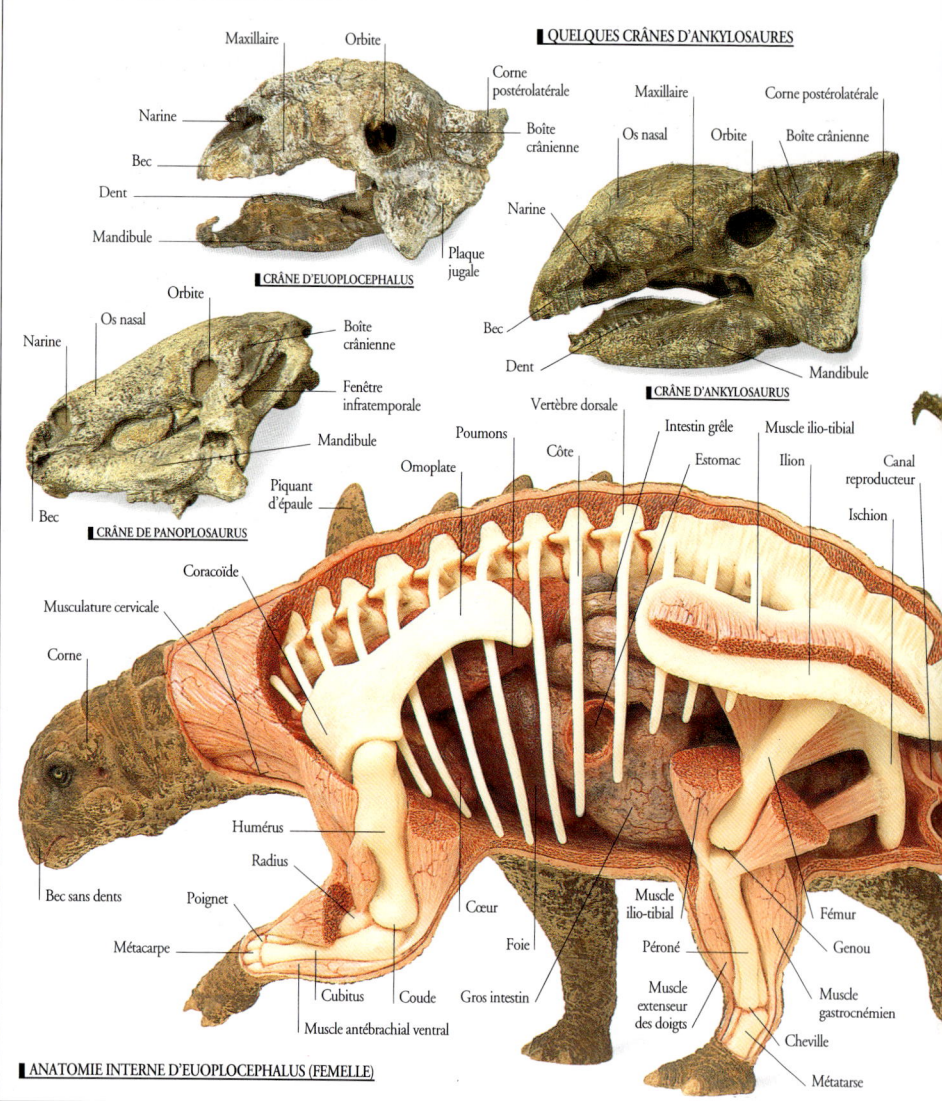

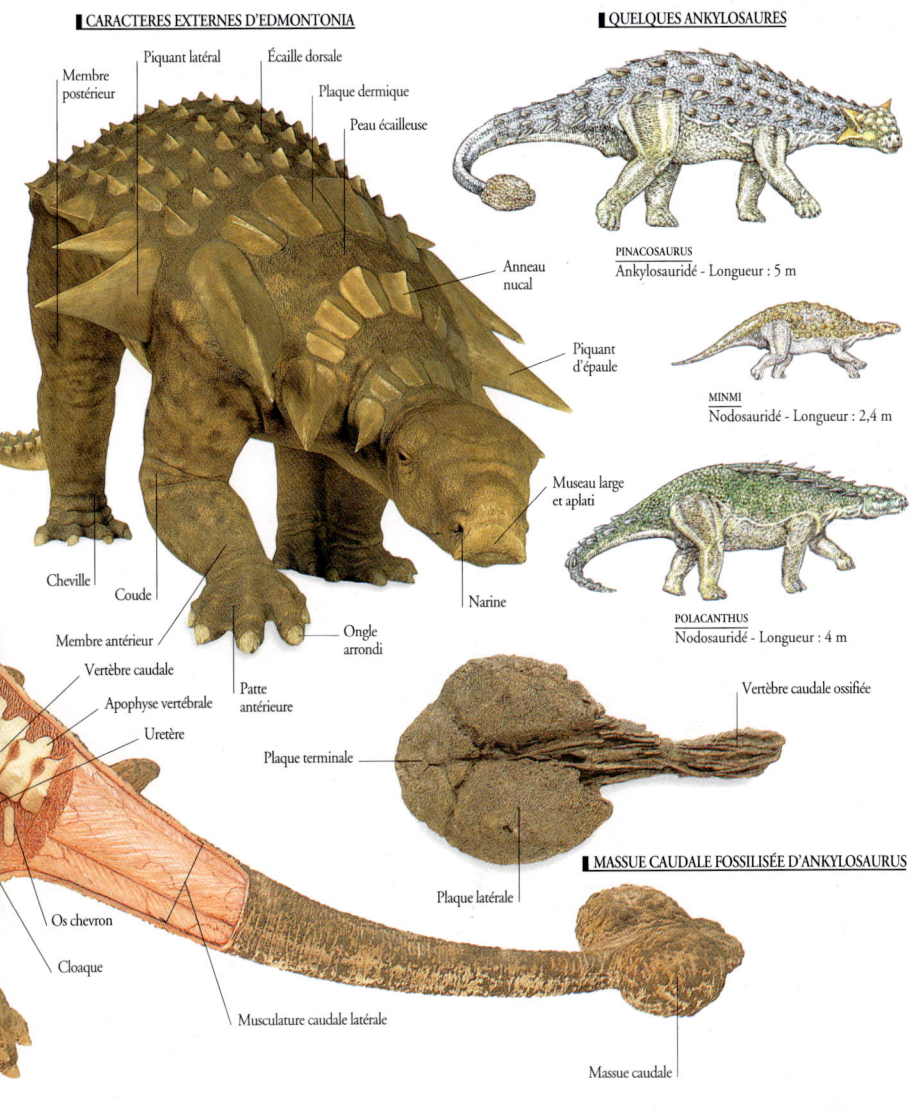

LES THYRÉOPHORES 2 / 95

CARACTERES EXTERNES D'EDMONTONIA

- Membre postérieur
- Piquant latéral
- Écaille dorsale
- Plaque dermique
- Peau écailleuse
- Anneau nucal
- Piquant d'épaule
- Museau large et aplati
- Narine
- Ongle arrondi
- Patte antérieure
- Membre antérieur
- Coude
- Cheville
- Vertèbre caudale
- Apophyse vertébrale
- Uretère
- Os chevron
- Cloaque
- Musculature caudale latérale
- Plaque terminale
- Plaque latérale

QUELQUES ANKYLOSAURES

PINACOSAURUS
Ankylosauridé - Longueur : 5 m

MINMI
Nodosauridé - Longueur : 2,4 m

POLACANTHUS
Nodosauridé - Longueur : 4 m

MASSUE CAUDALE FOSSILISÉE D'ANKYLOSAURUS

- Vertèbre caudale ossifiée
- Massue caudale

LES ORNITHOPODES 1

Les ornithopodes (« pieds d'oiseau ») étaient des dinosaures ornithischiens bipèdes ou quadrupèdes qui se répandirent dans une grande partie du monde depuis le Jurassique moyen jusqu'au Crétacé supérieur (– 165 à – 65 m.a.).

Ces animaux présentaient, entre autres traits anatomiques, une queue et un bassin rendus rigides par la présence de tendons osseux. Ils avaient également développé un bec corné, des mâchoires et des dents latérales coupantes ou broyeuses, adaptés à leur régime alimentaire herbivore. Certains ne dépassaient pas la taille d'un chien, d'autres étaient de gros animaux de 15 mètres de long. Les iguanodontes formaient un groupe d'ornithopodes dotés d'un corps massif, d'une lourde queue, d'un long museau s'achevant en un large bec coupant et de grandes mâchoires garnies de rangées de dents serrées. Parmi ceux-ci, *Iguanodon* et quelques autres disposaient, à la place du pouce, d'un gros éperon, assez robuste pour frapper et blesser un agresseur. Un autre groupe, celui des hadrosaures, vécut au Crétacé supérieur (– 97 à – 65 m.a.) avec des représentants comme *Gryposaurus* et *Hadrosaurus* dont le large bec aplati leur valut le surnom de « becs-de-canard ». Ils se caractérisaient par un crâne épais et une denture très serrée. Certains, comme *Corythosaurus* et *Lambeosaurus*, portaient sur la tête de grandes crêtes osseuses et creuses.

DENT D'IGUANODON

SQUELETTE D'IGUANODON

CRÂNE D'UN JEUNE IGUANODON

LES ORNITHOPODES 1 / 97

QUELQUES IGUANODONTES

OURANOSAURUS
Iguanodontidé - Longueur : 7 m

CAMPTOSAURUS
Camptosauridé - Longueur : 4,9-7 m

MUTTABURRASAURUS
Camptosauridé - Longueur : 7 m

PROBACTROSAURUS
Iguanodontidé - Longueur : 6,1 m

CARACTÈRES EXTERNES D'IGUANODON

- Épaule
- Œil
- Narine
- Cou
- Langue
- Bec
- Peau écailleuse
- Membre antérieur
- Coude
- Poignet
- Main
- Doigt
- Éperon du pouce
- Ongle en forme de sabot

ANATOMIE DE LA JAMBE D'IGUANODON

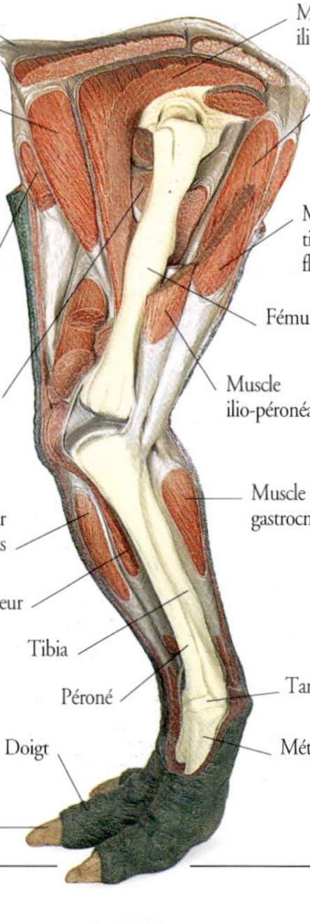

- Ilion
- Muscle ilio-fémoral
- Muscle ilio-tibial
- Muscle caudo-fémoral court
- Muscle vaste externe
- Muscle tibial fléchisseur
- Fémur
- Muscle pubio-ischio-fémoral externe
- Muscle ilio-péronéal
- Muscle extenseur commun des doigts
- Muscle gastrocnémien
- Muscle tibial antérieur
- Tibia
- Péroné
- Tarse
- Doigt
- Métatarse

LE MONDE PRÉHISTORIQUE

LES ORNITHOPODES 2

BRACHYLOPHOSAURUS
Longueur : 7 m

LAMBEOSAURUS
Longueur : 14,9 m

■ SQUELETTE FOSSILISÉ DE PARASAUROLOPHUS

Vertèbres caudales
Vertèbres sacrées
Apophyse vertébrale
Bout arrondi de l'œuf
Jeune fraîchement éclos
Jeune émergeant de l'œuf
Os chevron
Garniture végétale pour protéger et réchauffer les œufs
Ilion
Fragments de coquille
Crête osseuse
Œuf non éclos
Narine
Rebord du nid fait de sable amassé
Articulation de la hanche
Processus prépubien
■ RECONSTITUTION D'UN NID DE MAIASAURA
Fémur
Poche jugale
Cou
Articulation du genou
Langue
Cuisse
Bec sans dents
Épaule
Peau écailleuse
Articulation de la cheville
Membre antérieur
Coude
Poignet
Tubercule
Queue longue et forte
Métatarse
Griffes
Genou
Membre postérieur
Doigt
Cheville
Griffe
Pied
■ CARACTÈRES EXTERNES DE CORYTHOSAURUS

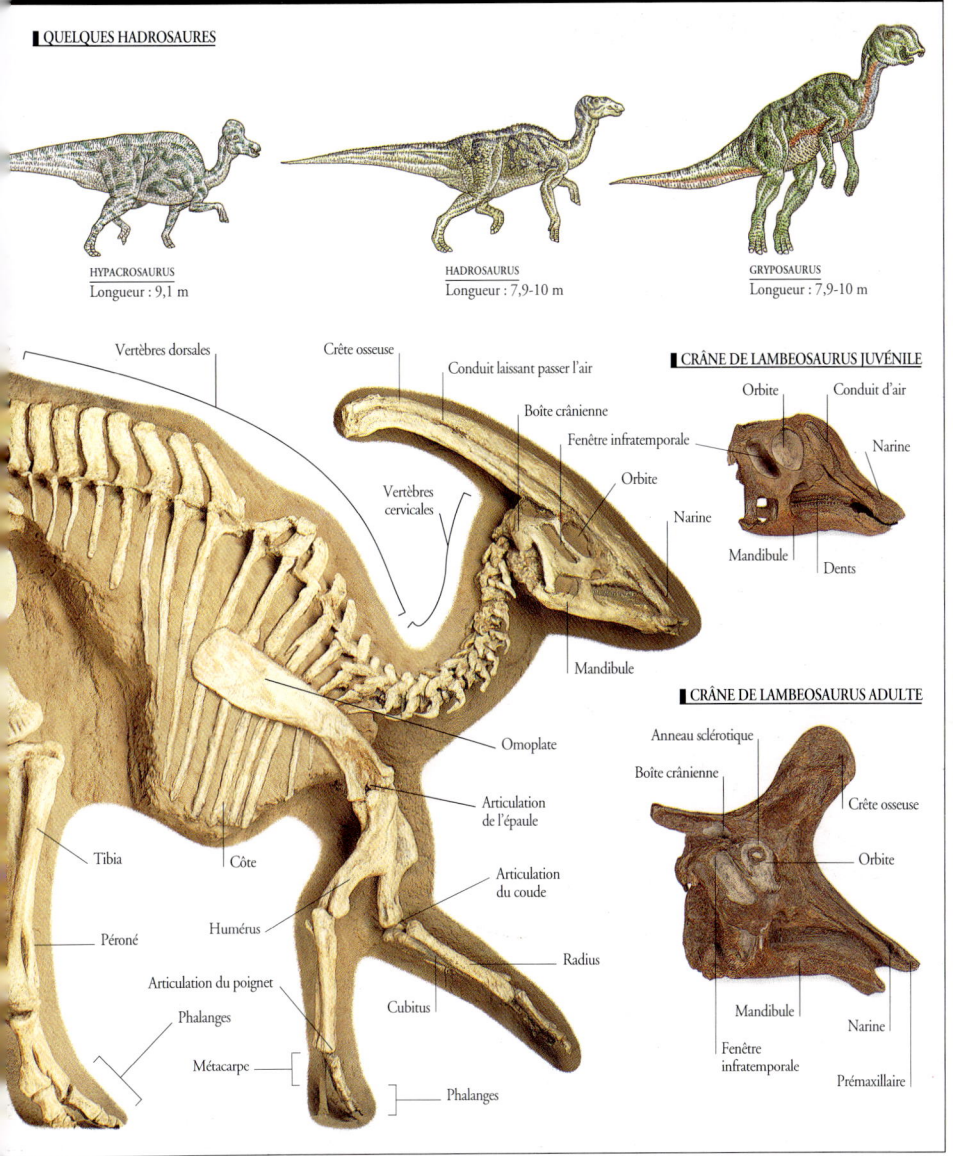

LE MONDE PRÉHISTORIQUE

LES MARGINOCÉPHALIENS 1

COMBAT DE PRÉNOCÉPHALES

Descendant probablement du même ancêtre que les ornithopodes, les marginocéphaliens (« têtes bordées »), qui vivaient au Crétacé, étaient des ornitischiens bipèdes ou quadrupèdes possédant, à l'arrière du crâne, une étroite saillie ou une large collerette osseuses. On les divise en deux groupes : les pachycéphalosauriens (« lézards à tête épaisse »), tels *Pachycephalosaurus* et *Stegoceras*, et les cératopsiens (« têtes à cornes »), comme *Triceratops* et *Psittacosaurus*. Le crâne très épais des pachycéphalosauriens protégeait leur cerveau au cours des combats tête contre tête que se menaient les mâles pour la possession des territoires et des femelles. Leurs vertèbres et leur bassin étaient également renforcés pour supporter les chocs. Quant aux cératopsiens, formidables opposants même pour les plus gros des prédateurs, leur collerette osseuse devait les rendre très impressionnants lorsqu'ils chargeaient. Leur cou était, lui aussi, consolidé pour accroître sa résistance aux impacts et supporter leur lourde tête, équipée d'un bec coupant et de puissantes mâchoires garnies de dents tranchantes. Les cératopsiens comptèrent parmi les dinosaures herbivores les plus abondants du Crétacé supérieur (– 97 à – 65 m.a.).

QUELQUES CRÂNES DE PACHYCÉPHALOSAURES

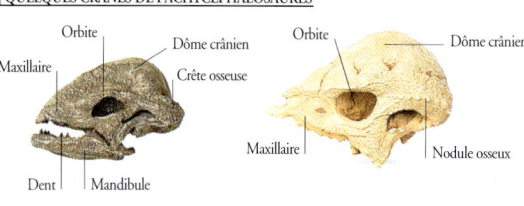

CRÂNE DE STEGOCERAS

CRÂNE DE PRENOCEPHALE

CRÂNE DE PACHYCEPHALOSAURUS

CARACTERES EXTERNES DE PACHYCEPHALOSAURUS

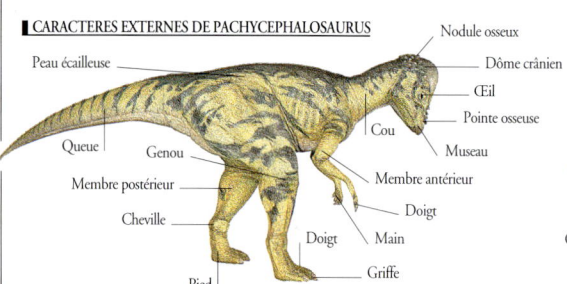

SECTION DU CRÂNE DE PACHYCEPHALOSAURUS

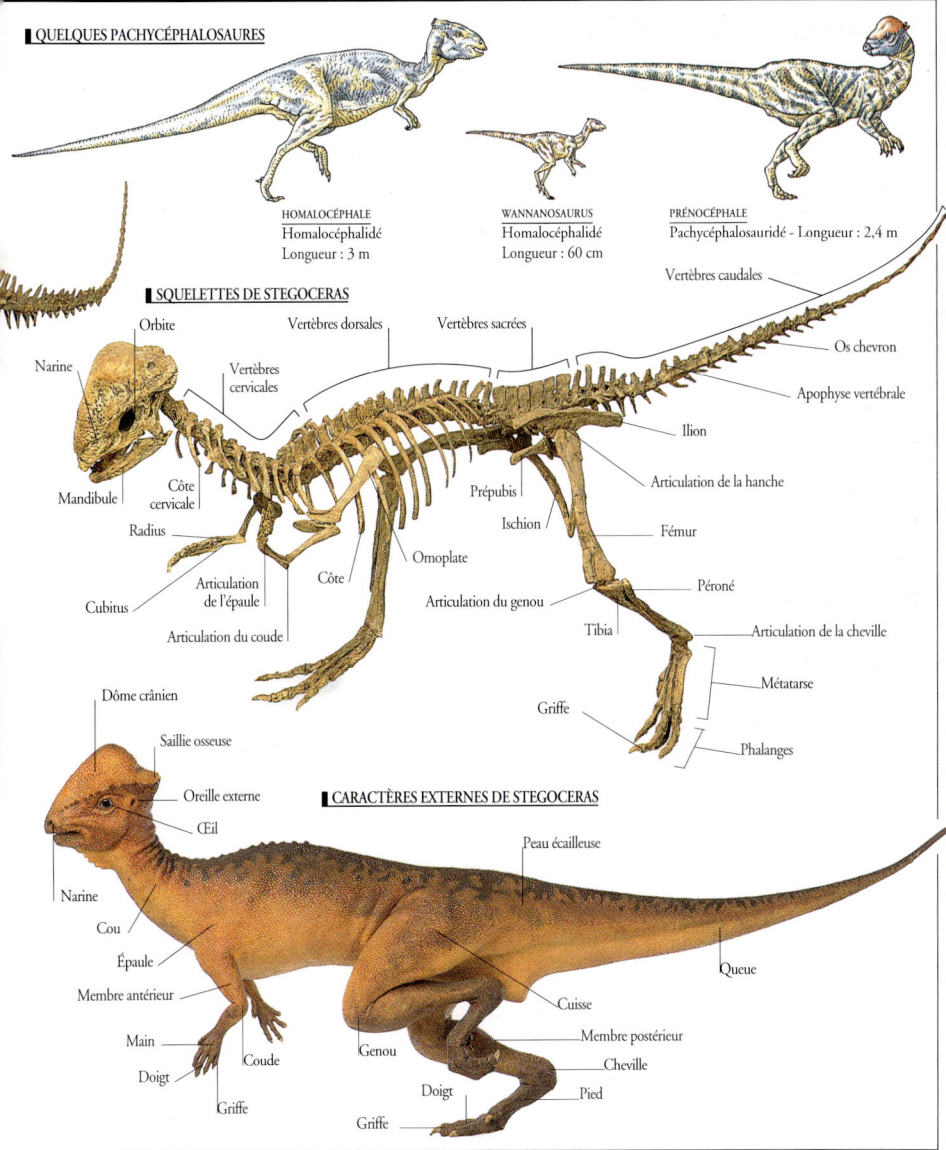

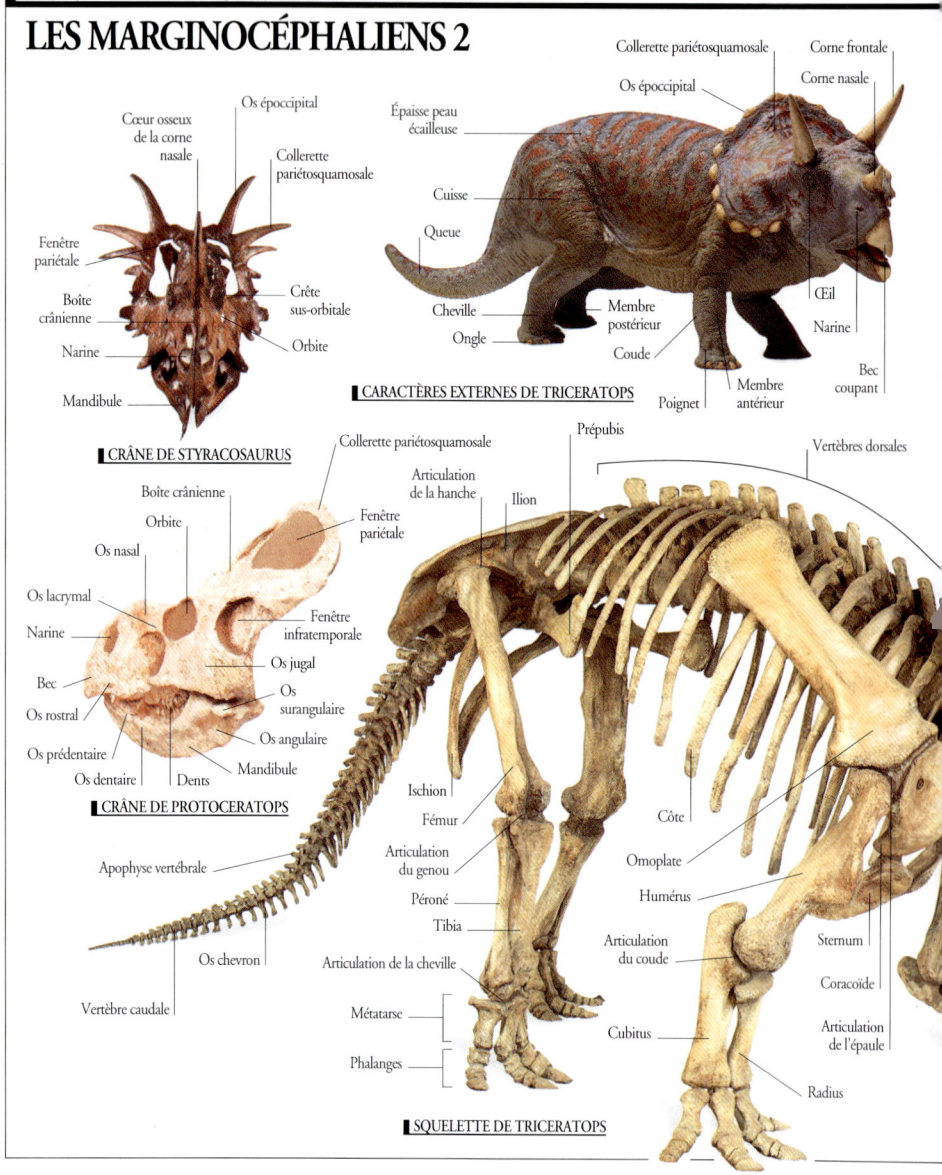

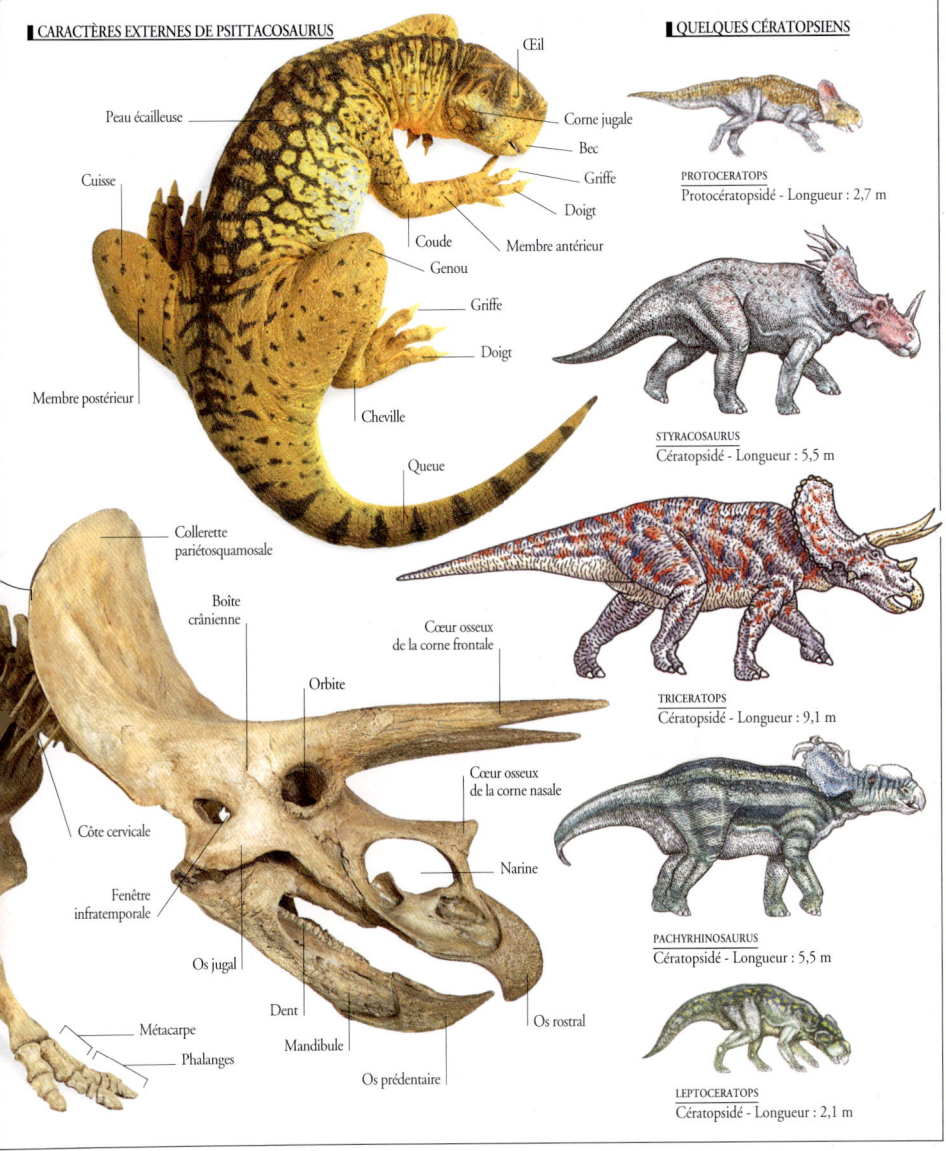

LE MONDE PRÉHISTORIQUE

LES MAMMIFÈRES 1

Après l'extinction des dinosaures, les mammifères devinrent sur Terre les vertébrés dominants. Issus des reptiles thérapsidés, ils étaient apparus il y a 200 millions d'années, au Trias, sous la forme de petits animaux nocturnes ressemblant à des rongeurs, tels *Megazostrodon*. Sur leurs ancêtres reptiliens, ils possédaient plusieurs avantages : le sang chaud, un cœur à quatre cavités qui permettait une activité accrue, un manteau de poils contribuant au maintien de la température interne, une structure améliorée des membres, autorisant une locomotion plus efficace. Les petits sortaient vivants du ventre de leur mère qui les allaitait, ce qui leur assurait une croissance rapide. Depuis 65 millions d'années, le nombre et la diversité des mammifères ont beaucoup varié. Ainsi, les périssodactyles (ordre comportant *Coelodonta* et les chevaux modernes) étaient les plus communs au début du Tertiaire (– 54 m.a. environ). De nos jours, les plus nombreux sont les rongeurs, les carnivores et les artiodactyles, tandis que les proboscidiens, jadis riches de nombreux genres tels que *Phiomia*, *Moeritherium*, *Tetralophodon* et *Mammuthus*, ne sont plus représentés que par nos actuels éléphants. En Australie et en Amérique du Sud, des millions d'années d'isolation continentale entraînèrent le développement des marsupiaux, un groupe distinct des mammifères placentaires (p. 74) qui existaient ailleurs.

MOLAIRES DE TETRALOPHODON

■ RECONSTITUTION DE MEGAZOSTRODON

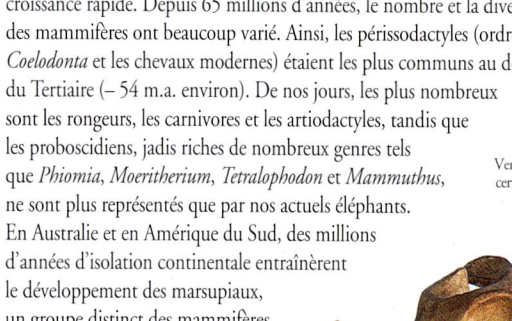

Poils isolants

Longue queue favorisant l'équilibre

Apophyse vertébrale

Omoplate

Vertèbre cervicale

Humérus

Corne nasale

Narine

Os prédentaire

Orbite

Mandibule

Molaire en biseau

Radius

Cubitus

Métacarpe

Phalange

LES MAMMIFÈRES 1 / 105

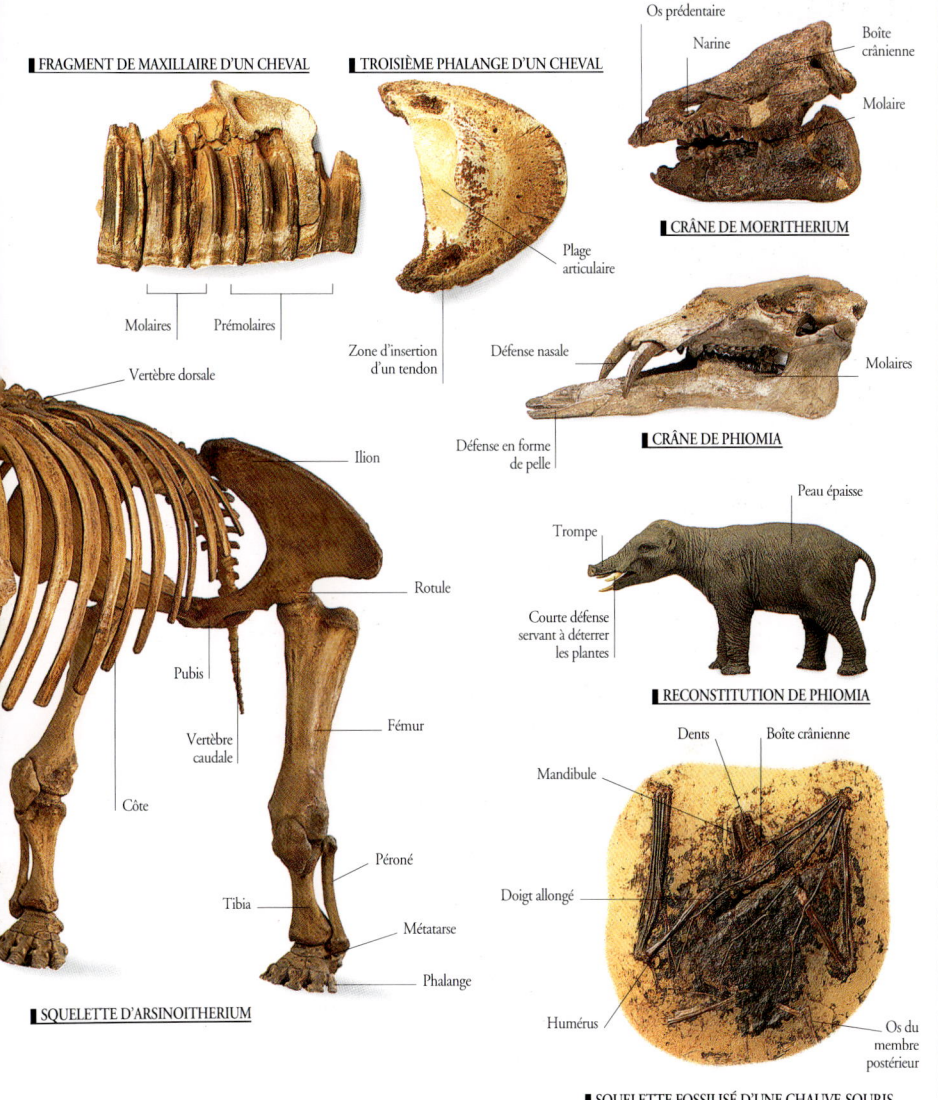

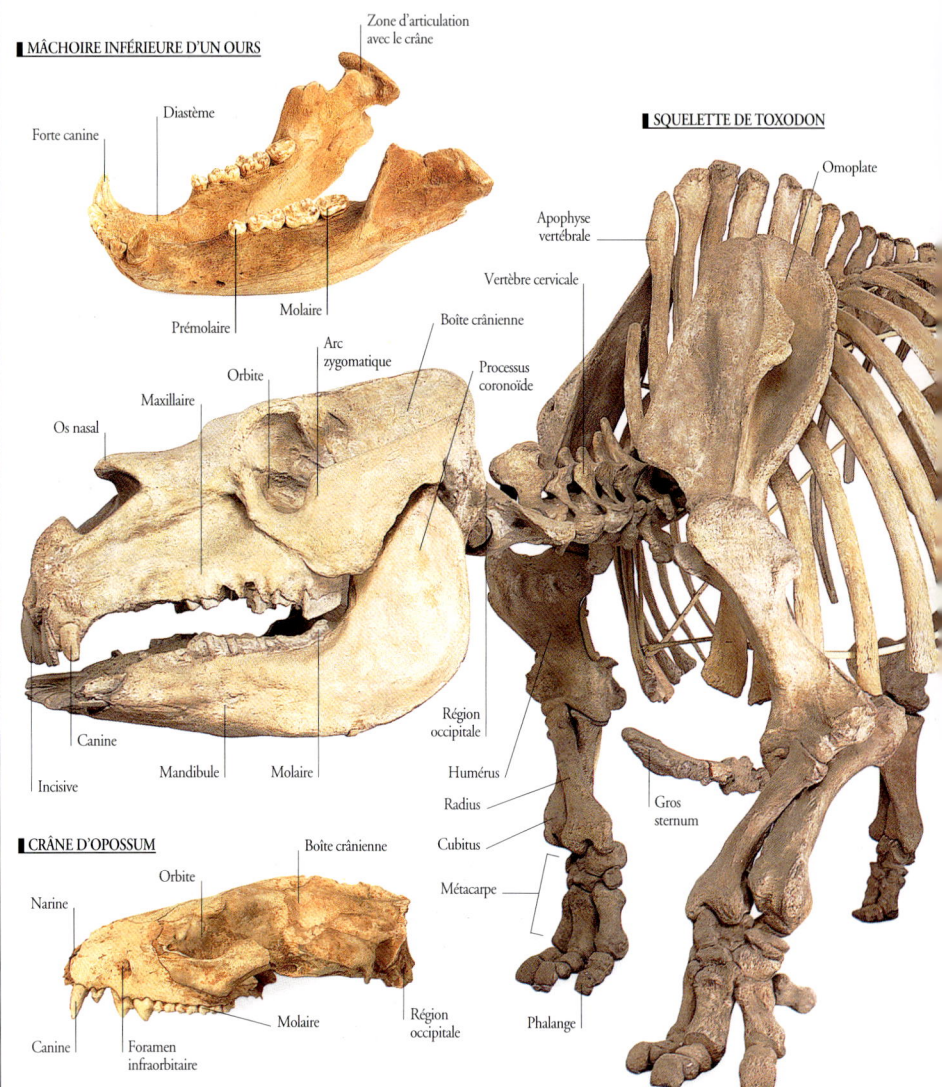

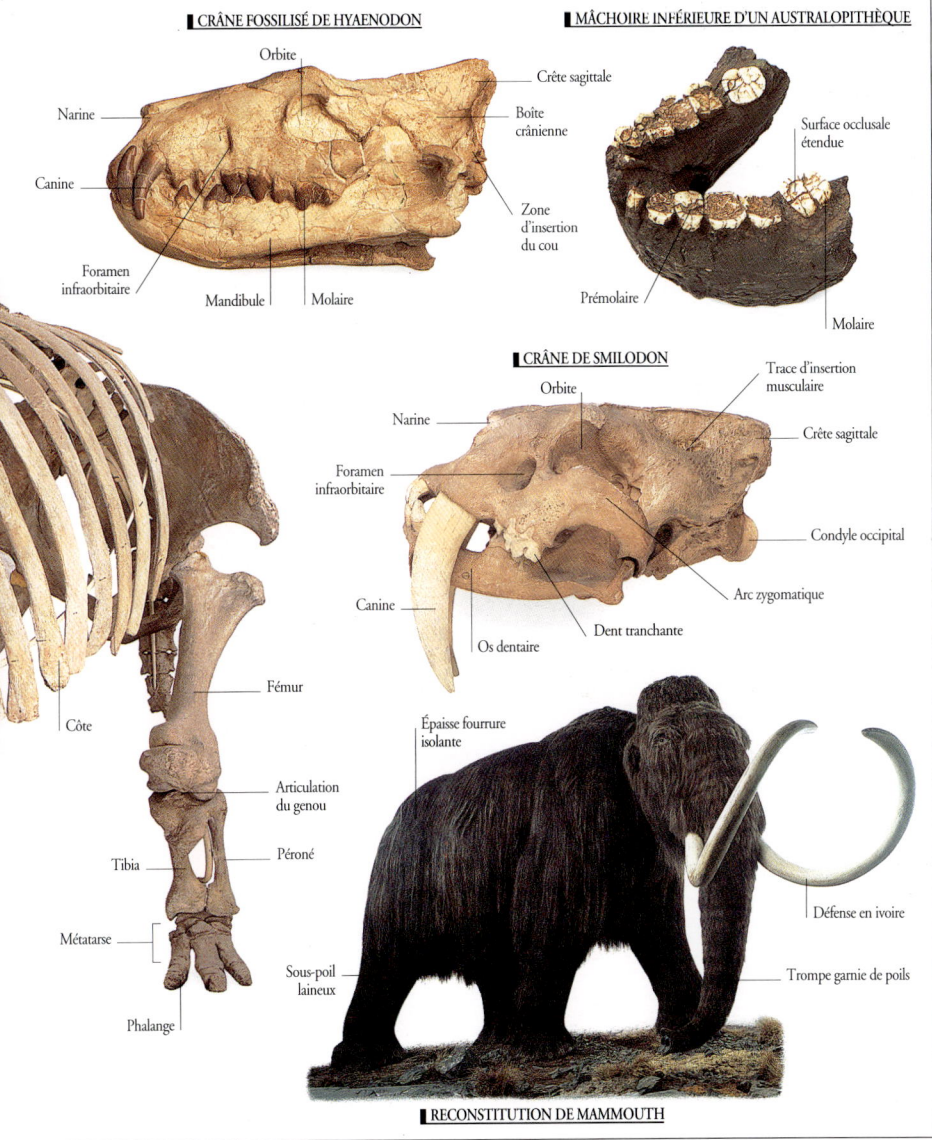

LES PREMIERS HOMINIDÉS

Appartenant à l'ordre mammalien des primates (pp. 202-203), les plus anciens hominidés connus sont les *Australopithecus* (« singe du Sud »), des êtres à petit cerveau déjà capables de se redresser et de marcher debout. Le premier homme véritable connu, *Homo habilis*, apparut il y a au moins 2 millions d'années. Cet « homme habile » au cerveau plus gros fabriqua les premiers outils pour chasser. *Homo erectus* naquit quant à lui en Afrique il y a 1,8 million d'années et se répandit en Asie environ 800 000 ans plus tard ; c'est lui qui apprit à se servir du feu. Enfin devaient voir le jour deux proches cousins : l'homme de Neandertal, il y a environ 200 000 ans, et, 100 000 ans plus tard, en Afrique, l'homme moderne. Tous deux membres de l'espèce *Homo sapiens*, ils coexistèrent pendant des milliers d'années. Mais il y a 30 000 ans, l'homme de Neandertal devait s'éteindre, laissant le champ libre à l'homme moderne, seul hominidé subsistant de nos jours sur Terre. La classification de l'*Homo sapiens* soulève des problèmes car il faut tenir compte, en plus des structures anatomiques, de son comportement spécifique lié à ses possibilités intellectuelles : capacité à prévoir, à communiquer à l'aide d'un langage et de symboles complexes, etc.

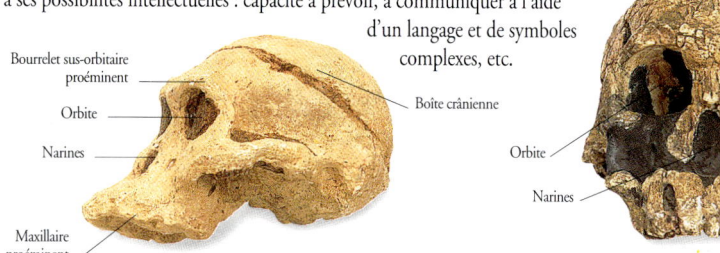

MÂCHOIRE D'AUSTRALOPITHECUS
- Os plus large que chez l'homme moderne
- Grosse molaire

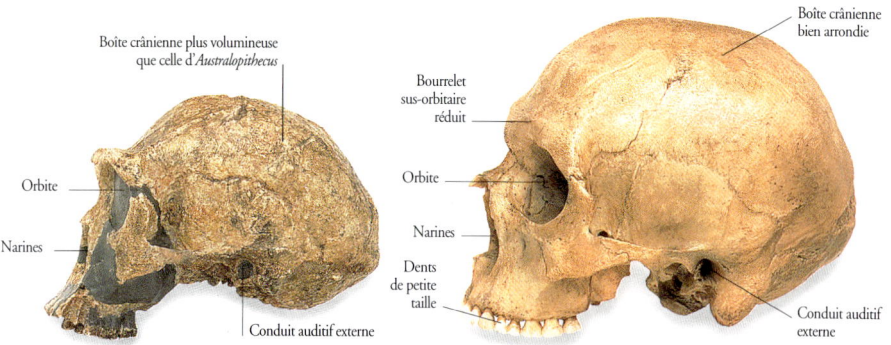

CRÂNE D'AUSTRALOPITHECUS
- Bourrelet sus-orbitaire proéminent
- Orbite
- Narines
- Boîte crânienne
- Maxillaire proéminent

CRÂNE D'HOMO HABILIS
- Orbite
- Narines

CRÂNE D'HOMO ERECTUS (HOMME DRESSÉ)
- Boîte crânienne plus volumineuse que celle d'*Australopithecus*
- Orbite
- Narines
- Conduit auditif externe

CRÂNE D'HOMO SAPIENS (HOMME MODERNE)
- Boîte crânienne bien arrondie
- Bourrelet sus-orbitaire réduit
- Orbite
- Narines
- Dents de petite taille
- Conduit auditif externe

LES PLANTES

LA DIVERSITÉ DES VÉGÉTAUX 112
LES CHAMPIGNONS ET LES LICHENS 114
LES ALGUES D'EAU DOUCE ET LES ALGUES MARINES .. 116
LES HÉPATIQUES ET LES MOUSSES 118
LES PRÊLES, LES LYCOPODES ET LES FOUGÈRES 120
LES GYMNOSPERMES 1 122
LES GYMNOSPERMES 2 124
LES MONOCOTYLÉDONES, LES DICOTYLÉDONES 126
LES PLANTES À FLEURS HERBACÉES 128
LES PLANTES À FLEURS LIGNEUSES 130
LES RACINES 132
LES TIGES 134
LES FEUILLES 136
LA PHOTOSYNTHÈSE 138
LES FLEURS 1 140
LES FLEURS 2 142
LA POLLINISATION 144
LA FÉCONDATION 146
LES FRUITS CHARNUS 148
LES FRUITS SECS 150
LA GERMINATION 152
LA MULTIPLICATION VÉGÉTATIVE 154
LES PLANTES DES MILIEUX SECS 156
LES PLANTES AQUATIQUES 158
LES PLANTES CARNIVORES 160
LES PLANTES ÉPIPHYTES ET LES PARASITES 162

LES PLANTES

LA DIVERSITÉ DES VÉGÉTAUX

Il existe plus de 300 000 espèces de plantes. Elles présentent une grande diversité de formes et de modes de vie, allant, par exemple, de la délicate hépatique, adaptée à la vie en milieu humide, au cactus, capable de survivre dans le désert, et des plantes herbacées tel le maïs, dont le cycle complet s'effectue sur une année, au séquoia géant, qui peut vivre plusieurs milliers d'années. Cette diversité reflète les capacités d'adaptation des plantes, qui leur permettent de survivre dans de nombreux types d'habitats. Cela apparaît plus clairement chez les plantes à fleurs (les angiospermes), qui sont les plus nombreuses – avec plus de 250 000 espèces – et les plus disséminées, puisqu'on les trouve des tropiques aux pôles. En dépit de leur diversité, les plantes présentent certaines caractéristiques communes : elles sont normalement vertes et fabriquent elles-mêmes leur nourriture grâce à la photosynthèse ; la plupart d'entre elles vivent sur (ou dans) un substrat, tel que le sol, et ne se déplacent pas. Les algues (règne des Protoctista) et les champignons (règne des Fungi) ont certaines caractéristiques des plantes et sont souvent étudiés avec elles.

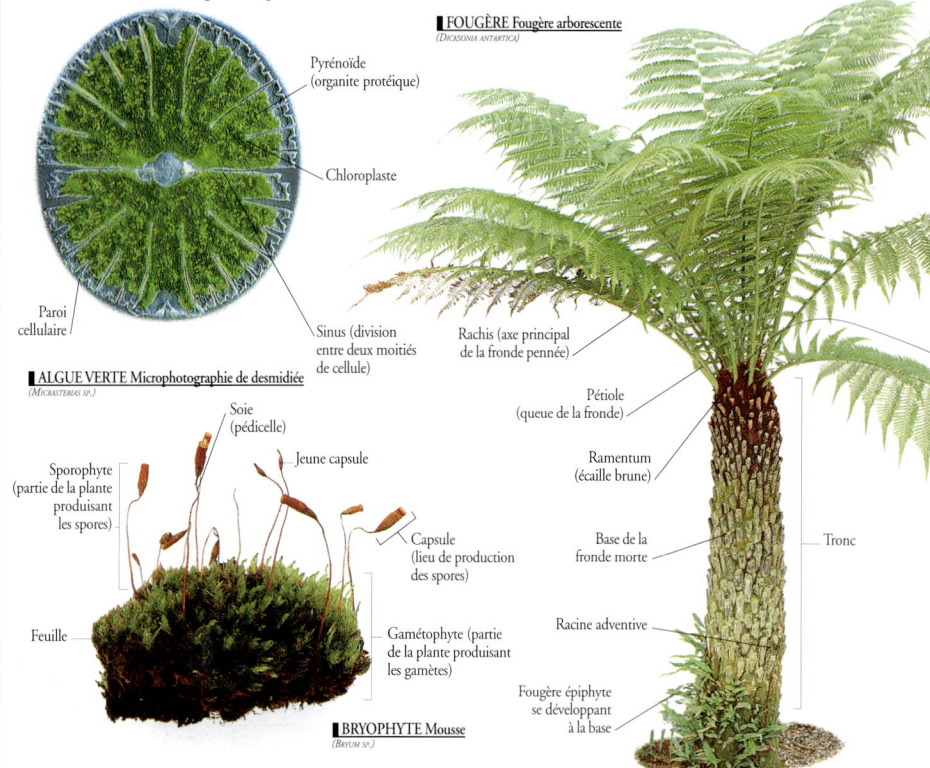

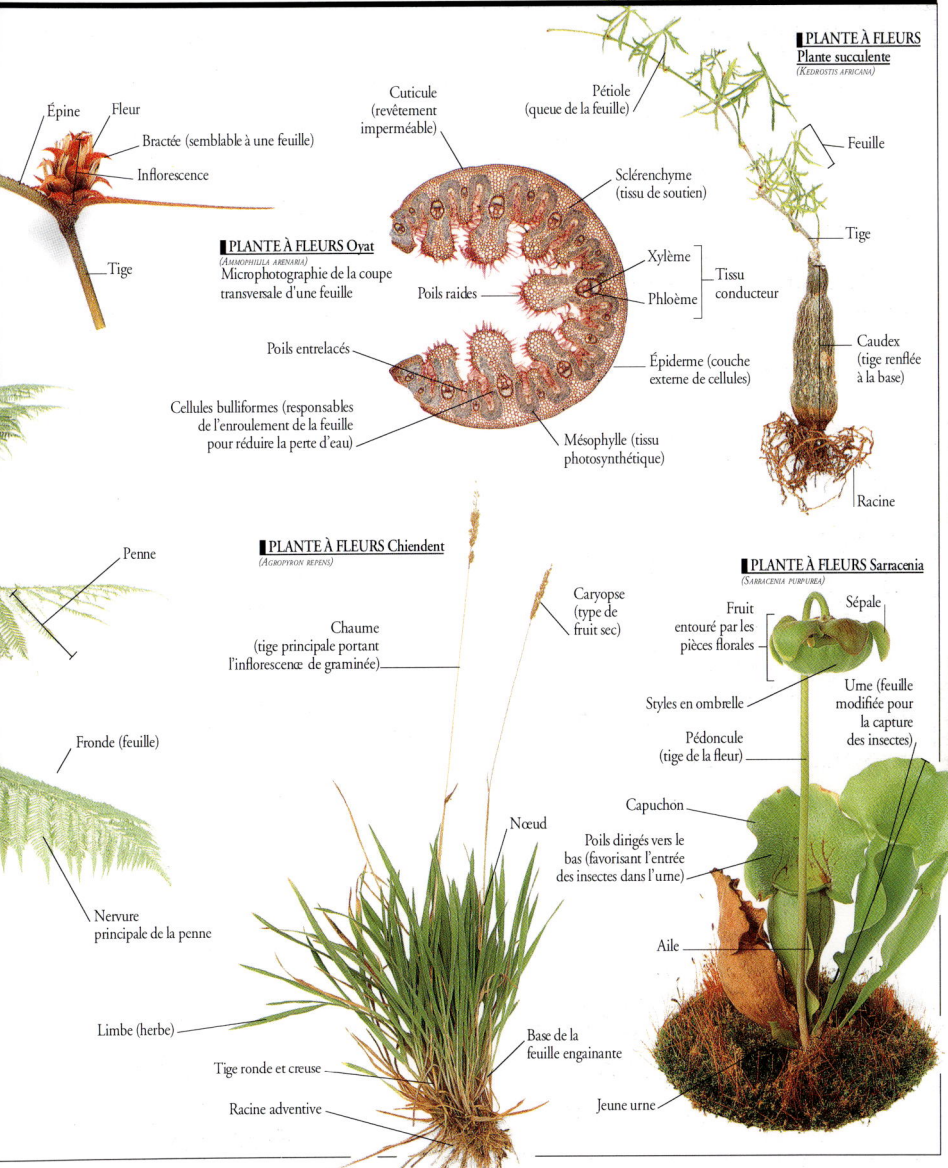

LES CHAMPIGNONS ET LES LICHENS

Longtemps considérés comme des plantes, les champignons forment un règne à part. Ce règne comporte les champignons familiers – agarics, vesses-de-loup, phallus –, et les moisissures, mais aussi les levures, les charbons, les rouilles et les lichens. La plupart des champignons sont multicellulaires et composés d'hyphes filamenteuses entremêlées, le mycélium. Cependant, certains, les plus simples (comme les levures), sont des organismes microscopiques, unicellulaires. En règle générale, les champignons se reproduisent au moyen de spores. Ils se nourrissent de matière morte ou en décomposition, ou encore d'organismes vivants. Certains forment avec des algues (cas des lichens) ou avec des plantes une relation symbiotique. Les lichens participent de ce partenariat symbiotique entre algues et champignons.

EXEMPLES DE CHAMPIGNONS

- Sporophore sortant du substrat
- Pileus en continuité avec le stipe
- Écorce de hêtre mort
- Marge enroulée du pileus (chapeau)
- Lame
- Sporophore
- Stipe (pied)
- Hyphes

PLEUROTE
(*PLEUROTUS PULMONARIUS*)

EXEMPLES DE LICHENS

- Thalle secondaire fruticuleux
- Tige creuse ramifiée
- Apothécie (organe produisant la spore)
- Sporophore (structure portant les spores)

LICHEN FRUTICULEUX
(*CLADONIA PORTENTOSA*)

- Sorédies produites à l'extrémité du lobe
- Écorce d'arbre
- Thalle foliacé

LICHEN FOLIACÉ
(*HYPOGYMNIA PHYSODES*)

- Glèbe (tissu sporogène)
- Stipe poreux
- Volve (restes du voile général)

PHALLUS PUANT
(*PHALLUS IMPUDICUS*)

- Rameau denticulé
- Rameau
- Sporophore (structure portant les spores)
- Stipe

« RAMARIA FORMOSA »

COUPE D'UN LICHEN FOLIACÉ MONTRANT LA REPRODUCTION PAR SORÉDIES

- Sorédies dispersées à la surface du thalle squameux
- Apothécie
- Écaille basale du thalle squameux primaire
- Médulle formée d'hyphes fongiques (mycélium)
- Mousse
- Podétie (tige granuleuse) du thalle secondaire fruticuleux
- Cortex inférieur

LICHEN SQUAMEUX ET FRUTICULEUX
(*CLADONIA FLOERKEANA*)

- Cellule algale
- Hyphe fongique
- Cortex supérieur
- Couche algale
- Sorédie (corpuscule végétatif pulvérulent impliqué dans la propagation) disséminée en dehors du thalle
- Rhizine (faisceau d'hyphes absorbantes)
- Soralie (fissure dans la surface supérieure du thalle)
- Surface supérieure du thalle

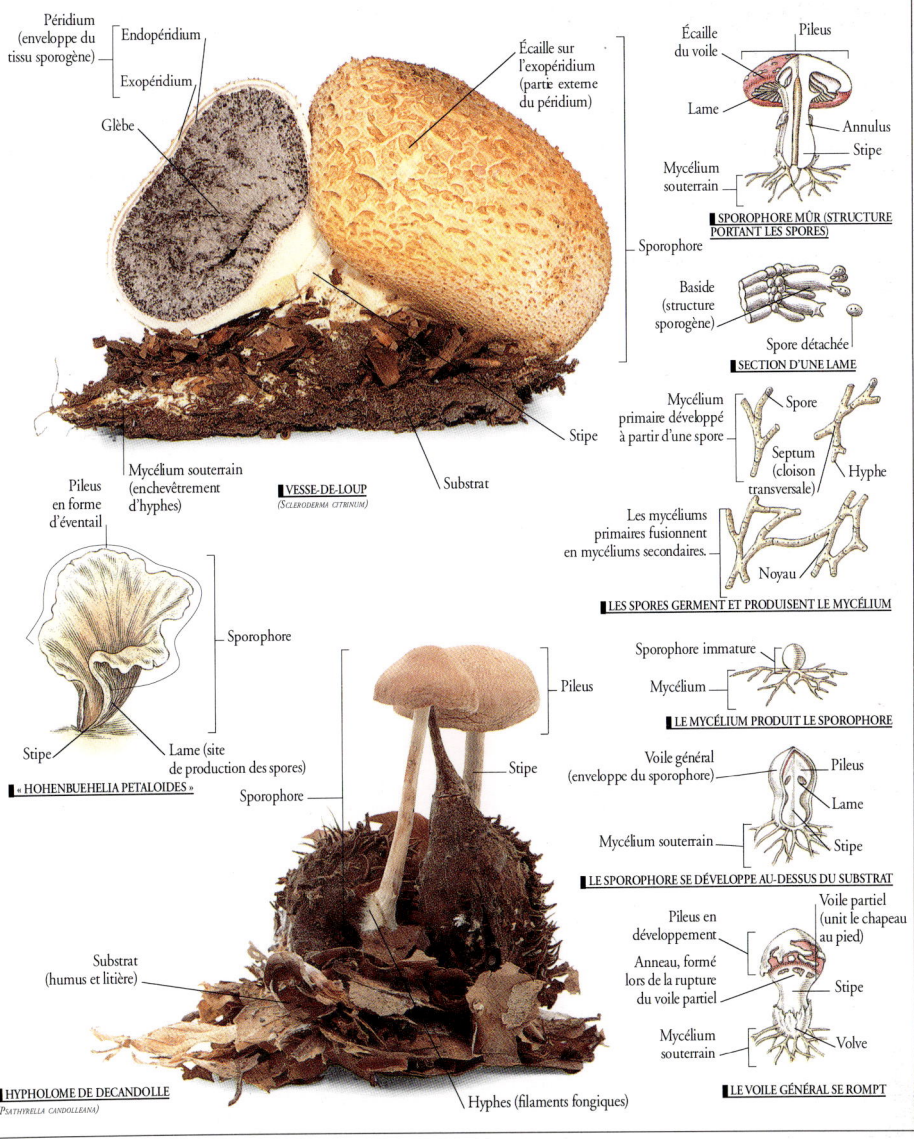

LES PLANTES

LES ALGUES D'EAU DOUCE ET LES ALGUES MARINES

Bien que les algues, comme les plantes, possèdent un pigment vert chlorophyllien et fabriquent elles-mêmes, par photosynthèse, les éléments nécessaires à leur vie, elles appartiennent au règne des Protoctistes. Elles peuvent aussi posséder d'autres pigments, caractères utilisés dans la classification : par exemple, le pigment brun, appelé fucoxanthine, est présent chez les algues brunes. Certains des 10 embranchements des algues sont exclusivement unicellulaires ; d'autres comportent aussi des cellules agrégées en filaments ou en colonies. Trois embranchements – les Chlorophytes (algues vertes), les Rhodophytes (algues rouges), et les Phaeophytes (algues brunes) – se composent de grands organismes marins, multicellulaires, thalloïdes, les algues marines. La plupart des algues peuvent se reproduire par voie sexuelle. Grâce aux réceptacles (partie fertile de la fronde) du fucus vésiculeux qui portent des conceptacles (chambres) dans lesquels sont produits les gamètes (cellules sexuelles).

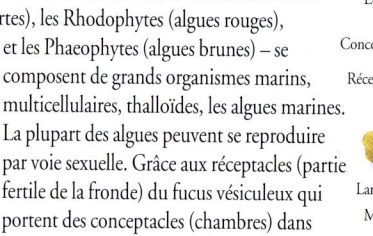

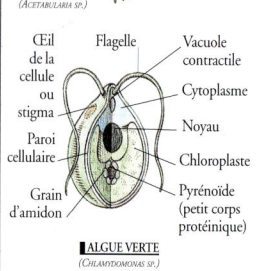

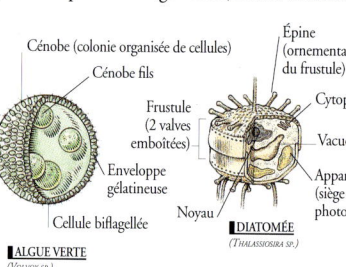

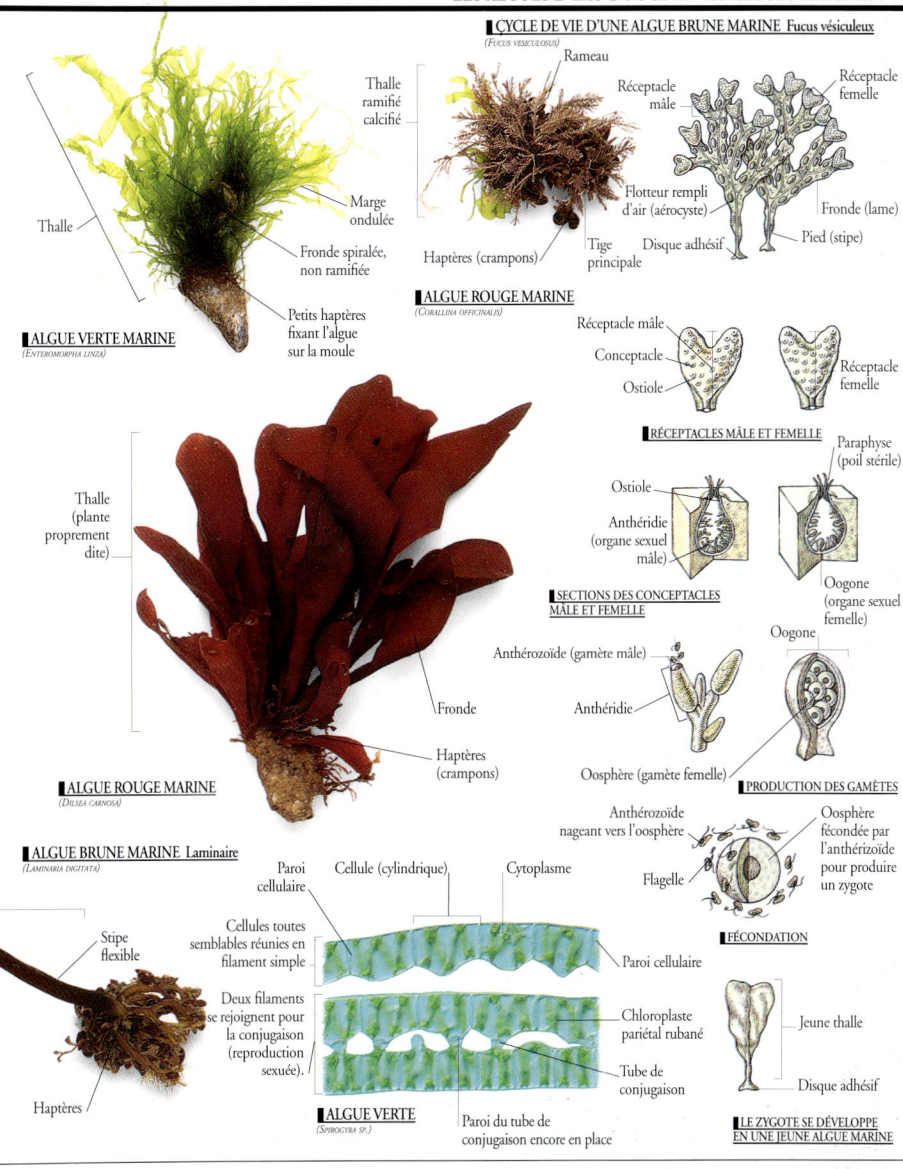

LES PLANTES

LES HÉPATIQUES ET LES MOUSSES

Les hépatiques et les mousses sont de petites plantes, à croissance basse, formant l'embranchement des Bryophytes. Les Bryophytes sont fixées au sol par des rhizoïdes ; elles n'ont pas de tissus vascularisés (xylème et phloème) qui assurent le transport de l'eau et des nutriments chez les plantes supérieures. N'ayant pas de cuticule externe imperméable, les Bryophytes sont sujettes à la dessiccation et préfèrent donc les endroits humides ; toutefois, elles peuvent, après une sécheresse prolongée, profiter d'un regain d'humidité. Leur cycle de vie comporte deux phases : dans la première, la plante verte (gamétophyte) produit des gamètes mâle et femelle qui, en fusionnant, forment un zygote ; dans la seconde, le zygote se développe en sporophyte, demeurant fixé au gamétophyte. Le sporophyte produit des spores qui, disséminées, germent et donnent de nouvelles plantes.

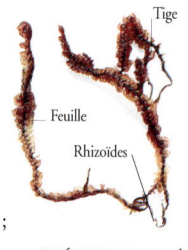

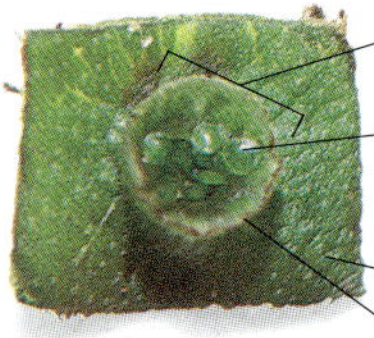

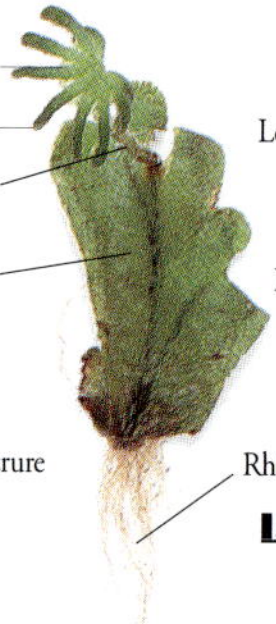

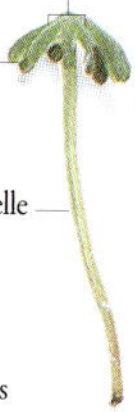

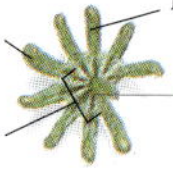

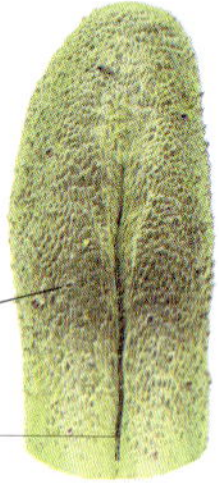

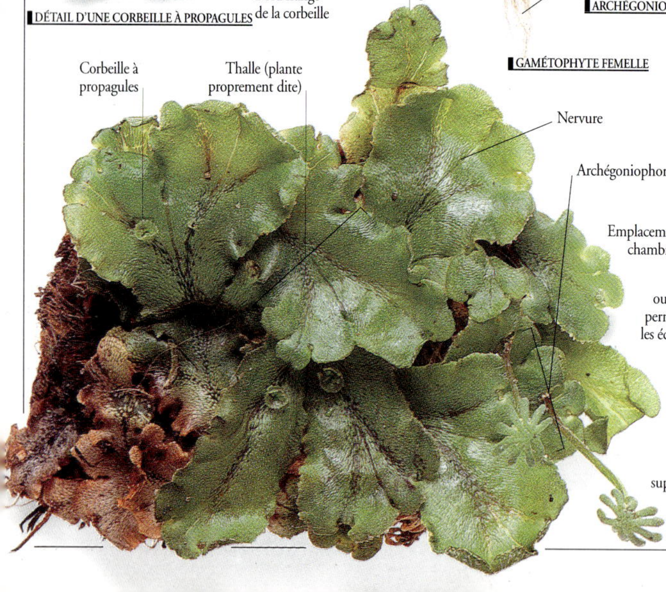

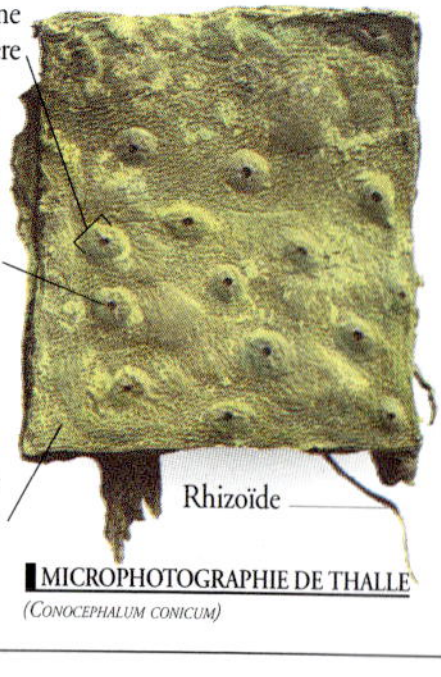

■ HÉPATIQUE FEUILLÉE
(SCAPANIA UNDULATA)

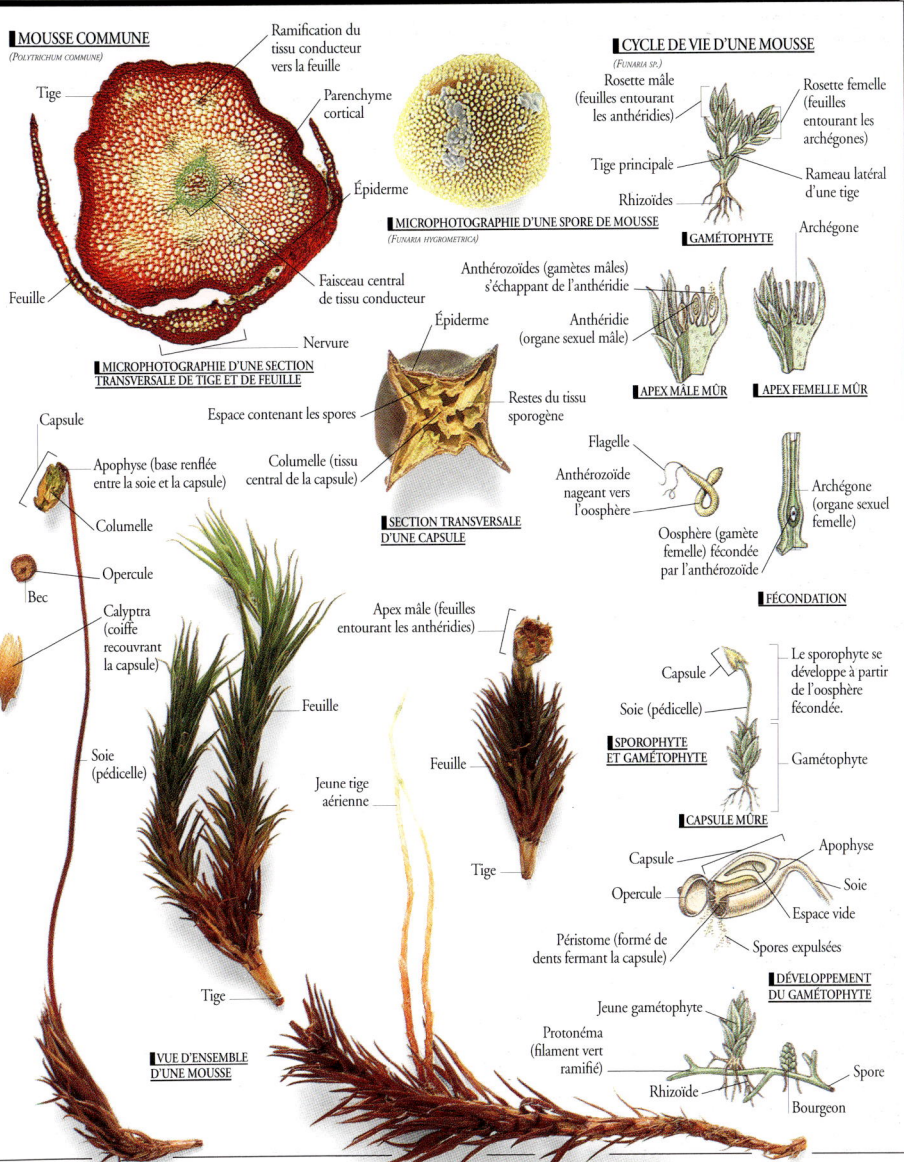

LES PLANTES

LES PRÊLES, LES LYCOPODES ET LES FOUGÈRES

Les prêles, les lycopodes et les fougères sont des plantes terrestres primitives qui, comme les plantes supérieures, ont des tiges, des racines et des feuilles, et un système vasculaire pour le transport de l'eau et des minéraux. Cependant, contrairement aux plantes supérieures, elles ne produisent pas de graines. Leur cycle de vie se déroule en deux phases : dans la première, le sporophyte (plante verte) produit des spores dans les sporanges. Dans la seconde, les spores germent, se développent en un petit gamétophyte de courte vie (prothalle). Ce prothalle produit les gamètes mâles et femelles qui fusionnent pour former un zygote, à partir duquel un nouveau sporophyte se développe. Les prêles (embranchement des Sphenophyta) ont des tiges dressées, vertes, avec des verticilles de rameaux ; certaines tiges fertiles portent un épi sporifère (strobile) à leur sommet. Les lycopodes (embranchement des Lycopodophyta) ont de petites feuilles arrangées en spirale autour de la tige, avec des épis sporifères à l'extrémité de quelques-unes. Les fougères (embranchement des Filicinophyta) ont de grandes frondes pennées ; les sporanges sont regroupés en sores, sur la face inférieure des frondes fertiles.

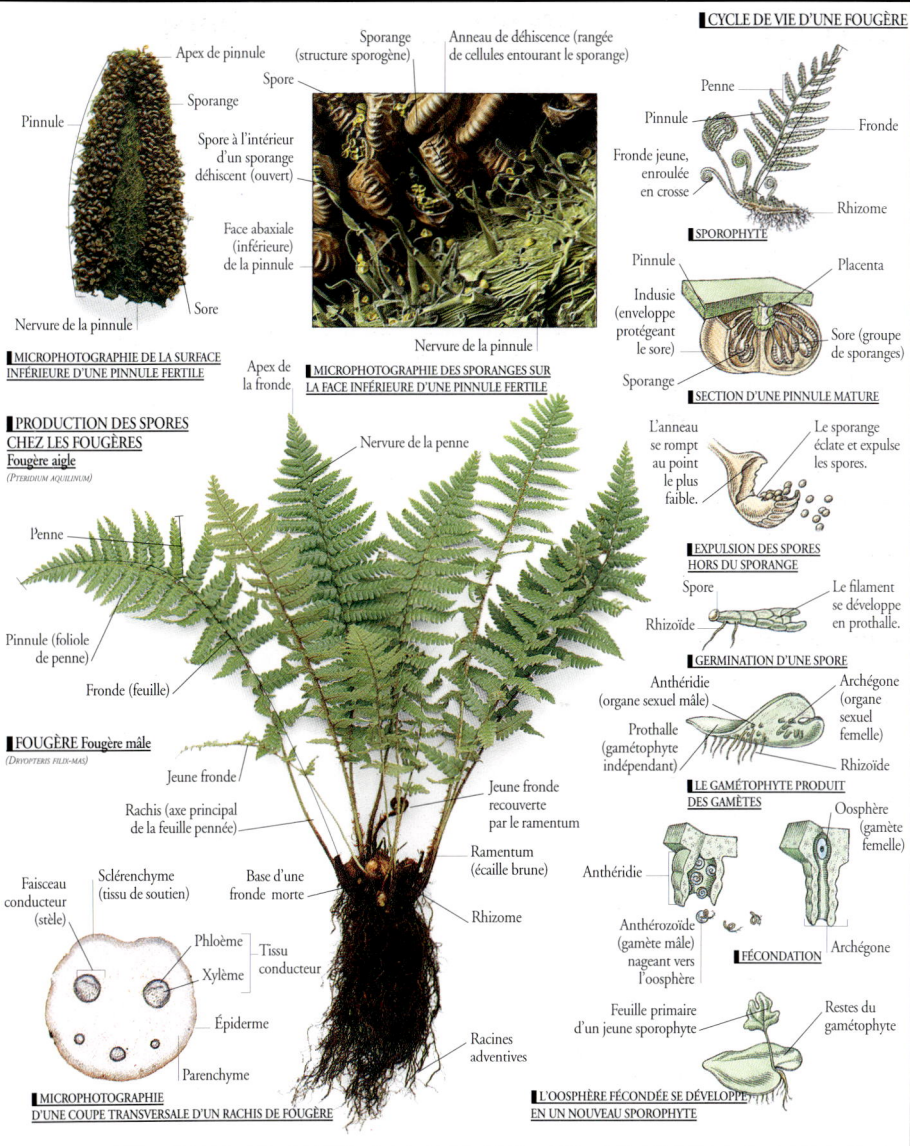

LES PLANTES

LES GYMNOSPERMES 1

Les gymnospermes sont composées de quatre phylums apparentés de plantes produisant des graines. Leurs graines, néanmoins, sont dénuées de protection, à l'inverse de celles des plantes à fleurs. Ordinairement, les gymnospermes sont des arbres ou des arbustes persistants, avec tige, feuilles et racines ainsi qu'un système vasculaire bien développé. Chez la plupart d'entre elles, les organes reproducteurs sont des cônes qui produisent des microspores (cône mâle) ou des mégaspores (cône femelle) dans lesquelles les cellules reproductrices se développent. Les quatre phylums de gymnospermes sont les conifères (ordre des coniphérophytes) – la plupart étant de grands arbres –, les cycadales (ordre des cycadophytes), des arbres ressemblant à de petits palmiers, les ginkgos ou arbres aux 40 écus (ordre des ginkgophytes), de grands arbres à feuilles bilobées, et les gnétales (ordre des gnétophytes), un groupe de plantes variées, incluant le welwitschia.

CYCLE DE VIE DU PIN SYLVESTRE (*Pinus sylvestris*)

- Aiguille
- Cône
- Écaille ovulifère

CÔNES MÂLES **JEUNE CÔNE FEMELLE**

- Grain de pollen dans le micropyle (orifice d'entrée de l'ovule)
- Grain de pollen
- Noyau
- Ballonnet
- Écaille ovulifère
- Ovule

POLLINISATION

- Tégument unique (partie externe de l'ovule)
- Tube pollinique (transporte le gamète mâle du grain de pollen vers l'ovule)
- Archégone (contenant le gamète femelle)

FÉCONDATION

ÉCAILLE ET GRAINES Pin (*Pinus sp.*)

- Écaille ovulifère (porteuse de l'ovule, puis de la graine)
- Empreinte de l'aile
- Aile de la graine provenant de l'écaille ovulifère
- Graine
- Graine
- Point d'attache sur l'axe du cône
- Empreinte de la graine

ÉCAILLE OVULIFÈRE D'UN CÔNE FEMELLE DURANT SA 3ᵉ ANNÉE

- Graine
- Écaille ovulifère
- Graine
- Aile

CÔNE FEMELLE MÛR ET GRAINE AILÉE

- Microsporange (structure dans laquelle se forment les grains de pollen.)
- Microsporophylle (feuille modifiée portant le microsporange)
- Feuille en écaille
- Axe du cône
- Écaille ovulifère
- Ovule
- Bractée en écaille
- Axe du cône

MICROPHOTOGRAPHIE DE LA COUPE LONGITUDINALE D'UN JEUNE CÔNE MÂLE

MICROPHOTOGRAPHIE DE LA COUPE LONGITUDINALE D'UN CÔNE FEMELLE DURANT SA 2ᵉ ANNÉE

- Tigelle (tige embryonnaire)
- Cotylédon (feuille embryonnaire)
- Racine

JEUNE PLANT DE PIN ISSU D'UNE GERMINATION

WELWITSCHIA (*Welwitschia mirabilis*)

- Extrémité effilochée de la feuille

LES GYMNOSPERMES 2

LES MONOCOTYLÉDONES, LES DICOTYLÉDONES

Les plantes à fleurs (angiospermes) sont réparties en deux groupes : les monocotylédones et les dicotylédones. Les monocotylédones possèdent des graines qui n'ont qu'un seul cotylédon ; leurs feuilles à nervures parallèles sont étroites, le nombre de leurs pièces florales est un multiple de 3, sépales et pétales forment une même pièce, appelée tépale, les tissus conducteurs sont répartis en faisceaux dispersés dans la tige et, étant donné que les tiges n'ont pas de cambium contrairement aux dicotylédones (producteurs de bois), la plupart des monocotylédones sont des herbacées (pp. 128-129).

Les dicotylédones, elles, ont des graines à deux cotylédons ; leurs feuilles sont larges, munies d'une nervure principale et de nervures secondaires ramifiées. Le nombre de leurs pièces florales est un multiple de 4 ou de 5 ; leurs sépales sont généralement petits et verts ; leurs pétales sont larges et colorés ; les faisceaux vasculaires sont disposés en anneau, à la périphérie de la tige.

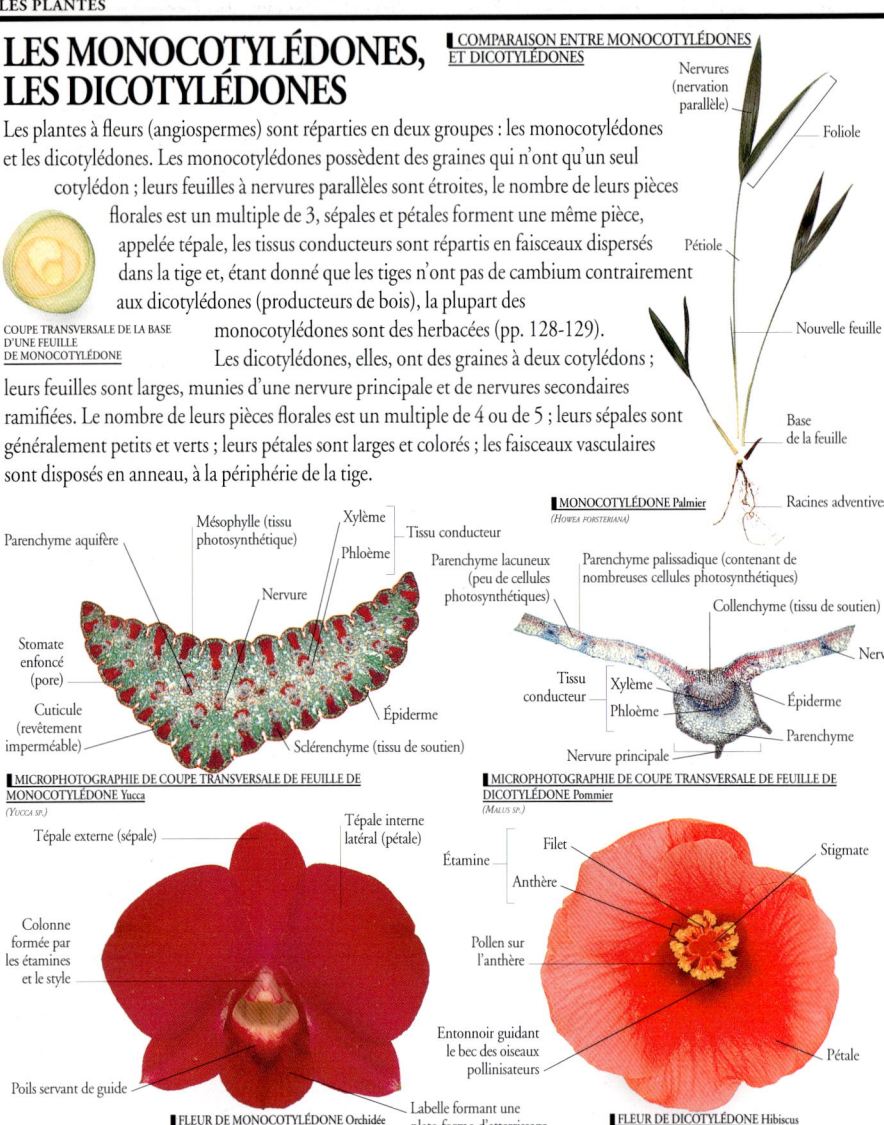

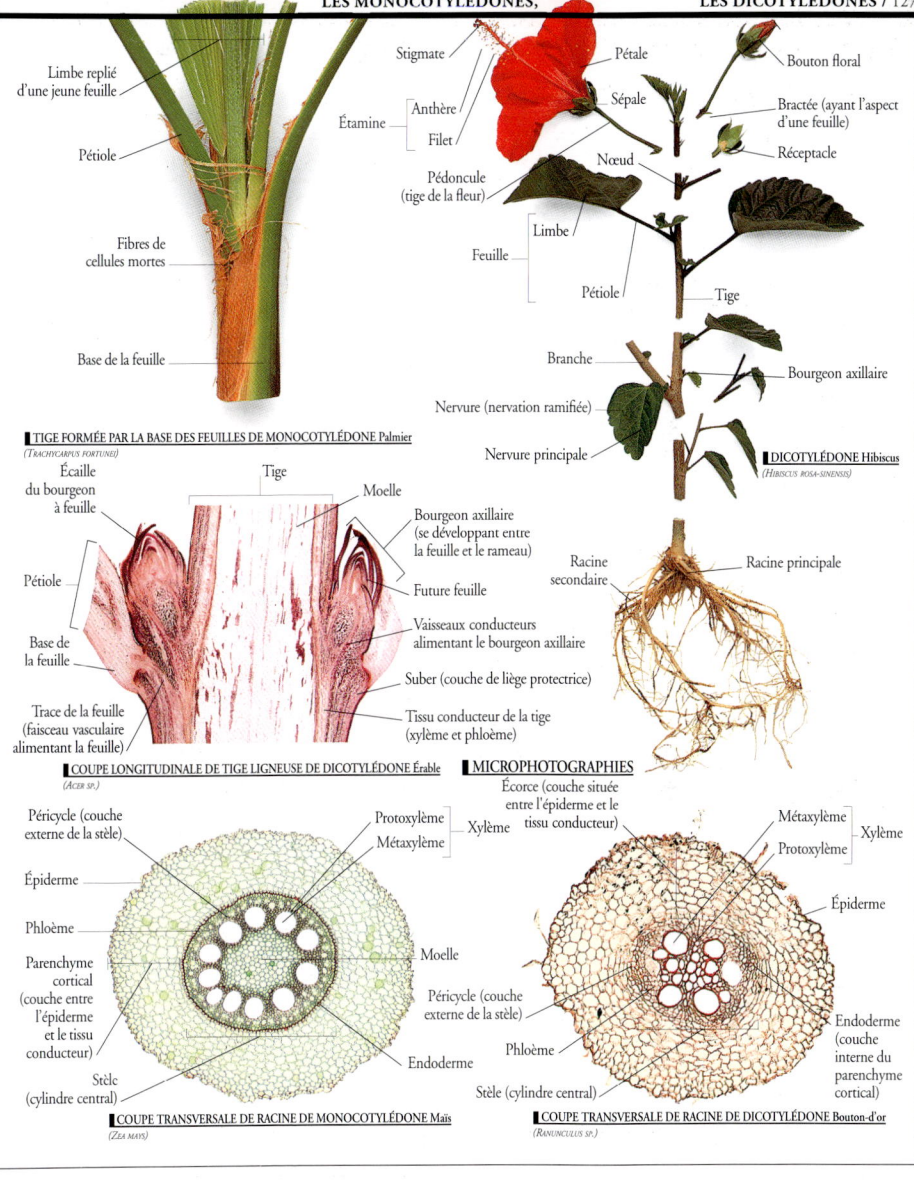

LES PLANTES À FLEURS HERBACÉES

Les plantes à fleurs herbacées sont caractérisées par des tiges vertes, non ligneuses, et par une durée de vie relativement courte. Les annuelles (le pois de senteur, par exemple) se développent à partir d'une graine, fleurissent, produisent des graines, puis meurent en l'espace d'une seule année. Les bisannuelles (la carotte, par exemple) ont un cycle de vie de deux ans. La première année, les graines deviennent des plantes qui produisent des feuilles et emmagasinent des réserves de nourriture dans des organes de stockage souterrains ; la tige et les feuilles meurent en hiver. La seconde année, de nouvelles tiges poussent à partir de l'organe de stockage, produisent des feuilles, des fleurs, puis des graines, et meurent. Certaines plantes herbacées (comme la pomme de terre) sont vivaces ; elles produisent des tiges et des fleurs au printemps, emmagasinent des réserves dans des tubercules souterrains ou des rhizomes pendant l'été, disparaissent en automne et survivent dans le sol en hiver.

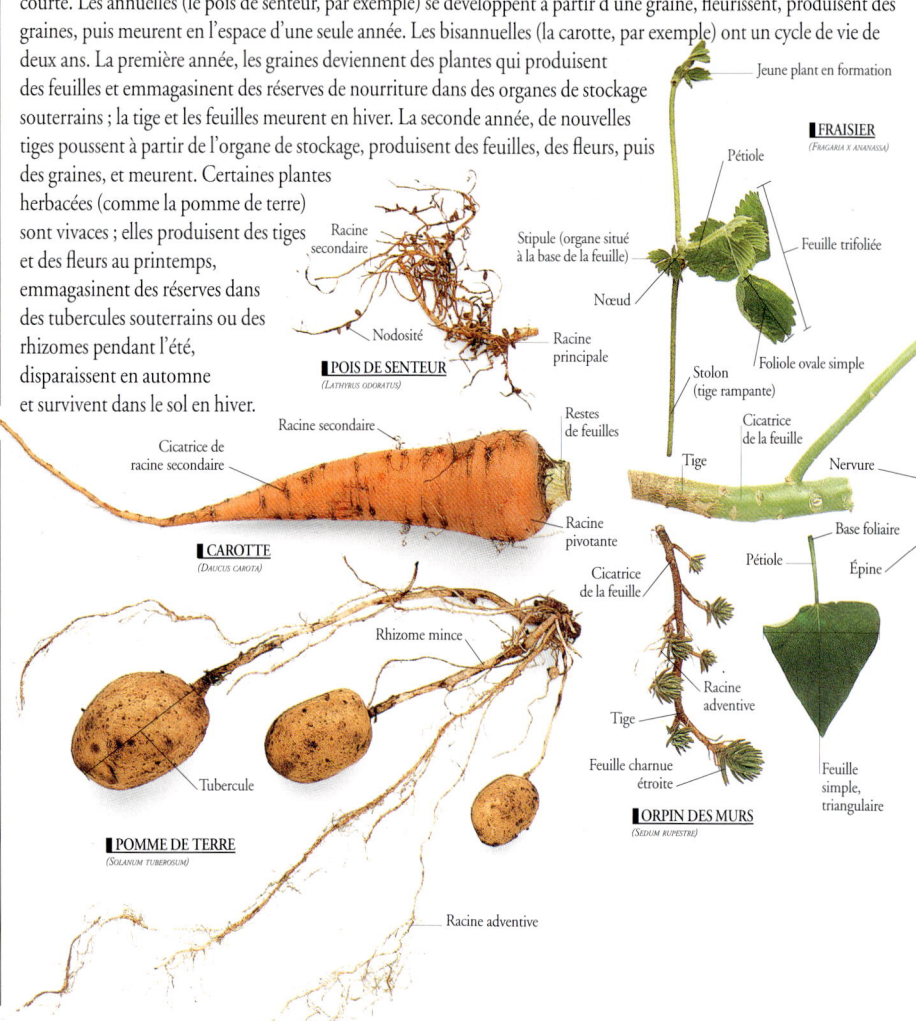

LES PLANTES

LES PLANTES À FLEURS LIGNEUSES

Les plantes à fleurs ligneuses sont vivaces, c'est-à-dire qu'elles poussent et se reproduisent pendant de nombreuses années. Leurs tiges et leurs branches ont une partie centrale ligneuse et robuste qui supporte le feuillage et contient les tissus conducteurs destinés au transport de l'eau et des éléments nutritifs. À la périphérie de cette partie centrale se trouve une couche d'écorce protectrice résistante qui possède des lenticelles (minces pores) permettant le passage des gaz à travers l'écorce. Les plantes à fleurs ligneuses peuvent être des arbustes, des buissons ou des arbres. Les plantes ligneuses à feuillage caduc perdent toutes leurs feuilles une fois par an et restent nues pendant l'hiver. Les plantes ligneuses à feuillage persistant perdent leurs feuilles peu à peu et ne sont donc jamais dénudées en hiver.

LES PLANTES À FLEURS LIGNEUSES

ÉLÉMENTS DE PLANTES À FLEURS LIGNEUSES

LES PLANTES

LES RACINES

Les racines sont les parties souterraines des plantes. Elles ont trois fonctions principales. Tout d'abord, elles ancrent les plantes dans le sol. Ensuite, elles absorbent l'eau et les sels minéraux qu'elles pompent dans le sol à l'aide de poils absorbants situés en arrière de l'extrémité de la racine. Les racines font partie du système conducteur de la plante. C'est leur troisième fonction. Le xylème transporte l'eau et les sels minéraux des racines vers la tige et les feuilles, et le phloème véhicule les éléments nutritifs à partir des feuilles vers le système radiculaire. De plus, certaines racines (comme la carotte) sont des réserves de nourriture. Les jeunes racines ont un épiderme externe recouvrant un parenchyme cortical et un cylindre central de tissu conducteur.

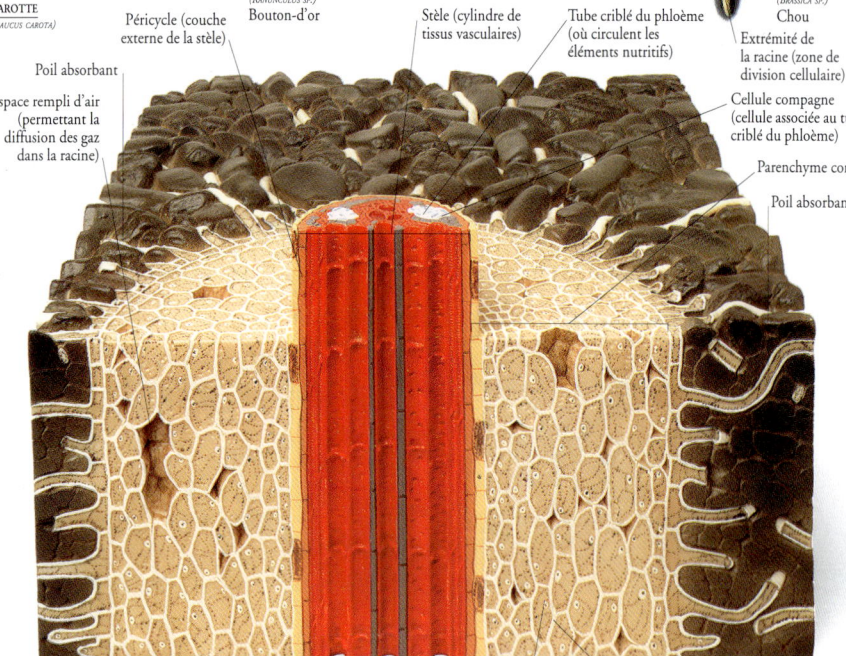

CAROTTE
(DAUCUS CAROTA)

MICROPHOTOGRAPHIE D'UNE RADICULE EN DÉVELOPPEMENT
(BRASSICA SP.)

CARACTÉRISTIQUES D'UNE RACINE TYPIQUE
Bouton-d'or (RANUNCULUS SP.)

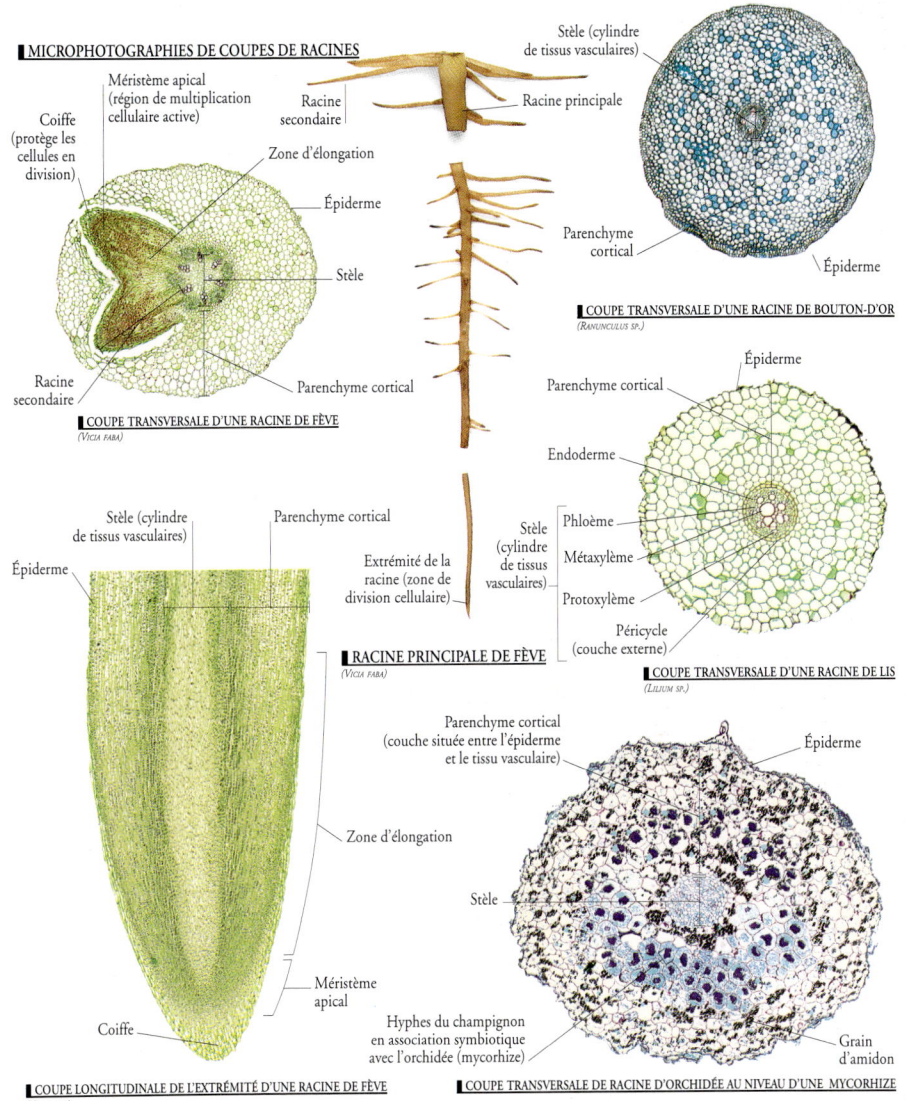

LES PLANTES

LES TIGES

La tige, élément de soutien principal de la plante, se développe au-dessus du sol. Les tiges portent des feuilles (organes de la photosynthèse), des bourgeons (pousses recouvertes d'écailles protectrices) qui poussent à l'extrémité de la tige (bourgeon terminal ou bourgeon apical) et entre le rameau et la base de la feuille (bourgeon axillaire ou secondaire), et des fleurs (organes reproducteurs). Les tiges constituent une partie du système vasculaire de la plante : le xylème transporte l'eau et les éléments minéraux depuis les racines vers les parties aériennes de la plante, et le phloème véhicule les éléments nutritifs élaborés dans les feuilles vers les autres parties de la plante. Les tissus de la tige sont aussi utilisés pour stocker l'eau et les réserves de nourriture. Les tiges herbacées (non ligneuses) sont recouvertes d'un épiderme externe protecteur. Leur tissu vasculaire est organisé en faisceaux, constitués chacun de xylème, de phloème et de sclérenchyme (tissu de soutien). Les tiges ligneuses ont une couche externe d'écorce protectrice résistante, perforée de lenticelles (pores), qui permettent les échanges gazeux.

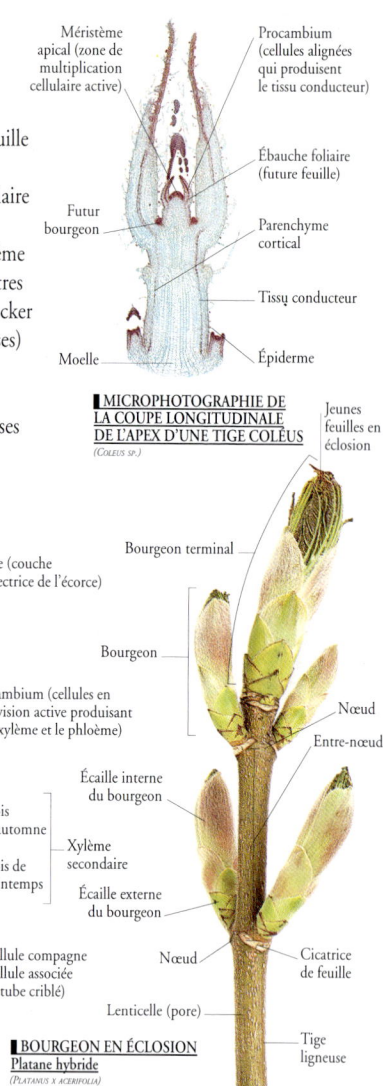

■ MICROPHOTOGRAPHIE DE LA COUPE LONGITUDINALE DE L'APEX D'UNE TIGE COLÉUS
(COLEUS SP.)

■ JEUNE TIGE LIGNEUSE Tilleul
(TILIA SP.)

■ BOURGEON EN ÉCLOSION
Platane hybride
(PLATANUS X ACERIFOLIA)

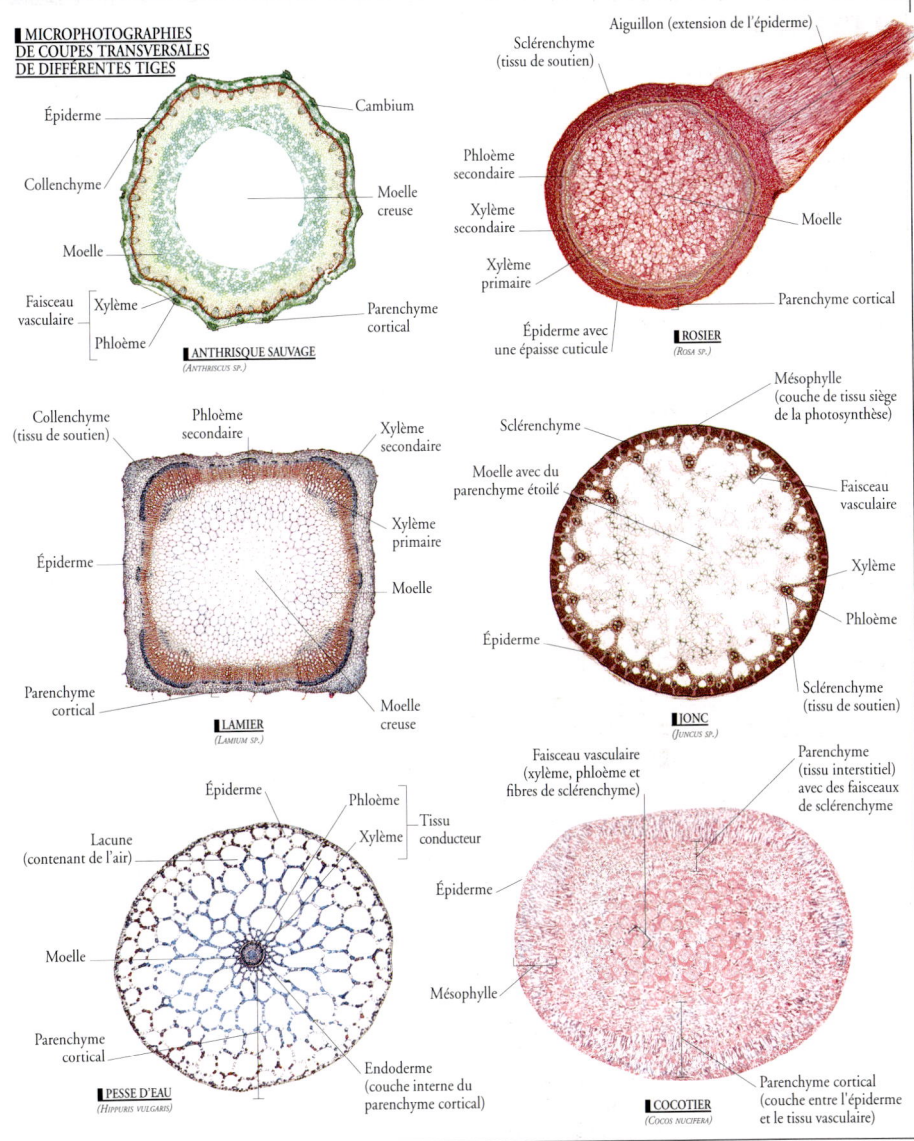

LES FEUILLES

Les feuilles des plantes sont les sites principaux de la photosynthèse et de la transpiration (perte d'eau par évaporation). Une feuille typique est constituée d'un limbe mince et plat, maintenu par un réseau de nervures, d'un pétiole et d'une base foliaire, point où la feuille s'insère sur la tige. On peut classer les feuilles en deux groupes : les feuilles simples, ayant un limbe en une seule partie, et les feuilles composées, dont le limbe est divisé en plusieurs folioles. Les feuilles composées peuvent être pennées, les folioles étant disposées de part et d'autre du rachis (axe principal), ou palmées, avec les folioles partant toutes du même point au sommet du pétiole.

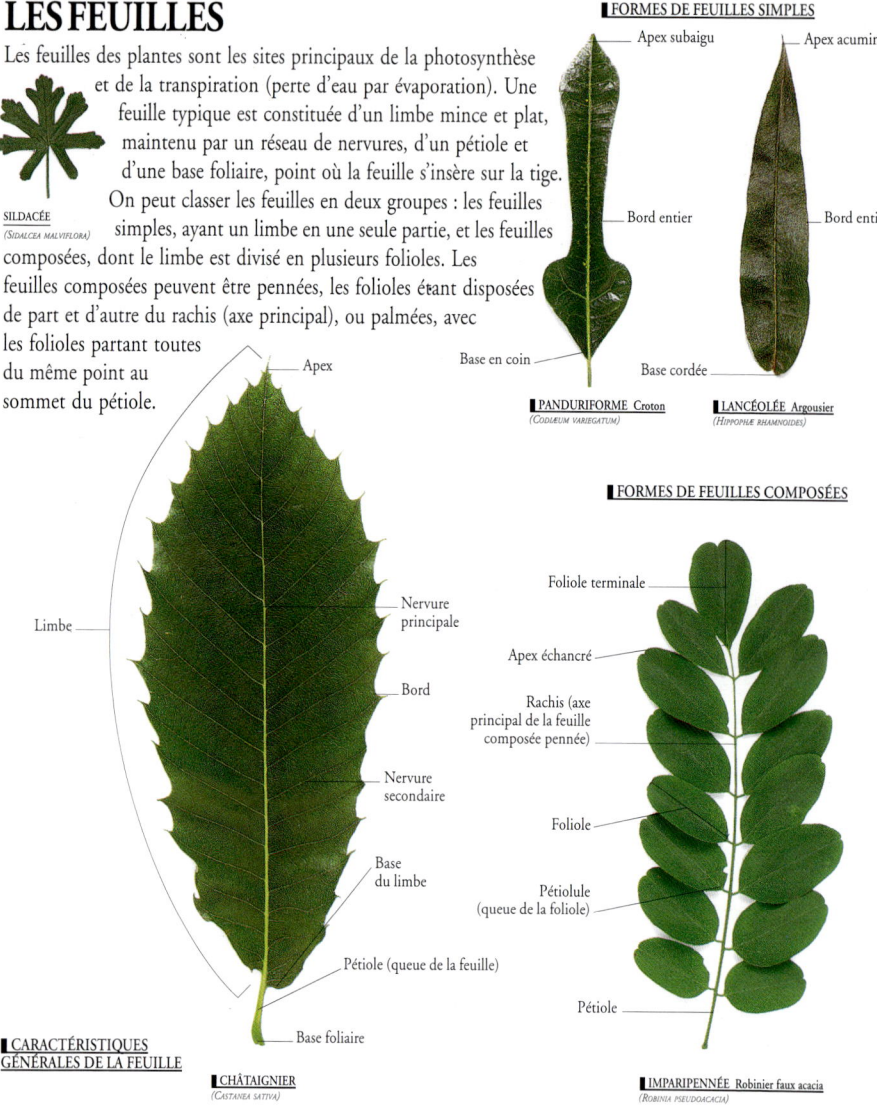

SILDACÉE
(*SIDALCEA MALVIFLORA*)

FORMES DE FEUILLES SIMPLES

PANDURIFORME Croton
(*CODIAEUM VARIEGATUM*)

LANCÉOLÉE Argousier
(*HIPPOPHAE RHAMNOIDES*)

CARACTÉRISTIQUES GÉNÉRALES DE LA FEUILLE

CHÂTAIGNIER
(*CASTANEA SATIVA*)

FORMES DE FEUILLES COMPOSÉES

IMPARIPENNÉE Robinier faux acacia
(*ROBINIA PSEUDOACACIA*)

LES PLANTES

LA PHOTOSYNTHÈSE

La photosynthèse est le phénomène par lequel les plantes fabriquent leur nourriture à l'aide du soleil, de l'eau et du dioxyde de carbone. Cette fabrication se produit dans les chloroplastes, structures spéciales situées dans les cellules de la feuille. Les chloroplastes contiennent de la chlorophylle, un pigment vert qui absorbe l'énergie lumineuse. Durant la photosynthèse, l'énergie absorbée est utilisée pour transformer l'eau et le dioxyde de carbone en sucre (glucose), source d'énergie pour l'ensemble de la plante ; l'oxygène, déchet de la réaction, est libéré dans l'air. Les feuilles, sites principaux de la photosynthèse, présentent des adaptations variées : des limbes plats, des stomates et un vaste réseau de nervures qui apporte l'eau vers la feuille et transporte le glucose vers le reste de la plante.

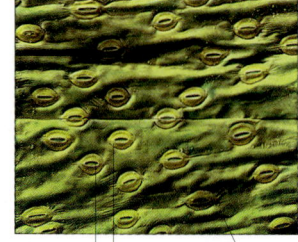

Stomate (pore) | Cellule stomatique (contrôle ouverture et fermeture des stomates) | Surface inférieure du limbe

■ MICROPHOTOGRAPHIE D'UNE FEUILLE Lis
(LILIUM SP.)

Molécule de glucose

6 atomes d'oxygène | 6 atomes de carbone | 12 atomes d'hydrogène

Le glucose est un produit de la photosynthèse hautement énergétique. Il est transporté vers toutes les parties de la plante par le phloème.

La lumière solaire, absorbée par les chloroplastes de la feuille, fournit l'énergie pour la photosynthèse.

La feuille est le site principal de la photosynthèse. Son limbe large et mince est une adaptation à ce processus.

Atome d'hydrogène
Atome d'oxygène
Atome d'hydrogène
Molécule d'eau

Molécule de dioxyde de carbone

Atome d'oxygène
Atome de carbone
Atome d'oxygène

L'oxygène, un déchet de la photosynthèse, sort de la feuille par les stomates situés à la face inférieure du limbe.

Atome d'oxygène
Atome d'oxygène
Molécule d'oxygène

L'eau du sol, matière brute, est transportée des racines vers les feuilles par le xylème.

Le dioxyde de carbone, un matériau brut de l'air, entre dans les feuilles par les stomates situés sur la face inférieure du limbe.

■ PROCESSUS DE LA PHOTOSYNTHÈSE

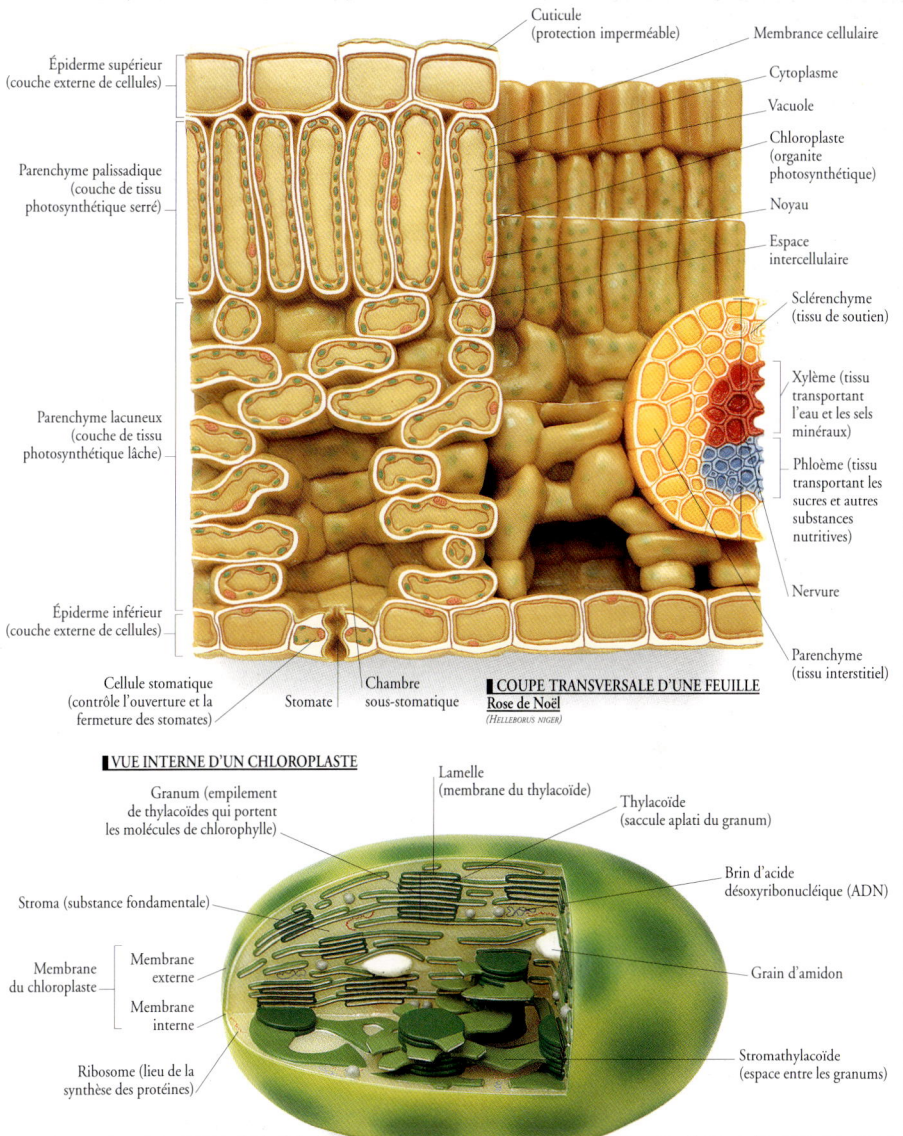

LES PLANTES

LES FLEURS 1

Les fleurs sont le siège de la reproduction sexuée. Leurs éléments sont disposés en verticille sur le réceptacle (sommet de la tige de la fleur). Les sépales (qui forment le calice) sont les plus externes ; ordinairement petits et verts, ils protègent la fleur en formation. Les pétales (qui forment la corolle) sont habituellement grands et vivement colorés ; ils sont situés à l'intérieur des sépales. Chez les fleurs de monocotylédones (pp. 126-127), sépales et pétales sont semblables ; on les appelle tépales, et leur ensemble forme le périanthe. Les pétales entourent les éléments reproducteurs mâles et femelles (androcée et gynécée). L'androcée est formé par les étamines (éléments mâles) ; chaque étamine comprend un filet (tige) et une anthère. Le gynécée est formé d'un ou de plusieurs carpelles (éléments femelles) ; chaque carpelle comprend un ovaire, un style et un stigmate.

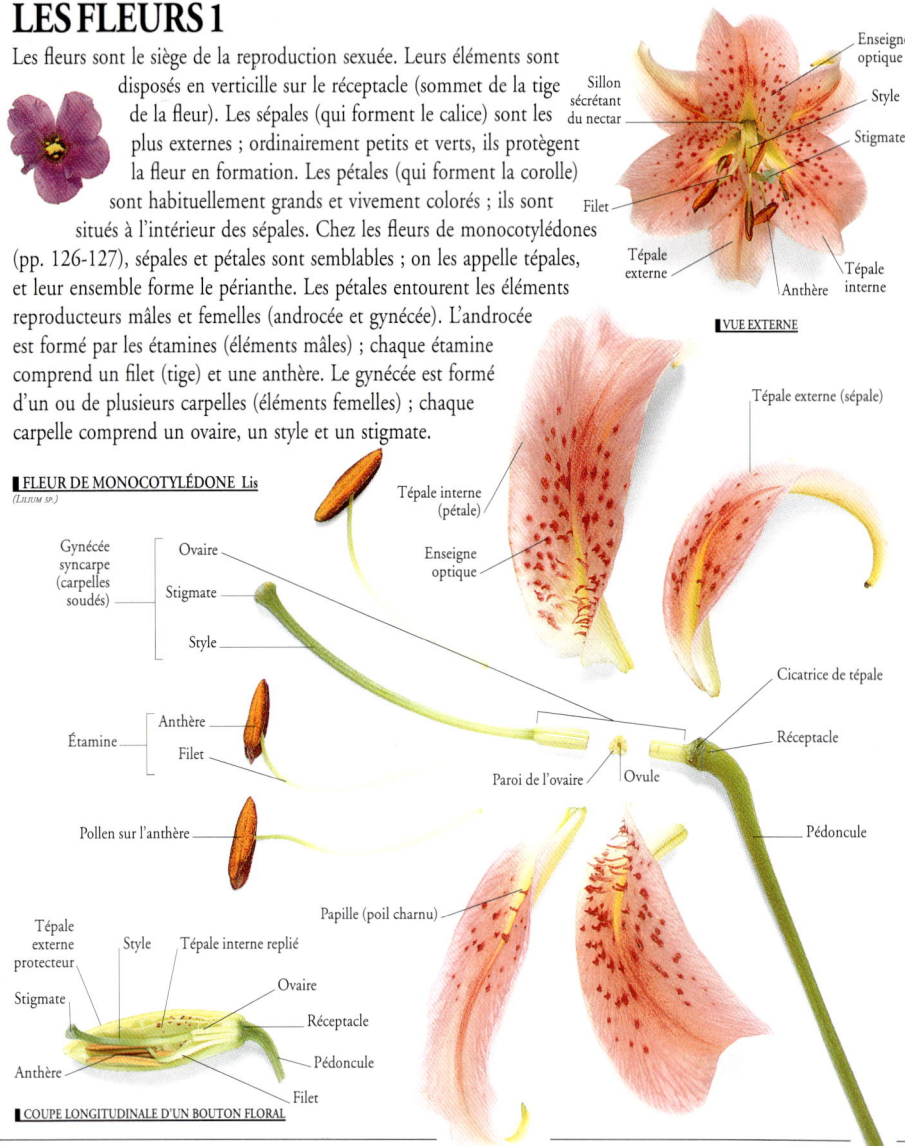

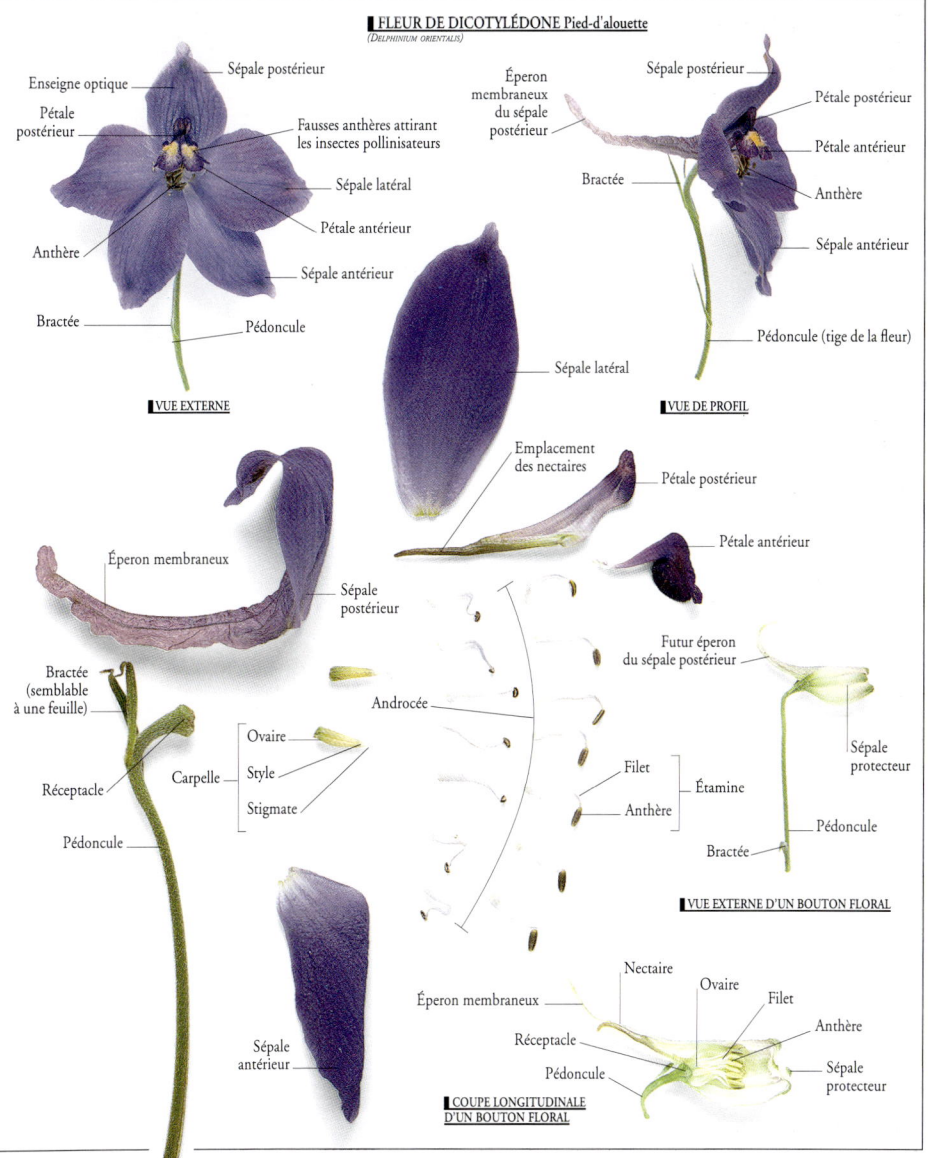

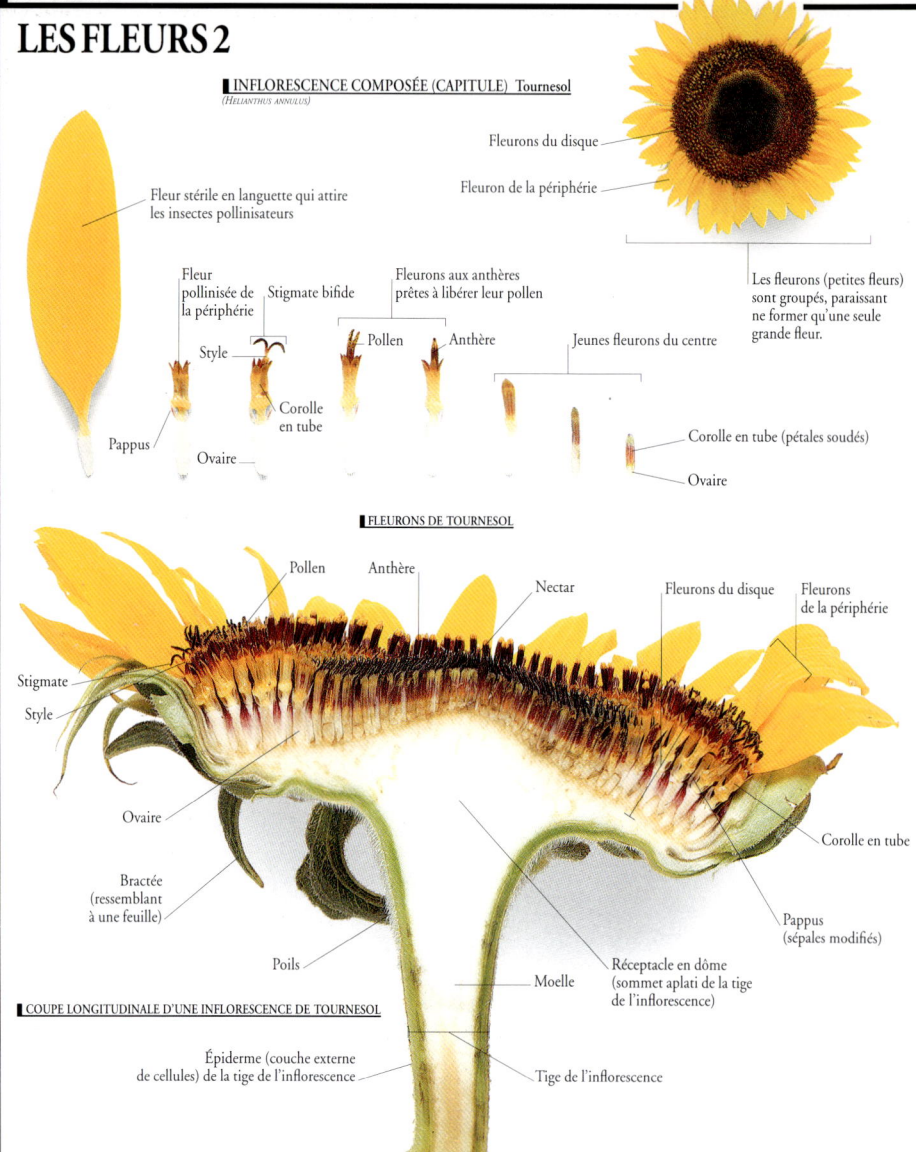

LA POLLINISATION

La pollinisation est le transport du pollen (contenant les cellules sexuelles mâles) depuis l'anthère (organe reproducteur mâle) vers le stigmate (élément de l'organe reproducteur femelle). Ce processus précède la fécondation. La pollinisation peut se produire dans la même fleur (autopollinisation) ou entre deux fleurs de plantes distinctes, mais de la même espèce (pollinisation croisée). Pour la plupart des plantes, la pollinisation est réalisée par les insectes (pollinisation entomophile) ou par le vent (pollinisation anémophile). Mais les oiseaux, les chauves-souris ou l'eau sont aussi des agents de pollinisation. Les fleurs pollinisées par les insectes sont colorées, odorantes et produisent du nectar, elles tendent à avoir des dessins qui ne sont détectables qu'à la lumière ultraviolette, visibles pour de nombreux insectes, mais invisibles pour l'homme. Ces caractères attirent les insectes qui se couvrent de grains de pollen collants ou spinulés quand ils visitent les fleurs : ils transportent ainsi le pollen vers la prochaine fleur. Les fleurs pollinisées par le vent sont généralement petites, discrètes et inodores.

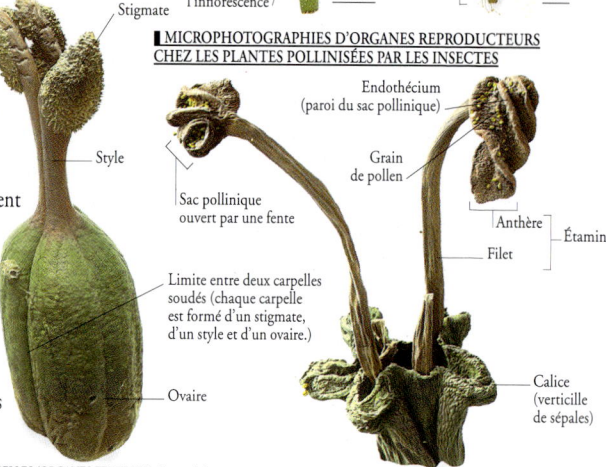

ORGANES REPRODUCTEURS CHEZ LES PLANTES POLLINISÉES PAR LE VENT Châtaignier (*Castanea sativa*)

MICROPHOTOGRAPHIES D'ORGANES REPRODUCTEURS CHEZ LES PLANTES POLLINISÉES PAR LES INSECTES

MICROPHOTOGRAPHIES DE GRAINS DE POLLEN

ORME (*ULMUS MINOR*)

JUSTICIA AUREA

GÉRANIUM DES PRÉS (*GERANIUM PRATENSE*)

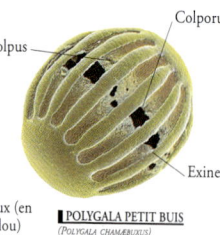

POLYGALA PETIT BUIS (*POLYGALA CHAMAEBUXUS*)

LES PLANTES

LA FÉCONDATION

La fécondation est la fusion des gamètes mâles et femelles (cellules sexuelles) pour produire un zygote (embryon). Après la pollinisation (pp. 144-145), les grains de pollen qui contiennent les gamètes mâles se trouvent sur le stigmate, à une certaine distance du gamète femelle (l'oosphère) à l'intérieur de l'ovule. Pour permettre la rencontre des gamètes, le grain de pollen germe et produit un tube pollinique qui s'allonge vers le bas et pénètre dans le sac embryonnaire (situé dans l'ovule et qui contient l'oosphère). Des deux gamètes mâles, l'un fusionne avec l'oosphère, produisant un zygote, qui donnera l'embryon de la plante. L'autre fusionne avec les deux noyaux polaires pour donner l'endosperme qui servira de réserve de nourriture pour l'embryon. La fécondation provoque aussi d'autres modifications : le tégument de l'ovule (enveloppe externe) devient le tégument résistant de la graine qui entoure l'embryon et l'endosperme ; les pétales tombent ; le style et le stigmate se dessèchent ; et la paroi de l'ovaire devient le péricarpe qui protège la graine.

BANANE
(MUSA 'LACATAN')

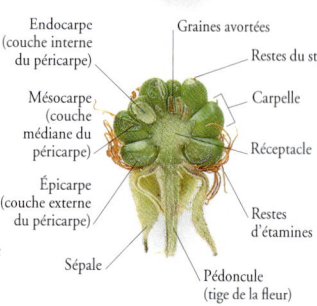

1. LA FLEUR BIEN ÉPANOUIE ATTIRE LES POLLINISATEURS

4. LE PÉRICARPE EST FORMÉ D'UNE PARTIE CHARNUE, D'UNE PEAU ET D'UNE COUCHE INTERNE DURE (VISIBLE EN COUPE LONGITUDINALE)

DÉVELOPPEMENT D'UN FRUIT CHARNU Mûre
(RUBUS FRUTICOSUS)

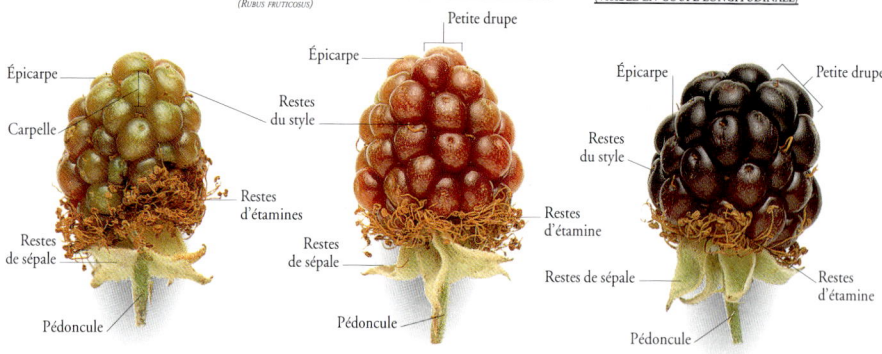

7. LE MÉSOCARPE (PARTIE CHARNUE DU PÉRICARPE) DE CHAQUE CARPELLE COMMENCE À CHANGER DE COULEUR

8. LES CARPELLES SE TRANSFORMENT EN PETITES DRUPES (PETITS FRUITS CHARNUS, À UNE SEULE GRAINE, ENTOURÉE D'UN ENDOCARPE DUR)

9. LE MÉSOCARPE DES DRUPES DEVIENT PLUS FONCÉ ET PLUS SUCRÉ

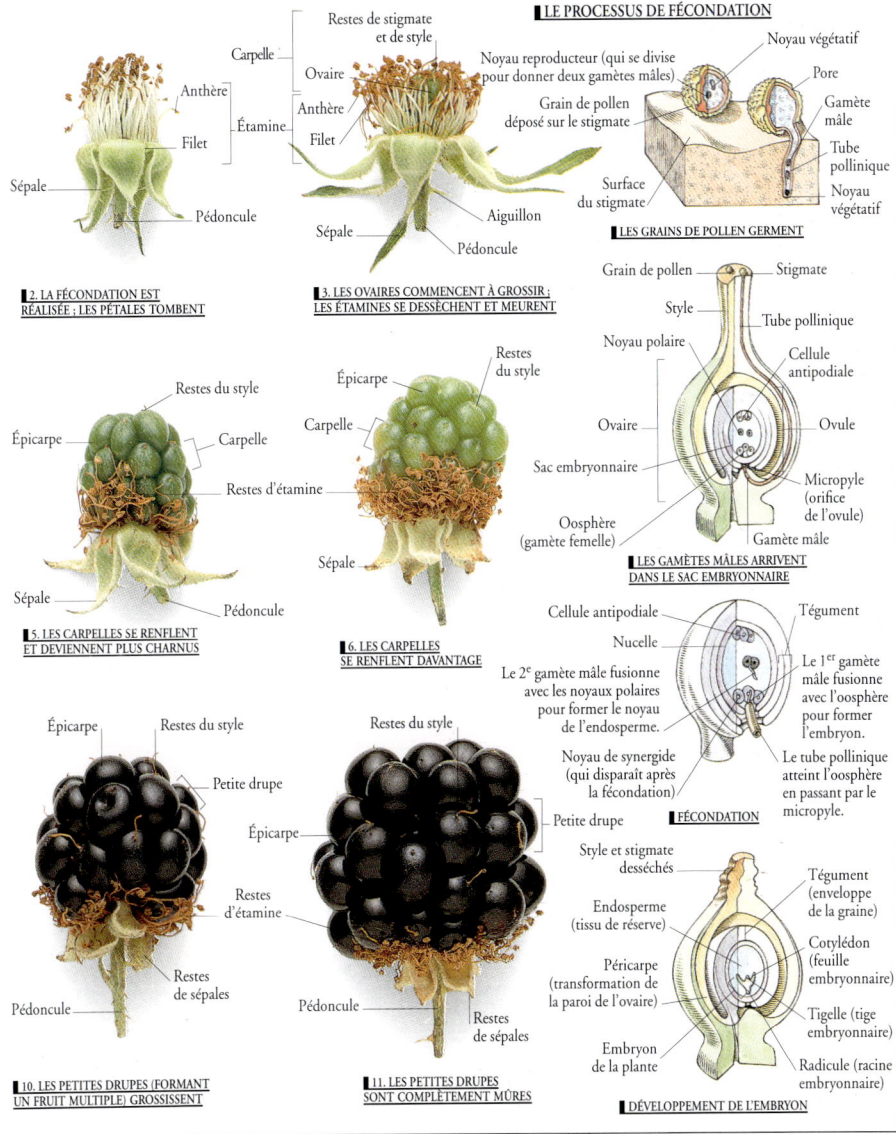

LES FRUITS CHARNUS

Un fruit mûr est le stade ultime du développement d'un ovaire (organe reproducteur femelle produisant les graines). Le fruit peut être charnu ou sec (pp.150-151). Les fruits charnus sont entourés de chair et vivement colorés, ce qui les rend attractifs pour les animaux qui les mangent, dispersant ainsi les graines loin de la plante mère. La paroi (péricarpe) d'un fruit charnu a trois couches : l'épicarpe à l'extérieur, le mésocarpe au milieu et l'endocarpe à l'intérieur. Ces trois couches varient en épaisseur et en texture selon les types de fruit et peuvent se confondre. Les fruits charnus peuvent être simples (provenant d'un seul ovaire), multiples ou composés (provenant de plusieurs ovaires). Les fruits charnus simples sont les baies, qui contiennent une ou plusieurs graines, et les drupes, qui n'ont qu'une seule graine entourée par un noyau (comme la cerise ou la pêche). Les fruits charnus multiples proviennent de plusieurs ovaires d'une même fleur, et les fruits composés proviennent des ovaires de plusieurs fleurs. Certains fruits, appelés « faux fruits » ou « fruits complexes », se développent à partir d'éléments de la fleur autres que l'ovaire. Par exemple, une partie de la chair de la pomme est formée par le réceptacle (l'extrémité du pédoncule floral).

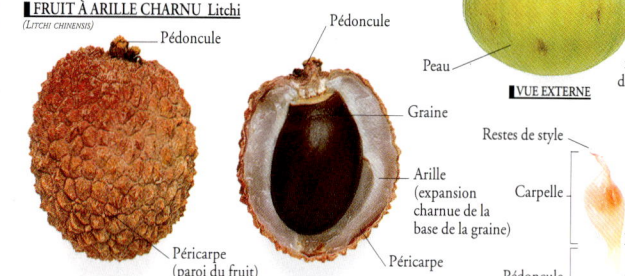

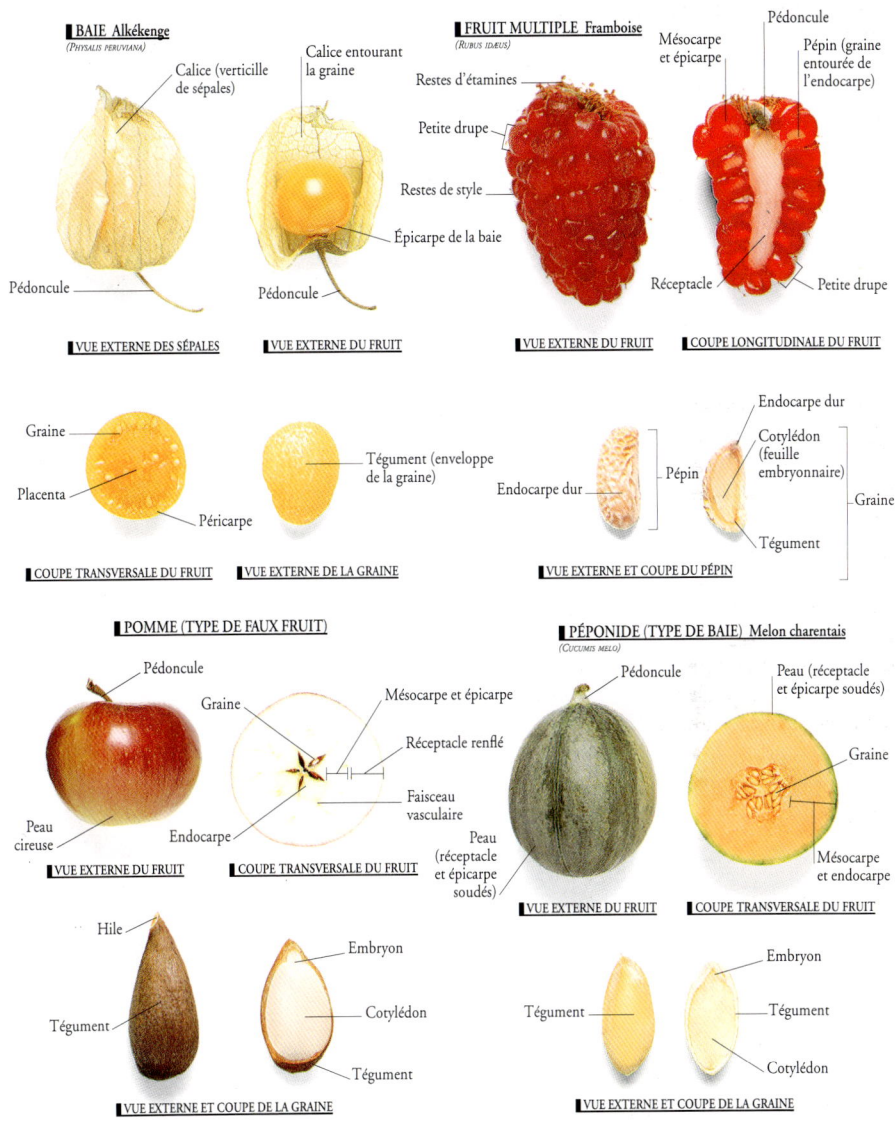

LES FRUITS SECS

Les fruits secs ont un péricarpe (enveloppe entourant les graines) dur et sec, à la différence des fruits charnus dont le péricarpe est fait de chair (pp. 148-149). On distingue trois catégories de fruits secs : les déhiscents, chez qui le péricarpe se fend pour libérer les graines ; les indéhiscents, qui ne s'ouvrent pas ; et les schizocarpes, formés de plusieurs akènes qui se séparent à maturité sans libérer leur graine. Les fruits secs déhiscents comprennent les capsules, les follicules, les gousses et les siliques. En général, les graines des fruits déhiscents sont disséminées par le vent. Les fruits secs indéhiscents comprennent les akènes, des nucules, des caryopses et des samares. Certains fruits indéhiscents sont disséminés par le vent grâce à des ailes (orme) ou des parachutes (pissenlit) ; d'autres (comme le gaillet gratteron) ont un péricarpe muni de crochets qui permettent le transport du fruit sur la fourrure des animaux.

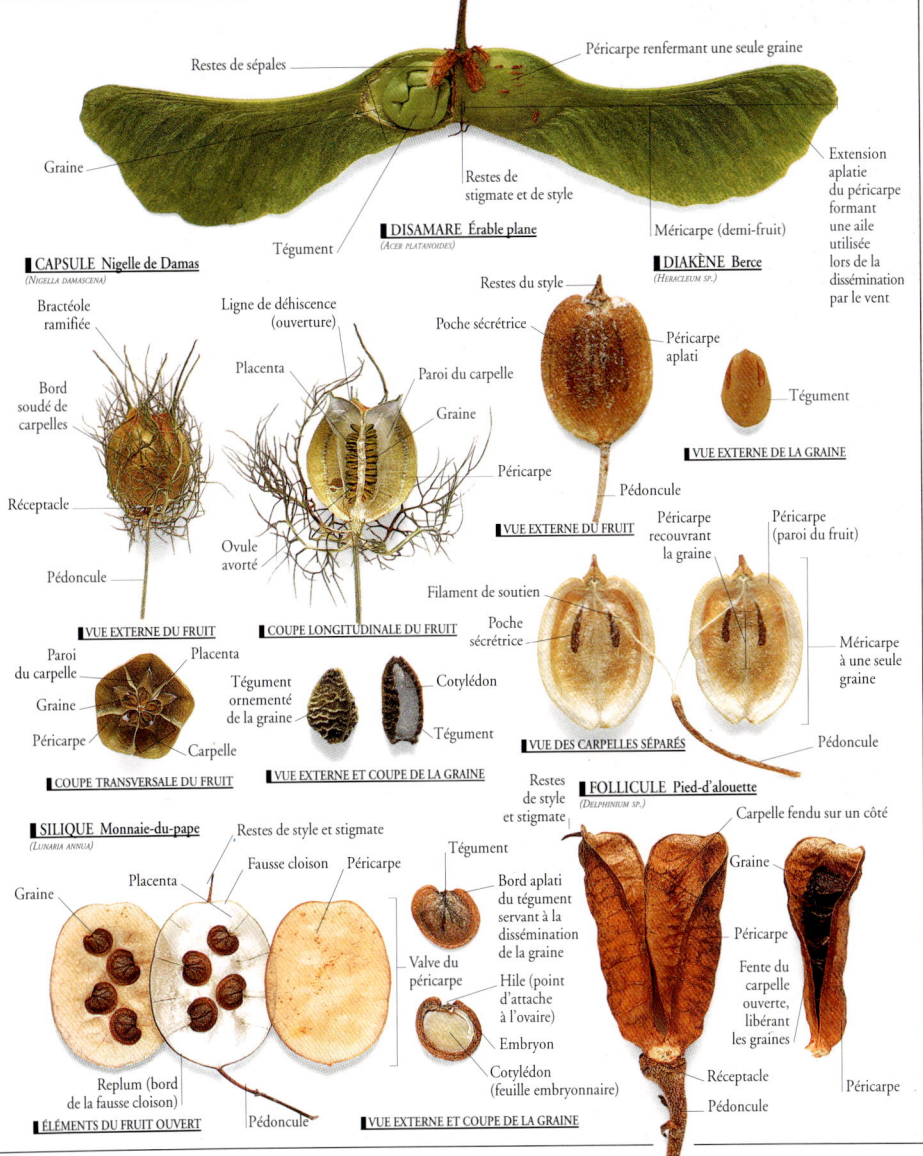

LES PLANTES

LA GERMINATION

La germination est la transformation de la graine en jeune plant. Une graine est composée d'un embryon et de ses réserves, entourés par un tégument. L'embryon des plantes à fleurs est constitué d'un ou deux cotylédons, reliés à un axe central. La partie supérieure de cet axe est l'épicotyle, terminé à son extrémité par la tigelle. La partie inférieure de l'axe est l'hypocotyle et une radicule. Après la dissémination depuis plante mère, la graine se déshydrate et entre en dormance. La germination commence au moment où la graine a suffisamment d'eau, d'oxygène, de chaleur et, dans certains cas, de lumière. Dans les premiers stades, la graine absorbe de l'eau ; l'embryon commence son développement en utilisant ses réserves de nourriture ; la radicule gonfle, transperce le tégument et pousse vers le bas. La germination se poursuit de deux façons différentes, selon qu'il s'agit de germination épigée ou de germination hypogée.

GERMINATION HYPOGÉE Lentille
(VICIA FABA)

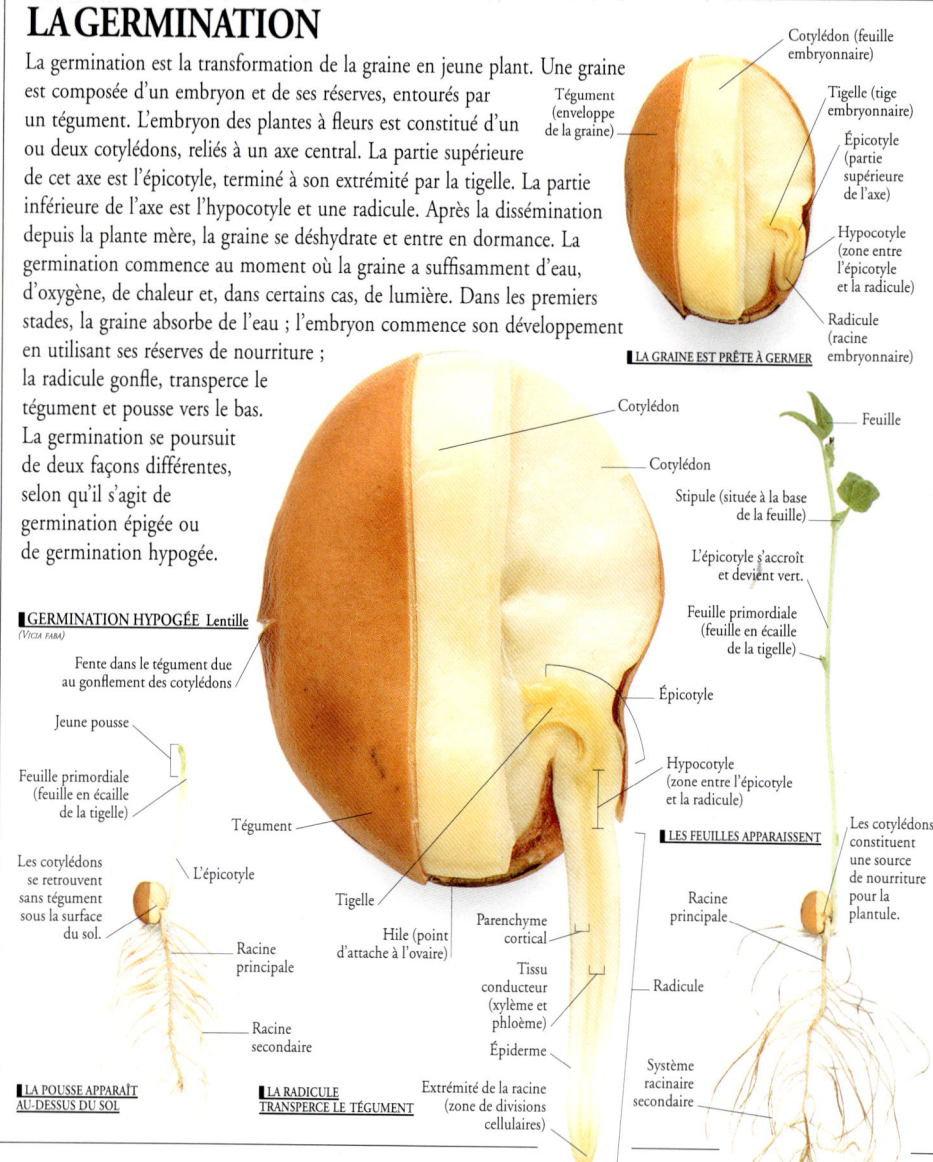

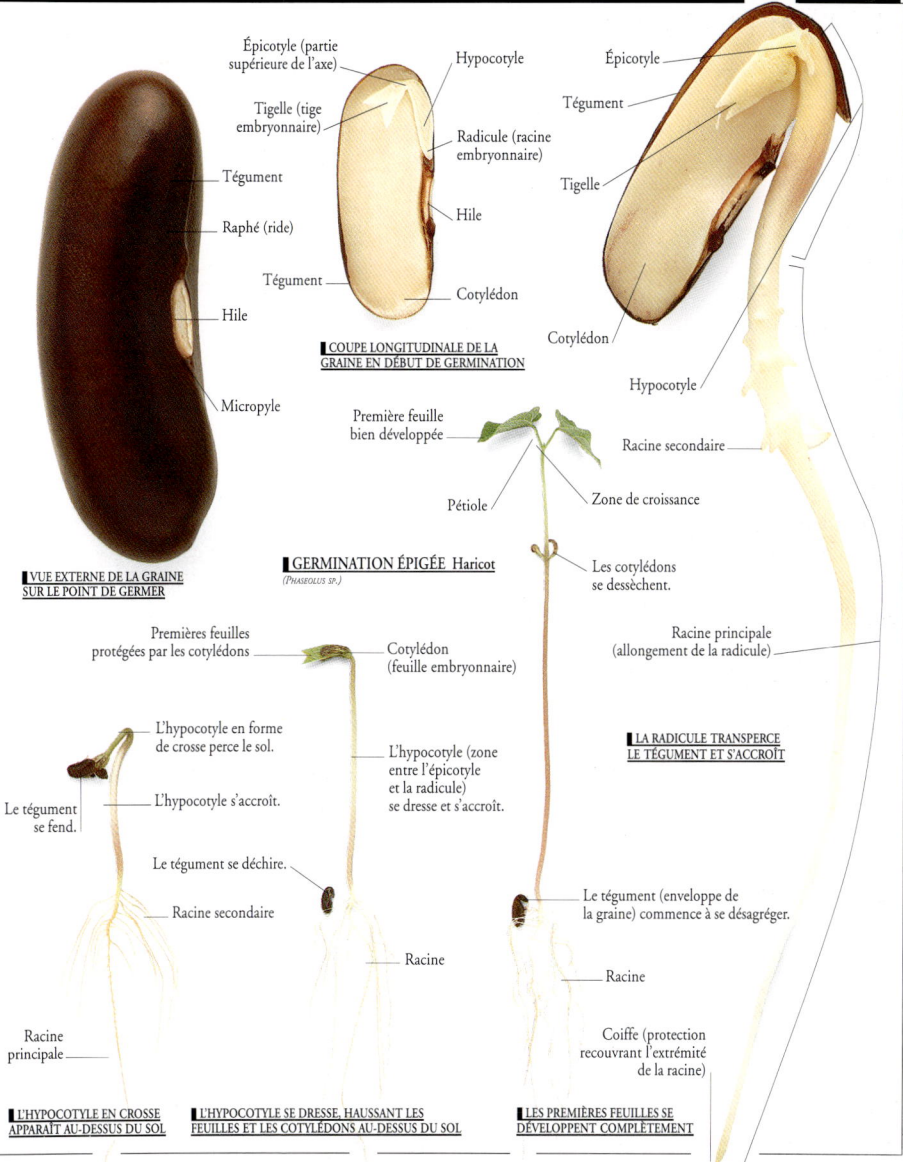

LES PLANTES

LA MULTIPLICATION VÉGÉTATIVE

De nombreuses plantes peuvent se propager par multiplication végétative. Dans ce cas, une partie de la plante se détache, prend racine et se développe pour donner une nouvelle plante. La multiplication végétative est un type de reproduction non sexuée, c'est-à-dire qu'elle se fait à partir d'un seul parent et ne fait pas intervenir la fusion des gamètes (cellules sexuelles). Les plantes utilisent des organes variés pour leur multiplication végétative. Pour certaines, ce sont les organes de réserves souterrains : le rhizome (tige souterraine horizontale), dont les portions peuvent produire de nouvelles plantes ; les bulbes (feuilles basales renflées) et les bulbes solides (tiges renflées) qui produisent des bulbilles qui se séparent de la plante mère ; les tubercules de tige (tige souterraine épaissie) et les tubercules de racine (racine adventive renflée) qui se séparent également de la plante mère. Il existe d'autres structures permettant la propagation, comme les stolons, tiges traçantes horizontales qui prennent racine et produisent de nouveaux plants ; les bulbilles, petits bulbes qui se développent sur la tige ou à l'emplacement des fleurs, puis se détachent, tombent sur le sol et produisent une nouvelle plante ; et des bourgeons adventifs, plantes en miniature, qui se forment au bord de la feuille avant de tomber sur le sol et de devenir des plantes adultes.

BULBE SOLIDE Glaïeul
(GLADIOLUS SP.)

BOURGEON ADVENTIF Kalanchoe
(KALANCHOE DAIGREMONTIANA)

- Apex de la feuille
- Limbe de la feuille
- Échancrure sur le bord de la feuille contenant des cellules méristématiques (en division active)
- Le bourgeon adventif se détache avec ses racines adventives et tombe de la feuille.
- Pétiole (queue de la feuille)

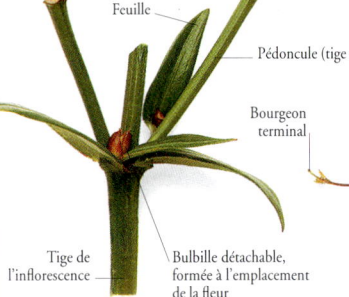

BULBILLE À L'EMPLACEMENT DES FLEURS Lis orangé
(LILIUM BULBIFERUM)

- Cicatrice de la fleur
- Feuille
- Pédoncule (tige de la fleur)
- Bourgeon terminal
- Tige de l'inflorescence
- Bulbille détachable, formée à l'emplacement de la fleur

STOLON Lierre terrestre
(GLECHOMA HEDERACEA)

- Entre-nœud
- Nœud
- Nœud
- Racine adventive de la nouvelle plantule
- Plante mère
- Stolon (tige rampante)
- Nouvelle plantule développée à partir d'un bourgeon axillaire

LA MULTIPLICATION VÉGÉTATIVE / 155

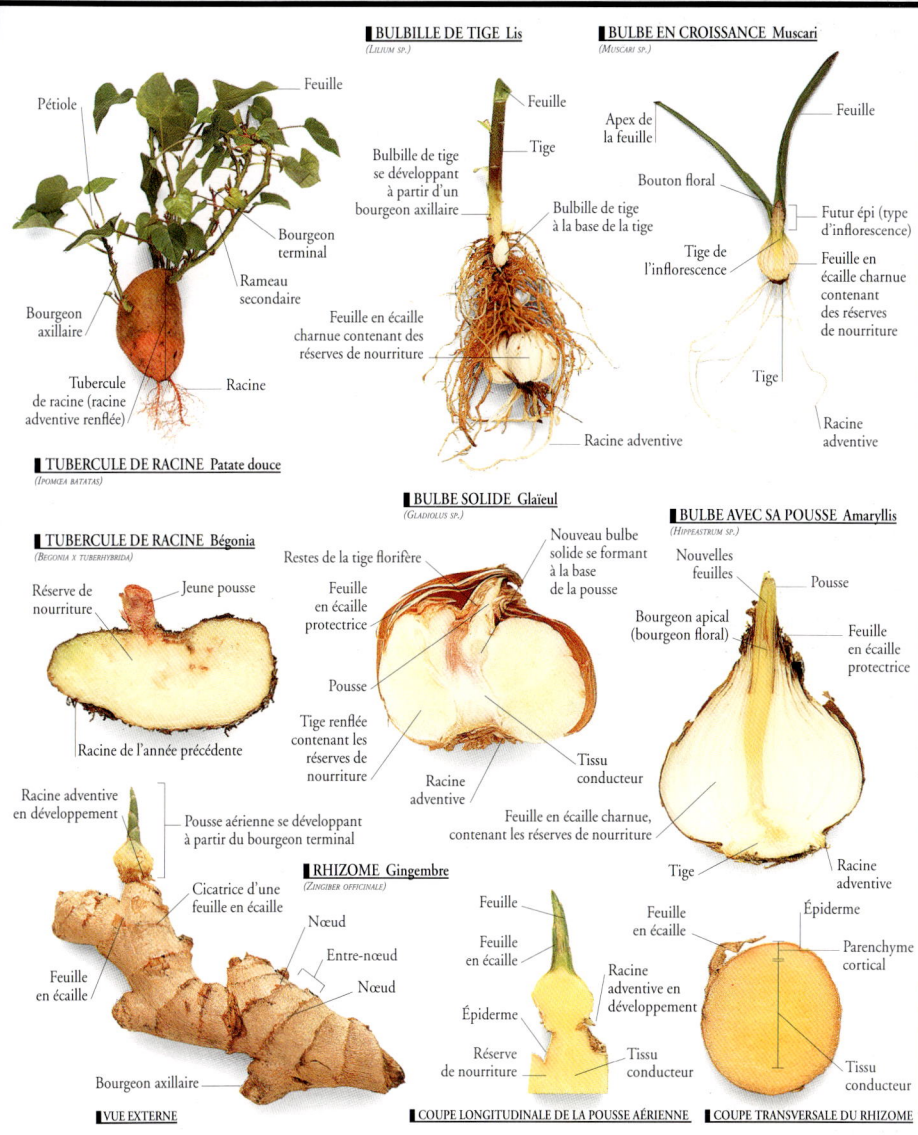

LES PLANTES

LES PLANTES DES MILIEUX SECS

PLANTE À TIGE SUCCULENTE
Coussin de belle-mère
(*ECHINOCACTUS GRUSONII*)

Les plantes des milieux secs (xérophytes) peuvent survivre dans des habitats très défavorables où l'eau est rare. Les plantes xérophytes montrent un certain nombre d'adaptations à la sécheresse ; parmi celles-ci, la réduction de la surface foliaire, l'enroulement des feuilles, l'enfoncement des stomates, la présence de poils, d'épines et d'une épaisse cuticule. Les plantes succulentes emmagasinent l'eau dans des tissus spongieux spéciaux. Les plantes à racines succulentes ont un organe souterrain à réserve d'eau, des tiges et des feuilles éphémères en surface. Les plantes à tige succulente sont représentées par les cactus (famille des cactées). Les tiges des cactus sont photosynthétiques, côtelées ou couvertes de tubercules alignés, avec des feuilles réduites à des épines ou totalement absentes.

PLANTE À FEUILLES SUCCULENTES
(*LITHOPS SP.*)

Aréole — Poils — Aiguillon (feuille modifiée)

Cuticule cireuse
Parenchyme aquifère
Tubercule
Cylindre de tissu conducteur
Racine

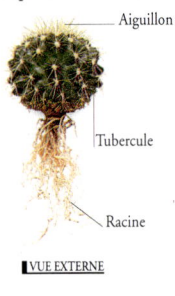

Aiguillon
Tubercule
Racine

VUE EXTERNE

Paroi cellulaire sinueuse
Stomate contrôlant les échanges gazeux

MICROPHOTOGRAPHIE DE SURFACE DE TIGE

Aiguillon
Aréole (rameau secondaire modifié)
Tubercule (excroissance de la surface de la tige)
Cuticule cireuse (revêtement imperméable)

DÉTAIL DE LA SURFACE DE LA TIGE

COUPE LONGITUDINALE DE LA TIGE

LES PLANTES AQUATIQUES

Les plantes aquatiques poussent immergées dans l'eau, soit partiellement (comme la jacinthe d'eau), soit totalement (comme l'élodée), et montrent diverses adaptations à cet habitat. Ordinairement, il y a de nombreuses lacunes remplies d'air dans les tiges, les feuilles et les racines ; elles favorisent les échanges gazeux et la flottabilité. Les parties immergées n'ont généralement pas de cuticule (revêtement cireux imperméable), ce qui permet à la plante d'absorber directement les éléments minéraux et les gaz dissous dans l'eau. Tout en étant supportées par l'eau, elles ont besoin d'un minimum de tissu de soutien, présent chez les plantes terrestres.

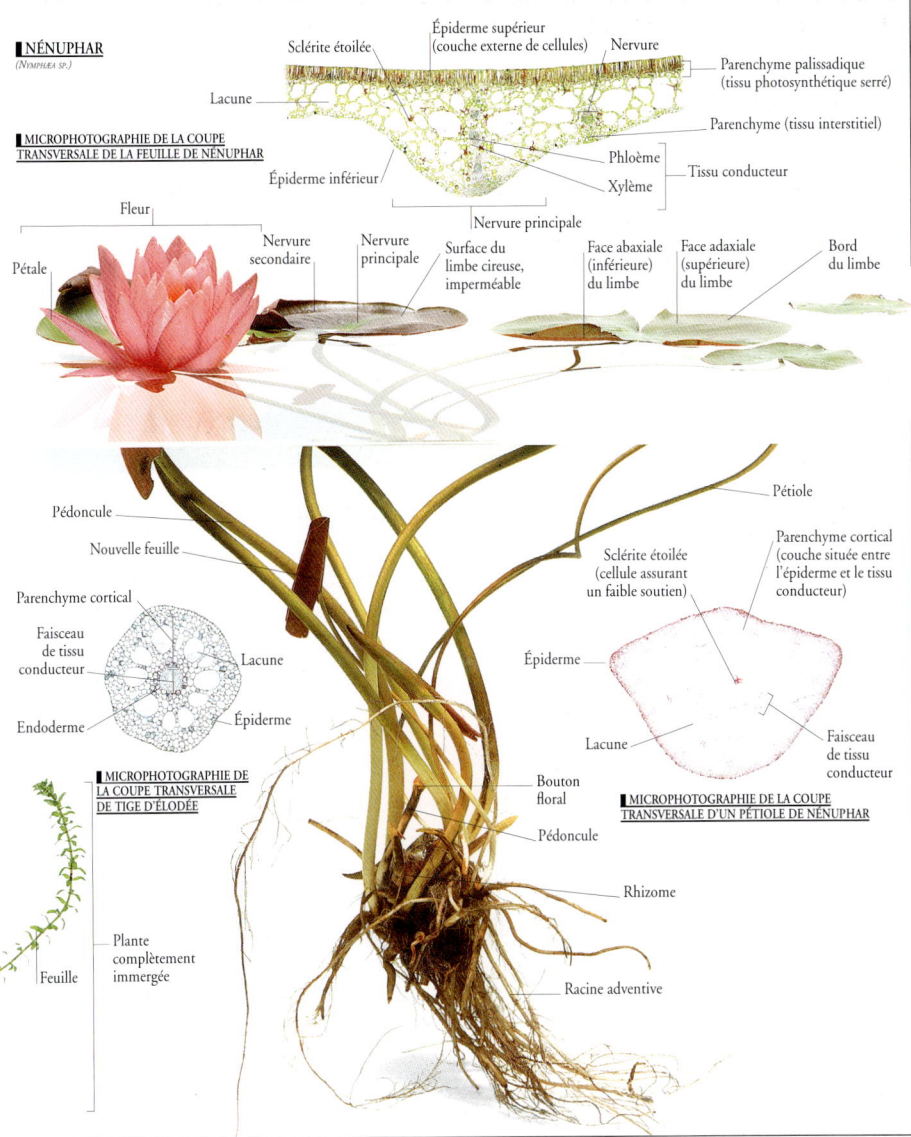

LES PLANTES CARNIVORES

Les plantes carnivores (insectivores) se nourrissent d'insectes et de petits animaux, en complément de la nourriture produite dans les feuilles par la photosynthèse. Grâce à cela, elles peuvent prospérer dans des sols acides et marécageux, pauvres en éléments minéraux essentiels. Les plantes carnivores ont des feuilles modifiées en pièges et utilisent souvent des couleurs vives et du nectar parfumé pour attirer les proies. Il existe trois sortes de pièges. Les plantes à urne, comme le népenthès et le lis cobra, ont des feuilles en forme d'urne, à moitié remplies d'eau ; une fois attirés dans la bouche du piège, les insectes perdent pied sur la surface glissante, tombent dans le liquide, puis se décomposent ou sont digérés. La dionée met en jeu un piège à mâchoire : quand un insecte touche les poils déclencheurs de la surface supérieure des feuilles, les lobes du piège se referment. La grassette et le droséra engluent leur proie par des gouttelettes collantes à la surface des feuilles.

LES PLANTES ÉPIPHYTES ET LES PARASITES

Les plantes parasites et épiphytes se développent sur d'autres plantes vivantes. Habituellement, les plantes épiphytes ne sont pas enracinées dans le sol, mais sur la tige ou sur les branches d'autres plantes. Les plantes épiphytes s'alimentent en eau en captant l'eau de pluie et l'humidité de l'air, et en substances minérales à partir de la matière organique accumulée à la surface de la plante qui leur sert de support. Comme toutes les plantes vertes, les plantes épiphytes produisent leur alimentation par photosynthèse. On y trouve des orchidées tropicales et des broméliacées (filles de l'air), ainsi que des mousses dans les régions tempérées. Les plantes parasites tirent toute l'alimentation qui leur est nécessaire de la plante hôte sur laquelle elles poussent. Elles émettent des suçoirs qui pénètrent dans les tissus conducteurs de la tige de l'hôte pour l'eau, les sels minéraux ou les matières nutritives. Les plantes parasites n'ont pratiquement pas de chlorophylle et n'ont pas de feuilles. Les plantes hémi-parasites (comme le gui) tirent l'eau et les éléments minéraux de la plante hôte, mais possèdent des feuilles et des tiges vertes, et produisent leur nourriture par photosynthèse.

BROMÉLIACÉE ÉPIPHYTE
(ÆCHMEA MINIATA)

- Inflorescence
- Tige de l'inflorescence
- Bouton floral
- Feuille en ruban arqué (élément de la rosette)
- Bord épineux de la feuille
- Base des feuilles imbriquées recueillant l'eau de pluie
- Amas de racines adventives
- Tige
- Écorce de l'arbre sur lequel la plante épiphyte est fixée.

ORCHIDÉE ÉPIPHYTE
(BRASSAVOLA NODOSA)

- Tige de l'inflorescence
- Pédoncule (tige de la fleur)
- Fleur
- Feuille en écaille
- Feuille
- Velum (épiderme à plusieurs couches, capable d'absorber l'eau de pluie ou l'humidité atmosphérique)
- Parenchyme cortical (situé entre l'épiderme et le tissu conducteur)
- Racine aérienne
- Cellule du parenchyme cortical contenant les chloroplastes
- Nœud
- Tige
- Écorce de l'arbre sur lequel la plante épiphyte est fixée.
- Tissu conducteur
- Xylème
- Phloème
- Exoderme (couche externe du parenchyme cortical)
- Moelle
- Endoderme (couche interne du parenchyme cortical)

MICROPHOTOGRAPHIE DE COUPE TRANSVERSALE DE RACINE AÉRIENNE DE PLANTE ÉPIPHYTE

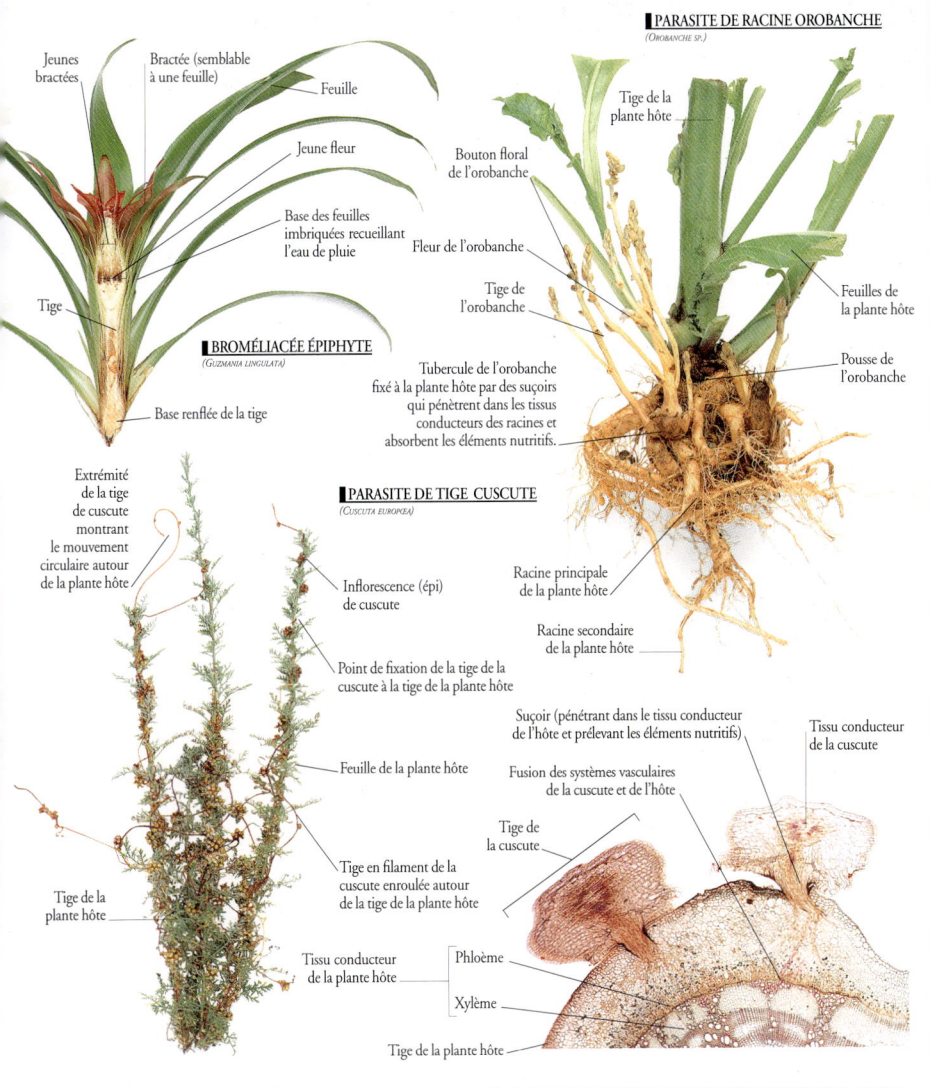

LES ANIMAUX

LES ÉPONGES, LES MÉDUSES ET LES ANÉMONES DE MER	166
LES INSECTES	168
LES ARACHNIDES	170
LES CRUSTACÉS	172
LES ÉTOILES DE MER ET LES OURSINS	174
LES MOLLUSQUES	176
LES REQUINS ET LES AGNATHES	178
LES POISSONS OSSEUX	180
LES AMPHIBIENS	182
LES LÉZARDS ET LES SERPENTS	184
LES CROCODILIENS ET LES TORTUES	186
LES OISEAUX 1	188
LES OISEAUX 2	190
LES ŒUFS	192
LES CARNIVORES	194
LES LAPINS ET LES RONGEURS	196
LES ONGULÉS	198
LES ÉLÉPHANTS	200
LES PRIMATES	202
LES DAUPHINS, LES BALEINES ET LES PHOQUES	204
LES MARSUPIAUX ET LES MONOTRÈMES	206

LES ANIMAUX

LES ÉPONGES, LES MÉDUSES ET LES ANÉMONES DE MER

Les éponges sont des animaux principalement marins qui constituent l'embranchement des Spongiaires. Elles font partie des animaux les plus simples, étant dépourvues de tissus ou d'organes. Leur corps est formé de deux couches de cellules séparées par une couche semblable à de la gelée (mésoglée) renforcée par des spicules minéraux ou des fibres protéiques. Il est perforé par un système de pores et de canaux aquatiques appelé système aquifère. Des cellules spéciales (choanocytes) ayant une structure semblable à un fouet (flagelle) font circuler l'eau à travers le système aquifère, apportant ainsi de minuscules particules alimentaires aux cellules des éponges. Les méduses (classe des Scyphozoaires), les anémones de mer et les coraux (classe des Anthozoaires) appartiennent à l'embranchement des Cnidaires, appelés aussi Cœlentérés. Les Cœlentérés, plus complexes que les éponges, ont des tissus simples, tels que le tissu nerveux, un corps à symétrie radiaire, et une bouche entourée de tentacules pourvus de cellules urticantes caractéristiques (cnidocystes).

ANATOMIE INTERNE D'UNE ÉPONGE

- Amibocyte
- Oscule (pore exhalant)
- Choanocyte (cellule à collerette)
- Ostium (pore inhalant)
- Porocyte (cellule perforée)
- Mésoglée
- Atrium (cavité gastrale)
- Spicule
- Pinacocyte (cellule épidermique)
- Ostium (pore inhalant)

CARACTÈRES EXTERNES D'UNE ANÉMONE DE MER

- Matrice protéique
- Pore
- Tentacule

SQUELETTE D'UNE ÉPONGE

DIVERSES ANÉMONES DE MER

- corynactis viridis
- Anémone commensale (*CALLIACTIS PARASITICA*)
- Anémone plumeuse (*METRIDIUM SENILE*)
- Anémone de la Méditerranée (*CONDYLACTIS SP.*)
- Anémone verte (*ANEMONIA VIRIDIS*)
- Actinie pourpre (*ACTINIA EQUINA*)
- Anémone fantôme (*ACTINOTHOE SPHYRODETA*)
- Sagartia elegans

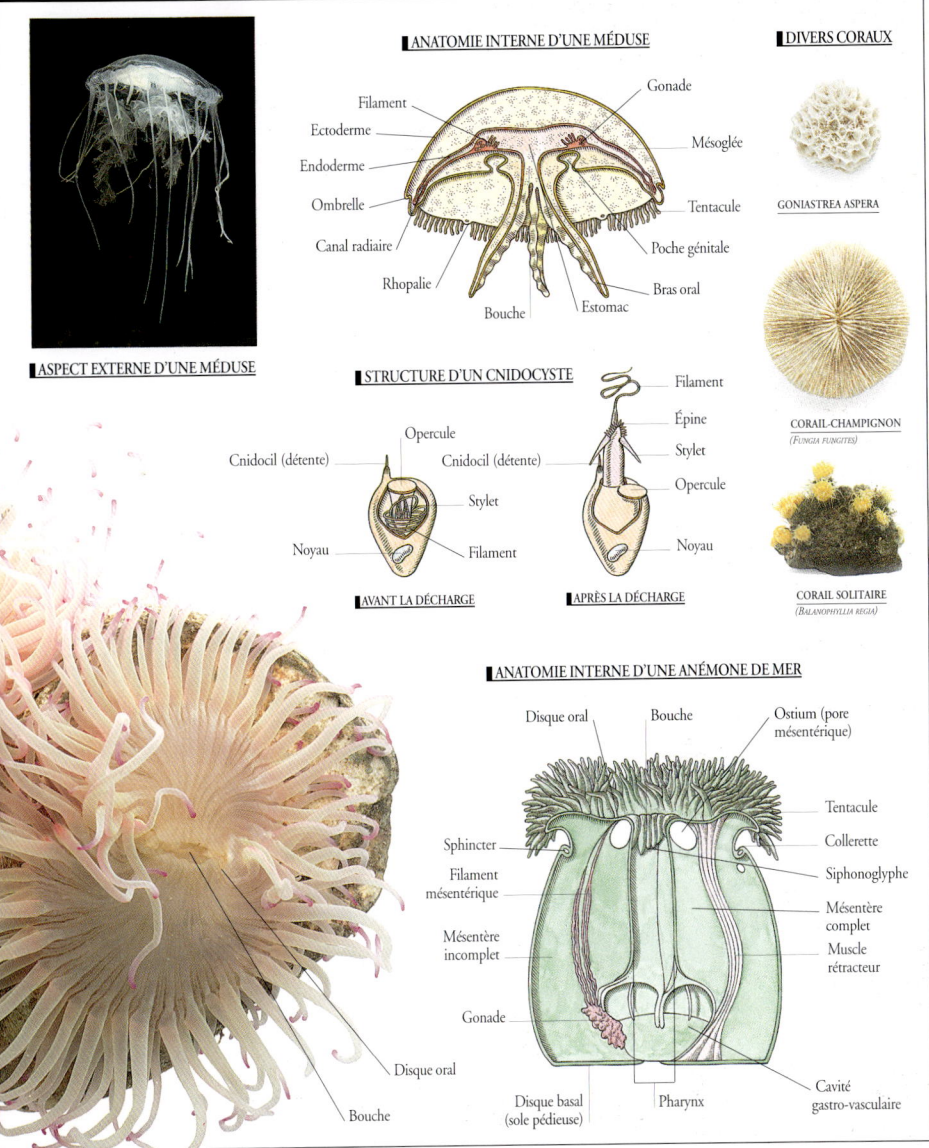

LES INSECTES

Les carabes, les fourmis et les abeilles appartiennent à deux ordres différents de la classe des Insectes qui est une division de l'embranchement des Arthropodes. Les carabes font partie de l'ordre des Coléoptères qui constitue le groupe d'insectes le plus important, avec 300 000 espèces environ. Leur particularité est leurs ailes antérieures transformées en étuis cornés, appelés élytres. Quand l'insecte est posé, ces étuis recouvrent la partie postérieure du corps et protègent donc les ailes postérieures membraneuses et fragiles qui servent au vol. Les fourmis, de même que les abeilles et les guêpes, forment l'ordre des Hyménoptères qui compte à peu près 200 000 espèces. Ceux dits pétiolés présentent un rétrécissement marqué entre le thorax et l'abdomen, la « taille de guêpe ». Chez les Hyménoptères, les œufs non fécondés peuvent se développer par parthénogenèse ; ils donnent alors naissance à des mâles. Tous ont quatre ailes membraneuses recouvertes de minuscules écailles. Ces écailles qui leur valent leur nom (en grec, lépidoptère signifie «ailes écailleuses»), ne sont en fait que des poils transformés. Tous les papillons ont des pièces buccales en forme de trompe suceuse. Et au cours de leur vie, tous subissent une métamorphose complète, c'est-à-dire que tous passent par quatre stades distincts : l'œuf, la larve, la nymphe et l'imago. Comme les abeilles, les papillons sont des agents pollinisateurs. Leur apparition semble d'ailleurs bien liée à celle des plantes à fleurs, il y a quelque 150 millions d'années.

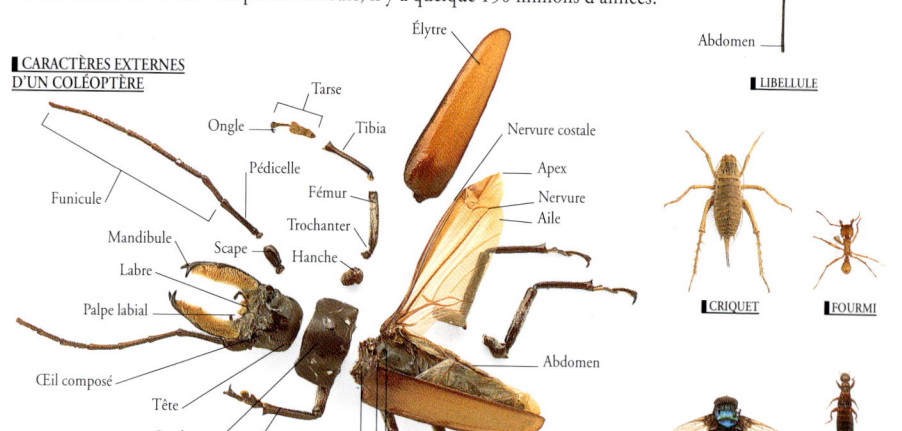

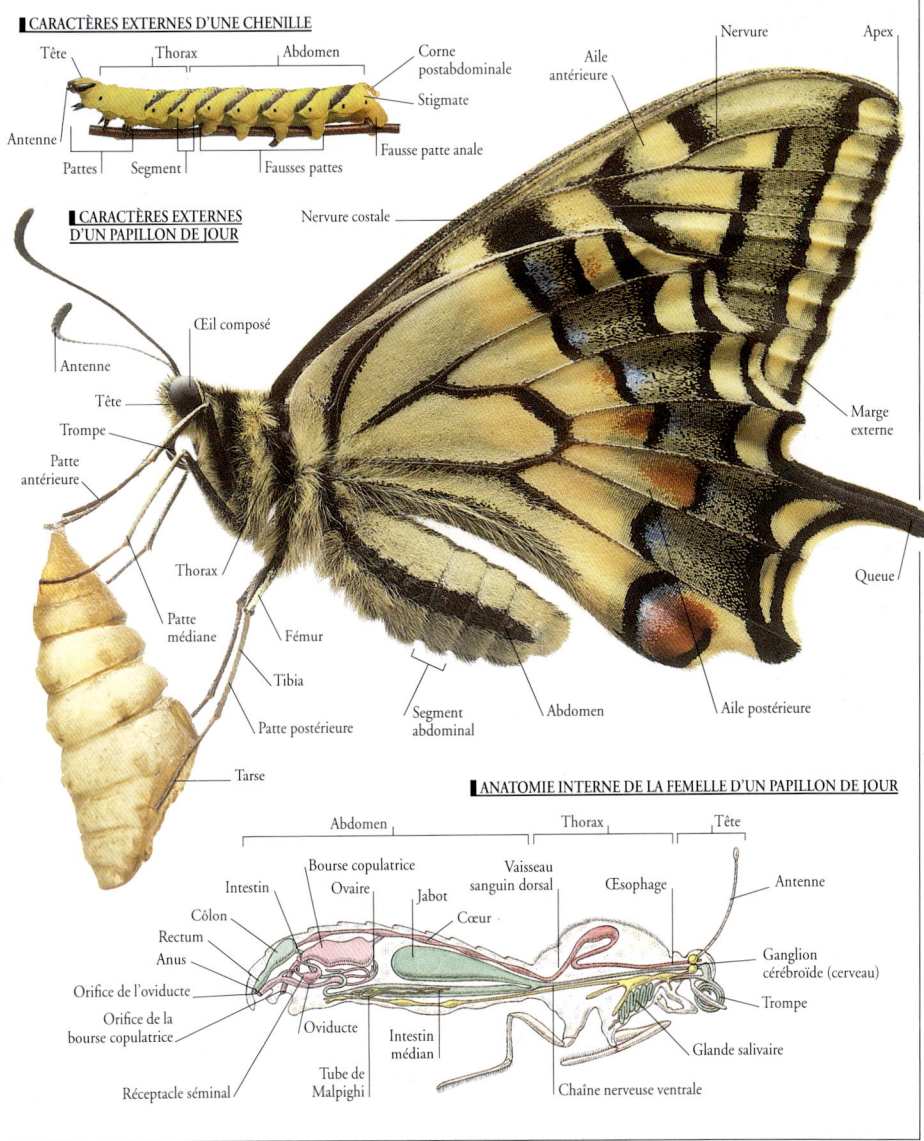

LES ARACHNIDES

La classe des Arachnides comprend les araignées (ordre des Aranéides) et les scorpions (ordre des Scorpionides) ; elle fait partie de l'embranchement des Arthropodes, qui compte également les insectes et les crustacés. Les araignées et les scorpions se caractérisent par quatre paires de pattes ambulatoires, une paire de pièces buccales semblables à des pinces, appelées chélicères, une autre paire d'appendices frontaux appelés pédipalpes, sensoriels chez l'araignée et préhensiles chez le scorpion, et un corps divisé en deux parties (d'une part la tête et le thorax soudés – céphalothorax ou prosoma –, d'autre part l'abdomen, ou opisthosoma). À la différence des autres Arthropodes, les araignées et les scorpions sont dépourvus d'antennes. Ils sont tous deux carnivores ; les premières empoisonnent leur proie en la mordant à l'aide de leurs chélicères pourvues de crochets, et les seconds en la piquant avec l'extrémité de leur metasoma (ou queue).

MYGALE DU MEXIQUE À PATTES ROUGES
(*EUATHLUS EMILIA*)

ANATOMIE INTERNE DE LA FEMELLE D'UNE ARAIGNÉE

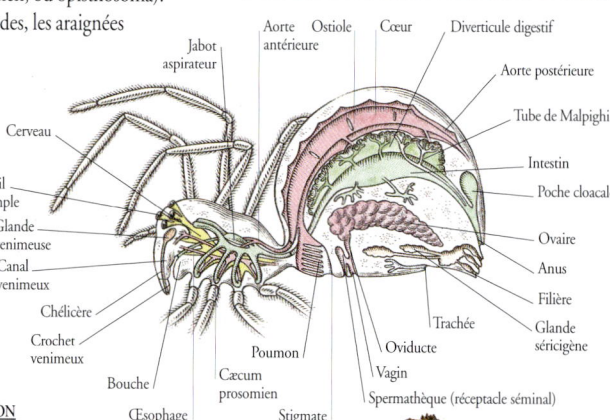

CARACTÈRES EXTERNES D'UN SCORPION

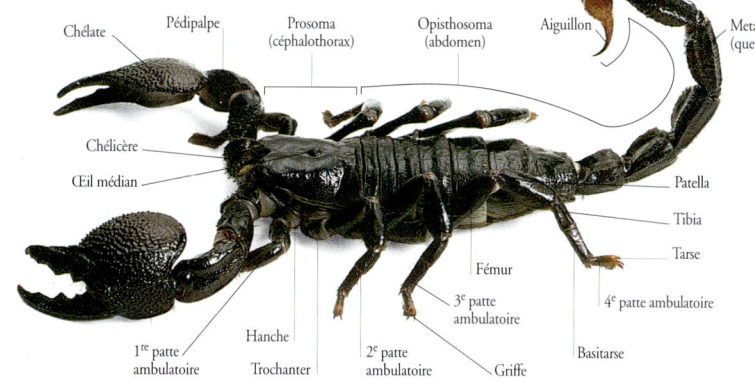

LES ANIMAUX

LES CRUSTACÉS

Le sous-embranchement des Crustacés est l'un des plus grands groupes des Arthropodes. Ses classes les plus importantes sont les Malacostracés et les Cirripèdes. Les Malacostracés comprennent les écrevisses, les crabes, les homards et les crevettes. Ils ont un corps en deux sections (une tête et un thorax soudés – le céphalothorax – et un abdomen), un exosquelette (squelette externe), constitué en partie d'une grande plaque (carapace), des yeux pédonculés composés et deux paires d'antennes. Les Cirripèdes comprennent les anatifes, qui passent leur vie adulte fixés à une surface. Les Cirripèdes se caractérisent aussi par un exosquelette constitué de plaques calcaires se chevauchant, un corps formé d'un thorax (l'abdomen et la tête sont minuscules) et six paires d'appendices thoraciques (cirres) utilisés pour filtrer les aliments.

CARACTÈRES EXTERNES D'UN CRABE

CARACTÈRES EXTERNES D'UNE CREVETTE

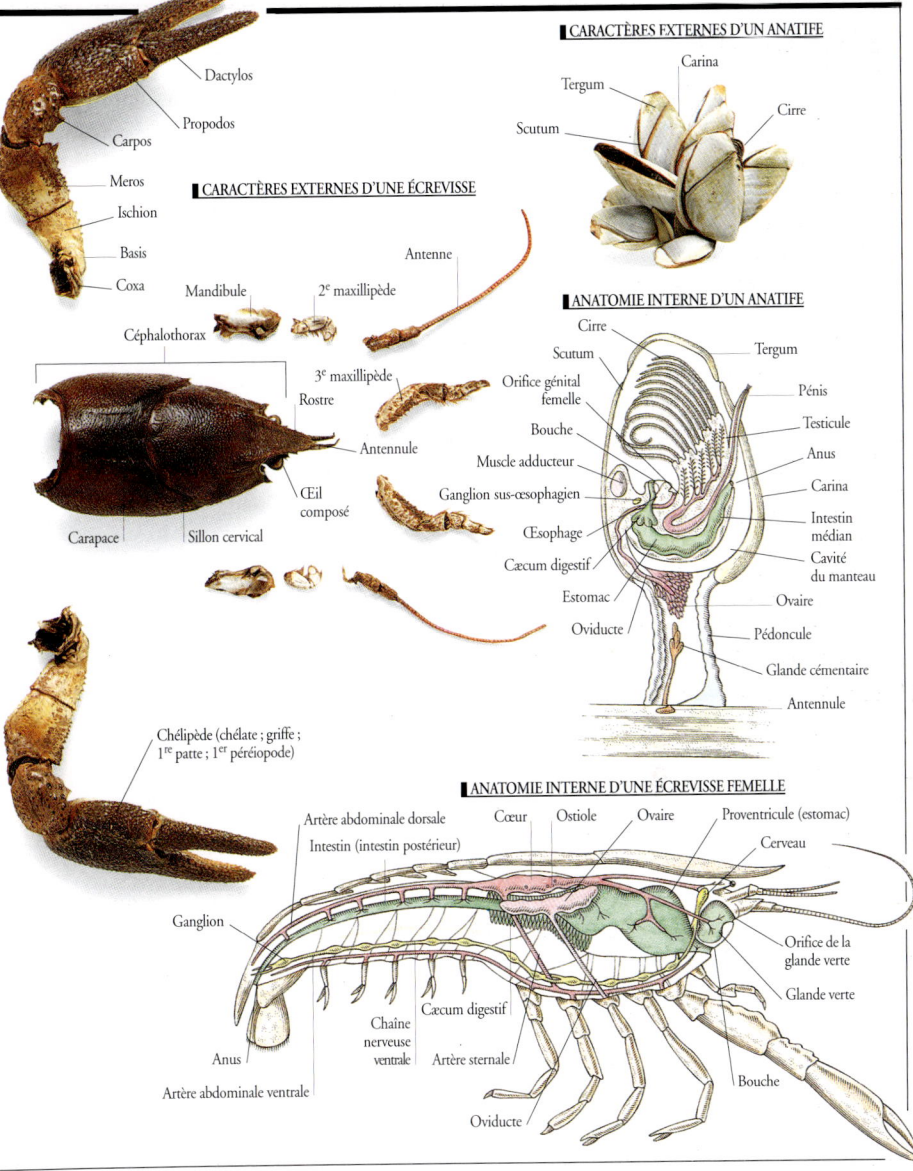

LES ANIMAUX

LES ÉTOILES DE MER, LES OURSINS

Les étoiles de mer, les oursins et les espèces affines (notamment les comatules, les ophiures, les dollars des sables, les crinoïdes, les lis de mer et les concombres de mer) constituent l'embranchement des Échinodermes ; ceux-ci se caractérisent par leur système vasculaire aquifère, qui consiste en une série de canaux remplis d'eau d'où partent des milliers de minuscules ambulacres qui peuvent servir à se déplacer, à se nourrir ou à respirer. On peut citer, parmi d'autres caractères, la symétrie pentaradiaire (ce qui signifie que le corps peut se diviser en cinq parties rayonnant à partir du centre), l'absence de tête, un système nerveux diffus et décentralisé, dépourvu de cerveau, et l'absence d'organes excréteurs. Les Échinodermes se reconnaissent également à leur squelette interne constitué d'ossicules en calcite dure, intégrés dans l'enveloppe du corps et d'où partent parfois des épines ou des tubercules. Les ossicules peuvent s'emboîter les uns dans les autres afin de former ce que l'on appelle le « test » (comme chez les oursins) ou être séparés (comme chez les holothuries).

CARACTÈRES EXTERNES D'UNE ÉTOILE DE MER
Face supérieure, ou aborale

Disque

Plaque madréporique

Épine

Bras

ANATOMIE INTERNE D'UNE ÉTOILE DE MER

Rectum
Portion pylorique de l'estomac
Plaque madréporique
Canal du sable
Anus
Cæcum rectal
Ambulacre
Canal annulaire
Canal latéral
Canal radiaire
Portion cardiaque de l'estomac
Conduit pylorique
Papule
Bouche
Cæcum pylorique
Gonade
Œsophage
Orifice génital

LES MOLLUSQUES

Les Mollusques constituent un vaste groupe d'animaux, comprenant les pieuvres, les escargots et les coquilles Saint-Jacques. Les pieuvres et espèces similaires (calmars et seiches) constituent la classe des Céphalopodes. Ceux-ci se caractérisent par une tête pourvue d'une radula (pièce buccale semblable à une râpe) et d'un bec, un système nerveux bien développé, des tentacules à ventouses, un manteau musculaire (faisant partie de l'enveloppe externe) qui peut expulser l'eau à travers l'entonnoir, permettant ainsi un mouvement de propulsion par réaction, et une petite coquille, parfois absente. Les escargots et espèces voisines, y compris les limaces, les patelles et les ormeaux, constituent la classe des Gastropodes, qui se caractérisent par une coquille externe hélicoïdale, bien que certains, telles les limaces, aient une petite coquille interne ou n'en aient pas, un pied plat et une tête pourvue de tentacules et d'une radula. Les coquilles Saint-Jacques, y compris les palourdes, les moules et les huîtres, constituent la classe des Bivalves (appelés également Pélécypodes). Ceux-ci ont une coquille en deux valves, de grandes branchies utilisées pour respirer et filtrer les aliments, et pas de radula.

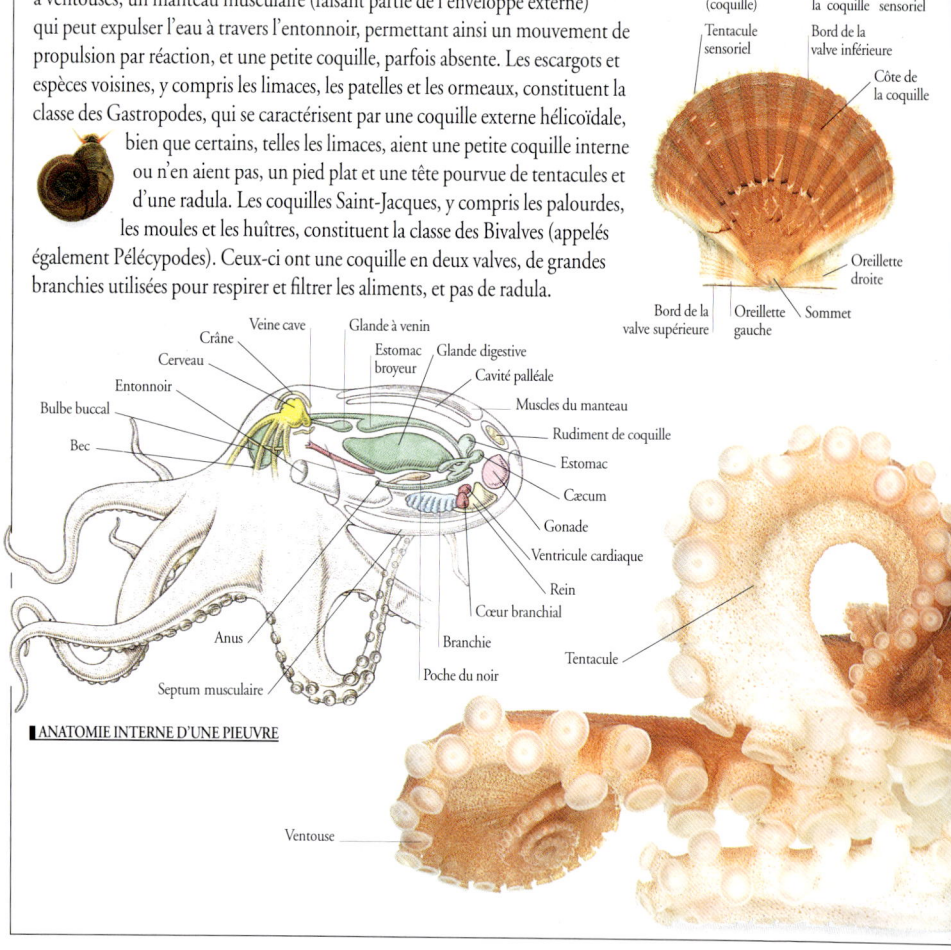

CARACTÈRES EXTERNES D'UNE COQUILLE SAINT-JACQUES

ANATOMIE INTERNE D'UNE PIEUVRE

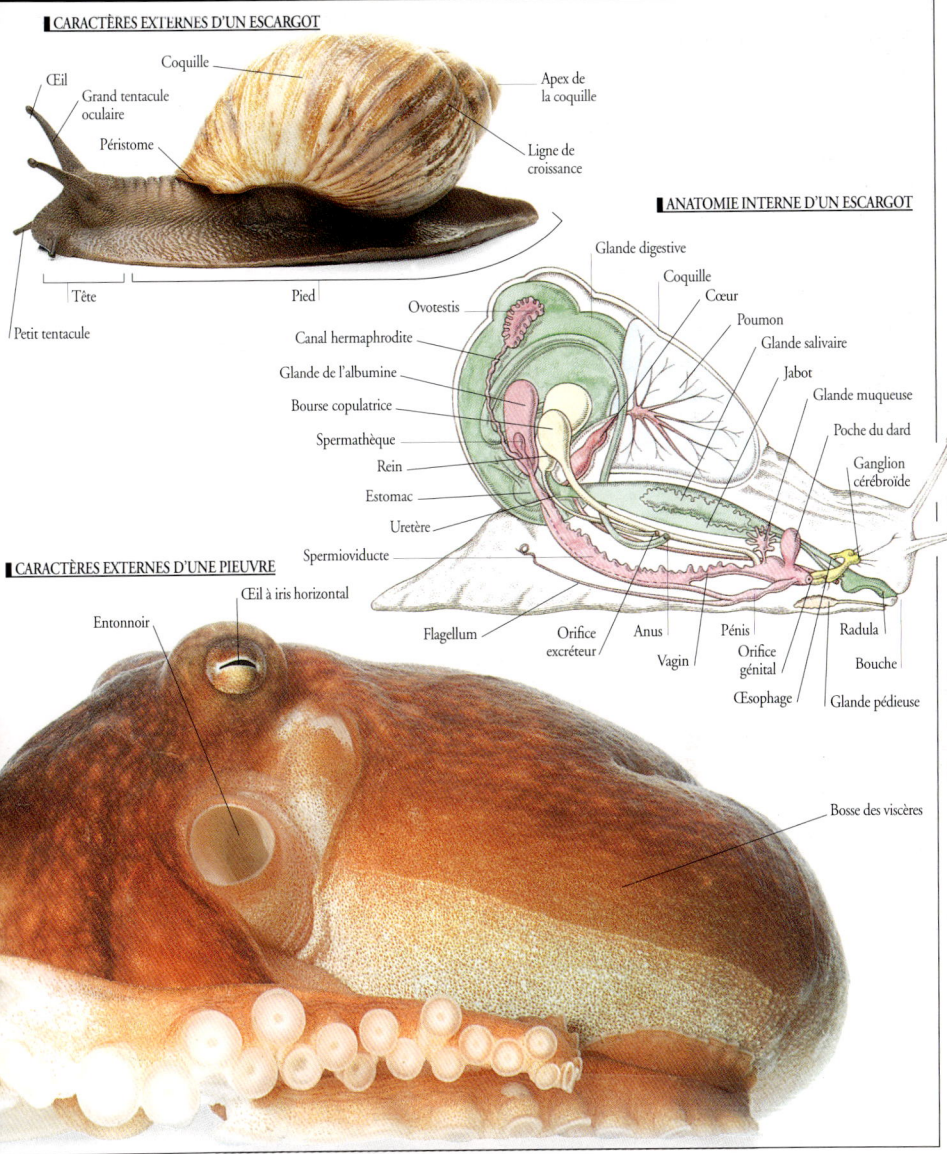

LES ANIMAUX

LES REQUINS ET LES AGNATHES

Les requins, les roussettes (petits requins), les pocheteaux et les raies appartiennent à une classe de poissons appelée Chondrichthyens, qui est elle-même une division du groupe des Gnathostomes (ce qui signifie « pourvu de mâchoires »). Également connus sous le nom d'élasmobranches, les requins et les espèces affines ont un squelette fait de cartilage (d'où leur nom de poissons cartilagineux), qui les distingue des poissons osseux (pp. 180-181). Les poissons cartilagineux se caractérisent également par des écailles dentiformes extrêmement dures et par l'absence de vessie natatoire. Les lamproies et les myxines sont des poissons primitifs anguilliformes, qui constituent l'ordre des Cyclostomes (« bouche arrondie »), division de la super-classe des Agnathes (« dépourvu de mâchoires »). Outre leur bouche en ventouse ronde, les Cyclostomes ont également une peau lisse et visqueuse dépourvue d'écailles et des nageoires impaires.

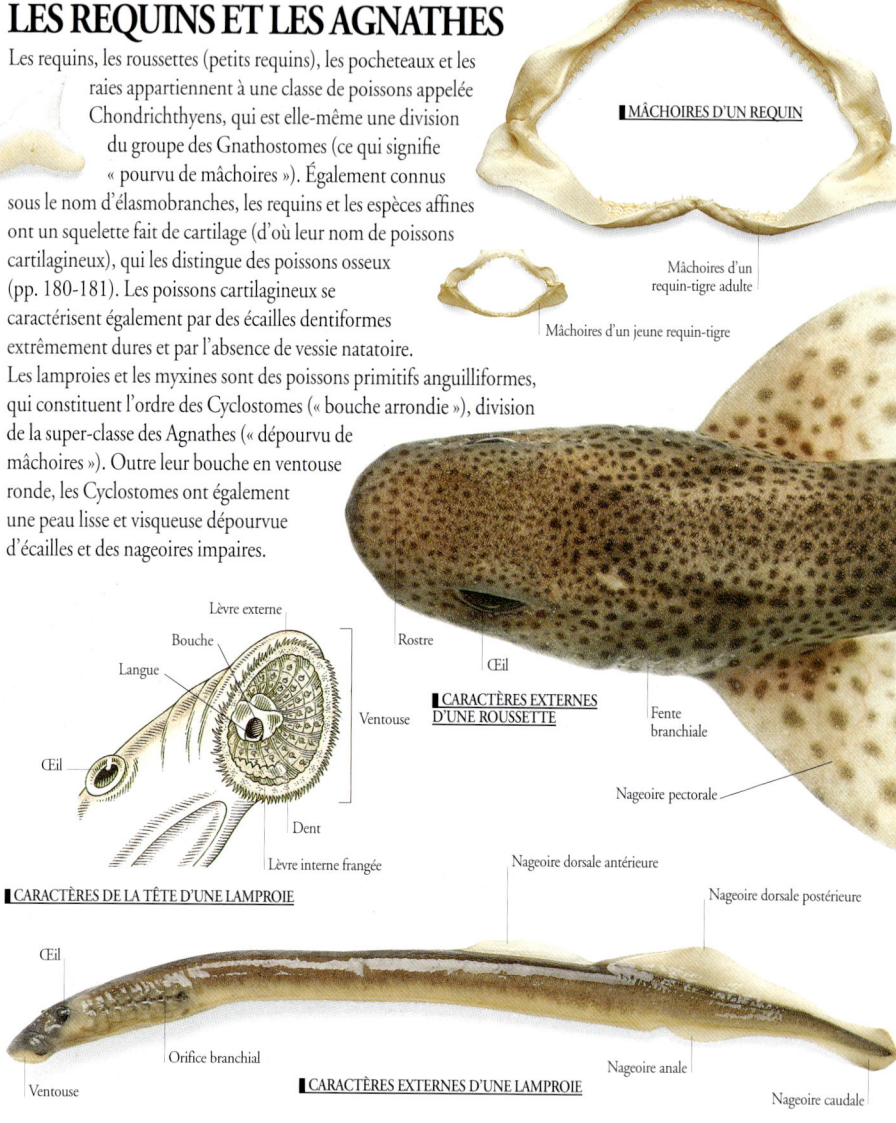

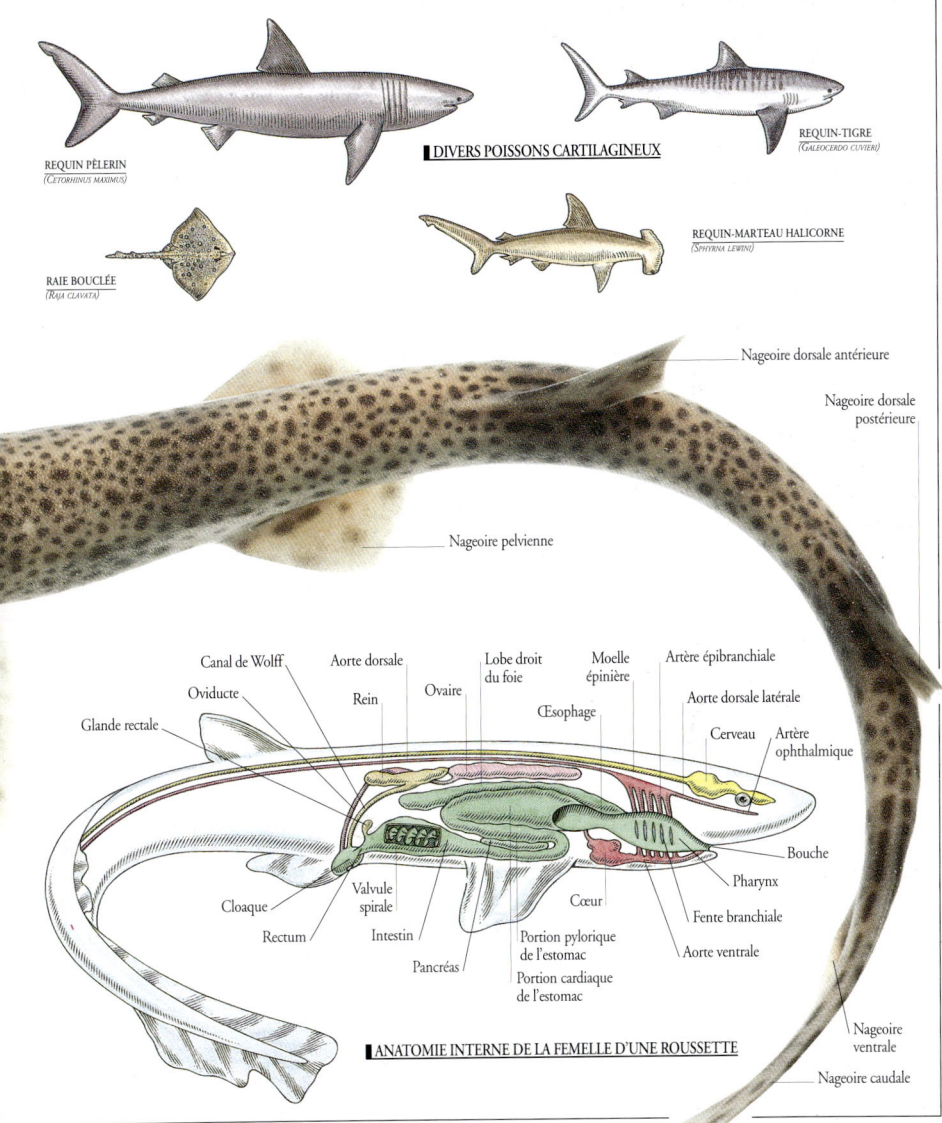

LES POISSONS OSSEUX

Les poissons osseux, tels que carpes, truites, saumons, morues, etc., sont le groupe de poissons le plus connu et le plus nombreux, avec plus de 20 000 espèces, soit plus de 95 % des poissons répertoriés. Les poissons osseux ont des squelettes ossifiés, par opposition aux squelettes cartilagineux des requins, Agnathes et autres espèces voisines (pp. 178-179). Les poissons osseux se caractérisent par une vessie natatoire, fonctionnant comme un organe de flottabilité variable et permettant au poisson de se maintenir sans effort à quelque profondeur que ce soit, des écailles relativement minces et osseuses, un opercule recouvrant les branchies et des nageoires pelviennes et pectorales paires. Ils appartiennent à la classe des Ostéichthyens, qui est une division du groupe des Gnathostomes (« pourvu de mâchoires »).

RESPIRATION DES POISSONS

Les poissons « respirent » en extrayant l'oxygène de l'eau au moyen de leurs branchies. L'eau est aspirée par la bouche, pendant que les opercules se ferment afin de l'empêcher de s'échapper. La bouche est fermée à son tour et les muscles de la paroi buccale, du pharynx et de la cavité operculaire se contractent afin de pomper l'eau à l'intérieur, sur les branchies, puis à l'extérieur, à travers les opercules. Certains poissons nagent en maintenant leur bouche ouverte, afin de laisser passer en permanence de l'eau sur leurs branchies.

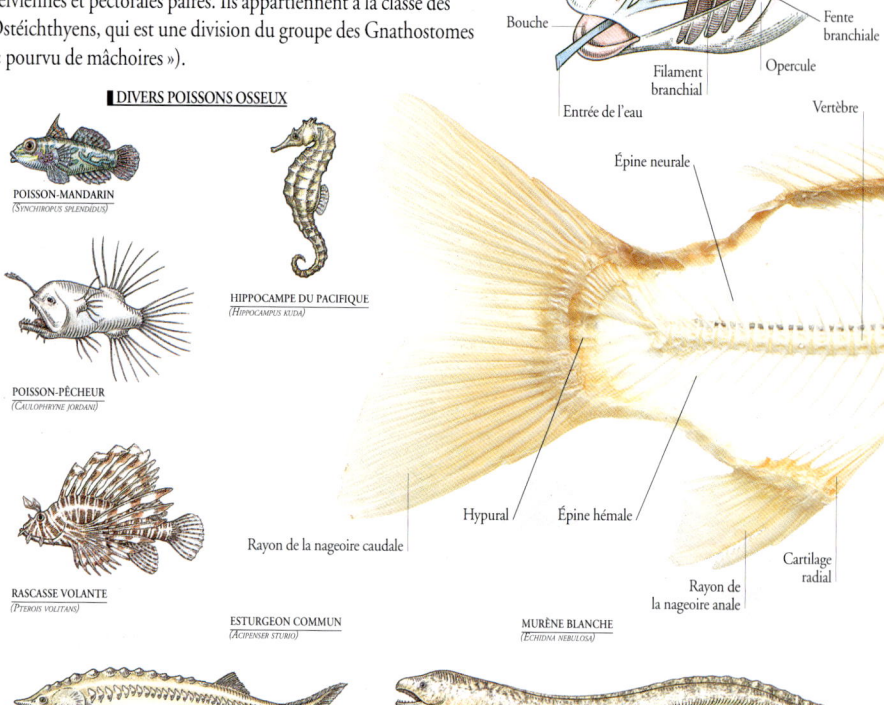

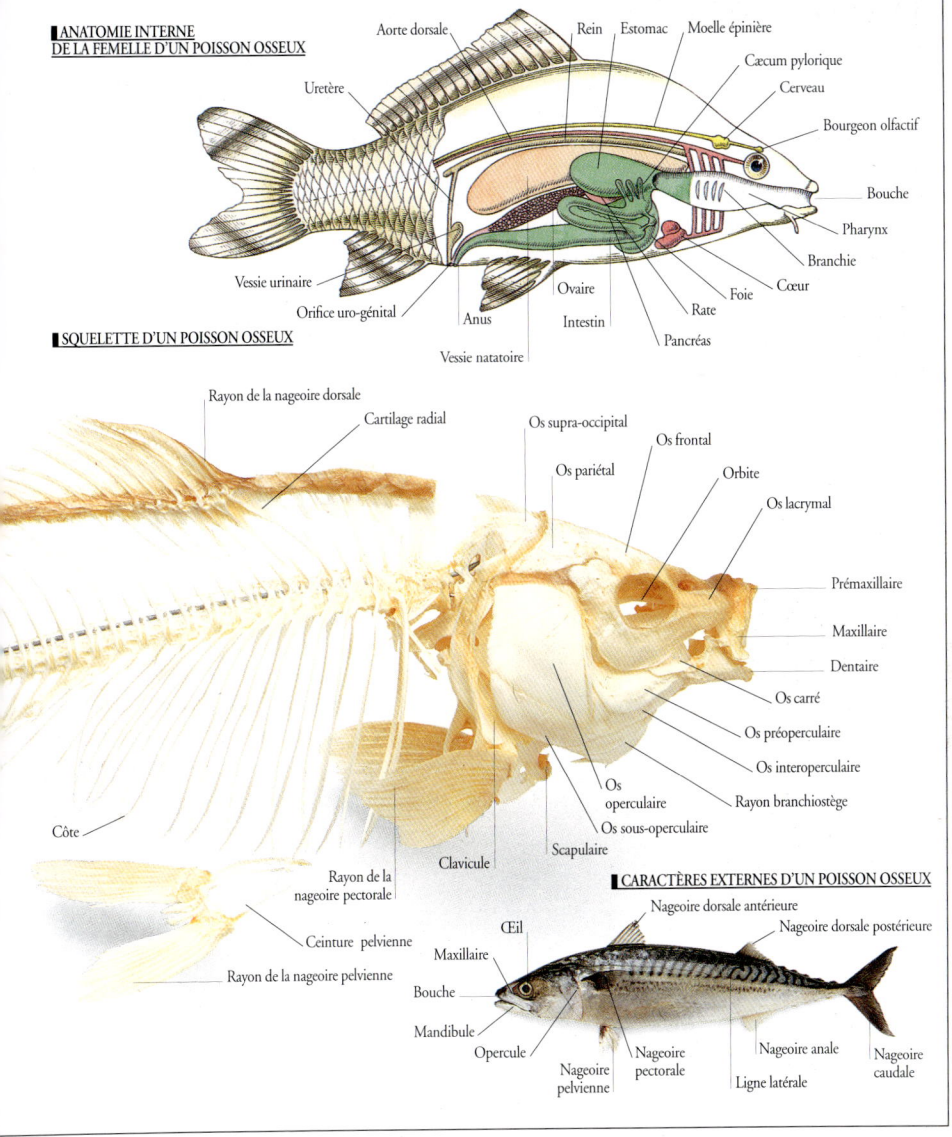

LES AMPHIBIENS

La classe des Amphibiens comprend les grenouilles et les crapauds (ordre des Anoures), les tritons et les salamandres (ordre des Urodèles). Les Amphibiens se caractérisent par une peau humide, lisse et glabre, et par des poumons ; ce sont des animaux à sang froid. Ils subissent une métamorphose complète, du stade d'œufs pondus dans l'eau à celui d'adultes vivant sur la terre ferme, en passant par divers stades de larves aquatiques (tels les têtards). Les grenouilles et les crapauds adultes se reconnaissent à leur corps trapu sans queue, à leurs longues et puissantes pattes postérieures et à leurs grands yeux souvent protubérants. Les tritons et les salamandres adultes se caractérisent par un corps allongé pourvu d'une queue développée et de pattes de taille identique mais courtes. Toutefois, les tritons et les salamandres sont très variés : ainsi, chez certaines espèces, les adultes ont des pattes minuscules, des branchies externes et non des poumons, et passent toute leur vie dans l'eau.

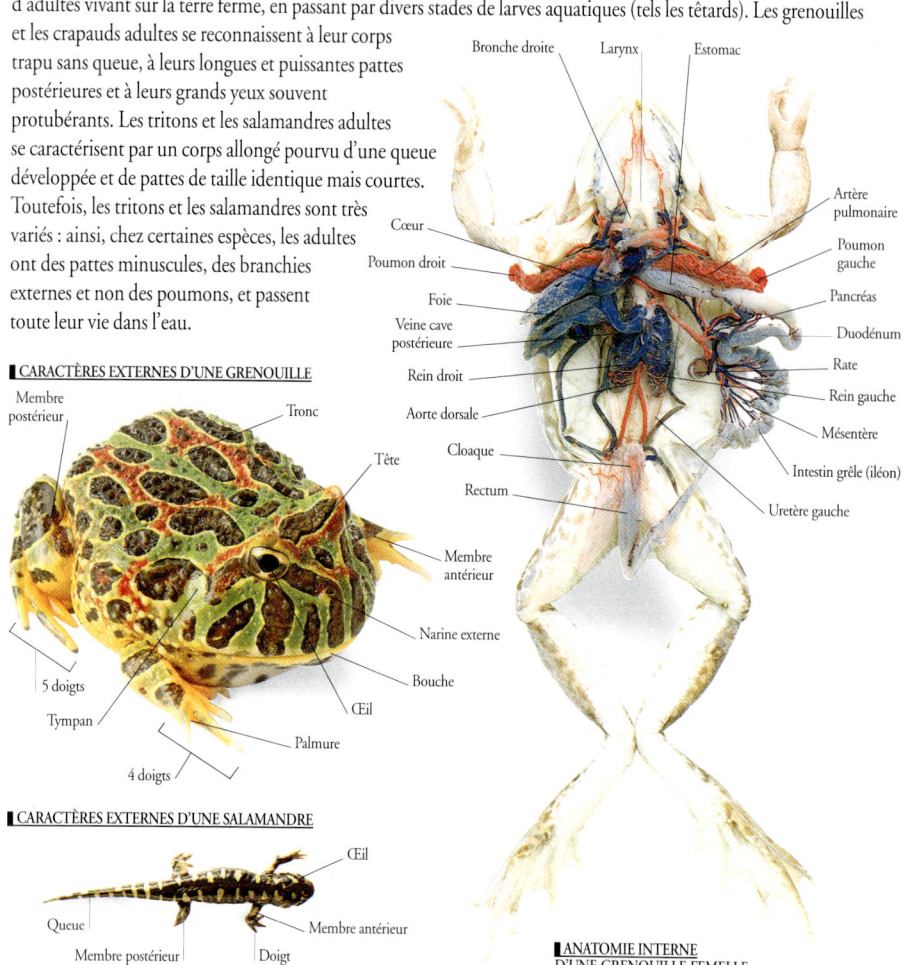

■ CARACTÈRES EXTERNES D'UNE GRENOUILLE

■ CARACTÈRES EXTERNES D'UNE SALAMANDRE

■ ANATOMIE INTERNE D'UNE GRENOUILLE FEMELLE

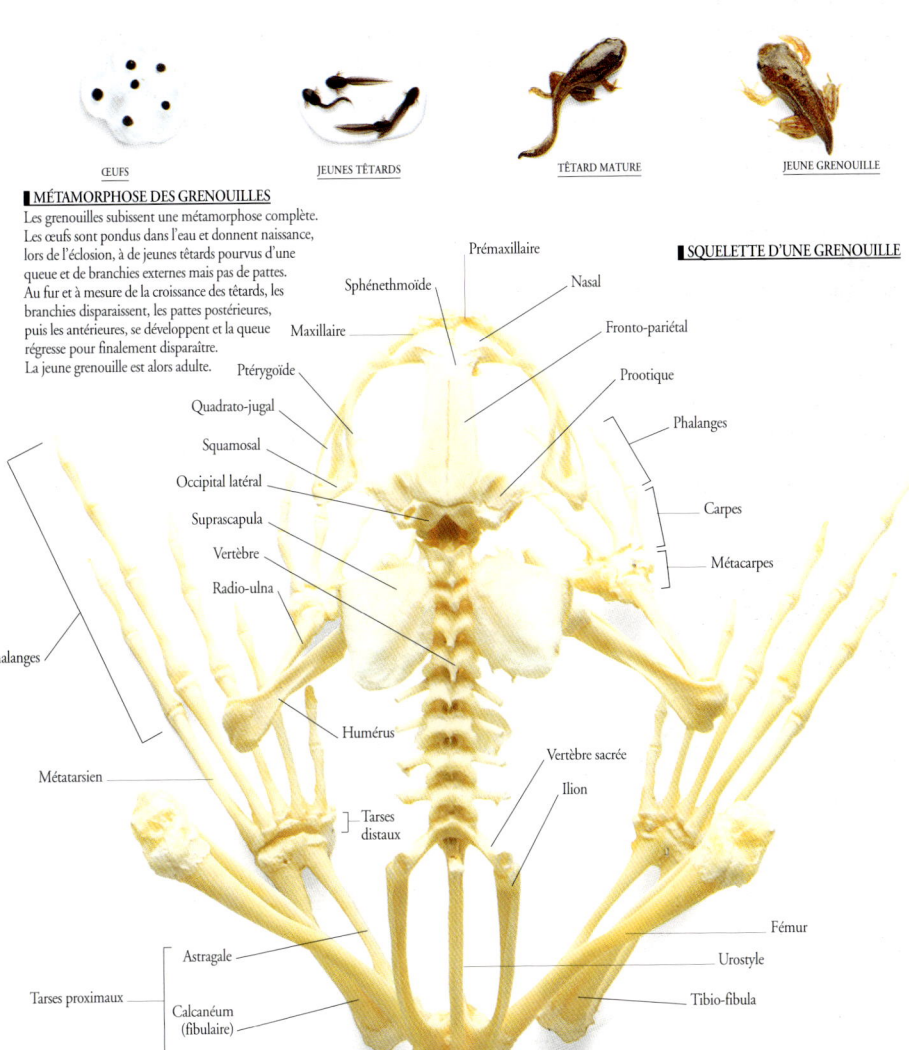

MÉTAMORPHOSE DES GRENOUILLES

Les grenouilles subissent une métamorphose complète. Les œufs sont pondus dans l'eau et donnent naissance, lors de l'éclosion, à de jeunes têtards pourvus d'une queue et de branchies externes mais pas de pattes. Au fur et à mesure de la croissance des têtards, les branchies disparaissent, les pattes postérieures, puis les antérieures, se développent et la queue régresse pour finalement disparaître. La jeune grenouille est alors adulte.

ŒUFS — JEUNES TÊTARDS — TÊTARD MATURE — JEUNE GRENOUILLE

SQUELETTE D'UNE GRENOUILLE

Prémaxillaire, Sphénethmoïde, Nasal, Maxillaire, Fronto-pariétal, Ptérygoïde, Prootique, Quadrato-jugal, Squamosal, Phalanges, Occipital latéral, Carpes, Suprascapula, Métacarpes, Vertèbre, Radio-ulna, Phalanges, Humérus, Vertèbre sacrée, Ilion, Métatarsien, Tarses distaux, Fémur, Astragale, Urostyle, Tarses proximaux, Calcanéum (fibulaire), Tibio-fibula, Ischion

LES ANIMAUX

LES LÉZARDS ET LES SERPENTS

Les lézards et les serpents appartiennent à l'ordre des Squamates de la classe des Reptiles. Ils ont une peau écailleuse, des poumons, le sang froid et pondent des œufs à coquille coriace. Certains incubent leurs œufs dans leur corps. Les lézards sont du sous-ordre des Lacertiliens. Ils ont une longue queue et perdent leur peau par morceaux. Certains lézards voient leur queue repousser s'ils la perdent ; d'autres peuvent changer de couleur et quelques-uns n'ont pas de membres. Les serpents constituent le sous-ordre des Ophidiens. Ils n'ont pas de membres et peuvent déboîter leur mâchoire inférieure afin d'avaler des grandes proies ; leurs paupières forment une membrane unique et transparente. La plupart perdent leur peau en un seul morceau. Les serpents constricteurs étouffent leur proie, les serpents venimeux les empoisonnent.

DIVERS SERPENTS

SERPENT-ROI DU MEXIQUE
(LAMPROPELTIS TRIANGULUM ANNULATA)

SERPENT-ROI DE RUTHVEN
(LAMPROPELTIS RUTHVENI)

CARACTÈRES EXTERNES D'UN LÉZARD

Narine, Œil, Bouche, Crête, Tympan, Écaille massétérique, Écaille dorsale, Fanon, Écaille, Patte antérieure, Ventre, Écaille ventrale

SQUELETTE D'UN LÉZARD

Omoplate, Crâne, Orbite, Phalanges, Carpien, Cubitus, Radius, Côte, Vertèbres cervicales, Métacarpien, Humérus, Vertèbres thoraco-lombaires, Ceinture pelvienne, Fémur, Sacrum, Tibia, Tarsien, Péroné, Métatarsien, Phalanges, Vertèbres caudales, Orteil, Griffe

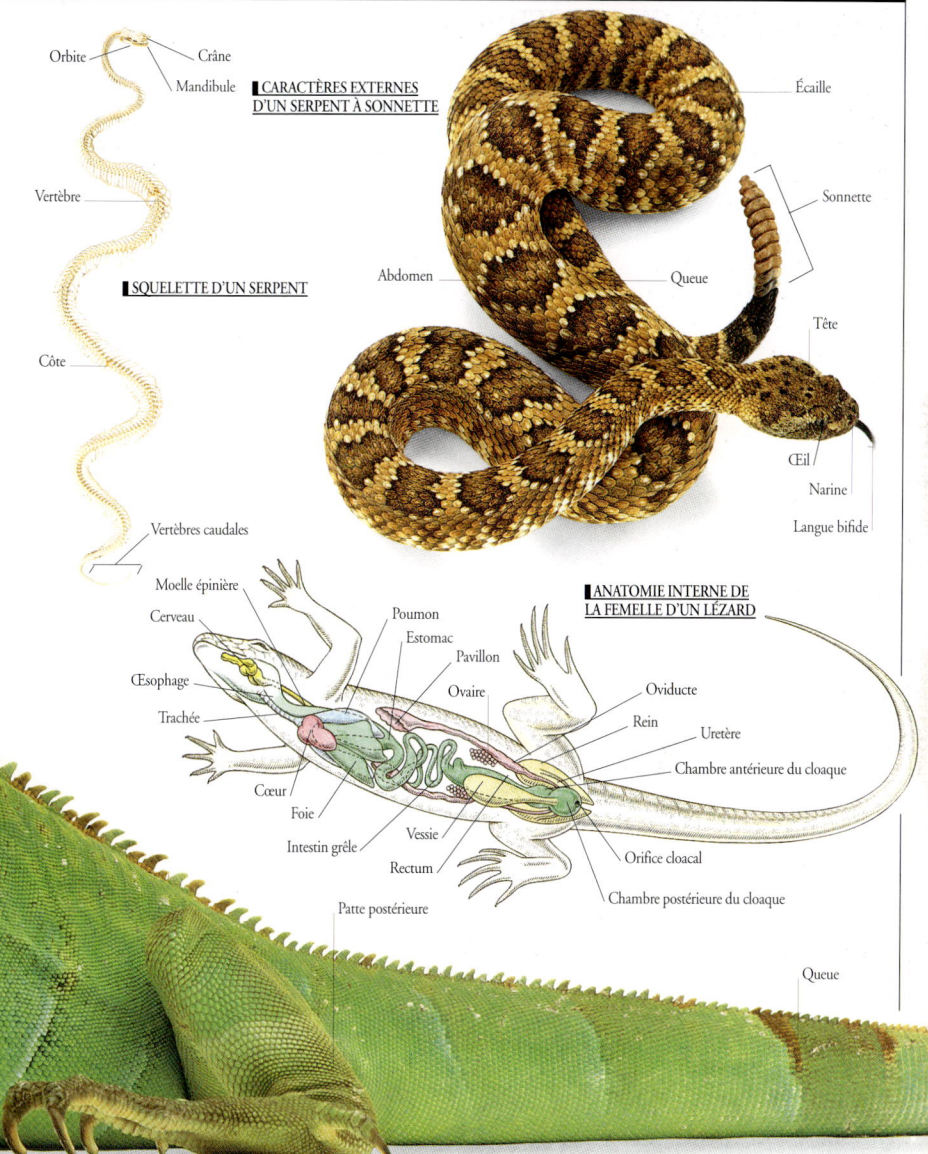

LES ANIMAUX

LES CROCODILIENS ET LES TORTUES

Crocodiliens et tortues appartiennent à des ordres différents de la classe des Reptiles. L'ordre des Crocodiliens comprend les crocodiles proprement dits, les alligators, les caïmans et les gavials. Ils sont carnivores, pourvus d'un long museau, de dents acérées leur permettant de saisir leur proie, et leur corps est recouvert d'écailles dures et carrées. Tous les Crocodiliens sont adaptés tant à la vie terrestre qu'aquatique : ils ont quatre jambes solides pour se déplacer sur la terre ferme, une queue puissante pour nager, et leurs yeux et leurs narines sont placés haut sur leur tête, afin de demeurer hors de l'eau tandis que le reste de leur corps est immergé. L'ordre des Chéloniens comprend les tortues de mer, les tortues d'eau douce et les tortues terrestres. Les Chéloniens se caractérisent par un corps court et large, enfermé dans une carapace osseuse recouverte de corne, dans laquelle la tête et les pattes peuvent se rétracter, et par un bec corné à la place des dents.

CRÂNES DE CROCODILIENS

GAVIAL
(*Gavialis gangeticus*)

CROCODILE DU NIL
(*Crocodylus niloticus*)

ALLIGATOR DU MISSISSIPPI
(*Alligator mississippiensis*)

SQUELETTE D'UN CROCODILE

Crâne — Mandibule — Vertèbres cervicales — Omoplate — Humérus — Radius — Cubitus — Vertèbres thoraciques — Côte — Vertèbres lombaires — Fémur — Phalanges — Péroné — Sacrum — Tarses — Tibia — Métatarses — Vertèbres caudales

Museau — Paupière supérieure — Œil à pupille verticale — Paupière inférieure — Écaille dorsale — Dent — Langue

CARACTÈRES EXTERNES D'UN CAÏMAN

Patte antérieure à 5 doigts — Doigt — Membre antérieur — Ventre — Écaille ventrale

LES CROCODILIENS ET LES TORTUES / 187

■ CARACTÈRES EXTERNES D'UNE TORTUE D'EAU DOUCE

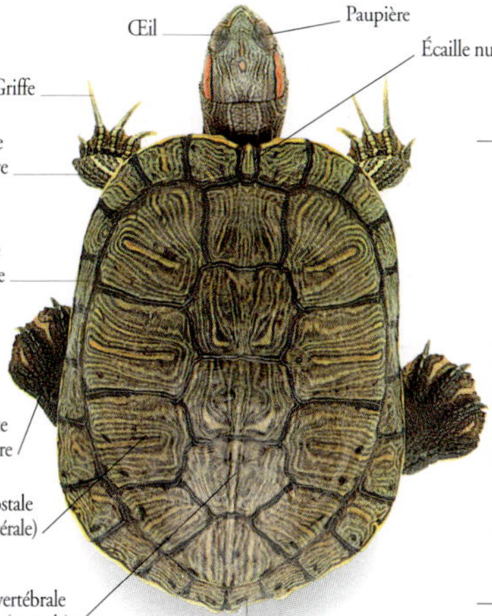

- Œil
- Paupière
- Écaille nucale
- Griffe
- Patte antérieure
- Écaille marginale
- Patte postérieure
- Écaille costale (latérale)
- Écaille vertébrale (centrale)
- Plaque pygale
- Carapace (face dorsale)

■ SQUELETTE D'UNE TORTUE

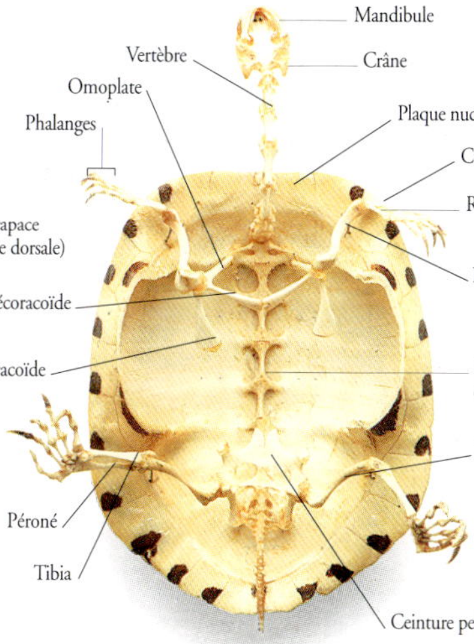

- Mandibule
- Vertèbre
- Crâne
- Omoplate
- Plaque nucale
- Phalanges
- Cubitus
- Radius
- Humérus
- Précoracoïde
- Coracoïde
- Épine dorsale
- Fémur
- Péroné
- Tibia
- Ceinture pelvienne

Crête caudale
- Queue
- Écaille
- Membre postérieur
- Patte postérieure à 4 orteils
- Griffe

■ ANATOMIE INTERNE D'UNE TORTUE TERRESTRE FEMELLE

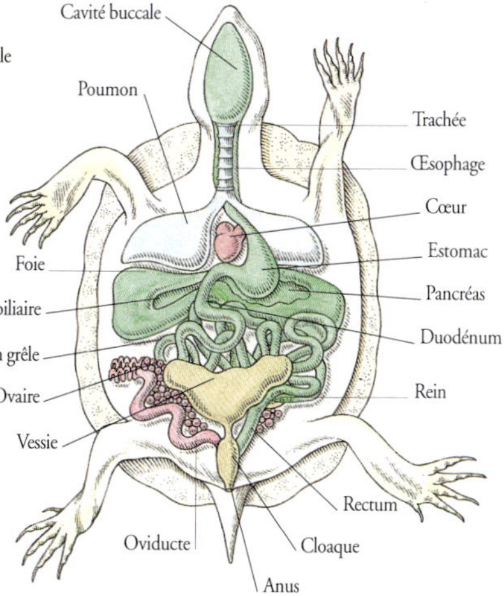

- Cavité buccale
- Poumon
- Trachée
- Œsophage
- Cœur
- Estomac
- Pancréas
- Foie
- Vésicule biliaire
- Duodénum
- Intestin grêle
- Ovaire
- Rein
- Vessie
- Rectum
- Oviducte
- Cloaque
- Anus

LES ANIMAUX

LES OISEAUX 1

Les oiseaux constituent la classe des Aves ; il en existe plus de 9 000 espèces, pouvant pratiquement toutes voler (seuls les manchots, les autruches, les nandous, les casoars et les kiwis ne volent pas). Leur possibilité de voler détermine leurs caractères : ailes, corps fuselé et os creux (réduction du poids). Tous les oiseaux pondent des œufs à coquille dure qui sont incubés par les parents. Les becs et les pattes des oiseaux diffèrent suivant leur régime alimentaire et leur mode de vie. Les becs peuvent être soit adaptés à tous les usages, convenant à une alimentation mixte (les grives, par exemple), soit spécialisés (c'est le cas des grands becs inclinés des flamants avec lesquels ils filtrent leurs aliments). La gamme des pattes est étendue, allant des pattes palmées des canards aux serres des oiseaux de proie. Le plumage varie considérablement, et, chez de nombreuses espèces, le mâle arbore des couleurs vives lors de la parade nuptiale tandis que la femelle est de couleur terne.

CARACTÈRES EXTERNES D'UN OISEAU

DIVERS OISEAUX

FULIGULE MORILLON MÂLE
(*AYTHYA FULIGULA*)

CIGOGNE BLANCHE
(*CICONIA CICONIA*)

AUTRUCHE MÂLE
(*STRUTHIO CAMELUS*)

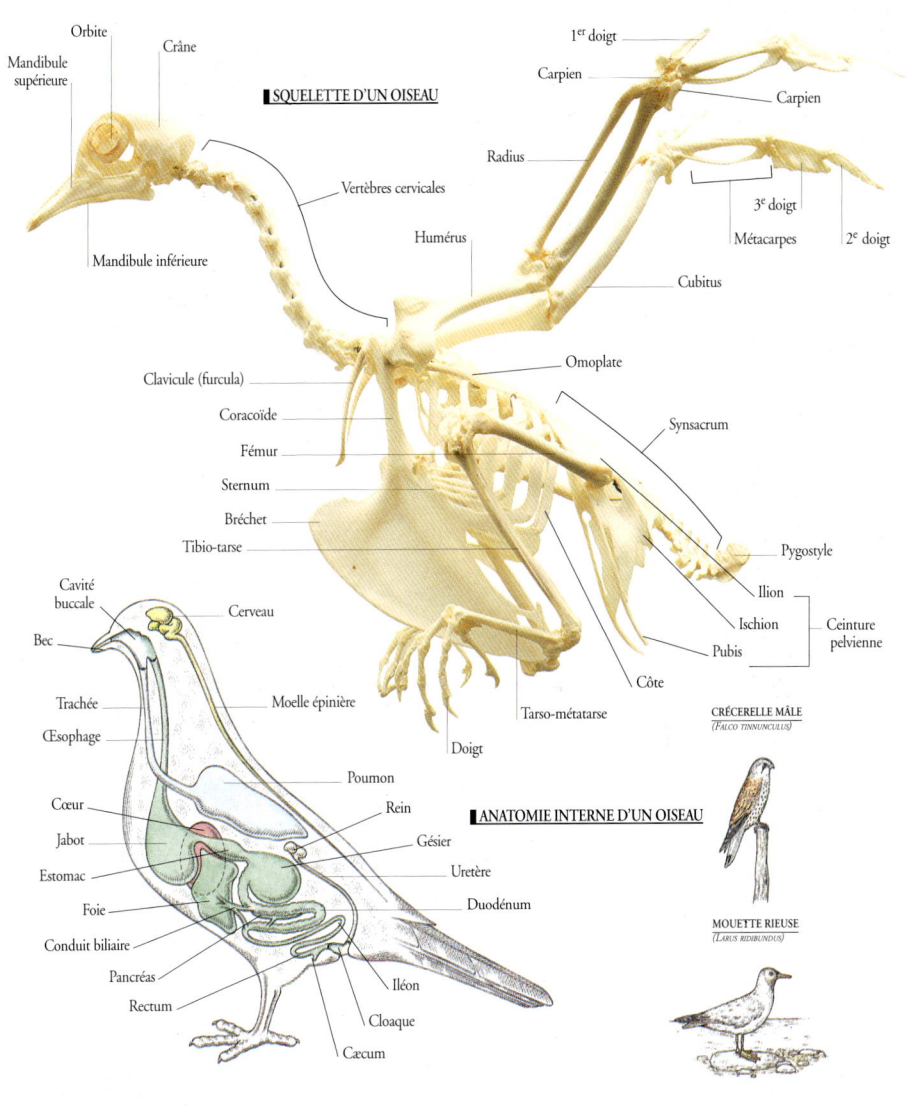

LES ANIMAUX

LES OISEAUX 2

DIVERSES PATTES D'OISEAUX

MOUETTE TRIDACTYLE
(RISSA TRIDACTYLA)
Ses pieds palmés lui permettent de se déplacer à la surface de l'eau.

GRÈBE CASTAGNEUX
(TACHYBAPTUS RUFICOLLIS)
Ses pieds lobés et aplatis sont adaptés à la nage sous-marine.

CHOUETTE HULOTTE
(STRIX ALUCO)
Ses pieds armés de griffes l'aident à saisir les proies.

DIVERS BECS D'OISEAUX

VAUTOUR PAPE
(SARCORHAMPHUS PAPA)
Son bec crochu peut déchiqueter la viande.

FLAMANT ROSE
(PHOENICOPTERUS RUBER)
Son grand bec recourbé sépare les particules alimentaires de l'eau.

GRIVE DRAINE
(TURDUS VISCIVORUS)
Son bec adapté à tous les usages convient à une grande variété de nourriture animale et végétale.

ARARAUNA
(ARA ARARAUNA)
Son bec large, puissant et crochu lui permet de broyer les graines et de manger les fruits.

LES ANIMAUX

LES ŒUFS

L'œuf est une cellule unique produite par la femelle, pouvant donner naissance à un nouvel individu. Le développement peut se faire à l'intérieur du corps de la mère (c'est le cas chez la plupart des Mammifères), ou à l'extérieur, auquel cas l'œuf est protégé par une enveloppe, la coquille. Le jaune alimente les jeunes pendant leur croissance. Les œufs se développant à l'intérieur du corps de la mère ont peu de jaune, celle-ci les nourrit. Les œufs se développant à l'extérieur peuvent avoir peu de jaune s'il s'agit d'animaux qui passent par le stade de larves s'alimentant elles-mêmes. Les œufs à coquille des oiseaux et des reptiles contiennent suffisamment de jaune pour nourrir les jeunes jusqu'à l'éclosion.

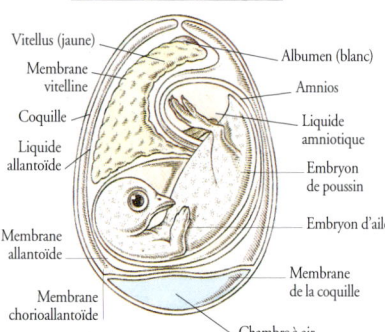

SECTION D'UN ŒUF DE POULE

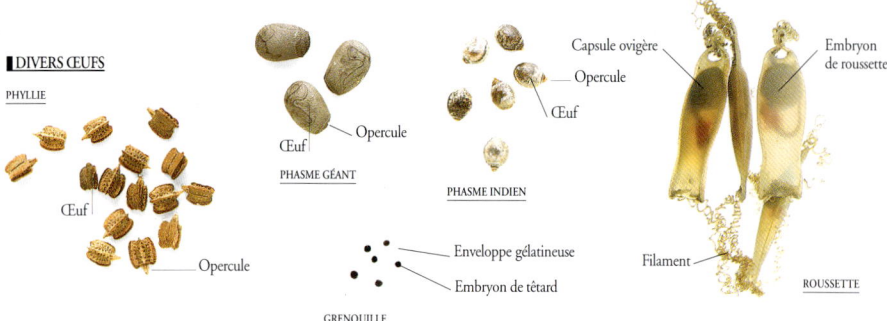

DIVERS ŒUFS

PHYLLIE — Œuf, Opercule

PHASME GÉANT — Œuf, Opercule

PHASME INDIEN — Capsule ovigère, Opercule, Œuf

GRENOUILLE — Enveloppe gélatineuse, Embryon de têtard

ROUSSETTE — Embryon de roussette, Filament

ÉCLOSION D'UN ŒUF DE CAILLE

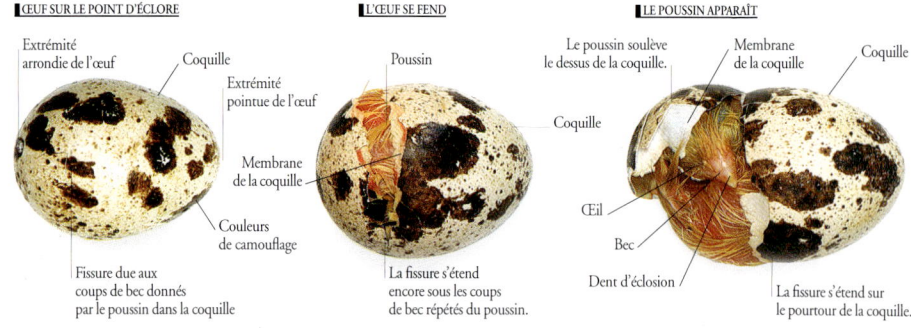

ŒUF SUR LE POINT D'ÉCLORE — Extrémité arrondie de l'œuf, Coquille, Extrémité pointue de l'œuf, Membrane de la coquille, Couleurs de camouflage, Fissure due aux coups de bec donnés par le poussin dans la coquille.

L'ŒUF SE FEND — Poussin, Coquille, La fissure s'étend encore sous les coups de bec répétés du poussin.

LE POUSSIN APPARAÎT — Le poussin soulève le dessus de la coquille, Membrane de la coquille, Coquille, Œil, Bec, Dent d'éclosion, La fissure s'étend sur le pourtour de la coquille.

LES ANIMAUX

LES CARNIVORES

Les Mammifères de l'ordre des Carnivores comprennent les félins, les canidés, les ours, les ratons laveurs, les pandas, les belettes, les blaireaux, les mouffettes, les loutres, les civettes, les mangoustes et les hyènes. Le nom de cet ordre est dû au fait que la plupart de ses membres se nourrissent de chair ; leurs caractères reflètent donc leur adaptation à la vie de prédateur : vitesse et agilité, griffes acérées et canines bien développées afin de saisir et tuer leurs proies, dents carnassières (dents jugales) pour déchiqueter la viande et yeux dirigés vers l'avant pour mieux apprécier les distances. Cependant, certains membres de cet ordre, les ours, les blaireaux et les renards par exemple, ont une alimentation mixte et quelques-uns sont même herbivores, notamment les pandas. Ils sont dépourvus, dans ce cas, de dents carnassières et se déplacent plus lentement que les véritables carnivores.

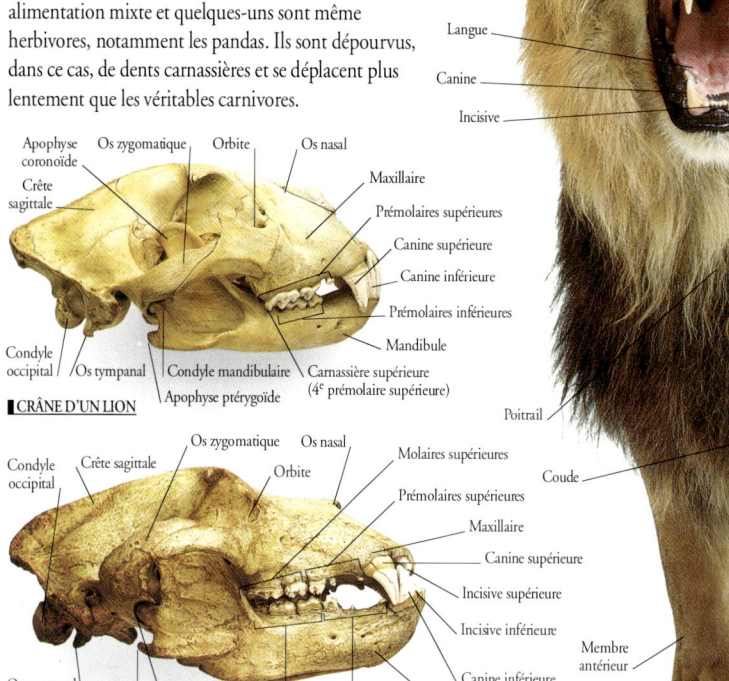

CARACTÈRES EXTERNES D'UN LION MÂLE

CRÂNE D'UN LION

CRÂNE D'UN OURS

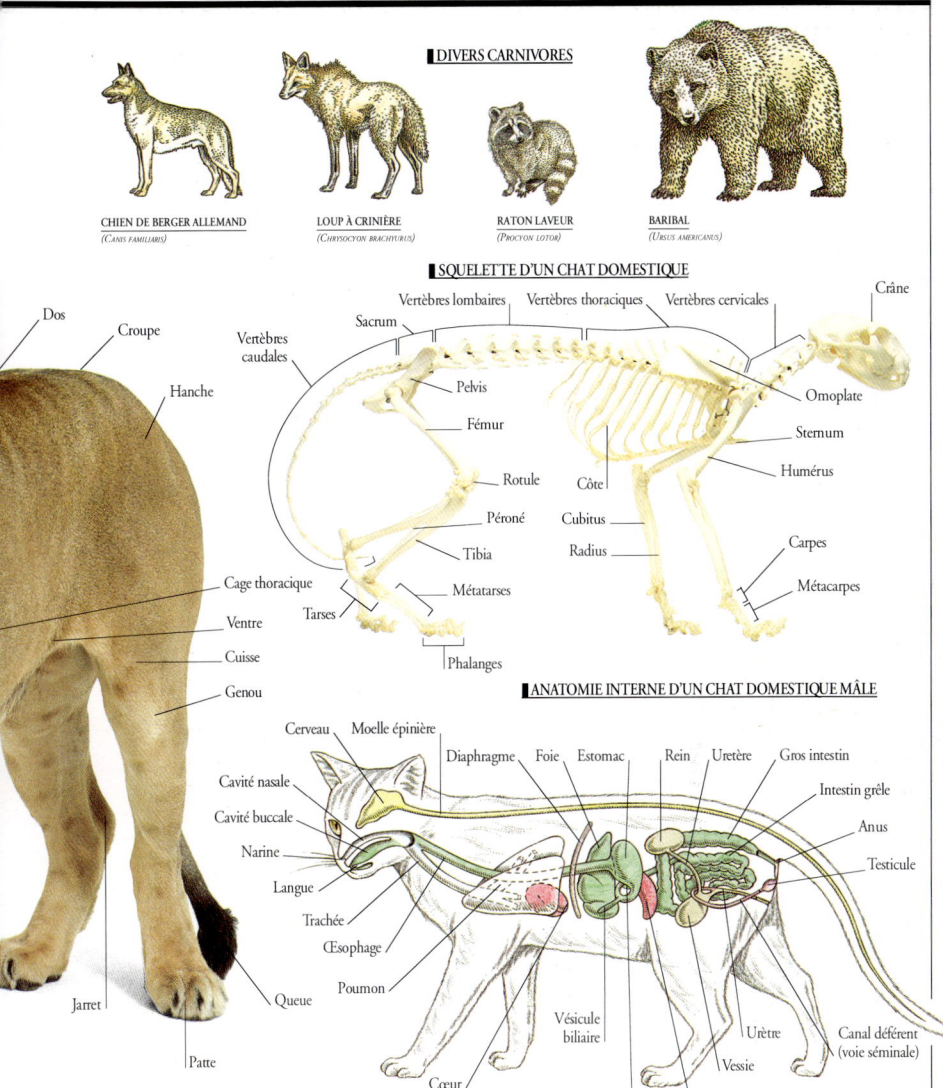

LES LAPINS ET LES RONGEURS

Bien que les lapins et les rongeurs appartiennent à des ordres différents de Mammifères, ils partagent certains caractères, notamment des incisives en biseau à croissance permanente, et le fait qu'ils mangent leurs matières fécales afin d'extraire un complément de substances nutritives de leur régime végétal. Les lapins et les lièvres appartiennent à l'ordre des Lagomorphes. Ils se caractérisent par quatre incisives dans la mâchoire supérieure et deux dans l'inférieure, des pattes postérieures puissantes pour bondir, des membres antérieurs adaptés au fouissage, de longues oreilles et une petite queue. Les rongeurs appartiennent à l'ordre des Rongeurs, qui est le plus vaste ordre de Mammifères, puisqu'il compte plus de 1 700 espèces, dont notamment les écureuils, les castors, les tamias, les spermophiles, les rats, les souris, les lemmings, les gerbilles, les porcs-épics, les cobayes et le cabiai capybara. On peut noter, parmi leurs caractères types, deux incisives à chaque mâchoire, des membres antérieurs courts avec lesquels ils manipulent les aliments et des abajoues leur permettant d'emmagasiner la nourriture.

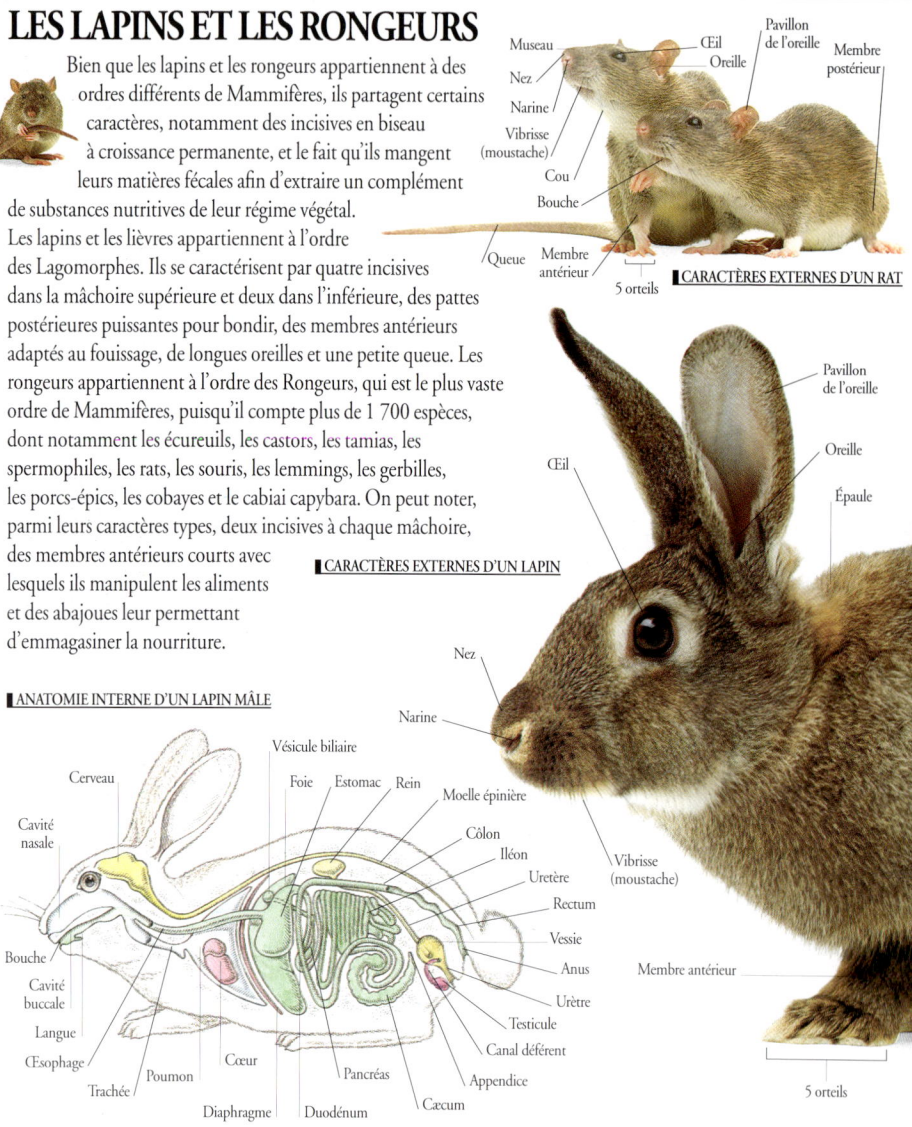

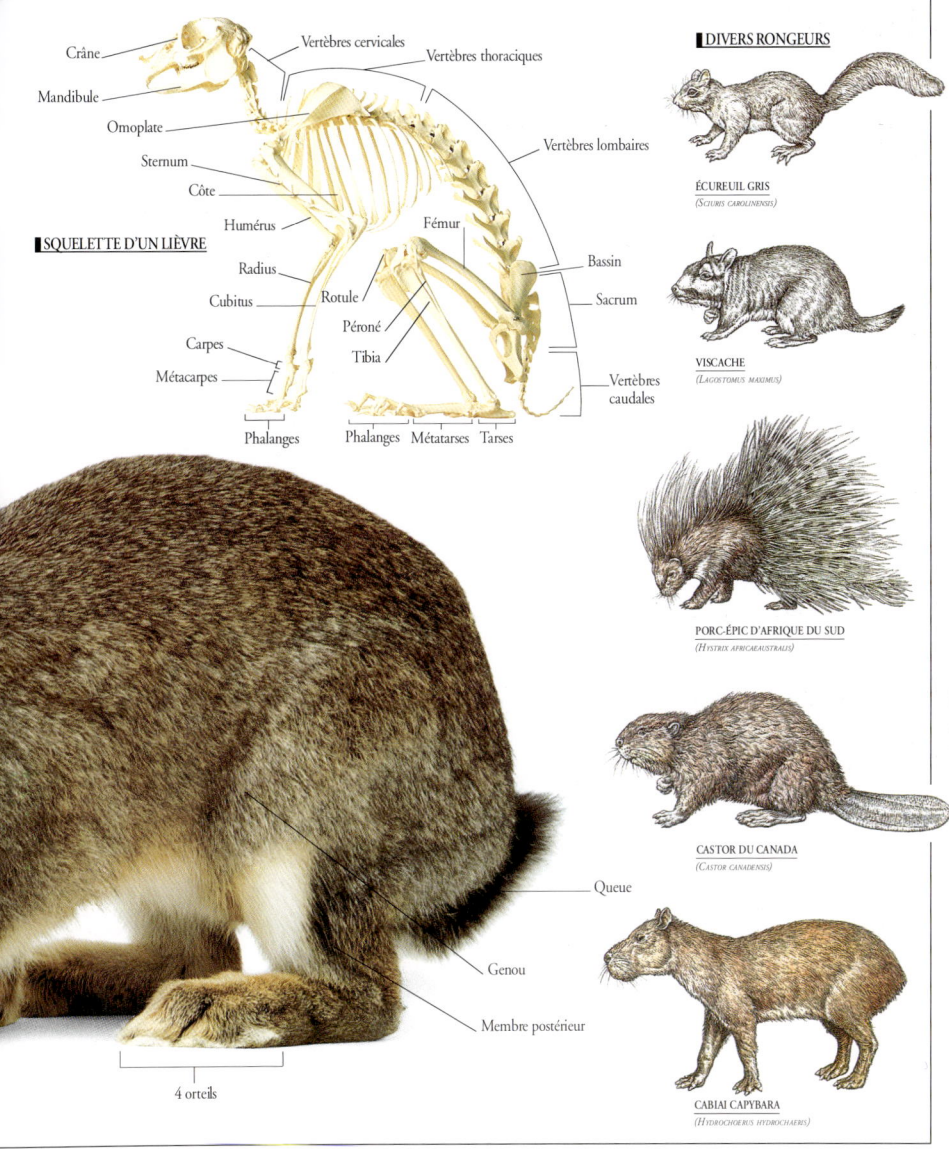

LES LAPINS ET LES RONGEURS / 197

SQUELETTE D'UN LIÈVRE

- Crâne
- Mandibule
- Vertèbres cervicales
- Vertèbres thoraciques
- Omoplate
- Sternum
- Côte
- Humérus
- Vertèbres lombaires
- Radius
- Cubitus
- Fémur
- Carpes
- Rotule
- Bassin
- Métacarpes
- Péroné
- Sacrum
- Tibia
- Vertèbres caudales
- Phalanges
- Phalanges
- Métatarses
- Tarses
- Queue
- Genou
- Membre postérieur
- 4 orteils

DIVERS RONGEURS

ÉCUREUIL GRIS
(*Sciurus carolinensis*)

VISCACHE
(*Lagostomus maximus*)

PORC-ÉPIC D'AFRIQUE DU SUD
(*Hystrix africaeaustralis*)

CASTOR DU CANADA
(*Castor canadensis*)

CABIAI CAPYBARA
(*Hydrochoerus hydrochaeris*)

LES ANIMAUX

LES ONGULÉS

Le terme « Ongulés » est un terme général qui désigne un vaste groupe de Mammifères variés, incluant les chevaux, les bovins et les espèces semblables. Les Ongulés se divisent en deux ordres, selon leur nombre de doigts. Les genres de l'ordre des Périssodactyles (Ongulés à doigts impairs) ont un ou trois doigts. Ils comprennent les chevaux, les ânes et les zèbres (qui ont tous un seul doigt), les rhinocéros et les tapirs (qui ont trois doigts). Les genres de l'ordre des Artiodactyles (Ongulés à doigts pairs) possèdent deux ou quatre doigts. La plupart d'entre eux ont deux doigts, enfermés de façon caractéristique dans les sabots ; c'est ce que l'on appelle les pieds à onglons. Les Artiodactyles à deux doigts à onglons comprennent les vaches et les autres bovins, les moutons, les chèvres, les antilopes, les cerfs et les girafes. Les autres principaux Artiodactyles à deux doigts sont les chameaux et les lamas. La plupart des Artiodactyles à deux doigts sont des ruminants et ont donc un estomac à quatre compartiments. Les Artiodactyles à quatre doigts les plus importants sont les porcs, les pécaris et les hippopotames.

Les diverses parties de l'estomac : Panse (rumen), Feuillet (omasum), Abomasum (caillette), Réseau (bonnet, réticulum), Côlon, Anus, Rectum, Cæcum, Intestin grêle, Duodénum, Langue, Bouche, Œsophage

APPAREIL DIGESTIF D'UNE VACHE

SQUELETTE DU PIED ANTÉRIEUR DROIT D'UNE VACHE : 3ᵉ et 4ᵉ métacarpiens soudés, Os sésamoïde, Phalanges du doigt interne, Phalanges du doigt externe, Os du pied du doigt interne, Os du pied du doigt externe

SQUELETTE DU PIED ANTÉRIEUR GAUCHE D'UN CHEVAL : 2ᵉ métacarpien (os métacarpien rudimentaire), 3ᵉ métacarpien principal (os canon), Os sésamoïde, Phalanges du métacarpien principal, Os du pied

Croupe, Dos, Rein, Base de la queue, Fesse, Queue, Cuisse, Flanc, Grasset, Ventre, Jambe, Jarret, Châtaigne, Os canon, Paturon, Talon, Couronne, Sabot

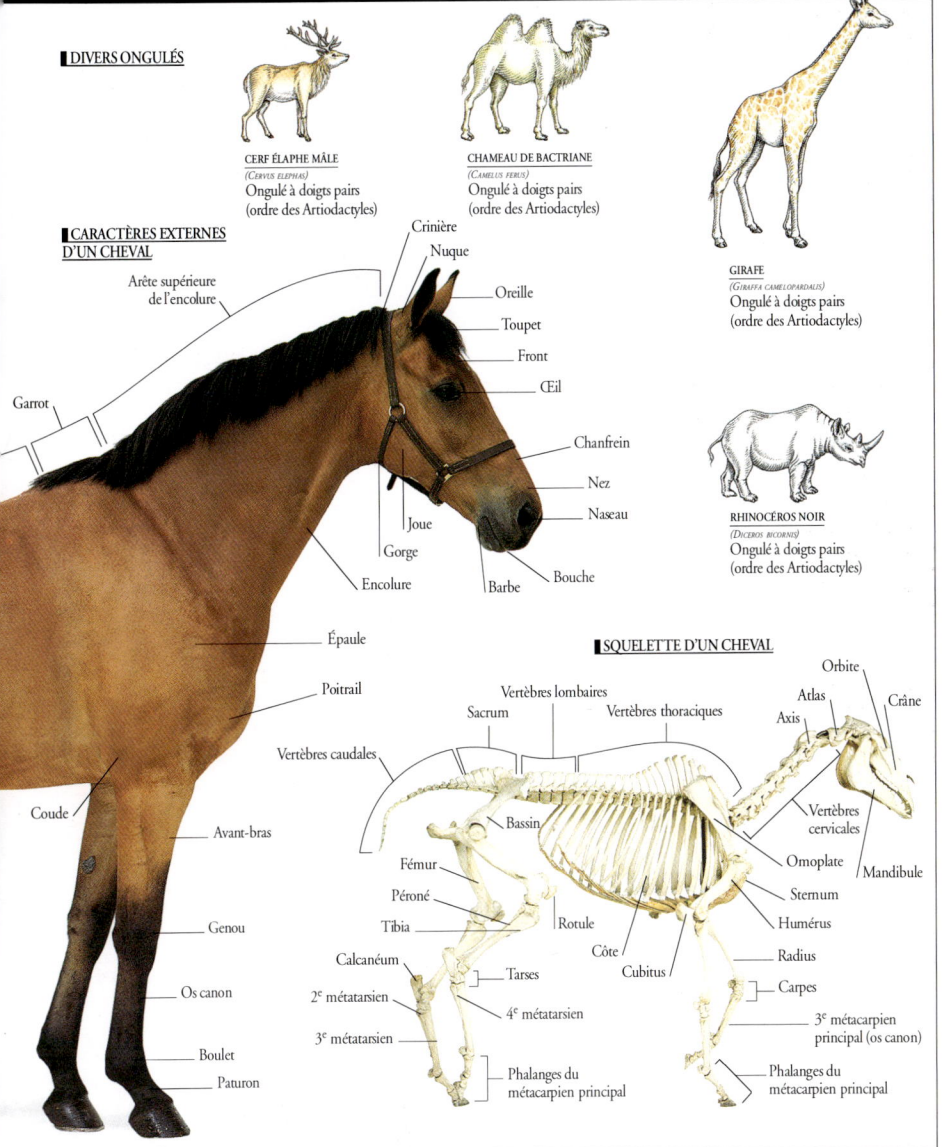

LES ANIMAUX

LES ÉLÉPHANTS

Les deux espèces d'éléphants, ceux d'Afrique et ceux d'Asie, sont les seuls Mammifères de l'ordre des Proboscidiens. L'éléphant africain, plus gros que celui d'Asie, est le plus grand animal terrestre : un mâle ayant achevé sa croissance peut atteindre 4 mètres de haut et peser 7 tonnes. Un éléphant d'Asie mâle adulte peut mesurer 3,3 m de haut et peser 5,4 tonnes. La trompe, qui est un prolongement du nez et de la lèvre supérieure, constitue un caractère typique de l'éléphant. Elle lui sert à soulever des charges, à se nourrir, à boire et à s'asperger, à sentir, à toucher et à émettre des barrissements. On peut citer comme autres traits caractéristiques des éléphants une paire de défenses, utilisées pour se défendre et pour briser la végétation, des jambes épaisses semblables à des piliers, de larges pieds supportant un corps massif, et de grands pavillons auditifs qui leur servent également de ventilateurs.

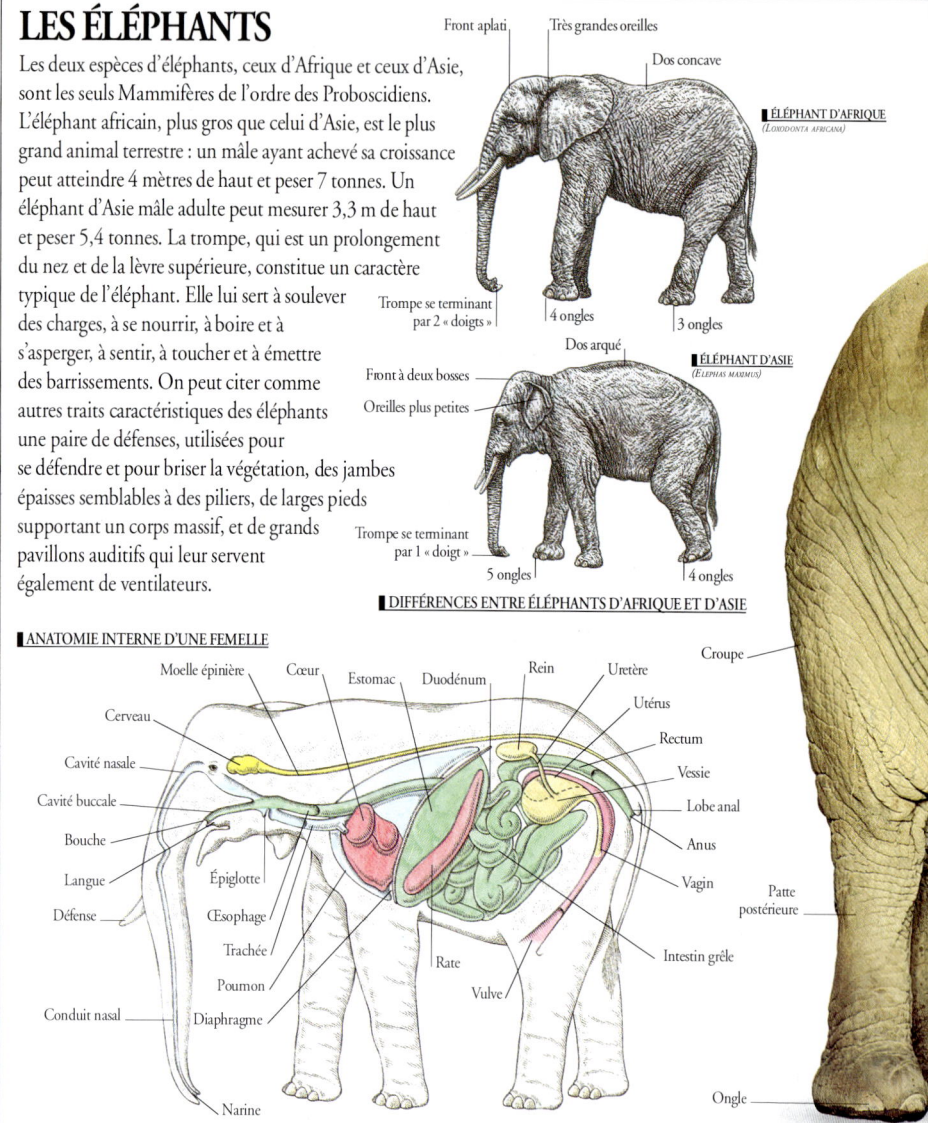

ÉLÉPHANT D'AFRIQUE
(LOXODONTA AFRICANA)

Front aplati — Très grandes oreilles — Dos concave — Trompe se terminant par 2 « doigts » — 4 ongles — 3 ongles

ÉLÉPHANT D'ASIE
(ELEPHAS MAXIMUS)

Dos arqué — Front à deux bosses — Oreilles plus petites — Trompe se terminant par 1 « doigt » — 5 ongles — 4 ongles

DIFFÉRENCES ENTRE ÉLÉPHANTS D'AFRIQUE ET D'ASIE

ANATOMIE INTERNE D'UNE FEMELLE

Moelle épinière — Cœur — Estomac — Duodénum — Rein — Uretère — Croupe — Cerveau — Utérus — Cavité nasale — Rectum — Cavité buccale — Vessie — Bouche — Lobe anal — Langue — Anus — Défense — Épiglotte — Vagin — Œsophage — Patte postérieure — Trachée — Poumon — Intestin grêle — Rate — Conduit nasal — Diaphragme — Vulve — Ongle — Narine

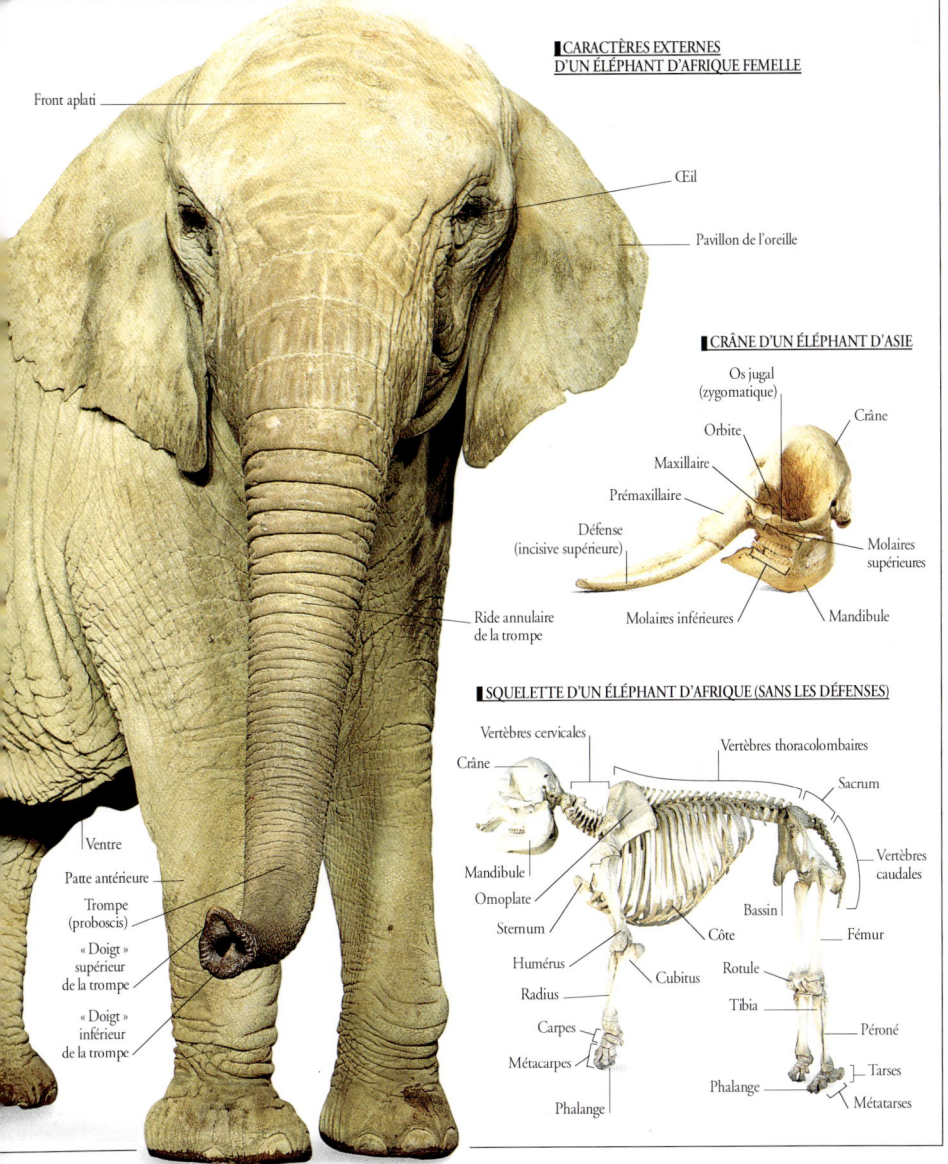

LES PRIMATES

Les Mammifères de l'ordre des Primates comprennent les singes et les espèces semblables. Il existe deux sous-ordres de Primates : les Prosimiens, Primates primitifs (lémuriens, tarsiers et loris), et les Simiens, Primates évolués (singes et humains). Les Simiens se divisent en singes du Nouveau Monde, singes de l'Ancien Monde et hominoïdés. Les singes du Nouveau Monde ont des narines écartées s'ouvrant sur le côté et de longues queues, préhensiles chez certaines espèces. Ce groupe de singes vit en Amérique du Sud et comprend les ouistitis, les tamarins et les hurleurs. Les singes de l'Ancien Monde ont des narines rapprochées qui s'ouvrent vers l'avant ou vers le bas et des queues non préhensiles. Ils vivent en Afrique et en Asie et comprennent les entelles, les mandrills, les macaques et les babouins. Les hominoïdés ont un grand cerveau et pas de queue. Ce groupe comprend les anthropoïdes (chimpanzés, gibbons, gorilles et orangs-outans) et les humains.

ANATOMIE INTERNE D'UN CHIMPANZÉ FEMELLE

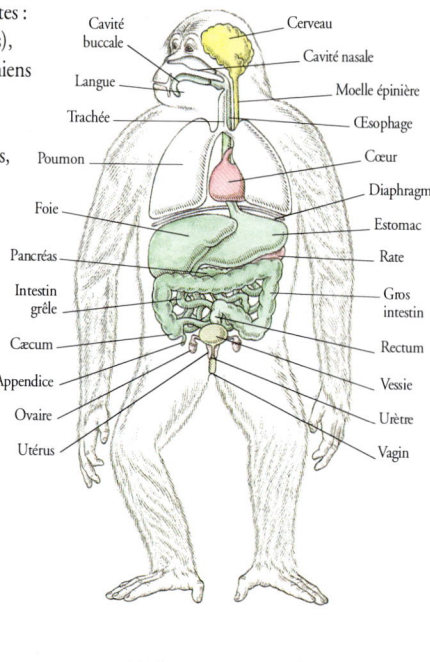

SQUELETTE D'UN SINGE RHÉSUS

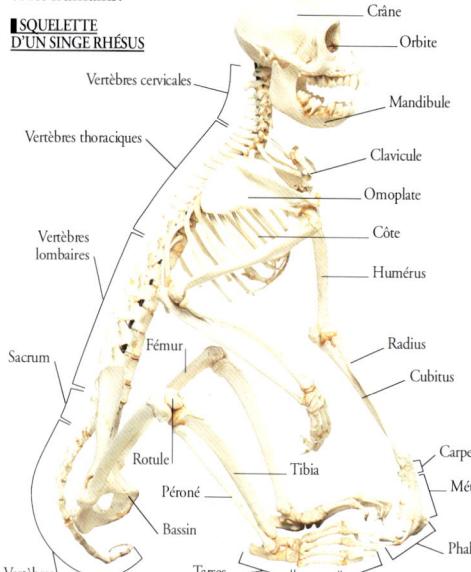

CRÂNE D'UN CHIMPANZÉ

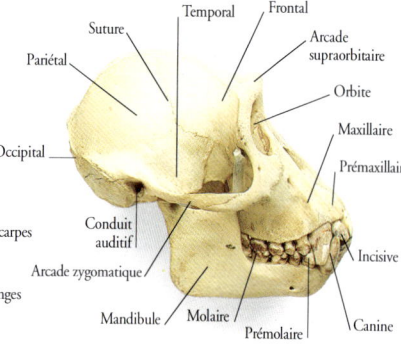

LES PRIMATES

DIVERS PRIMATES

MAKI CATTA
(*LEMUR CATTA*)
Prosimien

HURLEUR ROUX MÂLE
(*ALOUATTA SENICULUS*)
Singe du Nouveau Monde

MANDRILL MÂLE
(*MANDRILLUS SPHINX*)
Singe de l'Ancien Monde

CHIMPANZÉ
(*PAN TROGLODYTES*)
Anthropoïde

CARACTÈRES EXTERNES D'UN JEUNE GORILLE

PETIT SINGE-LION
(*LEONTOPITHECUS ROSALIA*)
Singe du Nouveau Monde

- Pavillon de l'oreille
- Épaule
- Arcade sourcilière
- Œil
- Narine
- Bouche
- Bras
- Cuisse
- Avant-bras
- Poitrine
- Coude
- Genou
- Jambe
- Main
- Pied
- Doigt
- Orteil
- Ongle d'orteil

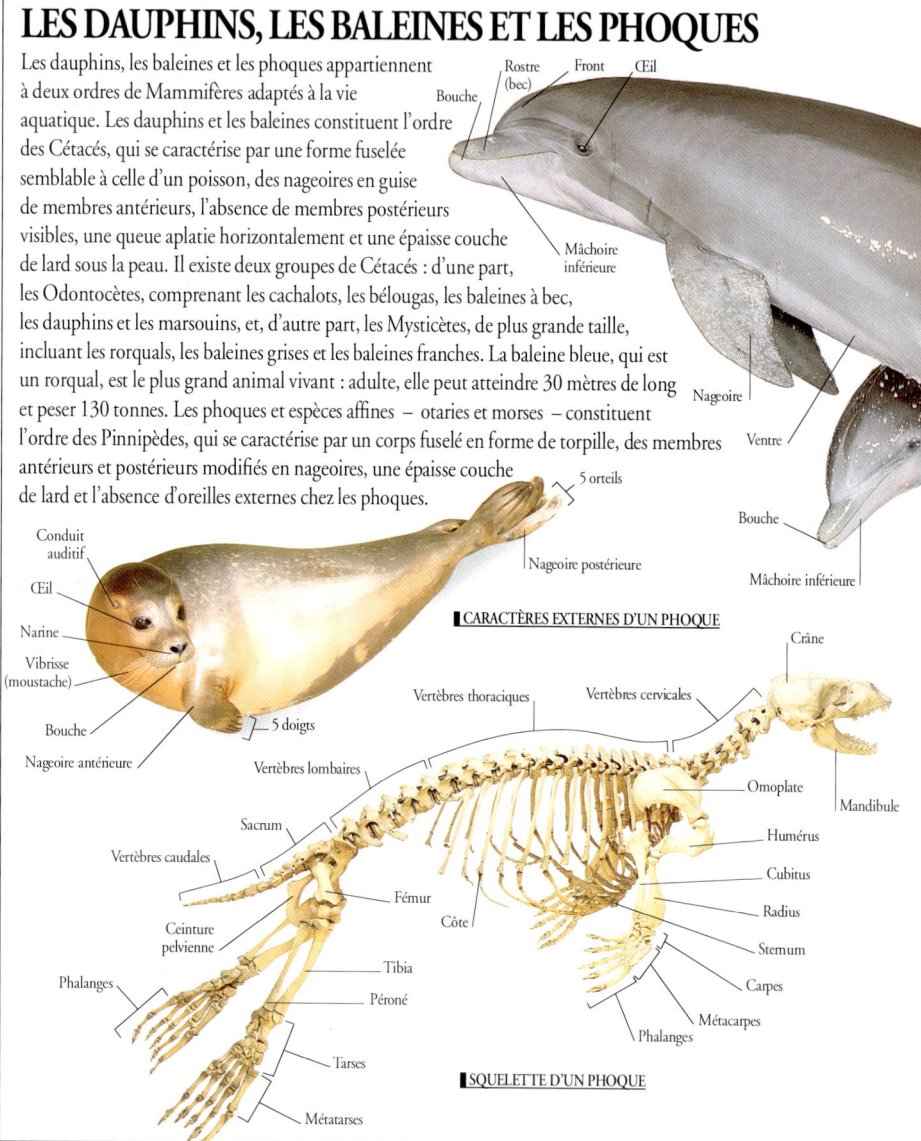

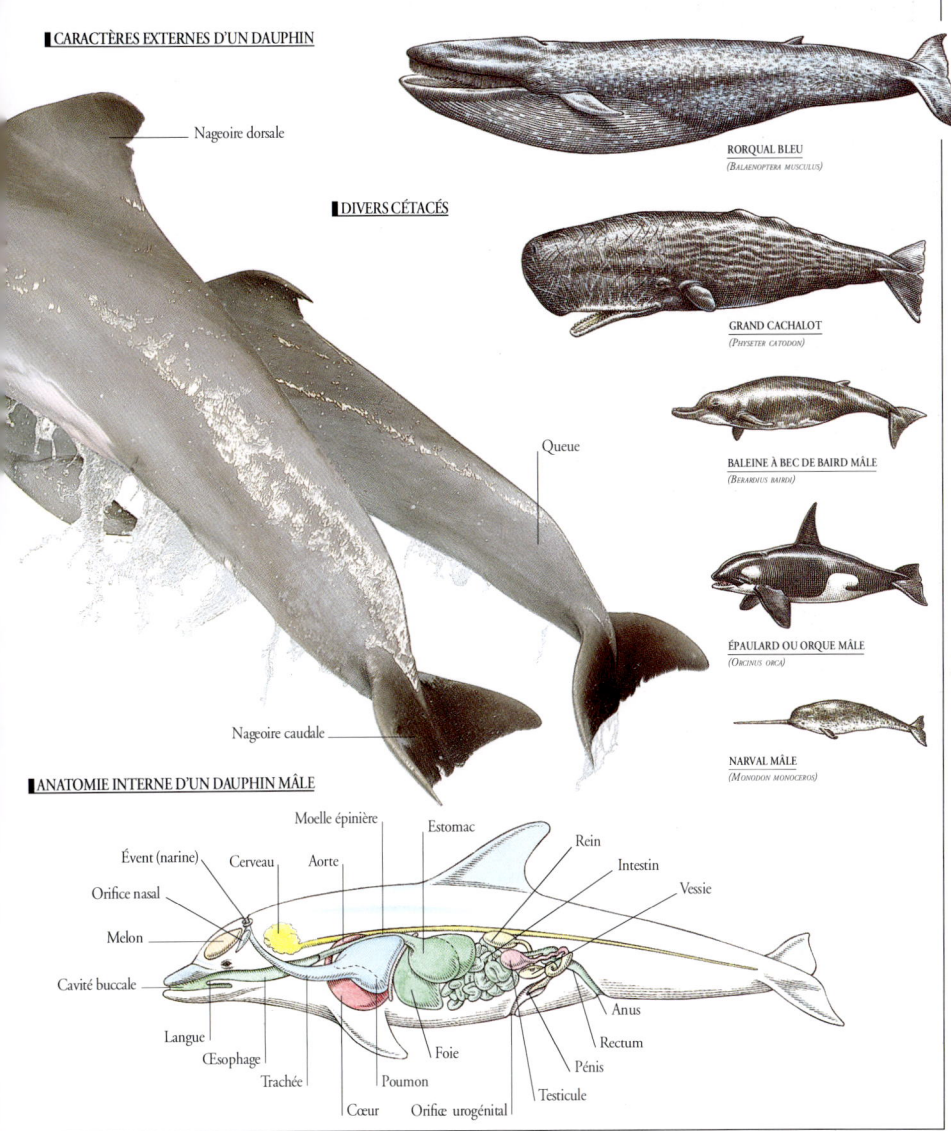

LES ANIMAUX

LES MARSUPIAUX ET LES MONOTRÈMES

Les Marsupiaux et les Monotrèmes sont deux ordres de Mammifères qui diffèrent des autres par le développement de leurs petits. L'ordre des Marsupiaux – les Mammifères à poche – est constitué des kangourous et espèces ressemblantes. Leur caractéristique principale est qu'ils donnent naissance à leurs petits à un stade de développement très précoce. Les petits rampent alors jusqu'à la poche de leur mère (située à l'extérieur de son abdomen) et se fixent à une tétine jusqu'à ce qu'ils soient entièrement développés. La plupart des Marsupiaux vivent en Australie, à l'exception des opossums qui vivent sur le continent américain et sont classés parmi les Marsupiaux malgré leur absence de poche. L'ordre des Monotrèmes est constitué des ornithorynques et de leurs espèces similaires (les échidnés). Les Monotrèmes sont des Mammifères primitifs qui pondent des œufs que la mère incube. Ils vivent essentiellement en Australie et en Nouvelle-Guinée.

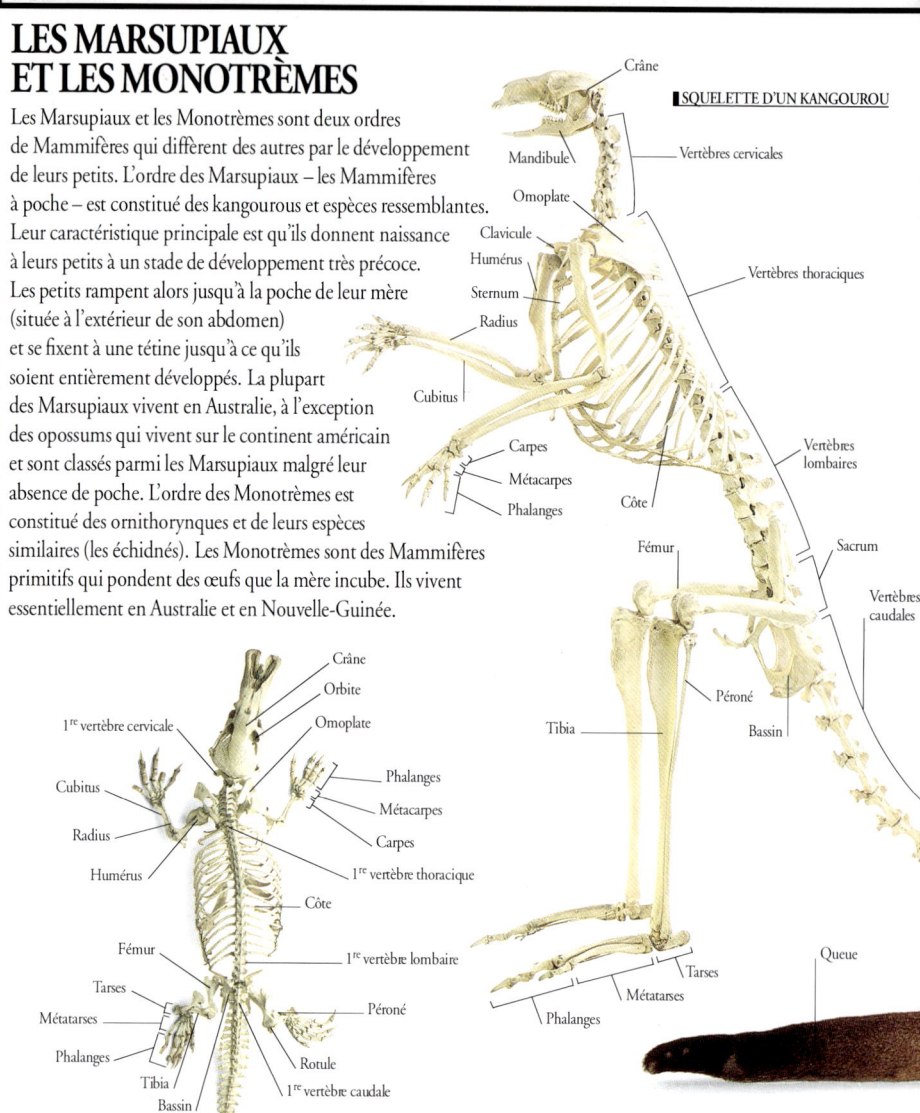

SQUELETTE D'UN KANGOUROU

SQUELETTE D'UN ORNITHORYNQUE

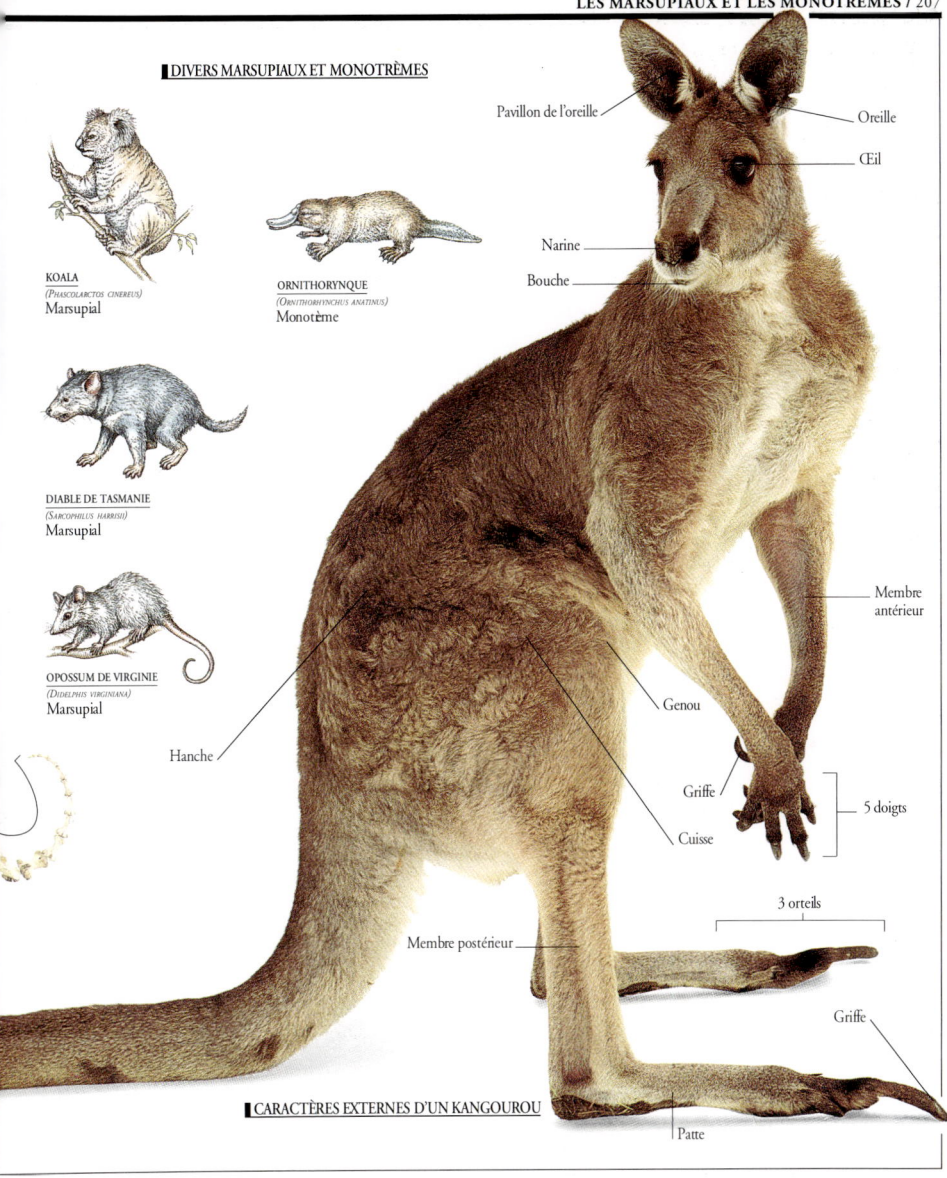

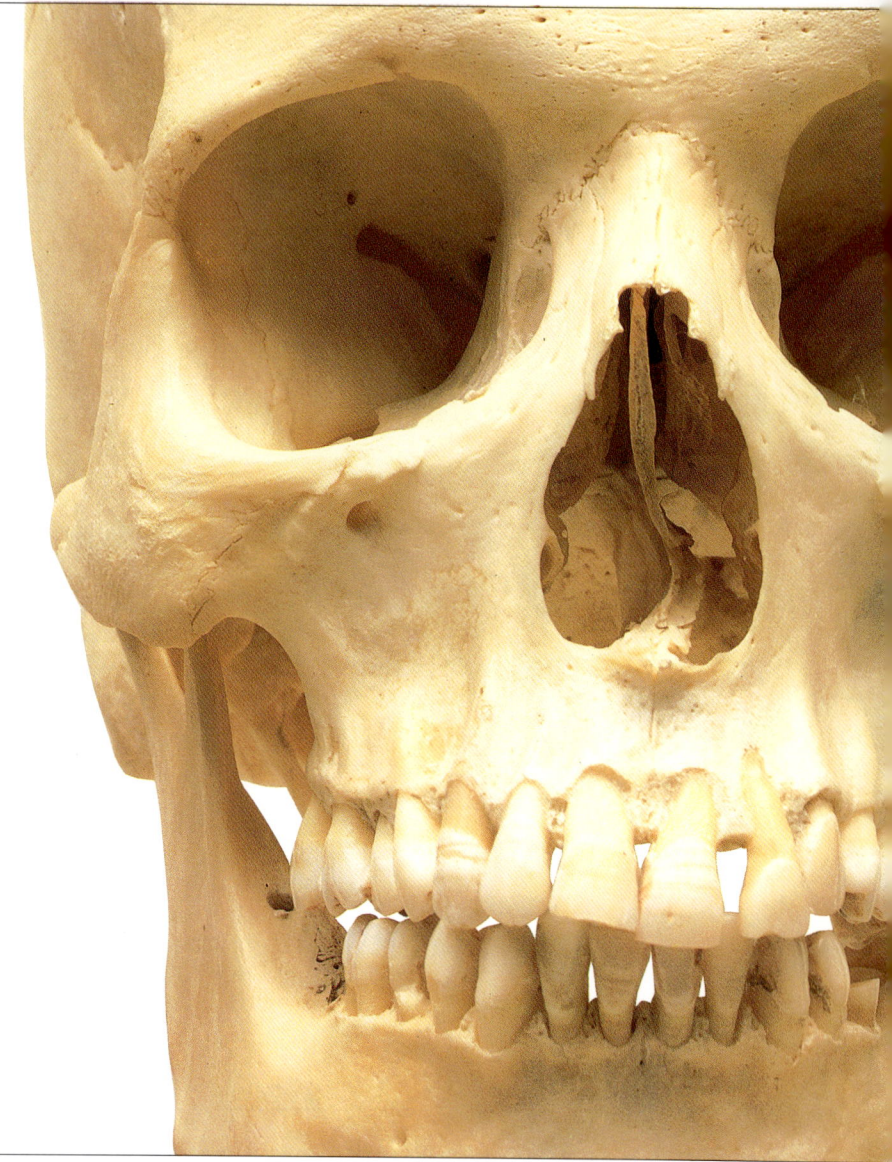

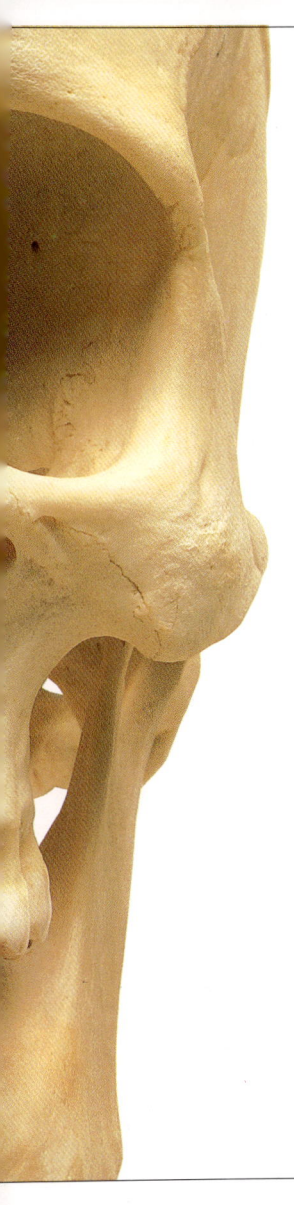

LE CORPS HUMAIN

LE CORPS HUMAIN	210
LA TÊTE	212
LES ORGANES	214
LES CELLULES	216
LE SQUELETTE	218
LE CRÂNE	220
LE RACHIS	222
LES OS ET LES ARTICULATIONS	224
LES MUSCLES 1	226
LES MUSCLES 2	228
LA MAIN	230
LE PIED	232
LA PEAU ET LES POILS	234
LE CERVEAU	236
LE SYSTÈME NERVEUX	238
L'ŒIL	240
L'OREILLE	242
LE NEZ, LA BOUCHE ET LA GORGE	244
LES DENTS	246
LE SYSTÈME DIGESTIF	248
LE CŒUR	250
LE SYSTÈME CIRCULATOIRE	252
LE SYSTÈME RESPIRATOIRE	254
LE SYSTÈME URINAIRE	256
LE SYSTÈME REPRODUCTEUR	258
LE DÉVELOPPEMENT DU FŒTUS	260

LE CORPS HUMAIN

L'apparence des Hommes est très diversifiée d'un individu à l'autre. Cependant, la structure de base du corps humain reste toujours la même.

L'apparence du corps dépend de la taille du squelette, de la forme des muscles, de l'épaisseur du tissu adipeux, de l'élasticité de la peau, de l'âge et du sexe de la personne. D'une manière générale, les hommes sont plus grands que les femmes, présentent des épaules plus larges, une pilosité plus développée et une répartition des graisses différente. Les femmes sont moins musclées et possèdent un pelvis plus large, ce qui facilite l'accouchement.

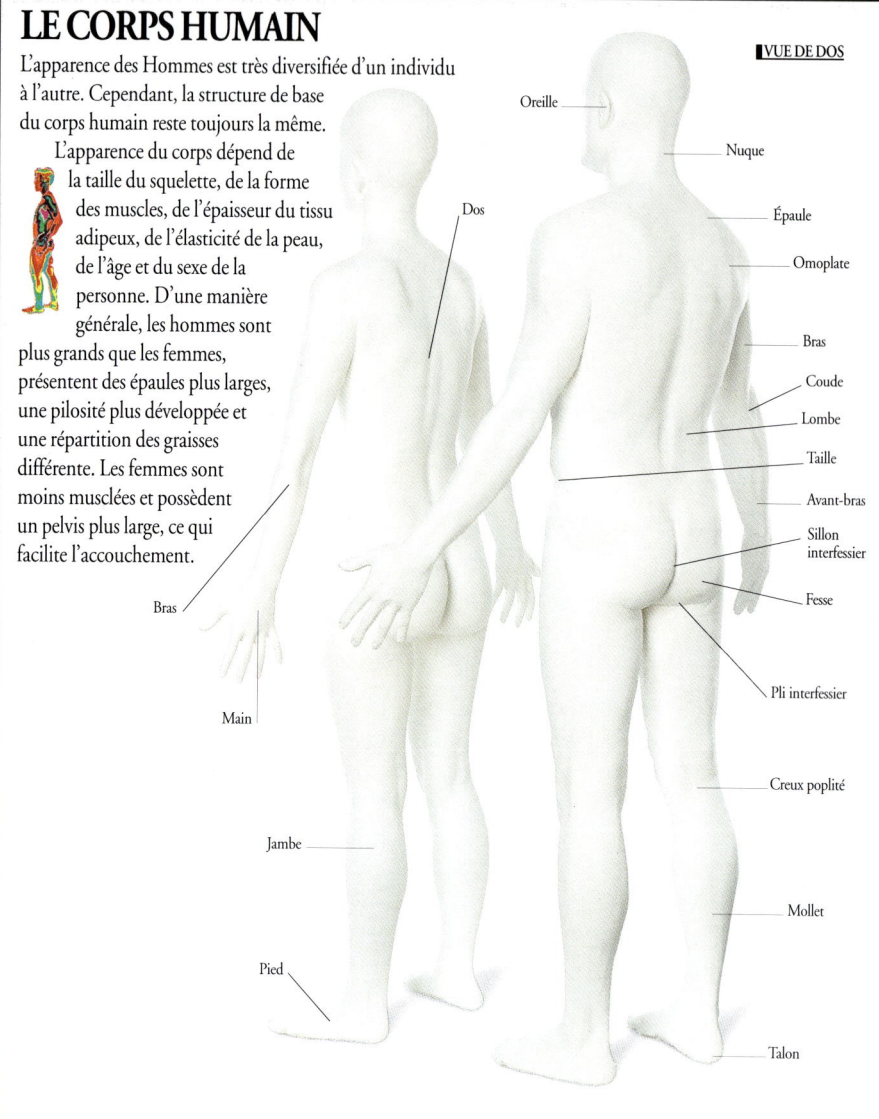

VUE DE DOS

- Oreille
- Nuque
- Épaule
- Omoplate
- Dos
- Bras
- Coude
- Lombe
- Taille
- Avant-bras
- Sillon interfessier
- Fesse
- Pli interfessier
- Creux poplité
- Mollet
- Talon
- Bras
- Main
- Jambe
- Pied

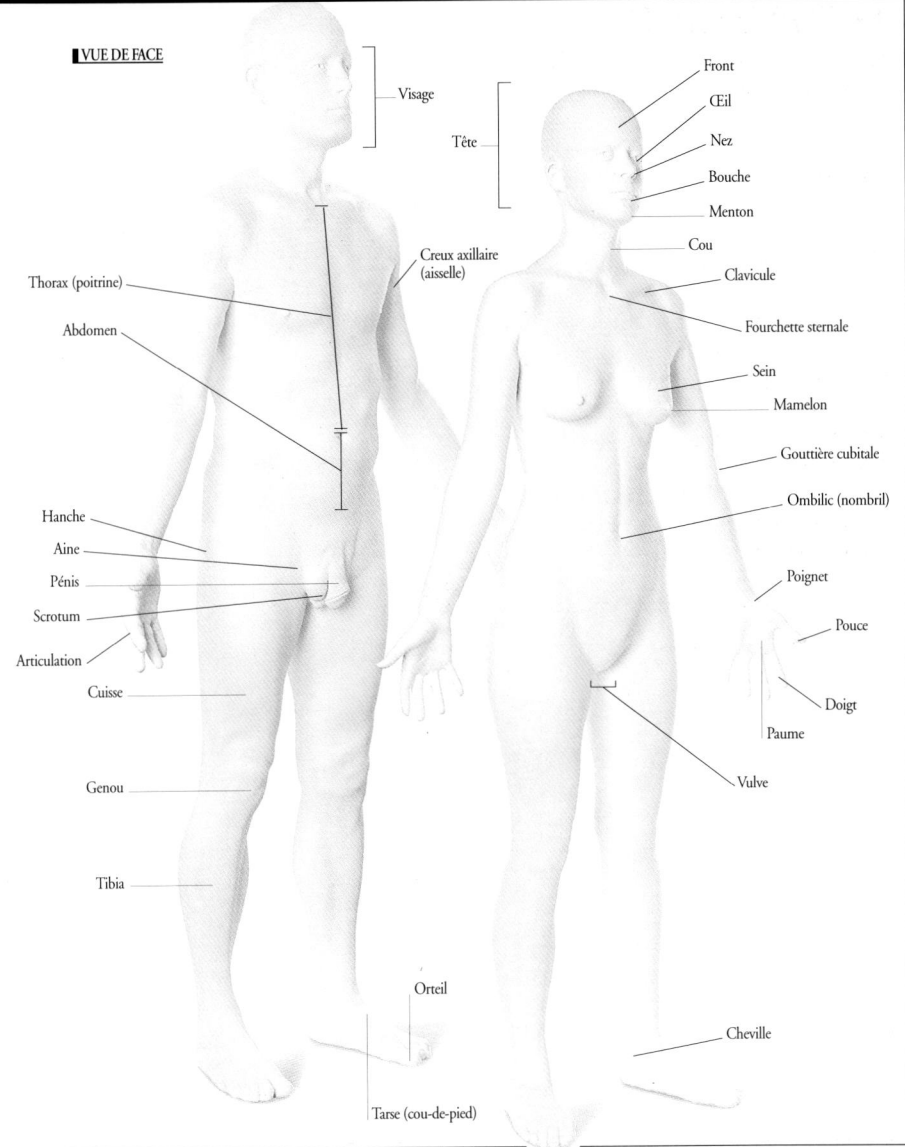

LE CORPS HUMAIN

LA TÊTE

Si, chez le nouveau-né, la tête représente le quart de la longueur totale du corps, à l'âge adulte, elle se réduit au huitième. On y trouve les principaux organes sensoriels du corps : les yeux, les oreilles, les nerfs olfactifs, détectant les odeurs, et les papilles gustatives de la langue responsables du goût. L'ensemble des signaux émis par ces organes est transmis au centre coordinateur, le cerveau, protégé par la structure osseuse du crâne. Les cheveux, implantés sur le cuir chevelu, empêchent une déperdition de chaleur trop importante. Le visage comprend trois ouvertures : les deux narines, qui laissent filtrer l'air, et la bouche qui permet l'alimentation et la parole. La tête possède une structure identique chez tous les Hommes. Cependant, elle varie d'un individu à l'autre dans l'infinie diversité des traits, des formes, des tailles et des couleurs.

▬ VUE EXTERNE DE LA TÊTE DE PROFIL

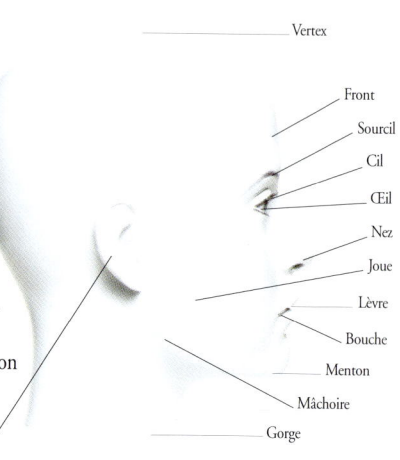

Vertex
Front
Sourcil
Cil
Œil
Nez
Joue
Lèvre
Bouche
Menton
Mâchoire
Gorge
Oreille

▬ COUPE DE LA TÊTE

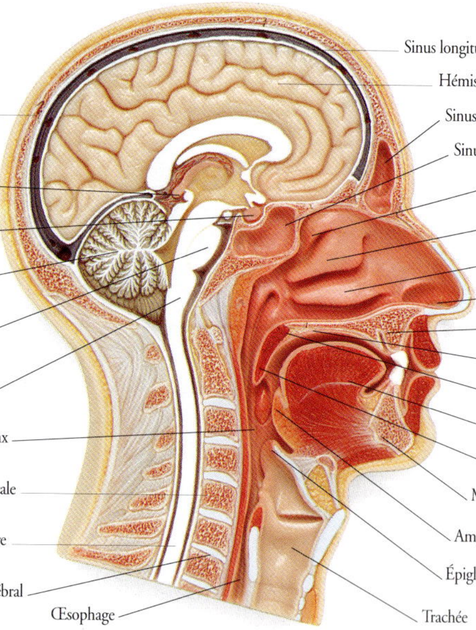

Crâne
Glande pinéale
Hypophyse
Cervelet
Protubérance
Bulbe rachidien
Pharynx
Vertèbre cervicale
Moelle épinière
Disque intervertébral
Œsophage

Sinus longitudinal supérieur
Hémisphère cérébral
Sinus frontal
Sinus sphénoïdal
Cornet supérieur
Cornet moyen
Cornet inférieur
Narine
Maxillaire supérieur
Voûte palatine
Voile du palais
Langue
Luette
Mandibule (maxillaire inférieur)
Amygdale palatine
Épiglotte
Trachée

VUE EXTERNE DE FACE

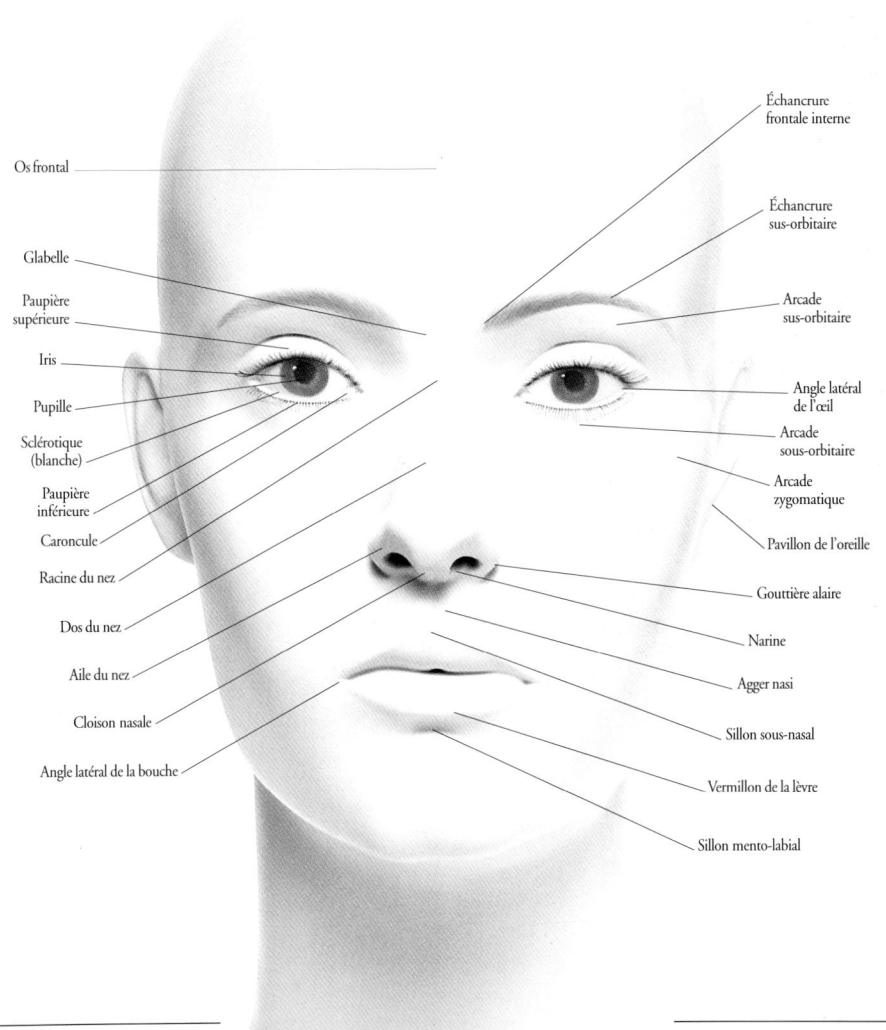

- Os frontal
- Glabelle
- Paupière supérieure
- Iris
- Pupille
- Sclérotique (blanche)
- Paupière inférieure
- Caroncule
- Racine du nez
- Dos du nez
- Aile du nez
- Cloison nasale
- Angle latéral de la bouche
- Échancrure frontale interne
- Échancrure sus-orbitaire
- Arcade sus-orbitaire
- Angle latéral de l'œil
- Arcade sous-orbitaire
- Arcade zygomatique
- Pavillon de l'oreille
- Gouttière alaire
- Narine
- Agger nasi
- Sillon sous-nasal
- Vermillon de la lèvre
- Sillon mento-labial

LE CORPS HUMAIN

LES ORGANES

Le tronc, ou torse – partie du corps comprise entre la tête et les quatre membres –, renferme tous les organes vitaux de l'Homme, excepté le cerveau. Ce tronc est divisé en deux cavités par un feuillet musculaire appelé diaphragme. La cavité supérieure, connue sous le nom de thorax ou de cage thoracique, contient le cœur et les poumons. La cavité inférieure, ou abdomen, comprend l'estomac, les intestins, le foie et le pancréas nécessaires à la digestion des aliments. Dans la cavité abdominale sont également présents les reins et la vessie, composants du système urinaire, ainsi que les organes reproducteurs. Les techniques modernes d'imagerie, comme la radiologie de contraste et le scanner, autorisent l'étude de tous ces organes sans qu'il soit nécessaire d'ouvrir leur enveloppe protectrice, faite de peau, de graisse, de muscles et d'os.

■ IMAGERIE DU CORPS

SCINTIGRAPHIE DES CAVITÉS CARDIAQUES

ANGIOGRAPHIE DU POUMON DROIT

RADIOLOGIE DE CONTRASTE DE LA VÉSICULE BILIAIRE

■ PRINCIPAUX ORGANES INTERNES

SCINTIGRAPHIE DU SYSTÈME NERVEUX

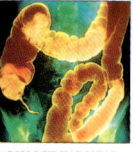
RADIOLOGIE EN DOUBLE CONTRASTE DU CÔLON

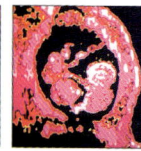
ÉCHOGRAPHIE DE JUMEAUX DANS L'UTÉRUS

ANGIOGRAPHIE DES REINS

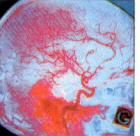
ANGIOGRAPHIE CÉRÉBRALE

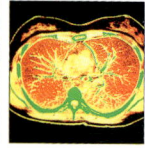
SCANNER THORACIQUE (COUPE AU NIVEAU DES SEINS)

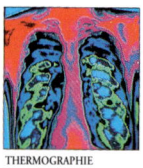
THERMOGRAPHIE THORACIQUE

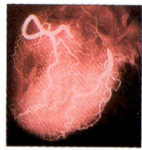
CORONAROGRAPHIE

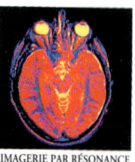
IMAGERIE PAR RÉSONANCE MAGNÉTIQUE (IRM) DE LA TÊTE

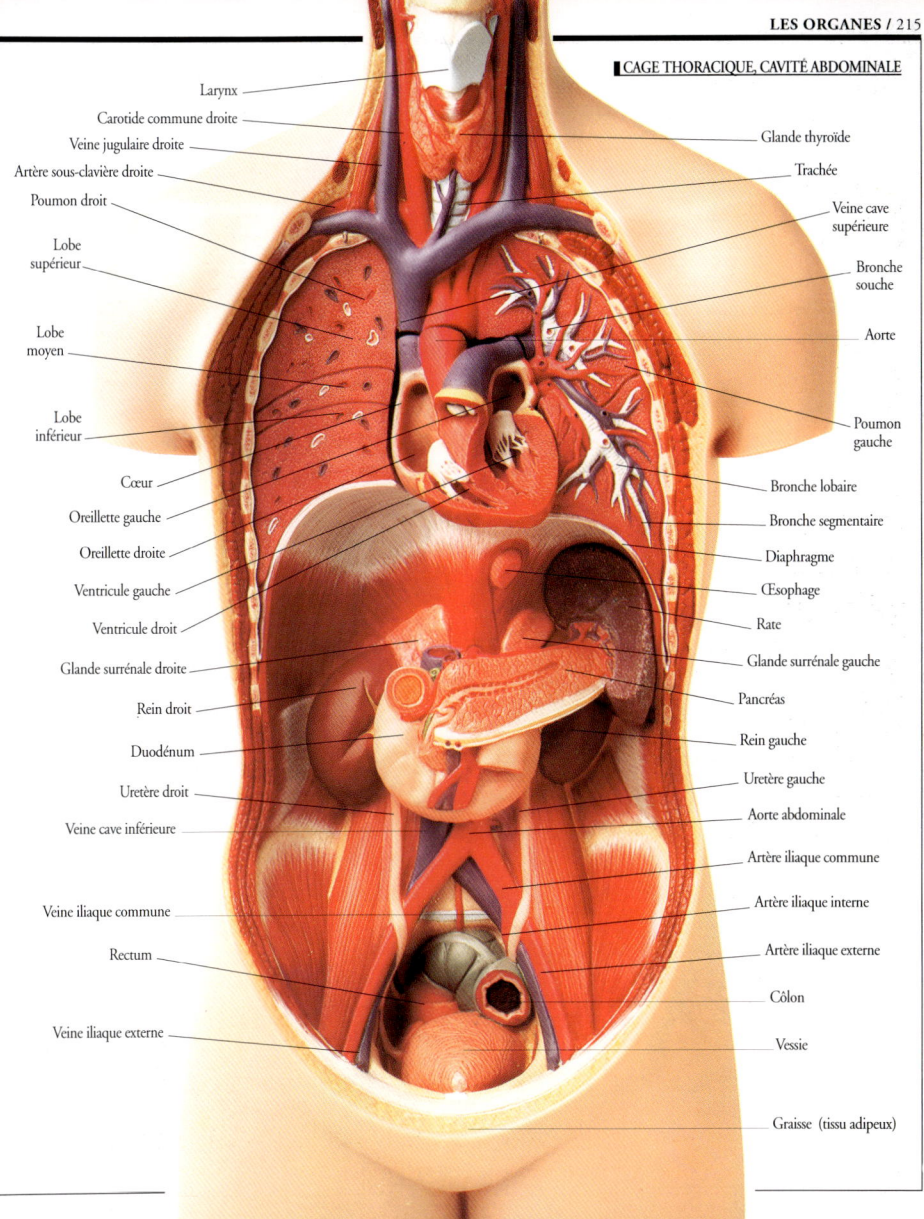

LES ORGANES / 215

CAGE THORACIQUE, CAVITÉ ABDOMINALE

LES CELLULES

CELLULE HUMAINE DE BASE

L'Homme est fait de milliards de cellules qui forment la structure fondamentale de l'organisme. Chacune d'elles a une fonction spécifique, mais travaille de concert avec les autres sortes de cellules afin de maintenir toutes les fonctions vitales. La plupart possèdent une structure de base identique : une membrane externe (membrane cellulaire) contenant le cytoplasme ; à l'intérieur de ce cytoplasme, des structures spécialisées, les organites ; et, enfin, le noyau, principal organite, contenant le matériel génétique et centre de commande de la cellule.

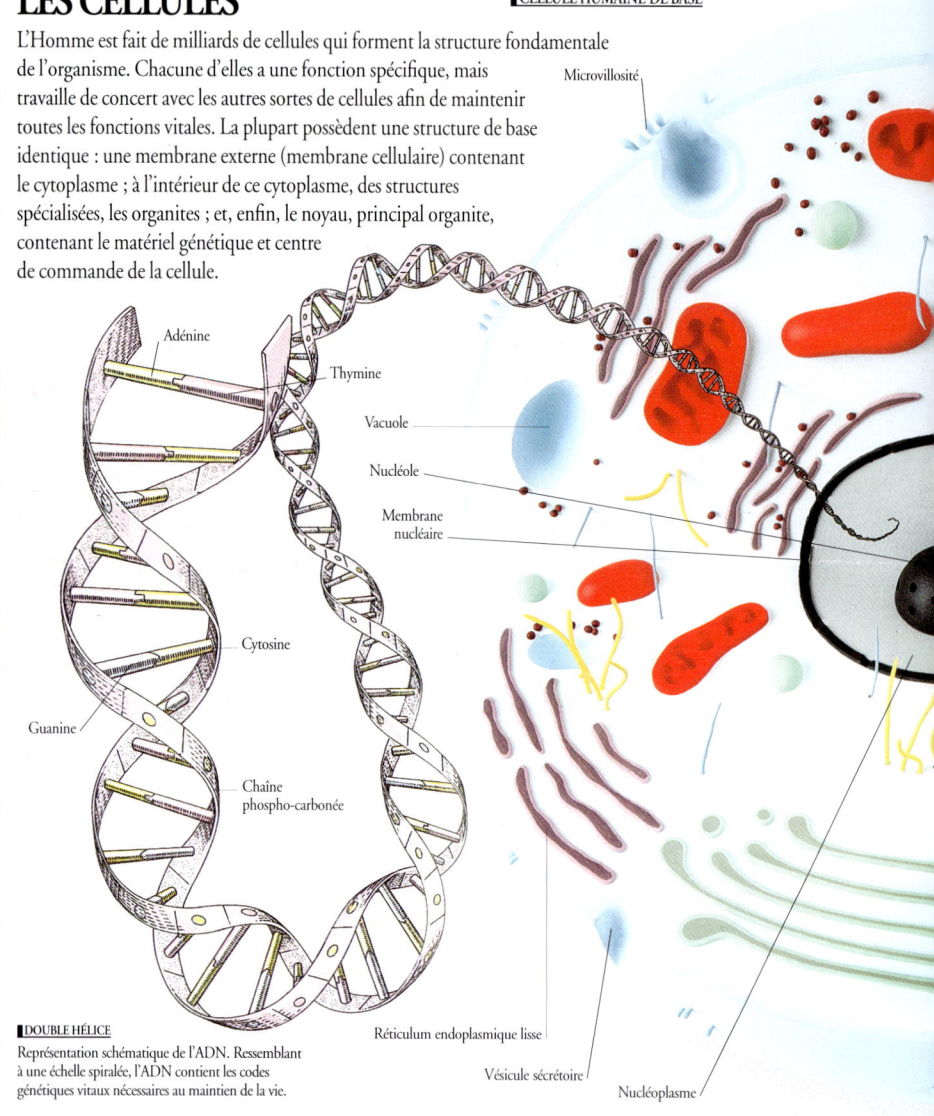

DOUBLE HÉLICE

Représentation schématique de l'ADN. Ressemblant à une échelle spiralée, l'ADN contient les codes génétiques vitaux nécessaires au maintien de la vie.

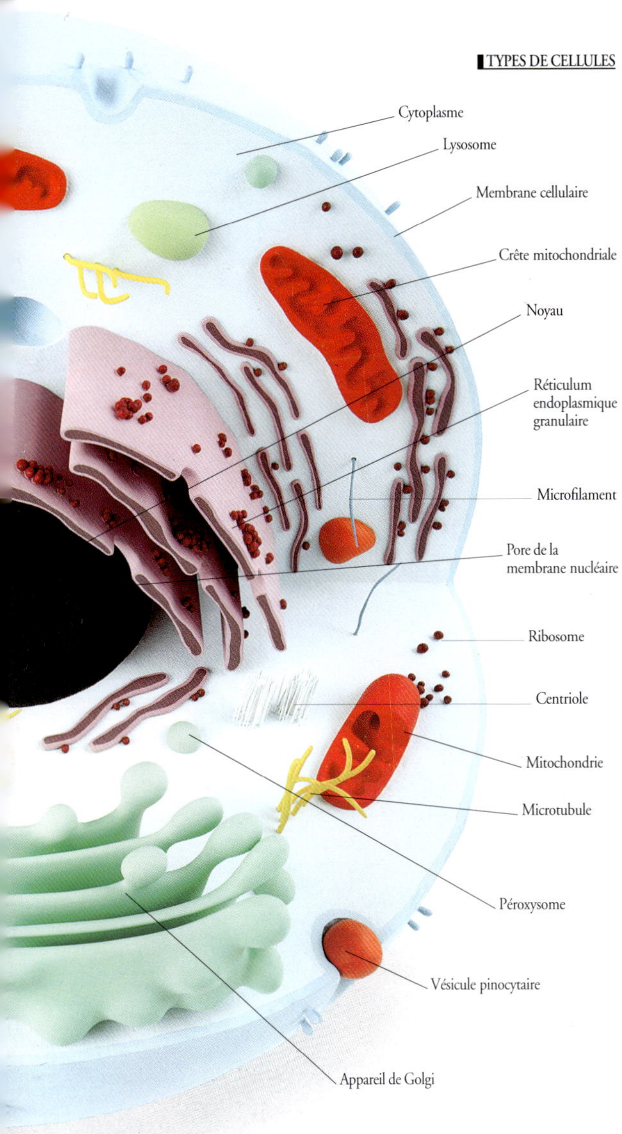

LES CELLULES / 217

- Cytoplasme
- Lysosome
- Membrane cellulaire
- Crête mitochondriale
- Noyau
- Réticulum endoplasmique granulaire
- Microfilament
- Pore de la membrane nucléaire
- Ribosome
- Centriole
- Mitochondrie
- Microtubule
- Péroxysome
- Vésicule pinocytaire
- Appareil de Golgi

TYPES DE CELLULES

OSTÉOBLASTES

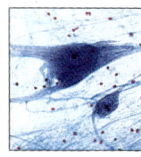
CELLULES NERVEUSES DE LA MOELLE ÉPINIÈRE

SPERMATOZOÏDES

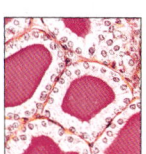
CELLULES SÉCRÉTANTES DE LA GLANDE THYROÏDE

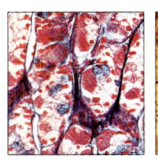
CELLULES ACIDO-SÉCRÉTANTES DE L'ESTOMAC

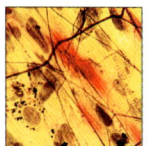
CELLULES DU TISSU CONJONCTIF

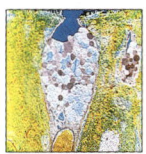
CELLULES MUCO-SÉCRÉTANTES DUODÉNALES

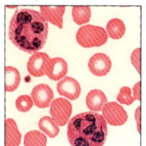
GLOBULES ROUGES ET GLOBULES BLANCS

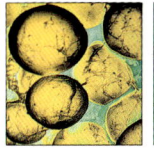
CELLULES GRAISSEUSES DU TISSU ADIPEUX (ADIPOCYTES)

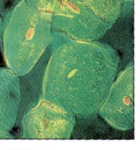
CELLULES ÉPITHÉLIALES DE LA JOUE

LE SQUELETTE

Le squelette est une charpente mobile composée de 206 os dont plus de la moitié constitue l'ossature des pieds et des mains. Isolément, les os sont rigides, mais le squelette, lui, est d'une remarquable flexibilité et permet au corps humain d'accomplir de nombreux mouvements. Il sert de point d'attache aux muscles squelettiques et protège les organes internes vitaux enfermés dans la cage thoracique et la cavité abdominale. Les femmes possèdent en général des os plus petits et plus légers que les hommes.

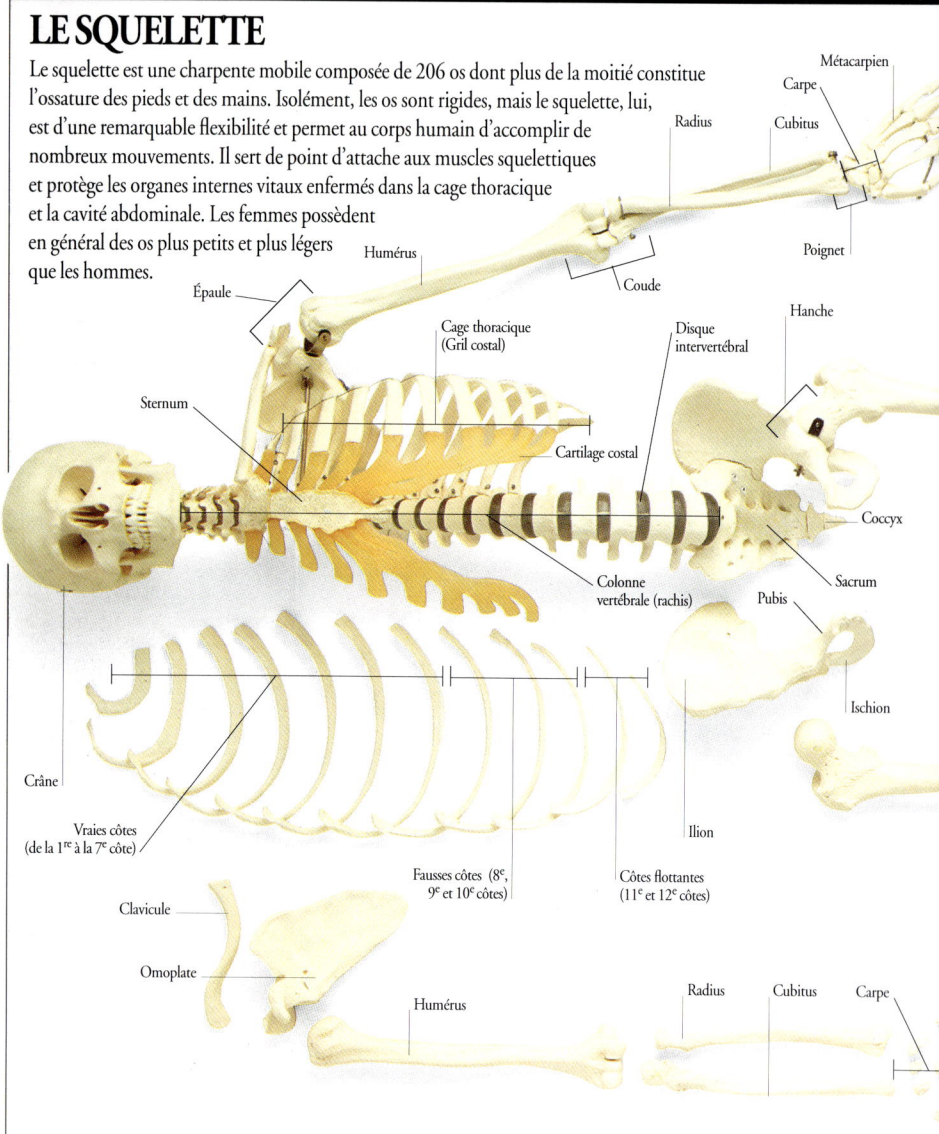

LE SQUELETTE / 219

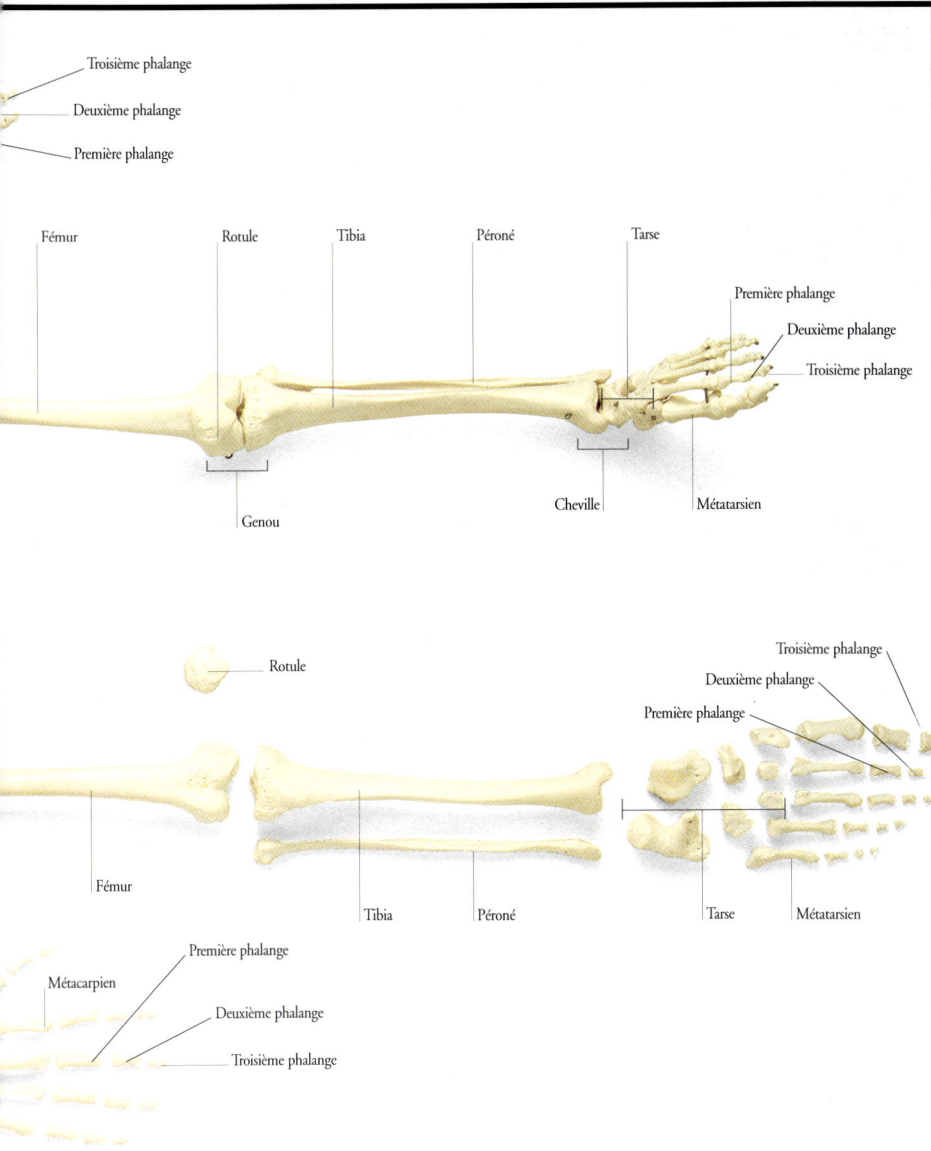

LE CRÂNE

Le crâne est la structure osseuse la plus complexe du corps. À l'intérieur, une grande cavité contient le cerveau qui épouse parfaitement les limites de la structure osseuse. À l'arrière de la base du crâne se trouve un orifice circulaire où passe la moelle épinière, prolongement du cerveau. À l'avant de cette base, il y a de multiples petites ouvertures où débouchent nerfs, artères et veines. La voûte du crâne est formée de quatre os minces et incurvés qui ne se fixent définitivement et solidairement que vers l'âge de deux ans. De profondes cavités, les orbites, contenant les globes oculaires, creusent le squelette de la face ; de même qu'en son milieu, les fosses nasales, qui assurent le passage de l'air. La mâchoire, reliée à l'os contenant l'oreille interne, pivote grâce à son articulation bilatérale, ce qui permet les mouvements de mastication.

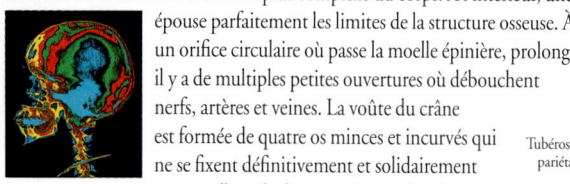

PROFIL DROIT DU CRÂNE DU FŒTUS

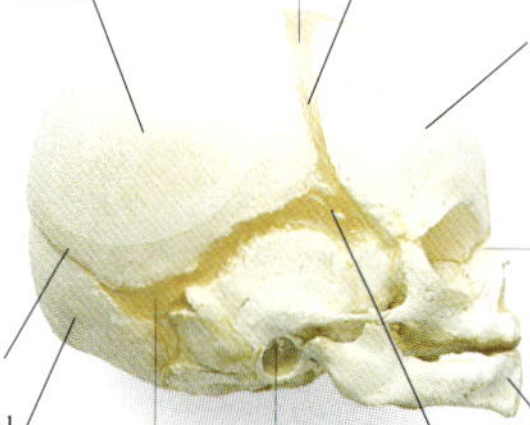

- Grande fontanelle
- Suture coronale
- Tubérosité pariétale
- Tubérosité frontale
- Os propre du nez
- Suture occipito-pariétale
- Occipital
- Fontanelle latérale postérieure
- Conduit auditif externe
- Symphyse mentonnière
- Fontanelle latérale antérieure

PROFIL DROIT DU CRÂNE

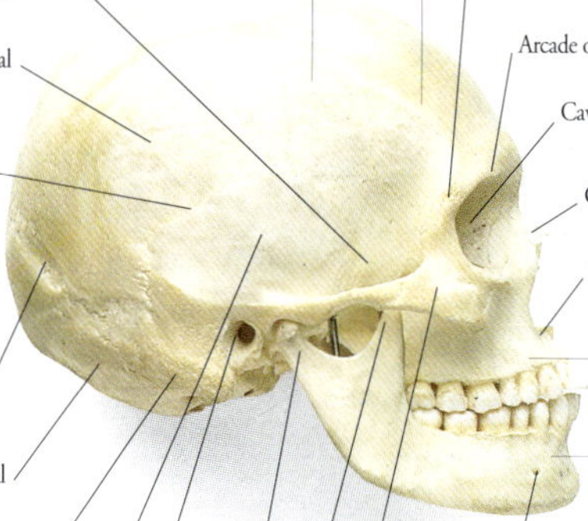

- Grande aile du sphénoïde
- Suture coronale
- Frontal
- Suture fronto-zygomatique
- Pariétal
- Arcade orbitaire
- Suture temporo-pariétale
- Cavité orbitaire
- Os propre du nez
- Épine nasale antérieure
- Suture occipito-pariétale
- Maxillaire supérieur
- Occipital
- Maxillaire inférieur
- Apophyse mastoïde
- Temporal
- Condyle
- Apophyse styloïde
- Arcade zygomatique
- Apophyse coronoïde
- Conduit auditif externe
- Trou mentonnier
- Zygomatique

FACE INFÉRIEURE DU CRÂNE

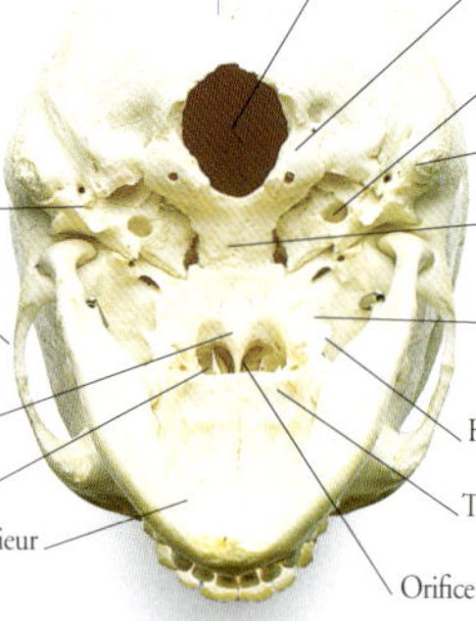

- Crête occipitale externe
- Trou occipital
- Condyle occipital
- Canal carotidien
- Apophyse mastoïde
- Tubercule pharyngien
- Aile de l'apophyse ptérygoïde
- Hamulus ptérygoïdeus
- Bord postérieur du vomer
- Cornet
- Trou palatin principal
- Maxillaire inférieur
- Orifice nasal postérieur

FACE ANTÉRIEURE DU CRÂNE

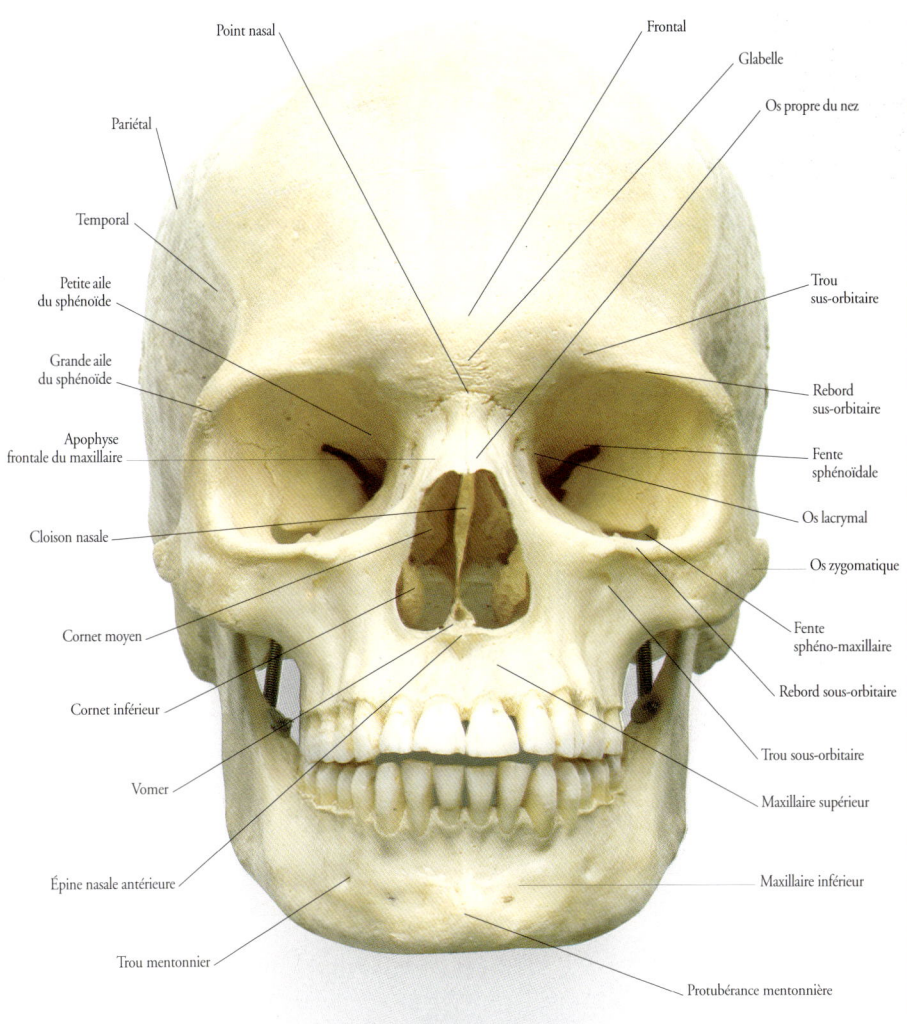

LE CORPS HUMAIN

LE RACHIS

Le rachis, ou colonne vertébrale, possède deux fonctions principales : il protège, en l'entourant, la moelle épinière qui est une structure très fragile, et il sert de support à tout le reste du squelette. Le rachis, qui comporte 24 os séparés (les vertèbres), de morphologie différente, se termine par le sacrum. Cet os triangulaire et incurvé, constitué de vertèbres fusionnées entre elles, s'achève par une sorte de petite queue, faite de 4 os, appelée coccyx. Entre chaque vertèbre se trouve un disque cartilagineux, sorte « d'amortisseur » permettant aux vertèbres de glisser les unes sur les autres lors des mouvements du corps. Les deux premières vertèbres, qui se démarquent des autres par leur morphologie, travaillent de pair. La première, l'atlas, tourne autour d'un solide pivot vertical appartenant à la seconde, l'axis. Cette configuration permet les libres mouvements de flexion-extension et de rotation de la tête sur le cou.

DIFFÉRENTS ANGLES DE VUE DU RACHIS

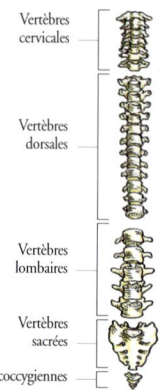

FACE
- Vertèbres cervicales
- Vertèbres dorsales
- Vertèbres lombaires
- Vertèbres sacrées
- Vertèbres coccygiennes

TYPES DE VERTÈBRES (VUES DU DESSUS)

ATLAS
- Cavité glénoïde
- Arc antérieur
- Arc postérieur
- Tubercule antérieur
- Tubercule postérieur
- Trou vertébral
- Trou transverse
- Apophyse transverse

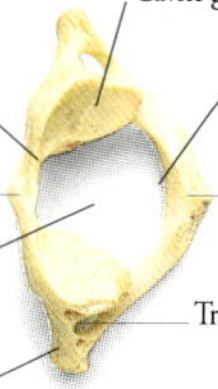

AXIS
- Facette articulaire
- Trou vertébral
- Apophyse odontoïde
- Apophyse épineuse
- Lame
- Apophyse transverse et trou transverse

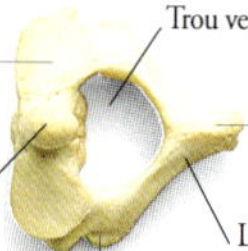

VERTÈBRE CERVICALE
- Corps
- Apophyse articulaire supérieure
- Apophyse épineuse
- Tubercule antérieur
- Trou vertébral
- Tubercule postérieur
- Trou transverse

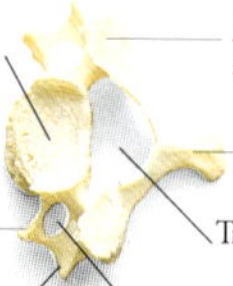

RACHIS

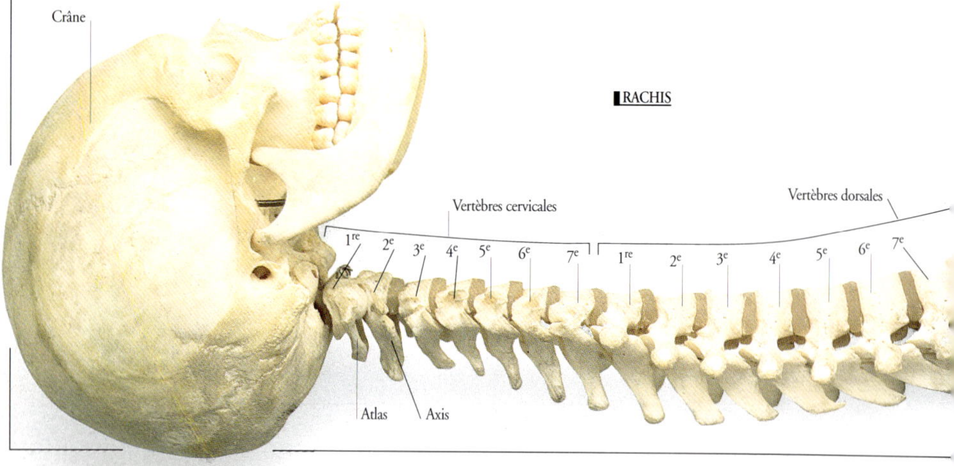

- Crâne
- Vertèbres cervicales : 1re, 2e, 3e, 4e, 5e, 6e, 7e
- Vertèbres dorsales : 1re, 2e, 3e, 4e, 5e, 6e, 7e
- Atlas
- Axis

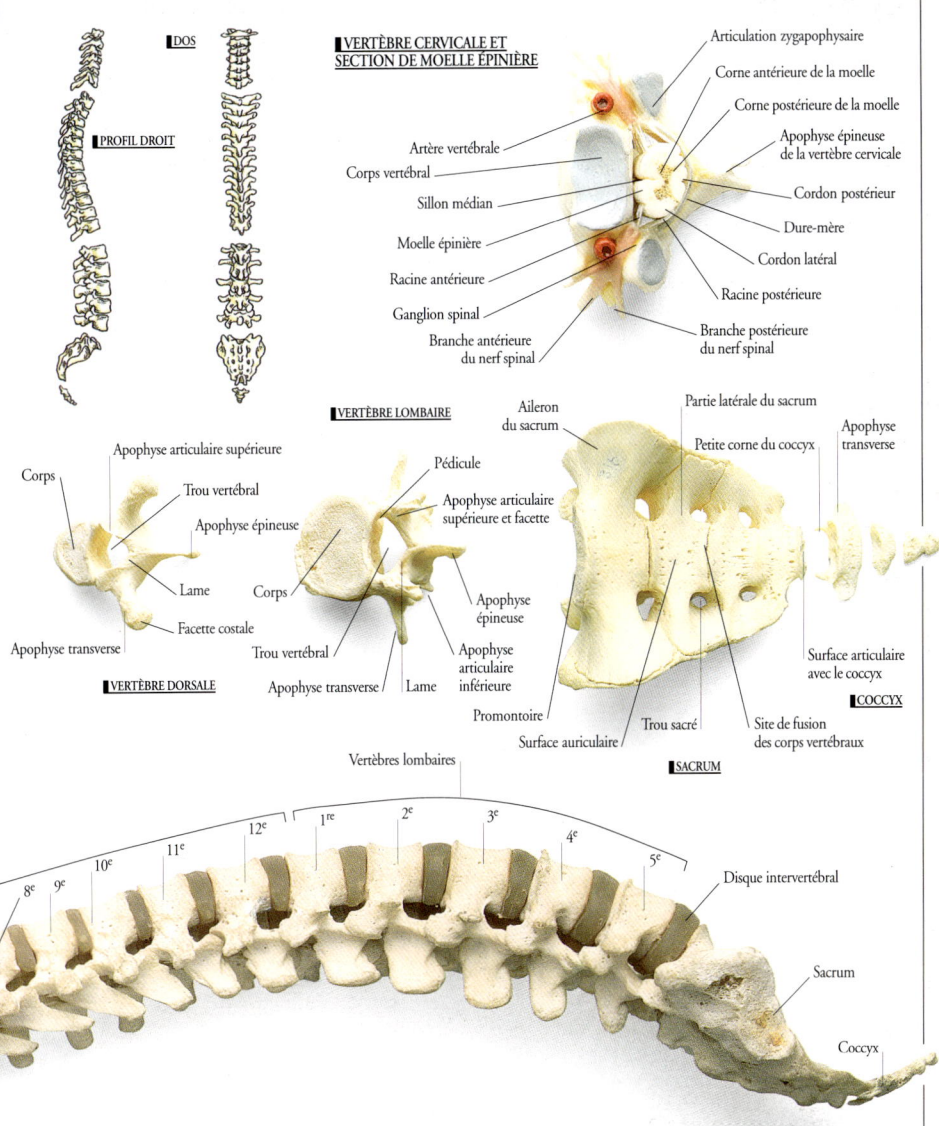

LE CORPS HUMAIN
LES OS ET LES ARTICULATIONS

Durs et résistants, les os constituent le squelette, véritable armature du corps. Chaque os est formé d'une couche compacte entourant une partie spongieuse, plus légère. De nombreux os, comme le fémur par exemple, possèdent, en outre, une cavité centrale contenant la moelle osseuse. Composés principalement de calcium, de phosphore et d'une substance fibreuse appelée le collagène, les os sont reliés entre eux par des articulations de différentes sortes : l'articulation de la hanche est ronde et creuse, ce qui permet au fémur d'effectuer de nombreux mouvements, tandis que les articulations des doigts ressemblent à de simples charnières autorisant uniquement la flexion et l'extension. Les articulations sont maintenues en place par des bandes de tissus appelées ligaments, et leurs mouvements sont facilités par le cartilage hyalin lisse recouvrant les extrémités osseuses, et par la membrane synoviale qui double et lubrifie l'articulation.

LIGAMENTS DE L'ARTICULATION DE LA HANCHE

- Crête iliaque
- Fosse iliaque interne
- Épine iliaque
- Ligament pubo-fémoral
- Grand trochanter du fémur
- Canal obturateur
- Branche horizontale du pubis
- Ligament de Bertin
- Lame quadrilatère
- Ligne intertrochantérienne
- Petit trochanter du fémur
- Membrane obturatrice
- Tubérosité de l'ischion
- Fémur
- Ischion

COUPE DU FÉMUR GAUCHE

- Grand trochanter
- Cavité médullaire
- Diaphyse
- Os spongieux
- Tête
- Petit trochanter
- Os compact
- Fossette du ligament rond
- Col

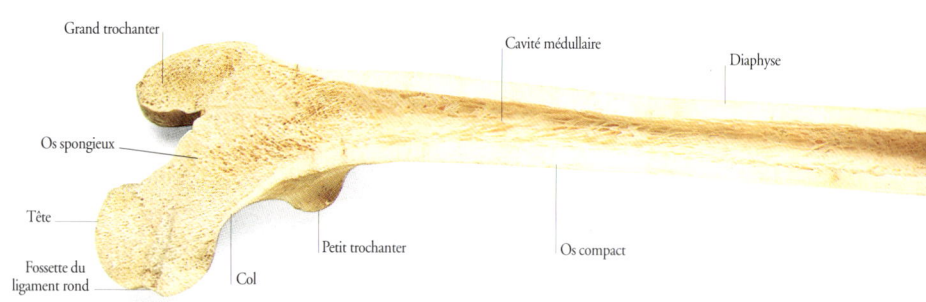

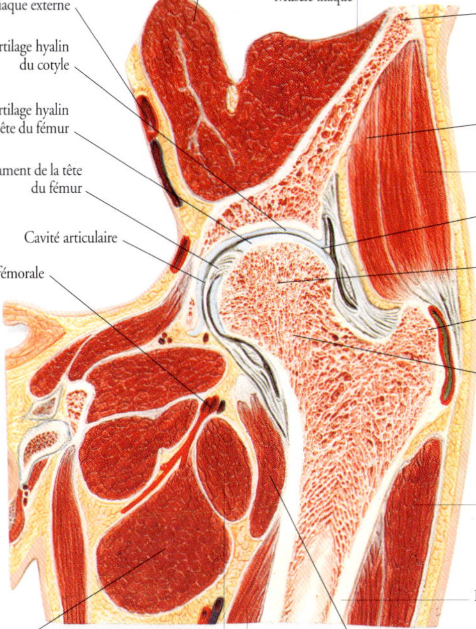

LES OS ET LES ARTICULATIONS / 225

COUPE DE L'ARTICULATION DE LA HANCHE

- Muscle psoas
- Artère iliaque externe
- Cartilage hyalin du cotyle
- Cartilage hyalin de la tête du fémur
- Ligament de la tête du fémur
- Cavité articulaire
- Artère fémorale
- Muscle moyen adducteur
- Muscle pectiné
- Muscle vaste interne
- Muscle iliaque
- Crête iliaque
- Muscle petit fessier
- Muscle moyen fessier
- Bourrelet cotyloïdien
- Tête du fémur
- Grand trochanter
- Col du fémur
- Muscle vaste externe
- Diaphyse du fémur

COUPE D'UN OS COMPACT
Des rangées parallèles de fibres osseuses concentriques confèrent à l'os sa grande solidité.

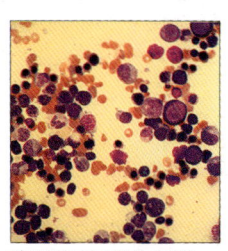

ÉTALEMENT DE MOELLE OSSEUSE
Composée essentiellement de cellules sanguines rouges et blanches, la moelle osseuse occupe la cavité médullaire des os.

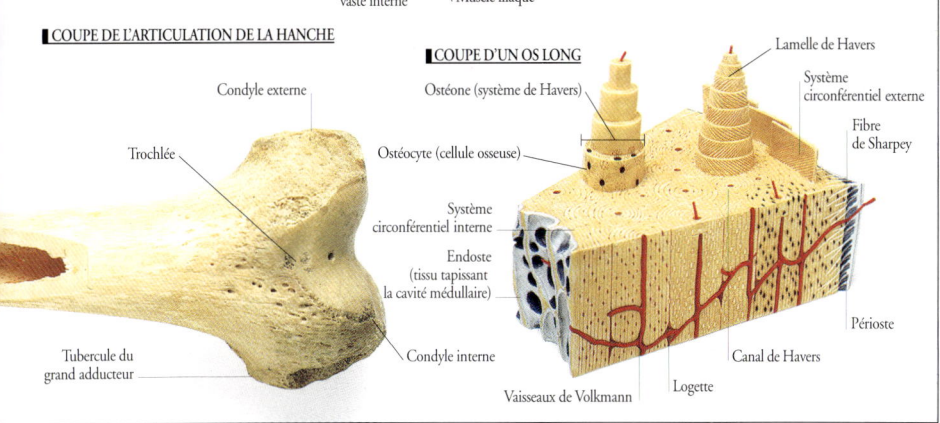

COUPE D'UN OS LONG

- Condyle externe
- Trochlée
- Tubercule du grand adducteur
- Condyle interne
- Ostéone (système de Havers)
- Ostéocyte (cellule osseuse)
- Système circonférentiel interne
- Endoste (tissu tapissant la cavité médullaire)
- Vaisseaux de Volkmann
- Logette
- Canal de Havers
- Lamelle de Havers
- Système circonférentiel externe
- Fibre de Sharpey
- Périoste

LE CORPS HUMAIN

LES MUSCLES 1

Il existe trois sortes de muscles : les muscles squelettiques, appelés également muscles volontaires car ils se contractent quand on leur demande, les muscles lisses, dits involontaires car ils travaillent à notre insu, et le tissu musculaire spécialisé du cœur. L'Homme possède plus de 600 muscles squelettiques, de forme et de taille différentes selon le rôle qu'ils ont à jouer. Ils sont reliés aux os par les tendons et travaillent par paires, en opposition (quand le premier se contracte, le second se relâche), pour produire des mouvements aussi variés que la marche, les expressions du visage, etc.

■ MUSCLES SQUELETTIQUES SUPERFICIELS

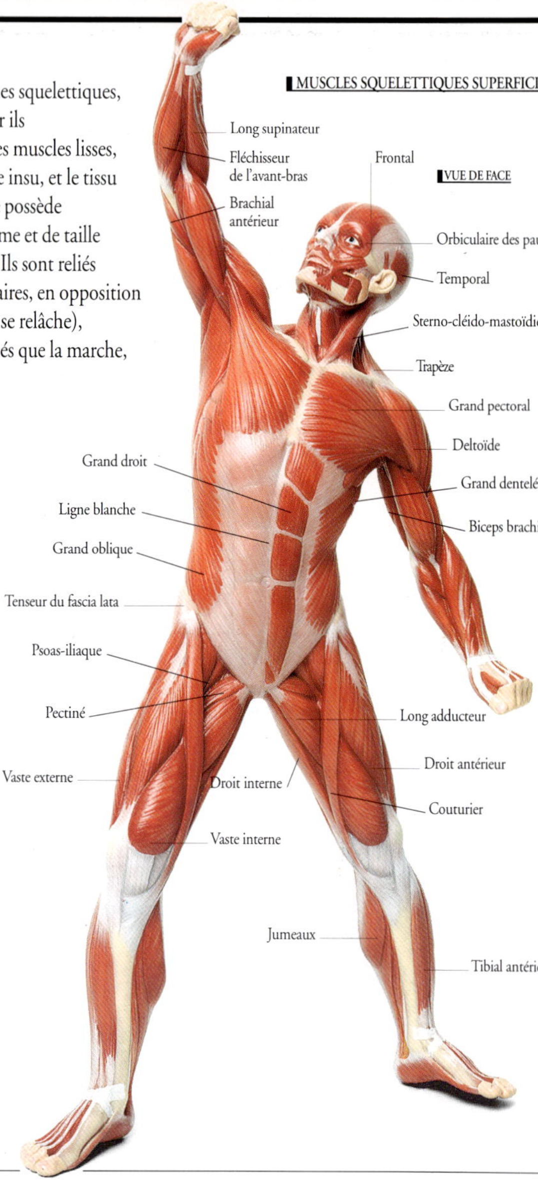

- Long supinateur
- Fléchisseur de l'avant-bras
- Brachial antérieur
- Frontal

■ VUE DE FACE

- Orbiculaire des paupières
- Temporal
- Sterno-cléido-mastoïdien
- Trapèze
- Grand pectoral
- Deltoïde
- Grand dentelé
- Biceps brachial
- Grand droit
- Ligne blanche
- Grand oblique
- Tenseur du fascia lata
- Psoas-iliaque
- Pectiné
- Long adducteur
- Vaste externe
- Droit interne
- Droit antérieur
- Couturier
- Vaste interne
- Jumeaux
- Tibial antérieur

■ AUTRES MUSCLES

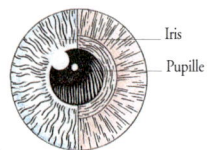

- Iris
- Pupille

■ IRIS
Les fibres musculaires se contractent ou se relâchent (dilatation) afin de modifier le diamètre de la pupille.

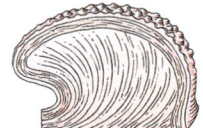

■ LANGUE
Les fibres entrelacées du muscle lui confèrent une grande mobilité.

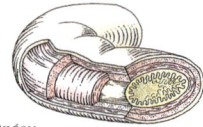

■ ILÉON
Les fibres musculaires assurent la progression des aliments semi-digérés.

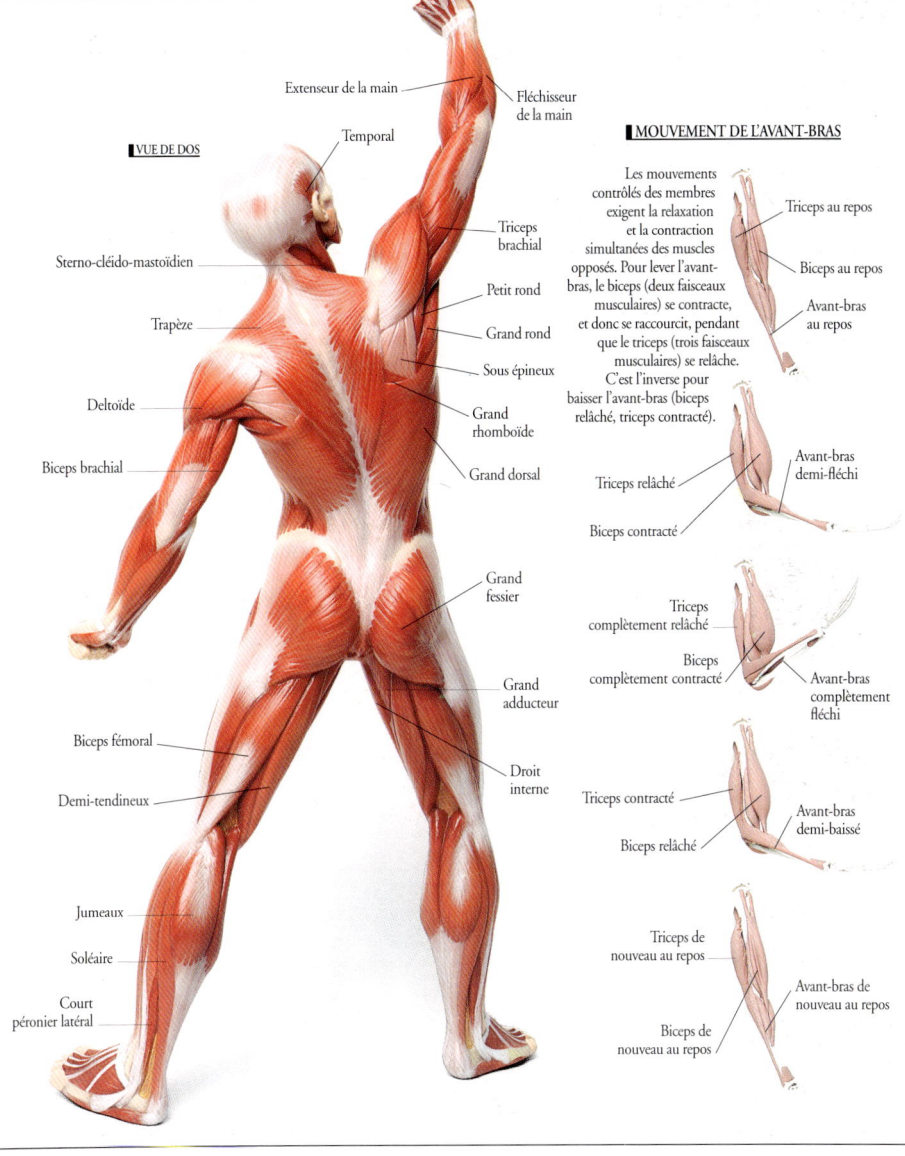

LE CORPS HUMAIN
LES MUSCLES 2

FIBRE MUSCULAIRE SQUELETTIQUE

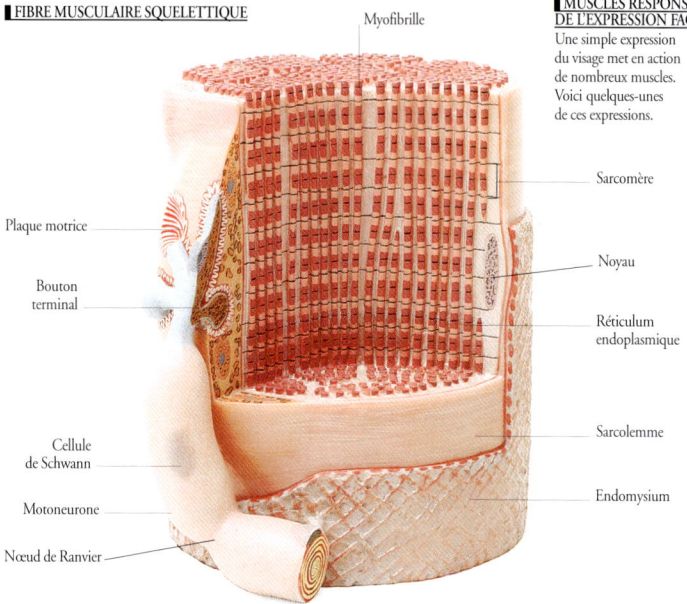

Myofibrille
Sarcomère
Noyau
Réticulum endoplasmique
Sarcolemme
Endomysium
Plaque motrice
Bouton terminal
Cellule de Schwann
Motoneurone
Nœud de Ranvier

MUSCLES RESPONSABLES DE L'EXPRESSION FACIALE

Une simple expression du visage met en action de nombreux muscles. Voici quelques-unes de ces expressions.

FRONTAL

SOURCILIER

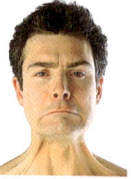
ORBICULAIRE DES LÈVRES

DIFFÉRENTS TYPES DE MUSCLES

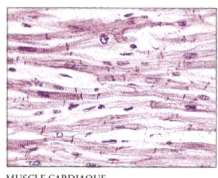
MUSCLE CARDIAQUE

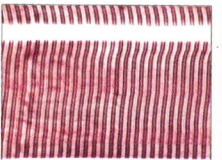
MUSCLE SQUELETTIQUE

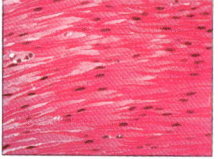
MUSCLE LISSE

CONTRACTION DU MUSCLE SQUELETTIQUE

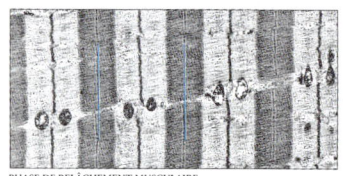
PHASE DE RELÂCHEMENT MUSCULAIRE

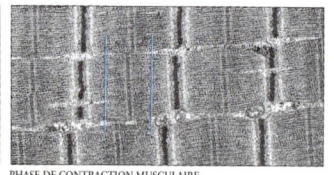
PHASE DE CONTRACTION MUSCULAIRE

GRAND ZYGOMATIQUE

TRIANGULAIRE DES LÈVRES

MUSCLES DE LA TÊTE ET DU COU

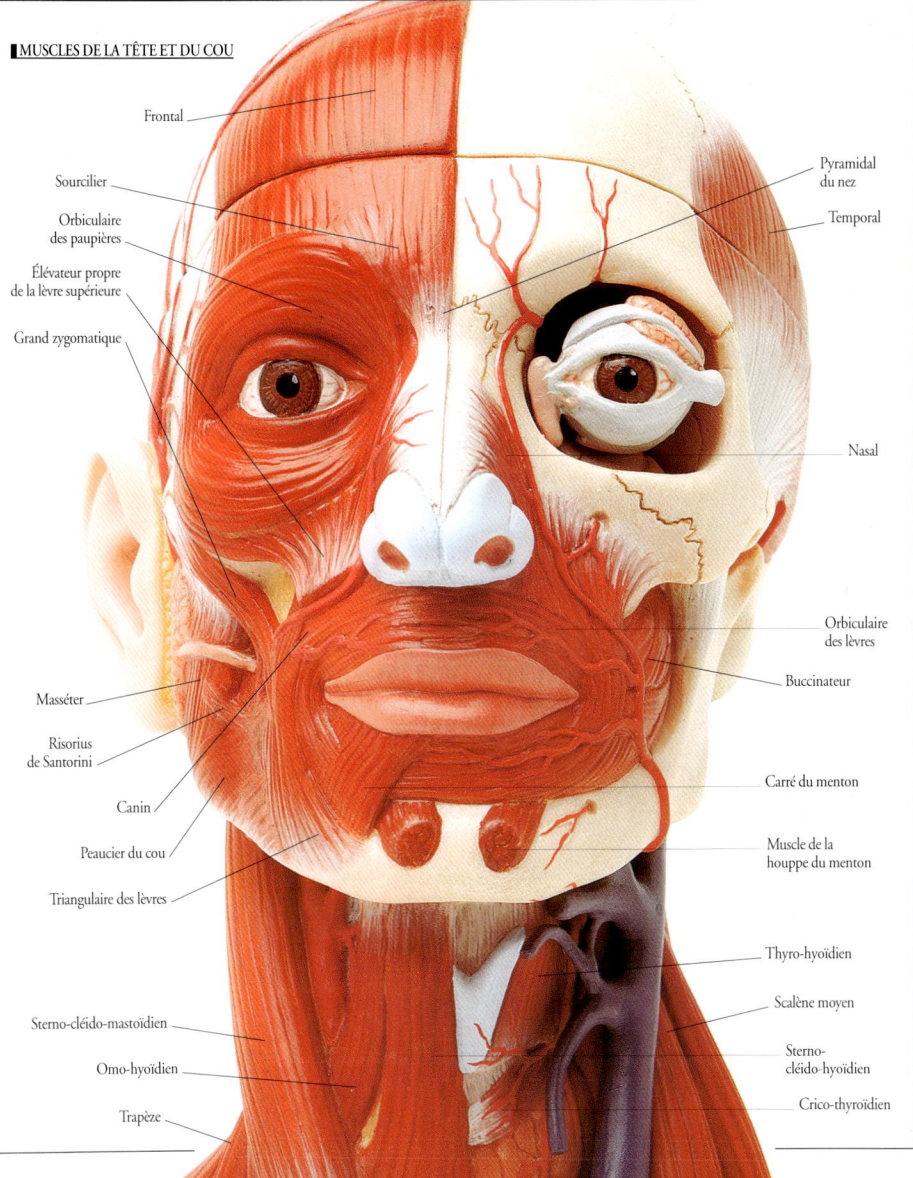

LE CORPS HUMAIN

LA MAIN

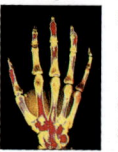

Les 27 petits os, rassemblés par 37 muscles squelettiques reliés aux os par les tendons, font de la main un outil extrêmement performant. L'effet de pince que l'Homme obtient par l'opposition du pouce avec les autres doigts confère à la main une remarquable dextérité, amplifiée par la grande sensibilité des extrémités digitales, assurée par de nombreuses terminaisons nerveuses.

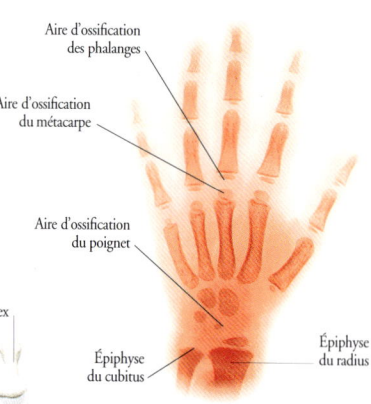

RADIOGRAPHIE DE LA MAIN GAUCHE D'UN JEUNE ENFANT
Les aires cartilagineuses du poignet et de l'extrémité des os des doigts sont responsables de la croissance osseuse et s'ossifieront plus tard.

Légendes de la radiographie : Aire d'ossification des phalanges ; Aire d'ossification du métacarpe ; Aire d'ossification du poignet ; Épiphyse du cubitus ; Épiphyse du radius.

OS DE LA MAIN

Légendes : Annulaire ; Majeur ; Index ; Auriculaire ; 3ᵉ phalange ; 2ᵉ phalange ; 1ʳᵉ phalange ; Tête ; 2ᵉ phalange du pouce ; 2ᵉ métacarpien ; 3ᵉ métacarpien ; Diaphyse ; 1ʳᵉ phalange du pouce ; 4ᵉ métacarpien ; Base ; 5ᵉ métacarpien ; 1ᵉʳ métacarpien ; Os crochu ; Pisiforme ; Trapèze ; Trapézoïde ; Grand os ; Scaphoïde ; Pyramidal ; Semi-lunaire ; Cubitus ; Radius.

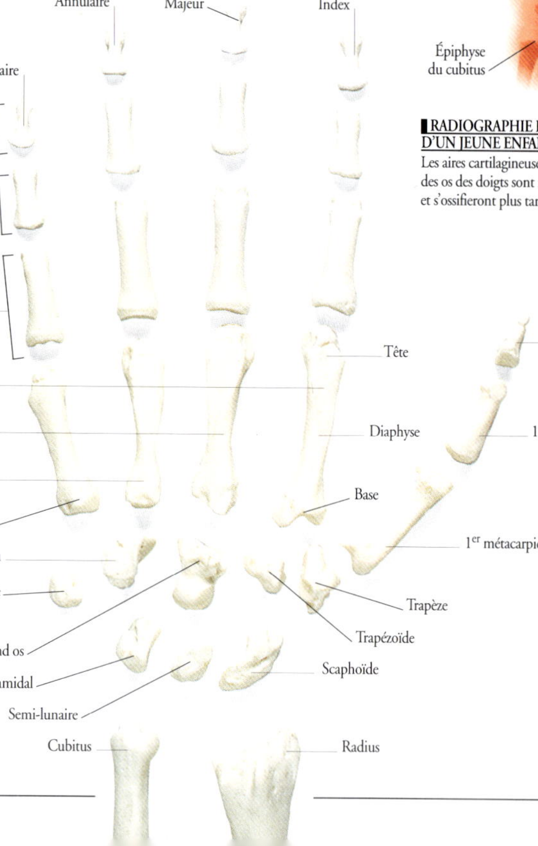

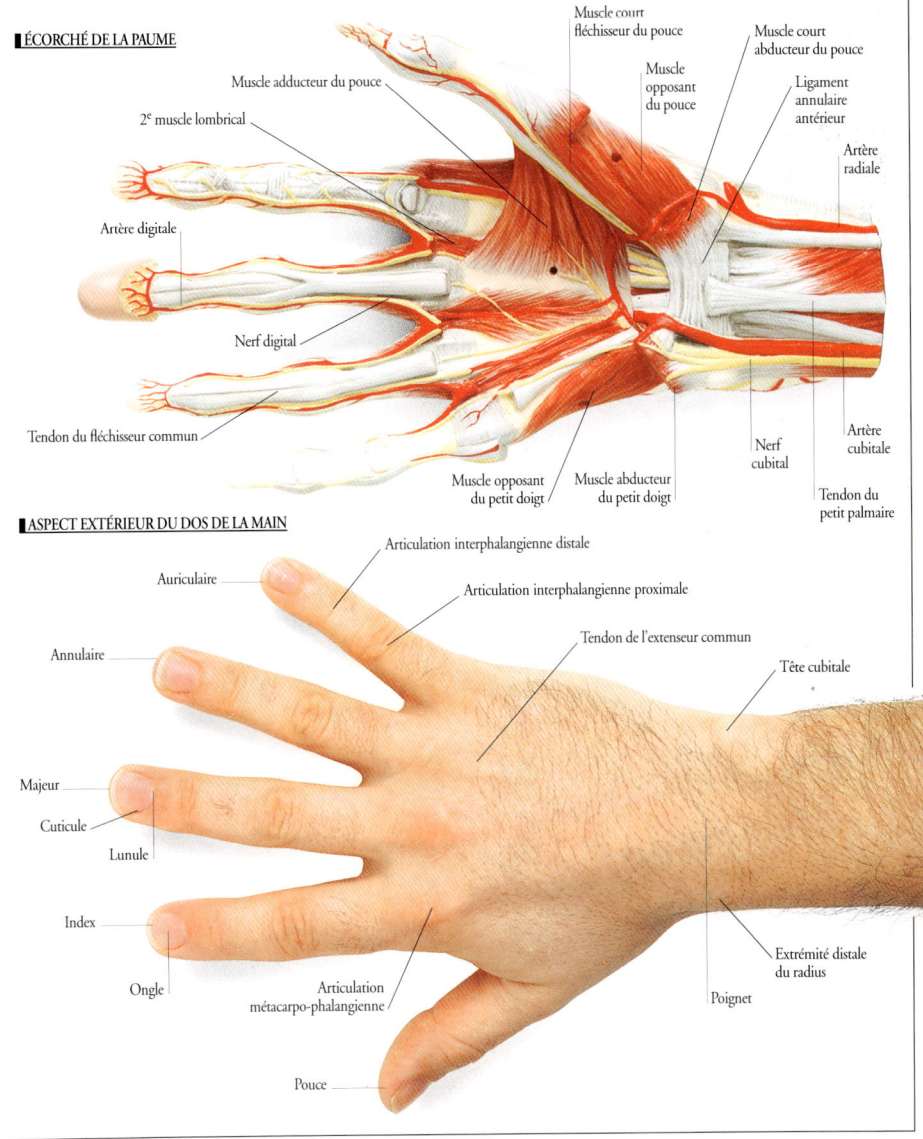

LE CORPS HUMAIN

LE PIED

Pieds et orteils sont indispensables pour assurer les mouvements de l'individu. Ils subissent alternativement la charge du corps, autorisant ainsi l'Homme à se déplacer : c'est la marche. Par ailleurs, ils assurent le maintien de l'équilibre pendant les changements de position. Chaque pied est composé de 26 os, plus de 100 ligaments et 33 muscles. Le coussinet du talon ainsi que la voûte plantaire jouent le rôle d'amortisseurs en absorbant les chocs et les secousses entraînés par chaque pas.

OS DU PIED

- Gros orteil
- 2e orteil
- 3e orteil
- 4e orteil
- 5e orteil (petit orteil)
- 2e phalange du gros orteil
- 1re phalange du gros orteil
- 3e phalange
- 2e phalange
- 1re phalange
- 1er métatarsien
- 2e métatarsien
- 3e métatarsien
- 4e métatarsien
- 5e métatarsien
- 1er cunéiforme
- 2e cunéiforme
- 3e cunéiforme
- Cuboïde
- Scaphoïde (os naviculaire)
- Astragale
- Calcanéum

LIGAMENTS DU PIED

- Capsule articulaire de l'articulation interphalangienne
- Capsule articulaire de l'articulation métatarso-phalangienne
- Ligament tarso-métatarsien dorsal
- Ligament scapho-cunéus dorsal
- Ligament astragalo-scaphoïdien supérieur
- Ligament calcanéo-scaphoïdien inférieur
- Ligament en Y
- Ligament deltoïdien
- Péroné
- Tibia
- Tendon d'Achille
- Ligament interosseux

LE PIED

ÉCORCHÉ DU PIED

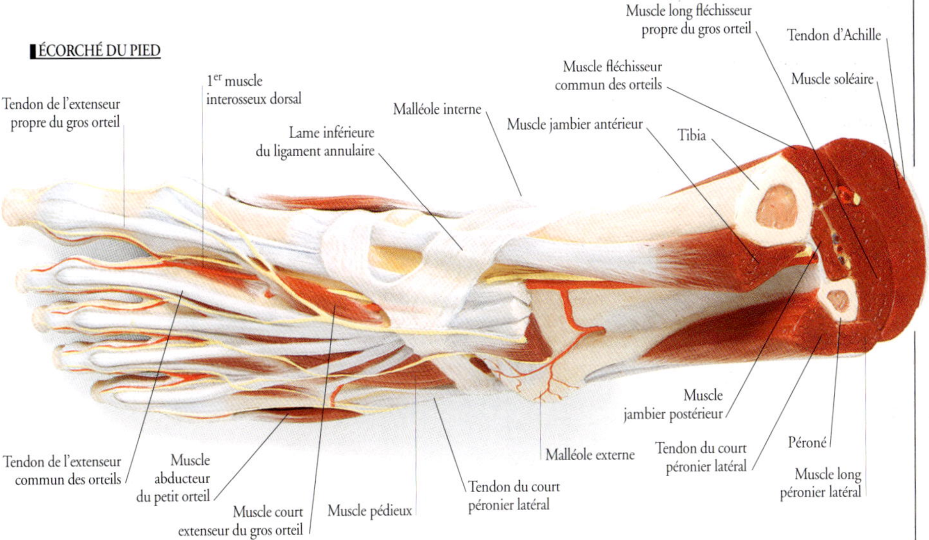

- Tendon de l'extenseur propre du gros orteil
- 1er muscle interosseux dorsal
- Lame inférieure du ligament annulaire
- Malléole interne
- Muscle fléchisseur commun des orteils
- Muscle long fléchisseur propre du gros orteil
- Tendon d'Achille
- Muscle jambier antérieur
- Tibia
- Muscle soléaire
- Tendon de l'extenseur commun des orteils
- Muscle abducteur du petit orteil
- Muscle court extenseur du gros orteil
- Muscle pédieux
- Malléole externe
- Tendon du court péronier latéral
- Muscle jambier postérieur
- Tendon du court péronier latéral
- Péroné
- Muscle long péronier latéral

VUE EXTERNE DU PIED

- Ongle
- Gros orteil
- Articulation interphalangienne
- Tendon de l'extenseur propre du gros orteil
- Tendon de l'extenseur commun des orteils
- Malléole interne
- 2e orteil
- 3e orteil
- 4e orteil
- 5e orteil (petit orteil)
- Malléole externe

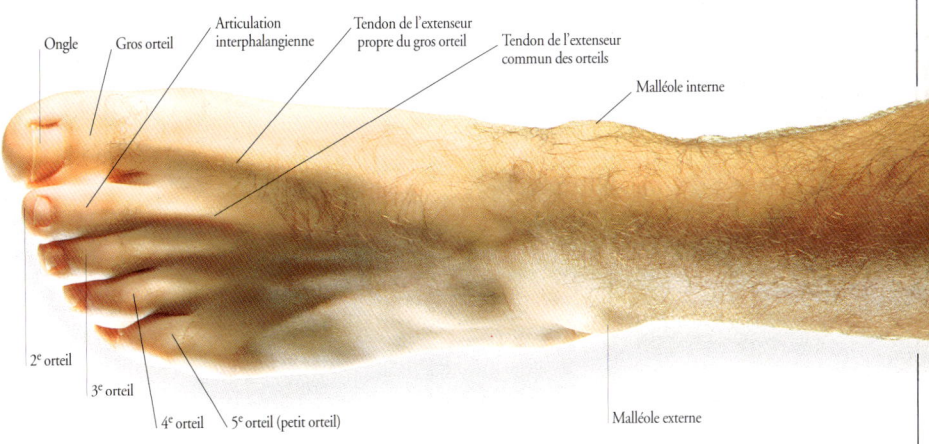

LA PEAU ET LES POILS

Barrière imperméable, la peau protège les organes internes. Dotée de terminaisons sensorielles, elle participe à la régulation de la température du corps. La couche externe de la peau, l'épiderme, contient la kératine, protéine cornée, dure, constituant principal des poils et des ongles. Les cellules mortes desquament à la surface de la peau et sont perpétuellement remplacées par de nouvelles cellules produites par la base de l'épiderme, région fabriquant, par ailleurs, la mélanine (pigment donnant sa couleur à la peau). Le derme, couche située juste en dessous de l'épiderme, renferme les terminaisons nerveuses, les vaisseaux sanguins, les fibres élastiques, les glandes sudoripares (participant au refroidissement de la peau) et les glandes sébacées, qui produisent une substance huileuse qui graisse la peau et la maintient souple. Sous le derme, le tissu sous-cutané est riche en graisse et en vaisseaux sanguins. Les poils émergent des follicules pileux situés dans le derme et le tissu sous-cutané.

COUPE D'UN POIL

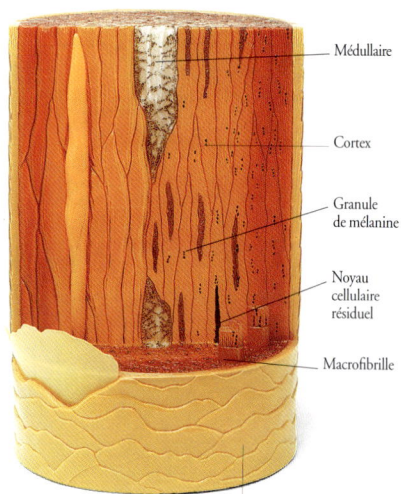

Médullaire

Cortex

Granule de mélanine

Noyau cellulaire résiduel

Macrofibrille

Épidermicule

COUPE DE LA PEAU À DIFFÉRENTS ENDROITS DE L'ORGANISME

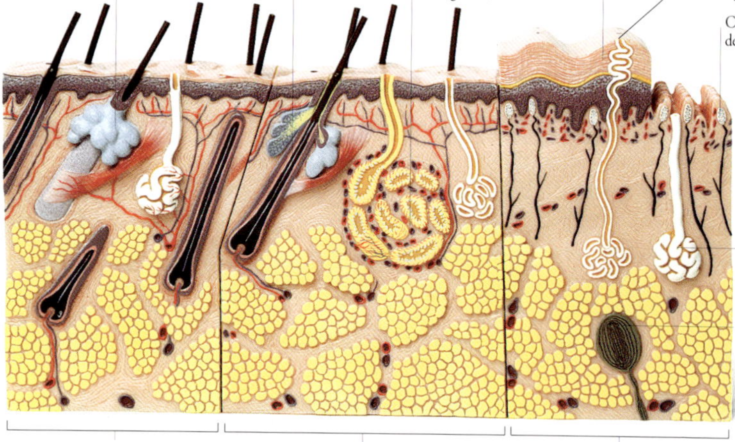

Glande sébacée — Follicule pileux — Glande sudoripare (vue agrandie) — Épiderme (vue épaissie) — Pore sudoripare — Corpuscule de Meissner

Derme riche en follicules pileux

Glande sudoripare

Corpuscule de Pacini

CUIR CHEVELU — AISSELLE — PLANTE DES PIEDS

LA PEAU ET LES POILS / 235

COUPE DE LA PEAU

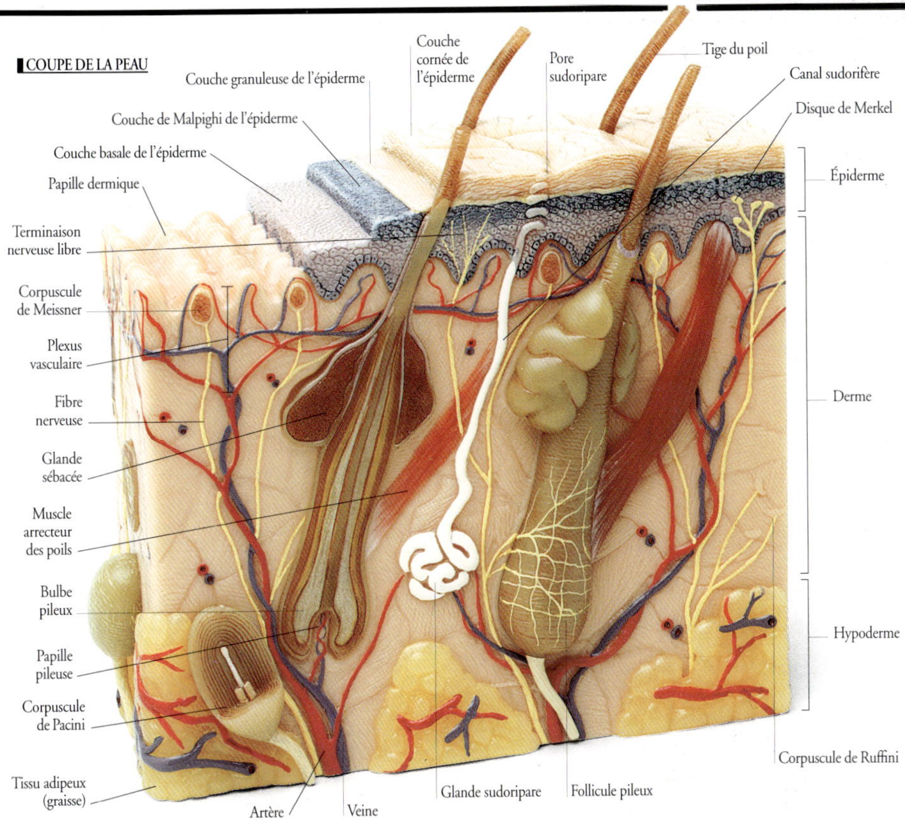

- Couche granuleuse de l'épiderme
- Couche cornée de l'épiderme
- Pore sudoripare
- Tige du poil
- Canal sudorifère
- Couche de Malpighi de l'épiderme
- Disque de Merkel
- Couche basale de l'épiderme
- Papille dermique
- Épiderme
- Terminaison nerveuse libre
- Corpuscule de Meissner
- Plexus vasculaire
- Fibre nerveuse
- Derme
- Glande sébacée
- Muscle arrecteur des poils
- Bulbe pileux
- Papille pileuse
- Corpuscule de Pacini
- Hypoderme
- Tissu adipeux (graisse)
- Artère
- Veine
- Glande sudoripare
- Follicule pileux
- Corpuscule de Ruffini

MICROPHOTOGRAPHIES DE LA PEAU ET DES POILS

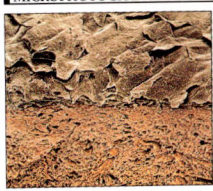

COUPE DE LA PEAU
La peau desquame en permanence. Elle élimine les cellules mortes.

PORE SUDORIPARE
L'élimination de l'eau permet la régulation de la température du corps.

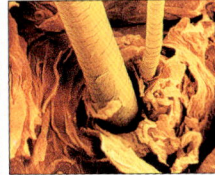

POIL
Croissance d'un poil à travers la couche externe de la peau

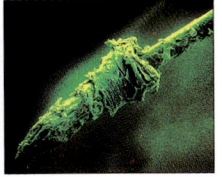

CHEVEU
Structure d'un cheveu : racine et tige implantées dans le cuir chevelu

LE CERVEAU

Le cerveau, organe du système nerveux, est le centre de contrôle et de commande de toutes les activités volontaires ou involontaires du corps humain. Il est aussi responsable des phénomènes complexes que sont la pensée, la mémoire, les émotions et le langage. Chez l'adulte, le cerveau pèse 1,4 kg et contient plus de dix milliards de cellules nerveuses. Il comprend trois parties : le tronc cérébral, le cervelet et les deux hémisphères cérébraux. Le tronc cérébral contrôle les fonctions vitales du corps comme la respiration et la digestion ; le cervelet sert à maintenir la posture du corps et à coordonner les mouvements ; les hémisphères cérébraux, droit et gauche, rattachés entre eux par le corps calleux, sont le siège de la conscience et de l'intelligence.

COUPE TRANSVERSALE DU CERVEAU
Imagerie par résonance magnétique

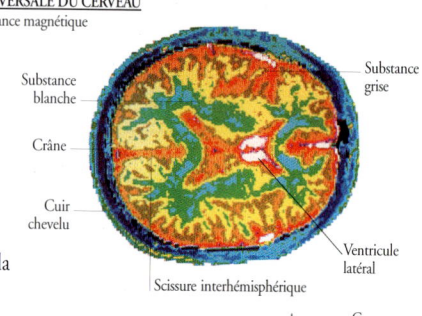

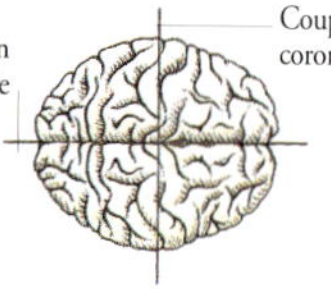

- Substance blanche
- Crâne
- Cuir chevelu
- Scissure interhémisphérique
- Substance grise
- Ventricule latéral
- Section sagittale
- Coupe coronale

COUPE SAGITTALE DU CERVEAU

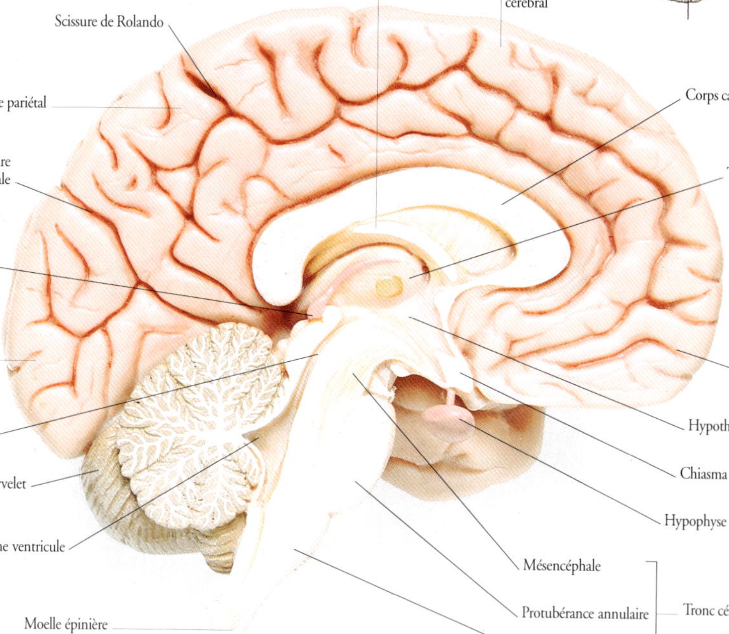

- Scissure de Rolando
- Lobe pariétal
- Scissure pariéto-occipitale
- Glande pinéale
- Lobe occipital
- Aqueduc de Sylvius
- Cervelet
- Quatrième ventricule
- Moelle épinière
- Fornix
- Hémisphère cérébral
- Corps calleux
- Thalamus
- Lobe frontal
- Hypothalamus
- Chiasma optique
- Hypophyse
- Mésencéphale
- Protubérance annulaire
- Bulbe rachidien
- Tronc cérébral

LE CERVEAU

COUPE DU CRÂNE ET DU CERVEAU

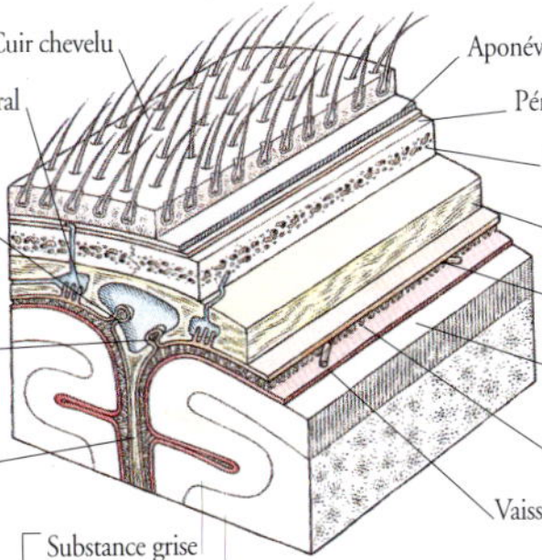

- Cuir chevelu
- Aponévrose épicrânienne
- Lac latéral
- Péricrâne
- Granulation de Pacchioni
- Crâne
- Sinus longitudinal supérieur
- Dure-mère
- Arachnoïde
- Faux du cerveau
- Pie-mère
- Espace sous-arachnoïdien
- Vaisseau cérébral
- Hémisphère cérébral
  - Substance grise
  - Substance blanche

VUE EXTERNE DU CERVEAU

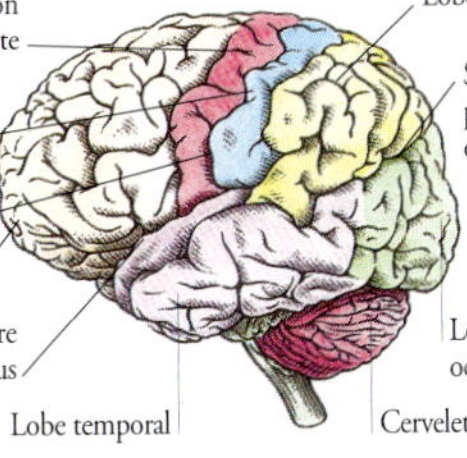

- Circonvolution frontale ascendante
- Lobe pariétal
- Circonvolution pariétale ascendante
- Scissure pariéto-occipitale
- Scissure de Rolando
- Lobe frontal
- Scissure latérale de Sylvius
- Lobe occipital
- Lobe temporal
- Cervelet

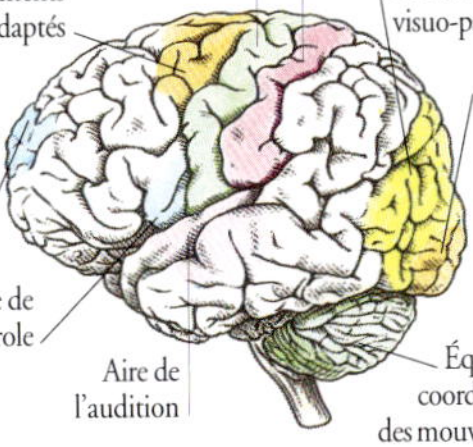

COUPE CORONALE DU CERVEAU

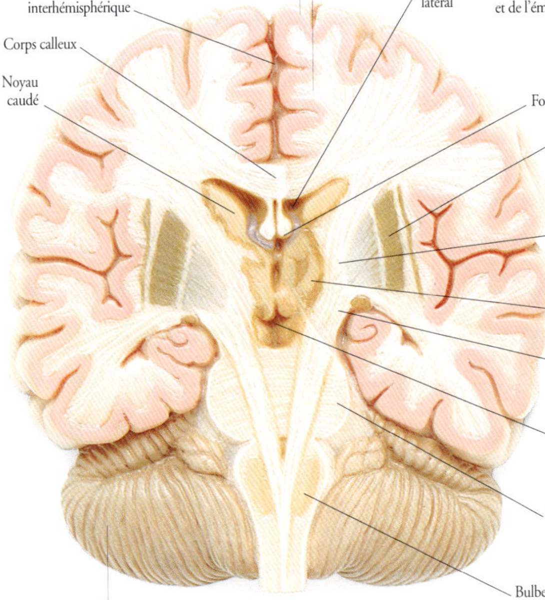

- Substance grise
- Hémisphère cérébral
- Substance blanche
- Ventricule latéral
- Scissure interhémisphérique
- Corps calleux
- Noyau caudé
- Fornix
- Noyau lenticulaire
- Capsule interne
- Thalamus
- Étage inférieur du pédoncule cérébral
- 3e ventricule
- Protubérance
- Cervelet
- Bulbe rachidien

RÔLE SPÉCIFIQUE DES AIRES CORTICALES

- Aire psycho-motrice des mouvements coordonnés et adaptés
- Aire motrice
- Aire sensitive
- Aire associative visuo-psychique
- Aire du comportement et de l'émotion
- Aire de la vision
- Aire de la parole
- Aire de l'audition
- Équilibre et coordination des mouvements

CELLULES NERVEUSES DU CERVEAU

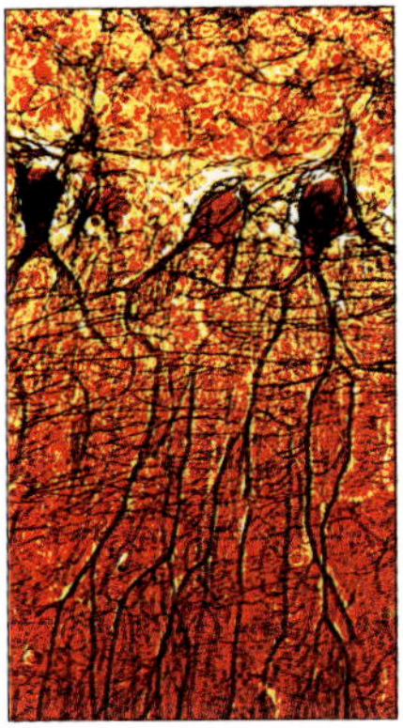

Les cellules noires de Purkinje sont les plus grandes cellules nerveuses du corps.

LE SYSTÈME NERVEUX

Le système nerveux, véritable réseau de communication interne électrochimique, est formé principalement du cerveau, de la moelle épinière et des nerfs périphériques. Le cerveau et la moelle épinière constituent le système nerveux central, centre de coordination et de contrôle du corps. Des milliards de longs neurones, groupés en nerfs, composent le système nerveux périphérique, qui transmet les impulsions nerveuses du système nerveux central aux autres régions du corps. Chaque neurone comprend trois parties : un corps cellulaire, des dendrites (ramifications), qui reçoivent les signaux chimiques des autres neurones, et un axone qui convoie ces signaux, telles des impulsions électriques.

SYSTÈMES NERVEUX CENTRAL ET PÉRIPHÉRIQUE

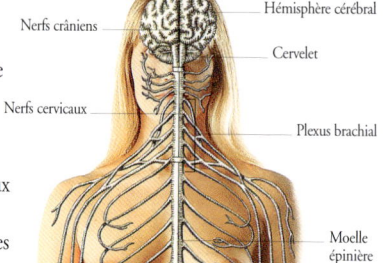

- Hémisphère cérébral
- Nerfs crâniens
- Cervelet
- Nerfs cervicaux
- Plexus brachial
- Moelle épinière
- Nerfs thoraciques
- Nerf radial
- Nerf médian
- Nerf cubital
- Nerfs lombaires
- Nerfs sacrés
- Plexus sacré
- Nerf honteux interne
- Nerf fémoral
- Nerf sciatique
- Nerf sciatique poplité externe
- Nerf tibial postérieur
- Nerf péroné superficiel
- Nerf péroné profond

COUPE DE LA COLONNE VERTÉBRALE

- Substance grise
- Canal épendymaire
- Racine postérieure du nerf spinal
- Ganglion spinal
- Nerf spinal
- Substance blanche
- Sillon médian antérieur
- Racine antérieure du nerf spinal

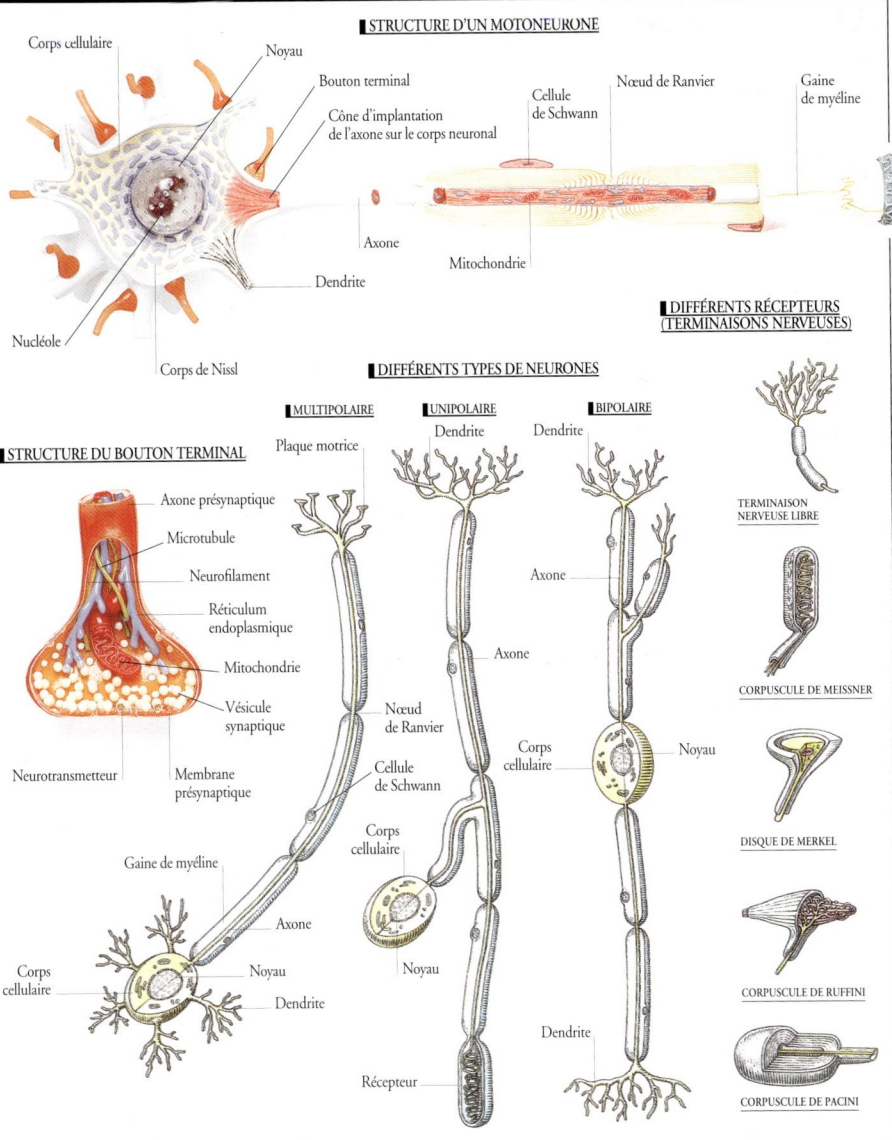

LE CORPS HUMAIN
L'ŒIL

Les yeux sont les organes de la vue. Les deux globes oculaires, nichés dans des cavités osseuses appelées orbites, protégés de l'agression du milieu extérieur par les paupières, les sourcils et un film de larmes, sont reliés directement au cerveau par le nerf optique. Chaque œil est mû par six muscles qui entourent le globe. Les rayons lumineux entrant par la pupille sont réfractés par la cornée et le cristallin pour former une image inversée sur la rétine. Celle-ci est tapissée de millions de cellules sensitives visuelles, les cônes et les bâtonnets, qui convertissent l'image en impulsions nerveuses, elles-mêmes transmises au cerveau le long des deux nerfs optiques. Le cerveau coordonne les images de l'œil droit et de l'œil gauche et les remet à l'endroit.

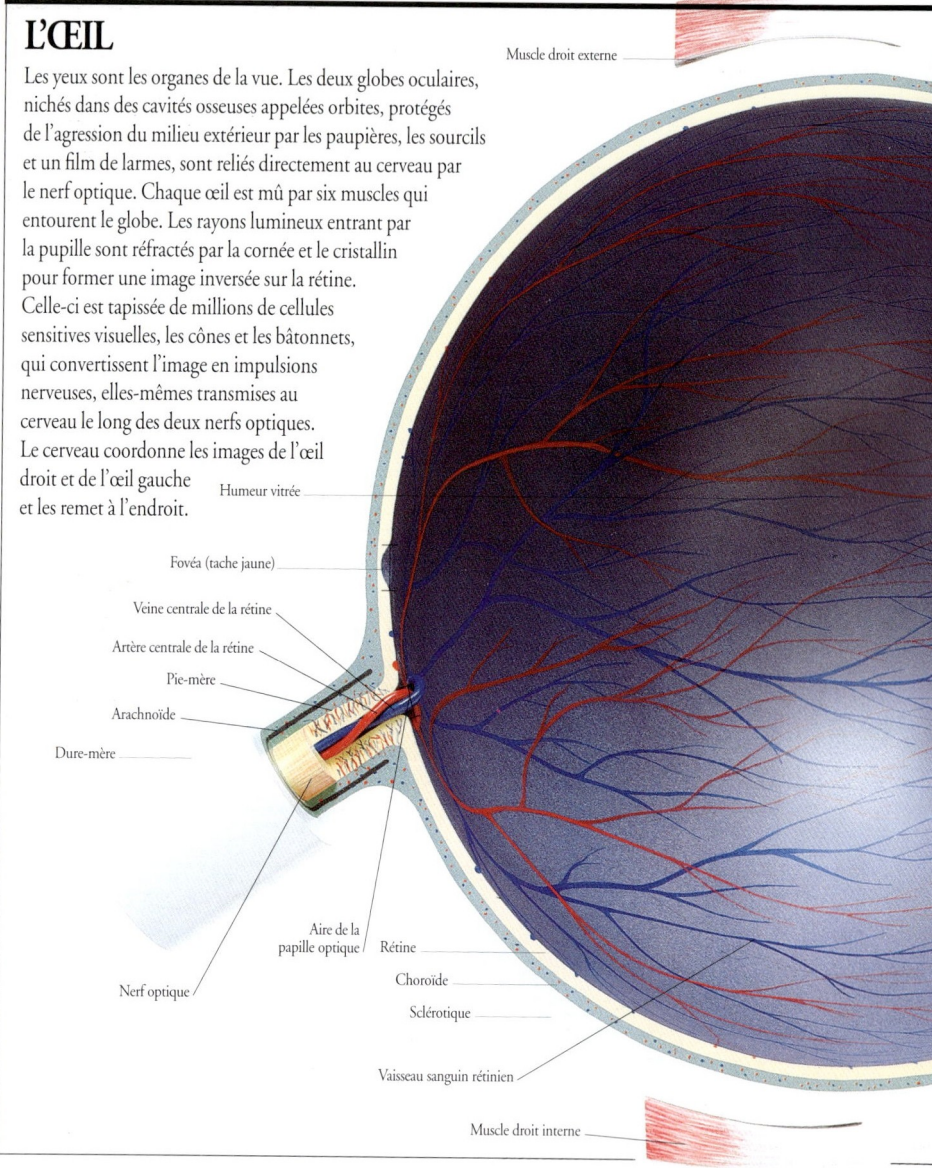

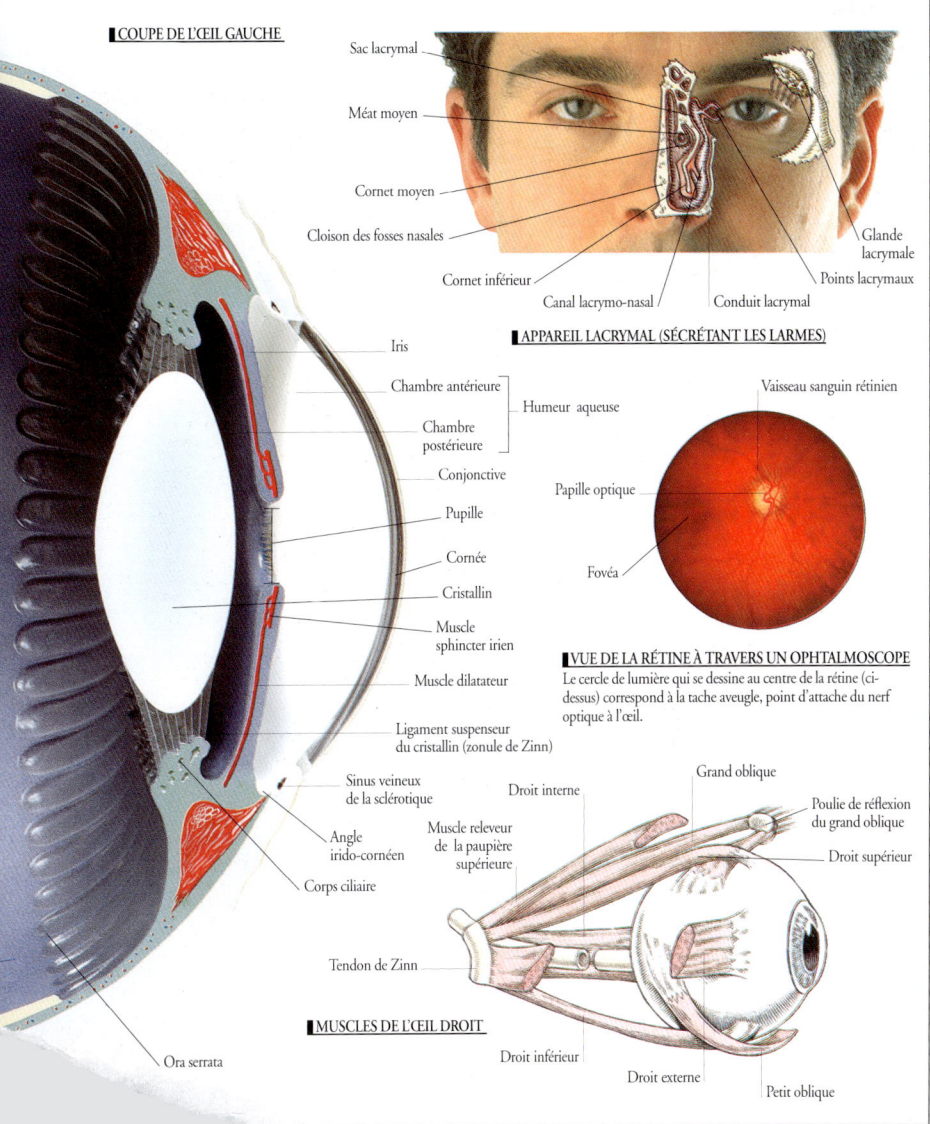

LE CORPS HUMAIN

L'OREILLE

ANATOMIE D'UNE OREILLE

L'oreille joue un double rôle : elle assure à la fois l'audition et l'équilibre. Elle est composée de trois parties : l'oreille externe, formée par le pavillon appelé auricule et par le canal auditif externe, l'oreille moyenne et l'oreille interne, qui constituent la partie véritablement fonctionnelle, toutes deux incluses à l'intérieur du crâne. L'oreille moyenne est composée de trois osselets et de la trompe d'Eustache (qui relie l'oreille à la partie latérale du nez). L'oreille interne, quant à elle, contient la cochlée en forme de spirale, d'une part, et les canaux semi-circulaires et le vestibule, organes de l'équilibre, d'autre part. Les sons pénètrent dans le pavillon externe de l'oreille, traversent le canal auditif, frappent la membrane tympanique qui transmet alors les vibrations sonores à la cochlée, par l'intermédiaire des osselets. Ces vibrations sont transformées par des millions de microscopiques cellules ciliées auditives en signaux nerveux qui seront interprétés par le cerveau.

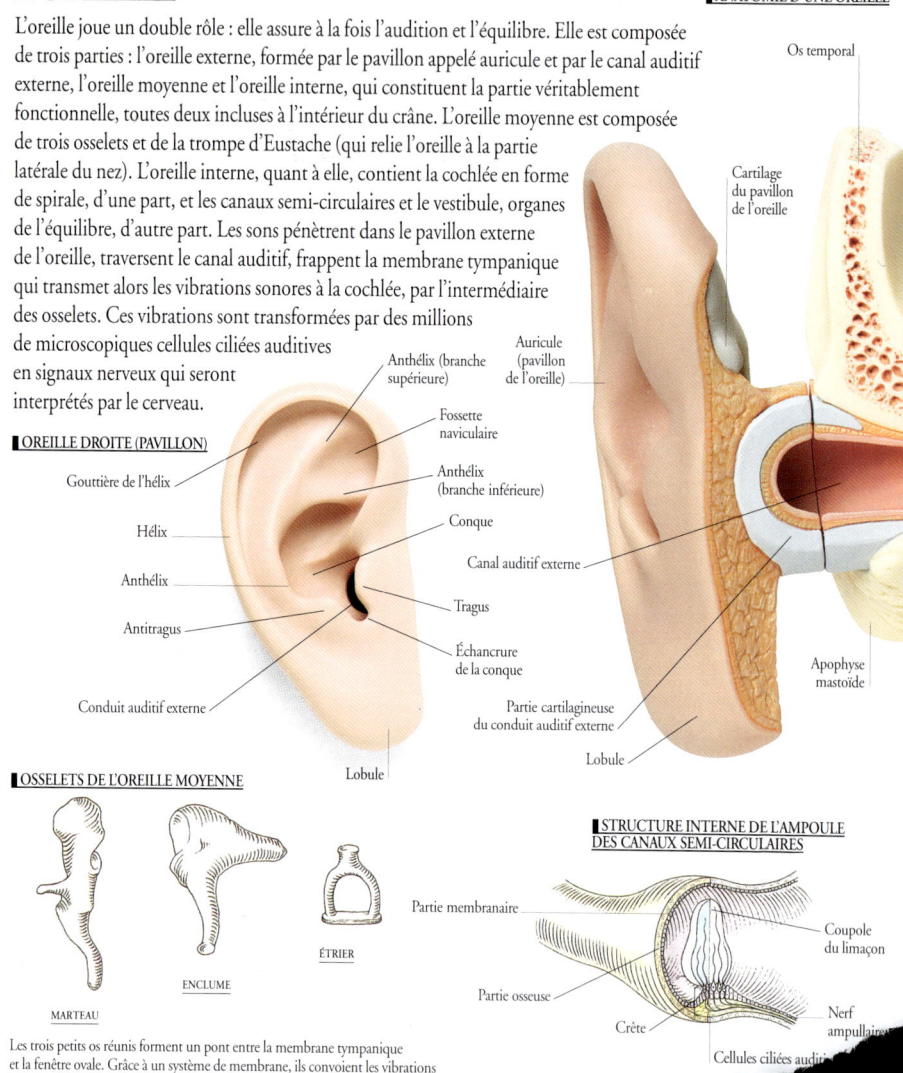

OREILLE DROITE (PAVILLON)

- Gouttière de l'hélix
- Hélix
- Anthélix
- Antitragus
- Conduit auditif externe
- Lobule
- Anthélix (branche supérieure)
- Fossette naviculaire
- Anthélix (branche inférieure)
- Conque
- Tragus
- Échancrure de la conque
- Partie cartilagineuse du conduit auditif externe
- Auricule (pavillon de l'oreille)
- Os temporal
- Cartilage du pavillon de l'oreille
- Canal auditif externe
- Apophyse mastoïde
- Lobule

OSSELETS DE L'OREILLE MOYENNE

MARTEAU ENCLUME ÉTRIER

Les trois petits os réunis forment un pont entre la membrane tympanique et la fenêtre ovale. Grâce à un système de membrane, ils convoient les vibrations sonores externes à l'oreille interne.

STRUCTURE INTERNE DE L'AMPOULE DES CANAUX SEMI-CIRCULAIRES

- Partie membranaire
- Partie osseuse
- Crête
- Coupole du limaçon
- Nerf ampullaire
- Cellules ciliées auditives

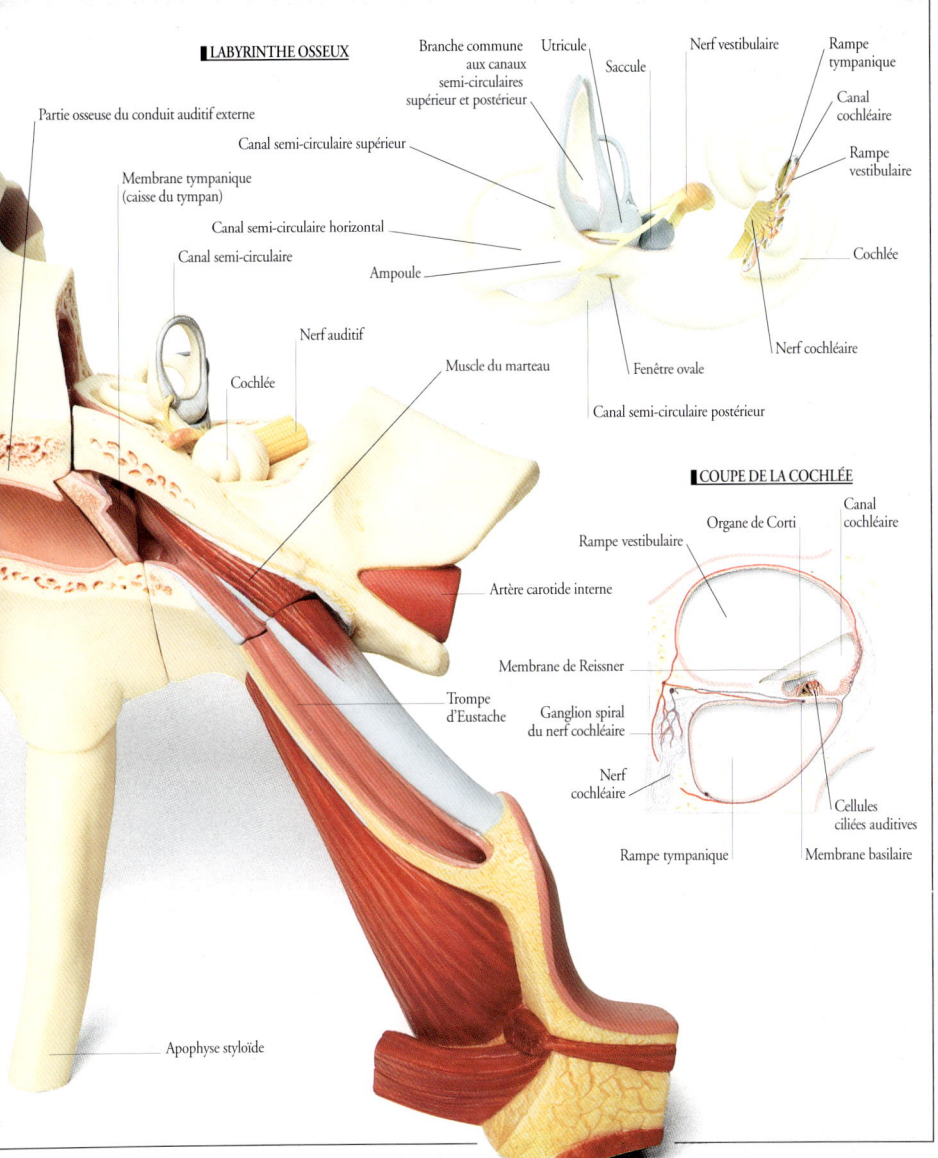

LE CORPS HUMAIN

LE NEZ, LA BOUCHE ET LA GORGE

À chaque mouvement inspiratoire, l'air passe des cavités nasales vers le pharynx (gorge), puis le larynx (organe de la voix) et la trachée (trachée-artère) pour arriver dans les poumons. La cavité nasale réchauffe et humidifie l'air qui y transite, et sa muqueuse, en retenant les éventuels corps étrangers, protège l'arbre aérien. Au cours de la déglutition, la langue bouge, le larynx monte, l'épiglotte ferme l'entrée de la trachée et le voile du palais sépare la cavité nasale du pharynx. La salive, sécrétée par trois paires de glandes salivaires, humecte les aliments. Adjuvant chimique à la dégradation des aliments, elle participe également à la digestion. Les sens du goût et de l'odorat sont intimement liés : tous deux sont stimulés lorsque les molécules dissoutes par les enzymes salivaires rencontrent les terminaisons nerveuses olfactives du nez et les bourgeons gustatifs situés sur la langue.

■ STRUCTURE DE LA LANGUE

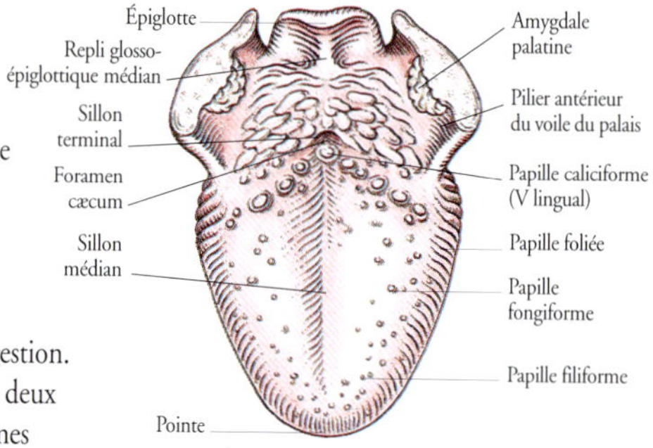

Épiglotte
Repli glosso-épiglottique médian
Sillon terminal
Foramen cæcum
Sillon médian
Pointe

Amygdale palatine
Pilier antérieur du voile du palais
Papille caliciforme (V lingual)
Papille foliée
Papille fongiforme
Papille filiforme

■ RÉGION DU PHARYNX

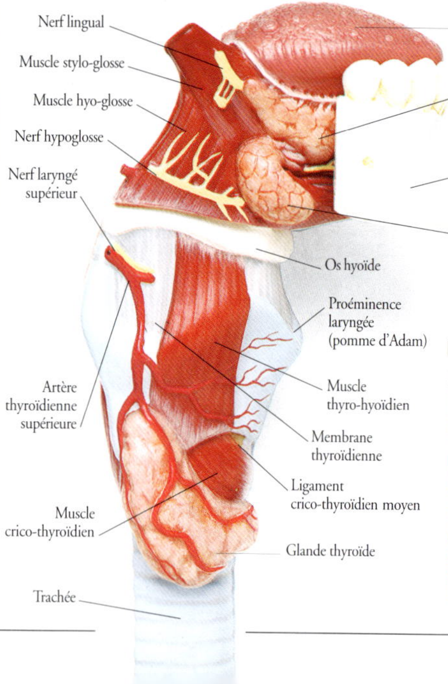

Nerf lingual
Muscle stylo-glosse
Muscle hyo-glosse
Nerf hypoglosse
Nerf laryngé supérieur
Artère thyroïdienne supérieure
Muscle crico-thyroïdien
Trachée

Langue
Glande sublinguale
Mandibule (maxillaire inférieur)
Glande sous-maxillaire
Os hyoïde
Proéminence laryngée (pomme d'Adam)
Muscle thyro-hyoïdien
Membrane thyroïdienne
Ligament crico-thyroïdien moyen
Glande thyroïde

■ ORGANE DU GOÛT

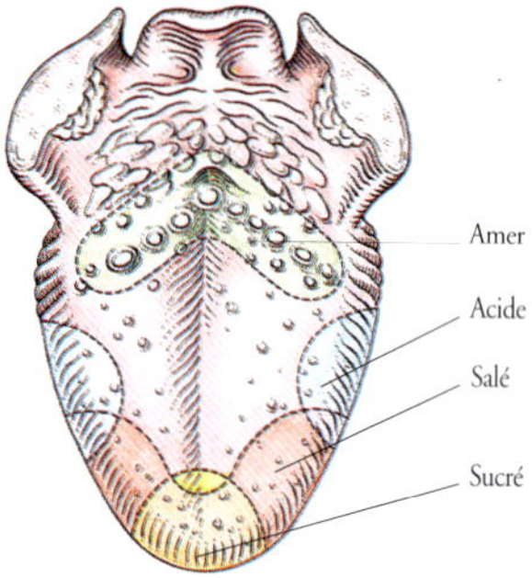

Amer
Acide
Salé
Sucré

■ DIFFÉRENTES PAPILLES

PAPILLES FILIFORMES   PAPILLES FONGIFORMES 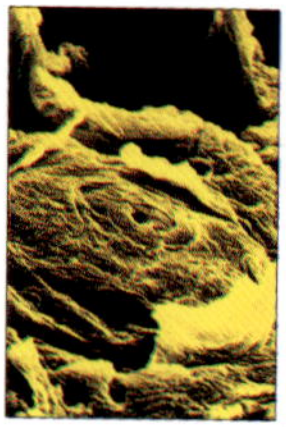   PAPILLES CALICIFORMES

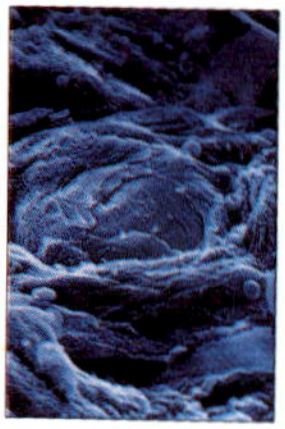

LE NEZ, LA BOUCHE ET LA GORGE / 245

COUPE DU NEZ, DE LA BOUCHE ET DE LA GORGE

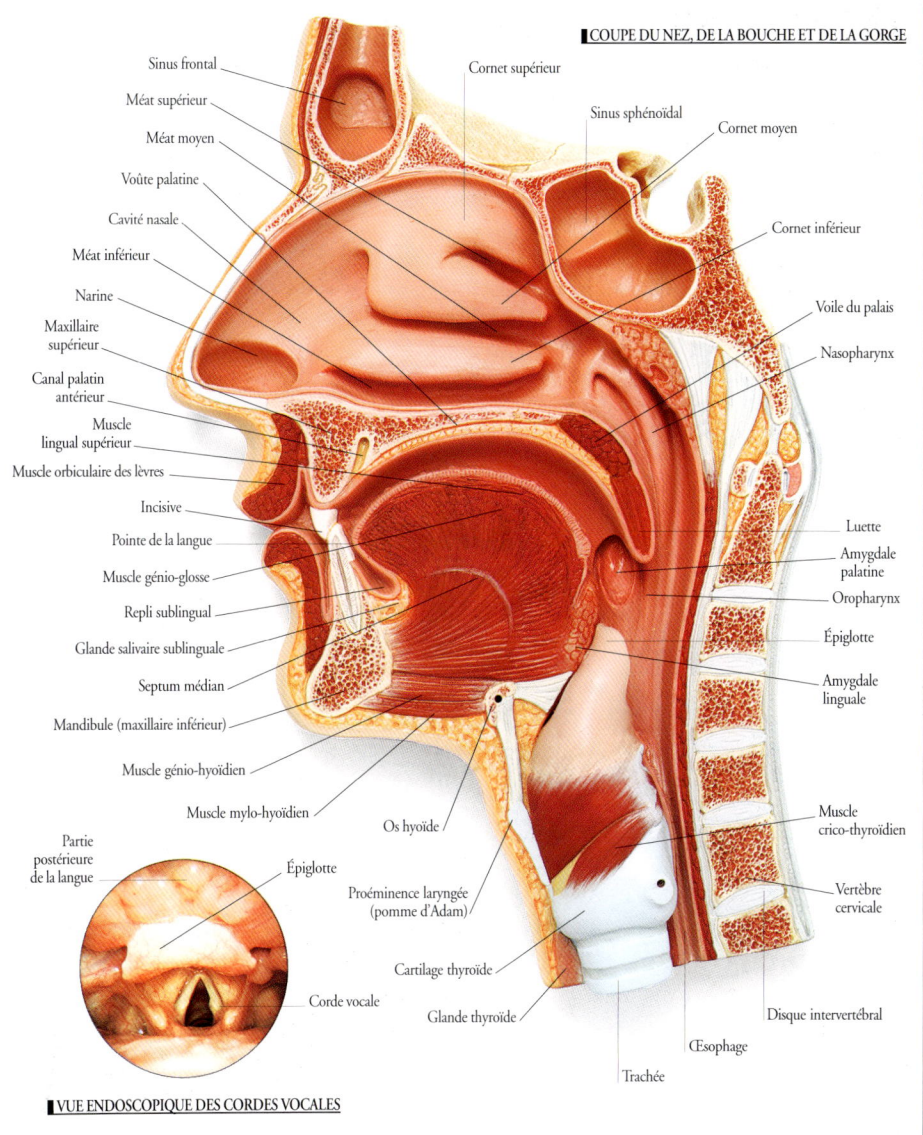

VUE ENDOSCOPIQUE DES CORDES VOCALES

LES DENTS

Les vingt premières dents, que l'on appelle dents de lait, ou dents temporaires, apparaissent à l'âge de six mois. Elles sont remplacées par les dents définitives à l'âge de six ans. À vingt ans, la plupart des adultes possèdent toutes leurs dents (au nombre de 32), dont les troisièmes molaires, ou dents de sagesse, qui, au reste, peuvent ne jamais sortir. Incisives et canines coupent et déchirent les aliments en petits morceaux ; prémolaires et molaires les écrasent et les pilent. Les dents contribuent, par ailleurs, à donner une forme au visage et permettent de parler clairement. Bien que l'émail de la dent soit la substance la plus dure de l'organisme, il tend à s'éroder à la longue, attaqué par divers acides présents dans la bouche pendant la mastication des aliments, première étape de la digestion.

▍DÉVELOPPEMENT DES DENTS CHEZ LE FŒTUS

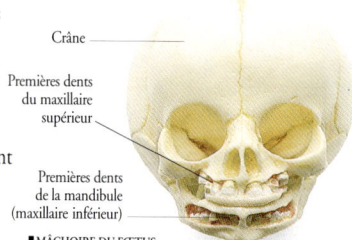

Crâne

Premières dents du maxillaire supérieur

Premières dents de la mandibule (maxillaire inférieur)

▍MÂCHOIRE DU FŒTUS
À la sixième semaine du développement embryonnaire, des zones d'épaississement apparaissent sur chaque maxillaire, qui vont donner naissance au bourgeon dentaire. À six mois fœtal, l'émail recouvre déjà ce bourgeon.

▍DÉVELOPPEMENT DE LA MÂCHOIRE ET DES DENTS

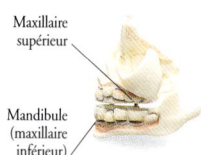

Maxillaire supérieur

Mandibule (maxillaire inférieur)

▍MÂCHOIRE DU NOUVEAU-NÉ
Implantées sur les deux maxillaires formant la mâchoire, les premières dents apparaissent à l'âge de six mois.

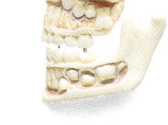

▍DENTS D'UN ENFANT DE CINQ ANS
On constate la présence de vingt dents de lait. Les dents définitives commencent à se développer dans les maxillaires supérieur et inférieur.

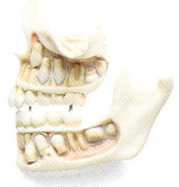

▍DENTS D'UN ENFANT DE NEUF ANS
La plupart des dents sont encore des dents de lait, excepté les incisives centrales et les premières molaires qui, elles, sont définitives.

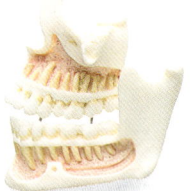

▍DENTS D'UN HOMME ADULTE
Les trente-deux dents définitives (y compris les dents de sagesse) ne sont en place qu'à l'âge de vingt ans.

▍DENTS DÉFINITIVES

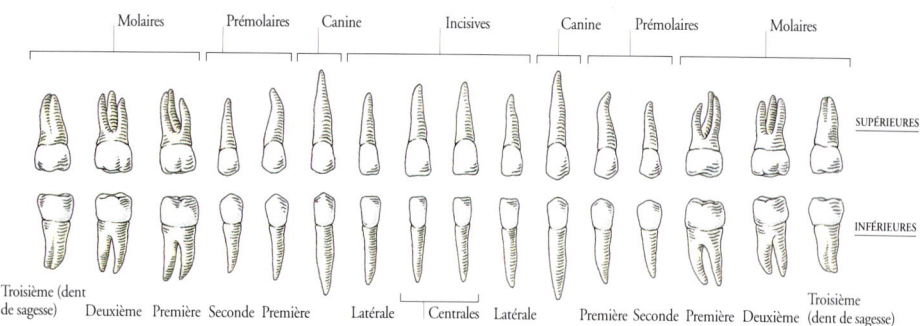

Molaires | Prémolaires | Canine | Incisives | Canine | Prémolaires | Molaires

SUPÉRIEURES

INFÉRIEURES

Troisième (dent de sagesse) — Deuxième — Première — Seconde — Première — Latérale — Centrales — Latérale — Première — Seconde — Première — Deuxième — Troisième (dent de sagesse)

LES DENTS / 247

ANATOMIE DE LA DENT

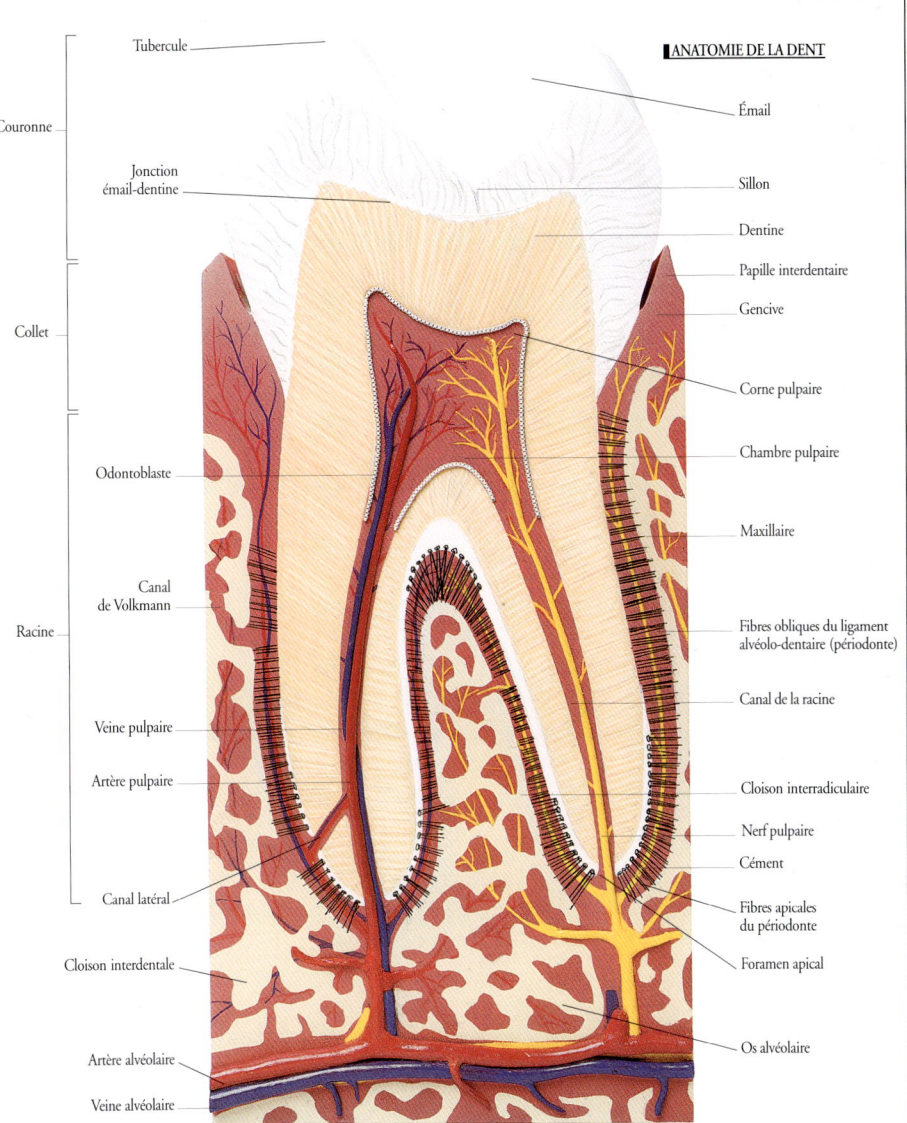

LE CORPS HUMAIN

LE SYSTÈME DIGESTIF

Le tube digestif transforme la nourriture en particules si infimes que le sang peut les absorber afin de nourrir l'ensemble des tissus du corps. Ce tube, qui part de la bouche et va jusqu'à l'anus, mesure 9 m de long. Sa paroi musculaire permet la progression du bol alimentaire – bouchée d'aliments préparés par la salivation et la mastication. Ce bol passe dans l'œsophage, descend dans l'estomac, où il est mixé et réduit en bouillie, puis continue son voyage en traversant le duodénum, le jéjunum et l'iléon. Ces trois dernières parties constituent l'intestin grêle. À ce niveau, les sucs digestifs, déversés de la vésicule biliaire et du pancréas, transforment cette bouillie en de fines particules. Ces dernières, introduites dans le sang au travers de minuscules villosités en doigt de gant situées à l'intérieur de la paroi de l'intestin grêle, seront assimilables par les cellules. Les composants non digérés de la nourriture progressent dans le côlon et forment, avec les bactéries mortes du côlon, les selles – ou fèces.

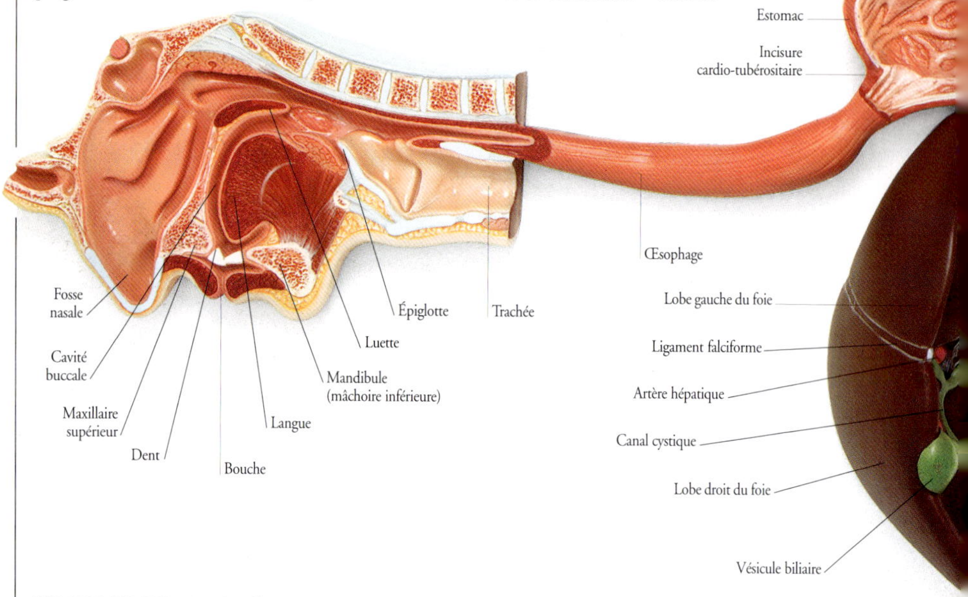

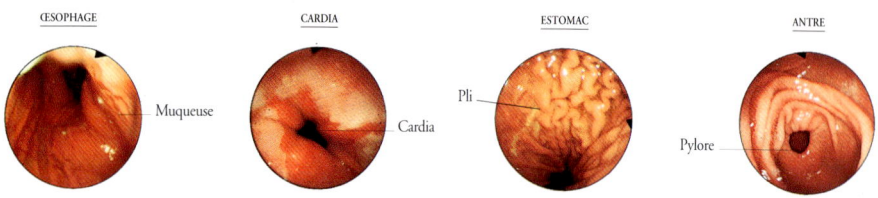

■ VUES ENDOSCOPIQUES DE L'INTÉRIEUR DU TUBE DIGESTIF

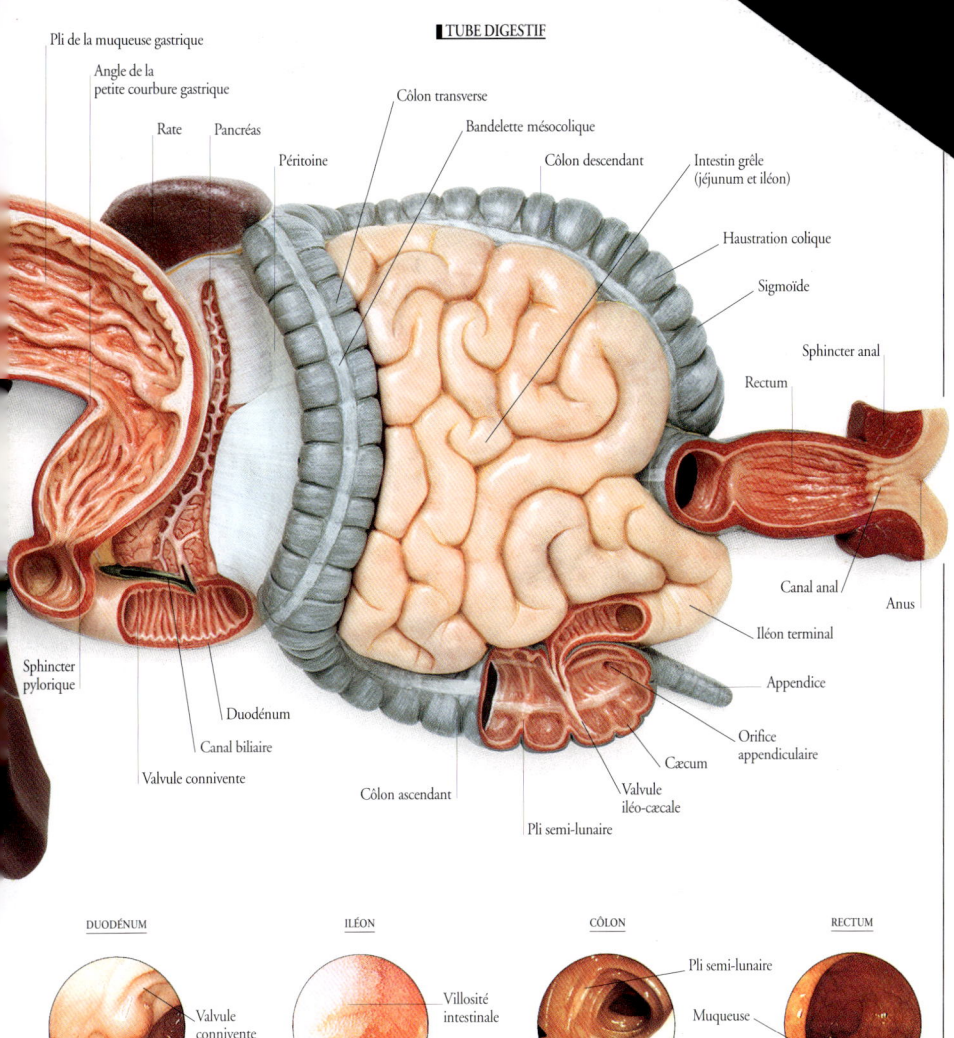

...re le cœur. Il est constitué ...pyramide triangulaire ...vités, les chambres cardiaques : ...on musculaire, divise ...ment le cœur en un côté ...ôté gauche ; ces côtés sont ...parés par des valvules, formant une ca... ...eure, l'oreillette, et une cavité inférieure, le ventricule. Le cœur a pour mission de propulser le sang dans tout l'organisme, lui apportant ainsi l'oxygène et les nutriments dont il a besoin. Ce muscle vital fait office de pompe qui se remplit et se vide au rythme des battements cardiaques. Le sang, qui s'est réoxygéné au contact des poumons, est ramené dans l'oreillette gauche par les veines pulmonaires ; de l'oreillette gauche, il est chassé dans le ventricule gauche, puis propulsé vers les organes de la périphérie qui pompent son oxygène ; après avoir irrigué les tissus, le sang privé d'une partie de son oxygène retourne dans l'oreillette droite par la veine cave, puis dans le ventricule droit, et revient aux poumons par l'intermédiaire de l'artère pulmonaire pour s'y réoxygéner. Au repos, un cœur normal bat entre 60 et 80 fois par minute.

ARTÈRES ET VEINES ENTOURANT LE CŒUR

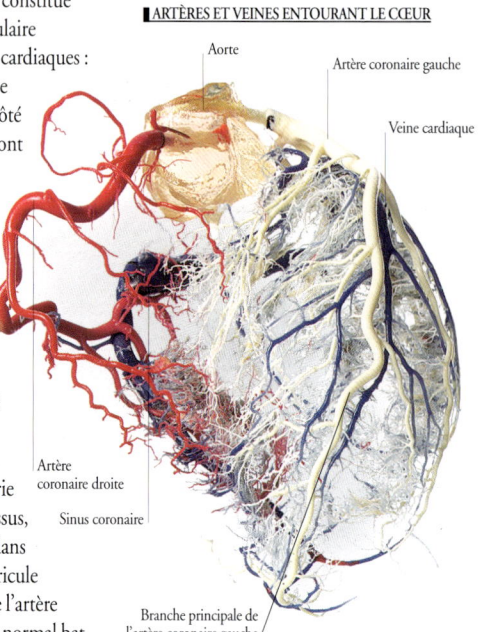

Aorte
Artère coronaire gauche
Veine cardiaque
Artère coronaire droite
Sinus coronaire
Branche principale de l'artère coronaire gauche

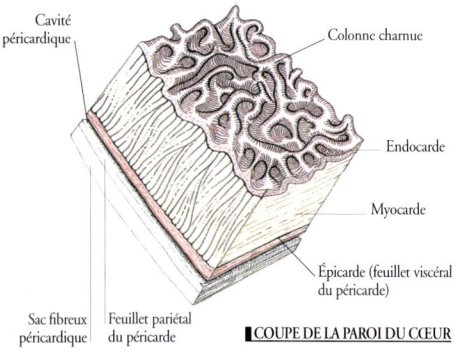

Cavité péricardique
Colonne charnue
Endocarde
Myocarde
Épicarde (feuillet viscéral du péricarde)
Sac fibreux péricardique
Feuillet pariétal du péricarde

COUPE DE LA PAROI DU CŒUR

SÉQUENCE DES BATTEMENTS CARDIAQUES

DIASTOLE AURICULAIRE

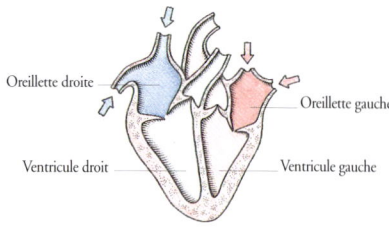

Oreillette droite
Oreillette gauche
Ventricule droit
Ventricule gauche

Le sang désoxygéné pénètre dans l'oreillette droite pendant que l'oreillette gauche reçoit le sang oxygéné.

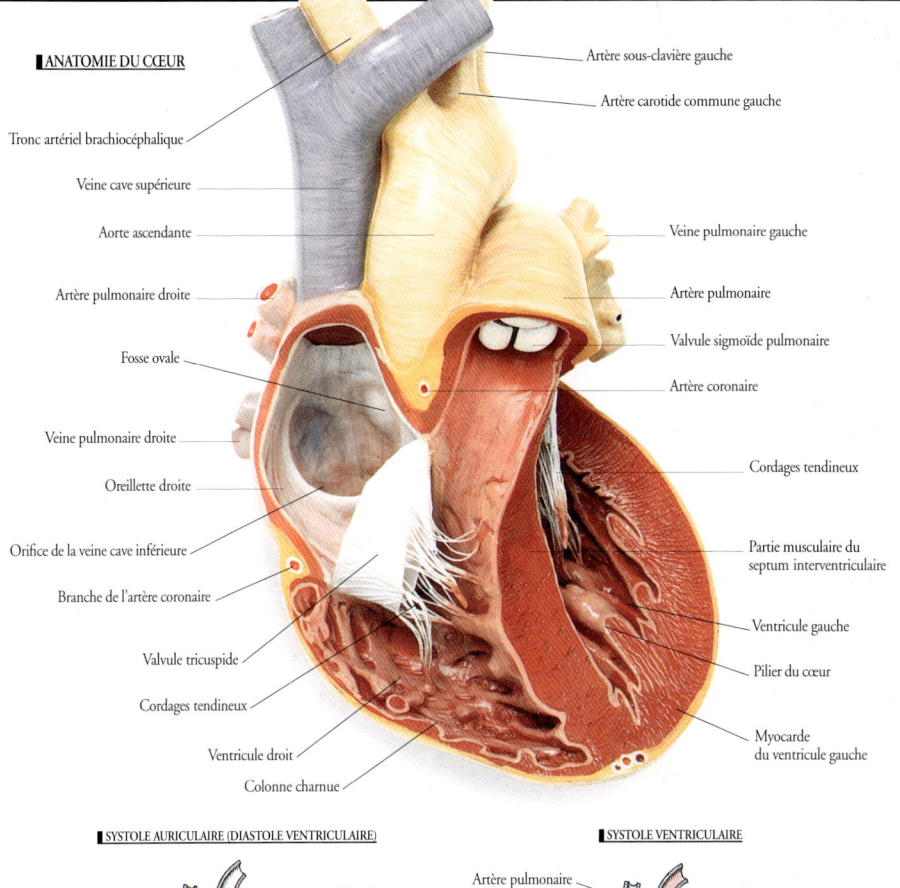

LE SYSTÈME CIRCULATOIRE

Le cœur et les vaisseaux composent le système circulatoire qui assure le passage continu du sang dans le corps. Les artères et artérioles forment un véritable réseau de tubes où coule le sang riche en oxygène irriguant les tissus. Une fois nourris, les tissus se débarrassent de leurs déchets dans le sang qui emprunte alors le chemin des veinules et veines pour revenir jusqu'au cœur. Artérioles et veinules communiquent par l'intermédiaire d'un réseau de tout petits vaisseaux, les capillaires, sites des échanges d'oxygène et du gaz carbonique entre le sang et les cellules. Le sang est composé essentiellement de globules rouges, de globules blancs, de plaquettes et de plasma.

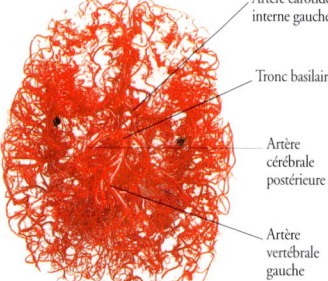

SYSTÈME ARTÉRIEL DU CERVEAU

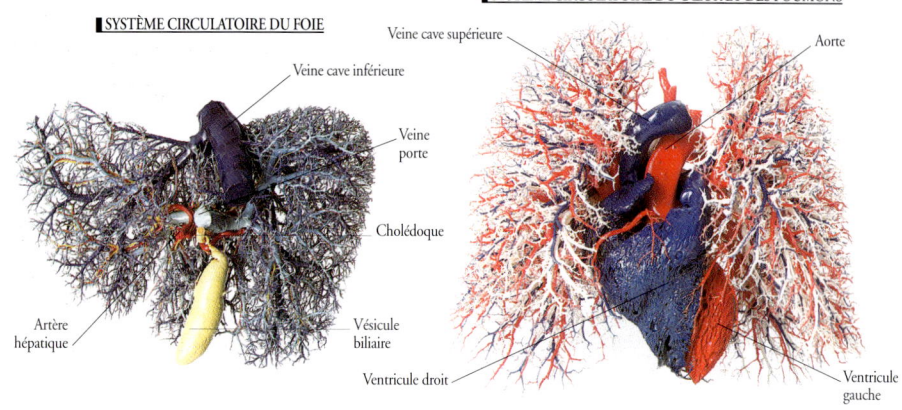

SYSTÈME CIRCULATOIRE DU FOIE

SYSTÈME CIRCULATOIRE DU CŒUR ET DES POUMONS

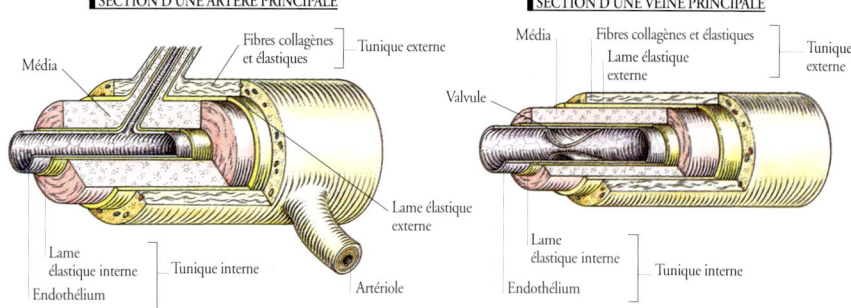

SECTION D'UNE ARTÈRE PRINCIPALE

SECTION D'UNE VEINE PRINCIPALE

LE SYSTÈME CIRCULATOIRE / 253

PRINCIPALES ARTÈRES ET VEINES

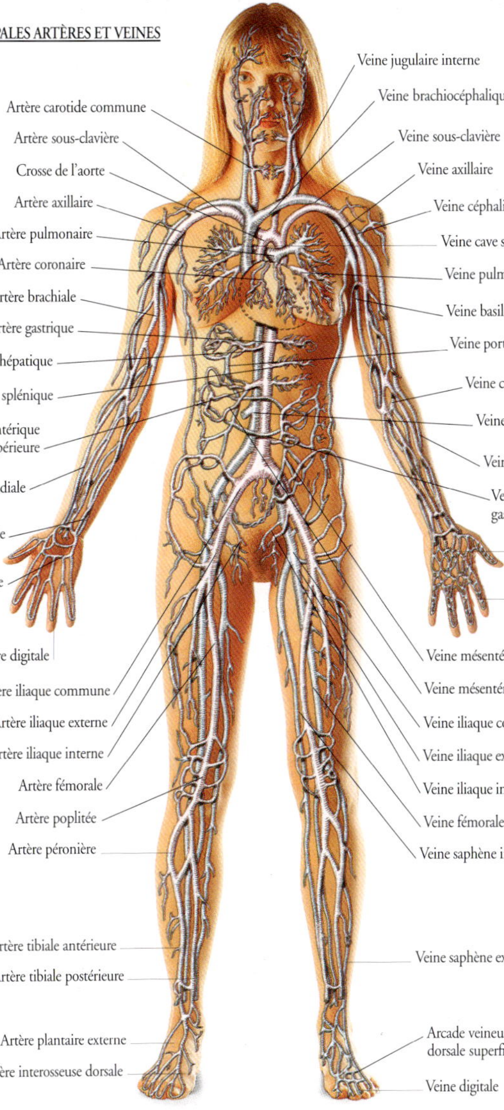

Artères :
- Artère carotide commune
- Artère sous-clavière
- Crosse de l'aorte
- Artère axillaire
- Artère pulmonaire
- Artère coronaire
- Artère brachiale
- Artère gastrique
- Artère hépatique
- Artère splénique
- Artère mésentérique supérieure
- Artère radiale
- Artère cubitale
- Arcade palmaire
- Artère digitale
- Artère iliaque commune
- Artère iliaque externe
- Artère iliaque interne
- Artère fémorale
- Artère poplitée
- Artère péronière
- Artère tibiale antérieure
- Artère tibiale postérieure
- Artère plantaire externe
- Artère interosseuse dorsale

Veines :
- Veine jugulaire interne
- Veine brachiocéphalique
- Veine sous-clavière
- Veine axillaire
- Veine céphalique
- Veine cave supérieure
- Veine pulmonaire
- Veine basilique
- Veine porte
- Veine cubitale médiane
- Veine cave inférieure
- Veine médiane
- Veine gastro-épiploïque
- Veine palmaire
- Veine digitale
- Veine mésentérique inférieure
- Veine mésentérique supérieure
- Veine iliaque commune
- Veine iliaque externe
- Veine iliaque interne
- Veine fémorale
- Veine saphène interne
- Veine saphène externe
- Arcade veineuse dorsale superficielle
- Veine digitale

CELLULES SANGUINES

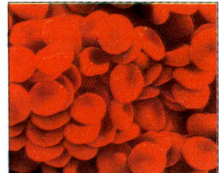

GLOBULES ROUGES
Les globules rouges ont une forme biconcave, de façon à assurer un meilleur transport de l'oxygène.

GLOBULES BLANCS
Les lymphocytes sont les plus petites cellules blanches du sang. Ils fabriquent des anticorps.

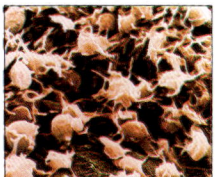

PLAQUETTES
Ces minuscules cellules participent à la formation du caillot sanguin qui bouche les brèches dans les vaisseaux.

CAILLOT SANGUIN

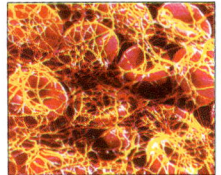

Les filaments de fibrine enserrent les globules rouges pour former le caillot sanguin.

LE SYSTÈME RESPIRATOIRE

BRONCHIOLE ET ALVÉOLES

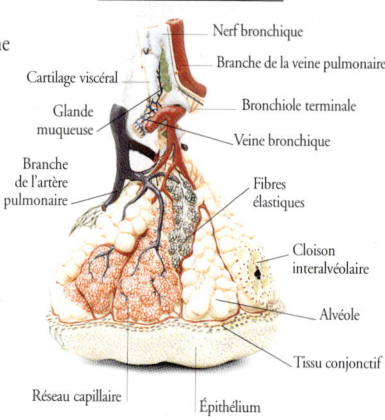

- Nerf bronchique
- Branche de la veine pulmonaire
- Cartilage viscéral
- Bronchiole terminale
- Glande muqueuse
- Veine bronchique
- Branche de l'artère pulmonaire
- Fibres élastiques
- Cloison interalvéolaire
- Alvéole
- Tissu conjonctif
- Réseau capillaire
- Épithélium

Le système respiratoire apporte aux cellules de l'organisme l'oxygène dont elles ont besoin et les débarrasse de leur production de gaz carbonique. L'air est inspiré dans la trachée puis passe au travers de structures plus étroites, les bronches, pour arriver jusqu'aux bronchioles, tubes fins, nombreux et ramifiés qui débouchent dans de minuscules chambres disposées en groupe, les alvéoles. Les gaz diffusent au travers de la membrane alvéolaire et gagnent un réseau de minuscules vaisseaux sanguins. Les muscles intercostaux, ainsi que le diaphragme situé entre le thorax et l'abdomen, actionnent ces poumons pour faire entrer et sortir l'air à intervalles réguliers.

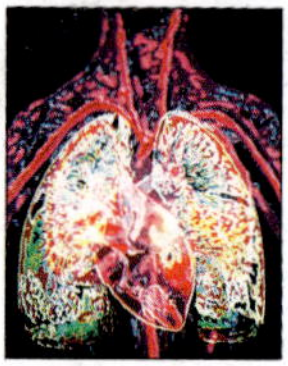

SEGMENTS DE L'ARBRE BRONCHIQUE

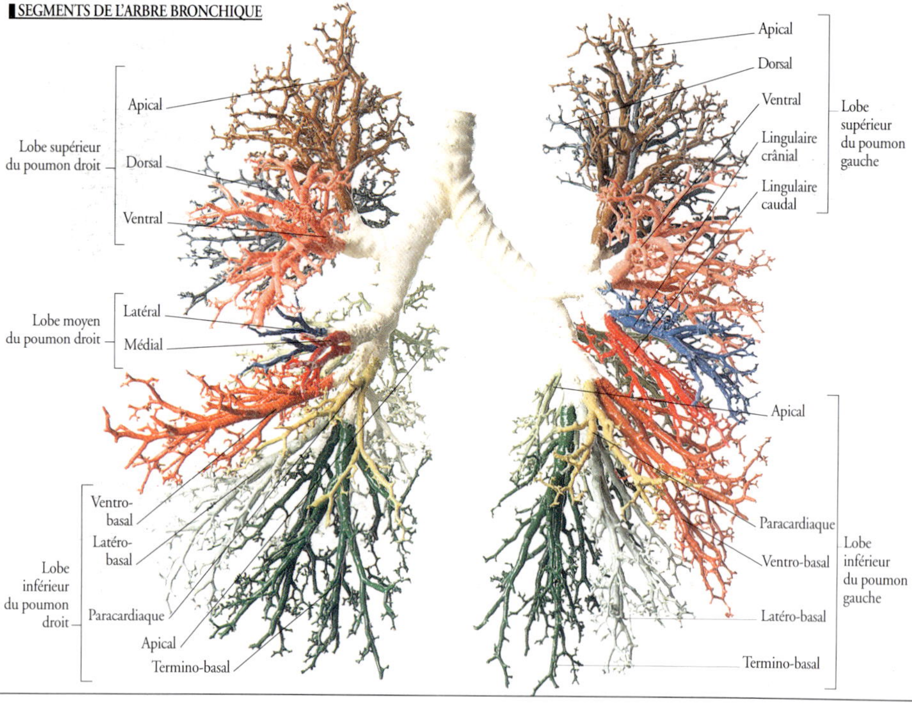

Lobe supérieur du poumon droit
- Apical
- Dorsal
- Ventral

Lobe supérieur du poumon gauche
- Apical
- Dorsal
- Ventral
- Lingulaire crânial
- Lingulaire caudal

Lobe moyen du poumon droit
- Latéral
- Médial

Lobe inférieur du poumon droit
- Ventro-basal
- Latéro-basal
- Paracardiaque
- Apical
- Termino-basal

Lobe inférieur du poumon gauche
- Apical
- Paracardiaque
- Ventro-basal
- Latéro-basal
- Termino-basal

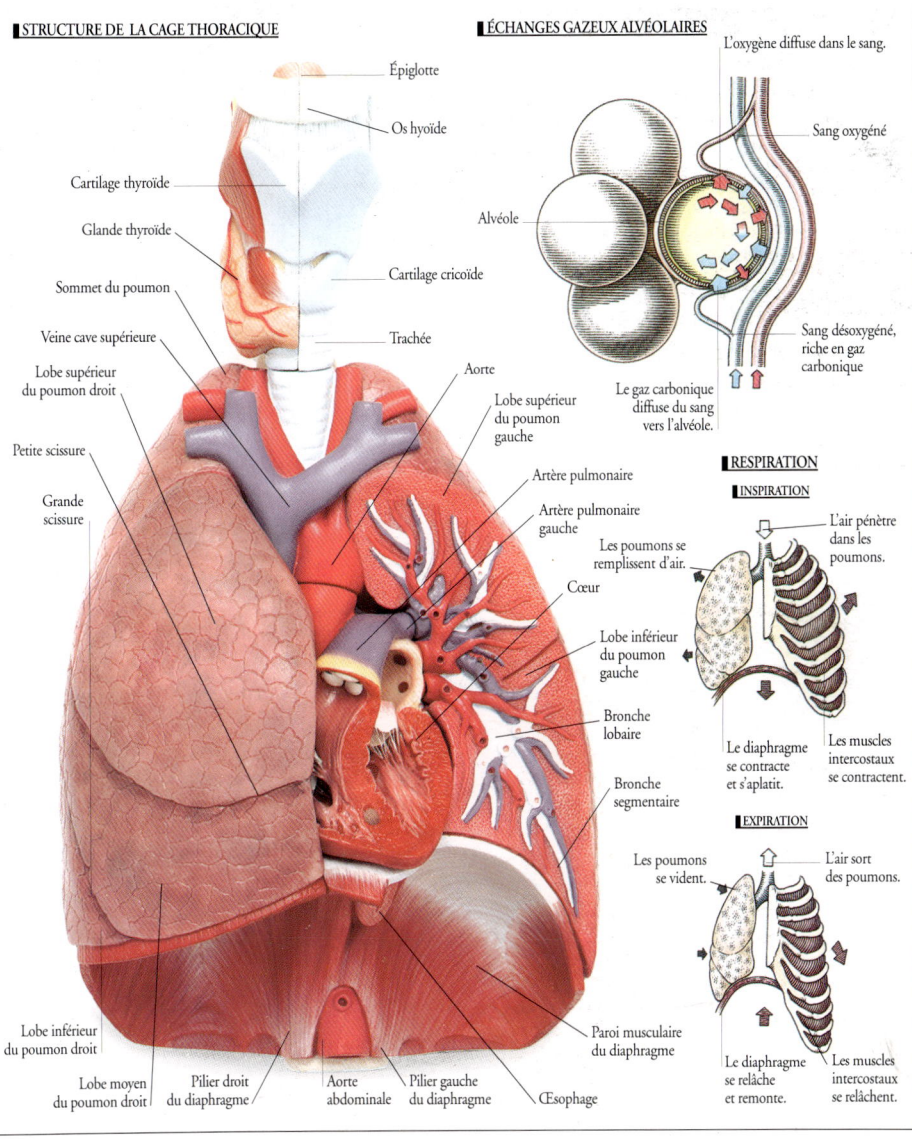

LE SYSTÈME URINAIRE

L'Homme possède deux reins, en forme de haricot, de la taille d'un poing. Ces organes épurent les déchets produits par les cellules de l'organisme et déversés dans le sang ; ils les évacuent hors du corps par l'intermédiaire d'un système de canaux. Les artères rénales transportent le sang au rein. Les veines rénales en assurent le retour. Chaque rein comprend environ un million de minuscules unités appelées néphrons. Chaque néphron est composé d'un tube et d'une unité filtrante, le glomérule, formé d'une quantité de petits vaisseaux sanguins entourés par la capsule de Bowman. Cette filtration produit une eau additionnée de déchet, l'urine. Celle-ci est alors transportée dans la vessie par l'intermédiaire des deux uretères. La vessie se remplit, puis se vide à l'extérieur du corps par l'urètre au cours d'un acte volontaire : la miction.

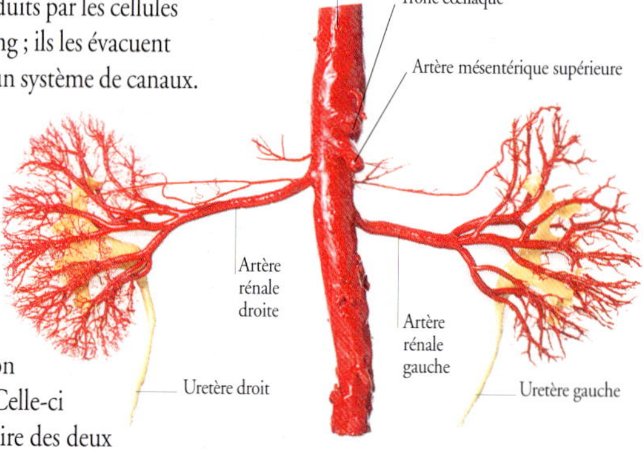

SYSTÈME ARTÉRIEL RÉNAL

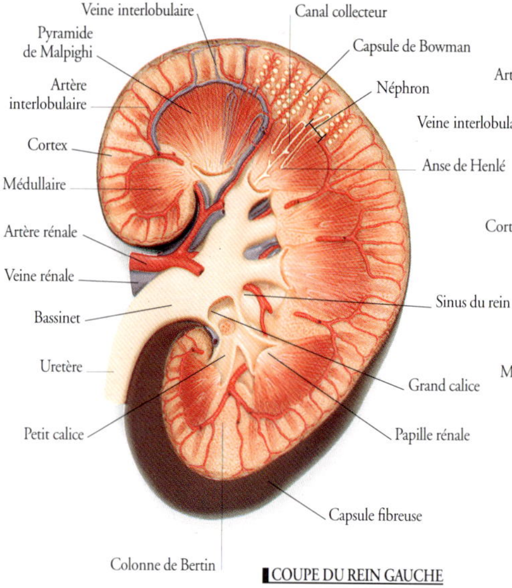

COUPE D'UN REIN

COUPE DU REIN GAUCHE

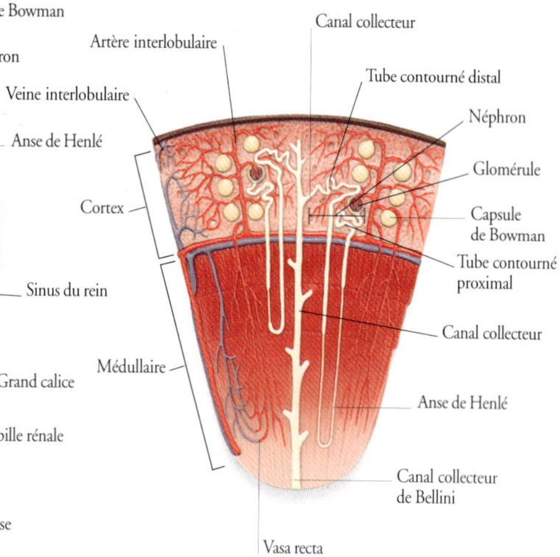

LE SYSTÈME URINAIRE / 257

SYSTÈME URINAIRE MASCULIN

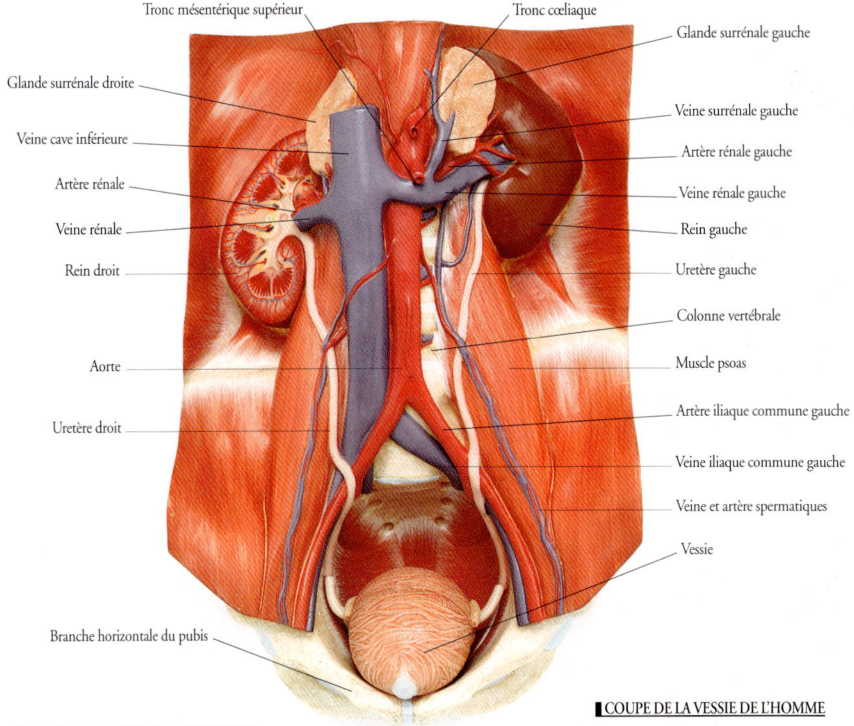

- Tronc mésentérique supérieur
- Tronc cœliaque
- Glande surrénale gauche
- Glande surrénale droite
- Veine surrénale gauche
- Veine cave inférieure
- Artère rénale gauche
- Artère rénale
- Veine rénale gauche
- Veine rénale
- Rein gauche
- Rein droit
- Uretère gauche
- Colonne vertébrale
- Aorte
- Muscle psoas
- Uretère droit
- Artère iliaque commune gauche
- Veine iliaque commune gauche
- Veine et artère spermatiques
- Vessie
- Branche horizontale du pubis

COUPE DE LA CAPSULE DE BOWMAN

- Artériole efférente
- Tube contourné distal
- Artériole afférente
- Membrane basale de la capsule de Bowman
- Espace urinaire de Bowman
- Capsule de Bowman
- Glomérule
- Tube contourné proximal

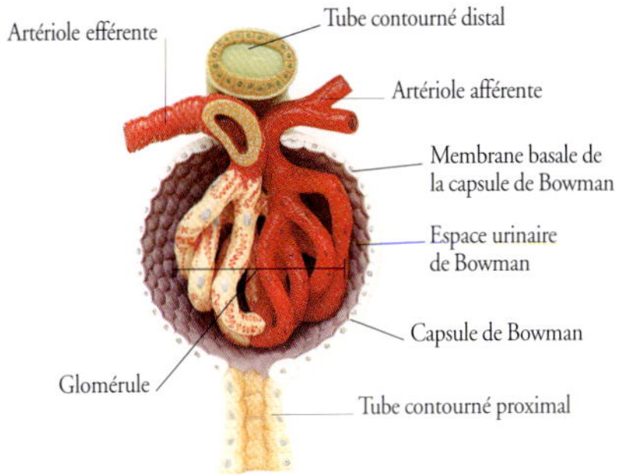

COUPE DE LA VESSIE DE L'HOMME

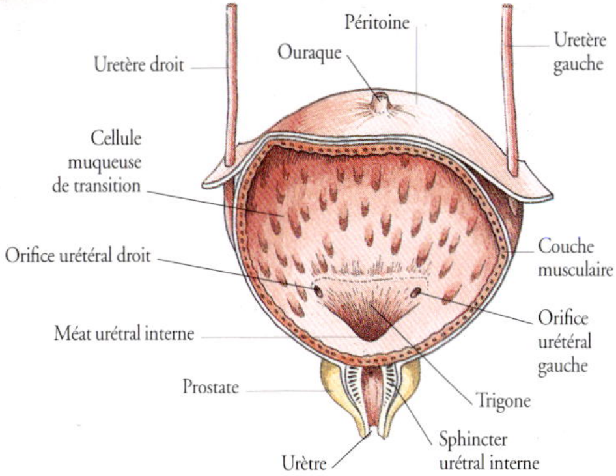

- Péritoine
- Uretère droit
- Ouraque
- Uretère gauche
- Cellule muqueuse de transition
- Orifice urétéral droit
- Couche musculaire
- Méat urétral interne
- Orifice urétéral gauche
- Prostate
- Trigone
- Urètre
- Sphincter urétral interne

LE SYSTÈME REPRODUCTEUR

Les organes sexuels situés dans l'abdomen permettent à l'Homme de se reproduire. Chaque mois, un ovule, arrivé à maturité, est libéré par l'un des deux ovaires de la femme au travers de la trompe de Fallope. Cet ovule débouche dans l'utérus, organe musculaire de la taille d'une poire. L'homme, de son côté, fabrique les spermatozoïdes dans ses testicules (deux glandes ovales appendues sous l'abdomen). Quand l'homme est prêt à verser son sperme dans le vagin de la femme, des millions de spermatozoïdes sont libérés dans l'urètre masculin et expulsés par le pénis en érection. Un seul d'entre eux fertilisera l'ovule niché dans l'utérus. Ce mariage du spermatozoïde et de l'ovule donnera l'œuf, qui se fixera dans la paroi de l'utérus pour former, en neuf mois, un enfant.

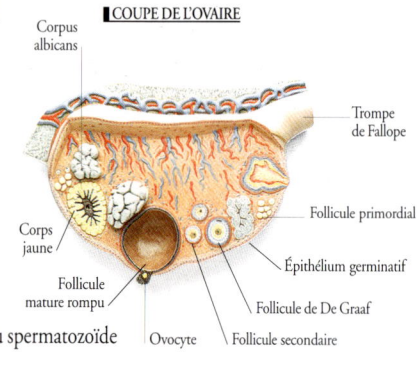

■ COUPE DE L'OVAIRE

- Corpus albicans
- Trompe de Fallope
- Follicule primordial
- Épithélium germinatif
- Follicule de De Graaf
- Follicule secondaire
- Ovocyte
- Follicule mature rompu
- Corps jaune

■ COUPE DU PELVIS
FÉMININ

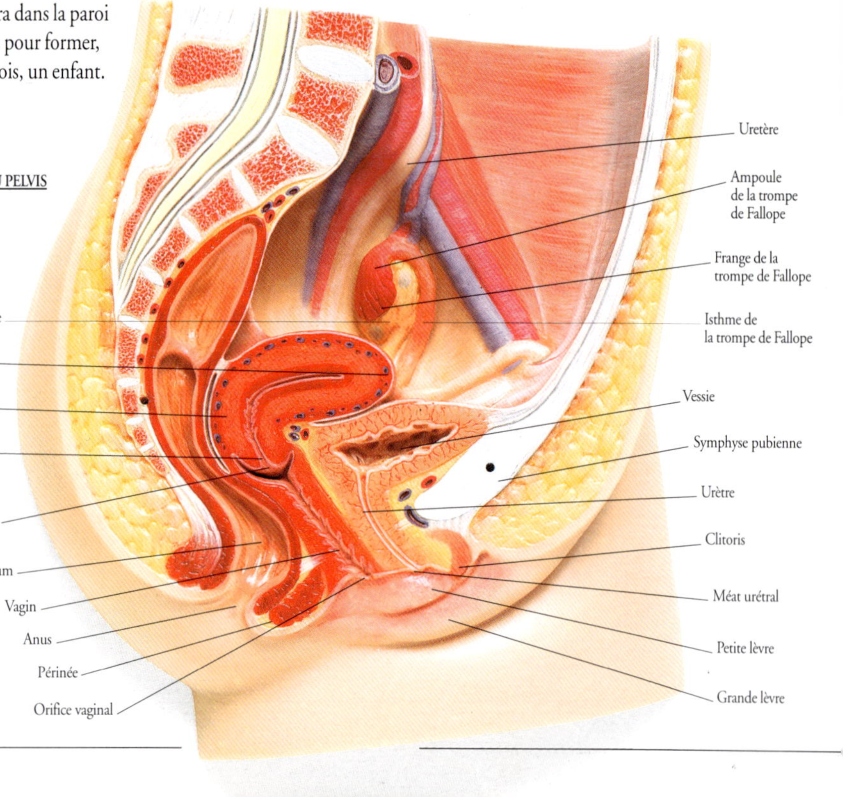

- Uretère
- Ampoule de la trompe de Fallope
- Frange de la trompe de Fallope
- Isthme de la trompe de Fallope
- Vessie
- Symphyse pubienne
- Urètre
- Clitoris
- Méat urétral
- Petite lèvre
- Grande lèvre
- Ovaire
- Fond de l'utérus
- Utérus (matrice)
- Col de l'utérus
- Orifice externe du col de l'utérus
- Rectum
- Vagin
- Anus
- Périnée
- Orifice vaginal

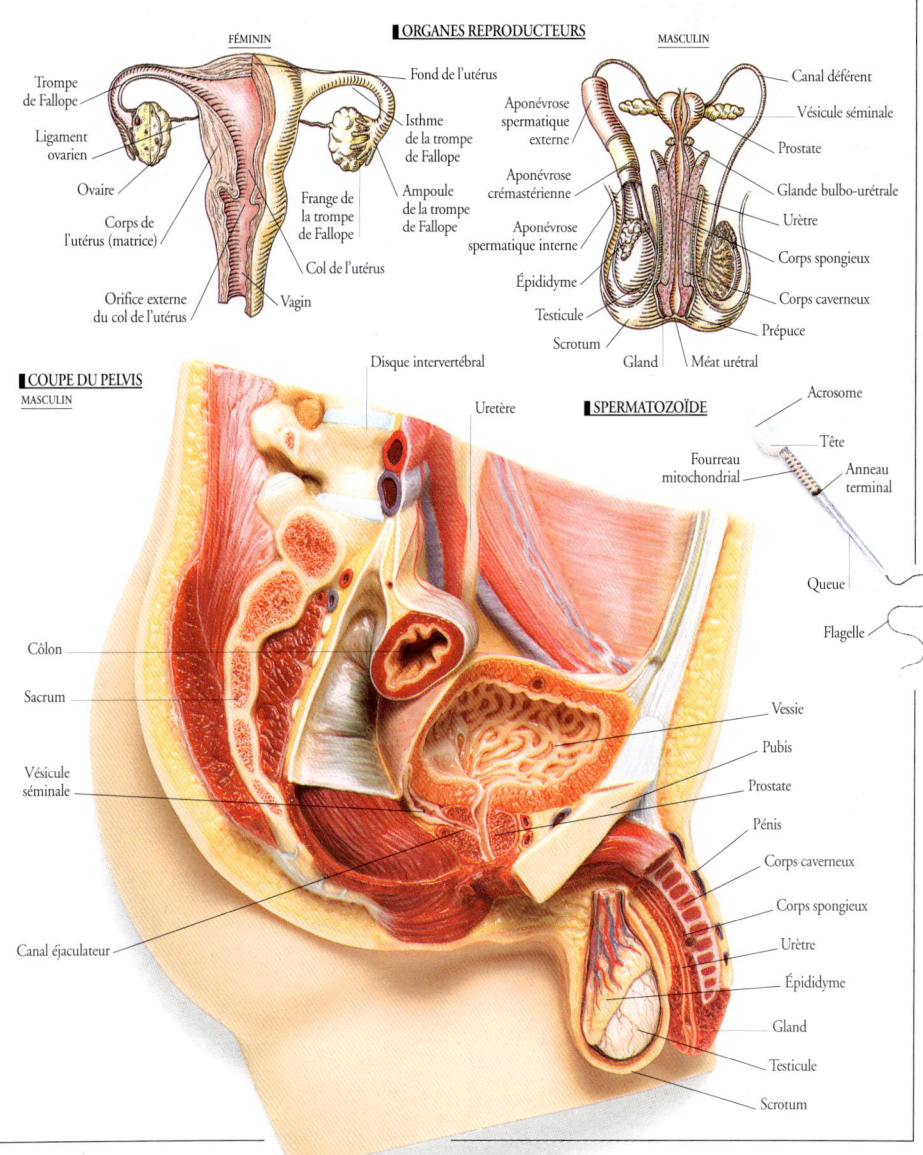

LE CORPS HUMAIN

LE DÉVELOPPEMENT DU FŒTUS

La grossesse dure neuf mois. L'œuf fécondé, qui devient embryon, puis fœtus, est nourri par l'intermédiaire du cordon ombilical : le placenta, composé d'une multitude de vaisseaux sanguins implantés dans la muqueuse de l'utérus, distribue nourriture et oxygène et élimine les déchets. Ainsi, le fœtus se repose douillettement, entouré par le liquide amniotique qui le protège contre les secousses brusques. Dans les dernières semaines de la grossesse, le fœtus se retourne, tête en bas : le bébé est prêt à naître.

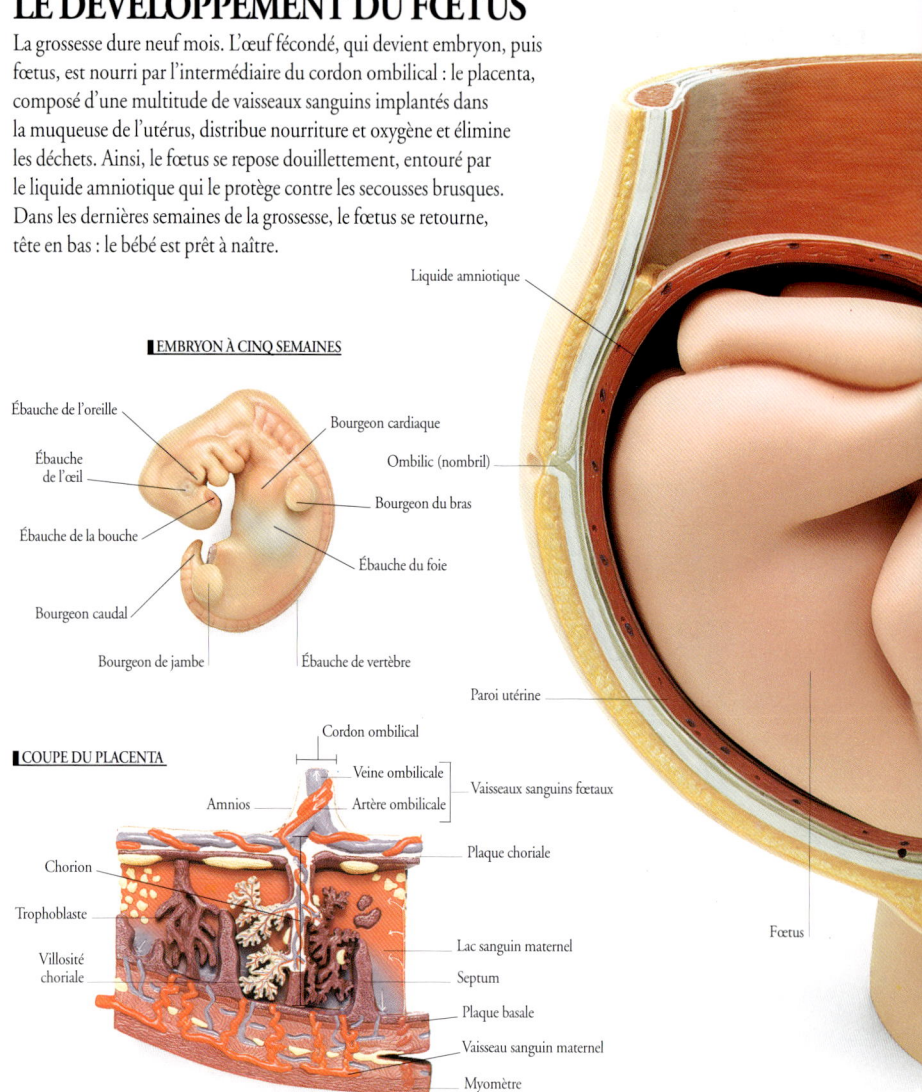

Liquide amniotique

■ EMBRYON À CINQ SEMAINES

Ébauche de l'oreille
Ébauche de l'œil
Ébauche de la bouche
Bourgeon caudal
Bourgeon de jambe
Bourgeon cardiaque
Ombilic (nombril)
Bourgeon du bras
Ébauche du foie
Ébauche de vertèbre

Paroi utérine

■ COUPE DU PLACENTA

Cordon ombilical
Veine ombilicale
Amnios
Artère ombilicale
Vaisseaux sanguins fœtaux
Plaque choriale
Chorion
Trophoblaste
Villosité choriale
Lac sanguin maternel
Septum
Plaque basale
Vaisseau sanguin maternel
Myomètre

Fœtus

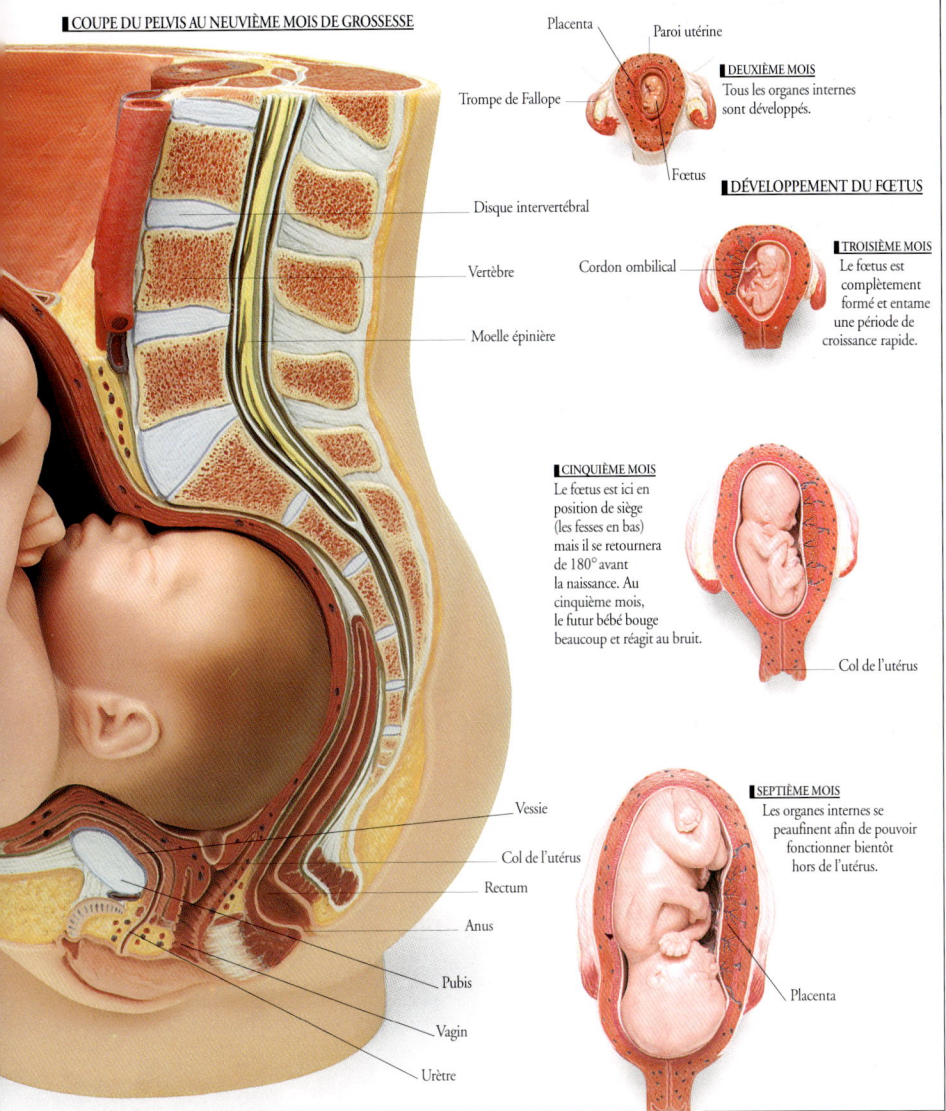

LA GÉOGRAPHIE DE LA TERRE

LA GÉOGRAPHIE PHYSIQUE	264
LE CYCLE DES ROCHES	266
LES MINÉRAUX	268
LES CARACTÉRISTIQUES DES MINÉRAUX	270
LES VOLCANS	272
LES ROCHES IGNÉES ET MÉTAMORPHIQUES	274
LES ROCHES SÉDIMENTAIRES	276
LES FOSSILES	278
LES RESSOURCES NATURELLES	280
L'ALTÉRATION ET L'ÉROSION	282
LES GROTTES ET LES CAVERNES	284
LES GLACIERS	286
LES COURS D'EAU	288
LES CARACTÉRISTIQUES DES RIVIÈRES	290
LES LACS ET L'EAU SOUTERRAINE	292
LES RIVAGES	294
LES MERS ET LES OCÉANS	296
LE FOND DE L'OCÉAN	298
L'ATMOSPHÈRE	300
LE TEMPS QU'IL FAIT	302

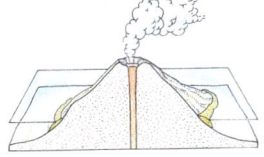

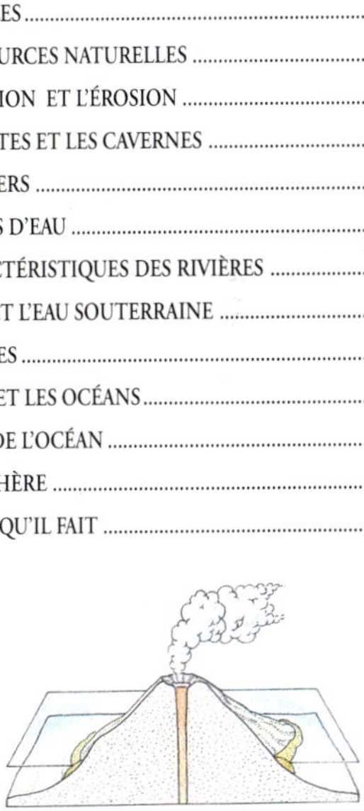

LA GÉOGRAPHIE PHYSIQUE

L'eau occupe environ 70 % de la surface de la terre. L'océan Pacifique, la plus grande masse d'eau, couvre à lui seul un tiers de la surface. La plupart des terres émergées se répartissent entre sept continents : l'Asie, l'Afrique, l'Amérique du Nord, l'Amérique du Sud, l'Antarctique, l'Europe et l'Australasie. Parmi les caractères physiques des terres figurent notamment les chaînes de montagne, les fleuves et les déserts. Les plus grandes chaînes de montagnes, l'Himalaya en Asie ou la Cordillère des Andes en Amérique du Sud, s'étirent sur des milliers de kilomètres. La chaîne de l'Himalaya comprend le plus haut sommet du monde, le Mont Everest (8 848 mètres). Les fleuves les plus longs sont le Nil en Afrique (6 695 km) et l'Amazone en Amérique du Sud (6 437 km). Les déserts occupent environ 20 % de la surface des terres. Le plus étendu est le Sahara, qui recouvre à peu près un tiers de l'Afrique. Les caractères physiques de la planète peuvent être figurés de différentes façons. De tous les modes de représentation de la Terre, le globe est celui qui introduit le moins de déformation. Les cartes, résultant de la projection d'une surface sphérique sur une feuille plate, présentent toujours des distorsions.

■ EXEMPLES DE MODES DE PROJECTION DES CARTES

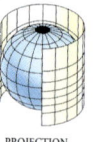
PROJECTION CYLINDRIQUE

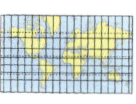
CARTE CORRESPONDANTE

■ LES CARTES ÉTABLIES PAR SATELLITES

Les satellites photographient la Terre.
Panneau solaire
Rotation de la Terre
Antenne
La Terre
Orbite polaire du satellite
Portion de la surface de la Terre couverte par la photographie
Photo mosaïque de la planète issue de l'assemblage de milliers de clichés séparés

LA GÉOGRAPHIE PHYSIQUE / 265

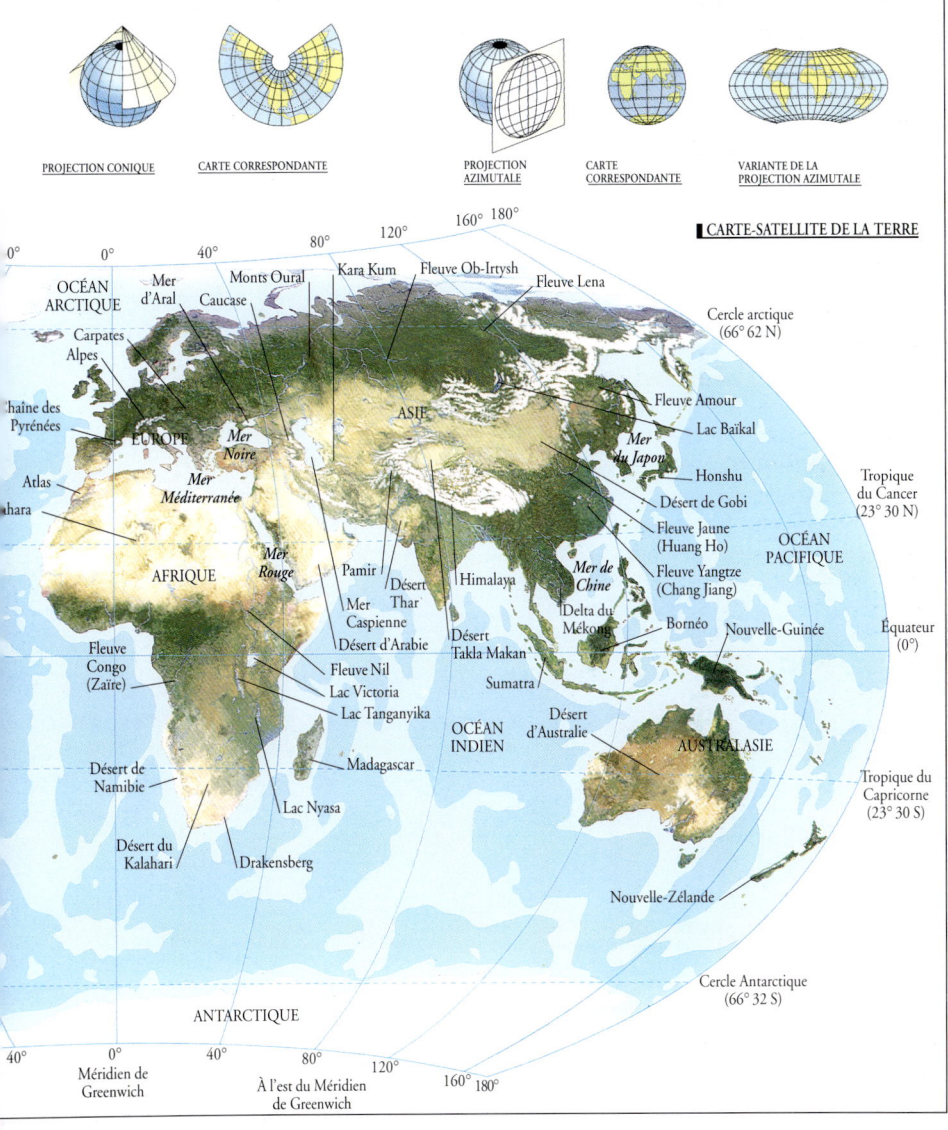

PROJECTION CONIQUE — CARTE CORRESPONDANTE — PROJECTION AZIMUTALE — CARTE CORRESPONDANTE — VARIANTE DE LA PROJECTION AZIMUTALE

CARTE-SATELLITE DE LA TERRE

LA GÉOGRAPHIE DE LA TERRE

LE CYCLE DES ROCHES

Le cycle des roches est un processus continu qui recycle en permanence les roches anciennes. Les roches sont classées en trois grands groupes : les roches ignées, les roches sédimentaires et les roches métamorphiques. Les roches ignées résultent du refroidissement et de la solidification d'un magma (c'est-à-dire un bain de roches en fusion) issu de l'intérieur de la Terre (pp. 274-275). Les roches sédimentaires sont issues de la compression et de la cimentation des sédiments (des particules de roches, par exemple) au cours du phénomène appelé lithification (pp. 276-277). Enfin, les roches métamorphiques se forment à la suite de la transformation, sous l'effet de la température ou de la pression, de roches ignées, ou sédimentaires, voire déjà métamorphiques. Les roches exposées à l'affleurement sont désagrégées par l'érosion (pp. 282 - 283). Les particules sont ensuite transportées par les glaciers, les cours d'eau ou le vent, avant d'être déposées dans les lacs, les deltas, les déserts ou au fond des océans. Ces sédiments sont lithifiés en roches sédimentaires qui sont charriées à la surface par les mouvements de l'écorce terrestre ou entraînées dans les profondeurs du globe, où la température et la pression les transformeront en roches métamorphiques. Ces dernières peuvent être rapportées en surface ou alimenter un magma qui donnera à son tour des roches ignées. Le cycle recommencera lorsque les différentes roches seront de nouveau exposées à l'érosion.

COLONNES HEXAGONALES DE BASALTE, ISLANDE

ÉTAPES DU CYCLE DES ROCHES

Le magma se répand sous forme de lave qui forme des roches ignées en se refroidissant.

Coulée de lave

Cratère
Cheminée principale
Cheminée adventive
Lave
Cendres

Roches ignées
Érosion, transport et dépôt
Sédiments
Refroidissement et solidification (cristallisation)
Chaleur et pression (métamorphisme)
Érosion, transport et dépôt
Érosion, transport et dépôt
Compression et cimentation (lithification)
Magma
Fusion
Chaleur et pression (métamorphisme)
Roches métamorphiques
Roches sédimentaires

LE CYCLE DES ROCHES

Les roches sont métamorphisées par la chaleur au contact du magma.

Les roches encaissantes peuvent fondre au passage du magma extrêmement chaud.

Les roches sédimentaires sont métamorphisées par écrasement et plissement.

LA GÉOGRAPHIE DE LA TERRE

LES MINÉRAUX

Un minéral est une substance naturelle possédant une composition chimique caractéristique et des propriétés physiques spécifiques, comme l'habitus ou la trace (pp. 270-271). Une roche, par comparaison, est un agrégat de cristaux et n'a pas vraiment de composition chimique stricte. Les minéraux sont composés d'éléments. Les éléments sont les plus petites unités que l'on puisse isoler par des procédés chimiques. Les minéraux sont classés en éléments natifs et en composés. Les éléments natifs se composent d'un élément chimique pur, comme l'or (symbole chimique Au), l'argent (Ag), le cuivre (Cu) et le carbone (C). A l'état natif, le carbone se présente sous deux formes : le diamant ou le graphite. Les composés, eux, sont des combinaisons de deux ou plusieurs éléments chimiques.

ÉLÉMENTS NATIFS

Dendrites (ramifications) de cuivre

Matrice de limonite

CUIVRE (Cu)

Dendrites (ramifications) d'or

Kimberlite (matrice)

Diamant (blanc)

Cristaux hexagonaux de graphite

Veine de quartz

OR (Au)

DIAMANT (C)

GRAPHITE (C)

Cristaux cubiques de galène

SULFURES

GALÈNE (PbS)

Cristaux prismatiques de stibine

Matrice quartzeuse

STIBINE (Sb_2S_3)

Cristaux réguliers octaédriques de pyrite

Cristaux de quartz

PYRITE (FeS_2)

OXYDES/HYDROXYDES

Quartz laiteux (matrice)

Cristaux de quartz enfumé

QUARTZ ENFUMÉ (SiO_2)

Grains roulés de bauxite dans une matrice

Masse de cristaux d'hématite spéculaire

HÉMATITE SPÉCULAIRE (Fe_2O_3)

BAUXITE ($FeO(OH)$ et $Al_2O_5 \cdot 2H_2O$)

Onyx en bandes parallèles

ONYX (SiO_2)

Rognon d'hématite

Cristaux d'hématite spéculaire

HÉMATITE ROGNONEUSE (Fe_2O_3)

LES CARACTÉRISTIQUES DES MINÉRAUX

CLIVAGE

Les minéraux peuvent être identifiés grâce à l'étude de leurs propriétés physiques, comme la fracture, les clivages, le système cristallin, l'habitus, la dureté, la couleur et la trace. Les minéraux peuvent se briser de différentes manières. Si la fracture est irrégulière, le minéral possède une cassure ; si au contraire, le minéral se brise selon des plans de faiblesse bien définis, il possède des clivages caractéristiques. La plupart des minéraux apparaissent sous forme de cristaux qui sont classés selon leur système cristallin. Chaque système contient des formes différentes qui possèdent des caractéristiques géométriques communes. L'habitus est le nom donné à un assemblage de plusieurs cristaux. Un habitus botryoïdal désigne une masse en grappe de raisin alors qu'un habitus massif s'applique à une masse informe. La dureté d'un minéral est estimée par sa résistance à la rayure par un objet. La couleur n'est pas un guide fiable pour identifier les minéraux qui peuvent apparaître avec diverses teintes. La trace qu'ils laissent sur la porcelaine est un meilleur indicateur.

Clivage selon une direction

CLIVAGE PLAN

Clivage horizontal

Clivage vertical

CLIVAGE SELON DEUX PLANS

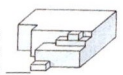

Clivage selon trois directions découpant un bloc cubique

CLIVAGE SELON TROIS PLANS

Clivage selon quatre directions découpant un cristal bi-pyramidé

CLIVAGE SELON QUATRE PLANS

SYSTÈMES CRISTALLINS

Cristaux cubiques de pyrite

Cristal quadratique d'idocrase

Représentation du système quadratique

SYSTÈME QUADRATIQUE

SYSTÈME CUBIQUE

Représentation du système cubique

FRACTURE OU CASSURE

Opale de feu à cassure conchoïdale (en forme de coquille)

CASSURE CONCHOÏDALE

Minerais de fer-nickel à cassure esquilleuse

CASSURE ESQUILLEUSE

Orpiment à cassure irrégulière

CASSURE IRRÉGULIÈRE

Garniérite à cassure fibreuse

CASSURE FIBREUSE

Cristal hexagonal de béryl

Représentation du système hexagonal

SYSTÈME HEXAGONAL

Cristal orthorhombique de barytine

Représentation du système orthorhombique

SYSTÈME ORTHORHOMBIQUE

Cristal monoclinique de sélénite

Représentation du système monoclinique

Représentation du système triclinique

Cristal triclinique d'axinite

SYSTÈME MONOCLINIQUE

SYSTÈME TRICLINIQUE

LA GÉOGRAPHIE DE LA TERRE

LES VOLCANS

Les volcans sont des orifices ou des fissures dans la croûte terrestre par où s'échappent les magmas (pp. 266-267), sous forme de laves. Ils apparaissent le plus souvent aux limites des plaques continentales. Les volcans sont classés selon la violence et la fréquence de leurs éruptions. Les éruptions non explosives se produisent généralement dans les zones d'étirement de la croûte terrestre. Elles libèrent des laves basaltiques très fluides qui construisent peu à peu des cônes surbaissés. Les éruptions les plus violentes ont lieu dans les zones d'affrontement des plaques. Elles font naître des laves rhyolitiques visqueuses. Des explosions les accompagnent, libérant des nuées ardentes de cendres et de pyroclastes (fragments de laves). Ces laves refroidissent trop vite pour s'épancher loin du cratère et construisent donc des cônes aux pentes raides. Certains volcans émettent à la fois des cendres et des coulées de lave, construisant ainsi des cônes composites. Les volcans aux éruptions fréquentes sont dits actifs, ceux dont les manifestations sont rares sont dits en sommeil ; ceux enfin qui ne manifestent aucune activité sont dits éteints.

Surface plissée, dite « cordée »

PAHOEHOE (LAVE CORDÉE)

LE GEYSER HORU, EN NOUVELLE-ZÉLANDE

LES TYPES DE VOLCANS

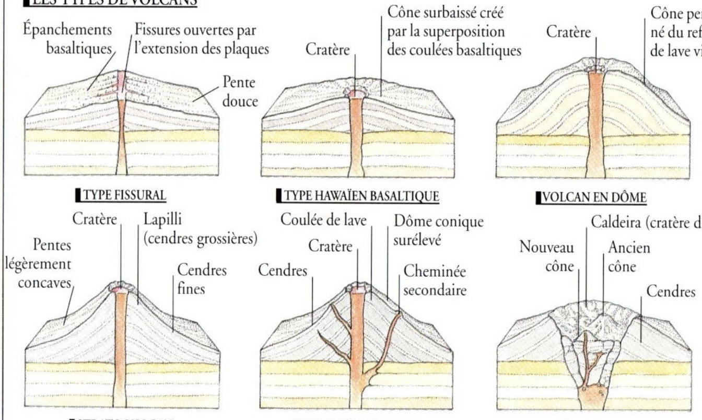

TYPE FISSURAL — Épanchements basaltiques ; Fissures ouvertes par l'extension des plaques ; Pente douce

TYPE HAWAÏEN BASALTIQUE — Cône surbaissé créé par la superposition des coulées basaltiques ; Cratère

VOLCAN EN DÔME — Cratère ; Cône pentu, aux flancs convexes, né du refroidissement rapide de lave visqueuse

STRATO-VOLCAN — Cratère ; Lapilli (cendres grossières) ; Pentes légèrement concaves ; Cendres fines

VOLCAN COMPOSITE — Coulée de lave ; Cratère ; Cendres ; Dôme conique surélevé ; Cheminée secondaire

CALDEIRA — Caldeira (cratère d'effondrement) ; Nouveau cône ; Ancien cône ; Cendres

Couche de roches sédimentaires

Roches métamorphiques (altérées par la pression ou la température)

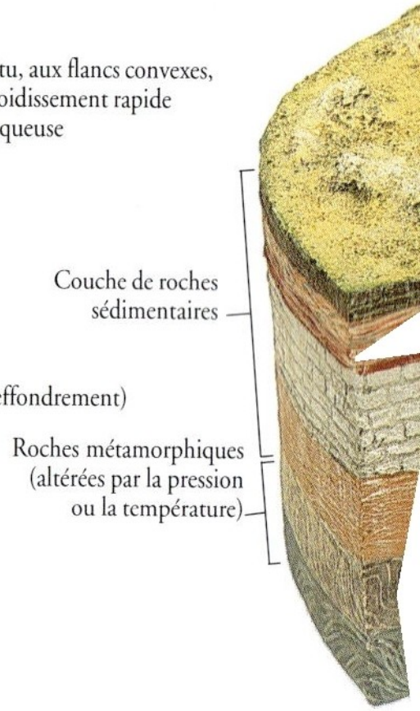

LES CHEMINÉES DÉGAGÉES PAR L'ÉROSION

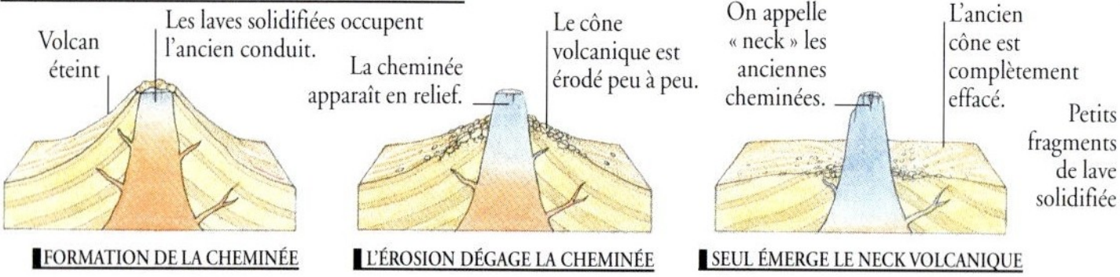

FORMATION DE LA CHEMINÉE — Volcan éteint ; Les laves solidifiées occupent l'ancien conduit.

L'ÉROSION DÉGAGE LA CHEMINÉE — La cheminée apparaît en relief. ; Le cône volcanique est érodé peu à peu.

SEUL ÉMERGE LE NECK VOLCANIQUE — On appelle « neck » les anciennes cheminées. ; L'ancien cône est complètement effacé.

LAPILLI (CENDRES GROSSIÈRES) — Petits fragments de lave solidifiée

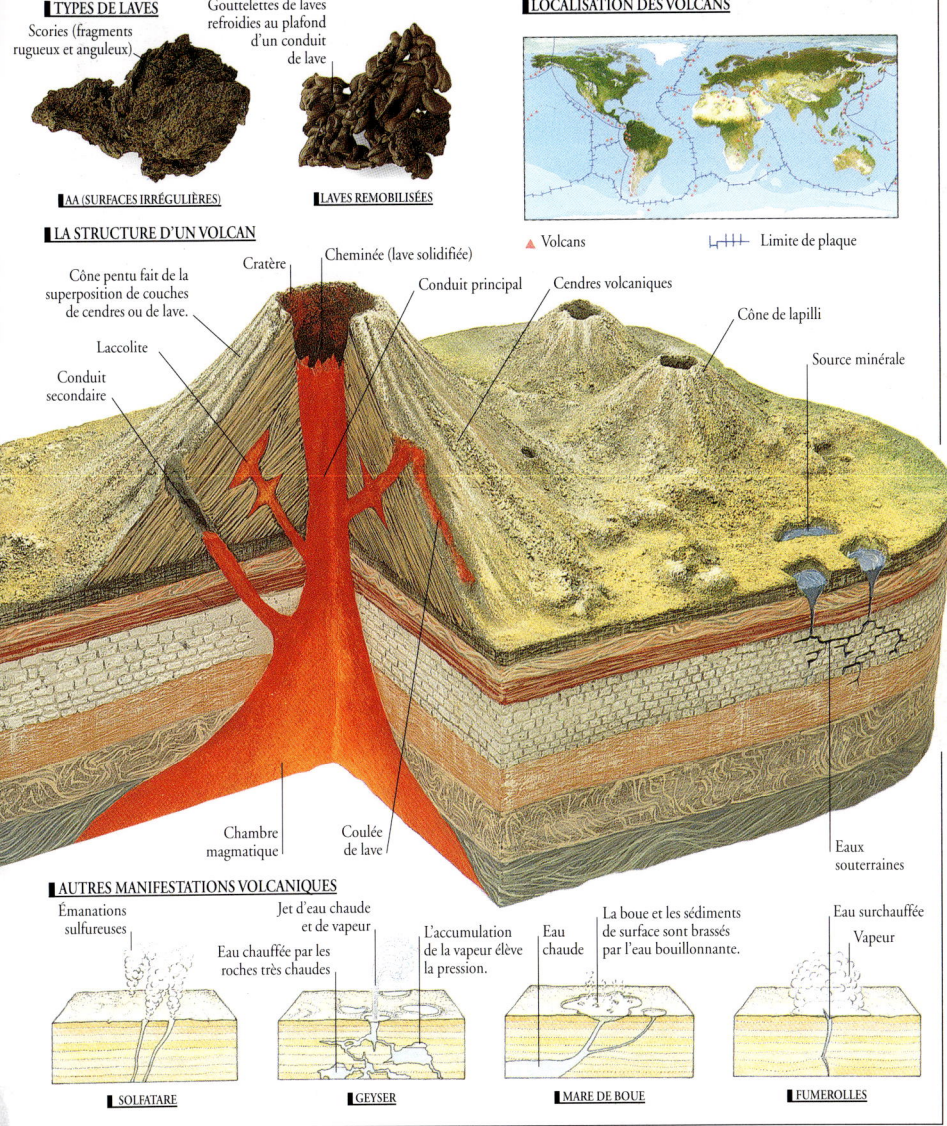

LES ROCHES IGNÉES ET MÉTAMORPHIQUES

Les roches ignées se forment lors du refroidissement et de la solidification des magmas. On distingue les roches intrusives et extrusives. Les roches intrusives apparaissent en profondeur dans le sous-sol, là où les magmas sont piégés dans des cavités parfois de très grande taille ou entre des couches de roches, formant ainsi des sills, des dykes ou des batholites. Le refroidissement lent du magma donne naissance à des roches bien cristallisées, comme les gabbros ou les pegmatites. Les roches extrusives se forment, au contraire, au-dessus de la surface de la croûte terrestre, là où les magmas sont expulsés par les éruptions volcaniques. La lave refroidit très rapidement, faisant naître des roches finement grenues comme le basalte ou les rhyolites. Les roches métamorphiques sont issues de la transformation de roches préexistantes par une chaleur intense (métamorphisme de contact) ou de très fortes pressions (métamorphisme régional). Le métamorphisme de contact peut être provoqué par la chaleur d'une intrusion magmatique dans le sous-sol. Le métamorphisme régional se produit lors du plissement des chaînes de montagnes.

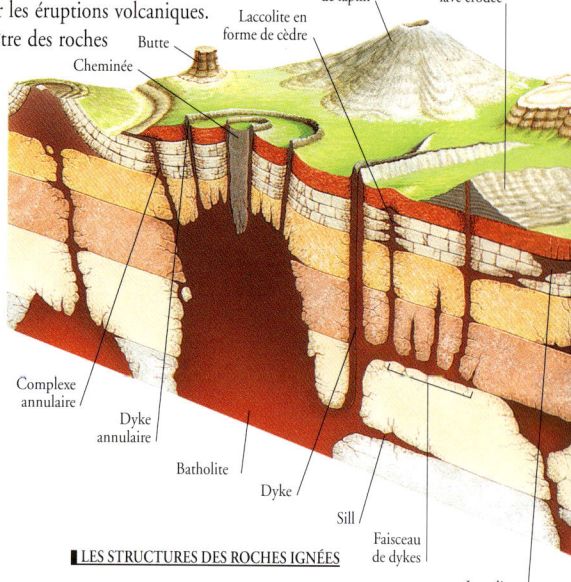

ORGUES BASALTIQUES

LES STRUCTURES DES ROCHES IGNÉES

Cône de lapilli — Coulée de lave érodée — Laccolite en forme de cèdre — Butte — Cheminée — Complexe annulaire — Dyke annulaire — Batholite — Dyke — Sill — Faisceau de dykes — Lopolite

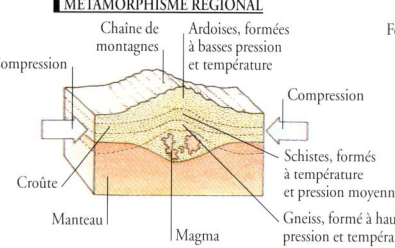

MÉTAMORPHISME DE CONTACT

Auréole de métamorphisme (zone concernée par les transformations minéralogiques) — Intrusion ignée chaude — Calcaire — Argilites — Marbre (calcaire métamorphisé) — Ardoise (argiles métamorphisées)

MÉTAMORPHISME RÉGIONAL

Chaîne de montagnes — Ardoises, formées à basses pression et température — Compression — Schistes, formés à température et pression moyennes — Croûte — Gneiss, formé à hautes pression et température — Manteau — Magma

EXEMPLES DE ROCHES MÉTAMORPHIQUES

Feldspath clair — Mica sombre — Lit de minéraux sombres — Calcite claire

GNEISS — **SCHISTES PLISSÉS** — **SKARN**

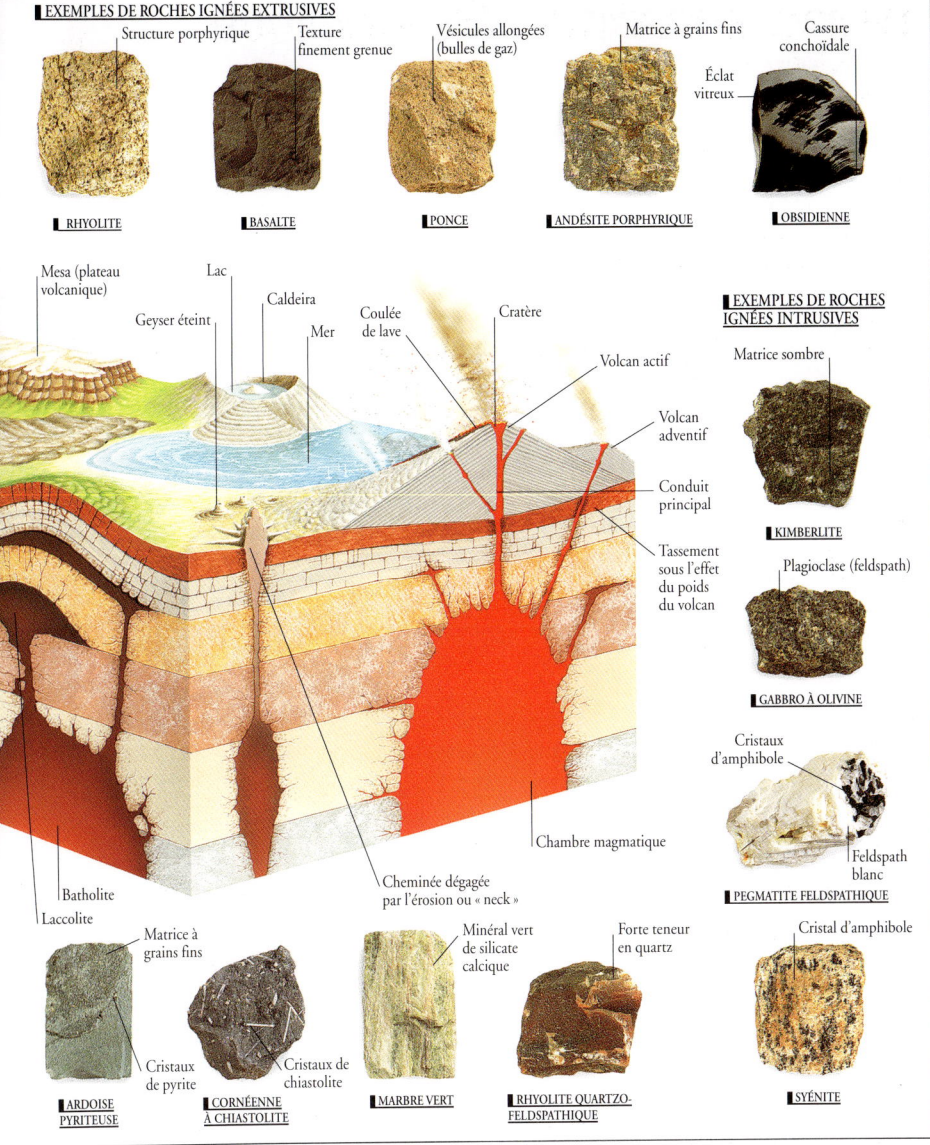

LA GÉOGRAPHIE DE LA TERRE

LES ROCHES SÉDIMENTAIRES

Les roches sédimentaires résultent de l'accumulation et de la solidification de sédiments (pp. 266-267). On peut les classer en trois catégories. Les roches sédimentaires clastiques, comme les conglomérats ou les grès, sont constituées de débris de roches désagrégées par l'érosion (pp. 282-283), après que ces fragments eurent été transportés puis déposés ailleurs. Les roches sédimentaires d'origine biologique, le charbon par exemple, dérivent de restes d'animaux ou de plantes. Enfin, certaines roches sédimentaires se forment à la suite de processus (bio-)chimiques. Ainsi, le sel gemme naît de la précipitation du sel dissous dans l'eau de mer. Les sédiments se déposent le plus souvent en lits ou en strates. La couche la plus récente recouvre les plus anciennes. Il peut se produire des discontinuités dans la succession, traduisant des arrêts de sédimentation, voire le soulèvement et l'érosion des strates précédentes.

EXEMPLES DE DISCONTINUITÉS

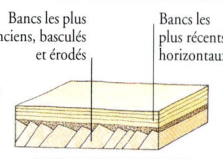

DISCORDANCE ANGULAIRE

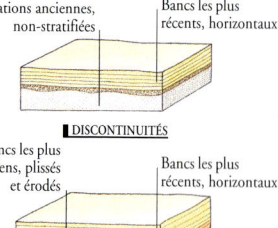

DISCONTINUITÉS

DISCORDANCE

LE GRAND CANYON, ÉTATS-UNIS

LES FORMATIONS SÉDIMENTAIRES DE LA RÉGION DU GRAND CANYON

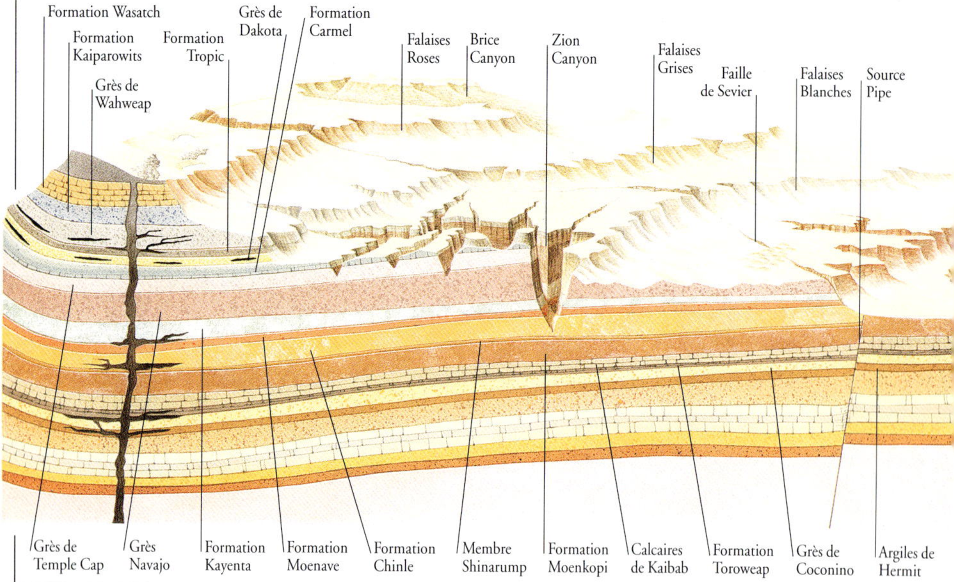

- Formation Wasatch
- Formation Kaiparowits
- Grès de Wahweap
- Formation Tropic
- Grès de Dakota
- Formation Carmel
- Falaises Roses
- Brice Canyon
- Zion Canyon
- Falaises Grises
- Faille de Sevier
- Falaises Blanches
- Source Pipe

- Grès de Temple Cap
- Grès Navajo
- Formation Kayenta
- Formation Moenave
- Formation Chinle
- Membre Shinarump
- Formation Moenkopi
- Calcaires de Kaibab
- Formation Toroweap
- Grès de Coconino
- Argiles de Hermit

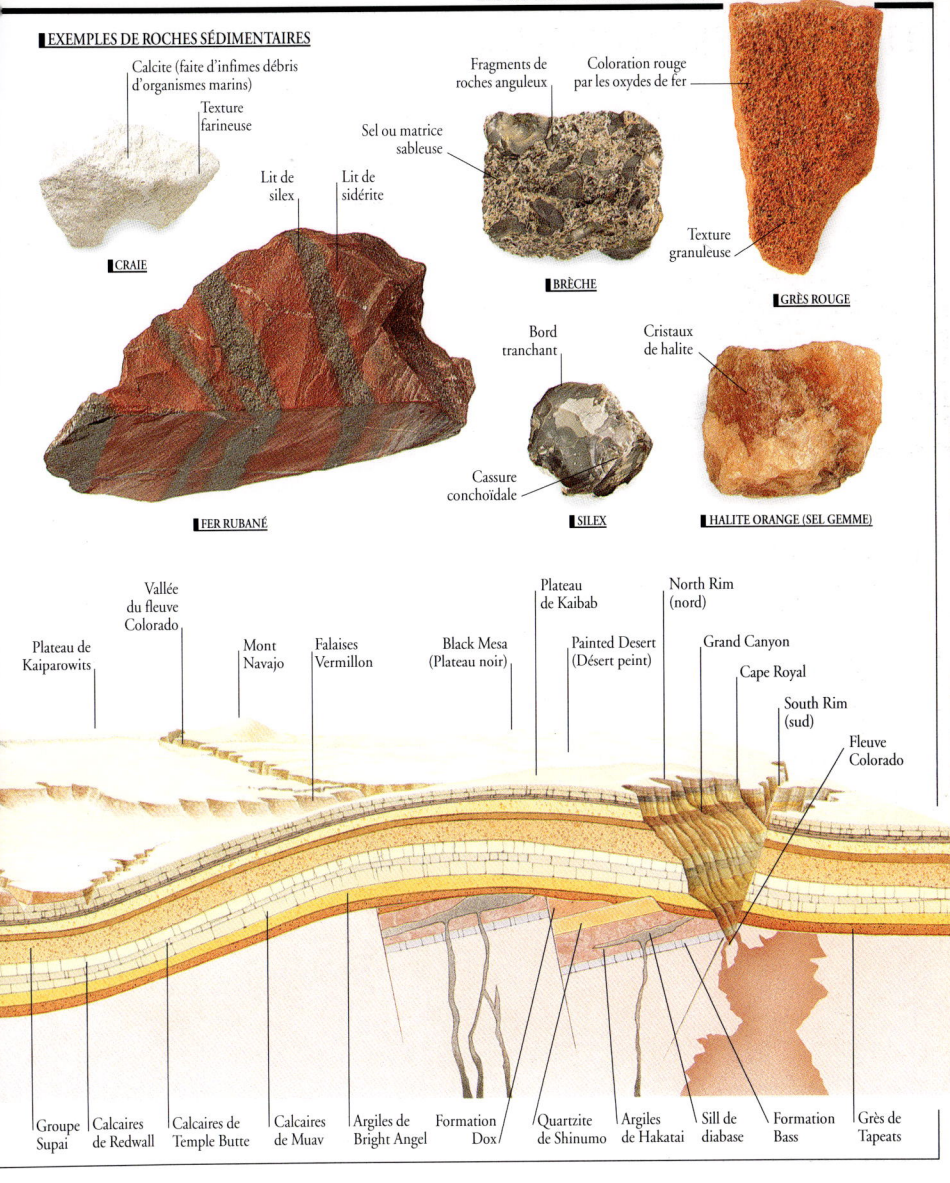

LES FOSSILES

Les fossiles sont des restes d'animaux ou de plantes, préservés dans la roche. Il peut s'agir de l'organisme lui-même, ou de ses parties dures (os, coquilles, dents) ou aussi de son moulage dans la roche, formé quand le sédiment était encore meuble ; il peut s'agir encore de traces (appelées traces fossiles), laissées par les organismes de leur vivant : contours soulignés par du carbone, empreintes de locomotion ou de fouissage. À leur mort, la plupart des organismes se décomposent ou sont mangés par les nécrophages. Le processus de fossilisation impose donc qu'un enfouissement rapide sous les sédiments se produise et permette la préservation. L'étude des fossiles, la paléontologie, permet non seulement de comprendre l'évolution de la vie au cours des âges mais aide également à découvrir l'histoire de la planète Terre, ne serait-ce qu'en permettant de dater les couches sédimentaires.

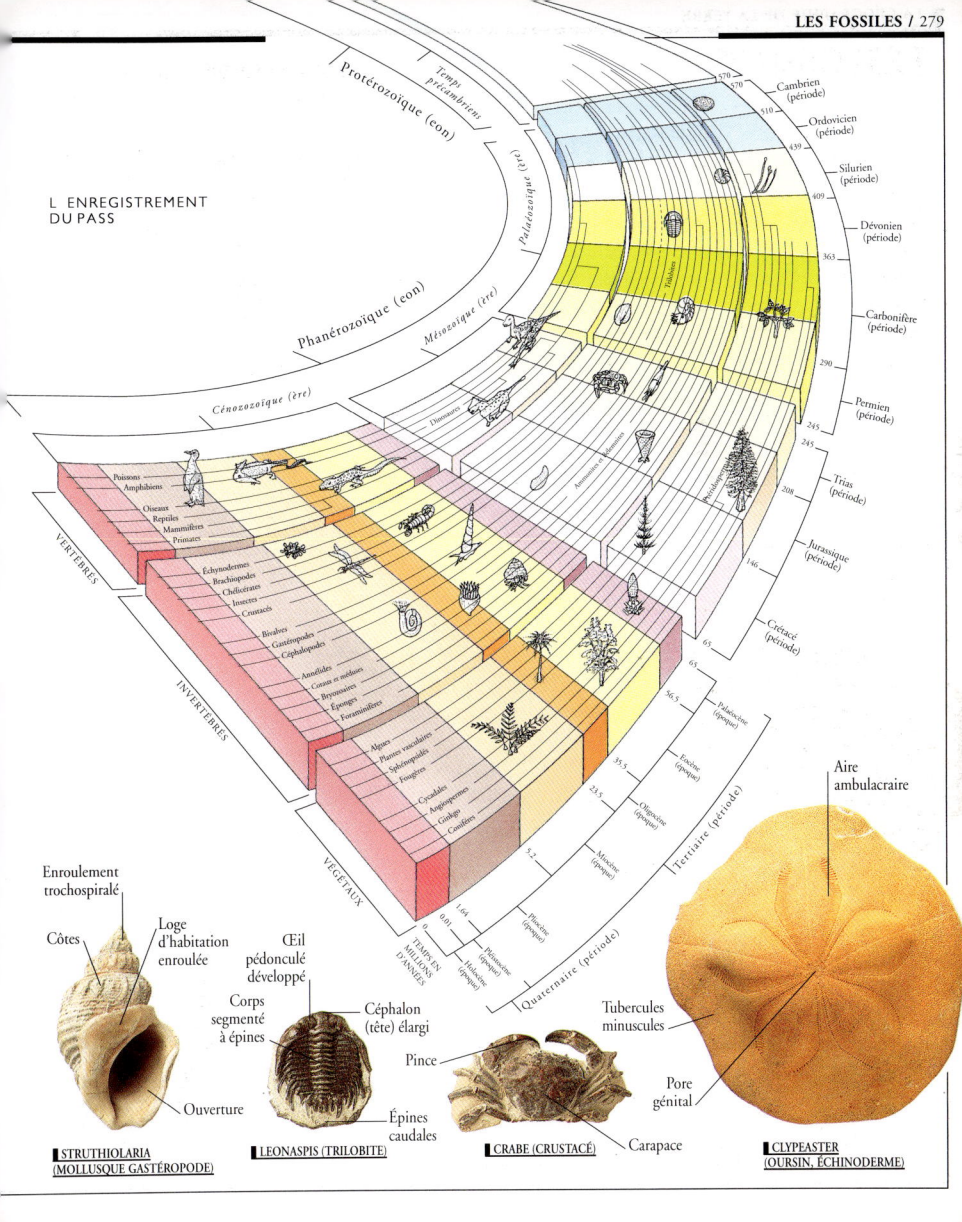

LA GÉOGRAPHIE DE LA TERRE

LES RESSOURCES NATURELLES

Les ressources naturelles sont des substances que l'on peut extraire du sous-sol et qui sont exploitables comme des matières premières ou comme des combustibles (le charbon, le pétrole, et le gaz principalement). Ces combustibles fossiles naissent de l'accumulation de débris végétaux (terrestres pour le charbon, marins pour les hydrocarbures) et de leur lente transformation dans les sédiments sous l'effet de l'augmentation progressive de la pression et, surtout, de la température, en liaison avec l'accumulation des strates successives. Les hydrocarbures tendent à migrer vers le haut à travers les roches sédimentaires. Ils peuvent ainsi s'épancher en surface si aucun piège ne vient limiter leur ascension. Un tel piège peut être une couche de roches imperméables qui a été faillée ou plissée, formant par exemple un anticlinal (un pli convexe). Les minéraux sont des substances qui ne sont pas d'origine organique et qui sont présentes sous forme d'éléments purs, comme l'or, l'argent ou le cuivre, ou en combinaisons chimiques (pp. 268-269). Certaines de ces substances se rencontrent dans les zones de minéralisations associées à des phénomènes magmatiques. D'autres se trouvent accumulées dans des placers sédimentaires.

PLATE-FORME PÉTROLIÈRE EN MER DU NORD

LES ÉTAPES DE LA FORMATION DU CHARBON

Tiges — Feuilles

■ MATIÈRES VÉGÉTALES

Matières végétales en décomposition

Environ 60 % de carbone

■ TOURBE

Environ 70 % de carbone

Texture friable

■ LIGNITE

Texture farineuse

Environ 80 % de carbone

■ CHARBON BITUMINEUX

Surface brillante — Environ 95 % de carbone

■ ANTHRACITE

■ FORMATION DU CHARBON

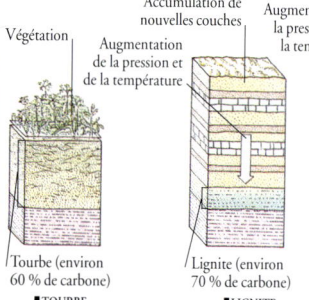

Végétation — Augmentation de la pression et de la température — Accumulation de nouvelles couches — Augmentation de la pression et de la température — Accumulation de nouvelles couches de sédiments — Augmentation de la pression et de la température

Tourbe (environ 60 % de carbone)
■ TOURBE

Lignite (environ 70 % de carbone)
■ LIGNITE

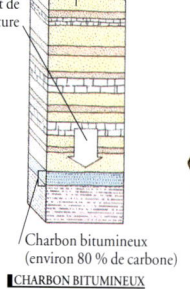

Charbon bitumineux (environ 80 % de carbone)
■ CHARBON BITUMINEUX

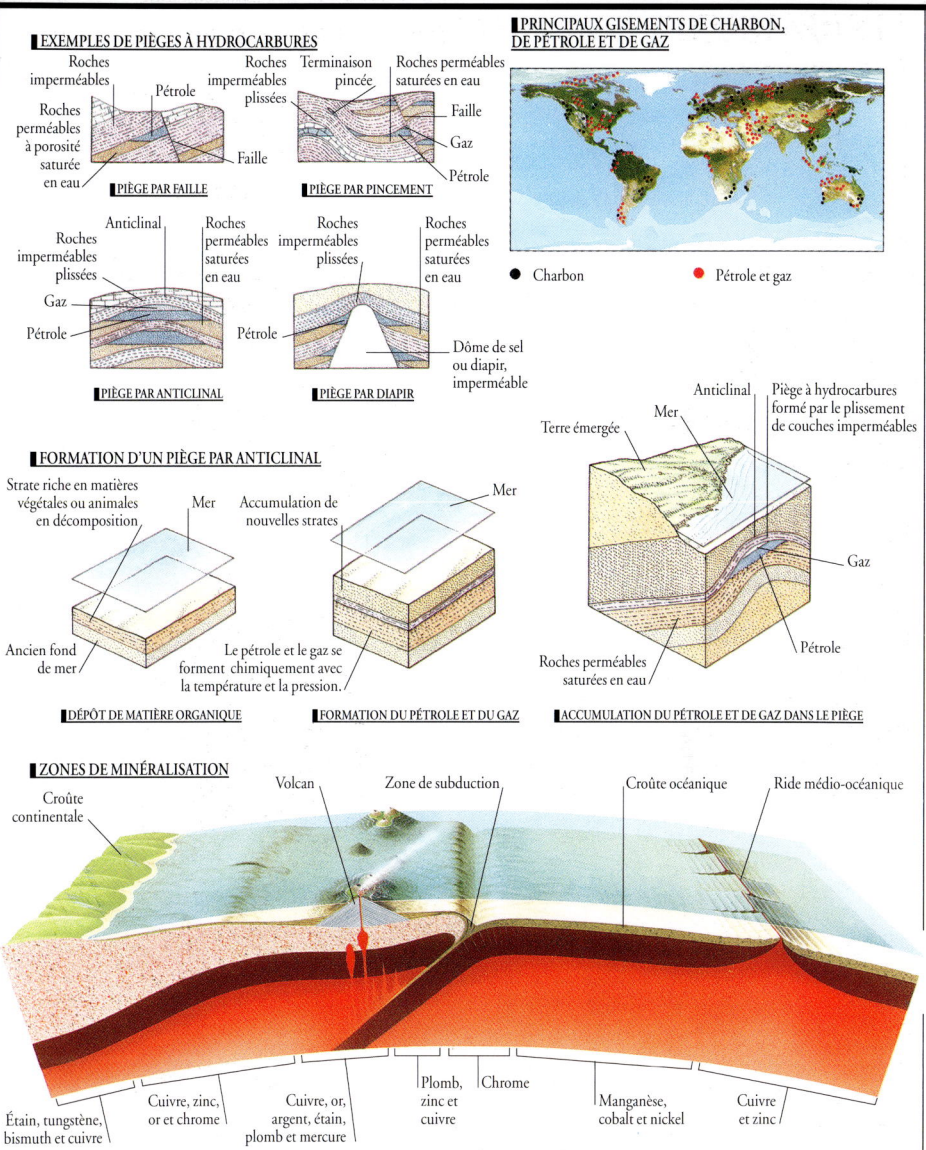

LA GÉOGRAPHIE DE LA TERRE

L'ALTÉRATION ET L'ÉROSION

L'érosion est le phénomène de destruction des roches exposées à la surface de la Terre. Cette destruction peut être d'origine physique (mécanique) ou chimique. L'altération mécanique est provoquée par les contrastes de températures brutaux, ou par l'abrasion due aux particules poussées par les vents, les cours d'eau ou les glaciers. Les roches peuvent être dissociées par l'action des animaux ou des plantes, comme le fouissage ou la croissance des racines. C'est dans les régions dépourvues de couvert végétal que l'érosion est la plus intense, comme dans les déserts où l'on trouve les dunes de sable. L'altération chimique attaque les roches en modifiant les liaisons chimiques des molécules qui les composent. Par exemple, l'eau de pluie peut dissoudre certains minéraux.

FORMATION D'UNE HAMADA (PAVEMENT ROCHEUX)

Le vent emporte les petites particules.
Seules demeurent les particules grossières.
La hamada se forme.

PREMIÈRE ÉTAPE | **DEUXIÈME ÉTAPE** | **STADE FINAL**

EXPRESSION PHYSIQUE DE L'ALTÉRATION ET DE L'ÉROSION

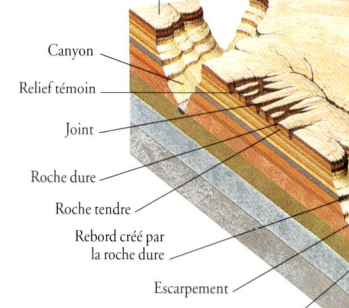

Mesa (surface aplanie demeurant en relief)
Canyon
Relief témoin
Joint
Roche dure
Roche tendre
Rebord créé par la roche dure
Escarpement
Cône alluvial en éventail
Piémont (pente douce couverte de fragments rocheux non consolidés)
Playa (zone d'épandage d'alluvions, raccordée au piémont)

PARTICULARITÉS PROVOQUÉES PAR LE VENT

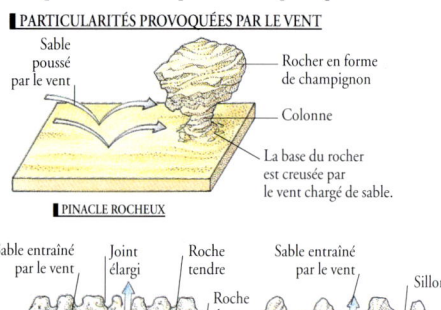

Sable poussé par le vent
Rocher en forme de champignon
Colonne
La base du rocher est creusée par le vent chargé de sable.
PINACLE ROCHEUX

Sable entraîné par le vent — Joint élargi — Roche tendre — Roche dure
RELIEFS TÉMOINS

Sable entraîné par le vent — Sillon — Roche dure — Roche tendre érodée par le vent chargé de sable
ÉROSION DIFFÉRENTIELLE

EXEMPLES DE MANIFESTATIONS DE L'ALTÉRATION

La surface se dilate sous la chaleur.
Dôme d'exfoliation
Écaille de roche
Débris épars
EXFOLIATION (ÉROSION EN PELURES D'OIGNON)

Les joints sont dilatés et contractés par les variations de températures.
Bloc écroulé
DÉMEMBREMENT EN BLOCS

Talus d'éboulis
Joint agrandi par le gel
L'INFILTRATION DU GEL FAIT ÉCLATER LA ROCHE

Fissures élargies par les racines
Tronc
ACTION DES RACINES

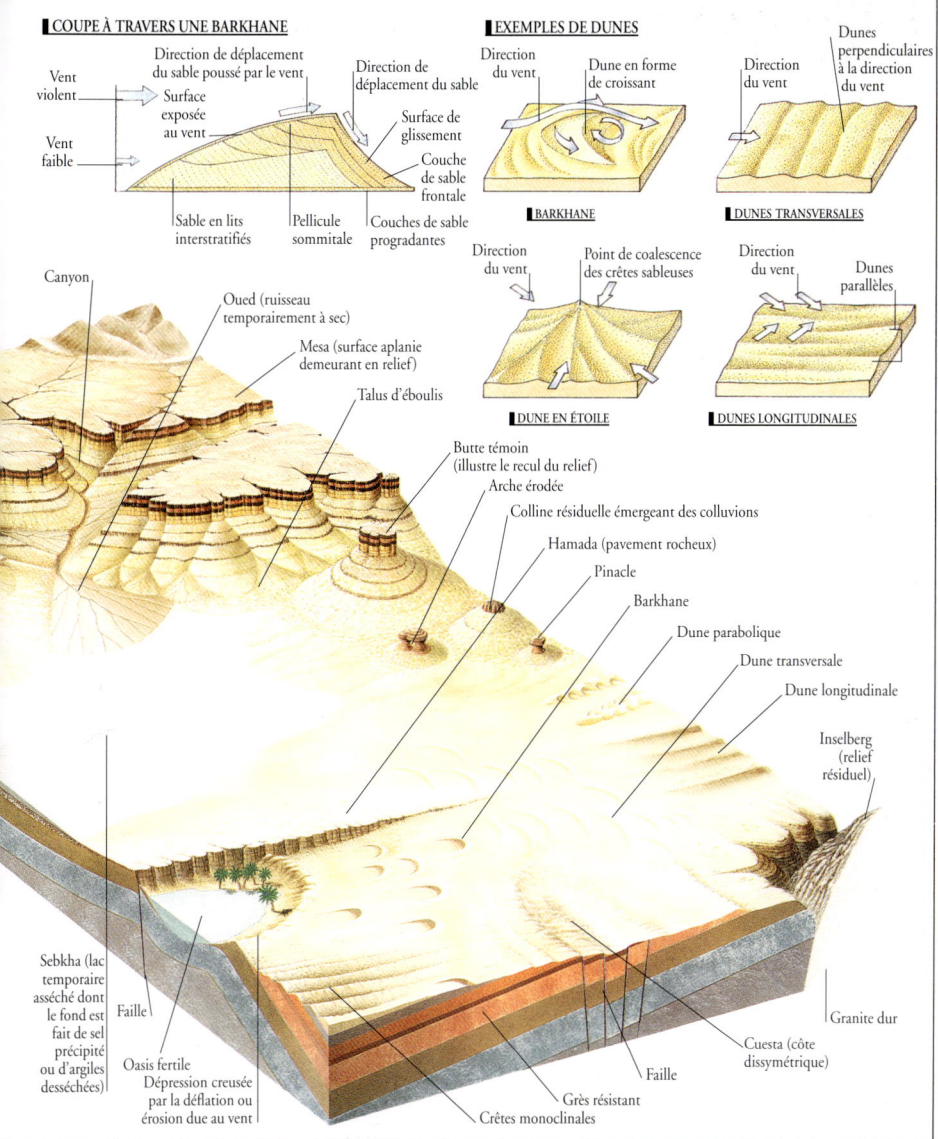

LA GÉOGRAPHIE DE LA TERRE

LES GROTTES ET LES CAVERNES

Les phénomènes karstiques, qui sont à l'origine des cavernes et des grottes, se produisent d'ordinaire dans les régions calcaires. Le calcaire est dissous par l'acide carbonique présent naturellement dans l'eau de pluie et dans les acides humiques issus de la décomposition des végétaux. L'eau acide s'infiltre par les fentes et les joints du calcaire ou entre les strates. La surface de l'affleurement de calcaire est alors découpée en sillons et en crêtes parallèles, dessinant un lapié, et ponctuée d'avens où s'engouffrent les cours d'eau. Dans le sous-sol, l'eau acide fait peu à peu apparaître un réseau de galeries et de grottes qui contiennent des concrétions comme les stalactites et les stalagmites. Ces concrétions naissent de la précipitation du calcaire continu dans l'eau qui suinte : les stalactites se forment au plafond, à partir du calcaire contenu dans les gouttes, tandis que les stalagmites poussent par terre, là où tombent les gouttes.

STALACTITES AVEC ANNEAUX DE CROISSANCE

STALACTITES COALESCENTES

TOPOGRAPHIE DE LA SURFACE D'UN SYSTÈME KARSTIQUE

- Doline (dépression née de l'effondrement du plafond d'une cavité)
- Anneau de calcaire
- Calcaire poreux
- Aven
- Gorge née de l'effondrement du plafond d'une grande cavité
- Résurgence
- Affleurement de calcaire avec des lapiés (sillons et crêtes)
- Roche imperméable

CONCRÉTIONS STALAGMITIQUES

- Calcite (carbonate de calcium) cristallisée sous l'eau
- Encroûtements minces de calcite (carbonate de calcium)

PLANCHER STALAGMITIQUE CRISTALLISÉ

TUF CALCAIRE

- Encroûtements de tiges mortes de petites plantes
- Calcite (carbonate de calcium)
- Calcite (carbonate de calcium)

PLANCHER STALAGMITIQUE

EXCROISSANCE STALAGMITIQUE

- Escarpement de roche nue
- Ancien emplacement de la nappe d'eau
- Calcaire perméable
- Résurgence
- Couche de roche imperméable
- Nappe d'eau actuelle

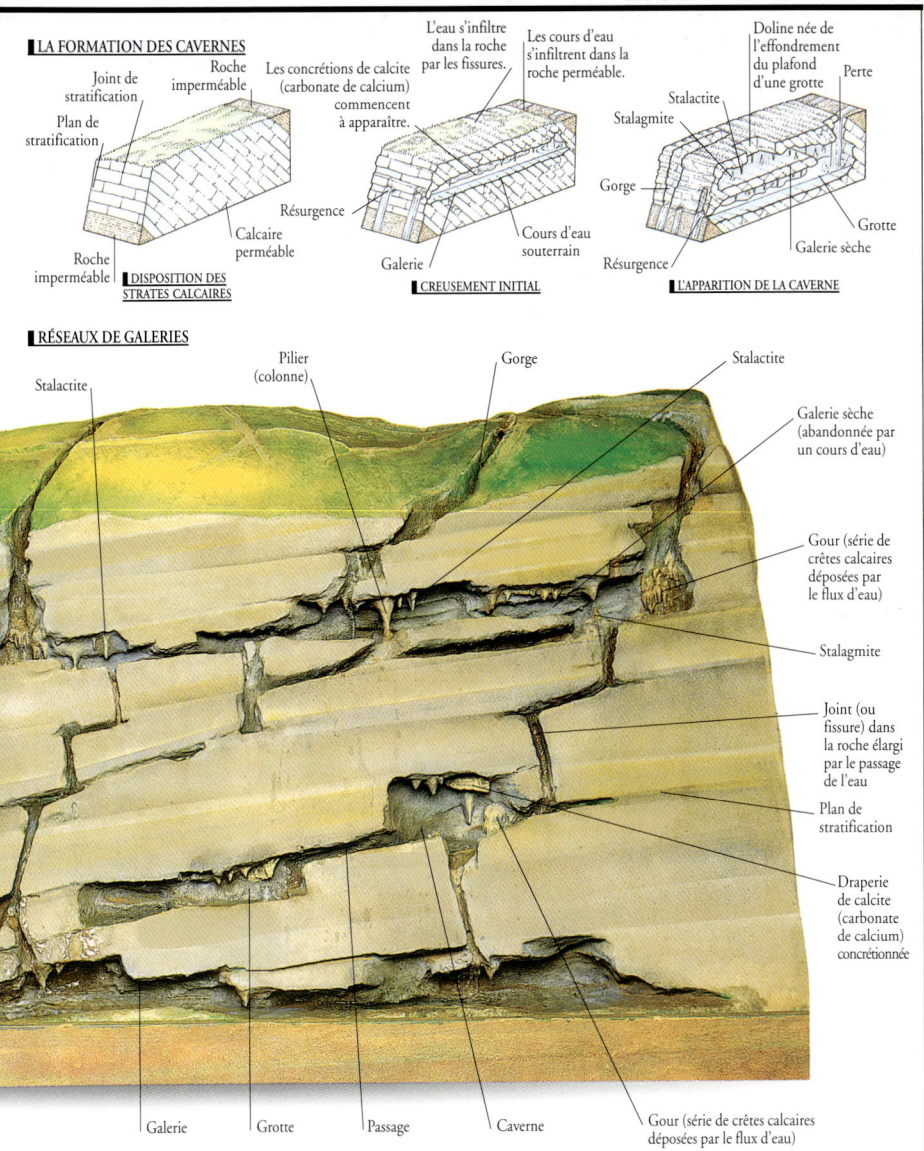

LA GÉOGRAPHIE DE LA TERRE

LES GLACIERS

Un glacier de montagne est une énorme masse de glace qui se forme en altitude et se déplace lentement vers l'aval sous l'effet de la gravité. Sur les sommets, la neige s'accumule dans des dépressions topographiques appelées cirques. La neige, comprimée sous son propre poids, se transforme progressivement en glace. Les cirques s'élargissent et s'approfondissent peu à peu à cause de l'infiltration du gel (cryoclastie) et de l'abrasion (voir pp.282-283). Lors de son déplacement, le glacier emporte des fragments de roches de toute taille. Les rochers enchâssés dans la semelle du glacier rabotent le fond des vallées glaciaires, leur donnant ainsi un profil en U. La fonte de la glace stoppe l'avancée du glacier ou peut le faire reculer. Le recul des glaciers laisse apparaître les vallées façonnées en « roches moutonnées » et jonchées de moraines, et de blocs erratiques. Les torrents issus de la fonte des glaces créent des dépôts de graviers et de cailloutis appelés eskers ou kames selon qu'ils sont en creux ou en bosses. Les particules les plus fines sont emportées vers la plaine d'épandage alluvial. Les blocs de glace parfois présents dans cette plaine laissent, en fondant, des trous en nids-de-poule.

GLACIER BAY AU CANADA

■ GLACIER D'ALTITUDE

Moraine latérale — Mare de glace fondue — Moraine médiane — Bloc erratique suspendu — Piton — Grotte de glace — Torrent de fonte — Arête — Vallée suspendue — Glacier en train de fondre — Torrent — Lac d'eau de fonte — Cascade — Moraine frontale — Flanc raide de la vallée en U — Torrents en tresses — Argile à blocaux — Lac frontal — Torrent sous-glaciaire — Roche moutonnée — Lac

■ VALLÉE POST-GLACIAIRE

Sédiments éboulés — Drumlin — Fond affleurant — Roche moutonnée — Piton rocheux — Kame en terrasse — Esker — Bloc erratique — Arête — Torrent post-glaciaire — Terrasse lacustre — Kame en delta — Nid-de-poule — Moraine frontale — Nid-de-poule rempli d'eau — Terrasse d'épandage — Argile à blocaux — Kame — Roche moutonnée — Cône d'épandage — Flanc raide de la vallée en U

Moraine médiane — Blocs erratiques suspendus — Front glaciaire — Blocs poussés par la glace — Moraine frontale — Roche moutonnée

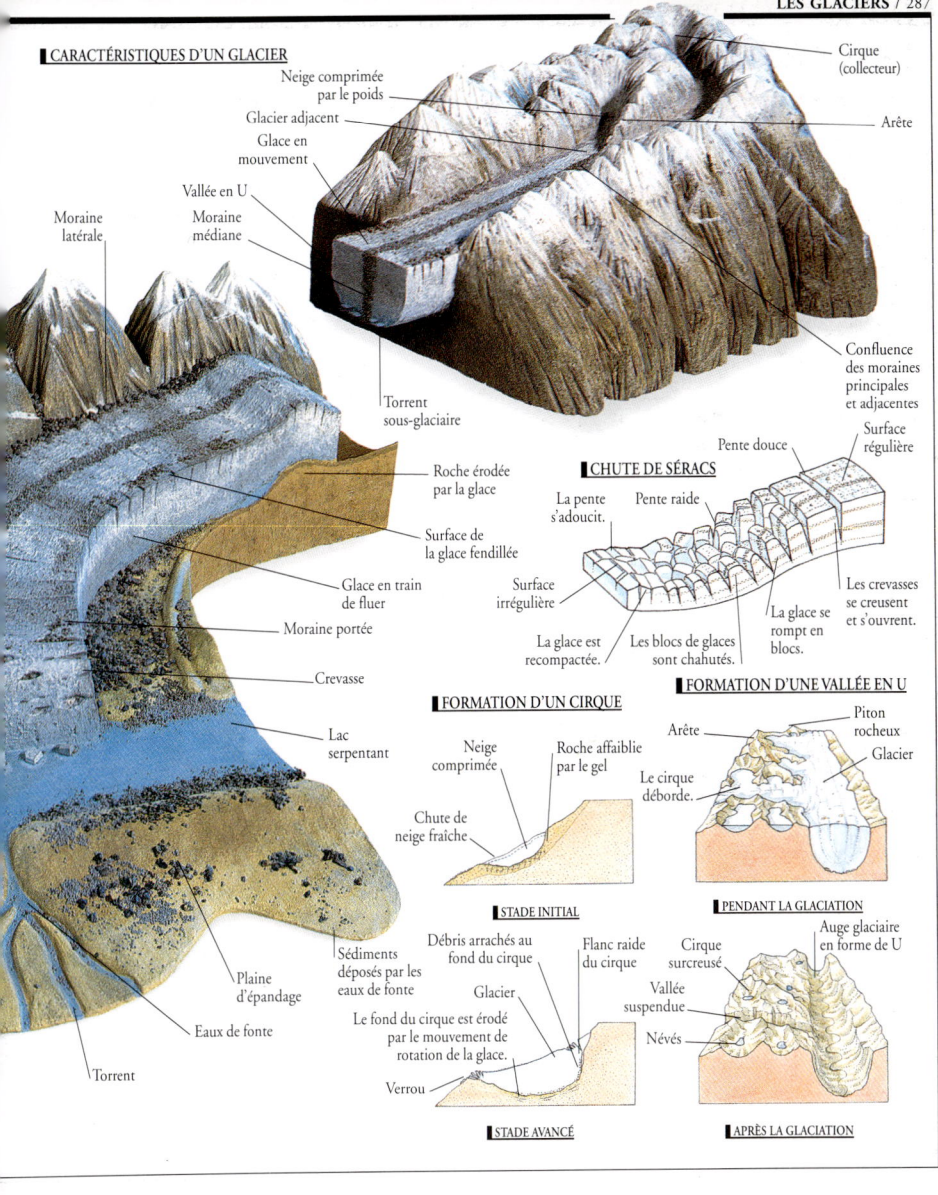

LA GÉOGRAPHIE DE LA TERRE

LES COURS D'EAU

Les cours d'eau sont l'un des facteurs du cycle de l'eau, c'est-à-dire les échanges d'eau incessants entre les terres, les océans et l'atmosphère. Une rivière peut naître d'une source en montagne, d'un lac ou de la fonte d'un glacier. L'allure que prend le cours d'eau dépend de la pente du terrain, du type des formations géologiques et des roches rencontrées. A l'amont, les torrents façonnent les flancs des vallées selon un profil raide en V. En aval, la rivière dessine des méandres. À l'embouchure des fleuves, se construisent estuaires ou deltas (pp. 290-291).

LA CAPTURE DES RIVIÈRES

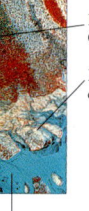

- Un affluent érode vers l'amont.
- Rivière
- Rivière
- Le flux de la rivière augmente.
- **STADE INITIAL**
- Vallée sèche
- Le flux diminue.
- La rivière est capturée par l'affluent.
- **STADE ULTÉRIEUR**

LE CYCLE DE L'EAU

- Précipitations sur les reliefs
- Vent
- L'atmosphère se charge en vapeur d'eau grâce à la végétation.
- L'eau chemine vers l'aval par les rivières.
- Vent
- La vapeur d'eau forme des nuages.
- L'eau s'évapore de la mer.
- Eau accumulée dans les mers
- Les fleuves se jettent dans la mer.
- L'eau infiltrée chemine dans le sous-sol.
- L'eau s'évapore des lacs.
- L'eau rejoint la mer en suintant dans le sous-sol.

IMAGE SATELLITE DU DELTA DU GANGE AU BANGLADESH

- Le fleuve Gange
- Delta du Gange
- Marécages incultivables
- Défluent
- Volume de sédiments important

DIFFÉRENTS TYPES DE DRAINAGES NATURELS

 RADIAL

 CENTRIPÈTE

 PARALLÈLE

 DENDRITIQUE

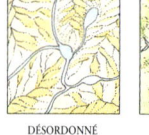 DÉSORDONNÉ

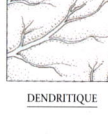 EN TREILLIS

 ANNULAIRE

 RECTANGULAIRE

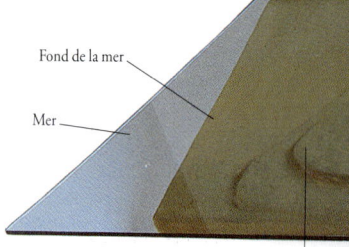

- Fond de la mer
- Mer
- Couche de sédiments

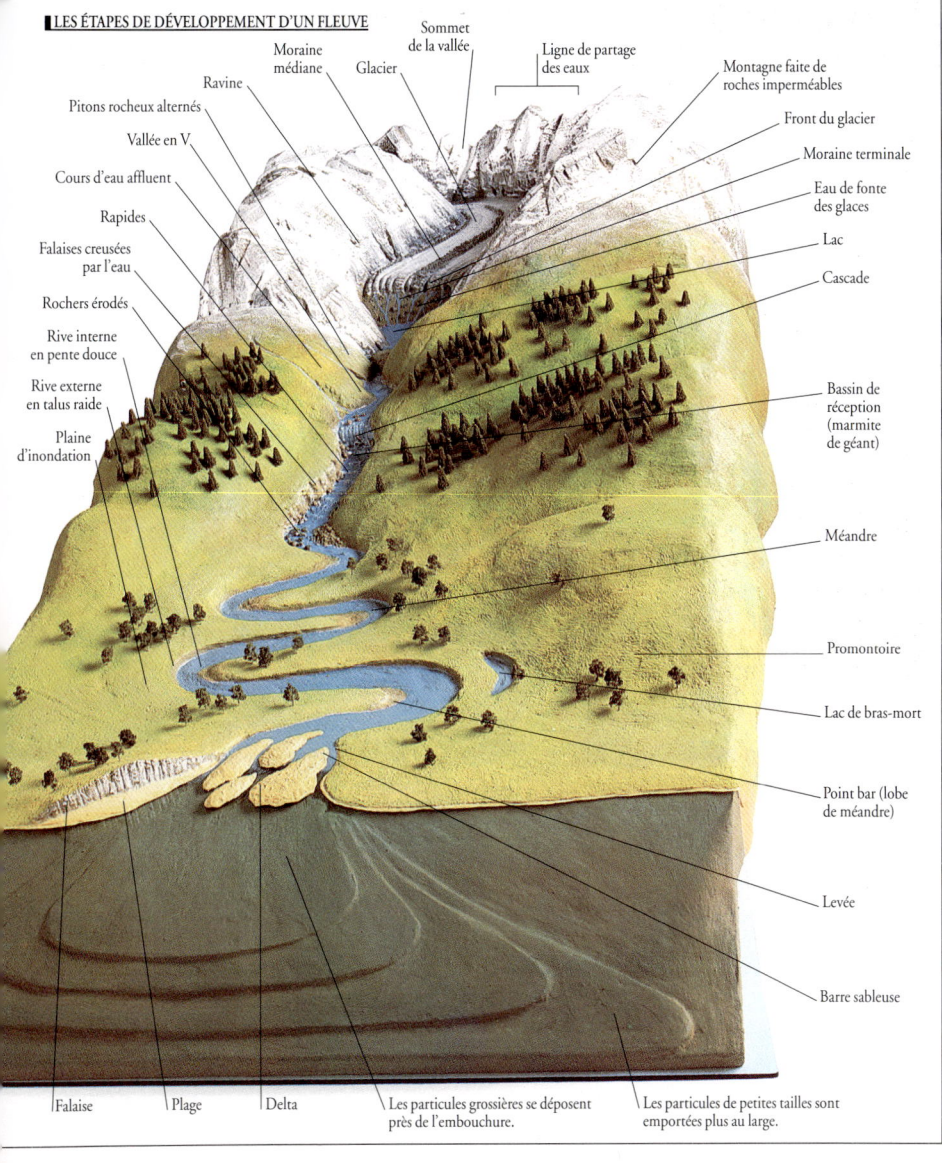

LA GÉOGRAPHIE DE LA TERRE

LES CARACTÉRISTIQUES DES RIVIÈRES

Les cours d'eau figurent parmi les facteurs principaux capables de sculpter le paysage. À l'amont les cascades et les rapides apparaissent là où les torrents et les rivières rencontrent un substratum plus tendre et donc plus aisément érodable qu'en amont. Plus en aval, l'éventuelle formation de méandres accroît l'érosion latérale et élargit ainsi les vallées fluviales. L'érosion peut recouper les méandres, laissant ce qu'on appelle un bras-mort, parfois occupé par un lac. Les sédiments déposés habituellement dans les méandres des rivières, et en dehors, lors des crues, participent à la formation des plaines d'inondation. À leurs embouchures, les fleuves déposent dans les deltas de grandes quantités de sédiments. Un delta est une zone de langues sableuses, de marécages et de lagunes, à l'image du delta du Mississippi. Lors d'une élévation du niveau marin (d'origine climatique, par exemple), les flots inondent et transforment l'embouchure en estuaire, c'est-à-dire une zone où se mélangent les eaux douces et les eaux salées.

COMMENT SE FORMENT RAPIDES ET CASCADES

Roches dures — Bassin de réception
Roches tendres
CASCADES

Roche dure — La rivière forme des rapides en érodant les strates les plus tendres.
Roche tendre
RAPIDES
Strates rocheuses à pendage faible

LE SYSTÈME DE DRAINAGE D'UN FLEUVE

- Érosion en amont
- Cascade
- Gorge
- Méandres encaissés
- Tresses
- Lac
- Terrasses fluviatiles
- Levée
- Lac de bras-mort
- Lac
- Embouchure
- Sédiments déposés sur le fond

Gorge escarpée, incisée par la rivière — Montagne
GORGE

Plaine d'inondation — Cours d'eau
Barre sableuse
COURS D'EAU EN TRESSES

L'érosion recule vers l'amont.
ÉROSION ASCENDANTE

La rivière s'enfonce progressivement.
Méandre — Arche naturelle — Falaises escarpées
MÉANDRE ENCAISSÉ

Ancien méandre — Arche — Rivière
ARCHE NATURELLE

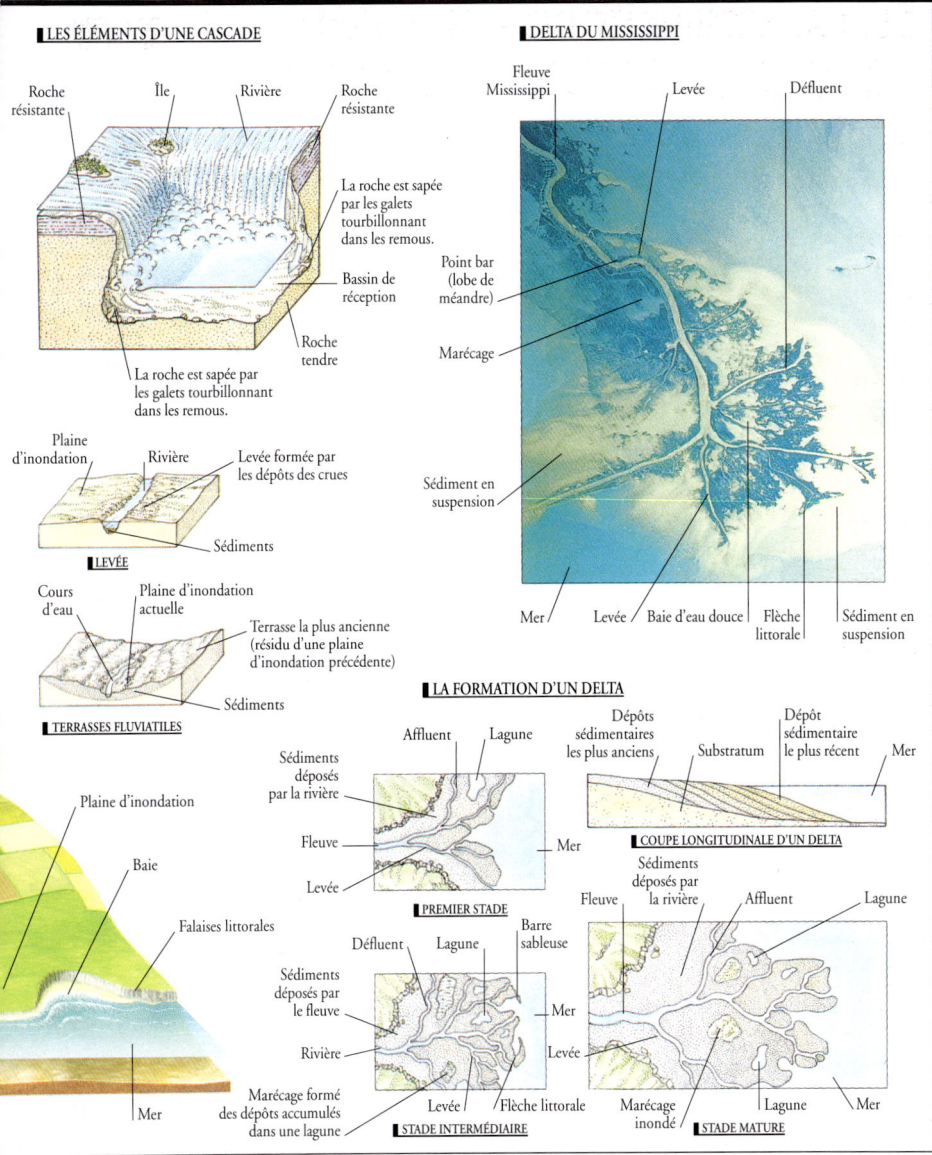

LES LACS ET L'EAU SOUTERRAINE

Les lacs naturels apparaissent lorsque l'eau s'accumule dans une dépression creusée dans des roches imperméables, ou lorsque le drainage d'une zone géographique est empêché par la présence d'une barrière, comme une moraine ou une coulée de lave. On rencontre les lacs les plus importants dans les vallées de rift, où l'enfoncement des blocs crustaux ménage un volume durable (pp.58-59), c'est le cas pour le lac Baïkal, ou pour la Mer Morte. Lorsque son drainage naturel est possible, l'eau s'infiltre dans le sous-sol jusqu'à rencontrer une couche imperméable. Ne pouvant pas descendre au-delà, elle s'accumule dans les roches perméables. Cet horizon saturé en eau s'appelle un aquifère. Lorsque la limite supérieure de la zone saturée en eau – la surface libre ou piézométrique – intercepte la surface du sol, l'eau jaillit en une ligne de sources. Dans un bassin artésien, où l'aquifère est piégé sous une couche imperméable et où l'eau est donc sous pression, la hauteur de la surface piézométrique est déterminée par la hauteur qu'elle atteindrait dans un puits foré à cet endroit. La surface piézométrique dépasse parfois le niveau du sol. L'eau peut alors jaillir spontanément.

LE LAC BAÏKAL EN RUSSIE

EXEMPLES DE SOURCE

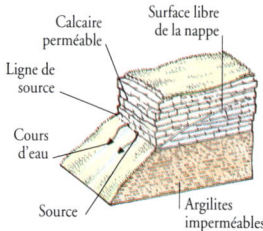

SOURCE EN TERRAIN CALCAIRE

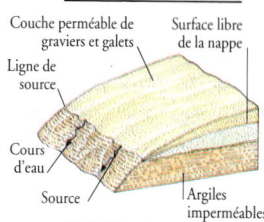

SOURCE LE LONG DES PENTES

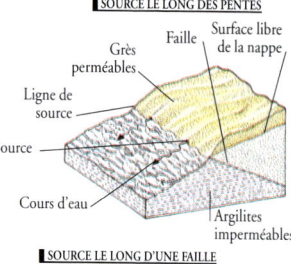

SOURCE LE LONG D'UNE FAILLE

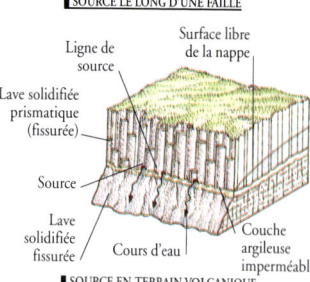

SOURCE EN TERRAIN VOLCANIQUE

STRUCTURE D'UN BASSIN ARTÉSIEN

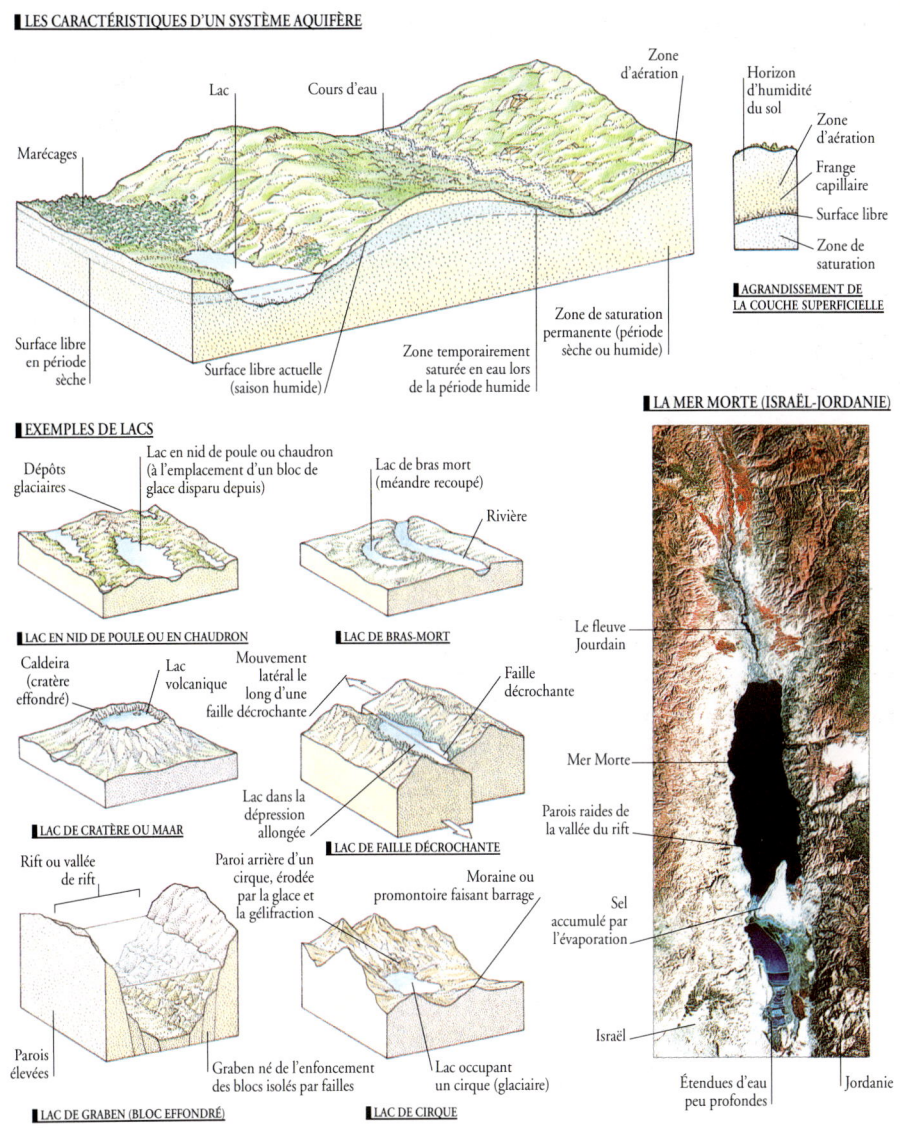

LA GÉOGRAPHIE DE LA TERRE

LES RIVAGES

Les côtes sont les traits du paysage qui évoluent le plus rapidement. Certaines sont érodées par les vagues, le vent ou la pluie, qui sapent les falaises et provoquent leur éboulement, ou qui creusent de grandes cavités dans la roche massive. D'autres rivages, au contraire, sont nourris aussi bien par le sable et les galets apportés par la dérive littorale – le courant qui longe les côtes – que par les sédiments issus des deltas des fleuves. D'autres phénomènes encore interviennent dans le façonnement des côtes : l'activité des organismes vivants comme les coraux, les mouvements de la croûte terrestre ou les variations du niveau marin d'origine climatique.

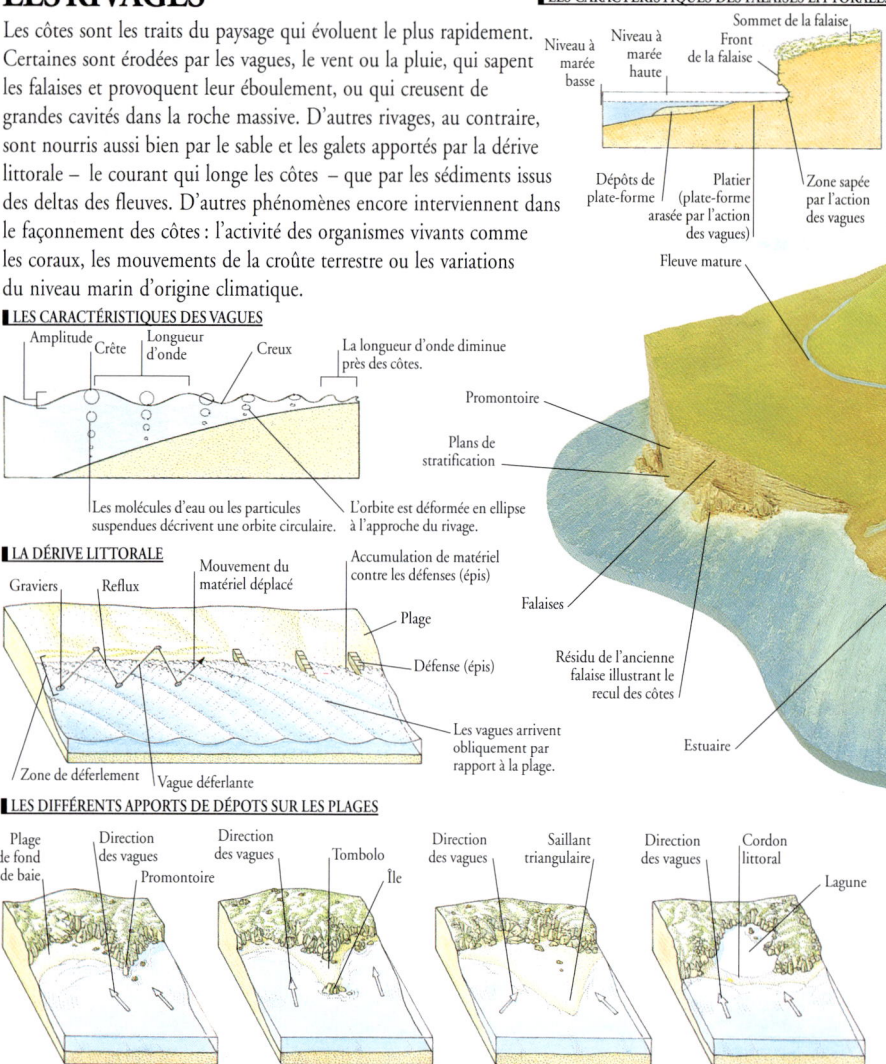

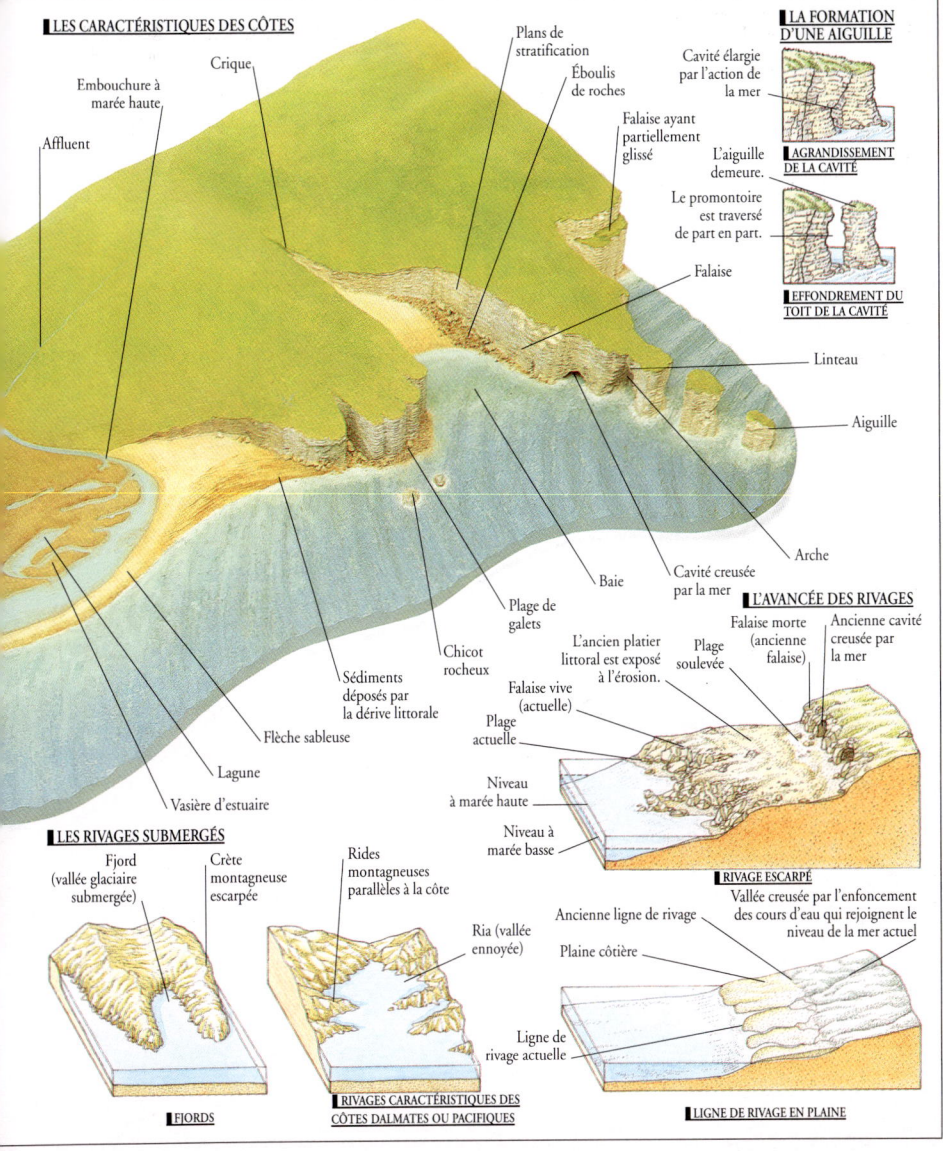

LES MERS ET LES OCÉANS

COURANTS DE SURFACE

Les mers et les océans recouvrent à peu près 70 % de la surface de la Terre et représentent environ 97 % de toute l'eau présente. Ces masses d'eau jouent un rôle fondamental dans la régulation des variations de température et dans la définition des climats. Elles absorbent la chaleur du Soleil, notamment dans les zones tropicales et la redistribuent dans les autres régions du globe grâce aux courants marins de surface. L'océan n'est jamais au repos. Les différences de température ou de salinité affectant les eaux font naître des courants marins profonds, alors que les courants de surface résultent surtout de l'action des vents qui balaient l'océan. Du fait de la rotation de la Terre, tous les mouvements à sa surface sont déviés par ce qu'on appelle la force de Coriolis, vers la droite dans l'hémisphère nord, et vers la gauche dans l'hémisphère sud. On appelle ce phénomène la spirale d'Ekman. Les eaux des mers et des océans sont également mues en permanence par l'action des marées, qui naissent des forces d'attraction respectives de la Lune et du Soleil.

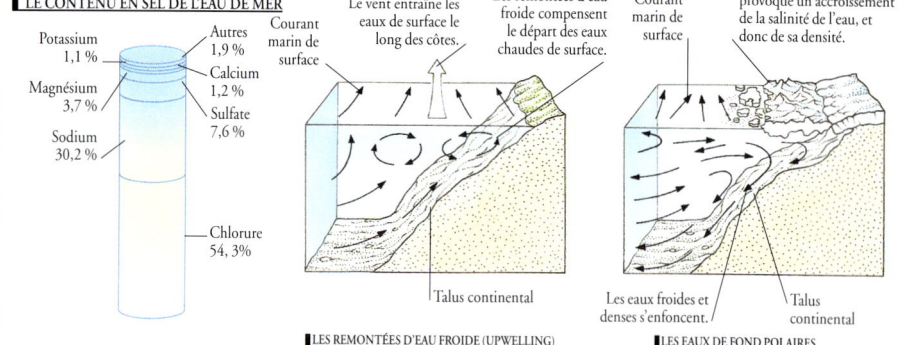

■ **LE CONTENU EN SEL DE L'EAU DE MER**

- Potassium 1,1 %
- Autres 1,9 %
- Calcium 1,2 %
- Magnésium 3,7 %
- Sulfate 7,6 %
- Sodium 30,2 %
- Chlorure 54,3 %

■ **LES REMONTÉES D'EAU FROIDE (UPWELLING)**

Le vent entraîne les eaux de surface le long des côtes.
Les remontées d'eau froide compensent le départ des eaux chaudes de surface.
Courant marin de surface
Talus continental

■ **LES COURANTS MARINS CÔTIERS**

La formation de la banquise provoque un accroissement de la salinité de l'eau, et donc de sa densité.
Courant marin de surface
Les eaux froides et denses s'enfoncent.
Talus continental

■ **LES EAUX DE FOND POLAIRES**

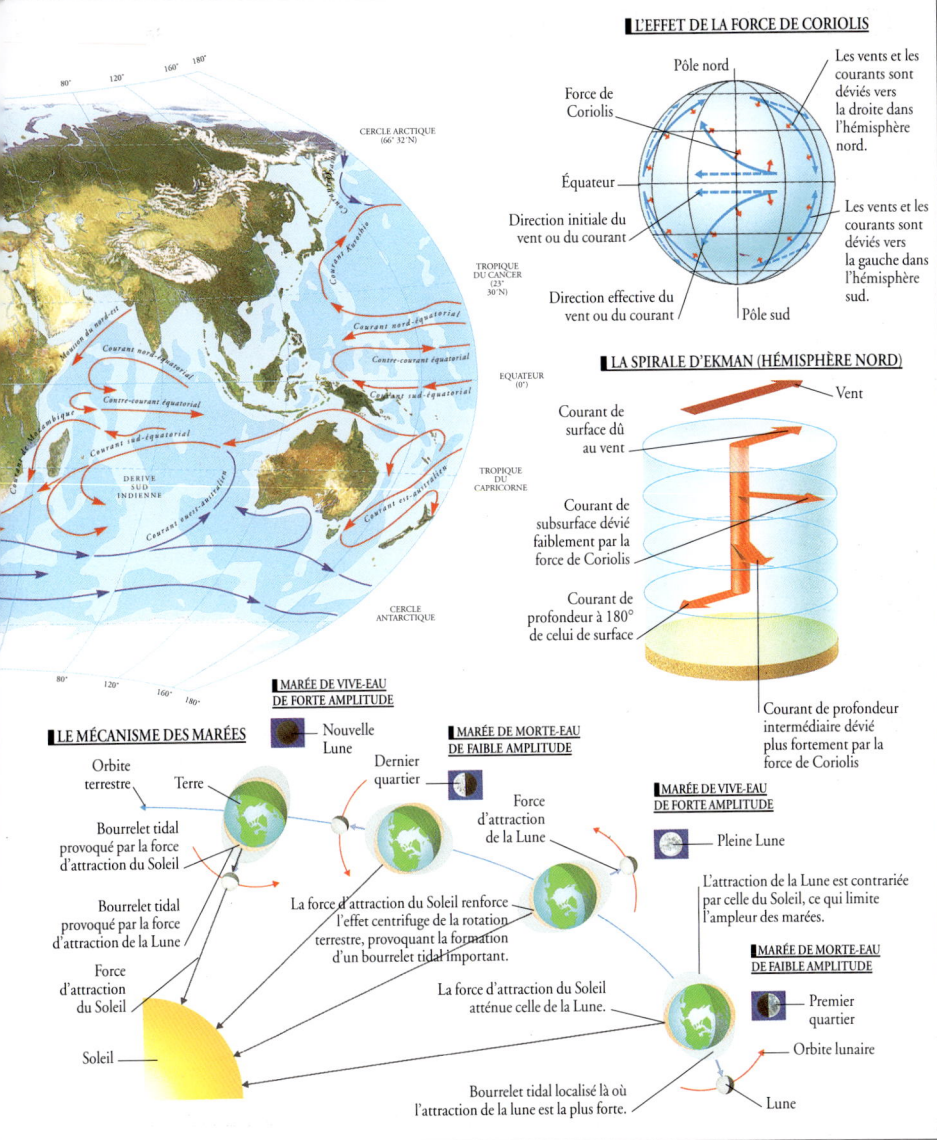

LA GÉOGRAPHIE DE LA TERRE

LE FOND DE L'OCÉAN

Le fond de l'océan comprend deux grands domaines, la plate-forme continentale et le talus, d'une part, les grands fonds d'autre part. En pente douce jusqu'à une profondeur d'environ 140 mètres, la plate-forme continentale est recouverte le plus souvent de dépôts sableux façonnés par les vagues et les courants de marée. À son extrémité, le fond marin s'enfonce plus rapidement vers la plaine abyssale, profonde en moyenne de 3 800 mètres. Sur les grands fonds se déposent des argiles et de minuscules débris d'organismes marins. Les plaines abyssales sont divisées par des systèmes montagneux immenses, les rides médio-océaniques. Les magmas y surgissent et forment le plancher océanique (pp. 58-59). Au cours de la formation permanente de nouveaux planchers, les volcans, apparus à l'aplomb de points chauds dans la croûte, s'éloignent progressivement de leur lieu de formation. Ils cessent toute activité et s'enfoncent peu à peu. S'ils sont complètement submergés, ils donnent des reliefs ou monts sous-marins. Lorsqu'ils émergent encore dans des eaux chaudes, ils sont souvent frangés de récifs coralliens qui peuvent évoluer en lagon après la submersion du volcan.

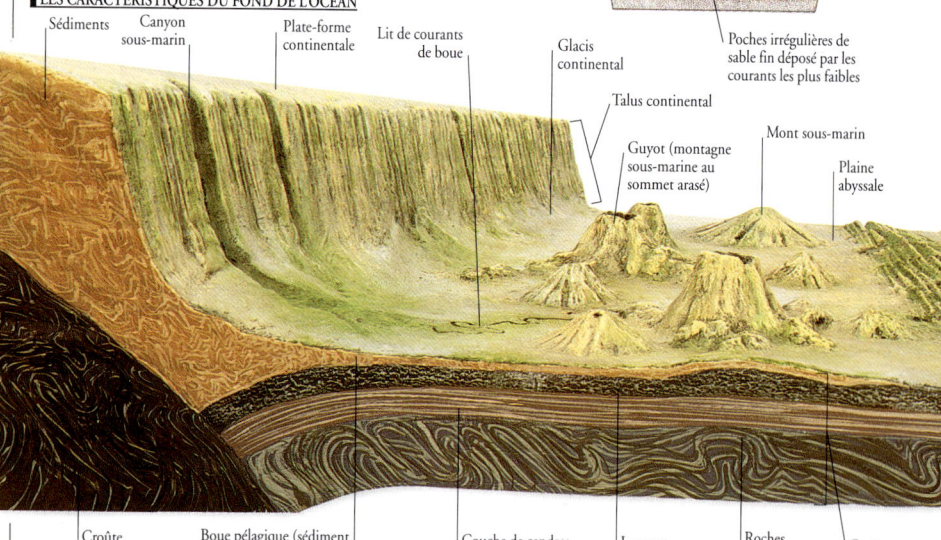

LE FOND MARIN SUR LA PLATE-FORME CONTINENTALE

LES CARACTÉRISTIQUES DU FOND DE L'OCÉAN

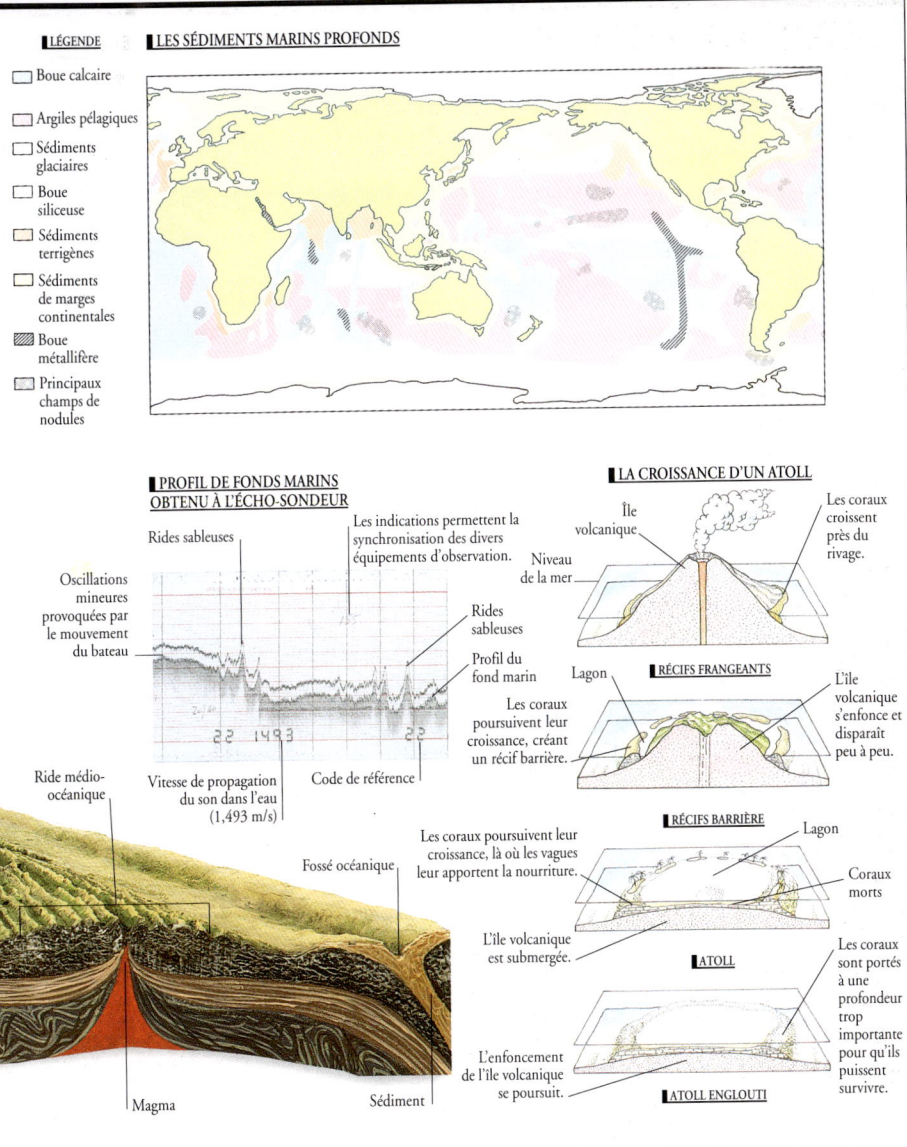

LA GÉOGRAPHIE DE LA TERRE

L'ATMOSPHÈRE

La Terre est entourée par une enveloppe gazeuse qui permet la présence de la vie sur la planète : l'atmosphère, qui filtre une bonne part du rayonnement ultraviolet nocif émis par le soleil et protège la planète des températures extrêmes, en limitant d'une part le rayonnement solaire incident et, d'autre part, les déperditions de chaleur de la Terre par radiation vers l'espace. Cet équilibre naturel peut être perturbé par un renforcement de l'effet de serre, provoqué par l'accumulation dans la haute atmosphère de gaz, comme le dioxyde de carbone, qui piègent plus de chaleur au contact du sol. Près de la surface de la Terre, les différences de pression et de température entraînent le déplacement des masses d'air entre l'équateur et les pôles. Cette circulation, associée à la force de Coriolis, provoque des vents dominants et des jet stream.

LE JET STREAM

Exosphère (altitude au delà de 500 km)

Couronne

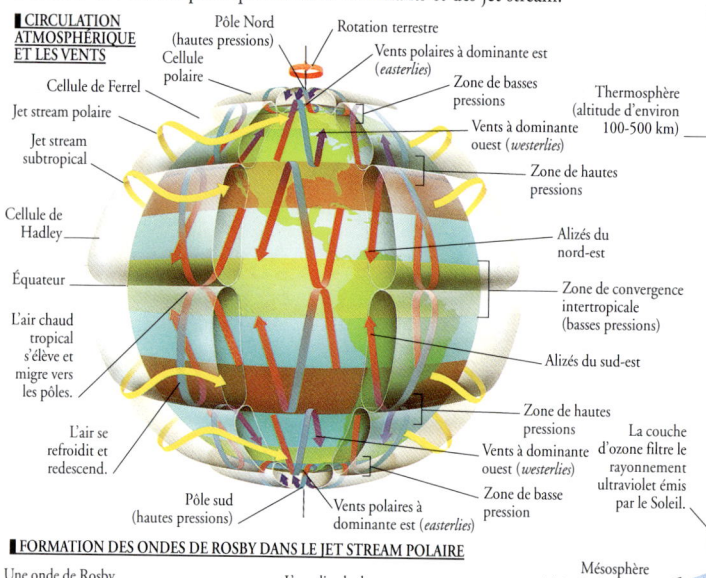

CIRCULATION ATMOSPHÉRIQUE ET LES VENTS

- Cellule polaire
- Cellule de Ferrel
- Jet stream polaire
- Jet stream subtropical
- Cellule de Hadley
- Équateur
- L'air chaud tropical s'élève et migre vers les pôles.
- L'air se refroidit et redescend.
- Pôle Nord (hautes pressions)
- Rotation terrestre
- Vents polaires à dominante est (*easterlies*)
- Zone de basses pressions
- Vents à dominante ouest (*westerlies*)
- Zone de hautes pressions
- Alizés du nord-est
- Zone de convergence intertropicale (basses pressions)
- Alizés du sud-est
- Zone de hautes pressions
- Vents à dominante ouest (*westerlies*)
- Zone de basse pression
- Pôle sud (hautes pressions)
- Vents polaires à dominante est (*easterlies*)

Thermosphère (altitude d'environ 100-500 km)

La couche d'ozone filtre le rayonnement ultraviolet émis par le Soleil.

Mésosphère (altitude d'environ 50-100km)

Stratosphère (altitude d'environ 10-50 km)

Troposphère (jusqu'à 10 km d'altitude)

FORMATION DES ONDES DE ROSBY DANS LE JET STREAM POLAIRE

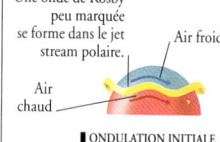

Une onde de Rosby peu marquée se forme dans le jet stream polaire. — Air froid — Air chaud

L'amplitude de l'onde de Rosby s'accentue.

Onde de Rosby très développée

ONDULATION INITIALE — **ONDE SE CREUSANT** — **ONDE DÉVELOPPÉE**

L'ATMOSPHÈRE / 301

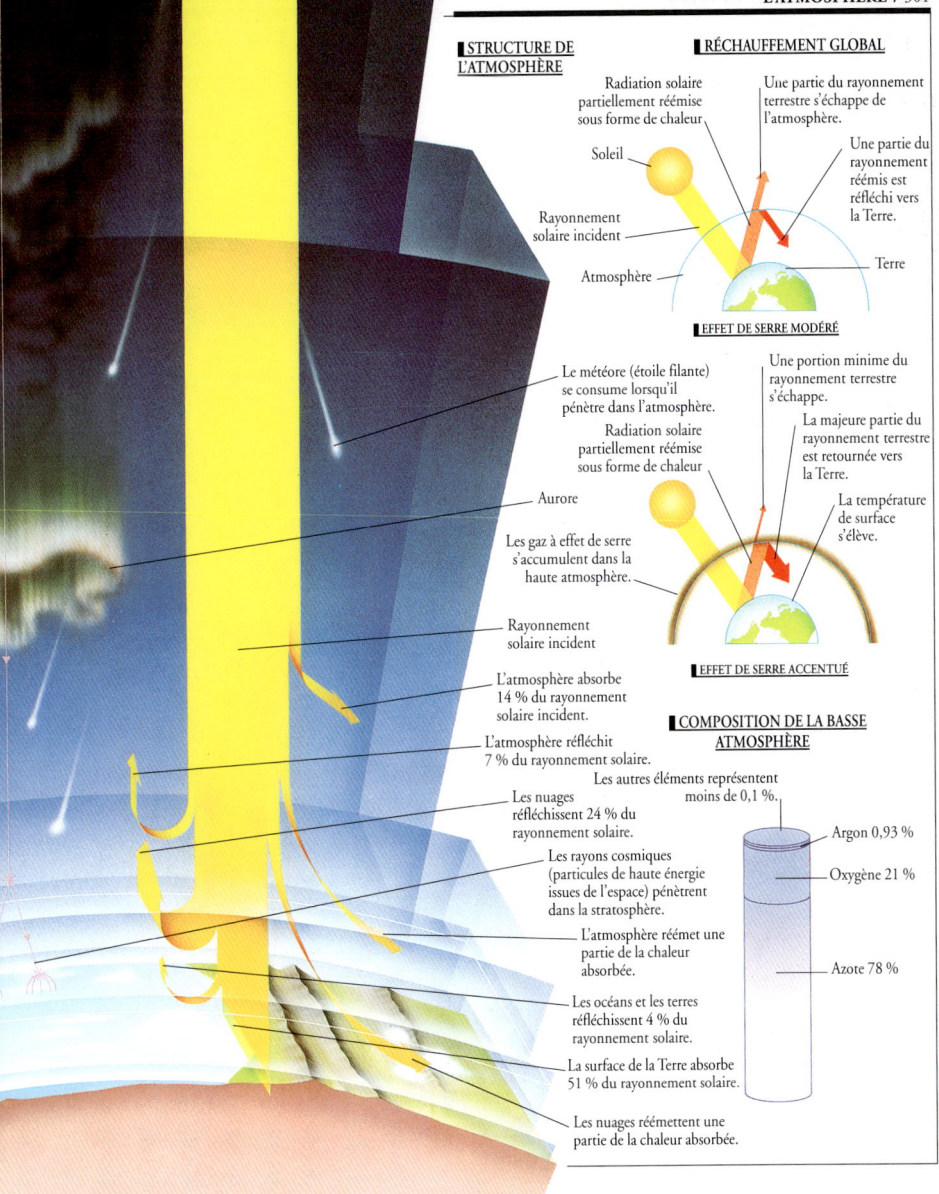

STRUCTURE DE L'ATMOSPHÈRE

Le météore (étoile filante) se consume lorsqu'il pénètre dans l'atmosphère.

Aurore

Les gaz à effet de serre s'accumulent dans la haute atmosphère.

Rayonnement solaire incident

L'atmosphère absorbe 14 % du rayonnement solaire incident.

L'atmosphère réfléchit 7 % du rayonnement solaire.

Les nuages réfléchissent 24 % du rayonnement solaire.

Les rayons cosmiques (particules de haute énergie issues de l'espace) pénètrent dans la stratosphère.

L'atmosphère réémet une partie de la chaleur absorbée.

Les océans et les terres réfléchissent 4 % du rayonnement solaire.

La surface de la Terre absorbe 51 % du rayonnement solaire.

Les nuages réémettent une partie de la chaleur absorbée.

RÉCHAUFFEMENT GLOBAL

Radiation solaire partiellement réémise sous forme de chaleur

Soleil

Rayonnement solaire incident

Atmosphère

Une partie du rayonnement terrestre s'échappe de l'atmosphère.

Une partie du rayonnement réémis est réfléchi vers la Terre.

Terre

EFFET DE SERRE MODÉRÉ

Radiation solaire partiellement réémise sous forme de chaleur

Une portion minime du rayonnement terrestre s'échappe.

La majeure partie du rayonnement terrestre est retournée vers la Terre.

La température de surface s'élève.

EFFET DE SERRE ACCENTUÉ

COMPOSITION DE LA BASSE ATMOSPHÈRE

Les autres éléments représentent moins de 0,1 %.

Argon 0,93 %

Oxygène 21 %

Azote 78 %

LE TEMPS QU'IL FAIT

Le temps météorologique est défini comme l'ensemble des conditions atmosphériques d'un lieu particulier, à un moment donné. Le climat est la moyenne des conditions météorologiques d'une région, mesurées sur une certaine durée. Le temps est décrit par des données concernant la température, les vents, la nébulosité et les précipitations. Le beau temps est associé aux zones de hautes pressions où l'air descend vers le sol. Un temps instable, couvert et pluvieux, est commun dans les zones de basses pressions où l'air tend à s'élever. De telles conditions se produisent dans les latitudes tempérées où les masses d'air chaud ou froid s'affrontent le long du front polaire. L'ouragan (ou typhon, ou encore cyclone tropical), accompagné de pluies violentes et de vents très forts, est la forme extrême de la dépression.

TYPES DE NUAGES

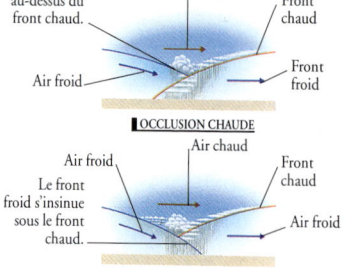

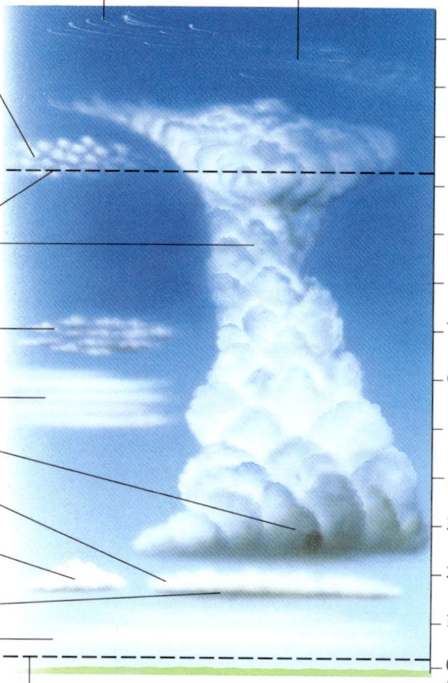

Cirrus
Cirrostratus
Cirrocumulus
Niveau de gel au-dessus duquel les nuages consistent en des cristaux de glace
Cumulonimbus
Altocumulus
Altostratus
Nimbus
Strato-cumulus
Cumulus
Nimbo-stratus
Stratus
Niveau de condensation
13
12
11
10
9
8
7
6
5
4
3
2
1
0
Altitude dans les régions tempérées (km)

TYPES DE FRONTS OCCLUS

Le front froid qui s'avance, s'élève au-dessus du front chaud.
Air chaud
Front chaud
Air froid
Front froid

OCCLUSION CHAUDE

Air froid
Air chaud
Front chaud
Le front froid s'insinue sous le front chaud.
Air froid

OCCLUSION FROIDE

FORMES DE PRÉCIPITATIONS

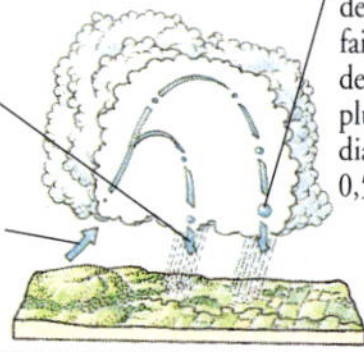

Les gouttelettes d'eau de diamètre inférieur à 0,5 mm tombent en crachin.
La coalescence des gouttelettes fait apparaître des gouttes de pluie de diamètre 0,5-5 mm.
L'air s'élève.

PLUIE DES NUAGES N'ATTEIGNANT PAS LE NIVEAU DE GEL

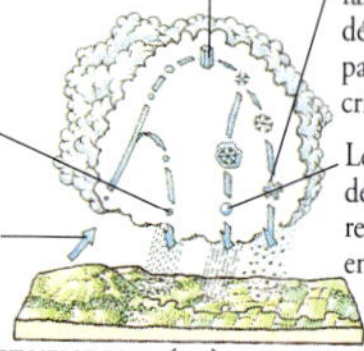

Cristaux de glace
Les gouttelettes coalescentes retombent en pluie.
Chute de neige faite de flocons développés à partir des cristaux de glace
Les flocons de neige fondue retombent en pluie.
L'air s'élève.

PLUIE ET NEIGE FORMÉES À PARTIR DES NUAGES AYANT ATTEINT LE NIVEAU DE GEL

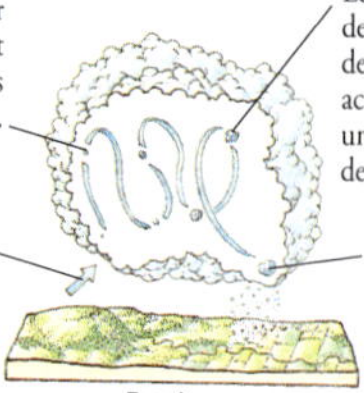

Les courants d'air verticaux chahutent les gouttelettes d'eau gelées.
Les alternances de gel et de dégel accumulent une couche de glace.
L'air s'élève.
La glace retombe sous forme de grêle.

GRÊLE

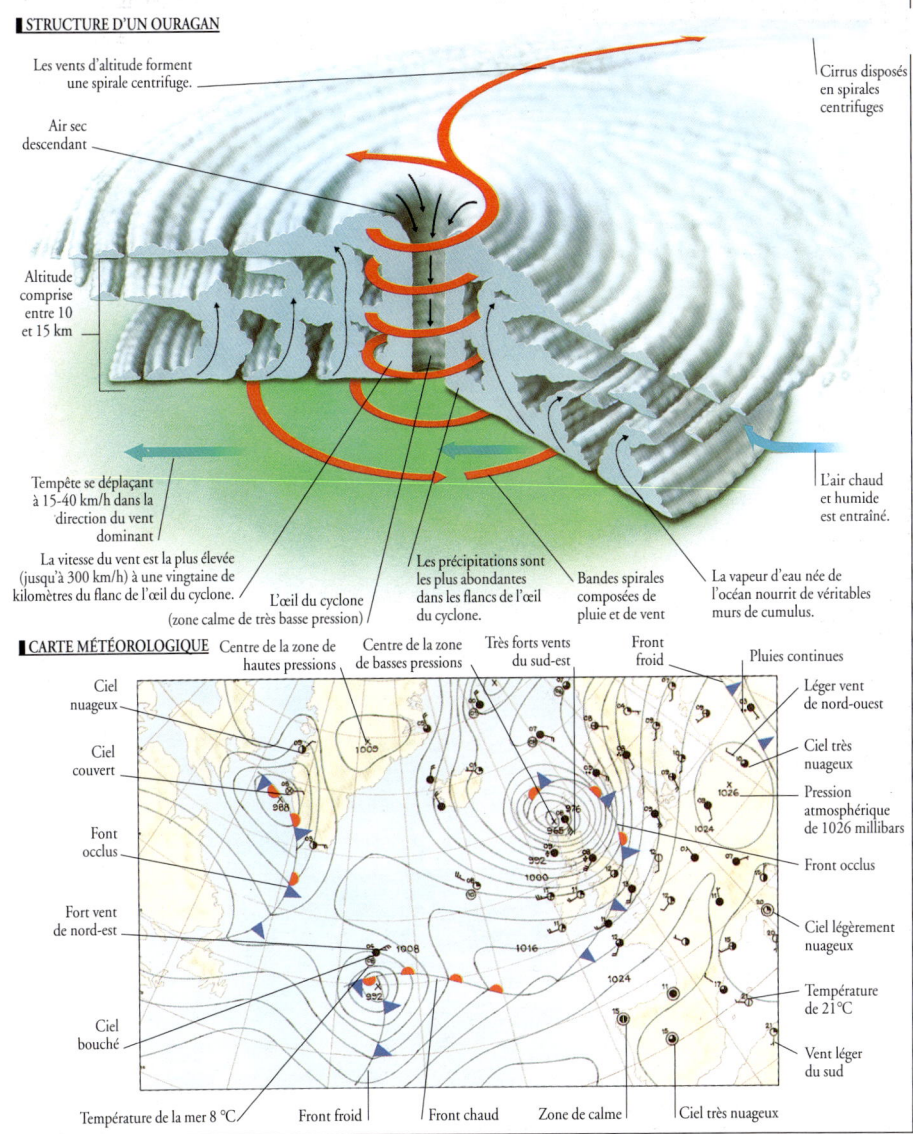

LA PHYSIQUE ET LA CHIMIE

LA DIVERSITÉ DE LA MATIÈRE 306
LES ATOMES ET LES MOLÉCULES 308
LA CLASSIFICATION PÉRIODIQUE DES ÉLÉMENTS 310
LES RÉACTIONS CHIMIQUES 312
L'ÉNERGIE 314
ÉLECTRICITÉ ET MAGNÉTISME 316
LA LUMIÈRE 318
LA FORCE ET LE MOUVEMENT 320

LA PHYSIQUE ET LA CHIMIE

LA DIVERSITÉ DE LA MATIÈRE

On appelle matière tout ce qui occupe l'espace : depuis les substances naturelles, comme les minéraux ou les organismes vivants, jusqu'aux matériaux synthétiques. La matière peut exister sous trois états différents : solide, liquide et gazeux. Un solide est rigide, il conserve sa forme. Un liquide est fluide, il possède un volume déterminé et prend la forme du récipient qui le contient. Un gaz (fluide lui aussi) remplit l'espace, son volume est donc le même que celui du récipient qui le contient. La plupart des substances peuvent exister en tant que solide, liquide ou gaz : l'état dépend de la température. À de très hautes températures, la matière devient du plasma, considéré comme le quatrième état de la matière. Toute matière est composée de particules microscopiques comme les atomes et les molécules (pp. 308-309). Il existe une énorme diversité de matières car les particules peuvent s'organiser d'innombrables façons, soit pour former une seule substance, soit pour former des mélanges.

PLANTE ET INSECTE

TYPES DE COLLOÏDES

GEL CAPILLAIRE (SOLIDE DANS UN LIQUIDE)

MOUSSE À RASER
(AIR DANS UN LIQUIDE)

BRUME
(LIQUIDE DANS UN GAZ)

EXEMPLES DE MATIÈRES

Le polyéthylène est un composé artificiel de produits naturels.

POLYÉTHYLÈNE
(POLYMÈRE SYNTHÉTIQUE)

L'élément silicium sous forme cristalline pure

SILICIUM PUR
(SEMI-CONDUCTEUR)

Gaz à basse pression

Filament de plasma (mélange d'électrons et d'atomes chargés)

La tension arrache les électrons des atomes des gaz à basse pression.

Électrode centrale

BALLON CONTENANT DES GAZ
À HAUTE TEMPÉRATURE (PLASMA)

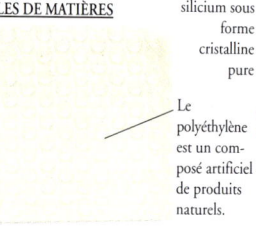
L'obsidienne est une pierre volcanique en fusion qui se refroidit trop rapidement pour que les atomes puissent former une structure régulière.

OBSIDIENNE (VERRE NATUREL)

AZURITE (MINÉRAL CRISTALLIN)
L'azurite se trouve avec le minerai de cuivre

Cristaux dissous dans l'eau

Eau

Cristaux de permanganate de potassium

PERMANGANATE DE POTASSIUM ET EAU (SOLUTION)

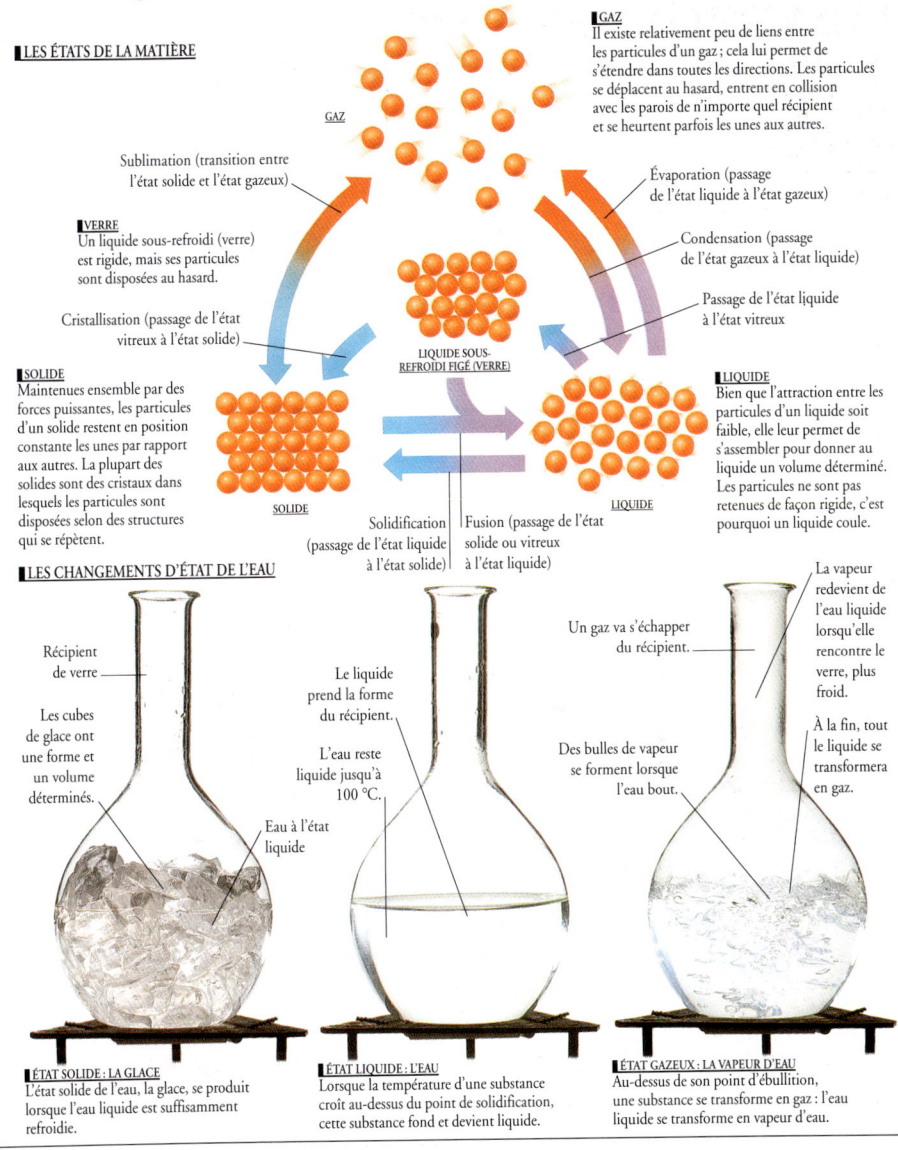

LA PHYSIQUE ET LA CHIMIE

LES ATOMES ET LES MOLÉCULES

Les atomes sont les plus petites parties caractéristiques d'un élément (pp. 310-311). Ils sont minuscules : leur diamètre est de l'ordre d'un dix milliardième de mètre (10^{-10}m).

IMAGE EN FAUSSE-COULEUR D'ATOMES D'OR

Deux atomes ou plus se combinent (liaison chimique) pour former une molécule d'une substance qu'on appelle un composé. Ainsi, les molécules sont les plus petites parties caractéristiques d'un composé. Les atomes eux-mêmes ne peuvent être divisés – ils possèdent une structure interne. Au centre d'un atome se trouve un noyau dense, fait de protons dotés d'une charge électrique positive (p. 316) et de neutrons qui n'ont pas de charge électrique. Autour du noyau, on trouve les électrons qui sont chargés négativement. Ce sont les électrons qui donnent à une substance la plupart de ses propriétés physiques et chimiques. Ils se trouvent à l'intérieur de certaines régions appelées orbitales. Si un atome perd un électron, il devient un ion positif (cation), s'il gagne un électron, il devient un ion négatif (anion). Des ions de charge opposée s'attirent et se regroupent : c'est une « liaison ionique ». Dans les liaisons covalentes, les atomes s'unissent en partageant certains de leurs électrons dans ce qui devient des orbitales moléculaires.

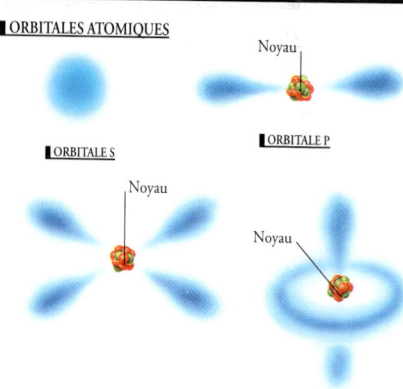

■ ORBITALES ATOMIQUES

■ ORBITALE S   ■ ORBITALE P

■ ORBITALES D

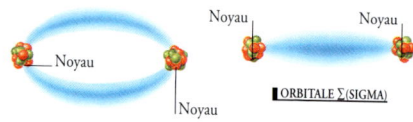

■ ORBITALES MOLÉCULAIRES

■ ORBITALE (PI)   ■ ORBITALE Σ (SIGMA)

■ ORBITALE HYBRIDE SP³

■ EXEMPLE DE LIAISON IONIQUE

ATOME NEUTRE DE LITHIUM (LI) — Orbitale 1s, Orbitale 2s

ATOME NEUTRE DE FLUOR (F) — Orbitale 1s, La deuxième couche contient sept électrons. Orbitale 2s, Orbitale 2p, Orbitale 2p, Orbitale 2p

TRANSFERT D'ÉLECTRONS — Transfert d'électron. L'atome de lithium perd un électron 2s et devient chargé positivement (ion Li⁺). L'atome de fluor gagne un électron supplémentaire et devient chargé négativement (ion F⁻). La seconde couche contient maintenant huit électrons ; elle est complète.

LIAISON IONIQUE : MOLÉCULE DE FLUORURE DE LITHIUM (LIF) — ion Li⁺, ion F⁻. Les atomes chargés (les ions) sont maintenus ensemble par des forces électrostatiques.

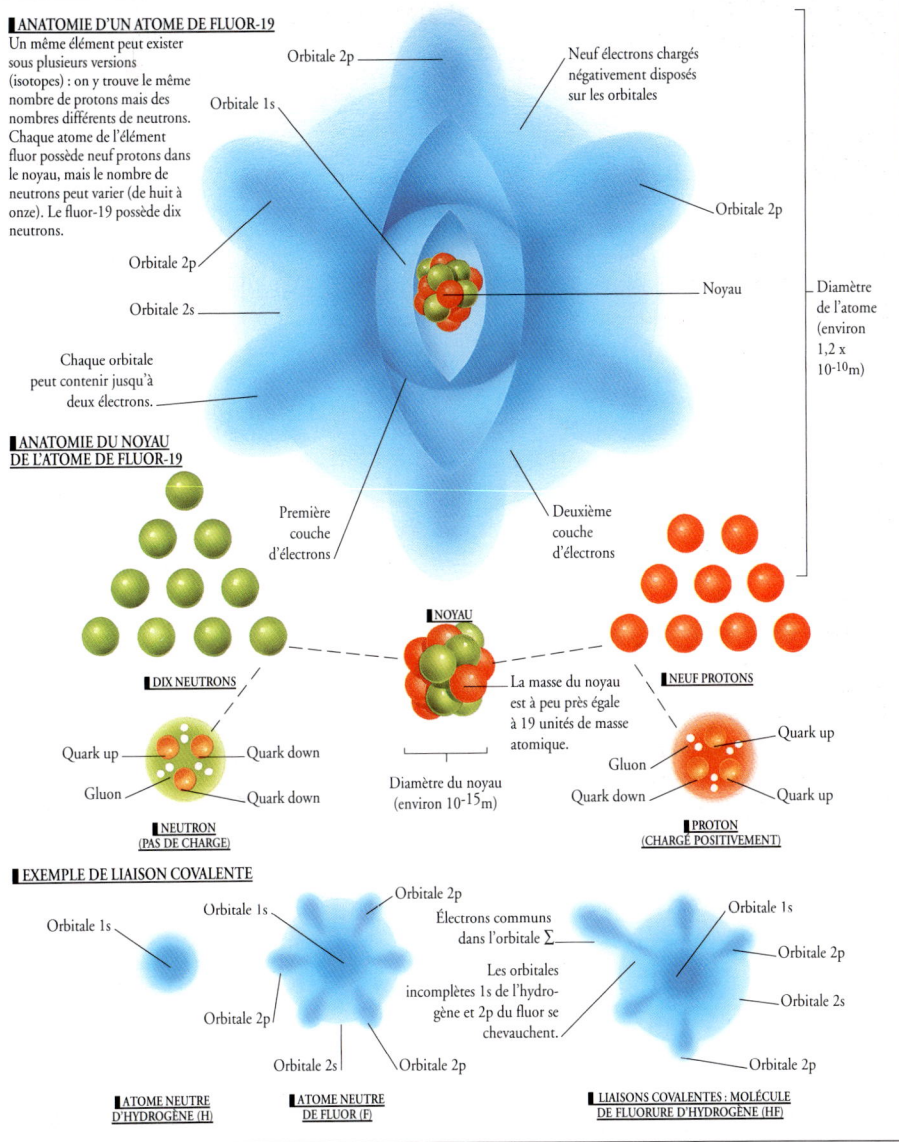

LA CLASSIFICATION PÉRIODIQUE DES ÉLÉMENTS

Un élément est une substance ne comprenant que des atomes du même type. Les 92 éléments qui sont dans la nature et les 17 éléments créés artificiellement sont classés dans le tableau de classification périodique des éléments (tableau de Mendeleïev). Chaque élément est défini par son numéro atomique. À chaque ligne correspond une période d'éléments et à chaque colonne un groupe d'éléments. Le numéro atomique augmente de 1 le long de chaque période de gauche à droite et croît dans un groupe de haut en bas. La forme du tableau est déterminée par la façon dont les électrons se placent autour du noyau : on range les éléments par ordre de numéro atomique croissant, de façon à ce que l'on retrouve dans la même région du tableau les atomes dont les électrons de la dernière couche occupent le même type d'orbitale. On appelle ces régions des blocs. Les groupes reflètent le nombre d'électrons de la couche externe (les électrons de valence). Les éléments d'un même groupe ont les mêmes propriétés car ils possèdent le même nombre d'électrons sur leur couche externe.

Le numéro atomique est le nombre de protons de chaque noyau.

Le numéro atomique croît de 1 le long de chaque période.

- Numéro atomique
- Symbole chimique
- Nom chimique
- Masse atomique relative

MASSE ATOMIQUE RELATIVE

La masse atomique (anciennement poids atomique) est la masse de chaque atome d'un élément. Elle est égale au nombre de protons plus le nombre de neutrons (les électrons ont une masse négligeable). Les chiffres donnés sont la moyenne des masses de toutes les différentes versions (isotopes) de chaque élément, la masse du carbone 12 servant d'étalon.

Métaux de première transition

bloc s — Ces deux séries sont toujours représentées en dehors du tableau. — bloc d

MÉTAUX ET NON-MÉTAUX

Les éléments de la partie gauche du tableau sont des métaux. Ils perdent facilement des électrons et forment des ions positifs. Les non-métaux, dans la partie droite du tableau, ont tendance à devenir des ions négatifs. Les semi-métaux, qui ont à la fois les propriétés des métaux et des non-métaux, sont entre les deux.

Métal mou à l'aspect argenté et hautement réactif

SODIUM : MÉTAL DU GROUPE 1

Métal réactif à l'aspect argenté

MAGNÉSIUM : MÉTAL DU GROUPE 2

Métal dur à l'aspect argenté

CHROME : MÉTAL DE LA PREMIÈRE TRANSITION

LÉGENDE DES TYPES D'ÉLÉMENT :

- Métaux alcalins
- Métaux alcalino-terreux
- Métaux de transition
- Lanthanides (terres rares)
- Actinides
- Métaux pauvres
- Semi-métaux
- Non-métaux
- Gaz rares

Métal radioactif

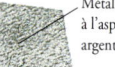

PLUTONIUM : MÉTAL DE LA SÉRIE DES ACTINIDES

57 La Lanthane 138.9	58 Ce Cérium 140.1	59 Pr Praséodyme 140.9	60 Nd Néodyme 144.2
89 Ac Actinium 227.0	90 Th Thorium 232.0	91 Pa Protactinium 231.0	92 U Uranium 238.0

LA CLASSIFICATION PÉRIODIQUE DES ÉLÉMENTS / 311

DIAMANT

VARIÉTÉS ALLOTROPIQUES DU CARBONE
Certains éléments existent sous plusieurs formes appelées variétés allotropiques. La poussière de charbon, le graphite et le diamant sont des variétés allotropiques du carbone. Ils sont tous formés d'atomes de carbone, mais ont différentes propriétés chimiques.

Cristal jaune brillant
SOUFRE : NON-MÉTAL SOLIDE DU GROUPE 6

Ce solide violet foncé se transforme facilement en gaz.
IODE : NON-MÉTAL SOLIDE DU GROUPE 7

GRAPHITE

POUSSIÈRE DE CHARBON

		Familles du bore et du carbone		Familles de l'azote et de l'oxygène		Halogènes	Groupe 0
		Groupe III	Groupe IV	Groupe V	Groupe VI	Groupe VII	2 He Hélium 4.0
		5 B Bore 10.8	6 C Carbone 12.0	7 N Azote 14.0	8 O Oxygène 16.0	9 F Fluor 19.0	10 Ne Néon 20.2
		13 Al Aluminium 27.0	14 Si Silicium 28.1	15 P Phosphore 31.0	16 S Soufre 32.1	17 Cl Chlore 35.5	18 Ar Argon 40.0

Période courte / Période longue

Métaux de deuxième transition — Métaux de troisième transition

26 Fe Fer 55.9	27 Co Cobalt 58.9	28 Ni Nickel 58.7	29 Cu Cuivre 63.5	30 Zn Zinc 65.4	31 Ga Gallium 69.7	32 Ge Germanium 72.6	33 As Arsenic 74.9	34 Se Sélénium 79.0	35 Br Brome 79.9	36 Kr Krypton 83.8
44 Ru Ruthénium 101.0	45 Rh Rhodium 102.9	46 Pd Palladium 106.4	47 Ag Argent 107.9	48 Cd Cadmium 112.4	49 In Indium 114.8	50 Sn Étain 118.7	51 Sb Antimoine 121.8	52 Te Tellure 127.6	53 I Iode 126.9	54 Xe Xénon 131.3
76 Os Osmium 190.2	77 Ir Iridium 192.2	78 Pt Platine 195.1	79 Au Or 197.0	80 Hg Mercure 200.6	81 Tl Thallium 204.4	82 Pb Plomb 207.2	83 Bi Bismuth 209.0	84 Po Polonium 210.0	85 At Astate 210.0	86 Rn Radon 222.0
108 Uno Uniloctium (265)	109 Une Unilennium (266)									

Bloc d — Bloc p

La masse atomique est approximative, puisque l'élément a une vie brève.

Semi-métal brillant

GAZ RARES
Les gaz inertes incolores virent au rouge dans un tube à décharge.
Le groupe 0 contient les éléments dont la couche externe d'électrons est complète, ils n'ont pas tendance à gagner ou à perdre des électrons en se combinant avec d'autres atomes. Ils sont stables et — donc — ne réagissent pas spontanément avec d'autres éléments. Les gaz rares sont aussi appelés gaz inertes.

Métal précieux jaune non réactif
OR : MÉTAL DE TROISIÈME TRANSITION

Métal réactif mou et brillant
ÉTAIN : MÉTAL PAUVRE DU GROUPE 4

ANTIMOINE : SEMI-MÉTAL DU GROUPE 5

NÉON : GAZ INCOLORE DU GROUPE 0

| 61 Pm Prométhium 145.0 | 62 Sm Samarium 150.4 | 63 Eu Europium 152.0 | 64 Gd Gadolinium 157.3 | 65 Tb Terbium 158.9 | 66 Dy Dysprosium 162.5 | 67 Ho Holmium 164.9 | 68 Er Erbium 167.3 | 69 Tm Thulium 168.9 | 70 Yb Ytterbium 173.0 | 71 Lu Lutétium 175.0 |
| 93 Np Neptunium 237.0 | 94 Pu Plutonium 244.0 | 95 Am Américium 243.0 | 96 Cm Curium 247.0 | 97 Bk Berkélium 247.0 | 98 Cf Californium 251.0 | 99 Es Einsteinium 254.0 | 100 Fm Fermium 257.0 | 101 Md Mendélévium 256.0 | 102 No Nobélium 254.0 | 103 Lw Lawrencium 257.0 |

Bloc f

LES RÉACTIONS CHIMIQUES

Une réaction chimique intervient dès lors que les liaisons entre les atomes sont brisées ou créées. Dans chaque cas, des atomes ou des groupes d'atomes se réorganisent, fabriquant de nouvelles substances (produits) à partir des substances d'origine (réactifs). Certaines réactions surviennent naturellement tandis que d'autres peuvent être provoquées. Nous montrons ici certains des principaux types de réaction. Une réaction dans laquelle de la chaleur se dégage est une réaction exothermique. De nombreuses réactions, comme la combustion, sont irréversibles, mais certaines peuvent avoir lieu dans les deux sens : on les appelle réversibles. On peut utiliser les réactions pour créer des solides à partir de solutions : dans une réaction de double décomposition, deux composés en solution se dissocient et forment deux nouvelles substances dont souvent un précipité (solide insoluble) ; lors d'une substitution, un élément (le cuivre par exemple) remplace un autre élément (l'argent par exemple) dans une solution. Les réactions sont aussi utilisées en laboratoire pour identifier la matière.

FORMATION DE SEL (ACIDE SUR MÉTAL)

Le zinc (Zn) remplace l'hydrogène dans l'acide (HCl) pour former une solution de chlorure de zinc ($ZnCl_2$).

Le gaz dégagé est de l'hydrogène (H_2).

Lorsque l'acide rencontre un métal réactif, il perd son hydrogène.

Acide chlorhydrique (HCl)

Effervescence

Limaille de zinc (Zn)

Limaille de zinc (Zn)

LA RÉACTION
De l'acide chlorhydrique ajouté à du zinc produit du chlorure de zinc et de l'hydrogène.
$Zn + 2HCl \longrightarrow ZnCl_2 + H_2$

COMBUSTION

Le monoxyde d'azote (NO) et la vapeur d'eau dégagés sont des gaz incolores.

Bichromate d'ammonium (($NH_4)_2Cr_2O_7$)

Les atomes forment des substances plus simples et dégagent de la chaleur et de la lumière.

Flamme

Le bichromate d'ammonium (($NH_4)_2Cr_2O_7$) se transforme en oxyde de chrome (Cr_2O_3).

LA RÉACTION
Lorsqu'on l'enflamme, le bichromate d'ammonium se combine à l'oxygène de l'air. $(NH_4)_2Cr_2O_7 + O_2 \longrightarrow Cr_2O_3 + 4H_2O + 2NO$

SUBSTITUTION

Cuivre (Cu)

Solution de nitrate d'argent ($AgNO_3$)

Les deux métaux sont en compétition pour les ions de nitrate.

Fiole en verre

Le cuivre (Cu) se substitue aux ions d'argent (Ag^{2+}) dans la solution de nitrate d'argent ($AgNO_3$).

Formation d'une solution bleue de nitrate de cuivre ($Cu(NO_3)_2$)

Formation de paillettes d'argent (Ag)

LA RÉACTION
Le cuivre ajouté à une solution de nitrate d'argent produit du nitrate de cuivre et de l'argent.
$Cu + 2AgNO_3 \longrightarrow Cu(NO_3)_2 + 2Ag$

UNE RÉACTION RÉVERSIBLE

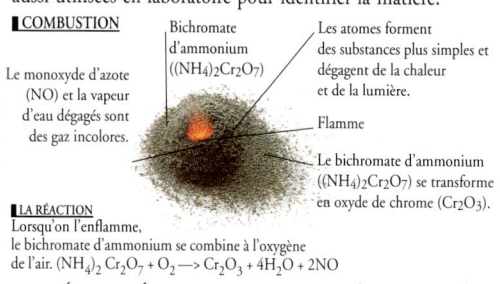

Solution de chromate de potassium (K_2CrO_4)

La solution jaune brillant contient des ions potassium et des ions chromate.

On ajoute des gouttes d'acide chlorhydrique (HCl).

L'acide provoque la réaction.

Les ions chromate se transforment en ions bichromate.

La soude (hydroxyde de sodium, NaOH) neutralise l'acide.

La solution devient du bichromate de potassium orange brillant (KCr_2O_7)

Le bichromate de potassium redevient du chromate de potassium.

On ajoute des gouttes de soude (hydroxyde de sodium, NaOH).

La solution redevient jaune brillant, comme au départ.

1. LE RÉACTIF
Le chromate de potassium se dissout dans l'eau et forme des ions potassium et des ions chromate. $K_2CrO_4 \longrightarrow 2K^+ + CrO_4^{2-}$

2. LA RÉACTION
L'addition d'acide chlorhydrique transforme les ions chromate en ions bichromate.
$2CrO_4^{2-} \longrightarrow Cr_2O_7^{2-}$

3. RÉACTION INVERSE
L'addition de soude (hydroxyde de sodium) transforme les ions bichromate en ions chromate.
$Cr_2O_7^{2-} \longrightarrow 2CrO_4^{2-}$

LES RÉACTIONS CHIMIQUES

▮ FERMENTATION

La levure transforme le sucre en alcool (C_2H_5OH) et en gaz carbonique (dioxyde de carbone, CO_2).

Levure mélangée à de l'eau et à du sucre ($C_6H_{12}O_6$)

Bouchon étanche

Fiole de verre à fond plat

Bulles de gaz carbonique (dioxyde de carbone, CO_2)

▮ LA RÉACTION
La levure transforme le sucre et l'eau en alcool et en gaz carbonique (dioxyde de carbone).
$C_6H_{12}O_6 \longrightarrow 2C_2H_5OH + 2CO_2$

▮ DOUBLE DÉCOMPOSITION

Solution d'iodure de potassium (KI)

Solution de nitrate de plomb ($Pb(NO_3)_2$)

L'iodure de potassium est ajouté au nitrate de plomb.

Formation d'iodure de plomb (PbI_2)

Formation d'une solution de nitrate de potassium (KNO_3)

▮ LES RÉACTIFS
L'iodure de potassium dans l'eau (KI) et le nitrate de plomb dans l'eau ($Pb(NO_3)_2$) forment chacun des solutions incolores.

▮ LA RÉACTION
Lorsqu'on mélange les solutions, il y a formation d'iodure de plomb, un précipité, et d'une solution de nitrate de potassium
$2KI + Pb(NO_3)_2 \longrightarrow PbI_2 + 2KNO_3$

▮ EXPÉRIMENTATIONS SUR LA CIRE À BOUGIE, UN COMPOSÉ ORGANIQUE

La combustion produit du gaz carbonique (oxyde de carbone, CO_2) et de la vapeur d'eau (H_2O).

Le carbone qui n'a pas brûlé forme des particules de suie.

Flamme

Cire de bougie en combustion

La cire de bougie ($C_{18}H_{38}$), un hydrocarbure, contient les éléments carbone et hydrogène.

Tube

Les gaz sont canalisés dans l'entonnoir.

Entonnoir

La vapeur d'eau est absorbée par un agent déshydratant solide, le sulfate de cuivre anhydre ($CuSO_4$).

Les cristaux de sulfate de cuivre anhydre se combinent avec la vapeur d'eau et forment du sulfate de cuivre hydraté bleu plus sombre ($CuSO_4.10H_2O$).

Support vertical

La vapeur d'eau se condense et forme de l'eau (H_2O).

Tube

Bouchon de liège

Tube en U

Collier de serrage

Sulfate de cuivre anhydre ($CuSO_4$)

Gaz carbonique (oxyde de carbone, CO_2) dégagé

L'hydroxyde de calcium ($Ca(OH)_2$) et l'oxyde de carbone (CO_2) forment du carbonate de calcium insoluble ; l'eau de chaux devient trouble.

Bouchon de liège

Tube servant à aspirer le gaz

Éprouvette

Solution d'hydroxyde de calcium (eau de chaux, $Ca(OH)_2$)

▮ LES RÉACTIONS DE COMBUSTION
En brûlant, la cire produit du gaz carbonique et de la vapeur d'eau.
$2C_{18}H_{38} + 55O_2 \longrightarrow 36CO_2 + 38H_2O$

▮ TEST DE PRÉSENCE DE VAPEUR D'EAU
Un agent déshydratant solide piège la vapeur d'eau, démontrant ainsi la présence d'hydrogène dans la cire à bougie. $CuSO_4 + 10H_2O \longrightarrow CuSO_4.10H_2O$

▮ TEST DE PRÉSENCE DE GAZ CARBONIQUE
La chaux en solution réagit avec le gaz carbonique et forme un carbonate ; la solution se trouble.
$Ca(OH)_2 + CO_2 \longrightarrow CaCO_3 + H_2O$

L'ÉNERGIE

Tout ce qui advient – de la piqûre d'épingle à l'explosion – nécessite de l'énergie. Il existe diverses formes d'énergie, dont la lumière, la chaleur, le son, les énergies électriques, chimiques, nucléaires, cinétiques et potentielles. La loi de conservation de l'énergie affirme que la somme totale d'énergie dans l'Univers est fixe – on ne peut ni créer ni détruire de l'énergie. Cela signifie que l'énergie peut uniquement se transformer sous une forme ou une autre (transfert d'énergie). Par exemple, l'énergie potentielle est l'énergie qui est « emmagasinée » et peut être utilisée dans le futur. Un objet acquiert de l'énergie potentielle quand on le soulève ; lorsqu'on le relâche, l'énergie potentielle se transforme en énergie de mouvement (énergie cinétique). Pendant le transfert, une partie de l'énergie se transforme en chaleur. La plus grande partie de l'énergie de la terre est fournie par le soleil, sous la forme de radiation électromagnétique (pp. 316-317). La puissance nucléaire est une autre source d'énergie : les réactions dans le noyau d'un atome produisent de l'énergie. Toute énergie se mesure avec l'unité internationale, appelée le joule (J).

DIAGRAMME DE SANKEY MONTRANT LE FLUX D'ÉNERGIE DANS UNE CENTRALE COMBINÉE DE CHAUFFAGE URBAIN ET D'ÉLECTRICITÉ FONCTIONNANT AU CHARBON

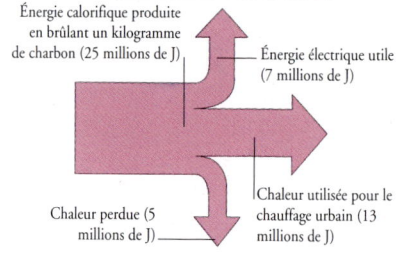

COUPE TRANSVERSALE D'UNE CENTRALE HYDROÉLECTRIQUE À TURBINE FRANCIS

COUPE TRANSVERSALE D'UNE CENTRALE NUCLÉAIRE AVEC UN RÉACTEUR À EAU PRESSURISÉE

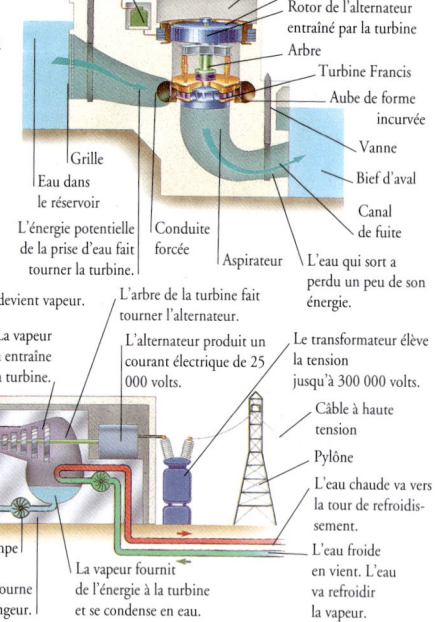

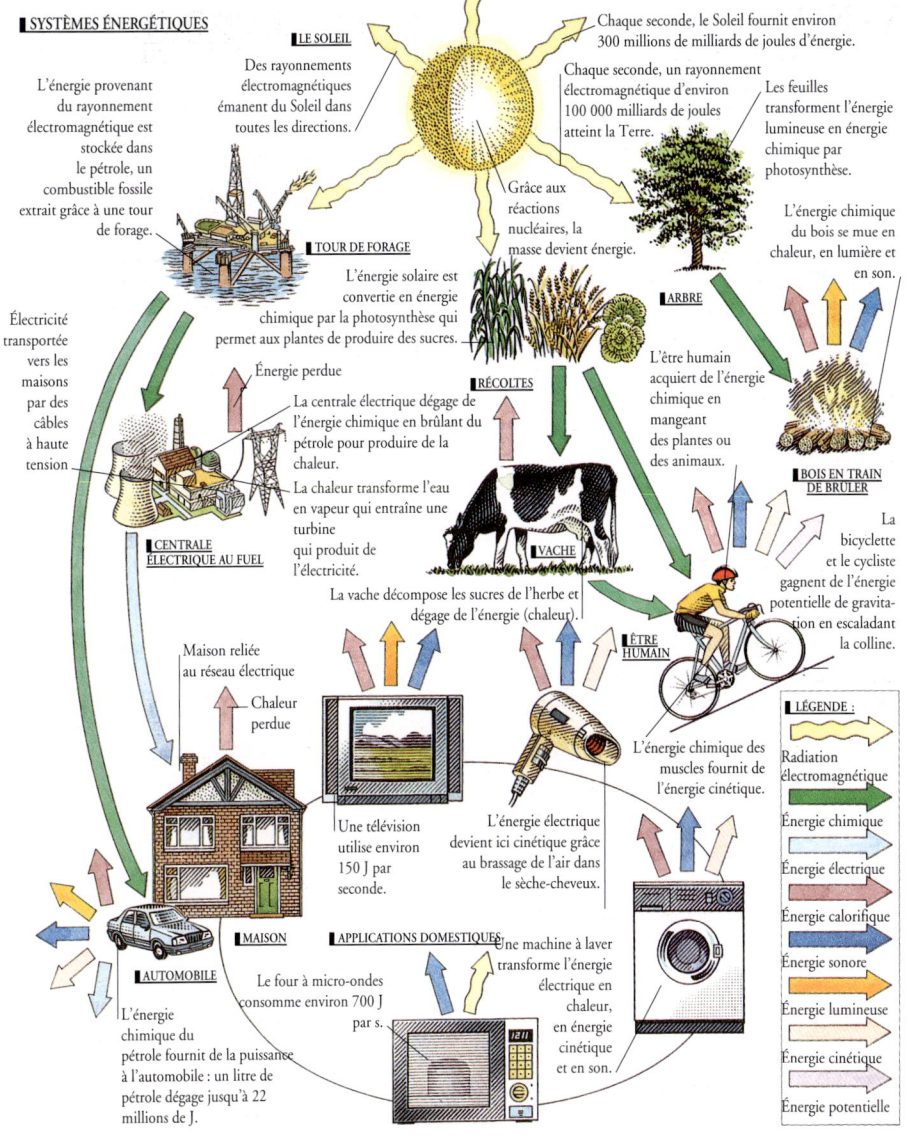

ÉLECTRICITÉ ET MAGNÉTISME

Les effets électriques proviennent d'un déséquilibre de la charge électrique. Il en existe deux types : la charge positive (transportée par les protons) et la charge négative (transportée par les électrons). Des forces d'attraction et de répulsion (forces électrostatiques) existent entre deux particules chargées. La matière est normalement sans charge mais, s'il gagne des électrons, un objet va gagner une charge négative générale ; si on enlève des électrons, cette charge deviendra positive. On dit des objets ayant une charge générale négative ou positive qu'ils ont un déséquilibre de charge et ils exercent les mêmes forces que des charges individuelles positives ou négatives. Les forces agiront toujours pour retrouver l'équilibre de charge, ce qui provoque l'électricité statique. Si les charges sont « libres » – dans un matériau qui permet aux électrons de le traverser –, ces forces provoquent un flux appelé courant électrique. Certaines substances présentent un phénomène appelé magnétisme. Les substances magnétiques sont faites de petites régions appelées domaines.

ÉCLAIR

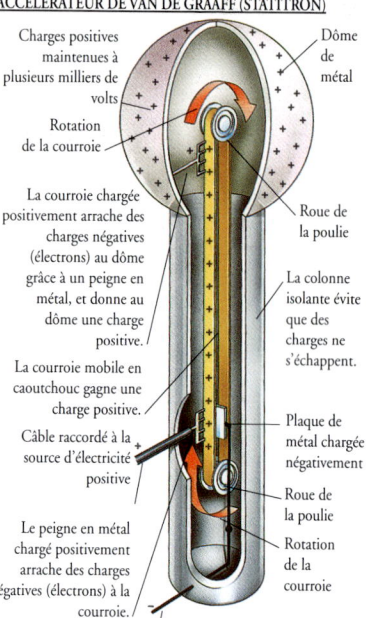

ACCÉLÉRATEUR DE VAN DE GRAAFF (STATITRON)

Charges positives maintenues à plusieurs milliers de volts

Dôme de métal

Rotation de la courroie

La courroie chargée positivement arrache des charges négatives (électrons) au dôme grâce à un peigne en métal, et donne au dôme une charge positive.

Roue de la poulie

La colonne isolante évite que des charges ne s'échappent.

La courroie mobile en caoutchouc gagne une charge positive.

Câble raccordé à la source d'électricité positive

Plaque de métal chargée négativement

Roue de la poulie

Le peigne en métal chargé positivement arrache des charges négatives (électrons) à la courroie.

Rotation de la courroie

Câble raccordé à la source d'électricité négative

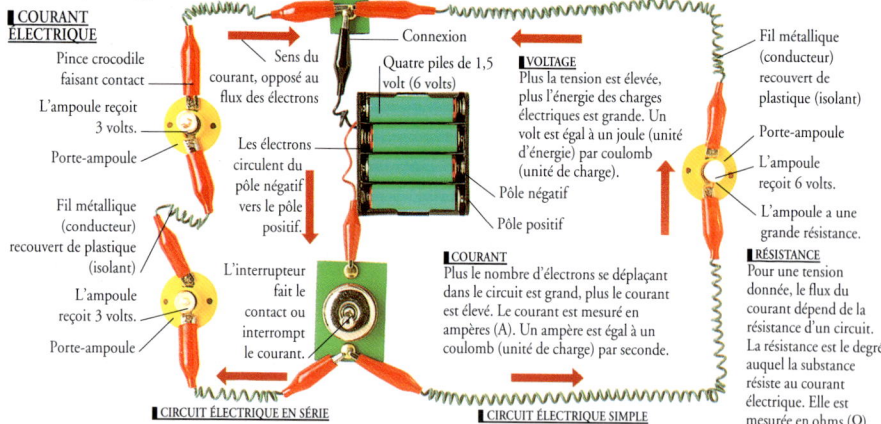

COURANT ÉLECTRIQUE

Pince crocodile faisant contact

Sens du courant, opposé au flux des électrons

Connexion

Quatre piles de 1,5 volt (6 volts)

L'ampoule reçoit 3 volts.

Porte-ampoule

Les électrons circulent du pôle négatif vers le pôle positif.

Pôle négatif

Pôle positif

Fil métallique (conducteur) recouvert de plastique (isolant)

L'ampoule reçoit 3 volts.

Porte-ampoule

L'interrupteur fait le contact ou interrompt le courant.

VOLTAGE
Plus la tension est élevée, plus l'énergie des charges électriques est grande. Un volt est égal à un joule (unité d'énergie) par coulomb (unité de charge).

COURANT
Plus le nombre d'électrons se déplaçant dans le circuit est grand, plus le courant est élevé. Le courant est mesuré en ampères (A). Un ampère est égal à un coulomb (unité de charge) par seconde.

Fil métallique (conducteur) recouvert de plastique (isolant)

Porte-ampoule

L'ampoule reçoit 6 volts.

L'ampoule a une grande résistance.

RÉSISTANCE
Pour une tension donnée, le flux du courant dépend de la résistance d'un circuit. La résistance est le degré auquel la substance résiste au courant électrique. Elle est mesurée en ohms (Ω).

CIRCUIT ÉLECTRIQUE EN SÉRIE

CIRCUIT ÉLECTRIQUE SIMPLE

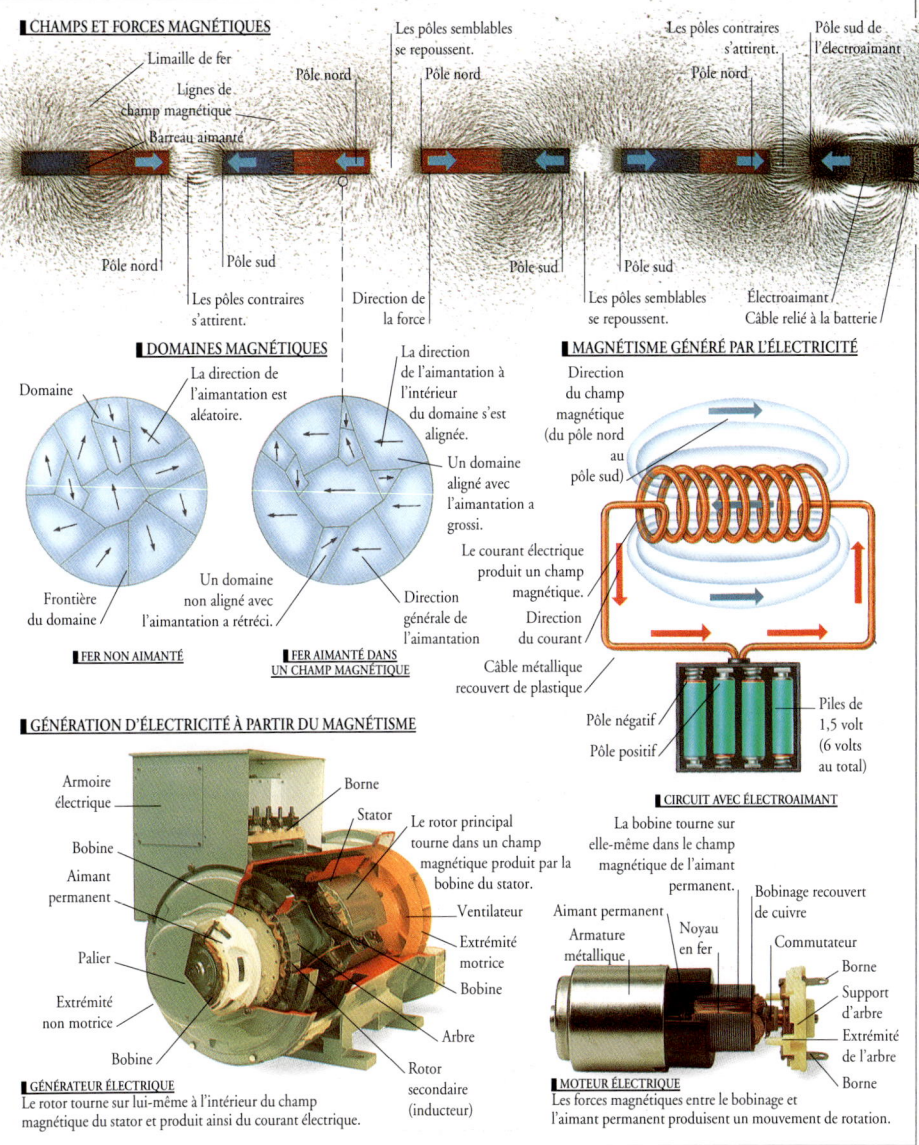

LA PHYSIQUE ET LA CHIMIE

LA LUMIÈRE

IMAGE INFRAROUGE D'UNE MAISON

La lumière est une forme d'énergie. C'est un exemple de rayonnement électromagnétique, tout comme les rayons X ou les ondes radio.

Le rayonnement électromagnétique est un phénomène d'origine électrique (pp. 316-317) qui est constitué par les oscillations d'un champ électrique et d'un champ magnétique. On considère qu'un rayonnement électromagnétique possède à la fois les propriétés des ondes et les propriétés des particules. Dans ce cas, la différence entre les diverses formes de rayonnement provient de leur longueur d'onde. On peut aussi dire que le rayonnement est fait de particules, ou paquets d'énergie, appelés photons. La différence entre la lumière et les rayons X, par exemple, est la quantité d'énergie transportée par chaque photon. La lumière est la seule partie visible du spectre électromagnétique. La lumière blanche du soleil contient toutes les longueurs d'onde visibles de rayonnement, on peut les voir lorsque la lumière est diffractée par un prisme. La lumière visible et le rayonnement infrarouge sont engendrés par des particules vibrantes d'objets chauds ou très chauds.

DIAGRAMME DE MAXWELL D'UN RAYONNEMENT ÉLECTROMAGNÉTIQUE CONSIDÉRÉ COMME ONDULATOIRE

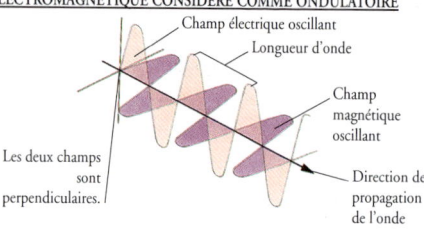

Champ électrique oscillant
Longueur d'onde
Champ magnétique oscillant
Les deux champs sont perpendiculaires.
Direction de propagation de l'onde

RAYONNEMENT ÉLECTROMAGNÉTIQUE CONSIDÉRÉ COMME FORMÉ DE PARTICULES

Photon considéré comme un paquet d'ondes d'énergie

La lumière rouge a une grande longueur d'onde.

La lumière bleue a environ deux fois l'énergie de la lumière rouge.

La lumière bleue possède une longueur d'onde plus courte ; les ondes sont plus serrées.

PHOTON DE LUMIÈRE ROUGE **PHOTON DE LUMIÈRE BLEUE**

LA DÉCOMPOSITION SPECTRALE DE LA LUMIÈRE BLANCHE

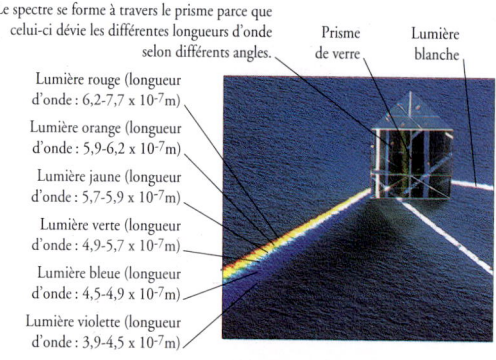

Le spectre se forme à travers le prisme parce que celui-ci dévie les différentes longueurs d'onde selon différents angles.

Prisme de verre

Lumière blanche

Lumière rouge (longueur d'onde : $6,2$-$7,7 \times 10^{-7}$m)

Lumière orange (longueur d'onde : $5,9$-$6,2 \times 10^{-7}$m)

Lumière jaune (longueur d'onde : $5,7$-$5,9 \times 10^{-7}$m)

Lumière verte (longueur d'onde : $4,9$-$5,7 \times 10^{-7}$m)

Lumière bleue (longueur d'onde : $4,5$-$4,9 \times 10^{-7}$m)

Lumière violette (longueur d'onde : $3,9$-$4,5 \times 10^{-7}$m)

LE SPECTRE ÉLECTROMAGNÉTIQUE

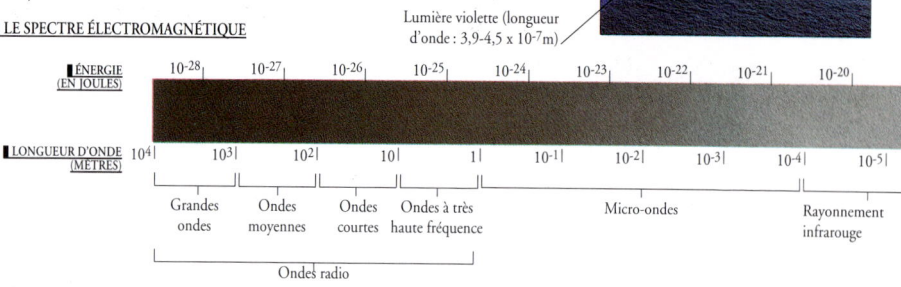

ÉNERGIE (EN JOULES): 10^{-28}, 10^{-27}, 10^{-26}, 10^{-25}, 10^{-24}, 10^{-23}, 10^{-22}, 10^{-21}, 10^{-20}

LONGUEUR D'ONDE (MÈTRES): 10^4, 10^3, 10^2, 10, 1, 10^{-1}, 10^{-2}, 10^{-3}, 10^{-4}, 10^{-5}

Grandes ondes | Ondes moyennes | Ondes courtes | Ondes à très haute fréquence | Micro-ondes | Rayonnement infrarouge

Ondes radio

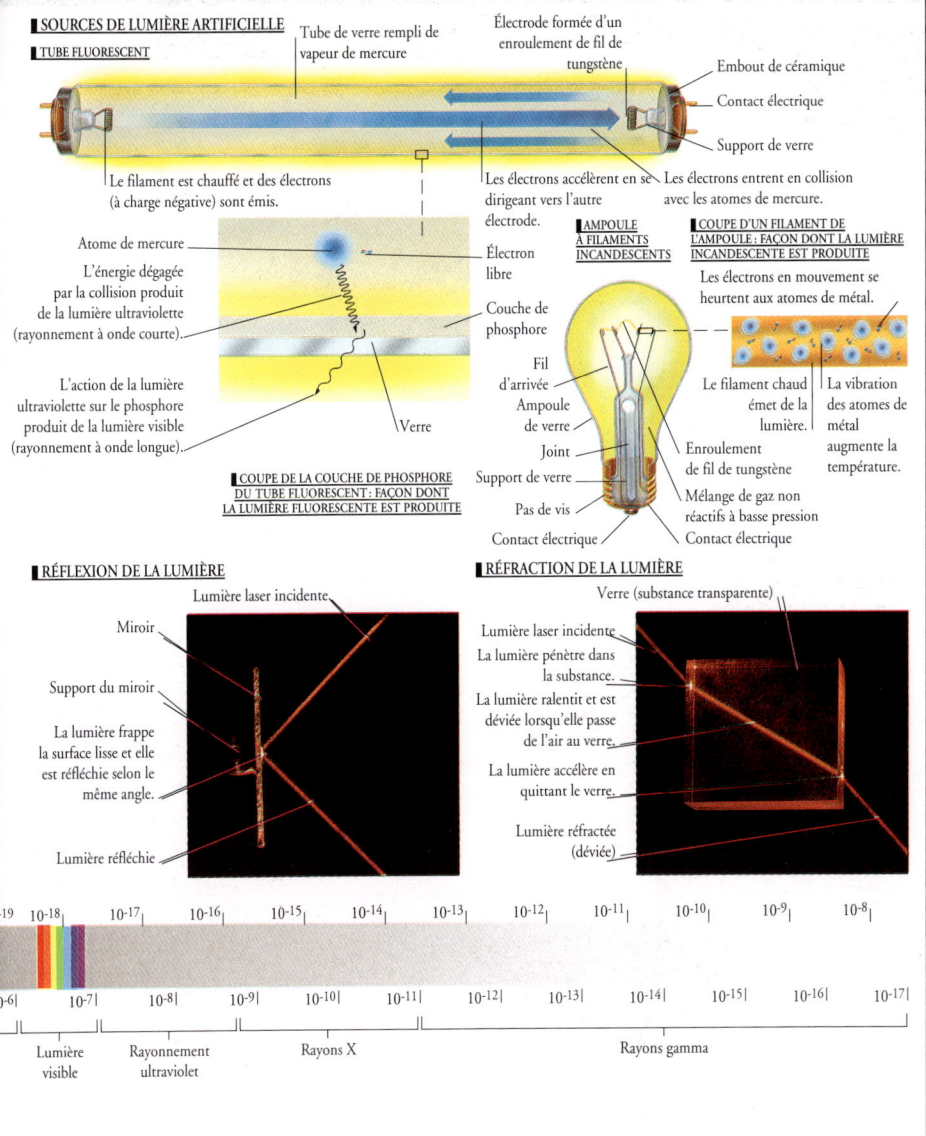

LA PHYSIQUE ET LA CHIMIE

LA FORCE ET LE MOUVEMENT

Les forces sont des poussées ou des tractions qui modifient le mouvement des objets. Pour qu'un objet immobile se déplace ou qu'un objet mobile s'arrête, il faut une force. Il faut aussi une force pour modifier la vitesse ou la direction du mouvement d'un objet. On appelle accélération ce changement de vitesse ou de direction. L'accélération dépend de la grandeur (intensité) de la force et de la masse de l'objet. Les effets des forces ont été répertoriés pour la première fois par Isaac Newton dans ses trois lois du mouvement. L'unité de mesure internationale des forces s'appelle le newton (N). La gravitation – la force d'attraction entre deux masses quelconques – peut se mesurer à l'aide d'un dynamomètre (instrument de mesure à ressort). Les effets des forces sont utilisés dans les machines. Une machine simple est un appareil qui modifie la grandeur ou la direction d'une force exercée.

MACHINES SIMPLES

Système à une poulie (poulie simple)
L'effort a la même intensité que la charge (10N) et subit le même déplacement.
Une poulie simple change uniquement la direction d'une force.
Une corde est attachée à la charge.
Charge de 10N

Système à deux poulies (poulie simple)
L'effort est égal à la moitié de la charge (5N), la corde doit être tirée deux fois plus.
La force à soulever et la distance à parcourir se répartissent également sur les deux cordes.
Charge de 10N

Système à quatre poulies (poulie composée)
L'effort est égal au quart de la charge (2,5N), la corde doit être tirée 4 fois plus.
La force à soulever et la distance à parcourir sont réparties sur les quatre cordes.
Poids de 10N

POULIES SIMPLES ET COMPOSÉE

DYNAMOMÈTRES À RESSORT

Le poids est mesuré à l'aide du ressort.
Le poids tire vers le bas et l'aiguille mesure la force.
Le poids est de 10N.
Le poids est de 20N.
Masse de 1 kg
Masse de 2 kg

POIDS ET MASSE
La « masse » d'un objet est la mesure de la quantité de matière qu'il possède. La masse est mesurée en grammes (g). Le « poids » d'un objet est la force exercée sur la masse de l'objet par la gravitation. L'unité de mesure du poids est le newton (N).

ROUE ET ESSIEU
La roue et l'essieu démultiplient l'effort.
La force est transmise aux roues par la chaîne.
Pédale
Manivelle
L'effort du cycliste est plus petit que la charge mais se déplace sur une plus grande distance.
Une force de plus forte intensité agit sur l'essieu.

VIS
Le filetage de la vis est comme un coin enroulé autour de l'axe de la vis. L'angle du filetage démultiplie l'effort.
L'effort est ici une force tournante.
Pas de vis (angle du filet de la vis)
Plus le pas de vis est petit, moins il faut exercer de force, mais il faut plus de tours pour enfoncer la vis.
L'effort devient une force de grande intensité qui fait rentrer la vis dans le bois.

L'effort fait entrer la hache dans le bois.
L'effort se transforme en une force capable de vaincre la charge qui résiste à la pénétration de la hache.
La lame de la hache a une forme en coin.
Le coin démultiplie l'effort.

COIN

LES TROIS LOIS DU MOUVEMENT DE NEWTON

LA PREMIÈRE LOI DE NEWTON
Lorsque aucune force n'agit sur un corps, celui-ci reste à l'état de repos ou de mouvement uniforme.

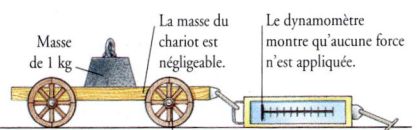

Masse de 1 kg — La masse du chariot est négligeable. — Le dynamomètre montre qu'aucune force n'est appliquée.

Le chariot n'est pas en mouvement et reste immobile en l'absence de force extérieure.

PAS DE FORCE, PAS D'ACCÉLÉRATION : ÉTAT IMMOBILE

Vitesse constante — Masse de 1 kg — Le dynamomètre montre qu'aucune force n'est appliquée.

Le chariot est en mouvement et continue en ligne droite à vitesse constante en l'absence de force extérieure.

PAS DE FORCE, PAS D'ACCÉLÉRATION : MOUVEMENT UNIFORME

LA DEUXIÈME LOI DE NEWTON
Lorsqu'une force agit sur un corps, le mouvement de ce corps change. L'ampleur du changement dépend de la masse de l'objet et de l'intensité de la force exercée.

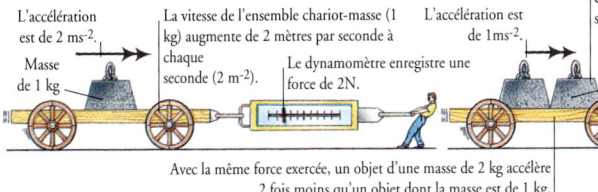

L'accélération est de 2 ms^{-2}. Masse de 1 kg. La vitesse de l'ensemble chariot-masse (1 kg) augmente de 2 mètres par seconde à chaque seconde (2 m^{-2}). Le dynamomètre enregistre une force de 2N.

L'accélération est de 1 ms^{-2}. Masse de 2 kg. À chaque seconde, la vitesse de l'ensemble chariot-masse (2 kg) augmente de 1 mètre par seconde (1 m^{-2}). Le dynamomètre enregistre une force de 2N.

Avec la même force exercée, un objet d'une masse de 2 kg accélère 2 fois moins qu'un objet dont la masse est de 1 kg.

FORCE ET ACCÉLÉRATION : PETITE MASSE, GRANDE ACCÉLÉRATION **FORCE ET ACCÉLÉRATION : GRANDE MASSE, PETITE ACCÉLÉRATION**

LA TROISIÈME LOI DE NEWTON
Si un objet exerce une force sur un autre objet, une force de même intensité et de sens contraire, appelée force de réaction, est exercée par le second objet sur le premier.

Les dynamomètres poussent l'un sur l'autre avec des forces de même intensité et de sens contraire.

Accélération : l'ensemble chariot-masse accélère de 2 ms^{-2}.

Masse de 1 kg

Le dynamomètre enregistre une force de 2N vers la droite.

Le dynamomètre enregistre une force de 2N vers la gauche.

Individu expérimentant une force de réaction

ACTION ET RÉACTION

TROIS CATÉGORIES DE LEVIERS

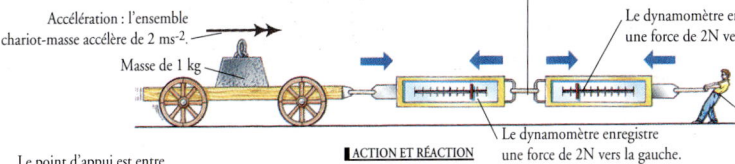

Le point d'appui est entre l'endroit où s'exerce l'effort et l'endroit où s'exerce la charge.

Effort

L'effort est plus petit que la charge, mais il se déplace sur une plus grande distance.

LEVIER DE CLASSE 1

La charge se situe entre l'endroit où s'exerce l'effort et le point d'appui.

Point d'appui

L'effort est plus petit que la charge, mais il se déplace sur une plus grande distance.

LEVIER DE CLASSE 2

La charge est plus petite que l'effort, mais elle se déplace sur une plus grande distance.

Point d'appui

L'effort s'exerce entre le point d'appui et la charge.

LEVIER DE CLASSE 3

Les tenailles sont constituées de deux leviers de classe 1. Un casse-noix est constitué de deux leviers de classe 2. Une pince est faite de deux leviers de classe 3.

LES MOYENS DE TRANSPORT TERRESTRE

LES LOCOMOTIVES À VAPEUR	324
LES TRAINS DIESEL	326
LES TRAINS ÉLECTRIQUES	328
L'ÉQUIPEMENT FERROVIAIRE	330
LES TRAMWAYS ET LES AUTOBUS	332
LES PREMIÈRES VOITURES	334
ÉLÉGANCE ET UTILITÉ	336
LA PRODUCTION EN SÉRIE	338
LA VOITURE DU PEUPLE	340
LES PREMIERS MOTEURS	342
LES MOTEURS MODERNES	344
LES AUTRES TYPES DE MOTEURS	346
LA CARROSSERIE MODERNE	348
LA MÉCANIQUE MODERNE	350
LE GARNISSAGE DES VOITURES MODERNES	352
LES VÉHICULES TOUT TERRAIN	354
LES VOITURES DE COURSE	356
LA BICYCLETTE À LA LOUPE	358
LES BICYCLETTES	360
LA MOTO	362
LE CHÂSSIS DE LA MOTO	364
LES MOTEURS DE MOTO	366
LES MOTOS DE COMPÉTITION	368

LES MOYENS DE TRANSPORT TERRESTRES

LOCOMOTIVES À VAPEUR

En 1804, dans le sud du pays de Galles, Richard Trevithick construisit la première locomotive à vapeur au monde. Elle ne s'avéra pas totalement satisfaisante, mais encouragea d'autres concepteurs à développer de nouvelles études. En 1829, l'ingénieur anglais Robert Stephenson construisit la « Rocket » (fusée), considérée comme le précurseur de la locomotive moderne. La vapeur provient de la chaudière, pousse le piston en avant et en arrière et ce mouvement de va-et-vient fait tourner les roues motrices qui à leur tour permettent de remorquer le train. La vapeur utilisée est alors expulsée à l'extérieur dans un souffle caractéristique. Plus tard, des locomotives comme « Ellerman Lines » et « Mallard » fonctionnaient selon les mêmes principes mais leurs dimensions étaient plus importantes. Le schéma simple et la fiabilité de la locomotive à vapeur ont fait qu'elle a peu varié pendant 120 années d'utilisation.

LOCOMOTIVE À VAPEUR « ROCKET », 1829

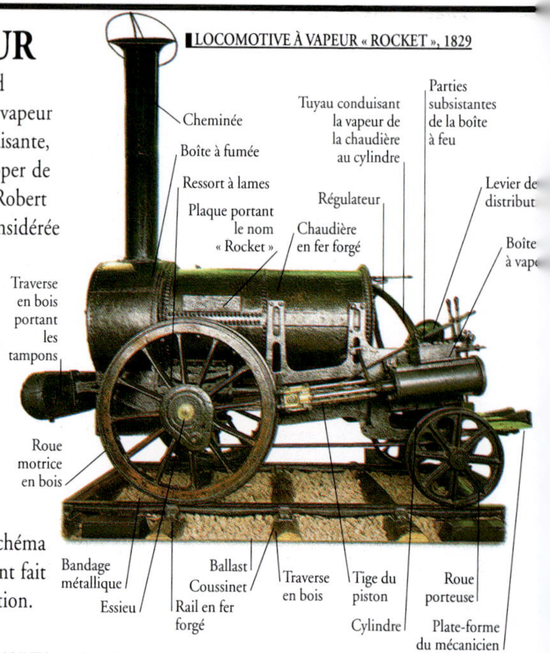

Cheminée · Boîte à fumée · Ressort à lames · Plaque portant le nom « Rocket » · Tuyau conduisant la vapeur de la chaudière au cylindre · Régulateur · Chaudière en fer forgé · Parties subsistantes de la boîte à feu · Levier de distribut · Boîte à vape · Traverse en bois portant les tampons · Roue motrice en bois · Bandage métallique · Essieu · Ballast · Coussinet · Rail en fer forgé · Traverse en bois · Tige du piston · Cylindre · Roue porteuse · Plate-forme du mécanicien

« ELLERMAN LINES », 1949 (COUPE LONGITUDINALE)

Réservoir d'air du frein à vide · Panneaux d'entretoisement du tender · Panneau de caisse du tender · Main courante · Filtre à eau · Tampon · Soute à eau · Soute à charbon · Frein à main du tender · Abri · Boîte à feu · Voûte en brique · Entretoises · Conduite du frein à vide · Couvre-roue · Essieu · Boîte d'essieu · Roue du tender · Timonerie de frein · Flotteur donnant le niveau de l'eau · Levier du flotteur · Marchepied · Couvercle de boîte d'essieu · Tablier · Accouplement · Ressort en spirale · Roue porteuse · Grille · Gaz chauds pénétrant dans les tubes

TENDER

LOCOMOTIVES À VAPEUR / 325

INTÉRIEUR DE L'ABRI DE LA LOCOMOTIVE À VAPEUR POUR TRAINS RAPIDES « MALLAR », 1938

- Commande des sablières
- Vanne d'isolement du souffleur
- Vanne d'isolement du manomètre de pression
- Vanne d'isolement du frein à vide
- Vanne d'isolement du chauffage à vapeur
- Manomètres des boîtes à vapeur
- Aérateur latéral de toiture
- Manomètre du frein à vide
- Manomètre pression chaudière
- Réglage du souffleur
- Niveau d'eau
- Régulateur (contrôle l'arrivée de vapeur aux cylindres)
- Prise de vapeur d'échappement de l'injecteur
- Manomètre de pression du chauffage à vapeur du train
- Fenêtre latérale de l'abri
- Levier du frein à vide
- Déflecteur en verre
- Commande de l'arrivée de vapeur vive à l'injecteur
- Levier du sifflet
- Robinet de commande de purge des cylindres
- Commande manuelle des sablières
- Commande du tuyau d'eau pour l'arrosage du charbon
- Levier de changement de marche
- Siège du mécanicien
- Siège du chauffeur
- Servomoteur de verrouillage de l'arbre du changement de marche
- Soupape de sûreté du chauffage à vapeur
- Plateau pour le réchauffage des bidons d'huile
- Boîte à feu
- Foyer
- Porte de foyer

LOCOMOTIVE À VAPEUR

- Tube à fumée
- Dôme de vapeur
- Graisseur mécanique
- Tuyau conduisant la vapeur de la chaudière au cylindre
- Cheminée
- Siphon
- Soupape du régulateur
- Tube surchauffeur
- Chaudière
- Échappement
- Boîte à fumée
- Porte de la boîte à fumée
- Tuyau de graissage
- Tiroir cylindrique
- Tampon
- Sabot de frein
- Roue motrice
- Coulisse
- Manivelle
- Bielle motrice
- Levier d'avance de la distribution
- Glissière
- Châssis
- Vis d'attelage
- Timonerie de frein
- Piston relié à la bielle motrice
- Cylindre
- Roue porteuse
- Bielle d'accouplement

LES TRAINS DIESEL

C'est Rudolph Diesel qui, le premier, donna une démonstration pratique du fonctionnement du moteur qui porte son nom, en 1898, en Allemagne ; mais ce ne fut pas avant les années 40 que des locomotives diesels purent être mises en service avec succès aux États-Unis. Une des caractéristiques de ce moteur est que la puissance ne peut pas être transmise directement aux roues. Presque toutes les locomotives diesels ont donc une transmission électrique et sont connues sous le nom de « locomotives diesels-électriques ». Le moteur Diesel fonctionne en introduisant de l'air dans les cylindres et en le comprimant pour en élever la température. Une petite quantité de combustible liquide y est alors injectée. La combustion qui en résulte pousse les pistons qui entraînent à leur tour une génératrice (plus récemment un alternateur), laquelle produit de l'électricité qui alimente des moteurs électriques reliés aux roues.

VUE FRONTALE DE LA LOCOMOTIVE DIESEL-ÉLECTRIQUE DES ANNÉES 50 DU RÉSEAU AMÉRICAIN « UNION PACIFIC »

LOCOMOTIVE DIESEL-ÉLECTRIQUE PROTOTYPE « DELTIC », 1956

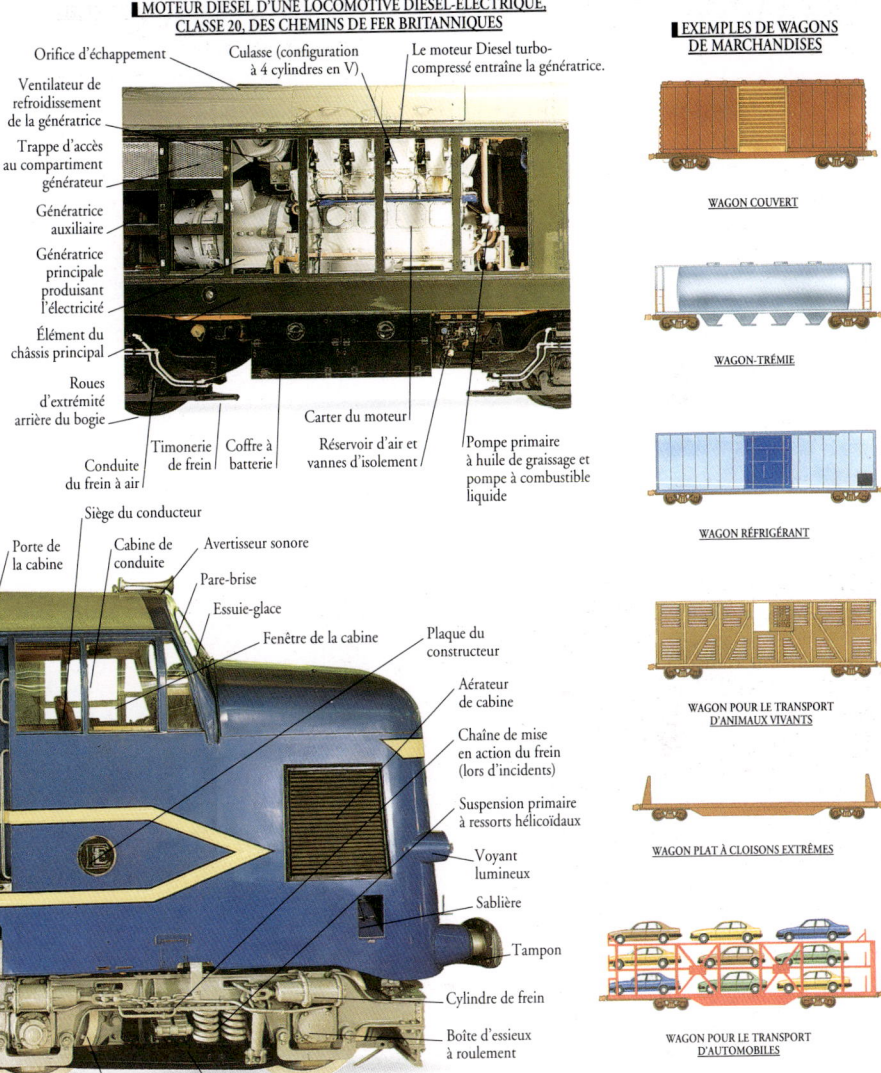

LES MOYENS DE TRANSPORT TERRESTRES

LES TRAINS ÉLECTRIQUES

La première locomotive électrique a roulé en 1879, à Berlin. En Europe, les trains électriques ont été développés en tant qu'alternative plus efficace à la locomotive à vapeur et à la traction diesel-électrique. Les trains électriques utilisent eux aussi des moteurs électriques pour entraîner les roues mais, au contraire des diesels, l'électricité est produite à l'extérieur, dans une centrale. Le courant est capté soit à partir d'une caténaire (câbles positionnés au-dessus de la voie) par un pantographe, soit par un troisième rail parallèle à la voie. Ces trains sont particulièrement adaptés aux trajets urbains à arrêts multiples. Ils sont aussi plus rapides, d'une plus grande douceur de roulement et moins polluants. Le dernier train électrique français à grande vitesse (le TGV) atteint 300 km/h, d'autres, comme l'« Eurostar » (Paris-Londres-Bruxelles), peuvent rouler sous des courants de différents voltages.

COMMENT FONCTIONNENT LES TRAINS ÉLECTRIQUES À COURANT ALTERNATIF

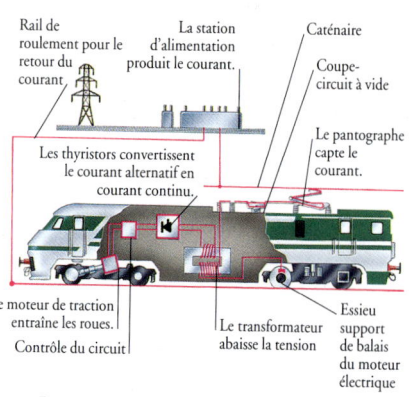

VUE FRONTALE DU MÉTRO PARISIEN

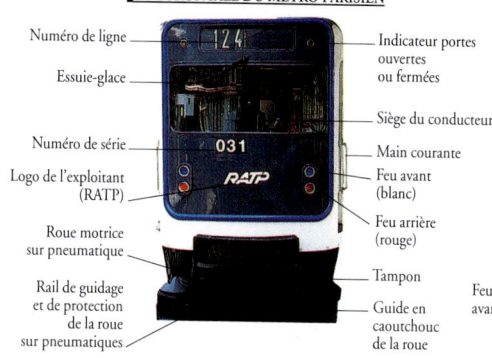

VUE FRONTALE D'UNE LOCOMOTIVE ÉLECTRIQUE, CLASSE 402, DES CHEMINS DE FER DE L'ÉTAT ITALIEN

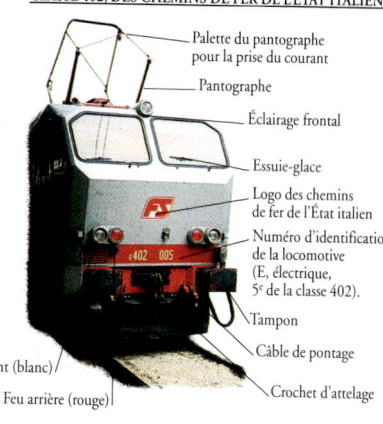

VUE LATÉRALE DU « DÉPLACEUR DE GENS » GATWICK EXPRESS

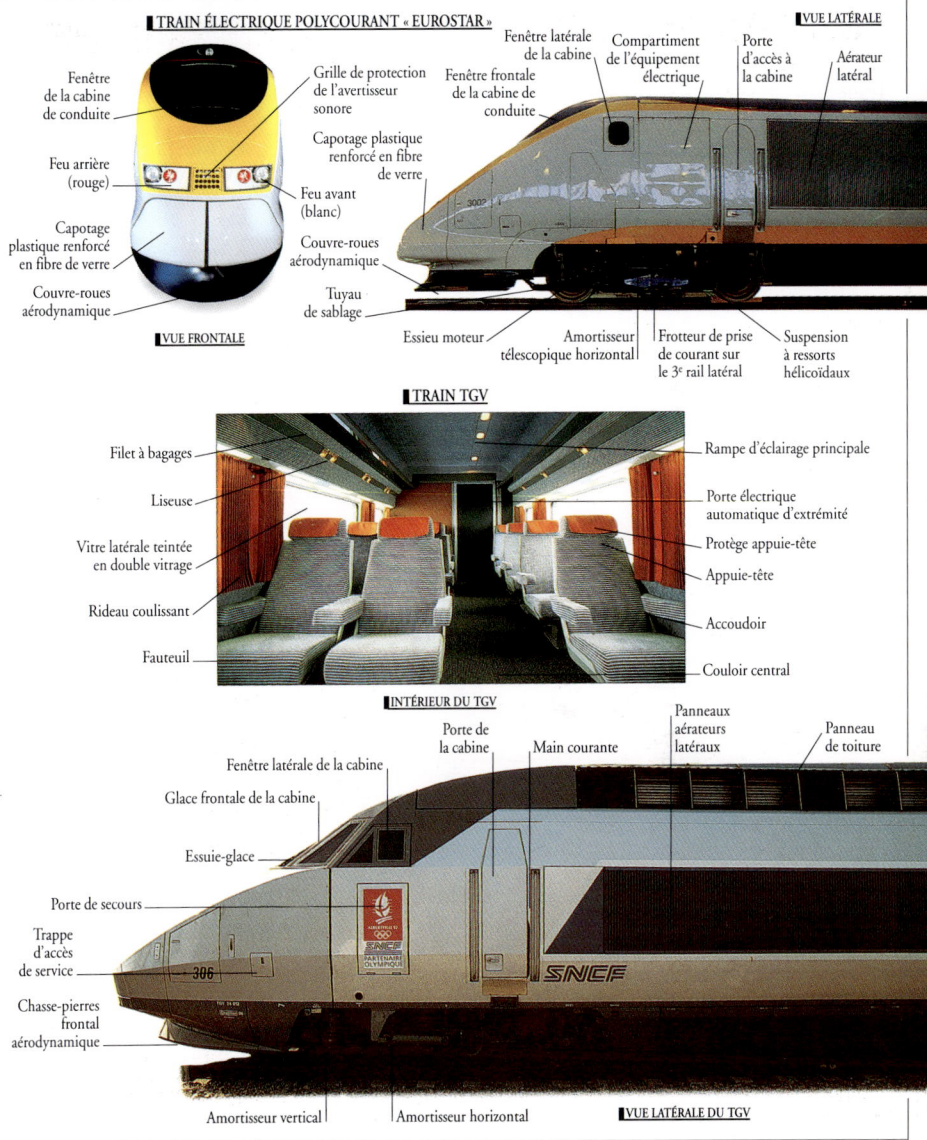

LES MOYENS DE TRANSPORT TERRESTRES

L'ÉQUIPEMENT FERROVIAIRE

La voie ferrée moderne est constituée de deux rails parallèles en acier, fixés sur un support appelé traverse. Celle-ci est généralement en béton renforcé, bien que le bois et l'acier soient toujours utilisés. La distance entre les bords intérieurs des rails est connue sous le nom d'écartement standard ou de voie normale. Des écartements inférieurs ont parfois été choisis, car ainsi le coût d'établissement de la voie ferrée était plus faible. Le gabarit de chargement permet d'évaluer la taille maximale des wagons chargés pour qu'ils puissent s'inscrire dans les tunnels et sous les ponts, avec la marge de tolérance nécessaire. La sécurité des trains en marche est assurée en observant un système de signalisation. À ses débuts, la signalisation était fondée sur un simple intervalle de temps entre deux trains, mais elle est maintenant obtenue en observant une certaine distance entre des trains circulant dans le même sens. Les signaux modernes sont lumineux, mais de vieux sémaphores mécaniques sont encore employés. Sur les nouvelles lignes à grande vitesse, les conducteurs reçoivent directement les instructions de sécurité par des moyens électroniques.

SÉMAPHORE MÉCANIQUE

- Partie extrême du bras du sémaphore peinte en rouge – Le bras levé indique « Voie libre ».
- Verre coloré en rouge
- Verre coloré en vert
- Système commandé par levier
- Signal d'entrée mû par un moteur (électrique)
- Verre coloré en vert
- Verre coloré en jaune
- Montant tubulaire en acier
- Échelle
- Boîte à relais

Signal jaune d'avertissement – Le bras en position horizontale signifie « Attention ».

SIGNAL LUMINEUX À QUATRE INDICATIONS

- Verre (jaune)
- Verre (vert)
- Verre jaune (allumé)
- Verre (rouge)
- Bouclier de protection
- Crochet de transport
- Verrouillage
- Socle

VUE FRONTALE   **VUE LATÉRALE**

COMMENT FONCTIONNE LA SIGNALISATION D'UNE GRANDE LIGNE MODERNE

Le signal rouge « Arrêt » interdit au train suivant de pénétrer dans cette section de voie.

Le signal vert « Voie libre » informe le train B qu'il peut s'engager dans cette section de voie.

Le signal vert « Voie libre » informe le train B qu'il peut s'engager dans cette section de voie.

Le signal vert « Voie libre » informe le train B qu'il peut s'engager dans cette section de voie.

Pantographe — Caténaire

Train B — Voie

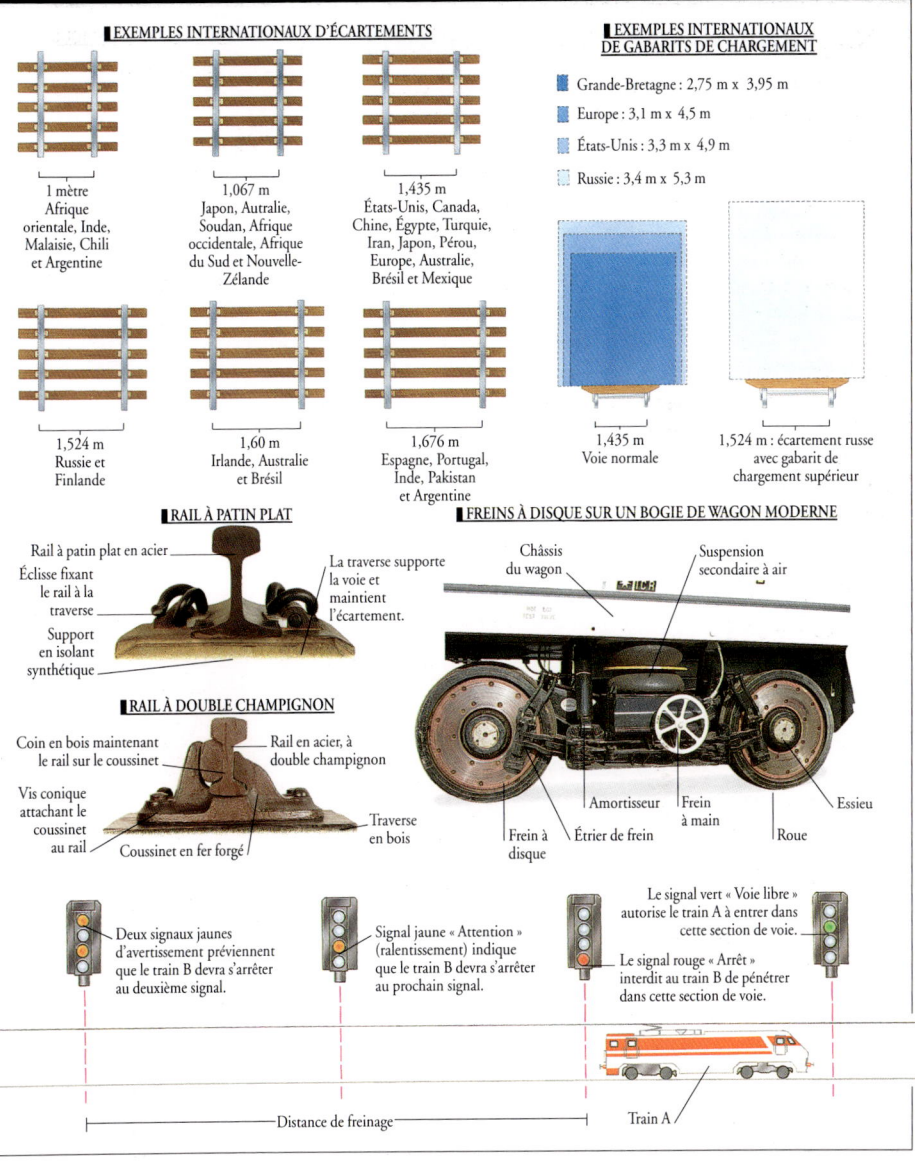

LES TRAMWAYS ET LES AUTOBUS

Les transports en commun se sont développés avec l'explosion des populations urbaines dans les années 1800. Les premiers tramways, tout comme les bus, étaient tirés par des chevaux mais, en 1881, des tramways électriques firent leur apparition, d'abord à Berlin, puis rapidement dans toute l'Europe et en Amérique du Nord. Les tramways roulent sur des rails constituant un itinéraire fixe. Ils sont mus par des moteurs électriques alimentés à partir de lignes caténaires. Avec le développement des réseaux routiers, l'autobus, plus souple d'utilisation, fut mis en service. Dès les années 30, le bus avait remplacé le tramway dans de nombreuses villes. L'autobus à impériale est très populaire car, à surface au sol égale, il permet de transporter deux fois plus de voyageurs. L'autobus est également largement utilisé pour les transports interurbains et le tourisme.

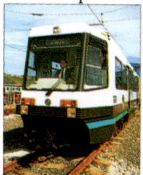

TRAMWAY METROLINK, MANCHESTER ANGLETERRE

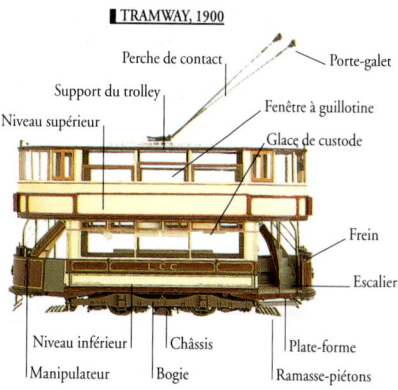

TRAMWAY, 1900

Perche de contact
Porte-galet
Support du trolley
Fenêtre à guillotine
Niveau supérieur
Glace de custode
Frein
Escalier
Niveau inférieur
Châssis
Plate-forme
Manipulateur
Bogie
Ramasse-piétons

METROBUS MCW, LONDRES, ANGLETERRE

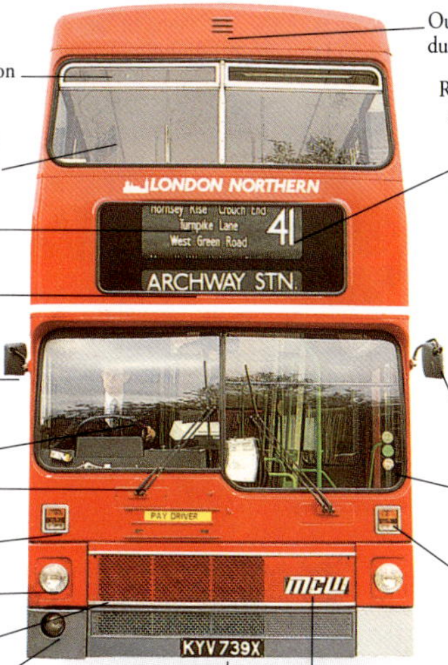

Ouïes d'aération du niveau supérieur
Volet mobile d'aération
Pare-brise du niveau supérieur
Numéro de la ligne
LONDON NORTHERN
Informations d'itinéraire
Hornsey Rise Crouch End
Turnpike Lane
West Green Road
41
Écran de destination
ARCHWAY STN.
Rétroviseur droit
Pare-brise asymétrique
Rétroviseur gauche
Essuie-glace
Licence
PAY DRIVER
Feu de position
Clignoteur
Phare
mcw
Grille
Feu antibrouillard
KYV 739X
Plaque d'immatriculation
Logo du constructeur

VUE DE DEVANT

Dôme de toiture carré
Rétroviseur permettant au conducteur de voir en haut
Logo de la compagnie
LONDON NORTHERN
Écran de destination
Rétroviseur gauche
Pare-chocs avant
Porte d'entrée
Commande de secours des portes
Clignoteur

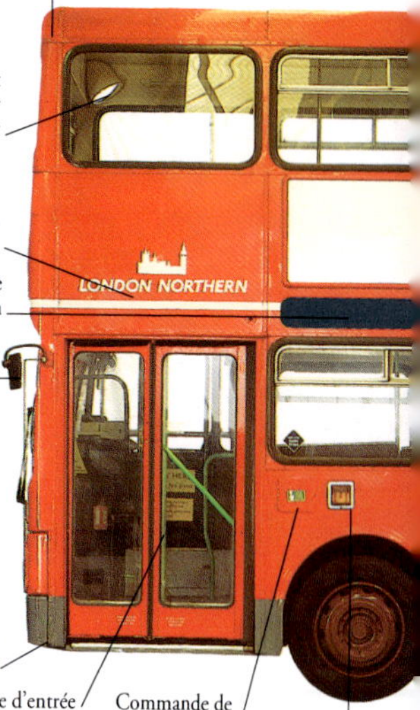

LES TRAMWAYS ET LES AUTOBUS / 333

AUTOBUS DE NEW YORK

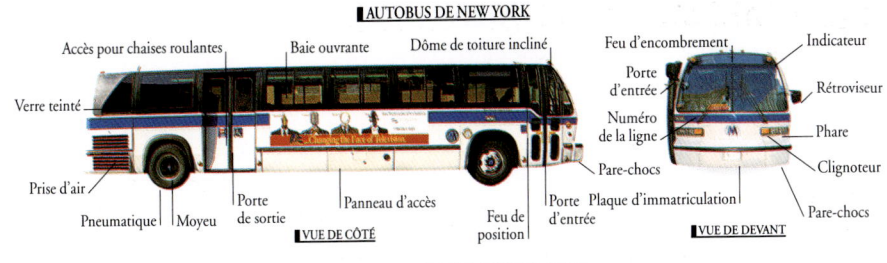

- Accès pour chaises roulantes
- Baie ouvrante
- Dôme de toiture incliné
- Feu d'encombrement
- Indicateur
- Porte d'entrée
- Rétroviseur
- Verre teinté
- Numéro de la ligne
- Phare
- Clignoteur
- Prise d'air
- Pare-chocs
- Pare-chocs
- Pneumatique
- Moyeu
- Porte de sortie
- Panneau d'accès
- Feu de position
- Porte d'entrée
- Plaque d'immatriculation

VUE DE CÔTÉ **VUE DE DEVANT**

CAR DE TOURISME À IMPÉRIALE, PARIS

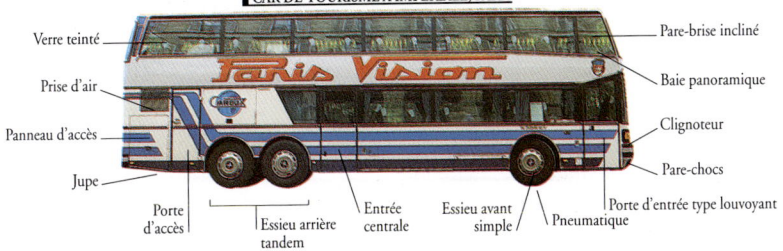

- Verre teinté
- Pare-brise incliné
- Baie panoramique
- Prise d'air
- Clignoteur
- Panneau d'accès
- Pare-chocs
- Jupe
- Porte d'accès
- Essieu arrière tandem
- Entrée centrale
- Essieu avant simple
- Pneumatique
- Porte d'entrée type louvoyant

VUE DE CÔTÉ

- Baie du niveau supérieur
- Panneau publicitaire
- Prise d'air
- Baie du niveau inférieur
- Numéro de parc
- Panneau d'accès au moteur
- Pare-chocs arrière
- Commande d'ouverture de secours
- Porte de sortie à deux battants
- Inscriptions réglementaires
- Logo des bus londoniens
- Pneumatique
- Moyeu
- Jupe

LES PREMIÈRES VOITURES

Le tout premier véhicule routier à moteur, la traction à vapeur Cugnot, fut construit en 1770. Des engins à vapeur plus pratiques, comme la Bordino, circulèrent dès le début du XIXe siècle mais ils étaient lourds et encombrants. Des lois restrictives et l'apparition du chemin de fer, plus rapide et capable de transporter des passagers en plus grand nombre, causèrent le déclin des « voitures » à vapeur. Le premier système de moteur pratique pour véhicules routiers fut mis au point en 1860, par le Belge Étienne Lenoir qui inventa le moteur à combustion interne. Vers 1890, les Allemands Karl Benz et Gottlieb Daimler et les Français Albert de Dion et Armand Peugeot commencèrent à construire des voitures destinées au public.

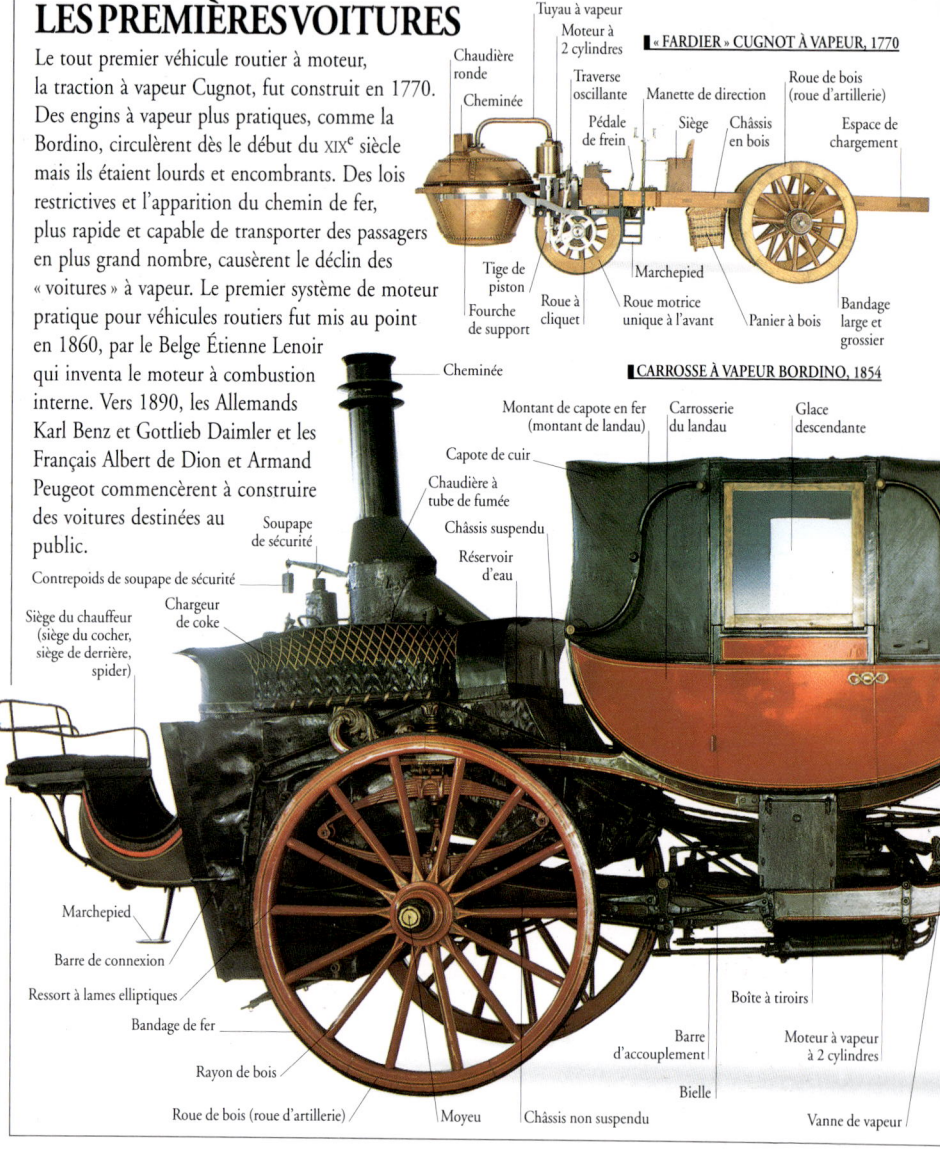

LES PREMIÈRES VOITURES / 335

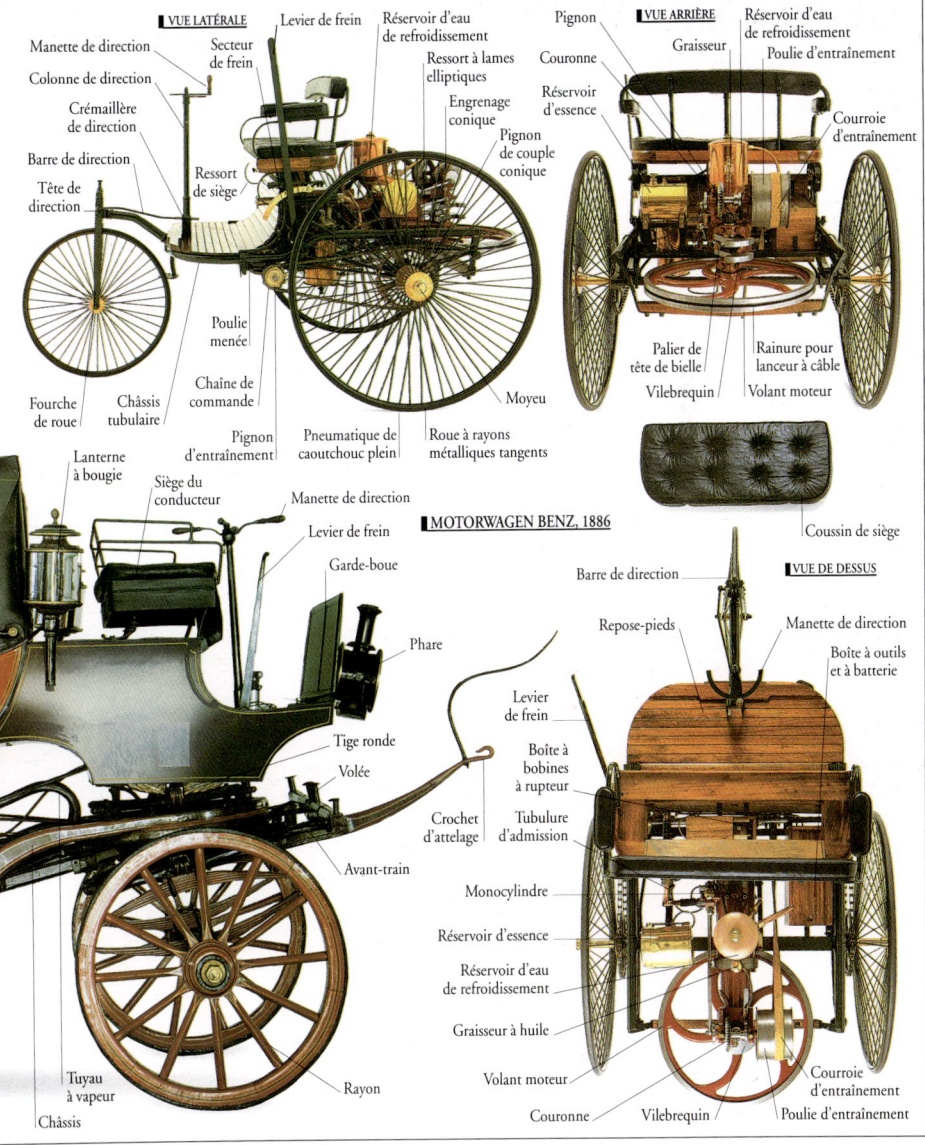

MOTORWAGEN BENZ, 1886

ÉLÉGANCE ET UTILITÉ

Au cours de la première décennie de ce siècle, les automobilistes qui en avaient les moyens pouvaient faire leur choix parmi les plus belles voitures jamais fabriquées. Ces puissantes et luxueuses automobiles, entièrement faites à la main, étaient garnies de magnifiques bois, cuirs et tissus, et l'on réalisait leur carrosserie selon les désirs de chaque client. Certains modèles possédaient des moteurs à 6 cylindres atteignant 15 litres. De telles voitures coûtaient plusieurs fois le prix d'une maison ordinaire, et leur utilisation comme leur entretien impliquaient des frais très importants. Cela explique le succès que connurent les automobiles simples et fonctionnelles. Elles coûtaient environ le dixième du prix d'une voiture de luxe, ne possédaient que des aménagements sommaires et étaient souvent équipées de moteurs monocylindriques.

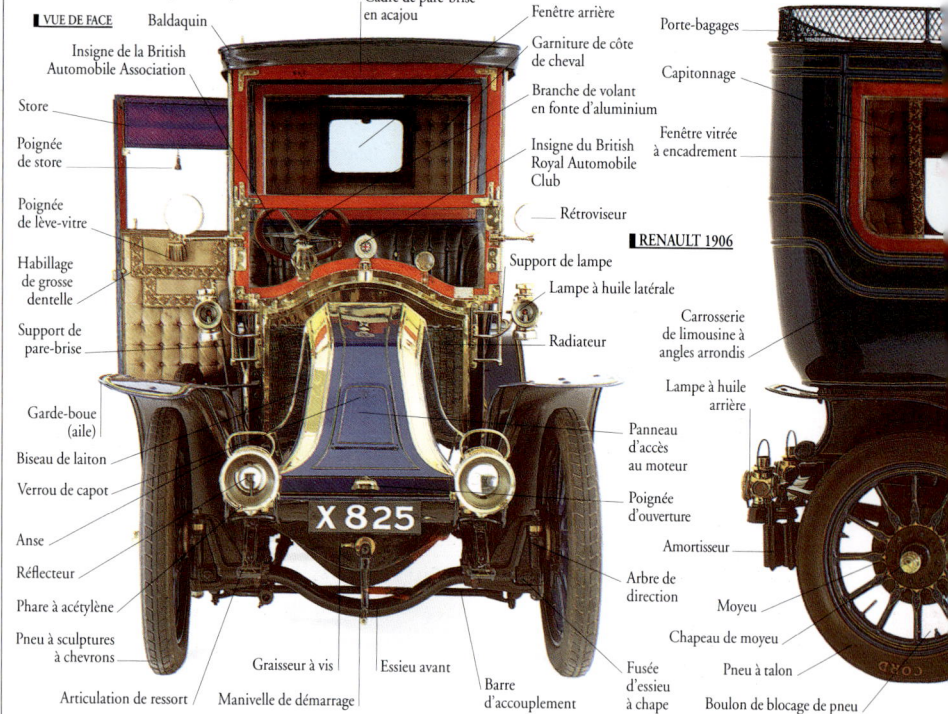

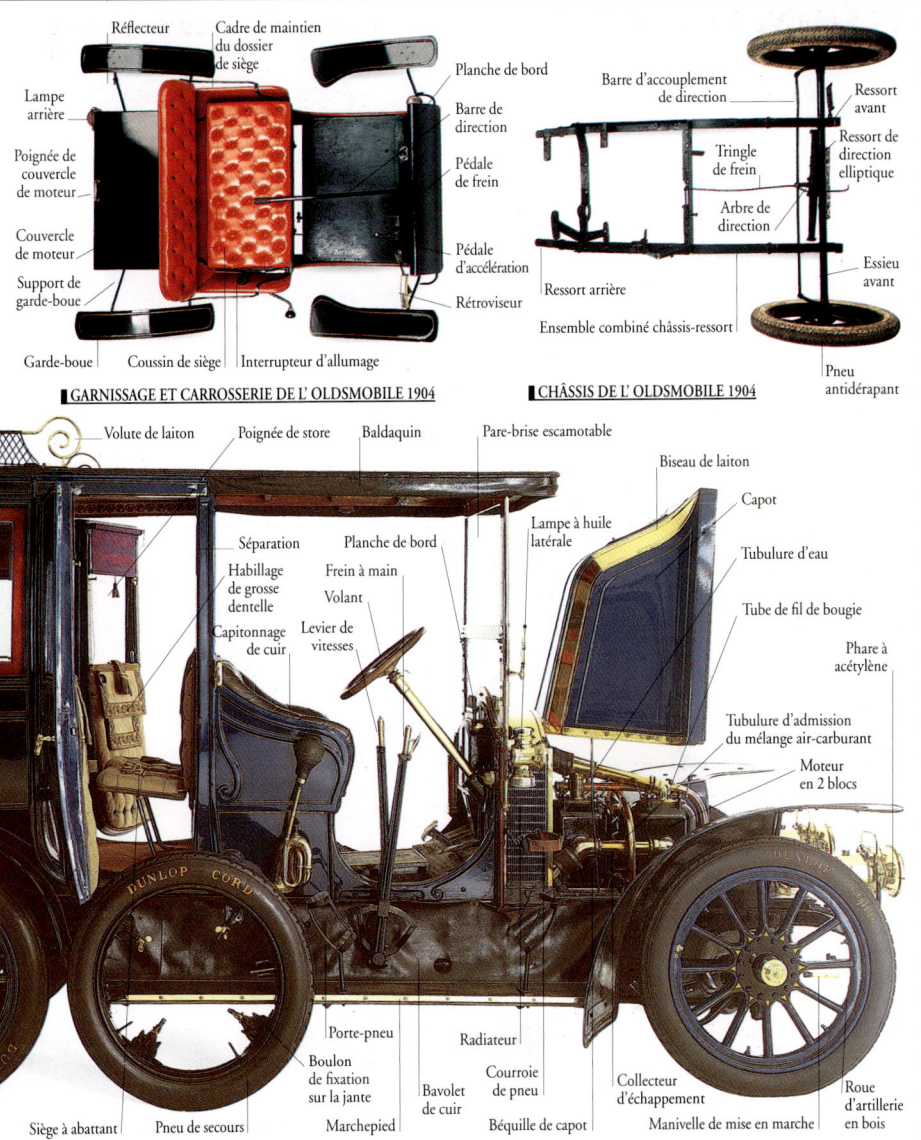

GARNISSAGE ET CARROSSERIE DE L'OLDSMOBILE 1904

CHÂSSIS DE L'OLDSMOBILE 1904

LA PRODUCTION EN SÉRIE

Les premières voitures étaient assemblées à la main, à partir de pièces fabriquées une à une, procédure très longue qui rendait les automobiles très coûteuses. Ce problème fut résolu par un fabricant de Detroit, Henry Ford. Il mit au point le principe de la production en série, qui consistait à assembler sur une chaîne de production mobile des pièces standardisées. Le châssis progressait le long de la chaîne pour défiler devant les ouvriers, et chacun d'eux effectuait une opération simple du processus de construction. La première voiture de série, la Ford T, fut lancée en 1908, dans une gamme limitée de styles de carrosserie et de couleurs. Cependant, lors de la mise en place de la chaîne de production, en 1914, le choix de couleurs fut supprimé, et la Ford T ne fut plus disponible que, comme le disait Henry Ford, « dans la couleur que vous désirez, pourvu qu'elle soit noire ». Le délai de production d'une voiture fut réduit de plusieurs jours à douze heures environ, pour finalement se comptabiliser en minutes, ce qui permit de baisser considérablement les prix.

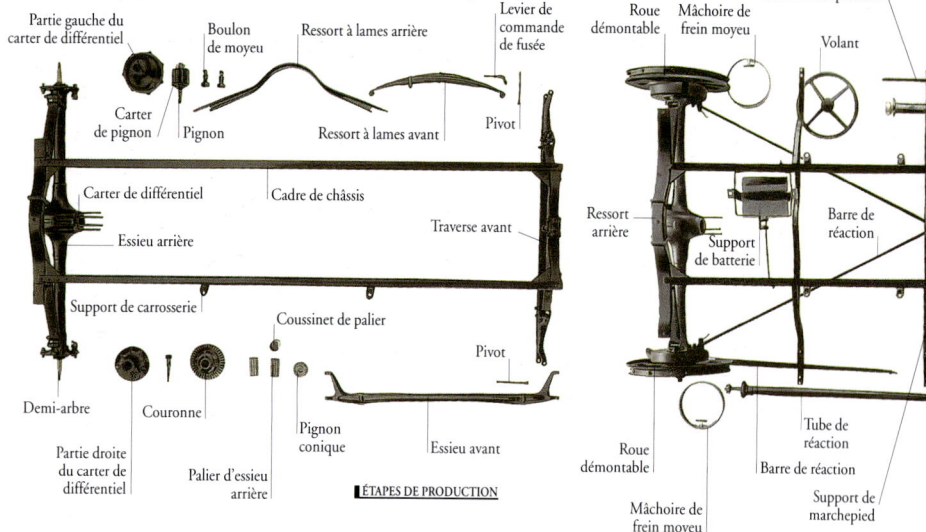

VUE DE FACE

ÉTAPES DE PRODUCTION

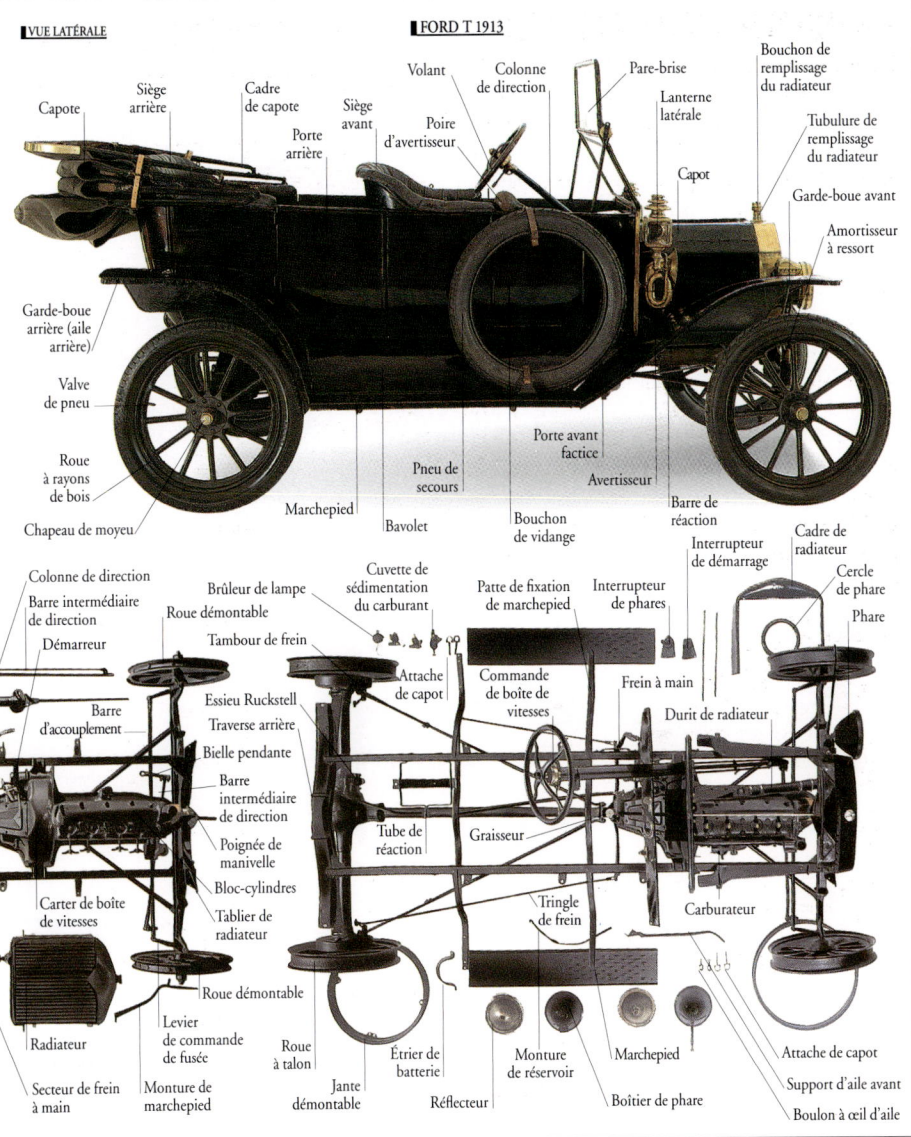

LES MOYENS DE TRANSPORT TERRESTRES

LA VOITURE DU PEUPLE

La Coccinelle Volkswagen est la voiture la plus célèbre de l'histoire de l'automobile. Elle fut mise au point en Allemagne dans les années 30 par l'Autrichien Ferdinand Porsche. Alors, l'Allemagne possédait deux fois moins de voitures que l'Angleterre ou la France. Le dictateur nazi Adolph Hitler s'intéressa personnellement à la mise au point de la Volkswagen (« voiture du peuple »). Il désirait créer une nouvelle industrie, de nouveaux emplois et produire une automobile si bon marché que tout travailleur pourrait l'acquérir. Porsche conçut un véhicule économique, du point de vue de la construction comme de l'utilisation. Seuls quelques civils purent se procurer la Coccinelle avant 1939. Après la guerre, la Coccinelle devint si populaire que plus de 20 millions d'exemplaires en furent vendus.

PIÈCES MOBILES

- Capteur de niveau
- Réservoir d'essence
- Barre d'accouplement
- Tubulure de remplissage de carburant
- Ensemble moteur d'essuie-glace
- Ensemble boîtier de direction
- Levier intermédiaire de direction
- Tête de châssis
- Barre antiroulis
- Stabilisateur
- Bras de suspension
- Plateau de frein
- Pédalier
- Poignée du levier de vitesses
- Tige de l'amortisseur
- Fixation supérieure de la suspension
- Pare-poussière
- Ancrage de siège
- Ressort hélicoïdal avant
- Fixation supérieure de la suspension avant
- Frein à main
- Cadre de plancher (plate-forme)
- Tambour de frein arrière
- Tube de barre de torsion
- Bras oscillant longitudinal
- Pneu
- Roue sport
- Amortisseur arrière
- Arbre de roue
- Ensemble boîte-pont
- Échangeur thermique
- Embrayage et volant moteur
- Démarreur
- Moteur 4 cylindres à plat
- Filtre à air
- Tuyau d'échappement

COCCINELLE VOLKSWAGEN PERSONNALISÉE

- Feu arrière
- Évent
- Glace déflecteur
- Capot
- Clignotant
- Roue d'acier embouti
- Trappe à carburant
- Tuyau d'échappement

DISPOSITION EN 4 CYLINDRES À PLAT

- Contrepoids
- Piston
- Vilebrequin
- Tête de bielle
- Bielle

LA VOITURE DU PEUPLE / 341

COCCINELLE VOLKSWAGEN

- Projecteur gauche
- Pare-chocs avant
- Poignée d'ouverture du capot
- Projecteur droit
- Diffuseur de clignotant avant gauche
- Baguette décorative chromée
- Capot
- Diffuseur de clignotant avant droit
- Garde-boue avant gauche (aile avant)
- Garde-boue avant droit (aile avant)
- Tuyau de frein avant
- Emplacement de la roue de secours
- Charnière de capot
- Tuyau de frein avant
- Glace déflecteur
- Balai
- Marchepied droit
- Rétroviseur
- Bras
- Essuie-glace
- Marchepied gauche
- Verrouillage de porte
- Colonne de direction
- Déflecteur de toit
- Toit ouvrant
- Poignée de lève-vitre
- Glace déflecteur
- Poignée de porte
- Mécanisme de lève-vitre
- Glace descendante

CARROSSERIE

- Porte passager
- Coque de carrosserie
- Tuyau de frein arrière
- Tuyau de frein arrière
- Grille d'aération
- Jupe arrière
- Capot moteur (couvercle de moteur)
- Grille d'aération
- Garde-boue arrière gauche (aile arrière)
- Éclairage de plaque d'immatriculation
- Plaque d'immatriculation
- Garde-boue arrière droit (aile arrière)
- Bloc optique arrière gauche
- Bloc optique arrière droit
- Pare-chocs arrière

WRV 408L

LES MOYENS DE TRANSPORT TERRESTRES

LES PREMIERS MOTEURS

Jusqu'au début de ce siècle, la vapeur et l'électricité furent utilisées comme sources d'énergie pour les voitures, mais ni l'une ni l'autre n'était satisfaisante. Les véhicules électriques devaient s'arrêter fréquemment pour recharger leurs lourdes batteries, et les automobiles à vapeur se révélèrent trop complexes. Le moteur à combustion interne fut inventé en 1860 par Étienne Lenoir. Ce moteur convertissait la force d'une explosion en un mouvement rotatif entraînant les roues du véhicule. Ce modèle de base connut des variantes utilisant des chemises-tiroirs, des cylindres coulés séparément et le cycle de combustion à 2 temps. Tous les moteurs à combustion actuels, y compris le moteur rotatif Wankel et les diesels, fonctionnent selon le cycle à 4 temps, mis au point pour la première fois par Nikolaus Otto en 1876.

TAXI ÉLECTRIQUE BERSEY, 1896

Support pour plateau de 40 batteries

MOTEUR À 2 TEMPS TROJAN, 1927

Élément de mousse huilé — Orifice reliant les chambres de combustion des cylindres supérieur et inférieur — Arrivée d'eau — Cylindre supérieur apparié — Bougie d'allumage — Segment de piston large — Orifice de transfert — Piston supérieur — Volant moteur — Bielle à fourche flexible — Contrepoids — Tête de bielle — Carter moteur

COUPE D'UNE VOITURE À VAPEUR WHITE, 1903

Logement pour moteurs électriques — Chaudière à vaporisation instantanée — Levier de marche arrière — Volant — Volant d'accélération — Graisseur automatique de cylindre — Support de lampe — Cylindre haute pression — Culbuteur — Tuyau d'échappement — Pompe à eau — Condensateur — Cylindre basse pression — Levier de frein — Réservoir de carburant — Ressort semi-elliptique — Tambour de frein — Tubes en spirale — Châssis de bois contreplaqué — Bielle pendante — Réservoir d'eau — Barre intermédiaire de direction — Articulation de ressort

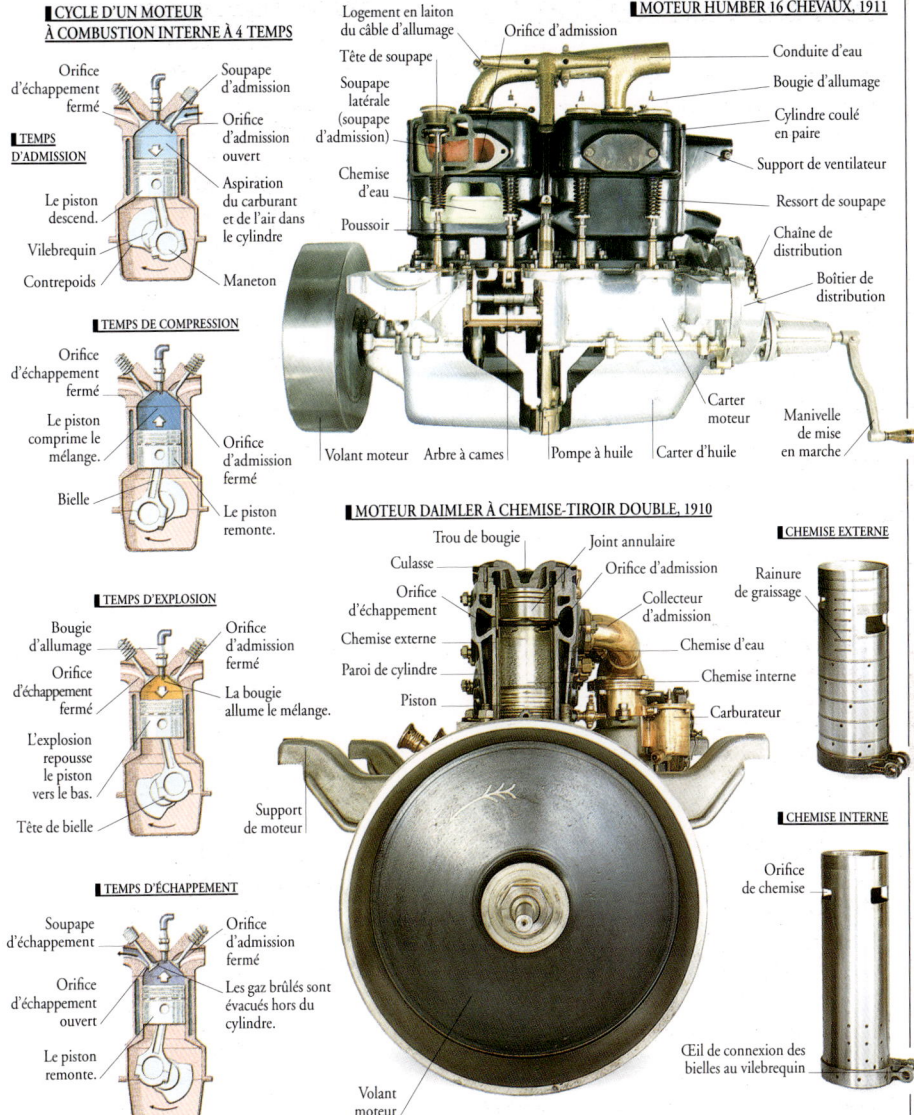

LES MOTEURS MODERNES

Les moteurs à essence actuels fonctionnent selon les mêmes principes que les premiers moteurs de voitures, mais ils ont bénéficié de nombreuses améliorations. Les moteurs modernes, souvent réalisés en alliages métalliques spéciaux, sont beaucoup plus légers que leurs ancêtres. Les systèmes d'allumage à microprocesseurs, les injecteurs de carburant et les culasses à plusieurs soupapes permettent d'améliorer la combustion du mélange air-carburant (la charge) et donc d'économiser le carburant. Grâce à son meilleur rendement, le moteur moderne présente une puissance et des performances supérieures, tout en produisant des gaz d'échappement moins polluants. L'usage croissant du pot catalytique, qui absorbe une grande partie des émissions polluantes des gaz d'échappement, contribue, lui aussi, à la réduction du degré de pollution.

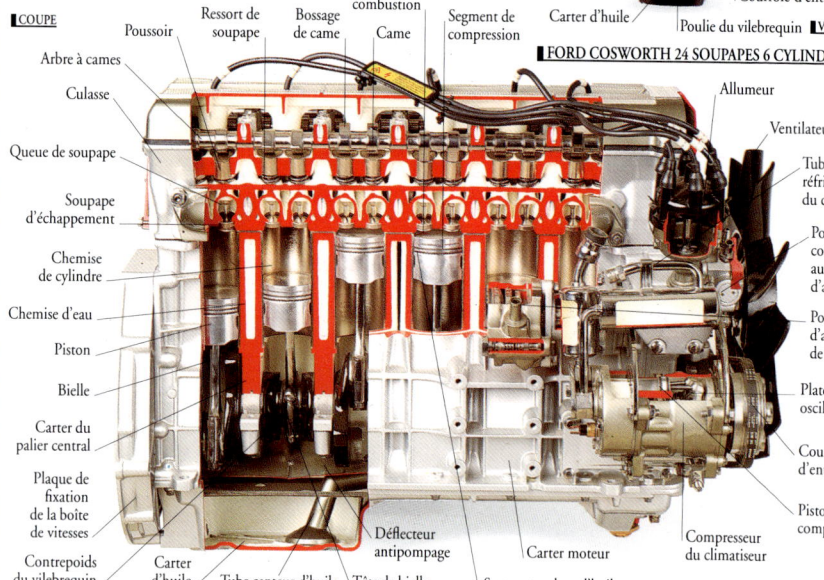

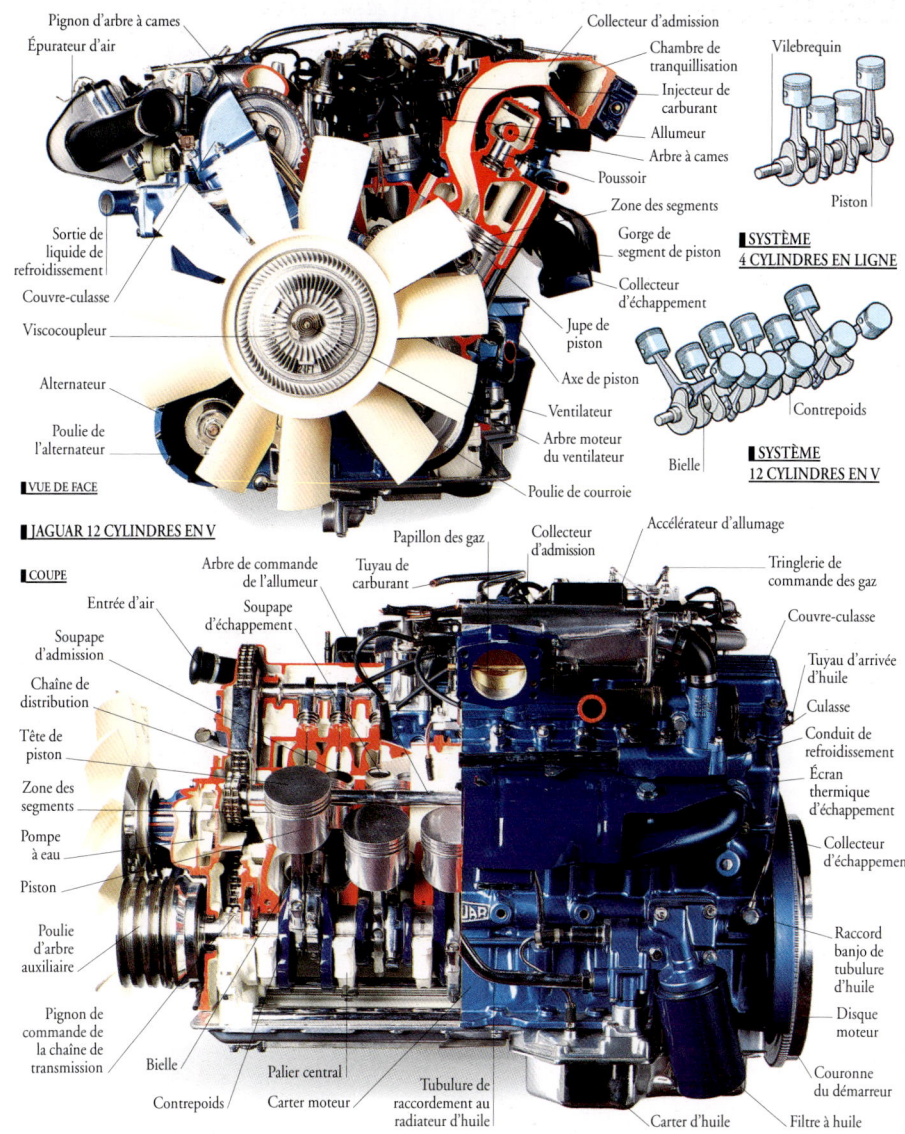

LES MOYENS DE TRANSPORT TERRESTRES

LES AUTRES TYPES DE MOTEURS

Parmi les autres types de moteurs, le plus répandu est le moteur Diesel, dans lequel le mélange air-carburant comprimé n'est pas allumé grâce à une étincelle, mais par compression, après chauffage du mélange jusqu'à sa température d'explosion. En comparaison avec un moteur à pistons de taille similaire, un moteur Diesel, bien qu'il soit plus lourd, consomme peu de carburant. Il existe aussi un moteur à combustion rotatif, mis au point par Felix Wankel dans les années 50.

MAZDA RX-7 À MOTEUR ROTATIF

Pare-brise aérodynamique — Appuie-tête — Housse de capote — Spoiler avant (jupe avant) — Feu de position latéral — Bande latérale de protection — Roue en alliage coulé

MOTEUR WANKEL À PISTON ROTATIF

CARTER DE POMPE À HUILE — CARTER LATÉRAL AVANT — CHAMBRE DE ROTOR AVANT — CARTER INTERMÉDIAIRE — CHAMBRE DE ROTOR ARRIÈRE

Point de fixation de l'allumeur — Lumière de l'allumeur — Trou de bougie arrière — Jauge de niveau d'huile — Tubulure de remplissage d'huile — Lumière d'admission — Renforcement en alliage d'aluminium

Entraînement de la pompe à huile — Conduit de liquide de refroidissement — Lumière d'échappement — Trou de bougie avant — Trou de bougie arrière — Vis purgeuse d'eau — Trou de bougie avant

CYCLE DE ROTATION DU MOTEUR WANKEL

Lumière d'échappement — Lumière d'admission — Conduit d'eau — Compression du mélange air-carburant — Les gaz en combustion se dilatent. — Rotor trilobé triangulaire

Lumière d'échappement fermée — Les gaz continuent à se dilater. — Engrenage stationnaire (fixe) — La compression se poursuit.

Le vide aspire le mélange air-carburant. — Évacuation des gaz brûlés — Engrenage de rotor — Les gaz comprimés s'enflamment.

L'évacuation des gaz brûlés se poursuit. — Le mélange air-carburant continue à entrer. — Les gaz brûlés commencent à se dilater.

L'arbre de sortie tourne. — Admission

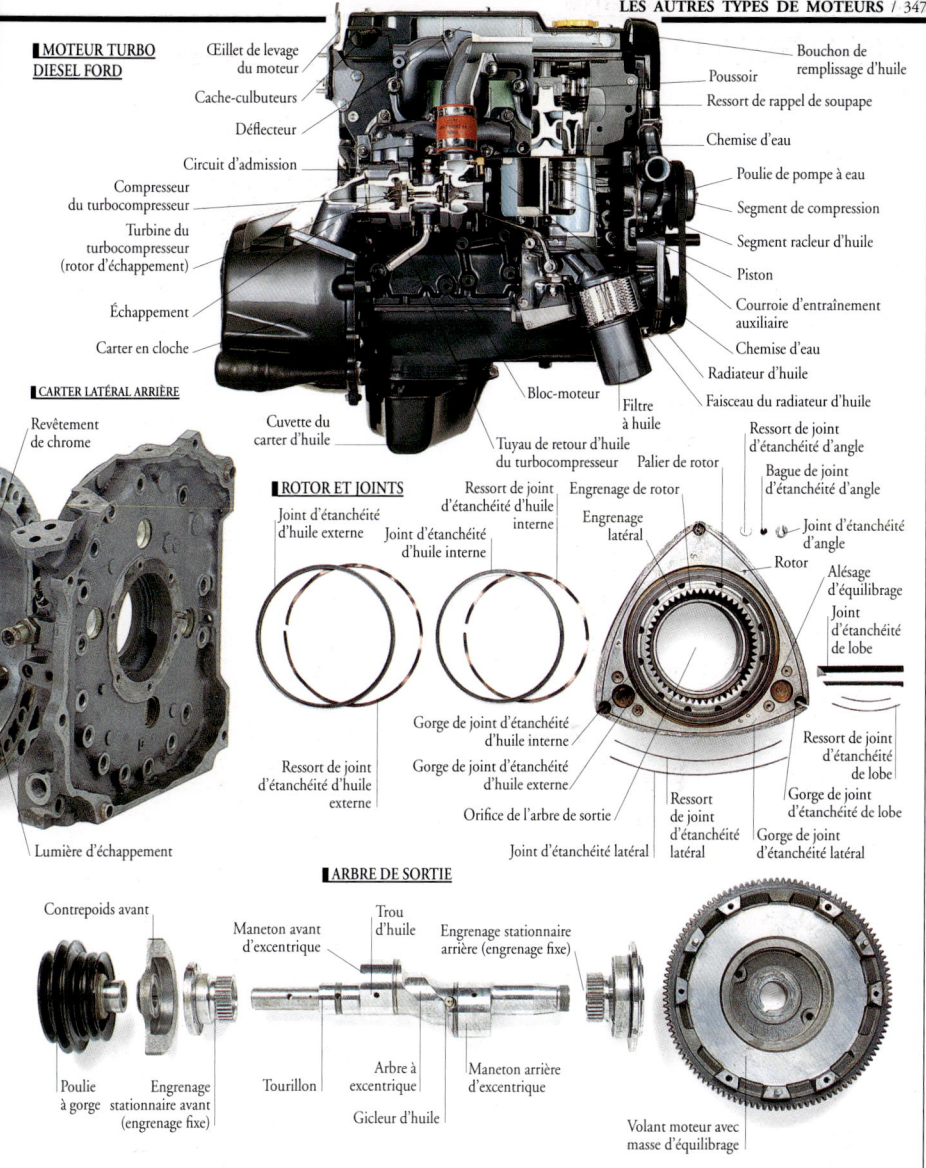

LA CARROSSERIE MODERNE

La carrosserie des voitures de série modernes est réalisée selon le principe monocoque : le toit, les panneaux latéraux et le plancher sont soudés en une seule unité structurale. Cette coque d'acier et de verre protège et soutient les pièces intérieures de la voiture. Sa légèreté autorise des économies d'énergie et sa résistance permet d'assurer la protection des passagers. Les carrosseries modernes sont conçues à l'aide d'ordinateurs. La haute technologie est également présente sur la chaîne de production, où des robots assemblent, soudent et peignent les carrosseries.

LOGO RENAULT

RENAULT
LOGO CRÉÉ EN 1992

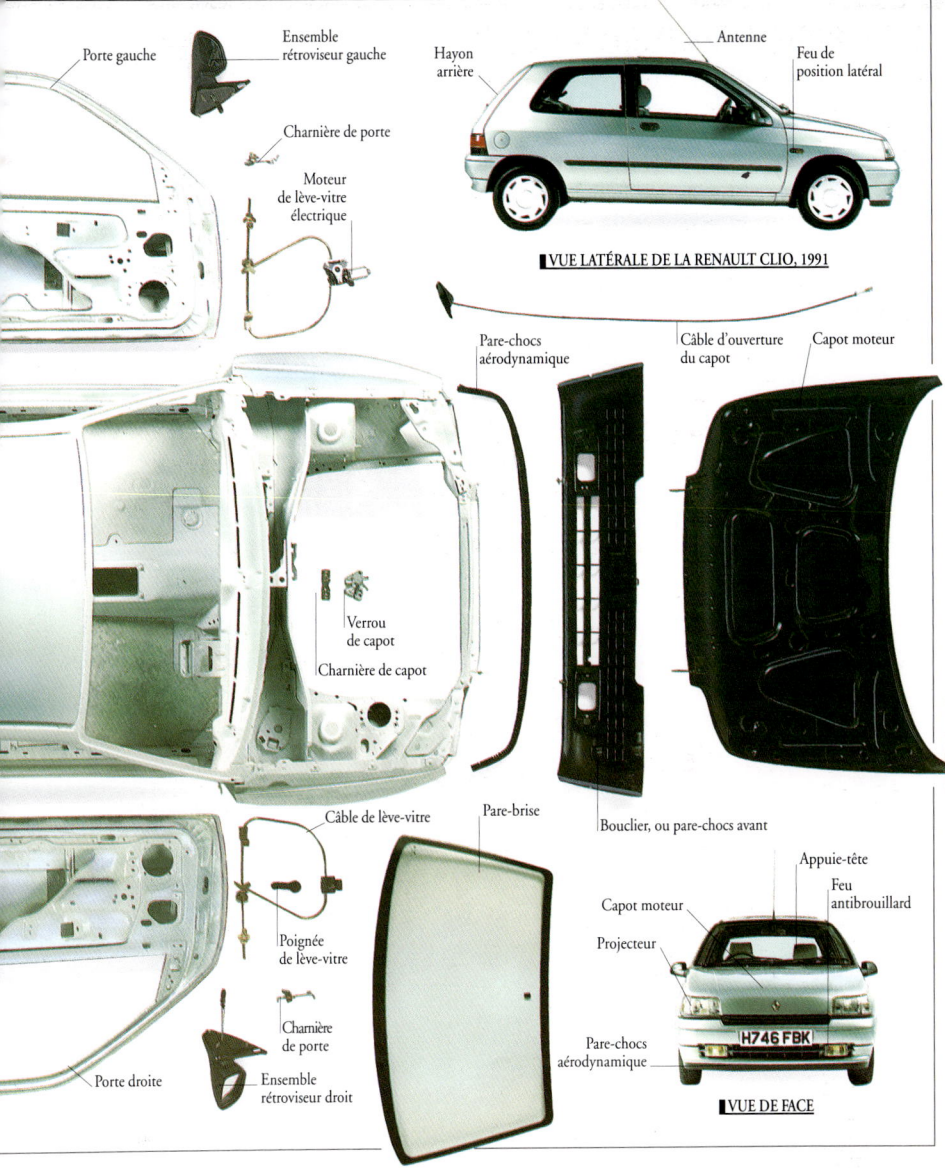

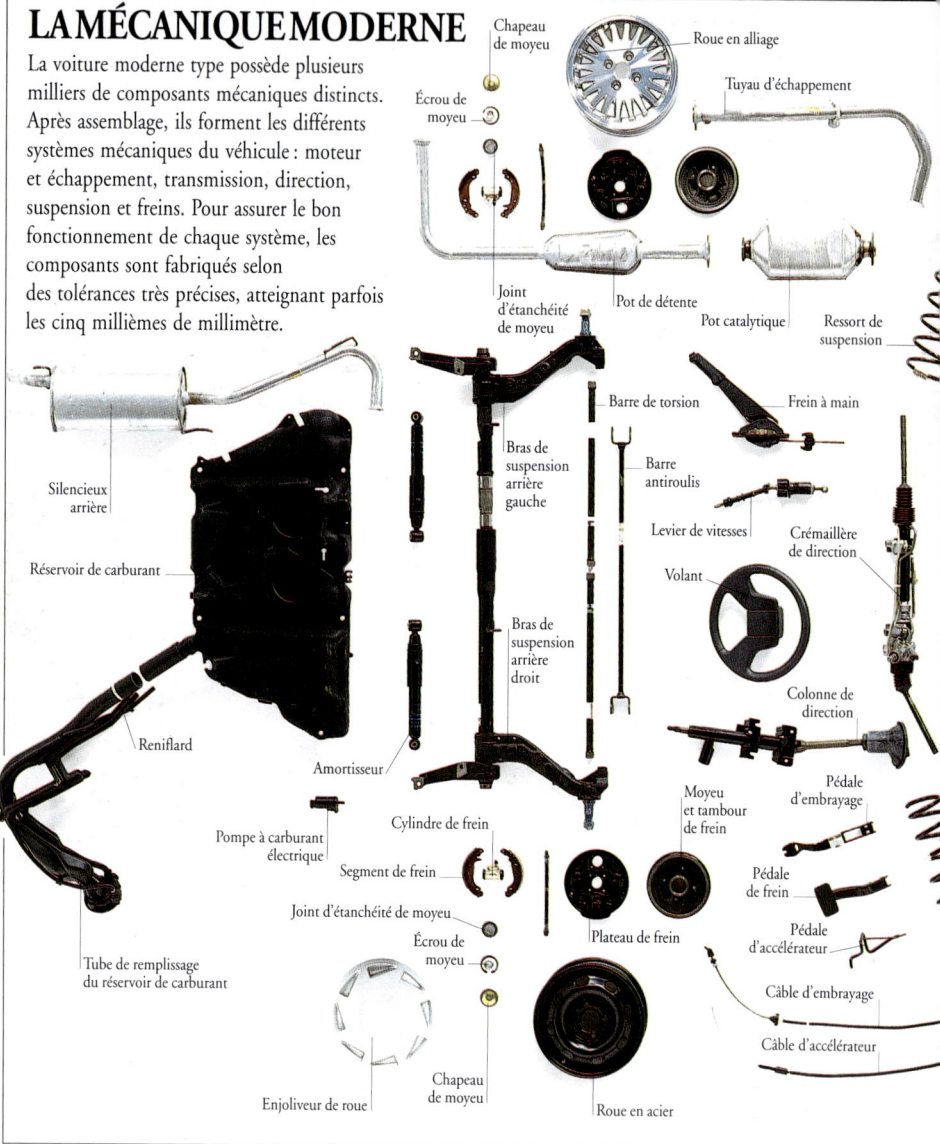

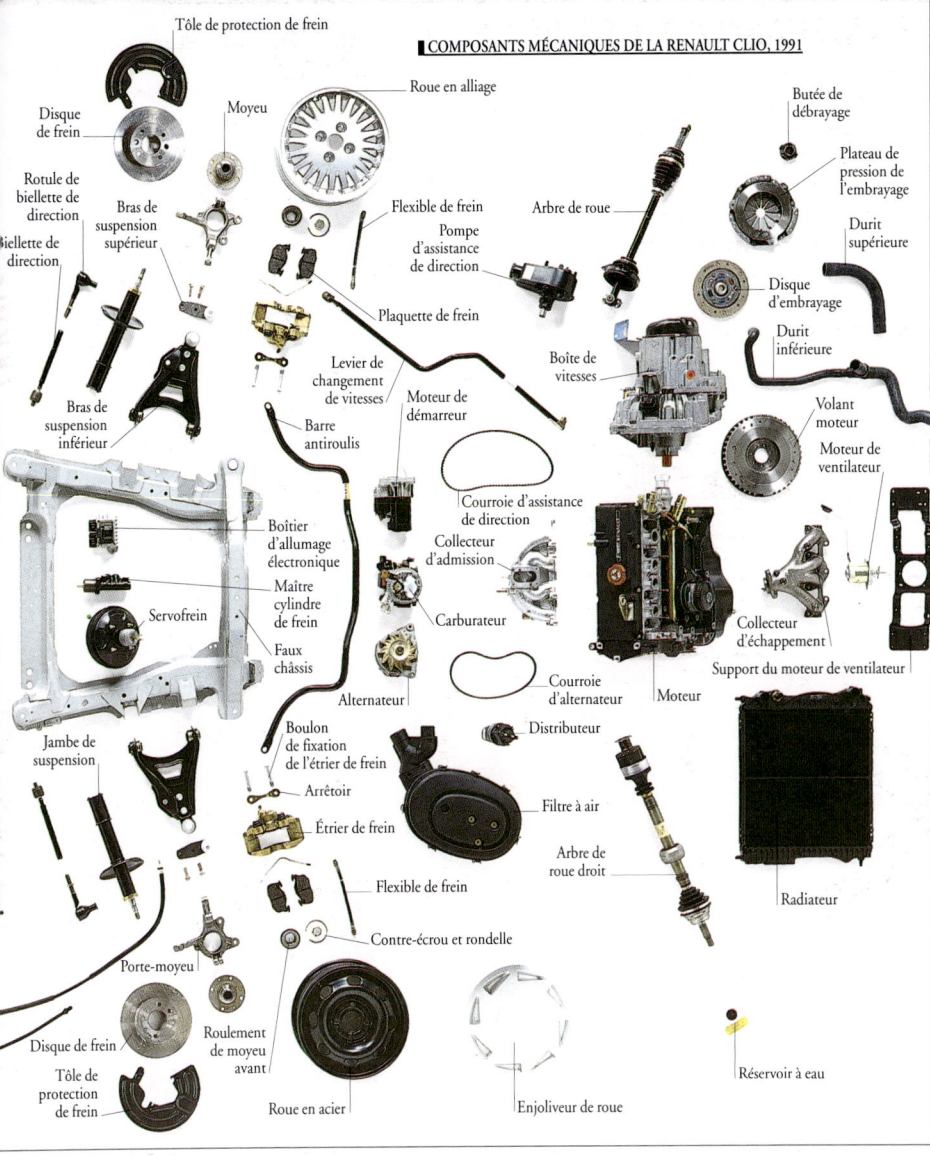

COMPOSANTS MÉCANIQUES DE LA RENAULT CLIO, 1991

LE GARNISSAGE DES VOITURES MODERNES / 353

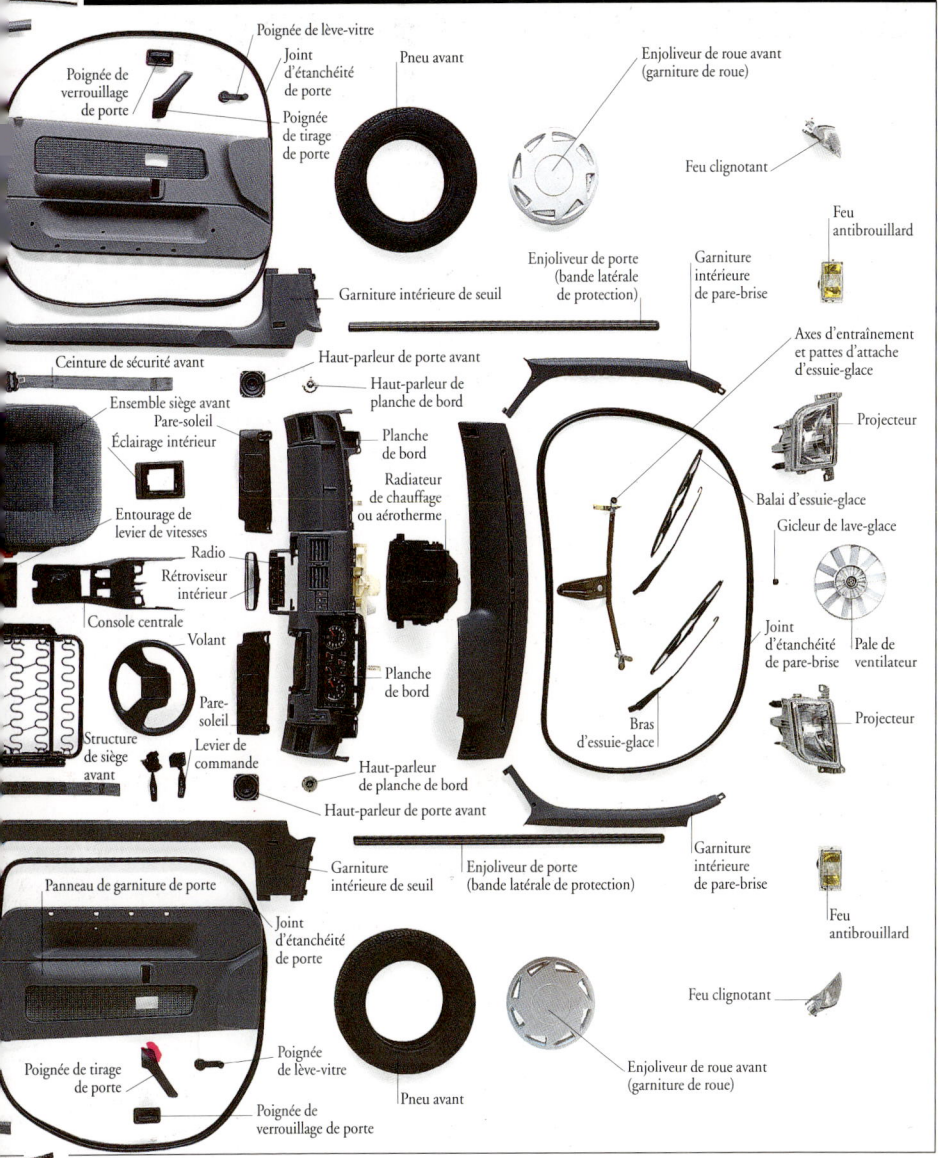

LES VÉHICULES TOUT TERRAIN

Les véhicules tout terrain modernes sont issus de la Jeep militaire américaine des années 40 et de la Land Rover britannique. On les utilise pour des activités très diverses comme le safari ou la lutte contre l'incendie. Ces voitures présentent des caractéristiques spéciales : quatre ou six roues motrices, garde au sol importante, systèmes de freinage, de suspension et de transmission renforcés, qui visent à permettre la conduite hors route dans les conditions les plus difficiles. Le véhicule présenté ici, équipé pour le safari, dispose d'un matériel de survie très complet.

LES VÉHICULES TOUT TERRAIN / 355

LES VOITURES DE COURSE

Les voitures de course ont toujours fait l'objet d'innovations importantes. Certains équipements aujourd'hui courants (freins à disque, turbocompresseurs, ceintures de sécurité…) furent à l'origine utilisés sur des voitures de compétition. Les recherches menées pour les véhicules de course ont permis de mieux comprendre les moteurs, l'aérodynamique et l'adhérence des pneus, et ont conduit à la mise au point de matériaux ultralégers comme la fibre de carbone. Tout comme la Bugatti 57 S 1937 ci-dessous, la formule 1 Williams-Renault de 1990 possède une carrosserie basse et fuselée et un cockpit ouvert. En outre, elle comporte un aileron qui plaque fermement au sol les roues avant, d'énormes pneus lisses pour une meilleure adhérence et des capteurs électriques qui informent les stands sur le comportement du véhicule.

BUGATTI 57 S, 1937

VUE DE DESSUS DE LA FORMULE 1 WILLIAMS, 1990

- Diffuseur
- Support de carrosserie
- Barre de réaction avant
- Bouclier thermique
- Volet supérieur
- Plan principal supérieur d'aileron arrière
- Demi-arbre
- Barre de réaction arrière
- Étiquette adhésive thermosensible
- Raccord de tuyaux rapide
- Réservoir d'huile
- Protection de joint homocinétique
- Cloison latérale d'aileron arrière
- Diffuseur
- Écope de frein arrière
- Alimentation d'huile du moteur

MOTEUR RENAULT RS1 10 CYLINDRES EN V

- Grille de protection des trompettes d'injection (grille de protection d'entrée d'air)
- Injecteur de carburant
- Couvre-culasse
- Culasse
- Goujon de fixation de la boîte de vitesses
- Tuyau d'échappement
- Bloc-cylindres droit
- Pot d'échappement harmonisé
- Raccord de l'unité de commande électronique
- Sortie d'eau

CAPOT MOTEUR

- Agrafe Dzus

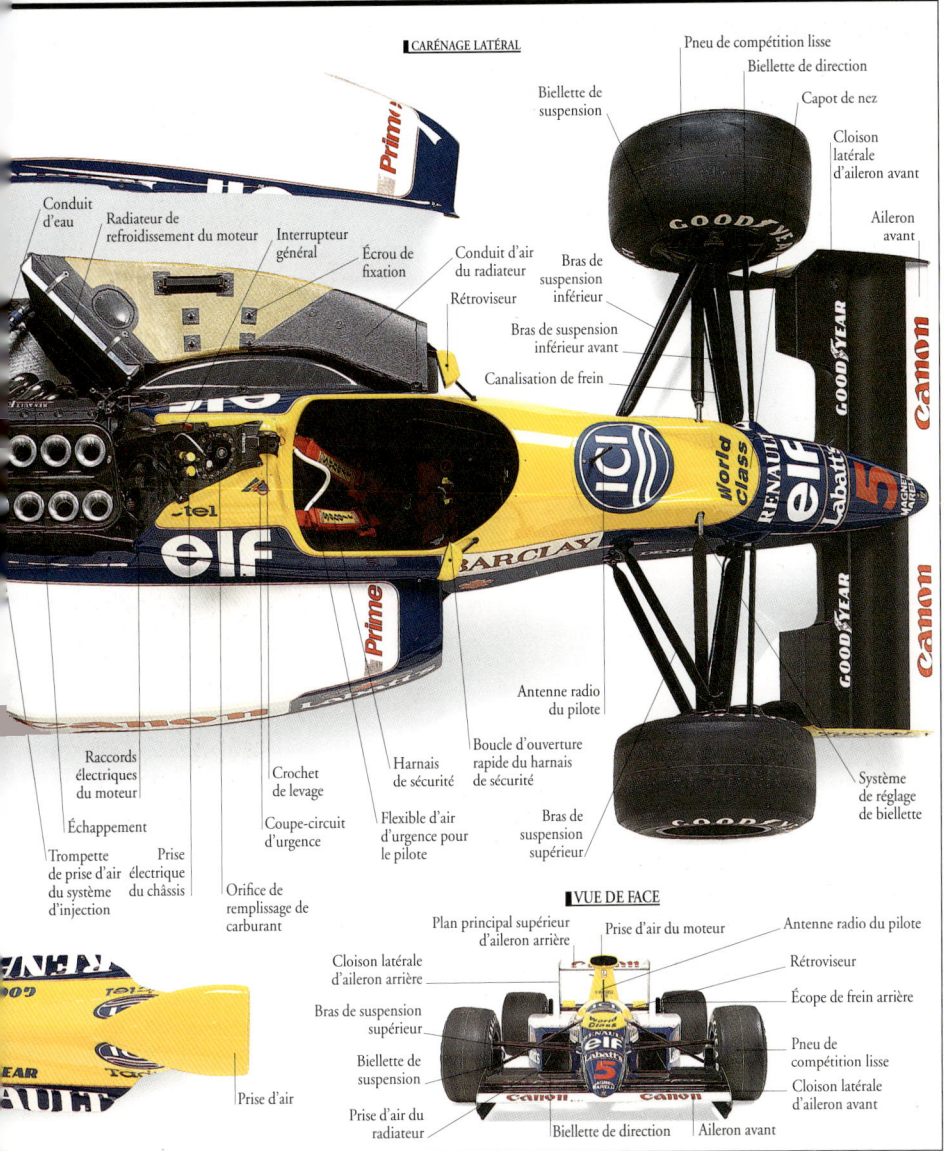

LES MOYENS DE TRANSPORT TERRESTRES

LA BICYCLETTE À LA LOUPE

La bicyclette est une machine légère, dotée de deux roues et propulsée par la force musculaire. Efficace, bon marché, de construction simple, elle est l'un des moyens de transport les plus populaires de par le monde. La première bicyclette à pédales fut fabriquée en Écosse en 1839. Depuis, la machine de base, composée d'un cadre, de roues, d'un guidon et d'une selle, a évolué petit à petit. Elle a, par exemple, gagné une chaîne, des vitesses et des pneumatiques. L'invention récente du vélo tout-terrain (VTT) constitue un progrès important. Avec son cadre robuste, ses pneus larges et ses vingt et une vitesses, le VTT permet à l'usager de fréquenter des terrains accidentés autrefois inaccessibles.

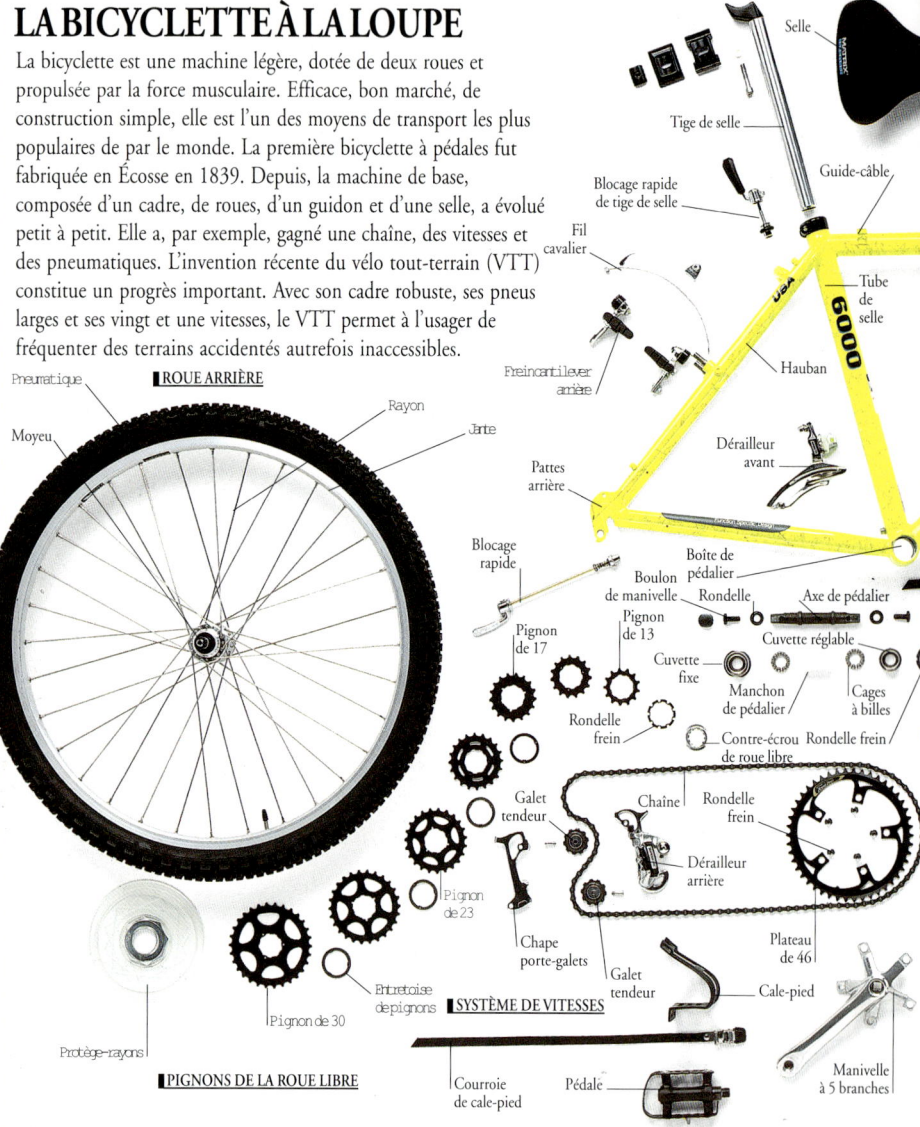

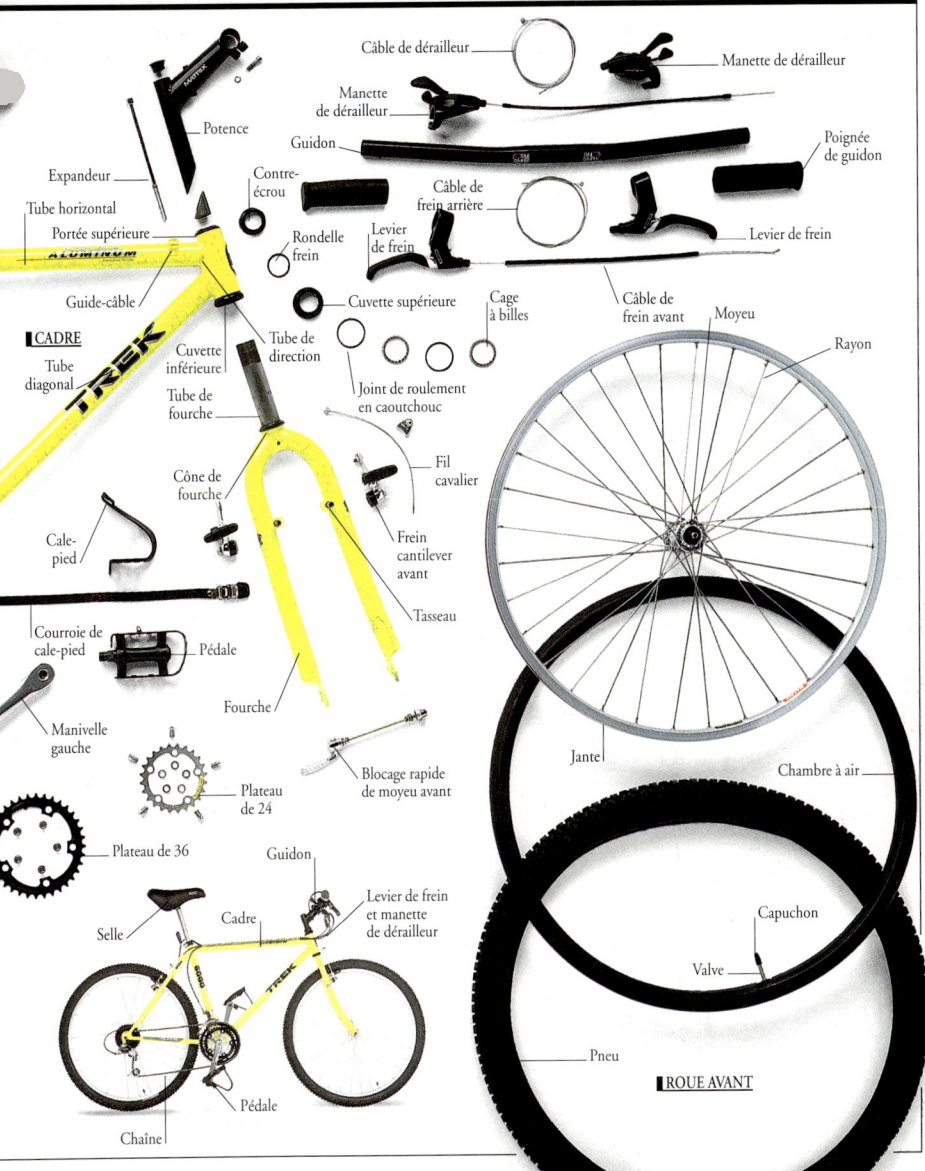

LES BICYCLETTES

Bien que toutes les bicyclettes soient constituées des mêmes éléments, elles sont souvent très différentes. Un vélo de course, comme le modèle Eddy-Merckx par exemple, avec son cadre léger et ses tubes de direction et de selle redressés, est conçu pour la compétition. Sa forme oblige le cycliste à adopter une position aérodynamique de recherche de vitesse. Même si la bicyclette de tourisme ressemble beaucoup au vélo de course, elle se caractérise d'abord par son confort. Les angles de son cadre, moins raides, et ses bases, plus grosses, permettent de supporter un porte-bagages. Sa chasse – distance séparant les axes des roues –, plus importante, assure sa stabilité. Les bicyclettes polyvalentes associent la légèreté des vélos de sport en même temps que la robustesse des engins tout-terrain (pp. 358-359). D'autres bicyclettes sont conçues pour des utilisations spéciales, comme les vélos de contre la montre qui possèdent un tube de direction court, un cadre plongeant ainsi qu'un guidon aérodynamique.

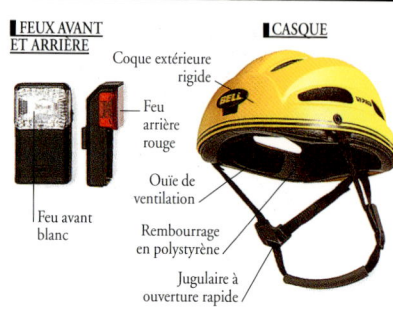

FEUX AVANT ET ARRIÈRE — Feu avant blanc, Feu arrière rouge

CASQUE — Coque extérieure rigide, Ouïe de ventilation, Rembourrage en polystyrène, Jugulaire à ouverture rapide

VÉLO DE COURSE EDDY-MERCKX — Selle, Tige de selle, Serrage de selle, Guide-câble, Boulon de tige de selle, Câble de frein arrière, Tube horizontal, Cadre en acier, Boulon de porte-patin, Porte-patin, Hauban, Tube de selle, Tube diagonal, Pneu, Bande de roulement du pneu, Flanc du pneu, Jante, Roue libre, Porte-bidon, Dérailleur avant, Plateau, Manivelle, Boulon de manivelle, Branche de manivelle, Pédale, Base, Cale-pied, Chaîne, Galet tendeur, Vis de galet tendeur, Dérailleur arrière

CADENAS EN ACIER — Clé, Acier trempé, Verrou antivol

LA MOTO

Depuis ses origines, la moto a beaucoup évolué. D'un cycle motorisé – une simple bicyclette équipée d'un moteur –, elle est devenue une machine sophistiquée très performante. En 1901, les frères Werner découvrirent le meilleur endroit où placer le moteur : en bas et au centre du châssis (pp. 364-365). La Werner doit être considérée comme la première moto moderne. Utilisé pour se déplacer, faire du tourisme ou de la compétition, cet engin a été, ensuite, copié et adapté. Avec ses petites roues, le scooter Vespa est, par exemple, économique et facile à conduire en ville. Les side-cars ont longtemps séduit les petites familles avant que les automobiles bon marché prennent le dessus. Depuis le lancement de la Honda CB750 en 1969, les machines à 4 cylindres sont monnaie courante. Néanmoins, nombreux sont les utilisateurs qui restent attachés aux motos traditionnelles comme les Harley Davidson, dont la version « Glide » conserve encore le moteur américain classique à 2 cylindres en V.

MOTO WERNER DE 1901

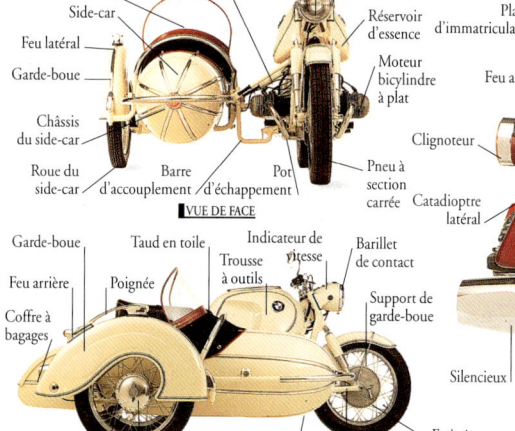

BMW R/60 1965 AVEC SIDE-CAR STEIB

HARLEY DAVIDSON FLHS ELECTRA « GLIDE » 1988

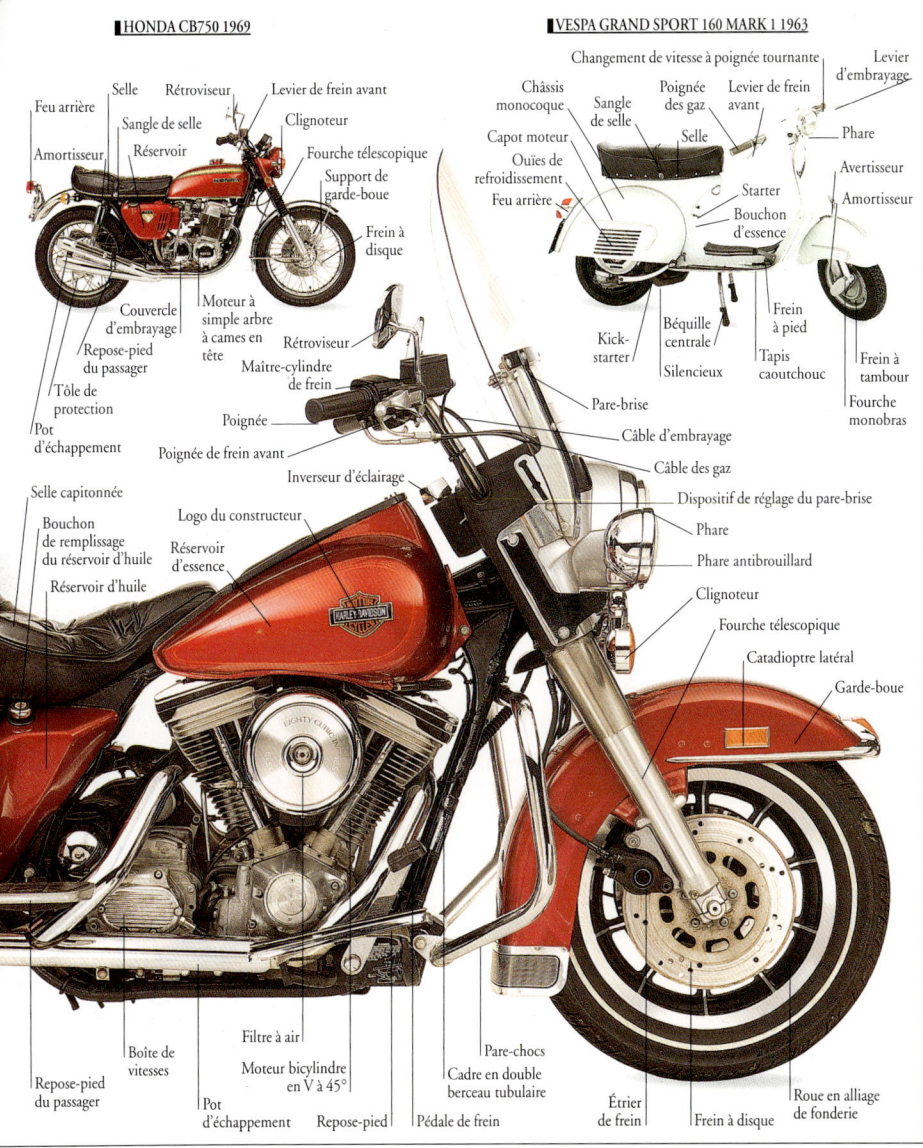

LE CHÂSSIS DE LA MOTO

Le châssis est l'ossature principale de la moto sur laquelle est fixé le moteur. Composé du cadre, des roues, de la suspension et des freins, le châssis remplit plusieurs fonctions. Le cadre, en acier ou en alliage léger, maintient les roues alignées pour assurer la conduite. Il sert aussi de structure pour le montage d'autres éléments. Le moteur et la boîte de vitesses sont boulonnés dans le cadre, tandis que les accessoires tels que la selle, les garde-boue et le carénage sont plus facilement démontables. La suspension préserve le motard des irrégularités du revêtement de la route. Dans la plupart des systèmes de suspension, des ressorts à boudin et un amortisseur à huile séparent les roues de la masse principale de la moto. La suspension contribue également à assurer un contact optimal entre les pneumatiques et la route, indispensable au freinage et à la conduite. Les freins à tambour étaient courants jusque dans les années 70. Désormais, les motos utilisent de plus en plus souvent des freins à disque.

■ HONDA VF750 1985 HABILLÉE

■ HONDA VF750 1985 DÉSHABILLÉE

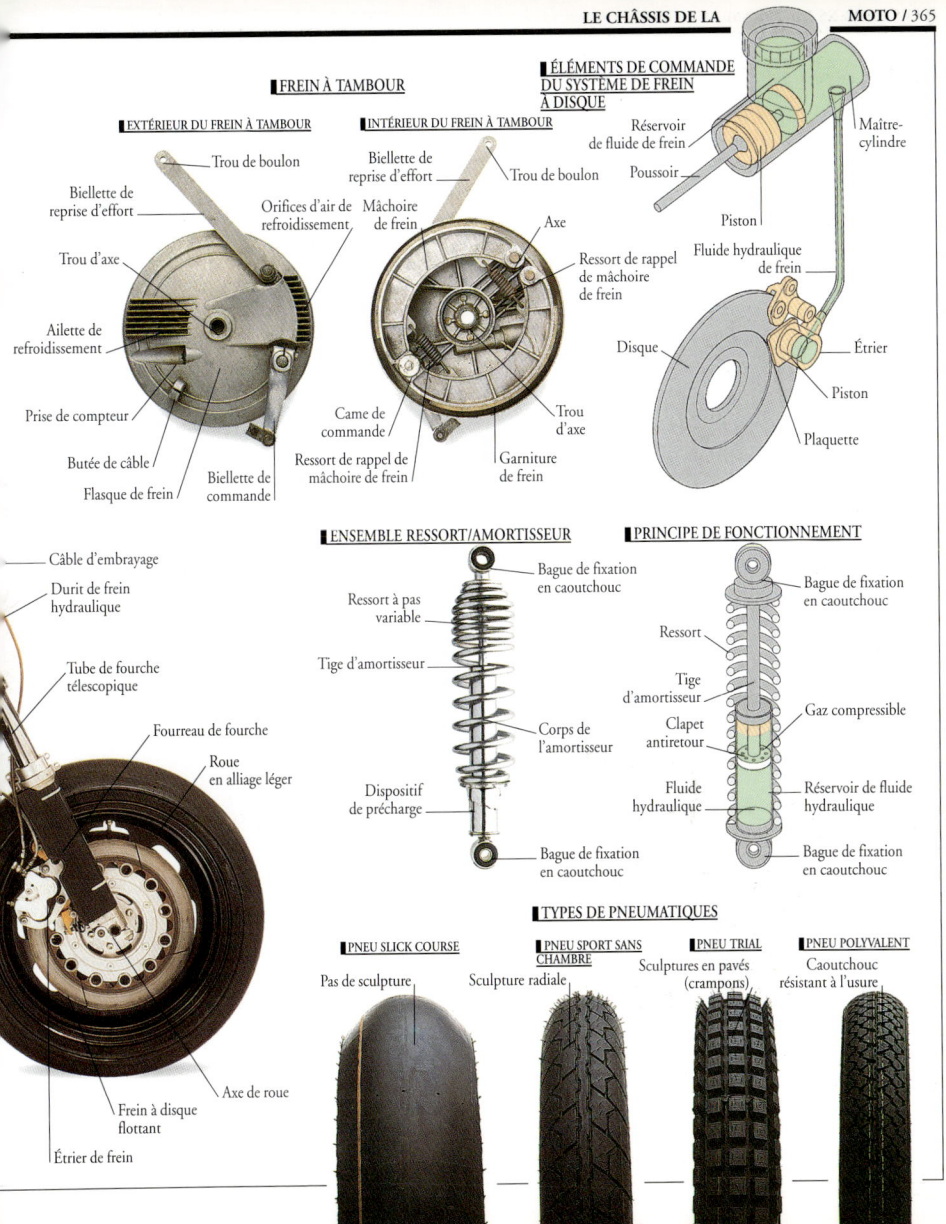

LES MOTEURS DE MOTO

EXTÉRIEUR D'UN MOTEUR DEUX TEMPS STANDARD

Les moteurs de moto doivent être légers et puissants. Ils comportent 1 à 6 cylindres et peuvent être refroidis par air ou par eau. La capacité de la chambre de combustion varie de 49 cm^3 à 1500 cm^3. Les types de moteur à combustion interne les plus courants sont le moteur à quatre temps, utilisé sur les automobiles (pp. 342-343), et le moteur à 2 temps. Ces derniers ne contiennent que trois pièces mobiles – le vilebrequin, la bielle et le piston – mais leur puissance est élevée. L'explosion a lieu tous les deux temps, ce qui donne une course de détente à chaque tour (p. 343). La puissance est transmise à la roue arrière par un système adapté. Celui-ci se compose en général d'un embrayage, d'une boîte de vitesses et d'un système d'entraînement final. Les boîtes de vitesses comptent cinq ou six rapports commandés au pied. Des systèmes d'entraînement à arbre et courroie sont parfois utilisés, mais l'entraînement par chaîne est le plus répandu.

SYSTÈME DE TRANSMISSION

BOÎTE DE VITESSES

EMBRAYAGE À DISQUES MULTIPLES

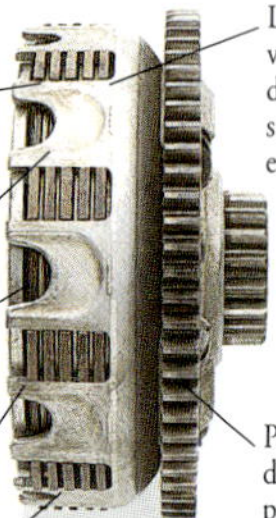

CHAÎNE MODERNE À JOINTS TORIQUES

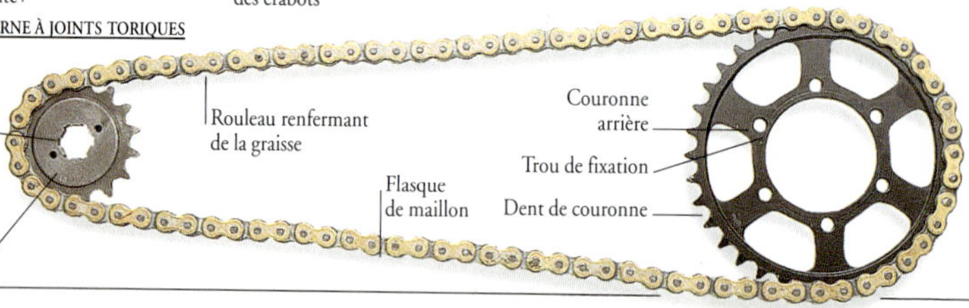

LES MOTEURS DE MOTO / 367

MOTEUR VÉLOCETTE À SOUPAPES EN TÊTE

- Dispositif de réglage des culbuteurs à vis et contre-écrou
- Canalisation d'amenée d'huile
- Orifice d'admission
- Câble de bougie
- Culbuteur inférieur
- Entraînement de la magnéto
- Pignon d'arbre à cames
- Trou de boulon de fixation du moteur
- Passage d'huile
- Carter de vilebrequin
- Pompe à huile
- Patte de fixation

- Culbuteur
- Boulon de retenue du cache-culbuteurs
- Culasse
- Orifice d'échappement
- Culasse
- Chambre de combustion
- Ailette de refroidissement
- Piston
- Tige de culbuteur
- Poussoir de culbuteur
- Pignon intermédiaire de distribution
- Trou de boulon de fixation du moteur
- Vilebrequin
- Clapet antiretour
- Récupération d'huile

LES MOTOS DE COMPÉTITION

Il existe de nombreux types de sport motocycliste et pour chacun d'entre eux une machine spéciale. Les courses se déroulent sur route ou sur circuit, dans les champs et même dans le désert. Il existe des Grands Prix en 125 cc, 250 cc et 500 cc. Les side-cars de compétition les plus récents relèvent plus de la voiture de course que de la moto. Le conducteur et le passager sont protégés par un carénage aérodynamique intégral. Sur piste cendrée, un sport qui vit le jour aux États-Unis en 1902, les motos n'ont ni freins ni boîte de vitesses. Les engins tout-terrain sont moins axés sur la puissance. Pour les courses de motocross, par exemple, qui se déroulent sur terrain accidenté, les motos doivent avoir une garde au sol importante, une suspension souple et des pneus à sculpture profonde.

HUSQVARNA MOTOCROSS TC610 1992

Câble des gaz — Barre de renfort du guidon — Selle longue — Plaque à numéro — Protège-mains — Ouïes d'entrée d'air de radiateur — Garde-boue en plastique souple — Système d'échappement léger — Fourche télescopique — Protège-fourreaux en plastique — Axe — Moteur à arbre à cames en tête — Sélecteur — Pneu à crampons — Frein à disque — Étrier de frein — Amortisseur — Bras oscillant en alliage — Biellette d'amortisseur — Frein à disque

SUZUKI RGV500 1992
VUE DE COTÉ

Pot d'échappement — Plaque à numéro — Ouïe de ventilation — Selle à dosseret monobloc — Mini-capitonnage de selle — Amortisseur — Monobras « banane » — KAYABA

VUE DE L'ARRIÈRE

Pot d'échappement — Guidon — Repose-pied — Pédale de frein arrière — Chaîne de transmission — Pneu slick large — Pot d'échappement — Ouïe de ventilation — Silencieux — Fixation de l'amortisseur — Roue à bâtons en alliage — Pot d'échappement — Réglage de tension de chaîne — Disque de frein — Étrier de frein arrière — Pneu course slick — Chaîne de transmission — Repose-pied — Pédale de frein — Maître-cylindre de frein à disque — Cadre en alliage léger

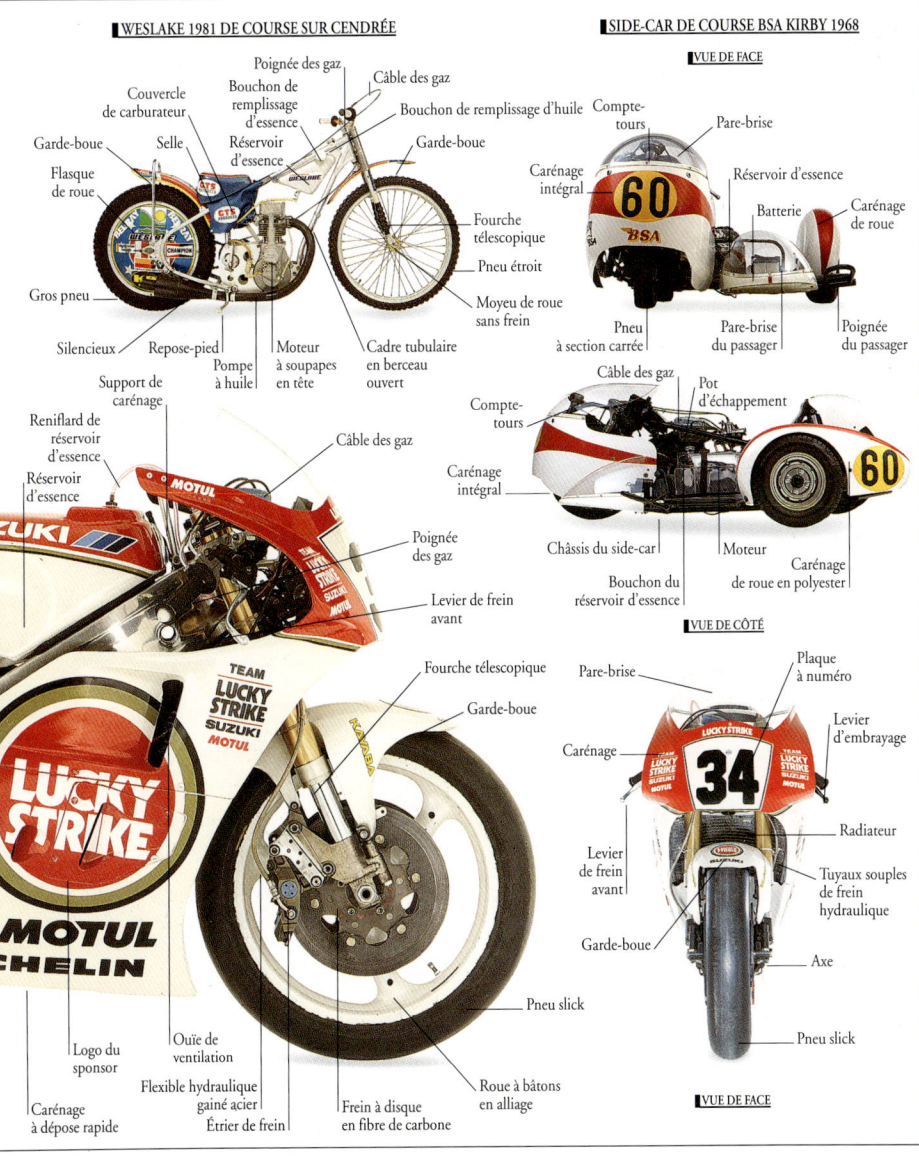

LES BATEAUX ET LES AVIONS

LES NAVIRES GRECS ET ROMAINS	372
LES NAVIRES VIKINGS	374
LES NAVIRES DE GUERRE ET DE COMMERCE	376
L'ESSOR DE LA VOILE	378
LE NAVIRE DE LIGNE	380
LE GRÉEMENT	382
LES VOILES	384
L'AMARRAGE ET LE MOUILLAGE	386
LES FILINS ET LES NŒUDS	388
LES NAVIRES À ROUES ET LES NAVIRES À HÉLICES	390
L'ANATOMIE D'UN NAVIRE EN ACIER	392
LE NAVIRE DE COMBAT	394
COMBATTRE SUR MER	396
LES PIONNIERS	398
LES PREMIERS MONOPLANS	400
LES BIPLANS ET LES TRIPLANS	402
LES AVIONS DE LA PREMIÈRE GUERRE MONDIALE	404
LES PREMIERS AVIONS DE TRANSPORT	406
LES AVIONS DE LA SECONDE GUERRE MONDIALE	408
LES MOTEURS D'AVION À PISTONS	410
LES AVIONS DE LIGNE MODERNES 1	412
LES AVIONS DE LIGNE MODERNES 2	414
LES AVIONS DE LIGNE SUPERSONIQUES	416
LES RÉACTEURS	418
LES AVIONS MILITAIRES MODERNES	420
LES HÉLICOPTÈRES	422
LES AVIONS LÉGERS	424
LES PLANEURS, DELTAPLANES ET ULTRALÉGERS MOTORISÉS	426

LES BATEAUX ET LES AVIONS

LES NAVIRES GRECS ET ROMAINS

ANCRE ROMAINE EN PLOMB

Les armes de l'expansion grecque ou romaine furent pour l'essentiel de puissantes flottes de guerre et de commerce. Les galères grecques propulsées à l'aviron portaient également une voilure importante. Elles furent dotées d'un instrument de défense efficace, le rostre ou éperon, fixé à l'étrave. Les duels à l'éperon entre navires nécessitaient vitesse et manœuvrabilité, aussi un troisième rang de rameurs fut-il placé sur les trirèmes qui, cinq siècles avant notre ère, constituaient la plus grande force des navires de combat de la marine grecque. Cent rameurs étaient répartis sur trois niveaux, comme on le voit sur la maquette reproduite en page de droite. Les trirèmes emportaient aussi des archers et des soldats pour l'abordage. Les galères étaient tirées hors d'eau, sous abri, lorsqu'elles n'étaient pas armées en guerre.

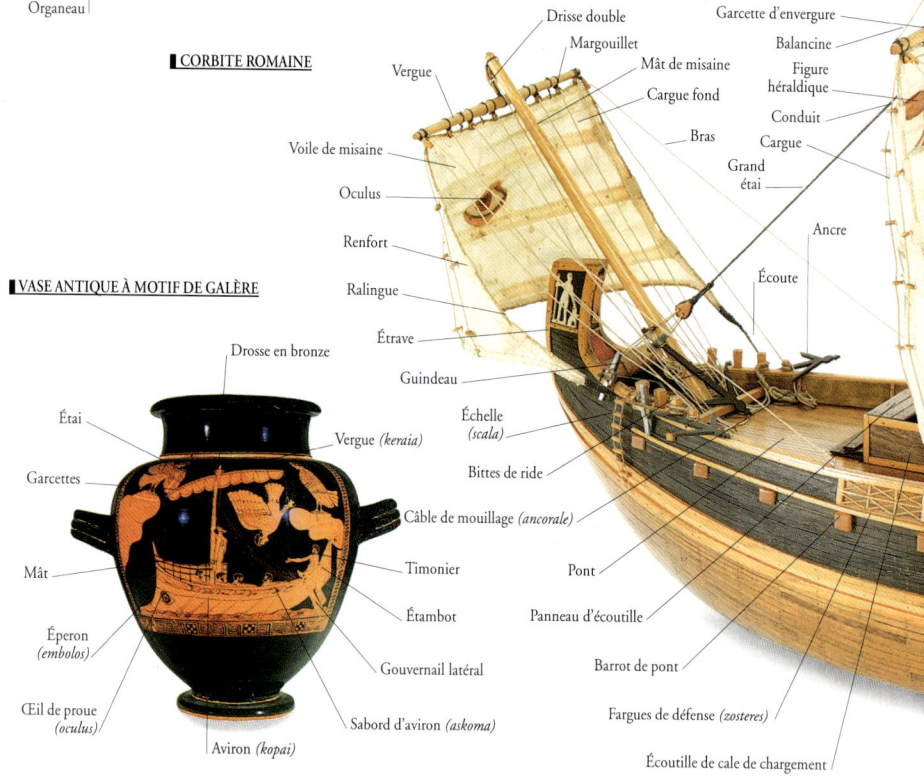

Jas
Verge
Bec
Bras peu ouvert
Renflement
Diamant
Organeau

CORBITE ROMAINE

Drisse double
Margouillet
Vergue
Mât de misaine
Cargue fond
Voile de misaine
Bras
Oculus
Cargue
Renfort
Grand étai
Ralingue
Étrave
Guindeau
Garcette d'envergure
Balancine
Figure héraldique
Conduit
Ancre
Écoute

VASE ANTIQUE À MOTIF DE GALÈRE

Drosse en bronze
Étai
Vergue (keraia)
Garcettes
Échelle (scala)
Bittes de ride
Câble de mouillage (ancorale)
Mât
Timonier
Étambot
Éperon (embolos)
Gouvernail latéral
Œil de proue (oculus)
Sabord d'aviron (askoma)
Aviron (kopai)
Pont
Panneau d'écoutille
Barrot de pont
Fargues de défense (zosteres)
Écoutille de cale de chargement

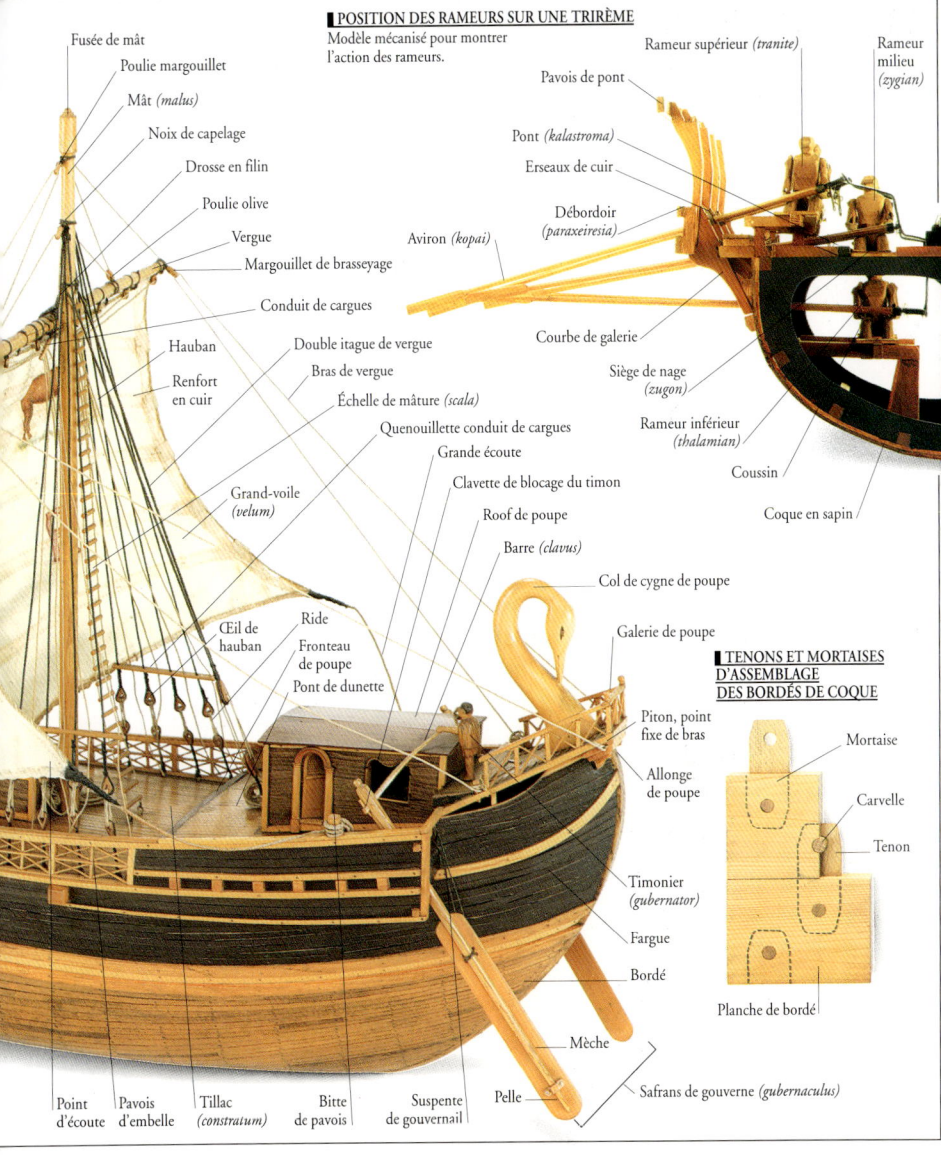

LES BATEAUX ET LES AVIONS

LES NAVIRES VIKINGS

Aux époques sombres du Moyen Âge, l'apparition à l'horizon des longues embarcations venues de Scandinavie et des bas rivages de l'Europe du Nord était pour les peuples de l'Ouest le symbole de la malédiction. Chaque été, des raids vikings partaient dévaster les côtes anglaises et françaises. Leurs bateaux, les drakkars, contrairement aux galères de Méditerranée, armaient un seul plan d'avirons de chaque bord. Le gouvernail unique était placé à tribord. Les coques des drakkars étaient bordées « à clins » (un bordé recouvrant l'autre à la manière des tuiles ou des ardoises). La voilure simple comprenait une seule grande voile carrée sur vergue. D'élégantes sculptures de proue décoraient les plus grands navires. Les sceaux des villes portuaires sont d'excellents documents pour suivre l'évolution de la construction navale. Sur le sceau reproduit en page de droite figure une caraque de haut bord. Les châteaux d'étrave et de poupe, qui furent d'abord de simples plate-formes montées sur des coques basses, sont désormais intégrés au navire qui porte par ailleurs trois et parfois quatre mâts. Au XIVe siècle, le gouvernail passe dans l'axe du tableau arrière. Les nids-de-pie servent à la veille et à la défense.

OUTILS DE CHARPENTAGE NAVAL

Rabot, Plane, Hache, Tarière fouet, Maître de hache, Étrave, Allonge d'étrave, Quille, Tarière à manche, Herminette, Virure, Arbre sélectionné pour la construction navale

DRAGON FIGURE DE PROUE

Œil propitiatoire, Dent, Tête zoomorphe, Tresses, Col de serpent, Caissonnage à losanges, Croisillons

NAVIRE VIKING CÔTIER *(KARV)*

Volute de poupe (queue de serpent), Étambot, Pivot d'assemblage de gouvernail, Gouvernail latéral, Barre de gouvernail, Drisse de vergue, Aviron, Tribord, bord de gouverne, Quille, Garcette d'envergue, Vergue, Bandes diagonales de renfort en cuir, Voile carrée, toile artisanale, Chute, Amure, Écoute, Ralingue de fond

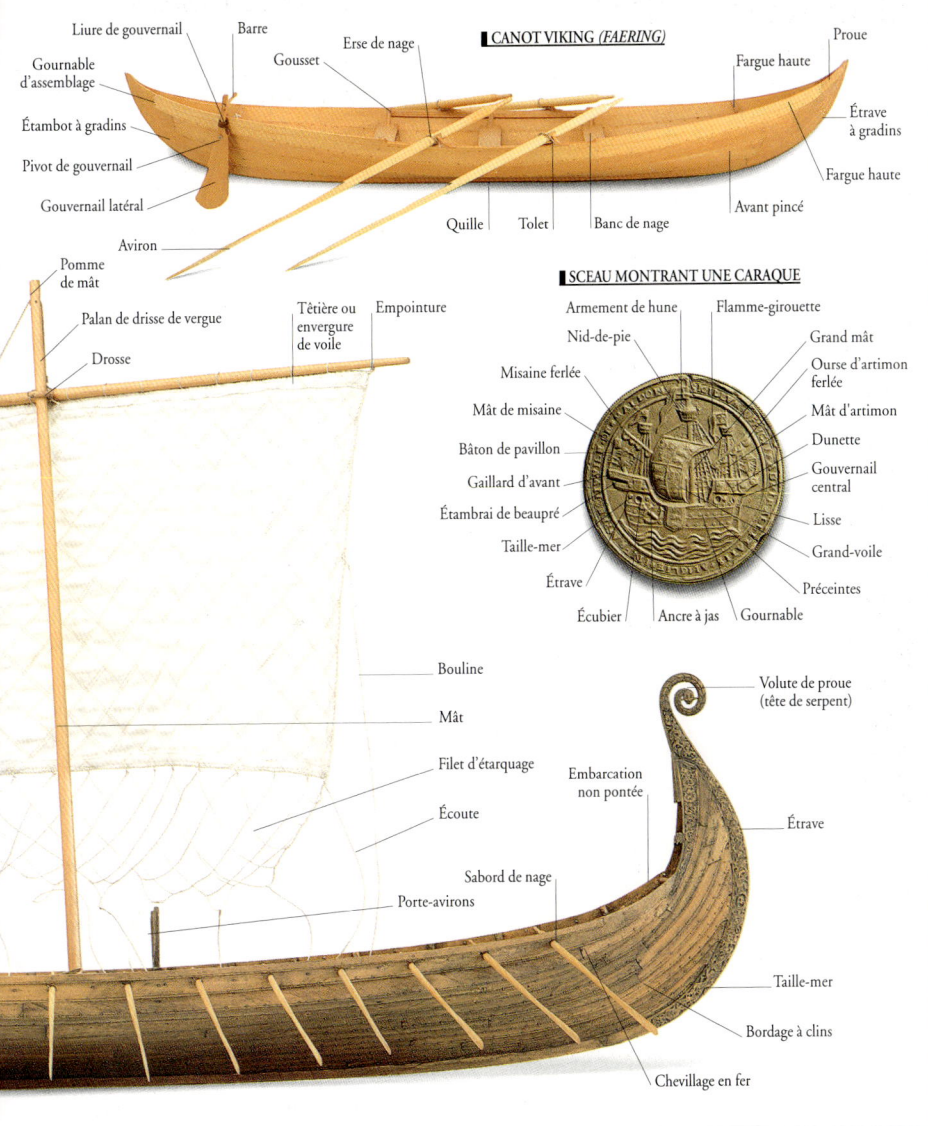

LES NAVIRES DE GUERRE ET DE COMMERCE

Aux nefs rondes qui suivirent les barques non pontées, succédèrent en Europe, au XVIe siècle, de grands navires d'un dessin nouveau construits à bordage jointif. Les navires de guerre telle la *Mary Rose* d'Henri VIII, en Angleterre, avaient une puissance de feu considérable. De tels navires portaient à la fois des canons de bronze, tirant à longue portée des boulets contre les bâtiments ennemis et des canons à mitraille contre leurs équipages. Hors d'Europe, deux types de navires traditionnels vont, pour des siècles encore, demeurer inchangés. Ce sont, dans l'océan Indien, les *dhows* arabes à plusieurs voiles latines sur antenne, qui permettent de remonter les moussons. À côté du trafic marchand ordinaire, les *dhows* négriers font le trafic des esclaves d'Afrique de l'Est sur l'Arabie. Les grandes jonques, elles, relient l'Extrême-Orient à l'Afrique ; certaines possèdent de grandes cales étanches, pour le transport de marchandises liquides en vrac. Le Moyen Âge voit apparaître à bord des instruments de navigation nouveaux. L'arbalète, ou bâton de Jacob, et l'astrolabe de mer permettent de mesurer la hauteur des astres au-dessus de l'horizon, laquelle ajoutée à la déclinaison fournit la latitude au moment du passage méridien. Les cadrans solaires donnaient l'heure locale, mais n'étaient utilisés qu'aux escales et en eaux calmes.

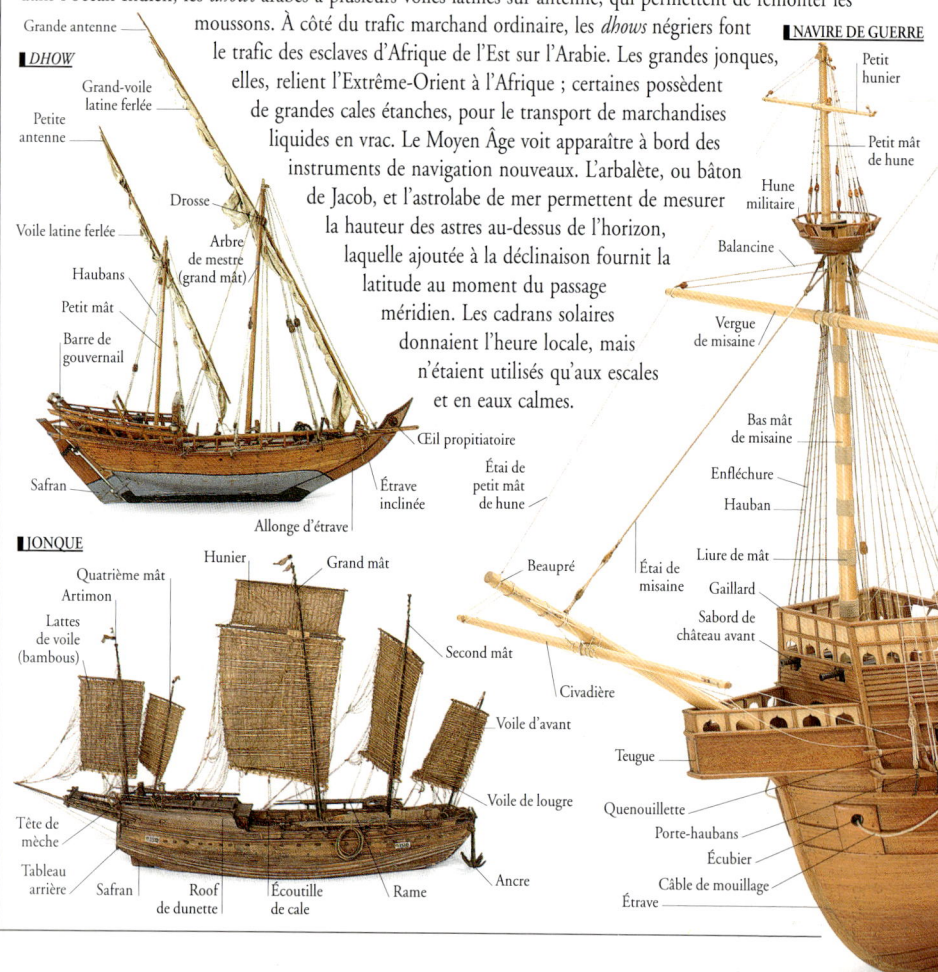

LES BATEAUX ET LES AVIONS

L'ESSOR DE LA VOILE

Dès le XVIIIe siècle, les vaisseaux armés sont devenus des navires rapides et de véritables forteresses flottantes. Les bâtiments des marines de guerre du nord de l'Europe portent alors le nom de « navires de combat ». Sur la maquette représentée ci-dessous, la poupe ronde et la galerie ouverte à balcon de l'arrière caractérisent un navire du XVIIIe siècle. Au maître couple du navire, le profil transversal de la carène était rond. La surface de voilure n'avait jamais encore atteint une telle importance, et la manœuvre des immenses voiles (huniers et perroquets pleins) exigeait des longueurs de filin considérables. C'est à cette époque qu'apparaissent les focs et les voiles d'étai avec, pour quelques décennies encore, la survivance de la civadière sous le beaupré et de l'ourse d'artimon à l'arrière. Les flottes combattaient en défilant « en ligne », à contrebord, de façon à présenter vers l'ennemi la totalité des pièces d'un bord pour le tir. Le vaisseau de guerre s'appelle désormais « navire de ligne », mais il se classe aussi selon son rang. Ainsi, un navire de 90 canons est un vaisseau de premier rang.

■ NAVIRE DE GUERRE EN BOIS

Pomme de mât
Mât de perroquet
Hauban de perroquet
Choque
Coussin d'élongis
Élongis
Grand mât de hune
Mât de hune d'artimon
Galhauban de mât de hune
Galhauban de hune d'artimon
Hauban de mât de hune
Hauban de hune d'artimon
Hune d'artimon
Hune
Balancine
Plate-forme de hune
Ton de mât
Choque
Lisse de hune
Tête de bas mât
Jottereaux
Vergue d'ourse d'artimon
Gambes de revers
Bastaque de hune
Élongis
Palan de garde
Bas étai d'artimon
Poulie de palan
Hauban d'artimon
Mât d'artimon
Enfléchures
Grand étai
Hauban de grand mât
Grand mât

■ PROUE
Bras de vergue
Balancine
Marchepied
Lisse de hune
Bout-dehors de bonnette
Couronnement
Blin extérieur de bout-dehors de bonnette
Lisse de dunette
Barre à roue
Échelle volante
Sauvegarde de safran
Vergue de bonnette
Chaîne de sauvegarde
Figure de proue
Safran de gouvernail
Préceinte
Câble de mouillage
Étambot
Ferrure d'aiguillot
Étrave Écubier Ferrure de femelot Habitacle de compas Quille Cap-de-mouton Cadène Échelle Glissière de chaloupe

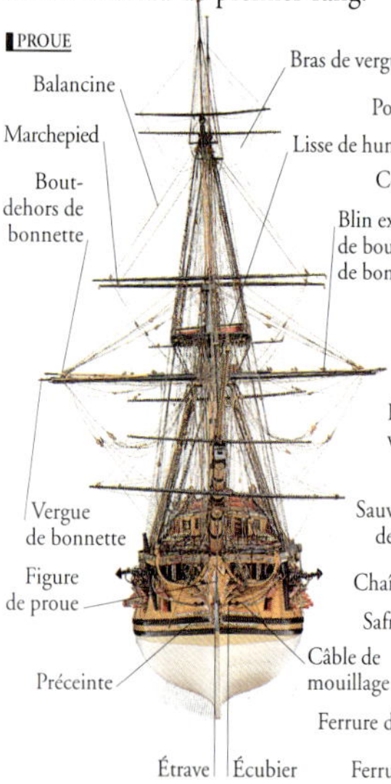

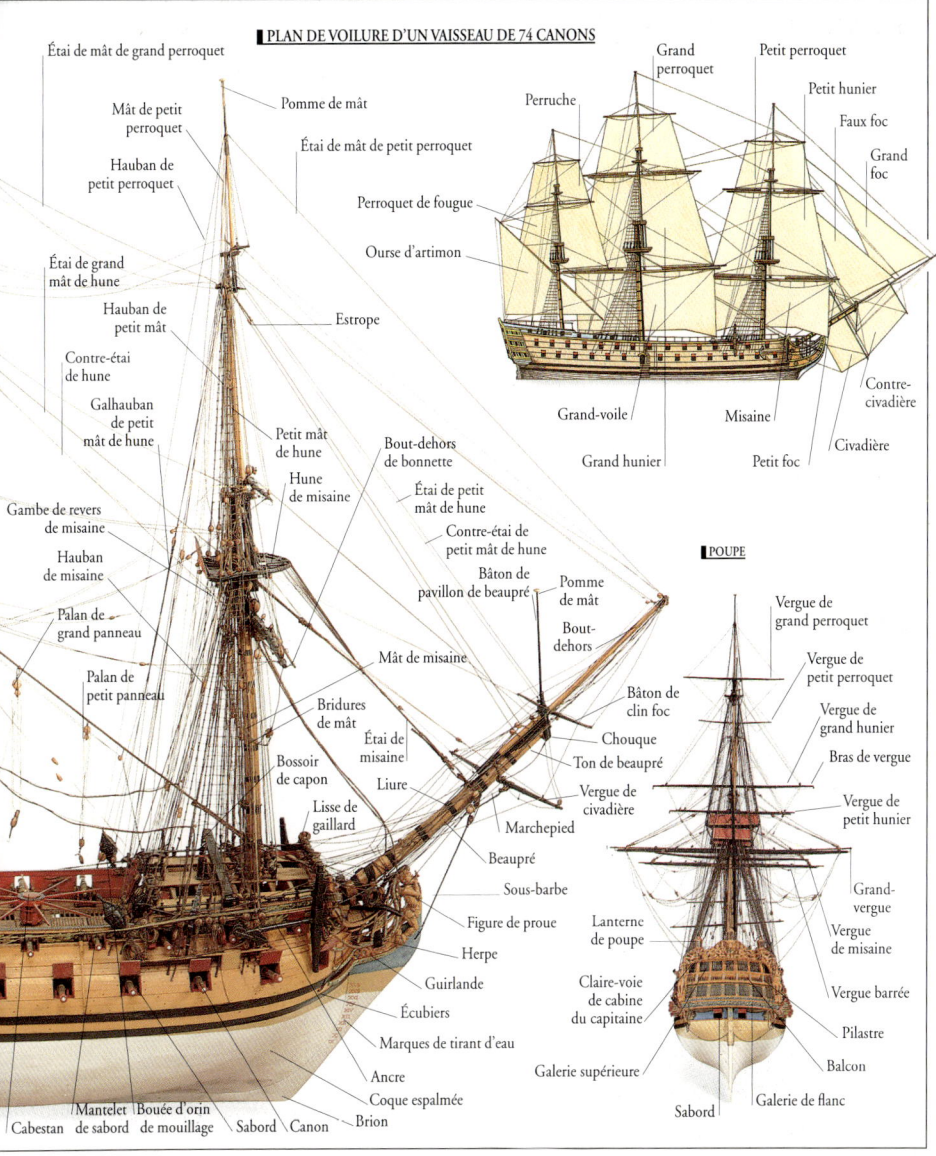

PLAN DE VOILURE D'UN VAISSEAU DE 74 CANONS

LES BATEAUX ET LES AVIONS

LE NAVIRE DE LIGNE

Le vaisseau en bois de 74 canons constitua la pièce maîtresse des flottes de guerre française et anglaise des XVIIIe et XIXe siècles. Ce type de navire était assez fort et assez bon manœuvrier pour pouvoir se mesurer aux plus puissants adversaires. La longueur des bâtiments était fonction du nombre de canons, ces derniers exigeant un espace minimal pour leur mise en batterie. Le poids des pièces elles-mêmes imposait une robuste structure des ponts comme le montre l'image ci-dessous d'un vaisseau dont le bordé de pont n'est pas encore en place. L'avant (le gaillard), et l'arrière (la dunette), sont les deux parties couvertes du pont supérieur. De petites pièces de canon y étaient installées. Les chaloupes étaient embarquées sur des bers au centre du navire, dans l'embelle, entre les passavants.

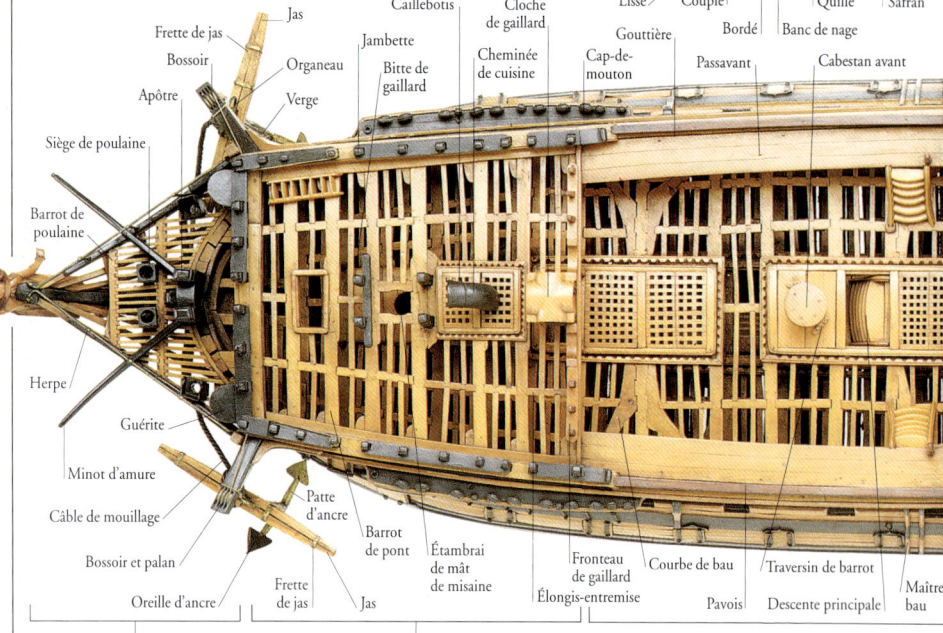

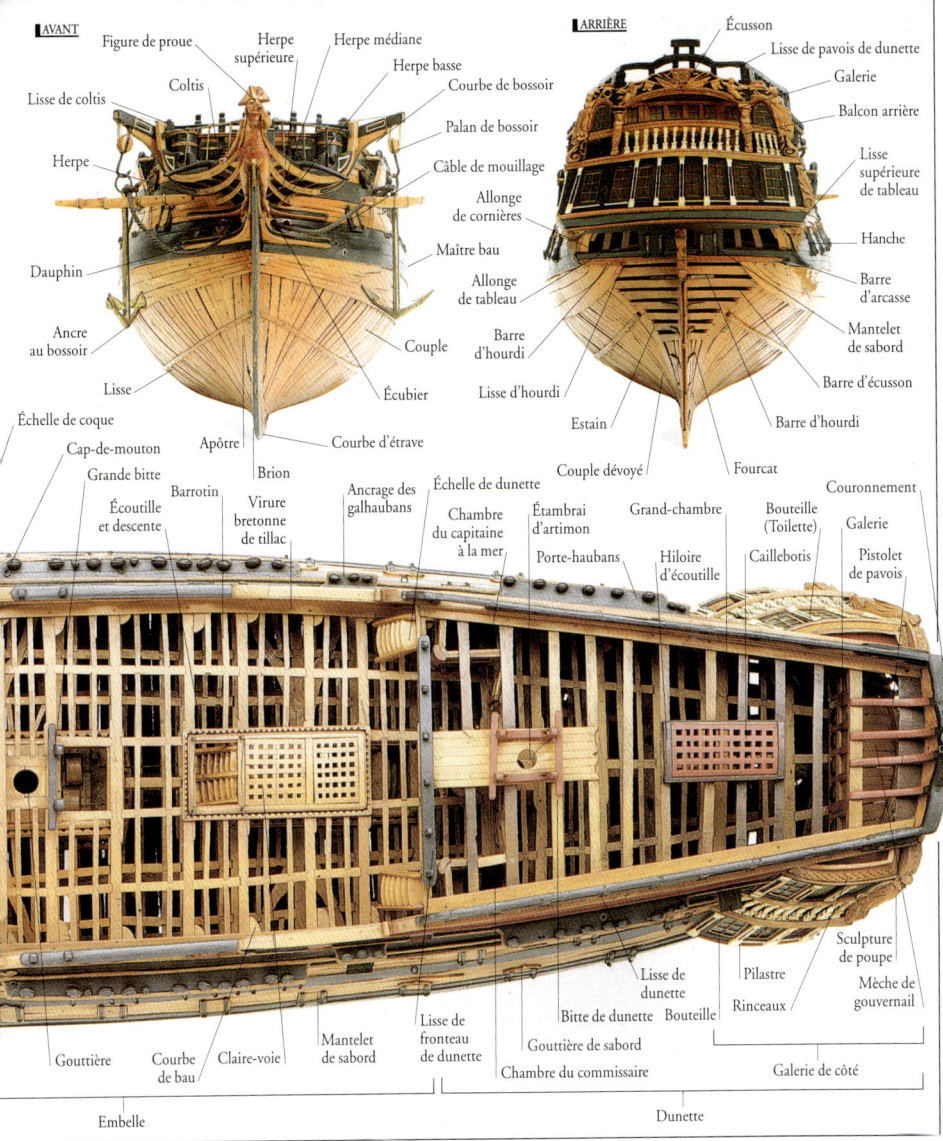

LES BATEAUX ET LES AVIONS

LE GRÉEMENT

La plupart des bateaux à voiles ont deux types de gréement : le gréement dormant, comprenant les filins, les fils d'acier, les chaînes, les estropes, les pantoires et les ridoirs qui maintiennent les mâts et les vergues (espars horizontaux), et le gréement courant formé des poulies et des palans, des drisses et des écoutes, qui est utilisé pour hisser, haler bas ou orienter les voiles.

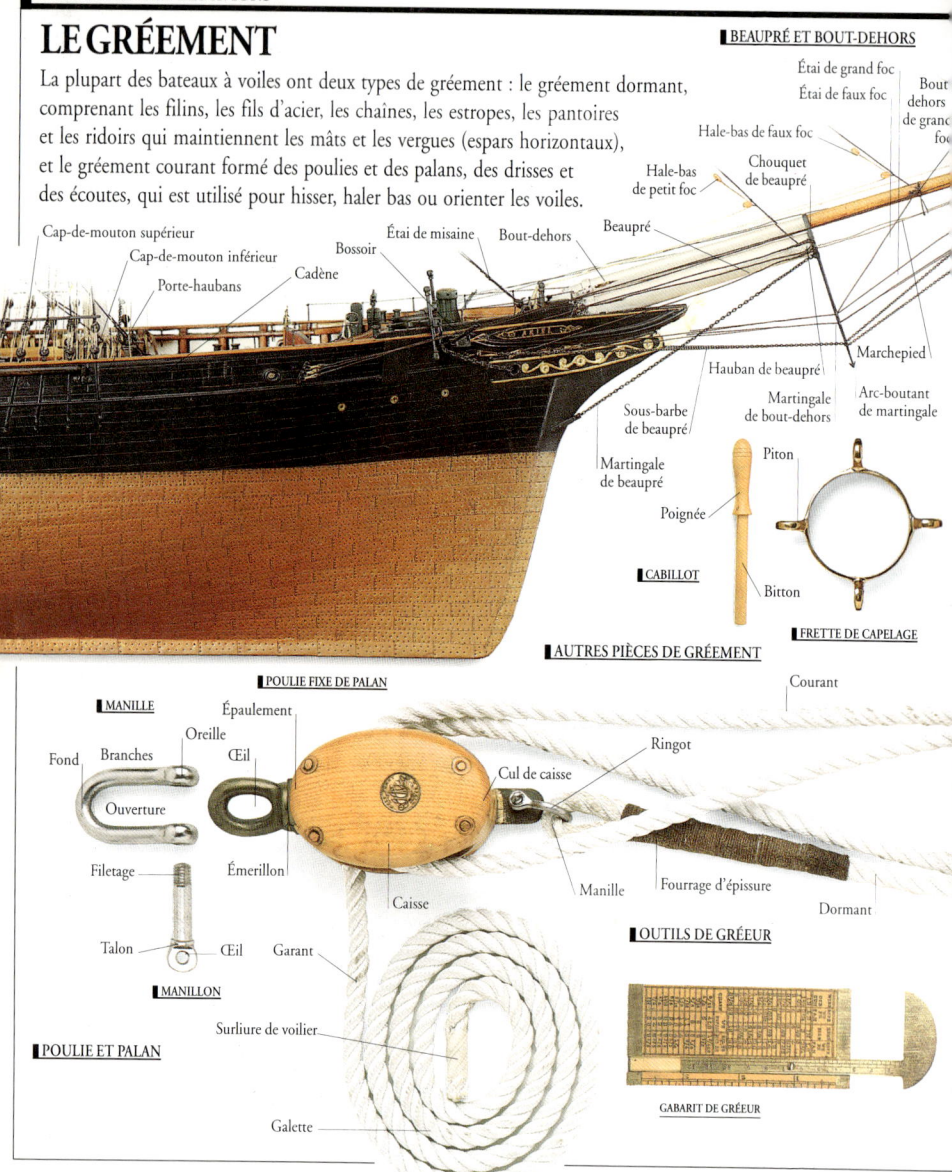

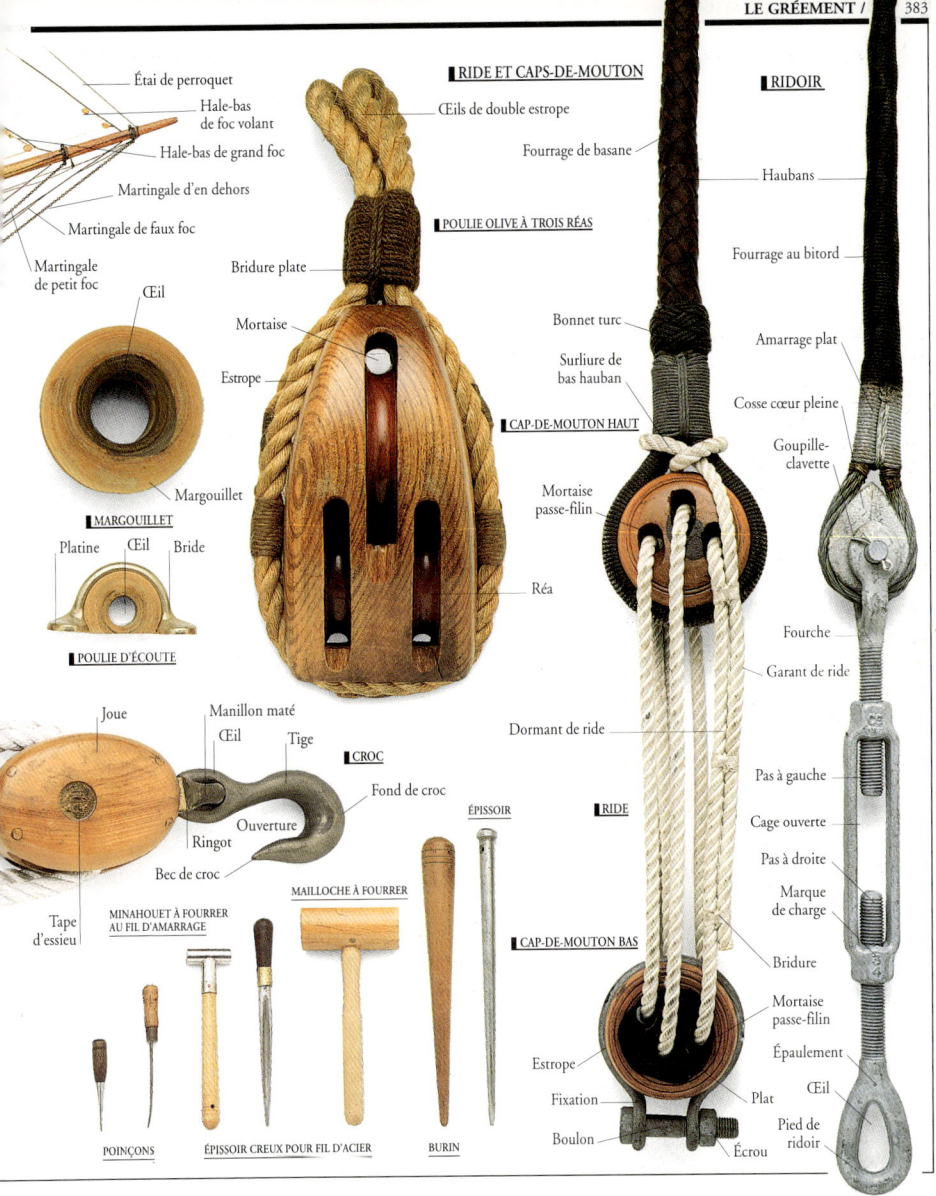

LES BATEAUX ET LES AVIONS

LES VOILES

Les voiles carrées et les voiles dans l'axe sont les deux principaux types de voiles. Les voiles carrées sont surtout utilisées aux allures portantes. Leur envergure, la partie horizontale haute, est bridée de place en place sur une filière de vergue. Les voiles dans l'axe – voiles latines et voiles auriques – ont leur guindant envergué le long d'un mât ou sur une draille. Le bas de la voile est, ou bien libre, ou bien bridé par un gui ou bôme. Un très grand nombre de gréements traditionnels existe dans le monde : ketch, cotre, sloop, lougre, goélette…

POMMES DE RACAGE

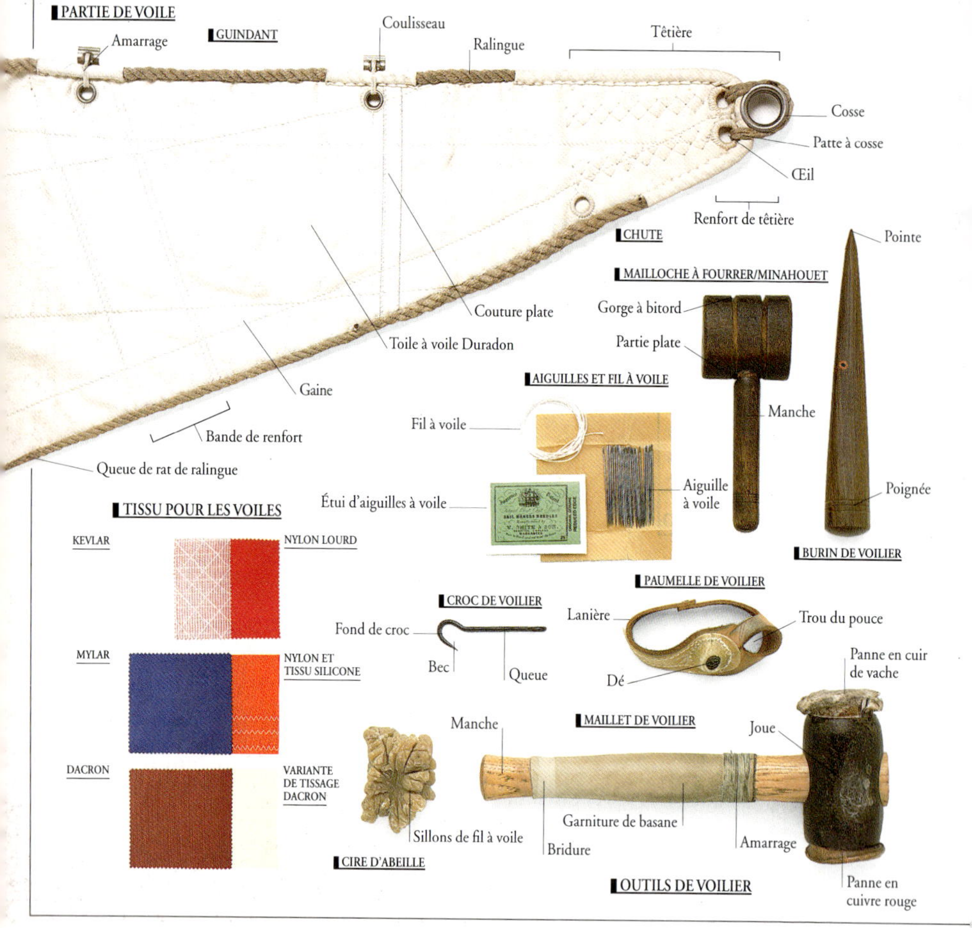

PARTIE DE VOILE
- Amarrage
- **GUINDANT**
- Coulisseau
- Ralingue
- Têtière
- Cosse
- Patte à cosse
- Œil
- Renfort de têtière
- **CHUTE**
- Couture plate
- Toile à voile Duradon
- Gaine
- Bande de renfort
- Queue de rat de ralingue

MAILLOCHE À FOURRER/MINAHOUET
- Pointe
- Gorge à bitord
- Partie plate
- Manche
- Poignée
- **BURIN DE VOILIER**

AIGUILLES ET FIL À VOILE
- Fil à voile
- Étui d'aiguilles à voile
- Aiguille à voile

TISSU POUR LES VOILES
- KEVLAR
- NYLON LOURD
- MYLAR
- NYLON ET TISSU SILICONE
- DACRON
- VARIANTE DE TISSAGE DACRON

CROC DE VOILIER
- Fond de croc
- Bec
- Queue

PAUMELLE DE VOILIER
- Lanière
- Trou du pouce
- Dé

CIRE D'ABEILLE
- Sillons de fil à voile

MAILLET DE VOILIER
- Manche
- Joue
- Garniture de basane
- Bridure
- Amarrage
- Panne en cuir de vache
- Panne en cuivre rouge

OUTILS DE VOILIER

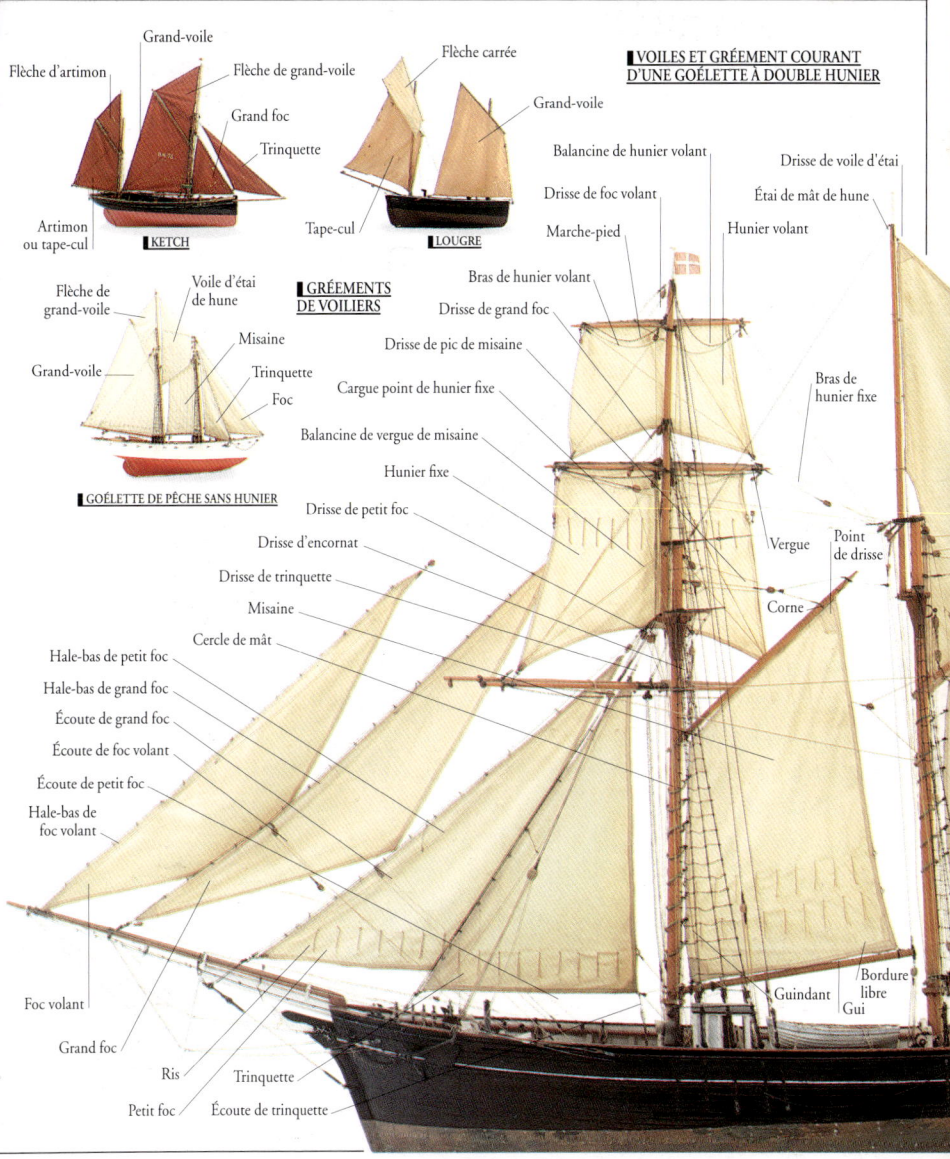

L'AMARRAGE ET LE MOUILLAGE

Le mouillage des grands navires sur des rades ouvertes a toujours été l'un des problèmes essentiels des marins. L'ancre crochée sur le fond doit tenir le navire contre la houle, la marée, le courant et le vent. Les ancres antiques n'étaient que de grosses pierres percées munies d'un orin. Puis des modèles standardisés apparurent, que le conservatisme maritime maintint longtemps en usage. L'ancre Danforth est née d'un concept nouveau : elle comporte de larges et longues pattes pour mieux appréhender le fond. À bord des navires à voiles, la manœuvre des ancres demandait un personnel important, en particulier pour virer au cabestan. Une fois entré au port, le navire s'amarre avec des câbles textiles ou des fils d'acier.

TYPES D'ANCRE

Cigale percée

MOUILLAGE ANTIQUE EN PIERRE

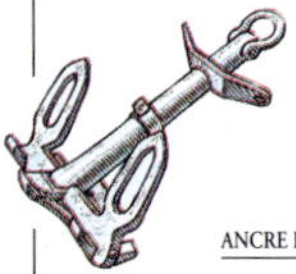

ANCRE DE BOSSOIR À PATTES MOBILES

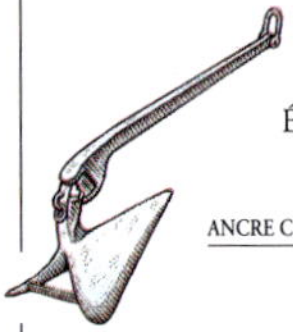

CHAÎNE D'ANCRE

Étalingure — Maille — Maille brisée

ANCRE C.Q.R. OU CHARRUE

ANCRE DANFORTH

MANILLE, ÉMERILLONS ET MAILLE

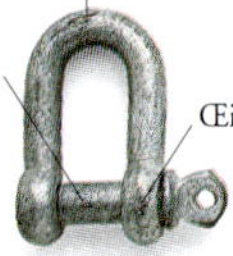

Fond

Verge — Manillon — Œil

Écrou d'assemblage

MANILLE  **ÉMERILLON D'ANCRE**  **ÉMERILLON DE CHAÎNE**  **MAILLE OU MAILLON RAPIDE**

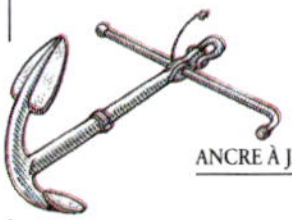

ANCRE, MODÈLE NAVAL

Bec

ANCRE À JAS MOBILE

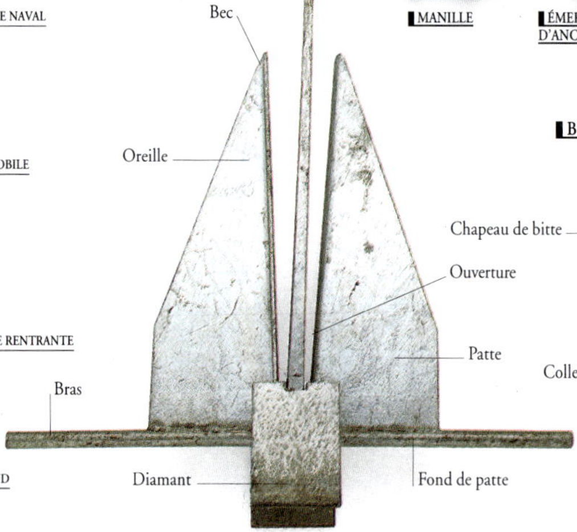

BITTES D'AMARRAGE DOUBLES

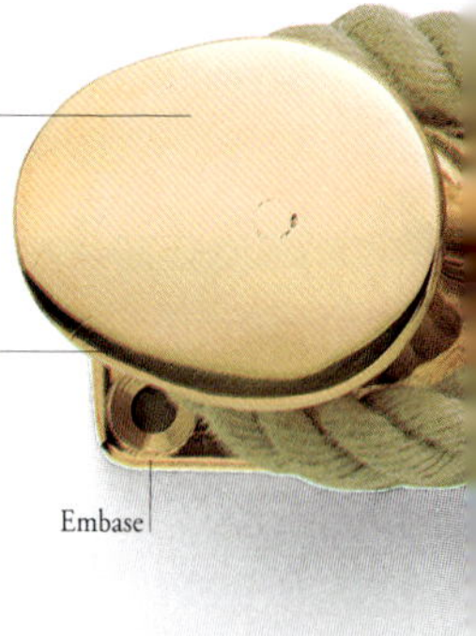

Oreille

Chapeau de bitte

Ouverture

ANCRE À VERGE RENTRANTE

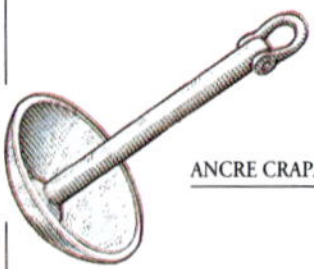

Patte

Collet

Bras

ANCRE CRAPAUD

Diamant — Fond de patte — Embase

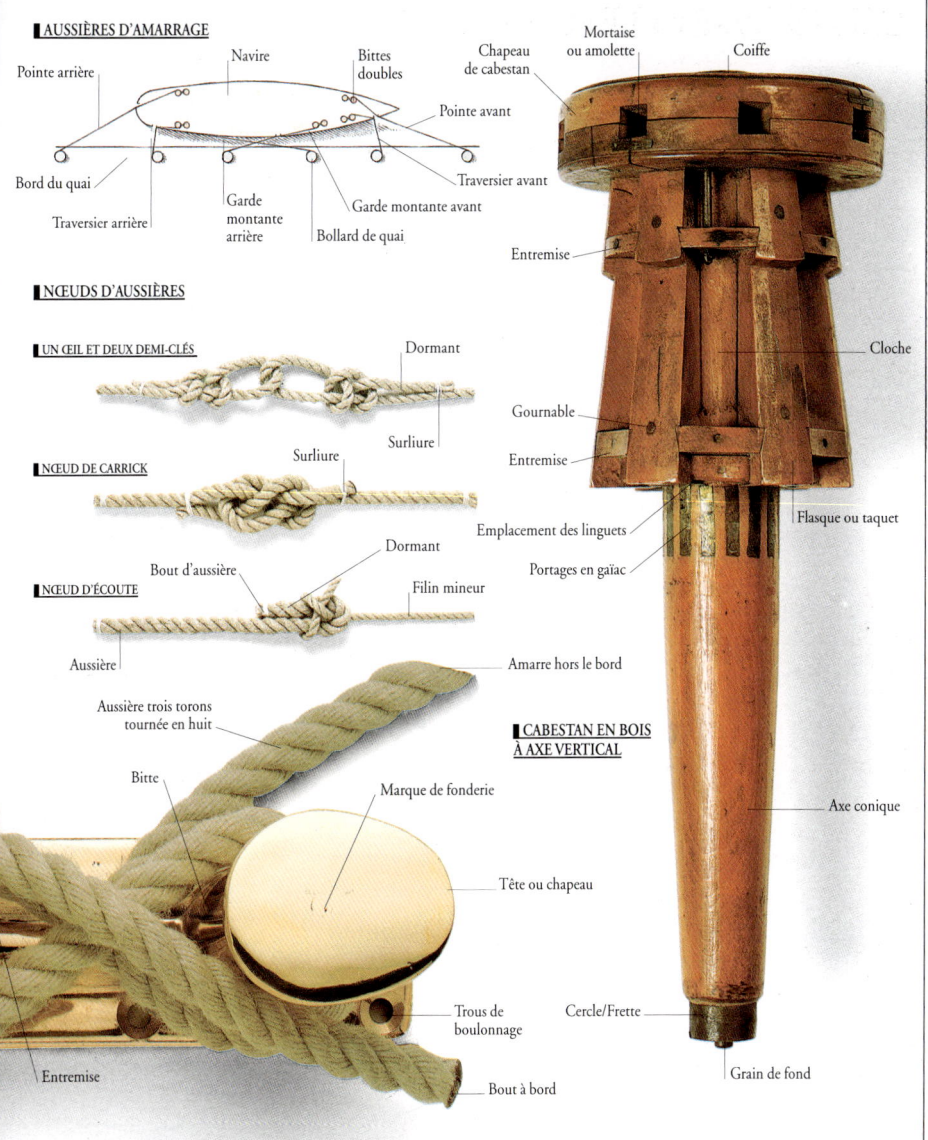

LES BATEAUX ET LES AVIONS

LES FILINS ET LES NŒUDS

Toutes sortes de filins sont utilisés dans la marine, depuis le bitord jusqu'aux grosses aussières. Des fibres synthétiques ont été spécialement mises au point pour un usage nautique. Le filin de Nylon est idéal comme ligne de mouillage, le polypropylène préétiré convient aux drisses et aux écoutes. De même, à chaque nœud son usage. Les nœuds qui lient deux filins sont appelés ajuts. Les capelages frappent un filin sur un espar. Les estropes et les pantoires portent une boucle, voire deux, à chaque extrémité. Les filins peuvent être réunis soit par des épissures (les torons sont décommis et tressés), soit par des bridures.

FILINS SYNTHÉTIQUES
- Nylon tressé
- Polypropylène 3 brins
- Polypropylène 3 brins
- Kevlar
- Polyester préétiré 3 brins
- Polyester 16 brins
- Polyester 16 brins
- Polyester sous gaine tressée
- Polypropylène 3 brins
- Polyester

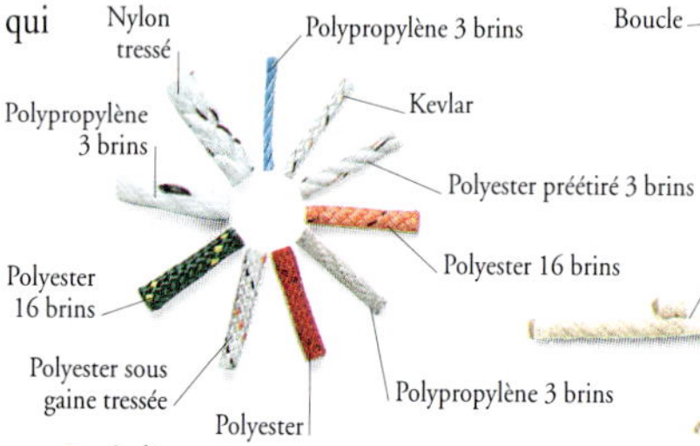

NŒUD DE CHAISE DOUBLE
- Chaise
- Boucle
- Bridure

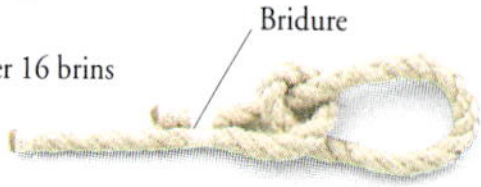

DEMI-CLÉ GÉNOPÉE

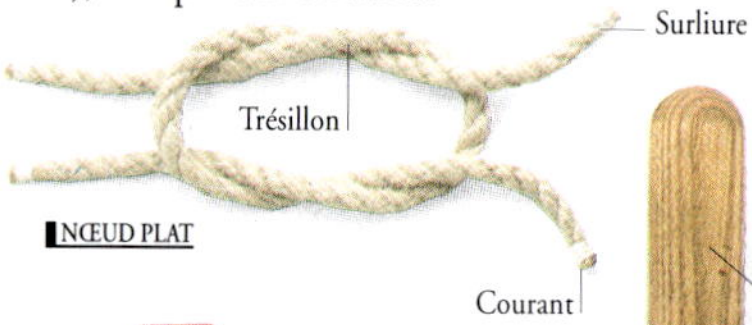

NŒUD PLAT
- Surliure
- Trésillon

BOUCLE
- Boucle
- Mariage

NŒUD DE CHASSEUR

DOUBLE NŒUD DE CABESTAN
- Courant
- Dormant
- Courant
- Maillloche à fourrer
- Merlin
- Manche
- Tour mort
- Galette

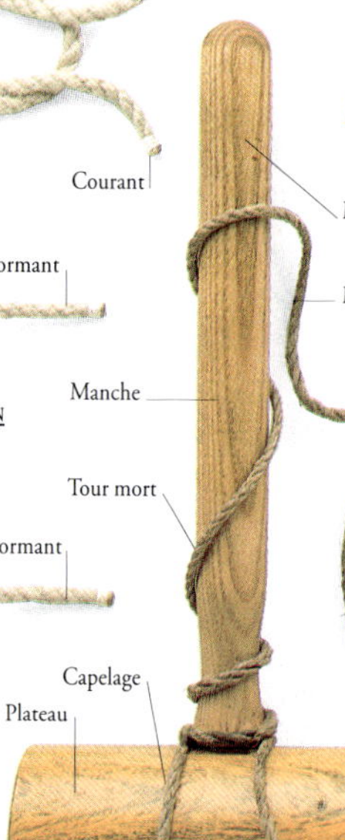

BOUCLE ARRÊTÉE

NŒUD DE CABESTAN
- Courant
- Dormant
- Capelage
- Plateau
- Tête

NŒUD DE CHAISE

CONGRÉER, LIMANDER ET FOURRER
- Fourrage
- Limandage
- Congréage

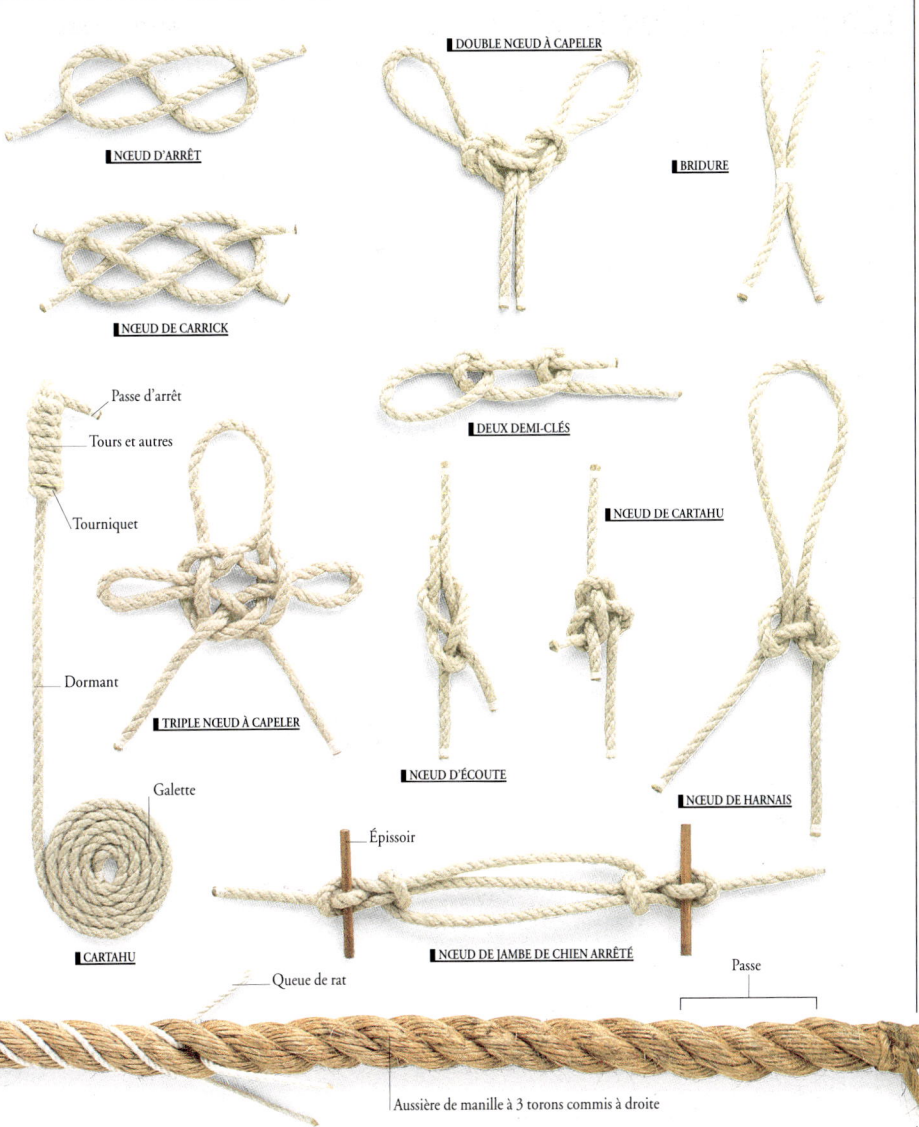

LES BATEAUX ET LES AVIONS

LES NAVIRES À ROUES ET LES NAVIRES À HÉLICES

Inventée au XVIIIe siècle, la machine à vapeur fut presque immédiatement installée sur les navires, pour entraîner d'abord des roues à aube, puis des hélices. Ce nouveau mode de propulsion devait bientôt faire des vapeurs les redoutables rivaux des voiliers. Indépendants des vents, les vapeurs subissaient cependant le lourd handicap de leur consommation de charbon, nécessitant des escales nombreuses sur leur route pour refaire le plein de combustible. Les roues à aube sont soit à pales fixes, soit à pales orientables. Ces dernières se révèlent d'un meilleur rendement, grâce à leur attaque verticale dans l'eau. Les roues, cependant, freinaient la marche à la voile des vapeurs mixtes pour lesquels l'hélice constitua le propulseur auxiliaire idéal. Les premières hélices étaient à deux pales, les recherches de rendement en firent augmenter le nombre à trois et jusqu'à cinq.

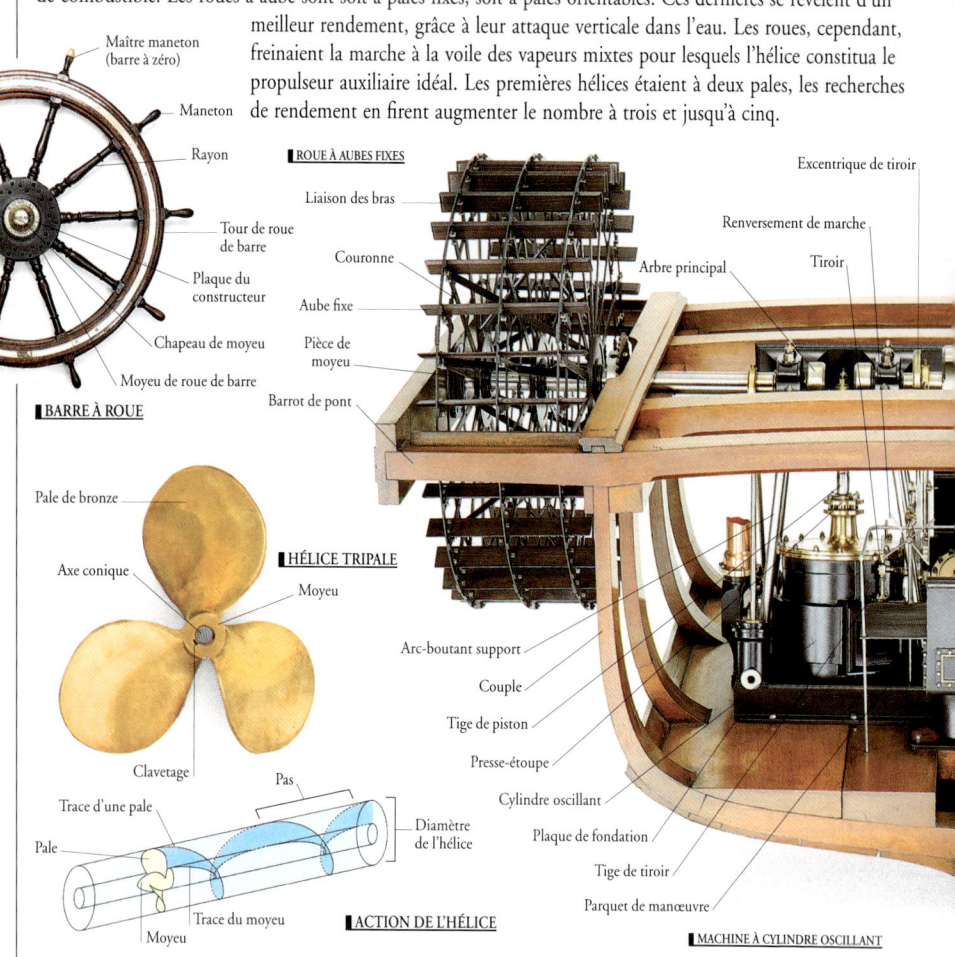

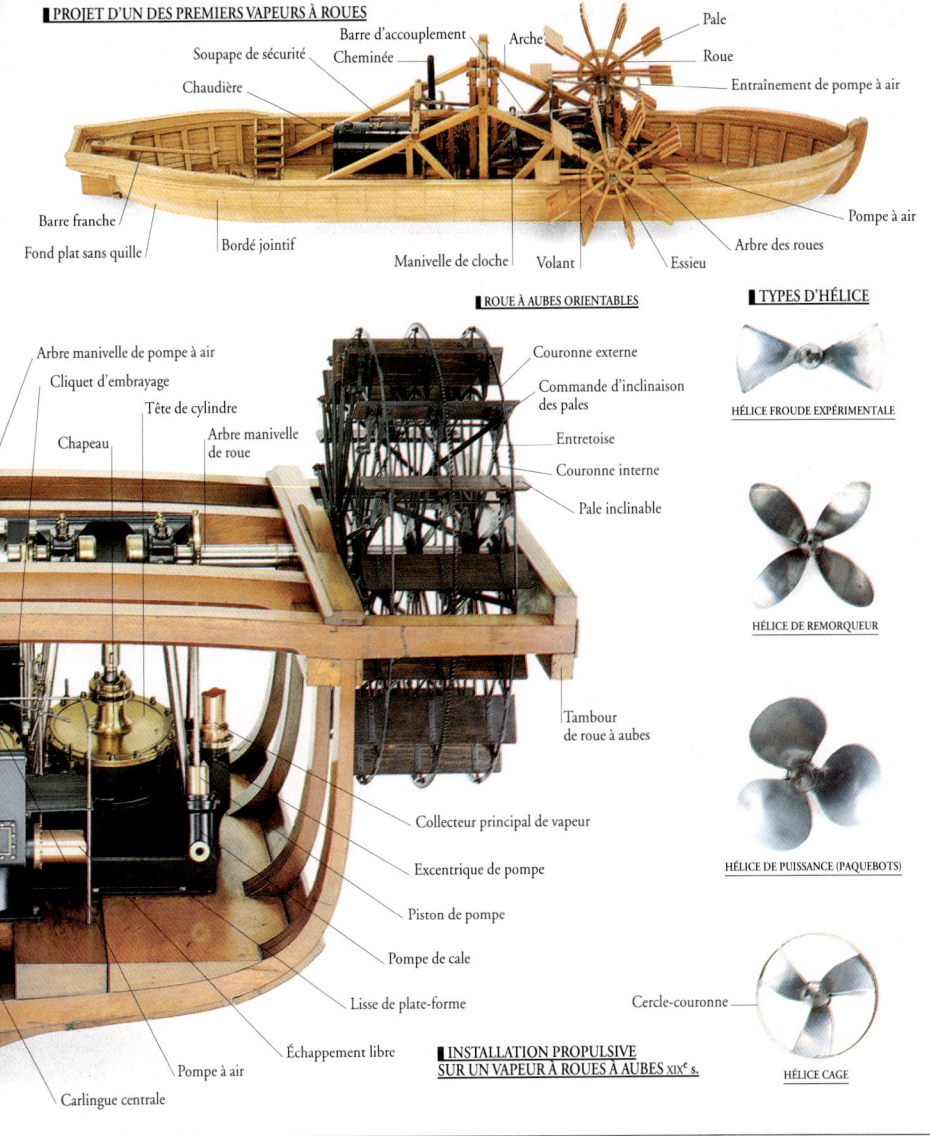

LES BATEAUX ET LES AVIONS

L'ANATOMIE D'UN NAVIRE EN ACIER

Dès le XVIIe siècle, des renforts métalliques furent utilisés dans la structure des navires en bois, puis le fer se substitua aux pièces de charpente en bois elles-mêmes. C'est ainsi que les couples, carlingues serres et barrots du clipper du thé *Cutty Sark* sont en fer et raidissent le bordage en bois. Ce navire expérimenta également le fil d'acier pour son gréement dormant : haubans, étais et drailles. Puis l'acier devint le matériau exclusif de la construction navale à la fin du XIXe siècle, autant pour les navires de commerce que pour les navires de guerre, le bois restant l'apanage des bateaux de pêche. La maquette de la page opposée représente en coupe transversale la coque du cuirassé britannique *HMS Warrior*. La cuirasse est constituée par des plaques d'acier fixées sur le bordé de coque en bois. La coupe du navire à roues reproduite en bas de page détaille la construction longitudinale métallique.

- Vergue d'acier
- Étai en acier
- Bas mât en acier
- Beaupré en acier
- Bordage en bois, carène doublée en cuivre
- Ancre en fer forgé

■ TÔLES RIVÉES
- Extrémité bouterollée
- Bordé en tôle
- Ligne d'assemblage
- Tête de rivet

■ CLIPPER DU THÉ

■ LIBERTY SHIP ARMÉ
Soudé à l'arc (1942-1945)
- Gaillard et tourelle antiaérienne
- Château
- Mâts de charge
- Ligne de soudure visible
- Arrière
- Milieu
- Cales (3 devant, 2 derrière)
- Avant

■ COUPE D'UN NAVIRE À ROUES EN ACIER
- Mât d'artimon
- Barre de secours arrière
- Pont de dunette
- Éclairage de pont
- Grand mât
- Sifflet à vapeur
- Arbre manivelle
- Tambour de roue
- Appareil à gouverner
- Bastingage
- Salon
- Compas étalon
- Salon du capitaine
- Cheminée arrière
- Claire-voie
- Main courante
- Excentrique
- Tige de tiroir
- Poupe
- Échelle de coqueron
- Emplanture de mât d'artimon
- Safran
- Étambot
- Talon de quille
- Varangues accullées
- Quille massive
- *Peak* arrière
- Cabine
- Emplanture du grand mât
- Soute à charbon
- Chaudière du petit cheval
- Remplissage des ballasts à eau
- Plaque support d'arbre
- Plaque de fondation
- Balancier
- Renversement de marche
- Cylindre basse pression

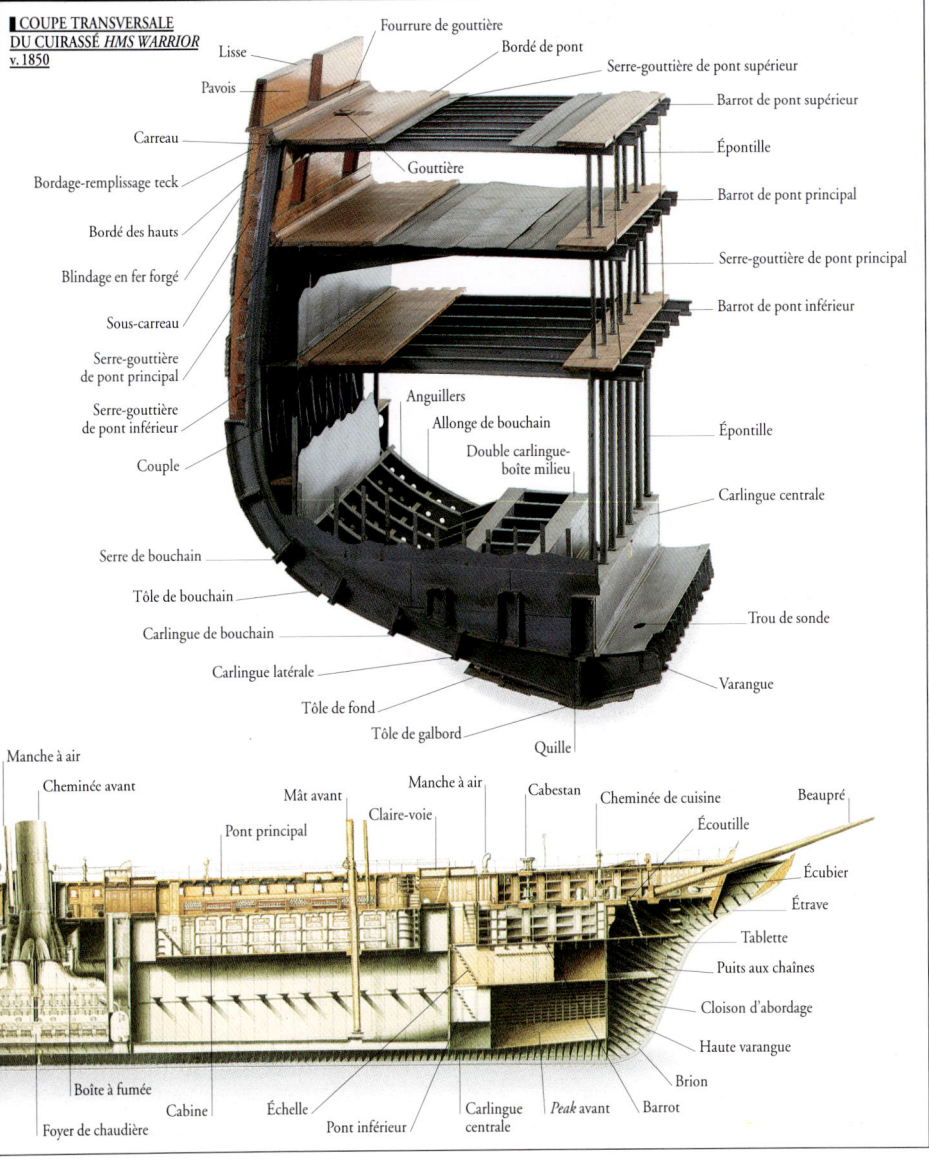

LE NAVIRE DE COMBAT

Dans les premières années du XXe siècle, le combat sur mer se vit radicalement transformé par l'apparition du *dreadnought* (« qui ne craint rien »). Le navire représenté ci-dessous est un bâtiment de ce type. Son armement adoptait, en particulier pour les grosses pièces en tourelle, l'unité de calibre. Les canons se définissent par l'alésage de leur âme, à fond de rayure. Les projectiles se caractérisent par leur poids. La portée des pièces dépend à la fois du poids de l'obus et de la charge de poudre. Les torpilles – vignette supérieure – étaient autopropulsées et dirigées par gyroscope. Les charges profondes contre les sous-marins furent mises au point pendant la Première Guerre mondiale : ce sont des caissons d'explosifs mis à feu par un détonateur à pression hydrostatique, réglé pour une profondeur donnée. La vignette inférieure montre une charge tirée par un lanceur ainsi que des charges latérales et dans l'axe arrière. Des écussons tels que celui qui est représenté en page de droite furent longtemps attribués aux navires de combat.

■ ARMEMENT DU XXe SIÈCLE

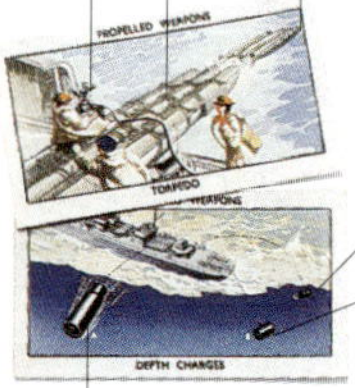

- Tube lance-torpilles
- Ogive de combat
- Visée de tir
- TORPILLE
- Lancement de charge latéral
- CHARGES PROFONDES
- Lancement de charge par l'arrière
- Bigue de mise à l'eau de chaloupe
- Lancement de charge par tube

■ NAVIRE DE COMBAT BRÉSILIEN

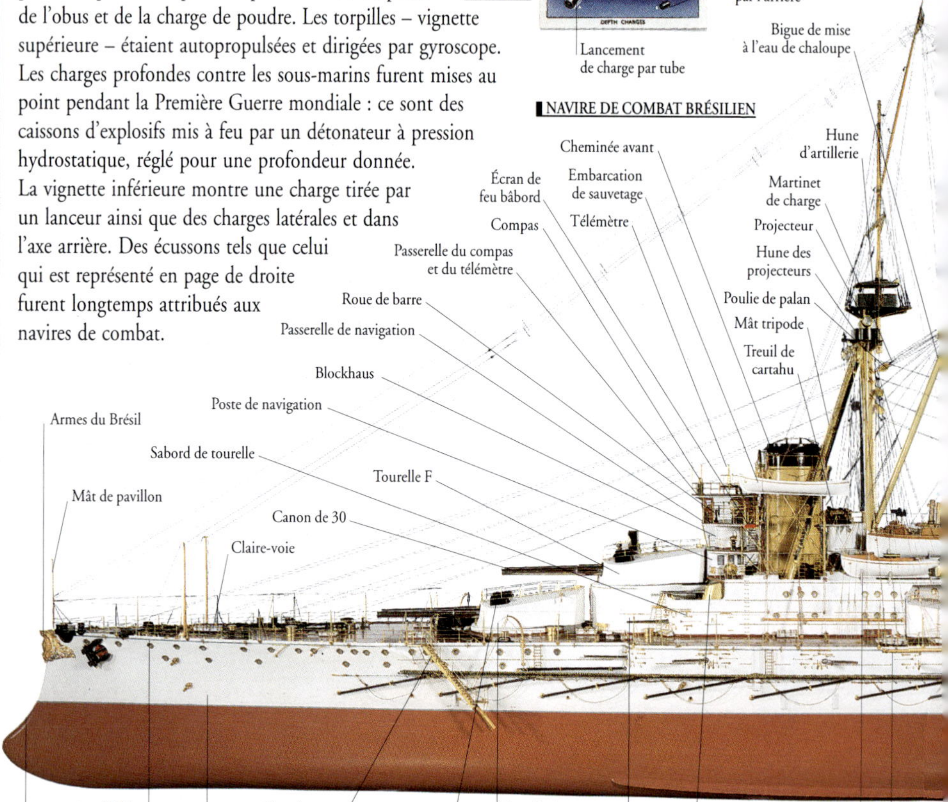

- Cheminée avant
- Hune d'artillerie
- Écran de feu bâbord
- Embarcation de sauvetage
- Martinet de charge
- Compas
- Télémètre
- Projecteur
- Passerelle du compas et du télémètre
- Hune des projecteurs
- Roue de barre
- Poulie de palan
- Mât tripode
- Passerelle de navigation
- Treuil de cartahu
- Blockhaus
- Poste de navigation
- Armes du Brésil
- Sabord de tourelle
- Tourelle F
- Mât de pavillon
- Canon de 30
- Claire-voie
- Hublot
- Coupée avant
- Tourelle A
- Chaloupe à vapeur
- Avant à éperon
- Ceinture cuirassée
- Capot d'observation
- Canon de 12
- Canon sans tourelle
- Tangon

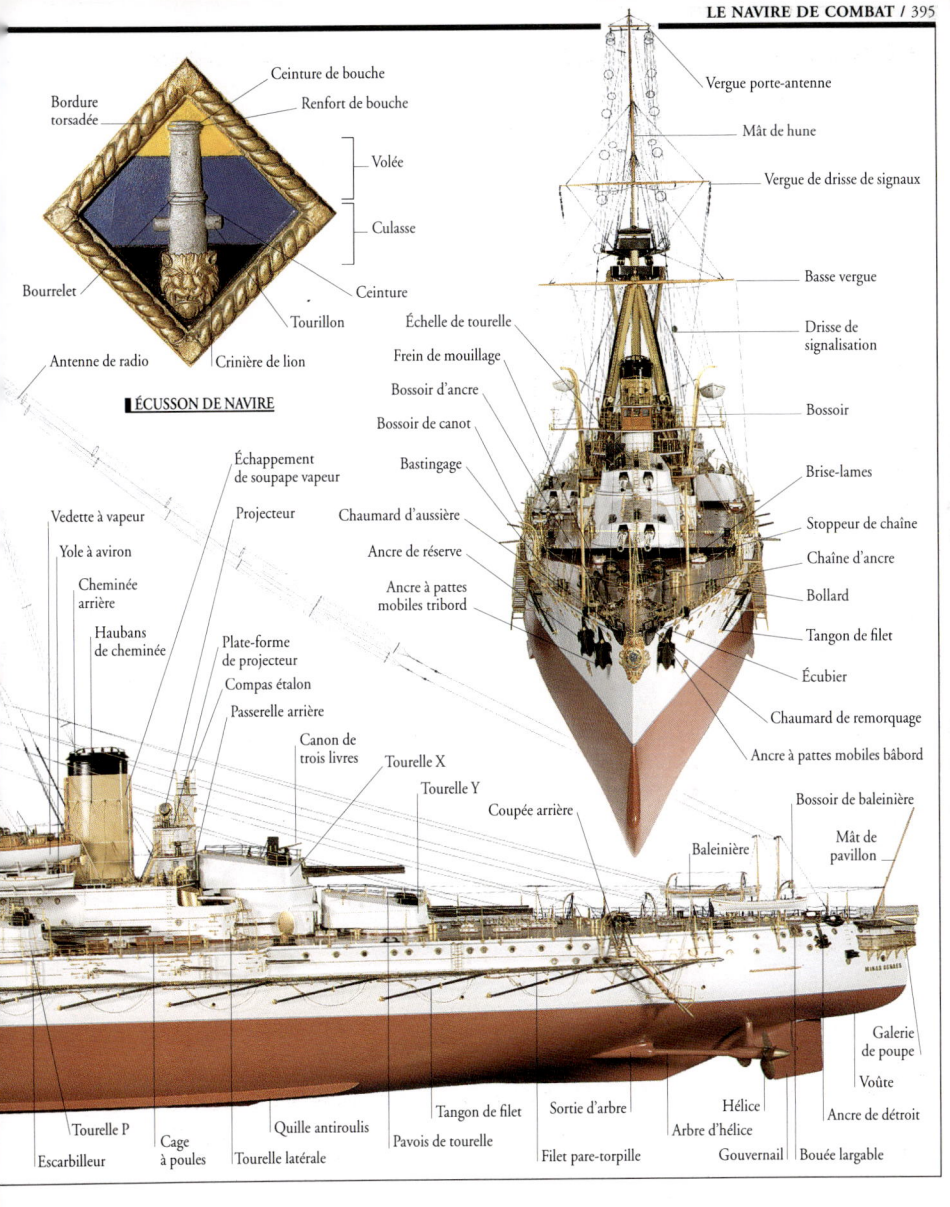

LES BATEAUX ET LES AVIONS

COMBATTRE SUR MER

Dès le milieu du XIXe siècle, les navires cuirassés se révélèrent presque invincibles par les moyens traditionnels de l'artillerie navale. Sur les gros bâtiments apparurent les tourelles pivotantes armées de pièces de fort calibre à chargement par la culasse et capables d'être pointées tous azimuts rapidement. Les obus remplacèrent les boulets. Les navires de guerre modernes combinent un armement conventionnel avec celui des hélicoptères embarqués. Les sous-marins nucléaires, capables de lancer des missiles en plongée, ont comme autre atout essentiel celui de pouvoir naviguer plusieurs années sans recharge de combustible.

Télémètre
Périscope de tourelle
Pupitre de chef de pièce
Rail de monte-munitions
Levier de refouloir
Monte-munitions
Entraînement à pignons
Volant de culasse
Bloc de culasse
Levier d'armement
Obturateur de culasse
Glissière
Capot de visée
Cylindre de recul
Roue de hausse
Hélice
Barre de plongée
Gouvernail de profondeur
Gouvernail inférieur
Braie de pièce
Plancher de tourelle
Galet de tourelle
Chemin de roulement inférieur
Mécanisme
Entraînement
Refouloir
Arrêt
Épontille de chemin de roulement
Plaque de fondation
Canalisation d'eau

▮ TOURELLE D'ARTILLERIE

Dans cette tourelle de deux canons de 370, les obus sont montés par un chariot élévateur. L'obus est refoulé dans la culasse suivi par la charge (gargousse). Une fois la culasse refermée, le canon est prêt à tirer. L'opération demande une équipe de 70 marins.

Blindage
Monte-munitions principal
Trappe d'alimentation des gargousses
Chambre d'alimentation des gargousses
Gargousse
Axe de tourelle

▮ FRÉGATE

Mât de pavillon
Hélicoptère Lynx
Sonar - Leurre de torpilles
Gouvernail
Hélice à pas variable
Coupée

Obus d'exercice
Obus à charge de combat
Chambre des munitions
Porte-obus
Appareil de réglage des obus
Convoyeur hydraulique

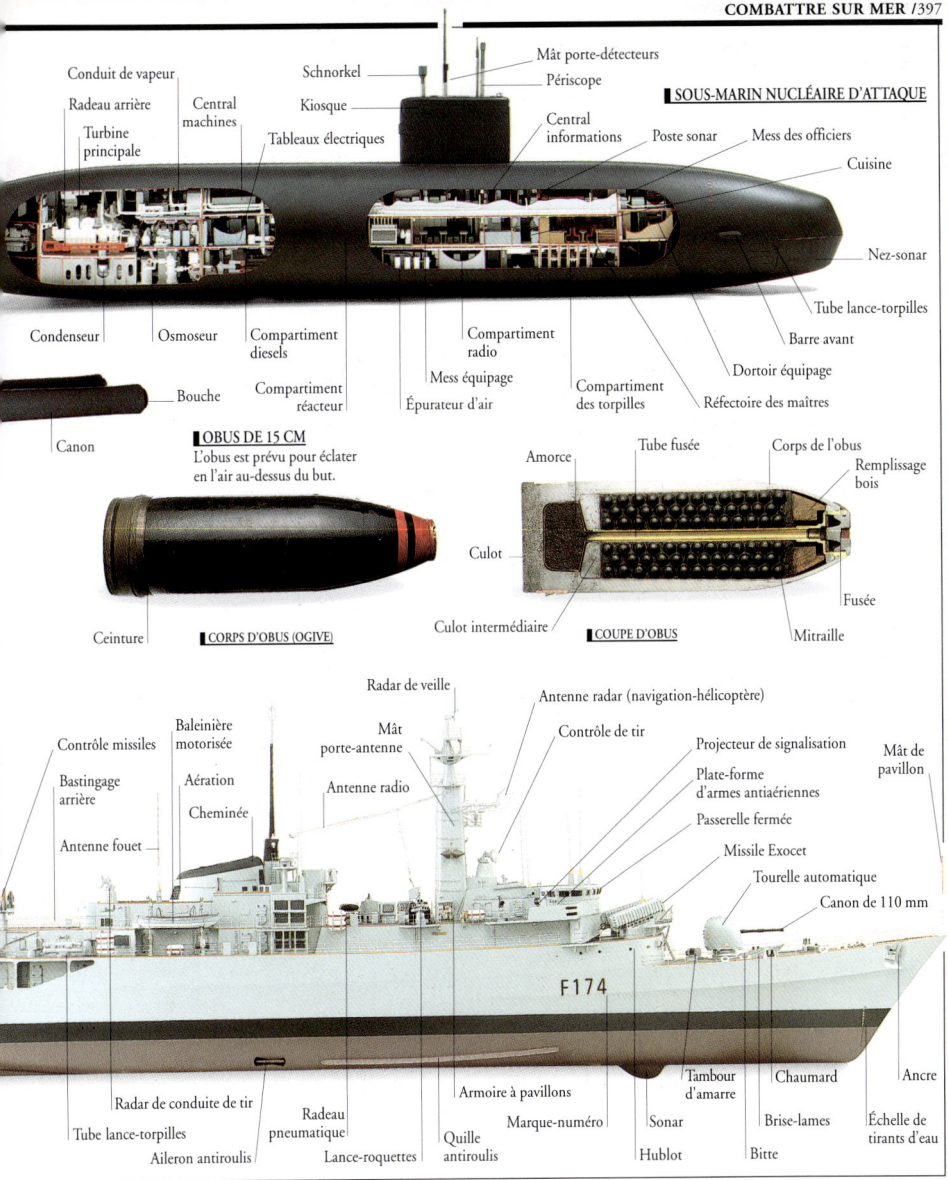

LES BATEAUX ET LES AVIONS

LES PIONNIERS

Le vol fascine les hommes depuis des siècles, et d'innombrables machines incapables de voler ont été conçues. Le premier vol humain fut réalisé à Paris grâce au ballon des frères Montgolfier en 1783. La deuxième étape importante fut le planeur. L'Anglais sir George Cayley dessina en 1845 la première machine capable de planer. L'Allemand Otto Lilienthal s'illustra quelques années plus tard en réalisant, à partir d'une colline, de nombreux vols planés contrôlés. Il fut le premier pilote d'un « plus lourd que l'air ». Malgré ces énormes progrès, il fallut attendre l'invention – à la fin du XIXe siècle – du moteur à explosion utilisant l'essence pour assister aux premiers vols motorisés. En 1903, aux États-Unis, les frères Wilbur et Orville Wright firent le premier vol humain motorisé à bord de leur *Flyer* biplan, un appareil propulsé par quatre cylindres. La construction des aéroplanes fit de rapides progrès et permit au Français Louis Blériot de traverser la Manche en 1909. L'Américain Glenn Curtiss fut le vainqueur de la première compétition de vitesse du monde, à Reims, en 1909.

▌ VUE DE FACE DU *FLYER* WRIGHT, 1903

Gouvernail de profondeur biplan
Hélice propulsive, montée à l'arrière
Chaîne de transmission de l'hélice droite
Réservoir de carburant
Mât supportant l'arbre de l'hélice
Patin de décollage et d'atterrissage
Moteur monté asymétriquement, contrepoids du pilote
Berceau du pilote servant de contrepoids au moteur asymétrique

▌ VUE LATÉRALE DU CURTISS *MODÈLE D* À HÉLICE PROPULSIVE, 1911

Moteur en étoile à 9 cylindres Salmson (système Canton-Unné)
Hélice propulsive (montée à l'arrière du moteur)
Commande d'aileron
Bouchon du réservoir d'huile
Mât d'entreplan
Réservoir d'essence et d'huile
Harnais mobile du pilote, commandant les ailerons
Volant de la gouverne de direction
Commande des gaz
Câble de la gouverne de profondeur, pour piquer
Manche à balai
Frein de la roue de nez
Aileron
Tendeur à vis (pour câble)
Repose-pied
Mât supportant le siège-pilote
Câble de la gouverne de profondeur, pour monter
Aile inférieure à profil mince et cambré
Tuyauterie d'alimentation en carburant
Pneu en caoutchouc de la roue avant
Siège-pilote
Patin de protection de l'aile inférieure
Châssis supportant le moteur et la poussée de l'hélice
Atterrisseur principal droit
Pneumatique

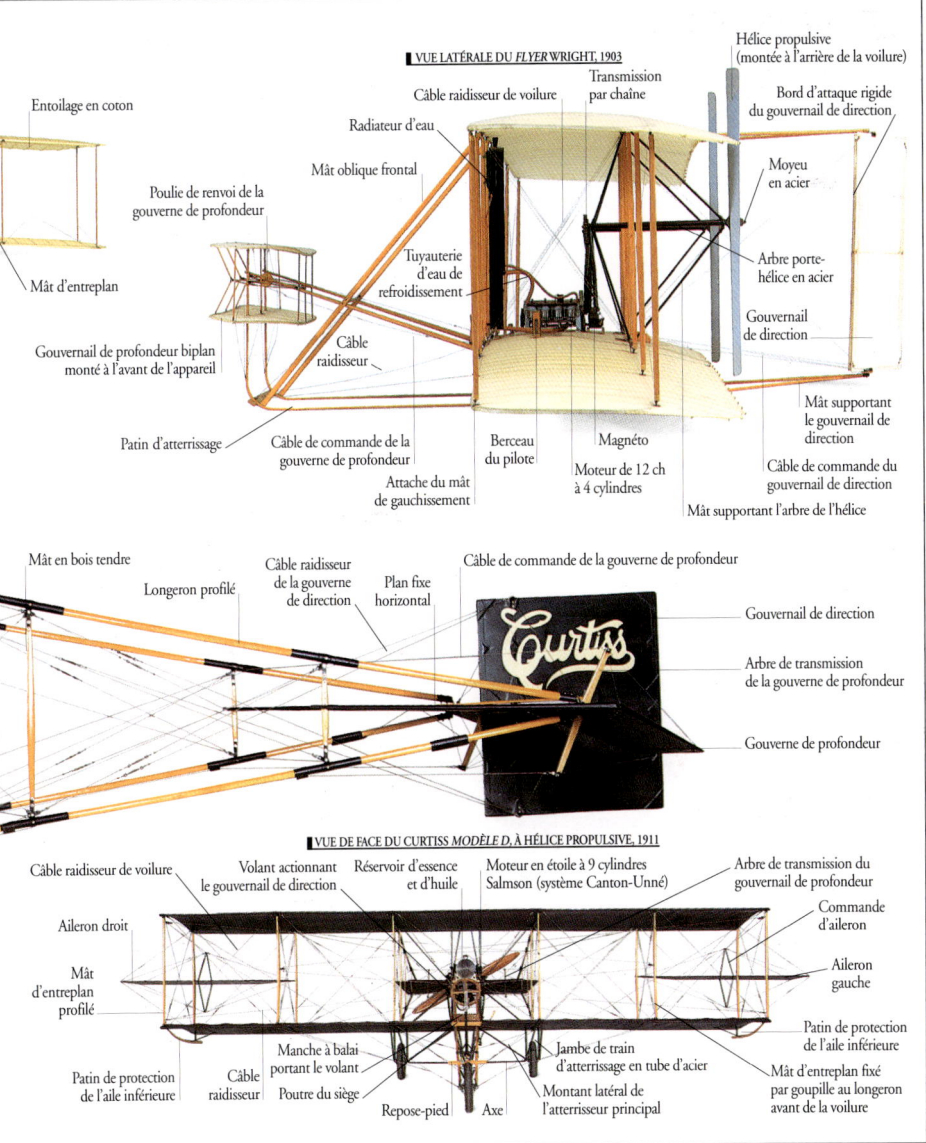

LES BATEAUX ET LES AVIONS

LES PREMIERS MONOPLANS

Les monoplans possèdent une aile de part et d'autre du fuselage. L'inconvénient de cette formule sur les premiers aéroplanes à structure en bois tenait au fait que cette voilure unique exigeait l'installation de câbles raidisseurs fixés à des pylônes verticaux au-dessus et en dessous du fuselage. Elle offrait aussi certains avantages : sa traînée, plus réduite que celle des voilures à plans multiples, autorisait des vitesses plus élevées. Elle permettait aussi une bonne manœuvrabilité, car les ailes étaient plus facilement déformables par gauchissement pour effectuer des virages que sur les biplans.
Cette déformation de la voilure par torsion était le seul moyen de faire varier l'inclinaison sur les premiers aéroplanes. En 1909, le Français Louis Blériot réalisa la première traversée de la Manche aux commandes de son monoplan n°XI. En 1912, l'Anglais Robert Blackburn et le Français Armand Deperdussin prouvèrent que les monoplans volaient plus vite que les biplans mais une série d'accidents, causés par la rupture de leur voilure, en stoppa pratiquement la production.

MONOPLAN RUMPLER *TAUBE*, 1911

VUE DE FACE DU MONOPLAN BLACKBURN, 1912

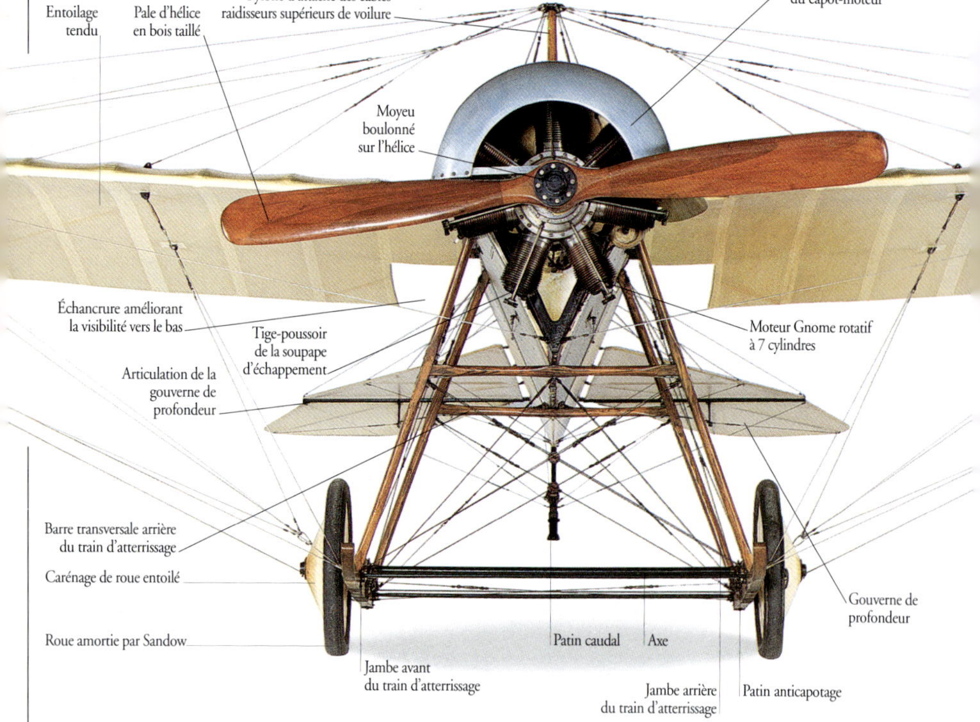

Entoilage tendu
Pale d'hélice en bois taillé
Pylône d'attache des câbles raidisseurs supérieurs de voilure
Demi-anneau frontal du capot-moteur
Moyeu boulonné sur l'hélice
Échancrure améliorant la visibilité vers le bas
Tige-poussoir de la soupape d'échappement
Moteur Gnome rotatif à 7 cylindres
Articulation de la gouverne de profondeur
Barre transversale arrière du train d'atterrissage
Carénage de roue entoilé
Roue amortie par Sandow
Patin caudal
Axe
Jambe avant du train d'atterrissage
Jambe arrière du train d'atterrissage
Patin anticapotage
Gouverne de profondeur

LES PREMIERS MONOPLANS / 401

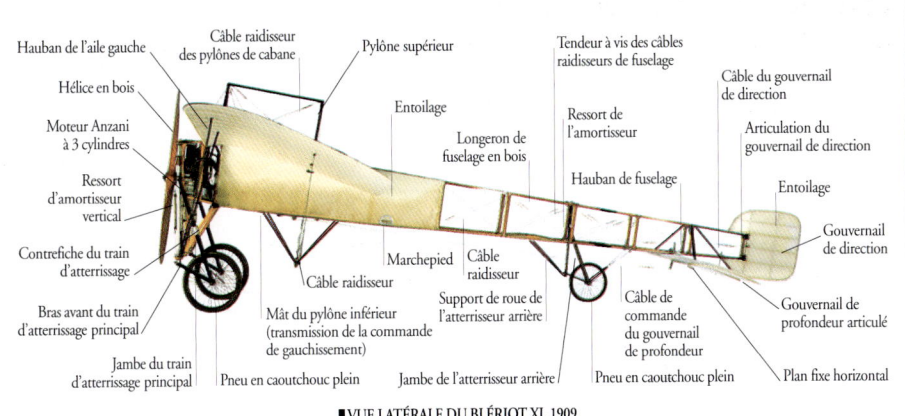

VUE LATÉRALE DU BLÉRIOT XI, 1909

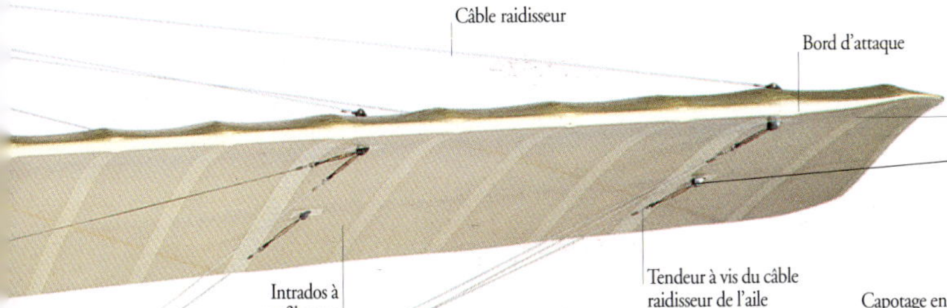

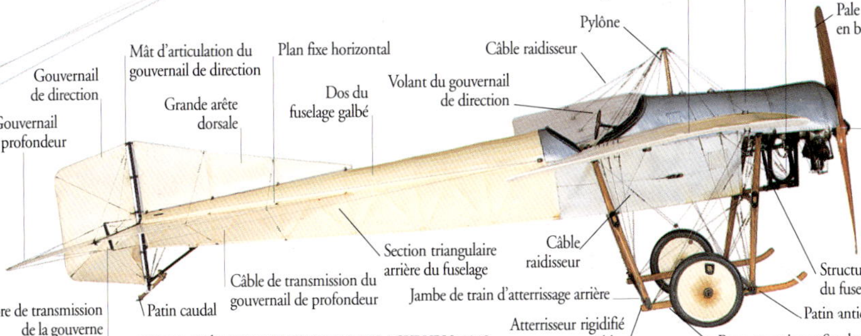

Labels (Blériot XI):
- Hauban de l'aile gauche
- Hélice en bois
- Moteur Anzani à 3 cylindres
- Ressort d'amortisseur vertical
- Contrefiche du train d'atterrissage
- Bras avant du train d'atterrissage principal
- Jambe du train d'atterrissage principal
- Câble raidisseur des pylônes de cabane
- Pylône supérieur
- Entoilage
- Câble raidisseur
- Marchepied
- Mât du pylône inférieur (transmission de la commande de gauchissement)
- Pneu en caoutchouc plein
- Longeron de fuselage en bois
- Ressort de l'amortisseur
- Hauban de fuselage
- Câble raidisseur
- Support de roue de l'atterrisseur arrière
- Jambe de l'atterrisseur arrière
- Tendeur à vis des câbles raidisseurs de fuselage
- Câble du gouvernail de direction
- Articulation du gouvernail de direction
- Entoilage
- Gouvernail de direction
- Gouvernail de profondeur articulé
- Câble de commande du gouvernail de profondeur
- Plan fixe horizontal
- Pneu en caoutchouc plein

Labels (Blackburn):
- Câble raidisseur
- Bord d'attaque
- Nervure
- Boulon de fixation du câble de gauchissement
- Intrados à profil creux
- Câble raidisseur de voilure
- Tendeur à vis du câble raidisseur de l'aile
- Aile déformable par gauchissement
- Capotage en tôle d'aluminium
- Pylône
- Câble raidisseur
- Bâti-moteur
- Pale d'hélice en bois taillé
- Gouvernail de direction
- Gouvernail de profondeur
- Mât d'articulation du gouvernail de direction
- Grande arête dorsale
- Plan fixe horizontal
- Dos du fuselage galbé
- Volant du gouvernail de direction
- Moyeu
- Arbre de transmission de la gouverne de profondeur
- Patin caudal
- Câble de transmission du gouvernail de profondeur
- Section triangulaire arrière du fuselage
- Jambe de train d'atterrissage arrière
- Câble raidisseur
- Atterrisseur rigidifié par câbles
- Roue amortie par Sandow
- Structure avant du fuselage
- Patin anticapotage

VUE LATÉRALE DU MONOPLAN BLACKBURN, 1912

LES BATEAUX ET LES AVIONS

LES BIPLANS ET LES TRIPLANS

Jusqu'en 1930, on construisit principalement des biplans, les premiers monoplans étant considérés comme trop fragiles pour supporter les contraintes du vol. Les mâts reliant les ailes des biplans donnaient à la voilure une solidité à laquelle les premiers monoplans ne pouvaient prétendre, bien que la plus grande surface alaire ainsi que la mâture aient augmenté la traînée et réduit la vitesse des avions de façon notable. De nombreux constructeurs s'intéressèrent alors aux triplans qui semblaient présenter un avantage par rapport aux biplans : les ailes supplémentaires permettaient, avec une voilure de plus faible envergure, d'obtenir une portance équivalente, et cette envergure réduite était un gage de meilleure manœuvrabilité. Au cours de la Première Guerre mondiale, les triplans furent pendant quelques mois les maîtres du ciel, tel le Fokker DR.I. Malgré cela, la légendaire maniabilité des triplans n'augmentait pas leurs performances, et de nombreux constructeurs restèrent fidèles au biplan. Certains essayèrent même des avions avec plus de quatre paires d'ailes !

HÉLICE EN LAMES DE BOIS COLLÉES

Gouvernail de direction
Articulation du gouvernail de direction
Blason de l'école centrale de la RAF
Dérive
Feu de position
K 3215
Gouvernail de profondeur
Câble de commande du gouvernail de direction
Plan fixe horizontal
Roulette de queue
Hauban

VUE LATÉRALE D'UN TRIPLAN AVRO-IV, 1910

Culbuteur
Manchon de circulation de l'air refroidisseur
Magnéto
Mât d'entreplan
Réservoir de carburant
Manette des gaz
Siège-pilote
Harnais
Reniflard du carter
Hélice à prise directe (non démultipliée)
Hauban principal reliant le bâti-moteur au patin anticapotage
Hauban supérieur du patin anticapotage
Limite de l'entoilage du fuselage
Patin en frêne
Amortisseur par Sandow
Axe
Tendeur à vis
Mât supportant l'arrière du patin anticapotage
Hauban latéral
Pneu en caoutchouc
Roue à rayons
Jante de roue

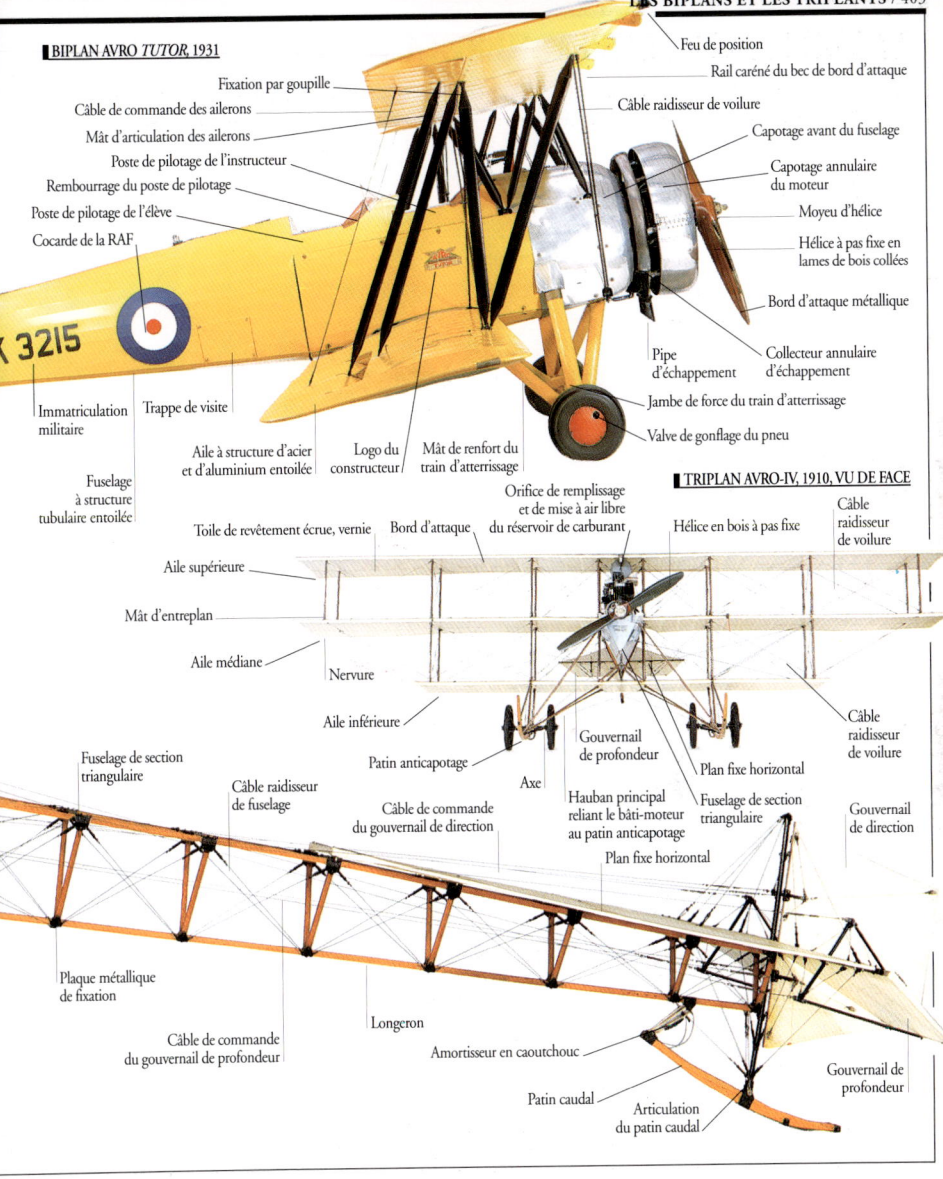

LES BATEAUX ET LES AVIONS

LES AVIONS DE LA PREMIÈRE GUERRE MONDIALE

En 1914, la mission principale des avions militaires était la reconnaissance. Le BE-2 anglais s'adaptait bien à cet emploi ; sa bonne stabilité en vol permettait à son équipage de photographier et de prendre des notes. Le BE-2 fut aussi l'un des premiers avions équipés de lance-bombes. Un des problèmes les plus ardus que les constructeurs aéronautiques eurent à résoudre pendant cette guerre fut l'installation de mitrailleuses. Sur les appareils à hélice tractive, le champ débattu par l'hélice réduisait les possibilités de tir d'armes fixes vers l'avant. Une première solution fut apportée en 1915 par des déviateurs de balles montés sur les pales d'hélice des chasseurs français Morane L et N. Un peu plus tard, le Néerlandais Anthony Fokker mit au point un système de synchronisation permettant une interruption du tir lorsque la pale d'hélice passait devant la mitrailleuse. Le LVG C.VI allemand était équipé d'une mitrailleuse synchronisée tirant vers l'avant et d'une mitrailleuse mobile de défense sur le poste arrière.

SERRE-TÊTE

AILES GAUCHES D'UN BE-2B

Tuyauterie de l'indicateur de vitesse
Nervure intermédiaire du bord d'attaque
Fixation du mât d'entreplan
Bord d'attaque
Saumon d'aile

Tuyauterie de l'indicateur de vitesse
Nervure
Bord de fuite
Tube de prise de pression de l'indicateur de vitesse (tube Pitot)
Mât d'entreplan
Emplanture d'aile
Fixation du mât d'entreplan

Extrados de l'aile inférieure
Ferrure de fixation

BE-2B, 1914

Pare-brise de l'observateur
Mât de cabane
Carénage des mâts de cabane
Section centrale de l'aile supérieure
Prise d'air du moteur
Câble raidisseur
Hélice en bois
Pare-brise du pilote
Moteur à 8 cylindres en V refroidis par air
Manche à balai
Rembourrage du poste de pilotage
Carter-moteur
Capotage en métal bouchonné
Silencieux
Tuyau d'échappement
Mât supportant l'avant du patin anticapotage
Bras de transmission pivotant de la gouverne de profondeur
Marchepied
Bombe de 51 kg
Marchepied
Patin en frêne
Pneu en caoutchouc gonflable
Entoilage de la roue
Mât en V
Support de bombe
Ferrure de l'aile inférieure
Câble de commande de voilure (le câble est ici roulé et la voilure démontée)
Berceau de l'appareil photographique

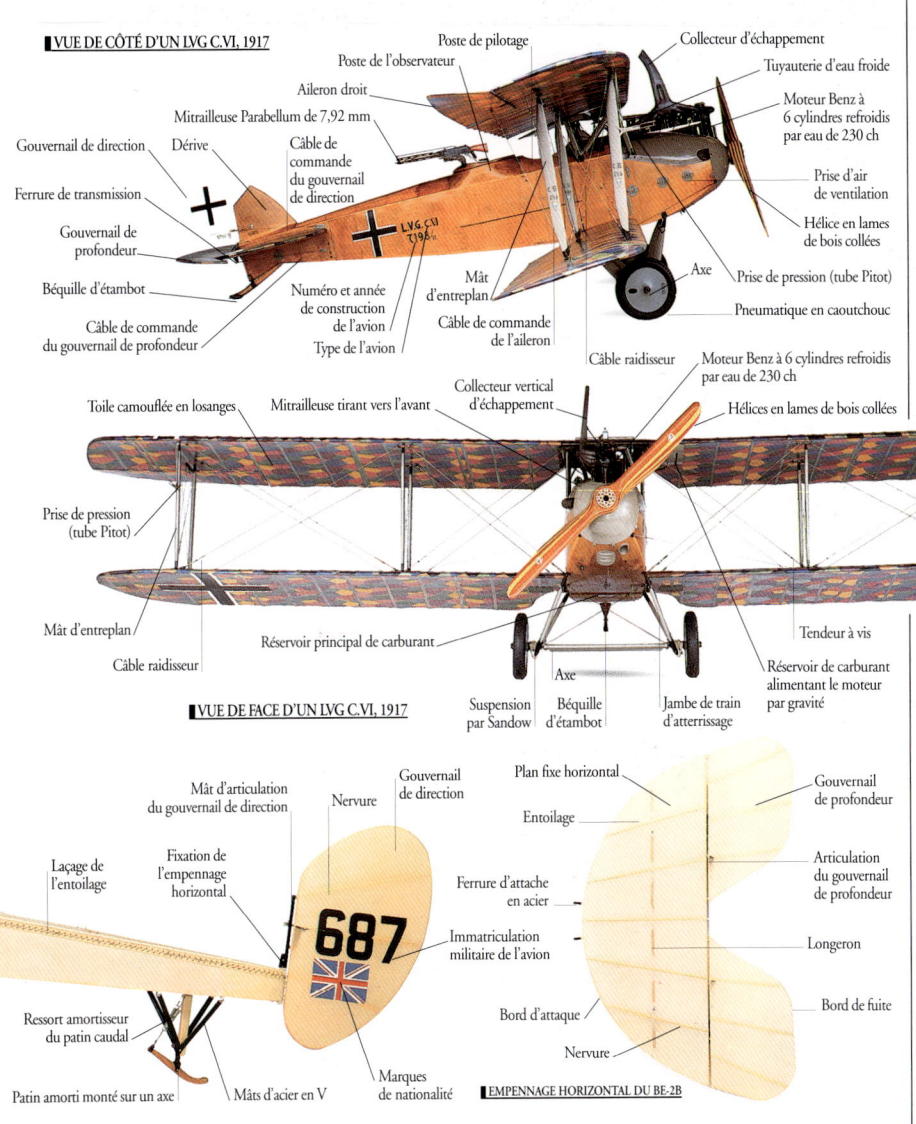

LES PREMIERS AVIONS DE TRANSPORT

Jusqu'au début des années 1930, la plupart des avions de transport public étaient biplans et possédaient une structure de bois ou de métal entoilée. La traînée des deux paires d'ailes et des mâts réduisait les performances de ces avions contraints de voler à basse altitude. Leur poste de pilotage, souvent à ciel ouvert, était situé au-dessus ou à l'avant de la cabine – fermée mais non pressurisée – des passagers. Ces derniers, au nombre d'une dizaine, prenaient place sur des fauteuils en rotin qui n'étaient pas fixés au plancher. En cas d'atmosphère turbulente, le voyage était très inconfortable. Pendant les années 1930, les monoplans entièrement métalliques, comme le Lockheed *Electra*, équipèrent les compagnies aériennes. Leurs cellules aérodynamiques, leurs moteurs puissants et même des cabines pressurisées (inaugurées sur quelques avions commerciaux en 1939) permirent des liaisons rapides à haute altitude, où les turbulences sont plus rares. Les hydravions à coque furent indispensables jusqu'en 1945, à cause du manque de pistes appropriées et de la fréquence des amerrissages forcés. Toutefois, les nombreuses pistes bétonnées construites pendant la Seconde Guerre mondiale permirent rapidement aux avions « terrestres » de s'imposer sur la plupart des lignes aériennes.

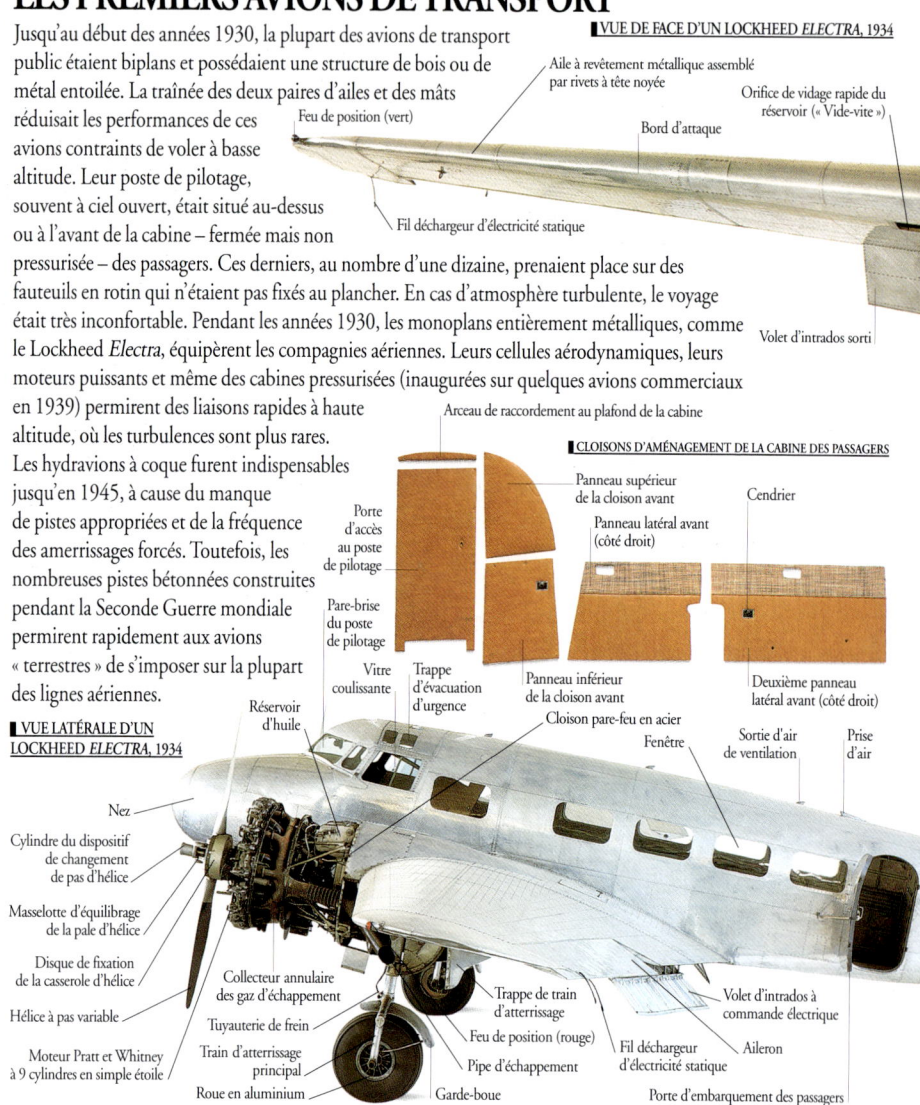

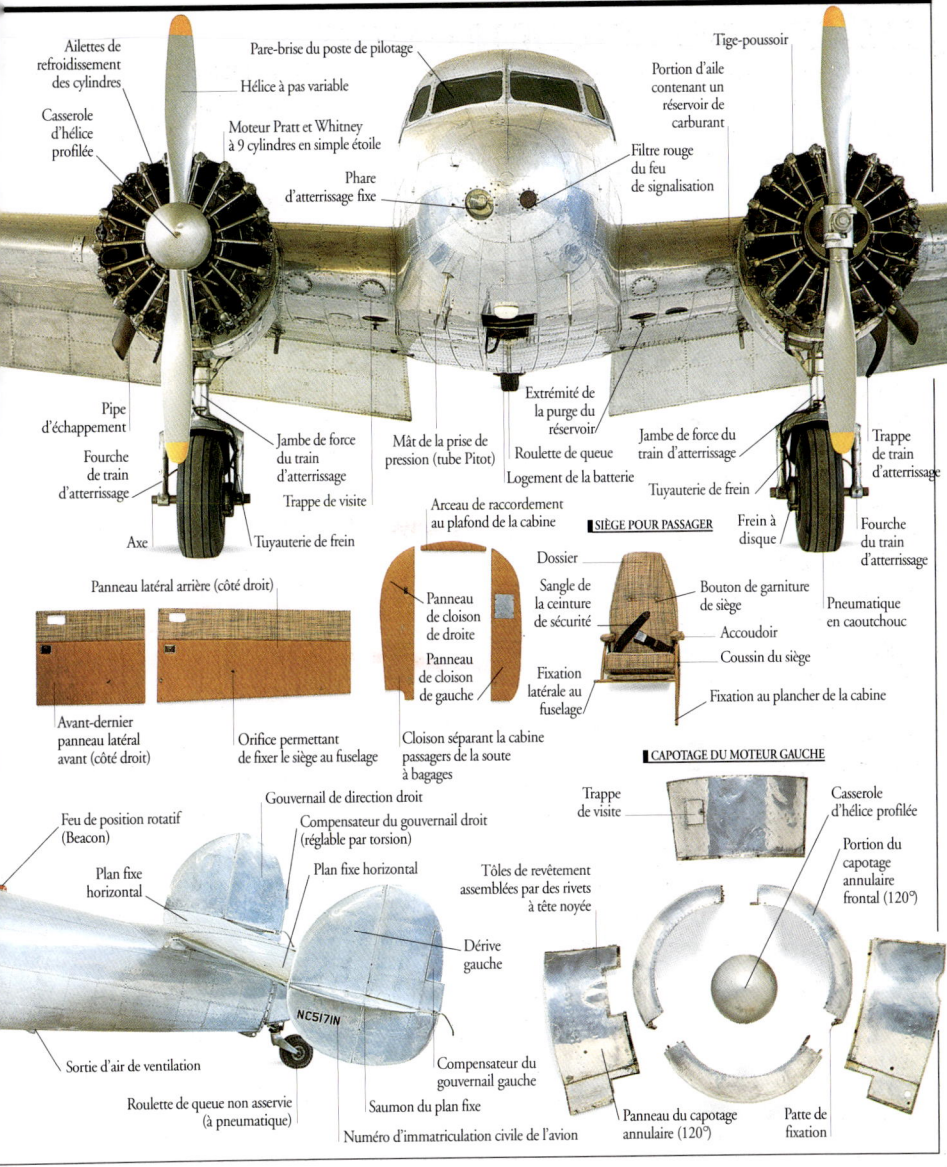

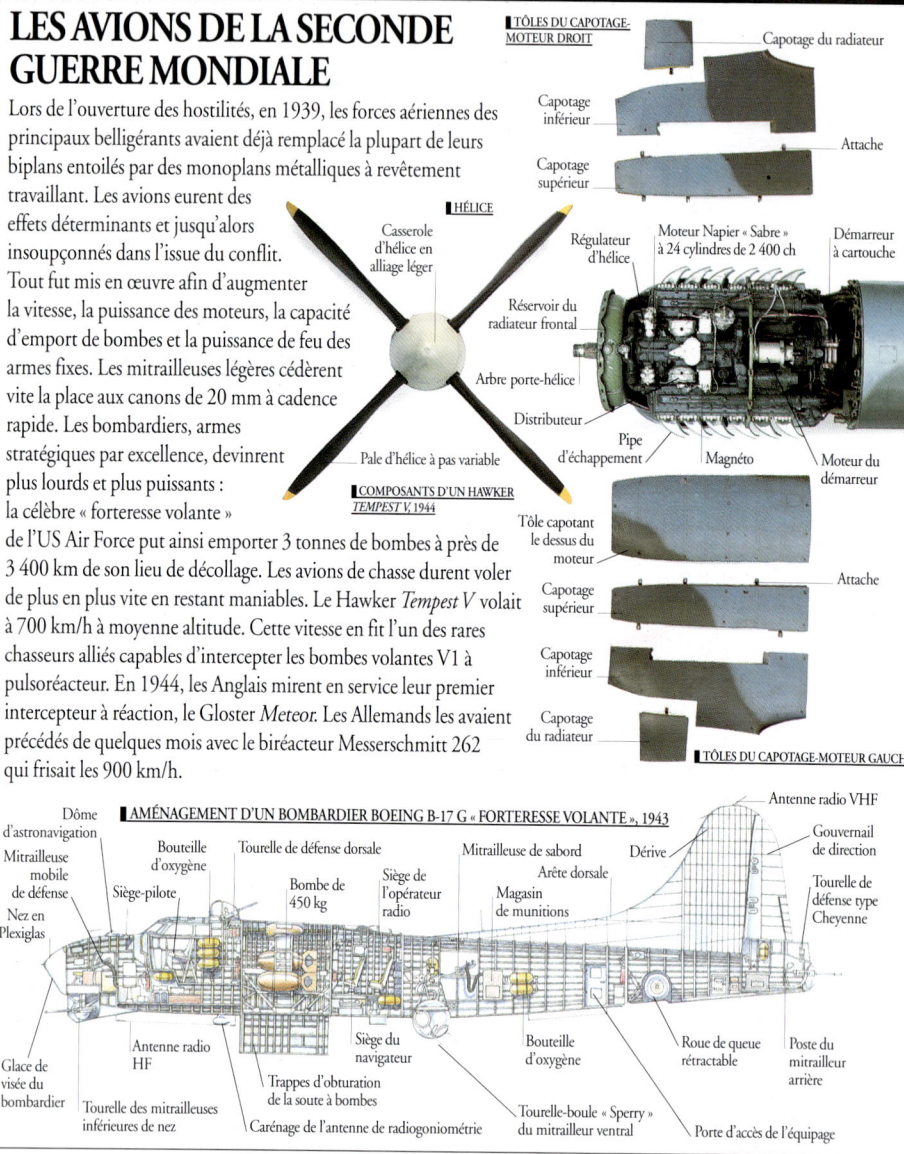

LES AVIONS DE LA SECONDE GUERRE MONDIALE / 409

INTRADOS DE L'AILE GAUCHE

- Volet
- Trappe d'obturation du train d'atterrissage
- Congé de raccordement arrière de l'aile
- Congé de raccordement avant de l'aile
- Articulation de la gouverne de profondeur
- Plan fixe horizontal droit
- Gouverne de profondeur droite
- Bielle de commande de la gouverne de profondeur
- Bord d'attaque

FUSELAGE

- Glissière de verrière
- Plateau du siège-pilote
- Sangle du harnais
- Antenne radio flexible VHF
- Congé de raccordement de la gouverne de profondeur
- Biellette de commande de compensateur
- Pare-brise plat, résistant aux impacts de balles
- Dossier blindé du siège-pilote
- Cocarde de la RAF type C1
- Plancher avant du poste de pilotage
- Plancher central du poste de pilotage
- Arête dorsale
- Bande blanche d'identification
- Emplanture du plan fixe horizontal
- Dérive
- Gouvernail de direction
- Viseur gyroscopique
- Verrière en Plexiglas
- Tourillon du longeron arrière
- Compensateur de la gouverne de profondeur gauche
- Bord de fuite
- Congé de raccordement d'aile (Karman)
- Panneau arrière du poste de pilotage
- Peinture de camouflage
- Plan fixe horizontal gauche
- Congé de raccordement avant de l'aile
- Congé de raccordement arrière de l'aile

QUEUE

- Bord de fuite
- Panneau d'accès au poste de pilotage
- Carénage de la bande d'alimentation d'un canon de l'aile gauche
- Extrados
- Casserole d'hélice
- Aileron
- Radiateur
- Cocarde de la RAF type B
- Prise d'air du moteur
- Sortie d'air refroidisseur
- Saumon d'aile
- Pipe d'échappement
- Canon de 20 mm Hispano Mark V
- Viseur gyroscopique
- Tube de prise de pression (tube Pitot)
- Dossier blindé du siège-pilote
- Code d'identification de l'escadrille
- Bandes d'identification rapide, dites « d'invasion »
- Gouvernail de direction
- Arête dorsale
- Roulette arrière escamotée
- Compensateur du gouvernail de direction
- Portion de bord d'attaque peinte en jaune

AILE GAUCHE

CHASSEUR HAWKER *TEMPEST V*, 1944

LES MOTEURS D'AVION À PISTONS

Les moteurs à pistons actuels équipent surtout les avions légers et ultra-légers, les appareils de pulvérisation agricole, les petits hélicoptères et les bombardiers d'eau (utilisés pour lutter contre les incendies importants). On peut d'ailleurs dire que tous les avions plus lourds sont propulsés par réacteurs. Les moteurs à pistons des avions modernes fonctionnent avec des principes de base comparables à ceux du moteur des frères Wright lors du célèbre vol de décembre 1903. Bien sûr, la complexité des moteurs actuels n'a pas de commune mesure avec celle des moteurs d'avion du début du siècle. Citons, par exemple, les moteurs à deux ou à quatre temps qui peuvent comporter de un à neuf cylindres refroidis par air ou par eau, disposés à plat, en ligne, en V ou en étoile. Ces moteurs entraînent l'hélice directement ou grâce à un réducteur. Nous présentons ici l'un des moteurs modernes les plus insolites : son rotor trochoïdal tourne dans une chambre ayant la forme d'un large 8.

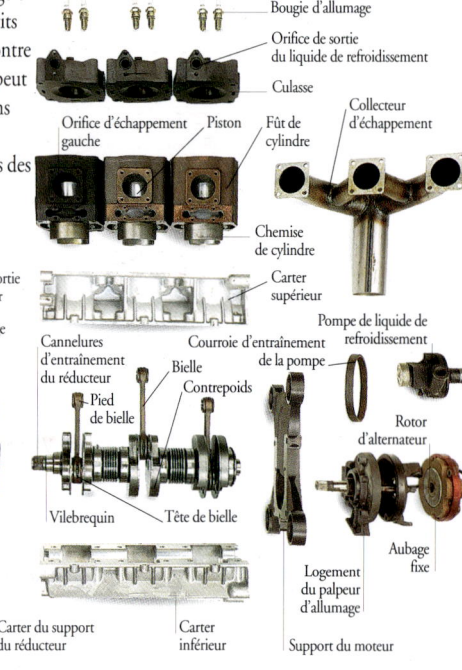

MOTEUR MIDWEST 2 TEMPS À 3 CYLINDRES

MOTEUR MID WEST 2 TEMPS À 3 CYLINDRES, DE 75 CH

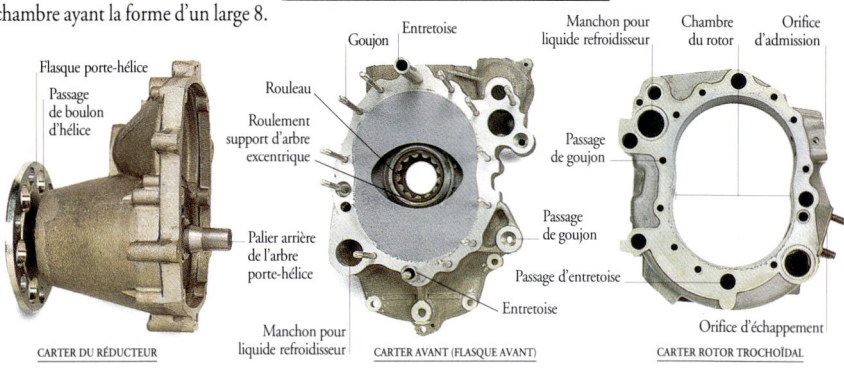

ROTOR ET CARTERS D'UN MOTEUR MID WEST MONOROTOR

CARTER DU RÉDUCTEUR

CARTER AVANT (FLASQUE AVANT)

CARTER ROTOR TROCHOÏDAL

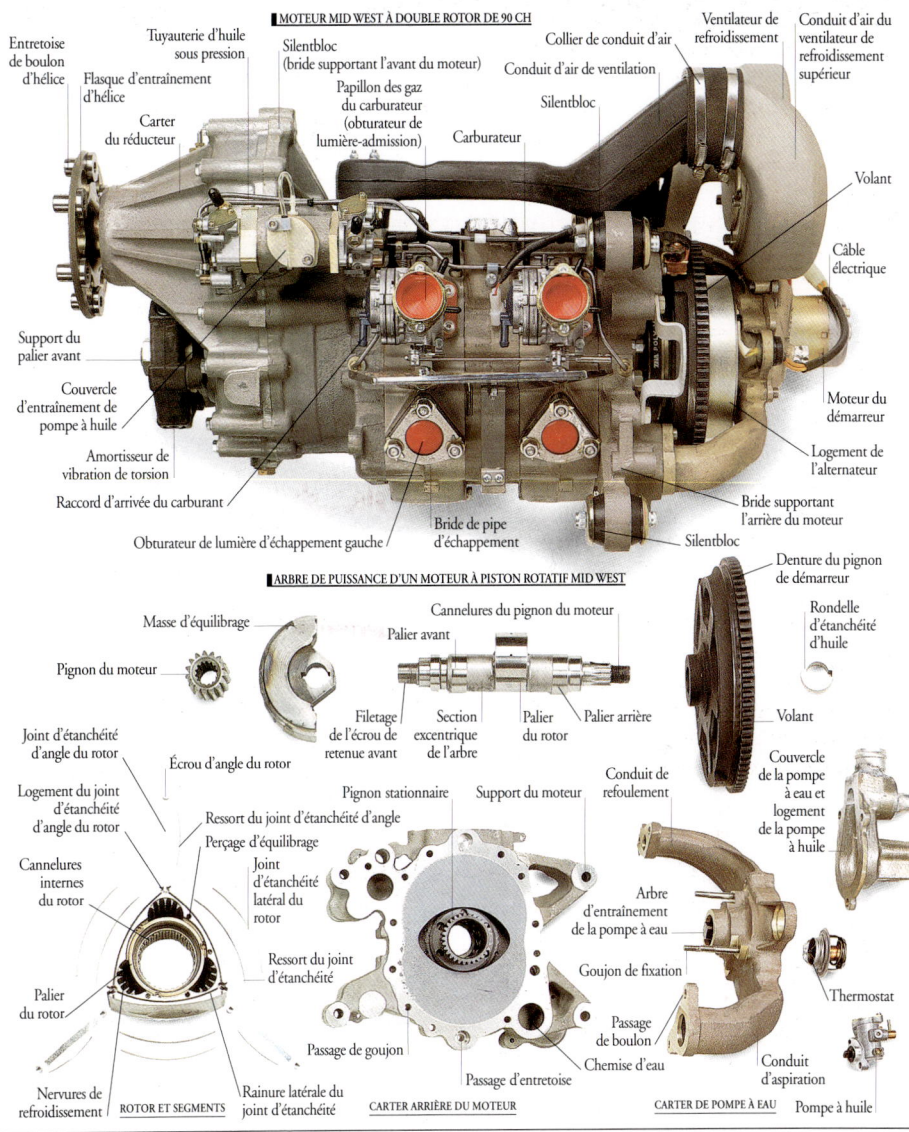

LES AVIONS DE LIGNE MODERNES 1

Comparés aux premiers avions de transport à réaction des années 1950, les avions de ligne actuels sont moins bruyants, plus économiques et moins polluants. Ces progrès sont principalement la conséquence du remplacement des turboréacteurs par des réacteurs à double flux. La plus grande puissance des réacteurs à double flux (à turbosoufflante) permet aux avions de ligne récents d'emporter plus de carburant et de passagers. Un Boeing 747-400 *Jumbo Jet* peut transporter 400 personnes à 13 700 km de son lieu de décollage sans effectuer d'escale de ravitaillement. L'altitude habituelle de croisière des avions de ligne varie entre 8 000 et 11 000 m ; ils peuvent ainsi voler au-dessus des nuages les plus dangereux et économiser leur carburant. Le pilote tient les commandes de l'appareil lors du décollage et de l'atterrissage. Toutes les autres évolutions sont généralement effectuées par le pilote automatique trois axes.

AVION DE LIGNE BAE-146

Les pilotes automatiques sont des appareils très sophistiqués, capables de détecter la moindre déviation de route de l'avion et d'agir immédiatement sur les commandes afin de retrouver l'axe de vol initial. Les planches d'instruments équipées de radars informent le pilote des obstacles situés sur sa route : reliefs, perturbations et autres avions évoluant à une altitude similaire.

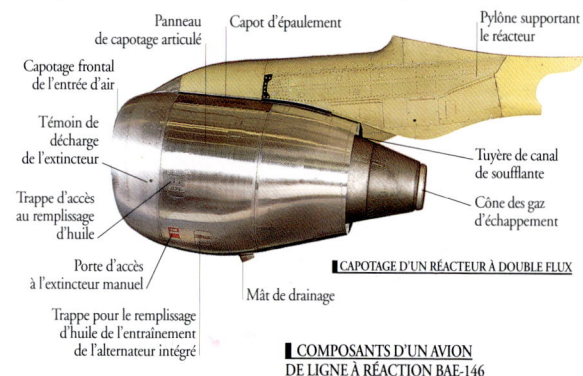

CAPOTAGE D'UN RÉACTEUR À DOUBLE FLUX

COMPOSANTS D'UN AVION DE LIGNE À RÉACTION BAE-146

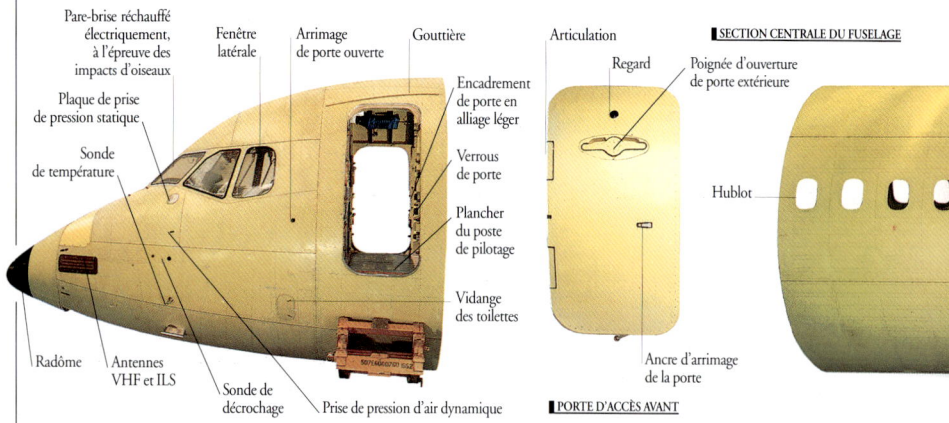

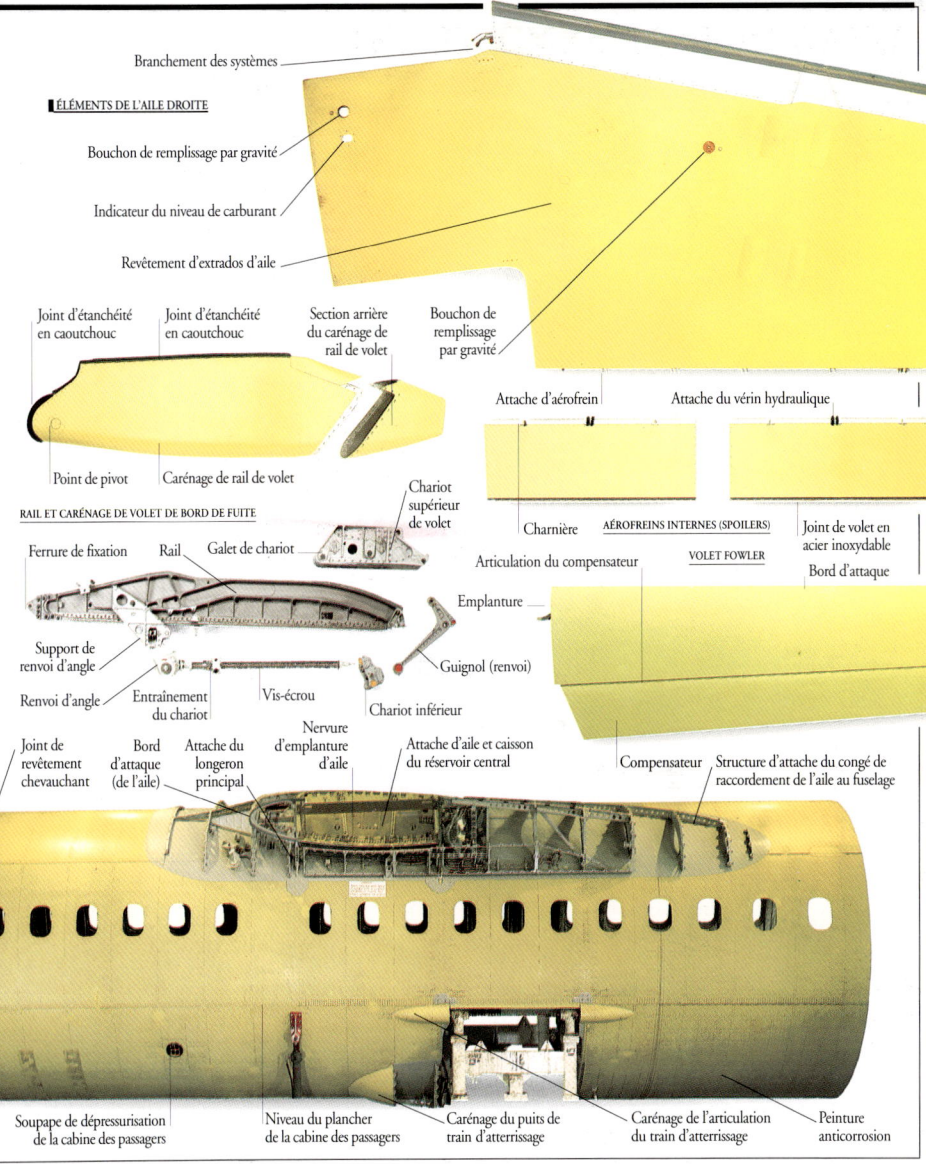

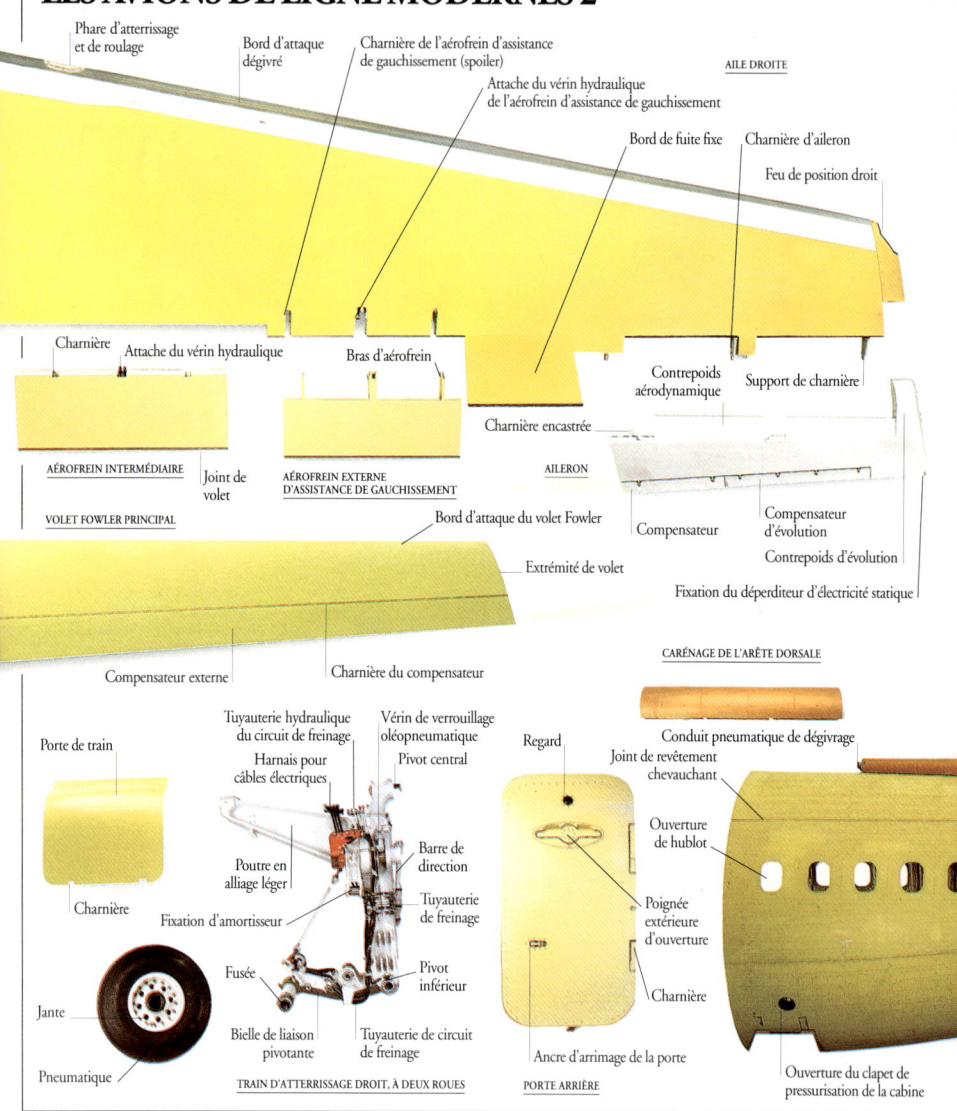

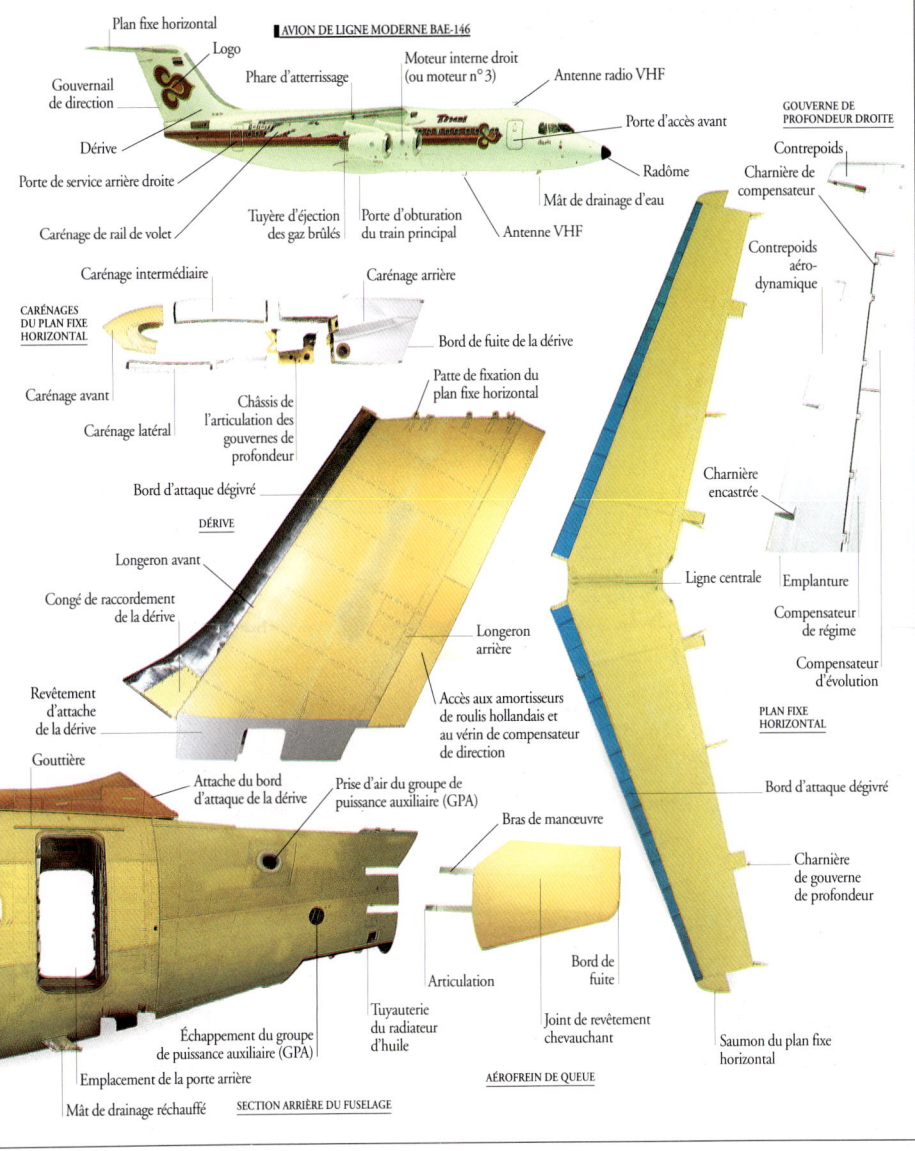

LES AVIONS DE LIGNE SUPERSONIQUES

Les avions de ligne supersoniques dépassent la vitesse du son (Mach 1). Il y a aujourd'hui beaucoup d'avions militaires capables d'une telle performance. Toutefois, seuls deux avions de transport public supersoniques ont été construits en série : le Tupolev 144 et le Concorde. Le Tu-144, qui atteignait des vitesses supérieures à celles du Concorde, fut retiré du service régulier en 1978 pour raisons techniques.

IMAGE INFORMATIQUE D'UN SUPERSONIQUE

Concorde continue ses vols long-courriers depuis 1976. Cet appareil novateur possède un nez à inclinaison variable, qui s'abaisse pendant le décollage et l'atterrissage afin d'améliorer la visibilité du pilote, et un système de transfert de carburant entre les réservoirs d'ailes permettant un centrage parfait dans toutes les configurations du vol. Son fuselage à faible maître-couple et sa voilure en delta lui confèrent une traînée réduite en vol supersonique. Ses turboréacteurs à postcombustion sont bruyants, mais lui permettent de transporter à Mach 2 une centaine de passagers.

VUE DE FACE

- Arête latérale
- Dérive
- Tube de prise de pression de secours (tube Pitot)
- Carénage du vérin d'élevon
- Prise d'air extérieure droite de réacteur
- Jambe de force avant de l'atterrissage

- Panneau dégivré électriquement
- Toilettes
- Réservoir d'équilibrage avant droit
- Porte-bagages
- Place de passager
- Jambe de force de l'atterrisseur avant
- Rail de fixation des sièges
- Canot de sauvetage
- Antenne VHF
- Garde-robe
- Office et cuisine avant
- Siège additionnel d'équipage
- Siège du troisième pilote

VUE DE DESSUS

- Tuyère à section variable
- Bord d'attaque
- Pare-brise du poste de pilotage
- Pare-brise visière rétractable
- Radôme résistant à l'érosion
- Châssis A du fuselage
- Radar météo
- Articulation du nez pivotant
- Vérin de la visière rétractable
- Conduite d'air conditionné du poste de pilotage
- Siège du commandant de bord
- Gouvernail de direction supérieur
- Pointe caudale
- Porte à tenons (accès passagers)
- Porte d'obturation de l'atterrisseur avant
- Porte arrière
- Tuyère d'éjection en acier et titane
- Capotage des réacteurs
- Contrefiche télescopique
- Vérin de commande d'orientation de l'atterrisseur
- Réservoir d'équilibrage avant gauche
- Panneau de revêtement usiné
- Pneumatique multicouche à haute pression
- Dérive
- Arête dorsale
- Sortie de secours
- Porte d'obturation de l'atterrisseur principal
- Atterrisseur principal à bogie

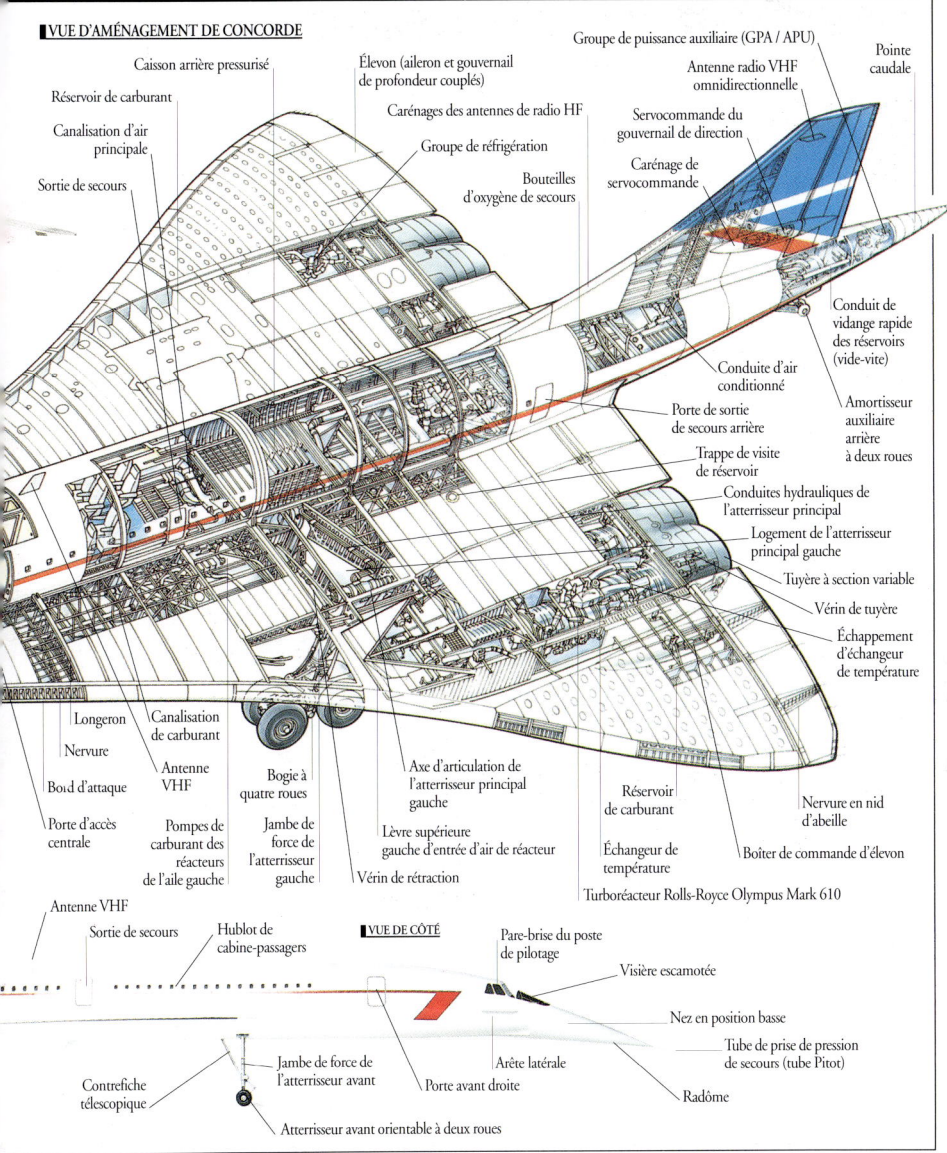

LES RÉACTEURS

Les réacteurs sont utilisés pour la propulsion d'une grande partie des avions militaires, des gros-porteurs et des hélicoptères. La chambre de combustion interne des turboréacteurs consomme un mélange de kérosène et d'air, puis éjecte les gaz brûlés par une tuyère. Les gaz brûlés entraînent aussi les pales des turbines, qui actionnent des compresseurs alimentant en air la chambre de combustion. Les avions les plus rapides sont équipés de turboréacteurs. La postcombustion augmente les performances de ces réacteurs, mais son usage a été réglementé à cause du bruit. La plupart des avions de ligne sont propulsés par des réacteurs plus silencieux, à double flux. Ceux-ci possèdent une large soufflante qui aspire l'air, en dirige une partie dans un compresseur et l'autre partie autour de la tuyère d'éjection.

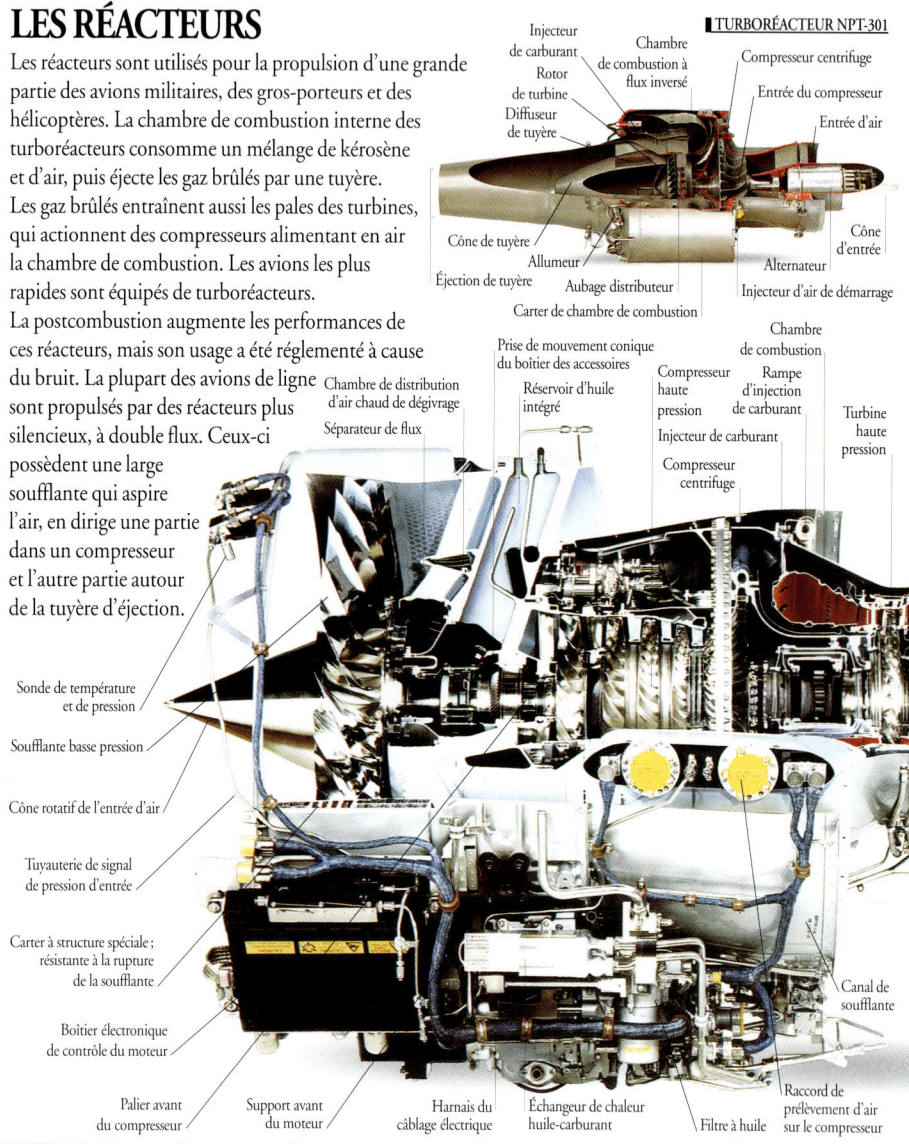

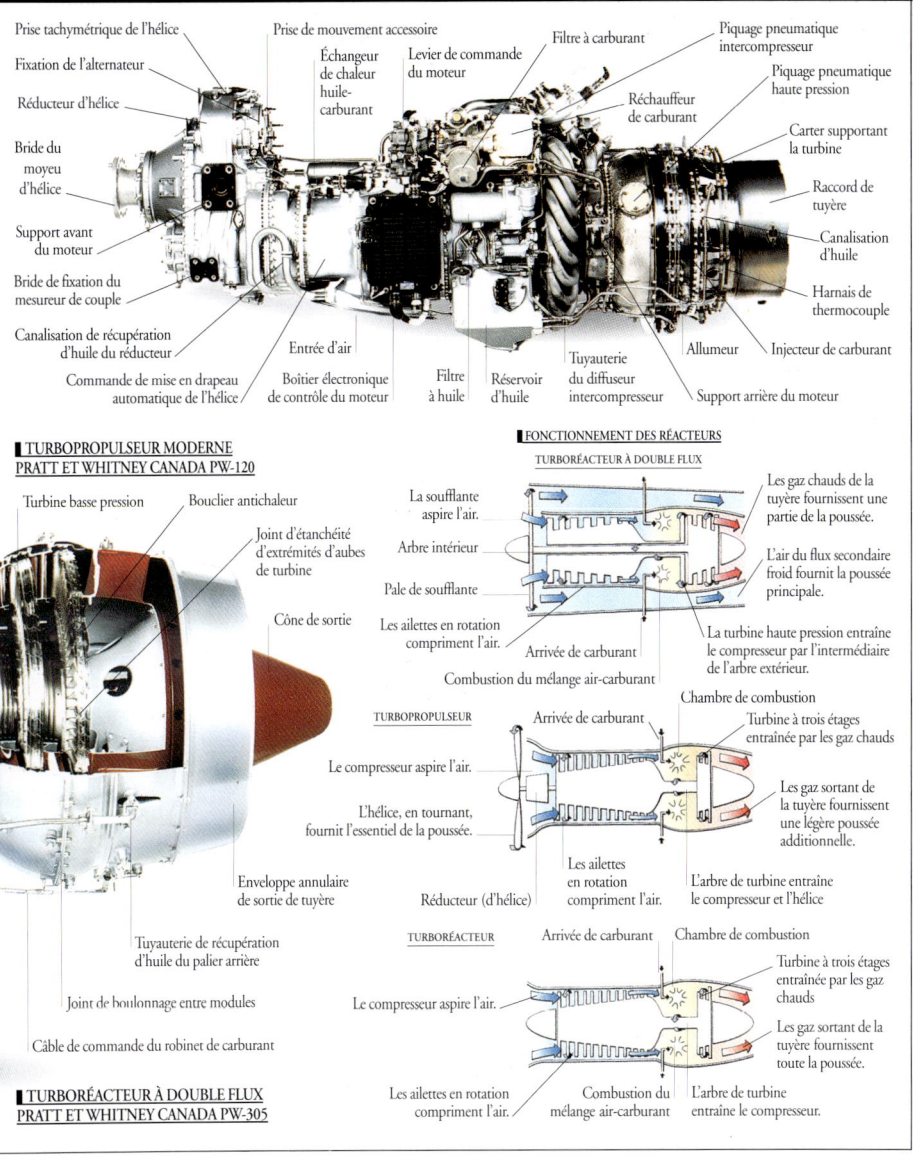

LES AVIONS MILITAIRES MODERNES

Les avions de combat de la fin du XXe siècle font partie des produits les plus sophistiqués et les plus coûteux de notre technologie. Ils possèdent des commandes électroniques asservies à des ordinateurs, des réacteurs très puissants et des armes de plus en plus efficaces. Les avions de chasse sont armés de missiles, équipés de radars et de détecteurs infrarouges. Ces équipements leur permettent d'engager le combat avec des ennemis sans avoir obtenu de contact visuel. Les bombardiers sont dotés de réservoirs de carburant pour missions lointaines. Quelques avions militaires, comme le Panavia *Tornado* et le Grumman F-14 *Tomcat*, ont des ailes à géométrie variable. Celles-ci, déployées durant les phases de décollage et d'atterrissage, pivotent vers l'arrière pour les vols à grande vitesse. Citons, parmi les appareils de la nouvelle génération, le bombardier « furtif », capable d'absorber ou de réfléchir les ondes radio et d'échapper ainsi aux radars ennemis.

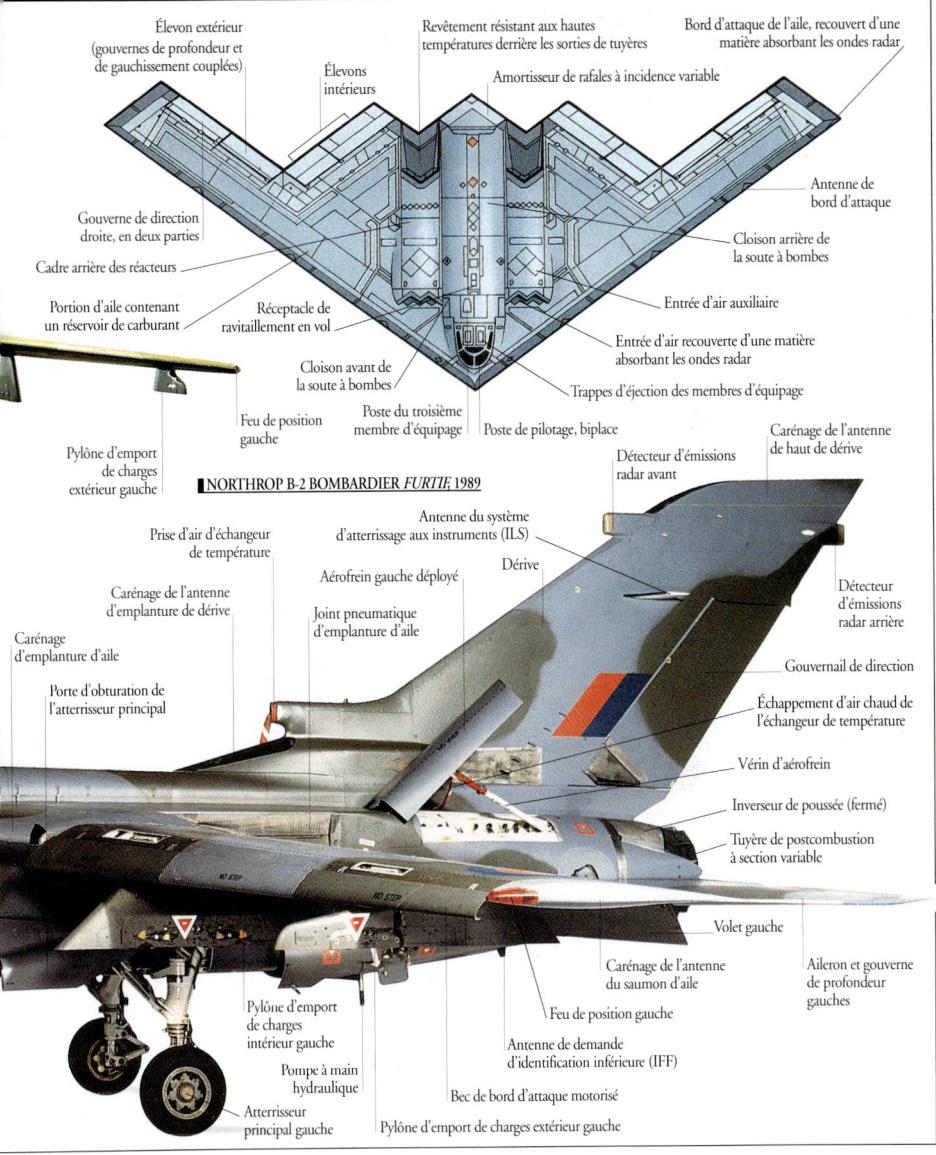

LES BATEAUX ET LES AVIONS

LES HÉLICOPTÈRES

Les hélicoptères utilisent de longues pales pour la sustentation, la propulsion et le contrôle du vol.

Le premier appareil à voilure tournante capable d'effectuer des vols prolongés et contrôlés fut l'autogire de l'Espagnol Juan de la Cierva en 1920. Cet hybride d'hélicoptère et d'avion possédait des pales tournant librement. Lorsque le moteur à pistons situé à l'avant du fuselage propulsait l'autogire, les pales du rotor libre lui donnaient la portance nécessaire à l'envol. Puis, en 1939, l'Américain d'origine soviétique Igor Sikorsky construisit son VS-300, qui préfigurait les hélicoptères modernes. Grâce à son rotor motorisé, le Sikorsky VS-300 pouvait décoller verticalement, évoluer librement dans toutes les directions avec un rotor de queue annulant l'effet de couple du rotor principal. Une seconde génération d'hélicoptères plus silencieux et plus puissants apparut vers 1955 avec les moteurs à turbine à gaz. Les hélicoptères actuels sont extrêmement maniables et performants et effectuent des missions très variées.

BELL 47G-3B1

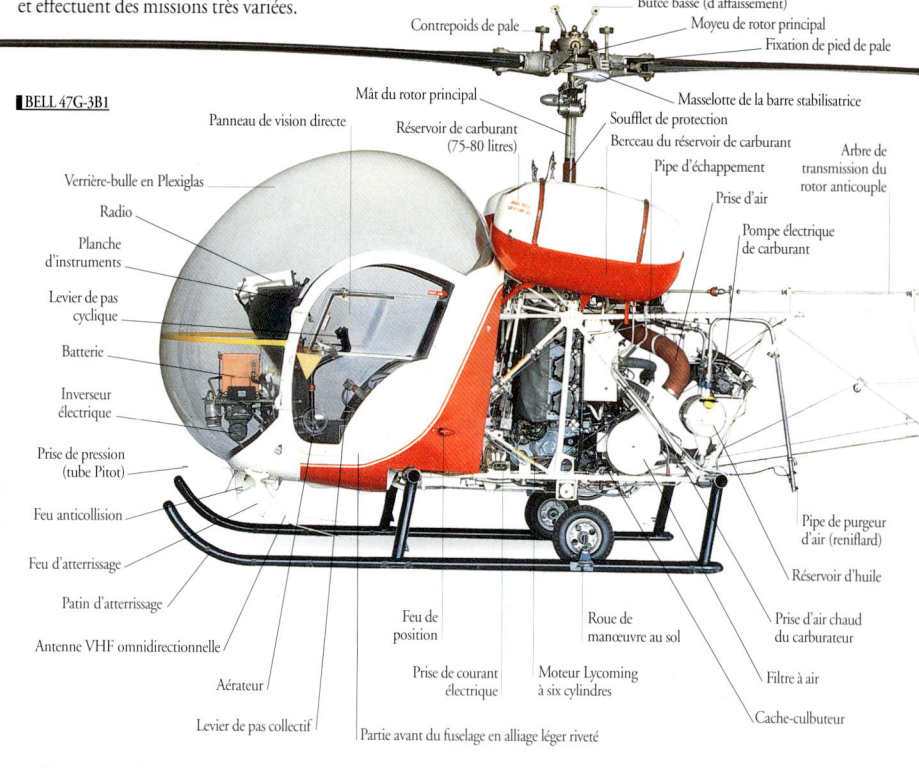

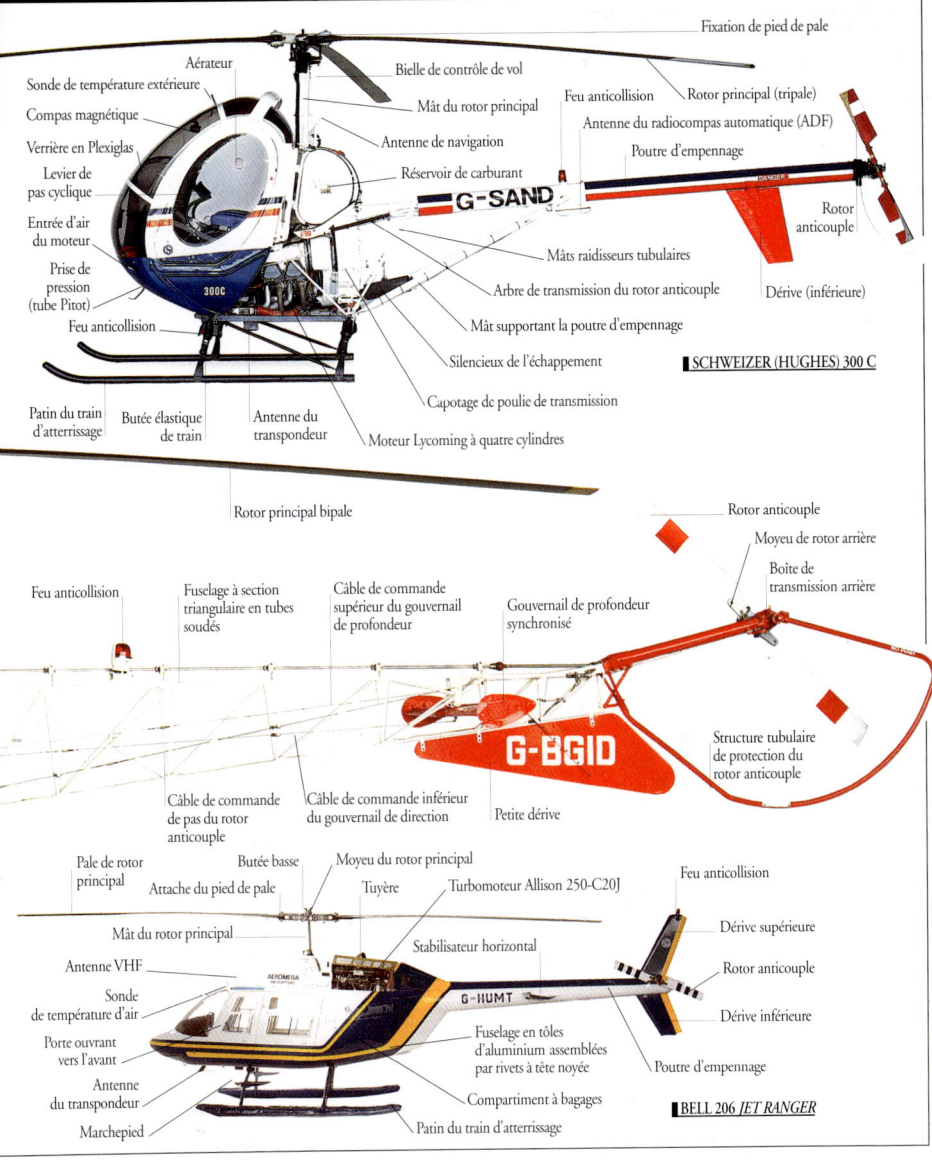

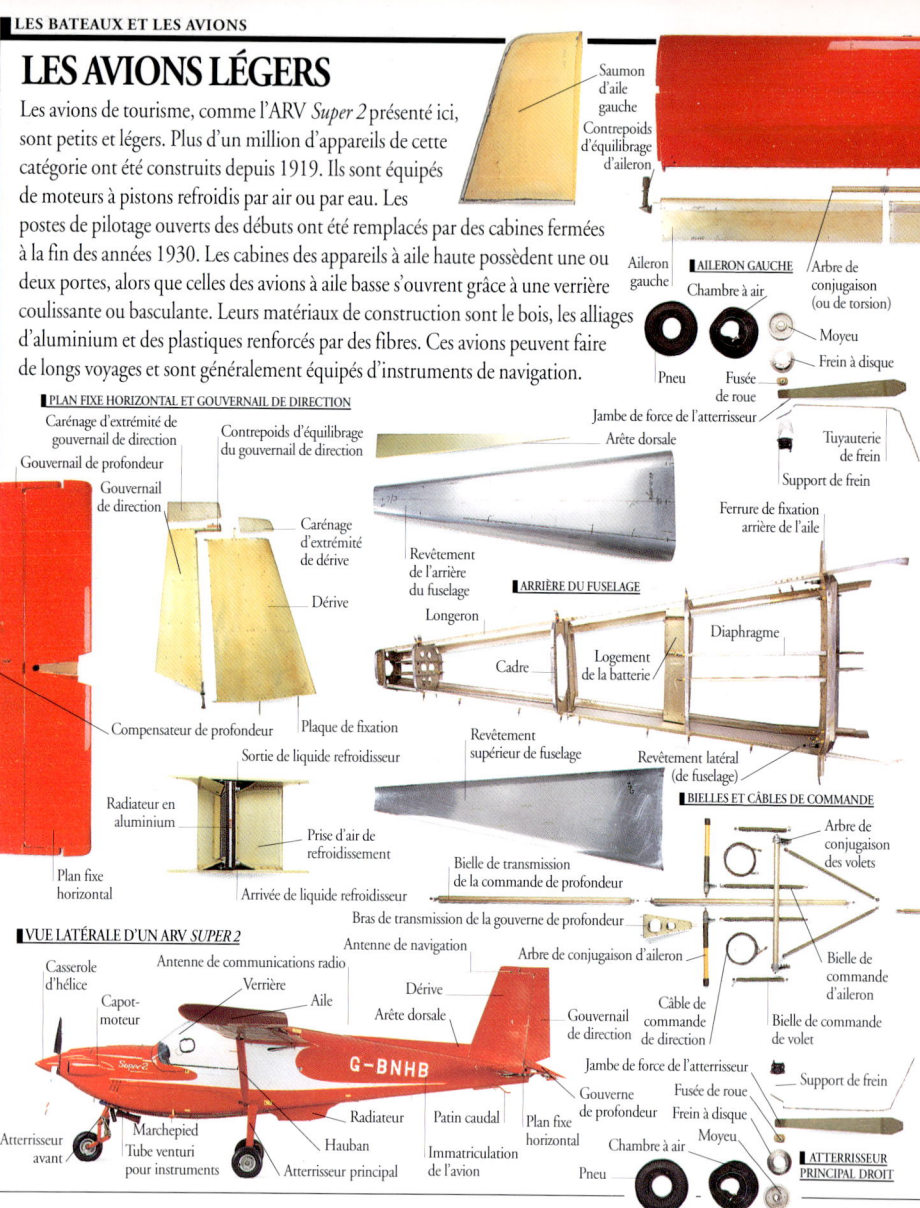

LES AVIONS LÉGERS / 425

AILE GAUCHE

- Carénage d'extrados gauche
- Carénage d'intrados gauche
- Repose-tête
- Dossier
- Hauban
- Volet gauche
- Tuyauterie de l'indicateur de vitesse
- Tube de prise de pression (tube Pitot)

ASSEMBLAGE DES SIÈGES

- Panneau de « vision directe »
- Articulation
- Coussin du siège
- Sangle
- Commande d'ouverture instantanée
- Fixation boulonnée
- Réglage de la longueur de sangle
- Carénage du bord d'attaque de l'aile
- Plexiglas moulé

VERRIÈRE

- Verrouillage de verrière
- Sonde de température extérieure

POSTE DE PILOTAGE

- Armature en fibre de verre de la verrière
- Revêtement supérieur du réservoir de carburant
- Pédale de palonnier
- Encadrement de pare-brise
- Ferrure d'attache d'aile
- Échancrure de débattement du manche
- Demi-cloison
- Bâti-moteur
- Cadre
- Cloison pare-feu
- Réservoir de carburant en fibre de verre
- Ferrures d'attache des sangles de sécurité

MOTEUR À 3 CYLINDRES

- Capotage-moteur gauche
- Carter d'entrée d'air
- Carburateur
- Tuyauterie souple de carburant
- Sortie d'eau
- Tête de cylindre
- Collecteur d'échappement
- Boîtier d'engrenages
- Bride d'entraînement de l'hélice
- Capotage-moteur droit

HÉLICE

- Casserole d'hélice
- Flasque d'hélice

PLANCHE D'INSTRUMENTS

- Instruments de vol
- Instruments de conduite-moteur
- Boîte à gants
- Branchements de la radio

MANCHE ET LEVIER DE COMMANDE DES VOLETS

- Bras de transmission de la commande de profondeur
- Manche
- Commande de gaz
- Commande de freins
- Palier
- Commande du compensateur de profondeur
- Bielle de transmission de la commande de profondeur
- Plaque de détente du levier de commande des volets
- Poignée de manche
- Bouton de déverrouillage
- Levier de commande des volets

ATTERRISSEUR AVANT

- Butée de liaison
- Jambe de force de l'atterrisseur avant
- Amortisseur à Sandow
- Fourche articulée
- Bloc-amortisseur
- Boulon d'axe
- Roue de l'atterrisseur avant

AILE DROITE

- Hauban
- Carénage d'intrados droit
- Carénage d'extrados droit

LES PLANEURS, DELTAPLANES ET ULTRALÉGERS MOTORISÉS

Les planeurs modernes résultent d'études aérodynamiques très poussées et leurs lignes sont particulièrement élégantes. Ces appareils sans moteur possèdent de fines ailes, dont l'envergure peut atteindre 25 mètres, et utilisent les ascendances d'air chaud (les thermiques) pour tenir l'air. Dotés de commandes de vol classiques, ils sont capables de parcourir plus de 1 400 km et d'atteindre, en vol d'onde, une altitude de 15 000 mètres.

Les deltaplanes sont constitués d'une structure en tubes sur laquelle des nervures et longerons forment l'ossature de l'aile delta. Sous cette dernière se trouve une structure plus petite en A, à laquelle est fixé le harnais-cocon. Le pilote pose ses mains sur la barre et déplace son corps d'un côté ou de l'autre pour orienter l'aile. Les ULM (ultralégers motorisés) sont souvent des deltaplanes équipés d'un petit moteur et d'une nacelle à train tricycle. Certains sont pourvus d'une voilure et d'un empennage similaires à ceux des avions. Ces ULM « trois axes » et pendulaires sont parfois capables de voler à 150 km/h.

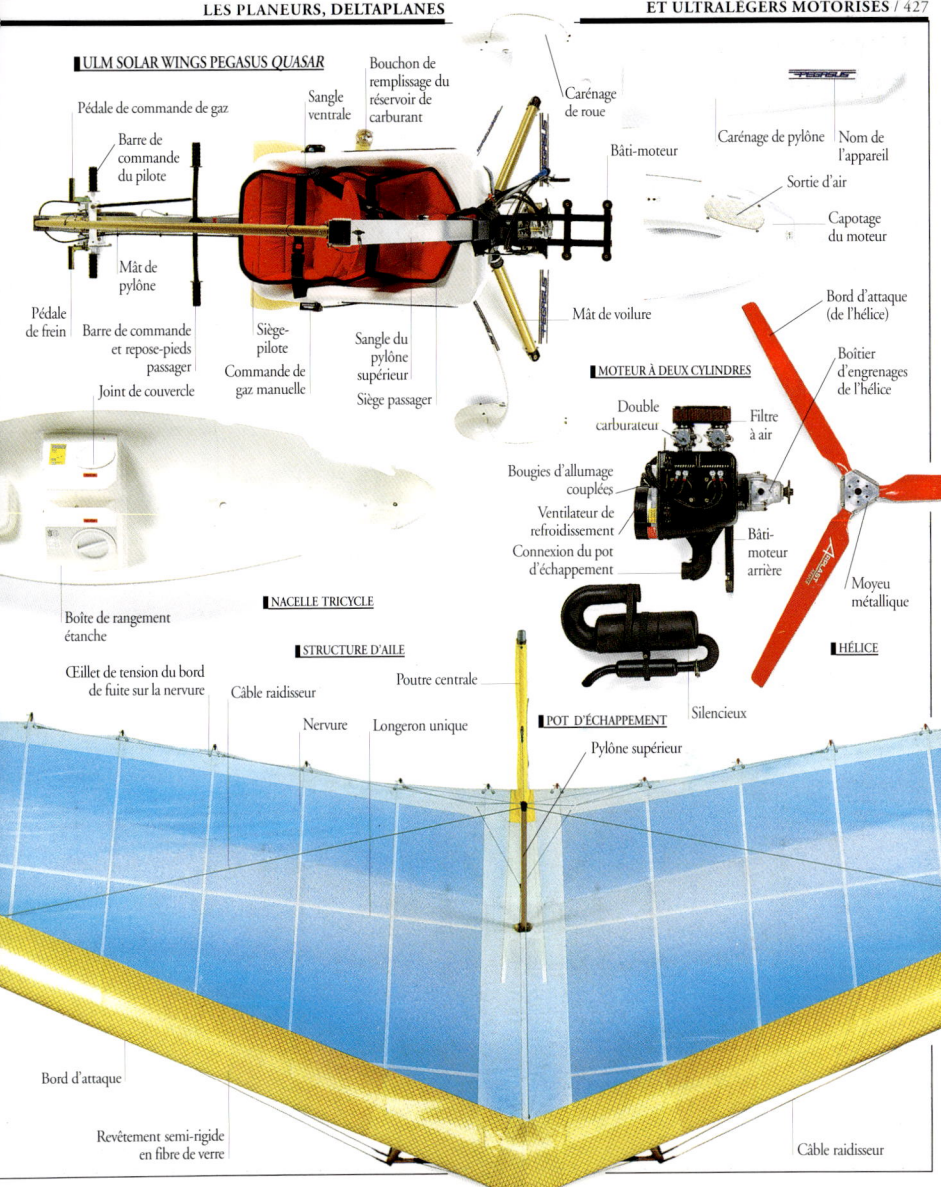

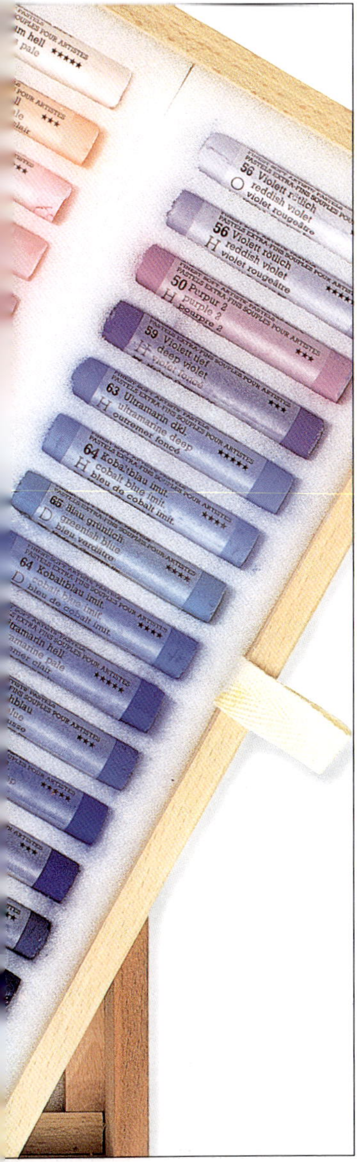

LES ARTS PLASTIQUES

LE DESSIN	430
LA TEMPERA	432
LA FRESQUE	434
LA PEINTURE À L'HUILE	436
L'AQUARELLE	438
LE PASTEL	440
L'ACRYLIQUE	442
LA CALLIGRAPHIE	444
LA GRAVURE 1	446
LA GRAVURE 2	448
LA MOSAÏQUE	450
LA SCULPTURE 1	452
LA SCULPTURE 2	454

LES ARTS PLASTIQUES

LE DESSIN

Le dessin est aussi bien le travail préparatoire à la peinture, ou aux autres arts visuels, qu'un art à part entière. De nombreuses techniques mettent en œuvre des médiums différents : le crayon, la mine de plomb, la craie ou le pastel, le fusain, la plume ou l'encre, la pointe de métal… Le plus courant est le crayon à mine de plomb qui consiste en une fine tige de graphite mêlée à de l'argile, protégée par un étui en bois. Le fusain, l'un des plus anciens, est obtenu par la combustion à haute température de tiges de saule, de vigne ou d'autres bois dans des caissons hermétiques. Les gommes sont employées pour effacer des traits de crayon ou de fusain inutiles, mais également pour réaliser des effets particuliers comme l'estompage. Une fois le dessin achevé, on peut le protéger avec un fixatif appliqué à l'aérographe ou à la bombe aérosol. La technique de la pointe de métal, en argent ou en plomb, nécessite une préparation particulière du papier.

FIXATIF ET AÉROGRAPHE

- Pivot
- Liquide fixatif à base de résine dissoute
- Le fixatif est aspiré par le tube et pulvérisé sur le dessin.

INSTRUMENTS DE DESSIN

- Trait léger dû à la mine moyenne
- Trait appuyé dû à la mine grasse

CRAYON À MINE DE PLOMB 2B

CRAYON À MINE DE PLOMB 8B

STYLET MÉTALLIQUE À POINTE D'ARGENT

PLANCHE À DESSIN

- Planche à dessin
- Papier
- Pince à dessin

GOMMES

- Matière dure

GOMME PLASTIQUE

- Matière tendre

GOMME MASTIC

MATÉRIEL DE DESSIN

- Crayon de couleur
- Mine de plomb
- Pince à dessin
- Porte-plume
- Taille-crayon
- Carnet d'esquisses
- Bouteille d'encre

CRAIE, SANGUINE ET FUSAIN

- Calcite (carbonate de calcium) mêlée à un pigment

CRAIE BLEUE

- Oxyde de fer mêlé à de la craie

SANGUINE

- Bois de saule carbonisé

FUSAIN

LE DESSIN / 431

Les lignes à la pointe d'argent prennent en s'oxydant une teinte brun clair.

Figures esquissées à l'encre par-dessus les lignes

Ligne tracée à la pointe d'argent et à la règle

La sophistication du tracé de la perspective peut laisser penser qu'il s'agit d'une étude pour une peinture.

Le point de fuite est situé derrière la tête de l'homme montant un cheval cabré.

Les lignes du pavement quadrillé en damier convergent vers un unique point de fuite.

Papier préparé avec de la gomme arabique et un pigment ocre.

UN EXEMPLE DE DESSIN À LA POINTE D'ARGENT

Léonard de Vinci, *Adoration des Mages*, 1481, pointe d'argent, plume et encre brune sur papier, 16,5 x 29,2 cm

Ce dessin appartient à une série, qui évoque Londres durant les années 1944-1945.

Lignes de fusain estompées et frottées

Le fusain permet d'obtenir des lignes fortes et expressives.

Papier artisanal teinté

Large trait de fusain

Lignes rapidement croquées sur place

UN EXEMPLE DE DESSIN AU FUSAIN

David Bomberg, *La Cathédrale Saint-Paul de Londres et la Tamise*, 1945, fusain sur papier, 50,8 x 65,8 cm

LA TEMPERA

LETTRE ENLUMINÉE

Le terme de tempera est employé pour désigner la technique de peinture dans laquelle le pigment est mélangé à un liant hydraulique, principalement le jaune d'œuf. La tempera à l'œuf était appliquée sur des surfaces finies comme le vélin, dans le cas des manuscrits enluminés, ou bien des panneaux de bois dur préparés avec un enduit, ou encollage, le gesso, mélange de craie et de colle appliqué au pinceau en soies de porc. Des couches successives de gesso, grossières, puis de plus en plus fines, poncées et polies, permettent d'obtenir une surface parfaitement lisse et absorbante. La tempera doit être appliquée en fines couches au pinceau en poil de martre, avec une touche très légère. Elle sèche très rapidement en formant une surface dense et satinée. Le blanc lumineux du gesso, combiné avec la tempera, produit des couleurs riches et une netteté brillante, caractéristiques de cette technique. Les peintures à la tempera étaient souvent rehaussées d'or, sous forme de fines feuilles appliquées au brunissoir sur une couche d'apprêt colorée.

MATÉRIEL POUR LA DORURE

Parchemin protégeant les fines feuilles d'or des courants d'air

Brosse

Bol contenant l'assiette, mélange de colle et de terre colorée

Couteau de doreur

Feuille d'or

Palette, brosse plate servant à prendre les feuilles d'or

Coussin à dorer

Surface préparée avec du gesso

Feuille d'or polie au brunissoir

Brunissoir

Pointe d'agate

Feuilles d'or posées en se chevauchant légèrement

Assiette appliquée sur l'encollage

MATÉRIAUX NÉCESSAIRES POUR LA PEINTURE À LA TEMPERA

Jaune

ŒUF

Blanc

COLLE

Bec verseur

MORTIER ET PILON

ENCOLLAGE (GESSO)

Mortier

Pilon servant à écraser et à mélanger les pigments

LIANT À BASE DE JAUNE D'ŒUF

DIFFÉRENTS TYPES DE PINCEAUX

BROSSE PLATE EN SOIES DE PORC

PINCEAU EN POILS DE MARTRE, DE TAILLE 6

PINCEAU EN POILS DE MARTRE, DE TAILLE 1

LA TEMPERA / 433

■ UN EXEMPLE DE PEINTURE À LA TEMPERA

Ambroggio Lorenzetti, la *Présentation au Temple*, 1342, tempera sur bois, 257 x 168 cm

■ PIGMENTS EMPLOYÉS POUR LA PEINTURE DES CARNATIONS

VERDACCIO

VERMILLON ET BLANC DE PLOMB

VERMILLON

TERRE ROUGE (OXYDE DE FER)

- Tableau d'autel commandé pour la cathédrale de Sienne, en Italie
- Surfaces dorées à motifs décoratifs réalisés par estampage
- La teinte rouge de l'assiette est visible sous la feuille d'or.
- Limites d'une feuille d'or
- Netteté des contours caractéristique de la tempera
- Le noir de vigne suggère la pénombre de l'intérieur de la cathédrale.
- Rehauts de blancs sur la barbe, appliqués une fois les couches de couleur achevées
- Draperie rouge obtenue avec du vermillon
- La main droite est levée, le doigt pointé, dans la posture de la prophétie.
- Pavement en perspective donnant l'illusion de la profondeur
- Tache de vernis décolorée, provoquée par un nettoyage

■ DIFFÉRENTS PIGMENTS

MALACHITE

LAPIS LAZULI (BLEU D'OUTREMER)

NOIR DE VIGNE

JAUNE DE PLOMB OU D'ÉTAIN

Les tons chauds des chairs sont obtenus par des glacis de vermillon, ceux de blanc sur une base de verdaccio.

Le bleu tiré du lapis lazuli, aussi coûteux que l'or, est réservé à la Vierge, dont c'est la couleur symbolique.

Les auréoles dorées brillent à la lumière des cierges.

Craquelure (fente dans la surface picturale)

■ DÉTAIL DE LA *PRÉSENTATION AU TEMPLE*

LA FRESQUE

La fresque est une technique de peinture murale : on distingue la vraie fresque (buon fresco) de la sèche (fresco secco). Dans la première, les pigments sont dilués à l'eau et appliqués sur un enduit de chaux frais et donc encore humide (l'intonaco). L'enduit absorbe la couleur et, en séchant, la composition peinte fait partie intégrante de la surface du mur ou du plafond. L'enduit est appliqué en sections correspondant à la surface que le peintre estime pouvoir peindre en une journée, avant qu'il ne soit sec. La gamme des couleurs employées dans la fresque est limitée car seuls les pigments résistant à la chaux peuvent convenir. La chaux éteinte et le gypse permettent d'obtenir des blancs adaptés à la fresque. Dans le cas de la fresque sèche, les pigments sont mélangés avec un liant, appliqués sur un enduit sec. Comme elle n'est que superficielle, cette couche picturale est plus sensible aux dégradations dans le temps.

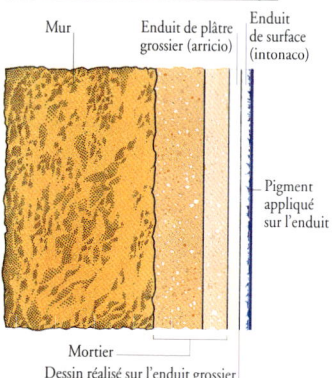

COUPE SUR UN MUR PEINT À FRESQUE

Mur — Enduit de plâtre grossier (arricio) — Enduit de surface (intonaco) — Pigment appliqué sur l'enduit — Mortier — Dessin réalisé sur l'enduit grossier

DIFFÉRENTS PIGMENTS DE TERRE

TERRE D'OMBRE

TERRE ROUGE (OXYDE DE FER)

TERRE VERTE

OMBRE OU TERRE DE SIENNE

INGRÉDIENTS NÉCESSAIRES POUR LES BLANCS DE FRESQUES

Craie (gypse) — Tablette de marbre servant à mélanger les ingrédients — Blanc de San Giovanni — Chaux éteinte

DIFFÉRENTS PINCEAUX À FRESQUE

Brosse ronde en soies de porc — Brosse arrondie en soies de porc — Brosse pointue en soies de porc — Lien résistant à la rouille

TONDO — MUCCINI — RIGA

UN EXEMPLE DE FRESQUE

Giotto, *Les Marchands chassés du Temple*, vers 1306, fresque, 200 × 185 cm

Le Temple joue le rôle d'arrière-plan de l'action.

Blanc de San Giovanni (poussière de marbre)

Auréoles des apôtres en feuille d'or

Teinte du manteau obtenue avec de la terre verte

Figure d'enfant peinte sur la robe d'un apôtre

Cette fresque appartient à une série qui se trouve dans la chapelle Arena, à Padoue, en Italie.

Des parties peintes en bleu azur ont viré au vert car le pigment a réagi au dioxyde de carbone dégagé par la chaux.

Le raccord entre les giornate est visible au-dessus des têtes.

Le pigment de terre rouge appliqué à la vraie fresque a conservé la richesse de sa vive couleur.

Le bleu azur appliqué au fresco secco s'est détaché du mur, laissant apparaître l'enduit.

Surface mate caractéristique du buon fresco

L'artiste devait achever sa journée (giornata) avant le séchage.

Le visage de l'enfant a été peint à la vraie fresque.

La colombe blanche symbolise le Saint-Esprit.

Le corps de l'enfant a été peint sur l'enduit sec et a perdu ses couleurs.

La fresque était réalisée en sections, en commençant par la partie supérieure.

Dessin (sinopia) à la terre rouge

Raccord entre sections

Les sections sans détails pouvaient être peintes rapidement, et ont ainsi une grande surface.

Les sections contenant de nombreux détails, comme les visages, exigeaient plus de temps, d'où leur petite taille.

■ DÉTAIL DES *MARCHANDS CHASSÉS DU TEMPLE*

■ SECTIONS QUOTIDIENNES (GIORNATE) DANS LES *MARCHANDS CHASSÉS DU TEMPLE*

LES ARTS PLASTIQUES

LA PEINTURE À L'HUILE

La peinture à l'huile consiste en un mélange de pigments broyés et d'un liant siccatif à base d'huile végétale, en particulier l'huile de lin. La peinture ainsi obtenue peut être appliquée sur des supports variés, le plus courant étant la toile, tendue sur un châssis en bois et recouverte d'une préparation à base de colle et d'une couche d'apprêt. Les principaux types de pinceaux employés sont les brosses dures en soies de porc, généralement utilisées pour la couverture de larges surfaces, et les pinceaux doux en poils de martre ou en fibres synthétiques, plutôt réservés aux détails. D'autres instruments, les couteaux en particulier, permettent d'obtenir des effets différents. La peinture à l'huile peut être employée pure, selon la technique de l'impasto, ou diluée, grâce à l'emploi de solvants.

PALETTE EN FORME DE HARICOT

VERNIS À BASE DE RÉSINE DE DAMMAR

Les cristaux sont dissous, puis employés comme vernis protecteur de la surface picturale.

TUBES DE PEINTURE À L'HUILE DU COMMERCE

ROUGE DE CADMIUM

Couleur opaque et lumineuse

BLEU OUTREMER

Couleur transparente

HUILE DE LIN

L'huile est extraite des graines du lin

DES PIGMENTS

ROUGE DE CADMIUM

BLEU CÉRULÉEN

GODET DOUBLE, FIXÉ À LA PALETTE

Couvercle vissé

Godet pour l'huile ou le solvant

BROSSES DURES EN SOIES DE PORC

Brosse droite en soies de porc

Brosse arrondie en soies de porc

Brosse droite en soies de porc

Brosse arrondie en soies de porc

BROSSE SYNTHÉTIQUE

Pinceau fin et arrondi en soies de porc

MATÉRIEL POUR LA PEINTURE À L'HUILE

Boîte étanche pour la conservation de la peinture

Couteau servant à mélanger l'huile et les pigments

COUTEAUX DE PEINTRE

COUTEAU EN FORME DE TRUELLE

COUTEAU EN POINTE DE DIAMANT

PINCEAU EN POILS DE MARTRE

DIFFÉRENTS TYPES DE PINCEAUX

Lame

Lame

Pilon en verre servant à écraser le mélange huile-pigment

Plaque de verre dépoli

Manche coudé en acier

Manche coudé en acier

Long manche en bois

Boîte protectrice en plastique

LA PEINTURE À L'HUILE / 437

UN EXEMPLE DE PEINTURE À L'HUILE
Vincent Van Gogh, *Fritillaires*, 1886, huile sur toile, 73,5 x 60,5 cm

L'artiste a signé dans la peinture encore fraîche avec la pointe du manche d'un pinceau.

Chaque feuille est peinte d'un seul et rapide coup de pinceau.

Touches épaisses de peinture pure (impasto)

Les coups de pinceau formant la surface de la table conduisent le regard vers le vase.

Les formes du vase sont rehaussées de généreuses touches de jaune.

L'arrière-plan est animé par des pointes de blanc et de vert.

Le bleu et l'orange, deux couleurs complémentaires qui se mettent mutuellement en valeur, produisent par leur juxtaposition un brillant contraste.

CHEVALET D'ATELIER ORIENTABLE

Taquet mobile permettant de bloquer le haut de la toile

Support de la toile

Vis de réglage de la hauteur

Clé de réglage de l'orientation

Trépied

TOILE TENDUE SUR UN CHÂSSIS EN BOIS (VUE ARRIÈRE)

Agrafe

Toile préparée par encollage et couche d'apprêt

Châssis en bois

Toile vierge

DIFFÉRENTS TYPES DE TOILES

COUTIL DE COTON

LIN RAFFINÉ

LIN GROSSIER

LES ARTS PLASTIQUES

L'AQUARELLE

L'aquarelle consiste en un mélange de pigments avec un liant soluble dans l'eau, en particulier la gomme arabique. Elle est généralement appliquée sur le papier à l'aide de pinceaux doux, en lavis successifs, fins et transparents, qui permettent de monter progressivement l'intensité colorée. Les techniques du lavis sont variées, on peut par exemple laver sur papier mouillé, laver sur des couches encore humides, ou bien encore juxtaposer des lavis pour obtenir des effets de fondu. Il est également possible d'utiliser une éponge pour absorber la couleur en excès afin d'éclaircir un lavis ou de supprimer une teinte. L'aquarelle peut également être employée non diluée, on obtient ainsi un effet irrégulier selon la surface du papier. Transparente en général, l'aquarelle permet à la lumière de jouer avec la surface du papier et d'offrir des effets de lumière saisissants. En lui ajoutant du blanc de plomb, ou blanc de Chine, on en fait un médium opaque appelé gouache.

■ GOMME ARABIQUE

Résine naturelle d'acacia

■ ÉPONGE NATURELLE

■ ANATOMIE D'UN PINCEAU

Poils de martre souples — Pointe

Manche en bois

■ PINCEAUX EN POILS SOUPLES

Les poils sont taillés et fixés dans une frette (embout ferré).

PINCEAU ROND EN POILS DE MARTRE, DE TAILLE 6

Frette cylindrique

Poils liés par un nœud en demi-clé

PINCEAU ROND EN POILS DE MARTRE, DE TAILLE 1

■ TUBES D'AQUARELLE

BROSSE PLATE SYNTHÉTIQUE

VERT WINDSOR

BROSSE EN PETIT-GRIS

■ BOÎTE D'AQUARELLE PORTATIVE

JAUNE DE CADMIUM

Gamme de couleurs

Blanc de Chine   Pain d'aquarelle

Le couvercle peut servir de palette.

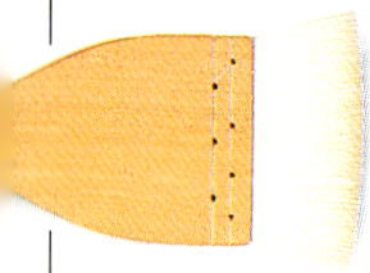

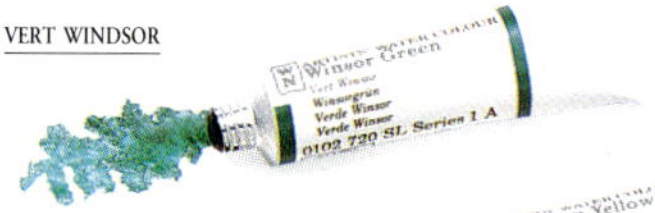

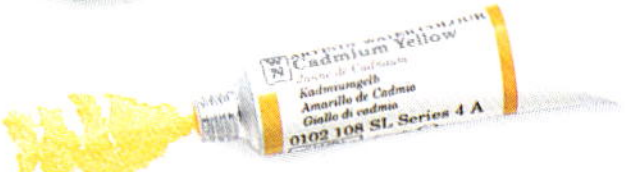

LARGE BROSSE À LAVIS EN POILS DE CHÈVRE

L'AQUARELLE / 439

■ UN EXEMPLE D'AQUARELLE
Turner, *L'Incendie du Parlement de Londres*, 1834, aquarelle sur papier, 29,2 x 44,5 cm

La superposition des lavis transparents donne aux tons leur profondeur.

Les zones claires sont obtenues ici par grattage au scalpel.

La foule est réalisée par petites touches de pinceau sur un fond de lavis clair.

L'effet lumineux est dû à la transparence du pigment qui laisse la lumière atteindre la surface du papier.

Le papier est visible sous les couches de lavis les plus fines et donne aux flammes une lumière plus forte.

Aquarelle non diluée, puis lavée sur le papier, afin d'obtenir un effet de reflet dans l'eau

■ LES TECHNIQUES DU LAVIS

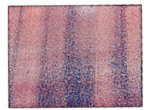

■ LAVIS SUR AQUARELLE SÈCHE
Le lavis d'une aquarelle appliquée au pinceau sec produit un effet à deux tons d'une même couleur.

■ LAVIS EN DÉGRADÉ
Un lavis vigoureux appliqué sur une feuille inclinée provoque cet effet de dégradé.

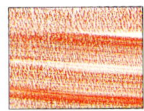

■ AQUARELLE À SEC
La peinture non diluée accroche les aspérités de la surface du papier et donne un effet irrégulier.

■ LAVIS SUR LAVIS
Deux lavis voisins se combinent pour offrir un effet de fusion.

■ DIFFÉRENTS TYPES DE PAPIERS À AQUARELLE

PAPIER À GRAIN FIN

PAPIER À GRAIN MOYEN

PAPIER À GRAIN FORT

CERCLE CHROMATIQUE À L'AQUARELLE

Jaune primaire

Orange (couleur secondaire, mélange de rouge et de jaune primaires)

Vert (couleur secondaire, mélange de jaune et de bleu primaires)

Bleu primaire

Violet (couleur secondaire, mélange de rouge et de bleu primaires)

Rouge primaire

LES ARTS PLASTIQUES

LE PASTEL

Le pastel est obtenu par le mélange de pigments avec de la craie et un liant comme la gomme arabique ; sa dureté dépend de la proportion entre la craie et le liant gras. Le pastel tendre, le plus courant, contient juste assez de liant pour que le bâtonnet conserve sa forme. Il peut être appliqué sur n'importe quelle surface, du moment que celle-ci a suffisamment de grain pour l'accrocher ; les particules de pastel se logent ainsi dans la texture du matériau support. Les traits au pastel ont un velouté, une matité remarquables et se prêtent parfaitement aux mélanges et aux estompes, réalisés sur le support au moyen des doigts, de buvards ou de tampons en papier, de brosses douces, de gommes tendres ou même de mie de pain. Les teintes peuvent également être superposées par couches successives en appliquant les bâtons de pastel très légèrement sur toute leur longueur afin de laisser apparaître la couche inférieure. Une autre technique d'application du pastel, le travail en hachures, consiste à réaliser de petites touches parallèles avec la pointe des bâtons, généralement sur un fond déjà coloré. Il faut enfin vaporiser une couche de fixatif une fois le dessin achevé, parfois entre différentes couches, afin d'éviter les mélanges inopportuns.

FABRICATION DES PASTELS

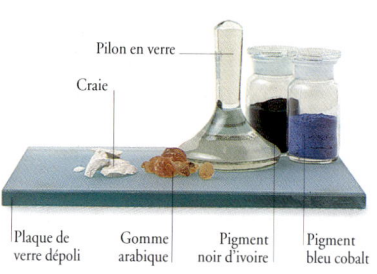

Pilon en verre
Craie
Plaque de verre dépoli
Gomme arabique
Pigment noir d'ivoire
Pigment bleu cobalt

DIFFÉRENTS PASTELS TENDRES

PASTEL MOYEN BLEU COBALT
PASTEL MOYEN ROUGE VERMILLON
PASTEL GRAS VERT OLIVE
PASTEL GRAS MAUVE

BOÎTE DE PASTELS ASSORTIS

La boîte contient deux gammes de couleurs, destinées au portrait et au paysage.

Des compartiments réservés dans la mousse protègent les fragiles bâtons de pastel.

Pastel tendre

Plateau en bois

NÉCESSAIRE POUR LE DESSIN AU PASTEL

GOMME TENDRE
PAIN
Mie de pain employée pour gommer ou mélanger

BOMBE AÉROSOL DE FIXATIF

PINCEAU DOUX EN SOIES

TAMPONS EN BUVARD

Pointe douce utilisée pour les mélanges

Rouleau de buvard compact

UN EXEMPLE DE DESSIN AU PASTEL

Edgar Degas, *Femme à sa toilette*, vers 1898, pastel sur carton, 62,5 x 65,5 cm

Pastel appliqué directement sur le support

Les couleurs sont combinées entre elles avec les doigts ou au buvard.

Couches superposées de pastels

Le riche coloris de l'étoffe a été obtenu par la superposition de jaunes et d'oranges purs.

Couleurs hachées obtenues par superposition de fines couches de pastels

La teinte du carton apparaît sous les couches les plus fines.

La juxtaposition de couleurs pures et vives produit des contrastes forts.

DÉTAIL DE LA *FEMME À SA TOILETTE*

Technique des hachures employée pour obtenir les carnations

DIFFÉRENTS TYPES DE SUPPORTS EMPLOYÉS POUR LE PASTEL

PAPIER À AQUARELLE À GRAIN FORT

PAPIER DE VERRE

PAPIER À AQUARELLE À GRAIN MOYEN

PAPIER INGRES

CARTON À PASTEL

PAPIER CANSON

DIFFÉRENTS TYPES DE PAPIERS TEINTÉS

LES ARTS PLASTIQUES

L'ACRYLIQUE

On appelle peinture acrylique un mélange de pigments avec un liant à base de résine synthétique, soluble avec de l'eau, mais qui devient insoluble en séchant. Elle peut être appliquée sur n'importe quel papier, ainsi que sur des cartons apprêtés ou des toiles. Divers instruments sont utilisés : pinceaux et brosses, couteaux, rouleaux, aérographes, grattoirs à découpes, etc. La souplesse de l'acrylique permet une grande variété de techniques ; elle peut être utilisée pure, et donc opaque, ou bien diluée pour obtenir un effet proche de celui de l'aquarelle. On peut également y ajouter différents médiums pour la technique de l'impasto ou pour lui donner une consistance plus épaisse, plus fine, plus mate ou plus brillante. Comme l'acrylique a un temps de séchage court, on peut rapidement repasser des couches successives et recouvrantes.

DIFFÉRENTS TYPES DE PINCEAUX

Brosse en soies de porc
Pinceau en poils de martre
Brosse ronde en soies de porc
Pinceau dur synthétique
Brosse douce synthétique
Brosse en poils de chèvre
Brosse en poils de bœuf
Brosse plate synthétique

DIFFÉRENTES COULEURS ACRYLIQUES

Jaune citron
Vert phtalique
Bleu céruléen
Bleu phtalique
Rouge quinacrine
Blanc de titane
Bloc de palettes jetables en papier
Ocre jaune
Ombre brûlée
Terre de Sienne brûlée

COUTEAU DE PEINTRE EN MATIÈRE PLASTIQUE

Lamelle de plastique flexible
Manche en matière plastique

LES INSTRUMENTS

Effet de pointillé en employant de la peinture non diluée
Effet de striures
Grattoir à colle
Carte de crédit
Peinture répartie uniformément

GRATTOIRS EN MATIÈRE PLASTIQUE

Godet à peinture
Piston
Buse
Ton dégradé

AÉROGRAPHE

Tuyau d'air
Ton uniforme

ROULEAU ÉPONGE

UN EXEMPLE DE PEINTURE À L'ACRYLIQUE

David Hockney, *A Bigger Splash*, 1967, acrylique sur toile, 242,5 x 243,8 cm

Peinture étalée uniformément au rouleau

Toile en coutil de coton

La régularité parfaite des surfaces peintes au rouleau est accentuée par l'adjonction d'un gel à la peinture.

Des bandes de papier-cache ont été collées sur la toile pour définir les formes principales, les espaces laissés libres peints au rouleau.

La fine bande correspondant aux limites de la piscine n'a pas été peinte.

La gerbe d'eau provoquée par le plongeon a été réalisée au pinceau avec une peinture plus épaisse.

La bordure du plongeoir est imprécise car la peinture s'est infiltrée sous la bande de papier-cache.

DIFFÉRENTS MÉDIUMS ET DIVERSES TECHNIQUES

Effet opaque

Effet de boudin obtenu par compression

Peinture appliquée au couteau

PEINTURE ACRYLIQUE VIOLETTE

PEINTURE ACRYLIQUE JAUNE

PEINTURE ACRYLIQUE ORANGE

Effet de transparence imitant l'aquarelle

Impasto épais à structure rugueuse

PEINTURE ACRYLIQUE BLEU DILUÉE À L'EAU

PEINTURE ACRYLIQUE VERTE MÉLANGÉE AVEC UN GEL

Glaçage translucide en impasto

PEINTURE ACRYLIQUE ROUGE MÉLANGÉE À UNE PÂTE À GRAINS

LA CALLIGRAPHIE

La calligraphie est l'art d'écrire les lettres ; le terme s'applique aussi bien à la rédaction de textes qu'à la réalisation de lettres enluminées qui met en œuvre la couleur et la feuille d'or. Le matériel minimal consiste en un outil pour écrire, la plume étant l'un des plus anciens, de l'encre et un support. Les plumes d'oie ou de dinde sont recherchées pour leur flexibilité et leur capacité à produire des lignes d'une grande finesse ; leur pointe est cependant fragile et doit être régulièrement recoupée et taillée. En Occident, l'instrument de calligraphie le plus fréquent est le porte-plume à plume métallique amovible. Cette dernière, très résistante, peut prendre des formes très diverses, adaptées à des styles de lettrages différents. Certaines ont leur propre réservoir d'encre, d'autres en ont un amovible. On peut également employer des pinceaux, soit pour écrire, soit pour poser des aplats de couleur entre des traits ou bien encore pour réaliser un décor. Parmi les nombreux autres instruments de la calligraphie, on trouve aussi bien les stylos-plumes, les feutres, les rotrings que les calames en jonc. Les encres sont soit liquides, soit sous forme de bâtonnets qu'il faut diluer. Le meilleur support pour la calligraphie, et le plus courant, reste le papier de bonne qualité, à surface régulière. Pour se placer dans une position parfaite, le calligraphe se sert d'une planche à dessiner inclinable.

MATÉRIEL EMPLOYÉ POUR LA CALLIGRAPHIE AU PINCEAU

Repose-pinceaux
Pinceau en poils de loup
Pinceau en poils de chèvre

PINCEAUX ET REPOSE-PINCEAUX

Encre liquide obtenue par mixage avec de l'eau distillée

Bâtonnet solide d'encre à base de charbon
Pierre à diluer

ENCRE SOLIDE ET PIERRE À DILUER

Plume

STYLOS, PLUMES ET PINCEAUX

PORTE-PLUME

PLUME EN CUIVRE **PLUME À BILLE**

STYLO-FEUTRE

PLUME RONDE ET RÉSERVOIR D'ENCRE AMOVIBLE

ROTRING

PINCEAU EN POILS DE CHÈVRE

PINCEAU EN POILS DE LOUP

Plume taillée pour une meilleure tenue en main

JONC

BOUTEILLE D'ENCRE ET STYLO-PLUME

Bouteille d'encre permanente noire
Réservoir
Agrafe

BROSSE EN POILS DE MARTRE

Réservoir

Plume

PINCEAU FIN EN POILS DE MARTRE

Pointe taillée   **PLUME D'OIE**

Capuchon

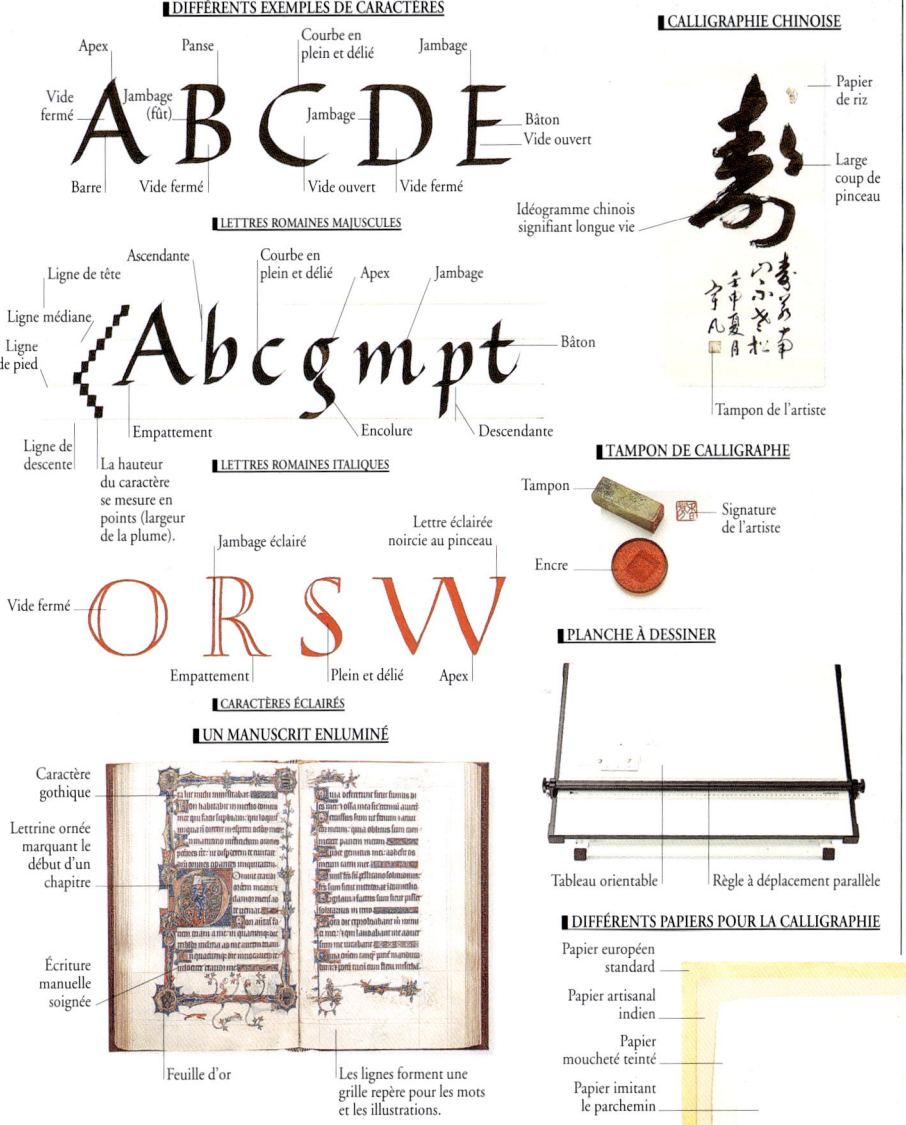

LES ARTS PLASTIQUES

LA GRAVURE 1

Le terme de gravure regroupe quatre techniques de base : la taille douce, la lithographie, le relief et la sérigraphie. Dans le cas de la gravure en taille douce, ou en creux, les traits sont gravés à la main avec des outils métalliques, ou bien tracés à l'eau-forte, à la surface d'une plaque de cuivre. L'eau-forte est un acide qui a une action corrosive sur le métal. La plaque est ensuite encrée et essuyée : seules les parties en creux, les tailles, sont alors imprégnées d'encre. La lithographie a pour principe la répulsion mutuelle de l'eau et des corps gras : l'image à reproduire est dessinée sur une pierre plate ou une plaque de métal avec une matière grasse, l'encre lithographique. Elle est ensuite fixée sur le support par adjonction d'une solution acide. La surface est ensuite nettoyée puis encrée, l'encre n'adhère que sur les surfaces corrodées et est repoussée par l'eau. Dans le cas de la gravure en relief, les parties non peintes d'une plaque de bois ou de linoléum sont enlevées à l'aide de divers instruments métalliques. Les surfaces qui seront imprimées, apparaissant en relief, sont alors encrées. Dans la sérigraphie, procédé de gravure à plat, l'encre est transmise au papier au moyen d'un écran tendu sur un cadre en bois. Un stencil, ou pochoir, est placé sur l'écran afin d'obturer les parties qui ne seront pas imprimantes : l'encre est alors forcée à travers l'écran, et l'image apparaît en positif sur le papier.

LES QUATRE PRINCIPAUX TYPES DE GRAVURE

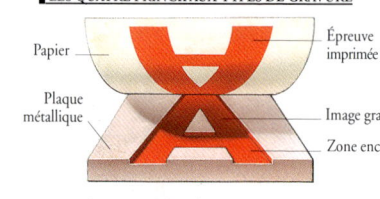

TAILLE DOUCE

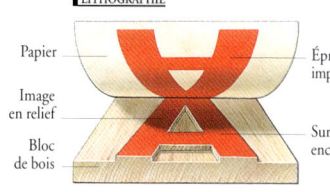

LITHOGRAPHIE

GRAVURE EN RELIEF

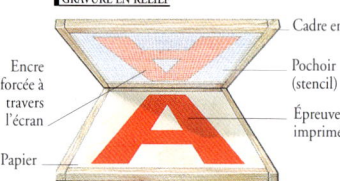

SÉRIGRAPHIE

TAMPON ENCREUR EN CUIR

INSTRUMENTS POUR LA TAILLE DOUCE

BERCEAU — POINTE SÈCHE — ROULETTE — GRATTOIR

BRUNISSOIR

BÉTAU

PRESSE EMPLOYÉE POUR LA GRAVURE EN CREUX

- Roue
- Papier
- Molleton absorbant l'humidité et répartissant la pression exercée par les cylindres
- Rayon
- Réglage de la pression
- Poignée
- Cylindre supérieur
- Épreuve imprimée
- Guides
- La planche gravée est passée entre les deux cylindres de la presse.
- Plaque de cuivre encrée

BASE

Base résistante à l'acide, étalée sur la plaque de métal avant gravure à l'eau-forte

ROULEAU

- Gélatine
- Manche en bois

UN EXEMPLE DE TAILLE DOUCE
Jock McFadyen, *Annie with a Sun Hat*, 1993, eau-forte sur cuivre, 41 x 40 cm

DIFFÉRENTS PAPIERS POUR LA GRAVURE

LES ARTS PLASTIQUES

LA GRAVURE 2

UNE PIERRE LITHOGRAPHIQUE ET UNE ÉPREUVE
Mandy Bonnell, *Crown Gateway 2*, 1987, lithographie, 50 x 40 cm

Image dessinée sur la pierre

Épreuve lithographique

UN EXEMPLE DE SÉRIGRAPHIE
Patrick Hugues, *Sea Change*, 1992, sérigraphie, 77 x 94,5 cm

ÉCRAN ET RACLETTE

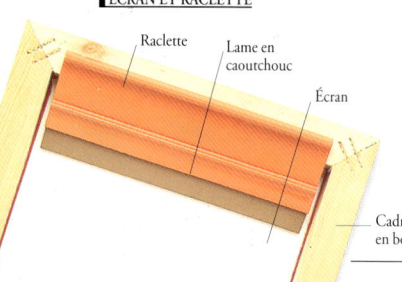

Raclette
Lame en caoutchouc
Écran
Cadre en bois

MATÉRIEL DE LITHOGRAPHIE

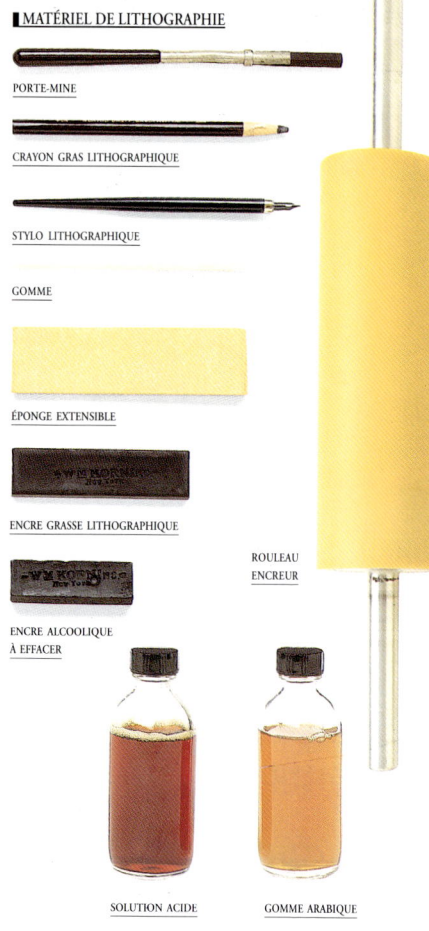

PORTE-MINE

CRAYON GRAS LITHOGRAPHIQUE

STYLO LITHOGRAPHIQUE

GOMME

ÉPONGE EXTENSIBLE

ENCRE GRASSE LITHOGRAPHIQUE

ENCRE ALCOOLIQUE À EFFACER

ROULEAU ENCREUR

SOLUTION ACIDE

GOMME ARABIQUE

ENCRES SOLUBLES POUR SÉRIGRAPHIE

ENCRE ACRYLIQUE BLEUE

ENCRE ACRYLIQUE ROUGE

ENCRE VÉGÉTALE BRUNE

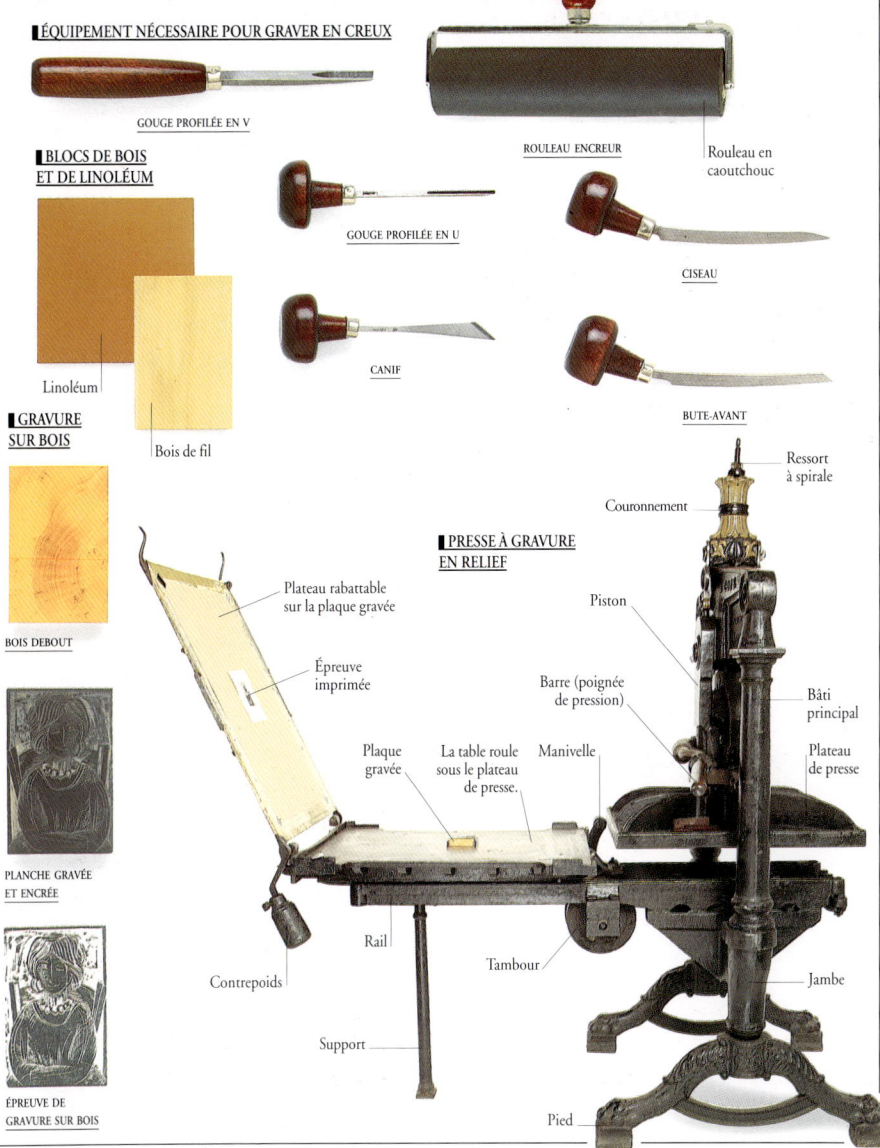

LES ARTS PLASTIQUES

LA MOSAÏQUE

La mosaïque est l'art de composer des motifs avec des tesselles, petites pièces de verre coloré, de marbre, de terre vernissée, etc. À chaque matériau correspondent des outils spécifiques permettant de tailler les tesselles : marteau et lame placée dans un billot pour l'émail vitrifié et le marbre, pince coupante pour la pâte de verre. La mise en œuvre des tesselles peut se faire selon deux techniques. La première, directe, consiste à les disposer directement sur un enduit à base de ciment. La seconde, indirecte, nécessite un dessin préparatoire inversé sur papier ou toile ; les tesselles sont fixées par leur face sur ce support au moyen d'une colle soluble, et l'ensemble est enfin appliqué sur le support définitif. Il suffit ensuite de retirer le papier ou le support de la toile pour faire apparaître l'endroit de la mosaïque ; les joints entre les tesselles sont comblés avec une barbotine (coulis de ciment). La mosaïque se prête parfaitement au décor des murs ou des sols, mais aussi à celui d'objets d'art.

■ MATÉRIEL DE DÉCOUPE DU MARBRE

Tasseau de marbre détaillé à la scie
Marteau de mosaïste
Tesselles de marbre rouge (alicante)
Lame prise dans un billot de bois

■ PINCE COUPANTE

Tranchant extra dur au carbure de tungstène
Manches gainés

■ LES OUTILS DU MOSAÏSTE

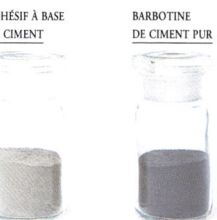

ADHÉSIF À BASE DE CIMENT
BARBOTINE DE CIMENT PUR

■ UN EXEMPLE DE MOSAÏQUE (MÉTHODE DIRECTE)
Tessa Hunkin, *Seascape*, 1993, émail vitrifié sur carton, diamètre 80 cm

■ ÉMAIL VITRIFIÉ (SMALTI)

ÉMAIL VITRIFIÉ ROUGE

ÉMAIL VITRIFIÉ JAUNE

ÉMAIL VITRIFIÉ BLEU

■ TRUELLE BRETTÉE (CRANTÉE)

Brette
Lame en acier
Poignée en bois

■ RACLETTE À BARBOTINE

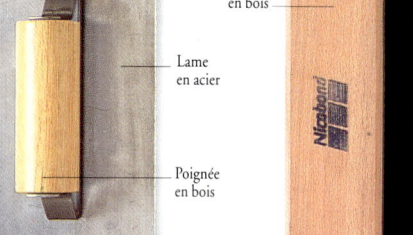

Poignée en bois
Lame en caoutchouc

Émail vitrifié à la feuille d'or

LES ÉTAPES DE LA MÉTHODE INDIRECTE

POT À DÉCOR DE MOSAÏQUE

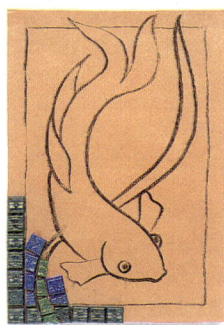

Motif géométrique

Barbotine de ciment

ESQUISSE EN COULEURS
Le dessin, en couleurs, est dessiné au pastel gras pour se rapprocher le plus possible de l'effet produit par la mosaïque.

NÉGATIF DU DESSIN
Les tesselles sont collées par leur face sur le dessin inversé sur papier, ce dernier n'étant ôté que quand la mosaïque achevée est fixée au mur.

MOTIF DÉCORATIF DE MOSQUÉE

Décor floral

Bordure géométrique

Lignes d'assemblage des tesselles (andamenti)

La barbotine forme les joints entre tesselles.

Mosaïque sur carton

Tesselle triangulaire en pâte de verre, découpée à la pince

Tesselle dorée à surface irrégulière

Tesselle dorée inversée

LA PÂTE DE VERRE

PÂTE DE VERRE VERTE ET OR

Surface lisse

Surface irrégulière

PÂTE DE VERRE ROUGE

FEUILLE DE CARREAUX EN PÂTE DE VERRE

PÂTE DE VERRE BLEUE

LA MOSAÏQUE ACHEVÉE
Tessa Hunkin, *Goldfish*, 1993,
pâte de verre sur carton, 35,5 x 25,5 cm

Bordure de tesselles carrées

LES ARTS PLASTIQUES

LA SCULPTURE 1

On distingue deux techniques principales en sculpture : la taille et le modelage. La première consiste à débiter un bloc de matière solide, pierre, marbre, bois, etc., de façon à éliminer les masses superflues. Les outils varient en fonction du matériau : poinçons, griffes et ciseaux en acier résistant, maniés avec une masse sont parfaitement adaptés à la taille de la pierre ou du marbre. Gouges aux profils divers et ciseaux, avec un maillet, sont les outils du sculpteur sur bois. Ces sculptures en matériaux denses sont généralement finies et polies avec des râpes, des polissoirs ou divers abrasifs. Dans le cas du modelage, la forme est à l'inverse créée par accumulation d'une matière souple, terre, plâtre ou cire. Ces matériaux malléables sont détaillés au moyen d'outils en fil de fer, et travaillés avec les doigts et une infinité d'instruments en bois ou en métal. Les modèles de grande taille, ou à la forme complexe, nécessitent une armature en bois ou en métal qui sert de support au matériau malléable. Ils peuvent être durcis naturellement par séchage, ou bien cuits au four. Les sculptures fondues en métal, bronze, plomb, etc., nécessitent des étapes qui commencent par une esquisse en cire qui servira à la réalisation d'un moule. Le développement de la sculpture contemporaine a très largement diversifié les matériaux (pièces métalliques industrialisées ou pièces de miroirs et de mobilier) et les techniques (sculpture cinétique ou mobiles).

OUTILS EMPLOYÉS POUR LA TAILLE DU MARBRE

Tête en fer de 1,1 kg

Manche en bois de frêne

MASSE

OUTILS DU SCULPTEUR SUR BOIS

GOUGE DROITE

RÂPE

GOUGE COURBE

CISEAU

Surface abrasive servant à aiguiser les outils

Boîte en cèdre

PIERRE À AIGUISER

COMPAS

L'écartement permet de mesurer la distance entre deux points d'une sculpture.

Jambe courbe

Pivot

DIVERS POLISSOIRS POUR LA PIERRE, LE MARBRE ET LE BOIS

POLISSOIR DE 50 CM

POLISSOIR DE 15 CM

MAILLET DE SCULPTEUR

GRIFFE LARGE (CISEAU GRAIN D'ORGE)

GRIFFE FINE

POINÇON

CISEAU DROIT

CISEAU COURBE

Surface abrasive servant à aiguiser les outils

PIERRE À AIGUISER

LA SCULPTURE 1 / 453

■ UN EXEMPLE DE SCULPTURE SUR BOIS
Donatello, *Marie-Madeleine*, 1454-1455, bois de peuplier, hauteur 188 cm

Petits trous suivant la ligne d'implantation des cheveux, réalisés au poinçon

Poli des chairs réalisé par abrasion avec de la poudre de marbre

■ UN EXEMPLE DE SCULPTURE INACHEVÉE EN MARBRE
Michel Ange, *Captif*, dit *L'Esclave rebelle*, 1513-1516, marbre, hauteur 213 cm

■ DÉTAIL DE LA TÊTE DE L'*ESCLAVE*

Cheveux travaillés au ciseau grain d'orge

Modelé délicat des mains exécuté au ciseau

Marbre blanc translucide provenant des carrières de Carrare, en Italie

Chevelure rehaussée d'une feuille d'or

La statue a été taillée dans une seule pièce de bois.

Relief profond réalisé à la gouge

Surface finie au polissoir

L'étai permet de compenser la finesse du membre.

Série de petits coups de poinçon détachant la forme du bloc

Bois enduit de gesso (enduit de plâtre), puis peint

Bloc de marbre ébauché à larges coups parallèles de poinçon battu à la masse

Le pied est taillé en ronde bosse.

Surface irrégulière produite par les coups de poinçon portés obliquement sur le marbre

Les dimensions du bloc de marbre déterminent celles de la sculpture.

■ DÉTAIL DU PIED DE L'*ESCLAVE*

LES ARTS PLASTIQUES

LA SCULPTURE 2

OUTILS DE MODELAGE

ÉBAUCHOIR À DÉCOUPER LA TERRE

MIRETTE À MODELER LA TERRE

SPATULE À MODELER LA CIRE

OUTIL ARRONDI À MODELER LA CIRE

INSTRUMENTS DE FINITION

POLISSOIR CROCHETÉ

POLISSOIR POINTU

LAMPE À ALCOOL POUR CHAUFFER LES OUTILS DE MODELAGE DE LA CIRE

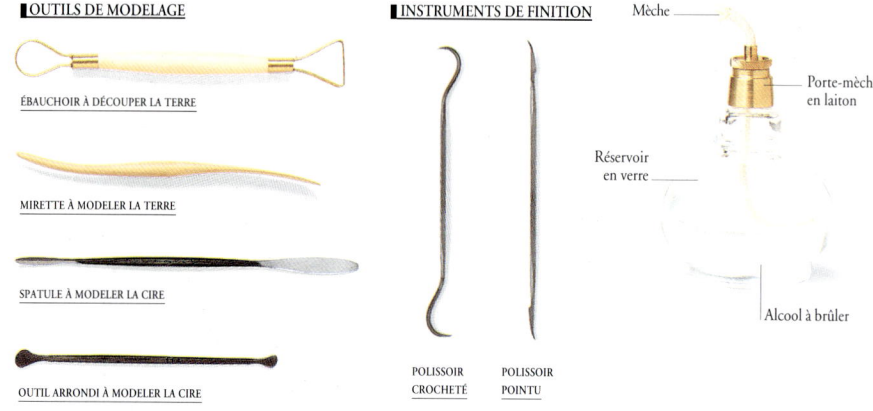

Mèche

Porte-mèche en laiton

Réservoir en verre

Alcool à brûler

LES ÉTAPES DE LA FONTE À CIRE PERDUE D'UN BRONZE DE GIAMBOLOGNA, *MARS*, VERS 1546

Armature en fil de fer recouverte de cire

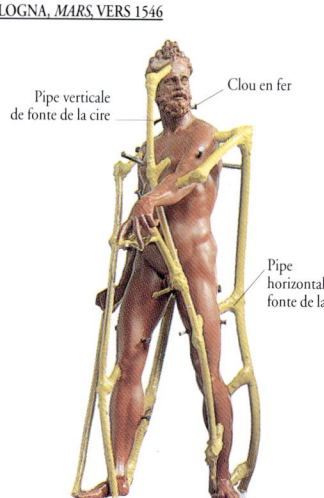

Pipe verticale de fonte de la cire

Clou en fer

Pipe horizontale de fonte de la cire

Argile résistant au feu

LA CIRE ORIGINALE
Un modèle original en cire solidifiée est réalisé par le sculpteur et conservé afin de pouvoir être reproduit.

LE MOULAGE EN CIRE CREUSE
Un nouveau modèle en cire est réalisé, creux celui-là, à partir de l'original. Il est rempli d'une âme en plâtre maintenue à l'aide de clous. Des pipes horizontales et verticales sont mises en place.

LA CUISSON DU MOULE ET DE LA CIRE
Le modèle en cire, habillé d'argile, est cuit : la cire fond et s'échappe par les pipes creuses et peut être remplacée par du bronze liquide en fusion.

LA SCULPTURE 2 / 455

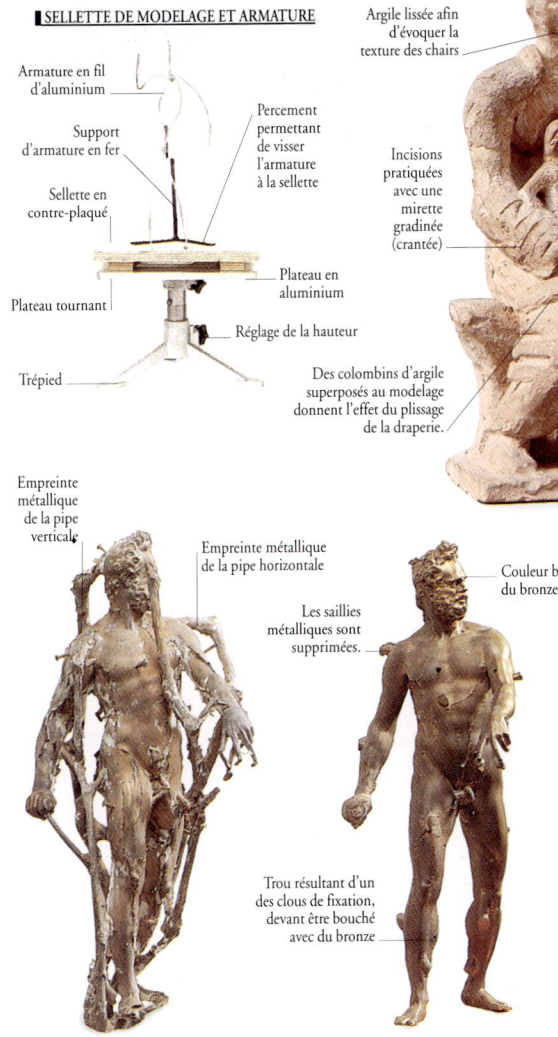

■ SELLETTE DE MODELAGE ET ARMATURE

- Armature en fil d'aluminium
- Support d'armature en fer
- Sellette en contre-plaqué
- Plateau tournant
- Trépied
- Percement permettant de visser l'armature à la sellette
- Plateau en aluminium
- Réglage de la hauteur

■ UN EXEMPLE DE MODELAGE EN TERRE GLAISE (ARGILE)
Henry Moore, *Vierge à l'Enfant*, 1943, terre cuite, hauteur 18,4 cm

- Argile lissée afin d'évoquer la texture des chairs
- Incisions pratiquées avec une mirette gradinée (crantée)
- Des colombins d'argile superposés au modelage donnent l'effet du plissage de la draperie.
- Esquisse modelée à partir d'un bloc de terre glaise
- La température de cuisson de la terre est de 1 000 à 1 050° C.
- L'esquisse est une étape préparatoire d'un bronze de grand format.
- Terre glaise travaillée grossièrement

- Empreinte métallique de la pipe verticale
- Empreinte métallique de la pipe horizontale
- Les saillies métalliques sont supprimées.
- Couleur brun doré du bronze brut
- Trou résultant d'un des clous de fixation, devant être bouché avec du bronze
- Patine brun noir

■ LE BRONZE EST DÉGAGÉ DE LA TERRE CUITE
Une fois le bronze refroidi, le moule en terre est brisé pour laisser apparaître le moulage de la statue et de ses pipes d'alimentation.

■ LA STATUE PRESQUE ACHEVÉE
Les clous sont retirés et une ouverture est pratiquée pour éliminer l'âme en plâtre. Une fois que les saillies des pipes ont été coupées, la sculpture est limée pour parfaire sa surface.

■ LA DERNIÈRE TOUCHE
L'ouvrage est nettoyé, puis poli. Une patine colorée peut également être appliquée chimiquement.

L'ARCHITECTURE

L'ÉGYPTE ANTIQUE	458
LA GRÈCE ANTIQUE	460
LA ROME ANTIQUE 1	462
LA ROME ANTIQUE 2	464
LES CHÂTEAUX FORTS ET LES MAISONS AU MOYEN ÂGE	466
LES ÉGLISES DU MOYEN ÂGE	468
LE GOTHIQUE 1	470
LE GOTHIQUE 2	472
LA RENAISSANCE 1	474
LA RENAISSANCE 2	476
LE BAROQUE ET LE CLASSICISME 1	478
LE BAROQUE ET LE CLASSICISME 2	480
LE BAROQUE ET LE CLASSICISME 3	482
LES ARCS ET LES VOÛTES	484
LES DÔMES	486
L'ARCHITECTURE ISLAMIQUE	488
L'ASIE DU SUD ET L'EXTRÊME-ORIENT	490
LE XIXᵉ SIÈCLE	492
LE DÉBUT DU XXᵉ SIÈCLE	494
L'ARCHITECTURE CONTEMPORAINE 1	496
L'ARCHITECTURE CONTEMPORAINE 2	498

L'ARCHITECTURE

L'ÉGYPTE ANTIQUE

La civilisation égyptienne, du IVe millénaire av. J.-C. jusqu'à l'annexion du pays par l'Empire romain en 30 av. J.-C., nous a laissé de nombreux temples et tombes. Les premiers sont en général monumentaux et de formes géométriques simples, ornés de hiéroglyphes et de bas-reliefs peints, représentant les dieux et les pharaons. Les sépultures revêtaient aux yeux des Égyptiens une importance majeure : croyant en une vie dans l'au-delà, ils décoraient richement les tombes à l'intention du défunt dont c'était la demeure pour l'éternité. De nombreuses formes architecturales employées par les Égyptiens ont ensuite été adoptées par d'autres civilisations, comme les colonnes et les chapiteaux que l'on retrouve dans la Grèce antique et dans le monde romain.

COUPE TRANSVERSALE

Chapiteau campaniforme (en forme de papyrus ouvert)

Architrave

Chapiteau papyriforme

Socle

Bas-côté | Nef centrale | Bas-côté

COUPE LONGITUDINALE DE LA SALLE HYPOSTYLE, TEMPLE D'AMON-RÊ, KARNAK, v. 1290 av. J.-C.

Horus, dieu solaire | Architrave | Dalle de pierre

Couronne khepresh à disque solaire

Khonsou, dieu de la Lune

Amon-Rê, roi des dieux | Hathor, déesse du Ciel | Motif papyriforme | Cartouche contenant le nom du pharaon | Socle | Allée nord-sud

L'ÉGYPTE ANTIQUE / 459

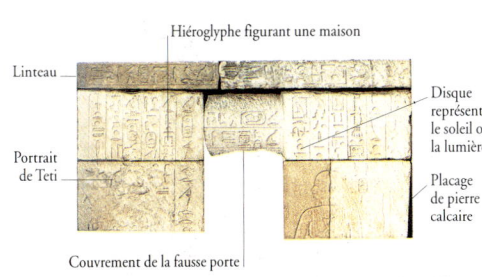

FAUSSE PORTE EN PIERRE CALCAIRE, TOMBE DU PHARAON TETI, SAQQARAH, v. 2400 av. J.-C.

Linteau • Hiéroglyphe figurant une maison • Disque représentant le soleil ou la lumière • Portrait de Teti • Placage de pierre calcaire • Couvrement de la fausse porte

CHAPITEAU COMPOSITE DE LA PÉRIODE PTOLÉMAÏQUE ROMAINE, 332-30 av. J.-C.

Feuille de palmier • Bouton de lotus • Fleur de papyrus • Feuille de papyrus • Tige de papyrus • Tige de lotus

DÉCOR ARCHITECTURAL DE L'ÉGYPTE ANCIENNE

Corniche décorée en cavet • Moulure en baguette • Claustra (transenne) • Pilier rectangulaire décoré de hiéroglyphes • Toiture de la nef centrale • Disque symbolisant le soleil ou la lumière • Architrave • Abaque carré • Chapiteau papyriforme • Colonne papyriforme • Fût de la colonne • Étage des fenêtres hautes • Pharaon rendant hommage au dieu Amon-Rê • Nef centrale

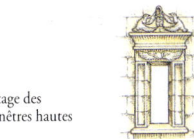

FENÊTRE DÉCORÉE, MÉDINET HABOU, 1198 av. J.-C.

DÉCOR DE CORDES ET DE PATÈRES

CHAPITEAU HATHORIQUE, À L'EFFIGIE DE LA DÉESSE DU CIEL, TEMPLE D'ISIS, PHILAE, 283-47 av. J.-C.

FRISE À DÉCOR DE LOTUS ET DE PAPYRUS

L'ARCHITECTURE

LA GRÈCE ANTIQUE

Les temples de la Grèce antique ont été élevés pour plaire aux dieux. On distingue trois ordres principaux caractérisés par leur décor mais également par les proportions de leurs éléments – colonnes, chapiteaux, entablements. Le plus ancien, l'ordre dorique, remonte au VIIe siècle av. J.-C. et se retrouve principalement en terre grecque et en Grande-Grèce (terres de l'Italie du Sud et de la Sicile colonisées par les Grecs). Le temple de Neptune à Paestum, ci-dessous, en est un exemple parfait. S'il a perdu sa toiture, sa colonnade péritpère a été parfaitement conservée. Au VIe siècle av. J.-C. se développe l'ordre ionique, plus raffiné, dans les îles de la mer Égée et en Asie Mineure ; on le reconnaît aux volutes de ses chapiteaux et aux acrotères ornant les frontons. L'ordre corinthien apparaît à Athènes au Ve siècle av. J.-C. – le chapiteau est constitué d'une corbeille habillée de feuilles d'acanthe.

CHAPITEAUX DES ORDRES DE L'ARCHITECTURE GRECQUE ANTIQUE

CHAPITEAU DORIQUE, PROPYLÉES DE L'ACROPOLE, ATHÈNES, 449 av. J.-C.

CHAPITEAU IONIQUE, PROPYLÉES DU TEMPLE D'ATHÉNA POLIAS, PRIÈNE, 334 av. J.-C.

CHAPITEAU CORINTHIEN COMPOSITE PROVENANT D'UN PORTIQUE, ASIE MINEURE

TEMPLE DE NEPTUNE, PAESTUM, ITALIE, v. 460 av. J.-C.

LA GRÈCE ANTIQUE

TEMPLE DE NEPTUNE VU DE HAUT

- Mur *naos*
- Ante (pilier carré de l'extrémité du mur de la cella)
- *Pronaos in antis* (vestibule)
- *Cella* (sanctuaire)
- Portique latéral
- Opisthodome
- Péristyle
- Colonnade hexastyle (six colonnes en façade)

DÉCORS ARCHITECTURAUX DE LA GRÈCE ANTIQUE

DÉTAIL DE FAÇADE DU TRÉSOR D'ATRÉE, MYCÈNES, 1350-1250 av. J.-C.

- Volute

FRISE DE GRECQUES, PARTHÉNON, ATHÈNES, 447-436 av. J.-C.

- Grecques entrecroisées

ACROTÈRE, TEMPLE D'APHAIA, ÉGINE, 490 av. J.-C.
- Griffon en acrotère
- Corniche rampante

ANTÉFIXE, TEMPLE D'APHAIA, ÉGINE, 490 av. J.-C.
- Palmette
- Volute

- Filet
- Égout (bordure du toit)
- Corniche
- Frise
- Architrave
- Chapiteau
- Fût
- Soubassement à gradins
- Entasis (galbe de la colonne)
- Entrecolonnement
- Cannelures

LA ROME ANTIQUE 1

À l'origine, les Romains adoptèrent les principes architecturaux de la Grèce, en particulier l'ordre corinthien. De ce fait, de nombreux monuments romains, tel le temple de Vesta, ressemblent à des constructions grecques. Un style proprement romain se dégage cependant à partir du Ier siècle, s'attachant à la structure et au décor intérieur, alors que les Grecs ne s'intéressaient guère qu'à l'apparence extérieure. Arches, voûtes, coupoles, décors peints abondent alors, comme en témoigne le Panthéon de Rome. Les colonnades extérieures – comme au Colisée de Rome ou à la Porta Nigra de Trèves – n'ont plus qu'une vocation décorative. L'architecture gréco-romaine conservera une influence pendant des siècles : ses principes sont encore mis en œuvre dans l'architecture romane au XIe siècle et dans l'architecture de la Renaissance.

DÉCOR ARCHITECTURAL

FRISE FESTONNÉE, TEMPLE DE VESTA, TIVOLI, 80 av. J.-C.

OVE ROMAIN AU RICHE DÉCOR

COUPE LONGITUDINALE DU PANTHÉON, ROME, 118-v. 128

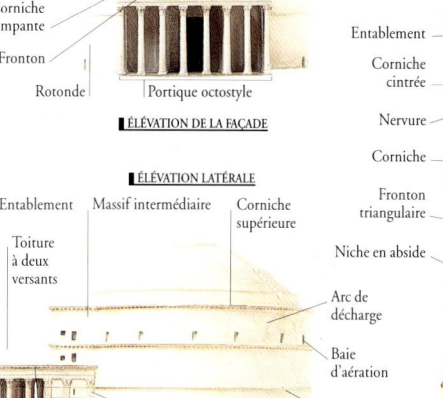

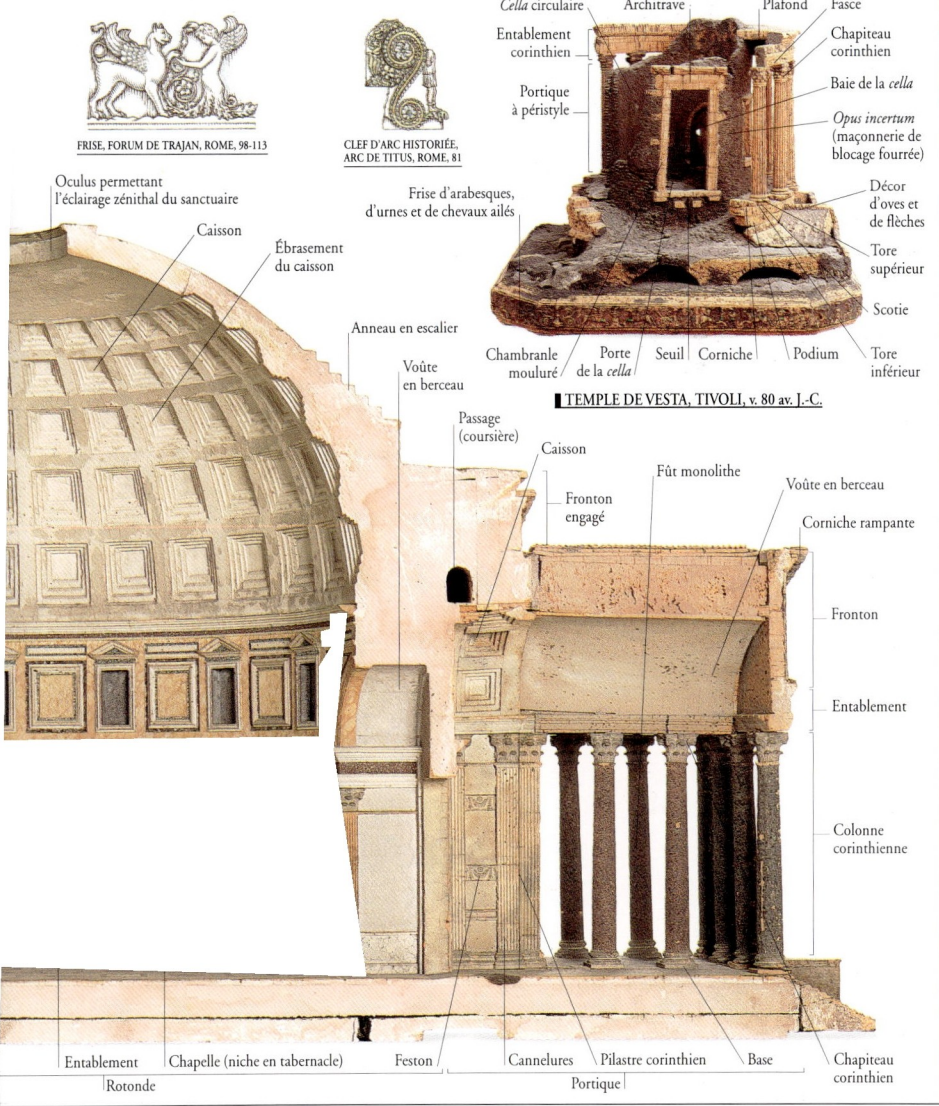

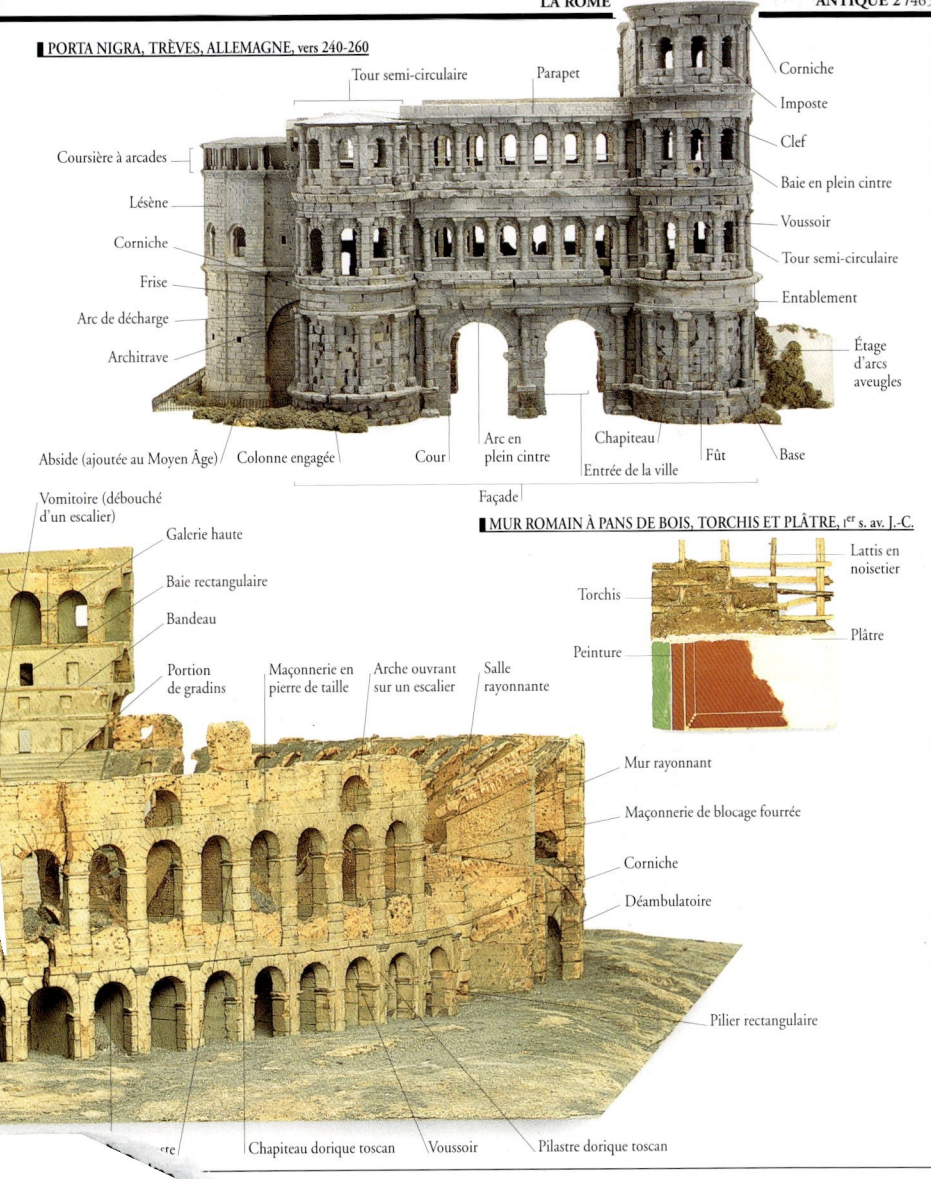

LA ROME ANTIQUE

PORTA NIGRA, TRÈVES, ALLEMAGNE, vers 240-260

- Tour semi-circulaire
- Parapet
- Corniche
- Imposte
- Clef
- Baie en plein cintre
- Voussoir
- Tour semi-circulaire
- Entablement
- Étage d'arcs aveugles
- Coursière à arcades
- Lésène
- Corniche
- Frise
- Arc de décharge
- Architrave
- Abside (ajoutée au Moyen Âge)
- Colonne engagée
- Cour
- Arc en plein cintre
- Entrée de la ville
- Chapiteau
- Fût
- Base
- Façade

MUR ROMAIN À PANS DE BOIS, TORCHIS ET PLÂTRE, Iʳ s. av. J.-C.

- Lattis en noisetier
- Torchis
- Plâtre
- Peinture

- Vomitoire (débouché d'un escalier)
- Galerie haute
- Baie rectangulaire
- Bandeau
- Portion de gradins
- Maçonnerie en pierre de taille
- Arche ouvrant sur un escalier
- Salle rayonnante
- Mur rayonnant
- Maçonnerie de blocage fourrée
- Corniche
- Déambulatoire
- Pilier rectangulaire
- Chapiteau dorique toscan
- Voussoir
- Pilastre dorique toscan

L'ARCHITECTURE

LES CHÂTEAUX FORTS ET LES MAISONS AU MOYEN ÂGE

Les guerres étaient fréquentes dans l'Europe du Moyen Âge : rois et seigneurs faisaient bâtir des châteaux essentiellement défensifs dont les plus caractéristiques ont un mur d'enceinte extérieur entouré de fossés ou de douves. À l'intérieur se trouve une cour, ou baile, protégée par une chemise, la seconde enceinte. La partie la plus résistante et la plus inaccessible du château, le donjon, peut être une tour ou bien une véritable citadelle comme la Tour de Londres. Les châteaux forts sont défendus par des tours saillantes dans le mur d'enceinte – c'était le cas de la Bastille. Les maisons médiévales, comme celles qui se trouvaient sur le pont de Londres au XIIe siècle, avaient une structure à pans de bois remplis de hourdis en torchis.

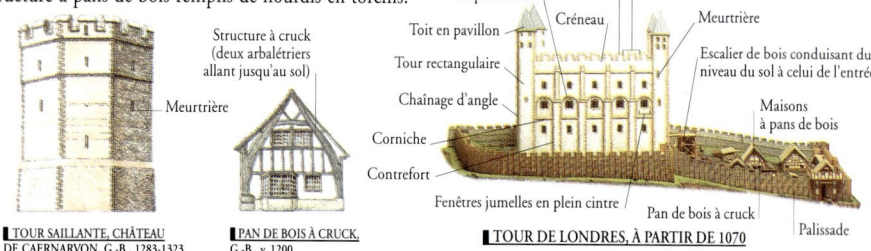

LES CHÂTEAUX FORTS ET LES MAISONS AU MOYEN ÂGE / 467

▌PONT DE LONDRES MÉDIÉVAL, 1176

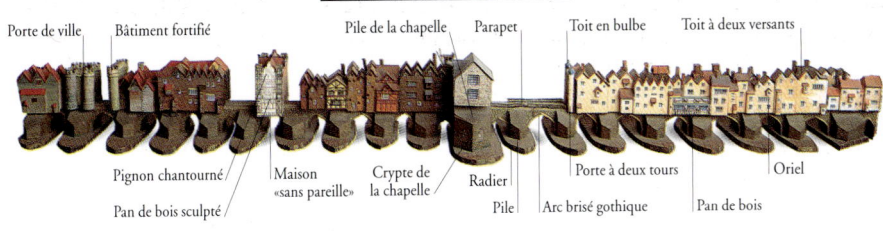

Porte de ville — Bâtiment fortifié — Pile de la chapelle — Parapet — Toit en bulbe — Toit à deux versants

Pignon chantourné — Maison «sans pareille» — Crypte de la chapelle — Radier — Porte à deux tours — Oriel

Pan de bois sculpté — Pile — Arc brisé gothique — Pan de bois

▌DONJON, COUCY-LE-CHÂTEAU, 1225-1245

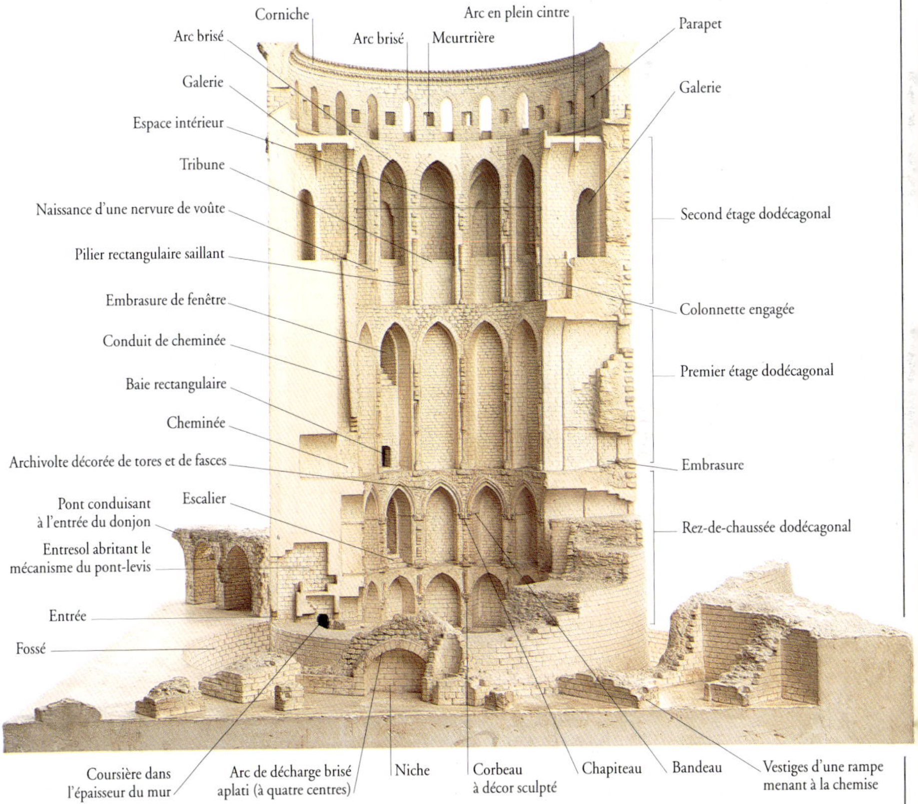

Corniche — Arc en plein cintre — Parapet
Arc brisé — Arc brisé — Meurtrière
Galerie — Galerie
Espace intérieur
Tribune
Naissance d'une nervure de voûte — Second étage dodécagonal
Pilier rectangulaire saillant
Embrasure de fenêtre — Colonnette engagée
Conduit de cheminée
Baie rectangulaire — Premier étage dodécagonal
Cheminée
Archivolte décorée de tores et de fasces — Embrasure
Pont conduisant à l'entrée du donjon — Escalier
Entresol abritant le mécanisme du pont-levis — Rez-de-chaussée dodécagonal
Entrée
Fossé

Coursière dans l'épaisseur du mur — Arc de décharge brisé aplati (à quatre centres) — Niche — Corbeau à décor sculpté — Chapiteau — Bandeau — Vestiges d'une rampe menant à la chemise

L'ARCHITECTURE

LES ÉGLISES DU MOYEN ÂGE

Au Moyen Âge, un très grand nombre d'églises furent bâties en Europe. L'une de leurs caractéristiques est d'avoir des voûtes élevées, soutenues par des piles et par des colonnes. Dès le Xe siècle, le style roman se développe. Les maîtres d'œuvre adoptent nombre de principes de l'architecture romaine ou de la première ère chrétienne, comme le plan en croix et le système basilical associant deux bas-côtés à une nef centrale. Les arcs-boutants et les voûtes d'ogives, qui apparaissent au milieu du XIe siècle, seront largement mis en œuvre par les architectes de la période gothique. L'église de Bagneux combine ces deux styles : clocher roman et nef gothique.

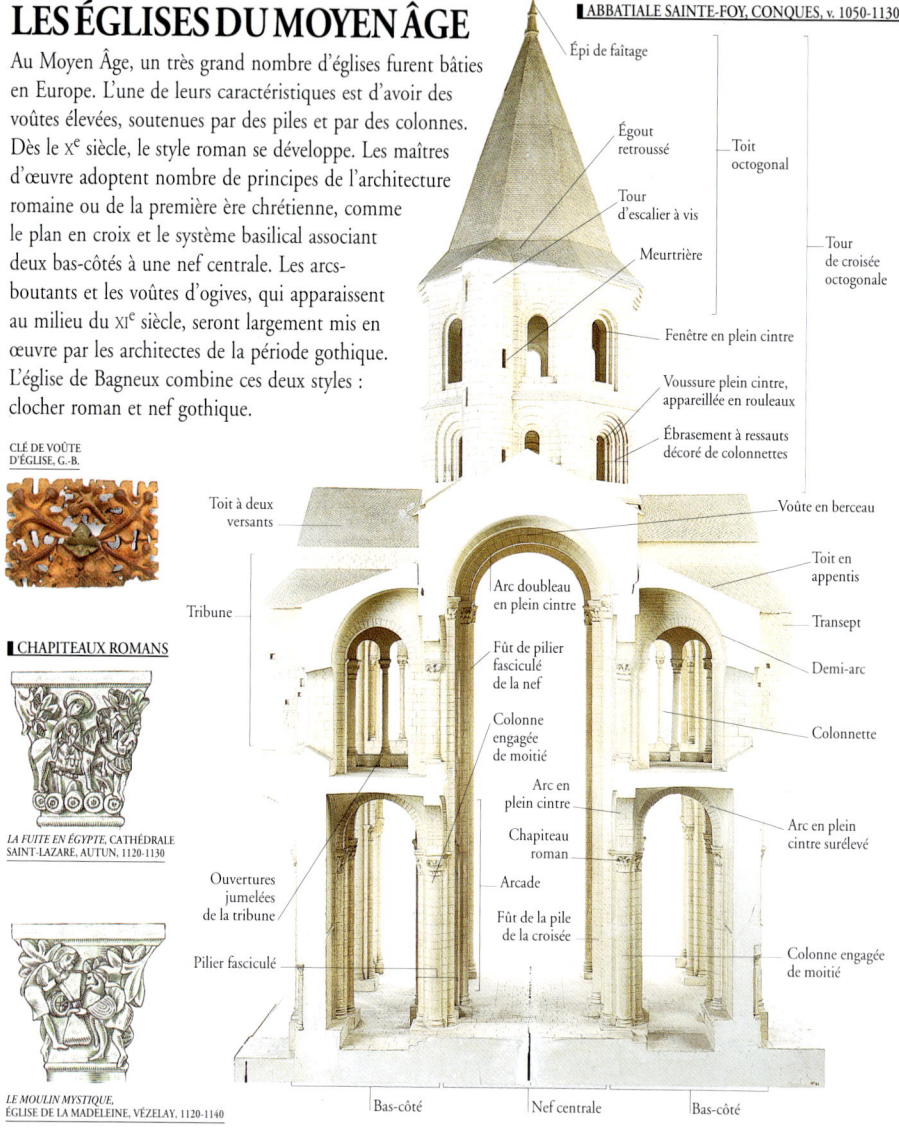

CLÉ DE VOÛTE D'ÉGLISE, G.-B.

CHAPITEAUX ROMANS

LA FUITE EN ÉGYPTE, CATHÉDRALE SAINT-LAZARE, AUTUN, 1120-1130

LE MOULIN MYSTIQUE, ÉGLISE DE LA MADELEINE, VÉZELAY, 1120-1140

ABBATIALE SAINTE-FOY, CONQUES, v. 1050-1130

- Épi de faîtage
- Égout retroussé
- Tour d'escalier à vis
- Meurtrière
- Toit octogonal
- Tour de croisée octogonale
- Fenêtre en plein cintre
- Voussure plein cintre, appareillée en rouleaux
- Ébrasement à ressauts décoré de colonnettes
- Toit à deux versants
- Voûte en berceau
- Toit en appentis
- Tribune
- Arc doubleau en plein cintre
- Fût de pilier fasciculé de la nef
- Transept
- Demi-arc
- Colonne engagée de moitié
- Colonnette
- Arc en plein cintre
- Chapiteau roman
- Arc en plein cintre surélevé
- Ouvertures jumelées de la tribune
- Arcade
- Fût de la pile de la croisée
- Pilier fasciculé
- Colonne engagée de moitié
- Bas-côté
- Nef centrale
- Bas-côté

LES ÉGLISES DU MOYEN ÂGE / 469

CHŒUR, ÉGLISE SAINT-SERGE, ANGERS, v. 1215-1220

Labels:
- Arc doubleau mouluré
- Chapelle orientée du transept
- Chœur (abside et chapelles rayonnantes)
- Clé de voûte historiée
- Lierne
- Ogive moulurée en tore
- Meurtrière
- Pignon
- Voûte d'ogives nervurée
- Voûtain
- Transept
- Formeret
- Lierne
- Arc doubleau
- Croisée du transept
- Fenêtre en plein cintre
- Clé historiée
- Coupole
- Abaque carré
- Tas-de-charge
- Colonne engagée
- Colonnette engagée
- Abaque polygonal
- Contrefort
- Chapiteau feuillagé
- Nef
- Arc doubleau à fasce simple
- Embrasure
- Abside rectangulaire
- Traversées de la nef
- Corniche
- Pilier composé engagé
- Massif antérieur
- Chapelle accotée
- Imposte à frise feuillagée
- Colonne d'arcade
- Travée de la nef centrale
- Socle octogonal

PLAN DE LA CATHÉDRALE D'ANGOULÊME À PARTIR DE 1105

ÉGLISE DE BAGNEUX, 1170-1190

Labels:
- Arc-boutant
- Abaque polygonal
- Voûtain
- Oculus
- Arc doubleau
- Voûte de la tour
- Tour
- Toit en appentis
- Combles
- Mur extérieur
- Pinacle à couverture
- Arc brisé
- Triforium
- Tore
- Chapiteau feuillagé
- Colonnette
- Voûte quadripartite
- Oculus de voûte
- Formeret
- Alette
- Pilier fasciculé engagé
- Arc en plein cintre
- Corbeau
- Imposte
- Culée
- Pile de la tour
- Embrasure
- Retraite talutée avec larmier
- Colonne engagée de moitié
- Bas-côté
- Base
- Socle carré
- Intrados d'arc à méplat entre deux tores
- Colonne de la nef
- Pilier fasciculé
- Arcade
- Nef
- Chœur
- Colonnette engagée
- Socle octogonal
- Travée

L'ARCHITECTURE

LE GOTHIQUE 1

Les éléments les plus caractéristiques de l'architecture gothique sont les voûtes d'ogives, les arcs brisés ou en lancette, les arcs-boutants, les réseaux de baies et gâbles décoratifs, enfin les vitraux. Le gothique, évolution du roman, est né en France au milieu du XIIe siècle et s'est répandu dans toute l'Europe. Le décor gothique s'est particulièrement sophistiqué en Angleterre (fin du XIIIe et XIVe siècle), et en France dans le style flamboyant (XVe et XVIe siècle) que représente l'église Saint-Maclou de Rouen. Une débauche d'éléments ornementaux comme les boutons et les réseaux géométriques complexes en «flammes» – d'où le terme flamboyant – s'ajoutent aux simples éléments de structure. Le style perpendiculaire anglais (fin du XIVe et XVe siècle), qui succède au style «décoré», accentue les lignes horizontales et verticales de sa structure. Ce principe se retrouve dans les fermes de charpentes à blochets saillants.

VITRAIL GOTHIQUE À MOTIF DE VOLUTE FEUILLAGÉE SUR UNE FORME EN BOIS

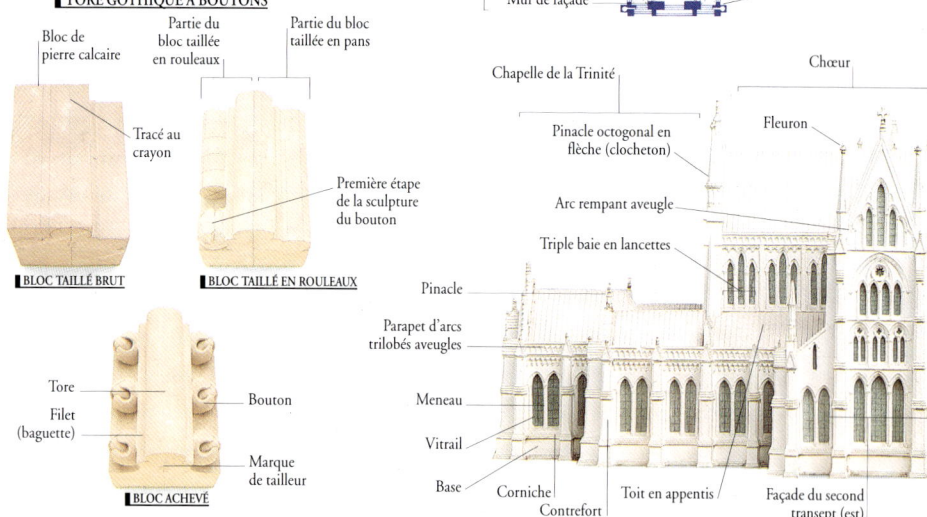

■ PLAN

■ TORE GOTHIQUE À BOUTONS

■ BLOC TAILLÉ BRUT

■ BLOC TAILLÉ EN ROULEAUX

■ BLOC ACHEVÉ

LE GOTHIQUE 1 / 471

CATHÉDRALE DE SALISBURY, GRANDE-BRETAGNE
1220-1280 (FLÈCHE AJOUTÉE AU XIVᵉ s.)

ÉLÉVATION DE LA FAÇADE

FAÇADE OUEST

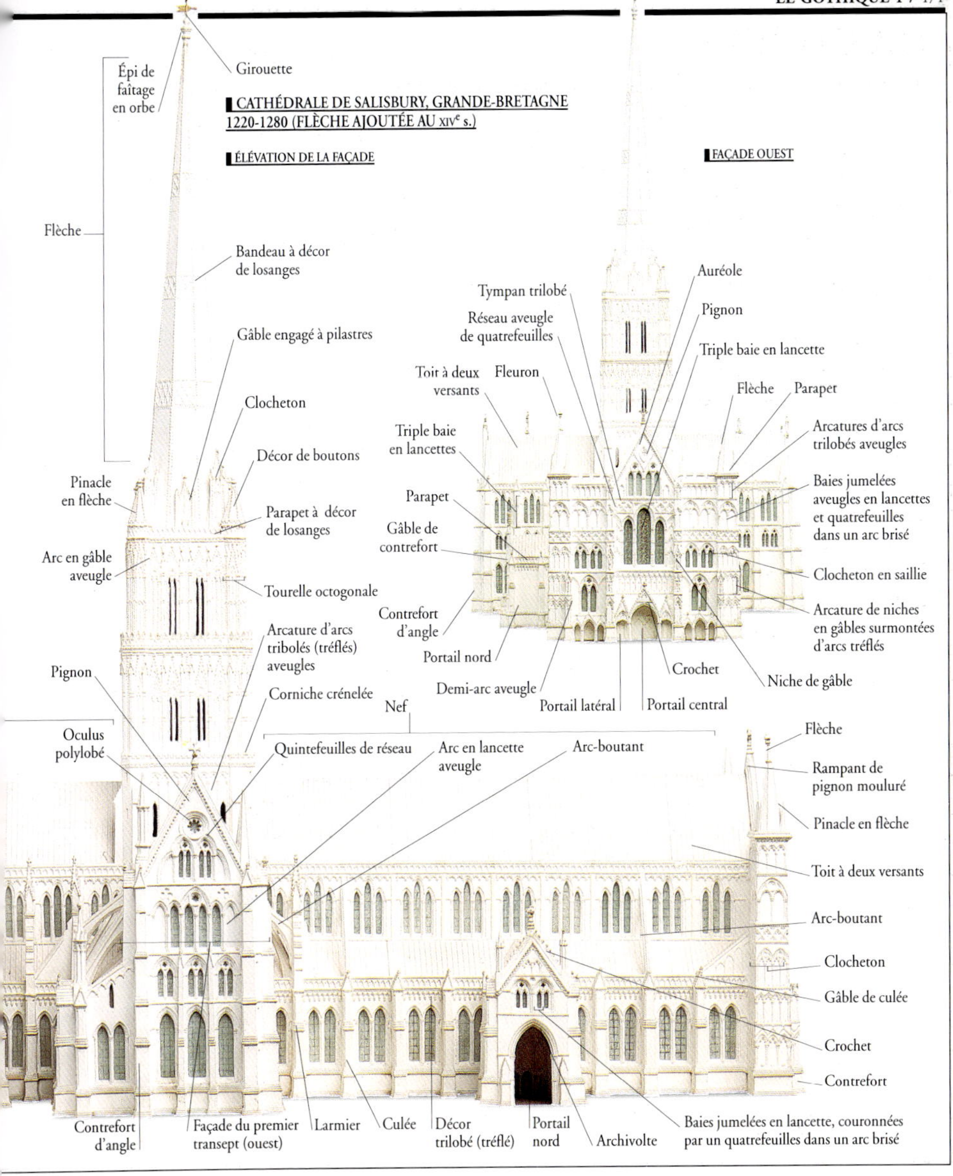

- Épi de faîtage en orbe
- Girouette
- Flèche
- Bandeau à décor de losanges
- Gâble engagé à pilastres
- Clocheton
- Décor de boutons
- Pinacle en flèche
- Parapet à décor de losanges
- Arc en gâble aveugle
- Tourelle octogonale
- Arcature d'arcs tribolés (tréflés) aveugles
- Pignon
- Corniche crénelée
- Oculus polylobé
- Quintefeuilles de réseau
- Arc en lancette aveugle
- Arc-boutant
- Contrefort d'angle
- Façade du premier transept (ouest)
- Larmier
- Culée
- Décor trilobé (tréflé)
- Portail nord
- Archivolte

- Tympan trilobé
- Réseau aveugle de quatrefeuilles
- Toit à deux versants
- Fleuron
- Triple baie en lancettes
- Parapet
- Gâble de contrefort
- Contrefort d'angle
- Portail nord
- Demi-arc aveugle
- Portail latéral
- Portail central
- Nef

- Auréole
- Pignon
- Triple baie en lancette
- Flèche
- Parapet
- Arcatures d'arcs trilobés aveugles
- Baies jumelées aveugles en lancettes et quatrefeuilles dans un arc brisé
- Clocheton en saillie
- Arcature de niches en gâbles surmontées d'arcs tréflés
- Crochet
- Niche de gâble

- Flèche
- Rampant de pignon mouluré
- Pinacle en flèche
- Toit à deux versants
- Arc-boutant
- Clocheton
- Gâble de culée
- Crochet
- Contrefort
- Baies jumelées en lancette, couronnées par un quatrefeuilles dans un arc brisé

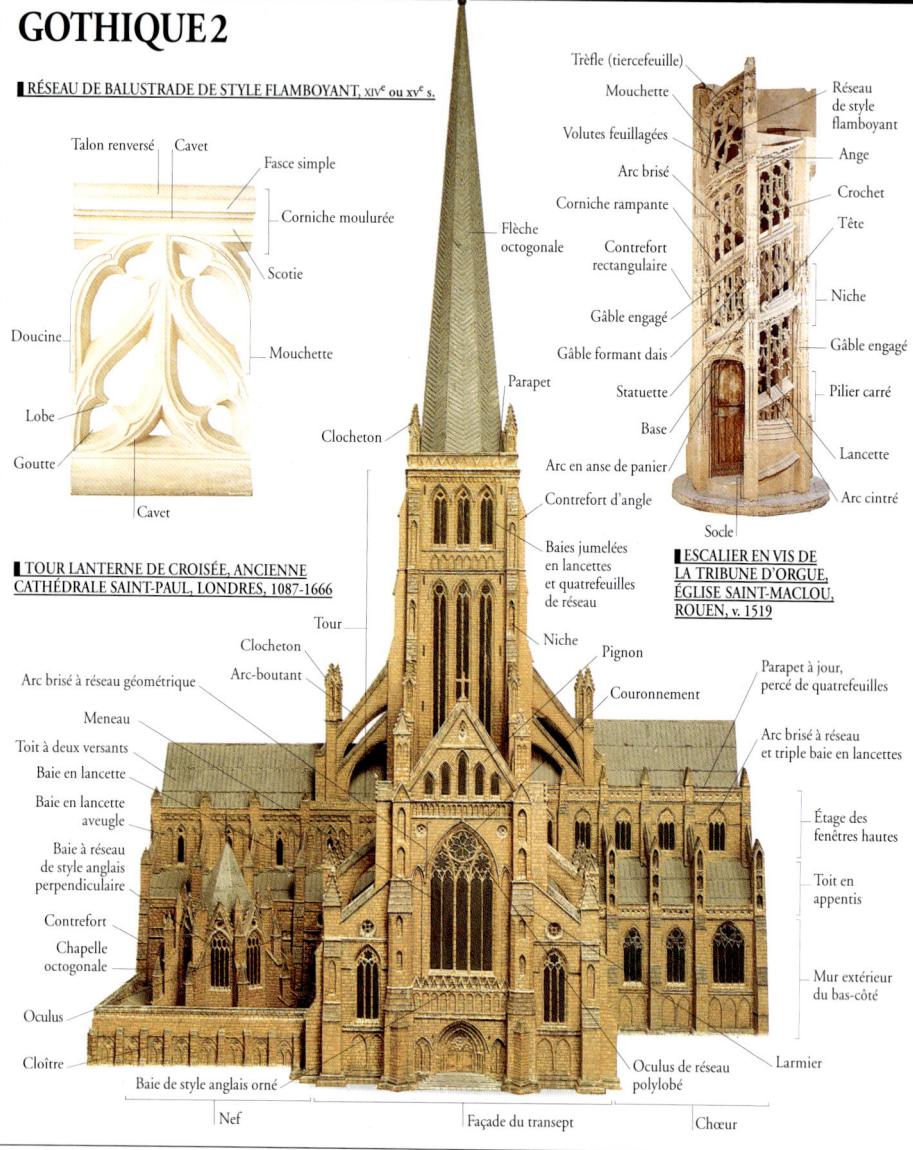

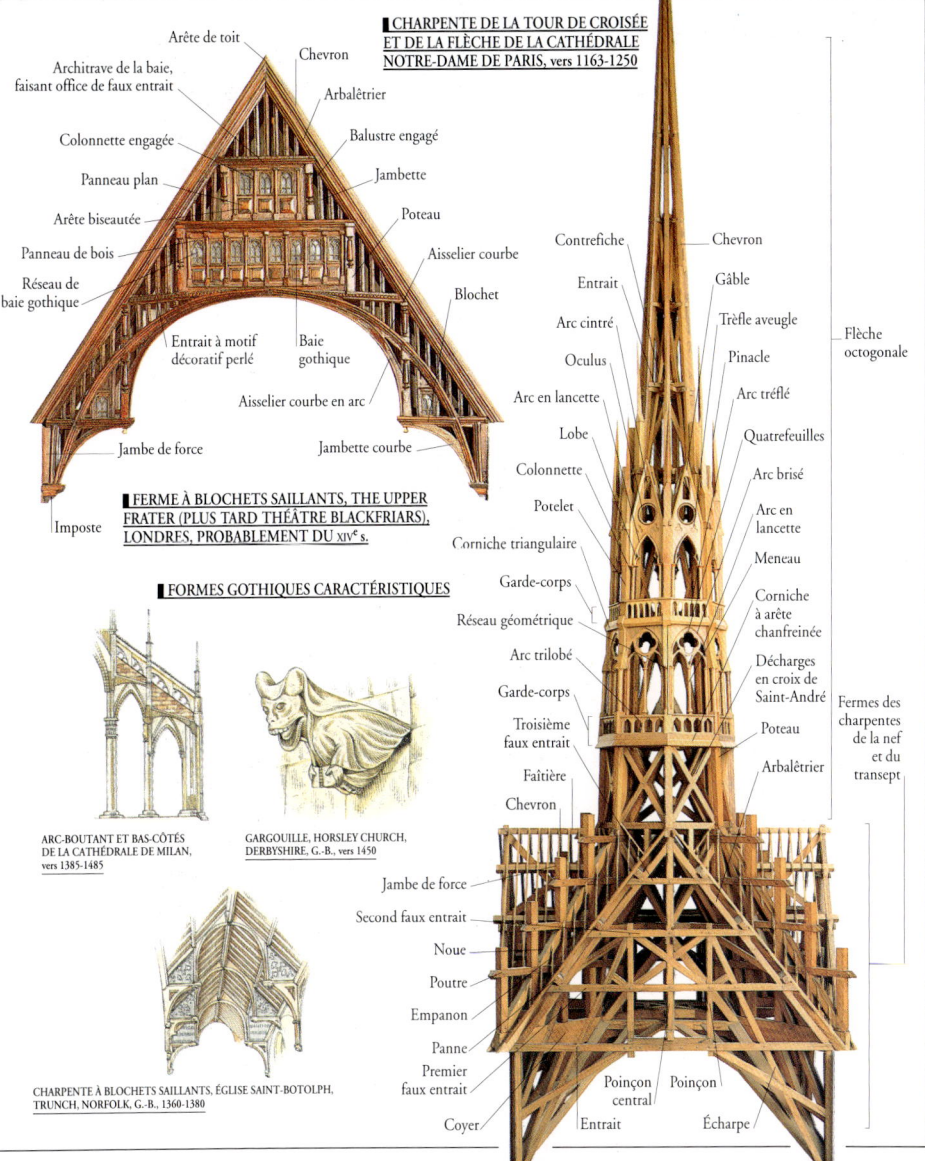

L'ARCHITECTURE

LA RENAISSANCE

La Renaissance, mouvement européen de renouvellement scientifique et artistique, a duré du XIVe siècle au milieu du XVIIe siècle. En architecture, cette «révolution» a été marquée par un retour aux formes et aux proportions de l'architecture antique romaine. Née en Italie, où l'on retrouve les bâtiments les plus caractéristiques de cette période, comme le palais Strozzi à Florence, la Renaissance a pris diverses formes, tel le maniérisme qui opère une distorsion des formes antiques et s'est aussi fondu avec les caractères architecturaux autochtones, comme en témoignent les châteaux de la Loire ou le château de Montal, en France.

FAÇADE PRINCIPALE

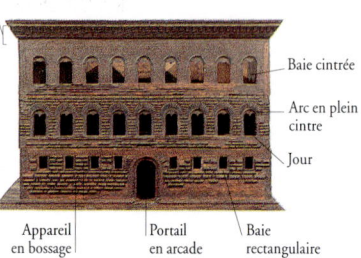

Corniche de couronnement
Baie cintrée
Arc en plein cintre
Jour
Appareil en bossage
Portail en arcade
Baie rectangulaire

FAÇADE LATÉRALE DU PALAIS STROZZI, FLORENCE, 1489
Architectes : G. da Sangallo, B. da Maiano et Le Cronaca

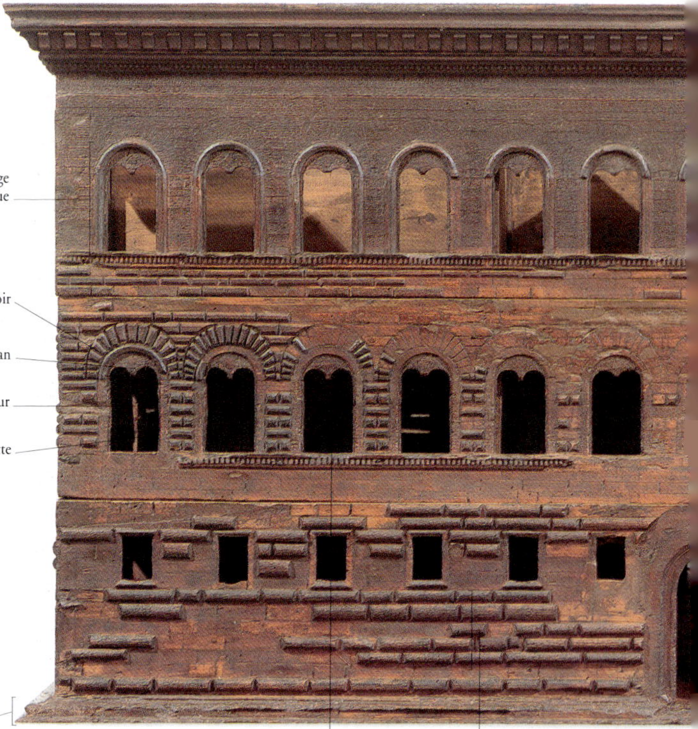

Second étage
Fenêtrage symétrique
Voussoir
Tympan
Étage noble (premier étage)
Jour
Colonnette
Rez-de-chaussée
Socle
Baie jumelée dans un arc
Appareil en bossage

DÉTAILS DE BÂTIMENTS ITALIENS RENAISSANTS

PANNEAU DE TAMBOUR DU DÔME, CATHÉDRALE DE FLORENCE, 1420-1436

CAISSON DU DÔME DE LA CHAPELLE DES PAZZI, FLORENCE, 1429-1461

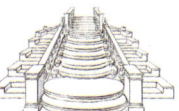

ESCALIER DE LA BIBLIOTHÈQUE LAURENTINE, FLORENCE, 1559

PORTIQUE DE LA VILLA ROTONDA, VICENCE, 1567-1569

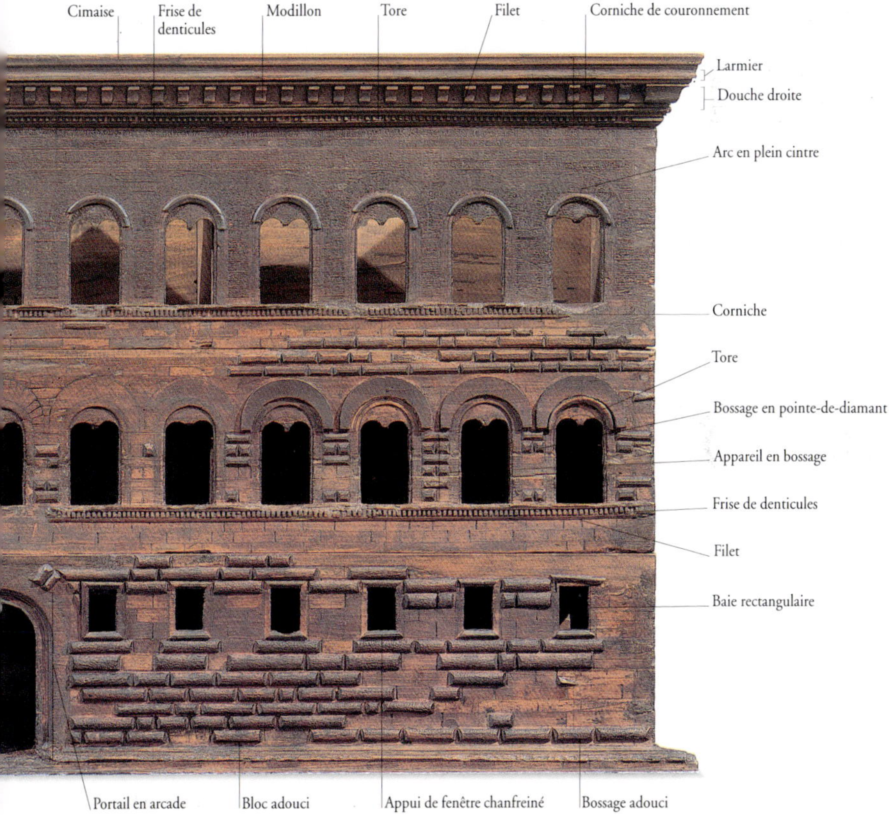

- Cimaise
- Frise de denticules
- Modillon
- Tore
- Filet
- Corniche de couronnement
- Larmier
- Douche droite
- Arc en plein cintre
- Corniche
- Tore
- Bossage en pointe-de-diamant
- Appareil en bossage
- Frise de denticules
- Filet
- Baie rectangulaire
- Portail en arcade
- Bloc adouci
- Appui de fenêtre chanfreiné
- Bossage adouci

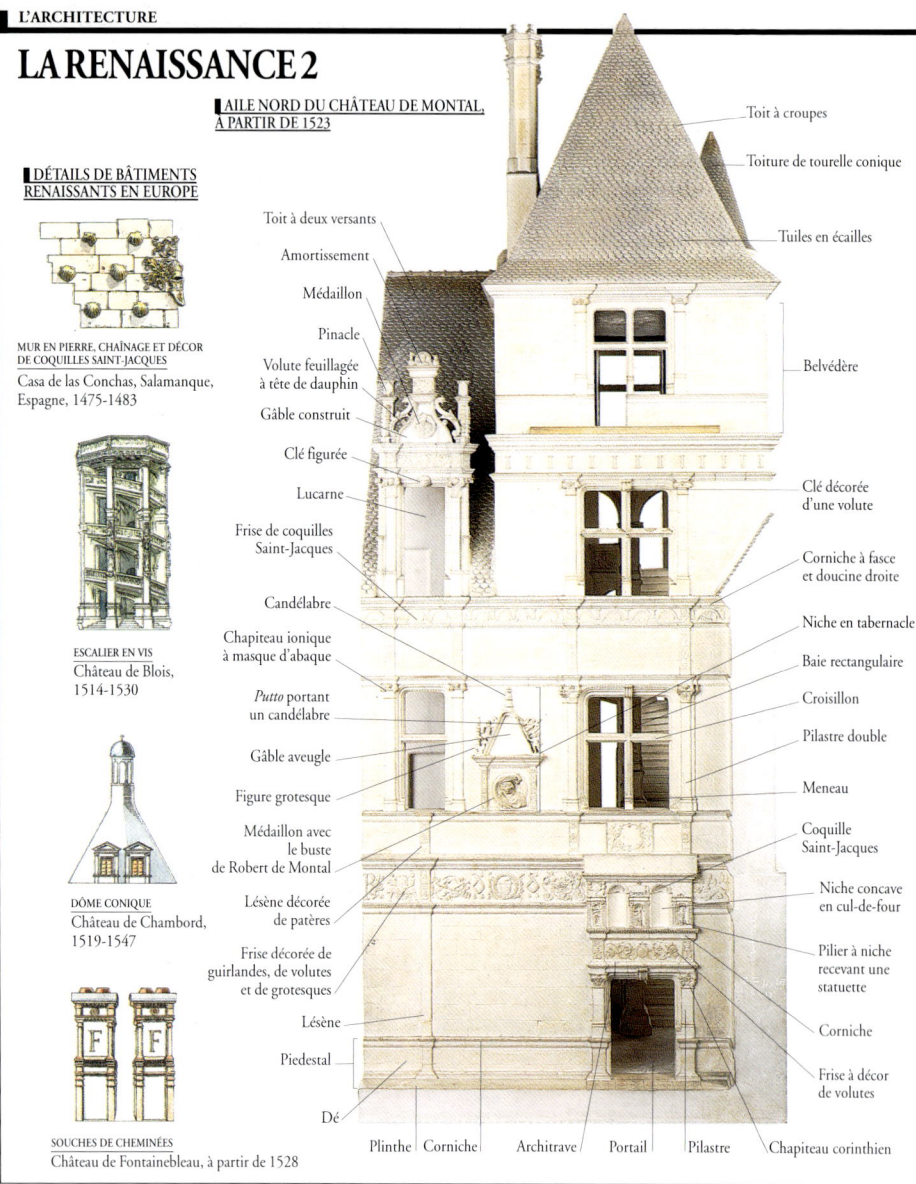

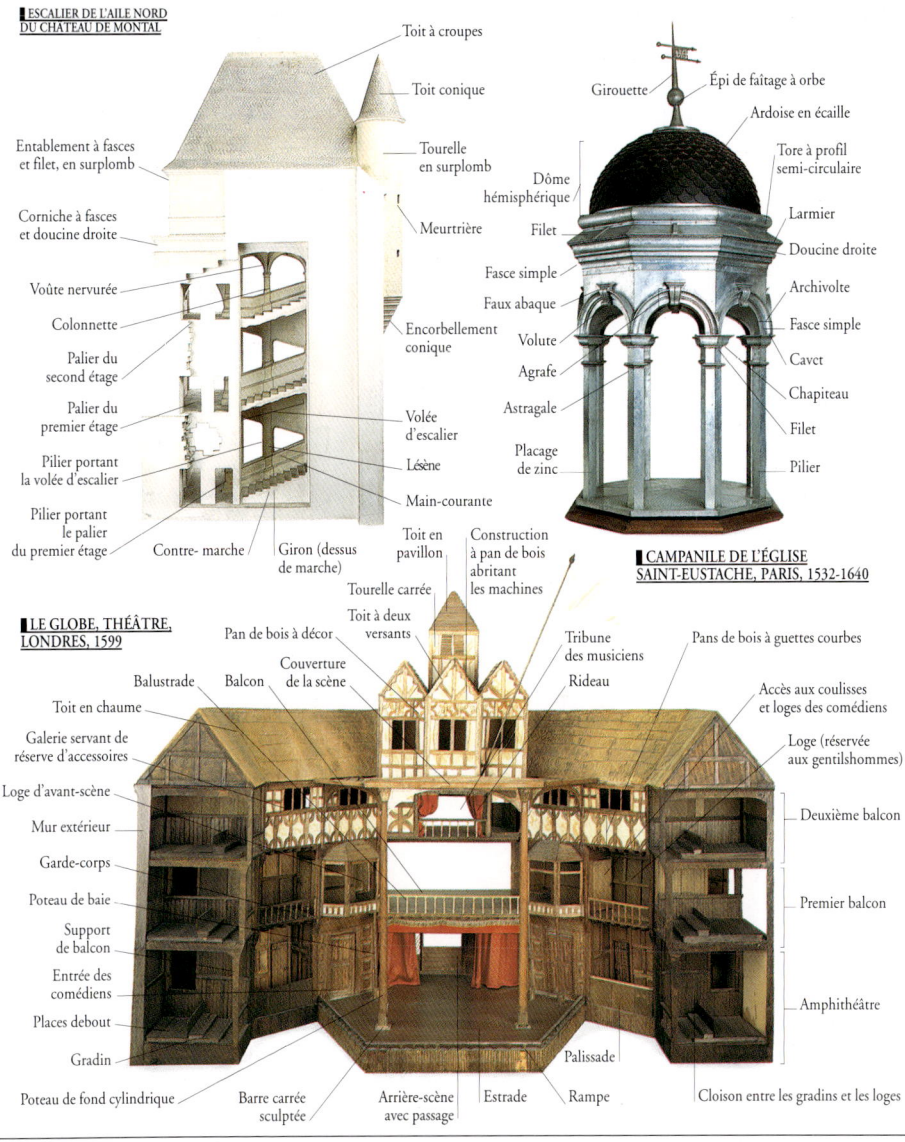

L'ARCHITECTURE

LE BAROQUE ET LE CLASSICISME 1

Le baroque, né dans les premières années du XVIIe siècle en Italie, se caractérise par l'emploi de la courbe et par la richesse du décor, en particulier dans l'architecture religieuse. C'est en Italie, en Espagne et en Allemagne, qu'il trouve sa pleine expression. La France et l'Angleterre l'adoptent aussi, tout en l'adaptant. Les architectes anglais sir Christopher Wren et Nicholas Hawksmoor, par exemple, usent d'un vocabulaire baroque dans les murs concaves de la nouvelle cathédrale Saint-Paul de Londres. Dans la seconde moitié du XVIIe siècle, l'Europe du Nord crée un style classique, en réaction aux excès du baroque ; il donnera naissance au néoclassicisme. Le projet d'église de la Madeleine, aussi bien que des bâtiments civils ou privés, comme le cirque Napoléon ou les œuvres de sir John Soane, en sont l'illustration. Au début du XVIIIe siècle, la France voit se répandre une forme de baroque, connue sous le nom de style rocaille; en Allemagne et en Europe centrale règne le style rococo.

DÉTAILS D'ÉGLISES BAROQUES ITALIENNES

CONTREFORT EN AILERON À VOLUTE
Église Santa Maria della Salute, Venise, 1631-1682

EXTASE DE SAINTE THÉRÈSE, SCULPTURE
Église Santa Maria della Vittoria, Rome, 1645-1652

PROJET DE FAÇADE NÉOCLASSIQUE POUR L'ÉGLISE DE LA MADELEINE, PARIS, 1764
Architecte : Pierre Contant d'Ivry

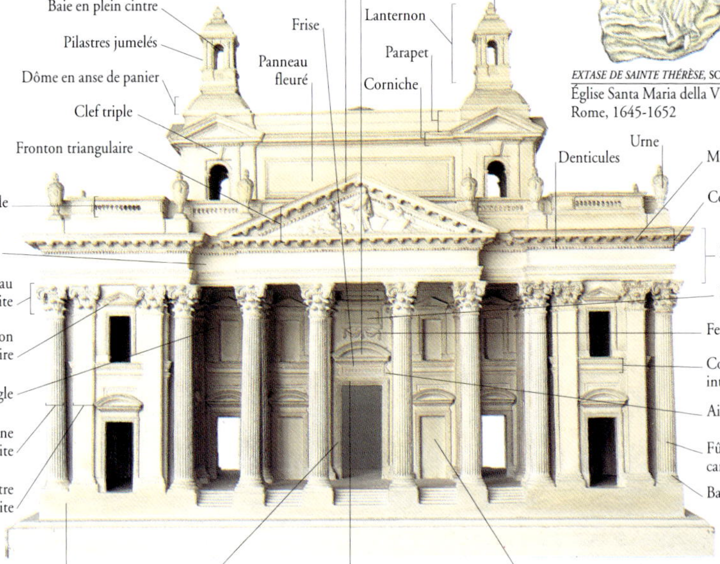

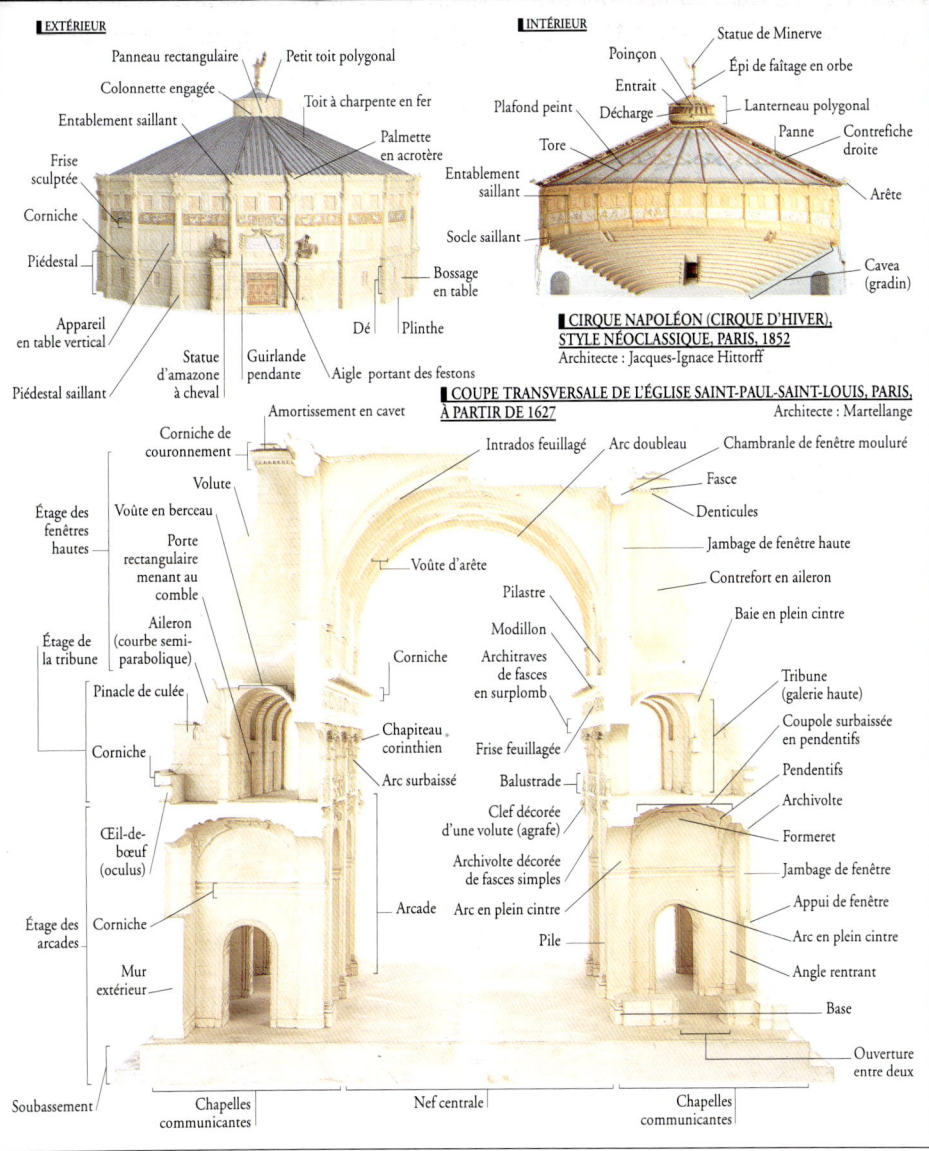

L'ARCHITECTURE

LE BAROQUE ET LE CLASSICISME 2

MAQUETTE DU PROJET POUR SAINT-PAUL DE LONDRES, 1674
Architecte : sir Christopher Wren

ARABESQUE
Vrille, Palmette, Volute, Corne d'abondance

GUIRLANDE LAURÉE
Baie de laurier, Feuille de laurier

PATÈRE
Pétale, Rosette, Filet, Quart-de-rond

MOULURES DÉCORATIVES DE BÂTIMENTS ANGLAIS DE STYLE NÉOCLASSIQUE

Corniche rampante, Conversion de saint Paul, bas-relief

FRONTON TRIANGULAIRE, FAÇADE OUEST DE LA CATHÉDRALE SAINT-PAUL

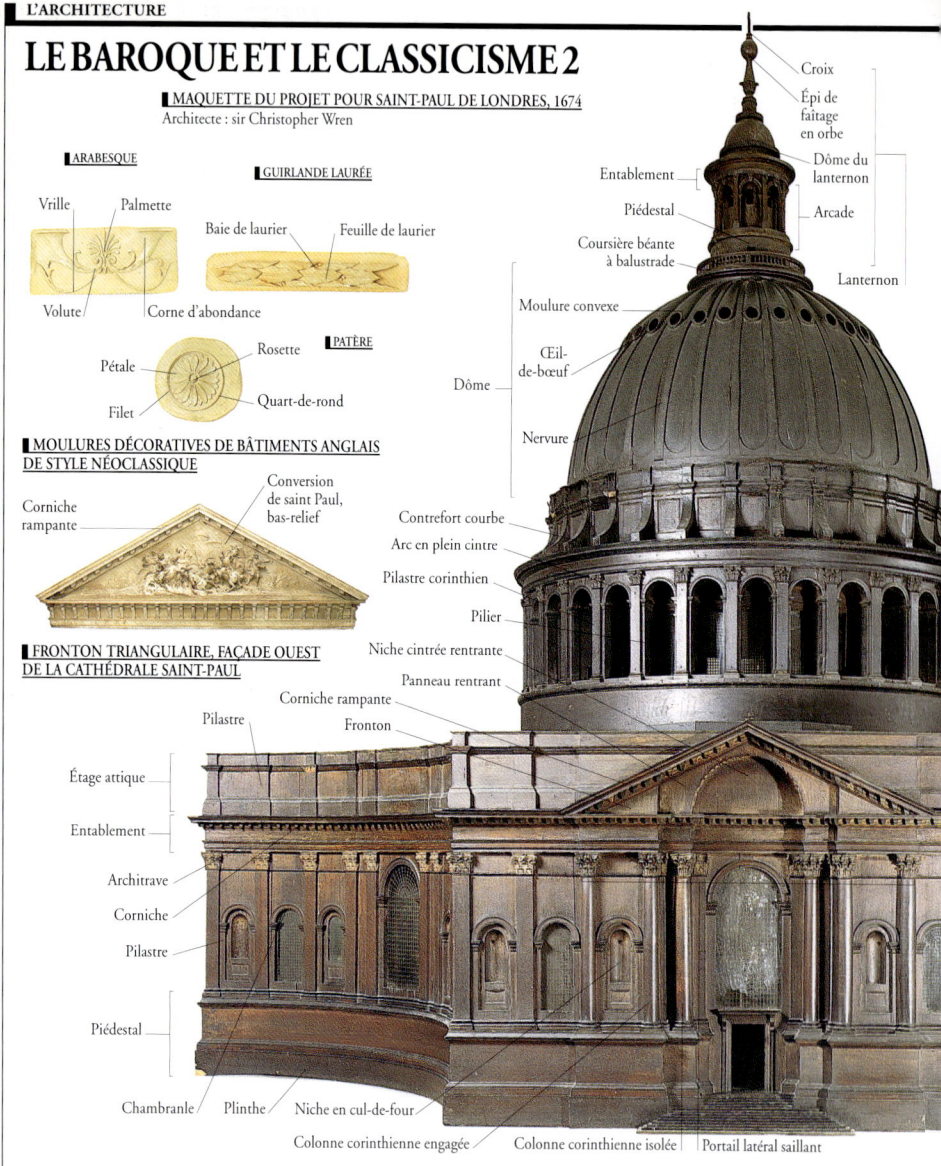

Croix, Épi de faîtage en orbe, Dôme du lanternon, Entablement, Arcade, Piédestal, Coursière béante à balustrade, Lanternon, Moulure convexe, Œil-de-bœuf, Dôme, Nervure, Contrefort courbe, Arc en plein cintre, Pilastre corinthien, Pilier, Niche cintrée rentrante, Panneau rentrant, Corniche rampante, Fronton, Pilastre, Étage attique, Entablement, Architrave, Corniche, Pilastre, Piédestal, Chambranle, Plinthe, Niche en cul-de-four, Colonne corinthienne engagée, Colonne corinthienne isolée, Portail latéral saillant

LA BAROQUE ET LE CLASSICISME 2 / 481

ÉGLISE ST. GEORGE IN THE EAST, BAROQUE ANGLAIS, LONDRES, 1714-1734
Architecte : Nicholas Hawks

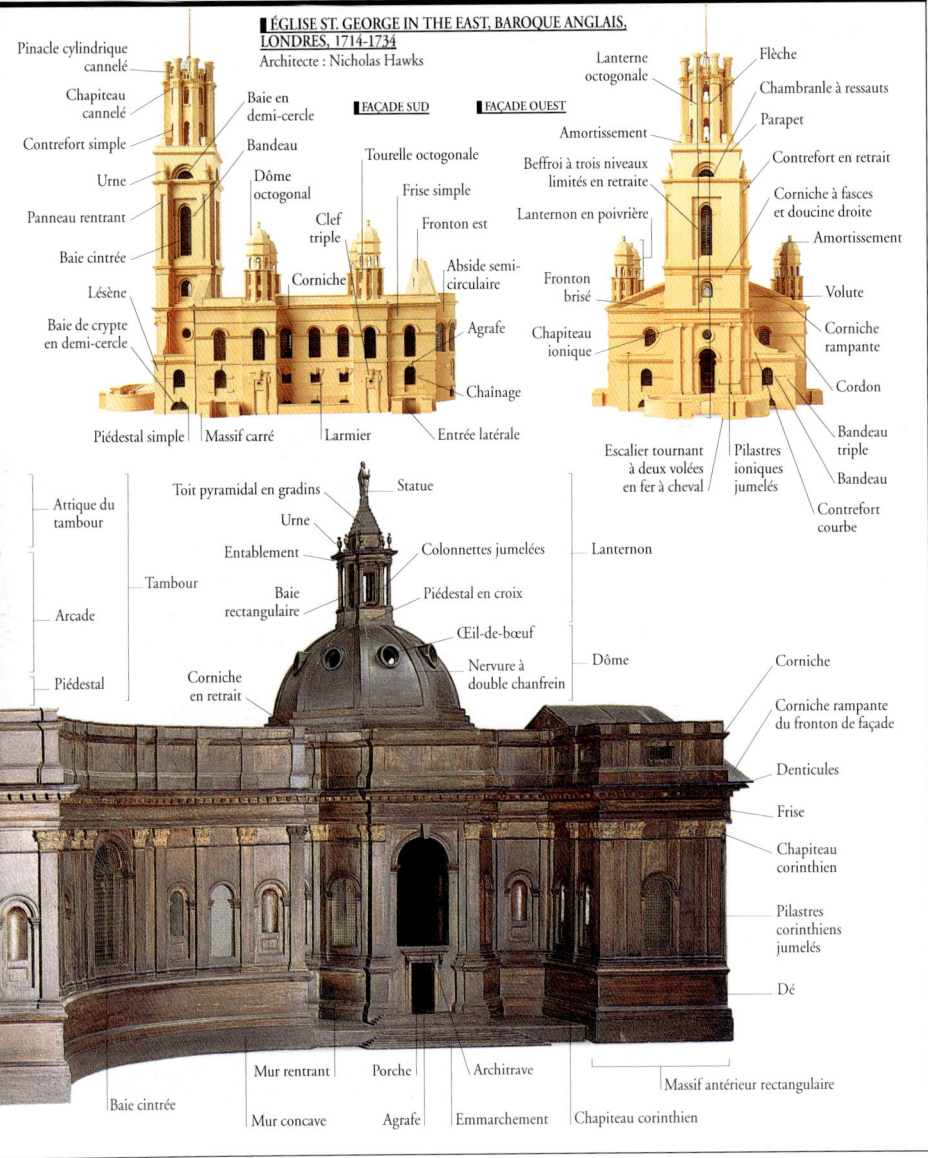

LE BAROQUE ET LE CLASSICISME 3

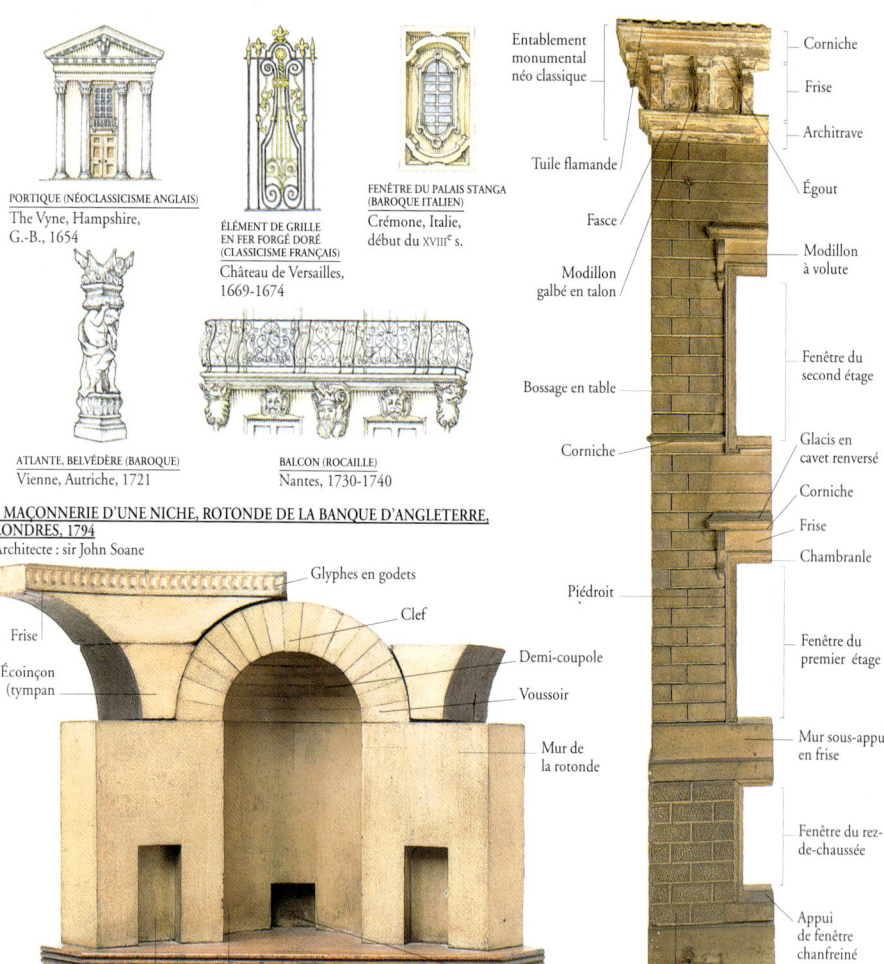

■ DÉTAILS DE BÂTIMENTS BAROQUES, CLASSIQUES ET DE STYLES ROCAILLE ET ROCOCO

PORTIQUE (NÉOCLASSICISME ANGLAIS)
The Vyne, Hampshire, G.-B., 1654

ÉLÉMENT DE GRILLE EN FER FORGÉ DORÉ (CLASSICISME FRANÇAIS)
Château de Versailles, 1669-1674

FENÊTRE DU PALAIS STANGA (BAROQUE ITALIEN)
Crémone, Italie, début du XVIIIe s.

ATLANTE, BELVÉDÈRE (BAROQUE)
Vienne, Autriche, 1721

BALCON (ROCAILLE)
Nantes, 1730-1740

■ MAÇONNERIE D'UNE NICHE, ROTONDE DE LA BANQUE D'ANGLETERRE, LONDRES, 1794
Architecte : sir John Soane

- Glyphes en godets
- Clef
- Demi-coupole
- Voussoir
- Mur de la rotonde
- Frise
- Écoinçon (tympan
- Niche rectangulaire plate
- Niche concave au sol, voûtée en cul-de-four
- Niche carrée plate

■ ANGLE DU NEW STATE PAPER OFFICE (NÉOCLASSICISME ANGLAIS) LONDRES, 1830-1831
Architecte : sir John Soane

- Entablement monumental néo classique
- Tuile flamande
- Fasce
- Modillon galbé en talon
- Bossage en table
- Corniche
- Piédroit
- Corniche
- Frise
- Architrave
- Égout
- Modillon à volute
- Fenêtre du second étage
- Glacis en cavet renversé
- Corniche
- Frise
- Chambranle
- Fenêtre du premier étage
- Mur sous-appui en frise
- Fenêtre du rez-de-chaussée
- Appui de fenêtre chanfreiné
- Bossage vermiculé

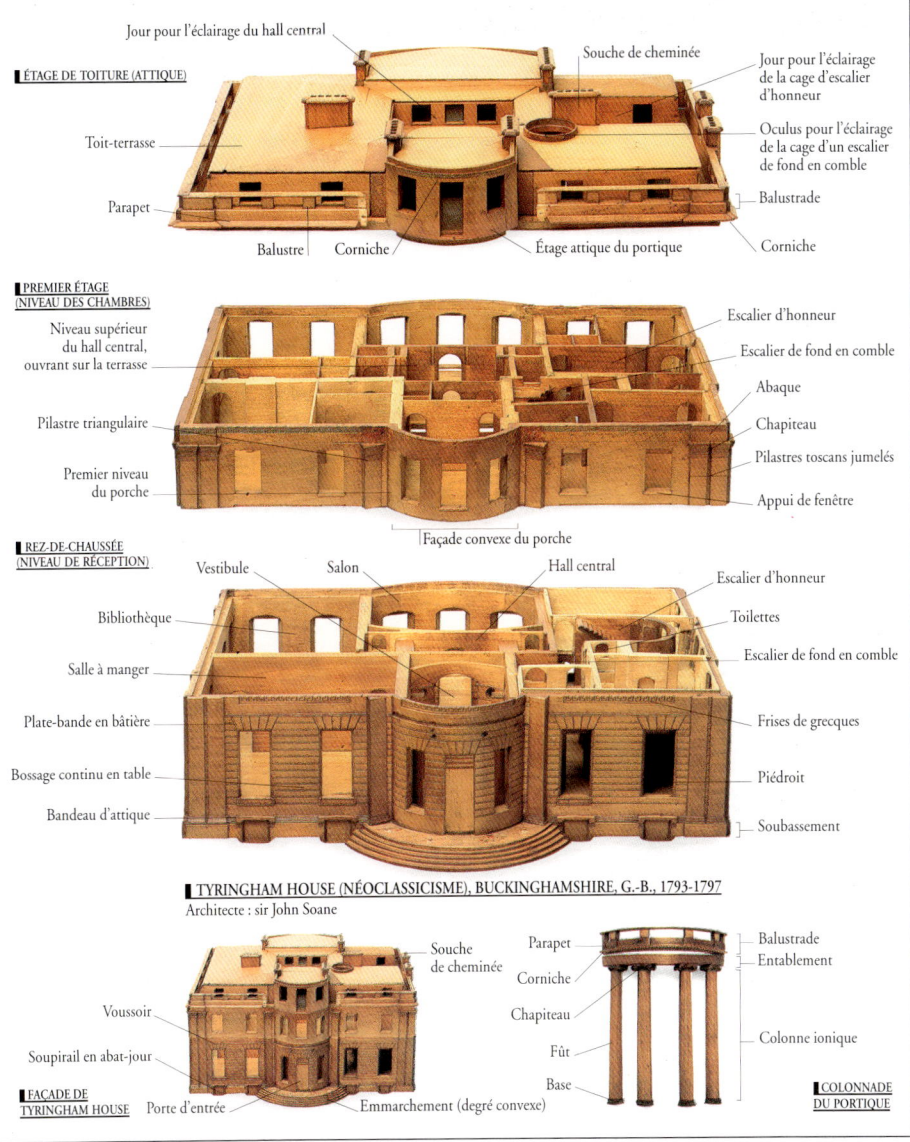

TYRINGHAM HOUSE (NÉOCLASSICISME), BUCKINGHAMSHIRE, G.-B., 1793-1797
Architecte : sir John Soane

L'ARCHITECTURE

LES ARCS ET LES VOÛTES

Les arcs sont des structures curvilignes destinées à couvrir une travée ou à supporter les parties supérieures d'un édifice. Les blocs taillés, ou voussoirs, qui forment l'arc s'appuient les uns sur les autres et convertissent une force centrifuge en une force centripète : celle-ci se transmet à des contreforts, des piles ou des piédroits. Une voûte est un couvrement en maçonnerie qui travaille comme un arc et transmet des forces obliques à ses appuis. On distingue les voûtes selon leur section : en berceau (semi-circulaire), d'arêtes (résultant de l'intersection de deux voûtes en berceau), nervurée (les arêtes sont remplacées par des nervures), et enfin en éventail (les nervures naissent d'un même point).

ÉLÉVATION — **LES PARTIES D'UN ARC** — **COUPE**

(Légendes : Voussoir, Clé, Maçonnerie, Tête, Maçonnerie chargeant les reins, Extrados, Intrados, Reins, Imposte, Naissance de l'arc, Intrados, Piédroit, Portée, Piédroit)

ARCS ET BASE DU TAMBOUR DU DÔME DE SAINT-PAUL DE LONDRES, 1675-1710

Légendes : Pilastre, Base, Ouverture vers la coursière, Coupole intérieure, Colonnade, Coursière, Corniche, Piédestal de la colonnade, Pendentif, Galerie «murmurante», Contrefort triangulaire, Console moulurée, Arc masquant la différence de hauteur entre arcades hautes et arcades secondaires, Arc en plein cintre, Demi-coupole, Extrados, Intrados, Naissance de la voûte, Imposte, Voûte en berceau, Galerie haute voûtée en berceau, ouvrant sur le bas-côté, Piédroit, Passage vers le bas-côté, Arcade du bas-côté, Arcade de la nef, Pile, Arcade secondaire, Tirants ajoutés au XXe siècle pour fortifier la maçonnerie de la pile

DIFFÉRENTS TYPES D'ARCS

ARC PLEIN CINTRE OUTREPASSÉ
Grande Mosquée de Cordoue, 785

ARC EN ANSE DE PANIER
Chapelle Palatine, Aix-la-Chapelle, 790-798

ARC BRISÉ (TUDOR ANGLAIS)
Tour de Londres, v. 1086-1097

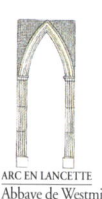
ARC EN LANCETTE
Abbaye de Westminster, 1503-1519

ARC TRILOBÉ (TRÉFLÉ)
Abbatiale de Beverley, v. 1300

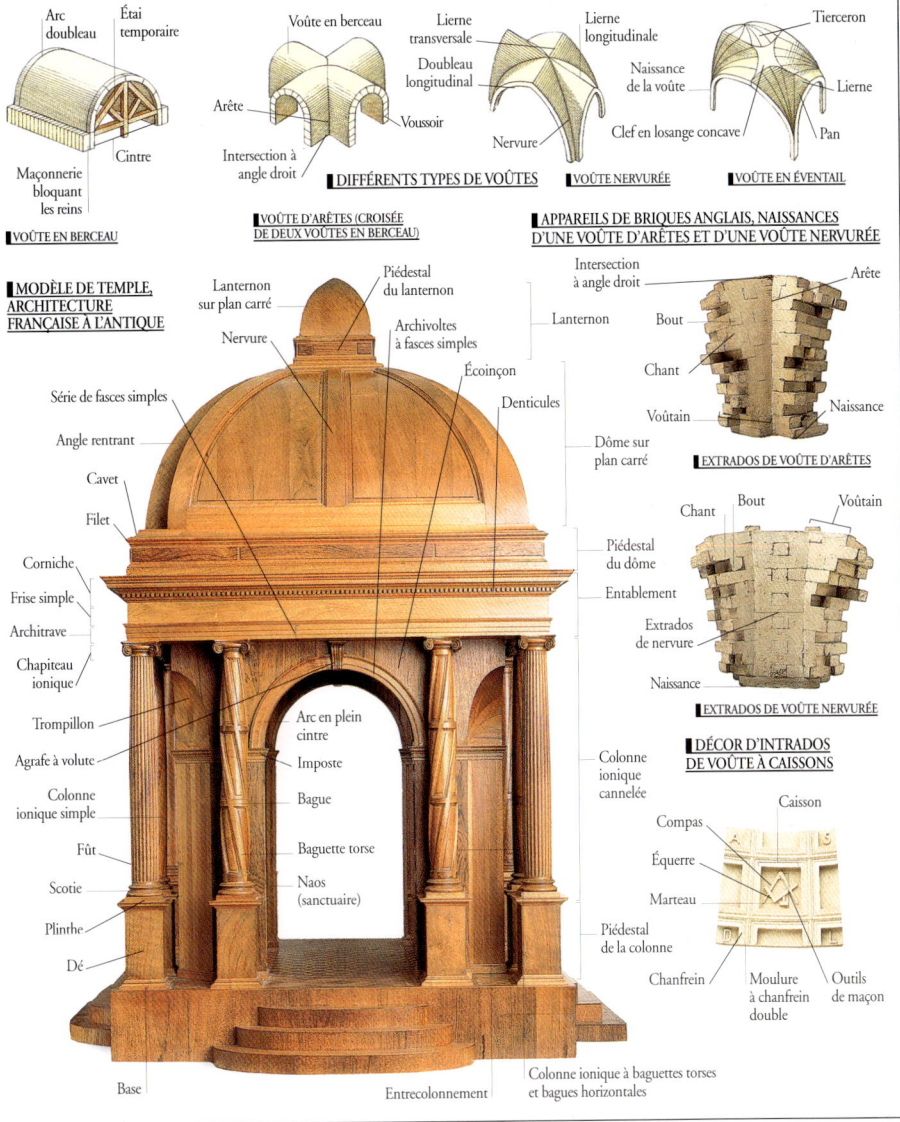

L'ARCHITECTURE

LES DÔMES

Les dômes sont des toitures convexes que l'on distingue par la forme en plan de leur base ainsi que par leur section. La base peut être circulaire, carrée ou polygonale, selon la forme du tambour de maçonnerie qui la supporte. Le dôme hémisphérique a une base circulaire et une section semi-circulaire, le dôme surbaissé a la même base, mais une section en arc de cercle inférieure au demi-cercle, le dôme polygonal voit ses faces se rejoindre à son sommet, le bulbe enfin, à base circulaire ou polygonale, est galbé selon une courbe alternativement convexe et concave.

LANTERNON ET CHARPENTE DU DÔME DE LA CATHÉDRALE SAINT-PAUL DE LONDRES

DÔME EN CHARPENTE, CHAPELLE DE LA SORBONNE, PARIS, 1635-1642
Architecte : Jacques Lemercier

- Bulbe à l'impériale
- Contrefiche
- Contrefort saillant
- Étage des fenêtres
- Corniche
- Larmier
- Piédestal
- Œil-de-bœuf
- Plancher
- Solive
- Jambette
- Larmier
- Cheville
- Contrefiche
- Lucarne ovale étranglée
- Assemblage à tenon et mortaise
- Dormant à ailerons
- Arbalétrier
- Puits de lumière
- Jambe de force
- Poteau
- Entrait
- Sablière
- Chevron

TOIT EN PAVILLON À LANTERNON ET BULBE À CÔTES

- Girouette (coq)
- Orbe ellipsoïdal
- Nervure en carène
- Tuile en écaille
- Bulbe à côtes
- Base octogonale
- Appentis
- Lanternon
- Fasces en encorbellement
- Arc en plein cintre
- Chapiteau carré
- Pilastre
- Retour
- Fenêtre
- Dôme à base circulaire
- Tore
- Bandeau vertical
- Filet
- Fasces en encorbellement
- Lanternon
- Base octogonale du lanternon
- Toit en pavillon

COUVERTURE MÉTALLIQUE DU DÔME DE LA CHAPELLE DE LA SORBONNE

- Croix
- Orbe
- Nervure
- Quart-de-rond renversé
- Astragale
- Filet
- Volute
- Fasce simple
- Rouleau
- Fenêtre cintrée
- Contrefort à ailerons
- Quart-de-rond
- Volute
- Corniche
- Filet
- Contrefort saillant
- Tuile en écaille
- Tore en demi-cœur renversé
- Larmier
- Lucarne ovale étranglée
- Volute
- Gouttière
- Parapet
- Tore
- Baguette
- Filet
- Fasce simple
- Nervure triple

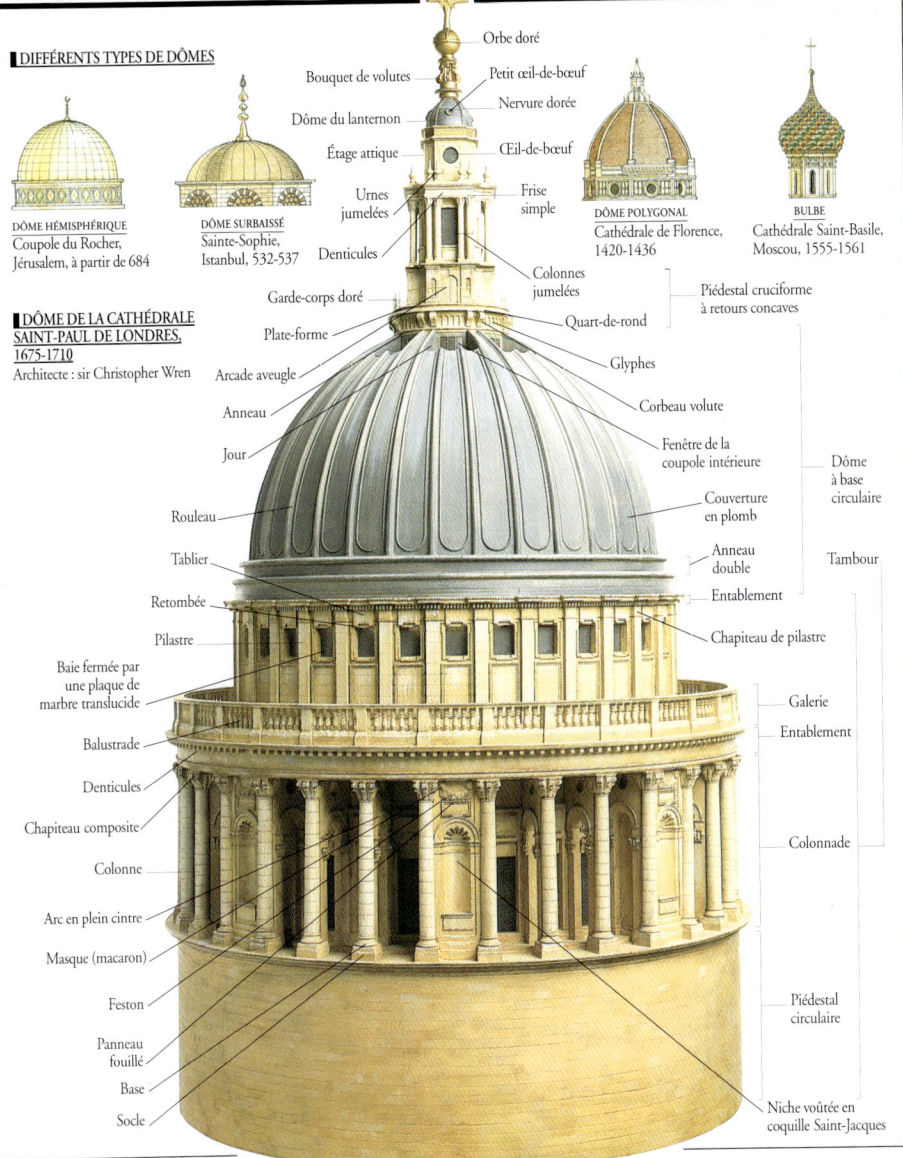

L'ARCHITECTURE ISLAMIQUE

MOTIF DE MOSAÏQUE

L'islam a été fondé par le prophète Mahomet, né vers 570 à La Mecque, en Arabie Saoudite et a donné naissance à une architecture aux caractères propres : arcs outrepassés ou en doucines affrontées, dômes bulbeux, murs décorés de bas-reliefs, de peintures, d'incrustations de pierres dures et de mosaïques. La mosquée, le lieu du culte, a généralement un minaret, sorte de tourelle d'où le muezzin appelle les fidèles à la prière, ainsi qu'un *mirhab*, niche décorée qui indique la direction de La Mecque. L'islam interdit à l'art la représentation de Dieu ou de l'homme, c'est pourquoi le décor combine des motifs géométriques, des arabesques et la calligraphie de versets du Coran.

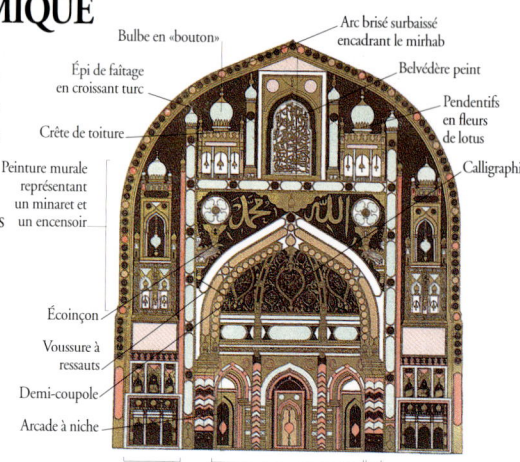

MIRHAB, MOSQUÉE JAMI MASJID, BIJAPUR, INDE, vers 1636

- Bulbe en «bouton»
- Épi de faîtage en croissant turc
- Crête de toiture
- Peinture murale représentant un minaret et un encensoir
- Écoinçon
- Voussure à ressauts
- Demi-coupole
- Arcade à niche
- Peinture murale représentant une tombe
- Arc brisé surbaissé encadrant le mirhab
- Belvédère peint
- Pendentifs en fleurs de lotus
- Calligraphie
- Niche polygonale
- Ébrasement de colonnettes à ressauts

BAIE À TRANSENNE GÉOMÉTRIQUE, ALHAMBRA, GRENADE, ESPAGNE, 1333-1354

- Plaque à motif floral
- Blason
- Décor à chevrons
- Écoinçon à décor floral
- Arc cintré en doucines affrontées
- Pierre ciselée
- Arc chantourné (polylobé)
- Lobe
- Volute
- Imposte
- Chapiteau feuillagé stylisé
- Panneau à décor géométrique
- Bandeau calligraphié

COLONNE DE MIRHAB, MOSQUÉE EL-AINYI, LE CAIRE, ÉGYPTE, XVᵉ s.

- Tessèle de faïence turquoise
- Triangle
- Fût de la colonne
- Colonnette engagée
- Transenne (jali)
- Cubes à coins chanfreinés
- Chapiteau polygonal
- Niche
- Carreau de faïence blanc
- Arabesque de lotus stylisé
- Carreau de faïence bleu lapis-lazuli

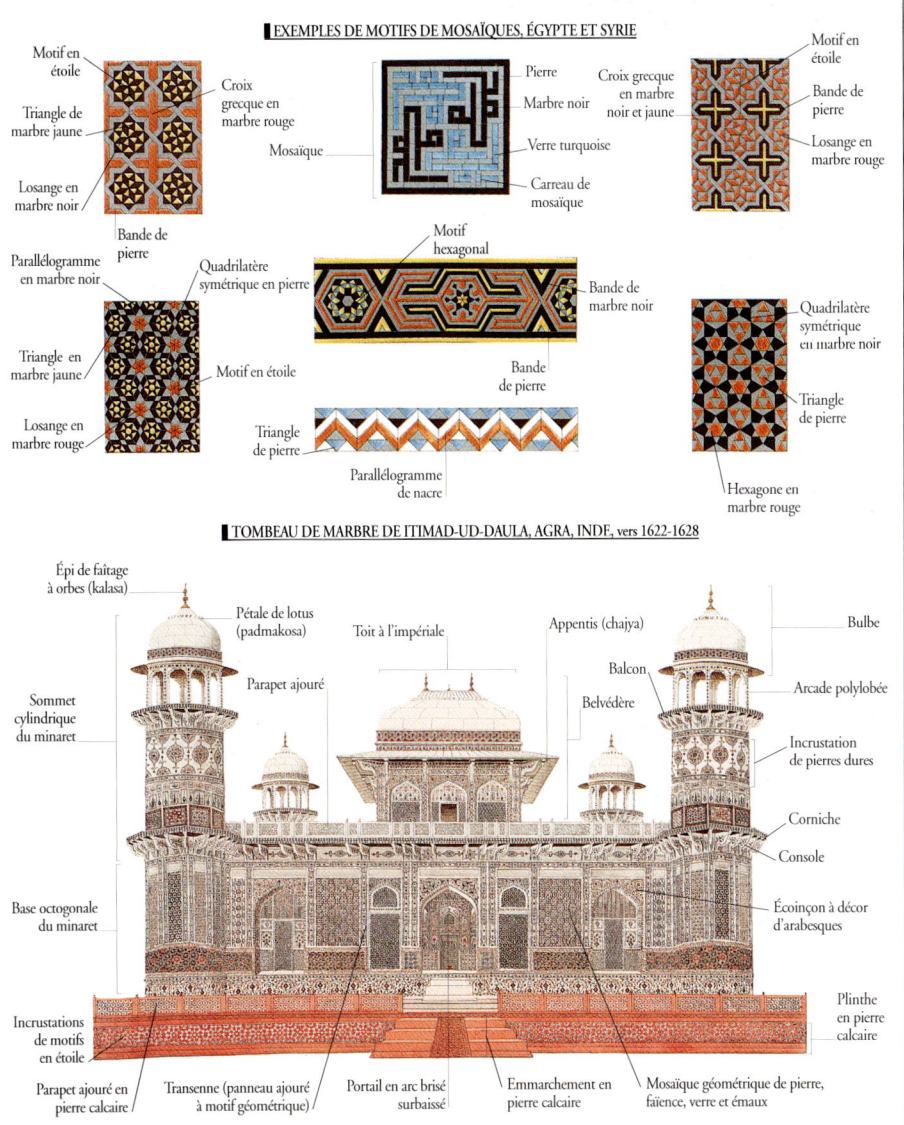

L'ARCHITECTURE

L'ASIE DU SUD ET L'EXTRÊME-ORIENT

L'architecture traditionnelle de l'Asie du Sud et de l'Extrême-Orient a été profondément influencée par la diffusion, depuis l'Inde, de l'hindouisme et du bouddhisme, d'où le grand nombre et le style des temples et des lieux de pèlerinage. À l'origine, les temples hindouistes étaient creusés à flanc de falaise, mais des structures isolées sont élevées dans le sud de l'Inde à partir du VIIIe siècle. Beaucoup de temples sont bâtis dans le style dravidien, comme le Virupaksa à Pattadakal avec sa tour à gradins caractéristique *(antarala)*, son décor sculpté, ses fenêtres à transenne et ses nombreux pilastres et arcades. Les plus anciens monuments bouddhistes sont les stupas indiens qui consistent en un dôme hémisphérique surmonté d'une hampe *(chattravali)* et entouré de grilles à portiques décorés. Les stupas plus tardifs diffèrent par leur forme : au Sri Lanka, par exemple, le dôme peut prendre une forme de cloche *(dagoba)*. Les pagodes bouddhistes ont de multiples étages marqués par des toits en appentis ; leur forme prend probablement son origine dans le mât des stupas *(yasti)*. Une autre caractéristique de l'architecture asiatique réside dans la diversité des formes de toitures.

DÉTAILS DE BÂTIMENTS EN EXTRÊME-ORIENT

TOIT DE STYLE KASUGA À ARÉTIERS DE LIAISON
Sanctuaire du Kasugado d'Enjoji, Nara, Japon, XIIe-XIVe s.

TOIT À CROUPES À ÉGOUTS ONDULANTS ET RELEVÉS
Château de Himeji, Hyogo, Japon, 1608-1609

TOITS CONIQUES À ÉGOUTS RETROUSSÉS
Temple du Ciel, Pékin, Chine, XVe s.

CHAPITEAU D'ANGLE, BRAS DE CONSOLES ET POUTRES D'ARCHITRAVE
Temple de Popchu-Sa, Corée du Sud, XVIIe s.

PAGODE BIRMANE

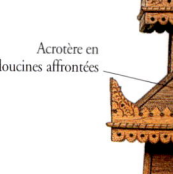

Labels: Guirlande dorée ; Couronnement doré (hti) ; Mât (dubika) ; Motif de flèche ; Tore à torsade ; Crête ornementale d'égout ; Acrotère en doucine ; Acrotère en doucines affrontées ; Chevron d'arêtier ; Appentis ; Lambrequin ; Pilier engagé ; Couronnement de balustre ; Portail cintré ; Balustrade ; Baie rectangulaire ; Poteau ; Balustre ; Jambe de force

L'ASIE DU SUD ET L'EXTRÊME ORIENT / 491

Temples Virupaksa et Mallikarjuna, Pattadakal, Inde, VIIIᵉ s.

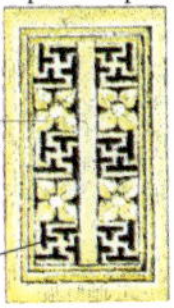

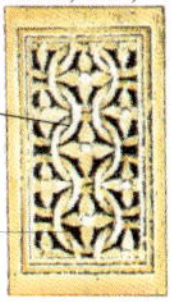

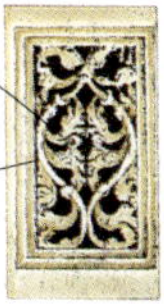

- Motif floral
- Grecque
- Chaîne
- Motif floral

TRANSENNES DE FENÊTRES

- Motif en faucille
- Feuilles
- Volutes
- Croissants

STUPA DAGOBA, KANDY, SRI LANKA, IIᵉ s. av. J.-C. – VIIᵉ s.

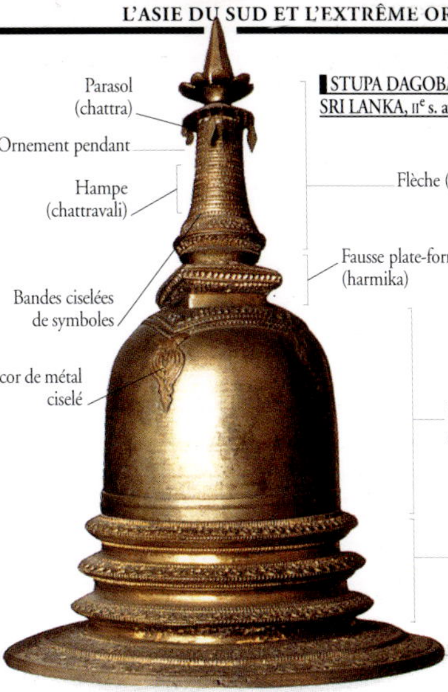

- Parasol (chattra)
- Ornement pendant
- Hampe (chattravali)
- Bandes ciselées de symboles
- Décor de métal ciselé
- Flèche (yasti)
- Fausse plate-forme (harmika)
- Dôme en cloche (auda)
- Série d'anneaux (trimala)
- Base circulaire

ÉLÉVATION ET DEMI-PLAN DU TEMPLE VIRUPAKSA, PATTADAKAL, INDE, vers 746

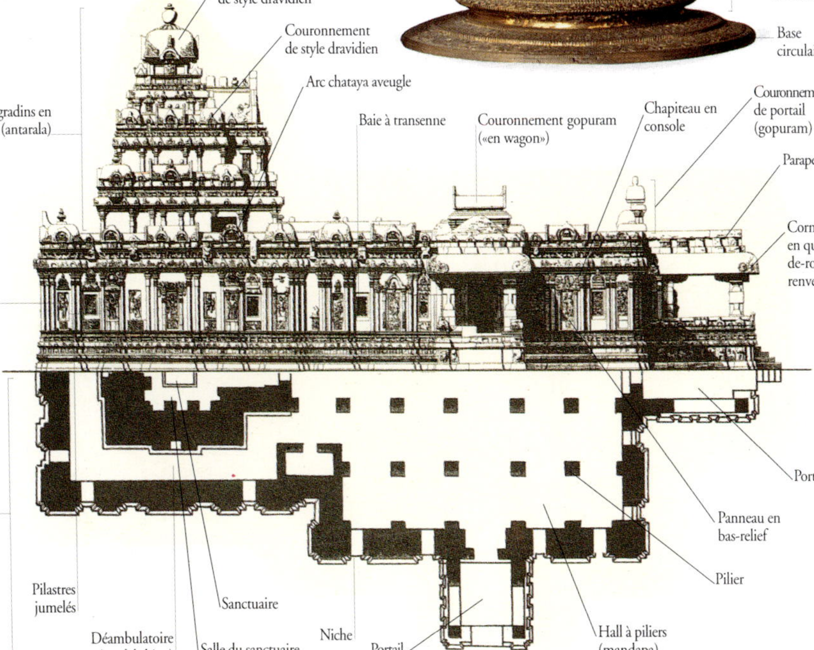

- Petit stupa (stupica) de style dravidien
- Couronnement de style dravidien
- Arc chataya aveugle
- Tour à gradins en terrasses (antarala)
- Baie à transenne
- Couronnement gopuram («en wagon»)
- Chapiteau en console
- Couronnement de portail (gopuram)
- Parapet
- Niche à statue
- Corniche en quart-de-rond renversé
- Portail
- Plan
- Panneau en bas-relief
- Pilier
- Pilastres jumelés
- Sanctuaire
- Déambulatoire (pradakshina)
- Salle du sanctuaire
- Niche
- Portail
- Hall à piliers (mandapa)

L'ARCHITECTURE

LE XIXe SIÈCLE

L'architecture du XIXe siècle est caractérisée par l'emploi de nouveaux matériaux et par une grande diversité de styles. Le fer, dès la fin du XVIIIe siècle, puis la fonte et l'acier remplacent le bois dans la structure des bâtiments industriels, plus tard dans celle des immeubles d'habitation. La filature de lin, ci-contre, construite en 1796, annonce un parti architectural qui durera plus d'un siècle : celui de la révolution industrielle. La production en série des éléments de construction a également rendu possible la conception du Crystal Palace de Londres, élevé en fer et en verre en neuf mois seulement. Ce siècle est aussi celui de l'éclectisme : néogrec aux États-Unis ou en Allemagne, néogothique, néo-renaissance ou néo-byzantin en France et en Grande-Bretagne. À Londres, Tower Bridge et Big Ben sont des témoins d'un retour aux formes du Moyen Âge.

FILATURE DE LIN, SHREWSBURY, G.-B., 1796
Architecte : C. Bage

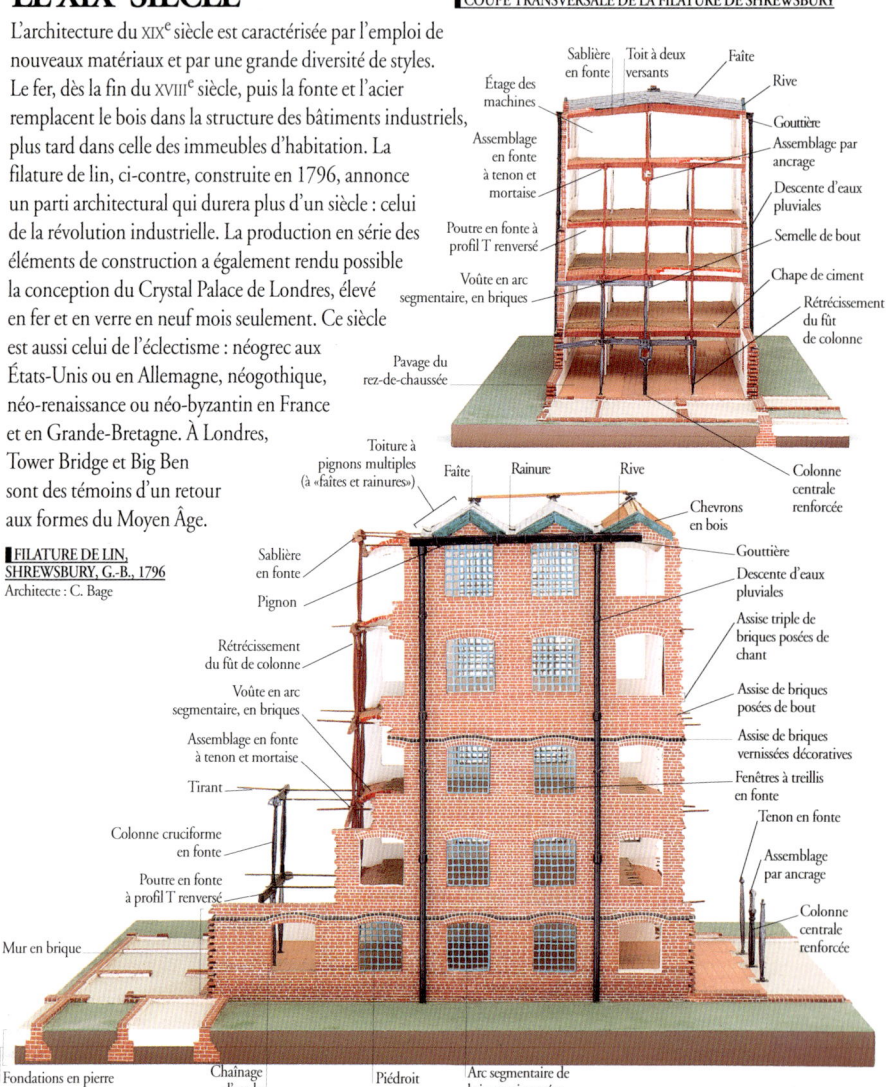

COUPE TRANSVERSALE DE LA FILATURE DE SHREWSBURY

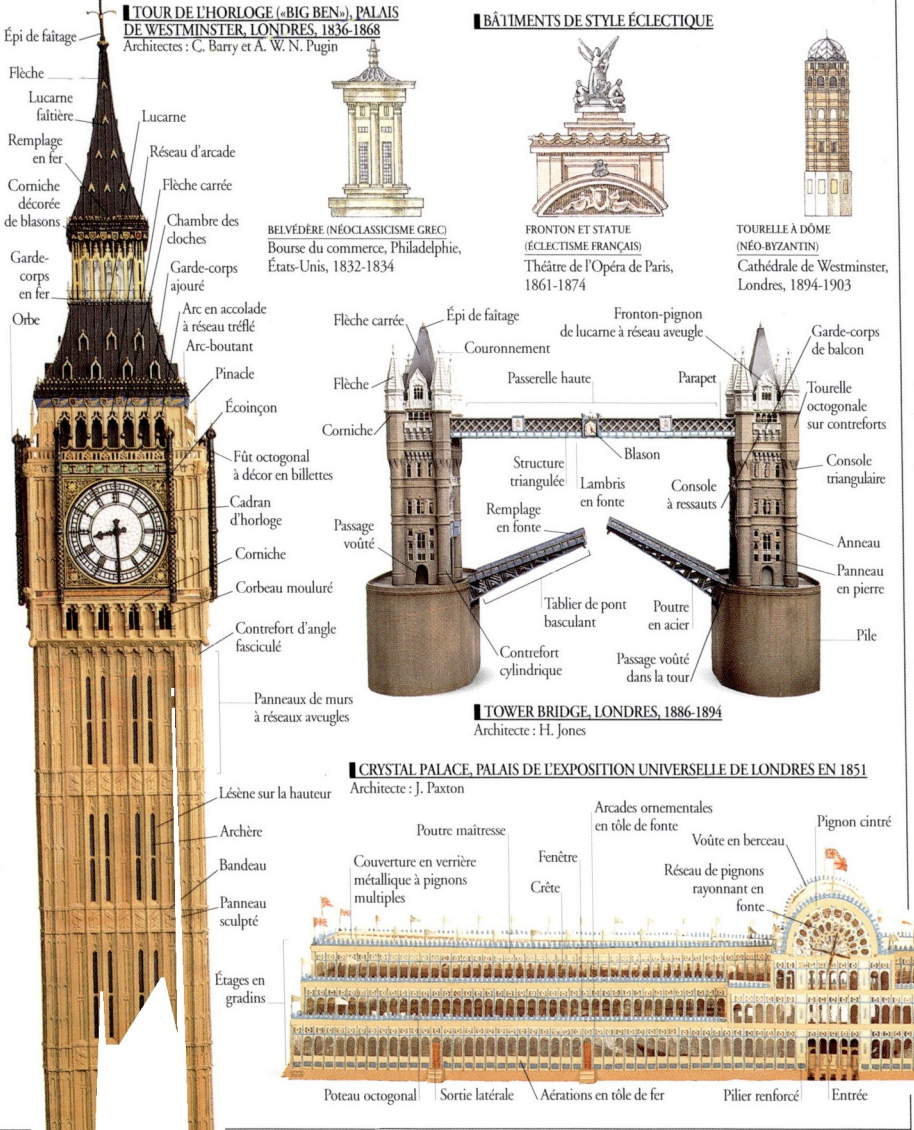

L'ARCHITECTURE

LE DÉBUT DU XXᵉ SIÈCLE

L'architecture du début du XXᵉ siècle se distingue par une typologie totalement nouvelle d'immeubles en acier et verre – les gratte-ciel – ainsi que par l'emploi de béton armé d'une structure en acier. Chicago a donné naissance aux premiers gratte-ciel dans les années 1880, mais ils ne se répandront véritablement que dans les premières décennies du XXᵉ siècle. Le progrès croissant des techniques a permis d'atteindre des hauteurs considérables : l'Empire State Building, élevé à New-York en 1929-1931, a déjà 102 étages. De nombreux bâtiments de cette période ont été conçus en dalles de béton léger, supportés par des poutres-consoles métalliques, des systèmes de poteaux ou de pilotis comme la villa Savoye de Le Corbusier à Poissy, dans les Yvelines.

EMPIRE STATE BUILDING, NEW-YORK, 1929-1931
Architectes : R. H. Shreve, T. Lamb et A. L. Harmon

- Antenne radiophonique
- Lanternon cylindrique
- Motif décoratif de coquillage («Arts déco»)
- Plinthe à gradins
- Étage-attique à colonnade
- Angle chanfreiné
- Décor
- Gradins
- Renfoncement
- Montant en acier
- Fenêtre dans le plan
- Poteau d'angle
- Fenêtrage régulier
- Appui de fenêtre
- Mur-écran
- Remplissage
- Décor en éventail («Arts déco»)
- Linteau décoré en pierre
- Ligne de structure soulignée en pierre
- Parement en calcaire et en granit
- Toit-terrasse
- Corniche à étages
- Parapet
- Plinthe
- Entrée du rez-de-chaussée
- Base
- Oriel

VILLA SAVOYE, POISSY, 1929-1931
Architecte : Le Corbusier

TOITURE EN TERRASSES
- Table fixe
- Parapet
- Dalle de plancher
- Rampe
- Mur-écran
- Main-courante
- Appui de fenêtre
- Toit-terrasse
- Mur courbe
- Toit-terrasse
- Ouverture zénithale
- Terrasse
- Jardinière

ÉLÉVATION DE LA FAÇADE
- Terrasse
- Mur en dalles de béton enduit de ciment
- Vitre coulissante
- Solarium
- Montant métallique
- Premier étage (étage noble)
- Pilotis en béton armé
- Pièces de service
- Fenêtre en bande du salon
- Vitrage courbe
- Porche d'entrée couvert

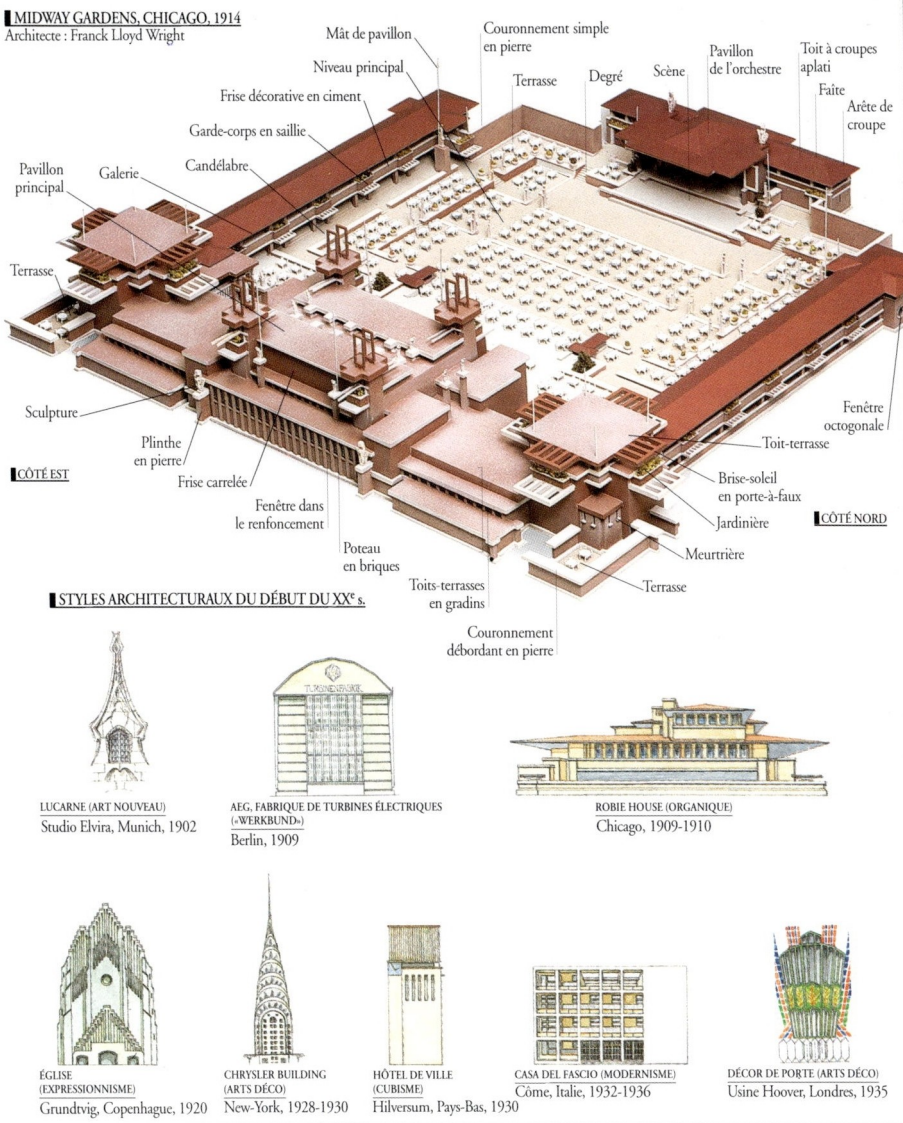

L'ARCHITECTURE

L'ARCHITECTURE CONTEMPORAINE 1

L'un des courants les plus marquants de l'architecture contemporaine, depuis les années 50, est le fonctionnalisme, pour lequel la forme doit exprimer la fonction. Le Centre Georges-Pompidou, à Paris, et le siège de la Banque de Hong Kong et de Shanghai, à Hong Kong, de style «high tech», en sont l'aboutissement. De nos jours, la plupart des bâtiments sont conçus avec une structure métallique ou en béton – armé ou précontraint – avec un remplissage de verre ou de panneaux composites, comme dans la maison Kawana : c'est la technique du mur-rideau. D'autres systèmes permettent de réaliser des structures complexes : l'entrecroisement de voiles de béton pour l'Opéra de Sydney, ou une charpente en lamellé-collé pour le toit à double parabole de révolution de l'église Saint-Pierre de Libreville.

MAISON KAWANA, JAPON, 1987
Architecte : Norman Foster

- Brise-soleil
- Structure en béton
- Poteau de fondation
- Radier
- Panneau de remplissage composite

VUE LATÉRALE

- Poutre articulée
- Mur-rideau
- Poutre triangulée
- Assemblage de la poutre de plancher
- Sol

VUE FRONTALE

FAÇADE DE SERVICE, CENTRE GEORGES-POMPIDOU, PARIS, 1977
Architectes : Renzo Piano et Richard Rogers

- Panneau à face métallique résistant au feu
- Gaine d'air conditionné
- Tour de refroidissement
- Conduite d'eau
- Niveau de la Grande Galerie d'expositions
- Niveau du musée d'art moderne
- Niveau de la bibliothèque
- Niveau de l'administration
- Niveau de la mezzanine
- Niveau de l'entrée
- Escalier de secours
- Relais électrique
- Pylône tubulaire en acier, refroidi par eau, résistant au feu
- Vitrage continu
- Verre teinté
- Entrée de service

L'ARCHITECTURE CONTEMPORAINE 1 / 497

FAÇADE PRINCIPALE, CENTRE GEORGES-POMPIDOU

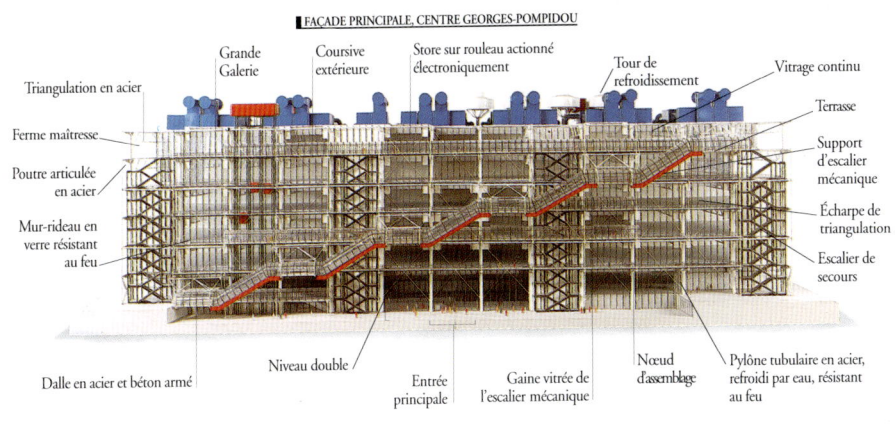

L'ARCHITECTURE CONTEMPORAINE 2

SIÈGE DE LA BANQUE DE HONG KONG ET SHANGAI, HONG KONG 1981-1985
Architecte : Norman Foster

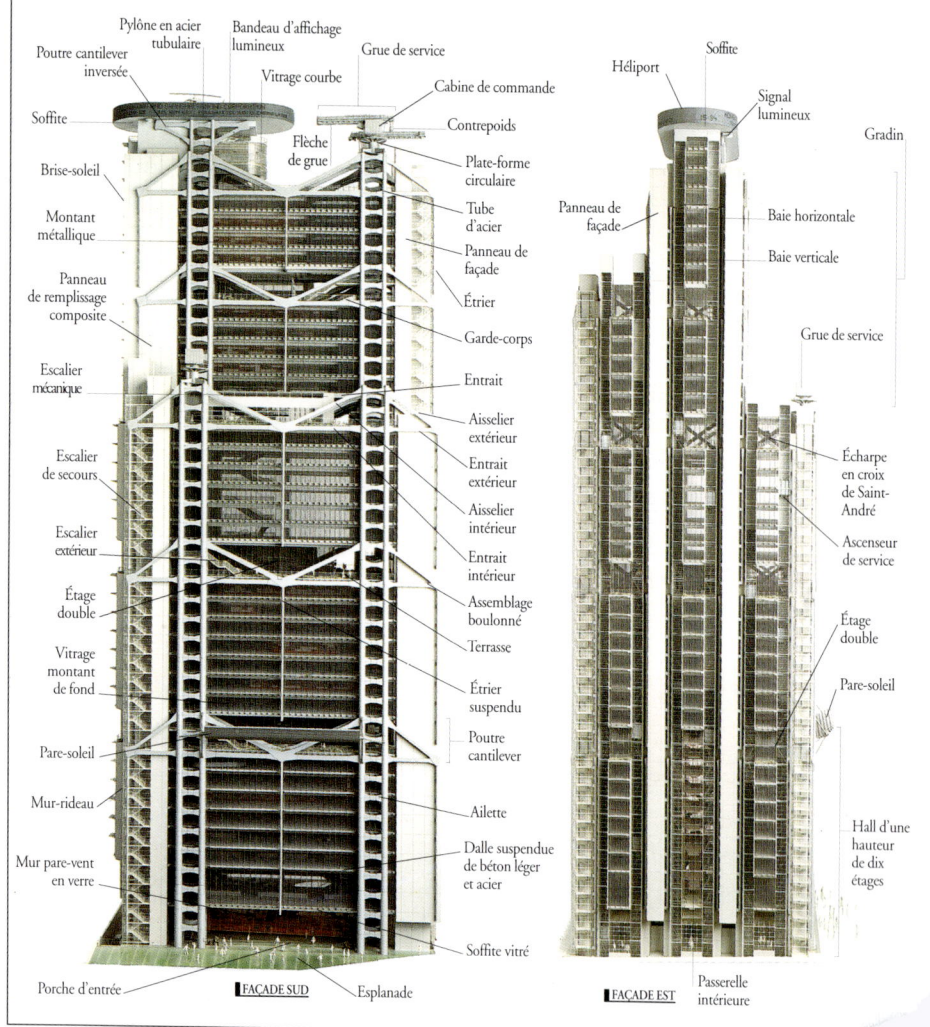

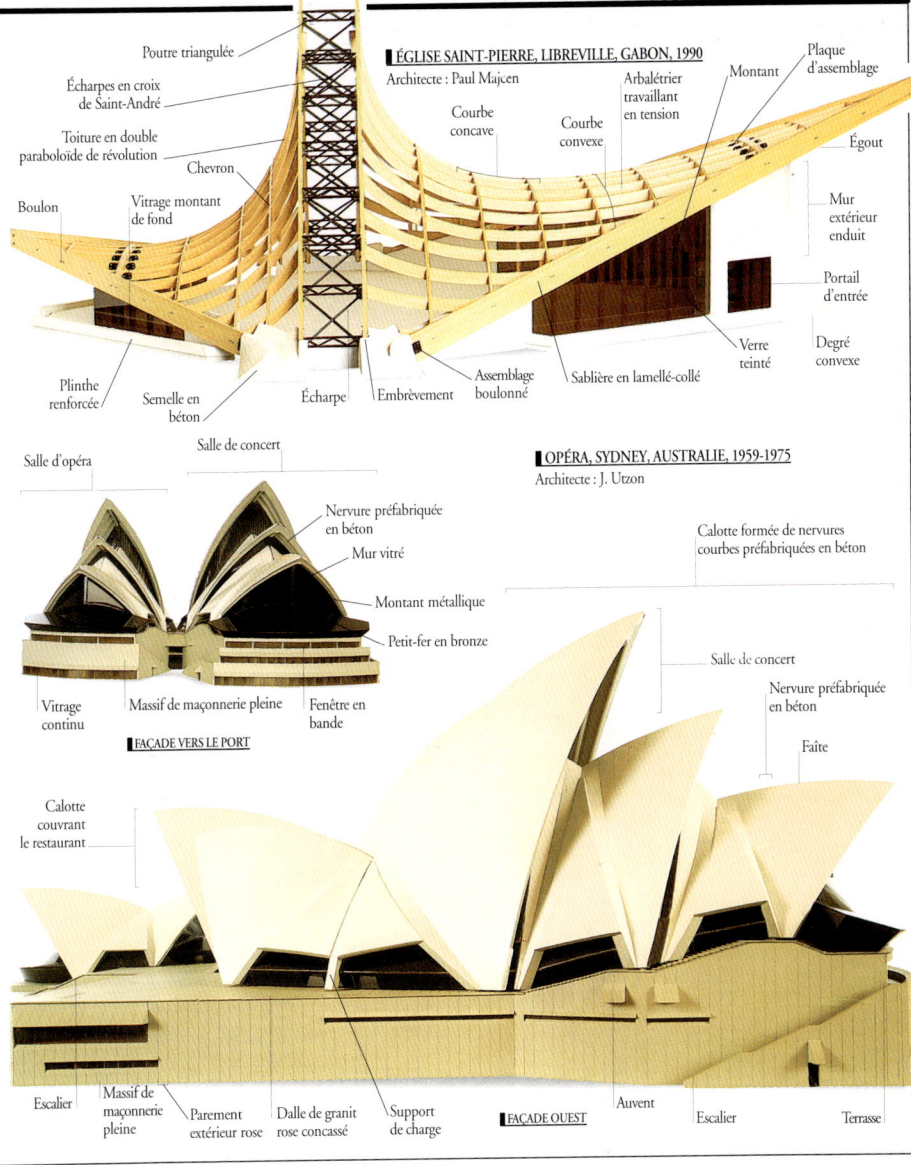

LES INSTRUMENTS DE MUSIQUE

LA NOTATION MUSICALE	502
LES ORCHESTRES	504
LES CUIVRES	506
LES BOIS	508
LES CORDES	510
LES GUITARES	512
LES INSTRUMENTS À CLAVIER	514
LES INSTRUMENTS DE PERCUSSION	516
LES TAMBOURS	518
LES INTRUMENTS ÉLECTRONIQUES	520

LA NOTATION MUSICALE

Le terme « notation musicale » s'applique à toute méthode permettant d'écrire les sons afin que d'autres personnes puissent les lire et les jouer. La convention d'écriture moderne utilise une portée à cinq lignes – où des lignes verticales délimitent des espaces appelés mesures – sur laquelle on écrit des notes, des silences, des armatures, des chiffrages de mesures, des altérations et d'autres symboles. Le dessin d'une note indique la durée d'un son et sa position sur la portée indique la hauteur de ce son. Lorsque la musique s'interrompt, on l'indique à l'aide de « silences ». Les altérations servent à indiquer qu'on hausse ou qu'on baisse la hauteur d'une note d'un demi-ton.

ÉLÉMENTS DE NOTATION MUSICALE

LES CLÉS

CHIFFRAGE DE MESURES

NOTES

SILENCES

UNE GAMME

ALTÉRATIONS

EXEMPLE DE PARTITION MANUSCRITE ORIGINALE :
LE FILS PRODIGUE, ARTHUR SULLIVAN, 1869

LES ORCHESTRES

Un orchestre est un groupe de musiciens qui jouent de la musique écrite pour une combinaison d'instruments particulière. Le nombre et le genre d'instruments d'un orchestre dépendent du style de la musique jouée. L'orchestre moderne (connu aussi sous le nom d'orchestre symphonique) est fait de quatre sections (ou pupitres) d'instruments : les cordes, les bois, les cuivres et la percussion. La section des cordes comprend les violons, les alti, les violoncelles, les contrebasses et parfois une harpe (pp. 510-511). Les instruments les plus importants de la section des bois sont les flûtes, les hautbois, les clarinettes et les bassons – on peut aussi y ajouter le piccolo, le cor anglais, la clarinette basse, le saxophone et le contrebasson (pp. 508-509). La section des cuivres comprend les cors, les trompettes, les trombones et le tuba (pp. 506-507).

Les principaux instruments du pupitre de percussion sont les timbales (pp. 518-519). La caisse claire, le tom basse, les cymbales, le tambour de basque, le triangle, les cloches tubulaires, le xylophone, le vibraphone, le tam-tam (gong), les castagnettes et les maracas peuvent aussi faire partie du pupitre de percussion (pp. 516-517). Les musiciens sont traditionnellement disposés en demi-cercle – les cordes sont réparties sur le devant, les bois et les cuivres au milieu et la percussion au fond. Un chef d'orchestre se tient devant les musiciens et contrôle le *tempo* (la vitesse) de la musique et l'équilibre général du son.

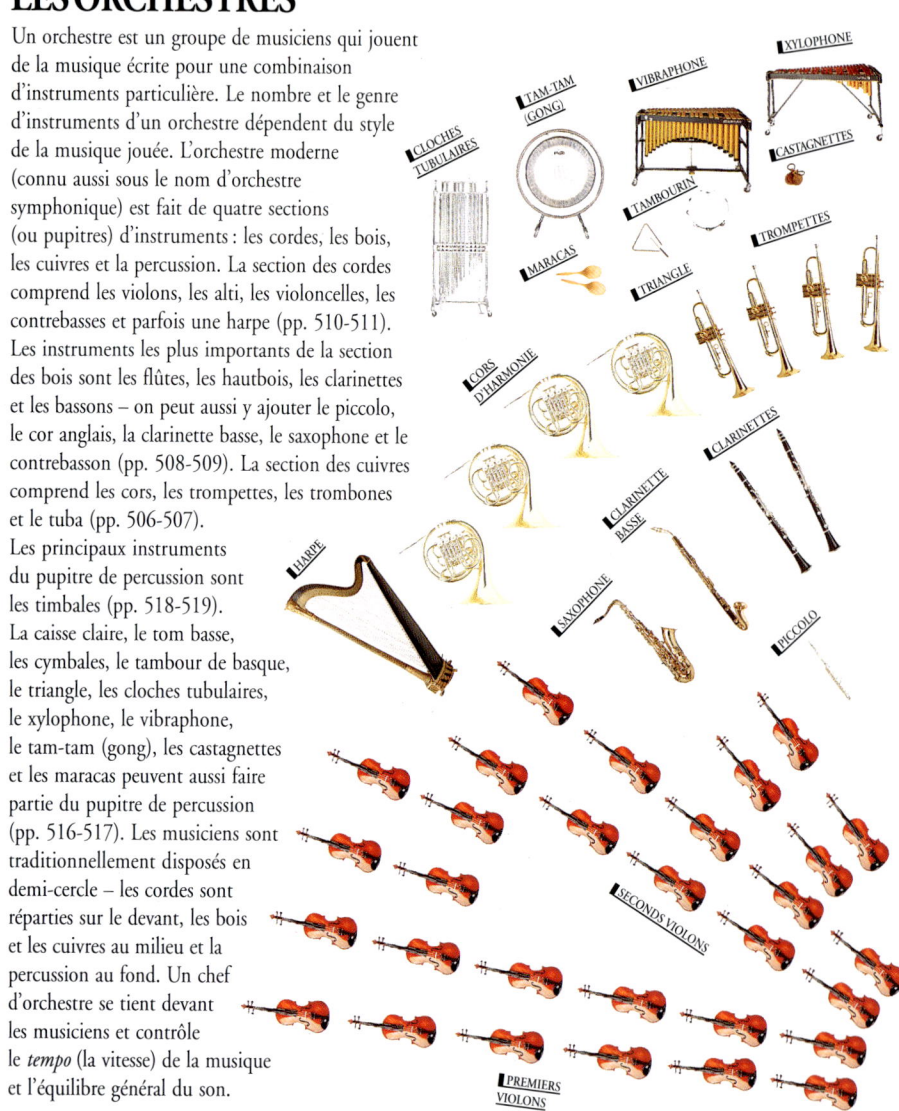

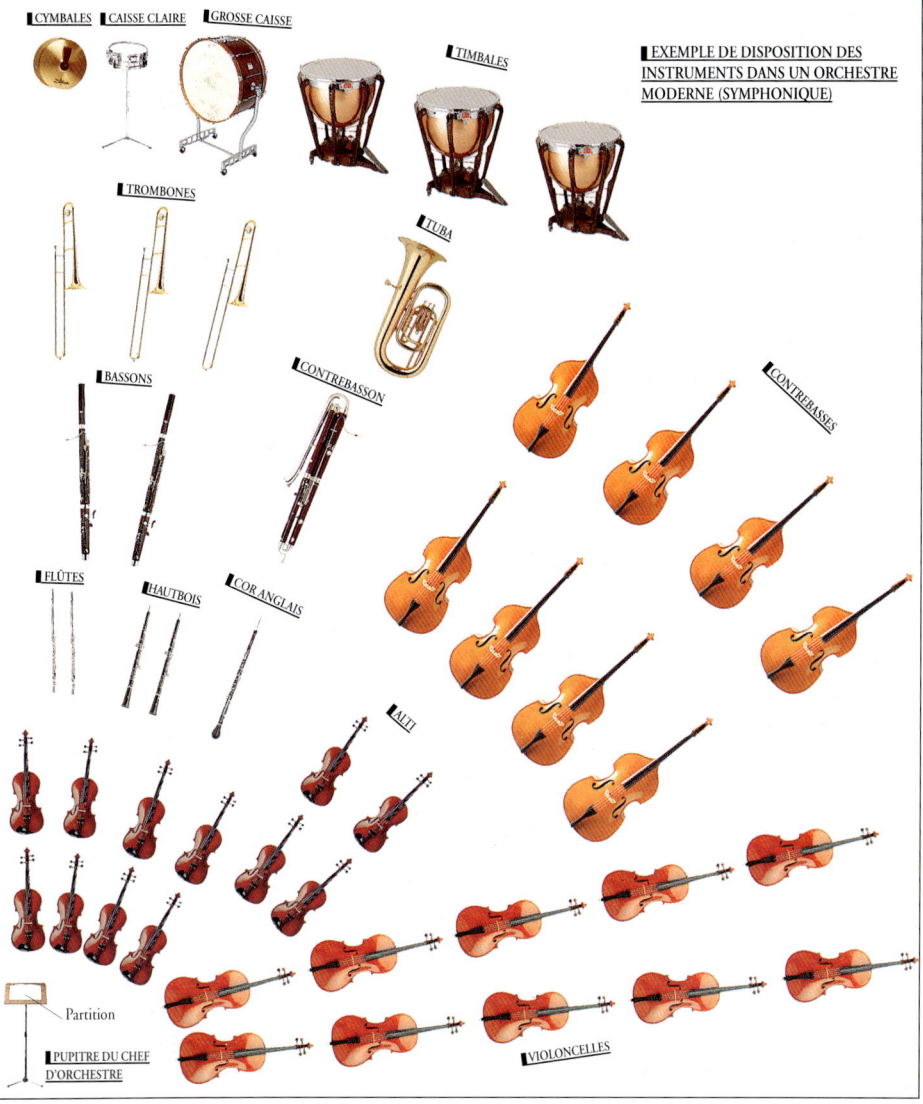

LES CUIVRES

Les cuivres sont des instruments à vent métalliques fabriqués habituellement en cuivre.
Bien qu'ils aient différentes formes et différentes tailles, tous les cuivres ont une embouchure, un tube creux d'une certaine longueur et un pavillon évasé. L'embouchure d'un cuivre peut avoir une forme en bassin, comme pour le cornet, ou une forme conique, comme pour le cor d'harmonie. Le tube peut être large ou étroit, conique, pour le cor et le tuba, ou cylindrique, pour la trompette et le trombone. Le son d'un cuivre est produit par les lèvres de l'instrumentiste qui vibrent sur l'embouchure afin que l'air vibre dans le tube. En modifiant la pression des lèvres, l'instrumentiste peut faire varier les vibrations et émettre des hauteurs de son différentes. Le registre d'un cuivre peut être étendu grâce à un système de pistons. La plupart des cuivres, la trompette par exemple, ont des pistons qui dévient l'air en vibration dans des tubes complémentaires lorsqu'on les presse. La longueur totale du tube croît et la hauteur de la note produite est plus grave. À la place des pistons, le trombone possède une coulisse que l'instrumentiste peut pousser vers lui ou au contraire éloigner de lui. Le son d'un cuivre peut aussi être modifié par des sourdines que l'on place dans le pavillon.

CLAIRON

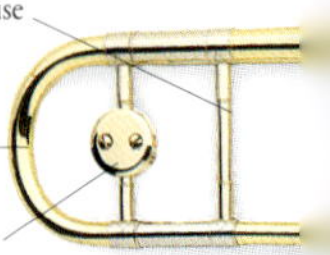

Entretoise
Coulisse d'accord
Contrepoids

CROQUIS SIMPLIFIÉ MONTRANT COMMENT FONCTIONNE UN SYSTÈME À PISTONS

Pistons au repos

L'air traverse les pistons.

PISTONS AU REPOS

Premier piston enfoncé

Deuxième et troisième piston au repos (position haute)

Air dévié dans la coulisse du premier piston

PISTON ENFONCÉ

TROMPETTE

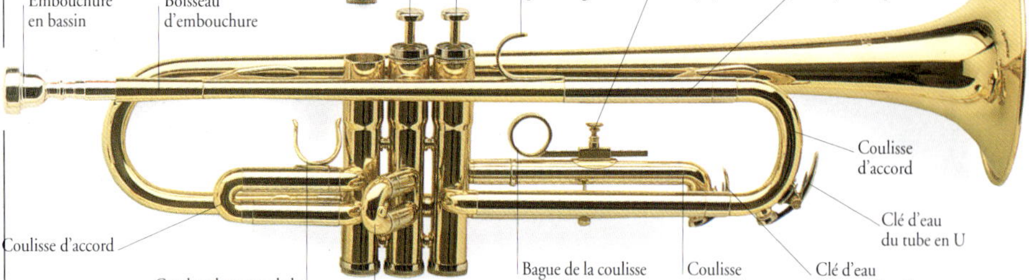

Bouton de piston
Premier piston
Le ressort ramène le piston en position de repos (position haute).
Les trous dans le piston dévient l'air dans les coulisses.
Deuxième piston
Troisième piston
Crochet de petit doigt
Porte-pupitre
Tube cylindrique étroit
Pavillon évasé
Embouchure en bassin
Boisseau d'embouchure
Coulisse d'accord
Clé d'eau du tube en U
Coulisse d'accord
Crochet de pouce de la coulisse du premier piston
Coulisse du second piston
Bague de la coulisse du troisième piston
Coulisse du troisième piston
Clé d'eau de la coulisse du troisième piston

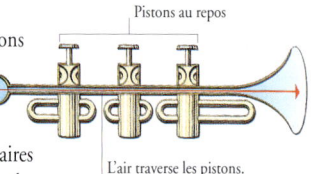
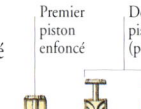

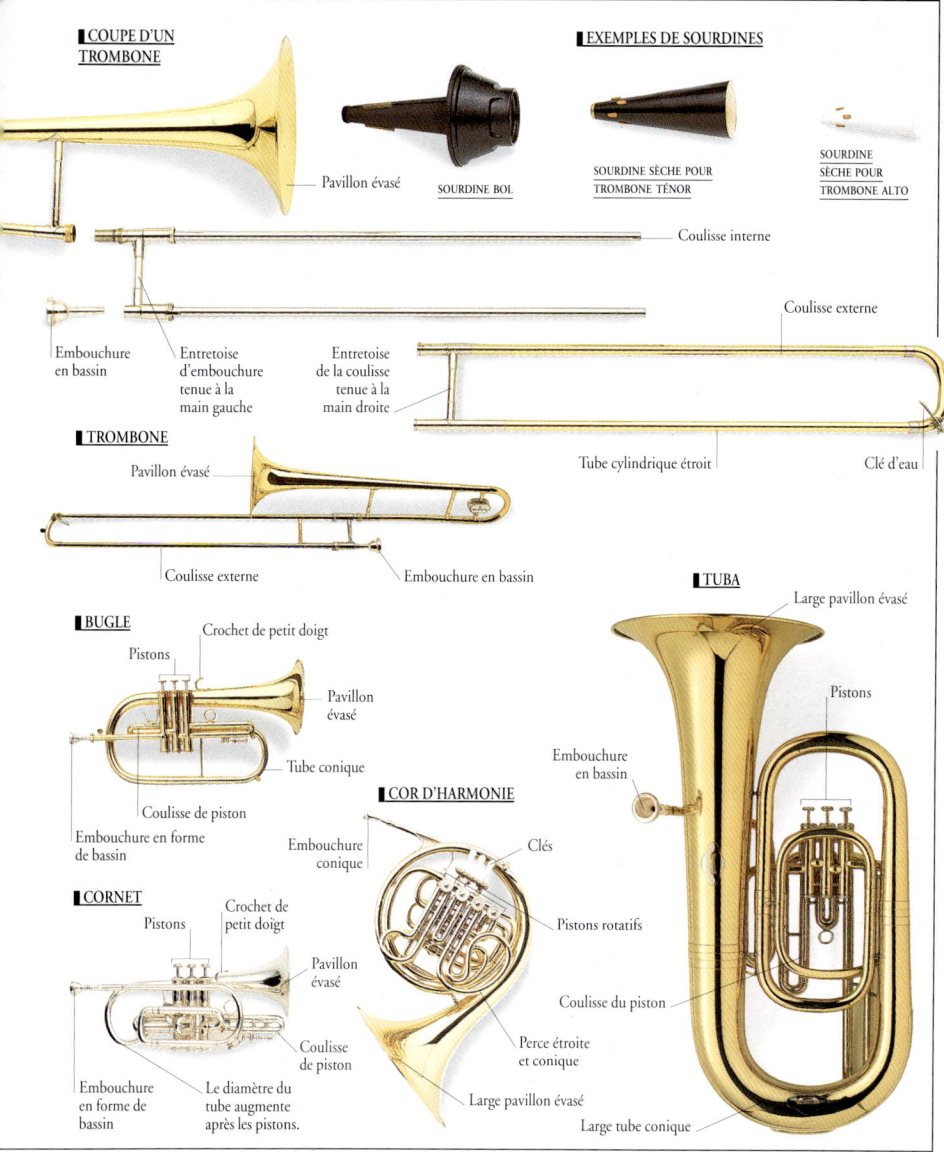

LES BOIS

Les bois sont des instruments à vent généralement en bois, bien que certains soient fabriqués en métal ou en plastique. Le son d'un bois est produit par la vibration de l'air dans un tube creux. L'air se met à vibrer lorsque l'on souffle dans un trou pratiqué dans la paroi – comme pour la flûte traversière et le piccolo –, dans une anche simple – comme pour la clarinette et le saxophone – ou encore dans une anche double – comme pour le basson, le cor anglais et le hautbois. Le son d'un bois peut être modifié en ouvrant ou en fermant les trous percés dans le corps de l'instrument.

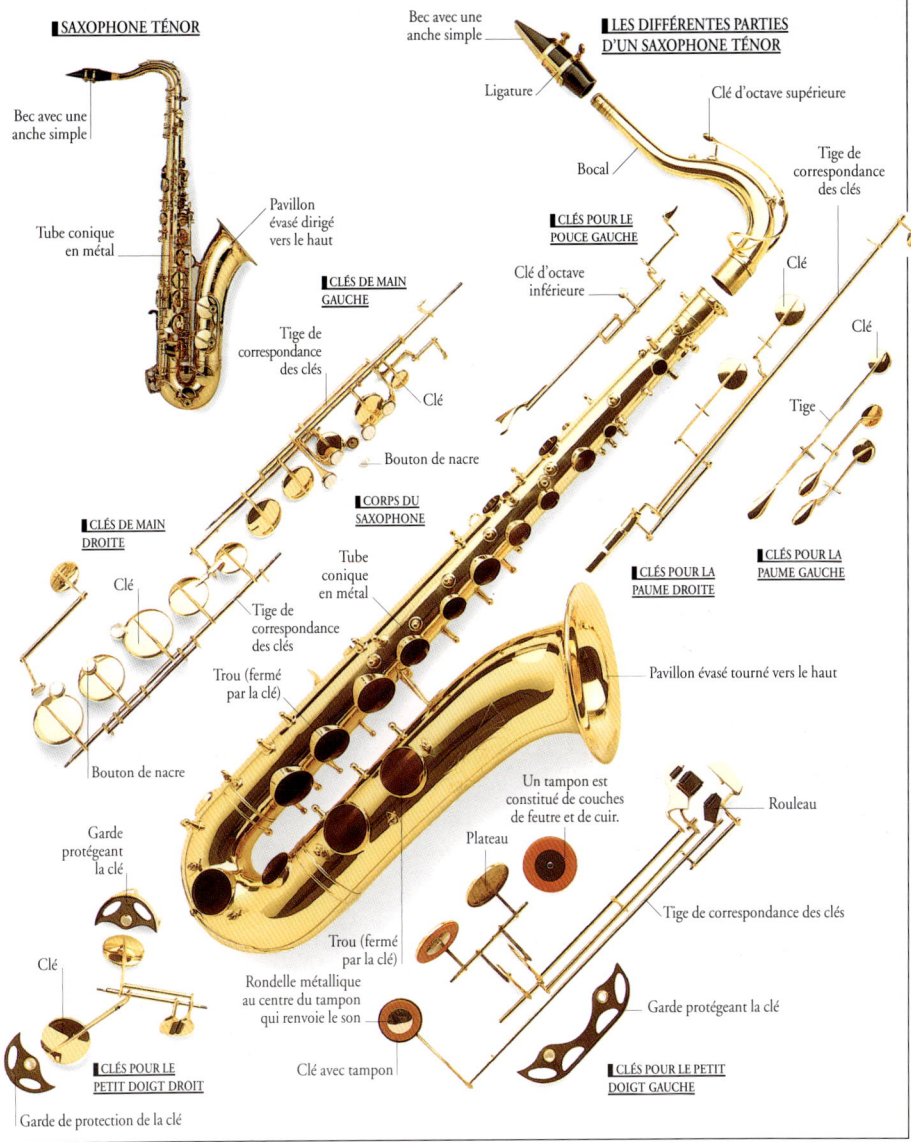

LES INSTRUMENTS DE MUSIQUE

LES CORDES

Les instruments à cordes produisent du son lorsque l'on met en vibration les cordes tendues. Ceci peut être fait soit en frottant un archet sur les cordes – comme pour le violon –, soit en pinçant les cordes – comme pour la harpe et la guitare (pp. 512-513). Les quatre instruments modernes de la famille des instruments à archet sont le violon, l'alto, le violoncelle et la contrebasse. Chacun est fait d'un corps creux en bois, d'un manche long et de quatre cordes. L'archet est une baguette de bois avec du crin de cheval tendu sur toute la longueur. Les vibrations produites par le frottement de l'archet sur les cordes sont transmises au corps creux qui vibre lui aussi en amplifiant et en enrichissant le son émis. La harpe est faite d'une série de cordes de différentes longueurs tendues sur une structure de bois. Les cordes sont pincées avec les doigts de chaque main (excepté les deux petits doigts), ce qui produit des vibrations qui sont amplifiées par la table d'harmonie de la harpe. La hauteur d'une note produite sur un instrument à cordes dépend de la longueur, du poids et de la tension de la corde. Une corde courte, mince ou tendue donne une note aiguë.

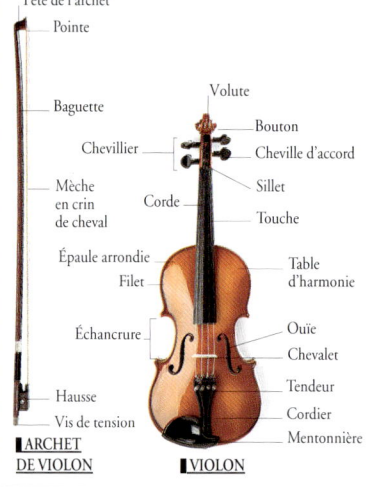

ARCHET DE VIOLON

VIOLON

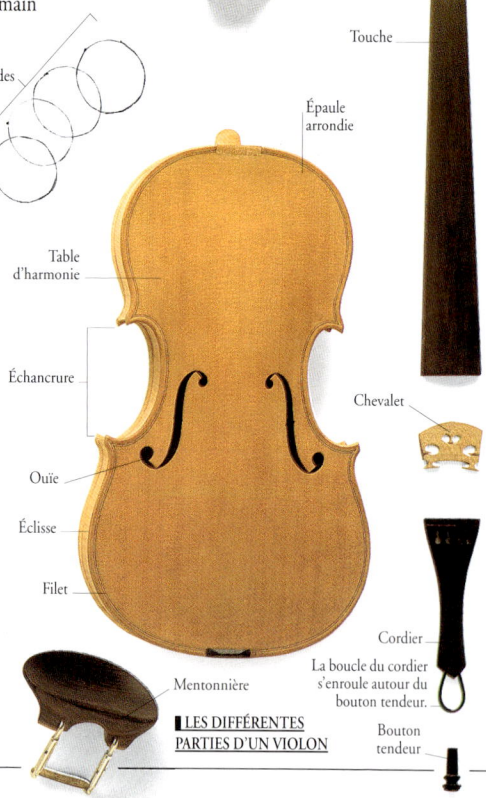

LES DIFFÉRENTES PARTIES D'UN VIOLON

LES GUITARES

La guitare est un instrument à cordes pincées (pp. 510-511). Il existe deux types de guitares : les guitares acoustiques et les guitares électriques. Les guitares acoustiques ont une caisse creuse et six ou douze cordes. Lorsqu'on pince les cordes, on provoque des vibrations qui sont amplifiées par la caisse creuse. Les guitares électriques ont, en général, une caisse pleine et six cordes. Des micros situés sous les cordes transforment les vibrations de celles-ci en signaux électriques qui sont amplifiés (par un amplificateur), puis transmis à un haut-parleur où ils sont transformés en sons (pp. 520-521). Les guitares basses électriques n'ont que quatre cordes et elles produisent des sons plus graves.

LES INSTRUMENTS À CLAVIER

Les instruments à clavier sont des instruments dont le son est émis par l'intermédiaire d'un clavier. L'orgue et le piano sont les deux principaux membres de la famille des claviers. L'orgue est constitué de tuyaux qui sont mis en action grâce à un ou plusieurs claviers manuels et un pédalier. Les tuyaux sont alignés sur des rangs au-dessus du sommier. Le son de l'orgue est fabriqué lorsque l'air arrive dans un tuyau après qu'on a appuyé sur une touche ou une pédale. Le piano est constitué de cordes métalliques tendues sur un cadre en métal, d'un clavier et de pédales qui mettent en action des marteaux et des étouffoirs. Le cadre du piano est soit vertical – le piano droit –, soit horizontal – le piano à queue. Lorsqu'une touche est au repos, un étouffoir repose sur la corde pour arrêter sa vibration. Lorsqu'on enfonce la touche, l'étouffoir s'éloigne de la corde. Le marteau peut alors frapper la corde qui se met en vibration et produit un son.

TUYAU D'ORGUE

PIANO DROIT

- Feutre pour étouffer le son
- Sillet
- Cheville d'accord
- Rampe des marteaux
- Sommier
- Marteau
- Clavier de 88 notes
- Plateau de clavier
- Table d'harmonie
- Corde
- Chevalet des aigus
- Caisse du piano en bois
- Cadre métallique
- Chevalet des basses
- Cheville
- Sourdine, ou pédale douce
- Pédale *sostenuto*, ou pédale de prolongation
- Pédale forte

CONSOLE DE L'ORGUE

- Tuyau
- Bouton de pédale
- Bouton de boîte expressive
- Clavier de récit
- Clavier de grand orgue
- Clavier de positif
- Pédale de combinaisons
- Pédalier
- Pédale d'expression
- Pédale actionnée par le pied
- Pupitre
- Bouton du clavier de positif
- Bouton du grand orgue
- Bouton de combinaisons

MÉCANISME DU PIANO DROIT

TOUCHE AU REPOS

- Corde
- L'étouffoir repose sur la corde et l'empêche d'entrer en vibration.
- Lame d'étouffoir
- Marteau
- Barre de repos du marteau
- Attrape
- Levier d'échappement
- Levier
- Touche relâchée

TOUCHE ENFONCÉE

- Corde
- Lame d'étouffoir
- Levier d'échappement
- Le marteau frappe la corde.
- Barre de repos du marteau
- L'étouffoir s'écarte de la corde et lui permet ainsi d'entrer en vibration.
- Attrape
- Levier
- Touche enfoncée

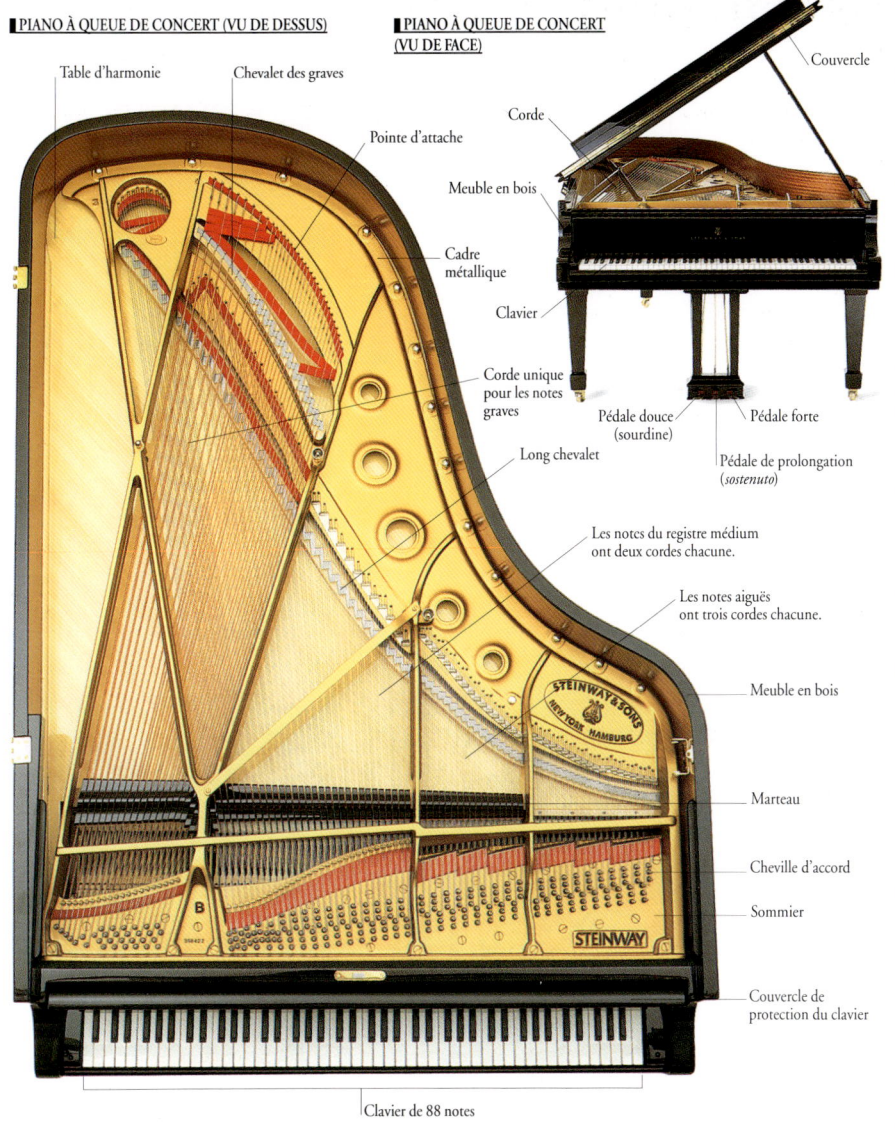

LES INSTRUMENTS DE PERCUSSION

La famille des percussions rassemble les nombreux instruments avec lesquels on produit du son en frappant, en secouant ou en entrechoquant. Beaucoup d'instruments de percussion – comme le tam-tam (le gong), les cymbales et les maracas – n'émettent pas de notes ayant une hauteur définie et sont utilisés pour le rythme, l'attaque et le timbre caractéristique (la couleur) de leur son. D'autres instruments de percussion – comme le xylophone, le vibraphone et les cloches tubulaires – sont accordés sur des hauteurs de sons bien définies et permettent de jouer des mélodies, des parties harmoniques et des rythmes. Le xylophone et le vibraphone ont, chacun, deux rangées de lames qui sont disposées de la même façon que les touches noires et les touches blanches d'un piano.

TEMPLE BLOCK

CLOCHES TUBULAIRES

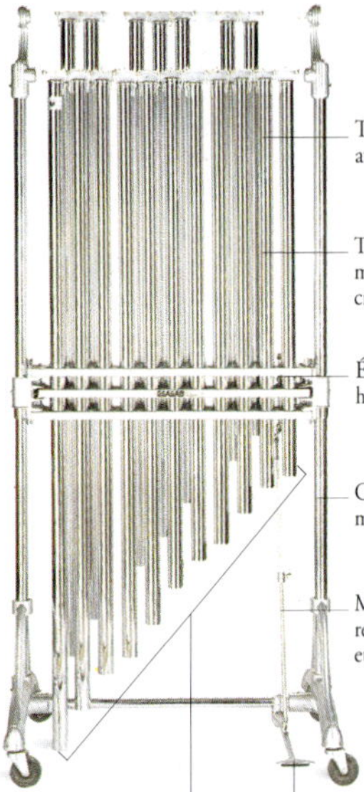

- Tube frappé avec un maillet
- Tube métallique creux
- Étouffoir horizontal
- Châssis métallique
- Mécanisme reliant la pédale et l'étouffoir
- Rangée de tubes organisés selon leur longueur et par conséquent selon la hauteur du son produit
- Pédale actionnant l'étouffoir

QUELQUES BAGUETTES ET MAILLOCHES

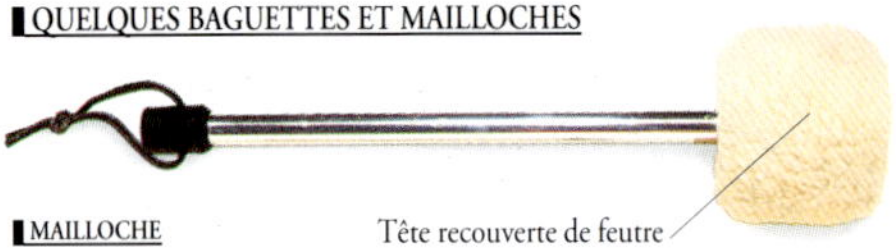

MAILLOCHE — Tête recouverte de feutre

BAGUETTE À TÊTE DURE — Petite tête en palissandre

MAILLET — Tête recouverte de cuir

XYLOPHONE

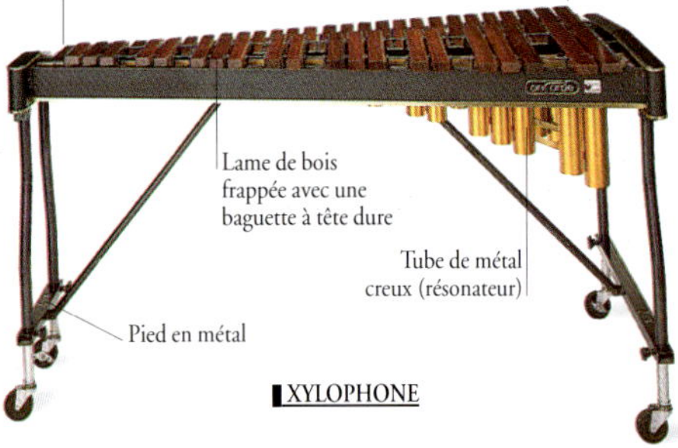

- Rangée de lames ordonnées selon leur longueur et donc leur hauteur de son
- Lame de bois frappée avec une baguette à tête dure
- Tube de métal creux (résonateur)
- Pied en métal

TAM-TAM (GONG)

On frappe le tam-tam en son centre, avec une mailloche.

- Cordon
- Portique métallique
- Bord relevé
- Grand disque en métal

LES INSTRUMENTS DE MUSIQUE

LES TAMBOURS

BATTERIE

Un tambour est un instrument de percussion fait d'une membrane souple (en peau ou en plastique) tendue sur l'une ou les deux extrémités d'un fût creux (la caisse). On joue des tambours dans la plupart des régions du monde et ces instruments ont de multiples formes et tailles différentes. On peut les diviser en trois groupes, selon la forme de la caisse : les tambours sur cadre (le tambourin), les tambours à fût en forme de bol (les timbales) et les tambours à fût allongé (les congas). En général, le son est produit en frappant la peau avec les mains ou avec des baguettes. La peau vibre et les vibrations sont amplifiées par la caisse creuse. La caisse claire est munie d'un ensemble de fils – appelé le timbre – tendus sur la peau du dessous ; le timbre vibre contre cette peau lorsque l'on joue sur la caisse claire. La plupart des tambours, les congas par exemple, n'ont pas de hauteur de son définie et ont uniquement un rôle rythmique. D'autres tambours, comme les timbales, ont des hauteurs de sons définies ; ils permettent donc de jouer des mélodies, des harmonies et des rythmes. On peut les accorder en réglant la tension de la peau. On peut associer différents types de tambours avec d'autres instruments de percussion et former ainsi une batterie.

TAMBOURIN

CAISSE CLAIRE (VUE DE DESSOUS)

LES INSTRUMENTS ÉLECTRONIQUES

Les instruments électroniques émettent des signaux électroniques qui sont amplifiés (par un amplificateur) et envoyés dans un haut-parleur où ils sont transformés en sons. Les synthétiseurs et les autres instruments électroniques imitent les sons caractéristiques des instruments conventionnels mais peuvent aussi créer des sons nouveaux. Beaucoup d'instruments électroniques sont munis de claviers mais on trouve aussi des instruments à vent ou des percussions électroniques. Un échantillonneur digital enregistre et stocke des sons provenant d'instruments ou d'autres sources. Lorsqu'on rejoue ce son, on peut changer sa hauteur. On peut aussi relier un clavier à l'échantillonneur afin de pouvoir jouer une mélodie avec les sons échantillonnés. À l'aide d'un système Midi (Musical Instrument Digital Interface), on peut relier un ordinateur avec d'autres instruments électroniques, comme des claviers et une batterie électronique, et utiliser, ensemble ou en séquence, les sons ainsi fabriqués. Il est aussi possible, en utilisant un logiciel musical, de composer et de jouer de la musique sur un micro-ordinateur.

BATTERIE ÉLECTRONIQUE
- Pad
- Clé de réglage de hauteur
- Trépied

CLAVIER PORTABLE
- Bouton marche/arrêt
- Contrôle du volume
- Écran d'affichage des fonctions
- Touche d'enregistrement en mémoire
- Contrôle des paramètres du son
- Bouton permettant de faire entendre un morceau de démonstration
- Roue de modulation
- Contrôle du style d'accompagnement
- Sélecteur des différents sons et rythmes
- Touche

SYNTHÉTISEUR
- Joystick (levier de commande des effets)
- Écran d'affichage
- Éditeur des sons
- Pavé de touches
- Fiche d'entrée de la carte à mémoire
- Schéma de la structure des types de son
- Contrôle du volume
- Roue de modulation
- Sélecteur de son
- Touche

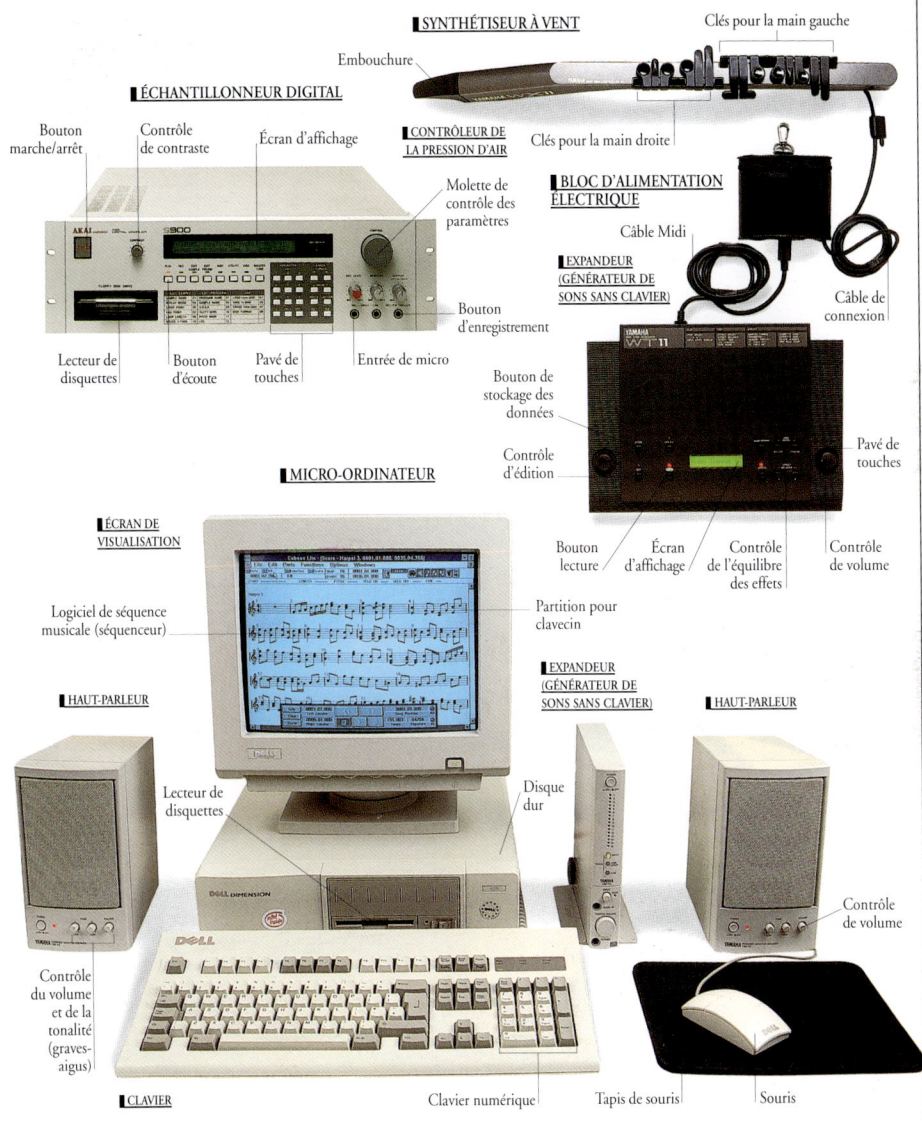

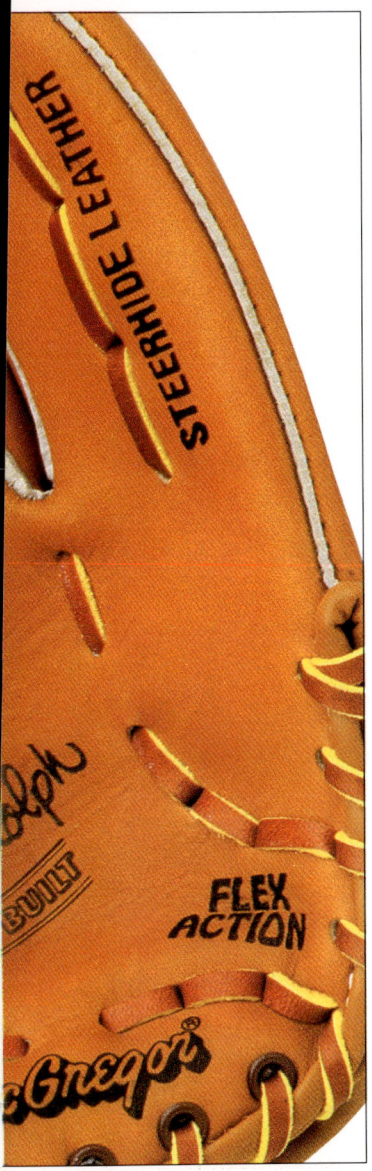

LES SPORTS

LE FOOTBALL	524
LE FOOTBALL AMÉRICAIN	526
LES FOOTBALLS AUSTRALIEN ET GAÉLIQUE	528
LE RUGBY	530
LE BASKET-BALL	532
LE VOLLEY-BALL, LE NETBALL ET LE HANDBALL	534
LE BASE-BALL	536
LE CRICKET	538
HOCKEY, LACROSSE ET HURLING	540
L'ATHLÉTISME	542
LES SPORTS DE RAQUETTE	544
LE GOLF	546
LE TIR ET LE TIR À L'ARC	548
LE HOCKEY SUR GLACE	550
LE SKI ALPIN	552
LES SPORTS ÉQUESTRES	554
LE JUDO ET L'ESCRIME	556
LA NATATION ET LE PLONGEON	558
LE CANOË, L'AVIRON ET LA VOILE	560
LA PÊCHE	562

LES SPORTS

LE FOOTBALL

Les jeux de balle au pied ont une longue histoire. Ils se sont développés de manière anarchique depuis l'Antiquité. On les retrouve en Chine dès 300 av. J.-C., puis en Europe avec un jeu très populaire, mais très violent, appelé la soule, pratiqué aussi bien par les seigneurs que par les gens du peuple. Plus tard, en 1863, les règles du football furent arrêtées. Elles interdisent, en particulier, à tous les joueurs, à l'exception du gardien de but, de toucher le ballon avec la main et se distingue en cela du rugby. Le football est un sport d'équipe dans lequel les joueurs, par passes et dribbles successifs, s'efforcent de marquer des buts malgré la défense et le gardien adverses. Chaque équipe se compose de 10 joueurs (défenseurs, milieux de terrain et attaquants) et d'un gardien de but. Les joueurs de l'équipe adverse peuvent s'en prendre au joueur en possession du ballon, mais une charge illégale entraîne un coup franc ou un penalty, si la faute a été commise dans la surface de réparation.

▮ DRAPEAU DE JUGE DE TOUCHE

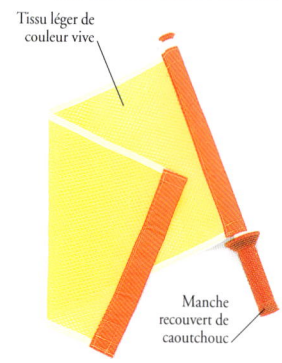

Tissu léger de couleur vive

Manche recouvert de caoutchouc

▮ ÉQUIPEMENT DE L'ARBITRE

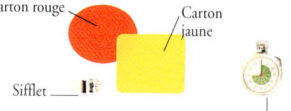

Carton rouge
Carton jaune
Sifflet
Chronomètre

▮ TERRAIN

46 - 91 m

Drapeau de corner
Surface de corner
Surface de réparation
Point de penalty
Arbitre
Drapeau de ligne médiane
Ailier gauche
Avant centre
Demi gauche
Arrière central
Arrière gauche
Ligne de touche
Arrière central
But
Gardien de but

Ligne de but
Zone de penalty
Juge de touche
Rond central
Point d'engagement
Ligne médiane
Ailier droit
Demi droit
Arrière gauche
Arrière central
Surface de but

▮ MARQUAGES DU TERRAIN

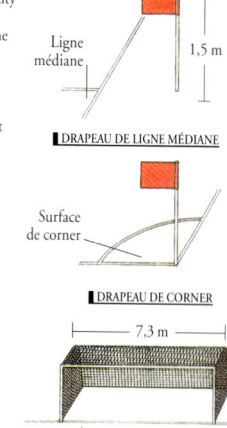

Ligne médiane
1,5 m

▮ DRAPEAU DE LIGNE MÉDIANE

Surface de corner

▮ DRAPEAU DE CORNER

7,3 m

Ligne de but
▮ BUT

LES SPORTS

LE FOOTBALL AMÉRICAIN

Aux footballs américain et canadien, le principe du jeu est de faire passer le ballon de l'autre côté de la ligne de but adverse, soit en le passant (essai), soit en le shootant entre les poteaux de but (*field goal*). Une équipe de football américain se compose d'une formation d'attaque et d'une autre de défense, toutes deux composées de 11 joueurs présents simultanément sur le terrain, mais chaque club peut engager jusqu'à 40 joueurs au cours d'un même match. Lorsqu'elle est en possession du ballon, une équipe dispose de 4 *downs* (tentatives) pour faire progresser la balle d'au moins 9 mètres équivalent à un premier *down*. Le football canadien se joue sur un terrain plus grand, avec 12 joueurs de chaque côté et des règles très similaires au football américain.

TERRAIN DE FOOTBALL AMÉRICAIN

Poteau de but — Ligne de fond — Limite de la zone de jeu — Ligne de touche — Ligne de but — Juge de ligne — Banc des joueurs — Arbitre en chef — Arbitre — Juge de champ arrière — Zone de but

49 m — 9,2 m

POTEAU DE BUT

DISPOSITION DES JOUEURS AU FOOTBALL AMÉRICAIN

Demi de sûreté droit — Secondeur au centre — Demi de sûreté gauche — Plaqueur droit — Plaqueur gauche — Demi de coin droit — Secondeur interne — Demi de coin gauche — Secondeur extérieur — Ailier défensif droit — Centre — Ailier défensif gauche — Ailier rapproché — Ailier éloigné — Bloqueur gauche — Bloqueur droit — Garde gauche — Garde droit — Arrière gauche — Quart arrière ou *Quarter back* — Demi droit — Arrière

DISPOSITION DES JOUEURS AU FOOTBALL CANADIEN

Demi de sûreté droit — Secondeur au centre — Demi en maraude — Demi de sûreté gauche — Plaqueur gauche — Demi de coin droit — Demi de coin gauche — Secondeur extérieur droit — Secondeur extérieur gauche — Ailier défensif gauche — Ailier défensif droit — Garde droit — Receveur éloigné — Receveur éloigné — Plaqueur droit — Bloqueur droit — Demi inséré — Flanqueur — Bloqueur gauche — Garde gauche — Centre — Quart-arrière — Arrière — Demi

TERRAIN DE FOOTBALL CANADIEN

Poteau de but — Ligne de but — Banc des joueurs — Arbitre en chef — Arbitre — Juge de passes et de tir au but — Arbitre chargé de mesurer les *downs* — Juge de lignes — Arbitre chargé de mesurer les *downs* — Ligne de touche — Zone de but

9,2 m — 59,5 m

POTEAU DE BUT

LE FOOTBALL AMÉRICAIN

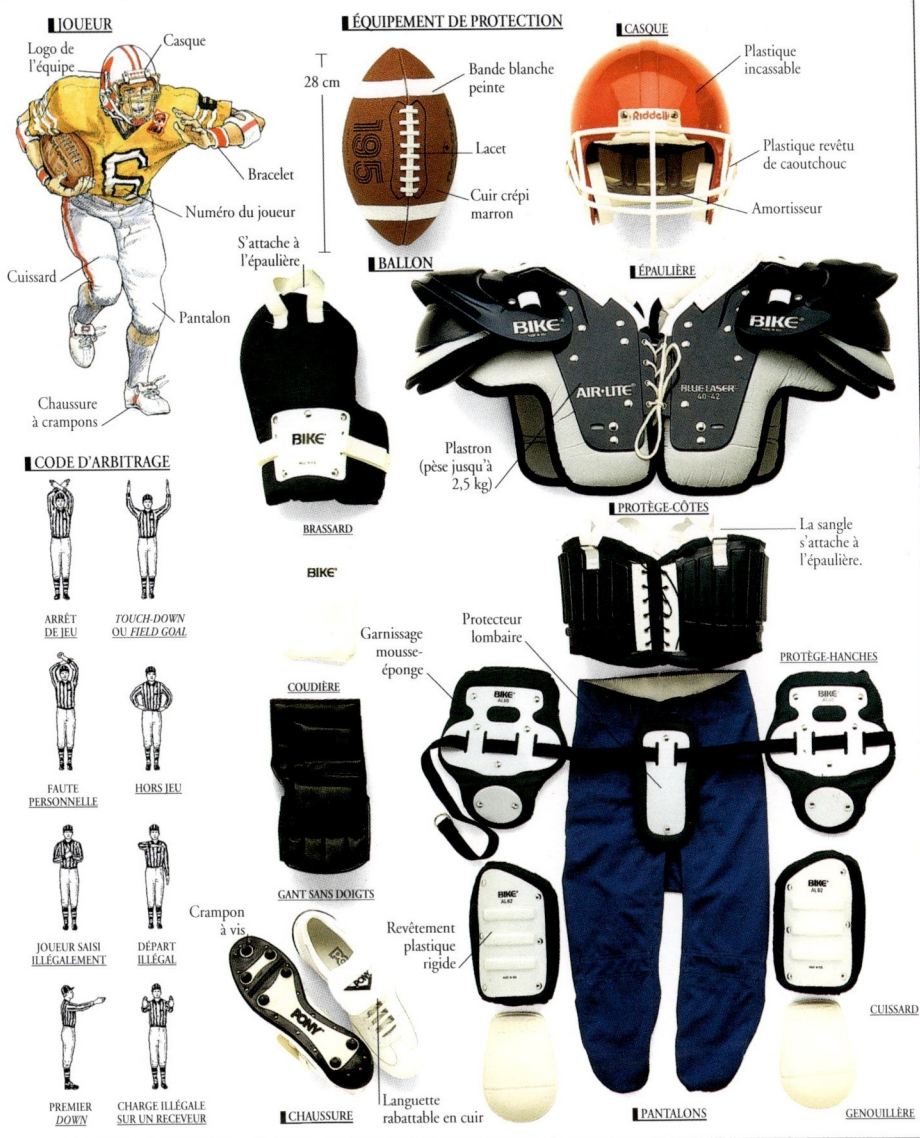

LES FOOTBALLS AUSTRALIEN ET GAÉLIQUE

Partout dans le monde, des variantes du football ont vu le jour. Le football australien est considéré comme le plus physique car le plaquage au corps y est autorisé bien que les joueurs ne portent aucune protection. Le jeu se déroule entre deux équipes de 18 joueurs sur un grand terrain ovale. Ceux-ci peuvent frapper le ballon ovale du pied ou du poing, mais ne peuvent pas le tenir à pleine main et le lancer. On peut courir avec le ballon, à condition qu'il touche le sol au moins tous les 10 mètres. Les arrières défendent deux jeux de poteaux. Les équipes essaient de marquer des buts (6 points) entre les poteaux intérieurs ou des *behinds* (1 point) à l'intérieur des poteaux extérieurs. Au football gaélique, version irlandaise du football (pp. 524-525), on utilise un ballon de football de taille 5. Chaque équipe peut engager 15 joueurs à la fois sur le terrain. Les joueurs peuvent attraper le ballon, le frapper du poing ou du pied, ou dribbler des mains et des pieds, mais ils ne peuvent pas le lancer. Les équipes reçoivent 3 points si elles parviennent à faire entrer le ballon dans le filet, et 1 point si elles le font passer entre les poteaux situés au-dessus de la barre transversale.

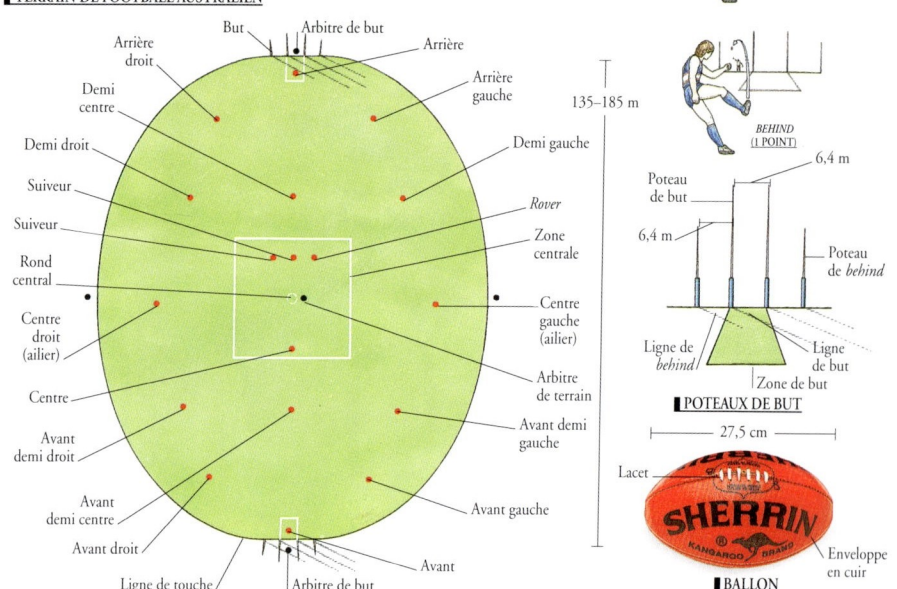

LES FOOTBALLS AUSTRALIEN ET GAÉLIQUE

TECHNIQUES DU FOOTBALL AUSTRALIEN

- COURSE AVEC LE BALLON
- FRAPPE DU PIED 
- PLAQUAGE 
- INTERCEPTION 
- PASSE 

TENUE DE FOOTBALL AUSTRALIEN

- Logo de la Ligue australienne de football
- Couleurs de l'équipe
- Maillot d'équipe sans manches
- Chaussette
- Short

TERRAIN DE FOOTBALL GAÉLIQUE

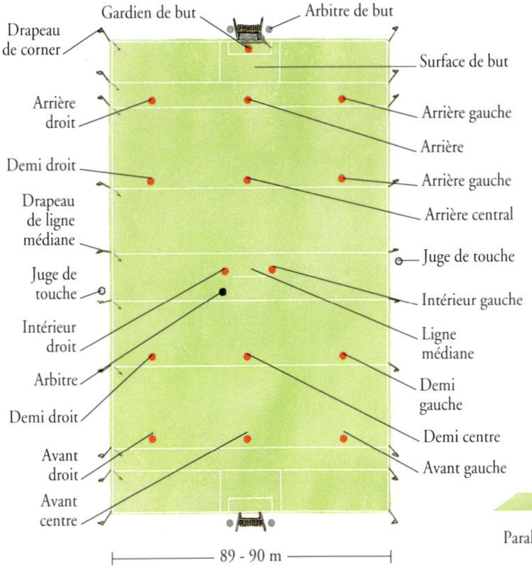

- Drapeau de corner
- Gardien de but
- Arbitre de but
- Surface de but
- Arrière droit
- Arrière gauche
- Arrière
- Demi droit
- Arrière gauche
- Drapeau de ligne médiane
- Arrière central
- Juge de touche
- Juge de touche
- Intérieur droit
- Intérieur gauche
- Arbitre
- Ligne médiane
- Demi droit
- Demi gauche
- Avant droit
- Demi centre
- Avant centre
- Avant gauche

89 - 90 m

CONTRÔLE DU BALLON

POINTS AU FOOTBALL GAÉLIQUE

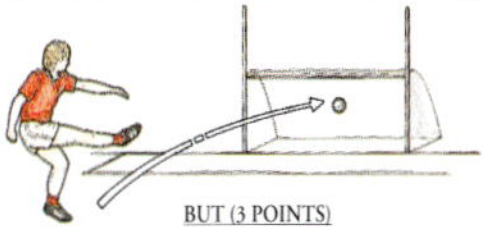

- BUT (3 POINTS)
- POINT (1 POINT) 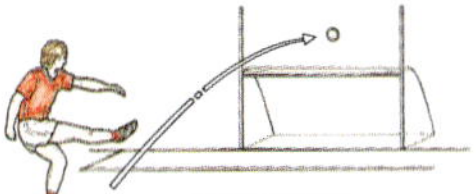

22 - 23 cm

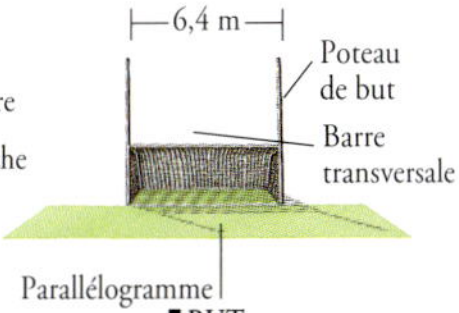

BUT

- 6,4 m
- Poteau de but
- Barre transversale
- Parallélogramme

BALLON

O'neills ALL-IRELAND

LES SPORTS

LE RUGBY

Le rugby se joue avec un ballon ovale que l'on peut porter, lancer ou frapper au pied. Il existe deux sortes de rugby. Le rugby à XV est un sport amateur joué par deux équipes de 15 joueurs. Ceux-ci peuvent marquer des points soit en plaçant le ballon à la main de l'autre côté de la ligne de but adverse (essai, valant 5 points) soit en le bottant par dessus la barre transversale du but adverse. Le rugby à XIII est un sport amateur ou professionnel qui se joue à 13 joueurs. Au rugby à XIII, un essai compte 4 points, une transformation 2 points, un drop goal 1 point et un coup de pied de pénalité 2 points. Au XV comme au XIII, une mêlée est organisée en cas de faute.

MÊLÉE AU RUGBY À XV

MÊLÉE AU RUGBY À XIII

POTEAU DE RUGBY À XV

POTEAU DE BUT AU RUGBY À XIII

TERRAIN DE RUGBY À XV

TERRAIN DE RUGBY À XIII

LE BASKET-BALL

Le basket-ball, inventé en 1890 par James Naismath, est un jeu de ballon qui oppose deux équipes de 5 joueurs. Le but du jeu est de marquer des points en lançant le ballon dans le panier de l'équipe adverse. Un joueur remonte le terrain en dribblant, c'est-à-dire en faisant rebondir le ballon sur le sol. Les joueurs peuvent se passer le ballon en le lançant ou en le faisant rebondir. Ils ne peuvent le conserver dans leurs mains, ni courir avec, ni le frapper du pied. Pour commencer le match, l'arbitre lance le ballon en l'air et un joueur de chaque équipe saute pour essayer de le renvoyer à l'un de ses coéquipiers. La durée du match et le nombre de périodes varient en fonction du niveau : amateur, professionnel et international. Comme aucun match ne peut se terminer sur un score nul, on jouera autant de périodes supplémentaires de 5 minutes que nécessaire pour départager les équipes. En plus des 5 joueurs présents sur le terrain, chaque équipe dispose de 7 remplaçants. Le basket-ball est un sport sans contact et les fautes commises sont sanctionnées par un lancer franc. C'est un jeu rapide exigeant une grande coordination, physique et mentale. Le jeu tactique est plus important que la seule force physique et l'agilité des joueurs fait du basket un sport très spectaculaire.

GESTES DU BASKET-BALL

PASSE DE POITRINE

DRIBBLE

PASSE HAUTE

BRAS ROULÉ

TIR EN EXTENSION

PASSE LONGUE

TERRAIN DE BASKET-BALL INTERNATIONAL

- Panneau
- Ligne de fond
- Raquette
- Panier
- Banc des joueurs
- Zone de lancer franc
- Arbitre
- Chronométreur
- Arrière droit
- Chronométreur des 30 secondes
- Arrière gauche
- Centre
- Marqueur
- Ligne médiane
- Arbitre
- Avant gauche
- Avant droit
- Rond central
- Ligne des 3 points
- Ligne de lancer franc
- Ligne de touche

15 m

PANIER ET PANNEAU
- Panneau
- Anneau métallique
- Filet

1,8 m

STRUCTURE DU PANIER ET DU PANNEAU

3,05 m

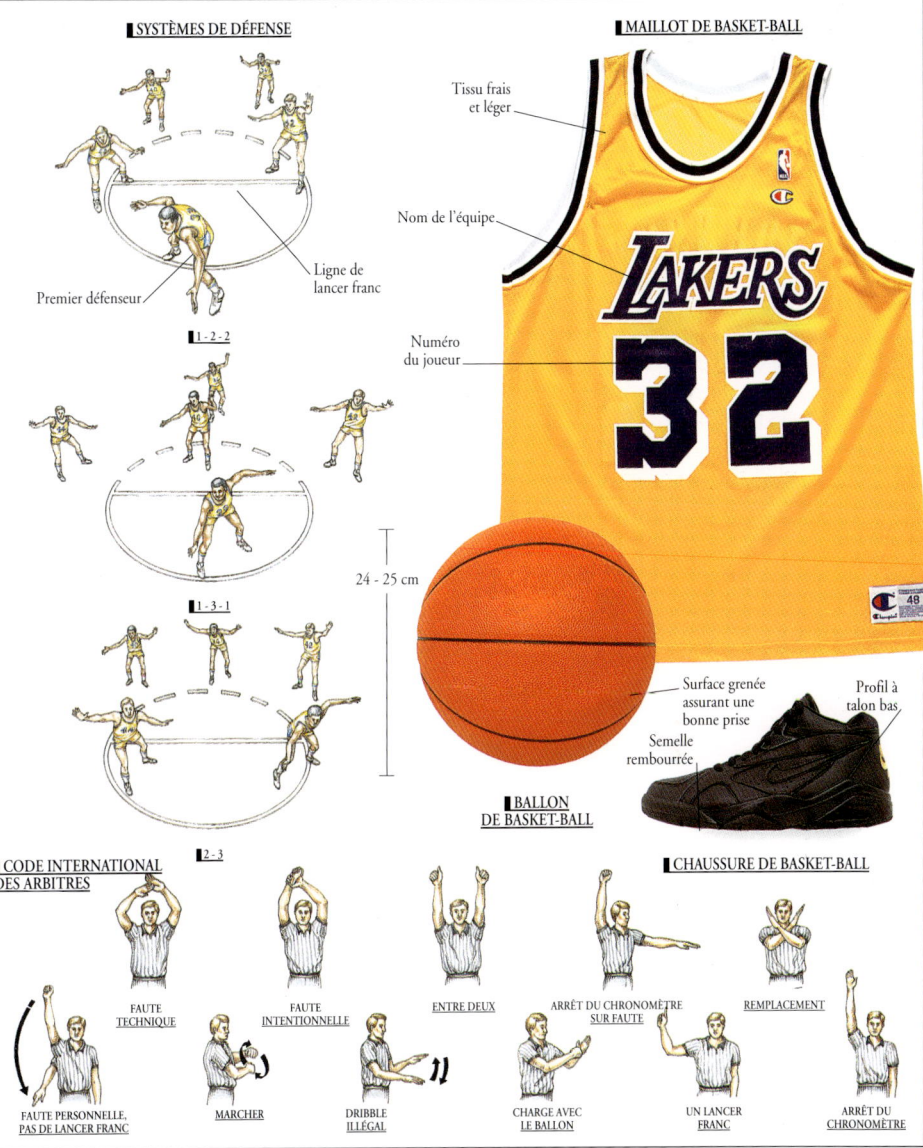

LES SPORTS

LE VOLLEY-BALL, LE NETBALL ET LE HANDBALL

Le volley-ball, le netball et le handball sont des sports d'équipe rapides joués avec une balle sur un terrain à surface dure. Au volley-ball, le but du jeu est d'envoyer la balle par dessus un filet tendu en travers du terrain et de lui faire toucher le sol dans le camp adverse. Les joueurs peuvent frapper la balle du bras, de la main ou de toute autre partie du corps au-dessus de la taille. Les équipes ne marquent des points que lorsqu'elles servent. La première équipe qui marque 15 points, avec une marge de 2 points sur l'équipe adverse, gagne la partie. Le netball est l'un des rares sports pratiqués exclusivement par les femmes. Comparable au basket-ball (pp. 532-533), il se joue sur un terrain légèrement plus grand, par équipes de 7 joueuses. Le but du jeu est, là encore, de marquer des paniers dans le camp adverse. La balle peut être passée, lancée ou interceptée. Le handball est l'un des jeux les plus rapides du monde. Chaque équipe est composée de 7 joueurs. Ceux-ci peuvent s'arrêter, attraper, lancer, faire rebondir ou frapper la balle avec n'importe quelle partie du corps située au-dessus du genou. Chaque équipe essaie de marquer des points en faisant entrer la balle dans les buts de l'équipe adverse.

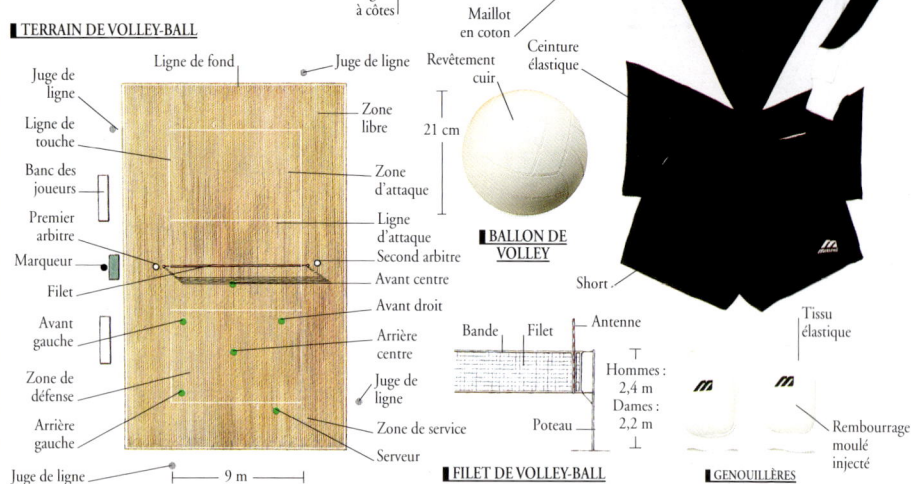

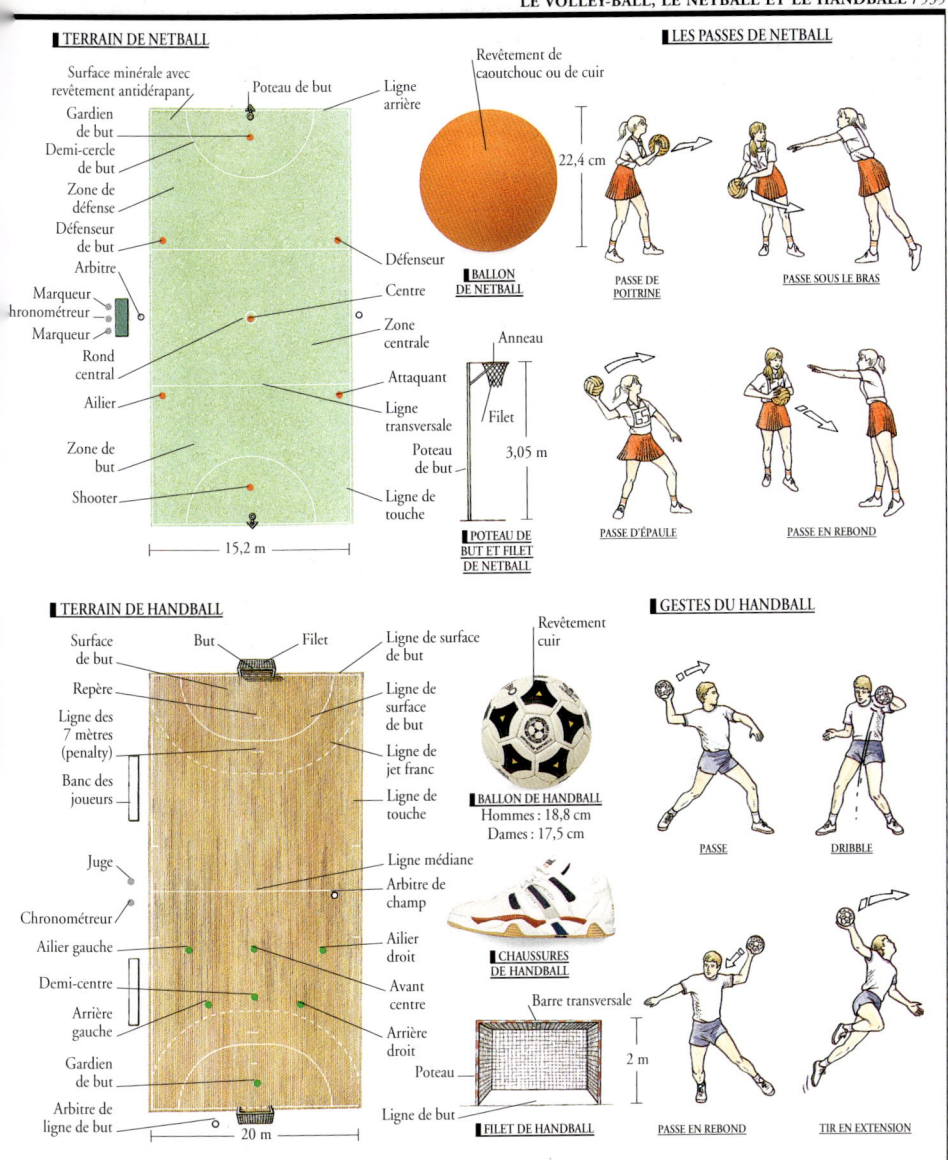

LE BASE-BALL

Le base-ball est un jeu de balle qui oppose deux équipes de 9 joueurs. Le batteur frappe la balle lancée par le *pitcher* (lanceur) de l'équipe adverse, dans la zone située entre les lignes de jeu. Il court ensuite autour des quatre bases fixes afin de marquer un *run* (point), en touchant chaque base tour à tour. Le *pitcher* doit lancer la balle à une hauteur comprise entre les aisselles et les genoux du batteur, hauteur appelée zone de frappe. Une balle lancée dans cette zone et passant au-dessus de la plaque de but s'appelle un *strike* (essai). Le batteur dispose de trois *strikes* pour essayer de frapper la balle (faute de quoi il est *out*). Lorsque le batteur court jusqu'à la première base, son coéquipier de la première base doit courir jusqu'à la deuxième – c'est ce qu'on appelle le *force play*. L'équipe gagnante est celle qui a remporté le plus grand nombre de *runs*.

■ CASQUE DE BATTEUR

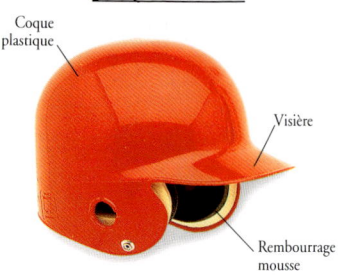

Coque plastique
Visière
Rembourrage mousse

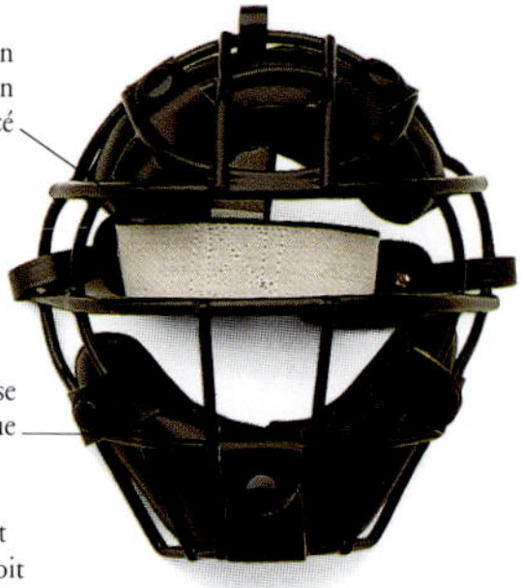

■ TERRAIN DE BASE-BALL

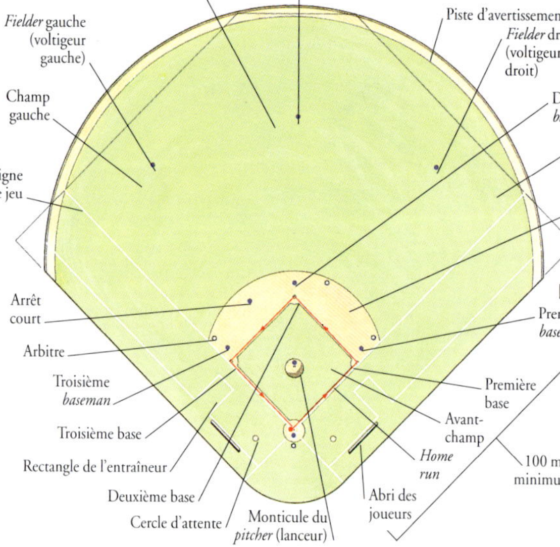

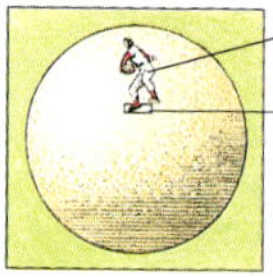

Champ central
Fielder central (voltigeur de centre)
Fielder gauche (voltigeur gauche)
Piste d'avertissement
Fielder droit (voltigeur droit)
Champ gauche
Ligne de jeu
Deuxième *baseman*
Champ droit
Arrière-champ
Arrêt court
Arbitre
Premier *baseman*
Troisième *baseman*
Première base
Troisième base
Avant-champ
Rectangle de l'entraîneur
Home run
Deuxième base
100 m minimum
Cercle d'attente
Monticule du *pitcher* (lanceur)
Abri des joueurs

■ MASQUE DE *CATCHER* (RECEVEUR)

Grille en nylon renforcé
Rembourrage mousse revêtu de plastique

■ MONTICULE DU *PITCHER* (LANCEUR)

Pitcher (lanceur)
Plaque du *pitcher* (lanceur)

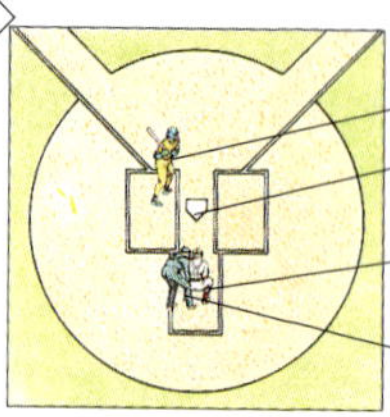

■ PLAQUE DE BUT

Batteur
Plaque de but
Catcher (receveur)
Arbitre en chef

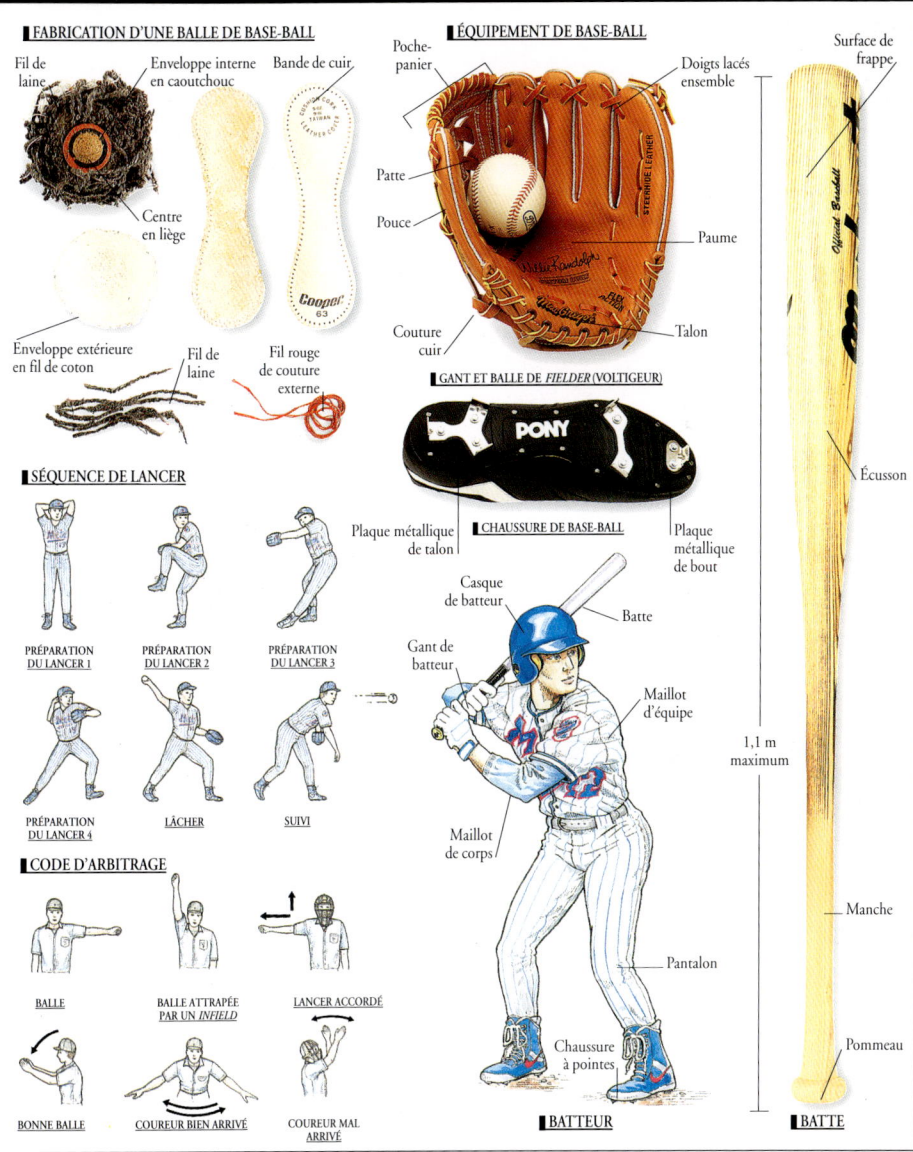

LES SPORTS

LE CRICKET

Le cricket est un jeu de balle peu répandu en France, joué par deux équipes de 11 joueurs sur un terrain équipé de deux ensembles de 3 piquets (guichets). Le *bowler* (lanceur) lance la balle vers le *batsman* (batteur) de l'équipe adverse qui doit défendre le guichet devant lequel il se trouve. Le but du jeu est d'inscrire autant de *runs* (points) que possible. Les *runs* peuvent être marqués soit en parcourant la longueur de la bande de jeu en courant, soit en frappant la balle pour qu'elle retombe à l'extérieur des limites (« six ») ou à l'intérieur avant de rouler à l'extérieur (« quatre »). Pendant ce temps, l'équipe adverse va tenter de se débarrasser des *batsmen* en détruisant le guichet pendant que le *batsman* tente un *run* et se trouve donc à l'extérieur de son terrain, par exemple, ou tout simplement grâce à des erreurs du *batsman* lui-même.

Un match se compose d'un ou deux *innings* (tours). Un *inning* se termine lorsque le dixième *batsman* de l'équipe offensive est éliminé, quand un certain nombre d'*overs* (série de 6 lancers de balle) a été joué, ou encore si le capitaine de l'équipe offensive décide de mettre volontairement fin à l'*inning*.

■ FRAPPES DE CRICKET

FRAPPE DÉFENSIVE AVANT

FRAPPE DÉFENSIVE ARRIÈRE

ON-DRIVE

OFF-DRIVE

PULL

HOOK

SQUARE CUT

LEG GLANCE

■ POSITIONS POSSIBLES DES JOUEURS QUAND UN BOWLER (LANCEUR) ENVOIE LA BALLE SUR UN BATSMAN DROITIER (EN ROUGE) ET AUTRES POSITIONS DE JEU

Arbitre
Limite du terrain
Deep mid-wicket
Mid-on
Silly mid-on
Short leg avant
Square leg
Deep square leg
Arbitre de *square-leg*
Batsman (batteur)
Long leg
Leg slip
Wicket-keeper (garde-guichet)
Fine leg
Écran
Long on
Long off
Bowler (lanceur)
Batsman (batteur) non engagé
Extra cover
Mid-off
Silly mid-off
Cover
Point
Gulley
Third man
Second slip
First slip

■ TERRAIN DE CRICKET

Gardien de guichet
Batsman (batteur)
Guichet
Ligne de retrait
20 m
Bowler (lanceur)
Ligne de retour
Arbitre
Batsman (batteur)

■ BALLE ET GUICHET DE CRICKET

Enveloppe cuir — Couture
BALLE

Barrette
GUICHET
Piquet

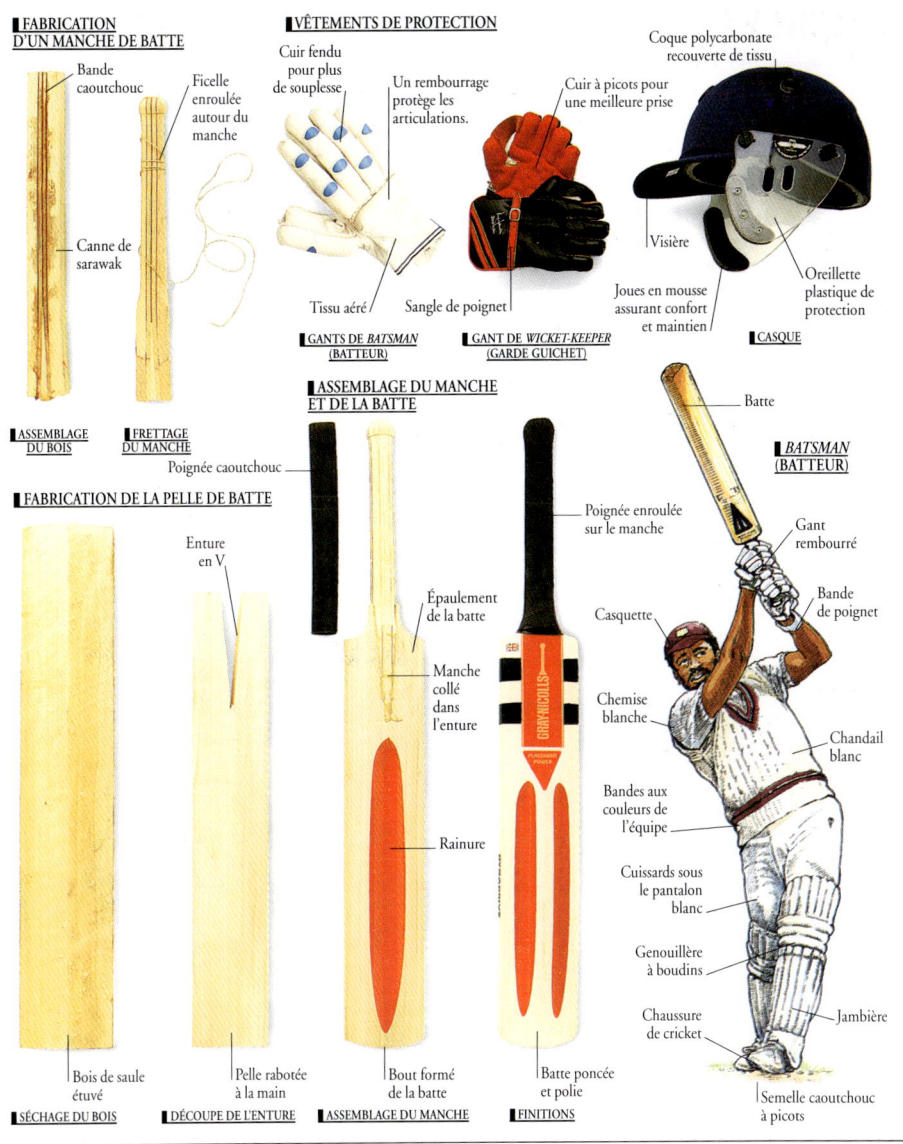

HOCKEY, LACROSSE ET HURLING

Il existe partout dans le monde des sports d'équipe qui consistent à frapper, porter ou lancer une balle grâce à une crosse. Les ancêtres de ces sports sont le hurling, le shinty, le bandy et la pelote. Au hockey, pratiqué aussi bien par les hommes que par les femmes, deux équipes de 11 joueurs essaient de prendre possession et de garder le contrôle de la balle afin de marquer des points en l'envoyant dans les buts de l'équipe adverse. Les joueurs peuvent passer, pousser ou frapper la balle soit du plat de la crosse, soit en la levant pour tirer au but. Le hockey se joue en salle, en plein air sur gazon ou sur surface synthétique. Le lacrosse se joue au niveau international par des équipes, féminines ou masculines, de 12 joueuses ou joueurs. Les joueurs contrôlent la balle en la portant, en la lançant ou en la frappant avec la crosse. Ils peuvent aussi la faire rouler ou la frapper du pied dans toutes les directions. Le jeu peut se poursuivre derrière la surface de but. Les mêmes techniques sont utilisées au hurling – un sport d'équipe gaélique joué sur le même terrain que le football gaélique (pp. 528-529). Au hurling, la balle peut être frappée ou portée avec le *hurley*, mais aussi être frappée de la main ou du pied lorsqu'elle ne touche pas le sol. Un but vaut 3 points si la balle passe entre les poteaux et en dessous de la barre transversale et un point si elle passe entre les poteaux mais au-dessus de la barre transversale.

ÉQUIPEMENT DU GARDIEN DE BUT

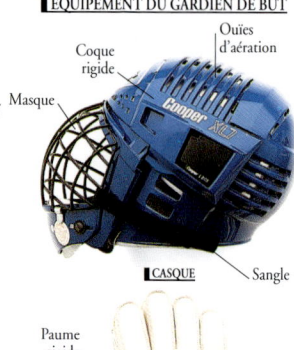

Ouïes d'aération
Coque rigide
Masque
Cooper XL7
Sangle

CASQUE

Paume rigide
Poignet rembourré
PRO spec

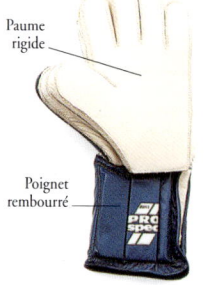

GANTELET

CROSSE ET BALLE DE HOCKEY

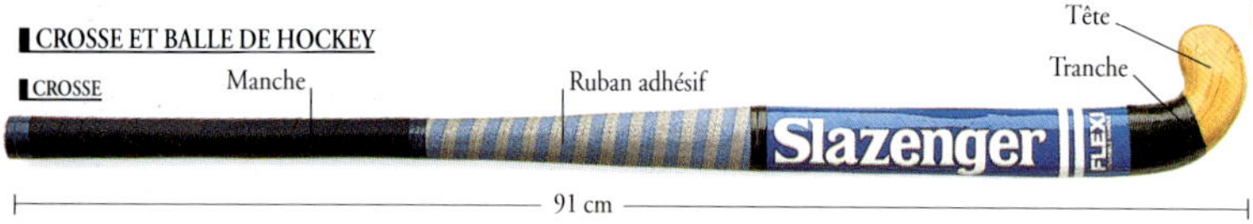

Tête
Tranche
Manche
Ruban adhésif
Slazenger
FLEXI
91 cm

CROSSE

Couture
7 - 7,5 cm

BALLE

TERRAIN DE HOCKEY

Ligne de touche
Drapeau de corner
Cercle d'envoi
But
Point de penalty
Marque des 5 mètres
Ligne de but
Avant centre
Avant droit
Ailier droit
Demi droit
Arrière droit
Avant gauche
Ailier gauche
Arbitre
Demi centre
Demi gauche
Arrière gauche
Gardien de but
55 m

Surchaussure de protection
Le rembourrage protège les orteils de la balle.
Sangle

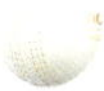

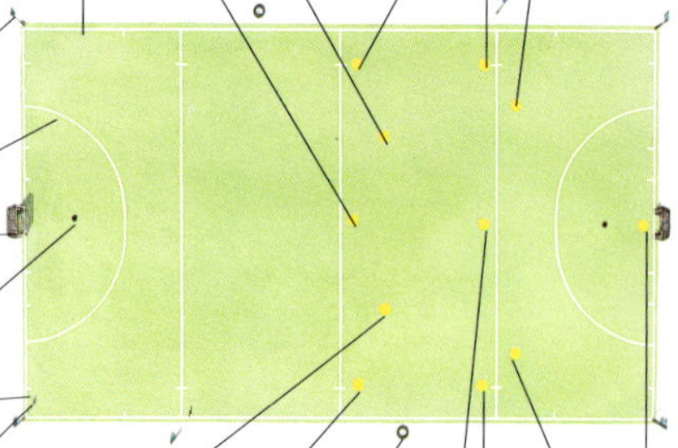

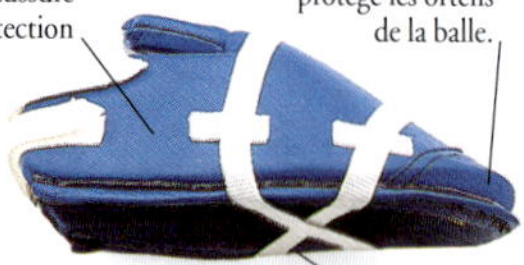

CHAUSSURE DE GARDIEN DE BUT

2,1 m

BUT DE HOCKEY

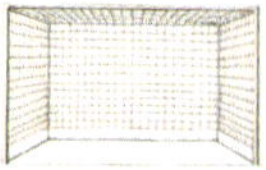

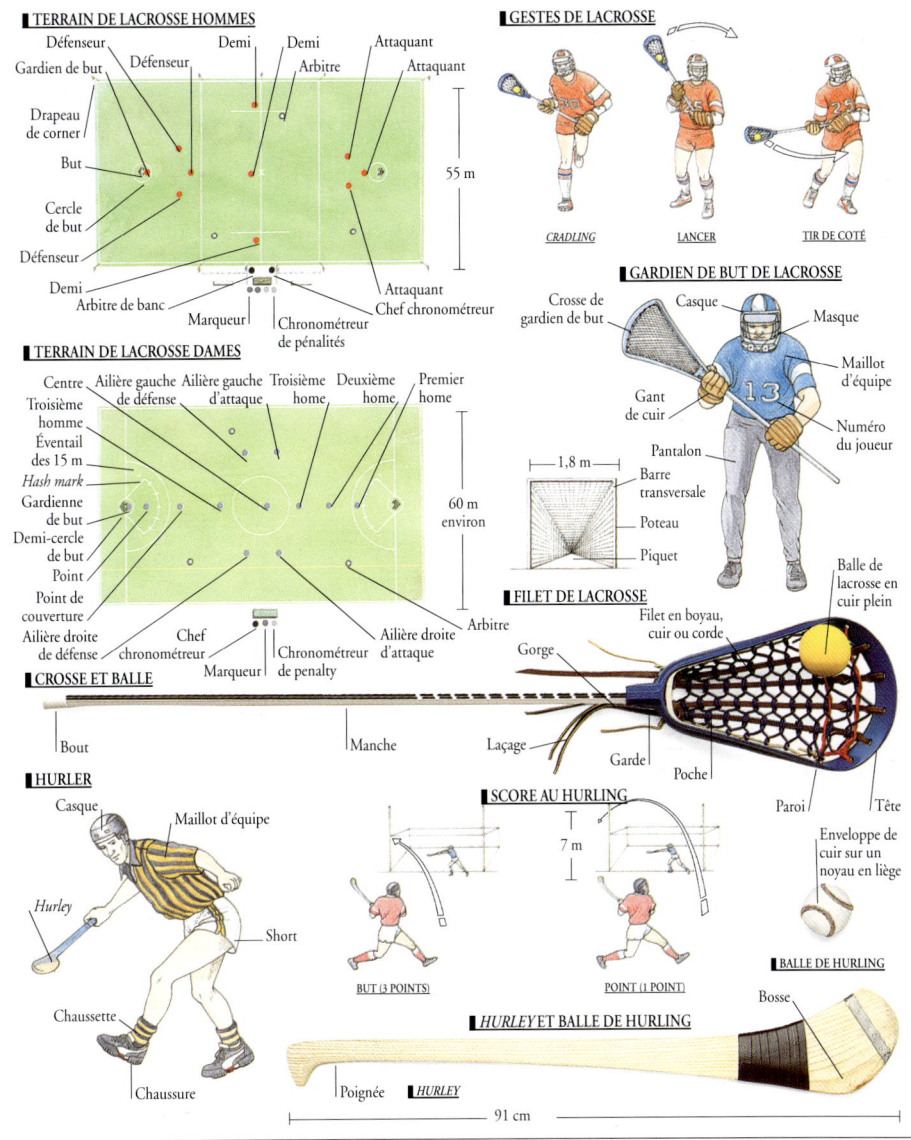

LES SPORTS

L'ATHLÉTISME

Les spécialités qui composent l'athlétisme se divisent en deux groupes principaux : les courses – comprenant le sprint, le fond et le demi-fond, les relais, les courses de haies et la marche – et les concours pour les sauts et les lancers. Les stades modernes sont équipés de zones réservées au saut en longueur, au triple saut et au saut à la perche, situées en général à l'extérieur de la piste. Les lancers du javelot, du poids, du marteau et du disque se déroulent, au contraire, à l'intérieur de la piste. La plupart des athlètes ne s'alignent que dans une ou deux spécialités à l'exception des femmes qui disputent l'heptathlon sur 7 épreuves (le 200 m et le 800 m, le 100 m haies, le javelot, le poids, le saut en hauteur et le saut en longueur) et des hommes qui disputent le décathlon sur 10 épreuves (le 100 m, le 400 m et le 1500 m, 110 m haies, le javelot, le disque, le poids, le saut à la perche, le saut en hauteur et le saut en longueur).

ÉQUIPEMENT DE LANCER

MARTEAU 7 KG — Fil d'acier, Masse, Émerillon

DISQUE — Hommes : 2 kg, Dames : 1 kg — Jante en métal, Corps, Masse centrale, Poignée du marteau

POIDS HOMMES : 7 KG — Revêtement caoutchouc — 12,5 cm

POIDS DAMES : 4 KG — Grenaille de plomb à l'intérieur — 10 cm

JAVELOT
Corde de prise, Corps, Pointe
Hommes : 2,6 m
Dames : 2,3 m

ATHLÉTISME

- Poteaux d'arrivée
- Tapis de saut à la perche
- Piste d'élan de saut à la perche
- Ligne de départ du 100 m
- Ligne d'arrivée
- Cercle de lancer du marteau
- Aire de lancer du javelot
- Cercle de lancer du disque
- Rivière de steeple-chase (épreuve comprenant 28 haies et 7 sauts de rivière)
- Piste d'élan du lancer du javelot
- Couloir
- Un tour fait 400 m.
- Aire de lancer du poids
- Aire de saut en hauteur
- Cercle de lancer du poids
- Tapis de saut en hauteur
- Aire de lancer du disque
- Planche d'appel du triple saut
- Ligne d'appel du triple saut
- Planche témoin
- Piste d'élan du triple saut
- Planche d'appel de saut en longueur
- Zone de chute
- Aire de lancer du marteau

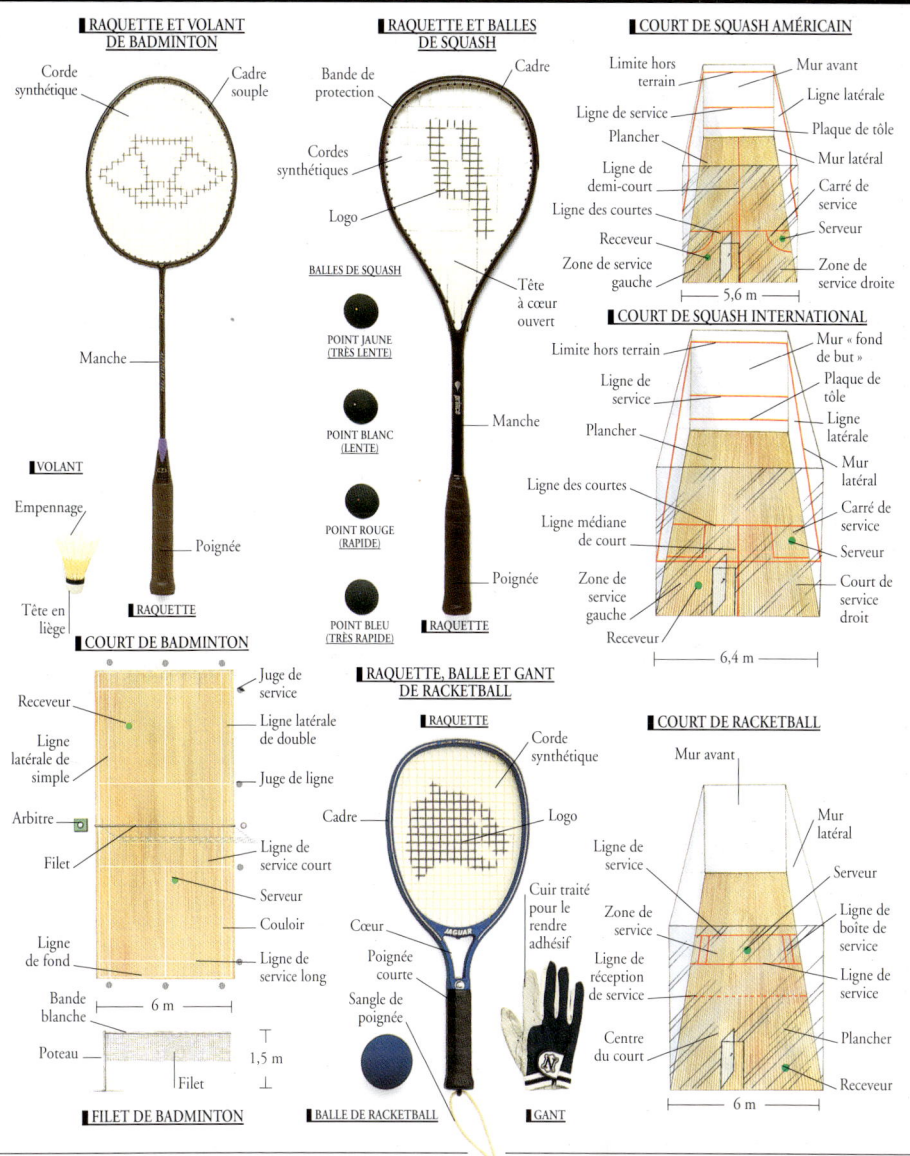

LES SPORTS

LE GOLF

C'est en Écosse, il y a environ 400 ans, que le golf fut inventé. Les joueurs frappent leur balle au moyen d'un club en bois ou en fer, depuis une zone plane appelée départ. La balle doit survoler le fairway jusqu'au green où se trouve le trou. Le fairway est une bande de terrain parsemé d'obstacles naturels (étangs, ruisseaux, etc.) ou artificiels (bunkers, fossés à sable et roughs, zones où le gazon n'est pas tondu). Les championnats se disputent sur des parcours comportant dix-huit trous. Le but du golf est d'amener la balle dans chacun des trous et d'achever le parcours en utilisant le minimum de coups. Les joueurs concourent individuellement ou par groupes de deux, trois ou quatre. Les deux formes de compétition les plus connues sont le match-play et le stroke-play.

BALLE ET TÉ DE GOLF

BALLE DE GOLF À SURFACE EN BALATA

Surface gaufrée — Fil enroulé — Liquide — Enveloppe en balata — Membrane renfermant du liquide

Obstacle d'eau — Green — Trou en « patte de chien » — Pont — Étang — Trou — Chemin — Fairway — Écran d'arbres

Green surélevé — Green — Clubhouse — Bunker — Green de practice — Rough

GOLF NATIONAL, AUGUSTA, GEORGIE, ÉTATS-UNIS

EXEMPLE DE TROU

Départ — Obstacle d'eau — Pont — Fairway — Bosquet — Rough

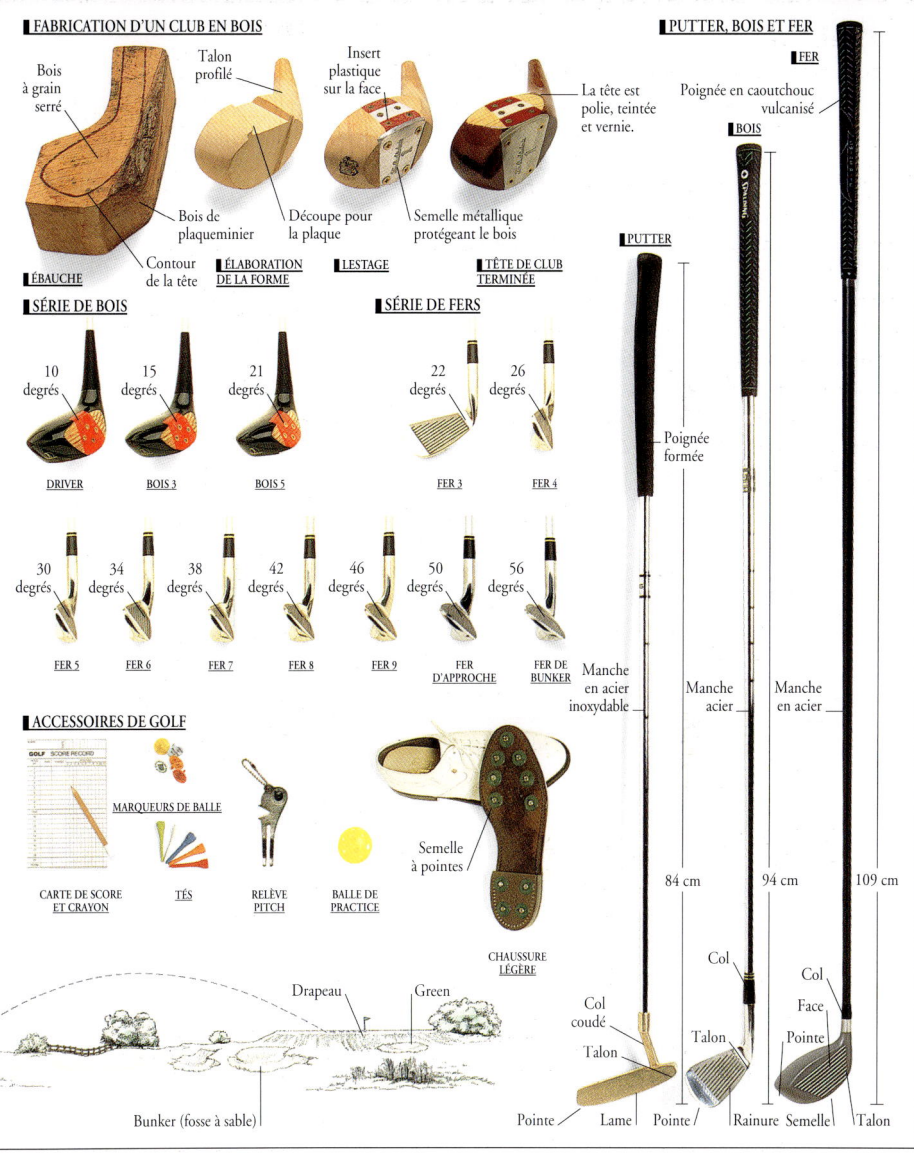

LE TIR ET LE TIR À L'ARC

A l'origine, le tir et le tir à l'arc servaient d'entraînement à la chasse et au combat. Les arcs modernes, bien que conçus selon les mêmes principes que les anciens instruments guerriers, sont construits en stratifié, fibres de verre, Dacron ou carbone. Ils sont équipés de viseurs et de stabilisateurs. Au tir à l'arc, les concurrents se mesurent sur des distances de 30, 50, 70 et 90 m pour les hommes et de 30, 50, 60 et 70 m pour les dames. Plus la flèche est proche du centre de la cible, plus le score est élevé. L'archer qui a totalisé le plus grand nombre de points remporte le concours. L'arbalète est utilisée en compétition sur 10 et 30 m. On distingue trois catégories de tir à la carabine : petit calibre, gros calibre et carabine à air comprimé. Les concours se déroulent sur un grand nombre de distances et selon différentes positions : couchée, à genoux et debout. Le biathlon olympique combine le ski de fond et le tir à la carabine sur un parcours d'environ vingt kilomètres. La crosse de la carabine contient les chargeurs de munitions supplémentaires. Les fusils de gros calibre à lunette télescopique peuvent être utilisés pour la chasse ou le tir sur cible mobile. Les concours de tir au pistolet (tir rapide ou tir sur cible) se disputent sur des distances de 10, 25 et 50 m. On tire un total de 60 coups d'une distance de 25 m au pistolet à tir rapide par exemple.

LE HOCKEY SUR GLACE

Le hockey sur glace, sport rapide et parfois dangereux, oppose deux équipes de six joueurs qui se disputent un palet en caoutchouc sur une patinoire comportant un but à chaque extrémité. La patinoire est divisée en trois zones : la zone de défense, la zone neutre et la zone d'attaque. Les joueurs peuvent se déplacer avec le palet et se le transmettre sur la glace, mais les passes ne peuvent traverser plus de deux zones à la fois. Un point est marqué lorsque le palet traverse entièrement la ligne tracée entre les poteaux du but. Une équipe peut aligner jusqu'à vingt joueurs, mais seuls six d'entre eux sont présents sur la glace simultanément. Un match se compose de trois périodes de vingt minutes, séparées de pauses d'un quart d'heure.

GARDIEN DE BUT

PATINOIRE DE HOCKEY SUR GLACE

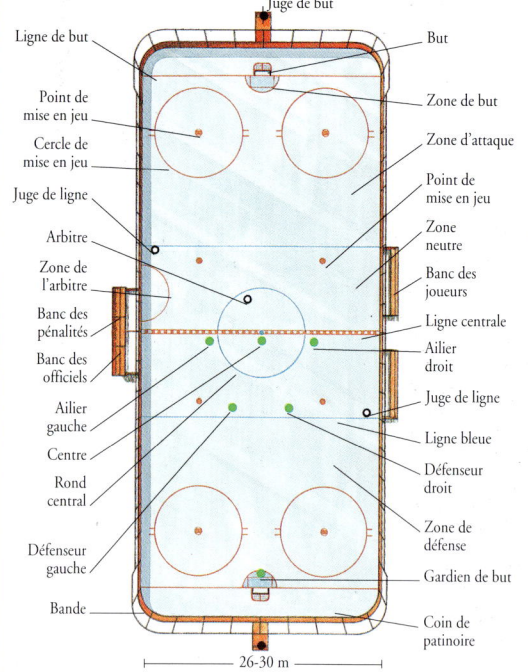

MISE EN JEU

BUT DE HOCKEY SUR GLACE

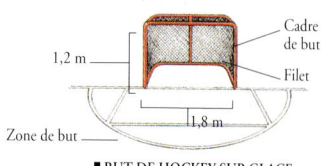

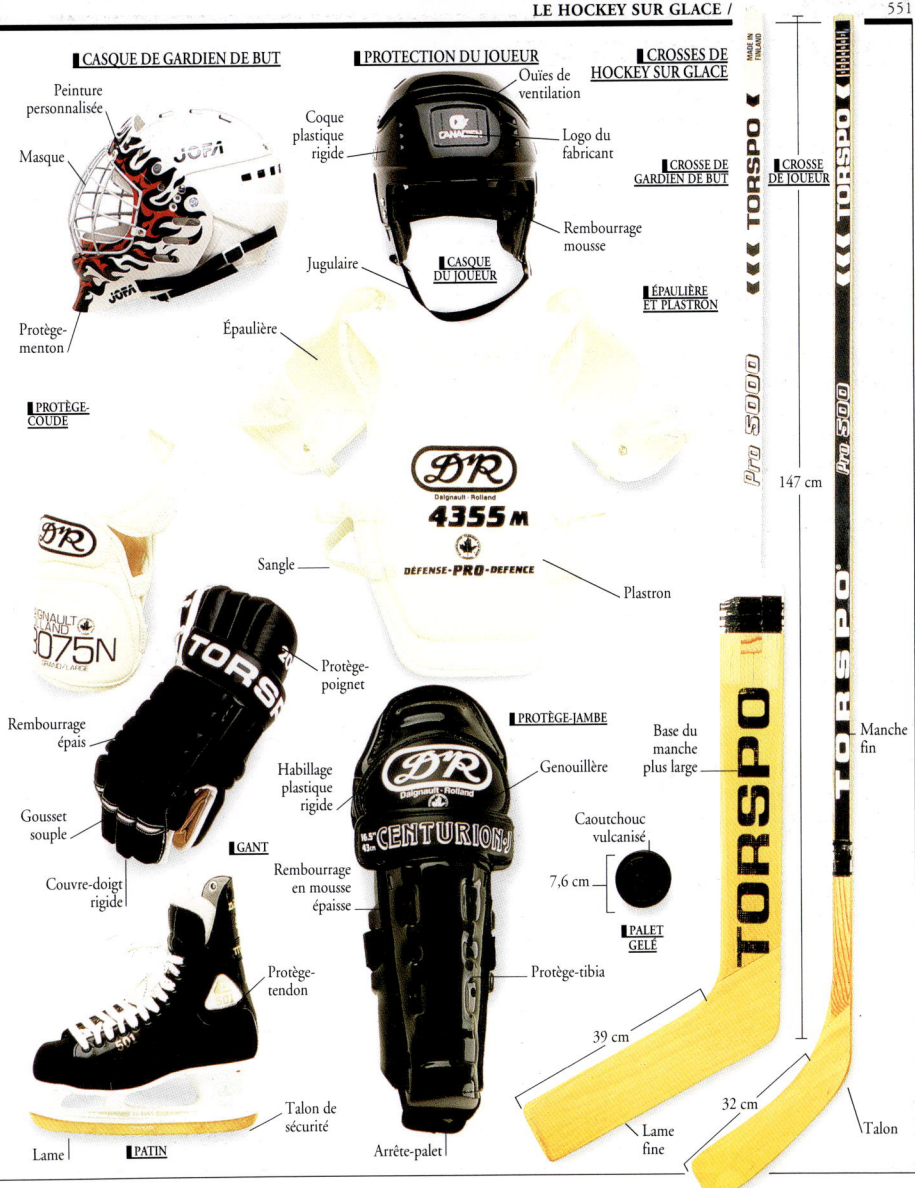

LES SPORTS

LE SKI ALPIN

Le ski alpin de compétition comporte quatre disciplines : descente, slalom, slalom géant et slalom super-géant (Super-G). Chacune exige des qualités différentes. En descente, les skieurs dévalent une pente marquée de fanions de contrôle. Ils sont chronométrés une seule fois, portent un casque, une combinaison intégrale en Lycra et de longs skis à pointe aplatie pour favoriser la pénétration dans l'air. Les skieurs de slalom et de slalom géant courent sur un parcours sinueux exigeant équilibre, agilité et réactions rapides. Les parcours sont définis par des paires de portes. Les coureurs doivent passer entre chacune d'elles pour réussir leur parcours. Ils sont chronométrés à deux reprises sur des parcours différents. Celui qui a réalisé le meilleur temps total a gagné. En Super-G, les concurrents combinent en une seule course les difficultés techniques du slalom et la vitesse de la descente. Le parcours impose des virages à très haute vitesse et contient jusqu'à deux sauts.

■ DESCENDEUR

Combinaison intégrale en Lycra
Lunettes de ski
Casque
Dragonne
Bâton de ski
Rondelle
Chaussure de ski
Fixation de sécurité
Talon
Gant de ski

■ PISTES DE SKI ALPIN

Départ de la descente
Fanion de contrôle de descente
Départ du Super-G
Forêt de sapins
Départ du slalom géant
Porte de slalom géant
Départ du slalom
Porte de slalom
Barrière de sécurité
Ligne d'arrivée

Chausson intérieur en polyamide
Languette
Collier
Courroie de tige
Boucle
Coque supérieure
Barre de puissance
Cran de réglage
Contrôle de la tension
Semelle
Coque inférieure
Talon antidérapant

■ CHAUSSURE DE SKI

Talonnière
Pédale de déchaussage
Aile
Butée
Plaque antifriction
Logement
Vis de réglage de libération
Embase
Frein

■ FIXATION DE SÉCURITÉ

LE SKI ALPIN /

TENUE ET ÉQUIPEMENT DE SLALOM

LUNETTES
- Bandeau élastique
- Verre antireflet

CASQUE DE SLALOM
- Coque en Nylon résistant
- Rembourrage
- Jugulaire
- Protège-menton

GANT DE SKI
- Poignet long
- Dragonne
- Rembourrage rigide pour protection de la main

PULL-OVER REMBOURRÉ
- Col montant
- Tricot maille anglaise laine et polyester

PANTALONS DE SKI REMBOURRÉS
- Bretelle réglable
- Poignet à côtes
- Poche à fermeture à glissière
- Fermeture à glissière
- Tissu imperméable
- Élastique serré par-dessus la chaussure

PROTÈGE-MAIN
- Polypropylène moulé

PROTÈGE-TIBIA
- La coquille rigide en polypropylène est capable de repousser le piquet de slalom.
- Bande « Velcro »

BÂTON DE SKI DE SLALOM
- Dragonne
- Poignée
- 188 - 203 cm
- Bâton
- Rondelle
- Pointe

SKI DE SLALOM
- Talon
- Plate-forme amortisseur sous la chaussure
- Carre

LES SPORTS ÉQUESTRES

On pratique les sports équestres dans le monde entier depuis des siècles. Des compétitions à cheval furent organisées aux jeux Olympiques dès 642 avant J.-C.. Le concours hippique, lui, remonte au début du vingtième siècle. Dans ce sport, cheval et cavalier doivent négocier un parcours agrémenté de divers obstacles non fixés et en faire tomber aussi peu que possible. Les obstacles sont constitués de supports, appelés montants ou piliers, sur lesquels sont posées des barres ou des palanques. Certaines parties de l'obstacle se détachent en cas de choc afin d'éviter de blesser le cheval ou son cavalier. Les juges pénalisent les concurrents en cas de faute sur l'obstacle, de saut refusé ou de non respect du parcours. En fonction du type de concours, le cavalier ayant fait le moins de fautes, ayant accumulé le plus grand nombre de points, ou encore ayant réalisé le meilleur temps, remporte la victoire. Il existe deux types principaux de courses de chevaux : les courses de plat et les courses d'obstacles (steeple-chase ou courses de haies). Les pur-sang sont sollicités en priorité car ils sont forts, résistants et peuvent atteindre une vitesse de 65 km/h. Au trot attelé, le cheval est guidé depuis un chariot léger à deux roues appelé sulky. Les chevaux sont entraînés pour le trot ou pour l'amble et des races différentes sont sélectionnées pour chacune de ces allures.

SELLE DE CONCOURS HIPPIQUE

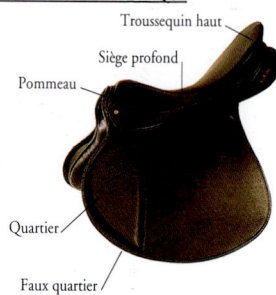

OBSTACLES DE CONCOURS HIPPIQUE

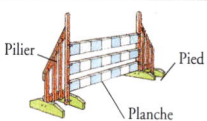

PALANQUES

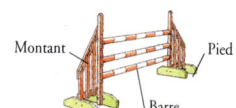

STATIONATA

BARRES DE SPA

DOS D'ÂNE

MUR

CHEVAL DE CONCOURS HIPPIQUE AVEC CAVALIER

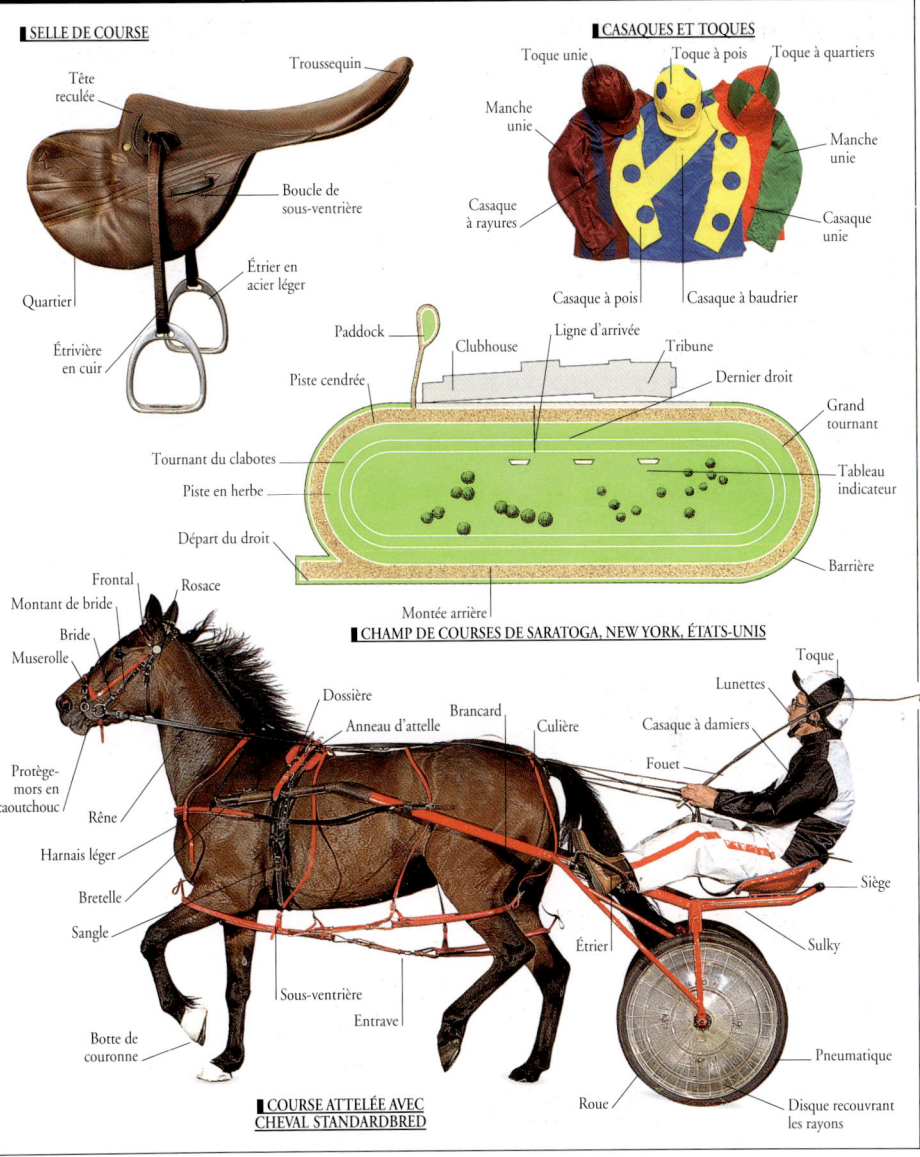

LE JUDO ET L'ESCRIME

Dans les sports de combat, les concurrents peuvent être dépourvus d'armes, c'est le cas du judo ou de la boxe, ou dotés d'instruments d'attaque ou de défense, comme en escrime ou au kendo. Le judo est un système de combat à mains nues développé en Asie. Traduit du japonais, le mot signifie « la manière douce ». Les judokas apprennent à utiliser la force de l'adversaire à leur avantage. Ils sont revêtus d'un ample kimono blanc noué à la taille par une ceinture en tissu. La couleur de cette pièce d'étoffe indique le niveau d'excellence du pratiquant. Les compétitions se déroulent sur un tapis (tatami) de 9 à 10 mètres de largeur. Les concurrents tentent de projeter, d'immobiliser ou de dominer leur adversaire en appliquant une pression sur ses articulations ou sur son cou. Les combats de judo sont strictement contrôlés et les concurrents reçoivent des points en fonction de leur technique et non pour avoir infligé de la douleur à leur adversaire. L'escrime est un sport de combat où l'on s'affronte sur une piste étroite de 14 m de long. Les concurrents tentent de toucher des zones « cibles » de leurs adversaires tout en évitant d'être atteints. Le gagnant est celui qui marque le plus grand nombre de touches. Les escrimeurs portent une tenue en tissu blanc résistant, qui assure une protection maximale tout en garantissant une liberté de mouvement. On distingue trois types d'armes : le fleuret, l'épée et le sabre.

JUDO : PRISES ET FAUCHAGES

IMMOBILISATION

ÉTRANGLEMENT

TAI-OTOSHI

IPPON-SEOIE-NAGE

KATA-GURUMA

HARAÏ-GHOSHI

TOMOE-NAGE

OKURI-ASHI-BARAÏ

TAPIS DE JUDO / TENUE DE JUDO

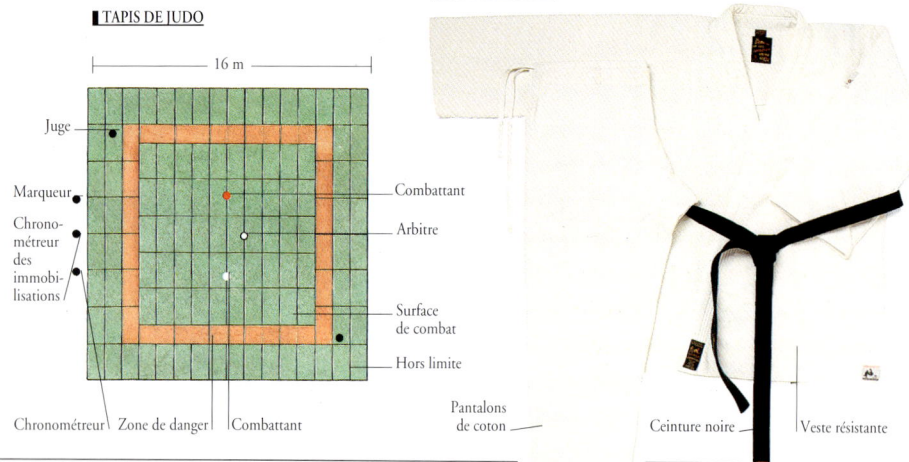

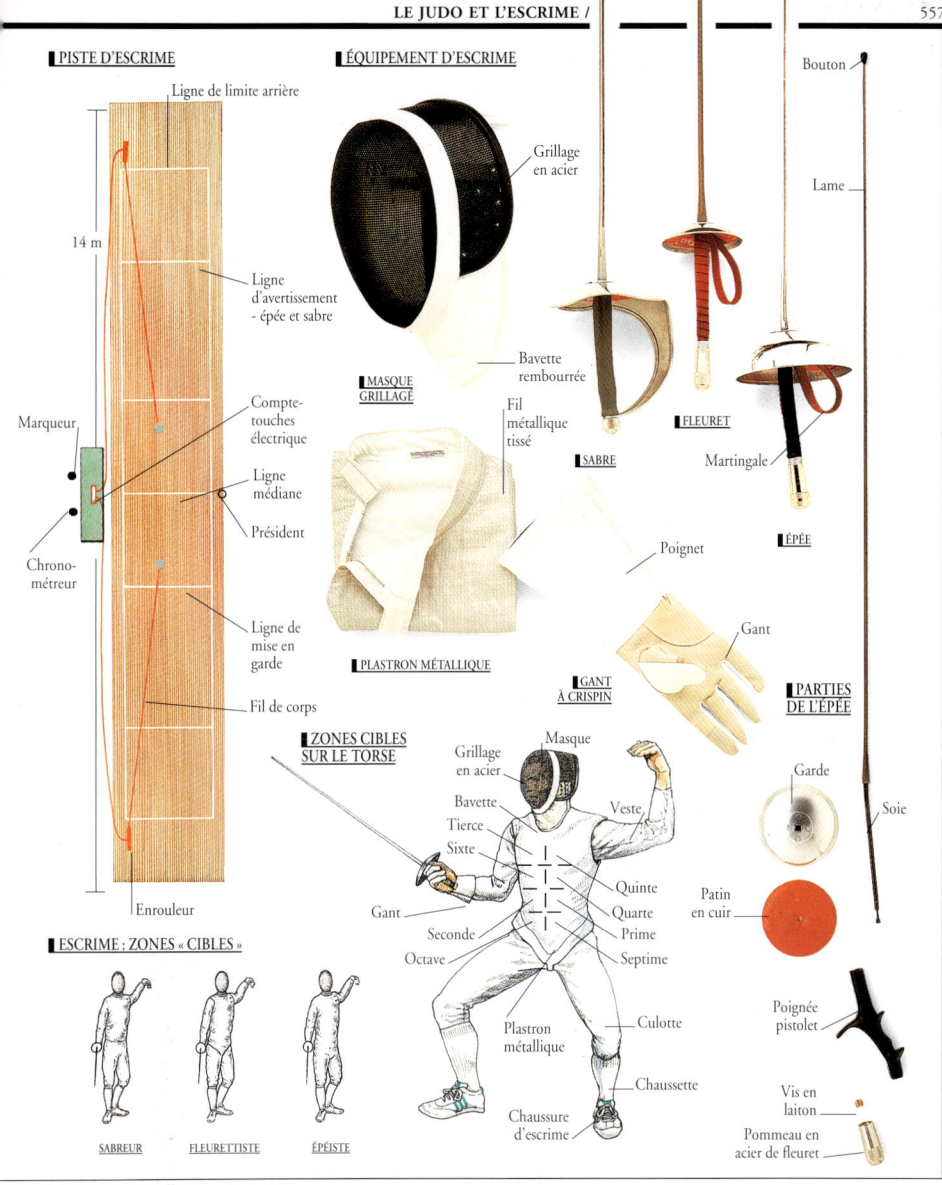

LA NATATION ET LE PLONGEON

LUNETTES DE NATATION

La natation fit son apparition lors des premiers jeux Olympiques modernes de 1896 et le plongeon fut ajouté au programme en 1904. La natation est à la fois un sport individuel et un sport d'équipe. Les courses se disputent sur une distance prédéterminée dans l'une des quatre nages principales (crawl, papillon, brasse, dos). Les bassins de compétition sont clairement marqués pour la course et des lignes d'eau anti-turbulences sont utilisées pour séparer les nageurs et assurer une relative tranquillité de l'eau. La première équipe ou le premier nageur qui parcourt la distance imposée remporte la course. Le plongeon de compétition comprend des épreuves de tremplin et de haut-vol. Il existe officiellement six groupes de plongeon (en avant, en arrière, en équilibre sur les bras, vrillés, renversés et retournés).

■ TYPES DE PLONGEON

Position de départ — Mains au-dessus de la tête — Vol — Jambes parfaitement tendues — Dos cambré — Entrée — Orteils tendus — Mains jointes — Pieds joints

■ PLONGEON EN AVANT   ■ PLONGEON EN ARRIÈRE

■ BASSIN DE NATATION

Nageur — Numéro de couloir — Plot de départ — Chronométreur de couloir — Chronométreur principal — Juge de classement — Mur d'extrémité — Starter — Enregistreur — Mur latéral — Repère de dos (15 m de l'extrémité du bassin) — Ligne d'eau anti-turbulences — Arbitre — Juge de nages — Repère de virage de dos — Ligne de fond — Juge de virages — Mur de virage — Couloir — 23 m

■ ÉQUIPEMENT DE NATATION

Caoutchouc latex s'adaptant à la forme de la tête

■ BONNETS
Métal plastifié

■ PINCE-NEZ
Caoutchouc moulé

■ BOUCHON AURICULAIRE

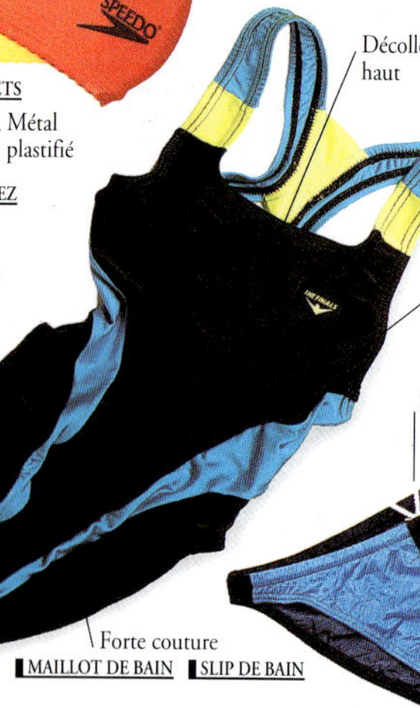

Décolleté haut — Tissu stretch synthétique — Lacet — Grande échancrure — Forte couture

■ MAILLOT DE BAIN 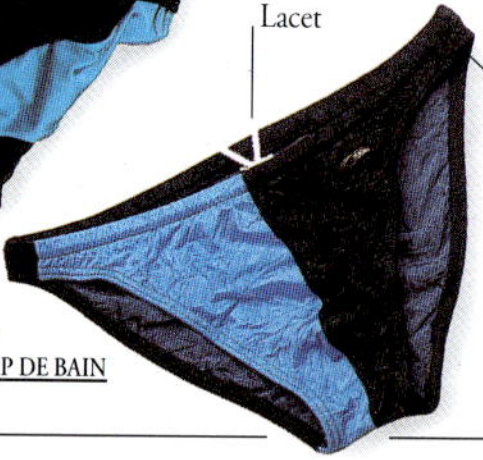   ■ SLIP DE BAIN

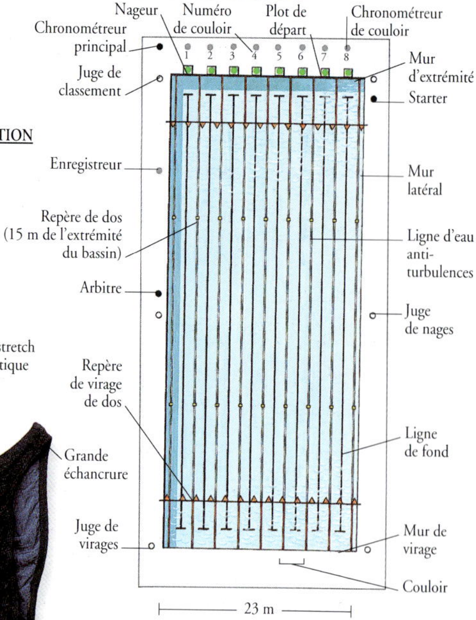

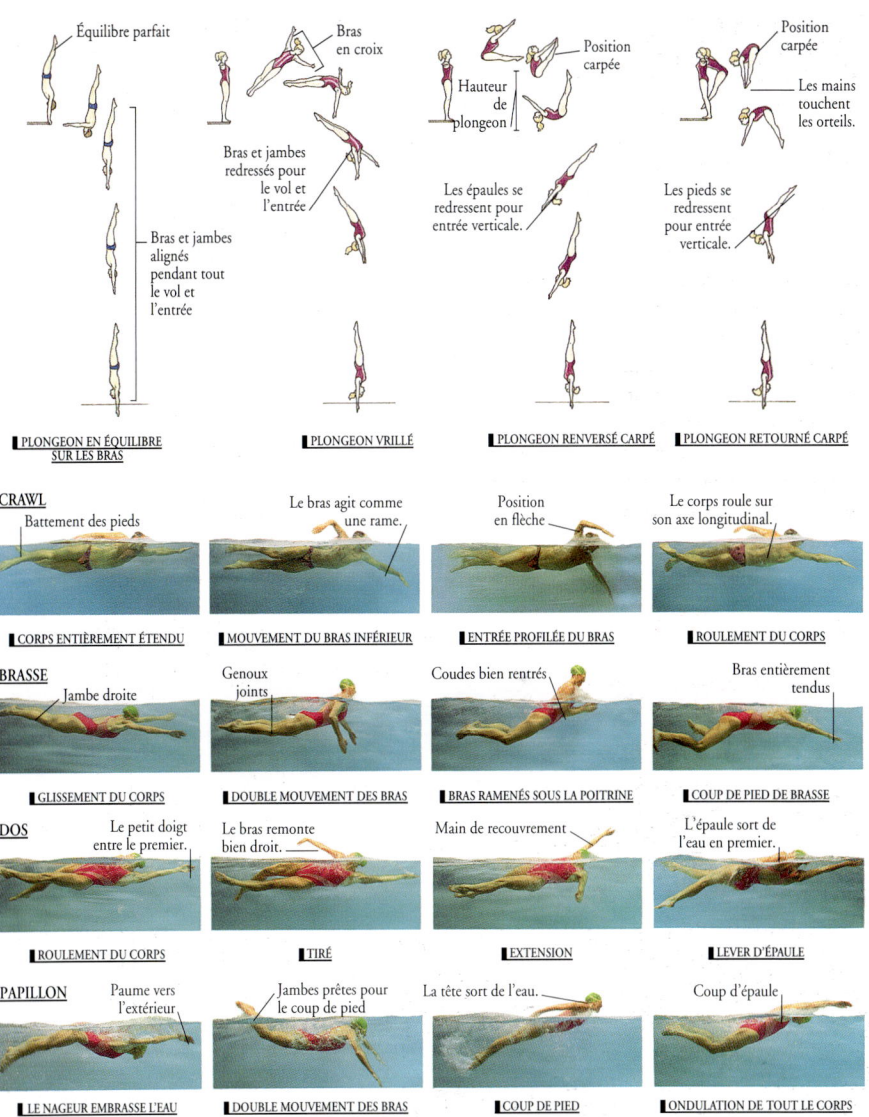

LES SPORTS

LE CANOË, L'AVIRON ET LA VOILE

Il y a autant de sports nautiques que d'embarcations utilisables. En aviron, on distingue deux disciplines : l'aviron en pointe, où le rameur utilise un seul aviron, et l'aviron de couple, où il en utilise deux. Il existe un grand nombre de spécialités olympiques et de compétitions. Le nombre de rameurs et les classes de poids sont variables. Dans certaines spécialités, on utilise un barreur qui commande l'équipage. Les kayaks et les canoës sont utilisés pour des courses de vitesse ou de slalom. Ces dernières se déroulent sur un circuit de vingt à vingt-cinq portes, parmi lesquelles un minimum de six portes imposant de remonter le courant. En voile, les concurrents doivent effectuer un parcours imposé le plus rapidement possible, sans l'aide de moteur. Il existe des spécialités olympiques pour les quillards, les dériveurs et les catamarans.

ÉQUIPEMENT DE VOILE

- Doublure de flottaison
- Combinaison sans manches
- Veste à manches longues
- Tissu Néoprène
- Ceinture

GANT

- Lacet
- Dessus nervuré
- Semelle antidérapante

CHAUSSURE

KAYAK MONOPLACE ET PAGAIE

- Pelle
- Rim
- Manche
- Pointe avant
- Rail droit
- Cockpit
- Dosseret
- Arrière
- Polythène à haute densité
- Cabillot
- Avant
- Rail gauche
- Siège
- Bordure de cockpit

SKIFF ET AVIRONS
(La toile de pont est retirée.)

- Col
- Manche
- Aviron bâbord
- Cuiller
- Pelle
- Couleurs
- Vis de réglage
- Guignol
- Dame de nage
- Poignée
- Aviron tribord
- Bourrelet
- Manche
- Cale-pieds
- Gouttière
- Portant
- Couple en sycomore
- Quille
- Chaussure
- Étambot
- Couple en spruce
- Membrure diagonale
- Couple en aluminium
- Bonde
- Épaulement arrière
- Carlingue

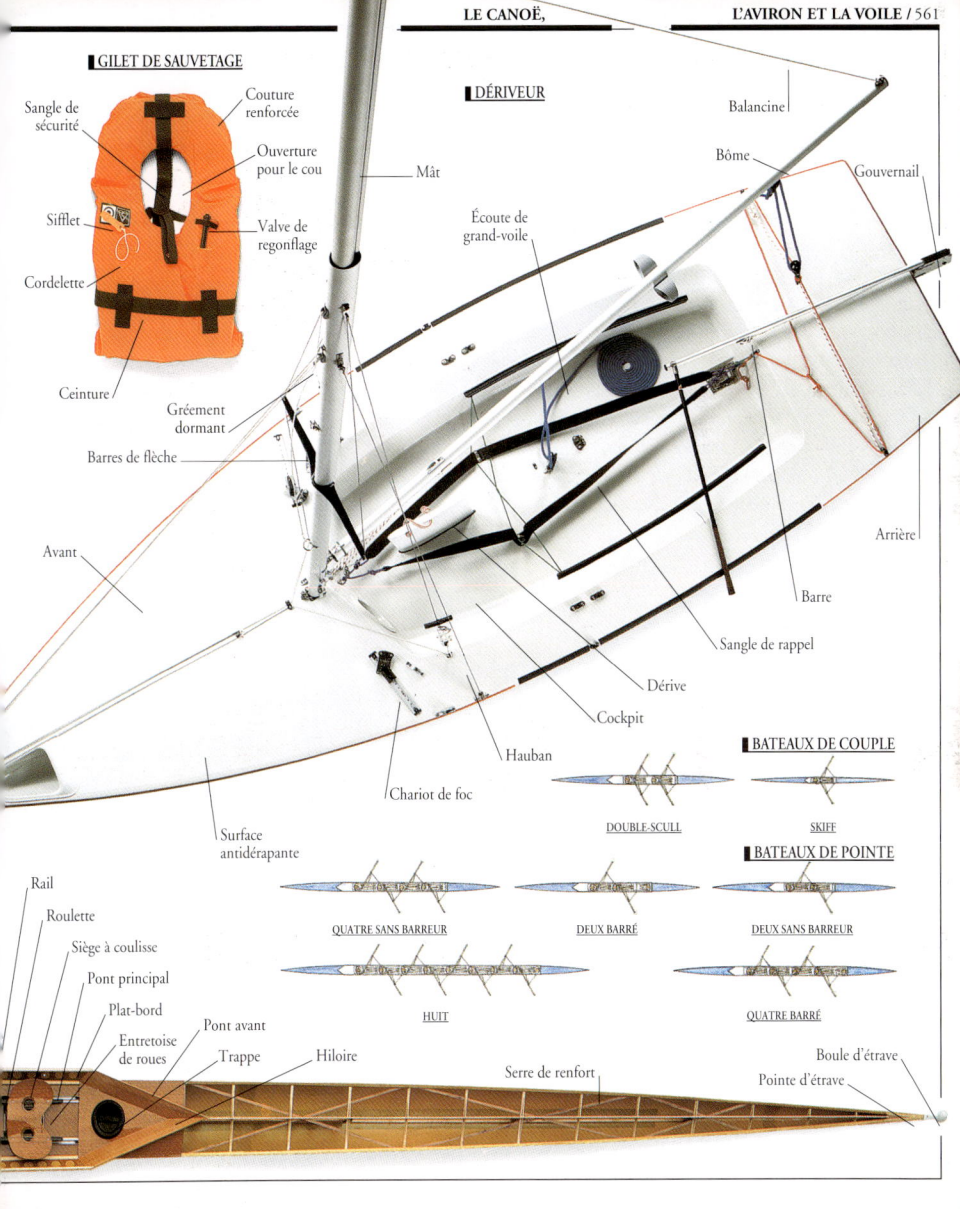

LES SPORTS

LA PÊCHE

Il existe divers types de pêche à la ligne : en eau douce (à la carpe ou au brochet); en eau douce, mais sportive (au saumon ou à la truite), et enfin en mer. Les pêcheurs utilisent de nombreuses méthodes pour attraper le poisson. Ils accrochent un hameçon à une ligne puis la laissent tremper dans l'eau (cet hameçon peut aussi être une mouche naturelle ou artificielle susceptible d'attirer le poisson). Ils peuvent aussi lancer et traîner dans l'eau une ligne munie d'un leurre simulant un petit poisson bougeant et tournoyant comme un poisson vivant. Le pêcheur utilise la canne, le moulinet et la ligne pour lancer l'appât au-dessus de l'eau. La ligne se déroule alors librement du tambour, et le moulinet la contrôle lorsque le pêcheur la ramène. Des plombs peuvent être ajoutés à la ligne pour la lester. Des émerillons y sont insérés pour éviter le vrillage du fil.

Anneau

TALON

Poignée

Vis d'entraînement du frein

Disque de frein

Rondelle de frein

Rondelle-ressort

Jonc d'arrêt de la roue de commande

Engrenage à cliquets

Vis d'arrêt

Coulisse

Cache du cliquet d'arrêt

Cliquet d'arrêt

Ressort d'arrêt

Hameçon

MOULINETS

Bouton de débrayage de la bobine

Pied du moulinet (porte-moulinet)

Écrou prisonnier

Encliquetage

MOULINET MULTIPLICATEUR

Frein mécanique

Plaque latérale

Bobine

Poignée

Dispositif de bobinage horizontal

Frein centrifuge

Frein en étoile

Pied du moulinet (porte-moulinet)

Bobine non carénée

Manivelle

Ligne

Écrou de tension (réglage du freinage)

Cliquet (dispositif anti-retour)

Poignée

Moulinet

Pick-up

MOULINET À TAMBOUR FIXE

HAMEÇONS, ÉMERILLONS ET PLOMBS

Hampe

Œillet

Ouverture

STRUCTURE D'UN HAMEÇON

Courbure

Gorge

Pointe

HAMEÇON TRIPLE

HAMEÇON ABERDEEN

HAMEÇON RENVERSÉ

PLOMB HILLMAN ANTI-VRILLEUR

EXEMPLES D'ÉMERILLONS BARIL

LES OBJETS FAMILIERS

LES PERCEUSES	566
LES CHAUSSURES	568
L'HORLOGE	570
LA LAMPE	572
LE MINI-TÉLÉVISEUR	574
LE FAUTEUIL	576
LE GRILLE-PAIN	578
LA TONDEUSE À GAZON	580
LA SELLE	582
LE CD-ROM	584
LA RELIURE	586
L'APPAREIL PHOTOGRAPHIQUE	588

LES OBJETS FAMILIERS

LES PERCEUSES

Une perceuse électrique est équipée d'un moteur refroidi par ventilateur qui fait tourner un axe à grande vitesse, lui-même relié à un système de pignons qui entraîne un mandrin à une vitesse encore plus élevée. Le trou est percé par une mèche pointue maintenue dans le mandrin et dotée de rainures hélicoïdales qui permettent d'évacuer les déchets de perçage. La plupart des perceuses électriques sont munies d'un système de percussion conçu pour perforer les matériaux durs : Un cliquet provoque un mouvement de va-et-vient du mandrin et de la mèche pendant le perçage. La chignole à main est moins rapide et moins puissante que la perceuse électrique, mais plus facile à maîtriser. Pour percer des trous de grande taille, les charpentiers préfèrent souvent utiliser un vilebrequin.

ENSEMBLE MOTEUR

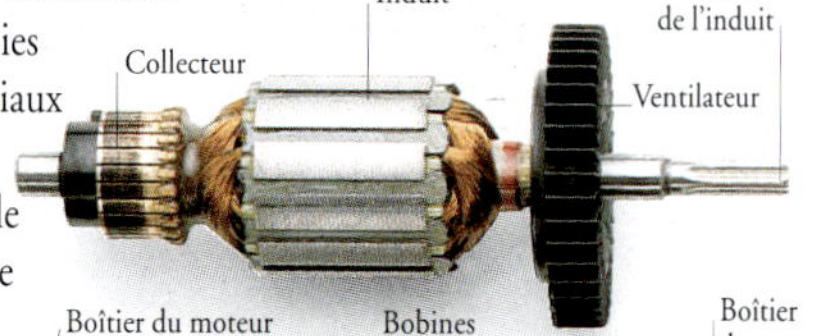

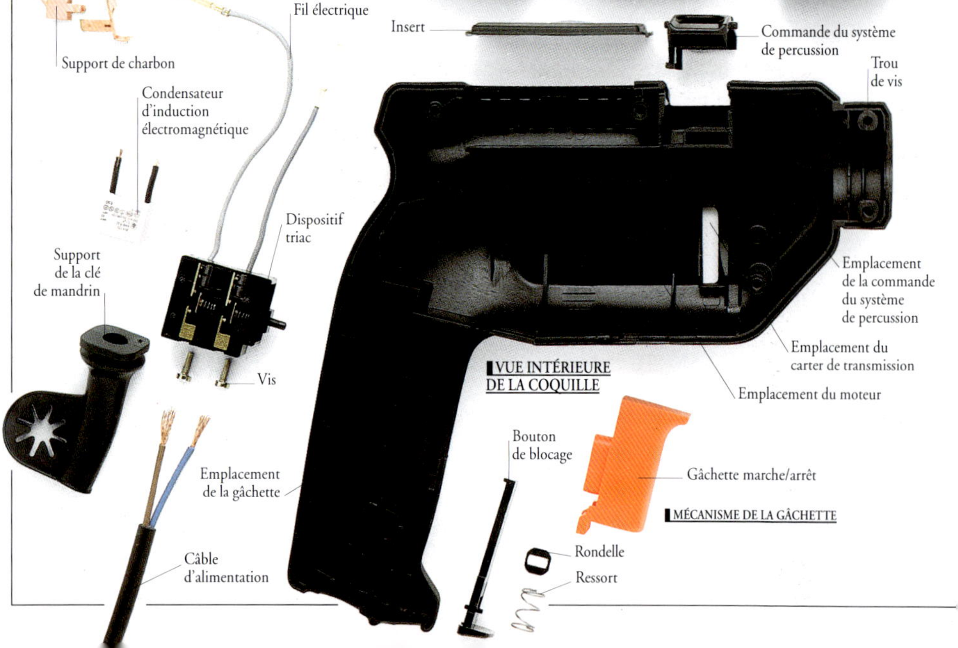

- Induit
- Broche de l'induit
- Collecteur
- Ventilateur
- Boîtier du moteur
- Bobines d'inducteur
- Boîtier du moteur
- Ressort-frotteur
- Vis
- Rondelle
- Charbon
- Support de charbon
- Fil électrique
- Insert
- Commande du système de percussion
- Trou de vis
- Condensateur d'induction électromagnétique
- Dispositif triac
- Support de la clé de mandrin
- Vis
- Emplacement de la commande du système de percussion
- Emplacement du carter de transmission
- Emplacement du moteur

VUE INTÉRIEURE DE LA COQUILLE

- Bouton de blocage
- Gâchette marche/arrêt
- Emplacement de la gâchette
- Câble d'alimentation
- Rondelle
- Ressort

MÉCANISME DE LA GÂCHETTE

LES PERCEUSES

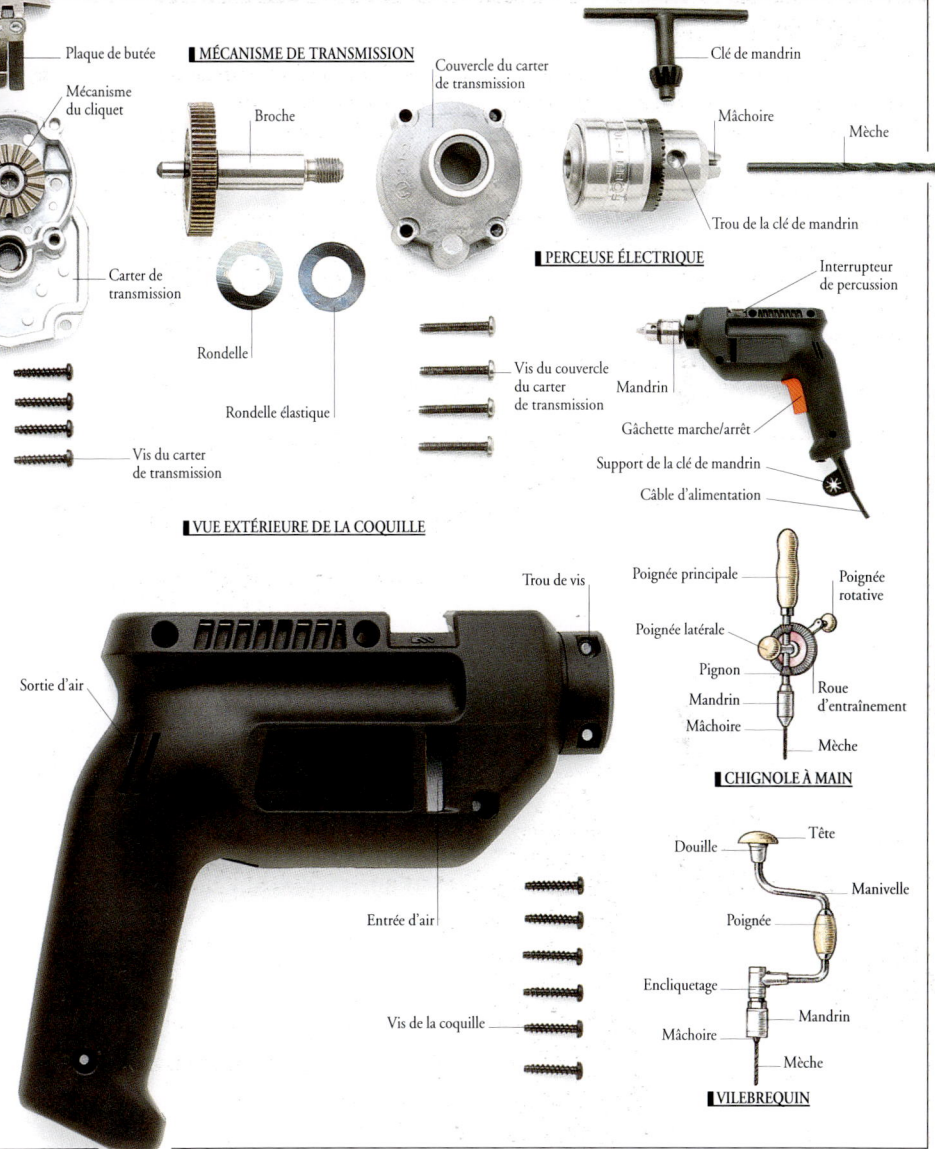

MÉCANISME DE TRANSMISSION

- Plaque de butée
- Mécanisme du cliquet
- Broche
- Couvercle du carter de transmission
- Clé de mandrin
- Mâchoire
- Mèche
- Carter de transmission
- Rondelle
- Rondelle élastique
- Vis du couvercle du carter de transmission
- Vis du carter de transmission
- Trou de la clé de mandrin

PERCEUSE ÉLECTRIQUE

- Interrupteur de percussion
- Mandrin
- Gâchette marche/arrêt
- Support de la clé de mandrin
- Câble d'alimentation

VUE EXTÉRIEURE DE LA COQUILLE

- Trou de vis
- Sortie d'air
- Entrée d'air
- Vis de la coquille

CHIGNOLE À MAIN

- Poignée principale
- Poignée rotative
- Poignée latérale
- Pignon
- Roue d'entraînement
- Mandrin
- Mâchoire
- Mèche

VILEBREQUIN

- Douille
- Tête
- Manivelle
- Poignée
- Encliquetage
- Mandrin
- Mâchoire
- Mèche

LES OBJETS FAMILIERS

LES CHAUSSURES

Les chaussures de bonne qualité doivent protéger les pieds, assurer leur confort et durer longtemps. Les meilleurs bottiers utilisent un moule de bois ou de plastique, appelé forme, qui reproduit la morphologie du pied du client. Les différentes parties de la chaussure sont cousues et collées ensemble autour de la forme ; on n'utilise rivets et clous que pour le talon, qui se compose de couches de cuir et de caoutchouc. Le cambrion d'acier soutient la voûte plantaire et assure, avec le couche-point, l'équilibre postural de la personne. Les différentes couches de la semelle lui confèrent sa solidité et la première semelle amortit les chocs. La trépointe de cuir cousue entre la tige de cuir et la semelle les relie solidement.

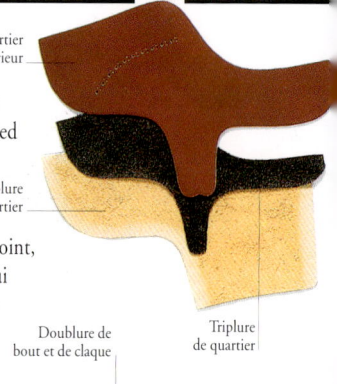

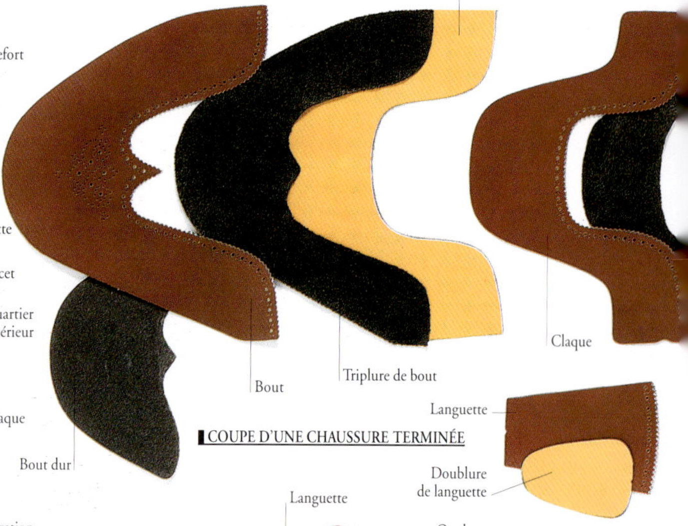

Quartier intérieur
Doublure de quartier
Triplure de quartier
Doublure de bout et de claque
Talonnette de propreté
Contrefort
Languette
Lacet
Quartier extérieur
Claque
Bout
Triplure de bout
Claque
Languette
Bout dur
Doublure de languette

COUPE D'UNE CHAUSSURE TERMINÉE

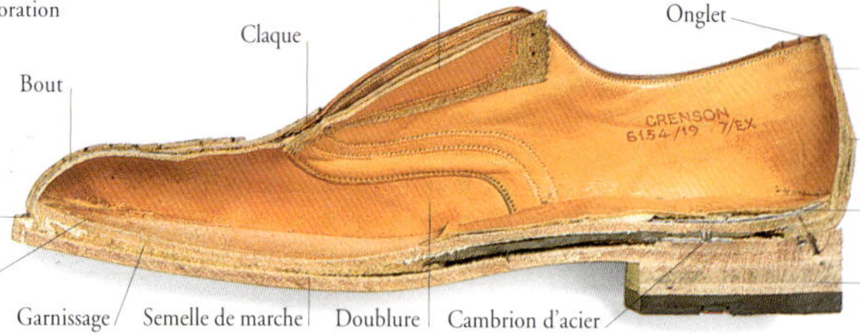

Perforation
Trépointe
Bout perforé
Trépointe
Première
Garnissage
Semelle de marche
Doublure
Claque
Bout
Languette
Onglet
Glissoir
Contrefort
Couche-point
Talon
Cambrion d'acier

LES CHAUSSURES/

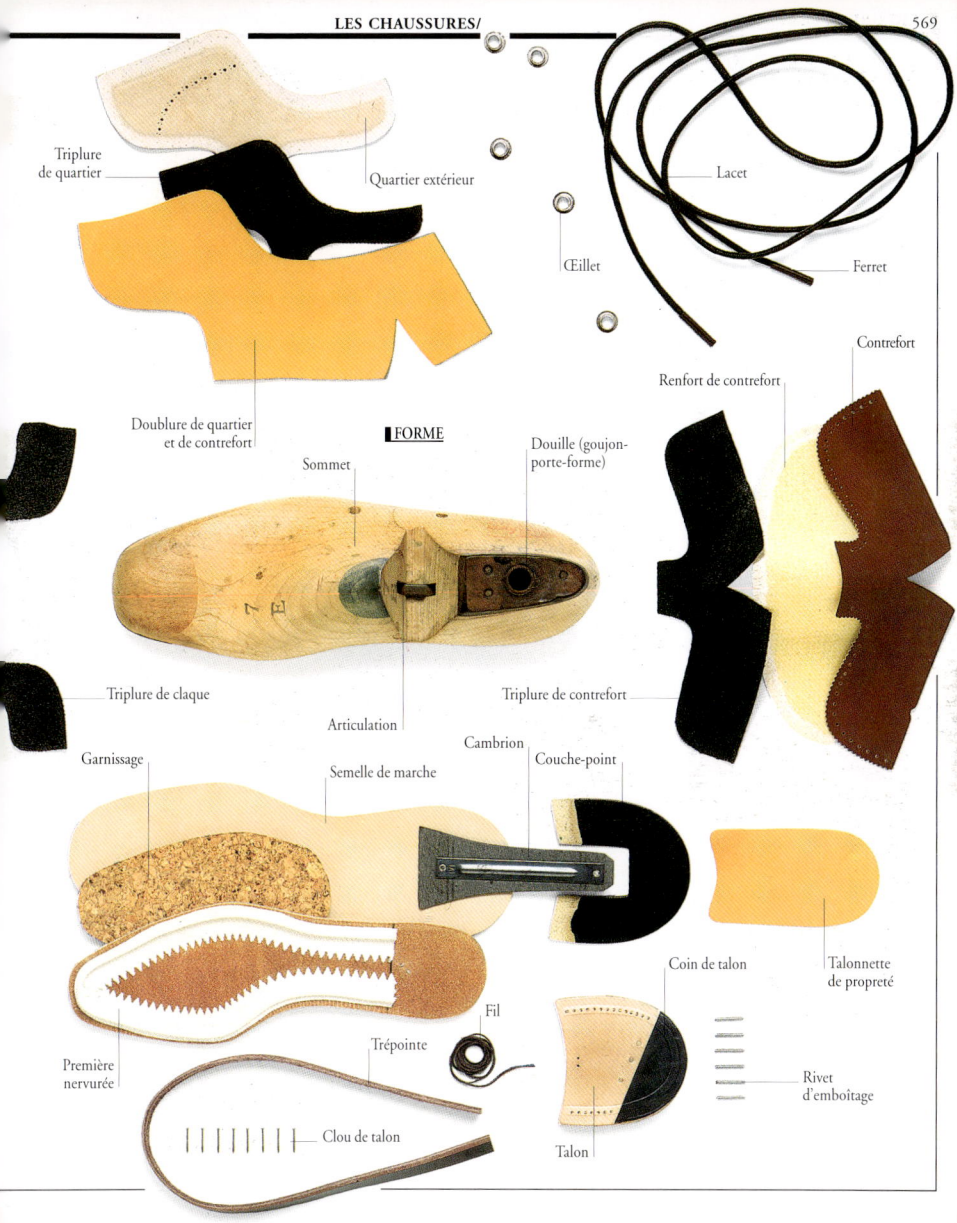

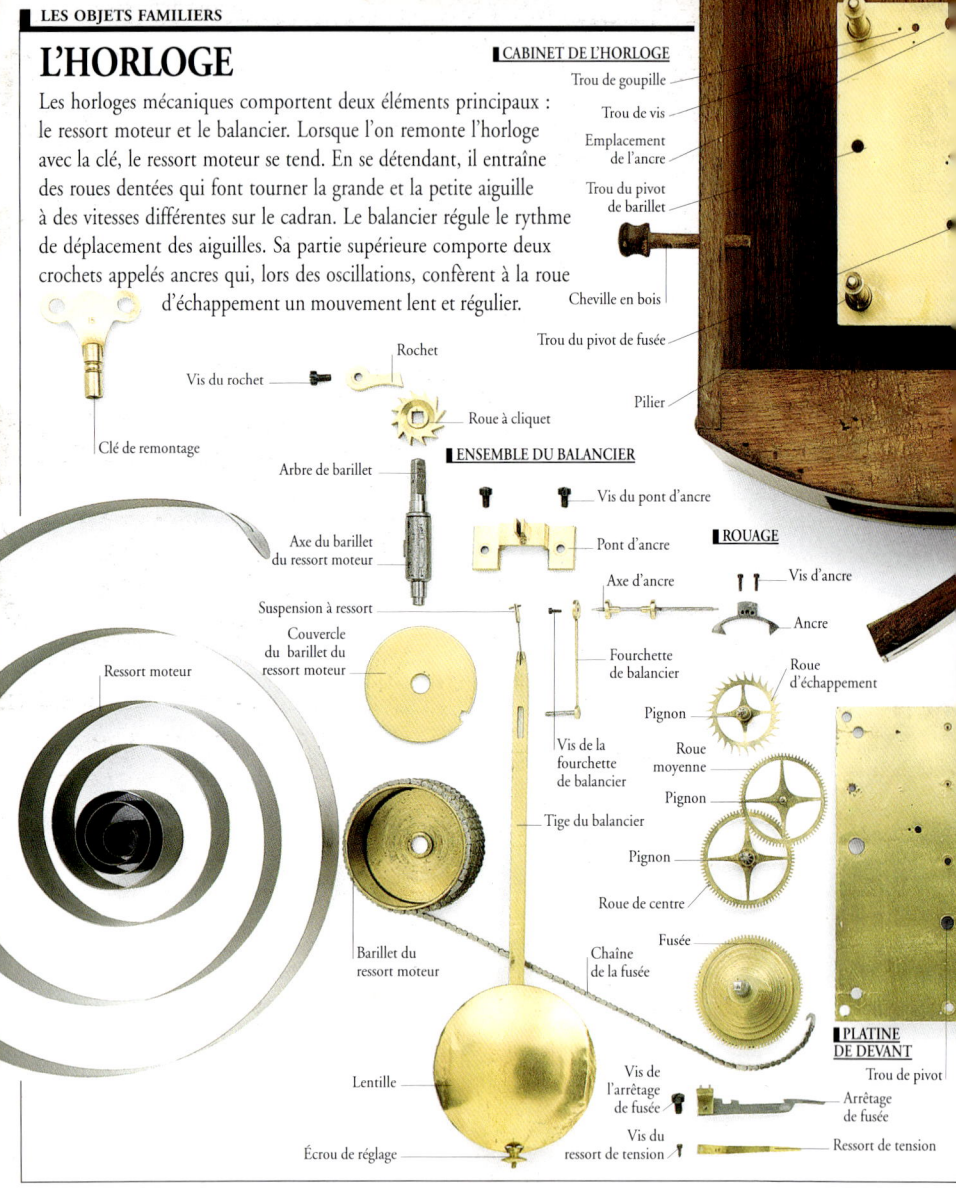

LES OBJETS FAMILIERS

LA LAMPE

La première lampe d'architecte à ressort fut conçue par George Carwardine en 1934. Ce type de lampe fonctionne selon le principe du bras humain : elle peut demeurer dans une position fixe ou être facilement orientée dans une position précise. Le mouvement du bras est contrôlé par l'action antagoniste d'une paire de muscles (lorsque le biceps se contracte, le triceps se relâche et le bras se plie). Sur la lampe d'architecte, les ressorts qui tirent sur les barres rigides de la lampe agissent comme l'un des deux muscles ; ce sont les écrous, boulons, vis et rondelles des articulations de la lampe qui se comportent comme le second, en s'opposant à la traction exercée par les ressorts. On peut régler sans effort la hauteur et l'angle de la lampe en compensant la traction des ressorts par la résistance des articulations.

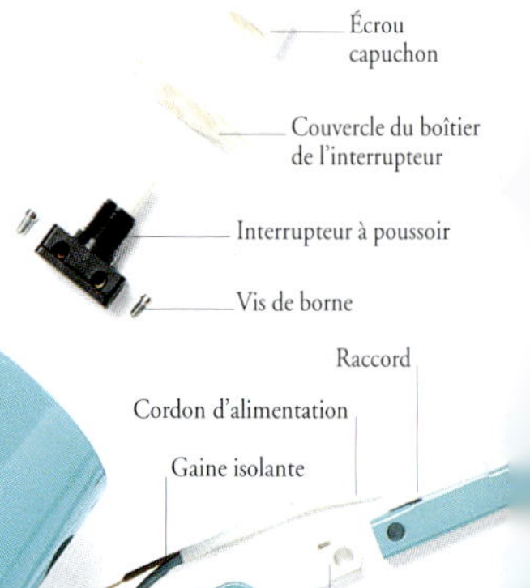

Écrou capuchon

Couvercle du boîtier de l'interrupteur

Interrupteur à poussoir

Vis de borne

Raccord

Cordon d'alimentation

Gaine isolante

Embout

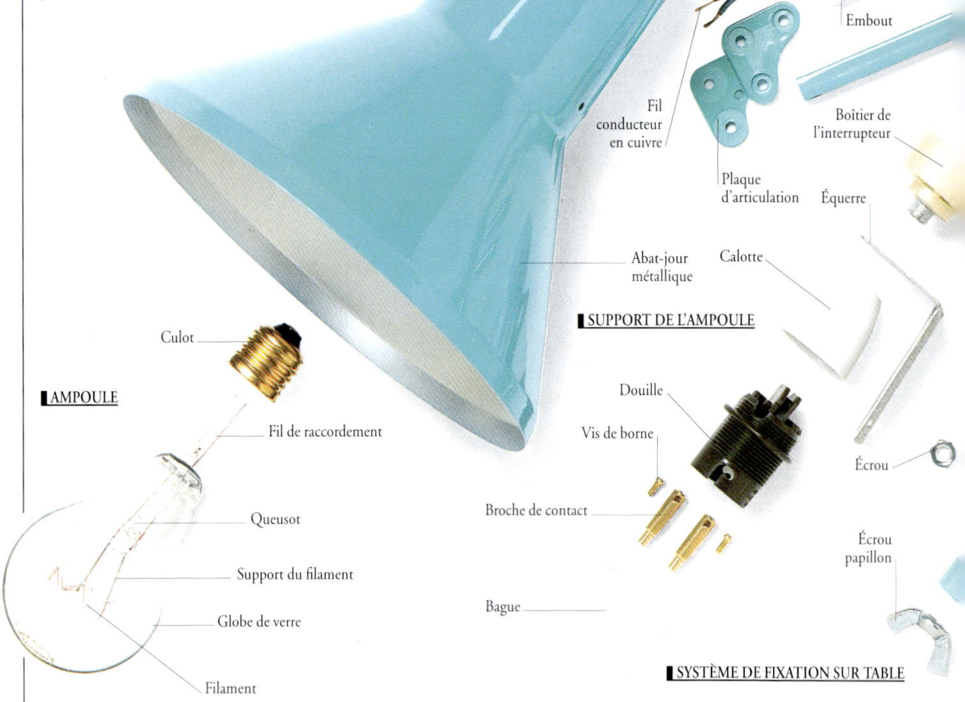

Fil conducteur en cuivre

Boîtier de l'interrupteur

Plaque d'articulation

Équerre

Abat-jour métallique

Calotte

SUPPORT DE L'AMPOULE

Culot

AMPOULE

Fil de raccordement

Douille

Vis de borne

Écrou

Broche de contact

Queusot

Écrou papillon

Support du filament

Globe de verre

Bague

Filament

SYSTÈME DE FIXATION SUR TABLE

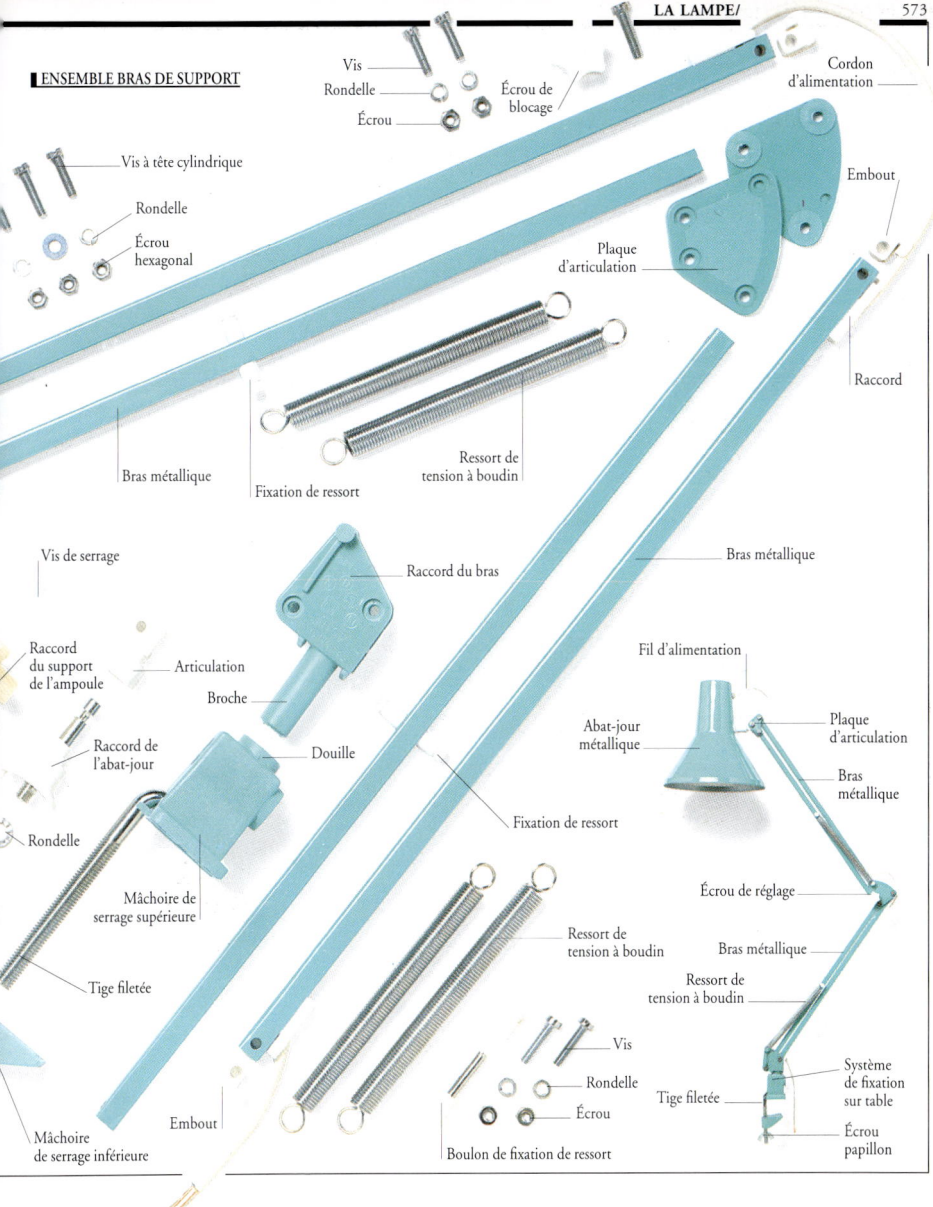

LES OBJETS FAMILIERS

LE MINI-TÉLÉVISEUR

Les postes de télévision miniaturisés sont si petits que l'on peut les regarder en les tenant dans la main. Une station émettrice produit un signal qui est capté par l'antenne de télévision, puis transmis au canon à électrons situé au dos du récepteur. Ce canon produit alors un faisceau d'électrons qui balaie l'écran en une série de lignes. L'écran est recouvert d'une substance fluorescente qui émet de la lumière sous l'action du faisceau. Lors du balayage, le faisceau varie en intensité, ce qui fait briller plus ou moins fortement la substance fluorescente en différents points de l'écran. Une séquence continue de 25 images par seconde se matérialise alors qui crée l'illusion d'une image mobile.

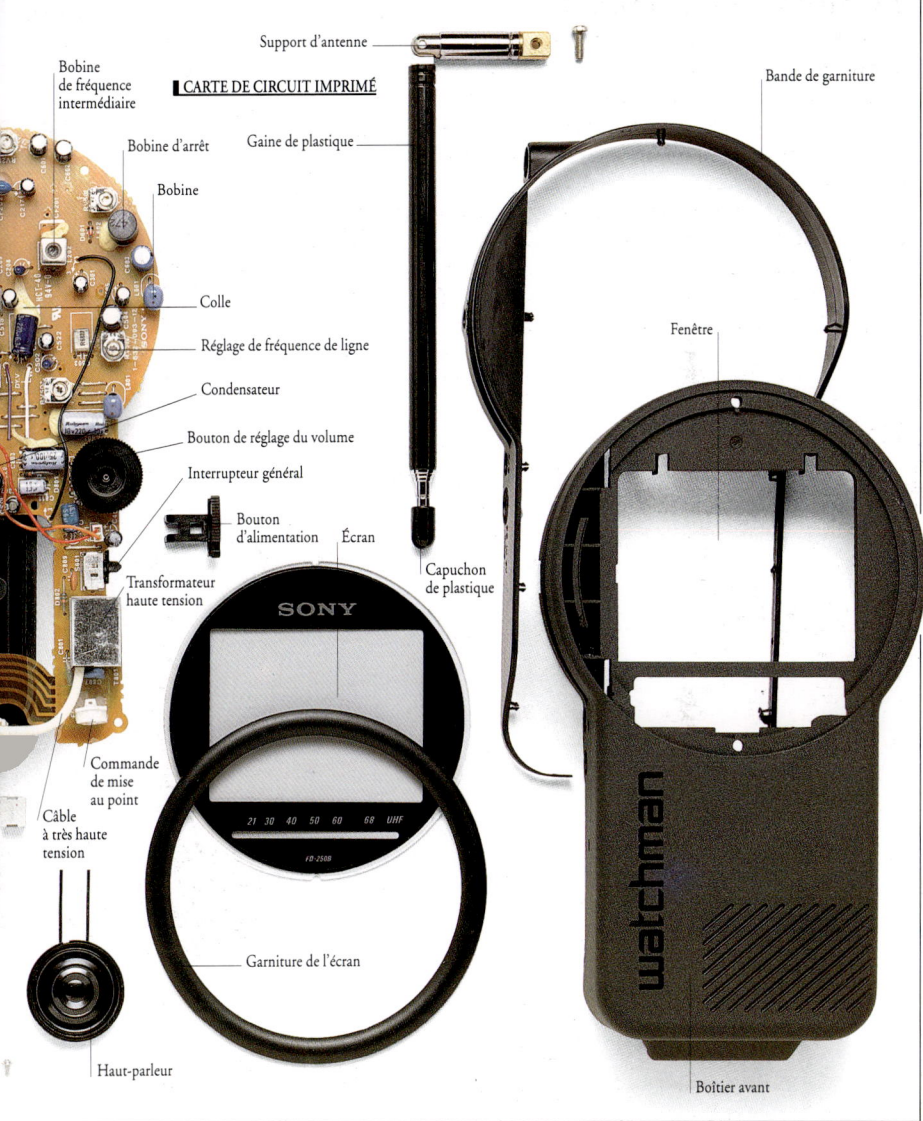

LES OBJETS FAMILIERS

LE FAUTEUIL

Les pièces d'un fauteuil de style Louis-Philippe, comme le modèle présenté ici, sont maintenues ensemble par des éléments d'assemblage très ajustés, des vis, des chevilles et de la colle, et non par des clous ou des boulons. Les languettes des tenons du cintre du dossier et du petit dossier viennent s'ajuster dans les fentes des mortaises des pieds arrière ; la traverse de l'accoudoir galbé vient s'adapter dans la mortaise située à mi-hauteur du pied arrière. Malgré le fait que les éléments d'assemblage sont si précisément ajustés qu'ils suffiraient à assurer la solidité de la ceinture, on utilise des vis et de la colle pour lui conférer une plus grande résistance. Le confortable siège garni se compose d'une housse à motifs, d'une doublure de calicot et d'un rembourrage de mousse ignifugée ; il repose sur des sangles tendues sur un châssis de bois.

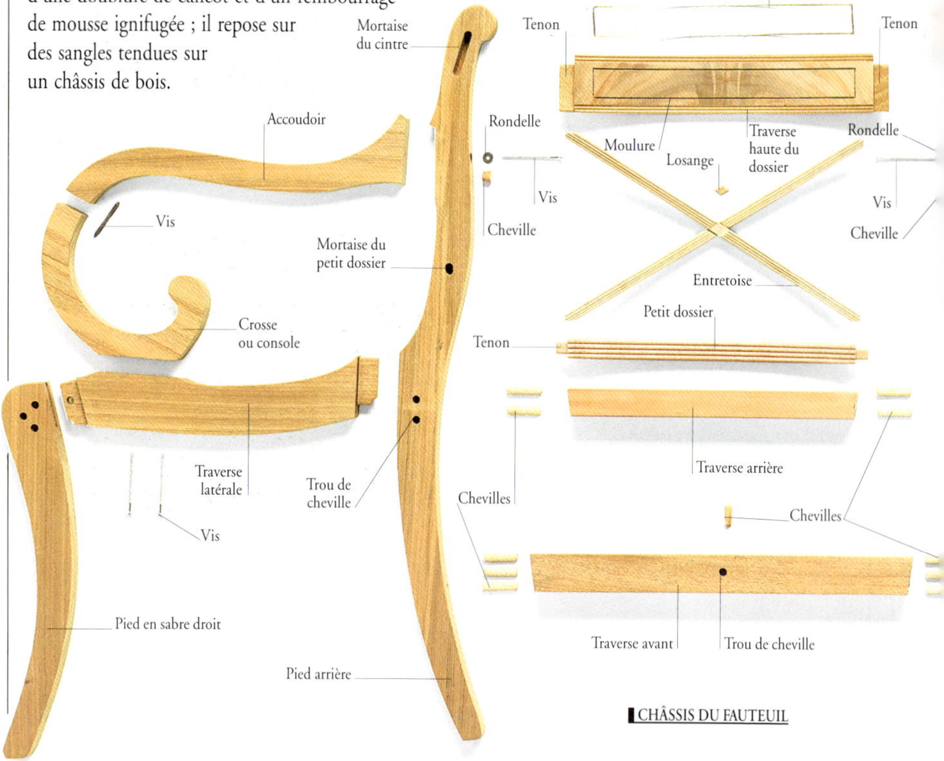

CHÂSSIS DU FAUTEUIL

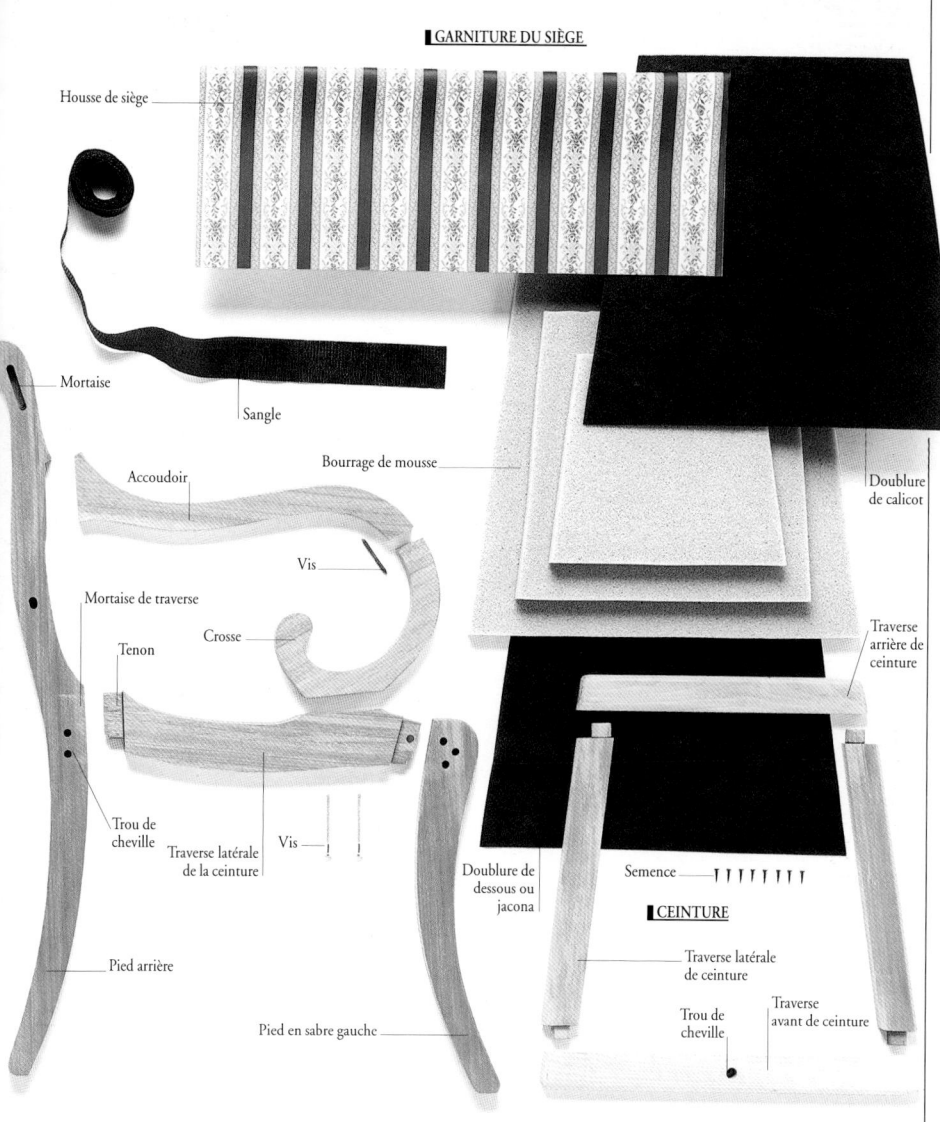

LES OBJETS FAMILIERS

LE GRILLE-PAIN

La plupart des grille-pain électriques rôtissent des tranches de pain puis les éjectent en fin de cuisson. Les tranches reposent sur un chariot maintenu en position basse par un ressort pendant que des éléments de chauffage électrique les font dorer. Au cours de cette opération, une bande constituée de deux métaux différents chauffe et se dilate. L'un des deux métaux se dilate plus rapidement que l'autre, ce qui provoque une courbure de la bande, qui ferme alors un circuit électrique et active un électro-aimant. Celui-ci libère le ressort qui maintenait le chariot en position basse, éjectant ainsi la tranche.

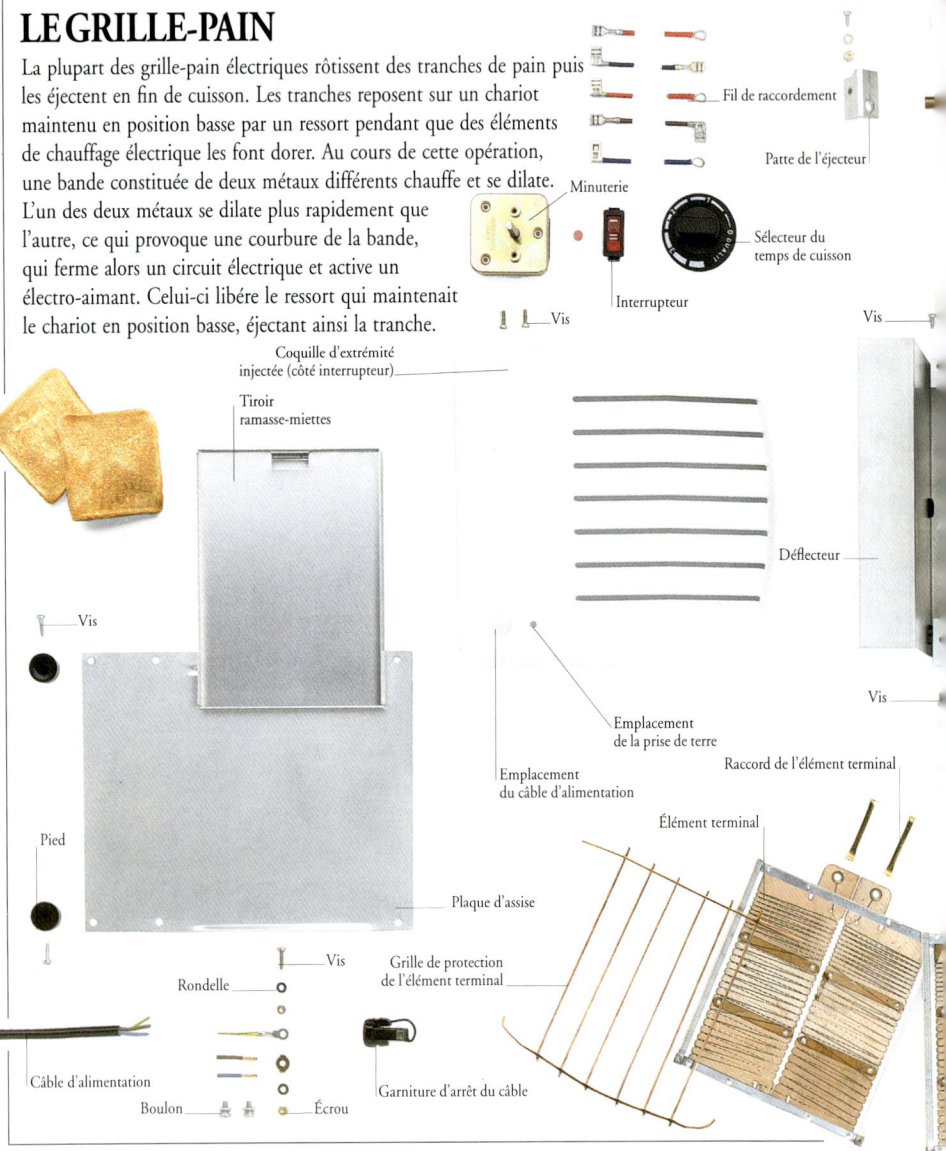

LE GRILLE-PAIN

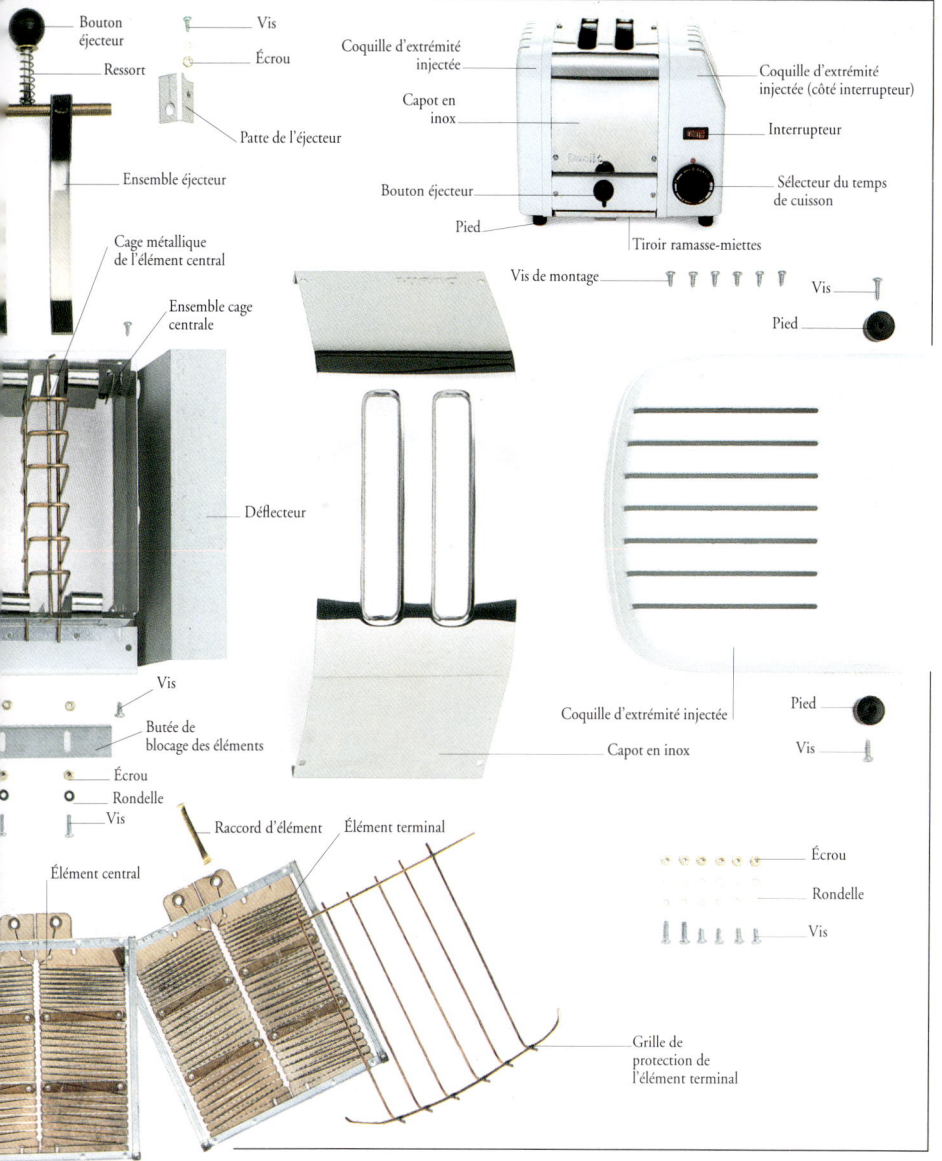

LES OBJETS FAMILIERS

LA TONDEUSE À GAZON

Une tondeuse à gazon, qu'elle fonctionne à l'électricité, à l'essence ou grâce à la force humaine, est munie de lames tranchantes qui coupent l'herbe au ras du sol. Le modèle à essence décrit ci-dessous possède un petit moteur dont l'allumage est assuré par une batterie et une bougie. Ce moteur fait tourner une lame de coupe horizontale située sous la tondeuse qui tranche l'herbe en la poussant contre une lame fixe. Un sac collecteur d'herbe fixé à l'arrière de la machine ramasse l'herbe coupée. Pour que la tondeuse avance, le moteur entraîne également les roues arrière.

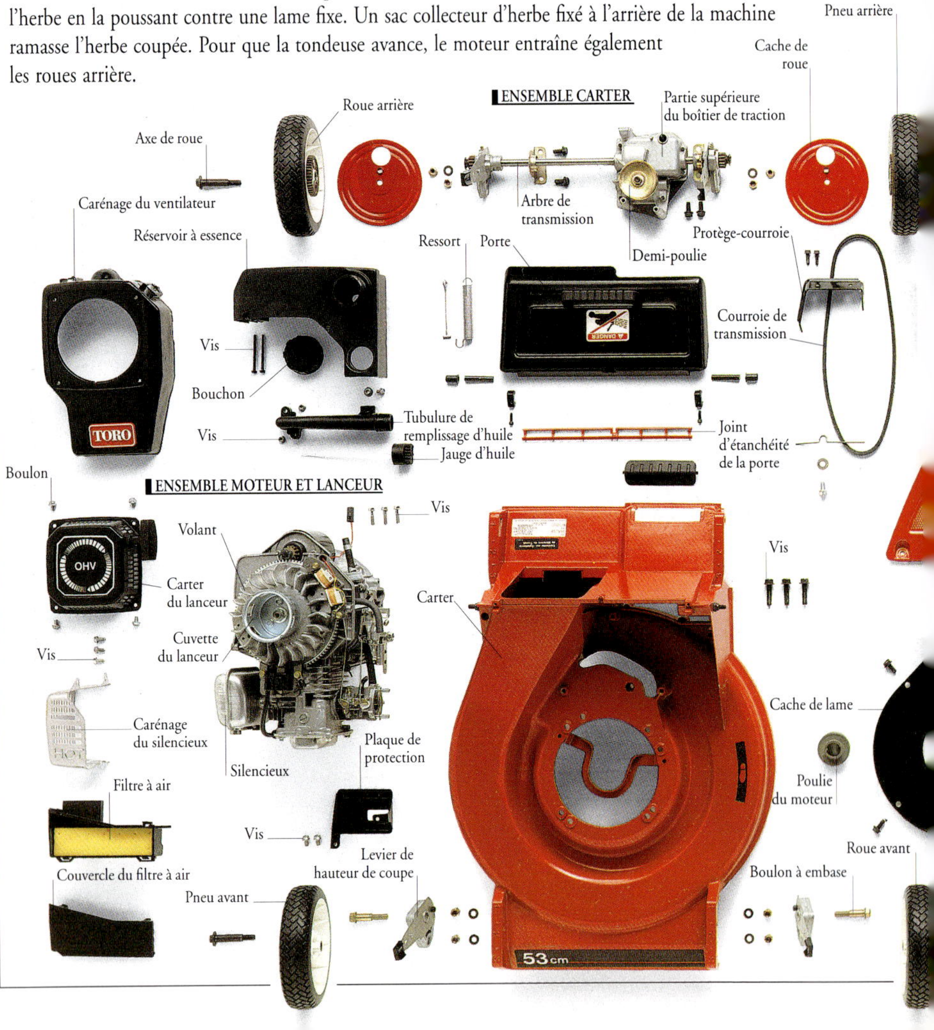

Pneu arrière
Cache de roue
Roue arrière
Axe de roue
ENSEMBLE CARTER
Partie supérieure du boîtier de traction
Carénage du ventilateur
Arbre de transmission
Réservoir à essence
Protège-courroie
Ressort
Porte
Demi-poulie
Vis
Courroie de transmission
Bouchon
Vis
Tubulure de remplissage d'huile
Jauge d'huile
Joint d'étanchéité de la porte
Boulon
ENSEMBLE MOTEUR ET LANCEUR
Vis
Volant
Carter du lanceur
Carter
Vis
Cuvette du lanceur
Vis
Carénage du silencieux
Cache de lame
Plaque de protection
Silencieux
Poulie du moteur
Filtre à air
Vis
Roue avant
Levier de hauteur de coupe
Couvercle du filtre à air
Boulon à embase
Pneu avant

53 cm

LA TONDEUSE À GAZON / 581

Poignée
Pupitre de commande
Poignée
Levier de traction
Poignée de commande de la tondeuse
Bouchon du réservoir à essence
Boîtier du lanceur
Levier de commande
Manette de contrôle de la vitesse-sol
Manette des gaz
Carénage du silencieux
Support du câble de traction
Sac collecteur d'herbe
Pupitre de commande
Poignée de verrouillage
Roue arrière
Carter
Roue avant
Panneau vertical
Support de câble
Poignée de verrouillage
Batterie
Plaque de fixation de la batterie
Grille
Bavette de protection arrière

ENSEMBLE POIGNÉE ET COMMANDES

Sac collecteur d'herbe
Câble de traction
Vis
Lame de coupe
Porte-lame
Rondelle
Boulon de lame
Branchement de la batterie
Axe de roue
Armature du sac collecteur d'herbe

LES OBJETS FAMILIERS

LA SELLE

La selle en cuir, inventée il y a quelque deux mille ans par les guerriers des steppes asiatiques, révolutionna la pratique de l'équitation. Elle permettait aux cavaliers de galoper vers l'ennemi et de tirer des flèches tout en restant sur leur cheval. Il existe aujourd'hui deux principaux types de selles : le modèle western, une lourde selle de travail, principalement utilisée dans les ranchs aux États-Unis, dotée d'une corne métallique à l'avant pour fixer un lasso et d'un arçon haut à l'arrière et la selle anglaise beaucoup plus légère, conçue pour l'équitation de loisirs, qui permet à la monture de galoper à grande vitesse. Elle présente l'inconvénient de fournir une moins grande stabilité ; en effet, pour demeurer sur le cheval, le cavalier doit s'accrocher aux flancs de l'animal avec ses genoux.

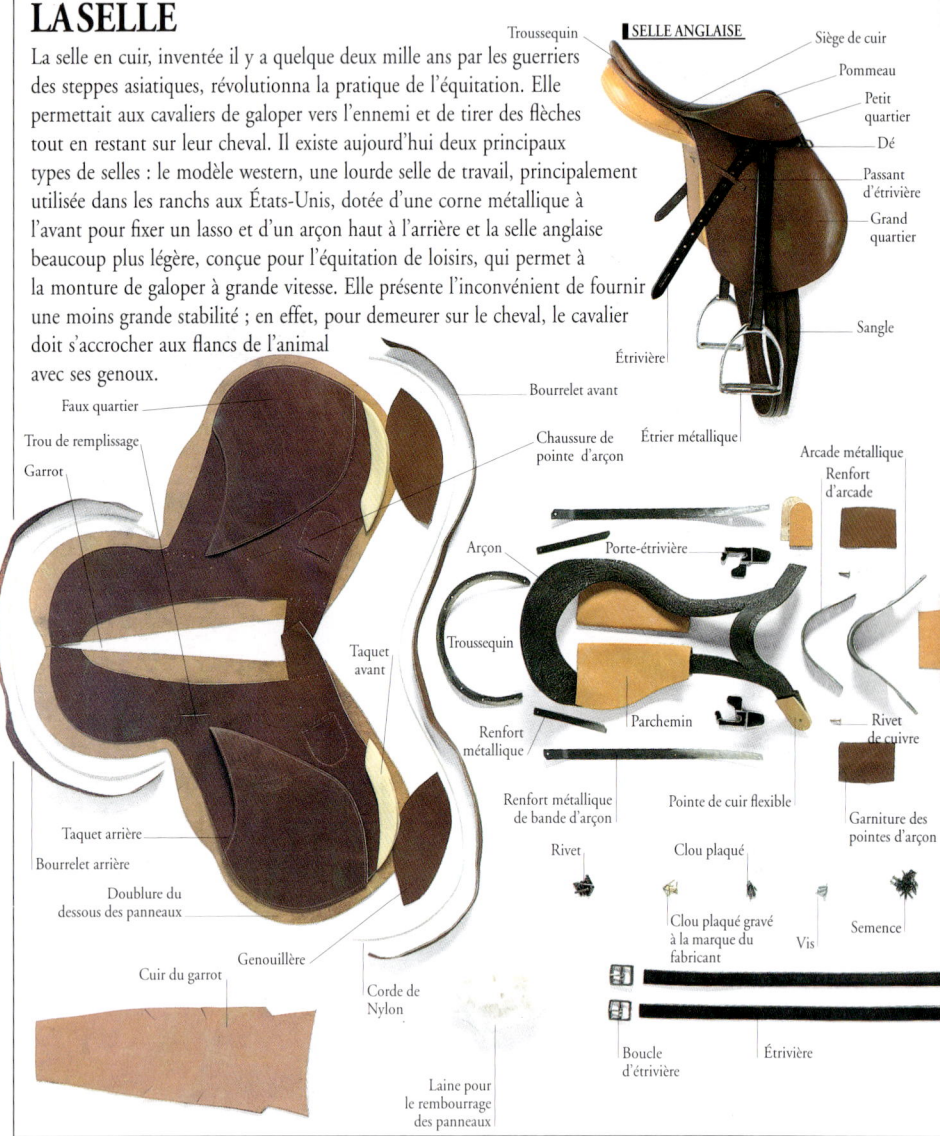

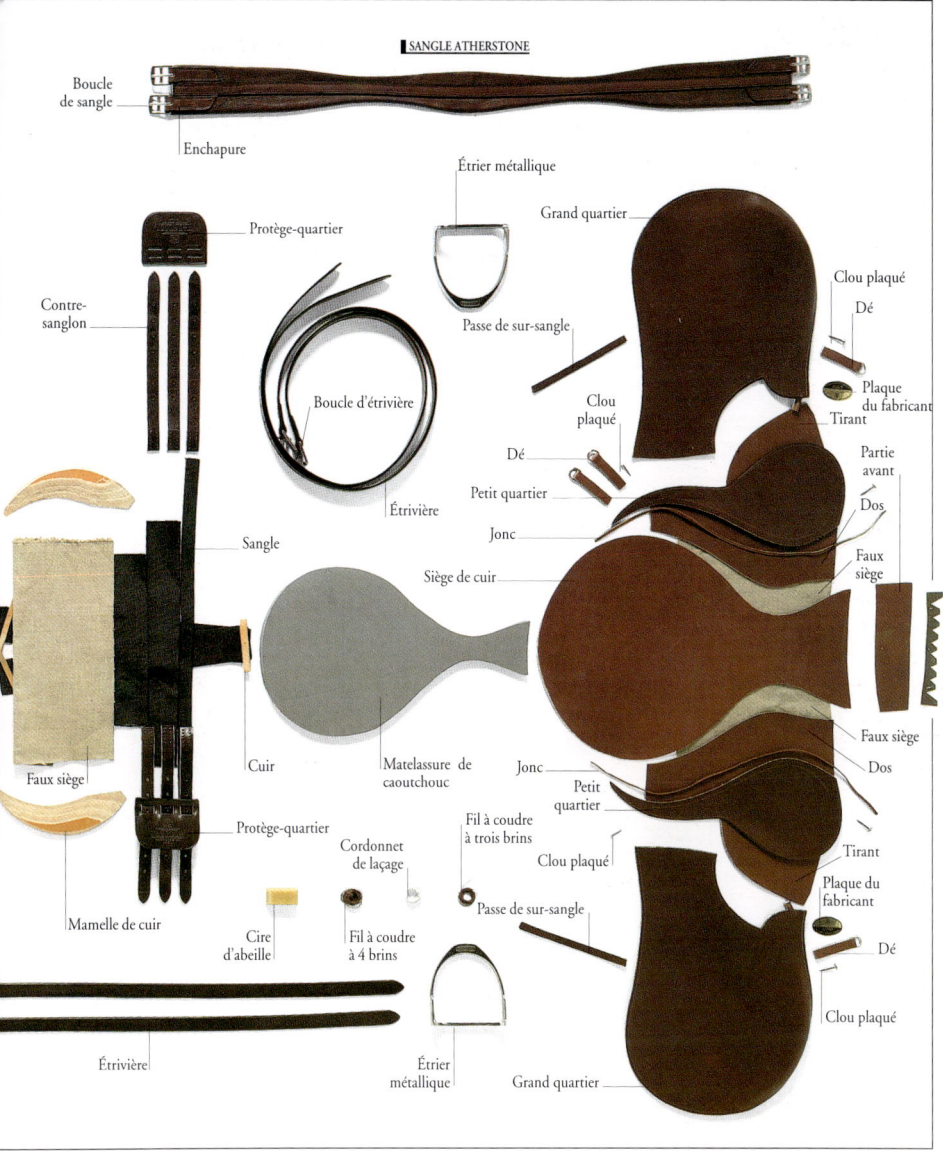

LES OBJETS FAMILIERS

LE CD-ROM

Un CD-ROM est un type de disque compact (CD) qui est employé pour stocker des images et les afficher sur un écran d'ordinateur. ROM signifie en anglais Read Only Memory (mémoire uniquement en lecture). Cela veut dire que les données gravées sur la surface du disque ne peuvent être ni modifiées ni remplacées. Le CD est chargé dans le lecteur de CD-ROM, et les données sont lues sur la surface du disque par un laser. Les CD-ROM sont différents des disques en vinyle car ils ne sont pas lus le long d'un sillon spiroïdal (de la circonférence vers le centre) : chaque image ou partie d'information a une coordonnée sur le disque qui est accessible par le laser. L'information captée par le laser est transmise à l'ordinateur, puis traduite en texte et images qui s'affichent sur l'écran. L'information est transmise par une connexion SCSI (en anglais Small Computer System Interface, c'est-à-dire petite interface de système d'ordinateur) qui traite les impulsions électroniques entre le lecteur de disque et l'ordinateur. L'utilisateur peut naviguer dans le programme et changer en cliquant sur les parties de l'écran réservées à cet effet à l'aide d'une souris. En cliquant, par exemple, sur une de ces zones, on déclenchera l'apparition de nouveaux textes.

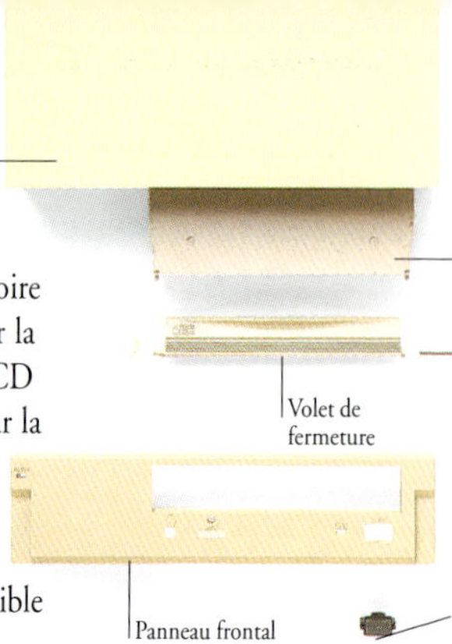

BOÎTIER DU CD-ROM

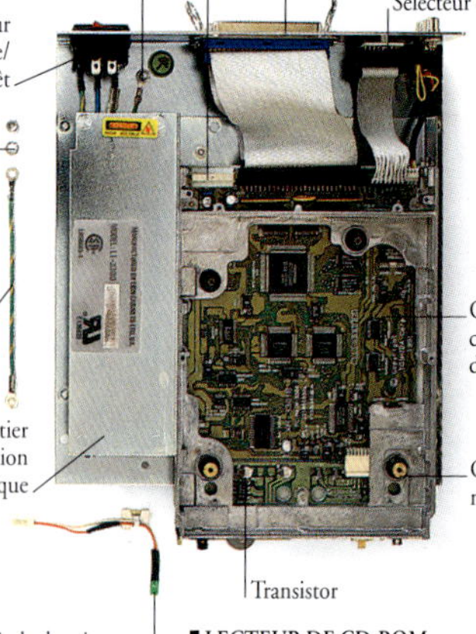

LECTEUR DE CD-ROM

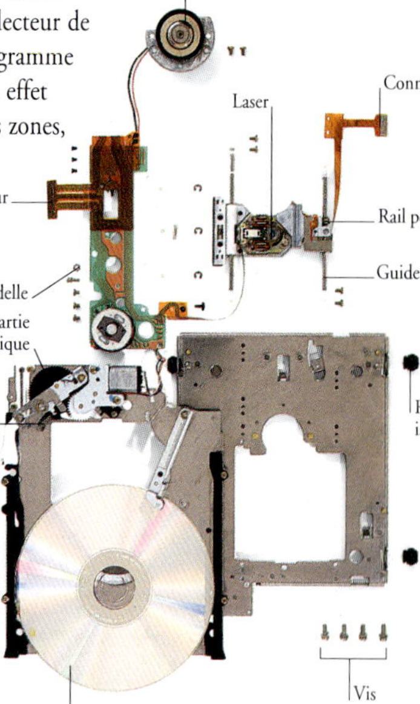

MÉCANISME DE CHARGEMENT DU CD-ROM

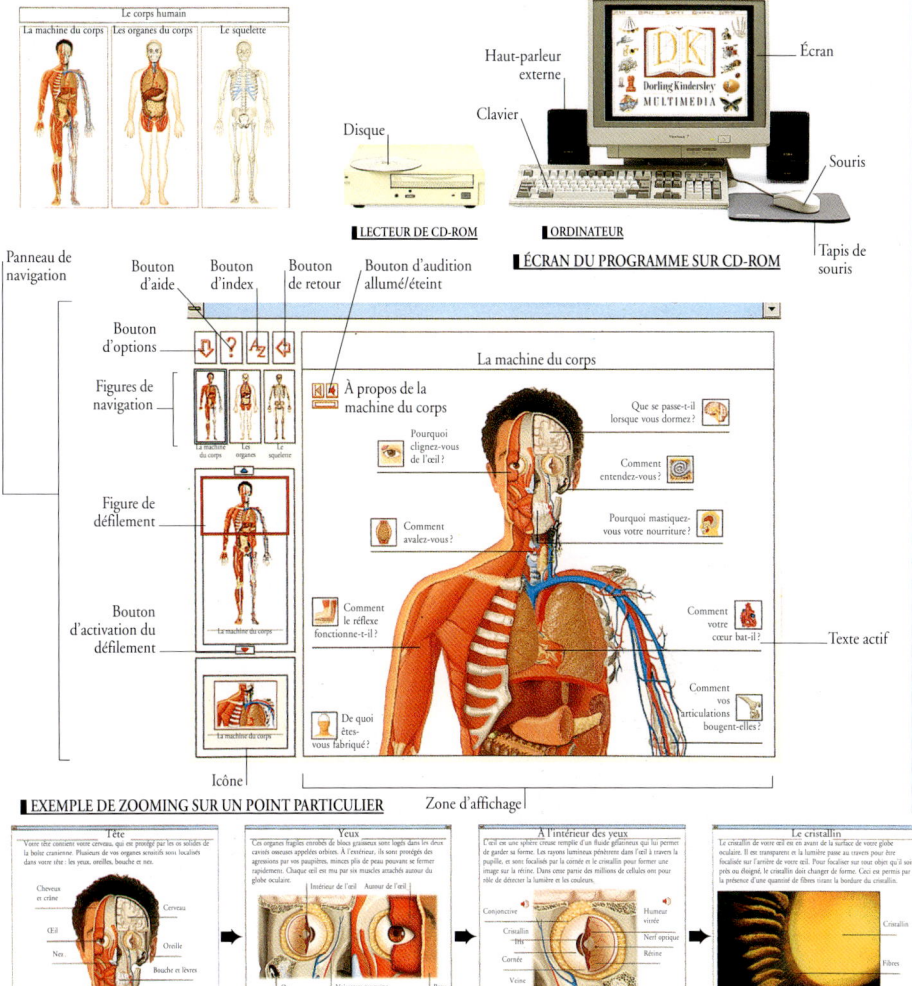

LES OBJETS FAMILIERS

LA RELIURE

On relie aujourd'hui la plupart des livres selon un processus mécanisé. Cependant, la reliure de certains ouvrages s'effectue encore à la main. Les pages sont imprimées sur de grandes feuilles de papier appelées cahiers ou signatures. Pliées, celles-ci représentent généralement 8, 16 ou 32 pages. Pour assembler à la main un livre à couverture rigide, le relieur dispose tout d'abord les cahiers pliés, dans le bon ordre, à l'intérieur des feuillets de garde. Il les coud ensuite ensemble le long du bord du dos avec une ficelle, puis renforce la fixation avec une colle extra-forte. Après ébarbage des pages, il met le livre dans une presse et martèle le dos pour l'arrondir. Il colle ensuite une ou plusieurs doublures sur le dos. La pose de la couverture, ou emboîtage, constitue la dernière opération. Au cours de celle-ci, le relieur colle des plats de couverture sur les feuillets de garde, *recto* et *verso*, puis les recouvre de tissu ou de cuir.

LIVRE DEMI-RELIÉ

Dos
Queue
Papier marbré
Coin

LIVRE RELIÉ CUIR

Mors
Gouttière
Nerf
Dos
Signet
Queue
Couverture de cuir
Estampage doré

ASSEMBLAGE D'UN LIVRE DEMI-RELIÉ

Papier marbré
Coin bougran
Carton (garde)
Mousseline
Plat *recto*
Tranchefile de queue
Ruban
Doublure
Tranchefile de tête
Dos
Cahier (signature)
Papier corde

LA RELIURE / 587

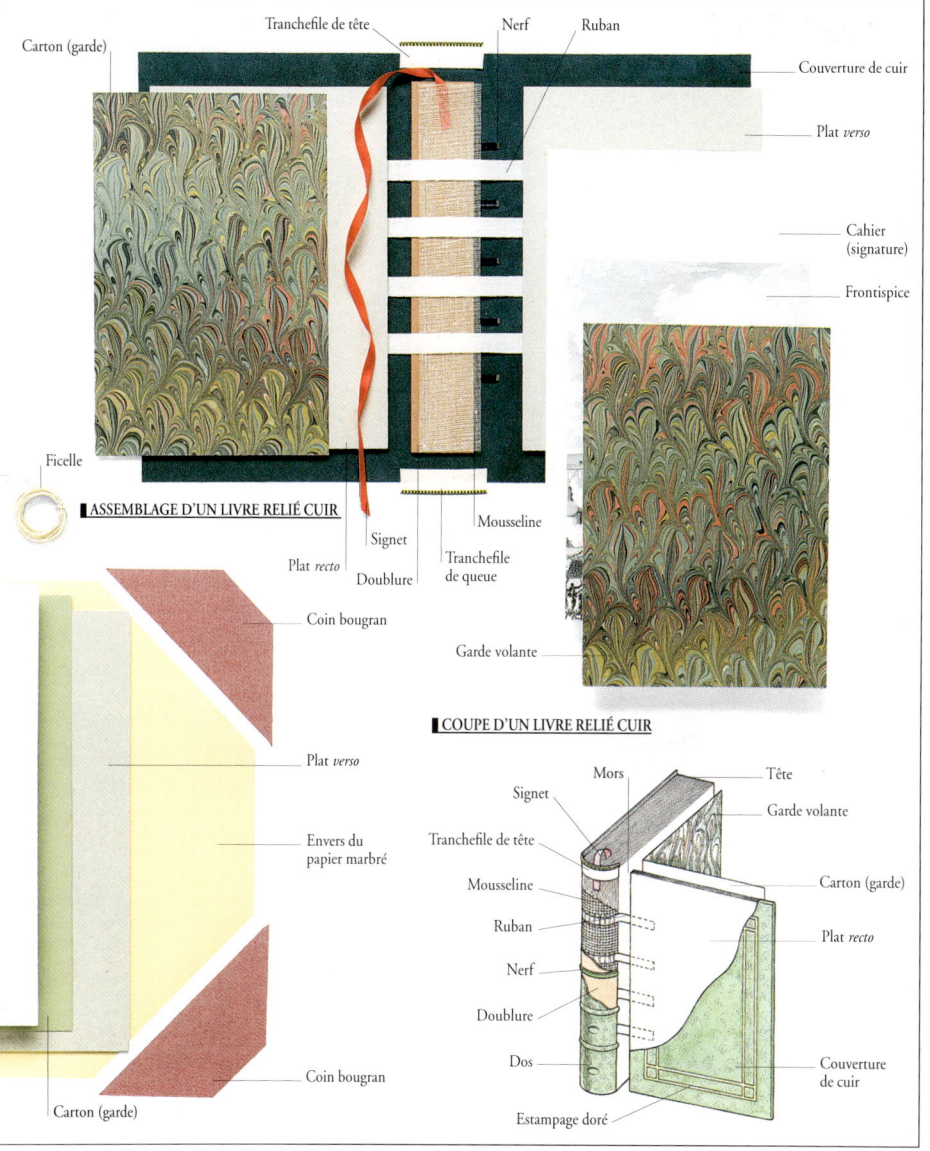

ASSEMBLAGE D'UN LIVRE RELIÉ CUIR

COUPE D'UN LIVRE RELIÉ CUIR

LES OBJETS FAMILIERS

L'APPAREIL PHOTOGRAPHIQUE

Un appareil photographique est un instrument utilisé pour fixer des images sur une pellicule photosensible. Il se compose d'une boîte étanche à la lumière munie d'un obturateur, d'un objectif, renfermant un ensemble de lentilles et un diaphragme, et d'un système de visée. Lorsque l'obturateur est ouvert, l'image de l'objet photographié est projetée sur la pellicule. Le réglage de la vitesse d'obturation permet de modifier la durée d'exposition du film à la lumière. En agissant sur l'ouverture de l'objectif, le diaphragme contrôle la quantité totale de lumière, appelée exposition, qui pénètre dans l'appareil. La lentille fait converger les rayons lumineux vers la pellicule. Lorsque l'éclairage est insuffisant pour obtenir une image satisfaisante, on peut produire la lumière nécessaire au moyen d'un flash.

■ VUE DE FACE

- Sélecteur des vitesses d'obturation
- Rembobinage du film/bouton d'ouverture du dos du boîtier
- Attache de la courroie de transport
- Compteur de vues
- Déclencheur
- Levier de déblocage de l'objectif
- Prise synchro X flash

■ PARTIE AVANT

- Monture
- Habillage du boîtier
- Habillage du boîtier
- Levier de déblocage de l'objectif
- Couvercle de prise synchro X flash

■ VUE ARRIÈRE

- Manivelle de rembobinage du film
- Oculaire du viseur
- Rembobinage du film/bouton d'ouverture du dos du boîtier
- Bobine réceptrice
- Logement de la cartouche du film
- Rouleau presseur du film
- Rainure
- Dos du boîtier
- Rainure de guidage du film
- Rideau de l'obturateur
- Bobine d'entraînement du film
- Presseur du film

- Trou de fixation de trépied
- Fond du boîtier
- Pile
- Couvercle du logement de la pile

■ FOND DU BOÎTIER

■ TUBE D'OBJECTIF

- Bague de garniture
- Monture
- Bague portant l'ouverture maximale et la focale de l'objectif
- Bague de maintien de la monture de lentille frontale
- Ensemble lentille frontale
- Bague de maintien de l'anneau de montage
- Vis d'arrêt
- Rondelle
- Vis d'arrêt
- Vis d'arrêt

INDEX

Les principales légendes de ce dictionnaire sont répertoriées dans les pages suivantes.

A

Abajoues 196
Abaque 459, 460, 469, 483
Abat-jour métallique 572, 573
Abbatiale
 -de Beverley 484
 -Sainte-Foy, Conques, Aveyron 468
Abbaye de Westminster, Londres 484
Abdomen 211
 -araignée 171
 -chenille 169
 -coléoptère 168
 -crabe 172
 -crevette 172
 -écrevisse 172
 -papillon 169
 -scorpion 170
 -serpent à sonnette 185
Abeille 145, 168
Abies concolor 66
Abomasum 198
Abrasifs 452
Abrasion 286, 453
Abri 324
Abside 465, 469
 -plate 470
 -semi-circulaire 481
Acadagnostus 64
Acamar 19
Acanthostega 80
Accélérateur
 -pédale d' 350
 -d'allumage 345
 -de Van de Graaff 316
Accélération 320, 321
Accessoires 364
Accoudoir 576
Accouplement 324
Achernar 20
Acide 446, 447
 -chlorhydrique 312
Acier 492, 494
 -trempé 360
Acrosome 259

Acrotère 460, 461, 490
Acroteuthis 278
Acrux 21
Acrylique 442, 443
Actinides 310
Actinie pourpre 166
Actinium 310
Action 321
 -de l'hélice 390
Adénine 216
Adhara 18, 21
Adhérence des pneus 356
Adipocyte 217
Admission 346
ADN 139, 216
Aegyptopithecus 75
Aérateur 422, 423
 -de cabine 327
 -du compartiment moteur 326
 -latéral 329
 -latéral de toiture 325
Aérodynamisme 356
Aérofrein 413, 414, 415, 421, 426
 -d'assistance de gauchissement 414
Aérographe 442
Affichage 589
 -de la sensibilité du film 589
Affluent 288, 295
Affût de caronade 377
Afrique 64, 66, 68, 70, 72, 73, 74, 75, 76, 77, 108, 265
Agieba 18
Agger nasi 213
Agnathes 178, 180
Agrafe 437, 444, 477, 481
 -à volute 485
 -Dzus 356
Aigle, l' 19, 20
Aiguille 124, 125, 295, 525
 -de cadran 574
 -des heures 571
 -des minutes 571
Aiguillon 135, 147, 156
 -scorpion 170, 278
Aile 402, 403, 404, 406, 409, 413, 414, 420, 424, 425, 427
 -à géométrie variable 420
 -alule 191
 -antérieure 169
 -arrière 339
 -bâtarde 191
 -bourdon 168
 -coléoptère 168

 -embryon 192
 -étui 168
 -oiseau 188, 191
 -os 191
 -papillon 169
 -plumes 188, 191
 -postérieure 169
 -de l'apophyse ptérygoïde 220
 -du nez 213
Aileron 356, 357, 398, 399, 405, 406, 409, 420, 421, 424, 426, 479
 -à volute 478
 -du sacrum 223
Ailette 498
 -de refroidissement 365, 366, 367
Aimant 574
 -permanent 317
Aine 211
Aino Planitia 36
Aire
 -ambulacraire 279
 -associative visuo-psychique 237
 -corticale 237
 -de lancer du poids 542
 -de la parole 237
 -de l'audition 237
 -de la vision 237
 -d'ossification des phalanges 230
 -d'ossification du métacarpe 230
 -d'ossification du poignet 230
 -du comportement et de l'émotion 237
 -motrice 237
 -psycho-motrice 237
 -sensitive 237
Aisselier
 -courbe 473
 -extérieur 498
Aisselle 211
Akène 131, 148, 150
Akna Montes 37
Alaska, courant d' 297
Alba Fossae 43
Alba Patera 43
Albategnius 40
Albertosaurus 84
Albireo 20
Albumen 192
Alcool 313
 -à brûler 454
Alcor 19

Alcyone 20
Aldébaran 18, 21
Alderamin 19
Alésage d'équilibrage 347
Alethopteris 67, 278
Alette 469
Algedi 20
Algenib 19, 20
Algol 19
Algues 112, 114, 116, 279
 -bleue 56, 78
 -brune marine 116, 117
 -diatomée 116
 -verte 112, 116
 -diatomée 116
 -rouge marine 117
 -verte marine 117
Alhambra, Grenade 488
Alhena 18
Alidade 377
Alioth 18, 19
Alizés
 -du nord-est 300
 -du sud-est 300
Alkaïd 18, 19
Alkékenge 149
Alligators 186
Allonge
 -de bouchain 393
 -de cornières 381
 -de poupe 373
 -de tableau 381
 -d'étrave 374, 376
Allosaurus 71, 85
Allumage 351, 410
 -à microprocesseurs 344
Allumeur 344, 418, 419
Allure 554
Alluvions 282
Almach 19, 20
Al Nair 19, 20
Alnilam 18
Alnitak 16, 18
Alpes 75, 77
Alphard 18, 21
Alphecca 18, 21
Alpheratz 19, 20
Alphonsus 40
Alrami 21
Alstrœmère 129
Altair 19, 20
Altaï Rupes 40
Altération 282, 502
Alternateur 314, 326, 344, 345, 351, 418

Alti 503, 505
Altitude 412
Alto 510, 511
Altocumulus 302
Altostratus 302
Aludra 21
Alule 191
Aluminium 39, 58, 311
Alvéole 254, 255
Amarrage et mouillage 386-387
Amarre hors le bord 387
Amaryllis 155
Amas
 -de galaxies 11
 -de galaxies de la Vierge 11
 -d'étoiles 11, 16, 20
 -globulaire 12, 16
 -ouvert 16
 -ouvert d'étoiles 14, 22
Amazonie 265
Ambulacre
 -étoile de mer 174, 175
 -oursin 175
Âme
 -en plâtre 454
 -de canon 394
Américium 311
Amérique
 -du Nord 64, 66, 68, 70, 72, 73, 74, 75, 76, 77, 92, 264
 -du Sud 64, 66, 68, 70, 72, 73, 74, 75, 76, 77, 104, 264
Amibocyte 166
Ammoniac 45, 47, 49, 51, 53
 -de méthane 45
Ammonite 67, 278, 279
Amnios 192, 193, 260
Amolette 387
Amortissement 476, 478, 481
Amortisseur 326, 331, 336, 338, 339, 340, 350, 363, 364, 365, 368, 402
 -à huile 364
 -à Sandow 425
 -de rafales à incidence variable 421
 -de roulis hollandais 415
 -horizontal 329
 -télescopique horizontal 329
 -vertical 329
Amour, fleuve 265
Ampères 316
Amphibien 56, 69, 80, 182-183, 279
Amphithéâtre 464, 465, 477
Amplificateur 512, 520

Amplitude 294
Ampoule 316, 572
 -à filaments incandescents 319
 -de verre 319
Amure 374
Amygdale
 -linguale 245
 -palatine 212, 245
Anatifes 172, 173
Anche double 508
Anchisaurus 89
Ancrage des galhaubans 381
Ancre 372, 376, 379, 386, 397, 570
 -à jas 375
 -à jas mobile 386
 -antique 386
 -à pattes mobiles 386, 395
 -à verge rentrante 386
 -charrue 386
 -crapaud 386
 -Danforth 386
 -de bossoir 377, 386
 -de détroit 395
 -en fer forgé 392
 -romaine 372
Andes 39, 69, 71, 73, 75, 77
Andésite porphyrique 275
Androcée 141
Andromède 14, 19, 20
 -Delta d' 19
 -galaxie d' 19
 -Lambda d' 19
 -Mu d' 19
 -Omicron d' 19
 -Phi d' 19
 -Thêta d' 19
Âne 198
Anémones de mer 166-167
Angiospermes 126, 279
Angle 572
 -chanfreiné 494
 -de la petite courbure gastrique 249
 -irido-cornéen 241
 -latéral de la bouche 213
 -latéral de l'œil 213
 -rentrant 479, 485
Anguillers 393
Animaux pluricellulaires 56
Anion 308
Ankylosaures 94, 95
Ankylosauridés 83
Ankylosaurus 94, 95
Anneau 44, 47, 48, 49, 50, 508,

589
 -d'Adams 50, 51
 -d'attelle 555
 -de bélière 377
 -de calcaire 284
 -de Galle 50, 51
 -de Le Verrier 50, 51
 -double 487
 -epsilon 49
 -nerveux 175
Année 30, 31, 34
Années-lumière 12, 14, 15
Annelet 460
Annélides 279
Annulaire 230, 231
Annulus 115
Anoures 182
Anse de Henlé 256
Antarala 490, 491
Antarctique 66, 68, 70, 72, 73, 74, 75, 76, 77, 265
Antarès 18, 21
Ante 461
Antéfixe 461
Antenne 264, 376, 574
 -bourdon 168
 -chenille 169
 -crabe 172
 -crevette 172
 -de communications radio 424
 -de demande d'identification (IFF) 420, 421
 -de hune 377
 -de navigation 423, 424
 -de radiogoniométrie 408
 -du radiocompas automatique (ADF) 423
 -du saumon d'aile 421
 -du système d'atterrissage aux instruments (ILS) 421
 -du transpondeur 423
 -écrevisse 173
 -ILS 412
 -malacostracés 172
 -papillon 169
 -radio 426
 -radio HF 408
 -radio UHF 420
 -radio VHF 408, 409, 412, 415, 422, 423,
 -TACAN (navigation tactique) 420
Antennule 173
Anthélix 242
Anthère 140, 141, 142, 143, 144,

145, 146, 147
Anthéridie 117, 121
Anthérozoïde 119, 121
Anthozoaires 166
Anthracite 280
Anthrisque sauvage 135
Anthropoïdes 202
Anthurium 143
Anticlinal 60, 281
Antilope 198
Antimoine 311
Antitragus 242
Antlia 18, 21
Antoniadi 41
Antre 248
Anus 248, 249, 258, 261
 -anatife 173
 -araignée 170
 -chat domestique 195
 -dauphin 205
 -écrevisse 173
 -éléphant 200
 -étoile de mer 174
 -lapin 196
 -oursin 175
 -papillon 169
 -pieuvre 176
 -poisson osseux 181
 -tortue terrestre 187
 -vache 198
Aorte 215, 250, 251, 252, 255, 256, 257
 -abdominale 255
 -antérieure 170
 -araignée 170
 -ascendante 251
 -dauphin 205
 -dorsale 179, 181, 182
 -poisson osseux 181
 -postérieure 170
 -roussette 179
 -ventrale 179
Apatite 271
Apatosaurus 83
Apex 119, 120, 121, 134, 136, 154, 155, 426, 445
 -acuminé 136, 137
 -aigu 137
 -aile de papillon 169
 -échancré 136
 -élytre de coléoptère 168
 -en pointe 137
 -mucroné 137
 -subaigu 136, 137
Aphélie 30, 31
Aphrodite Terra 36

INDEX

Aplats de couleur 444
Apollo 41
Aponévrose
-crémastérienne 259
-épicrânienne 237
-spermatique externe 259
-spermatique interne 259
Apophyse
-articulaire
-inférieure 223
-supérieure 223
-coronoïde 194, 220
-épineuse 222
-frontale du maxillaire 221
-mastoïde 220, 242
-odontoïde 222
-ptérygoïde 194
-styloïde 220, 243
-transverse 222, 223
Apothécie 114
Apôtre 380, 381
Appalaches, monts 62, 67, 69, 75, 77, 264
Appareil
-à gouverner 392
-de Golgi 217
-en table vertical 479
-lacrymal 241
-photographique 588-589
Appendice 249
-chimpanzé 202
-lapin 196
Appentis 486, 489, 490
Appui
-de fenêtre , 475, 479, 483, 494
-de la main droite 508
Appuie-tête 329, 346, 349, 352
Aquarelle 438-439
-à sec 439
Aqueduc de Sylvius 236
Aquiclude 292
Aquifère 292
Arabesque 463, 480, 488
Arabie 70, 72
-désert d' 265
Arachnides 170-171
Arachnoïde 237, 240
Araignées 170-171
Aral, mer d' 265
Aranéides 170
Ararauna 190
Araucaria araucana 68
Arbalète 376, 377, 548
Arbalétrier 464, 466, 473, 486, 499

Arbre 66, 72, 314, 315, 317
-à cames 343, 345
-bronchique 254
-de direction 336
-de puissance 411
-de roue 340, 351
-de sortie 346, 347
-de martingale 382
-support 390
Arche 290, 295, 391, 465
-érodée 283
-naturelle 290
Archégone 119, 121, 122
Archégoniophore 118
Archère 493
Archet 510
-de contrebasse 511
-de violon 510
Archimède 40
Architecture
-asiatique 490- 491
-contemporaine 496-499
-du XIXᵉ siècle 492-493
-du début du XXᵉ siècle 494-495
-islamique 488-489
Architrave 458, 461, 463, 465, 473, 476, 480, 481, 482, 485
-de fasces 479
Archivolte 467, 471, 477, 479, 485
Arçon 582
Arctique, océan 265
Arcturus 18, 21, 23
Ardoise 274
-en écaille 477
-pyriteuse 275
Arena, chapelle (Padoue) 435
Aréole 156, 160
Arête 286, 287, 479, 485
-biseautée 473
-de croupe 495
-de toit 473
Arêtier
-de liaison 490
Argent 271, 281, 311, 312
Argile 283, 292, 454
-à blocaux 286
-de Bright Angel 277
-de Hakatai 277
-de Hermit 276
-lissée 455
-pélagiques 299
Argilites 274, 292
Argon 35, 37, 43, 301, 311
Argousier 136
Ariel 48
Arille 136
Aristarque 40
Aristillus 40
Aristote 40

471, 472, 473, 493
-de martingale 382
Archaeopteryx 57, 85
Arche 290, 295, 391, 465
-érodée 283
-naturelle 290
Archégone 119, 121, 122
Archégoniophore 118
Archère 493
Archet 510
-de contrebasse 511
-de violon 510
Archimède 40
Architecture
-asiatique 490- 491
-contemporaine 496-499
-du XIXᵉ siècle 492-493
-du début du XXᵉ siècle 494-495
-islamique 488-489
Architrave 458, 461, 463, 465, 473, 476, 480, 481, 482, 485
-de fasces 479
Archivolte 467, 471, 477, 479, 485
Arçon 582
Arctique, océan 265
Arcturus 18, 21, 23
Ardoise 274
-en écaille 477
-pyriteuse 275
Arena, chapelle (Padoue) 435
Aréole 156, 160
Arête 286, 287, 479, 485
-biseautée 473
-de croupe 495
-de toit 473
Arêtier
-de liaison 490
Argent 271, 281, 311, 312
Argile 283, 292, 454
-à blocaux 286
-de Bright Angel 277
-de Hakatai 277
-de Hermit 276
-lissée 455
-pélagiques 299
Argilites 274, 292
Argon 35, 37, 43, 301, 311
Argousier 136
Ariel 48
Arille 136
Aristarque 40
Aristillus 40
Aristote 40

Arkab Prior 21
Armature 455, 502, 581, 589
-de la clé 502
-en fil d'aluminium 455
-en fil de fer
-recouverte de cire 454
-métallique 317
Armement de hune 375
Armes d'escrimeur 556, 557
Armoire électrique 317
Arrêtage de fusée 570
Arrêtoir 351
Arrière-plan 437
Arrivée d'eau 342
Arsenic 311
Arsia Mons 43
Arsinoitherium 57, 105
Artère 250, 251, 252-253
-abdominale 173
-alvéolaire 247
-axillaire 253
-brachiale 253
-carotide commune 253
-carotide commune gauche 251
-carotide interne 243
-carotide interne gauche 252
-centrale de la rétine 240
-cérébrale postérieure 252
-coronaire 250, 253
-cubitale 231, 253
-digitale 231, 253
-épibranchiale 247
-fémorale 225, 253
-gastrique 253
-hépatique 248, 252, 253
-iliaque commune 215, 253, 257
-iliaque externe 215, 225, 253
-iliaque interne 215, 253
-interlobulaire 256
-interosseuse dorsale 253
-mésentérique supérieure 253, 256
-ombilicale 260
-ophthalmique 179
-péronière 253
-plantaire externe 253
-poplitée 253
-pulmonaire 182, 250, 251, 253, 254, 255
-pulpaire 247
-radiale 231, 253
-rénale 256
-sous-clavière 253
-sous-clavière droite 215

-sous-clavière gauche 251
-spermatique 257
-splénique 253
-sternale 173
-thyroïdienne supérieure 244
-tibiale antérieure 253
-tibiale postérieure 253
-vertébrale 223
-vertébrale gauche 252
Artériole 252
-afférente 257
-efférente 257
Arthropodes 168, 170, 172, 278
Articulation 211, 224-225, 569, 573
-de la hanche 224-225
-du nez pivotant 416
-du train d'atterrissage 412
-interphalangienne 233
-interphalangienne distale 231
-interphalangienne proximale 231
-métacarpo-phalangienne 231
-métatarso-phalangienne 232
-zygapophysaire 223
Artimon ou tape-cul 385
Artiodactyles 104, 198-199
Art nouveau 495
Arts déco 494, 495
ARV *Super 2* 424
Arzachel 40
Ascenseur 497
Ascraeus Mons 43
Asie 62, 63, 64, 68, 70, 72, 73, 74, 75, 76, 77, 108, 265
Asparagus setaceous 64
Aspirateur 314
Assemblage
-à tenon et mortaise 486, 492
-boulonné 498, 499
-par ancrage 492
Assise 466
-de briques 492
Astate 311
Astéroïdes 30, 52
Asteroxylon 79
Asthénosphère 59
Astragale 183, 232, 477, 486
Astrolabe de mer 376, 377
Atacama, désert d' 264
Atalanta planitia 36
Athènes 460
Athlètes 542

Athlétisme 542-543
Atlante 482
Atlas 40, 199, 222, 265
-chaîne de l' 75, 77
Atmosphère 35, 37, 38, 39, 43, 45, 47, 49, 50, 51, 52, 300-301
-externe 32, 33
-interne 32, 33
Atoll 299
Atomes 306, 308-309, 311
-de mercure 319
-neutre d'hydrogène 309
-neutre de fluor 308, 309
-neutre de lithium 308
Atrium 166
Attache 518, 519
-de courroie 588
Attelage central 326
Atterrisseur 398, 401, 420, 424, 425
-principal 416, 421, 424,
Attique 480
Attraction gravitationnelle 13
Attrape 514
Aubage 418
Aube incurvée 314
Auda 491
Auge glaciaire 287
Auréole de métamorphisme 274
Auriculaire 230, 231
Auricule 242
Aurore 38, 301
-boréale 45
Aussière d'amarrage 387
-trois torons 387, 389
Australie 64, 66, 68, 70, 72, 73, 74, 75, 76, 77, 104
-désert d' 265
Australopithecus 77, 108
Australopithèque 107
Autel 470
Autel, l' 20
Autobus 332, 333
-à impériale 332-333
Autogire 422
Automobile 315, 336, 338, 340, 342, 366
Autruche 188, 193,
Auvent 499
Avant à éperon 394
Avant-bras 210
-cheval 199
-gorille 203
Avant-train 335
Aven 284

Avertisseur 363
-à poire 337, 338, 339
-sonore 326, 327
Aves 188
Avions
-à réaction 412
-de chasse 420
-de ligne moderne 412, 414
-de ligne supersoniques 416-417
-de tourisme 424
-de transport 406-407
-légers 424-425
-militaires 404-405, 420-421
Aviron 374, 380, 560, 561
-bâbord 560
-skiff et avirons 560
-tribord 560
Avogadro 41
Avro Tutor 403
Axe 365, 368, 369, 566
-conique 390
-d'ancre 570
-de frein 361
-de pédalier 358
-de rembobinage 589
-de rotation 36, 40, 42, 44, 46, 48, 50, 51
-de roue 365, 580, 581
-du bras oscillant 364
Axis 199, 222
Axone 239
-présynaptique 239
Azote 301

B

Babouin 202
Bach 35
Badminton 544
-arbitre 544, 545
-court 544, 545
-filet 544, 545
-juge de ligne 544, 545
-juge de service 544, 545
-raquette 544, 545
-volant 544, 545
BAE-146 412-415
Baffin, île de 264
Bage, C. 492
Bague 485, 572
-de fixation en caoutchouc 365
-de la coulisse du troisième piston 506
-de mise au point 589
Baguette 460, 470, 486, 510, 518, 519
-à tête dure 516
-cambrée 511
-en acier 517
-torse 485
Baie 131, 291, 295
-à réseau 472
-à transenne 491
-à transenne géométrique 488
-cintrée 474, 481
-d'aération 462
-d'eau douce 291
-du niveau supérieur 333
-en demi-cercle 481
-en lancette aveugle 472
-en plein cintre 465, 466, 478, 479
-gothique 473
-horizontale 498
-jumelée 471, 474
-jumelée en lancettes 472
-ouvrante 333
-panoramique 333
-verticale 498
Baïkal, lac 265, 292
Baile 466
Bailly 40
Balai 341, 519
Balance, la 18, 21
Balancier 392, 570
Balancine 372, 376, 378
-de gui 380
-de hunier volant 385
-de vergue de misaine 385
Balcon 379, 477, 482, 489
-arrière 381
Baleine, la 19, 20
Baleines 204-205
Baleinière 395, 397
Ballast 324
Balle 540
-de base-ball 537
-de cricket 538
-de hockey 540
-de hurling 541
Ballon
-de basket-ball 533
-de netball 535
-de rugby à XIII 531
-de rugby à XV 531
-de volley 534

INDEX

-ovale 528, 530
Baltique 65
Balustrade 472, 477, 478, 479, 483, 487, 490
Balustre 483
   -engagé 473
Bambou 131
Banc de nage 375, 380
Bandage métallique 324
Bande
   -bimétallique 578
   -de renfort 384
   -de roulement du pneu 360
   -équatoriale nord 45
   -équatoriale sud 45
   -polaire 36
   -tempérée nord 45
   -tempérée sud 45
Bandeau 465, 467, 471, 481, 486, 493
   -d'attique 483
   -triple 481
Bandelette mésocolique 249
Bandy 540
Banque d'Angleterre, Londres 482
Banque de Hong Kong et de Shanghai, Hong Kong 496, 498
Banquette 353
Banquise 296
Barbe 199
Barbotine 450-451
Baribal 195
Barillet 508
   -de contact 362
   -de ressort moteur 570
Barkhane 283
Baroque 478-483
   -anglais 481
Barosaurus 82
Barre 373, 445
   -antiroulis 340, 350, 351
   -à roue 378, 390
   -d'accouplement 334, 338, 340, 362
   -d'accouplement réglable 362
   -d'arcasse 381
   -de commande du pilote 427
   -de connexion 334
   -d'écusson 381
   -de direction 335, 337, 414
   -de gouvernail 374, 380
   -de mesure 502
   -de poussières 12, 13, 16
   -de réaction 338, 356
   -de renfort 513

-de renfort du guidon 368
-de secours arrière 392
-de tension 513
-de torsion 350
-de hourdis 381
-franche 391
-intermédiaire de direction 339
-sableuse 289, 291
-transversale du dos 512
Barrette 512, 513
Barreur 560
Barrière 555
Barrot
   -de pont 372, 380, 393
   -de poulaine 380
Barrotin 381
Baryonyx 83, 85
Baryum 310
Basalte 275
Bas-côté 458, 468, 470
   -de transept 470
Base 360, 361, 447, 465, 469, 483
Base-ball 536-537
   -arbitre en chef 536
   -*baseman* 536
   -batteur 536-537
   -*catcher* 536
   -code d'arbitrage 537
   -*fielder* (voltigeur) 536
   -*force play* 536
   -*pitcher* 536
   -*run* 536
   -séquence de lancer 537
   -*strike* 536
Basis 173
Basitarse
   -araignée 171
   -scorpion 170
Basket-ball 532-533
   -arbitre 532
   -bras roulé 532
   -chronométreur 532
   -code international des arbitres 533
   -dribble 532
   -joueurs 532
   -marqueur 532
   -passe haute 532
Bas mât en acier 392
Bassin
   -amazonien 39
   -artésien 292
   -Caloris 34
   -congolais 39
   -de réception 289, 291

-éléphant 201
-kangourou 206
-lièvre 197
-ornithorynque 206
-singe rhésus 202
Bassin de natation 558
   -couloir 558
   -enregistreur 558
   -ligne d'eau anti-turbulences 558
   -ligne de fond 558
   -murs 558
   -plot de départ 558
   -repère de dos 558
   -repère de virage de dos 558
   -starter 558
Bassinet 256
Basson 503, 505, 508
Bastaque de hune 378
Bastille (la), Paris 466
Bastingage 395
Bateaux de couple 561
Bateaux de pointe 561
   -deux barré 561
   -deux sans barreur 561
   -huit 561
   -quatre barré 561
   -quatre sans barreur 561
Batholithe 274, 275
Bâti principal 449
Bâti-moteur 401, 425, 427
Bâton 445
   -de clin foc 379
   -de Jacob 376, 377
   -de pavillon 375
   -de pavillon de beaupré 379
   -de ski de slalom 553
Bâtonnet solide d'encre à base de charbon 444
Batterie 339, 422, 518, 581
   -électronique 520
Bauxite 268
Bavette de protection arrière 581
Bavolet 339
BE-2B 404
Beacon 407
Beaupré 376, 379, 380, 382, 393
Bec
   -avec une anche simple 508, 509
   -chélonien 186
   -crochu 190
   -d'ancre 386
   -dauphin 204

-de bord d'attaque motorisé 421
-oiseau 188-190
-pieuvre 176
-poussin 192, 193
-verseur 432
Bécarre 502
   -accidentel 503
Beethoven 35
Beffroi 481
Bégonia 129, 155
Bélemnite 71, 278, 279
Belemnoteuthis 71
Belette 194
Bélier, le 19, 20
Bellatrix 18
Bello 35
Bell Regio 36
Bélouga 204
Belvédère 476, 488, 489, 493
   -Vienne, Autriche 482
Bémol 502
Benguela, courant du 296
Benz, Karl 334
Béquille
   -centrale 363
   -d'étambot 405
Berberis 131
Berce 151
Berceau 446
   -d'étoiles 16
   -du pilote 398
Béring, mer de 264
Berkélium 311
Béryllium 310
Bêta Pictoris 21
Bételgeuse 18, 21, 23
Béton 496
Betula grossa 74
Betula lenta 76
Bhagirathi Parbat 62
Biathlon 548, 549
Bibliothèque Laurentine 475
Bichromate
   -d'ammonium 312
   -de potassium 312
Bicyclette 358-359, 360-361, 362
   -à pédales 358
   -de cyclotourisme Cannondale ST1000 361
   -hybride Cannondale SH600 361
Bidon 361
Bief d'aval 314
Bielle 334, 342, 343, 345, 366, 410

-à fourche flexible 342
-d'accouplement 325
-de commande de volet 424
-de contrôle de vol 423
-de transmission 424
-motrice 325
Biellette
 -d'amortisseur 368
 -de commande 365
 -de commande d'embrayage 366
 -de direction 357
 -de reprise d'effort 364, 365
 -de suspension 357
Big bang 10, 11
Big Ben 492, 493
Bigue de mise à l'eau 394
Biplans 398, 400, 402-403
Bismuth 281, 311
Bitte
 -d'amarrage 386
 -de dunette 381
 -de gaillard 380
 -de pavois 373
 -de ride 372
Bitton 382
Bivalves 176, 279
Black Mesa 277
Blackburn, Robert 400
Blaireau 194
Blanc 433, 437
 -de Chine 438
 -de plomb 433, 438
 -de San Giovanni (poussière de marbre) 434, 435
 -de titane 442
 -d'œuf 192, 432
Blanc-gris 271
Blanche 502
Blason 402, 488, 493
Blériot XI 401
Blériot, Louis 398, 400
Bleu 437
 -azur 435
 -céruléen 436, 442
 -outremer 436
 -phtalique 442
 -primaire 439
Blin de bout-dehors 378
Blindage
 -fer forgé 393
 -métallique 574
Bloc 310
 -adouci 475
 -d'alimentation électrique 521

-de bois 446
-de culasse 396
-de palettes jetables en papier 442
-erratique 286
-optique arrière 355
Blocage
 -de différentiel 355
 -de moyeu avant 359
 -de tige de selle 358
 -rapide 358, 361
Bloc-amortisseur 425
Bloc-cylindres 339, 356
Blochet 473
Blockhaus 394
Bloc-moteur 347
BMW R/60 1965 avec side-car Steib 362
Bobinage recouvert de cuivre 317
Bobine 317, 575
 -d'arrêt 575
 -d'entraînement de film 588
 -de déviation 574
 -de fréquence intermédiaire 575
 -d'inducteur 566
 -réceptrice 588
Bocal 508, 509
 -courbe 508
Boeing
 -B-17 G Forteresse volante 408
 -747-400 Jumbo Jet 412
Bogie 332
 -à quatre roues 417
 -moteur 332
Bois 315, 508
 -creusé 517
 -debout 449
 -de fil 449
Boisseau d'embouchure 506
Boîte
 -à bobines à rupteur 335
 -à feu 324, 325
 -à fumée 324, 325, 393
 -à gants 425
 -à outils et à batterie 335
 -à relais 330
 -à vapeur 324
 -d'aquarelle portative 438
 -d'essieu 324
 -d'essieux à roulement 327
 -de pédalier 358
 -de vitesses 351, 363, 364, 366, 368

-en cèdre 452
-étanche pour la conservation de la peinture 436
-protectrice en plastique 436
Boîtier 566, 572, 574
 -d'allumage électronique 351
 -de direction 340
 -du CD-ROM 524
 -électronique de contrôle du moteur 418
Bollard 387, 395
Bombardier 408, 420
 -furtif, 420
Bombe 404, 408
 -aérosol de fixatif 440
 -d'équitation 554
 -volante V1 408
Bonnet 198, 508
 -turc 383
Bord
 -d'attaque 399, 401, 403-406, 409, 413, 414, 416, 417, 421, 427
 -de fuite 404, 405, 409, 414, 426
 -relevé 516
Bordage 380
 -à clin 375
 -jointif 376
Bordage-remplissage 393
Bordé 380,
 -de pont 393
 -des hauts 393
 -jointif 377, 391
Bordino 334
Bordure
 -de tesselles carrées 451
 -géométrique 451
 -libre 385
Bore 311
Borne 317
Bornéo 265
Bossage 474
 -continu en table 483
 -en pointe de diamant 475
 -en table 479, 482
 -vermiculé 474
Bossoir 380, 382, 395
 -d'ancre 395
 -de canot 395
 -de capon 379
 -et palan 380
Bothriolepis 65
Botte d'équitation 554
Bouche 160, 161, 211, 212, 244-245, 248

-anatife 173
-anémone de mer 166-167
-araignée 170
-cheval 199
-dauphin 204
-écrevisse 173
-éléphant 200
-étoile de mer 174, 175
-gorille 203
-grenouille 182
-kangourou 207
-lapin 196
-lézard 184
-méduse 167
-oursin 175
-phoque 204
-poisson osseux 180, 181
-rat 196
-roussette 179
-vache 198
Bouchon
 -de remplissage d'essence 363, 369
 -de remplissage du radiateur 339
 -de remplissage du réservoir d'huile 363, 369
 -de remplissage par gravité 413
 -de vidange 339
Boucle 388
 -arrière du cadre 364
 -de gaz 32, 33
 -de sangle 583
 -de sous-ventrière 555
 -d'étrivière 582, 583
Bouclier
 -antichaleur 419
 -de protection 330
Bouclier, le 19
Boudinage 61
Boue 78, 273
 -calcaire 299
 -métallifère 299
 -pélagique 298
 -siliceuse 299
Bouée
 -d'orin de mouillage 379
 -largable 395
Bougie d'allumage 342, 343, 410, 427
Bouleau 74, 76
 -feuille 74, 76
Boulet 199
Bouline 375
Boulon 580

INDEX

-à embase 580
-de fixation du moteur 364
-de manivelle 358
Bourdon 168
Bourgeon 124, 125, 130, 134, 154, 155
-adventif 154
-apical 155
-axillaire 127, 129, 131, 155
-cardiaque 260
-caudal 260
-de jambe 260
-du bras 260
-olfactif 181
Bourrage de mousse 576, 577
Bourrelet
-arrière 582
-cotyloïdien 225
-tidal 297
Bourse copulatrice
-papillon 169
Bourse du commerce, Philadelphie 493
Boussole 377
Boussole, la 18
Bout 485, 568
-perforé 568
Bout-dehors 379, 382
-de bonnette 378, 379
-de grand foc 382
Bouteille 381
-d'encre 444
-d'oxygène 408, 417
Bouton 470, 510, 511
-d'activation du défilement 585
-d'aide 585
-d'audition allumé/éteint 585
-de blocage 566, 589
-de boîte expressive 514
-de combinaisons 514
-d'écoute 521
-de nacre 509
-d'enregistrement 521
-de pédale 514
-de piston 506
-de réglage 574
-de retour 585
-de stockage des données 521
-d'index 585
-d'options 585
-du clavier de positif 514
-éjecteur 579
-floral 131, 141, 143, 144, 155, 157, 159, 163

-lecture 521
-marche/arrêt 520, 521
-poussoir 584
-sélecteur 589
-tendeur 510
-terminal 228, 239
Bouton-d'or 127, 132, 133
Bouvier, le 18, 21
Bovins 198
Boxe 556
Brachiopode 65, 278, 279
Brachiosaurus 88, 91
Brachylophosaurus 98
Bractée 113, 123, 127, 129, 131, 141, 142, 143, 144, 163
Bramante 35
Brancard 555
Branche 124, 125
-de manivelle 360
Branchies 176
-bivalves 176
-poisson osseux 180, 181
-salamandre 182
-têtard 183
-triton 182
Bras 210, 372
-étoile de mer 174
-de suspension 340, 362
-local 14
-métallique 573
-mort 290
-oral 167
-oscillant à section carrée 364
-spiral 12, 13, 14
Brasse 558, 559
Bréchet 189
Brésil, courant du 296
Bretelle 426, 555
Brette 450
Brève 502
Brice Canyon 276
Bride 555
-de pot d'échappement 362
Bridure 384, 389
-de mât 379
Brion 379, 381, 393
Brise-lames 395
Brise-soleil 495, 496
Broche 566, 567, 572, 573, 574
Brome 311
Broméliacée 112
-épiphyte 162, 163
Bronche 182
-lobaire 215
-segmentaire 215

-souche 215
Bronchiole 254
-terminale 254
Brontë 34
Bronze 455
-liquide 454
Brosse 432, 442
-douce synthétique 442
-droite en soies de porc 436
-en petit-gris 438
-en poils de bœuf 442
-en poils de chèvre 442
-en poils de martre 432, 444
-en soies de porc 432, 434, 436, 442
-arrondie 434, 436
-dure 436
-plate 432
-pointue 434
-plate servant à prendre les feuilles d'or 432
-ronde 434, 442
-synthétique 436
-plate 438, 442
Brouillard 42
Brume 37, 306
Brun doré (bronze brut) 455
Brun-rouge 271
Brunissoir 432, 446
Bryophyte 112, 118
Bryozoaires 279
Bugatti 57 S 356
Bugle 1
Bulbe 154, 155, 486, 487, 489
-à côtes 486
-à l'impériale 486
-buccal 176
-central 12, 14
-en bouton 488
-solide 154
Bulbille 154, 155
Buon fresco 434, 435
Burin 383
-de voilier 384
Buse 442
But
-de football 524
-de football australien 528
Bute-avant 449
Butée
-de blocage 579
-de câble 365
-de débrayage 351
Butte 274
-témoin 283
Buvard 440, 441

C

Cabestan 379, 380, 387, 393
Cabillot 382, 560
Cabine 393
-de conduite 327
-des passagers 413
-pressurisée 406
Cabinet de l'horloge 570
Câble
-à haute tension 314, 315
-à très haute tension 575
-d'accélérateur 350
-d'alimentation 566, 567, 578
-d'allumage haute tension 344
-de bougie 367
-de dérailleur 359
-de frein arrière 359, 360
-de frein avant 359, 361
-d'embrayage 363, 365
-de mouillage 372, 376, 378
-des gaz 363, 368, 369
-de traction 581
Cachalot 204, 205
Cache
-de la barre de tension 513
-de lame 580
-de roue 580
Cache-culbuteurs 347, 422
Cactus 112, 156
-cierge 129
-de Pâques 129
Cadenas en acier 360
Cadène 378, 382
Cadmium 311
Cadran 571
-de compteur de vues 589
-solaire 377
Cadre 358, 359, 364
-du piano 514
-en acier 360
-en alliage léger 368
-en bois 446, 448
-en double berceau tubulaire 363
-en forme d'étoile 519
-léger 361
-métallique 514, 515
-périmétrique en tube à section carrée 364
-plongeant 360
-tubulaire en berceau ouvert 369
Cæcum 249

-anatife 173
-araignée 170
-chimpanzé 202
-digestif 173
-écrevisse 173
-étoile de mer 174
-lapin 196
-oiseau 189
-pieuvre 176
-poisson osseux 181
-prosomien 170
-pylorique 174, 181
-rectal 174
Cage
-à billes 358
-à poules 395
-de ridoir 383
Cahier 586, 587
Caillebotis 380, 381
Caillette 198
Caillot sanguin 253
Caïman 186-187
Caisse 382
-claire 505, 518
-creuse 512, 513
-de side-car en ogive 362
-du tympan 243
-en cuivre 519
-en métal 513
-pleine 512, 513
Caisson 463, 485
-arrière pressurisé 417
Calamus 191
-en jonc 444
Calandre 355
Calcaire 60, 78, 274
-coquillier 267
-perméable 284, 285, 292
-stromatolitique 78
Calcanéum 232
-cheval 199
-grenouille 183
Calcédoine à habitus botryoïdal 271
Calcite 269, 271, 274, 277, 278, 284, 285
Calcium 58, 296, 310
Caldeira 42, 272, 275, 293
Cale-pied 358, 359, 360
Calice 143, 144, 149
Calicot 576
Californium 311
Calligraphie 444-445, 488
-au pinceau 444
-chinoise 445

Callisto 44
Calmar 176
Caloris Montes 35
Calotte 572
-glaciaire 77
-polaire 36, 42, 43
Camarasaurus 91
Cambium 134, 135
Cambrien 56
Cambrion 568, 569
Came 344
-de commande 365
Campanile 477
Campbell 41
Camptosaurus 70, 97
Canal
-anal 249
-annulaire
-étoile de mer 174
-oursin 175
-auditif externe 242, 243
-biliaire 249
-carotidien 220
-cochléaire 243
-collecteur 256
-collecteur de Bellini 256
-cystique 248
-de Havers 225
-de la racine 247
-de soufflante 418
-de Volkmann 247
-de Wolff 179
-déférent 259
-éjaculateur 259
-épendymaire 238
-hermaphrodite 177
-lacrymo-nasal 241
-latéral 174
-obturateur 224
-palatin antérieur 245
-radiaire
-étoile de mer 174
-méduse 167
-oursin 175
-semi-circulaire 243
-sudorifère 235
-venimeux 170
Canard 188
Canaries, courant des 296
Canaux 42
Cancer, le 18, 21
Candélabre 476, 495
Canif 449
Canines 246
-chimpanzé 202
-lion 194

-ours 194
Cannelure 461, 463
-de montage du levier de vitesses 366
-de montage du pignon de sortie de boîte 366
Canoë 560
Canon 379, 396, 408
-à électrons 574
Canopus 15, 21
Canot
-de sauvetage 416
-viking 375
Canyon 42, 43, 282, 283
Caoutchouc 568
-résistant à l'usure 365
Cap-de-mouton 377, 378, 380, 382, 383
Capelage 388
Capella 18, 21
Cape Royal 277
Capot 337, 339, 341, 579
-d'observation 394
-moteur 349, 356, 363, 400, 424
Capotage 401, 403, 404, 407, 408, 412, 425, 427
-des réacteurs 416
-plastique renforcé en fibre de verre 329
Capote 339
Capricorne, le 19, 20
Capsule 119, 151
-articulaire 232
-de Bowman 256, 257
-fibreuse 256
-interne 237
Capteur aérodynamique 420
Capture des rivières 288
Capuchon 359, 444
-de bougie 366
Carabine de petit calibre 549
Caractères 445
-éclairés 445
-gothiques 445
Caraïbe, mer 264
Carapace 172, 173, 279
-chéloniens 186
-crabe 172
-tortue d'eau douce 187
Caraque 375

Carbonifère 56, 57, 60, 61, 66, 80
Carburant 344, 346
Carburateur 336, 339, 343, 366, 411, 425, 427
Cardia 248
Carénage 364, 369, 400, 404, 415, 424, 425, 426, 580, 581
-à dépose rapide 369
-de roue 369, 427
-de roue en polyester 369
-intégral 369
-monté sur le cadre 364
Carène doublée en cuivre 392
Cargue 372
-fond 372
Carina 173
Carlingue
-boîte milieu 393
-centrale 391
-de bouchain 393
-latérale 393
Carnallite à habitus massif 271
Carnivores 194-195
Caroncule 213
Carotide commune droite 215
Carotte 128, 132
Carpates 77, 265
Carpe 180, 218
Carpelle 141, 144, 146, 147, 148, 151
Carpe (os)
-chat domestique 195
-éléphant 201
-grenouille 183
-kangourou 206
-lièvre 197
-ornithorynque 206
-phoque 204
-singe rhésus 202
Carpien
-lézard 184
-oiseau 189, 191
Carpos
-crabe 172
-écrevisse 173
Carreau 393
Carrosse à vapeur Bordino 334
Carrosserie 336, 338, 341, 348, 354, 356
-du landau 334
-de limousine 336
Cartahu 389
Carte 264
-azimutale 265
-conique 265

INDEX

-cylindrique 264
-de circuit imprimé 575
-de crédit 442
-infrarouge 15
-météorologique 303
-panoramique 14
-radar 36
-panoramique radio 15
-satellite 265
Carter 410, 411, 425, 567, 580, 581
-de boîte de vitesses 339
-de chambre de combustion 418
-de différentiel 338
-de pompe à huile 346
-du réducteur 410, 411
-de vilebrequin 367
-d'huile 343, 344, 345, 347, 364
-du palier central 344
-en alliage 362
-en cloche 347
-extérieur en aluminium 366
-intermédiaire 346
-latéral avant 346
-moteur 327, 336, 342, 343, 345, 364, 366, 404
Cartilage
-costal 218
-cricoïde 255
-du pavillon de l'oreille 242
-hyalin de la tête du fémur 225
-hyalin du cotyle 225
-radial 180
-thyroïde 245, 255
-viscéral 254
Carton 442
-à pastel 441
-de reliure 587
Cartouche 458
Carvelle 373
Caryopse 113
Casa de las Conchas, Salamanque, Espagne 476
Casa del Fascio, Côme, Italie 495
Casaque
-à baudrier 555
-à damier 555
-à pois 555
-à rayures 555
Cascade 267, 286, 289, 290, 291
Casoar 188
Caspienne, mer 265
Casque 360, 527
Casserole d'hélice 407, 408, 409, 424, 425
Cassiopée 19
Cassure
conchoïdale 270, 275, 277
-esquilleuse 270
-fibreuse 270
-irrégulière 270
Castagnettes 504, 517
Castor 196, 197
Castor, le 18, 21
Catadioptre latéral 362, 363
Catamaran 560
Caténaire 328, 330
Catharina 40
Cathédrale
-d'Angoulême, Charente 469
-de Florence 475, 487
-de Milan 473
-de Salisbury, Grande-Bretagne 470-471
-de Westminster, Londres, 493
-Saint-Basile, Moscou 487
-Saint-Paul, Londres 472, 478, 480-481, 484, 486, 487
Cation 308
Caucase 265
Caudale 188
Caudex 113
Caulicole 460
Cavalier de concours hippique 554
Cavea 464, 479
Caverne 284, 285
Cavet 459, 472, 477, 485
Cavité 278
-abdominale 214, 215
-articulaire 225
-buccale 248
-chat domestique 195
-chimpanzé 202
-dauphin 205
-éléphant 200
-lapin 196
-oiseau 189
-tortue terrestre 187
-cardiaque 214
-gastrale 166
-gastro-vasculaire 167
-glénoïde 222
-médullaire 224
-nasale 245
-chat domestique 195
-chimpanzé 202
-éléphant 200
-lapin 196
-orbitaire 220
-palléale 176
-péricardique 250
Cayley, George 398
CD-ROM 584-585
Ceinture 577
-cuirassée 394
-d'astéroïdes 30
-de judoka 556
-de radiation de Van Allen 38
-de sécurité 353, 407
-pelvienne
-lézard 184
-oiseau 189
-phoque 204
-poisson osseux 181
-tortue 187
Cella 461, 463
Cellule 216-217
-acido-sécrétante de l'estomac 217
-à collerette 166
-antipodiale 147
-ciliée auditive 243
-de Ferrel 300
-de Hadley 300
-de Schawnn 228, 239
-du tissu conjonctif 217
-épidermique 166
-épithéliale de la joue 217
-muco-sécrétante duodénale 217
-muqueuse de transition 257
-nerveuse 236, 237
-nerveuse de la moelle épinière 217
-osseuse 225
-perforée 166
-polaire 300
-sanguine 253
-sécrétante de la glande thyroïde 217
Cément 247
Cendres 62, 266, 272, 273, 298
Cénobe 116
Cénozoïque 57
Centaure
-Alpha du 21
-Epsilon du 21
-Êta du 21
-Gamma du 21
-Iota du 21
-Oméga du 21
-Zêta du 21
Centaurée jaune 144
Centaurus A 13
Centrale
-de chauffage urbain 314
-électrique au fuel 315
-hydroélectrique à turbine Francis 314
-nucléaire 314
Centre
-galactique 14, 15, 18, 20
-Georges-Pompidou, Paris 496-497
Centriole 217
Cephalaspis 65
Céphalon élargi 279
Céphalopodes 176, 279
Céphalothorax
-araignée 170, 171
-crevette 172
-écrevisse 173
-Malacostracés 172
-scorpion 170
Céphée 19
Cérapodes 83
Cératopsidés 83
Cératopsiens 100, 103
Cercidyphyllum 72
Cercle 387
-antarctique 265, 297
-arctique 265, 297
-chromatique à l'aquarelle 439
-de lancer du disque 542
-de lancer du marteau 542
-de mât 385
-de serrage 519
-des minutes 571
Cerfs 198, 199
Cérium 310
Cérusite 269
Cerveau 236-237
-araignée 170
-chat domestique 195
-chimpanzé 202
-dauphin 205
-écrevisse 173
-éléphant 200
-Hominoïdés 202
-lapin 196
-lézard 185
-oiseau 189
-papillon 169
-pieuvre 176
-poisson osseux 181
-roussette 179
Cervelet 212, 236, 238
Césium 310
Cétacés 204-205
Cetiosaurus 91

Chaînage 481
-d'angle 466, 492
Chaîne 358, 359, 360, 518
-d'ancre 386
-de commande 335
-de course rallongée 361
-de distribution 343, 345
-de fusée 570
-de l'arbre à cames 344
-de mise en action du frein (lors d'incidents) 327
-de montagnes 274
-de production 338, 348
-de sauvegarde 378
-de sécurité 355
-de transmission 368, 398
-moderne à joints toriques 366
-montagneuse 56, 59
-nerveuse ventrale
  -écrevisse 173
  -papillon 169
-phospho-carbonée 216
Chajya 491
Chalcopyrite dorée 271
Chaleur 314, 315
-perdue 314
Chaloupe 380
-à vapeur 394
Chambranle 463, 478, 480, 482
-à ressauts 481
-de fenêtre 479
Chambre
-à air 192, 359, 424
-antérieure 241
-antérieure du cloaque 185
-de cloches 493
-de combustion 366, 367, 418, 419
-de distribution d'air chaud 418
-de rotor arrière 346
-de rotor avant 346
-des munitions 396
-de tranquillisation 344, 345
-du canot 380
-du capitaine à la mer 381
-du commissaire 381
-magmatique 273, 275
-postérieure 241
-postérieure du cloaque 185
-pulpaire 247
Chameaux 198, 199,
Champ de courses de Saratoga, New York, 555
-électrique oscillant 318
-magnétique 28, 32, 38, 317

Champignons 112, 114-115, 133
Chanfrein 199, 485
Changement de vitesse à poignée tournante 363
Chant 485
Chape
-de ciment 492
-porte-galets 358
Chapeau 391
-de cabestan 387
Chapelle 463, 472, 479
-accotée 469
-de la Sorbonne, Paris 486
-des Pazzi, Florence 475
-orientée 469, 470
-Palatine, Aix-la-Chapelle, Allemagne 484
-rayonnante 469
Chapiteau 460, 461, 465, 467, 477, 483, 486
-campaniforme 458
-cannelé 481
-composite 459, 478, 487
-corinthien 463, 476, 479, 481
-corinthien composite 460
-de pilastre 487
-dorique 460
-dorique toscan 465
-en console 491
-feuillagé 469, 488
-hathorique 459
-ionique 460, 476, 481, 485
-papyriforme 458
-polygonal 488
-roman 468
Charbon 57, 276, 281, 566
-bitumineux 280
Chardon 129
Charge 320
-électrique positive 308, 316
-négative 316
-profonde 394
Charon 50
Charpente à blochets saillants 470, 473
Chasse-pierres frontal aérodynamique 329
Chasseur 408, 409
-à géométrie variable 420
Châssis 325, 331, 335, 338, 362, 364
-de fauteuil 576
-de moto 364
-du side-car 362, 369

-en bois 334, 342, 436, 437
-métallique 516, 517
-monocoque 363
-tubulaire 335
Chat 195,
Châtaigne 150, 198
Châtaignier 136, 144
Château 392, 466-467
-de Blois, Loir-et-Cher 476
-de Caernarvon, Grande-Bretagne 466
-de Chambord, Loir-et-Cher 476
-de Fontainebleau, Seine-et-Marne 476
-de Himeji, Hyogo, Japon 490
-de la Loire 474
-de Montal, Lot 474, 476
-de Versailles, Yvelines 482
-fort 466
Chattra 491
Chattravali 490, 491
Chaudière 325, 391
-à tube de fumée 334
-à vaporisation instantanée 342
-de petit cheval 392
-en fer forgé 324
-ronde 334
Chaumard
-d'aussière 395
-de remorquage 395
Chaume 113, 131
Chaussée 571
Chaussure 568-569
-d'athlétisme 543
-de base-ball 537
-de basket-ball 533
-de cricket 539
-de gardien de but de hockey 540
-de fond 543
-de football 525
-de football américain 527
-de golf 547
-de handball 535
-de hurley 541
-de pointe d'arçon 582
-d'escrime 557
-de ski 552
-de sprint 543
Chauve-souris 105, 144
Chaux 434, 435
Cheiracanthus 65
Cheirolepis 65
Chélate

-crabe 172
-écrevisse 173
-scorpion 170
Chélicérates 279
Chélicères
-araignée 170, 171
-scorpion 170
Chélipèdes
-crabe 172
-écrevisse 173
Chéloniens 186
Chemin de roulement 396
Cheminée 62, 273, 274, 275, 324, 325, 334, 392
-adventive 266
-de cuisine 393
-principale 266
-secondaire 272
Chemise 466
-d'eau 343, 344, 347
-de cylindre 344
-externe 343
-interne 343
Chemises-tiroirs 342
Chêne 74
-rouvre 131
Chenille 169
Cheval 104, 198-199, 554, 555
Chevalet 510, 511, 512, 513, 514
-d'atelier orientable 437
Chevelure de Bérénice, la 18, 21
Cheveu 212, 235
Chevillage en fer 375
Cheville 211, 219, 486, 514, 576
-d'accord 510, 511, 512, 513, 514, 515
-d'accord en ébène 510
-d'accord située à l'arrière du chevillier 511
-en bois 570, 571
Chevillier 510, 511
Chèvre 198
Chevron 473, 486, 488, 492, 499
-d'arêtier 490
Chiasma optique 236
Chicago 494
Chicot rocheux 295
Chien 195
Chiendent 113
Chiens de chasse, les 18, 21
Chiffrage de mesures 502
Chiffre romain 571
Chignole à main 566, 567
Chihuahua, désert de 264
Chimie 305
Chimpanzé 202, 203

INDEX

Chine 64, 65, 66, 67
-mer de 265
Chirostenotes 87
Chlore 311
Chlorophylle 138
Chlorophytes 116
Chloroplaste 112, 138, 139
Chlorure 296
Choanocyte 166
Cholédoque 252
Chong Ch'ol 35
Chorion 260
Choroïde 240
Chou 132
Chouette hulotte 190
Chouque 378, 379
Chromate de potassium 312
Chrome 281, 310
Chromosphère 32, 33
Chronomètre 524
Chrysalide 168
Chrysanthème 129
Chrysler Building, New York 495
Chute 384
Cible
-de tir à la carabine de petit calibre à 50 m 549
-de tir à l'arbalète 548
-de tir à l'arc 549
-de tir au fusil de gros calibre à 300 m 549
Cierva, Juan de la 422
Cigogne 188
Cil 212
Cimaise 475
Cimentation 266, 267
Cinabre rouge sombre 271
Cintre 485
-de dossier 576
Circonvolution
-frontale ascendante 237
-pariétale ascendante 237
Circuit 368
-d'admission 347
-électrique 316, 578
-imprimé 574
-intégré 574
Circulation atmosphérique 300
Cire
-d'abeille 583
-originale 454
Cirque 287, 293
-Napoléon (cirque d'Hiver), Paris 478, 479
Cirre 172, 173

Cirripèdes 172
Cirrocumulus 302
Cirrostratus 302
Cirrus 43, 51, 302, 303
-de méthane 50
Ciseau 449, 452, 453
-courbe 452
-droit 452
-grain d'orge 452, 453
Ciseaux, les 18
Citron 148
Cividière 376, 379
Civette 194
Claire-voie 381, 392, 393, 394
Clairon 506
Clapet antiretour 365, 367
Claque 568
Clarinette 504, 508
-basse 504
-en *la* 503
Classicisme 478-483
-français 482
Classification périodique des éléments 310
Claustra 459
Claves 517
Clavetage 390
Clavicule 211, 218
-kangourou 206
-oiseau 189
-poisson osseux 181
-singe rhésus 202
Clavier 514, 515, 520, 521, 585
-de grand orgue 514
-de positif 514
-de quatre-vingt-huit notes 514, 515
-de récit 514
-manuel 514
-numérique 521
-portable 520
Clavius 40
Clé 360, 465, 482, 484, 502, 507, 508, 509, 571
-à plateau percé 508
-avec tampon 509
-d'arc historiée 463
-d'eau 507
-d'eau de la coulisse du troisième piston 506
-d'eau du tube en U 506
-décorée d'une volute 476, 479
-de *fa* 502
-de mandrin 567
-de réglage de hauteur 519, 520

-de réglage de l'orientation 437
-de remontage 570
-de *sol* 502
-de tension 518, 519
-de voûte 468, 469
-d'octave inférieure 509
-d'octave supérieure 509
-d'*ut* 502
-d'*ut* troisième 502
-figurée 476
-historiée 469
-triple 478, 481
Cleithrolepis granulatus 69
Clématite 130, 131, 137
Cléomède 40
Cleopatra Patera 37
Clignotant 340, 355
Clignoteur 332, 333, 362, 363
Climat 56
Clipper du thé 392
Cliquet d'embrayage 391
Clitoris 258
Clivage 270
Cloaque
-grenouille 182
-lézard 185
-oiseau 189
-roussette 179
-tortue terrestre 187
Cloche
-de cabestan 387
-de gaillard 380
-extérieure d'embrayage, connectée au moteur 366
-tubulaire 504, 516
Clocheton 470, 471, 472
Cloison 407
-d'abordage 393
-des fosses nasales 241
-interalvéolaire 254
-interdentale 247
-interradiculaire 247
-nasale 213, 221
-pare-feu 406
Cloître 472
Clou 568, 569
-de fixation 455
-en fer 454
-plaqué 582, 583
Club-house 555
Clypeaster 279
Cnidaires 166
Cnidocil 167
Cnidocyste 166, 167

Cobalt 281, 311
Cobaye 196
Cocardes de la RAF 403, 409
Coccinelle Volkswagen 340-341
-carrosserie de 341
-pièces mobiles de 340
Cocosteus 65
Coccyx 218, 222, 223
Cocher, le 18, 21
Cochlée 242, 243
Cockpit 356
Cocon 24, 26
Cocotier 135
Code d'identification d'escadrille 409
Cœlentérés 166
Coelodonta 77, 104
Coelophysis 69
Coelurus 87
Cœur 17, 24, 25, 26, 27, 28, 33, 39, 45, 214, 215, 250-251, 252, 255
-araignée 170
-branchial 176
-chat domestique 195
-chimpanzé 202
-dauphin 205
-de fer 35
-écrevisse 173
-éléphant 200
-escargot 177
-grenouille 182
-lapin 196
-lézard 185
-mort 25
-oiseau 189
-papillon 169
-pieuvre 176
-poisson osseux 181
-roussette 179
-stellaire 27, 29
-tortue terrestre 187
Coffre
-à bagages 362
-à batterie 327
-à bijoux (amas d'étoiles) 11
Coiffe 387
Coin 320
-bougran 586, 587
-de talon 569
-en bois maintenant le rail sur le coussinet 331
Col 519
-de cygne 373
-de l'utérus 258, 259, 261
-du fémur 224, 225

INDEX / 601

Coléoptères 168
Colette 37
Colisée, Rome 462, 464-465
Colle 432, 436, 575, 576, 586
-soluble 450
Collecteur 566
-d'admission 343, 345, 351
-d'échappement 345, 403, 405, 410, 425
-principal de vapeur 391
Collenchyme 135
Collet 247
Collier 574, 589
-de conduit d'air 411
-de pignon 336
Collision 13, 38
Colluvions 283
Colombe, la 18, 21
Colombins d'argile 455
Côlon 215, 248, 249, 259
-ascendant 249
-descendant 249
-lapin 196
-papillon 169
-transverse 249
-vache 198
Colonnade 462, 484, 487
-hexastyle 461
-périptère 460
Colonne 282, 460, 487, 492, 511
-charnue du cœur 250
-composite 478
-corinthienne 463, 480
-corinthienne engagée 481
-cruciforme 492
-d'arcade 469
-de Bertin 256
-de direction 339, 341, 350, 364
-dorique 460
-dorique engagée 464
-engagée 465, 469
-engagée de moitié 468, 469
-ionique 483, 485
-ionique engagée de la moitié 464
-jumelée 487
-papyriforme 459
-vertébrale 218, 222-223, 238, 256
Colonnettes 468, 469, 473, 474, 477
-à ressauts 488
-engagée 467, 469, 473, 479, 488
-jumelée 481

Colorado
-fleuve 57, 277
-vallée 277
Colporus 144
Colpus 144, 145
Coltis 381
Columelle 145
Coma 52, 53
Combats de judo 556
-combattant 556
-hors limite 556
-juge 556
-marqueur 556
-surface de combat 556
-zone de danger 556
Combattre sur mer 396-397
Combles 469
Combustible fossile 280, 315
Combustion 312, 313
-irréversible 312
-réversible 312
Comète 30, 52, 53
Commande
-d'aileron 398, 399
-d'allumage électrique 362
-de freins 425
-d'éjection de secours
-de la verrière 420
-de gaz 398, 425, 427
-de l'arrivée de vapeur vive à l'injecteur 325
-de mise en drapeau automatique de l'hélice 419
-des sablières 325
-du compensateur de profondeur 425
-du timbre 518
-du tuyau d'eau pour l'arrosage du charbon 325
Commutateur 317
Compartiment
-à bagages 423
-de l'équipement électrique 329
-de l'estomac 198
Compas 394, 452, 485
-magnétique 423
Compas-étalon 392, 395
Compensateur 413, 414
-de profondeur 424
-de régime 415
-d'évolution 414, 415
-du gouvernail de direction 409
Compétition 360, 362

Complexe annulaire 274
Composé 308
-organique 313
Compresseur 418
Compression 62, 266, 267, 274, 346
Compte-tours 369
Compteur de vues 588, 589
Compton 41
Conceptacle 116, 117, 148
Concombre de mer 174
Concorde 416-417
Concours
-de tir au pistolet 548
-hippique 554
Concrétion stalagmitique 284
Condensateur 342, 566, 574, 575
Condensation 307
-niveau de 302
Conduit
-biliaire 189
-d'air de ventilation 411
-de lave 273
-de refoulement 411
-de refroidissement 345
-pneumatique de dégivrage 414
-principal 273, 275
-secondaire 273
Conduite
-d'air conditionné 417
-d'air conditionné du poste de pilotage 416
-d'eau 496
-du frein à air 327
-forcée 314
-hydraulique de l'atterrisseur principal 417
Condyle 220
-externe 225
-interne 225
-mandibulaire 194
-occipital 194, 220
Cône 122, 123, 124, 272
-alluvial en éventail 282
-de fourche 359
-de lapillis 274
-d'épandage 286
-de tuyère 418
-d'implantation de l'axone sur le corps neuronal 239
Congas 518, 519
Congé de raccordement 409
Conglomérat 276
Congo, fleuve 265
Congréage 388

Conifères 57, 68, 70, 72, 122, 279
Conjonctive 241
Connecteur électrique du CD-ROM 584
Connexion 316, 584
Conque 242
Console 466, 484, 489, 511, 576
-à ressauts 493
-de l'orgue 514
-triangulaire 493
Contact 353
-électrique 319
-synchro X 589
Contacteur de pile 574
Contant d'Ivry, Pierre 478
Continents 38, 40
Contraste 437
Contrebasse 503, 505, 510, 511
Contrebasson 505
Contre-civadière 379
Contre-courant équatorial 297
Contre-écrou 359
-de roue libre 358
Contrefiche 401, 473, 479, 486
-télescopique 416, 417
Contrefort 60, 466, 469, 471, 472, 478, 484, 568, 569
-à ailerons 486
-courbe 480, 481
-d'angle 471, 472, 493
-en aileron 479
-saillant 486
-simple 481
Contremarche 477
Contrepoids 340, 342, 343, 345, 415, 449, 498, 506
-aérodynamique 415
-avant 347
-de pale 422
-d'équilibrage d'aileron 424
Contre-sanglon 583
Contrôle
-de contraste 521
-d'édition 521
-de l'équilibre des effets 521
-des paramètres du son 520
-de volume 520, 521
-du style d'accompagnement 520
-du volume et de la tonalité (graves-aigus) 521
Cooksonia Hemisphaerica 56, 64
Copalme 76
-feuille 76
Copernic 40
Coque

INDEX

-de carrosserie 341
-espalmée 379
-extérieure rigide 360
Coquille 278, 566, 567
-côte de la 176
-d'ammonite 267
-évolute 278
-mollusque bivalve 176, 278
-œuf 192-193
-pieuvre 176
-rudiment de 176
-Saint-Jacques 176, 278, 476, 487
Cor
-anglais 505, 508
-Caroli 18, 21
-d'harmonie 504, 507
Coracoïde
-oiseau 189
-tortue 187
Coraux 78, 166, 167, 279, 294, 299
Corbeau 467, 469, 487, 493
-de velum 464
Corbeau, le 18, 21
Corbeille
-à propagules 118
-feuillagée 460
Corbite 372
Cordages tendineux 251
Cordaites 67
Corde 510-511, 512, 513, 514, 515
-de *la* 512
-de *mi* aigu 513
-de *mi* grave 512
-de Nylon 582
-de *ré* 512
-de *si* 512
-de *sol* 512
Cordier 510, 511, 513
Cordillera 41
Cordillère des Andes 264
Cordon 481, 516, 517
-d'alimentation 573
-littoral 294
Cordonnet de laçage 583
Corindon 271
Corne 380, 385
-antérieure de la moelle 223
-d'abondance 480
-postabdominale 169
-postérieure de la moelle 223
-pulpaire 247
Cornée 240, 241
Cornéenne à chiastolite 275

Corneille noire 193
Corner
-drapeau de 524
-surface de 524
Cornet 220, 507
-inférieur 212, 221, 241, 245
-moyen 212, 221, 241, 245
-supérieur 212, 245
Corniche 459, 461, 462, 463, 464, 465, 466, 467, 469, 470, 472, 473, 475, 476, 478, 479, 480, 481, 483, 484, 485, 486, 489, 493
-à arête chanfreinée 473
-à fasces et doucine droite 477
-cintrée 462
-crénelée 471
-de couronnement 474, 479
-en quart-de-rond renversé 491
-en retrait 481
-rampante 460, 461, 462, 463, 472, 478, 480, 481
Corolle 142, 143
Corps 222, 223, 508
-calleux 236, 237
-caverneux 259
-cellulaire 239
-ciliaire 241
-creux en bois 510
-de cylindre en fonte 362
-de l'amortisseur 365
-de Nissl 239
-du bas 508
-du haut 508
-du saxophone 509
-gras 446
-humain 210-211
-jaune 258
-spongieux 259
-vertébral 223
Corpus albicans 258
Corpuscule
-de Meissner 234, 235, 239
-de Pacini 235, 239
-de Ruffini 235, 239
Corridor 464
Cortex 234, 256
Corythosaurus 96, 98
Côtes 279, 294, 295, 296
-chat domestique 195
-cheval 199
-crocodile 186
-dalmates 295
-éléphant 201
-kangourou 206

-lézard 184
-lièvre 197
-oiseau 189
-ornithorynque 206
-pacifiques 295
-phoque 204
-radiales 278
-serpent 185
-singe rhésus 202
Cotylédon 126, 132, 147, 148, 149, 150, 151, 152, 153
Cou 211
Couche
-basale de l'épiderme 235
-cornée de l'épiderme 235
-compétente 61
-d'apprêt 436
-d'électrons 309, 311
-de Malpighi de l'épiderme 235
-de phosphore 319
-d'ozone 300
-granuleuse de l'épiderme 235
-incompétente 61
-superfluide de neutrons 28
Couche-point 568, 569
Coucy-le-Château, Aisne 467
Coude 210, 218
-cheval 199
-gorille 203
-lion 194
Cou-de-pied 211
Coulée
-basaltique 272
-de lave 266, 272, 273, 274, 275
Couleur 270
-de la trace 271
-du minéral 271
-opaque et lumineuse 436
-transparente 436
Coulisse 325
-d'accord 506
-du piston 507
-du deuxième piston 506
-du troisième piston 506
-externe 507
Coulisseau 384
Couloir 542
-central 329
Coulomb 316
Coup franc 524
Coupe
-d'un maracas 517
-d'un trombone 507

Coupe, la 18, 21
Coupe-circuit
-à vide 328
-d'urgence 357
Coupée
-arrière 395
-avant 394
Couple
-dévoyé 381
-en sycomore 560
Coupole 462, 466, 469, 479, 484
-du limaçon 242
-du Rocher, Jérusalem, 487
Coups de poinçon 453
Courant 297, 298, 388
-alternatif 328
-circumpolaire antarctique 296
-continu 328
-d'air 302
-de convection 38
-électrique 316
-marin 296
Courbe
-de bau 380, 381
-de galerie 373
-en plein et délié 445
Couronne 32, 33, 198, 247, 335, 338
-arrière 366
-australe 19
-boréale 18, 21
-du démarreur 345
-khepresh 458
Couronnement 378, 449, 472, 490, 491, 493, 495
Courroie
-d'assistance de direction 351
-d'attelage 355
-de cale-pied 358, 359
-de distribution crantée 344
-d'entraînement 335, 344, 347
-de transmission 362, 580
Cours d'eau 285, 288, 291, 292, 293
Courses 542
-de haies 542, 554
-de motocross 368
-de plat 554
-d'obstacles 554
Coursière 463, 465, 466, 467, 484
-béante 480
Coursive 497

Coussinet 324, 460
- en fer forgé 331

Couteau
- de doreur 432
- de peintre 436
- de peintre en matière plastique 442
- en forme de truelle 436
- en pointe de diamant 436

Coutil de coton 437
Couture plate 384
Couvercle 515, 567, 570, 572, 574, 580, 588
- de carburateur 369
- d'embrayage 363
- de moteur 337
- de protection du clavier 515

Couverture 188, 191
- de livre 586, 587

Couvre-culasse 345, 356
Couvre-roue 324
- aérodynamique 329

Coyer 473
Crabe 172
- nébuleuse du 28

Crachin 302
Cradling 541
Craie 277, 432, 434, 440
Crâne 212, 218, 220-221, 236
- alligator 186
- chat domestique 195
- cheval 199
- chimpanzé 202
- crocodiliens 186
- éléphant 201
- gavial 186
- kangourou 206
- lézard 184
- lièvre 197
- lion 194
- oiseau 189
- ornithorynque 206
- ours 194
- phoque 204
- pieuvre 176
- serpent 185
- singe rhésus 202
- tortue 187

Crapaud 182
Craquelure 433
Cratère 34, 35, 36, 40, 41, 42, 48, 266, 272, 273, 275
Crawl 558, 559
Crayon
- à mine de plomb 2B 430
- à mine de plomb 8B 430

- de couleur 430
- gras lithographique 448

Crécerelle 189
Crémaillère de direction 350
Créneau 466
Crénelage 466
Crétacé 56, 57, 72, 73, 96, 100
Crête 294, 295, 493
- caudale 187
- de toiture 488
- iliaque 224, 225
- lézard 184
- mitochondriale 217
- monoclinale 283
- occipitale externe 220
- ornementale d'égout 490
- sagittale 194

Creux 294
- axillaire 211
- poplité 210

Cristallin 240, 241
Crosse de l'aorte 253
Crevasse 287
Crevette 79, 172
Cricket 538-539
- arbitre 538
- balle 538
- barrette 538
- *batsman* 538, 539
- batte 539
- *bowler* 538
- casque 539
- fabrication de la pelle de batte 539
- fabrication d'un manche de batte 539
- frappes 538
- gants de *batsman* (batteur) 539
- gants de *wicket-keeper* (garde-guichet) 539
- guichet 538
- *inning* 538
- match 583
- *overs* 538

Crin de cheval 510
Crinière
- cheval 199
- lion 194

Crinoïdes 174
Crique 295
Cristal
- bipyramidé 270

- d'amphibole 275
- de grenat (rose) 267

- de grenat rouge 267
- de quartz rose 271
- de roche vitreux et transparent 271
- hexagonal de béryl 270
- jaune brillant 311
- monoclinique de sélénite 270
- orthorhombique de barytine 270
- quadratique d'idocrase 270
- translucide de citrine orange 271

Cristallisation 307
Cristaux
- cubiques de galène 268
- cubiques de pyrite 270
- cubiques de sel gemme 269
- de chiastolite 275
- de feldspath (plagioclases) 267
- de glace 302
- de halite 277
- de pyrite 275
- de pyroxène 267
- de quartz 267
- d'hématite spéculaire 268
- d'olivine 267
- prismatiques de pyromorphite 269
- radiaires de wavellite 269

Croc 383
- de voilier 384

Croche 502
Crochet 471
- d'attelage 328, 335
- de levage 357
- de petit doigt 506, 507
- de pouce de la coulisse du premier piston 506
- de remorquage 426
- de transport 330
- venimeux 170

Crocodile nain 82
Crocodiliens 73, 186
Crocoïte brun-rouge 271
Croisée du transept 469, 470
Croisillon 476
Croissant ascendant 41
- descendant 41

Croix du Centaure, bras de 14
Croix du Sud, la 21
Croix, Epsilon de la 21
Croix grecque 489
Cronaca, Simone del Pollaiolo, dit il 474
Cropates Chasma 43

Crossandra nilotica 145
Crosse 576
- de hockey 540
- de hockey sur glace 551

Croton 136
Croupe 198
Croûte 28, 35, 37, 38, 39, 41, 43, 52, 53, 274
- continentale 62, 63, 281, 298
- océanique 58, 62, 63, 281, 298
- terrestre 58

Crues 271
Crusafontia 56
Crustacés 73, 170, 172-173, 279
Cryoclastie 286
Crypte 467
Crystal Palace, Londres 492, 493
Cubisme 495
Cubitus 218, 230
- aile d'oiseau 191
- chat domestique 195
- cheval 199
- crocodile 186
- éléphant 201
- kangourou 206
- lézard 184
- lièvre 197
- oiseau 189
- ornithorynque 206
- phoque 204
- singe rhésus 202
- tortue 187

Cuboïde 232
Cuesta 283
Cuir 568, 582, 583, 586
- chevelu 234, 235, 236

Cuirassé 392, 393
Cuisine 416
Cuisse 211
- cheval 198
- gorille 203
- kangourou 207
- lion 195
- oiseau 189

Cuisson 454
Cuivre 268, 281, 311, 312
Cuivres 504, 506-507
Cul de caisse de poulie 382
Culasse 336, 343, 344, 345, 356, 366, 367, 410, 508
- (configuration à 4 cylindres en V) 327

Culbuteur 342, 344, 367, 402
- inférieur 367

Cul-de-four 476, 480, 482

INDEX

Culée 469, 470, 471
Culière 555
Culot 574
Cumulonimbus 302
Cumulus 302, 303
Cunéiforme 232
Cupule 150
Curium 311
Curtiss
  -Glenn 398
  -Modèle D 398, 399
Cuscute 163
Cuticule 139, 156, 157, 231
Cutty Sark 392
Cuvette 511, 580
  -fixe 358
  -inférieure 359
  -réglable 358
  -supérieure 359
Cyanotrichite 269
Cycadale 122, 279
Cycas 68
  -du Japon 123
Cycle
  -à quatre temps 342
  -de combustion à 2 temps 342
  -de l'eau 288
  -des roches 266
Cygne, le 19, 20
Cylindre 336, 342
  -basse pression 392
  -coulé en paire 343
  -de frein 327, 350
  -supérieur apparié 342
Cylindres (presse) 447
Cymbale 504, 505, 516, 517
  -crash 518
  -de charleston 518
  -ride 519
Cyme bipare 143
Cyprès de l'Arizona 123
Cyrillus 40
Cytise hybride 137
Cytoplasme 139, 216, 217

D

Dactylos
  -crabe 172
  -écrevisse 173
Dagoba 490
Daimler, Gottlieb 334
D'Alembert 41
Dalle 499
Danilova 36
Darwin 43
Dauphin 204-205, 381
Dauphin, le 19, 20
Dé 476, 479, 481, 485, 582, 583
Déambulatoire 465, 470, 491
Débit en meneau 60
Débordoir 373
Débris 34
Décharge 473, 479
Déclencheur 588, 589
Décor floral 451
Décrochement
  -dextre 61
  -sénestre 61
Défenses 200, 201, 294
Déflecteur 347, 578, 579
  -antipompage 344
  -en verre 325
  -de toit 341
Défluent 288, 291
Degas 34
Dégel 302
Degré 495
Deimos 42
Deinonychus 73
Deinotherium 77
De La Rue 40
Delta 266, 267, 288, 289, 290, 291, 294, 416
  -de la Croix 21
  -du Gange 288
  -du Mékong 265
  -du Mississippi 291
Deltaplane 426
Démarreur 339
  -à cartouche 408
Démembrement 282
Demi droit 524
Demi-arbre 356
Demi-arc 468
  -aveugle 471
Demi-clef génopée 388
Demi-coupole 482, 484, 488
Demi-fond 542
Demi-pause 502
Demi-poulie 580
Demi-soupir 502
Démonte-pneu 354
Dendrite 238, 239
  -d'or 268
  -de cuivre 268
Deneb 19, 20, 23
  -Algedi 19, 20
  -Kaltos 19, 20
Denebola 18, 21
Dent 160
  -de couronne 366
  -d'engrenage 366
Dentaire 181
Denticule 462, 475, 478, 479, 481, 485, 487
Dentine 247
Dents 246-247, 248
  -caïman 186
  -canines 194, 202
  -carnassières 194
  -carnivores 194
  -chimpanzé 202
  -crocodiliens 186
  -d'éclosion 192, 193
  -incisives 194, 196, 201, 202
  -jugales 194
  -lapin 196
  -molaires 194, 201, 202
  -prémolaires 194, 202
  -rongeur 196
Déperditeur d'électricité statique 414
Deperdussin, Armand 400
« Déplaceur de gens » Gatwick Express 328
Dépôt 266
  -de plate-forme 294
  -glaciaire 293
Dépoussiéreur 354
Dérailleur
  -arrière 358, 360
  -avant 358, 360
Dérive 402, 405, 407, 408, 409, 415, 416, 421, 423, 424
  -littorale 294, 295
  -nord-atlantique 296
  -nord-pacifique 296
  -sud-atlantique 296
  -sud-indienne 297
  -sud-pacifique 296
Dériveur 560, 561
Derme 234, 235
Dernier droit 555
Dernier quartier 297
Descente principale 380
Désert 39, 57, 69, 71, 73, 77, 266, 282
Deslandres 40
Dessin
  -réalisé sur l'enduit grossier 434
  -(sinopia) à la terre rouge 435
Détecteur
  -d'émission radar 421
  -infrarouge 420
Détente 167
Detroit 338
Deutérium 22
Deuxième piston 506
Développement du fœtus 260-261
Déviateur de balles 404
Dévonien 56, 64, 65, 80
Dhow 376
Diable de Tasmanie 207
Diagramme
  -de Hertzsprung-Russel 22, 23
  -de Maxwell 318
  -de Sankey 314
Diakène 151
Diamant 268, 271, 311
  -d'ancre 372, 386
Diamètre de l'atome 309
Diaphragme 214-215, 254, 255, 424
  -appareil photo 588
  -chat domestique 195
  -chimpanzé 202
  -éléphant 200
  -lapin 196
Diaphyse 224, 225, 230
Diapir 281
Diastole
  -auriculaire 250
  -ventriculaire 251
Diatomée 116
Dicksonia antarctica 70
Dicotylédones 126, 127, 141
Dicyothyris 278
Dièse 502
  -accidentel 503
Diffuseur
  -de clignotant avant droit 341
  -de clignotant avant gauche 341
  -intercompresseur 419
Dimetrodon loomisi 67
Dinosaure 56, 57, 68, 70, 72, 80, 82-83, 279
Dion, Albert de 334
Dioné 46
Dionée 160
Dioxyde
  -de carbone 37, 43, 53, 138, 313, 435
  -de soufre 37
Diplodocus 70, 88, 90, 91
Diprotodon 76

Direction 350
- de la force 317
- de propagation de l'onde 318
- du courant 317

Disamare 151
Discontinuité
- de Gutenberg 39
- de Mohorovicic 39

Discovery Rupes 35
Dispositif
- de précharge 365
- de réglage des culbuteurs à vis et contre-écrou 367
- de réglage de tension de chaîne 36
- de réglage du pare-brise 363
- triac 566

Disposition des joueurs
- au football américain 526
- au football canadien 526

Disque 542
- basal 167
- CD-ROM 584, 585
- d'accrétion 27, 29
- de frein 351
- d'embrayage 351
- de Merkel 235, 239
- dur 521
- en fibre 366
- étoile de mer 174
- intervertébral 212, 218, 222, 223, 245, 259, 261
- métallique 366
- oral 167
- recouvrant les rayons 555

Distance de freinage 331
Division
- de Cassini 46, 47
- d'Encke 46, 47

Dobro à résonateur 513
Doigts 211
- aile d'oiseau 191
- caïman 186
- gorille 203
- grenouille 182
- kangourou 207
- oiseau 189
- ongulés 198-199
- phoque 204
- salamandre 182
- vache 198

Doline 284, 285
Dollar des sables 174
Domaines magnétiques 317
Dôme 475, 480, 481, 486-487, 490
- conique 476
- de métal 316
- de sel 281
- de vapeur 325
- d'exfoliation 282
- en anse de panier 478
- en cloche 491
- hémisphérique 477, 487, 490
- octogonal 481
- polygonal 487
- surbaissé 462, 487
- sur plan carré 485

Donatello 453
Donjon 466, 467
Doppler 41
Dorade, la 21
Dormant 387
- à ailerons 486
- de ride 383

Dorsales océaniques 59
Dos 210, 558
- cheval 198
- de la main 231
- du nez 213
- éléphant 200
- lion 195
- livre 586, 587

Dossier 362
- blindé 409

Dossière 555
Double
- bémol 502
- décomposition 313
- dièse 502
- écharpe 497
- hélice 216
- nœud
  - à capeler 389
  - de cabestan 388
- samare 131

Doubleau 485
Double-croche 502
Double-scull 561
Doublure
- de bout et de claque 568
- de calicot 576, 577
- de chaussure 568
- de dessous ou jacona 577
- de languette 568
- de livre 586, 587
- de quartier 568
- de quartier et de contrefort 569
- de selle 582

Doucine 472, 476, 477, 481

Douille 567, 569, 572, 573
- de tube cathodique 574

Douve 466
Dragon, le 19
Drainage 290
- annulaire 288
- centripète 288
- dendritique 288
- désordonné 288
- en treillis 288
- naturel 288
- parallèle 288
- radial 288
- rectangulaire 288

Drakensberg 265
Drapeau de ligne médiane 524
Draperie de calcite 285
Dreadnought 394
Drisse 372, 380, 385
Dromiceiomimus 86
Drosera 160
Drosse 372, 373, 377
Drumlin 286
Drupe 131, 146, 147, 149
Dryosaurus 70
Dubhe 18, 19
Dune 267
- en étoile 283
- longitudinale 283
- parabolique 283
- transversale 283

Dunette 375
Duodénum 215, 248, 249
- éléphant 200
- grenouille 182
- lapin 196
- oiseau 189
- tortue terrestre 187
- vache 198
- dur 310
- mou 310
- pauvre 310
- précieux non réactif 311
- radioactif 310
- réactif 310, 311

Dure-mère 223, 237, 240
Durit de frein
- hydraulique 365
- de radiateur 364

Durite de radiateur 339, 351
Duvet 193
Dyke 274
Dynamo 411
Dynamomètre 320, 321
Dynaste Hercule 168
Dynastie 311
Dysprosium 311

E

Eau 138, 144, 162, 306, 307
- chaude 273
- de chaux 313
- de fonte 287
- souterraine 273, 292

Eau-forte 447
Ébarbage 586
Ébauche
- de la bouche 260
- de l'œil 260
- de l'oreille 260
- de vertèbre 260
- du foie 260

Ébauchoir à découper la terre 454
Ébasement 463
- à ressauts 468

Écaille 187
- caïman 186-187
- crocodiliens 186
- de roche 282
- lézard 184
- ovulifère 122, 123, 124
- poisson osseux 180
- serpent à sonnette 185

Écartements 331
Échancrure 510, 511
- de la conque 242
- frontale interne 213
- sus-orbitaire 213

Échanges gazeux alvéolaires 254, 255
Échangeur
- de chaleur 314, 418, 419
- de température 417
- thermique 340

Échantillonneur digital 520, 521
Échappement 325, 347, 350
- libre 391

Écharpe 473, 497, 498
- de triangulation 497

Échelle 330
- de cabine 326
- de coque 381
- de coqueron 392
- de dunette 381
- de Mohs 270, 271
- des distances 589
- de tourelle 395

Échidné 206
Échine 460
Échinodermes 174
Écho-sondeur 299

INDEX

Échynodermes 279
Éclair 316
Éclairage
  -frontal 328
  -intérieur 353
Éclat vitreux 275
Éclectisme français 493
Éclipse
  -partielle 32
  -totale 32
Écliptique 18, 19, 20, 21, 31
Éclisse 331, 510, 511, 512
Éclosion de l'œuf 192-193
Écoinçon 482, 485, 488, 489, 493
Écorce 162, 163
Écorché du pied 233
Écoute 372, 374, 385
Écoutille
  -de cale 372
  -de descente 381
Ecphora quadricostata 75
Écran 448, 520, 521, 574, 575, 584, 585
  -d'affichage des fonctions 520
  -de destination 332, 333
  -de visualisation 521
  -du programme sur CD-ROM 585
  -initial 585
Écrasement 266
Écrevisse 172-173
Écriture manuelle 445
Écrou 573, 578
  -capuchon 572
  -d'assemblage 386
  -de rayon 361
  -de roue à frapper 362
Ectoderme 167
Écubier 375, 376, 378, 379, 393, 395, 397
Écureuil 196-197
Écusson 381, 537
  -de la Compagnie 326
  -de navire 394
  -du club 525, 531
Éditeur des sons 520
Edmontonia 95
Effervescence 312
Effet
  -de boudin obtenu par compression 443
  -de couple 422
  -de serre 36, 301
  -de striures 442
  -de transparence imitant l'aquarelle 443
  -opaque 443
Effluent 291
Effort 320, 321
Église 468-469
  -de Bagneux, Hauts-de-Seine 469
  -de Grundtvig, Copenhague 495
  -de la Madeleine, Paris 478
  -de la Madeleine, Vézelay, Yonne 468
  -Saint-Botolph, Trunch, Grande-Bretagne 473
  -Saint-Eustache, Paris 477
  -Saint-Maclou, Rouen, Seine-Maritime 470, 472
  -Saint-Paul-Saint-Louis, Paris 478, 479
  -Saint-Pierre, Libreville, Gabon 499
  -Saint-Serge, Angers, Maine-et-Loire 469
  -Santa Maria della Salute, Venise 478
  -Santa Maria della Vittoria, Rome 478
  -St. George in the East, Londres 478, 481
Égout 462, 464, 482, 499
  -ondulant 490
  -retroussé 468, 490
Égypte antique 458-459
Einsteinium 311
Eisila Regio 36
Ejectas 34, 36
El Nath 18, 21
Électricité 314, 316, 317
  -statique 316
Électro-aimant 317, 578
Électrode 319
  -centrale 306
Électron 310, 316
  -communs dans l'orbitale 309
  -de valence 310
  -libre 319
  -négatifs 316
Élément
  -d'assemblage 576
  -d'une guitare acoustique 513
  -de commande du système de frein à disque 365
  -de notation musicale 502
  -du châssis principal 327
  -terminal 578, 579
Éléphant 90

Élevon 417, 421
« Ellerman Lines » 324
Élodée du Canada 158, 159
Élongis 378
Élongis-entremise 380
Elrathia 64
Eltanin 19
Élytre 168-168
Émail 247
  -vitrifié (smalti) 450
  -à la feuille d'or 450
  -bleu 450
  -jaune 450
  -rouge 450
Émanations sulfureuses 273
Embelle 381
Emboîtage 586
Embouchure 290, 295
  -conique 507, 508, 521
  -en bassin 506, 507
Embout 572, 573
Embrasure 466, 467, 469
Embrayage 340, 341, 351, 366
  -à disques multiples 364, 366
Embrèvement 499
Embryon 147, 148, 149, 150
Émerillon 382
  -d'ancre 386
  -de chaîne 386
Émission
  -de lumière rouge 24
  -lumineuse 52
  -radio 15
  -X 28
Émissions polluantes 344
Emmarchement 481, 483, 489
Empanon 473
Empattement 445
Empennage 405
  -cantilever 426
  -horizontal 404
Empire State Building, New York 494
Emplanture 409, 413, 415
  -d'aile 404, 420, 421
  -de mât d'artimon 392
Empointure 375
Empreinte métallique
  -de la pipe horizontale 455
  -de la pipe verticale 455
Enceinte de protection en béton 314
Encelade 46
Enchapure 583
Encke 40
Encliquetage 567

Enclume 242
Encollage (gesso) 432
Encolure 199
Encorbellement 477
Encre 445, 446
  -acrylique 448
  -alcoolique à effacer 448
  -brune sur papier, 16,5 x 29,2 cm 431
  -forcée à travers l'écran 446
  -grasse lithographique 448
  -liquide obtenue par mixage avec de l'eau distillée 444
  -solide 444
  -soluble pour sérigraphie 448
  -végétale brune 448
Endo-aperture 145
Endocarpe 146, 148, 149, 250
Endoderme 167
Endomysium 228
Endopodite 172
Endoscopie
  -des cordes vocales 245
  -du tube digestif 248-249
Endosperme 147
Endoste 21
Endothélium 144, 252
Enduit 432, 435
  -de plâtre grossier (arricio) 434
  -de surface (intonaco) 434
  -sec 435
Énergie 314, 315, 318
  -calorifique 314, 315
  -chimique 314, 315
  -cinétique 314, 315
  -du Soleil 22
  -électrique 314
  -nucléaire 314
  -lumineuse 315
  -potentielle 314, 315
  -solaire 315
  -sonore 315
Enflèchure 376, 378
Engrenage
  -conique 335
  -de commande 574
  -de l'hélice 427
  -de rotor 346, 347
  -latéral 347
  -stationnaire 347
Enif 19, 20
Enjoliveur de panneau
  -latéral 353
  -de roue 351, 353
Enroulement trochospiralé 279
Enseigne optique 140, 141

Ensemble
-lentille arrière 589
-ressort/amortisseur 365
Entablement 460, 463, 464, 465, 477, 478, 482, 485, 487
-d'ordre corinthien 463
-rentrant 478
-saillant 479
Entasis 461
Entelle 202
Entoilage 400, 402, 404, 405
Entonnoir pieuvre 176-177
Entraînement
-de la magnéto 367
-de pompe à air 391
Entrait 464, 473, 479, 486, 498
Entrave 555
Entrecolonnement 461, 485
Entrée
-d'air 418, 419, 567
-de micro 521
Entremise 387
Entreplan 324, 398, 399
Entretoise 506, 576
-d'embouchure tenue à la main gauche 507
-de la coulisse tenue à la main droite 507
-de pignons 358
Enveloppe gélatineuse 192
Envergure 384, 402
Enzyme digestive 160
Éocène 57
Éon
-phanérozoïque 279
-protérozoïque 279
Épanchements basaltiques 272
Épaule 210, 218, 511
-arrondie 510, 511
-cheval 199
-gorille 203
-lapin 196
-tombante 511
Épaulement
-de poulie 382
-de ridoir 383
Épée 556, 557
Épéiste 557
Éperon 141, 372
Épi 143
Épi de faîtage 468, 471, 477, 493
-à orbes 489
-en croissant turc 488
-en orbe 479, 480
Épicarde 250

Épicarpe 146, 147, 148, 149
Épicentre 63
Épicotyle 152, 153
Épiderme 139, 234-235
Épidermicule 234
Épididyme 259
Épidote 269
Épiglotte 200, 212, 244, 255
Épine
-caudale 279
-cnidocyste 167
-dorsale 187
-étoile de mer 174
-hémale 180
-iliaque 224
-nasale antérieure 220, 221
-neurale 180
-oursin 174
Épiphyse
-du cubitus 230
-du radius 230
Épissoir 383, 389
Épithélium germinatif 258
Éponge 166-167, 279
-extensible 448
-naturelle 438
Épontille 393
Époque
-éocène 279
-holocène 279
-miocène 279
-oligocène 279
-paléocène 279
-pléistocène 279
-pliocène 279
Épreuve 448
-de gravure sur bois 449
-de haut-vol 558
-de tremplin 558
-imprimée 446, 447, 449
-lithographique 448
Épurateur d'air 345, 351
Équateur 44, 47, 265, 297, 300
-céleste 18, 19, 20, 21,
Équerre 485, 572
Équipage 404
Équipe gaélique 540
Équipement
-d'escrime 557
-ferroviaire 330, 331
Équipement de base-ball 537
-batte 537
-casque de batteur 537
-de *batsman* 539
Équipement de football
-de gardien de but de football

524, 525
Equisetum arvense 70
Érable 127
-plane 151
Erbium 311
Ère
-cénozoïque 279
-mésozoïque 279
-paléozoïque 279
Érié, lac 265
Érosion 266, 272, 276, 280, 282, 283, 293
-ascendante 290
-différentielle 282
-en amont 290
Erseau de cuir 373
Éruption solaire 33
Escalier 332, 466, 467, 470, 475, 477, 483, 499
-de la bibliothèque Laurentine, Florence 474
-de secours 496, 497
-à vis 468, 472, 476
-mécanique 497
-tournant à deux volées en fer à cheval 481
Escarbilleur 395
Escargot 176-177
Escarpement 282
-de roche nue 284
Escrime 556, 557
-octave 557
-prime 557
-quarte 557
-quinte 557
-seconde 557
-septime 557
-sixte 557
-tierce 557
Escrimeurs 556
Esker 286
Espace
-sous-arachnoïdien 237
-urinaire de Bowman 257
Esplanade 498
Esquisse 451, 455
Essence de térébenthine 436
Essieu 320, 324, 331
-arrière 338
-arrière tandem 333
-avant 336, 337, 338, 355
-avant simple 333
-flottant surélevé 355
-moteur 329
-Ruckstell 339

Essor de la voile 378
Essuie-glace 326, 327, 332, 340, 341, 353
Est-australien, courant 297
Est-groënlandais, courant 297
Estain 381
Estampage 433, 586, 587
Estomac 214, 248, 249
-anatife 173
-chat domestique 195
-chimpanzé 202
-dauphin 205
-écrevisse 173
-éléphant 200
-escargot 177
-étoile de mer 174
-grenouille 182
-lapin 196
-lézard 185
-méduse 167
-oiseau 189
-pieuvre 176
-poisson osseux 181
-roussette 179
-ruminants 198
-tortue terrestre 187
-vache 198
Estrade 477
Estrope 379
-de poulie 383
Estuaire 288, 294
Esturgeon 180
Étage
-attique 480, 483, 487, 494
-noble 474
Étai 372, 379, 385, 453
-de misaine 382
Étain 281, 311
Étalement sur lame de moelle osseuse 224
Étalingure 386
Étambot 372, 374, 377, 392
-à gradins 375
Étambrai 380
-d'artimon 381
-de beaupré 375
Étamine 126, 127, 131, 143, 144, 145, 146, 147, 148, 150
État gazeux 307
-liquide 307
-solide 307
-de la matière 307
Étau 446
Étiquette du fabricant 512
Étoile de mer 79
Étoiles 11, 15, 16, 22, 24, 25

-jeunes 12, 14, 16, 24
-les moins brillantes 22, 23
-les plus brillantes 22, 23
-massives 23, 26, 27, 29
-Polaire 14, 19
-rouges ou jaunes 12, 14, 16, 32
-supergéante bleue 29
-vieilles 13
Étouffoir 514
-horizontal 516
-réglable 518
Étrave 372, 374, 375, 378, 393
-inclinée 376
Étrier 242, 365, 498, 554, 555
-de frein 331, 363, 365, 368, 369
-de frein à disque 364
-de frein arrière 368
-en acier léger 555
-métallique 582, 583
Étrivière 582, 583
-en cuir 555
Euoplocephalus 94
Europe 44, 64, 68, 70, 72, 73, 74, 75, 76, 265
Europium 311
Euryptéride 79
Eustreptospondylus 85
Euthynteria (podium) 460
Évaporation 307
Ève 37
Évent 205, 341, 355
Excentrique 392
-de pompe 391
-de tiroir 390
Excroissance
-nord galactique 15
-stalagmitique 284
Exfoliation 282
Exine 144, 145, 146, 147
Exopodite 172
Exosphère 300
Exosquelette
-abeille 168
-araignée 171
-Coléoptères 168
-fourmi 168

-Malacostracés 172
-papillon 169
Expandeur 521, 359
Expansion 11
Expiration 255
Explosion 27, 29, 366
Exposition 588
Extase de sainte Thérèse (Le Bernin) 478
Extension des plaques 272
Extincteur 412
Extrados 404, 409, 413, 425, 484, 485
-de nervure 485
-de voûte nervurée 485
Extrême-Orient 490
Extrémité motrice 317

F

Fabrication
-des pastels 440
-d'un ballon 525
-d'une balle de base-ball 537
Fabry 41
Façade 474, 479, 481, 483
Facette
-articulaire 222
-costale 223
Faille 60, 61, 62
-à poussée oblique 61
-chevauchante 61
-cylindrique 61
-de déchirement 61
-inverse 61
-normale conforme 61
Faisceau d'électrons 574
Faîte 492, 499
Faîtière 473
Falaise 289, 290, 294, 295
-banche 276
-grise 276
-littorale 291, 294
-morte 295
-rose 276
-vermillon 277
-vive 295
Fanon
-lézard 184
Fargue 373
-de défense 372
Fasce 463, 467, 476, 477, 479, 481, 482, 486

-simple 464, 472, 477, 485, 486
Fausse plate-forme 491
Fausse porte 459
Fausses côtes 218
Fausses pattes 169
Fautes techniques de basket-ball 533
Fauteuil 329, 576, 577
Faux
-abaque 477
-bourdon 168
-du cerveau 237
-entrait 473
-foc 379
Faux fruits 148
Faux-quartier 582
Fécondation 117, 119, 121, 122, 146, 147
Feldspath 267, 269
-blanc 275
-clair 274
Félins 194-195
Fémur 219
-araignée 171
-chat domestique 195
-cheval 199
-Coléoptères 168
-crocodile 186
-éléphant 201
-grenouille 183
-kangourou 206
-lézard 184
-lièvre 197
-oiseau 189
-ornithorynque 206
-papillon 169
-phoque 204
-scorpion 170
-singe rhésus 202
-tortue 187
Fender Stratocaster 513
Fenêtrage 474, 494
Fenêtre 466, 482, 486, 487, 492, 493, 494, 499
-arrière 337
-de conduite 329
-de la cabine 327
-du compartiment moteur 326
-en plein cintre 468, 469
-frontale de la cabine de conduite 326, 329
-latérale de l'abri 325
-latérale de la cabine 329

-ovale 243
Fente branchiale
-poisson osseux 180
-roussette 179
Fer 26, 37, 39, 43, 52, 311, 492
-aimanté 317
-non aimanté 317
-rubané 277
Fer 58
Ferme 470, 473
-à blochets saillants 473
-maîtresse 497
Fermentation 313
Fermium 311
Ferret 569
Ferrure
-d'aiguillot 378
-de femelot 378
Fesse 198, 210
Feston 462, 463, 478, 487
Feu 108, 109
-antibrouillard 332, 349, 353
-anticollisions 423
-arrière 362, 363, 360
-avant 326, 360
-blanc 360, 328, 329
-clignotant 353
-d'atterrissage 422
-de position 333, 346, 349, 403, 406, 407, 414, 420, 421, 422
-de signalisation 407
-latéral 362
-rouge 360, 328, 329
Feuille 126, 129, 130, 131, 136, 137, 138, 152, 154, 155, 158, 159, 161, 162, 163, 280
-bilobée 123
-bipennée 137
-biternée 137
-d'acanthe 460
-d'or 432, 433, 435, 444, 445, 453
-deltoïde 137
-digitée 137
-elliptique 137
-imparipennée 136
-lancéolée 136
-linéaire 137
-orbiculaire 137
-obovale 137
-palmée 130
-panduriforme 136
-palmatilobée 137
-paripennée 137
-polie au brunissoir 432

-rhomboïde 137
-succulente 156, 157
-trifoliée 128, 137, 157
-tripennée 137
Fève 133
Feuillet 198
Feuillure 576
Février 137
Fibre
    -collagène et élastique 252
    -de Sharpey 225
    -élastique 234
    -musculaire squelettique 228
    -protéiques 166
Fibrilles radiales 32
Fibulaire 183
Fiche d'entrée de la carte à mémoire 520
Field goal 526
Figue 148
Figure de défilement 585
    -de navigation 585
    -de proue 374, 378, 379, 381
Fil
    -à coudre 583
    -cavalier 358, 359
    -conducteur 572
    -de mise à la terre 584
    -de raccordement 572, 578
    -électrique 566
    -métallique 519
Filament 572
    -branchial 180
    -de plasma 306
    -incandescent 16, 17, 33
    -mésentérique 167
Filature de lin, Shrewsbury, Grande-Bretagne 492
Filet 461, 470, 475, 477, 480, 485, 486, 510, 511, 512
    -à bagages 329
    -de laiton 576
    -de rosace 513
    -d'étarquage 375
    -de volley-ball 534
    -pare-torpilles 395
Filetage 320
Filière 170-171
Filins 388-389
Film 588
Filtre
    -à air 341, 363, 422, 427
    -à carburant 419
    -à eau 324
    -à huile 347, 418, 419
Fissures 272, 282

Fixatif 430, 440
Fixation
    -de l'amortisseur 368
    -de ressort 573
    -du repose-pied 364
    -supérieure de l'amortisseur 364
Fjord 295
Flagelle 166, 259
Flagellum de l'escargot 177
Flamants 188, 190
Flamme 470
Flamme-girouette 375
Flamsteed 40
Flanc
    -cheval 198
    -du pneu 360
    -oiseau 188
Flash 588
Flasque 386
    -d'hélice 425
    -de frein 365
    -de maillon 366
    -de roue 369
Flèche 463, 471, 472, 473, 481, 491, 493
    -d'artimon 385
    -de grue 498
    -littorale 291
    -sableuse 295
Flèche, la 20
Fleming 41
Fleur de la passion 130
Fleuret 556, 557
Fleurettiste 557
Fleuron 142, 145, 470, 471
Fleurs 126, 129, 140, 141, 142, 143, 159
    -herbacées 128, 129
Fleuve 289, 291
    -mature 294
Fleuve Eridan, le 19, 20
Flexible
    -déchargeur d'électricité statique 417
    -hydraulique gainé acier 369
Floride, courant de 297
Fluide hydraulique 365
    -de frein 365
Fluor 309, 311
Fluorescence 318
Fluorine 269, 271
Fluorure
    -de lithium (LiF) 308
    -d'hydrogène 308, 309
Flûte 503, 505, 508

-traversière 508
Flux 288
    -gazeux 29
Flyer Wright 398
Foc volant 385
Fœtus 260-261
Foie 214
    -chat domestique 195
    -chimpanzé 202
    -dauphin 205
    -grenouille 182
    -lapin 196
    -lézard 185
    -oiseau 189
    -poisson osseux 181
    -roussette 179
    -tortue terrestre 187
Fokker DR/1 402
Fokker, Anthony 404
Foliation sinueuse 267
Foliole 136, 137
    -à nervure profonde 278
Foliolule 136, 137
Follicule 151
    -de De Graaf 258
    -mature rompu 258
    -pileux 234, 235
    -primordial 258
    -secondaire 258
Fomalhaut 19, 20
Fonctionnalisme 496
Fond 542
    -affleurant 286
    -de la mer 288, 299
    -occlus 303
    -polaires 296
Fondation 464, 492
Fontanelle
    -latérale antérieure 220
    -latérale postérieure 220
Fonte 492
    -à cire perdue 454
Football 524, 525
    -ailier droit 524
    -ailier gauche 524
    -arbitre 524
    -arrière central 524
    -arrière gauche 524
    -avant centre 524
    -ballon 527
    -code d'arbitrage 527
    -équipement de protection 527
    -joueur 527

-juge de champ arrière 526
    -juge de ligne 526
    -logo de l'équipe 527
    -numéro du joueur 527
Football australien 528, 529
    -arbitre 528
    -couleurs de l'équipe 529
Football canadien 526
    -arbitre 526
    -arbitre chargé de mesurer les *downs* 526
    -arbitre en chef 526
Football gaélique 528, 529, 540
    -arbitres 529
    -drapeau de corner 529
    -drapeau de ligne médiane 529
    -gardien de but 529
    -intérieur droit 529
    -juge de touche 529
Foramen
    -apical 247
    -cæcum 244
Foraminifères 279
Force 320
    -d'attraction 297, 316, 320
    -de Coriolis 297, 300
    -de répulsion 316
    -électrostatiques 316
Forces aériennes 408
Ford T 338
Ford, Henry 338
Forêt 57, 66
Forêt tropicale 39
Formation
    -Bass 277
    -Carmel 276
    -Chinle 276
    -Dox 277
    -Kaiparowits 276
    -Kayenta 276
    -Moenave 276
    -Moenkopi 276
    -Toroweap 276
    -Tropic 276
    -Wasatch 276
Forme 568, 569
Formeret 469, 479
Fornix 237
Forteresse volante 408
Forum de Trajan, Rome 463
Fosse
    -iliaque interne 224
    -nasale 245
    -océanique 58
    -ovale 251

INDEX

Fossé 466, 467
Fossette
  -du ligament rond 224
  -naviculaire 242
Fossiles 64, 278
Foster, Norman 496, 498
Foudre 45
Fouet 555
Fougère 66, 68, 70, 72, 120, 121, 278, 279
  -mâle 121
  -aigle 121
  -arborescente 112
  -aquatique 158
Fourcat 381
Fourche 359, 361
  -à roue poussée (fourche Earles) 362
  -articulée 425
  -monobras 363
  -télescopique 363, 364, 369
  -de commande des crabots 366
  -de support 334
Fourchette
  -de balancier 570
  -sternale 211
Fourmi 168
Fourneau, le 19, 20
Fourrage 383, 388
Fourreau
  -de fourche 365
  -mitochondrial 259
Fourrer 388
Fourrure de gouttière 393
Fovéa 240, 241
Foyer 63, 325
  -de chaudière 393
Fra Mauro 40
Fracastorius 40
Fracture 34, 270
  -en échelon 61
Fragments de roches anguleux 277
Fraise 150
Fraisier 128
Fram Rupes 35
Framboise 149
Francium 310
Frange capillaire 293
Frégate 396
Frein 332, 341, 350, 364, 368
  -à disque 362, 363, 364, 368, 331, 407, 424
  -à disque en fibre de carbone 369
  -à disque flottant 364, 365

  -à disque sur un bogie de wagon moderne 331
  -à main 331, 337, 339, 340, 351
  -à main du tender 324
  -arrière 341, 357
  -de mouillage 395
  -moyeu 339
Fresco secco 434, 435
Fresque 434
Frette, 438
  -cylindrique 438
  -de capelage 382
  -de jas 380
Frise 459, 461, 462, 463, 465 475, 476, 478, 481, 482, 495
  -de grecques 483
  -festonnée 462
  -feuillagée 479
  -sculptée 479
  -simple 485, 487
Fronde 278
Front 211, 212
  -à deux bosses 200
  -chaud 302, 303
  -cheval 198
  -dauphin 204
  -du glacier 289
  -éléphant 200-201
  -froid 302, 303
  -occlus 302
  -oiseau 188
  -polaire 302
Frontal 554, 555
Fronteau
  -de gaillard 380
  -de poupe 373
Frontispice 587
Fronto-pariétal 183
Fronton 460, 463, 480, 481, 493
  -brisé 481
  -cintré 462, 478
  -engagé 462, 463
  -triangulaire 462, 478, 480
Fronton-pignon 493
Fruit 148, 149
  -charnus 148, 149
  -secs 150, 151
Fucoxanthine 116
Fucus vésiculeux 117
Fuligule morillon 188
Fumerolles 273
Funicule 150
Furcula 189
Furnerius 40
Furud 21

Fusain 430, 431
Fusée 414, 570
  -de mât 373
  -de roue 424
Fuselage 400, 401, 402, 403, 412, 416, 423, 424, 426
Fusil
  -de chasse de gros calibre 549
  -à lunette télescopique 548
Fusion 307
  -nucléaire 22, 24, 26, 32
Fût 459, 461, 465, 478, 483, 485, 488, 492
  -monolithe 463
  -octogonal 493

G

Gabarit
  -de gréeur 382
  -de chargement 331
Gabbro 267
  -à olivine 275
Gâble 470, 471, 473
  -aveugle 476
  -construit 476
  -de culée 471
  -engagé 471, 472
  -formant dais 472
Gâchette marche/arrêt 566, 567
Gacrux 21
Gadolinium 311
Gagarine 41
Gaillard 376, 379, 392
  -d'avant 375, 380
Gaillet gratteron 150
Gaine 384
  -d'air conditionné 496
  -de myéline 239
  -isolante 572
Galaxie 10, 13
  -elliptique 11, 12, 13
  -irrégulière 11, 12
Galène 268
Galère 371
Galerie 285, 381, 467, 484, 487, 495
  -de côté 381
  -de flanc 379
  -de poupe 395
  -murmurante 484

  -supérieure 379
Galet 291, 292
  -de culbuteur 410
  -de tourelle 396
  -tendeur 358, 360
Galhauban 378, 379
Gallimimus 82, 84, 86
Gallium 311
Galois 41
Galoper 582
Gambes de revers 378, 379
Gamète 117, 121, 122, 123, 147
Gamétophyte 112, 118, 119, 121
Gamma Velorum 21
Gamme 502
  -de couleurs 438
Gange, plaine du 63
Ganglion
  -cérébroïde 169, 177
  -écrevisse 173
  -nerveux 168
  -spinal 223, 238
  -spiral du nerf cochléaire 243
  -sus-œsophagien 173
Gant d'escrime 557
  -de batteur 537
  -de *fielder* 537
Ganymède 44
Garcette 372
  -d'envergure 372, 374
Garde (livre) 586, 587
Garde-boue 336, 337, 338, 339, 341, 362, 363, 364, 369, 406
  -arrière 361
  -avant 361
  -en plastique souple 368
Garde-corps 473, 477, 487, 493, 495, 498
Garde-robe 417
Gardes montantes 387
Gargouille 473
Gargousse 396
Garniérite à cassure fibreuse 270
Garnissage 568, 569
  -des voitures modernes 352, 353
Garniture de frein 365
Garrot 199, 582
Garudimimus 86
Gaspra 951 52
Gassendi 40
Gastéropodes 176, 279
Gauchissement 400, 401
Gavial 186
Gaz 10, 11, 12, 15, 16, 17, 29, 32,

33, 38, 52, 53, 57, 65, 281, 301, 306, 307
-à basse pression 306
-brûlé 343, 345, 346, 347
-carbonique 254, 255, 313
-compressible 365
-d'échappement 342, 344
-géant 552
-inertes 311
-non réactif 311
-rare 310, 311
Géante rouge 22, 23, 24, 25
Gel 282, 287, 302
-à la peinture 443
-capillaire 306
Gélatine 447
Gémeaux, les 18, 21
Gencive 247
Générateur 316
-de vapeur 314
-électrique 317
Génératrice
-auxiliaire 327
-principale 327
Genou 211, 218, 219
-cheval 199
-gorille 203
-kangourou 207
-lapin 197
-lion 195
Genouillère 582
Geranium des prés 144
Gerbille 196
Germanium 311
Germination 121, 122, 152, 153
-hypogée 152
-épigée 153
Gésier
-oiseau 189
Gesse à feuilles larges 129
Gesso 432, 453
Gestes de lacrosse 541
Geyser 273, 275
-Horu 272
Giambologna, *Mars* 454
Gibbeuse ascendante 41
-descendante 41
Gibbon 202
Gibson Les Paul 513
Gicleur d'huile 347
Gingembre 155
Ginkgo 68, 71, 72, 279
-*pluripartita* 72
Giornate 434, 435
Giotto, *Les Marchands chassés du Temple* 435

Girafe 198-199
Giron 477
Girouette 471, 477, 486
Gisement houiller 61
Glabelle 213, 221
Glaçage translucide en impasto 443
Glace 34, 36, 38, 40, 42, 43, 44, 45, 46, 47, 48, 49, 50, 51, 53, 287, 289, 293, 302, 307, 341
Glaciation 287
Glacier 266, 267, 286, 287, 289
-adjacent 287
-Bay 286
-d'altitude 286
Glacis
-continental 298
-de vermillon 433
-en cavet renversé 482
Glaïeul 154, 155
Gland 131, 259
Glande 177
-à venin 176
-axiale 175
-bulbo-urétrale 259
-cémentaire 173
-digestive 160, 161, 176
-lacrymale 241
-muqueuse 254
-mandibulaire 168
-pinéale 212, 236
-rectale 179
-salivaire 169, 168, 177
-salivaire sublinguale 245
-sébacée 234, 236
-sécrétrice 161
-séricigène 170
-sous-maxillaire 244
-sudoripare 234, 236
-surrénale droite 257
-surrénale gauche 257
-thyroïde 215, 244, 255
-venimeuse 168, 170
-verte 173
Glissière 325
-de chaloupe 378
-de verrière 409
Glissoir 568
Globe de verre 572
Globules
-blancs 217, 252-253
-proto-stellaires 24
-rouges 217, 252-253
Glomérule 256, 257
Gloriosa 143
Glossopteris 67

Gloster Meteor 408
Glucose 138
Gluon 309
Glyphe 460, 487
-en godets 482
Gnathostomes 180
Gneiss 274
Gnétale 122
Gnome
-en étoile 410
-rotatif à 7 cylindres 400
-rotatif monosoupape 410
Gobi, désert de 265
Godet à peinture 442
-double fixé à la palette 436
-pour l'huile ou le solvant 436
Goélands 193
Goélette
-à double hunier 385
-de pêche 385
Golf 546, 547
-accessoires 547
-balle de golf 546, 547
-bunker (fosse à sable) 546, 547
-club en bois 546
-club en fer 546
-clubhouse 546
-drapeau 547
-driver 547
-exemple de trou 546
-fabrication d'un club en bois 547
-fairway 546
-golf national, Augusta, Géorgie, États-Unis 546
-green 546, 547
-marqueurs de balle 547
-match play 546
-putter, bois et fer 547
-relève pitch 547
-rough 546
-série de bois 547
-série de fers 547
-stroke play 546
-tés 546, 547
-trou en patte de chien 546
Golfe du Mexique 265
Goliath perlé 168
Gomme 430, 448
-arabique 431, 438, 440, 448
-mastic 430
-plastique 430
-tendre 440

Gonade
-anémone de mer 167
-étoile de mer 174
-méduse 167
-oursin 175
-pieuvre 176
Gondwana 65, 67, 71, 72
Gong 504, 516
Gopuram 491
Gorge 212, 244, 245, 284, 285, 290
-à bitord 384
-cheval 199
-oiseau 188
Gorgerin 460
Gorille 202-203
Gothique 468, 470-473
Gouache 438
Gouge 452, 453
-courbe 452
-droite 452
-profilée en U 449
-profilée en V 449
Goujon 411, 569
Goupille 571
Gour 285
Gournable 375, 387
-d'assemblage 375
Gousse 150, 460
Gousset 375
Goût 244
Goutte 472
-d'aiguille 571
Gouttière 381, 393, 486, 492, 586
-alaire 213
-cubitale 211
-de l'hélix 242
Gouvernail
-de direction 398, 400-405, 407-409, 415, 417, 421, 424, 426
-de direction biplan 398
-de profondeur 400, 401, 402, 403, 405, 424, 426
-de profondeur biplan 399
-de profondeur synchronisé 423
-latéral 372, 374, 375
Gouverne
-de direction 398, 421
-de profondeur 398, 399, 400, 409, 415, 421, 424
Goya 35
Graben 61, 293
Gradin 477, 494, 498

INDEX

Graffias 21
Grain d'amidon 133, 139
-de fond 387
Graine 122, 123, 149, 150, 151, 152, 153
-du lin 436
Graisse 214
Graisseur 339
-à goutte 336
-à huile 335
-automatique de cylindre 343
-à vis 336
-mécanique 325
Grand
-calice 256
-chambre 381
-épiploon 214
-étai 372
-foc 379, 385
-hune 377
-mât de hune 377
-mât de perroquet 377
-oblique 241
-os 230
-quartier 582, 583
-vergue 377
-voile 373, 375
Grand Canyon 276, 277
Grand Chaco 265
Grand Chien, le 18, 21
Grand corps (ou grande branche) 508
Grand Nuage de Magellan 12, 15, 20, 21
Grand tournant 555
Grande
-aile du sphénoïde 220, 221
-fontanelle 220
-lèvre 258
-mosquée de Cordoue 484
-scissure 255
-tégénère 171
Grande Berce 129
Grande Casserole, la 19
Grande galaxie spirale 13
Grande Ourse 18, 21
Grande Tache Rouge 44, 45
Grande Tache Sombre 50, 51
Grandes
-bittes 381
-couvertures 188, 191
-ondes 318
Grands mammifères 57
Granit dur 283
Granulation 32, 33
-de Pacchioni 237

Granule de mélanine 234
Granum 139
Graphite 268, 311
Graptolite 65
Grasset 198
Grassette 161
Grattage 439
Gratte-ciel 494
Grattoir 446
-à colle 442
-en matière plastique 442
Graviers 292, 294
Gravitation 320
Gravité 11, 24, 28, 29, 42, 300
Gravure 446, 447, 448, 449
-en relief 446
-sur bois 449
Great Bear, lac 265
Great Slave, lac 265
Grèbe castagneux 190
Grèce antique 460-461
Grecque 461, 491
Gréement 382-383
-courant 382
-de voiliers 385
-dormant 382, 561
Grêle 302
Grenouille 182-183, 192, 278
Grès 276
-de Coconino 276
-de Dakota 276
-de Tapeats 277
-de Temple Cap 276
-de Wahweap 276
-Navajo 276
-quartzite 60, 61
Griffe
-araignée 171
-caïman 187
-crabe 172
-de flash 589
-dinosaure 83
-écrevisse 173
-fine 452
-kangourou 207
-large (ciseau grain d'orge) 452
-lézard 184
-oiseau 190
-poussin 193
-scorpion 170
-tortue d'eau douce 187
Griffon 461
Gril costal 218, 219
Grille 324, 464
-en fer forgé 482

-de protection 578, 579, 329
-de protection des trompettes d'injection 357
Grille-pain 578- 579
Grimaldi 40
Gris 271
Grive 188
Grive draine 190
Groenland 39, 64, 66, 73, 265
Gros intestin 214
-chat domestique 195
-chimpanzé 202
Gros pneu 369
Grosse caisse 505, 518, 519
Grosses cylindrées 362
Grotesque 476
Grotte 284, 285
-de glace 286
Groupe
-de puissance auxiliaire (GPA / APU) 415, 417
-Supai 277
Grue 498
Grue, la 19, 20
Grumman F-14 *Tomcat* 420
Gryposaurus 96, 99
Guanine 216
Guêpe 168
Guérite 380
Guerre mondiale (Première) 404-405
Guerre mondiale (Seconde) 408-409
Guette
-courbe 477
Gui 385
Guidage par radar 408
Guide 447, 584
-de montage 584
-en caoutchouc de la roue 328
Guide-câble 358, 359, 360
Guidon 359, 361, 362, 368
-aéro 361
-aérodynamique 360
-droit 361
-recourbé 361
Guignol 413
Guindant 384, 385
Guindeau 372
Guinevere Planitia 36
Guirlande 379, 476, 480, 490
-pendante 479
Guitare 510, 512
-acoustique 512

-basse électrique 513
-basse Fender 513
-électrique 512
-Washburn à douze cordes 513
Gula Mons 37
Gulf stream 297
Guyot 298
Gymnospermes 122, 123, 124, 125
Gynécée syncarpe 140
Gypse 271
-aciculaire 269

H

Habillage de boîtier 588
Habitacle de compas 378
Habitus 268, 271
-botryoïdal 270, 271
-en amas filamenteux 271
-fibreux 271
-massif 271
-prismatique 271
-tabulaire 271
Hache 374
Hadar 21
Hadrosaures 96, 99
Hafnium 310
Hale-bas 382, 383, 385
Halite orange 269, 277
Halley, comète de 52
Halogène 311
Halogénure 269
Hamada 282, 283
Hamal 19, 20
Hampe 491
Hamulus ptérygoïdeus 220
Hanche 211, 218, 219, 381
-coléoptère 168
-kangourou 207
Handball 534, 535
-arbitre 535
-chronométreur 535
-gardien de but 535
-marqueur 535
-shooter 535
Haptère 117
Haricot 153
Harley Davidson 362
-FLHS Electra « Glide » 1988 362

Harmika 491
Harmonie 518
Harnais 402
   -de sécurité 357
   -de thermocouple 419
   -léger 555
Harnais-cocon 426
Harnal 19
Harpe 504, 510, 511
Hathor 459
Hathor Mons 37
Hauban 358, 360, 373, 376, 400, 402, 424, 425
   -de cheminée 395
Haubanage 400
Hausse 510, 511
Haut-parleur 512, 520, 521, 575
   -externe 585
Hautbois 503, 505, 508
Haute varangue 393
Hauteur de plongeon 559
Hawker *Tempest V* 408, 409
Hawksmoor, Nicholas 478, 481
Hawthorne 35
Hayon arrière 349
Heine 35
Heka 18
Helen Planitia 36
Hélice 390, 391, 395, 402, 404, 405, 408, 419, 425, 427
   -à pas fixe 403
   -à pas variable 396, 406, 407
   -à prise directe 402
   -cage 391
   -en bois 400
   -froude 391
   -propulsive 398, 399, 426
   -tripale 390
Hélice, nébuleuse de l' 17
Hélicoptères 422
Héliport 498
Hélium 22, 24, 25, 26, 32, 35, 45, 47, 49, 51, 311
Hélix 242
Hématite
   -à habitus
   -tabulaire 271
   -brune 271
   -rognoneuse 268
Hemicyclaspis 56
Hémisphère
   -cérébral 212, 236-237, 238
   -Nord 18, 19,66, 297
   -Sud 20, 21, 66, 297
Hépatique 112, 118, 119

   -feuillée 118
   -thalloïde 118
Herbivores 194
Hercule 19, 20, 40
Herminette 374
Hérodote 40
Herpe 379, 380, 381
Herrerasauridés 83
Herrerasaurus 68, 86
Hertzsprung 41
Hespéride 148
Hestia Rupes 37
Heterodontosaurus 83
Hibiscus 126, 127
Hiéroglyphes 458, 459
Hilbert 41
Hile 148, 149, 151, 152, 153
Hiloire d'écoutille 381
Himalaya 265
   -chaîne de 57, 62, 63, 74, 75, 77
Hippocampe 180
Hippopotame 198
Hippopotamus amphibius 77
Hittorff, Jacques-Ignace 479
Hockey 540, 541
   -ailier droit 540
   -arbitre 540
   -arrière droit 540
   -arrière gauche 540
Hockey sur glace 550-551
   -ailier droit et gauche 550
   -arbitre 550
   -bancs 550
   -but 550
   -défenseurs droit et gauche 550
   -équipement de hockey 550
   -filet 550
   -gardien de but 550
   -joueur 550
   -juge de but 550
   -juge de ligne 550
   -plet 550, 551
   -patinoire 550
   -peinture personnalisée 551
   -point de mise en jeu 550
   -protection du joueur 551
   -zone d'attaque 550
   -zone de but 550
Hodge 11 16
Hohenbuehelia petaloides 115
Holden 43
Holmium 311
Holocène 57
Holothurie 174

Homalocéphale 101
Homard 172
Homaru 73
Homeosaurus pulchellus 71
Hominidé 75, 108, 109
Hominoïdés 202
Homme moderne (*Homo sapiens*) 57, 76
Homo erectus 108
Homo habilis 108
Homo sapiens 108, 109
Honda CB750 362
   -1969 363
   -VF750 1985 364
Honshu 265
Horizon événementiel 29
Horloge 570-571
Horst 61
Horus 458
Hôtel de ville d'Hilversum, Pays-Bas 495
Hourdis 466
Housse de siège 577
Howe 36
HPV de course « speedy » 361
Hti 490
Huayangosaurus 93
Hublot 394, 412, 414
   -de cabine-passagers 417
Hudson, baie d' 265
Huile
   -de lin 436
   -végétale 436
Huître 176
Humains 202
Humboldt, courant de 297
Humérus 218, 219
   -chat domestique 195
   -cheval 199
   -crocodile 186
   -éléphant 201
   -grenouille 183
   -kangourou 206
   -lézard 184
   -lièvre 197
   -oiseau 189, 191
   -ornithorynque 206
   -phoque 204
   -singe rhésus 202
   -tortue 187
Humeur
   -aqueuse 241
   -vitrée 240-241
Hune
   -d'artimon 378
   -des projecteurs 394

   -militaire 376
Hunier
   -fixe 385
   -volant 385
Hurleurs 202, 203
Hurley 541
Hurling 540, 541
Huron, lac 265
Husqvarna motocross TC610 1992 368
Hyaenodon 74, 107
Hydre femelle 18, 20, 21
   -Alpha de l' 20
   -Bêta de l' 20
   -Delta de l' 20 ;
   -Epsilon de l' 20
   -Gamma de l' 20
Hydrocarbure 313
Hydrogène 22, 24, 25, 32, 35, 45, 47, 49, 51, 138, 309, 310, 312, 313
   -gazeux 12, 17
   -métallique 45, 47
   -sulfuré 51
Hydrosulfide
   -d'ammoniac 47
   -d'ammonium 45
Hydroxyde de calcium 313
Hyène 194
Hyménoptères 168
Hypacrosaurus 99
Hypes 114, 115, 133
Hypocotyle 152, 153
Hypoderme 235
Hypophyse 212, 236
Hypostyle 458
Hypothalamus 236
Hypsilophodon 72, 82
Hyptolome de décandolle 115
Hypural 180

I

Ichthyosaure 71
Ichthyosaurus magacephalus 71
Ichthyostega 56, 80
Icon 585
Idéogramme chinois 445
If 123
Iguane commun 82
Iguanodon 73, 96, 97
Ile 291, 294

INDEX

-volcanique 58, 299
Iléon 226, 249,
Iléum
-grenouille 182
-lapin 196
-oiseau 189
Ilion 218, 219
-grenouille 183
-oiseau 189
ILS 420
Image
-animée 574
-en relief 446
-gravée 446
-informatique d'un supersonique 416
-infrarouge 318
-radar de Vénus 36
Imagerie du corps 214
Imago 169
Immatriculation 424
-militaire 403, 404
Impact 34, 41
Impasto 437
-épais à structure rugueuse 443
Imposte 465, 466, 469, 473, 484, 485, 488
Incandescence 318
Incision 455
Incisive 245, 246
-chimpanzé 202
-éléphant 201
-lapin 196
-lion 194
-ours 194
-rongeurs 196
Incisure cardio-tubérositaire 248
Inclinaison 31, 36, 38, 40, 44, 46, 48, 50, 51
Inde 62, 63, 64, 66, 68, 70, 72, 73, 76, 77, 92, 490
Index 230, 231
-de vitesse
-d'obturation 589
Indicateur
-de hauteur 519
-de profondeur de champ 589
-de vitesse 362, 404, 425
-portes 328
Indien, l' 20
Indien, océan 265
Indium 311
Induit 566

Inflorescence 113, 129, 131, 142, 143, 144, 148, 150, 154, 155, 162, 163
Injecteur
-d'air de démarrage 418
-de carburant 344, 345, 357, 418, 419
Insecte 144, 145, 161, 168, 169, 279
Inselberg 283
Insert 566
Insigne de la British Automobile Association 336, 337
Inspiration 255
Instructeur 403
Instrument
-à cordes pincées 512
-à archet 510
-à clavier 514
-à cordes 510, 511
-à vent 509
-de dessin 430
-de finition (scupture) 454
-de l'orchestre en italien 502
-de percussion 516, 518
-de vol 425
-électroniques 520, 521
-pour la taille douce 446
Interception 526
Intérieur du frein à tambour 365
Interrupteur 578, 579
-d'allumage 337
-de démarrage 339
-à poussoir 572
-général 357, 575
Intestin
-abeille 168
-anatife 173
-araignée 170
-chat domestique 195
-chimpanzé 202
-dauphin 205
-écrevisse 173
-éléphant 200
-grêle 214, 248, 249
-grenouille 182
-gros 195, 202
-lézard 185
-oursin 175
-papillon 169
-poisson osseux 181
-roussette 179
-tortue terrestre 187
-vache 198
Intrados 400, 409, 425, 484

-d'arc à méplat 469
-feuillagé 479
Intrusion ignée chaude 274
Inverseur
-d'éclairage 363
-de poussée 421
Invertébrés 56, 65, 279
Io 44
Iode 311
Iodure de plomb 313
-de potassium 313
Ion 311
-bichromate 312
-chromate 312
-négatif 308
-potassium 312
-positif 308
Iridium 311
Iris 137, 177, 213, 226, 241, 589
Isaac Newton 320
Ischion 218, 219, 224
-écrevisse 173
-grenouille 183
-oiseau 189
Ishtar Terra 36
Islam 488-489
Isolant 317
Isolateur 314
Israël 293
Isthme 158
Itague 373
-de grand-vergue 377

J

Jabot
-abeille 168
-aspirateur de l'araignée 170
-escargot 177
Jacinthe d'eau 158
Jambage (fût) 445
-éclairé 445
-de fenêtre 479
Jambe 210, 449
-cheval 198
-courbe 452
-Crocodiliens 185
-de force 473, 486, 490
-de train d'atterrissage 399, 407, 416, 417, 420, 424-425
-éléphant 200
-gorille 203
Jambette 380, 464, 473, 486
James Naismath 532
Jante 358, 359, 360, 402, 414
Japon, mer du 265
Jaquette 554
Jardinière 494, 495
Jarret 195, 198
Jas 372, 380
Jauge de niveau d'huile 344, 346, 580
Jaune 192, 271, 432, 437, 441
-citron 442
-de cadmium 438
-de plomb ou d'étain 433
-primaire 439
Jaune, fleuve (Huang Ho) 265
Javelot 542
Jeep militaire 354
Jéjunum 248, 249
Jerrycan 355
Jet de particules 13
Jet stream
-polaire 300
-subtropical 300
Jeu de direction 361
Jeux
-de balle 524
-Olympiques 542, 554
-Olympiques modernes de 1896 558
Jockeys 554
Jodhpurs 554
Joint 282, 285
-de fond 512
-de roulement en caoutchouc 359
-de stratification 285
-d'étanchéité 413
-d'étanchéité de porte 580
-pneumatique 421
Joliot 41
Jonc 135, 444, 583
Jonction émail-dentine 247
Jonque 376
Jordanie 293
Jotteraux 378
Joue 199, 212
-de poulie 382
Joule 316, 318
-d'énergie 315
Jour 474, 483, 487
Jourdain, fleuve 293
Joystick (levier de commande des

effets) 520
Judo 556, 557
 -arbitre 556
 -chronométreur 556
 -judokas 556
 -kimono blanc 556
 -rises et fauchages 556
Jugulaire à ouverture rapide 360
Jupiter 30, 31, 44, 45
Jurassique 57, 70, 71, 92, 96
Justicia aurea 144

K

Kaibab
 -calcaire de 276
 -plateau de 277
Kaiparowits, plateau de 277
Kalahari, désert du 265
Kalanchoe 154
Kalasa 489
Kame 286
 -en delta 286
 -en terrasse 286
Kangourou 206-207
Kara Kum 265
Karman 409
Karnak 458
Kaus Australis 19, 21
Kaus Borealis 20, 21
Kaus méridionalis 21
Kayak 560
Kazakstanie 65
KdF Wagen 340
Keeler 41
Kendo 556
Kentrosaurus 93
Kepler 40
Kérosène 418
Ketch 385
Khonsou 459
Kick 366
Kick-starter 363
Kimberlite 268, 275
Kiosque 397
Kiwi 188
Klint, P. V. Jensen 495
Koala 207
Kochab 18
Korolev 41
Krypton 311
Kuan Han-ch'ing 35

Kunzite à habitus prismatique 271
Kuroshio, courant 297

L

Labelle 145
Labrador, courant du 297
Labre 168
Labyrinthe osseux 243
Lac 266, 267, 275, 286, 288-293
 -d'eau de fonte 286
 -de bras-mort 289, 290, 293
 -de cirque 293
 -de faille décrochante 293
 -de graben 293
 -en nid de poule ou chaudron 293
 -frontal 286
 -sanguin maternel 260
 -serpentant 287
 -volcanique 293
Laccolithe 273, 274, 275
Lacertiliens 184
Lacet 568, 569
Lacrosse 540
Lacune 158, 159
Lada Terra 36
Lagomorphes 196
Lagon 291, 299
 -nébuleuse du 21
Lagopèdes 193
Lagune 294, 295
Lainede rembourrage 582
Lama 198
Lamb, T. 494
Lambeosaurus 96, 98, 99
Lambrequin 490
Lambris 493
Lame 222, 436, 516, 580, 581
 -d'étouffoir 514
 -de bois frappée avec une baguette à tête dure 516
 -de plastique flexible 442
 -élastique externe 252
 -élastique interne 252
 -en acier 450
 -en caoutchouc 448, 450
 -inférieure du ligament annulaire 233
 -métallique 517
 -quadrilatère 224

Lamelle de Havers 225
Lamier 135
Laminaire 117
Lampe 339, 572-573
 -à alcool 454
 -à huile latérale 337
 -arrière 337
 -d'architecte 572
Lampland 43
Lance-bombes 404
Lancer 542
 -du disque 542, 543
 -du javelot 542, 543
 -du marteau 542, 543
 -du poids 542, 543
Lancette 470, 472
Land Rover britannique 354
Langrenus 40
Langue 212, 226, 244, 248
 -caïman 186
 -chat domestique 195
 -chimpanzé 202
 -dauphin 205
 -éléphant 200
 -lapin 196
 -lion 194
 -serpent à sonnette 185
 -vache 198
Languette 568
 -de tenon 576
Lanterne 481
 -de poupe 379
Lanternon 478, 480, 485, 486
 -cylindrique 494
 -en « poivrière » 481
 -polygonal 479
Lanthane 310
Lanthanides 310
Lapiez 284
Lapillis 279
Lapin 196-197
Lapis lazuli (bleu d'outremer) 433
Lard 204
Larmier 469, 471, 472, 475, 477, 481, 486
Larve 169
Larynx 182, 214
Laser 584
Lasso 582
Latte 464,
 -de voile 376
Lattis 465
Laurasie 71, 72
Laurentie 65
Laurussie 67

Lavatère en arbre 131
Lave 40, 42, 62, 266, 273, 292
 -visqueuse 272
 -en coussins 298
Lave-glace 349
Lavinia planitia 36
Lavis 438, 439
 -en dégradé 439
 -sur aquarelle sèche 439
 -sur lavis 439
 -transparents 439
Lawrencium 311
Le Corbusier, Édouard Jeanneret-Gris, dit 494
Lecteur
 -de disque CD-ROM 584-585
 -de disquettes 521
Lecture 584
LED (diode à émission lumineuse) de mise sur/hors tension électrique 584
Leda planitia 36
Leibnitz 41
Lemercier, Jacques 486
Lemming 196
Lemur catta 203
Lémuriens 202-203
Lena, fleuve 265
Lenoir, Étienne 334, 342
Lentille 152, 570, 588
Leonaspis 279
Lepidodendron 66, 67
Lépidoptères 169
Lepidotes maximus 73
Leptoceratops 103
Lésène 465, 476, 477, 481, 493
Letronne 40
Lettre
 -ascendante 445
 -descendante 445
 -enluminée 432
 -romaines italiques 445
 -majuscules 445
Lettrine ornée 445
Levée 289, 290, 291
Levier 321, 514
 -d'armement du film 589
 -de commande 353, 581
 -de déblocage de l'objectif 588, 589
 -de fusée 338
 -de frein 335, 343
 -de hauteur de coupe 580
 -de marche arrière 342
 -de vitesses 337, 340, 351,

INDEX

353
-pendant 339, 343
Lèvre 212
Levure 313
Lézard 184-185
Lézard, le 19, 20
Liaison 502, 503
  -covalente 309
  -ionique 308
Liang K'ai 35
Liant 434, 438, 440
  -à base de jaune d'œuf 432
  -hydraulique 432
  -siccatif 436
  -résistant à la rouille 434
Liberty Ship 392
Lichens 114, 115
  -fruticuleux 114
  -foliacé 114
  -squameux 114
Licorne, la 18, 21
Liège 508
Lierne 469, 485
Lierre 137
  -de Colchide panaché 137
  -panaché 131
  -terrestre 154
Lièvre 196-197
Lièvre, le 18, 21
Ligament 224, 232
  -alvéolo-dentaire 247
  -annulaire antérieur 231
  -astragalo-scaphoïdien supérieur 232
  -calcanéo-scaphoïdien inférieur 232
  -crico-thyroïdien moyen 244
  -deltoïdien 232
  -de Bertin 224
  -en Y 232
  -falciforme 248
  -interosseux 232
  -ovarien 259
  -périodontique 247
  -pubo-fémoral 224
  -scapho-cunéus dorsal 232
  -suspenseur du cristallin 241
  -tarso-métatarsien dorsal 232
Ligature 508, 509
Ligne
  -blanche 226
  -d'appel du triple saut 542
  -d'arrivée 542, 555
  -de champ magnétique 317

-de croissance 177
-de descente 445
-d'écartement 58
-de faille 59, 63
-de partage des eaux 289
-de pédales pour l'orgue 502
-de pied 445
-de source 292
-de tête 445
-de visée 41
-intertrochantérienne 224
-isosismique 63
-latérale 181
-médiane 445
Lignite 280
Lilienthal, Otto 398
Limace 176
Limaille de fer 317
  -de zinc 312
Limander 388
Limbe 137, 138, 154, 158, 159, 160, 161, 377
Limonite 268, 269
Lin
  -grossier 437
  -raffiné 437
Linaire 129
Linoléum 449
Linteau 295, 459, 494
Lion 194-195
Lion, le 18, 21
Liquidambar europeanum 76
Liquide 306, 307
  -allantoïde 192
  -amniotique 192, 260, 261
  -fixatif à base de résine dissoute 430
  -refroidisseur 345, 346, 424
Lis 133, 138, 140
  -cobra 160
  -de mer 174
  -orangé 154
Liseuse 329
Lisse 375, 380, 381, 393
  -de coltis 381
  -de dunette 378, 381
  -de fronteau de dunette 381
  -de gaillard 379
  -de hune 378
  -de pavois de dunette 381
  -d'hourdi 381
  -supérieure de tableau 381
Lit
  -de courants de boue 298
  -de minéraux sombres 274
  -de sidérite 277

-de silex 277
Lithification 266
Lithium 310
Lithographie 446, 448
Lithosphère 59
Liure 379
  -de gouvernail 375
  -de mât 376
Livre 586- 587
Lobe 118, 160, 472, 473, 488
  -anal 200
  -droit du foie 248-249
  -frontal 236
  -gauche du foie 248
  -occipital 236
  -pariétal 236
  -pulmonaire 254-255
  -radio 13
  -temporal 236
Lobule 242
Lockheed *Electra* 406
Locomotive
  -à vapeur 324, 325
  -à vapeur « Rocket » 324
  -« Deltic » 326
  -diesel 324
  -diesel-électrique 326-327
  -électrique, classe 402 328
Logement de la cartouche du film 588
Logiciel de séquence musicale (séquenceur) 520, 521
Logo 44, 328
  -de la compagnie 332
  -de la Ligue australienne de Football 529
  -d'une équipe de football 525
  -du constructeur 363
  -du fabricant 525
  -du sponsor 369, 525
  -Renault 348
Lombes 210
Longeron 400, 402, 405, 415, 417, 424
Longueur d'onde 294
Lopolithe 274
Loris 202
Losange 576
Lougre 385
Loup 195
Loup, le 18
Loutre 194
Lowell 43
Lucarne 476, 486, 493, 495
  -faîtière 493
Luette 212, 245

Lufengosaurus 89
Lumière 12, 13, 14, 15, 17, 29, 41, 53, 318, 319, 588
  -blanche 318
  -bleue 318
  -jaune 318
  -laser incidente 319
  -orange 318
  -réfléchie 319
  -réfractée 319
  -rouge 318
  -ultraviolet 319
  -verte 318
  -violette 318
  -visible 319
Lune 11, 32, 36, 40, 297
  -face cachée de la 41
Lunes 30, 42, 46, 48, 50
Lunette
  -arrière 349
  -en bois 571
Lunule 231
Lutétium 311
LVG C.VI 404, 405
Lycopode 66, 120
Lycopodium 64
Lynx, le 18, 21
Lyre, la 19, 20
Lysosome 216, 217

M

M22 (NGC 6656) amas globulaire 21
Maar 293
Macaque 202
Mach 1 416
Mach 41
Machine
  -à cylindre oscillant 390
  -simples 320
Machinerie d'ascenseur 497
Mâchoire 212, 246, 567
  -dauphin 204
  -de frein 365
  -de serrage 573
  -serpent 184
Mackenzie-Peace, fleuve 265
Maçonnerie 484
Macrobe 40
Macrofibrille 234
Macrospicule 33

Madagascar 265
Maginus 40
Magma 58, 63, 266, 272, 274, 298
Magnésium 39, 58, 296, 310
Magnétisme 316, 317
Magnéto 399, 402, 408, 411
Magnétosphère 38
Magnitudes 22
Magnolia 57, 72
Mahonia 131
Maiano, Benedetto da 474
Maiasaura 98
Maille d'assemblage 386
Maillet 516
 -de sculpteur 452
 -de voilier 384
Mailloche 516, 519
 -à fourrer 383, 384
 -recouverte de feutre 518
Maillot
 -de basket-ball américain 533
 -de corps 537
 -de rugby à XIII 531
Main 203, 210, 230-231
 -courante 324, 328, 329, 392, 477, 494
Maïs 112, 127
Maison 466
 -en pans de bois 466
 -Kawana, Japon 496
 -médiévale 466
 -« Sans pareille », Grande-Bretagne 466, 467
Maître
 -bau 380
 -de hache 374
 -maneton 390
Maître-autel 470
Maître-couple 416
Maître-cylindre 365
 -de frein 363, 364
 -de frein à disque 368
Majeur 230, 231
Maki catta 203
Malachite 433
Malacostracés 172
« Mallard » 324
Malléole
 -externe 233
 -interne 233
Malouines, courant des 297
Mamelle de cuir 583
Mamelon 211
Mammifères 56, 75, 77, 104, 105, 106, 107, 279

 -carnivores 194
 -cétacés 204
 -lagomorphes 196
 -marsupiaux 206
 -monotrèmes 206
 -ongulés 198
 -pinnipèdes 204
 -primates 202
 -primitifs 206
 -proboscidiens 200
 -rongeurs 196
Mammouth 75, 76, 77, 104, 107
Manche 361, 512, 513
 -à balai 398, 399, 425
 -coudé en acier 436
 -en bois 438, 447, 517
 -en bois de frêne 452
 -en érable 510
 -gainé 450
Manchon de pédalier 358
Manchot 188
Mandapa 491
Mandibule 212, 245, 246
 -cheval 199
 -chimpanzé 202
 -coléoptère 168
 -crocodile 186
 -écrevisse 173
 -éléphant 201
 -fourmi 168
 -kangourou 206
 -lièvre 197
 -lion 194
 -oiseau 188-189
 -ours 194
 -phoque 204
 -poisson osseux 181
 -serpent à sonnette 185
 -singe rhésus 202
 -tortue 187
Mandrill 202-203
Mandrin 567
Manette
 -d'allumage 338
 -de dérailleur 359
 -de direction 334, 335
 -des gaz 402, 581
Manganèse 281, 310
Mangouste 194
Maniabilité 402
Manille 382, 386
Manillon 382, 386
Manipulateur 332

Manivelle 325, 360, 449, 567
 -à 5 branches 358
 -de cloche 391
 -de démarrage 336, 337
 -de mise en marche 338, 339, 343
 -de rembobinage du film 588, 589
 -gauche 359
Manœuvrabilité 402
Manomètre 355
 -de pression du chauffage à vapeur 325
 -du frein à vide 325
Manteau 35, 37, 39, 41, 43, 45, 47, 45, 51, 274
 -cavité 173
 -coquille Saint-Jacques 176
 -Mollusques 176-177
 -muscles 176
Mantelet de sabord 376, 379, 381
Manuscrit enluminé 432, 445
Maracas 504, 516
Marbre 274, 489
 -blanc translucide (Carrare) 453
Marche 542
Marchepied 334, 335, 337, 339, 341, 378, 379, 382, 400, 404, 423, 424
Mare de glace fondue 286
Marécage 288, 291, 293
Marée 297, 298
 -basse 295
 -de morte-eau 297
 -de vive-eau 297
 -haute 295
Mareotis Fossae 43
Marginocéphaliens 83, 100, 101, 102, 103
Margouillet 372, 383
 -de brasseyage 373
Mariopteris 66
Markab 19, 20, 21
Marque
 -de charge 383
 -de tailleur 470
 -de tirant d'eau 379
Marronnier commun 130
Mars 30, 31, 42, 43
Marsouin 204
Marsupiaux 104, 206-207
Marteau 242, 485, 514, 515, 542
 -coulissant 377
 -de mosaïste 450
Martellange, Étienne, Ange

 Martel, dit 479
Martinet de charge 394
Martingale 383, 554, 557
 -de bout dehors 382
Mary Rose 376
Masque 487
 -de tailloir 460
Masse 22, 24, 26, 27, 29, 30, 31, 35, 320, 321, 452, 453
 -atomique 311
 -relative 310
Masselotte 422
Massif 462
 -antérieur 469, 481
Massospondylus 83, 89
Mât 372, 402
 -d'artimon 375, 378
 -de cabane 404
 -de charge 392
 -d'entreplan 399, 402, 403, 404, 405
 -de gauchissement 399
 -de misaine 372
 -de perroquet 378
 -de pylône 427
 -de rotor principal 422, 423
 -de voilure 427
 -raidisseur 423
 -tripode 394
Matar 19
Match de cricket 538
Matelassure de caoutchouc 583
Matériaux synthétiques 306
Matériel
 -de cuisine 354
 -de découpe du marbre 450
 -de dessin 430
 -de survie 354
 -pour la dorure 432
 -pour la peinture à l'huile 436
Matière vivante 306
Mato Grosso 265
Matrice 269
 -à grains fins 267, 275
 -de limonite 268, 269
 -de feldspath 269
 -protéique 166
 -quartzeuse 268
 -sombre 269, 275
Mâture 400, 402
Maxillaire
 -chimpanzé 202
 -éléphant 201
 -grenouille 183
 -inférieur 212, 220, 221, 245, 246

INDEX

-lion 194
-ours 194
-poisson osseux 181
-supérieur 212, 220, 221, 245, 246
Maxillipède 173
Maxwell Montes 36, 37
Méandre 289, 290
Méat 241, 245
-urétral 258, 259
-urétral interne 257
Mécanique
-du piano droit 514
-moderne 350
Mécanisme
-de gâchette 566
-de transmission 567
-du cliquet 567
Mèche 454, 567
-de gouvernail 373, 381
-en crin de cheval 510, 511
Médaillon 476
Média 252
Médinet Habou, Égypte 459
Méditerranée 265
Médullaire 234, 256
Medullosa 66
Méduse 56, 78, 166-167, 279
Mégaspore 122
Megazostrodon 104
Megrez 19
Meiolania platyceps 77
Mélange huile-pigment 436
Melanosaurus 68, 89
Mêlée au rugby 530
Melon 205
-charentais 149
Membrane
-allantoïde 192-193
-basale de la capsule de Bowman 257
-basilaire 243
-cellulaire 216, 217
-chorioallantoïde 192
-coquille 192
-de Reissner 243
-nucléaire 216, 217
-obturatrice 224
-œufs 193
-souple 518
-vitelline 192
Membre Shinarump 276
Membres
-caïman 186
-grenouille 182
-kangourou 207

-lapin 196
-oiseau 188
-rat 196
-salamandre 182
Mémoire 584
Mendel 41
Mendeleev 41
Mendélévium 311
Meneau 470, 472, 473, 476
Menkalinan 21
Menkar 19, 20
Menkent 21
Menton 188, 211, 212
Mentonnière 510, 511
Mer 275, 278, 281, 288, 291, 296
-continentale 73, 75
Merak 19
Mercure 30, 31, 34, 35, 281, 311
Méridien de Greenwich 265, 297
Méristème apical 133, 134
Merlon 466
Meros
-crabe 172
-écrevisse 173
Mersenne 40
Merycoidodon culbertsonii 75
Mesa 275, 282, 283
Mésencéphale 236
Mésentères 167
Mésocarpe 146, 148, 149
Mésoglée 166-167
Mésophylle 113, 126, 135
Mésosphère 300
Mésothorax 168
Mésozoïque 57, 80
Mess 397
Messerschmitt 262 408
Mesure 502
-à quatre temps 502
-à six temps 502
-à trois temps 502
Mesureur de couple 419
Métacarpe
-aile d'oiseau 191
-chat domestique 195
-éléphant 201
-grenouille 183
-kangourou 206
-lézard 184
-lièvre 197
-oiseaux 189
-ornithorynque 206
-phoque 204
-singe rhésus 202
-vache 198
Métacarpien 218, 219, 230

-cheval 198-199
Métal 310
-alcalino-terreux 310
-alcalins 310
-de deuxième transition 311
-de première transition 310
-de transition 310
-de troisième transition 311
-dur 310
-mou 310
-pauvre 310
-précieux non réactif 311
-radioactif 310
-réactif 310, 311
Métamorphisme de contact 274
Métamorphose
-abeille 169
-Amphibiens 182
-coléoptère 169
-grenouille 183
-mouche 169
-papillon 169
Métasoma 170
Métatarses
-chat domestique 195
-crocodile 186
-éléphant 201
-grenouille 183
-kangourou 206
-lézard 184
-lièvre 197
-ornithorynque 206
-phoque 204
-singe rhésus 202
Métatarsien 219, 232
-cheval 199
Métathorax 168
Météore 301
Météorites 30, 34, 38, 41, 52, 53
Méthane 47, 49, 51, 53
Metis Regio 36
Métope 460
Metrobus MCW 332
Meuble en bois 515
Meurtrière 466, 467, 468, 469, 477, 495
Miaplacidus 21
Mica 270, 274
Micaschiste à grenat 267
Michigan, lac 265
Micro 513
Micro-ondes 318
Micro-ordinateur 520, 521
Microfilament 216-217
Micropyle 147, 150, 153
Micros 512

Microscope 267
Microsporange 122
Microspore 122
Microtubule 216, 217, 239
Microvillosité 216, 217
Midway Gardens, Chicago 495
Mie de pain 440
Milankovic 43
Millepertuis 145
Milne 41
Milton 35
Mimas 46
Mimosa 21
Mimulopsis 145
Minahouet à fourrer 383
Minaret 489
Mine 280
Minerais
-de cuivre 306
de fer nickel 270
Minéral vert de silicate calcique 275
Minéralisation 61
Minéraux 268, 306
Mini-capitonnage de selle 368
Mini-téléviseur 574- 575
Minmi 95
Minot d'amure 380
Mintaka 18
Minuterie 578
Miocène 57
Mira 19, 20
Mirach 19, 20
Miranda 48
Mire 548
Mirette à modeler la terre 454
Mirfak 19, 20
Mirhab 488
Miroir 319
-de la faille 60
Mirzam 18, 21
Misaine ferlée 375
Missile 420
-Exocet 397
Mississipien 56
Mississippi, fleuve 265, 291
Missouri 265
Mitochondrie 216, 217, 239
Mitrailleur 408
Mitrailleuse 404,405, 408
-Parabellum 405
-synchronisée 404
Mixosaurus 57
Mizar 19
Modelage 452
Modérateur 314

Modernisme 495
Modillon 475, 478, 479, 482
Moelle épinière 212, 222, 236, 238, 261
-chat domestique 195
-chimpanzé 202
-dauphin 205
-éléphant 200
Moeritherium 105
Molaires 246
-chimpanzé 202
-éléphant 201
-ours 194
Molécule 306, 308
-de gaz 53
Mollet 210
Mollusque 71, 176-177
-céphalopode 278
-gastéropode 75, 279
-nautiloïde 69
Molybdates 269
Molybdène 310
Molybdénite argentée 271
Monnaie-du-pape 151
Monobras banane 368
Monocotylédones 126, 127, 140
Monoplans 400-401
-Blackburn 400, 401
-Blériot XI 401
-en tandem 402
-Rumpler Taube 400
Monotrèmes 206-207
Monoxyde
-d'azote 312
-de carbone 37, 43
Montagnes 62, 267, 289
-de l'Atlas 39
-Rocheuses 73, 75, 77, 265
Montant 519
-de bride 554, 555
Montée arrière 555
Montes
-Apenninus 40
-Jura 40
Monteverdi 35
Montgolfier (frères) 398
Monts
-calédoniens 67, 69
-Oural 69, 71, 73, 265
-scandinaves 69
Monture 588
Moraine 293
-frontale 286
-latérale 286, 287
-médiane 286, 287, 289
-terminale 289

Morane L et N 404
Mors 586, 587
Morse 204
Mortaise 373, 387, 576, 577
-passe-filin 383
Morte, mer 293
Mortier 432, 434
Morue 180
Mosaïque 450, 451, 488, 489
-sur carton 451
Mosquée 488
-El-Ainyi, Le Caire 488
-Jami Masjid, Bijapur, Inde 488
Motard 364, 369
Moteur 316, 350, , 398, 410, 418-419, 425, 427, 580
-à 398 cylindres en V 404
-à admission sur échappement 362
-à arbre à cames en tête 368
-à combustion interne 334, 342, 366
-à combustion rotatif 346
-à deux cylindres 334, 362
-à deux temps 342, 366
-à douze cylindres 344
-à essence 344
-à explosion 398
-à pistons 346, 410, 424
-à quatre temps 342, 366
-à quatre cylindres 344
-à réaction 418-419
-à six cylindres 336, 366
-à simple arbre à cames en tête 363
-à soupapes en tête 369
-à turbine à gaz 422
-à vapeur à deux cylindres 335
-à vingt-quatre soupapes 344
-Daimler à chemise-tiroir double 342
-de démarreur 340, 351
-de moto 366
-diesel 342, 346
-douze soupapes 344
-électrique 317, 342, 566
-Ford Cosworth 344
-Gnome rotatif à 7 cylindres 400
-Gnome rotatif monosoupape 410
-Humber 16 chevaux 342
-Jaguar 344
-Le Rhône rotatif 410
-Lycoming à 4 cylindres 423

-Lycoming à 6 cylindres 422
-monocylindre 335, 336
-monocylindre Oldsmobile 1904 336
-Napier Sabre 408
-Pratt & Whitney à 9 cylindres 406, 407
-quatre cylindres à plat 341
-Rolls-Royce Kestrel V12 411
-rotatif 410
-rotatif Mazda RX-7 346
-rotatif Wankel 342
-Salmson en étoile à 9 cylindres 399
-turbo diesel Ford 346 V4 364
-vélocette à soupapes en tête 367
Motif décoratif de mosquée 451
Moto 362, 363, 368
-de compétition 368, 369
-tout-terrain 368
-Werner de 1901 362
Motoneurone 228, 239
Motorwagen à essence Benz 334
Motte 466
Mouchette 472
Mouette
-rieuse 189
-tridactyle 190
Mouffette 194
Moulage en cire creuse 454
Moule 176, 452
-de bois 568
-de plastique 568
-en terre 455
Moulin 462, 464, 492
-romain 464
Moulure 459, 480, 576
-à chanfrein double 485
Mousse 64, 112, 118, 119
Mousseline 586, 587
Mousson du nord-est 297
Moustaches
-lapin 196
-lion 194
-phoque 204
-rat 196
Moustiquaire 355
Mouton 198
Mouvement orbital 52
Moyen Âge 466-469
Moyeu 337, 351, 358, 359, 361, 390
-de rotor principal 422
-de roue sans frein 369
-d'hélice 403, 410, 419

Mozambique, courant de 297
Muav, calcaire de 277
Muccini 434
Mue 171
Muliphen 21
Multiplication 154, 155
Munitions 396
Muqueuse 244,
Mur
-concave 481
-d'enceinte 466
-de roche 34
-écran 494
-en brique 492
-pare-vent 498
-peint à fresque 434
-rayonnant 465
-rentrant 481
-vitré 499
Mur-rideau 496, 497, 498
Mûre 146
Murène 180
Mûrier noir 130
Muscari 155
Muscle 226-227, 228-229
-abducteur du petit orteil 233
-abducteur du petit doigt 231
-adducteur 173
-adducteur du pouce 231
-arrecteur des poils 235
-biceps brachial 226, 227
-biceps fémoral 227
-brachial antérieur 226
-buccinateur 229
-canin 229
-cardiaque 228
-carré du menton 229
-court abducteur du pouce 231
-court extenseur du gros orteil 233
-court fléchisseur du pouce 231
-court péronier latéral 227, 233
-couturier 226
-crico-thyroïdien 229, 244
-de la houppe du menton 229
-de la tête 229
-deltoïde 226
-demi-tendineux 227
-dilatateur 240
-droit antérieur 226
-droit externe 240
-droit interne 227, 240
-du cou 229

INDEX

-du marteau 242
-élévateur propre de la lèvre supérieure 229
-extenseur de la main 227
-fléchisseur commun des orteils 233
-fléchisseur de l'avant-bras 226
-fléchisseur de la main 227
-frontal 226, 228, 229
-génio-glosse 245
-génio-hyoïdien 245
-grand adducteur 227
-grand dentelé 226
-grand dorsal 227
-grand droit 226
-grand fessier 227
-grand oblique 226
-grand pectoral 226
-grand rhomboïde 227
-grand rond 227
-grand zygomatique 228
-hyo-glosse 244
-iliaque 225
-intercostal 255
-interosseux dorsal 233
-jambier antérieur 233
-jambier postérieur 233
-jumeaux 227
-lingual supérieur 245
-lisse 228
-lombrical 231
-long adducteur 226
-long fléchisseur propre du gros orteil 233
-long péronier latéral 233
-long supinateur 226
-masséter 229
-moyen adducteur 225
-moyen fessier 225
-mylo-hyoïdien 244
-nasal 229
-omo-hyoïdien 229
-opposant du petit doigt 231
-opposant du pouce 231
-orbiculaire des lèvres 228, 229, 244
-orbiculaire des paupières 226, 229
-peaucier du cou 229
-pectiné 225, 226
-pédieux 233
-petit fessier 225
-petit rond 227
-psoas 225, 257
-psoas-iliaque 226
-pyramidal du nez 229
-rétracteur 167
-releveur de la paupière supérieure 241
-risorius de Santorini 229
-scalène moyen 229
-soléaire 227, 233
-sourcilier 228, 229
-sous-épineux 227
-sphincter irien 241
-squelettique 228
-sterno-cléido-hyoïdien 229
-sterno-cléido-mastoïdien 226, 227, 230
-stylo-glosse 244
-temporal 226, 227, 229
-thyro-hyoïdien 229, 244
-tibial antérieur 226
-trapèze 226, 227, 229
-triangulaire des lèvres 228, 229
-triceps brachial 227
-vaste externe 225, 226
-vaste interne 225, 226
Muscovite 269
Museau
-caïman 186
-Crocodiliens 186
-lion 194
-rat 196
Muserolle 554, 555
Mussaurus 68
Muttaburrasaurus 97
Mycélium 115
Mygale du Mexique à pattes rouges 170
Myocarde 250
Myofibrille 228
Myomètre 260
Mysticètes 204-205

N

Nacelle 426, 427
Nageoire
-anale 178-179, 181
-caudale 178-181, 205
-dauphin 204-205
-dorsale 178-179, 181, 205
-pectorale 178, 180-181
-pelvienne 179-181
-phoque 204
-poisson osseux 180-181
-roussette 179
-ventrale 179
Nageur 558
Naine blanche 22, 23, 25
Naine jaune 23
Naine noire 24, 25
Naine rouge 23
Nair Al Zaurak 19, 20
Naissance d'étoiles 15
Namibie, désert de 265
Nandou 188
Naos 485
Narine 213, 245
-chat domestique 195
-Crocodiliens 186
-dauphin 205
-éléphant 200
-gorille 203
-grenouille 182
-kangourou 207
-lézard 184
-oiseau 188
-poussin 193
-rat 196
-serpent à sonnette 185
-singe 202
Narval 205
Naseau
-cheval 199
-lion 194
Nash 21
Nasopharynx 245
Natation 558, 559
-arbitre 558
-chronométreurs 558
-juges de 558
Nautiloïde 65
Nautilus 69
Navigateur 408
Navire, le 18, 21
Navire
-à hélices 390-391
-à roues 390-391
-à vapeur 390-391
-de combat 394-395
-de guerre et de commerce 376-377
-de ligne 378, 379, 380
-du Moyen Âge 376
-en acier 392-393
-grec et romain 372-373
-viking 374-375
Neanderthal, homme de 108
Nébuleuse 13, 15, 20, 22, 24, 26
-à émission 12, 14, 16, 17
-à réflexion 16
-incandescente 12
-obscure 16
-planétaire 17, 25
Neck 272, 275
Nectaire 141, 145
Nectar 140, 142, 161
Nef 458, 469, 470, 472
-centrale 468, 470, 479
Nefertiti Corona 37
Neige 287, 302
Nénuphar 159
Néobyzantin 492
Néoclassique 482, 496
-anglais 482
Néodyme 310
Néogothique 492
Néogrec 492
Néon 35, 311
Néorenaissant 492
Népenthès 161
Néphron 256
Neptune 30, 31, 50, 51
Neptunium 311
Nerf 586, 587
-ampullaire 242
-auditif 243
-bronchique 254
-cervical 238
-cochléaire 243
-crânien 238
-cubital 231
-digital 231
-fémoral 238
-honteux interne 238
-hypoglosse 244
-laryngé supérieur 244
-lingual 244
-lombaire 238
-médian 238
-musculo-cutané 238
-optique 240
-pulpaire 247
-radiaire 175
-radial 238
-sacré 238
-sciatique 238
-sciatique poplité externe 238
-spinal 223, 238
-thoracique 238
-tibial postérieur 238
-vestibulaire 243
Nervure 126, 127, 136, 139, 159, 400, 403, 404, 405, 417, 462, 480, 481, 485, 486, 568
-coléoptère 168

-d'emplanture d'aile 412
-de raidissement 426
-de voûte 467
-en nid d'abeille 417
-papillon 169
-triple 486
Netball 534, 535
Neurofilament 239
Neurone 238-239
Neurotransmetteur 239
Neutrino 22
Neutron 22, 27, 28, 308
Névé 287
New State Paper Office, Londres 482
Newton 320
-lois de 321
Nez 211, 212, 213, 244-245, 408, 416, 417, 426
-cheval 198
-lapin 196
-rat 196
NGC
-3C273 13
-1566 13
-2997 12
-4486 12
-5754 13
Niche 467, 472, 476, 480, 482, 487, 488, 491
-cintrée rentrante 480
-de gâble 471
-en abside 462
-en gâbles 471
Nickel 37, 39, 281, 311
Nid-de-pie 375
Nid-de-poule 286
Nigelle de Damas 151
Nil, fleuve 265
Nimbo-stratus 302
Nimbus 302
Niobe Planitia 36
Niobium 310
Nitrate d'argent 312
-de cuivre 312
-de plomb 313
-de potassium 313
Niveau
-d'eau 325
-de la mer 299
-à marée basse 294
-à marée haute 294
Nobélium 311
Noctis Labyrinthus 42, 43
Nodosauridés 95
Nœuds 388-389

-d'arrêt 388
-d'assemblage 497
-d'aussières 387
-de cabestan 388
-de carrick 387, 389
-de cartahu 389
-de chaise 388
-de chaise double 388
-de chasseur 388
-d'écoute 387, 389
-de harnais 389
-de jambe de chien 389
-de Ranvier 228, 239
-arrêté 389
-plat 388
Noir 271
Noir de vigne 433
Noire, mer 265
Noix de capelage 373
Nom chimique 310
Nombril 212, 260
Non-métaux 310
Nord, mer du 280
Nord-atlantique, courant 297
Nord-équatorial, courant 297
Nord-pacifique, courant 297
North Rim 277
Northrop B-2 bombardier *Furtif* 421
Notation musicale 502, 503
Notes 502
Notre-Dame de Paris 470, 473
Noue 473
Nouveau cône 272
Nouvelle Lune 41, 297
Nouvelle-Guinée 265
Nouvelle-Zélande 265
Noyau 13, 14, 22, 27, 39, 41, 43, 45, 47, 49, 51, 52, 53, 147, 167, 216, 217, 308, 309, 310
-caudé 237
-en fer 317
-lenticulaire 237
Noyau
-galactique 12, 13
-terrestre 63
Noyer noir 137
Nu d'Andromède 19
Nuage 11, 16, 36, 38, 39, 42, 43, 46, 47, 49, 50, 51, 288, 301, 302
-blanc 45, 47
-bleu 47
-de gaz ascendant 45
-de gaz froid 24, 26
-de poussière 12, 14, 15, 17,

22
-orange sombre 45, 47
Nucelle 147
Nucléole 216
Nucléoplasme 216
Nucule 150
Numéro
-d'immatriculation 407
-de la ligne 328, 332
Nunki 19, 20, 21
Nuque 188, 199, 210
Nyasa, lac 265
Nymphe 169

O

Oasis fertile 283
Ob-Irtysh, fleuve 265
Obéron 48
Objet extragalactique 15
Observateur 404
Obsidienne 275, 306
Obstacles de concours hippique 554
Obturateur 588
Obus 397
Occipital (os) 183-202
Occlusion
-chaude 302
-froide 302
Océan 39, 303, 266, 267, 296, 301
-Atlantique 71, 73, 75, 77
-indien 73, 75, 77
-Pacifique 69, 71, 73
Océanie 265
Oceanus Procellarum 40
Ocelle 176
Ocre jaune 442
Oculaire du viseur 588, 589
Oculus 372, 462, 463, 466, 469, 471, 472, 473, 483
Odontoblaste 247
Odontocète 204
Œil du cyclone 303
Œil 211, 212, 213, 240, 241, 384, 460
-Amphibiens 182
-araignée 170
-caïman 186
-Carnivores 194
-cheval 198

-coquille Saint-Jacques 176
-crabe 172
-crevette 172
-Crocodiliens 186
-dauphin 204
-de hauban 373
-de nœud 387
-de proue 372
-écrevisse 173
-éléphant 201
-escargot 177
-gorille 203
-grenouille 182
-kangourou 207
-lapin 196
-lézard 184
-lion 194
-médian 170
-oiseau 188
-pédonculé développé 279
-phoque 204
-pieuvre 177
-poissons osseux 181
-poussin 192-193
-propitiatoire 374, 376
-rat 196
-roussette 178
-salamandre 182
-scorpion 170
-serpent 185
-simple 170-171
-tortue d'eau douce 187
Œil composé
-bourdon 168
-coléoptère 168
-crabe 172
-crevette 172
-écrevisse 173
-fourmi 168
-Malacostracés 172
-papillon 169
Œil-de-bœuf 479, 480, 486, 487
Œillet
-de chaussure 568, 569
Œsophage 212, 248, 255
-abeille 168
-anatife 173
-araignée 170
-chat domestique 195
-chimpanzé 202
-dauphin 205
-éléphant 200
-escargot 177
-étoile de mer 174
-lapin 196
-lézard 185

INDEX

-oiseau 189
-papillon 169
-roussette 179
-tortue terrestre 187
-vache 198
Œufs 192-193, 432
-autruche 193
-caille 192-193
-capsule ovigère 192
-corneille noire 193
-douve du foie 192
-éclosion 192-193
-goéland marin 193
-grenouille 182-183, 192
-lagopède des saules 193
-membrane 193
-oiseau 188
-oiseau-mouche Hélène 193
-papillon 169
-phasme 192
-phyllie 192
-pinson 193
-poule 192
-reptile 184
-roussette 192
-sterne Pierregarin 193
-troupiale Baltimore 193
Ogive 469
-de combat 394
-moulurée 469
Ohms 316
Oiseau-mouche Hélène 193
Oiseau 57, 144, 188-191, 279
-aile 191
-bec 190
-de proie 188
-patte 190
-plume 191
Oldsmobile
-aménagements 336
-carrosserie 336
-châssis 336
Olenellus 64
Oligocène 57
Olive 519
Olivine 52, 269
Omasum 198
Ombelle sphérique 143
-composée 143
Ombilic 211, 260, 278
Ombre
-brûlée 442
-de la Lune 32
-de la Terre 32
-ou terre de Sienne 434
Ombrelle 167

Oméga du Centaure 21
Omoplate 210, 218
-chat domestique 195
-cheval 199
-crocodile 186
-éléphant 201
-kangourou 206
-lézard 184
-lièvre 197
-oiseau 189
-ornithorynque 206
-phoque 204
-singe rhésus 202
-tortue 187
Onde 318
-à très haute fréquence 318
-de choc 26, 27, 34, 63
-de Rosby 300
-courtes 318
-longueur d' 318
-moyennes 318
-radio 28, 318.
Ondulation initiale 300
Ongle 231, 233
-abeille 168
-bourdon 168
-coléoptère 168
-éléphant 200
-gorille 203
-oiseau 188
Onglet 568
Onglons 198
Ongulés 198-199
Ontario, lac 265
Onyx 268
Oogone 117
Oort, nuage d' 52
Oosphère 119, 121, 147
Opale de feu à cassure conchoïdale 270
Opéra
-de Paris 493
-de Sydney 496, 499
Opercule 161
-cnidocyste 167
-œufs 192
-poisson osseux 180-181
Ophidiens 184
Ophiures 174, 175
Opisthodome 461
Opisthosoma
-araignée 171
-scorpion 170
Opossum 106, 206, 207
Opus incertum 463, 465
Opus quadratum 465

Or 268, 281, 311
Ora serrata 241
Orage 39, 46
Orang-outan 202
Orange 271, 437, 439, 441
Orbe 37, 477, 486, 487, 493
Orbitale 308, 309
-hybride 308
-Σ-(sigma) 308
-π-(pi) 308
Orbite 30, 31, 34, 38, 53, 294
-cheval 199
-chimpanzé 202
-éléphant 201
-lézard 184
-lion 194
-lunaire 297
-oiseau 189
-ornithorynque 206
-ours 194
-poisson osseux 181
-polaire du satellite 264
-serpent à sonnette 185
-singe rhésus 202
-terrestre 297
Orchestres 504, 505
Orchidée 126, 133
-épiphyte 162
Ordinateur central 328
Ordovicien 56, 64, 65
Ordres 460
-composite 460
-corinthien 460, 462
-dorique 460
-ionique 460
Oreille 210, 212, 213, 242, 243, 382
-cheval 198
-d'ancre 380, 386
-éléphant 200
-kangourou 207
-lapin 196
-lièvre 196
-rat 196
Oreillette 176, 250, 251
-droite 215
-gauche 215
Organe de Corti 243
Organeau 372, 380
Organes internes 214-215
Organisme
-unicellulaire 56
-vivant 306
Orgue 470, 503, 514
-basaltique 274
Oriel 467, 494

Orifice
-anatife 173
-appendiculaire 249
-cloacal 185
-d'admission 343, 367
-dauphin 205
-d'échappement 326, 327, 366, 367
-de la veine cave inférieure 251
-d'inspection 326
-escargot 177
-étoile de mer 174
-externe du col de l'utérus 258
-génital
-nasal 205
-nasal postérieur 220
-poisson osseux 181
-urétéral droit 257
-urétéral gauche 257
-uro-génital vaginal 258
Orion 18, 21
-baudrier 15, 16, 18
-bras 14
-Chi 1 d' 18
-Chi 2 d' 18
-constellation 24
-Eta d' 18
-Mu d' 18
-nébuleuse 15, 17, 18
-Omicron d' 18 ;
Orme 144
Ormeau 176
Ornement pendant 491
Ornithomimosaure 86
Ornithomimus 83
Ornithopodes 83, 96, 97, 98, 99
Ornithorynque 206-207
Ornitischiens 82, 83
-bassin 82
Orobanche 162, 163
Orogénèse 63
Oropharynx gauche 245, 257
Orpiment 270-271
Orpin des murs 128, 129
Orteil 232, 233
-caïman 187
-dauphin 204
-gorille 203
-kangourou 207
-lapin 196-197
-lézard 184
-lion 194
-poussin 193
-rat 196
Orthose 269, 271
Os 224, 225, 232

-alvéolaire 247
-canon 198-199
-carré 181
-compact 224-225
-crochu 230
-du pied 198
-frontal 181, 213, 220, 221
-hyoïde 244, 255
-interoperculaire 181
-jugal 201
-lacrymal 181, 221
-long 224
-métacarpien
-rudimentaire 198
-nasal 194
-naviculaire 232
-occipital 221
-operculaire 181
-pariétal 181, 202, 220, 221
-préoperculaire 181
-prootique 183
-propre du nez 220
-sésamoïde 198
-sous-operculaire 181
-spongieux 224-225
-supra-occipital 181
-temporal 220, 221, 242, 243
-tympanal 194
-zygomatique 194, 220
Oscillations mineures 299
Oscule 166
Osmium 311
Osmoseur 397
Osselets de l'oreille moyenne 242
Ossicules 174
Osteichthyens 180
Ostéoblastes 217
Ostéocyte 225
Osteolaemus tretaspis 82
Ostéone 225
Ostiole 117, 148
-abeille 168
-araignée 170
-écrevisse 173
Ostium
-anémone de mer 167
-éponge 166
Otarie 204
Oued 283
Ouest-australien, courant 297
Ouïe 510, 511, 513
-de ventilation 360, 368, 369
-d'entrée d'air de
-radiateur 368
-de refroidissement 363
Ouistiti 202

Ouragan 303
Oural, Monts 67
Ouranosaurus 97
Ouraque 257
Ours 77, 106, 194, 195
Ourse d'artimon 375, 377, 379
Oursins 174-175, 279
Outils
-de charpentage naval 374
-de gréeur 382
-de modelage 454
-de voilier 384
-du sculpteur sur bois 452
-employés pour la taille du marbre 452
Ovaire 140, 141, 142, 143, 144, 145, 146, 147, 258, 259
-anatife 173
-araignée 170
-chimpanzé 202
-écrevisse 173
-lézard 185
-papillon 169
-poisson osseux 181
-roussette 179
-tortue terrestre 188
Ovda Regio 36
Ove 460, 462, 463
Oviducte
-anatife 173
-araignée 170
-écrevisse 173
-lézard 185
-papillon 169
-roussette 179
-tortue terrestre 187
Ovocyte 258
Ovotestis 177
Ovule 140, 147, 151
Oxyde
-de carbone 313
-de fer 42, 267, 277
-de fer mêlé à la craie 430
-hydroxydes 268
Oxygène 17, 26, 35, 38, 39, 43, 58, 65, 78, 138, 301, 311
Oyashio, courant 297
Oyat 113
Ozone 65

P

Pachycéphalosaures 100
Pachycéphalosauridés 83
Pachypleurosaurus 69, 100
Pachypteris 68
Pachyrhinosaurus 103
Pacifique, océan 265
Pad 520
Paddock 555
Padmakosa 489
Pagaie 560
Pagode 490
Pahoehoe 272
Pain 578
-d'aquarelle 438
Painted Desert 277
Palais
-Stanga, Crémone, Italie 482
-Strozzi, Florence 474-475
Palan 382
-de drisse de vergue 375
-de garde 378
-de grand panneau 379
Pale 390
Paléocène 57
Paléontologie 278
Paléozoïque 56
Pales
-d'hélice 400, 401, 404, 407, 408
-de rotor 423
Palette 328, 432, 438, 516, 570, 571
-en forme de haricot 436
-servant à mélanger l'huile et les pigments 436
Palier 317, 477
-de rotor 347
Palissade 466, 477
Palladium 311
Palléalecavité 176
Palmette 461, 480
-en acrotère 479
Palmier 74, 126, 127, 130, 459
Palmoxylon 74
Palmure
-grenouille 182
Palourde 176
Palpe labial 168
Pamir 265
Pampa 265
Pan 47
Pan de bois 467, 477, 485
-à cruck 466
Panavia Tornado 420

Pancréas 214, 215, 248, 249
-chat domestique 195
-chimpanzé 202
-grenouille 182
-lapin 196
-oiseau 189
-poisson osseux 181
-roussette 179
-tortue terrestre 187
Panda 194
Pangée 69, 71
Panier
-à bois 334
-de basket-ball 532
-de pêche 397
Panne 473, 479
Panneau
-affleuré 478
-d'écoutille 372
-de remplissage composite 496
-de vision directe 425
-en retrait 466
-fouillé 487
-rentrant 480, 481
-saillant 478
-solaire 264
Panoplosaurus 94
Panse 198, 445
Panthéon de Rome 462-463
Pantographe 328, 330
Paon, le 20
Papier 430, 446, 447, 586
-à aquarelle 439, 441
-artisanal indien 445
-artisanal teinté 431
-Canson 441
-corde 586
-de riz 445
-de verre 441
-européen standard 445
-imitant le parchemin 445
-marbré 586, 587
-moucheté teinté 445
Papille 140, 244
-caliciforme 244
-dermique 235
-filiforme 244
-foliée 244
-fongiforme 244
-interdentaire 247
-optique 240, 241
-pileuse 235
-rénale 256
Papillons 169-169, 558, 559
Pappus 143
Papule

INDEX

-étoile de mer 174
-oursin 175
Parade nuptiale 188
Parana, fleuve 265
Parapet 465, 467, 471, 472, 478, 481, 483, 486, 489, 491, 493, 494
-à jour 472
-ajouré 481, 489
Parasaurolophus 98
Parasite 162, 163
Parasol 491
Parchemin 432, 582
Pare-brise 327, 332, 338, 349, 353, 362, 363, 369, 404, 406, 407, 409, 412, 417, 420, 425
-aérodynamique 346
-attaches de sécurité 354
-en acajou 336
-escamotable 337, 338
-feuilleté 355
Pare-choc 332, 333, 341, 349, 355, 362, 363
Pare-soleil 498
Pareiasaure 81
Parenchyme 120, 121, 125, 126, 127, 132, 133, 134, 135, 139, 152, 155, 156, 157, 158, 159, 162
Paripteris 66
Paroi utérine 260-261
Parquet de manœuvre 390
Particule
-subatomique 10, 28
-de matière 306
Partition 505
Pas de vis 320
Passage de l'état liquide à l'état vitreux 307
Passagers 406, 416
Passant
-d'étrivière 582
-de sur-sangle 583
Passavant 377, 380
Passe 389
-passe longue 532
-tir en extension 532
Passerelle 394, 493, 498
Passes de hand-ball 535
Pastel 440, 441
-gras 451
-mauve 440
-vert olive 440
Pasteur 41
Patagonie 265
Pataras 377

Patate douce 155
Pâte de verre 451
Patella
-araignée 171
-scorpion 170
Patelle 176
Patère 476, 480
Patin 402, 404
-anticapotage 400, 401, 402, 403
-caudal 400, 401, 402, 424
-d'atterrissage 399, 422, 423
-de frein 361
-de protection 398, 399
Patine 455
Patte
-abeille 168
-Amphibiens 182
-araignée 170-171
-bourdon 168
-caïman 186-187
-canard 188,
-chenille 169
-Coléoptères 168-168
-crabe 172
-crevette 172
-écrevisse 172-173
-éléphant 200, 201
-fourmi 168, 168
-grenouille 182
-kangourou 207
-lapin 196
-lézard 184-185
-lièvre 196
-lion 194-195
-oiseau 188
-papillon 169
-poussin 193
-scorpion 170-171
-tortue d'eau douce 187
Paturon 198-199
Paume 211, 231
Paumelle de voilier 384
Paupières 213
-caïman 186
-serpent 184
-tortue d'eau douce 187
Pause 502, 503
Pavage 492
Pavé de touches 520, 521
Pavier blanc 137
Pavillon 508
-de l'oreille 213, 242, 243
-éléphant 200-201
-gorille 203
-kangourou 207

-lapin 196
-rat 196
-en forme de poire (pavillon piriforme) 508
-évasé 506, 507, 508
-évasé dirigé vers le haut 509
Pavlova 37
Pavlovia 278
Pavois 380, 393
-d'embelle 373
-de pont 373
-de tourelle 395
-mobile de défense 377
Pavonis Mons 43
Paxton, J. 493
Paysage 440
Peak
-arrière 392
-avant 393
Peau 234, 235
-Amphibiens 182
-lézard 184
-serpent 184
Pécari 198
Pêcher 131
Pecopteris 66
Pecten 278
Pédale 358, 359, 360, 511, 517, 518
-actionnant l'étouffoir 516
-actionnée par le pied 514
-d'accord 519
-d'accélération 337
-de combinaisons 514
-de commande de gaz 427
-de frein 337, 363, 364, 368, 427
-de frein arrière 368
-de palonnier 425
-de prolongation (*sostenuto*) 515
-d'expression 514
-douce (sourdine) 514, 515
-forte 514, 515
-sans cale-pied 361
-*sostenuto*, ou pédale de prolongation 514
Pédalier 340, 514
Pédicelle 168
Pédicule 223
Pédipalpe
-araignée 171
-scorpion 170
Pédoncule 140, 141, 143, 146, 147, 148, 150, 151, 154, 159, 162, 173

Pégase 19, 20
Pegmatites 274, 275
Peintre, le 21
Peinture
-acrylique
-à l'huile 436, 437
-à la tempera 432
-anticorrosion 412
-de camouflage 409
Pélécypodes 176
Pellicule photosensible 588
Peloneustes philarcus 71
Pelote 540
Pelvis 258, 259, 260-261
Penalty, zone (football) de 524
Pendage 60
Pendentif 466, 484
Pénis 211, 259
-anatife 173
-dauphin 205
-escargot 177
Pennsylvanien 56
Pénombre 32
Pente 60
People mover 328
Pépin 149
Péponide 149
Perceuse électrique 566-567
Perche 180
Percussion 518
-électroniques 520
Péréiopode
-crabe 172
-crevette 172
-écrevisse 172-173
Perforation 568
Périanthe 140
Péricarde 250
Péricarpe 131, 146, 148, 149, 150, 151
Péricrâne 236
Péridium 115
Périhélie 30, 31
Périnée 258
Période 311
-cambrien 279
-carbonifère 279
-crétacé 279
-dévonien 279
-glacière 57
-jurassique 279
-ordovicien 279
-permien 279
-quaternaire 279
-silurien 279
-tertiaire 279

-trias 279
Périodonte 247
Périoste 225
Périscope 397
  -de tourelle 396
Périssodactyles 104, 198-199
Péristome de l'escargot 177
Péristyle 460, 461
Péritoine 249, 257
Permafrost 43
Permanganate de potassium 306
Permien 57, 66
Péroné 219, 232, 233
  -chat domestique 195
  -cheval 199
  -crocodile 186
  -éléphant 201
  -kangourou 206
  -lézard 184
  -lièvre 197
  -ornithorynque 206
  -phoque 204
  -singe rhésus 202
  -tortue 187
Pérou, courant du 297
Péroxysome 216, 217
Perroquet de fougue 379
Perruche 379
Persée 19, 20
  -bras de 14, 15
Pesse d'eau 135
Pétale 140, 141, 143, 145, 146, 147, 159, 480
Petavius 40
Pétiole 112, 113, 127, 129, 130, 136, 137, 144, 153, 154, 155, 157, 158, 159, 160
Pétiolule 136, 137
Petit
  -foc 379
  -hunier 376
  -quartier 582, 583
  -singe-lion 203
  -stupa 491
  -tentacule 177
Petit Cheval, le 19, 20
Petit Chien, le 18, 21
Petit corps (ou petite branche) 508
Petit Lion, le 18, 21
Petit Nuage de Magellan 15, 20
Petite
  -aile du sphénoïde 221
  -corne du coccyx 223
  -lèvre 258
  -scissure 255
Petite Ourse, la 18

Petite Tache Sombre 50, 51
Petite tête en palissandre 516
Pétrole 57, 281, 315
Peugeot, Armand 334
Phacops 64
Phaeophytes 116
Phaet 21
Phalange 201, 218, 219, 230, 232
  -chat domestique 195
  -cheval 198-199
  -crocodile 186
  -grenouille 183
  -kangourou 206
  -lézard 184
  -lièvre 197
  -ornithorynque 206
  -phoque 204
  -singe rhésus 202
  -tortue 187
  -vache 198
Phallus puant 114
Pharaon 458, 459
Phare 332, 338, 339, 341, 352, 362, 363, 414, 415
  -à acétylène 336, 337
  -halogène 352
  -orientable 352
Pharynx 212, 244
  -abeille 168
  -anémone de mer 167
  -oursin 175
  -poisson osseux 180-181
  -roussette 179
Phases de la Lune 41
Phasme 192,
Phekda 19
Phénix, le 19, 20
Phidias 35
Phillips, Horatio 402
Philoxène 35
Phiomia 105
Phloème 113, 120, 121, 124, 125, 126, 127, 132, 133, 134, 135, 138, 139, 152, 158, 159, 162, 163
Phobos 42
Phoebe Regio 36
Phoque 204-205
Phorusrhacus 74
Phosphate 269
Phosphore 44, 311
Photo mosaïque 264
Photons 52, 318
Photosphère 32, 33
Photosynthèse 38, 138, 139, 157, 160, 162, 315

Phyllie 192
Phyllode 160
Physique 306
Pianissimo 503
Piano 503
Piano 514
  -à queue 514
  -à queue de concert (vu de dessus) 515
  -à queue de concert (vu de face) 515
  -droit 514
  -Renzo 496
Piccolo 504, 508
Pie-mère 237, 240
Pied 210, 232, 233, 449, 511, 519
  -cheval 198
  -éléphant 200
  -escargot 177
  -gorille 203
  -mouette tridactyle 190
  -oiseau 190
  -vache 198
Pied-d'alouette 141, 151
Piédestal 462, 476, 479, 480, 481, 485, 486, 487
  -saillant 479
Piédroit 478, 482, 483, 484, 492
Piège 160
  -par anticlinal 281
  -par diapir 281
  -par faille 281
  -à hydrocarbures 281
Piémont 282
Pierre lithographique 448
Pieuvre 176-177
Pigamon 137
Pigment 432, 433, 434, 435, 436, 438, 439, 440, 442
Pignon 338
  -conique 338
  -d'arbre à cames 345, 367
  -d'entraînement 335, 366
  -de distribution 336
  -de distribution de l'arbre à cames 344
  -de couple conique 335
  -d'horloge 570
Pilastre 379, 381, 476, 479, 480, 483, 484, 486, 487
  -cannelé 462
  -composite 478
  -corinthien 463, 464, 480, 481
  -dorique toscan 465
  -double 476

  -ionique jumelé 481
  -jumelés 478, 491
  -toscans jumelés 483
Pile 317, 467, 470, 479, 484, 493, 588
Pileus 114, 115
Pilier 285, 459, 465, 469, 472, 477, 480
  -composé engagé 469
  -engagé 490
  -fasciculé 468, 469
  -fasciculé engagé 469
  -rectangulaire saillant 467
  -renforcé 493
Pilon 432
  -en verre 436, 440
Pilot 464
Pilote automatique 412
Pilotis 494
Pin
  -Californie, de 124, 125
  -sylvestre 122
Pinacle 469, 470, 471, 473, 476, 481, 493
  -de culée 479
  -en flèche 471
  -ocheux 282
Pinacocyte 166
Pinacosaurus 95
Pince 279
  -à dessin 430
  -coupante 450
  -crocodile 316
Pinceau 432, 436, 437, 438, 440, 442, 444
Pinnipèdes 204
Pinnule 121
Pinson 193
Pinus muricata 72
Pinzgauer Turbo D 354
Pionniers de l'aviation 398-399
Pipe
  -d'admission 366, 410
  -d'échappement 403, 406, 407, 409, 422
  -de mise à l'air libre 422
  -de purgeur d'air 422
Piquage pneumatique 419
Piquants de l'oursin 175
Pique 511
Piquet 538
  -*Wicket-keeper* 538
Pisanosaurus 68
Pisiforme 230
Piste cendrée 368, 555
Pistolet

INDEX

-de pavois 381
Pistolet à air comprimé 549
Piston 341, 342, 343, 345, 347, 365, 366, 367, 410, 411, 442, 449, 506, 507
  -du compresseur 345
  -rotatif 346
Pitatus 40
Piton
  -alterné 289
  -rocheux 286, 287
Pivot 338, 430, 452
  -de gouvernail 374
Placage 459
  -de marbre 462
Placenta 148, 149, 150, 151, 260, 261
Plage 289, 294, 295
  -de galets 295
Plagioclase (feldspath) 275
Plaine 34, 35, 36, 42
  -abyssale 298
  -côtière 295
  -d'épandage 287
  -d'inondation 289, 291
Plan
  -de voilure d'un vaisseau 379
  -en croix 468
  -horizontal 398, 400, 401, 402, 403, 405, 407, 409, 415, 424, 426
  -galactique 14, 15
Planche
  -à dessin 430, 445
  -d'appel de saut en longueur 542
  -d'instruments 422, 425, 426
  -de bord 337, 338
  -gravée 447
Plancher 464
  -stalagmitique 284
Plane 374
Planeurs 398, 426
  -Schleicher K23 426
Planitia borealis 35
Plank 41
Plante à fleurs 57
  -à urne 160, 161
  -des pieds 234
  -succulente 113
  -à tige succulente 156
  -à feuille succulente 156, 157
  -aquatique 158, 159
  -carnivore 160
  -épiphytes 162, 163
Plaquage 526

Plaque
  -africaine 59
  -basale 260
  -choriale 260
  -continentale 58, 63
  -de butée 567
  -de fixation de la batterie 581
  -de fondation 392, 390
  -d'immatriculation 332, 333, 338, 341, 353, 362
  -de maintien du prisme 589
  -de protection 580
  -du fabricant 583
  -des Caraïbes 59
  -des îles Coco 59
  -eurasienne 59
  -hellénique 59
  -indo-australienne 59
  -motrice 228, 239
  -nord-américaine 59
  -pacifique 59
  -philippine 59
  -sud-américaine 59
  -tectonique 58, 59, 62
Plaquette 253, 365
  -de frein 351, 411
Plasma 306
Plat de couverture 586
  -recto 586, 587
  -verso 587
Platane hybride 134
Plate-bande en bâtière 483
Plate-forme 332
  -circulaire 498
  -continentale 267, 298
  -d'observation 355
  -de projecteur 395
  -du mécanicien 324
  -pétrolière 280
Plateau 50, 51, 360, 388, 509
  -continental 69, 71
  -de presse 449
  -en aluminium 455
  -en bois 440
  -nuageux 50
  -oscillant 345
  -tournant 455
  -brésilien 265
  -guyanais 265
Plateosaurus 69, 88
Platier 294
  -littoral 295
Platine 311, 570, 571
  -de fixation du moteur 364
Platon 40
Plâtre 465

Playa 282
Pléiades 14, 16, 19, 20
Pleine Lune 41, 297
Pléistocène 57
Pléopode
  -crevette 172
  -écrevisse 172
Plesiochelys latiscutata 73
Plésiosaure 71
Pleurote 114
Plexus
  -brachial 238
  -sacré 238
  -vasculaire 235
Pli 60
  -de la muqueuse gastrique 248-249
  -interfessier 210
  -semi-lunaire 249
Plinthe 476, 479, 480, 483, 485, 489, 494
Pliocène 57
Plissement 60, 62, 262
Plomb 281, 311
Plongeon 558, 559
  -de compétition 558
Plot de fixation des cordes 512
Pluie 302, 303
Plumage 188
Plume 45, 188, 191, 431, 444
Pluton 30, 31, 34, 50, 51
Plutonium 310, 311
Pneu 341, 359, 360, 368
  -à crampons 368
  -antidérapant 337
  -arrière 353
  -à sculptures à chevrons 336
  -à section carrée 362, 369
  -à talon 337
  -avant 353
  -course slick 365, 368
  -de compétition 357
  -de secours 339, 355
  -étroit 361, 369
  -polyvalent 365
  -tout terrain 355
  -slick 369
  -slick large 368
Pneumatique 333, 358, 364, 398, 402, 404, 405, 414, 424, 555, 580
  -en caoutchouc plein 335, 400
  -multicouche à haute pression 416
Poche 206
  -à venin 168

  -du dard 177
  -du noir 176
  -génitale 167
Pocheteau 178
Pochoir (stencil) 446
Podétie 114
Podium 463
Poids 320, 542
Poignée 362, 363, 447, 450
  -de commande 581
  -de frein avant 363
  -de guidon 359
  -des gaz 363, 369
  -de verrouillage 581
  -du passager 362, 369
  -latérale 567
  -principale 567
  -rotative 567
Poignet 211, 218, 219, 231
Poil 156, 160, 234-235
Poinçon 383, 452, 453, 464, 473, 479
Point bar 289, 291
Point cardinal
  -d'écoute 373
  -de drisse 385
Point chaud 58
Point d'appui 321
Point de fixation de l'habillage 364
Point de fuite 431
Point de montage 357
Point nasal 221
Pointe 510, 511
Pointe d'attache 515
Pointillé 442
Points (largeur de la plume) 445
Points au football gaélique 529
Pois de senteur 128
Poisson austral, le 19, 20
Poissons 65, 78, 81, 279
  -cartilagineux 178-179, 180,
  -dépourvus de mâchoires 178-179
  -osseux 180-181
  -respiration 180
Poissons, les 19, 20
Poitrail
  -cheval 199
  -lion 194
Poitrine
  -gorille 203
  -oiseau 188
Poitrine 211
Polacanthus 95
Pôle
  -galactique Sud 15

-géographique 38
-magnétique 38
-négatif 316
-Nord 15, 28, 34, 36, 38, 40, 42, 44, 46, 48, 50, 51, 300
-positif 316
-Sud 28, 34, 36, 38, 42, 44, 46, 49, 50, 51, 297
Pollen 122, 126, 140, 142, 144, 145, 146, 147
Pollinisation 122, 141, 142, 144, 145, 146, 147
Pollux 18, 21
Polonium 311
Polyéthylène 306
Polygala 144
Polygnotus 35
Polymorphe 168
Pomme, 168
   -d'Adam 244, 245
   -de mât 375, 378, 380
   -de racage 384
   -de terre 128
Pommeau 582
Pommier 126
Pompe 314, 327
   -à eau 343, 345, 347, 351, 411
   -à carburant électrique 351, 422
   -à huile 343, 346, 366, 367
   -d'assistance de direction 344, 345
   -du climatiseur 344
   -du correcteur automatique d'assiette 344
Ponce 275
Pont 372, 571
   -d'ancre 570
   -de dunette 373, 392
   -de la roue des minutes 571
   -médiéval 466
Pont-levis 467
Porc 198
Porc-épic 196-197
Porche 481, 483, 494, 495, 498
Pore 134, 144, 147
   -éponge 166
   -exhalant 166
   -excréteur 177
   -inhalant 166
   -mésentérique 167, 182
   -sudoripare 234
Porocyte 166

Porrima 21
Porsche, Ferdinand 340
Porta Nigra, Trèves, Allemagne 462, 465
Portail 470, 471, 474, 475, 476, 480, 489, 490
Portance 402
Porte 339, 341, 352, 412, 414, 417, 423, 580
   -à tenons 416
   -automatique 328
   -aveugle 478
   -d'accès centrale 417
   -d'embarquement des passagers 406
   -d'entrée 332, 333
   -type louvoyant 333
   -de sortie 332, 333
   -à deux battants 333
Porte-aiguillon 168
Porte-ampoule 316
Porte-avirons 375
Porte-bagage 337, 360, 362, 417
Porte-bidon 360
Porte-étrivière 582
Porte-haubans 376, 377, 381, 382
Porte-mèche en laiton 454
Porte-mine 448
Porte-patin 360
Porte-plume 430, 444
Porte-pupitre 506
Portée 484, 502
Portion
   -cardiaque de l'estomac 179, 174
   -pylorique de l'estomac 179, 174
Portique 461, 463, 475, 482
   -à péristyle 463
   -métallique 516
   -octostyle 462
Portrait 440
Positron 22
Postcombustion 418
Poste
   -de pilotage 403, 404, 405, 406, 407, 409, 417, 420, 421, 425, 426
   -du navigateur 420
   -de l'observateur 405
   -de télévision 574
Postmodernisme 496
Pot
   -catalytique 344, 351
   -d'échappement 362, 363, 364, 368, 369, 427

Potassium 35, 58, 296, 310
Poteau 473, 486
   -de fondation 496
   -de raidissage 497
Potelet 473
Potence 359, 361
Pouce 211, 231
Poudre de marbre 453
Poulie
   -composée 320
   -d'écoute 383
   -fixe de palan 382
   -de moteur 580
   -olive 383
   -simple 320
Poulie-margouillet 373
Poumons 214, 215, 252, 254, 255
   -Amphibiens 182
   -araignée 170
   -chat domestique 195
   -chimpanzé 202
   -dauphin 205
   -éléphant 200
   -escargot 177
   -grenouille 182
   -lapin 196
   -lézard 184-185
   -oiseau 189
   -serpent 184
   -tortue terrestre 187
Poupe 377, 381
Pousse 152, 155
   -de pin 125
Poussière 11, 12, 14, 15, 16, 17, 22, 24, 26, 30, 37, 38, 41, 42, 43, 47, 48, 49, 53, 267
   -de charbon 311
   -interstellaire 15
Poussoir 343, 345, 347, 365
   -de culbuteur 367
Poutre 464, 473, 492, 493, 496
   -articulée en acier (dite de Gerber) 497
   -maîtresse 493
   -triangulée 497, 499
Poutre-console métallique 494
Poutre-traverse 497
Pradakshina 491
Praesepe 18
Praséodyme 310
Pratt & Whitney 419
Praxitèles 35
Précambrien 56, 64
Préceinte 375, 377, 378
Précipitations 288, 302
Précipité 312

Précoracoïde 187
Prêle 66, 70, 120
   -commune 120
Prémaxillaire
   -chimpanzé 202
   -éléphant 201
   -grenouille 183
   -poisson osseux 181
Premier vol humain 398
Première
   -nervurée 569
   -semelle 568
Première Guerre mondiale 404-405
Premières voitures 334
Prémolaires 246
   -chimpanzé 202
   -lion 194
   -ours 194
Prénocéphale 100, 101
Prépuce 259
Presse 586
Presse-étoupe 390
Presseur du film 588
Pression 29, 266, 273, 280, 281, 300, 303
   -atmosphérique 36
Pressurisateur d'eau 314
Pressurisation de la cabine 414
Primates 202-203, 279
Prise
   -d'alimentation extérieure 574
   -d'antenne 574
   -de casque 574
   -synchro X flash 588
Prise de pression d'air 423
   -dynamique 412
   -statique 412
Prisme de verre 318
Prisme pentagonal 589
Probactrosaurus 97
Proboscidiens 104, 200
Proboscis 201
Procambium 134
Procaryote 78
Processus de fossilisation 278
Procompsognathus 87
Procoptodon 76
Procyon 18, 21
Production en série 338
Proéminence laryngée 244, 245
Projecteur 341, 349, 353, 355, 394, 395
Projection
   -azimutale 265
   -conique 265

INDEX

-cylindrique 264
-des cartes 264
Prométhium 311
Promontoire 223, 289, 294, 295
Pronaos in antis 461
Propodos
  -crabe 172
  -écrevisse 172
Propulsion 418, 422
Propylées de l'Acropole, Athènes 460
Prosauropodes 89
Prosauropodidés 83
Prosimiens 202-203
Prosoma
  -araignée 171
  -scorpion 170
Prostate 257, 259
Protactinium 310
Protège appuie-tête 329
Protège-courroie 580
Protège-fourreaux en plastique 368
Protège-mains 368
Protège-mors en caoutchouc 555
Protège-quartier 583
Protège-rayons 358
Proteus 50
Prothalle 120
Prothorax 168
Proto-étoile 24, 26
Protoceratops 102, 103
Protogalaxie 11
Protons 22, 308, 309, 310, 316
Protubérance 212, 237
  -annulaire 236
  -mentonnière 221
Proventricule
  -abeille 168
  -écrevisse 173
  -oiseau 189
Psittacosaurus 100, 103
Pteraspis 65
Pterichthyode 65
Ptéridospermale 278, 279
Ptérosaure 71
Ptérygoïde 183
Ptolémée 40
Pubis 189, 218, 259, 261
Pugin, A. W. N. 493
Puisard 410
  -d'huile 411
Puits artésien 292
Pulsar 28
Pupille 186, 213, 226, 240, 241
Pupitre 514

-du chef d'orchestre 505
-de commande 581
Pur-sang 554
Putto 476
Pygostyle 189
Pylône 400, 401, 426, 427, 498
  -électrique à haute tension 314
  -porte-charges 421
  -tubulaire en acier 497
Pyramidal 230
Pyramide 458
  -de Malpighi 256
Pyrénées 75, 77
  -chaîne des 265
Pyrénoïde 112
Pyrite 268
Pyroclastes 272
Pyromorphite 269
Pyroxène 52

Q

Quadrato-jugal 183
Quadriplans 402
Quark down 309
Quark up 309
Quart de soupir 502
Quart-de-rond 480, 486
Quartier 555, 568, 569
Quartz 271, 275
  -enfumé 268
  -laiteux 268
Quartzite de Shinumo 277
Quasar 11, 13
Quaternaire 57, 76, 77
Quatrefeuilles 472, 473
Quenouillette 373, 376
Quercus palustris 74
Queue 52, 586,
  -Amphibiens 182
  -caïman 187
  -cheval 198
  -Crocodiliens 186
  -dauphin 205
  -de malet 377
  -de ralingue 384
  -de rat 389
  -de gaz 52, 53
  -de poussière 52, 53
  -de poisson nectarifère 160
  -de renard 120

-du Serpent, la 19, 20
-kangourou 206
-lapin 196-197
-lézard 184-185
-lièvre 196
-lion 195
-papillon 169
-préhensile 202
-rat 196
-salamandre 182
-scorpion 170
-serpent à sonnette 185
-singe 202
-têtard 183
Queusot 572
Quillards 560
Quille 374, 375, 377, 378, 393
  -antiroulis 395, 397
  -massive 392
Quintefeuilles 471

R

Rablure 380
Raccord 572, 573
Rachis 112, 121, 136, 137, 191, 218, 222-223
Racine 125, 128, 130, 132, 152, 153, 156, 157, 163
  -adventive 128, 131, 154, 155, 158, 159, 162
  -aérienne 162
  -orobanche 163
  -pivotante 128
  -secondaire 128, 130, 133, 152, 153, 163
  -tubéreuse 157
Radicelle 132
Racketball 544, 545
  -balle 545
  -court 545
  -gant 545
  -raquette 545
  -receveur 545
  -serveur 545
  -zone de service 545
Raclette 448
  -à barbotine 450
Radar 412, 420
  -de veille 397
  -de conduite de tir 397
  -de navigation 420

Radiateur 337, 338, 339, 351, 353, 357, 409, 424
  -d'eau 399
  -de refroidissement 357
  -d'huile 345, 347, 415
Radiation 22
  -électromagnétique 314, 315
  -solaire 301
Radicule 147, 152, 153
Radier 464, 467, 496
Radio 422
Radio-ulna 183
Radiogalaxie 13
Radium 310
Radius 218, 219, 230
  -aile d'oiseau 191
  -chat domestique 195
  -cheval 199
  -crocodile 186
  -éléphant 201
  -kangourou 206
  -lézard 184
  -lièvre 197
  -oiseau 189
  -ornithorynque 206
  -phoque 204
  -singe rhésus 202
  -tortue 187
Radôme 412, 415, 417, 420
Radon 311
Radula 176-177
RAF 403
Raies 178-179
  -Alpha de l'hydrogène 23
  -Bêta de l'hydrogène 23
  -d'absorption dans des spectres stellaires 23
  -de l'hélium 23
  -du calcium 23
  -du magnésium 23
  -du sodium 23
  -gamma de l'hydrogène 23
  -radiales 47
Rail 449
  -à double champignon 331
  -à patin plat 331
  -de guidage et de protection de la roue sur pneumatiques 328
  -de roulement pour le retour du courant 328
  -en acier, à double champignon 331
  -en fer forgé 324
Rainure 492, 588
  -de guidage du film 588
  -pour la barre de tension 513

-pour les barrettes 513
Ralingue 372, 384
-de fond 374
Ramaria formosa 114
Ramasse-piétons 332
Ramentum 112
Rameurs 373
Rampant de pignon 471
Rampe 477, 494
-d'éclairage principale 329
-des marteaux 514
-tympanique 243
-vestibulaire 243
Râpe 452
Raphé 153
Rapides 289
Raquette 544
Ras Albague 20
Ras Algethi 20
Ras Alhague 19
Rascasse volante 180
Rat 196
Rate 215, 249
-chat domestique 195
-chimpanzé 202
-éléphant 200
-grenouille 182
-poisson osseux 181
Raton laveur 194-195
Ravine 289
Ravitaillement en vol 421
Rayon 180, 181, 358, 359, 361, 447
-d'action 408
-gamma 22, 318, 319
-X 318, 319
Rayonnement 22, 24, 26, 29, 32
-cosmique 301
-cosmologique 10
-électromagnétique 315, 318
-gamma 10, 22
-infrarouge 15, 22, 318
-radio 13
-solaire incident 301
-terrestre 301
-ultraviolet 17, 22, 300, 319
-X 28
Raz de marée 58
Réa 383
Réacteurs 314, 418-419
-à double flux 412, 418
Réactifs 312
Réaction 321
-chimique 312
-de double décomposition 312
-exothermique 312

-inverse 312
-réversible 312
Rebord
-sous-orbitaire 221
-sus-orbitaire 221
Réceptacle 116, 117, 148
-séminal
-araignée 170
-papillon 169
Récepteur 239
Réchauffement global 301
Réchauffeur de carburant 419
Récif
-corallien 56
-frangeant 299
Récipient de verre 307
Récoltes 315
Reconnaissance 404
Rectrices 188
Rectum 215, 249, 258, 261
-abeille 168
-chimpanzé 202
-dauphin 205
-éléphant 200
-étoile de mer 174
-grenouille 182
-lapin 196
-lézard 185
-oiseau 189
-papillons 169
-roussette 179
-tortue terrestre 187
-vache 198
Récupération d'huile 367
-du réducteur 419
Réducteur d'hélice 419
Redwall, calcaire de 277
Réflecteur 337, 339
Réflexion de la lumière 319
Reflux 294
Réfraction de la lumière 319
Réfrigérant du radiateur 326
Refroidissement 266
Regard de niveau d'huile 364
Région orbitale 308
Réglage
-de fréquence de ligne 575
-de la hauteur 455
-de la pression 447
-de tension de chaîne 368
-du souffleur 325
Règle 431
-à déplacement parallèle 445
Régolithe 41
Régulateur 324, 325
-de pression d'huile 419

Regulus 18, 21
Rein 214, 215, 216, 256, 257, 484
-chat domestique 195
-cheval 198
-dauphin 205
-éléphant 200
-escargot 177
-grenouille 182
-lapin 196
-lézard 185
-oiseau 189
-orque 205
-pieuvre 176
-poisson osseux 181
-roussette 179
-tortue terrestre 187
Reine de bourdon 168
Relais 542
Relief
-profond 453
-témoin 282
Reliure 586-587
Rembobinage du film 588
Rembourrage en polystyrène 360
Rémiges 188, 191
Remplage 493
Remplissage 494
Renaissance 474-477
Renard 194
Renard, le 19
Renault Clio 348, 350, 352
Renault RS1 10 cylindres en V 356
Rêne 554-555
Renfort
-d'arcade 582
-de bouche 395
-de contrefort 569
-métallique 582
Reniflard 351, 357, 402, 422
-de réservoir d'essence 369
Renoir 35
Renouée du Turkestan 131
Renversement de dargue 390
-de marche 392
-renversés 558
-retourné carpé 559
Repli
-glosso-épiglottique médian 244
-sublingual 245
Repose-pied 363, 368, 369, 398, 399, 427
-du passager 363
Repose-pinceaux 444
Repose-tête 361, 425

Reptiles 80, 184-187, 279
Requins 178-179, 180
Réseau 198
-capillaire 254
Réservoir 444, 580
-à combustible 326
-d'air 327
-d'air du frein à vide 324
-d'eau 334, 343, 351
-de carburant 343, 351, 355, 398, 402, 403, 405, 407, 417, 421, 422, 423, 425, 426, 427
-de fluide 344
-de lave-glace 355
-d'encre amovible 444
-d'équilibrage 416, 417
-d'essence 335, 340, 341, 349
-d'huile 357, 363, 398, 399, 406, 418, 419, 422
-en verre 454
Résine
-naturelle d'acacia 438
-synthétique 442
Résistance 316
Résonateur 513
Respiration 254, 255
-poisson 180
Ressort 365, 580, 566, 579
-à lames 324
-à lames de la suspension secondaire 327
-amortisseur 404
-de maintien du prisme 589
-de tension 570
-de tension à boudin 573
-en spirale 324, 449
-frotteur 566
-moteur 570
Résurgence 284, 285
Retable 70
Réticule, le 20
Reticulum 198
-endoplasmique 228, 239
-lisse 216, 217
-granulaire 216, 217
Rétine 240-37
Retombée 487
Retraite talutée 469
Rétroviseur 332, 333, 336, 337, 341, 349, 355, 357, 362, 363
Revêtement par cataphorèse 349
Révolution 40
-industrielle 492
Rhamphodopsis 65
Rhamphorhynchus 71
Rhénium 310

INDEX

Rhinocéros 198-199
Rhizine 114
Rhizoïdes 118, 119
Rhizome 121, 128, 155, 158, 159
Rhizophore 120
Rhodium 311
Rhodophytes 116
Rhopalie 167
Rhynchosaure 68
  -Rhynchosaurien 69, 71
Rhyolithe 275
Ria 295
Ribosome 139, 216, 217
Ride 373, 383
  -annulaire de la trompe 201
  -médio-océanique 281, 298, 299
  -sableuse 299
Rideau 477
  -coulissant 329
  -d'obturateur 588
Ridoir 383
Rift, vallée du 58, 60, 293
Riga 434
Rigel 18, 21, 22
Rinceau 478
Ringot de poulie 382
Riojasaurus 89
Ris 385
Ritchey 43
Rivage 295, 298, 299
Rive 289, 492
  -de toiture 464
  -rivée 392
Rivet
  -d'emboîtage 569
  -de chaussure 568
  -de selle 582
Rivetage 392
Rivière 267, 288, 290, 291, 293
  -de steeple-chase 542
Robie House, Chicago 495
Robinet
  -d'essence 366
  -de commande de purge des cylindres 325
Robinier faux acacia 136
Rocaille 482
Rocambeau 380
Roche 38, 41, 47, 49, 52, 287, 295
  -dure 282
  -encaissante 266
  -plissée 60
Rochet 570
Rococo 478
Rogers, Richard 496

Rognon d'hématite 268
Rome antique 462-465
Ronce 130
Ronde 502, 503
Rondelle 358, 567
  -de cadran 571
  -frein 358, 359
Rongeurs 196-197
Roof
  -de dunette 376
  -de poupe 373
Rorqual 204
Rosace 512, 513, 555
Rose de Noël 139
Rose pourpre 271
Rosette 480
Rosette, nébuleuse de la 11
Rosier 130, 131, 135
Rostre 278
  -dauphin 204
  -écrevisse 173
  -roussette 178
Rotation 34, 36, 38, 40, 42, 44, 46, 48, 50, 51
  -de la Terre 264, 300
Rotonde 462, 463, 482
Rotor 317, 346, 347
  -anticouple 422, 423
  -de turbine 418
  -logement du 314
  -principal 423
  -secondaire (inducteur) 317
  -trilobé 346, 347
Rotule 218, 219
  -chat domestique 195
  -cheval 199
  -éléphant 201
  -lièvre 197
  -ornithorynque 206
  -singe rhésus 202
Rouage 570
Roue 331, 364, 400, 406, 420, 425, 426, 447, 455, 580, 581
  -à aubes fixes 390
  -à aubes orientables 391
  -à bâtons 361
  -à cliquet 334, 570
  -à rayons 402
  -arrière 358
  -avant 359
  -de barre 390
  -de modulation 520
  -de queue 408
  -d'échappement 570
  -d'entraînement 567
  -de centre 570

  -de tondeuse à gazon 580, 581
  -dentée 570
  -des heures 571
  -des minutes 571
  -d'extrémité arrière du bogie 327
  -du side-car 362
  -du tender 324
  -en alliage 368, 369
  -en alliage de fonderie 363
  -en alliage léger 364, 365
  -lenticulaire 361
  -libre 360
  -motrice 325, 334, 354
  -motrice en bois 324
  -motrice sur pneumatique 328
  -porteuse 324, 325
  -sur pneumatique 328
Rouge 271
  -de cadmium 436
  -primaire 439
  -quinacrine 442
Rouleau 443, 447, 486, 487, 509
  -de buvard compact 440
  -en caoutchouc 449
  -encreur 448, 449
  -éponge 442
  -presseur de film 588
Roulement 366
Roulette 446, 519
  -arrière 409
  -de queue 403, 407, 426
Roussette 178-179, 192
Route 364, 366
Ruban 586
Rubens 35
Rubidium 310
Ruellia grandiflora 145
Rugby 530-531
  -arbitre 530
  -coup de pied de pénalité 530
  -coup de pied arrêté 531
  -demi de mêlée 530
  -deuxième ligne 530
  -drop goal 530
  -essai 531
  -juge de touche 530
  -mêlée 530
  -passe plaquage 531
  -première ligne 530
  -talonneur 530
  -transformation 530
Rumen 198
Ruminants 198
Ruthénium 311
Rythmes 518

S

Sabik 20
Sable 78, 282, 283, 298
Sablière 326, 327, 464, 486, 492, 499
  -en fonte 492
Sabord 379
  -d'aviron 372
  -de fronteau de dunette 377
  -de nage 375
  -de tourelle 394
Sabot 554
  -cheval 198
  -de frein 325, 330
Sabre 556, 557
Sabreur 557
Sac
  -fibreux péricardique 250
  -lacrymal 241
Sacajawea 37
Saccule 243
Sacoche 362
  -arrière 361
  -avant 361
Sacrum 218, 219, 222, 223, 259
  -chat domestique 195
  -cheval 199
  -crocodile 186
  -éléphant 201
  -kangourou 206
  -lézard 184
  -lièvre 197
  -phoque 204
  -singe rhésus 202
Safari 354
Safran 376, 392
  -de gouvernail 377, 378
  -de gouverne 373
Sagittaire 15, 19, 20, 21
  -bras du 14, 15 ; 62
  -Êta du 21
  -Ota du 21
  -Omicron du 21
  -Pi du 21
  -Psi du 21
  -Rho$_1$ du 21
  -Tau du 21
  -Thêta$_1$ du 21
  -Upsilon du 21
  -Xi$_2$ du 21
  -Zeta du 21 ;
Sahara 39, 265
Saillant triangulaire 294
Saillie de positionnement de

l'objectif 589
Saillies métalliques 455
Sainte-Sophie, Istanbul 487
Saiph 18
Salamandre 182
Salle rayonnante 465
Salmson 398, 399
Salon du capitaine 392
Saltasaurus 72, 91
Samarium 311
Samotherium 74
San Andreas, faille de 59, 63
Sanctuaire 491
  -du Kasugado d'Enjoji, Nara Japon 490
Sang
  -désoxygéné 255
  -oxygéné 255
Sangallo, Giuliano da 474
Sangle 554, 555, 582, 583
  -Atherstone 583
  -de chaise 576, 577
  -de selle 363
  -ventrale 427
Sanguine 430
Sapin 66
Sappho Patera 37
Saqqarah 459
Sarcolemme 228
Sarcomère 228
Sarracenia 113
Satellite 40, 64
  -galiléens 44
Saturne 31, 46
Sauge des prés 145
Saula 19
Saumon 180
  -d'aile 404, 409, 424, 426
  -du plan fixe 407, 415
Saurischiens 82, 83
  -bassin 82
Sauropodidés 83, 91
Sauropodomorphes 83, 88, 89, 90, 91
Saut à la perche 542
  -piste d'élan de 542
  -tapis de 542
Saut en hauteur 542, 543
  -aire de saut 542
  -tapis de saut
Saut en longueur 542, 543
Sauts 542
Sauvegarde
  -de safran 378
Saxophone 504, 508
  -ténor 509

Scalpel 439
Scandinavie 64
Scandium 310
Scape 168
Scaphoïde 230, 232
Scaphonyx fischeri 69
Scapulaire
  -poisson osseux 181
Sceau de ville portuaire 375
Scélidosauridés 83
Scelidosaurus 71
Scheat 19, 20
Schedar 19
Schickard 40
Schistes 274
Schnorkel 397
Schrödinger 41
Schubert 35
Schweizer 300 C 423
Scissure
  -de Rolando 236-237
  -interhémisphérique 236-237
  -latérale de Sylvius 237
  -pariéto-occipitale 236-237
Sclérenchyme 113, 135, 139
Sclérite étoilée 159
Sclérotique 213, 240-241
Scooter 50, 51
  -Vespa 362
Score au hurling 541
Scories 273
Scorpion 170, 278
Scorpion, le 19, 20
Scorpionides 170
Scotie 463, 472, 485
Scrotum 211, 259
Sculpteur, le 19, 20
Sculpture 452, 453, 454, 455
  -cinétique 452
  -de poupe 381
  -mobile 452
  -radiale 365
  -en pavés (crampons) 365
Scutellum 168
Scutum 173
Scyphozoaires 166
Sebkha 283
Seconde Guerre mondiale 408-409
Sédiment 62, 63, 266, 267, 276, 278, 287, 288, 290, 291, 295, 298
  -de marges continentales 299
  -éboulés 286
  -glaciaires 299
  -terrigènes 299

Sedna Planitia 36
Segment
  -apical de l'arbre bronchique 254
  -chenille 169
  -de compression 410
  -dorsal 254
  -latéral 254
  -latéro-basal 254
  -lingulaire caudal 254
  -lingulaire crânial 254
  -médial 254
  -paracardiaque 254
  -termino-basal 254
  -ventral 254
  -ventro-basal 254
Segnosauridés 83
Seguin (frères) 410
Seiche 176
Sein 211
Séismes lunaires 41
Sel 277, 283, 293, 296
Séläginelle 120
Sélecteur 368
  -de micro 513
  -de son 520
  -des différents sons et rythmes 520
  -des vitesses d'obturation 588, 589
  -de vitesses 366
  -du temps de cuisson 578, 579
Sélénium 311
Selle 358, 359, 360, 363, 364, 369, 582, 583
  -à dosseret monobloc 368
  -anglaise 582
  -biplace 364
  -capitonnée 363
  -de bicyclette 362
  -de concours hippique 554
  -de course 555
  -de travail 582
  -en cuir 582
  -longue 368
  -remplie de gel 361
  -western 582
Sellette
  -de modelage 455
  -en contre-plaqué 455
Sémaphore mécanique 330
Semelle 499, 568
  -de bout 492
  -de frein 327
Semence 577, 582
Semi-lunaire 230

Semi-métaux 310
Sens
  -de rotation 30
  -du mouvement orbital 31
Sépale 113, 126, 127, 129, 131, 140, 141, 145, 146, 147, 150, 151
Séparateur de flux 418
Septum 260
  -interventriculaire 251
  -médian 245
  -musculaire 176
Séquence 520
  -principale 22, 23, 24, 26, 32
Séquoia 70, 112
Sequoiadendron affinis 70
Séracs 287
Sérigraphie 446, 448
Serpentaire, le 19, 20
Serpents 184-185
Serrage de selle 360
Serre-gouttière 393
  -de bouchain 393
Serre-tête 404
Serres
  -oiseau de proie 188
Service overhand 534
Servofrein 351
Sextant, le 18, 21
Seyfert 41
Seyfert, galaxie de 13
Shaula 20
Shelley 35
Shinty 540
Shreve, R. H. 494
Shunosaurus 91
Sibérie 64, 65, 66, 67
Side-car 362
  -de course BSA Kirby 1968 369
Siège 334, 340, 352, 407, 425, 427, 576, 555
  -arrière 339
  -avant 339
  -baquet en fibre de verre 361
  -de cuir 582, 583
  -de nage 373
  -de poulaine 380
  -du chauffeur 325, 327, 328, 334
  -du commandant de bord 416
  -passager 362
Siège-pilote 398, 399, 402, 408, 409, 427
Sierra Madre 265
Sierra Nevada 57, 75

INDEX

Sif Mons 37
Sifflet 524
   -à vapeur 392
Sigma du Grand Chien 21
Sigmoïde 249
Signal lumineux à quatre indications 330
Signalisation 330
Signature (livre) 586, 587
Signaux électriques 512
   -électroniques 520
Signet 586, 587
Sikorsky VS-300 422
Sikorsky, Igor 422
Sildacée 136
Silence 502
   -de brève 502
Silencieux 351, 362, 363, 368, 369, 404, 427, 580
   -de l'échappement 423
Silex 109, 277
Silicate 35, 37, 39, 43, 51, 53, 269
Silice 39
Silicium 26, 58, 306, 311
Silique 151
Sill 277
Sillet 510, 511, 514
   -du chevalet 512
   -du haut 513
   -simple 508
Sillon 278, 282
   -ambulacraire 175
   -céphalique 173
   -interfessier 210
   -médian 223, 244
   -mento-labial 213
   -sous-nasal 213
   -terminal 244
Sills 274
Silurien 56
Simiens 202
Singes 202-203
Singularité 29
Sinus 112
   -coronaire 250
   -du rein 256
   -frontal 212, 245
   -Iridum 40
   -longitudinal supérieur 212, 236
   -sphénoïdal 212, 245
Sinus Borealis 69
Siphon 325
   -intestinal de l'oursin 175
Siphonoglyphe 167
Sirius 15, 18, 21, 22, 23

Skarn 274
Ski alpin 552, 553
   -bâton de 552
   -chaussure de 552
   -descendeur 552
   -descente 552
Ski de fond 548
Ski de slalom 553
Slalom 552
Slipher 43
Smilodon 107
Soane, sir John 478, 482, 483
Socle 330, 469, 472, 487
   -saillant 479
Sodalite 269
Sodium 35, 58, 296, 310
Soffite 464, 498
   -vitré 498
Solarium 494
Sole pédieuse 167
Soleil 11, 15, 18, 20, 22, 23, 27, 30, 31, 32, 33, 52, 53, 65, 138, 297, 300, 301, 314, 315
Solfatares 273
Solide 306, 307
Solidification 266, 307
Solive 464, 486
Solution 306
   -acide 448
Sombrero 12
Sommet 569
Sommier 514, 515
Sonar-leurre 396
Sonde
   -d'incidence 420
   -de décrochage 412
   -de température 412, 423, 425
   -de température d'air 423
   -de température et de pression 418
   -spatiale 36
Sonnette 185
Sonora, désert de 265
Sons échantillonnés 520
Sophocle 35
Soralie 114
Sorbier des oiseaux 130, 131
Sore 121
Sorédies 114
Sortie
   -d'air 427, 567
   -d'arbre 395
   -de secours 417
Soubassement 478, 479, 483
Souche
   -de cheminée 476, 483

Soude 312
Soufflante 418, 419
Soufre 39, 44, 311
Soule, la 524
Soupape 344, 345, 347, 362, 410
   -d'admission 343, 345
   -d'échappement 343, 345, 400, 410
   -de recirculation des gaz d'échappement 344
   -de réglage 344
   -de sécurité 334
Soupir 502, 503
Soupirail 483
Source 292
   -artésienne 292
   -de rayonnement 13
   -minérale 273
   -Pipe 276
Sourcil 212
Sourdine
   -bol 507
   -pour trombone ténor 507
Souris 196, 521
Sous-barbe 379
   -de beaupré 382
Sous-carreau 393
Sous-caudales 188
Sous-gorge 554
Sous-marin nucléaire d'attaque 397
Sous-ventrière 555
Soute
   -à bombes 408, 421
   -à charbon 324, 392
   -à eau 324
South Rim 277
Spadice 143
Spathe 143
Spatule à modeler la cire 454
Spectre
   -de la lumière blanche 318
   -électromagnétique 318
Spermathèque
   -araignée 170
   -escargot 171
Spermatozoïde 217, 259
Spermioviducte 177
Spermophile 196
Sphénethmoïde 183
Sphénopsidés 279
Sphenopteris latiloba 72
Sphincter 167
   -anal 249
   -pylorique 249

   -urétral interne 257
Spica 18, 21
Spicule 32, 33, 166
Spirale
   -centrifuge 303
   -d'Ekman 296, 297
Spoiler 413, 414
Spongiaires 166
Sporange 121
Spore 115, 119, 121
Sporophore 114, 115
Sporophyte 112, 119, 121
Sport
   -d'équipe rapide 534
   -de combat 556
   -de raquette 544-545
   -équestres 554-555
   -motocycliste 368
   -nautiques 560
Sprint 542
Squamates 184
Squamosal 183
Squash 544, 545
   -court international 545
   -court de service droit 545
   -court de squash américain 545
   -balles de 545
   -mur « fond de but » 545
   -raquette de 545
   -receveur 545
   -serveur 545
   -zone de service droite et gauche 545
Squelette 218, 219
   -abeille 168
   -araignée 171
   -chat domestique 195
   -cheval 199
   -Coléoptères 168
   -crocodile 186
   -éléphant 201
   -éponge 166
   -fourmi 168
   -grenouille 183
   -kangourou 206
   -lézard 184
   -lièvre 197
   -Malacostracés 172
   -oiseau 189
   -ornithorynque 206
   -papillon 169
   -phoque 204
   -pied de cheval 198
   -pied de vache 198
   -poisson osseux 180-181

-serpent 185
-singe rhésus 202
-tortue 187
Stabilisateur 340, 423
Stade mature 291
Stalactite 284, 285
Stalagmite 285
Stalle 470
Standardbred 554
Starter 363
Station
 -d'alimentation 328
 -émettrice 574
Stator 317
Staurikosaurus 69
Stegoceras 100, 101
Stégosauridés 83
Stegosaurus 71, 93
Stèle 127, 132, 133
Stephenson, Robert 324
Sterne 193
Sternum 218, 219
 -chat domestique 195
 -cheval 199
 -éléphant 201
 -kangourou 206
 -lièvre 197
 -oiseau 189
 -phoque 204
Stibine 268
Stigmate 140, 141, 142, 143, 144, 145, 146, 147, 150, 151
 -araignée 170
 -chenille 169
Stipe 114, 115
Stipule 152
Stöfler 40
Stolon 128, 154
Stomate 138, 139, 156, 157
Stoppeur de chaîne 395
Store 497
Strates 267
 -calcaires 285
Strato-cumulus 302
Strato-volcan 272
Stratosphère 43, 45, 47, 300, 301
Stratus 302
Strindberg 35
Stroma 139
Stromathylacoïde 139
Strontium 310
Structure
 -du panier et du panneau de basket-ball 532
 -métallique 496

-porphyrique 275
Struthiolaria 279
Struthiomimus 84, 87
Studio Elvira, Munich, Allemagne 495
Stupa 490
 -*dagoba*, Kandy, Sri Lanka 491
Stupica 491
Styles 113, 140, 141, 142, 143, 144, 146, 147, 148, 149, 150, 151
Styles architecturaux 460
 -décoré 470
 -dravidien 491
 -expressionniste 495
 -flamboyant 470, 472
 -gothique 470
 -high tech 496
 -kasuga 490
 -néoclassique 479, 480
 -organique 495
 -perpendiculaire anglais 470
 -rocaille 478, 482
 -rococo 478
 -roman 468
 -Tudor 484
Stylet 167
 -métallique à pointe d'argent 430
Stylo 444
 -lithographique 448
Stylobate 460
Styracosaurus 102, 103
Suber 127
Sublimation 307
Substance
 -blanche 236, 237, 238
 -fluorescente 574
 -grise 236, 237, 238
 -naturelles 306
Substitution 312
Substrat 115
Substratum 291, 298
Suçoir 163
Sud-équatorial, courant 297
Sulfate 291, 296
 -de cuivre anhydre 313
Sulfures 268
Sulky 554, 555
Sumatra 265
Super-géant (Super-G) 552
Supergéante 23
 -blanche 15
 -bleue 23
 -rouge 23, 26, 27

Supergranule 33
Supérieur, lac 265
Supernova 15, 26, 27, 28, 29
 -Vela 17
Support
 -d'antenne 575
 -d'armature en fer 455
 -de câble 581
 -de câble de traction 581
 -de carénage 369
 -de charge 499
 -de charbon 566
 -de clé de mandrin 566, 567
 -de filament 572
 -de fixation 574
 -de l'ampoule 572
 -de la toile 437
 -de tube cathodique 574
 -en isolant synthétique 331
Suprascapula 183
Sureau noir 130, 143
Surface aborale
 -étoile de mer 174
 -de corner 524
 -de réparation 524
 -irrégulière 287
 -libre 292, 293
 -piézométrique 292
 -plissée, dite cordée 272
 -oursin 175
 -régulière 287
Surliure de voilier 383, 384, 387, 388, 389
Suspension 340, 350, 351, 364, 405
 -à ressort 570
 -primaire à ressorts hélicoïdaux 327, 329
 -secondaire à air 331
 -souple 368
Suspente de gouvernail 373
Sustentation 422
Suture 202
 -coronale 220
 -fronto-zygomatique 220
 -occipito-pariétale 220
 -temporo-pariétale 220
Suzuki RGV500 368
Sycone 148
Syénite 275
Symbole
 -chimique 310
 -de fixation sur table 573
 -de percussion 566
 -de visée 588
Symétrie pentaradiaire 174

Symphyse
 -mentonnière 220
 -pubienne 258
 -synapsidé 67
Syncolpie 145
Synsacrum 189
Synthétiseur 520
 -à vent 521
Syria Planum 42
Système
 -à pistons 506
 -aquifère 166, 293
 -artériel rénal 256
 -central 238
 -circulatoire 252-253
 -commandé par levier 330
 -cristallin 270
 -cubique 270
 -d'atterrissage aux instruments (ILS) 420
 -d'échappement léger 368
 -de défense de basket-ball 533
 -de Havers 225
 -digestif 248-249
 -énergétique 315
 -externe 225
 -hexagonal 270
 -interne 225
 -karstique 285
 -MIDI (Musical Instrument Digital Interface) 520
 -monoclinique 270
 -nerveux 214, 238-239
 -orageux cyclonique 43
 -orthorhombique 270
 -périphérique 238
 -quadratique 270
 -reproducteur 258-259
 -respiratoire 254-255
 -solaire 14, 30, 31, 38
 -triclinique 270
 -urinaire 256-257
 -vasculaire aquifère 174
Systole
 -auriculaire 251
 -ventriculaire 251

INDEX

T

Table
-d'harmonie 510, 511, 514, 515
-fixe 494
Table, la 20, 21
-Alpha de la 20
-Bêta de la 20
-Êta de la 20
-Gamma de la 20
Tableau
-d'autel 433
-de Mendeleïev 310
-indicateur 555
-orientable 445
Tableau de bord 353
Tablette 393
-de marbre servant à mélanger les ingrédients 434
Tablier 324, 487
-de pont basculant 493
Tache
-chaude 29
-d'Anne (tourbillon anticyclonique) 47
-jaune 240
-rouge 45
-solaire 32, 33
Taille 210, 452
-douce 446, 447
Taille-crayon 430
Taille-mer 375
Tailloir 460
-à cornes 460
Takla Makan, désert 265
Talc 271
Talon 198, 210, 511
-de chaussure 568, 569
-de quille 392
-renversé 472
Talonnette de propreté 568, 569
Talus
-continental 267, 296, 298
-d'éboulis 282, 283
Tam-tam 504, 516
Tamarin 202, 203
Tambour 460, 481, 486, 487, 518, 519
-à fût allongé 518
-à fût en forme de bol 518
-de basque 504
-de frein 339, 343
-de roue 392
-sur cadre 518

Tambourin 518
Tamia 196
Tampon 324, 325, 327, 328
-de calligraphe 445
-de feutre et de cuir 509
-de l'artiste 445
-en buvard 440
-encreur en cuir 446
Tanganyika, lac 265
Tangon 394, 395
Tantale 310
Tantalus Fossae 43
Tape d'essieu de poulie 383
Tapir 198,
Tapis
-caoutchouc 363
-de judo 556
-de selle en peau de mouton 554
-de souris 521
Taquet 582
-mobile 437
Tarentule, nébuleuse de la 12, 26
-Supernova de 1987 27
Tarière
-à manche 374
-fouet 374
Tarses 211, 219
-araignée 171
-chat domestique 195
-Coléoptères 168
-crocodile 186
-distaux 183
-éléphant 201
-grenouille 183
-kangourou 206
-lézard 184
-lièvre 197
-oiseau 188
-ornithorynque 206
-papillon 169
-phoque 204
-scorpion 170
-singe rhésus 202
Tarsiens 199
Tarsier 202
Tarso-métatarse 189
Tas-de-charge 469
Tasseau 359
-de marbre 450
-inférieur 512
Taud en toile 362
Taureau, le 19, 20
Taurus, chaîne du 77
Taxi électrique Bersey 342
Taxus baccata 70

Tchekhov 35
Technétium 310
Techniques du football australien 529
Technosaurus 69
Tégument 147, 149, 150, 151, 152, 153
Télémètre 394, 396
-de recherche laser 420
Tellure 311
Tellus Regio 36
Tellus Tessera 37
Telson
-crevette 172
-écrevisse 172
Témoin de relais 543
Tempe Fossae 43
Tempera 432, 433
Tempête 303
-de poussière 43
Temple 458-459, 460-461, 490
-block 516
-d'Amon-Rê, Égypte 458-459
-d'Aphaia, Égine, Grèce 461
-d'Athéna Polias, Priène, Grèce 460
-d'Isis, Philae, Égypte 459
Temple Butte, calcaire de 277
Temps d'admission 342
-d'échappement 342
-d'explosion 342
Temps précambriens 279
Tenailles 325
Tender 324
Tendeur 510, 511
-à vis 400, 402, 405
-de courroie 344
Tendon
-d'Achille 232
-de l'extenseur commun 231
-de l'extenseur commun des orteils 233
-de l'extenseur propre du gros orteil 233
-de Zinn 241
-du court péronier latéral 233
-du fléchisseur commun 231
-du petit palmaire 231
Tennis 544
-arbitre 544
-court de 544
-court de service droit et gauche 544
-joueuse de 544
-juge de faute de pieds 544
-juge de filet 544

-juge de ligne 544
-juge de service 544
-receveur 544
-serveur 544
Tenon 373, 492, 576, 577
-et mortaise d'assemblage 373
Tenseur du fascia lata 226
Tentacule 176, 177
-anémone de mer 166-167
-cœlentérés 166
-coquille Saint-Jacques 176
-escargot 177
-méduse 167
-mollusques 176-177
Tente de toit 355
Tenue d'escrimeur 556
-de football 525
-de football australien 529
-de judo 556
-de volley-ball 534
-et équipement de slalom 553
Tépale 126, 129, 140, 143
Terbium 311
Tergum 173
Terminaison
-nerveuse libre 235, 239
-pincée 281
Terrain à surface dure 534
-de base-ball 536
-de basket-ball international 532
-de cricket 538
Terrain de football 524
-drapeau 524
-marquages du terrain 524
-point d'engagement 524
-rond central 524
Terrain de football américain 526
-zone de but 526
-ligne de but 526
-poteau de but 526
Terrain de football australien 528
-but 528
-behind 528
-poteaux de but 528
Terrain de football canadien 526
-zone de but 526
Terrain de football gaélique 529
-but 529
-Poteau de but 529
-surface de but 529
Terrain de hand-ball 535
Terrain de hockey 540
Terrain de lacrosse dames 541
Terrain de lacrosse hommes 541
-arbitre de banc 541

INDEX / 635

-attaquant 541
-but 541
-cercle de but 541
-chef chronométreur 541
-chronométreur de pénalités 541
-défenseur 541
-demi 541
-gardien de but 541
-marqueur 541
Terrain de netball 535
Terrain de rugby à XIII 530
 -but 530, 531
 -en-but 530
 -ligne de but 530, 531
 -pilier 530
Terrain de rugby à XV 530
 -But 530
 -ligne de ballon mort 530
 -ligne de touche 530
Terrain de volley-ball 534
Terrain volcanique 292
Terrasse 494, 495, 497, 498, 499
 -d'épandage 286
 -fluviatiles 290, 291
Terre 11, 22, 30, 31, 32, 38, 40, 41, 56, 264, 297, 301
 -colorée 432
 -cuite 455
 -d'ombre 434
 -de Sienne brûlée 442
 -émergée 39, 281
 -glaise (argile) 455
 -rouge (oxyde de fer) 433, 434
 -verte 434, 435
Tertiaire 57, 74, 75
Tessèle 451
 -de marbre rouge (Alicante) 450
 -dorée à surface irrégulière 451
 -dorée inversée 451
 -triangulaire en pâte de verre 451
Tessera Dekla 37
Test 174-175
 -anatife 173
 -chat domestique 195
 -dauphin 205
 -lapin 196
Test de présence
 -de gaz carbonique 313
 -de vapeur d'eau 313
Testicule 259
Tétanuridés 83
Têtard 182-183, 192
Tête 212, 213, 214, 388, 484, 508, 511, 512, 513
 -bourdon 168
 -bouterollée 392
 -chenille 169
 -coléoptère 168
 -creuse en bois 517
 -de cylindre 391, 425
 -de l'archet 510
 -de mât 378
 -de mèche 376
 -de rivet 392
 -du fémur 224, 225
 -escargot 177
 -fourmi 168
 -grenouille 182
 -livre 586-587
 -papillon 169
 -recouverte de cuir 516
 -recouverte de feutre 516, 519
 -serpent à sonnette 185
Téthis 46
Teti 459
Tétière 375, 384
 -de filet 57
Tétine 206
Tetralophodon 75, 104
Teugue 376
Texture farineuse 277, 280
 -friable 280
 -granuleuse 277
Thalamus 236, 237
Thalle 114, 116, 117, 118
Thallium 311
Thar, désert 265
Tharsis Tholus 43
Thaumassia Fossae 43
Théâtre Le Globe, Londres 477
Thecodontosaurus 88
Themis Regio 36
Thérapsidés 104
Thermosphère 37, 43, 300
Théropodes 83, 84, 85, 86, 87
Thesium alpinum 145
Théthys, mer de 69, 71, 73, 75
Thetis Regio 36
Thorax 211
 -bourdon 168
 -chenille 169
 -cirripèdes 172
 -fourmi 168-168
 -guêpe 168
 -papillon 169
Thorium 310
Thulium 311
Thylacoïde 139
Thymine 216

Thyréophores 83, 92, 93, 94, 95
Thyristors 328
Tibet, plateau du 63
Tibia 211, 219, 232, 233
 -araignée 171
 -chat domestique 195
 -cheval 199
 -Coléoptères 168
 -crocodile 186
 -éléphant 201
 -kangourou 206
 -lézard 184
 -lièvre 197
 -ornithorynque 206
 -papillon 169
 -phoque 204
 -scorpion 170
 -singe rhésus 202
 -tortue 187
Tibio-fibula 183
Tibio-tarse 189
Tiercefeuille 472
Tierceron 485
Tige 120, 125, 127, 128, 129, 130, 131, 134, 135, 142, 143, 154, 155, 157, 158, 162, 163, 280, 284, 509
 -d'acier repliée en forme de triangle 517
 -d'amortisseur 365
 -de balancier 570
 -de correspondance des clés 509
 -de culbuteur 367
 -de piston 324, 390
 -de tension 518
 -de tiroir 392
 -filetée 573
Tigelle 147, 150, 152, 153
Tillac 373
Tilleul commun 134, 143
Timbales 505, 518, 519
 -en *ré* et *la* 503
Timbre 518
Timonerie de frein 324, 325, 327
Tir 548, 549
 -à l'arc 548
 -à la carabine 548
Tirant 484, 492, 583
Tiroir 390
 -cylindrique 325
 -ramasse-miettes 578, 579
Tissu adipeux 215, 235
 -conjonctif 254
 -nerveux 166
Titane 310

Titanohyrax 74
Titanosauridés 91
Titiana 48
Toile 436, 437, 442
 -à voile Duradon 384
 -de revêtement 403
 -de selle 583
Toilettes 417
Toit
 -à charpente en fer 479
 -à croupes 476, 477, 490
 -à croupes aplati 495
 -à deux versants 464, 467, 468, 471, 472, 476, 477, 492
 -à l'impériale 489
 -conique 466, 477, 490
 -de chaume 471
 -en appentis 463, 469, 470, 472, 490
 -en bulbe 467
 -en pavillon 466, 477, 486
 -octogonal 468
 -ouvrant 341
 -pyramidal en gradins 481
Toit-terrasse 483, 494
Toiture 459
 -à deux versants 462
 -à faîtes et rainures 492
 -à pignons multiples 492
 -en double
 -paraboloïde de révolution 499
 -en terrasses 494
Tôle
 -de galbord 393
 -de fond 393
Tolet 375, 380
Tolstoï 35
Tom basse 518, 519
Tom médium 518, 519
Tombeau de marbre de Itimad-Ud-Daula, Agra, Inde 489
Tombolo 294
Ton
 -de beaupré 379
 -de mât 378
 -dégradé 442
 -uniforme 442
Tondeuse
 -à gazon 580-581
Tondo 434
Topaze 271
Toque 555
 -à pois 555
 -à quartiers 555
 -unie 555

INDEX

Torchis 462, 465, 466
Tore 463, 467, 469, 470, 475, 477, 479, 486, 490
   -gothique à boutons 470
Torosaurus 72
Torpille 394
Torrent 267, 286, 287
   -de fonte 286
   -en tresses 286
   -post-glaciaire 286
   -sous-glaciaire 286, 287
Tortues 77, 186-187
Toucan, le 20
Touche 510, 511, 513, 520
   -au repos 514
   -d'enregistrement en mémoire 520
   -enfoncée 514
   -relâchée 514
Toupet 199
Tour 466, 469, 472
   -à gradins 490, 491
   -d'angle 466
   -de croisée 468
   -de forage 315
   -de refroidissement 314, 496
   -lanterne de croisée 472
   -mort 388
   -saillante 466
Tour de l'Horloge (Big Ben), palais de Westminster, Londres, 493
Tour de Londres 466, 484
Tourbe 280
Tourbillon
   -anticyclonique 44, 45, 50
   -atmosphérique 46
Tourelle 470, 471, 477
   -à dôme 493
   -antiaérienne 392
   -automatique 397
   -d'artillerie 396
   -de défense 408
   -octogonale 481
Tourelle-boule Sperry 408
Tourillon 374, 395, 409
Tourmaline 269
Tournesol 142, 145
Tower Bridge, Londres 492, 493
Toxodon 76, 106
Tracé 268, 271, 470
Trachée 212, 215, 244
   -araignée 170
   -chat domestique 195
   -chimpanzé 202
   -dauphin 205

   -éléphant 200
   -lapin 196
   -lézard 185
   -oiseau 189
   -tortue terrestre 187
Traction 320
   -diesel-électrique 328
   -électrique 324
Traction à vapeur
   -Cugnot 334
Tragus 242
Train
   -d'atterrissage 400, 406, 414
   -électrique 328, 329
   -électrique polycourant « Eurostar » 329
   -rapide « Mallar » 325
   -à grande vitesse (TGV) 329
Traînée 402, 416
Tramway 332, 333
Tranchefile
   -de queue 586, 587
   -de tête 586, 587
Transenne 459, 488, 489, 490, 491
Transept 468, 469, 470, 472
Transfert d'électrons 308
Transformateur 314, 328, 575
Transmission 350
Trapèze 230
Trapézoïde 230
Trappe 571
   -d'accès au compartiment générateur 327
   -d'accès de service 329
   -d'évacuation d'urgence 406
   -de visite de réservoir 417
Travée 469
Traverse 331, 576
   -arrière 339, 576
   -avant 338, 576
   -d'accoudoir 576
   -de ceinture 577
   -de chaise 576
   -en bois 324, 331
Traversée de la Manche 400
Traversiers 387
Traversin de barrot 380
Travertin 464
Trèfle 472
   -aveugle 473
Trèfle, nébuleuse du 16
Tremblements de terre 58, 63
Trépied 437, 455, 518, 519, 520
Trépointe 568, 569

Trésor d'Atrée, Mycènes, Grèce 461
Tresses 290
Treuil de cartahu 394
Treuil manuel 354
Trevithick, Richard 324
Triangle 504, 517
Triangle austral, le 21
Triangle, le 19, 20
Trias 57, 68, 69, 104
Tribord, bord de gouverne 374
Tribune 467, 468, 477, 479, 555
Triceratops 102, 103
Triforium 469
Triglyphe 460
Trigone 275
Trilobite 56, 64, 78, 279
Trimala 491
Tringle
   -de frein 337, 339
   -de tension 519
Tringlerie 345
Trinquette 385
Triplans 402-403
   -Avro-IV 402-403
Triple nœud à capeler 389
Triple saut 542, 543
Triplure
   -de bout 568
   -de claque 569
   -de contrefort 569
   -de quartier 568, 569
Trirème 373
Triton 50, 1182
Trochanter
   -araignée 171
   -Coléoptères 168
   -scorpion 170
Trochlée 225
Troisième piston 506
Troisième ventricule 237
Trolley (perche du) 332
Trombone 505, 507
Trompe 200-201
   -d'Eustache 242, 243
   -papillon 169
Trompette 504, 506
   -en ré 503
Trompillon 485
Tronc 214-215, 282
   -basilaire 252
   -brachiocéphalique 251
   -cérébral 236
   -cœliaque 256
   -porte 252
Trophoblaste 260

Tropique
   -du Cancer 265, 297
   -du Capricorne 265, 297
Troposphère 37, 43, 45, 47, 300
Trot attelé 554
Trotteur français 554
Trou
   -de boulon 365
   -de boulon de fixation du moteur 367
   -de boulon de retenue 366
   -de goupille 570
   -de sonde 393
   -mentonnier 220
   -noir 12, 27, 28, 29
   -occipital 220
   -palatin principal 220
   -sacré 223
   -sous-orbitaire 221
   -sus-orbitaire 221
   -transverse 222
   -vertébral 222
Troupiale Baltimore 193
Trousse à outils 362
Troussequin 555, 582
Truelle brettée (crantée) 450
Truite 180
Tsiolkovski 41
Tuba 505, 507
Tube
   -aluminium de fort diamètre 361
   -cathodique 574
   -conique 507
   -contourné 256
   -cylindrique en bois 508
   -d'aquarelle 438
   -de direction 359, 360, 361
   -de direction court 361
   -de fourche 359
   -de fourche télescopique 365
   -de Malpighi
      -abeille 168
      -araignée 170
      -papillon 169
   -de métal creux (résonateur) 516
   -de peinture à l'huile
   -de renfort 364
   -de selle 358, 360
   -de selle redressé 361
   -diagonal 359, 360
   -digestif 248-249
   -en bois 508
   -en métal 508, 509
   -étroit 506, 507

-fluorescent 319
-horizontal 359, 360
-lance-torpilles 394, 397
-Pitot 404, 405, 407, 416, 417, 420, 422, 425
-plongeant 361
-pollinique 146, 147
-surchauffeur 325
Tubercule 128, 155, 156, 247
-antérieur 222
-étoile de mer 174
-du grand adducteur 224
-minuscule 279
-oursin de mer 174
-pharyngien 220
-postérieur 222
Tubérosité
-de l'ischion 224
-frontale 220
-pariétale 220
Tubulure
-d'admission 335
-d'échappement 336
-de remplissage d'huile 580
Tuf calcaire 284
Tuile
-en écaille 476, 486
-faîtière 464, 476
-flamande 464, 482
Tungstène 281, 310, 319
Tunique
-externe 252
-interne 252
Tuojiangosaurus 92, 93
Tupélo 137
Tupolev 144 416
Turbine 418
-basse pression 419
-Francis 314
-haute pression 418
Turbocompresseur 347, 356
Turbomoteur Allison 250-C20J 423
Turbopropulseurs 419
-à double flux 419
-Pratt & Whitney Canada PW-120 419
-Pratt & Whitney Canada PW-305 419
Turboréacteurs 418
-à postcombustion 416
-NPT-301 418
-Rolls-Royce Olympus Mark 6 417
Turbulences 44, 406
Turgai, détroit du 71

Turner, *L'Incendie du Parlement de Londres* 439
Tuyau
-conduisant la vapeur de la chaudière au cylindre 324, 325
-d'accouplement du frein à air 326
-d'échappement 404
-de graissage 325
-de sablage 329
-d'orgue 514
-souple de frein hydraulique 369
Tuyère 416, 418, 423
-d'éjection 416
-d'éjection des gaz brûlés 415
-de canal de soufflante 412
-de postcombustion 421
Tyagaraja 35
Tycho 40
Tympan 474, 482
-grenouille 182
-lézard 184
-poussin 193
-trilobé 471
Tyrannosaurus 73, 84
Tyringham House, Buckinghamshire, Grande-Bretagne 483

U

Ultralégers motorisés (ULM) 426-427
-Pegasus Quasar 427
-Pegasus XL SE 426
Umbriel 48
Unilquadium 310
« Union Pacific » 326
Univers primordial 10
Unnilennium 311
Unniloctium 311
Unnilpentium 310
Unnilseptium 310
Unnnilhexium 310
Unukalhai 21
Uranium 310
-enrichi 314
Uranius Tholus 43
Uranus 31, 48, 49
Uretère 215, 256, 257

-chat domestique 195
-éléphant 200
-escargot 177
-grenouille 182
-lapin 196
-lézard 185
-oiseau 189
-poisson osseux 181
Urètre 256, 258, 259, 261
-chat domestique 195
-chimpanzé 202
-lapin 196
Urne 113, 160, 161, 463, 478, 481, 487
Urodèles 182
Uropodes
-crevette 172
-écrevisse 172
Urostyle 183
Ursus spelaeus 77
Usine Hoover, Londres, 495
Utérus 214, 258, 259
-chimpanzé 202
-éléphant 200
Utricule 243
Utzon, J. 499

V

Vache 198
Vacuole 216, 217
Vagin 258, 259, 261
-araignée 170
-chimpanzé 202
-éléphant 200
-escargot 177
Vague 294
Vaisseau
-cérébral 237
-de 74 canons 379, 380-381
-de Volkmann 225
-dorsal 169
-papillon 169
-sanguin fœtal 260
-sanguin maternel 260
-sanguin rétinien 240-241
Vallée 43, 267, 295
-de Schröter 40
-en U 287
-en V 289
-postglaciaire 286
-sèche 288

-suspendue 286, 287
Välmiki 35
Valve 176, 278, 359, 361
-de pneu 339
Valvule 252
-connivente 249
-iléo-cæcale 249
-pulmonaire 251
-spirale 179
-tricuspide 251
Van de Graff 41
Van Eyck 35
Vanadium 310
Vanne 314
-d'isolement 327
-d'isolement du chauffage à vapeur 325
-d'isolement du souffleur 325
-du frein à vide 325
-du manomètre de pression 325
Vapeur 273, 307, 314
-d'eau 37, 43, 45, 47, 288, 303
Varangue 393
-acculée 392
Varech cannelé 116
-spiralé 116
Variétés allotropiques 311
Vasa recta 256
Vasière d'estuaire 295
Vautours 255
Vedette à vapeur 394
Véga 15, 19, 20
Végétation 279, 280, 288
Végétaux 56, 66, 68, 70, 71, 72, 75, 76, 77
Véhicule 352
-électrique 342
-tout terrain 354
Veine 250-251, 252-253
-alvéolaire 247
-axillaire 253
-basilique 253
-brachiocéphalique 253
-bronchique 254
-cardiaque 250
-cave
  -grenouille 182
  -inférieure 215, 250, 252, 253, 256
  -pieuvre 176
  -postérieure 182
  -supérieure 215, 250, 251, 252, 253, 255
-centrale de la rétine 240

INDEX

-céphalique 253
-cubitale médiane 253
-digitale 253
-fémorale 253
-gastro-épiploïque 253
-iliaque commune 215, 253, 257
-iliaque externe 215, 253
-iliaque interne 253
-interlobulaire 256
-jugulaire droite 215
-jugulaire interne 253
-médiane 253
-mésentérique inférieure 253
-mésentérique supérieure 253
-ombilicale 260
-palmaire 253
-pulmonaire 250, 251, 253
-droite 251
-gauche 251
-pulpaire 247
-rénale 256, 257
-saphène externe 253
-saphène interne 253
-sous-clavière 253
-spermatique 257
-surrénale 256
Vélin 432
Vélo de contre la montre Rossin (Italie) 361
-de course Eddy Merckx 360
-tout-terrain (VTT) 358
Velum 162
Vendelinus 40
Vent 42, 46, 47, 49, 50, 51, 52, 53, 267, 282, 283, 288, 296, 297, 300, 303
-solaire 32, 38
Ventilateur 317, 344, 345, 351, 353, 566
-de refroidissement 326, 327, 427
Ventouse
-lamproie 178
-pieuvre 176
Ventre
-caïman 186
-cheval 198
-dauphin 204
-éléphant 201
-lézard 184
-lion 195
-oiseau 188
Ventricule
-cardiaque 176
-droit 215, 250, 251, 252

-gauche 215, 250, 251, 252
-latéral 236, 237
Vénus 30, 31, 36, 37
Verdaccio 433
Verge 372, 380
-d'ancre 386
-d'arbalète 376
Vergue 372, 373, 374, 379, 392
-de bonnette 378
-de civadière 379
-de drisses de signaux 395
-porte-antenne 395
Vérin
-d'aérofrein 421
-d'élevon 416
-de commande d'orientation de l'atterrisseur 416
-de compensateur 415
-de la visière rétractable 416
-de rétraction 417
-de tuyère 417
-hydraulique 413, 414
Vermillon 433
-de la lèvre 213
Vernis 349, 433, 436
Vernissage 442
Verre 307, 320, 330, 333, 494
Verrière 409, 423, 424, 425, 426
-coulissante 424
-métallique 493
Verrière-bulle en Plexiglas 422
Verrou antivol 360
Verrouillage 330
-de verrière 425
Vers 56, 78
Verseau, le 19, 20
Vert 437, 439
-phtalique 442
-Windsor 438
Vertèbre 261
-cervicale 212, 222, 223, 245
-chat domestique 195
-cheval 199
-crocodile 186
-coccygienne 222
-dorsale 222-223
-éléphant 201
-lézard 184-185
-lièvre 197
-lombaire 223
-grenouille 183
-kangourou 206
-oiseau 189
-ornithorynque 206

-phoque 204
-poisson osseux 180
-sacrée 183, 222, 223
-serpent à sonnette 185
-singe rhésus 202
-tortue 187
Vertébrés 56, 279
Vertex 212
Verticille 140
Vésicule
-biliaire 214, 248, 252
-chat domestique 195
-lapin 196
-tortue terrestre 187
-pinocytaire 217
-podiale 175
-sécrétoire 216
-séminale 259
-synaptique 239
Vespa grand sport 160 Mark 1 1963 363
Vesse-de-loup 115
Vessie 214, 215, 256, 257, 258, 259, 261
-chat domestique 195
-chimpanzé 202
-dauphin 205
-éléphant 200
-lapin 196
-lézard 185
-natatoire 180-181
-poisson osseux 181
-tortue terrestre 187
-urinaire 181
Vesta Rupes 37
Vestibule 483
Veuve noire 171
Vibraphone 504, 516, 517
Vibrato (hauteur de son qui ondule légèrement) 516
Vibrisse
-lapin 196
-lion 194
-phoque 204
-rat 196
Victoria, lac 265
Vide
-fermé 445
-ouvert 445
Vide-vite 406, 417
Vierge, la 18, 21
Vilebrequin 335, 336, 341, 343, 344, 345, 366, 367, 410, 411, 566, 567
Villa Rotonda, Vicence, Italie 475
Villa Savoye, Poissy, Yvelines 494

Villosité
-choriale 260
-intestinale 249
Violet 439
Violon 510
Violoncelle 503, 505, 510, 511
Virure
-bretonne de tillac 381
Vis 513, 566, 567
-à tête cylindrique 573
-d'ancre 570
-d'arrêt 588, 589
-d'attelage 325
-de borne 572
-de carter 366
-de carter de transmission 567
-de galet tendeur 360
-de l'aiguille des heures 571
-de l'arrêtage de fusée 570
-de la fourchette de balancier 570
-de montage 579
-de palette 570
-de pont 571
-de pont d'ancre 570
-de réglage de la hauteur 437
-de rochet 570
-de ressort de tension 570
-de serrage 573
-de tension 510, 511, 518
-pour attacher la courroie 512
Visage 211
Viscache 197
Viscères 177
Viscocoupleur 344, 345
Viseur gyroscopique 409
Visibilité 416
Vitellus 192
Vitesse 321, 358
-du son 416
-constante 321
-orbitale 30, 31
Vitrage
-continu 496, 499
-courbe 494, 498
Vitrail 470
Vitre latérale teintée en double vitrage 329
Vivaldi 35
Voie 330
-en béton 328
-lactée 14, 15, 18, 20, 30
-séminale 195
Voile 560, 561
-du palais 212, 245
Voile, la 18, 21

Voiles 384-385
- auriques 384
- axiales 384
- carrées 374, 384
- de lougre 376
- ferlées 376
- latines 384

Voilure 400, 402, 416
- à plans multiples 400
- tournante 422

Voiture à vapeur
- White 342
- de compétition 356
- de course 355, 368
- de luxe 336
- de série 338, 348

Voix 503
- d'alto 502
- de basse 502
- de soprano 502
- de ténor 502

Volant
- de culasse 396
- de tondeuse à gazon 580

Volant moteur 335, 336, 337, 338, 339, 341, 342, 343, 347, 351, 353

Volcan 36, 58, 62, 63, 272, 275, 281
- adventif 275
- composite 272
- en dôme 272

Volée 395
- d'escalier 477

Volet arrière 349

Volets 421, 425
- d'intrados 406
- Fowler 413, 414

Volkswagen 340

Volley-ball 534, 535
- juge de ligne 534
- premier arbitre 534
- second arbitre 534

Vols planés 398

Volt 316

Voltage 316

Volute 460, 461, 476, 477, 478, 479, 480, 481, 486, 488, 491, 510, 511
- de proue 375
- feuillagée 470, 472, 476

Vomer 220

Vomitoire 465

Von Kärmàn 41

Voussoir 465, 474, 482, 484, 485

Voussure
- à ressauts 488
- plein cintre 468

Voûtain 469, 485

Voûte 395, 484-485
- à caissons 485
- d'arêtes 479, 485
- d'ogives 468, 469, 470
- en arc segmentaire 492
- en berceau 463, 464, 468, 479, 484, 485, 493
- en brique 324
- en éventail 485
- nervurée 477, 485
- palatine 212, 245
- plantaire 568
- quadripartite 469

Voyant lumineux 327

Voyous wagon 327

Vraies côtes 218

Vrille 130, 161, 480

Vulve 200, 211

Vyäsa 35

W

Wagner 35
Wagon
- couvert 327
- de marchandises 327
- plat à cloisons extrêmes 327
- pour le transport d'animaux vivants 327
- pour le transport d'automobiles 327
- réfrigérant 327

Walter 40
Wankel, Félix 346
Wannanosaurus 101
Warrior 392
Welwitschia 122
Werkbund 495
Werner, frères 362
Weslake 1981 de course sur cendrée 369
Westlothiana 67, 81
Wezen 18, 21
White-spirit 436
Wiener 41
Williams-Renault 356
Windcheetah SL Mark VI 361
Wollastonite à habitus fibreux 271

Wren, sir Christopher 478, 480, 487
Wright *Flyer* 399, 410
Wright, Frank Lloyd 495
Wright, Wilbur et Orville 398, 410
Wuerhosaurus 93
Wulfénite 269

X

Xénon 311
Xérophyte 156
Xylème 113, 120, 121, 124, 125, 126, 127, 132, 133, 134, 135, 138, 139, 152, 158, 159, 162, 163
Xylophone 504, 516

Y

Yangchuanosaurus 85
Yangtze, fleuve (Chang Jiang) 265
Yasti 490, 491
YMCA de Springfield 532
Yole
- à avirons 395

Ytterbium 311
Yttrium 310
Yucca 126

Z

Zagros, monts 75
Zeami 35
Zèbre 198
Zeeman 41
Zeilleria frenzlii 66
Zinc 281, 311, 312
Zion Canyon 276
Zirconium 310
Zone
- d'aération 293
- de chute 542
- de convection 24, 33
- de convergence intertropicale 300
- de déferlement 294
- de fusion 25, 26
- de minéralisation 281
- de radiation 24
- de recharge 292
- de saturation 293
- de séismes 39
- de subduction 281
- encrée 446
- équatoriale 45
- radiative 33
- tempérée 45
- tropicale 45

Zone de subduction 58, 59
Zonule de Zinn 241
Zosterophyllum llanoveranum 64
Zubenelgenubi 18, 21
Zubeneschamali 18, 21
Zygomatique 201, 220
- araignée 170

CRÉDITS - REMERCIEMENTS

CRÉDITS PHOTOGRAPHIQUES :

Action Plus 530hc ; Anglo Australian Telescope Board 11cg, 11cd, 11cbg, 12hd, 12bc, 13hg, 13bg, 14hg, 16b, 17hc, 17bg, 22hg/D.Malin 16hg, 26hd, 27hg ; Austin Brown l'Aviation Picture Library 426hg ; Baptistery, Florence/Alison Harris 453g ; Biophoto Associates 217c, 217cd, 228cbc, 228cbc 230hd ; Paul Brierley 311bg ; British Aerospace/Anthony Hooley 412hg, 415hg ; British Aerospace (Commercial Aircraft) Ltd 416hg ; avec la permission de la British Library 432hg, 445bg ; British Museum 459hg, 459hd, 460hd, 460hc, 460b, 489b ; BP Exploration 299 ; Duncan Brown 25hg ; Frank Lloyd Wright, American, 1867-1959, Model of Midway Gardens, 1914, de Richard Tickner, 1987, 41.9 x 81.3 x 76.2, 1989.48. Art Institute of Chicago 495h ; J.A. Coiley 331cd ; Bruce Coleman Ltd/ Andy Price 272hg ; Victoria and Albert Museum, London 454-455b ; European Passenger Services 329hg ; ESA /PLV 11bg ; SNCF 329c ; illustrations de géoscience 311cgb ; Robert Harding Picture Library 62hg ; Michael Holford /British Museum 372bg, Michael Holford 374hd ; Hutchison Picture Library 60cg ; The Image Bank/Edward Bower 306hd ; Jet Propulsion Laboratory 11cbd ; 30bc ; 31bc ; 31bcd ; 38hg ; 42cbh, 44cb ; 44cbd ; 44bc ; 44bd ; 46hd ; 46cd ; 46cb ; 46bc ; 46bd ; 50hg ; 50cd ; 50cg ; 50c ; 50cd ; 50bd ; KeyMed Ltd 248bg, 249bg, 249bcg ; Uffizi, Florence/ Philip Gatward 431hc/Uffizi, Florence/Philip Gatward 433hg ; Dr D.N. Landon (Institute of Neurology) 228bg,bd ; Life Science Images/Ron Boardman 244bg, 244bd ; The Lund Observatory 15bc ; Brian Morrison 329hg, 329hd ; © The Henry Moore Foundation 455hd ; Musée d'Orsay, Paris/ Philippe Sebert 437hc, 441hc ; Musée du Louvre, Paris/ Philippe Sebert 453hg, 453g, 453bd ; NASA/AUI 13hd ; NASA/JPL 11 cbd, 11bd, 30hg, 30bg, 30bd, 30bc, 31bc, 31bcd, 31bg, 34cd, 38hg, 40hg, 40cd, 42cd, 44hg, 44cb, 44cbd, 44bc, 44bd, 44cd, 46cdb, 46hg, 46cd, 46cb, 46bc, 46bd, 48hg, 48cd, 48bc, 48bc, 48bd, 50hg, 50bc, 50bc, 50cd, 50bd, 50cd, 52cd ; National Maritime Museum 373bd, 392-393b ; National Medical Slide Bank 217cd ; Photographes nature/Paul Sterry 286tg ; Newage International 317bg ; Oxford Scientific Films/Breck P. Kent 166hg ; Planète Terre 274hg ; Quadrant 326hd ; Margaret Robinson 332hg ; Giotto L'expulsion des marchands du temple Scala 435hc, 435bg, 435bd ; Science Photo Library 10bg, 13hd, 28hg, 214bcd, 214bg, 236hd/Michael Abbey 225hc/Agema Infrared Systems 318hg/AGFA 220hg/ Biophoto Associates : 217cdb/ Dr Jeremy Burgess/Science Photo Library 132hd ; Dr Jeremy Burgess 235bcg/CNRI 214hg, 214cg, 214c, 214cd, 214bg, 214cgb, 214cdb, 214bgc, 214bd, 217cb, 235bcd, 238hg, 249bcd, 253hd, 253cd, 256hg ; Science Photo library /Earth Satellite Corporation 288cg, 293bd/Dr Brian Eyden 228cbd/ Professeur C. Ferlaud 245bg/ Vaughan Fleming 311hg/ Simon Fraser/U.S. Dept.of Energy 214bcg, 266hg/Eric Grave 217bd/Hale Observatories 32bd/Max Planck Institute for Radio Astronomy 15hg/Jan Hinsch 225hc/Jodrell Bank 11 hd, 13c /Manfred Kage 217c, 235bd, 237bd/Dr William C. Keel 13bd/Keith Kent 316hg/Russ Lappa 310bd/Astrid & Hans-Freider Michler 217hd/Dennis Milon 52bg/NASA 11cg, 12hg, 15hd, 30c, 31bd, 32hg, 35hg, 36hg, 36cg, 36cd, 36bc, 42bd, 42hd, 44hg,52hg, 291hg, 300hg/National Optical Astro Observatory 52hd/NIBSC 253cdb/Novosti Press Agency 42bc/Omikron 244bc/David Parker 63bg, 304-305, 308bd/Philippe Plailly 308hg, Roussel-UCLAF/CNRI 217hc/Rev Ronald Royer 32cd/Royal Observatory, Edinburgh/D Malin 11hg, 11cd,12c, 16cg, 16cd, 17bd/David Scharf 235bg/Dr Kaus Schiller 248bcg, 248bcd, 248bd/ Secchi-Lecaque/Roussel-UCLAF/CNRI 253bd/H. Sochurek 214cb/Stammers/ Thompson 230hg/Sheila Terry 234hg/US Department of Energy 310bc/U.S Geological Survey/Science Photo Library 8-9, 30bcd, 42hg, 42bg/Tom Van Sant/Geosphere Project, Santa Monica/Science Photo Library 273hd, 281hd, 296hd, 297hg/Dr Christopher B. Williams/(Saint Marks Hospital)249bd ; Oxford Scientific Films/Animaux / Breck P. Kent 167hg ; Pratt & Whitney Canada 418-419b, 419h ; Science Museum 306bg,306bcg. 306 bcd, 324h, 326-327b, 330thd, 331ch, 331 cb ; Illustrations Sport 524hg, 544cd ; Tony Stone Worldwide 280hg ; David Bomberg St Pauls and River 1945/Dinora Davies-Rees/ Tate Gallery 431bc ; David Hockney A Bigger Splash 1967/ © David Hockney/Tate Gallery 443hc ; J.M.W. Turner The Burning of the Houses of Parliament Tate Gallery 439hc ; Vision 26hd, 27c ; Jerry Young 306hg ; Dr Robert Youngson 241cd ; Zefa 217bc/ Janicek 276hg/H. Sochurek 210hg, 250hg, 254hg,/G. Steenmans 292hg

(h=haut, b=bas, g=gauche, d=droite, c=centre)
Tous les efforts ont été faits pour retrouver les détenteurs des copyrights. Dorling Kindersley s'excuse pout toute omission et effectuera les corrections nécessaires dans les prochaines éditions.

ÉDITION FRANÇAISE

Publiée sous la direction de Pierre Marchand

Comité éditorial :
Jacques Marziou, Christine Baker, Éric Pierrat et Kristel Le Pollotec

Mise en page :
Manu Calmes, Myriam Leblond, Paragramme et Bruno Porlier

Correcteurs :
Claire Passignat et Emmanuel de Saint-Martin

Index :
Ariane Chottin et Suzanne Doppelt

LES SPORTS DE RAQUETTE

Le but de tous les sports de raquette est de frapper la balle de telle manière que l'adversaire ne puisse la renvoyer. Ils se disputent à deux (simples) ou quatre joueurs (doubles). La forme et la taille de la raquette varient d'une spécialité à l'autre. Elles peuvent être composées de bois, de matière plastique, d'aluminium, de fibre de verre ou de carbone. Leurs cordes sont en général synthétiques, mais le boyau naturel est encore utilisé. Le court de tennis est divisé en deux par un filet bas. Différentes surfaces de jeu peuvent être utilisées (béton, herbe, terre battue, matériaux synthétiques) qui, chacune, exigent un style différent. Le badminton est un sport en salle qui se dispute avec une raquette légère et souple et un volant en plume sur un court à filet haut. Les joueurs ne peuvent marquer de points que sur leur service. Le squash et le racketball se disputent sur un court fermé. Le joueur frappe la balle contre un mur pendant que son adversaire tente de la rattraper avant qu'elle n'ait rebondi plus d'une fois sur le sol. Les raquettes de squash ont une tête et un cadre plus petits, plus ronds et plus raides que les raquettes de badminton. Au racketball, les joueurs utilisent une balle plus grosse et plus rebondissante qu'une balle de squash. La raquette est épaisse et robuste, avec une grande tête, une poignée courte et une courroie que l'on passe au poignet.

LUNETTES DE PROTECTION

RAQUETTE DE TENNIS

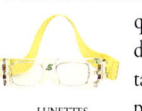

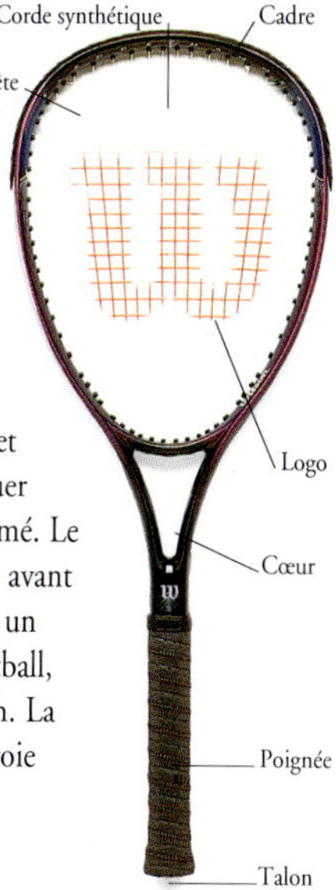

COURT DE TENNIS

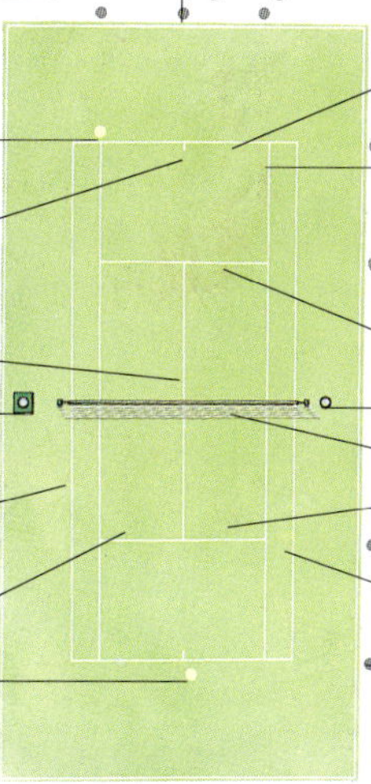

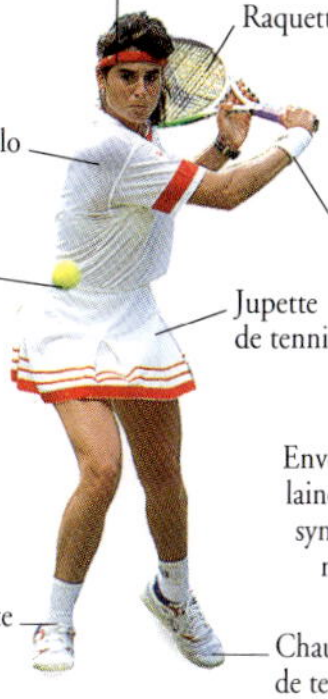

JOUEUSE DE TENNIS

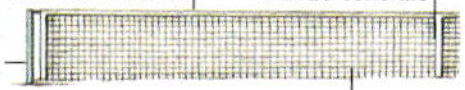

FILET DE TENNIS

FABRICATION D'UNE BALLE DE TENNIS

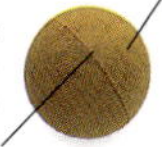

CENTRE

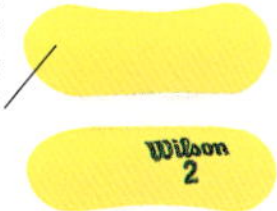

ENVELOPPE

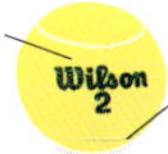

BALLE TERMINÉE

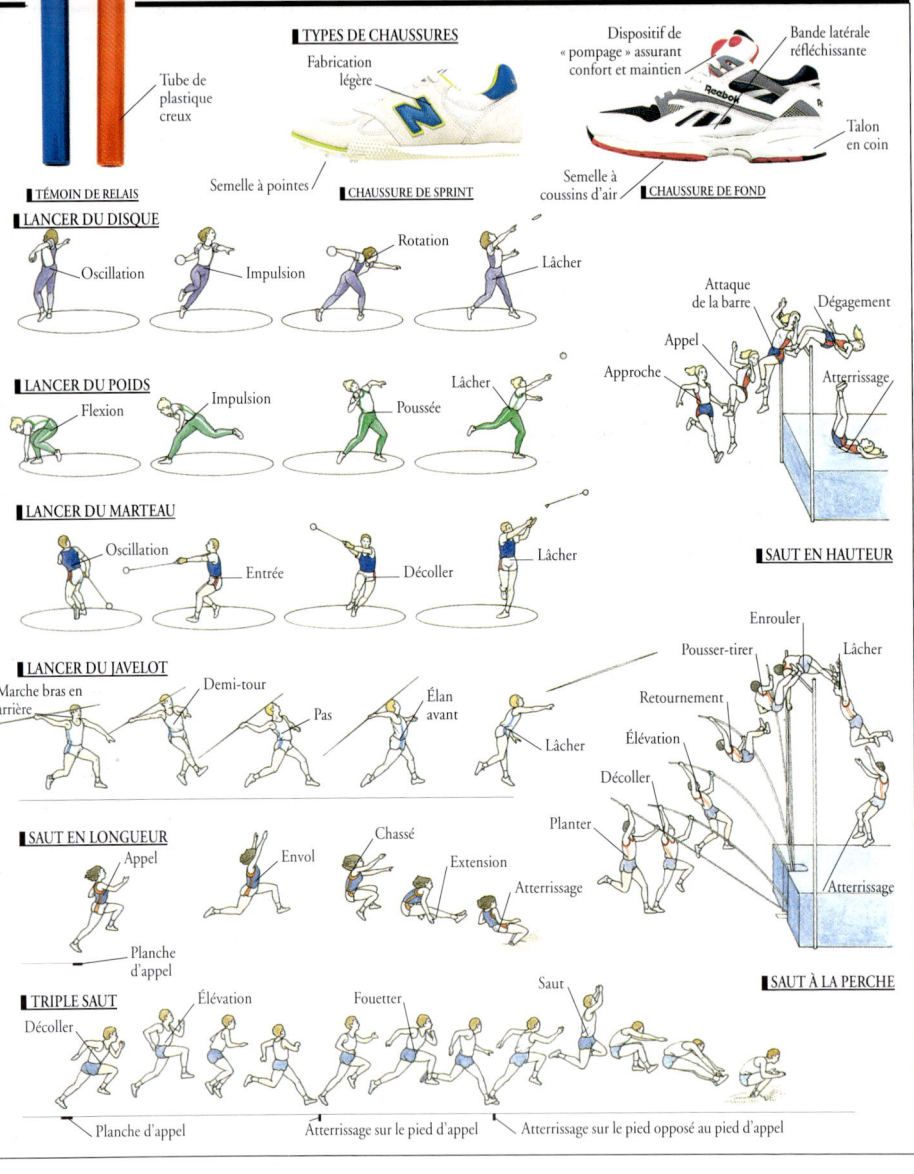